여러분의 합격을 응원하는
해커스공무원의 특별 혜택

FREE **공무원 형사정책 특강**

해커스공무원(gosi.Hackers.com) 접속 후 로그인 ▶ 상단의 [무료강좌] 클릭 후 이용

📄 **회독용 답안지[PDF]**

해커스공무원(gosi.Hackers.com) 접속 후 로그인 ▶
상단의 [교재·서점 → 무료 학습 자료] 클릭 ▶ 본 교재의 [자료받기] 클릭하여 이용

▲ 바로가기

🎫 **해커스공무원 온라인 단과강의 20% 할인쿠폰**

997D7DAC56BE795E

해커스공무원(gosi.Hackers.com) 접속 후 로그인 ▶ 상단의 [나의 강의실] 클릭 ▶
좌측의 [쿠폰등록] 클릭 ▶ 위 쿠폰번호 입력 후 이용

* 등록 후 7일간 사용 가능(ID당 1회에 한해 등록 가능)

 합격예측 온라인 모의고사 응시권 + 해설강의 수강권

7A32724BC2EAE2Y4

해커스공무원(gosi.Hackers.com) 접속 후 로그인 ▶ 상단의 [나의 강의실] 클릭 ▶
좌측의 [쿠폰등록] 클릭 ▶ 위 쿠폰번호 입력 후 이용

* ID당 1회에 한해 등록 가능

쿠폰 이용 관련 문의 **1588-4055**

단기 합격을 위한
해커스공무원 커리큘럼

입문

탄탄한 기본기와 핵심 개념 완성!

누구나 이해하기 쉬운 개념 설명과 풍부한 예시로 부담없이 쌩기초 다지기

TIP 베이스가 있다면 **기본 단계**부터!

기본+심화

필수 개념 학습으로 이론 완성!

반드시 알아야 할 기본 개념과 문제풀이 전략을 학습하고
심화 개념 학습으로 고득점을 위한 응용력 다지기

**기출+예상
문제풀이**

문제풀이로 집중 학습하고 실력 업그레이드!

기출문제의 유형과 출제 의도를 이해하고 최신 출제 경향을 반영한
예상문제를 풀어보며 본인의 취약영역을 파악 및 보완하기

동형문제풀이

동형모의고사로 실전력 강화!

실제 시험과 같은 형태의 실전모의고사를 풀어보며 실전감각 극대화

최종 마무리

시험 직전 실전 시뮬레이션!

각 과목별 시험에 출제되는 내용들을 최종 점검하며 실전 완성

PASS

* 커리큘럼 및 세부 일정은 상이할 수 있으며,
자세한 사항은 해커스공무원 사이트에서 확인하세요.

단계별 교재 확인 및
수강신청은 여기서!

gosi.Hackers.com

해커스공무원

이언담
형사정책

단원별 기출문제집

해커스

이언담

약력

현 | 해커스공무원 교정학, 형사정책 강의
　　해커스경찰 범죄학 강의
　　경기대학교 범죄교정심리학과 초빙교수
　　행정안전부 안전교육강사(폭력, 성폭력, 자살예방)
　　(사)아시아교정포럼 교정상담교육원장
　　인천가정법원 소년보호 국선보조인

전 | 가천대학교 경찰행정학과 겸임교수
　　경기대학교 교육대학원 겸임교수
　　법무연수원 교수
　　사법연수원 형사정책 외래교수
　　숭실사이버대학교 경찰교정학과 초빙교수
　　동국대학교 사법경찰대학원 외래교수
　　한세대학교 상담대학원 외래교수
　　남부행정고시학원 교정학 전임
　　종로행정고시학원 교정학 전임
　　에듀스파 교정학 전임
　　국가공무원 7, 9급 면접위원
　　소방직공무원 면접위원

저서

해커스공무원 이언담 형사정책 단원별 기출문제집
해커스공무원 이언담 형사정책 기본서
해커스공무원 이언담 교정학 단원별 기출문제집
해커스공무원 이언담 교정학 기본서
해커스경찰 이언담 범죄학 진도별 기출＋실전문제집
해커스경찰 이언담 범죄학 기본서
이언담 경찰 범죄학 핵심요약·기출, 멘토링
아담 교정학 기본서, 박문각
아담 교정학 기출·예상문제, 박문각
아담 형사정책 기본서, 박문각
아담 형사정책 기출·예상문제, 박문각
이언담 교정학 핵심요약, 아담아카데미
이언담 형사정책 핵심요약, 아담아카데미
이언담 교정관계법령·판례·기출OX, 아담아카데미
이언담 형사정책법령·판례·기출OX, 아담아카데미
교정상담과 사회복귀, 학지사
교정의 복지학, 솔과학
그 외 연구 논문 다수 발표

다양한 문제 유형,
풍부한 해설을 자랑하는
형사정책의 정수

이 책은 형사정책 기출문제집이 갖춰야 할 기본을 모두 갖추었습니다.

첫째, 최신 2025년 9급 공채 문제까지 16개년의 기출문제를 반영하였습니다.
2010년에서 2025년에 이르는 16개년의 기출문제를 반영하여 출제 가능한 모든 유형의 문제를 담아냈습니다.

둘째, 다양한 문제 유형으로 고난도 문제에 대비할 수 있습니다.
보호직 형사정책이 해를 거듭할수록 난도가 높아지고 있습니다. 이에 대응하기 위해 본 교재는 유사 개념의 범죄학 문제까지 폭넓게 수록하였습니다. 다양한 유형의 문제를 풀어보면서 실전에서 어떤 유형의 문제가 나오더라도 대처할 수 있는 문제 해결능력을 기를 수 있습니다.

셋째, 풍부한 해설로 학습효율을 극대화했습니다.
각 문제마다 기본서나 법령을 별도로 참고하지 않아도 될 만큼 풍부한 해설로 학습의 효율성을 극대화했습니다. 핵심 개념부터 관련 이론, 판례까지 정리된 해설로 체계적으로 학습할 수 있습니다.

마지막, 당부의 말씀입니다.
형사정책은 합격을 위한 전략과목입니다.
전략과목이란 어떤 경우든지 공부를 한만큼 점수로 보답해주는 과목을 말합니다.
여러분이 최선을 다한다면 형사정책은 어렵든, 쉽든 고득점을 보장해 줄 것입니다.
절대 신념으로 합격을 위한 최종병기로 만들어 가십시오.

더불어, 공무원 시험 전문 사이트인 해커스공무원(gosi.Hackers.com)에서 교재 학습 중 궁금한 점을 나누고 다양한 무료 학습 자료를 함께 이용하여 학습 효과를 극대화할 수 있습니다.

이렇게 방대한 분량의 내용을 잘 정리해 낼 수 있었던 것은 오랫동안 자료정리에 열정을 다해준 아담아카데미 권형우 연구실장의 역할이 적지 않았습니다. 또한 이 책이 나오기까지 편집 과정에서 수없이 이어지는 요구사항을 정성을 다해 반영해 주신 해커스공무원 교재편집팀을 비롯한 관계자 여러분께 심심한 감사의 인사를 드립니다.

오직 여러분의 합격이 이 교재와 강의의 가장 큰 보람입니다. 여러분의 당당한 합격을 기원합니다.
감사합니다.

이언담

---

* '아담아카데미'가 합격의 그날까지 여러분의 따뜻한 길동무가 되어 드리겠습니다.
  • 네이버카페(https://cafe.naver.com/adamtop)
  • 유튜브(채널명 '아담아카데미'로 검색하여 무료 강의를 수강하고 수험에 관한 정보를 얻을 수 있습니다.)

회독을 통한 취약 부분 완벽 정복
다회독에 최적화된 **회독용 답안지** [PDF]

해커스공무원(gosi.Hackers.com) ▶
사이트 상단의 '교재 · 서점' ▶ 무료 학습 자료

이 책의 활용법

문제해결 능력 향상을 위한 단계별 구성

제1장 범죄와 형사정책

제1절 | 범죄의 개념

01 형식적 의미의 범죄와 실질적 의미의 범죄에 관한 설명으로 가장 적절하지 않은 것은? _2024 경찰2차_
① 형식적 의미의 범죄는 시간과 공간에 따라 변하지 않는 특성이 있다.
② 형식적 의미의 범죄는 입법의 지연에 따라 법적 허점을 야기할 수 있다.
③ 실질적 의미의 범죄는 사회에 유해한 반사회적 행위를 뜻한다.
④ 실질적 의미의 범죄는 범죄개념에 더 근원적으로 접근하기 때문에 정책적 판단기준을 제시해준다.

정답 및 해설
① [×] 형식적 범죄개념은 형법상 범죄구성요건으로 규정된 행위를 의미하고, 국민의 대표자인 입법자에 의해 형

STEP 1 <u>기출문제로 문제해결 능력 키우기</u>

공무원 형사정책 기출문제 중 재출제 가능성이 높은 문제들을 엄선하여 단원별로 배치하였습니다. 모든 문제의 번호 옆에 수록된 회독 체크 박스에 채점 결과를 표시함으로써 3회독 이상 기출문제를 분석하고, 자신의 약점과 강점을 파악하며 효율적으로 기출문제를 학습할 수 있습니다.

정답 및 해설
① [○] 페리는 『범죄사회학』(1884)에서 인류학적, 물리적, 사회적 요인이 존재하는 사회에서는 이에 상응하는 일정량의 범죄가 반드시 발생한다는 범죄포화의 법칙을 주장했다.

인류학적 요인	나이, 성별, 신체적 혹은 심리적 상태
물리적 요인	인종, 기후, 지리적 위치, 계절적 효과, 기온
사회적 요인	인구밀도, 관습, 종교, 정부조직, 경제조건 및 산업조건

② [○] 국가는 시민의 생활을 향상시키기위한 수단이라는 도구주의적 국가관에 의해 가로팔로와 함께 무솔리니의 전체주의를 지지하고, 그의 '페리초안'은 파시즘의 이념적 배경이 되었다.
③ [○] 범죄유발요인을 롬브로조보다 훨씬 많은 요인을 꼽았다. 범죄 대처방법에서도 다양한 종류의 형벌대처수단을 제안하여 범죄예방방안을 제시했다. 특히 형벌이라는 직접적인 반작용보다 범죄성의 충동을 간접적으로 방지시킬 수 있는 대책으로 형벌대용물사상을 주장했다. 전반적인 사회생활 향상을 통한 범죄방지대책으로 자유무역, 독점폐지, 저렴한 주거비용, 공공은행제도, 가로등 확대설치, 산아제한, 결혼 및 이혼의 자유, 무기생산에 대한 국가관리, 성직자 결혼허용, 복지시설설립, 대중오락시설 설치 등을 주장했다.
④ [×] 따르드(Tarde)의 모방의 법칙에 대한 설명이다. 따르드는 범죄행위를 생물학적 결함이나 심리적 기능장애로 설명하는 입장을 극복하고, 정상행위와 마찬가지로 학습의 결과라는 사실을 최초로 지적했다는 점에서 매우 중요한 공헌을 하였다.

STEP 2 <u>상세한 해설로 개념 완성하기</u>

문제풀이와 동시에 형사정책의 이론을 요약·정리할 수 있도록 상세한 해설을 수록하였습니다. 이를 통해 방대한 분량의 형사정책 내용 중 시험에서 주로 묻는 핵심 개념들이 무엇인지 확인하고, 이론을 다시 한 번 복습할 수 있습니다.

제3절 | 초기 범죄사회학적 실증주의

01 타르드(Tarde)가 주장한 모방의 법칙에 관한 설명으로 가장 적절하지 않은 것은?
① 타르드는 사회란 곧 모방이라고 할 정도로 모든 사회적 현상을 모방의 결과로 보았고, 범죄행위 역시 모방된다고 보았다.
② 모방의 법칙은 학습이론(Learning Theory)에 영향을 미쳤다.
③ 거리의 법칙에 따르면 모방의 강도는 사람 간의 거리에 비례하고 사람과 얼마나 밀접하게 접촉하고 있는가에 반비례한다.
④ 방향의 법칙에 따르면 대개 열등한 사람이 우월한 사람을 모방하는 방향으로 진행된다.

정답 및 해설
① [○] 타르드(Tarde)는 롬브로조의 생물학적 원인론을 부정하고, 인간행위는 다른 사람들과 접촉하면서 관념을 학습하며, 행위는 자기가 학습한 관념으로부터 유래하는 것이라고 주장하였다. 즉, 모든 사회현상이 모방이듯이 범죄행위도 모방한다고 보았다.
② [○] 사회심리학적 방법을 기초로 개인의 특성과 사회의 접촉과정을 중시하였으며, 모방의 법칙(거리의 법칙, 방향의 법칙, 삽입의 법칙)을 주장하여 후일 미국의 학습이론에 영향을 미쳤다.

STEP 3 <u>기출변형, 기출예상문제로 실전 대비하기</u>

기존 기출문제들을 최신 법령 및 출제경향에 부합하도록 지문을 일부 변형하여 수록하였고, 출제가 예상되는 문제도 함께 수록하였습니다. 이를 통해 최신 법령 및 고난도 문제에 대한 실전 대비가 가능합니다.

정답의 근거와 오답의 원인, 관련 법령까지 짚어 주는 정답 및 해설

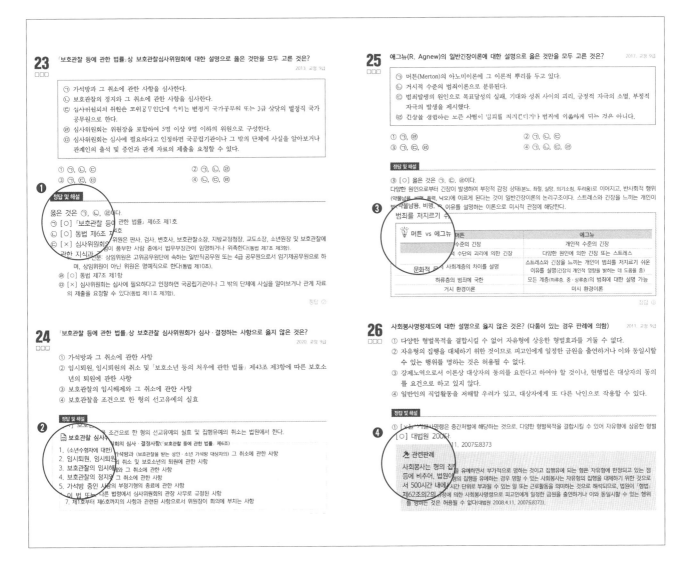

❶ 정답 및 해설

정답인 선지뿐만 아니라 오답인 선지에 대해서도 상세한 설명을 수록하여, 다양한 선지 유형을 빈틈없이 학습할 수 있습니다.

❷ 관련 법령 정리

문제풀이에 필요한 관련 법령을 상세히 수록하여, 법령의 심도 있는 학습이 가능합니다.

❸ 핵심 이론 정리

문제와 관련된 핵심 이론 또는 알아두면 좋을 배경이론 등을 간결하게 정리하였습니다. 방대한 내용 속에서 시험에 꼭 필요한 핵심만 추출하여 효율적인 학습이 가능합니다.

❹ 관련 판례

판례의 주요 쟁점과 결론을 명확하게 요약하였습니다. 출제 가능성이 높은 핵심 판례 중심으로 구성하여 효율적인 판례 학습이 가능합니다.

제1편

범죄와 형사정책

제1절 | 범죄의 개념

01 형식적 의미의 범죄와 실질적 의미의 범죄에 관한 설명으로 가장 적절하지 않은 것은? 2024. 경찰2차

□□□

① 형식적 의미의 범죄는 시간과 공간에 따라 변하지 않는 특성이 있다.
② 형식적 의미의 범죄는 입법의 지연에 따라 법적 허점을 야기할 수 있다.
③ 실질적 의미의 범죄는 사회에 유해한 반사회적 행위를 뜻한다.
④ 실질적 의미의 범죄는 범죄개념에 더 근원적으로 접근하기 때문에 정책적 판단기준을 제시해준다.

정답 및 해설

① [×] 형식적 범죄개념은 형법상 범죄구성요건으로 규정된 행위를 의미하고, 국민의 대표자인 입법자에 의해 형법전에 규정된 것을 의미한다. 입법자의 의도가 반영되므로 형식적 의미의 범죄는 시간과 공간에 따라 변한다.
② [○] 형식적 의미의 범죄는 법의 명확성을 기할 수 있는 장점이 있는 반면, 입법적 지체현상에 따라 언제나 법적 허점이 야기되는 문제점이 있다.
③ [○] 실질적 의미의 범죄는 법 규정과는 관계없이 범죄의 실질을 가지는 '반사회적인 법익침해행위'를 말하며, 이를 미국의 범죄사회학에서는 '일탈행위'라고 보고 있다.
④ [○] 형사정책의 대상으로 실질적 의미의 범죄개념을 포함하는 이유는 범죄개념에는 시간적 · 공간적 상대성과 가변성이 있기 때문이다. 이는 범죄개념에 탄력성을 부여하는 이점이 있으나 입법자에게 그 기준을 제시할 뿐 법해석에 관하여는 간접적인 역할을 할 뿐이라는 한계가 있다.

정답 ①

02 표출적 범죄와 도구적 범죄에 관한 설명으로 가장 적절한 것은? 2024. 경찰2차

□□□

① 표출적 범죄(expressive crime)는 특정한 목적이나 목표를 위해 동기부여된 범죄이다.
② 표출적 범죄는 주로 개인의 욕구 충족을 위해 저지르는 경우가 많다.
③ 도구적 범죄(instrumental crime)는 타인과의 갈등 상황에서 감정이 격해져 우발적으로 저지르는 범죄이다.
④ 도구적 범죄의 유형에는 절도, 사기, 횡령이 있다.

정답 및 해설

가해자의 신체적 특성과 더불어 범행동기 및 목적에 따라 범죄는 범죄자의 개인적 욕구를 충족시키기 위해 계획적으로 범죄를 저지르는 도구적 범죄와 타인과의 갈등 상황에서 감정이 격해져 우발적으로 저지르는 표출적 범죄로 구분될 수 있다. 원하는 물품과 봉사를 관습적인 방법을 통해서는 얻을 수 없게 되어 불법적인 방법에 호소하여 획득하게 된다는 주장인데, 이런 범죄를 도구적 범죄라 한다. 가난하게 사는 사람들은 자신을 강인하고 나쁜 사람으로 인식함으로써 긍정적인 자아상을 개발할 수 없기 때문에 자신의 분노와 좌절감을 표현하는 수단으로서 폭력성의 표출적 범죄를 많이 범한다는 것이다.
①, ② [×] 도구적 범죄에 대한 설명이다.
③ [×] 표출적 범죄에 대한 설명이다.
④ [○] 도구적 범죄의 유형에는 절도, 사기, 횡령 등이 있다.

정답 ④

03 다음 중 범죄에 대한 설명으로 가장 옳지 않은 것은?

2023. 해경 경위

① 비범죄화란 지금까지 형법에 범죄로 규정되어 있던 것을 폐지하여 범죄목록에서 삭제하거나 형사처벌의 범위를 축소하는 것이다.
② 신범죄화(신규 범죄화)란 지금까지 존재하지 않던 새로운 형벌구성요건을 창설하는 것이다.
③ 도구적 범죄란 범죄자의 경제적 위치나 사회적 위치를 향상시키기 위한 범법행위를 의미한다.
④ 형식적 의미의 범죄는 법규정과 관계없이 반사회적인 법익침해행위이고, 실질적 의미의 범죄는 형법상 범죄구성요건으로 규정된 행위이다.

정답 및 해설

① [○] 비범죄화 혹은 탈범죄화란 형사사법절차에서 특정범죄에 대한 형사처벌의 범위를 축소하는 것을 의미한다. 형법이 가지는 보충적 성격과 공식적 사회통제기능의 부담가중을 고려하여 일정한 범죄유형을 형벌에 의한 통제로부터 제외시키는 경향이다.
② [○] 산업화·도시화 등 사회구조의 변화에 따라 종래 예상치 못했던 행위에 대하여 형법이 관여하게 되는 경향을 말하며, 지금까지 존재하지 않던 새로운 형벌구성요건을 창설하는 것이다. 환경범죄, 교통범죄, 경제범죄, 컴퓨터범죄 등이 거론된다.
③ [○] 원하는 물품과 봉사를 관습적인 방법을 통해서는 얻을 수 없게 되어 불법적인 방법에 호소하여 획득하게 된다는 주장인데, 이런 범죄를 도구적 범죄라 한다.
④ [×] 실질적 의미의 범죄는 법규정과 관계없이 반사회적인 법익침해행위이고, 형식적 의미의 범죄는 형법상 범죄구성요건으로 규정된 행위이다.

정답 ④

04 형사정책에 대한 설명으로 옳지 않은 것은?

2020. 보호 7급

① 형사정책을 시행함에 있어서도 죄형법정주의는 중요한 의미를 가진다.
② 형사정책을 시행함에 있어서는 공식적인 통계에 나타나지 않는 범죄도 고려의 대상이 된다.
③ 형사정책의 기본원칙으로 법치주의가 요구되는 점에서 형식적 의미의 범죄가 아닌 것은 형사정책의 대상에서 제외된다.
④ 형사정책은 사회학, 통계학 등 다양한 주변 학문의 성과를 기초로 범죄 현상을 분석함으로써 일반적인 범죄방지책을 제시한다.

정답 및 해설

③ [×] 형사정책의 대상은 형식적 의미의 범죄에 국한되지 않고 실질적 의미의 범죄도 포함된다.

> 💡 **실질적 의미의 범죄**
> ㉠ 실질적 의미의 범죄란 법 규정과는 관계없이 범죄의 실질을 가지는 '반사회적인 법익침해행위'를 말하며, 이를 미국의 범죄사회학에서는 '일탈행위'라고 보고 있다.
> ㉡ 형사정책의 대상으로 실질적 의미의 범죄개념을 포함하는 이유는 범죄개념에는 시간적·공간적 상대성과 가변성이 있기 때문이다. 이는 범죄개념에 탄력성을 부여하는 이점이 있으나 입법자에게 그 기준을 제시할 뿐 법해석에 관하여는 간접적인 역할을 할 뿐이라는 한계가 있다.
> ㉢ 형사정책의 중요한 목표의 하나는 현행법상 가벌화되지 않은 반사회적 행위를 신범죄화하는 것과 사회의 변화에 따라 이제는 가벌화할 필요가 없는 행위에 대하여 비범죄화하는 것을 포함한다. 이의 척도가 되는 범죄개념이 실질적 범죄개념이다.

정답 ③

05 범죄에 대한 설명으로 옳지 않은 것은?

① 비범죄화란 지금까지 형법에 범죄로 규정되어 있던 것을 폐지하여 범죄목록에서 삭제하거나 형 사처벌의 범위를 축소하는 것으로 그 대상범죄로는 단순도박죄, 낙태죄 등이 제시된다.

② 형식적 의미의 범죄는 법규정과 관계없이 반사회적인 법익침해행위이고, 실질적 의미의 범죄는 형법상 범죄구성요건으로 규정된 행위이다.

③ 신범죄화(신규 범죄화)란 지금까지 존재하지 않던 새로운 형벌구성요건을 창설하는 것으로 환 경범죄, 경제범죄, 컴퓨터범죄 등이 여기에 해당한다.

④ 암수 범죄(숨은 범죄)는 실제로 범죄가 발생하였으나 범죄통계에 나타나지 않는 범죄를 의미한다.

정답 및 해설

② [×] 형식적 의미의 범죄는 형법상 범죄구성요건으로 규정된 행위를 의미하며, 실질적 의미의 범죄는 법규정과 관계없이 범죄의 실질을 가지는 반사회적인 법익침해행위를 말한다.

정답 ②

06 다음 중 범죄학의 개념과 특성 및 범죄학의 연구 대상에 대한 설명으로 가장 옳은 것은?

① 법률이 없으면 범죄도 없고 형벌도 없다는 주장에서 제시된 범죄와 관련되어 있는 개념은 실질 적 의미의 범죄 개념이다.

② 범죄학은 형사정책에 비해 규범과학적 성격이 강하다.

③ 서덜랜드(Sutherland)와 크레시(Cressey)에 따르면, 범죄학은 그 범위 내에 법 제정 과정, 법 위 반 과정, 법 위반에 대한 대응과정을 포함하고 있다.

④ 형식적 의미의 범죄 개념에 따르면, 범죄는 사회적 유해성 또는 법익을 침해하는 반사회적 행위 이다.

정답 및 해설

① [×] 형식적 의미의 범죄에 대한 설명이다. 형식적 의미의 범죄는 형법상 범죄구성요건으로 규정된 행위를 의미 하고, 국민의 대표자인 입법자에 의해 형법전에 규정된 것을 의미한다. 실질적 의미의 범죄는 법 규정과는 관계 없이 범죄의 실질을 가지는 '반사회적인 법익침해행위'를 말하며, 이를 미국의 범죄사회학에서는 '일탈행위'라고 보고 있다.

② [×] 형사정책학은 범죄학에 비해 규범과학적 성격이 강하다. 범죄학은 범죄의 현상과 원인을 규명해서 효과적 인 범죄방지대책을 수립하는 학문으로 범죄와 범죄자, 사회적 일탈행위 및 이에 대한 통제방법을 연구하는 경험 과학 혹은 규범학이 아닌 사실학의 총체를 의미한다(경험과학: 관찰과 실험에 기초한 탐구방법). 이에 반해 범죄방지 대책을 '협의의 형사정책학' 또는 '규범학으로서의 형사정책학'이라고 한다. 즉, 범죄자에 대한 형사법상의 강제 시책으로 형벌과 이와 유사한 수단을 통하여 범죄자 및 범죄의 위험성이 있는 자에 대하여 직접 범죄를 방지하 기 위한 국가의 입법·사법·행정상의 활동을 말한다.

③ [○] 범죄학이란 범죄에 대한 모든 지식체계라고 할 수 있다. 서덜랜드와 크레시에 따르면, 이러한 지식에는 법을 만드는 과정, 법을 위반하는 과정, 법위반에 대해 대응하는 과정이 모두 포함된다고 한다. 범죄학의 목적은 이러한 법의 제정, 법의 위반, 법의 집행에 대해 이해하려는 것이다. 이처럼 범죄학은 법이 어떤 과정을 통해서 만들어지며, 결과적으로 어떤 행동이 어떤 과정을 통해서 범죄로 규정되게 되는지를 연구한다.

④ [×] 실질적 의미의 범죄는 법규정과 관계없이 반사회적인 법익침해행위이고, 형식적 의미의 범죄는 형법상 범 죄구성요건으로 규정된 행위이다.

정답 ③

07 형사정책의 연구대상과 연구방법에 대한 설명으로 옳지 않은 것은?

① 범죄학이나 사회학에서 말하는 일탈행위의 개념은 형법에서 말하는 범죄개념보다 더 넓다.
② 사회에 새롭게 등장한 법익침해행위를 형법전에 편입해야 할 필요성을 인정함에 사용되는 범죄개념은 형식적 범죄개념이다.
③ 헌법재판소의 위헌결정으로 폐지된 간통죄와 같이 기존 형법전의 범죄를 삭제해야 할 필요성을 인정함에 사용되는 범죄개념은 실질적 범죄개념이다.
④ 공식적 범죄통계를 이용하는 연구방법은 두 변수 사이의 2차원 관계 수준의 연구를 넘어서기 어렵다는 비판이 가능하다.

정답 및 해설

① [○] 범죄 < 비행 < 일탈행동 < 반사회적 행동
② [×], ③ [○] 형사정책의 중요한 목표의 하나는 현행법상 가벌화되지 않은 반사회적 행위를 신범죄화하는 것과 사회의 변화에 따라 이제는 가벌화할 필요가 없는 행위에 대하여 비범죄화하는 것을 포함한다. 이의 척도가 되는 범죄개념이 실질적 범죄개념이다.
④ [○] 범죄통계를 이용하는 연구방법은 두 변수 사이의 2차원 관계 수준의 연구를 넘어서기 어렵다는 한계가 있다. 따라서 현대의 연구자들은 주로 설문조사를 통한 연구방법을 사용하며 자기보고식 조사나 피해자조사도 설문지를 활용한 연구방법이라고 할 수 있다. 이 설문조사를 통한 연구방법은 청소년비행과 같이 공식통계로 파악하기 어려운 주제에 적합하며, 무엇보다도 큰 장점은 두 변수 사이의 관계를 넘어서는 다변량관계를 연구할 수 있다는 것이다.

정답 ②

제2절 | 형사정책

01 형법학과 형사정책에 대한 설명으로 옳지 않은 것은?

① 19세기 말 리스트(Liszt)는 '형법에서의 목적사상'을 주장하여 형이상학적 형법학이 아니라 현실과 연계된 새로운 형사정책 사상을 강조하였다.
② 형법학과 형사정책학은 상호의존적이며 동시에 상호제약적인 성격을 가지며, 리스트(Liszt)는 '형법은 형사정책의 극복할 수 없는 한계'라고 주장하였다.
③ 포이에르바흐(Feuerbach)는 형사정책을 '입법을 지도하는 국가적 예지'로 이해하고, 형사정책은 정책적 목적을 유지하기 위한 형법의 보조수단으로서 의미가 있다고 주장하였다.
④ 공리주의적 형벌목적을 강조한 벤담(Bentham)에 의하면, 형벌은 특별예방목적에 의해 정당화될 수 있고, 사회방위는 형벌의 부수적 목적에 지나지 않는다.

① [○] 19세기 말 형법학상 리스트를 중심으로 하는 형사입법상 새로운 경향으로 인하여 형이상학적 형법학이 아닌 현실을 보는 형사정책이 중시되었으며, 형벌제도의 목적사상의 도입, 형벌의 대상은 범죄행위가 아닌 행위자라고 하여 특별예방주의의 전면 등장은 형사정책적 사고가 형법학에 미친 영향이다.

② [○] 형법학과 형사정책학은 상호의존적이며 동시에 상호제약적인 성격을 가지며, 리스트는 '형법은 형사정책의 넘을 수 없는 한계'라고 하여, 형법의 보장적 기능이 형사정책을 제한하고 형사정책은 민주법치국가에서 요구되는 규범적 한계 내에서 이루어져야 한다는 원칙을 강조하였다.

③ [○] 포이에르바하는 형사정책을 '입법을 지도하는 국가의 예지'로 이해하고, 집행기관은 형벌목적에 대한 정당성을 고려하여 인간적·자유주의적으로 법을 집행하여야 한다고 하였으며, 형사정책은 이러한 정책적 목적을 유지하기 위한 형법의 보조수단으로서 의미가 있다고 주장하였다.

④ [×] 공리주의를 주장한 벤담은 최대다수의 최대행복의 원리를 바탕으로 범죄를 설명하면서, 처벌의 비례성과 형벌의 일반예방을 통해 성취될 수 있는 최대다수의 행복을 강조하였으며, 범죄를 공동체에 대한 해악으로 간주하고, 형벌은 응보의 목적보다는 예방을 목적으로 행사되어야 한다는 입장이었다.

정답 ④

02 형사정책(학)에 대한 설명으로 옳지 않은 것은?

2014. 보호 7급

□□□

① 형사정책은 초기에는 형사입법정책이라는 좁은 의미로 사용되었으나, 점차 범죄의 실태와 원인을 규명하여 이를 방지하려는 일반대책의 개념으로 확대되었다.

② 좁은 의미의 형사정책학은 범죄와 범죄자, 사회적 일탈행위 및 이에 대한 통제방법을 연구하는 경험과학 또는 규범학이 아닌 사실학의 총체를 말한다.

③ 형사정책학은 법학은 물론 심리학, 사회학 등 다양한 주변 학문영역의 성과를 기초로 하나, 단순한 종합과학이 아니라 범죄방지를 위한 체계적인 대책수립을 목표로 하는 독립과학이다.

④ 형사정책학은 기존 형벌체계가 과연 범죄대책으로서 유효한가에 대한 검증을 함으로써 형법규정의 개정방향을 선도한다는 점에서 형법학과 형사정책학은 상호의존성을 가진다.

① [○] 형사정책은 초기에는 단지 '형사입법을 위한 국가의 예지', 즉 형사입법정책이라는 좁은 의미로 사용되었으나, 점차 범죄의 원인 및 실태를 규명하여 이를 방지하는 일반대책의 개념으로 확대되었다.

② [×] 범죄학에 대한 설명이다. 범죄의 현상과 원인을 규명하는 것을 주된 내용으로 하는 사실학 내지 경험과학을 '범죄학' 또는 '사실학으로서의 형사정책학'이라고 한다. 범죄학의 구체적 연구영역은 범죄와 범죄자, 사회적 범죄통제조직 및 범죄피해자와 범죄예방을 포함한다. 리스트(Liszt)가 "범죄 퇴치는 범죄에 대한 인식을 전제로 한다."라고 한 것은 범죄학적 연구가 없이는 형사정책의 수립이 불가능함을 말한 것이다. 좁은 의미의 형사정책(협의의 형사정책)은 범죄자에 대한 형사법상의 강제시책으로 형벌과 이와 유사한 수단을 통하여 범죄자 및 범죄의 위험성이 있는 자에 대하여 직접 범죄를 방지하기 위한 국가의 입법·사법·행정상의 활동을 의미한다.

③ [○] 형사정책학은 종합과학인 동시에 독립과학이다. 형사정책학은 인간과 사회에 관한 모든 방면의 지식이 총동원되어야만 효율적인 결과를 얻을 수 있다. 그 때문에 형사정책학은 법학은 물론 심리학, 정신의학, 인류학, 교육학, 사회학, 통계학 등 다양한 주변 학문영역에서의 성과를 기초로 하는 종합과학성을 지닌다. 동시에 형사정책학은 여러 방면의 다양한 학문적 성과를 단순히 결합하는 종합과학이 아니라 범죄방지를 위한 체계적인 대책을 확립하는 것을 목표로 하므로 독립과학성도 아울러 지니고 있다.

④ [○] 형사정책학과 형법학은 상호의존성을 가진다. 즉, 형법학은 기존 형벌체계의 운용과 해석에 있어서 결정적인 지침이 되므로 형사정책학의 연구에 대해서도 일정한 규준(실천의 본보기가 되는 표준)이 되고, 또한 형사정책학도 기존 형벌체계가 과연 범죄대책 수단으로서 유효한가에 대한 검증결과를 제시함으로써 형사법규정의 개정방향을 선도한다는 점에서 양자의 상호불가분성은 인정될 수 있다.

정답 ②

03 범죄학(형사정책)의 의의에 대한 설명으로 옳은 것으로만 묶인 것은?

□□□

- ㉠ 좁은 의미의 국가작용으로서의 형사정책은 범죄방지를 간접적·종속적 목적으로 하는 활동을 의미한다.
- ㉡ "최선의 사회정책이 가장 좋은 형사정책이다."라는 말은 넓은 의미의 국가작용으로서의 형사정책을 의미한다.
- ㉢ "범죄학은 영토를 가지지 않은 제왕의 학문이다."라고 한 셀린(Sellin)의 말은 넓은 의미의 형사정책학의 특징을 잘 표현한다.
- ㉣ "형법은 형사정책의 뛰어넘을 수 없는 한계이다."라고 한 리스트(Liszt)의 말은 형법에 대한 형사정책의 우위성을 강조한 말이다.

① ㉠, ㉡

② ㉠, ㉣

③ ㉡, ㉢

④ ㉡, ㉣

정답 및 해설

옳은 것은 ㉡, ㉢이다.

㉠ [×] 넓은 의미의 형사정책에 대한 설명이다. 형사정책을 넓은 의미로 파악하는 리스트(Liszt), 메츠거(Mezger), 마이어(Mayer) 등은 범죄방지를 간접적·종속적 목적으로 하는 모든 활동을 의미하는 것으로 정의한다. 이렇게 넓은 의미로 파악하게 되면 형사정책은 범죄예방과 관계되는 각종 사회정책을 포괄하는 개념이 된다. 좁은 의미의 형사정책은 범죄방지대책을 범죄자에 대한 형사법상의 강제시책으로 형벌과 이와 유사한 수단을 통하여 범죄자 및 범죄의 위험성이 있는 자에 대하여 직접 범죄를 방지하기 위한 국가의 입법·사법·행정상의 활동을 의미한다.

㉡ [○] 리스트(Liszt)는 사회정책과 형사정책의 연관성을 중시하여 "좋은 사회정책은 최상의 형사정책"이라고 보았다.

㉢ [○] 형사정책은 종합과학적인 성질을 가진다. 형사정책은 법학, 심리학, 정신의학, 인류학, 교육학, 사회학, 통계학 등 다양한 주변학문영역에서의 성과를 기초로 하지 않을 수 없다. 형사정책의 이러한 종합과학적 성질에 대하여 레크리스(Reckless)는 "범죄학자는 학문계의 영원한 손님이다."라고 표현하였고, 셀린(Sellin)은 "범죄학은 영토를 가지지 않은 제왕의 학문이다."라고 표현하였다.

㉣ [×] 형법학과 형사정책학은 상호제한성을 가진다. 형법의 해석과 개정에 형사정책적 고려가 반드시 수반되어야 함은 의심의 여지가 없으나, 지나치게 형사정책적 측면만을 강조하여 형벌제도를 완전히 폐지하고 보안처분 내지 사회방위처분으로 일원화 한다든가, 형법체계상 책임을 예방으로 완전히 대체한다든가 하는 것은 형법의 보장적 기능이라는 측면, 더 좁게는 책임주의에 반하는 것으로서 경계하지 않으면 안 된다. 이러한 형법의 보장적 기능이 형사정책을 제한하는 점에 대하여, 리스트(Liszt)는 "형법은 범죄인의 마그나카르타(대헌장)이며, 형사정책의 극복할 수 없는 한계이다."라고 하였다. 그리고 범죄가 있으면 반드시 형벌이 있다는 응보적 형벌관은 오늘날 범죄예방에 필요 없으면 형벌도 없다는 형사정책적 고려에 의하여 제한을 받는다. 이것은 형사정책이 형법을 제한하는 것이다.

정답 ③

04

학자들의 주장 <보기 1>과 이에 대한 분석 <보기 2>가 있다. <보기 2>의 분석 중 **옳은** 것을 모두 고른 것은?

┤ 보기 1 ├

A. 범죄학은 영토를 가지지 않은 제왕의 학문이다(Sellin).
B. 범죄는 불가피하고 정상적인 사회현상이다(Durkheim).
C. 형법은 형사정책의 극복할 수 없는 한계이다(Liszt).
D. 피해자의 존재가 오히려 범죄자를 만들어 낸다(Hentig).
E. 암수범죄에 대한 연구는 축소적으로 실현된 정의(正義)에 대한 기본적 비판(Kaiser)

┤ 보기 2 ├

㉠ A는 범죄원인은 종합적으로 규명되어야 하기 때문에 범죄학은 범죄사회학 이외에도 범죄생물학, 범죄심리학 등 모든 관련 주변학문영역에 대해 개방적일 수밖에 없음을 표현한 것이다.
㉡ B는 범죄가 사회의 규범 유지를 강화시켜주는 필수적이고 유익한 기능을 한다는 설명이다.
㉢ C는 형법의 보호적 기능이 형사정책을 제한하는 점에 대한 설명이다.
㉣ D는 범죄피해자는 단순한 수동적 객체에 불과한 것이 아니라 범죄화과정에 있어서 적극적인 주체라는 점을 부각시킨 설명이다.
㉤ E는 숨은 범죄의 존재로 인해 범죄에 대한 대책을 수립하는 데 범죄통계가 충분한 출발점이 될 수 없음을 나타낸 표현이다.

① ㉠, ㉡, ㉣, ㉤
② ㉠, ㉡, ㉤
③ ㉡, ㉢, ㉣, ㉤
④ ㉢, ㉣, ㉤

정답 및 해설

① [○] 옳은 것은 ㉠, ㉡, ㉣, ㉤이다.
A. 범죄학의 종합과학성에 대한 설명이다.
B. 뒤르껨(Durkheim)의 범죄정상설에 대한 설명이다.
C. 형사정책학과 형법학은 상호의존성과 상호제한성을 가진다. 상호제한성 측면에서 형법의 보장적 기능, 더 좁게는 책임주의 원칙이 형사정책을 제한하는 점에 대하여 리스트(Liszt)는 "형법은 범죄인의 마그나카르타(대헌장)이며, 형사정책의 극복할 수 없는 한계이다."라고 하였다.
D. 헨티히(Hentig)는 1941년 "행위자와 피해자 사이의 상호작용에 관한 연구"라는 논문에서 동적 관점에 근거하여 범죄자와 피해자의 상호작용에 의하여 범죄가 발생한다고 주장하였다. 즉, 피해자에 관하여 수동적인 관점이 아닌 범죄화과정의 적극적 주체라는 동적인 관점에서 설명하였다.
E. 독일의 카이저(G. Kaiser)는 "프라이브르크 프로젝트"라고 알려진 일련의 연구활동을 통하여 피해조사 방법을 통한 피해자 연구를 수행한 바 있으며, 암수범죄에 대한 연구를 통하여 현실에서는 정의가 제대로 구현되지 못하고 있다는 점을 지적했고, 이는 암수범죄로 인하여 주어진 범죄통계가 범죄에 대한 대책수립에 불충분하다는 것을 시사한다.

정답 ①

05

형사정책학의 연구대상에 대한 설명으로 옳은 것은?

2016. 사시

① 범행주체인 범죄자와 범죄는 형사정책학의 연구대상이 되며, 범행대상인 피해자는 이에 해당되지 않는다.

② 형식적 의미의 범죄개념은 법적 개념으로 형사입법을 통해 범죄인지 여부가 정해지게 된다.

③ 실질적 의미의 범죄개념은 시간과 장소에 따라 변하지 않는 고정된 범죄개념을 전제로 하는 것이다.

④ 집단현상으로서의 범죄는 사회 병리적 현상이므로 사회심리학의 관점에서 다루어야 하며 형사정책학의 연구대상이 되지 않는다.

⑤ 일탈행위는 일반적으로 기대되는 행위와 모범적 행위에서 벗어나는 행위를 의미하므로 그 자체가 범죄가 되지 않는 알코올중독이나 자살기도, 가출 등이 이에 해당하고, 형식적 의미의 범죄는 일탈행위에 해당하지 않는다.

정답 및 해설

① [×] 범행대상인 피해자도 형사정책학의 연구대상에 해당한다. 피해자학은 범죄행위가 이루어지는 과정에 있어서 피해자의 역할과 책임을 규명하고, 범죄의 종류와 범행의 수법과 범죄자의 특성을 파악할 수 있다.

② [○] 형식적 의미의 범죄개념은 순수한 법적 개념을 말하는 것으로, 법적 개념으로서의 범죄란 형법상 범죄구성요건으로 규정된 행위를 의미하며, 법적 개념으로서 범죄를 파악하게 되면 범죄는 형법규범의 위반행위를 의미하며 규범종속적 개념이 된다.

③ [×] 실질적 의미의 범죄개념은 법 규정과는 관계없이 범죄의 실질을 가지는 반사회적인 법익침해행위를 말하며, 범죄개념은 상대적·가변적이기 때문에 실질적 범죄는 범죄개념에 탄력성을 부여하는 이점이 있다.

④ [×] 집단현상으로서의 범죄는 일정한 시기에 있어서 일정한 사회의 자연적 산물인 범죄의 총체를 의미하는 것으로 사회적 병리현상을 말한다. 이는 특정사회의 유형성과 경향성을 나타내므로 사회학적 연구방법으로 접근해야 하며 일반예방적 관점 및 입법정책과 사법정책의 주요 대상이 된다. 사회에 미치는 영향이 대량적이고 지속적이기 때문에 형사정책이 상대적으로 (개별현상으로서의 범죄보다) 더 중점적으로 연구대상으로 삼아야 하는 것이다.

⑤ [×] 형사정책의 대상을 규범의존성이 있는 범죄개념에서 탈피하여 몰가치적인 것으로 바라보는 시도로, 일탈행위란 일반적으로 기대되는 행위와 모범적 행위에서 벗어나는 행위를 말한다. 이러한 의미의 일탈행위는 반드시 형식적 범죄에 한정되지 않는다. 모든 일탈행위, 즉 범죄행위뿐만 아니라 그 자체가 범죄가 되지 않는 알코올남용, 자살기도, 가출, 학교자퇴 등과 같은 행위도 형사정책의 주된 연구대상이 된다.

정답 ②

06

범죄학의 발전과정을 시간 순서대로 나열한 것 중 가장 적절한 것은?

2023(73). 경위

> ㉠ 계몽주의와 고전학파
> ㉡ 도시생태와 시카고학파
> ㉢ 과학적 탐구와 실증학파
> ㉣ 신고전주의 범죄학
> ㉤ 비판주의 범죄학

① ㉠ - ㉢ - ㉡ - ㉤ - ㉣
② ㉢ - ㉠ - ㉡ - ㉤ - ㉣
③ ㉠ - ㉢ - ㉡ - ㉣ - ㉤
④ ㉠ - ㉢ - ㉤ - ㉡ - ㉣

정답 및 해설

① [○] 범죄학의 발전과정은 ㉠ - ㉢ - ㉡ - ㉤ - ㉣ 순이다.

㉠ 18C 중엽, 고전주의 범죄학은 르네상스와 계몽주의의 영향을 받아 중세의 형사사법의 자의적 집행과 잔혹한 처벌에 대한 반성을 토대로 태동하였다.

ⓒ 18C에서 19C로 이행하면서 생물학, 물리학, 화학 등 자연과학의 발전이 이루어졌고, 인문분야도 사변적인 논의와 철학적 주장에서 탈피하여 물리학과 같이 엄밀한 논리와 객관적인 자료로서 현상을 탐구해야 한다는 주장이 나타났다. 실증주의 범죄학은 인간의 자유의지를 강조한 고전학파를 비판하며, 범죄자는 여러 요인에 의해 형성된다는 결정론적 시각으로 인간을 바라보았다.

ⓛ 1920년대부터는 미국의 시카고학파의 사회생태학적 연구를 시작으로 범죄자의 사회적 환경을 중심으로 관심의 초점이 옮겨지기 시작하였다. 사회학적 접근이 시도되는 이유는 사회적 구조, 즉 지역과 계층에 따라 범죄행위의 유형이 다양해짐에 따라 범죄학자들은 그 이유가 무엇이며, 어떻게 제거할 수 있을 것인가를 규명하고자 노력해 왔으나 개인적 요인을 지향하는 이론들로는 이런 범죄율의 차이를 설명하지 못했다.

ⓜ 비판주의 범죄학은 1960~1970년대 유럽과 미국의 정치적 위기와 저항적 사회운동에서 학문발전의 동기를 부여받았다. 비판주의 범죄학은 범죄행위의 개별적 원인을 규명하기보다는 어떤 행위가 범죄로 규정되는 과정에 더 관심을 가졌고, 연구초점을 일탈자 개인으로부터 자본주의체제로 전환시켜 연구의 범위를 확대하여 일탈의 문제도 자본주의 사회의 모순에 대한 총체적 해명 속에서 이해하고자 하였다.

ⓔ 1970년대 후반, 신고전주의 범죄학의 등장은 실증주의 범죄학 및 관련 정책의 효과에 대한 비판적 시각과 관련이 있다.

정답 ①

07 범죄학의 발전과정에 관한 설명으로 가장 적절하지 않은 것은?

2023. 경찰1차

① 고전주의 범죄학은 범죄의 원인에 관심을 두기보다는 범죄자에 대한 처벌 방식의 개선에 더 많은 관심을 기울였다.

② 실증주의 범죄학은 인간의 자유의지를 강조한 고전학파를 비판하며, 범죄자는 여러 요인에 의해 형성된다는 비결정론적 시각으로 인간을 바라보았다.

③ 신고전주의 범죄학의 등장은 실증주의 범죄학 및 관련 정책의 효과에 대한 비판적 시각과 관련이 있다.

④ 최근 범죄학 연구에서는 여러 이론을 통합하여 종합적으로 설명하는 새로운 경향이 등장하였다.

정답 및 해설

① [O] 18C 중엽 공리주의 사회철학자인 베카리아와 영국의 벤담으로 대표되는 고전학파가 중점적으로 관심을 둔 사항은 범죄행위에 대한 설명보다는 형벌제도와 법제도의 개혁에 관한 것이었다.

② [×] 실증주의 범죄학파의 결정론에 따르면 인간의 사고나 판단은 이미 결정된 행위 과정을 정당화하는 것에 불과하므로 자신의 사고나 판단에 따라 자유롭게 행위를 선택할 수 없다고 본다. 인간은 자신이 희망하는 사항이나 이성적 판단에 따라 행동하는 자율적 존재가 아니며 인간의 행위는 이미 결정된 대로 행동하는 것으로 보는 입장으로, 인간의 행위는 개인의 특수한 소질조건과 그 주변의 환경조건에 따라 결정된다고 이해한다.

③ [O] 신고전주의 범죄학은 실증주의 범죄학에 대한 비판과 고전주의 범죄학에 대한 향수로 인해 등장하였다. 미국 대공황 이후 1930년대부터 주류를 이루었던 사회학적 실증주의 범죄학은 범죄의 원인을 빈곤 등 사회적 요인에서 찾았고 경제적 기회와 사회복지에 집중하는 범죄예방정책을 펼쳤으나, 이 시기의 범죄율은 지속적으로 증가하는 결과를 보였기에 교화나 사회보장 정책에 의존한 프로그램보다는 처벌강화 프로그램에 대한 향수가 생겨났다. 1960년대 미국에서 범죄율이 급격하게 증가하자 범죄학자들 사이에서는 빈곤 등 사회여건 개선을 위한 세금낭비보다는 엄정한 처벌을 통한 범죄억제 정책을 주장하였다.

④ [O] 다양한 범죄학 이론들을 통합하자는 논의가 시작된 데에는 크게 두 가지 이유가 있다. 첫째, 이론의 과잉 문제로서 너무 많은 이론들이 난립한다는 비판이 있었으며 둘째, 개별 이론들이 범죄현상을 충분히 설명하지 못하고 있다는 비판이 있었다. 따라서 전통적 범죄이론처럼 각 이론을 경쟁적 관계로 대비시킬 것이 아니라 상이한 인과적 모형을 가진 각 이론들로부터 가장 유용하고 경험적으로 검증할 수 있는 특징들만을 도출하여 하나의 통합적 인과모형으로 발전시키는 것이 설명력을 높이는 방편이 될 수 있다는 것이다.

정답 ②

01 어떠한 이론이 범죄 또는 형사사법에 관해 적절하게 설명하는지 알기 위해서는 이론들을 특정한 기준에 의해 평가할 필요가 있다. 다음 중 에이커스(Akers)와 셀러스(Sellers)가 제시한 범죄학 이론 평가의 기준으로 가장 거리가 먼 것은? 2022(72). 경위

① 검증 가능성
② 시대적 대응성
③ 경험적 타당성
④ 정책적 함의

정답 및 해설

 범죄학 이론을 평가하는 기준(에이커스와 셀러스)

㉠ **논리적 일관성**: 어떤 이론의 설명은 논리적으로 일관적이어야 한다.
㉡ **검증 가능성**: 범죄학이 사회과학의 한 하위분야이기 때문에 반복가능한 연구에 의해 검증이 가능하여야 한다.
㉢ **경험적 타당성**: 어떤 이론이 주장하는 명제나 가설이 경험적 증거(설문조사, 실험, 관찰 등)에 의해 지지된다면 경험적 타당성이 높다고 할 수 있으며, 좋은 이론이라 할 수 있다.
㉣ **정책적 함의**: 정책적 함의가 풍부하여 유용성이 있어야 한다. 좋은 범죄학 이론은 바로 정책에 적용할 수 있는 다양한 정책적 함의를 가진다.

정답 ②

02 법과 범죄에 대한 합의론적 관점에 관한 설명으로 가장 적절한 것은? 2022. 경찰2차

① 법은 지배계층을 보호할 수 있는 도구가 된다.
② 법은 대부분의 사회구성원이 공유하는 가치와 규범에 의해 만들어진다.
③ 범죄는 사회가 낙인찍거나 정의하기 때문에 불법적인 행위가 된다.
④ 범죄는 실제 행위의 위해(危害) 여부와는 관계없이 사회세력에 의해 유지된다.

정답 및 해설

① [×] 갈등론적 관점에 대한 설명으로, 갈등론자들은 사회를 상호 갈등적인 다양한 집단의 집합으로 보고, 이들 집단 중에서 자신들의 정치적·경제적 힘을 주장할 수 있는 집단이 자신들의 이익과 기득권을 보호하기 위한 수단으로서 법을 만들어 냈다고 보고 있다.
② [○] 합의론적 관점에 대한 설명으로, 형법은 사회구성원 대다수의 의견을 반영하고, 계급이나 집단에 관계없이 평등하게 적용되므로 범죄를 저지르는 것은 사회구성원 대다수의 합의를 깨뜨린 것이고, 따라서 비난의 대상이 된다.
③ [×] 상호작용의 관점에 대한 설명으로, 범죄자는 도덕십자군(moral crusaders)들에 의해 범죄자라는 낙인이 성공적으로 씌워진 사람들이다. 이런 점에서 범죄는 그 자체로 악하거나 반도덕적인 행동이 아니라, 사회가 그렇게 규정한 행동이라고 베커(Becker)는 주장하였다.
④ [×] 갈등론적 관점에 대한 설명으로, 범죄는 사회구성원 대다수가 동의한 것이 아닌, 힘 있는 집단이 만든 하나의 정의에 불과하다고 한다. 돌레샬(Doleschal)과 클랍뭇(Klapmuts)은 범죄란 실제 행위의 위해 여부와는 아무런 관계도 없는 사회세력에 의해서 유지된다고 보고 있다.

정답 ②

03 범죄 및 범죄학에 대한 설명으로 가장 적절하지 않은 것은?

① 범죄의 개념과 원인 등은 합의론적 관점, 갈등론적 관점, 상호주의적 관점에서 접근할 수 있다.
② 상호주의적 관점은 형사사법을 포함한 사회의 다양한 부분들이 하나의 통합된 구조로 조직되고, 어느 한 부분의 제도 변화가 다른 부분에 상당한 영향을 미친다고 본다.
③ '법률이 없으면, 범죄도 없고, 형벌도 없다.'라는 주장은 형식적 의미의 범죄개념을 의미한다.
④ 범죄학은 범죄와 범죄자, 범죄원인 및 이에 대한 통제방법 등을 연구하는 경험과학적인 성격이 강하다.

정답 및 해설

합의론	형법은 사회구성원이 공유하는 가치와 규범에 의해 만들어지고, 계급이나 집단에 관계없이 평등하게 적용되므로 범죄는 사회구성원 대다수의 합의를 깨뜨리는 것이고, 따라서 비난의 대상이 된다.
갈등론	형법은 힘 있는 지배집단이 자신의 이익을 보호하기 위해서 만든 행동목록이며, 범죄는 힘 있는 집단이 만든 하나의 정의에 불과하다.
상호작용	사회구성원 대다수의 합의가 존재하는 것이 아니라 소수의 리더인 종교지도자나 형사사법기관의 수장과 같은 도덕십자군들의 판단에 의해 사회문제나 범죄가 만들어진다. 범죄에는 고유하고 객관적 실체가 없고, 권력집단의 도덕적 기준에 따라 임의적으로 규정된 행위 내지 낙인된 행위가 범죄로 된다고 보는 낙인이론가의 관점이다.

정답 ②

04 범죄원인의 결정론적 시각에 관한 설명으로 가장 적절하지 않은 것은?

① 범죄자의 처벌보다는 치료를 강조한다.
② 인간의 자유의지를 중요시 한다.
③ 특별예방주의적 사고를 기초로 하고 있다.
④ 사회적 책임론을 책임의 근거로 하고 있다.

정답 및 해설

① [○] 결정론은 범죄는 개인의 선택이 아니라 자신이 통제할 수 없는 사회적·생물학적 요인에 의해서 결정되는 것이기 때문에 범죄자도 일종의 사회적 병약자로 본다. 따라서 그에게 책임을 물어 처벌할 수 없고 오히려 그를 치료하고 처우해야 한다고 주장한다. 반면에, 비결정론은 인간의 선택의 자유와 그 선택에 따른 책임을 강조하고 범죄자도 도덕적 장애자로 보아 범죄자는 처벌되어야 한다고 주장한다.
② [×] 비결정론에 대한 설명이다. 비결정론은 범죄를 포함한 모든 인간행위는 자유의사에 따라 결정된다고 보고, 결정론은 인간의 행위는 개인의 특수한 소질조건과 그 주변의 환경조건에 따라 결정된다고 이해한다. 즉, 비결정론은 범죄행위가 자유의사를 가진 인간의 선택의 결과로 보는 반면, 결정론은 범죄행위가 인간이 어찌할 수 없는 환경과 요인에 의해서 결정된 결과로 본다.
③ [○] 결정론은 특별예방주의적 사고를 기초로 하고 있고, 비결정론은 일반예방주의적 사고를 기초로 하고 있다.
④ [○] 결정론은 사회적 책임을 강조하고, 비결정론은 도덕적 책임을 강조한다.

정답 ②

05 범죄를 바라보는 관점에 대한 설명으로 옳지 않은 것은?

□□□ ① 합의론적 관점에 따르면, 범죄를 규정하기 위해서는 대다수 구성원의 동의가 있어야 한다고 본다.
② 갈등론적 관점에 따르면, 범죄는 지배계층의 이익을 보호하도록 설계된 정치적 개념으로 본다.
③ 상호작용론적 관점에 따르면, 범죄의 정의는 지배적인 도덕적 가치를 반영한다고 본다.
④ 상호작용론적 관점과 합의론적 관점 모두에 따르면, 법은 모든 시민에게 동등하게 적용된다고 본다.

정답 및 해설

① [○] 사회는 많은 개인 또는 개체들로 구성된 하나의 유기체로서 여러 개인들이 한 사회 내에서 질서를 유지하며 살아가기 위해서는 어떠한 형태로든 합의하지 않으면 안 된다고 본다. 즉, 범죄란 사회구성원의 보편적인 인식과 가치관을 바탕으로 한 합의나 동의에 의해 형성된 '규범·규칙·목표' 등을 의미한다.
② [○] 갈등론자들은 범죄의 개념을 도덕적 합의나 사회의 붕괴를 통제하기 위해서가 아니라, 지배계층이 부와 권력, 지위를 지키기 위해서 생겨난 것으로 인식하기 때문에 이들의 관점에서 본 범죄는 법률적이라기보다는 오히려 사회경제적이고 정치적인 색채가 짙다.
③ [○] 범죄개념은 고유하고 객관적 실체가 없고, 권력집단의 도덕적 기준에 따라 임의적으로 규정된 행위나 낙인된 행위가 범죄가 된다.
④ [×] 합의론적 관점에서 형법은 사회구성원 대다수의 의견을 반영하고, 계급이나 집단에 관계없이 구성원 모두에게 평등하게 적용된다고 본다. 상호작용론적 관점은 사회구성원 대다수의 합의가 존재하는 것이 아니라, 소수의 리더인 종교지도자나 형사사법기관의 수장과 같은 도덕십자군들의 판단에 의해 사회문제나 범죄가 만들어진다고 주장한다. 범죄자는 도덕십자군들에 의해 범죄자라는 낙인이 성공적으로 씌워진 사람들이므로 법이 모든 시민에게 동등하게 적용된다고 보지 않는다.

정답 ④

06 범죄두려움(Fear of Crime)에 대한 설명으로 가장 적절하지 않은 것은?

□□□ ① 범죄두려움에 대한 개념은 다양하나 일반적으로 특정 범죄의 피해자가 될 가능성의 추정이나 범죄 등에 대한 막연한 두려움의 추정으로 정의된다.
② 범죄두려움의 이웃통합모델(Neighborhood Integration Model)은 지역사회의 무질서 수준이 범죄두려움에 영향을 준다는 설명방식이다.
③ 일반적으로 여성이나 노인은 젊은 남성에 비해 범죄피해율이 매우 낮지만 상대적으로 범죄두려움은 더 높게 나타나는 현상을 범죄피해 – 두려움의 패러독스라 한다.
④ 범죄두려움 개념은 CCTV, 조명 개선의 범죄예방효과 확인을 위한 지역주민의 주관적 평가에 활용할 수 있다.

정답 및 해설

② [×] 무질서모델에 대한 설명이다. 무질서모델은 개인에게 지각되는 물리적, 사회적 무질서가 범죄의 두려움을 증가시킨다는 것이고, 이웃통합모델은 이웃지역의 결속과 상호신뢰가 존재한다면 지역의 두려움은 감소될 수 있다는 것이다.

정답 ②

제2장 형사정책(범죄학)연구

제1절 | 형사정책의 연구방법

01 범죄학 연구방법 중 질적 연구에 관한 설명으로 가장 적절하지 않은 것은? 2024. 경찰2차
□□□
① 사회현상에 대한 심층적 이해가 가능하다.
② 사회현상을 주관적으로 분석한다.
③ 사회현상의 인과관계를 밝혀 법칙을 발견하고 인간행동의 예측이 가능하다.
④ 소규모 분석에 유리하고 자료분석에 시간이 많이 소요된다.

정답 및 해설

③ [×] 양적 연구에 대한 설명이다. 양적 연구는 측정가능한 객관적인 자료를 바탕으로 결론을 도출하고(객관성↑), 질적 연구는 직접 관찰한 자료의 질을 바탕으로 결론을 도출한다(객관성↓). 양적 연구는 질적 연구에 비해 연구 결과의 외적 타당성(일반화 정도)을 확보하기 쉽지만, 질적 연구는 대부분 사례연구이거나 매우 소수의 표본을 대상으로 한 연구이기 때문에 연구결과를 일반화하기 어렵다는 단점이 있다.

 양적 연구방법 vs 질적 연구방법

양적연구	ⓐ 객관적, ⓑ 인과관계 이해, ⓒ 자료 수치화, ⓓ 행위 연구, ⓔ 설문조사, 실험연구
질적연구	ⓐ 주관적, ⓑ 심층적 이해, ⓒ 주관적 해석, ⓓ 동기·의도 연구 ⓔ 심층면접, 참여관찰

정답 ③

02 범죄측정에 대한 설명으로 가장 적절하지 않은 것은? 2024(74). 경위
□□□
① 공식범죄통계에서 범죄율은 일정 기간(보통 1년) 동안 인구 10만 명당 몇 건의 범죄가 발생했는 지를 나타내며, 검거율은 경찰이 한 해 동안 범인을 검거한 사건에서 한 해 동안 인지한 사건 수를 나누어 백분율로 계산한다.
② 범죄피해조사는 공식 형사사법기관에 보고되지 않은 암수범죄를 밝히는 데 유용하지만 살인, 강도, 강간, 절도 등 전통적인 범죄가 조사대상이 된다는 한계가 있다.
③ 경찰의 「범죄통계」는 각 경찰관서에서 입력한 범죄발생 사항을 집계한 것으로 범죄발생 및 검 거, 범죄발생 상황, 범죄자 및 피해자 특성에 대한 내용을 포함한다.
④ 자기보고식조사는 보통 설문조사를 통하여 지난 1년 동안 각 유형별로 몇 건의 범죄를 했는지를 질문하는 방식인데, 익명조사로 이루어지는 경우가 많다.

② [×] 피해자조사는 보편적으로 전통적인 통상범죄를 주로 조사대상으로 하고 있어서 상당한 종류의 범죄가 조사되지 않기 때문에 우리 사회의 전체범죄를 파악하는 데에는 불충분하다. 즉, 개인적 법익에 대한 조사는 가능하지만, 국가적·사회적 법익에 관한 범죄의 암수 파악이 곤란하다. 살인의 경우 피해자가 존재하지 않기 때문에 피해조사가 사실상 불가능하고, 강간의 경우 대부분 여성이 그 피해자로 수치심에 의해 자신의 피해를 신고하기를 꺼리는 경향이 있어 피해자조사의 한계로 지적되고 있다. 본 지문은 강도, 강간, 절도 등 전통적인 범죄가 조사대상이 된다는 점에서 범죄피해조사의 한계로 본다는 점에서도 잘못된 지문이다.

정답 ②

03 범죄학과 범죄학의 연구방법에 관한 설명으로 가장 적절하지 않은 것은?   2023. 경찰2차

□□□

① 서덜랜드(Sutherland)와 크레시(Cressey)에 따르면 범죄학은 범죄에 대한 모든 지식체계로서 범죄의 원인과 법 위반에 대해 대응하는 과정에 관한 연구를 포함한다.
② 범죄학은 법학, 심리학, 사회학 등 다양한 학문과 연계되는 학제적인 학문이다.
③ 경험론적 범죄학 연구방법에는 표본집단조사, 설문조사연구, 통계자료 분석, 실험연구 및 관찰연구가 포함된다.
④ 공식범죄 통계를 통해 확인하기 어려운 암수를 직접 관찰하는 방법으로는 자기보고식 조사와 피해자조사가 있다.

① [○] 범죄학은 사회현상으로서의 비행과 범죄에 대한 모든 지식의 체계로서, 범죄행위와 그에 대한 사회의 반응에 관한 연구의 과학적 접근을 말한다. 서덜랜드와 크레시에 따르면, 범죄학은 법의 제정과정과 법을 위반하는 과정, 법위반에 대해 대응하는 과정을 연구의 대상으로 하며, 대체로 법의 기원과 발달에 관한 법사회학, 범죄의 원인을 규명하는 범죄병리학, 범죄에 대한 사회적 반응인 행형학으로 구성된다고 하였다.
② [○] 범죄학은 상이한 학문적 관점을 가진 다양한 학자들에 의해서 연구되고, 다양한 학자 간의 공동연구를 통해서 연구되는 학문분야로, 법학, 심리학, 사회학 등 여러 학문들이 결합된 하나의 학제적인 과학 또는 종합과학적 특성을 가지고 있다.
③ [○] 경험론적 범죄학 연구방법에는 표본집단조사, 설문조사연구, 통계자료 분석, 실험연구 및 관찰연구가 포함된다.
④ [×] 공식범죄 통계를 통해 확인하기 어려운 암수를 간접 관찰하는 방법으로 자기보고식 조사, 피해자조사, 정보제공자조사가 있다.

정답 ④

04 범죄측정에 대한 설명으로 옳은 것은?   2023. 보호 7급

□□□

① 참여관찰 연구는 조사자의 주관적 편견이 개입할 수 있고, 시간과 비용이 많이 들며 연구결과의 일반화가 어렵다.
② 인구대비 범죄발생건수를 의미하는 범죄율(Crime Rate)은 각 범죄의 가치를 서로 다르게 평가한다.
③ 자기보고식 조사(Self-Report Survey)는 경미한 범죄보다는 살인 등 중대한 범죄를 측정하는 데 사용된다.
④ 피해 조사(Victimization Survey)는 개인적 보고에 기반하는 점에서 조사의 객관성과 정확성을 확보할 수 있다.

① [○] 참여적 관찰방법은 피관찰자들의 인격상태에 관한 객관적 관찰이 불가능하기 때문에 연구 관찰자의 주관적인 편견이 개입될 우려가 있고, 조사방법의 성격상 많은 시간과 비용이 들며, 관찰의 대상이 한정되어 다양한 범죄인의 전체적인 파악에 한계가 있으므로 그 결과를 일반화할 수 없다.

② [×] 범죄율은 일정기간(보통 1년) 동안 어떤 지역에서 인구 10만 명당 몇 건의 범죄가 발생했는지를 나타내며(범죄율 = 범죄건수/인구수 × 100,000), 인구대비 범죄발생건수 및 특정기간별 범죄발생을 비교할 수 있다는 점에서 유용한 자료이다. 다만, 중요범죄와 상대적으로 가벼운 범죄가 동등한 범죄로 취급되어 통계화된다는 문제점이 있어 범죄의 중요도를 구분한 범죄율 조사를 주장하기도 한다(Sellin, Thorsten, Wolfgang).

③ [×] 자기보고식 조사는 경범죄(경미범죄)의 실태파악은 가능하지만, 처벌에 대한 두려움 등으로 중범죄(강력범죄)에 대한 실태파악은 곤란하다. 피해자 조사는 경미범죄보다 강력범죄를 더 오래 기억하므로 강력범죄의 실태파악에 용이하다.

④ [×] 피해자 조사는 실제 범죄의 피해자로 하여금 범죄의 피해경험을 보고하게 하는 방법이다. 피해자의 기억에 의존하므로 피해자의 특성에 따라 달라질 수 있는 등 객관적 자료를 수집하기 곤란하고, 피해자가 피해를 인식하지 못한 경우나 피해자가 범죄피해가 없었다고 오신하는 경우에는 조사결과의 정확성이 결여된다.

정답 ①

05 공식범죄통계에 대한 설명으로 가장 적절한 것은?

2023(73). 경위

① 범죄율은 일정 기간(통상 1년) 동안 특정 지역에서 인구 1,000명당 발생한 범죄 건수를 나타낸다.
② 총 인구가 2022년 20만 명에서 2023년 15만 명으로 감소한 인구소멸 지역인 A시에서 동 기간 범죄건수가 2,000건에서 1,000건으로 줄었다면 범죄율이 50% 감소한 것이다.
③ 우리나라의 공식 범죄통계 중 경찰청 「범죄통계」와 검찰청 「범죄분석」의 범죄발생 건수는 동일하다.
④ 우리나라 경찰의 검거율은 100%를 초과하여 달성되는 경우도 종종 발생한다.

① [×] 범죄율은 일정기간(보통 1년) 동안 어떤 지역에서 인구 10만 명당 몇 건의 범죄가 발생했는지를 나타내며(범죄율 = 범죄건수/인구수 × 100,000), 인구대비 범죄발생건수 및 특정기간별 범죄발생을 비교할 수 있다는 점에서 유용한 자료이다.

② [×] 2022년: 2,000/200,000 × 100,000 = 1,000, 2023년: 1,000/150,000 × 100,000 = 666.6
▶ 그러므로 범죄율이 대략 34% 감소한 것이다.

③ [×] 경찰청의 「범죄통계」는 각 지역경찰서에서 입력한 범죄발생 사항을 집계한 전형적인 발생통계이고, 검찰청의 「범죄분석」은 경찰청의 「범죄통계」에 다시 검찰이 인지한 사건을 더한 것으로 이것 역시 발생통계라고 할 수 있다. 경찰청의 통계는 검찰 인지사건이 누락됨으로써, 실제의 전체 범죄발생 건수보다 건수가 약간 부족하다는 단점이 있는 반면, 검찰청의 통계에 비해 형사사법기관을 거치면서 범죄현상이 왜곡되는 것이 덜하다는 장점이 있다.

④ [○] 검거율은 경찰이 한 해 동안 범인을 검거한 사건에서 한 해 동안 인지한 사건 수를 나누어서 백분율로 계산(검거율 = 한 해 동안 범인이 검거된 사건수/한 해 동안 발생한 사건수 × 100)하는데, 주의할 점은 한 해에 일어난 사건의 범인이 한참 후에 검거되는 경우도 많으므로, 일반적으로 생각하는 "한 해 발생한 사건 중에서 범인이 검거된 비율"을 나타내는 것이 아니라는 점이다. 결과적으로 검거율은 100%가 넘는 경우도 자주 발생한다.

정답 ④

06 □□□ 다음 중 공식범죄통계에 대한 설명으로 가장 옳지 않은 것은?

① 공식범죄를 대상으로 하기 때문에 암수범죄를 반영하기 어렵다.
② 우리나라의 범죄통계자료로 경찰청에서 발행하는 「범죄백서」가 있다.
③ 질적 분석보다는 양적 분석을 위주로 하므로 개별 사건의 비중이 무시될 가능성이 있다.
④ 경찰, 검찰, 법원 등 형사사법 기관에 따라 공식범죄통계에 차이가 발생할 수 있다.

> **정답 및 해설**
>
> ① [○] 공식범죄통계에는 암수범죄가 나타나 있지 않기 때문에 객관적인 범죄상황을 정확히 나타내 주지는 못한다는 한계가 있다.
> ② [×] 경찰에서 발행하는 「범죄통계」는 검찰에서 직접 처리한 사건을 제외하고 전국 각급 경찰서에서 취급한 사건의 발생통계원표, 검거통계원표, 피의자 환경조사표 등 3종의 범죄통계원표를 토대로 집계·분석한 것이다. 「범죄분석」은 대검찰청에서, 「범죄백서」는 법무연수원에서 발행한다.
> ③ [○] 범죄의 구체적 상황이나 범죄자의 개인적 특성 등 질적 파악 및 범죄의 인과관계의 해명이 어렵다는 한계가 있다.
> ④ [○] 통계상 차이가 발생하는 이유는 ㉠ 사회에서 발생하는 전체 범죄 수, ㉡ 수사기관에 의해 인지된 범죄 수(암수범죄의 누락), ㉢ 검찰이 기소한 범죄 수(기소편의주의에 의한 불기소처분 건수 탈락), ㉣ 법원의 유죄판결을 선고한 범죄 수, ㉤ 집행유예 등 석방된 건수, ㉥ 형 집행 건수로 점점 감소하게 되어 있다.
>
> 정답 ②

07 □□□ 범죄학 연구방법에 대한 설명으로 가장 적절한 것은?

① 실험연구는 일정한 기간을 정하고, 이 기간 동안 연구대상 집단에 대한 시계열 분석을 하는 방법이다.
② 참여관찰은 연구자가 스스로 범죄집단에 들어가 범죄자의 일상을 관찰할 수 있다는 장점이 있지만, 연구의 객관화가 어렵고, 윤리문제가 제기될 수 있다.
③ 사례연구는 과거중심적 연구방법으로 특정 범죄자의 성격, 성장과정, 범죄경력 등을 종합적으로 분석함으로써, 연구결과의 일반화가 가능하다는 장점이 있다.
④ 문헌연구는 연구자가 설문 및 사례 등을 계량적으로 분석하는 방법으로, 연구 결과의 신뢰성을 높일 수 있다는 장점이 있다.

> **정답 및 해설**
>
> ① [×] 실험연구는 설정된 가정을 검증하기 위하여 제한된 조건하에서 반복적으로 이루어지는 관찰을 의미한다. 집단의 등가성 확보, 사전과 사후조사, 실험(대상)집단과 통제집단이라는 세 가지 전제조건을 통하여, 실험집단과 통제집단에 대한 사전검사와 사후검사를 통해 종속변수(결과)에 미치는 처치의 효과를 검증한다.
> ② [○] 조사방법이 소규모로 진행되기 때문에 연구결과를 일반화할 수 없고, 연구대상에 피해를 줄 가능성·연구대상을 기만할 가능성·연구과정에서 법을 위반할 가능성 등 윤리문제가 제기될 수 있다.
> ③ [×] 개인을 대상으로 하므로 연구결과를 일반화할 수 없고, 전형적인 대상이 아니면 다른 상황에 일반화할 수 없다.
> ④ [×] 시간과 비용을 절약할 수 있고 기존 연구의 동향을 알 수 있는 장점이 있지만, 연구자의 주관이 영향을 줄 수 있고 문헌의 신뢰도에 문제가 있을 때 연구가 손상될 수 있다.
>
> 정답 ②

08 다음은 범죄학 연구방법에 관한 내용이다. 가장 적절한 것은?

> ⊙ 특정 지역에 거주하며 공통된 특성을 공유하고 있는 집단을 대상으로 상당 시간 동안 관찰하여 수행하는 것이다.
> ⓒ 대부분의 연구방법들은 시계열적 분석이 미흡하고, 범죄경력의 진전 과정이나 범죄율 증감 과정에 대한 분석이 간과되기 쉽다는 단점을 보완하기 위해 고안되었다.
> ⓒ 시간의 흐름에 따라 범죄율이 증감되는 과정의 관찰이 가능하다는 장점이 있으나, 대상자의 자료 수집에 큰 비용과 시간이 소요된다.

① 코호트연구(Cohort Research)
② 참여관찰연구(Participant Observation)
③ 데이터 마이닝(Data Mining)
④ 실험연구(Experimental Study)

정답 및 해설

① [○] 코호트(Cohort)연구에 대한 설명이다. 코호트연구는 유사한 특성을 공유하는 집단(Cohort)을 시간의 흐름에 따라 추적하여 관찰하는 연구방법으로, 어떤 특성을 두 번 이상의 다른 시기에 걸쳐 비교 연구하는 종단연구 방법의 하나이다. 코호트를 신중하게 선택하면 어떤 경험이 범죄를 유발하는지 추론이 가능하다.
② [×] 참여관찰연구는 현장조사라고도 하는 것으로, 관찰자(연구자)가 직접 범죄자 집단에 들어가 함께 생활하면서 그들의 생활을 관찰하는 조사방법을 말한다.
③ [×] 데이터 마이닝은 대규모 데이터 집합에서 패턴, 규칙, 통계적 구조 등의 유용한 정보를 발견하는 과정을 의미하며, 이를 위해 통계학, 인공지능, 기계학습 등의 기술과 알고리즘을 사용하여 데이터를 탐색하고 분석한다. 데이터 마이닝 기법은 크게 분류, 연관성 분석, 클러스터링, 예측, 그리고 시퀀스 패턴 분석 등으로 분류할 수 있다.
④ [×] 실험연구는 설정된 가정을 검증하기 위하여 제한된 조건하에서 반복적으로 이루어지는 관찰을 의미하며, 경험과학적 연구에서 실험은 가장 효과적인 방법 중의 하나로 인정되고 있다.

정답 ①

09 형사정책 연구 방법에 대한 설명으로 옳은 것은?

① 실험연구는 실험 지역의 모든 변수를 통제하기 때문에, 일상적 환경에서도 완벽한 인과관계 검증이 가능하다.
② 참여관찰연구는 연구자가 연구 대상 집단에 직접 참여하여 관찰하기 때문에, 연구 대상의 상호작용을 심층적으로 파악하기에 용이하다.
③ 설문조사는 조사 대상자의 태도·인식의 변화를 관찰할 수 없다.
④ 추적조사는 인위적으로 설정된 실험 환경에서 범죄 기회를 제공하고, 참가자의 반응을 기록하는 방법이다.

정답 및 해설

① [×] 실험연구는 인과관계 검증과정을 통제하여 변수 간 인과관계를 명확히 규명할 수 있으며, 연구자가 변수와 환경을 통제할 수 있어 외부 요인의 영향을 줄일 수 있지만, 외적 타당성을 확보하기 위한 변수의 통제로 인한 인위성의 위험성은 자연조건상의 모집단에 일반화할 수 있는 가능성을 저해한다. 즉, 실제 생활에 적용하기 어려운 결과가 나올 수 있어서 외부 타당도(연구결과를 일반화할 수 있느냐의 정도)를 높이는 데는 한계가 있다.
② [○] 참여관찰연구는 관찰자(연구자)가 직접 범죄자 집단에 들어가 함께 생활하면서 그들의 생활을 관찰하는 조사방법을 말하며, 체포되지 않은 범죄자들의 일상을 관찰할 수 있으므로 범죄인에 대한 생생한 실증자료를 얻을 수 있다.

③ [×] 설문조사는 조사 대상자의 인격, 특성, 가치관, 태도, 인식의 변화 등을 관찰할 수 있다.
④ [×] 실험연구에 대한 설명이다. 추행(추적)조사는 일정 수의 범죄자 또는 비범죄자를 일정 기간 계속적으로 추적·조사하여 그들의 특성과 사회적 조건의 변화상태를 분석하고, 그 변화상태와 범죄자 또는 범죄와의 연결관계를 살펴보는 방법이다.

정답 ②

10 □□□ 범죄자의 장기적인 범죄경력 연구에 가장 적합한 조사설계는?

2023. 해경 경위

① 횡단적 조사설계
② 반복횡단 조사설계
③ 패널 조사설계
④ 코호트 조사설계

정답 및 해설

③ [○] 조사설계는 연구문제에 대한 가장 적합한 해답을 얻기 위해 어떤 논리적 구조로 관찰하고 분석할 것인지 전반적인 계획을 세우는 것을 말한다. 범죄자의 장기적인 범죄경력 연구에 가장 적합한 조사설계는 패널조사설계이다.

💡 조사설계의 종류	
횡단적 조사설계 (Cross-sectional study design)	• 특정 시점에 데이터를 수집하여 연구 대상의 상태나 특성을 파악하는 조사 방법이다. • 단 한 번의 측정으로 표본의 다양한 특성을 조사하며, 주로 사람들의 행동, 태도, 건강상태 등을 특정 시점에서 파악하는 데 사용한다. • 특정연령대 흡연율과 건강문제의 상관관계 조사, 특정시점의 여론 조사, 특정시점에서의 소비성향이나 만족도 조사 등에 활용된다. • 신속하고 간단하게 데이터를 수집하여 변수 간 상관관계를 파악할 수 있는 장점이 있으나, 데이터가 시간에 따른 변화를 반영하지 못하므로, 인과성을 설명하려면 종단적 연구가 필요하다.
반복횡단 조사설계 (Repeated cross-sectional study design)	• 횡단적 조사를 여러 시점에 걸쳐 반복하여 특정 주제나 현상의 변화를 추적하는 방법이다. • 매 조사마다 표본은 다를 수 있지만, 동일한 방법론과 질문으로 조사하여 시기별 변화를 비교할 수 있다.
패널 조사설계 (Panel study design)	• 동일한 조사 대상(패널)을 일정 기간 동안 여러 차례에 걸쳐 반복적으로 조사하는 설계 방식이다. • 동일한 사람이나 가구, 조직 등을 지속적으로 추적하며 변화를 기록하기 때문에, 시간에 따른 개인 또는 집단의 변화를 파악하고 인과 관계를 추론하는 데 유리한 종단연구의 대표적 방법이다. • 문제는 시간의 경과에 따라 패널의 일부가 조사에서 이탈할 수 있어 데이터 손실이 발생할 수 있기 때문에 동일 표본을 지속적으로 관리하고 조사하는 데 상당한 비용과 자원이 소요된다.
코호트 조사설계 (Cohort study design)	• 특정한 특성을 공유하는 집단(코호트)을 일정 기간 동안 추적하여 시간에 따른 변화를 관찰하는 조사 방법이다. • 코호트는 보통 연령, 특정 경험, 환경 노출 등 공통된 특성을 지닌 집단으로, 이들의 행동이나 건강 상태가 시간에 따라 어떻게 변화하는지 조사한다. • 패널 조사설계와 유사하지만, 특정한 특성을 지닌 집단을 대상으로 한다는 점에서 차이가 있다. • 특정환경에 노출된 사람들의 질병발병률을 추적하여 환경적 요인과 건강상태의 상관관계를 연구하는 데 유용하다.

정답 ③

11 범죄 연구방법에 대한 설명으로 가장 옳지 않은 것은?

2018. 보호 7급

① 피해자조사는 암수범죄의 조사방법으로서 많이 활용되는 방법이다.
② 범죄율과 범죄시계는 인구변화율을 반영하여 범죄의 심각성을 인식할 수 있게 한다.
③ 공식범죄통계는 범죄의 일반적인 경향과 특징을 파악할 수 있게 한다.
④ 참여적 관찰법은 체포되지 않은 범죄자들의 일상을 관찰할 수 있게 한다.

정답 및 해설

① [○] 피해자조사는 실제 범죄의 피해자로 하여금 범죄의 피해경험을 보고하게 하는 방법으로, 암수범죄의 조사
방법으로 가장 많이 활용된다. 공식통계가 암수범죄의 문제를 안고 있기 때문에 실제 범죄의 피해자는 공식적으
로 보고되고 기록된 것보다 많을 것이라는 가정하에, 가해자가 아닌 피해자를 통하여 범죄를 파악하고자 하는
방법이 피해자조사이다.
② [×] 범죄시계는 인구성장률을 반영하지 않고 있고 시간을 고정적인 비교단위로 사용하는 문제점이 있기 때문
에 통계적 가치는 크지 않으나, 일반인들에게 범죄경보기능을 하고 있다.
③ [○] 공식범죄통계는 범죄현상의 양적·외형적·일반적 경향 파악에 유용하지만, 범죄의 구체적 상황이나 범죄
자의 개인적 특성 등 질적 파악 및 범죄의 인과관계의 해명이 어렵다.
④ [○] 참여적 관찰법은 체포되지 않은 자와 체포된 자 등 모두 참여관찰의 연구대상이 되며, 참여관찰의 초점은
그 대상이 아니라 직접적으로 관찰하는지의 여부이다.

정답 ②

12 범죄학의 연구방법에 관한 설명으로 가장 적절하지 않은 것은?

2023. 경찰1차

① 피해자조사는 암수범죄를 파악하는 데 용이하다.
② 실험연구는 연구결과의 내적 타당성을 확보하기에 유용하다.
③ 사례연구는 특정한 범죄자의 생애를 연구하기에 유용하다.
④ 참여관찰은 연구자의 주관이 개입될 가능성이 낮다.

정답 및 해설

① [○] 피해자조사는 실제 범죄의 피해자로 하여금 범죄의 피해경험을 보고하게 하는 방법으로, 암수범죄의 조사
방법으로 가장 많이 활용된다.
② [○] 실험연구방법은 연구의 내적 타당성(internal validity)에 영향을 미치는 요인들을 통제하는 데 가장 유리한
연구방법으로서 비교적 빨리 그리고 적은 비용으로 쉽게 계량화할 수 있는 자료를 확보할 수 있다. 실험은 양적
인 자료를 얻을 수 있는 방법으로 통제를 많이 할 수 있기 때문에 내적 타당성을 확보하는 대신 인위적이기
쉽다.
③ [○] 개별적 사례조사는 범죄자 개개인에 대해 인격과 환경 등 여러 요소를 종합적으로 분석하여 상호연결관계
를 규명하는 방법이다. 조사대상자에 대한 개별적 사례조사나 그의 과거사를 조사하는 것으로 일기나 편지 등
개인의 극히 내밀한 정보의 획득이 요구된다. 특정한 사례를 연구하여 자료를 수집하는 사례연구, 특정인의 생애
를 연구하여 자료를 수집하는 생애사연구 등이 있다.
④ [×] 참여적 관찰방법은 관찰자(연구자)가 직접 범죄자 집단에 들어가 함께 생활하면서 그들의 생활을 관찰하는
조사방법으로, 피관찰자들의 인격상태에 관한 객관적 관찰이 불가능하기 때문에 연구 관찰자의 주관적인 편견이
개입될 우려가 있다.

정답 ④

13

□□□

교정학 및 형사정책의 연구방법에 대한 설명으로 옳은 것은?

① 범죄(공식)통계표 분석방법은 범죄와 범죄자의 상호 연계관계를 해명하는 데 유용하며, 숨은 범죄를 발견할 수 있다.
② 참여관찰방법은 조사대상에 대한 생생한 실증자료를 얻을 수 있고, 연구결과를 객관화할 수 있다.
③ 실험적 연구방법은 어떤 가설의 타당성을 검증하거나 새로운 사실을 관찰하는 데 유용하며, 인간을 대상으로 하는 연구를 쉽게 할 수 있다.
④ 사례조사방법은 범죄자의 일기, 편지 등 개인의 정보 획득을 바탕으로 대상자의 인격 및 환경의 여러 측면을 분석하고, 그 각각의 상호 연계관계를 밝힐 수 있다.

정답 및 해설

① [×] 범죄(공식)통계표는 범죄 및 범죄자에 관한 일반적 경향성만을 나타낼 뿐 범죄현상의 내재적 상관관계나 범죄원인을 분석하기 위한 통계조사는 포함되지 않으며, 암수(숨은)범죄가 나타나 있지 않기 때문에 객관적인 범죄상황을 정확히 나타내 주지는 못한다.
② [×] 참여관찰방법은 체포되지 않은 범죄자들의 일상을 관찰할 수 있으므로 범죄인에 대한 생생한 실증자료를 얻을 수 있으나, 조사방법이 소규모로 진행되기 때문에 연구결과를 일반화할 수 없다.
③ [×] 실험적 연구방법은 어떤 가설의 타당성을 검증하거나 새로운 사실을 관찰하는 데 유용하지만, 실험여건이나 대상의 확보가 쉽지 않고 자연사실이 아닌 인간을 대상으로 한다는 점에서 실행의 곤란함이 있다.
④ [○] 개별적 사례조사는 조사대상자에 대한 개별적 사례조사나 그의 과거사를 조사하는 것으로 일기나 편지 등 개인의 극히 내밀한 정보의 획득이 요구되며, 범죄자 개개인에 대해 인격과 환경 등 여러 요소를 종합적으로 분석하여 상호 연결관계를 규명하는 방법이다.

정답 ④

14

□□□

다음 범죄연구 사례에서 활용된 연구방법에 관한 설명으로 가장 적절한 것은?

> 범죄학자 甲은 1945년 출생자 중에서 10세부터 18세의 기간 동안 ○○시에 거주한 청소년들을 조사하였고, 소수의 비행청소년들이 전체 소년범죄의 절반 이상을 집중적으로 저질렀으며, 이들 중 약 45%의 청소년은 30세가 되었을 때 성인 범죄자가 되었다고 주장하였다.

① 유사한 특성을 공유하는 집단을 시간의 흐름에 따라 추적하여 관찰하는 연구방법이다.
② 연구자가 집단의 활동에 참여함으로써 연구대상을 관찰하여 자료를 수집하는 연구방법이다.
③ 연구대상자로 하여금 자신의 비행이나 범죄행동 사실을 스스로 보고하게 하는 연구방법이다.
④ 연구자가 내적 타당성에 관련된 요인을 통제하기 용이한 연구방법이다.

정답 및 해설

울프강(Wolfgang)과 동료들의 필라델피아 코호트 연구에 대한 설명이다. 그들은 1945년 출생자 중에서 10세부터 18세의 기간 동안 필라델피아 시에 거주한 청소년들을 조사한 결과, 전반적으로 연령이 높아질수록 비행청소년의 비율도 증가했는데 가장 비행을 많이 저지르는 연령은 16세였다. 그런데 이러한 비행청소년들의 46%는 한 번만 범죄에 가담한 것으로 나타났다. 반면 소수의 비행청소년들이 전체 범죄의 절반 이상을 집중적으로 저질렀으며, 이러한 청소년들의 약 45%가량은 30세가 되었을 때 성인 범죄자가 되는 것으로 밝혀졌다. 반면 청소년기에 비행을 저지르지 않은 청소년들의 82%는 성인이 되어도 여전히 비범죄자군에 속했다.
① [○] 코호트 연구방법에 대한 설명이다.
② [×] 참여적 관찰방법에 대한 설명이다.
③ [×] 설문조사방법 중 자기보고조사에 대한 설명이다.
④ [×] 실험연구방법에 대한 설명이다.

정답 ①

15

형사정책학의 연구방법론에 대한 설명으로 옳지 않은 것은?

2020. 보호 7급

① 일반적으로 범죄율이라 함은 범죄통계와 관련하여 인구 100,000명당 범죄발생건수의 비율을 말한다.

② 자기보고조사란 일정한 집단을 대상으로 개개인의 범죄 또는 비행을 스스로 보고하게 함으로써 암수를 측정하는 방법이다.

③ 개별적 사례조사방법이란 연구자가 직접 범죄자 집단에 들어가 함께 생활하면서 그들의 생활을 관찰하는 조사방법을 말한다.

④ 범죄통계에는 필연적으로 암수가 발생하는바, 암수를 조사하는 방법으로는 참여적 관찰, 비참여적 관찰, 인위적 관찰방법 등이 있다.

정답 및 해설

③ [×] 참여적 관찰방법에 대한 설명이다. 개별적 사례조사는 범죄자 개개인에 대해 인격과 환경 등 여러 요소를 종합적으로 분석하여 상호 연결관계를 규명하는 방법이다. 조사대상자에 대한 개별적 사례조사나 그의 과거사를 조사하는 것으로 일기나 편지 등 개인의 극히 내밀한 정보의 획득이 요구된다.

정답 ③

16

형사정책의 연구방법에 대한 설명으로 옳지 않은 것은?

2014. 교정 7급

① 공식범죄통계는 범죄현상을 분석하는 데 기본적인 수단으로 활용되고 있으며, 다양한 숨은 범죄를 포함한 객관적인 범죄 상황을 정확히 나타내는 장점이 있다.

② (준)실험적 연구는 새로 도입한 형사사법제도의 효과를 검증하는 데 유용하게 활용된다.

③ 표본조사방법은 특정한 범죄자 모집단의 일부를 표본으로 선정하여 그들에 대한 조사결과를 그 표본이 추출된 모집단에 유추 적용하는 방법이다.

④ 추행조사방법은 일정한 범죄자 또는 비범죄자들에 대해 시간적 간격을 두고 추적 · 조사하여 그들의 특성과 사회적 조건의 변화를 관찰함으로써 범죄와의 상호 연결관계를 파악할 수 있다.

정답 및 해설

① [×] 공식범죄통계는 범죄상황을 파악하는 데 있어서 가장 기본적인 수단으로 활용되고 있으나, 통계에는 암수범죄가 나타나 있지 않기 때문에 객관적인 범죄 상황을 정확히 나타내 주지는 못한다.

정답 ①

17 범죄학의 연구방법에 대한 다음 설명 중 가장 적절하지 않은 것은? 2022(72). 경위

□□□ ① 설문조사를 통한 연구는 두 변수 사이의 관계를 넘어서는 다변량 관계를 살펴볼 수 있다는 장점이 있다.
② 양적 연구는 질적 연구에 비해 연구결과의 외적 타당성을 확보하기 어렵다는 단점이 있다.
③ 실험연구는 연구자가 필요한 조건을 통제함으로써 내적 타당성을 확보하기에 용이하다.
④ 설문조사를 통한 연구는 부정확한 응답의 가능성에 대한 고려가 필요하다.

정답 및 해설

① [○] 범죄통계를 이용하는 연구방법은 두 변수 사이의 2차원 관계 수준의 연구를 넘어서기 어렵다는 한계가 있는 반면, 설문조사를 통한 연구방법은 청소년 비행과 같이 공식통계로 파악하기 어려운 주제에 적합하며, 두 변수 사이의 관계를 넘어서는 다변량(多變量) 관계를 연구할 수 있다는 장점이 있다.
② [×] 측정 가능한 객관적인 자료를 바탕으로 결론을 도출하는 양적 연구는 직접 관찰한 자료의 질을 바탕으로 결론을 도출하는 질적 연구에 비해 연구결과의 외적 타당성(일반화할 수 있는 정도)을 확보하기 쉽다는 장점이 있다.
③ [○] 실험연구방법은 연구의 내적 타당성에 영향을 미치는 요인들을 통제하는 데 가장 유리한 연구방법으로서 비교적 빨리 그리고 적은 비용으로 쉽게 계량화할 수 있는 자료를 확보할 수 있다. 즉, 연구자 자신이 자극·환경·처우시간 등을 통제함으로써 스스로 관리할 수 있다는 것이다. 반면에 외적 타당성에 관해서는 약점을 가지고 있다.
④ [○] 설문조사(간접적 관찰)는 행위자, 피해자, 정보제공자의 부정확한 응답의 가능성에 대한 고려가 필요하다.

정답 ②

18 다음 중 범죄학의 연구방법에 대한 설명으로 가장 옳지 않은 것은? 2024. 해경 경위

□□□ ① 비참여적 관찰연구는 연구자가 직접 연구대상에 들어가 함께 생활하면서 집단 구성원의 생활을 자연스럽게 관찰하는 연구방법으로 연구자의 주관적 편견이 개입할 소지가 많아 사실이 왜곡될 수 있다.
② 서덜랜드(Sutherland)의 전문절도범(professional thief) 연구는 대표적인 사례연구(case study)이다.
③ 실험연구는 일정한 조건을 인위적으로 설정한 후 그 속에서 발생하는 사실을 관찰하여 특정 가설의 타당성을 검증하는 방법이다.
④ 추행조사(추적조사)(follow-up-study)는 수직적(종단적) 연구방법에 해당한다.

정답 및 해설

① [×] 참여적 관찰연구에 대한 설명이다. 구체적 사례로는 오스본(Osborne)이 1주일간 자원수형자로 오번 감옥에 들어가 당시 감옥제도의 문제점을 지적하고 수형자자치제를 주장하였다. 그 외 이아니(Ianni)의 조직범죄에 대한 연구(1972), 폴스키(Polsky)의 사기꾼(1967), 클룩크스(Klockars)의 전문적 장물아비(1974), 야블론스키(Yablonsky)의 약물중독자(1965) 등이 있다.
② [○] 사례연구는 범죄자 개개인에 대해 인격과 환경 등 여러 요소를 종합적으로 분석하여 상호 연결관계를 규명하는 방법이다. 구체적 사례로는 1937년 서덜랜드(Sutherland)가 실시한 직업(전문)절도범 연구가 있다. 그 외 스래셔(Thraser)의 갱(1927), 쇼(Shaw)의 잭 롤러(1930) 등이 있다.
③ [○] 실험연구는 인과관계 검증과정을 통제하여 가설을 검증하는 데 유용한 방법으로, 보통 새로운 제도의 효율성을 미리 점검할 때 이용된다.
④ [○] 표본조사가 수평적 비교(실험집단과 비교하는 대조집단을 동일한 시간적 범위 내에서 상호비교)라면, 추행조사는 수직적 비교(일정기간 추적·조사)방법이라고 할 수 있다.

정답 ①

19 교정학 연구방법 중 실험연구에 대한 설명으로 옳지 않은 것은?

2020. 교정 7급

① 인과관계 검증과정을 통제하여 가설을 검증하는 데 유용한 방법이다.
② 실험집단과 통제집단에 대한 사전검사와 사후검사를 통해 종속변수에 미치는 처치의 효과를 검증한다.
③ 집단의 유사성을 확보하기 위해 무작위 할당방법이 주로 활용된다.
④ 외적 타당도에 영향을 미치는 요인들을 통제하는 데 가장 유리한 연구방법이다.

정답 및 해설

④ [×] 실험연구방법은 연구의 내적 타당성(Internal Validity)에 영향을 미치는 요인들을 통제하는 데 가장 유리한 연구방법으로서 비교적 빨리 그리고 적은 비용으로 쉽게 계량화할 수 있는 자료를 확보할 수 있다. 즉, 연구자 자신이 자극·환경·처우시간 등을 통제함으로써 스스로 관리할 수 있다는 것이다. 반면에 외적 타당성(External Validity)을 확보하기 위한 변수의 통제로 인한 인위성(Artificiality)의 위험성은 자연조건상의 모집단에 일반화할 수 있는 가능성을 저해하며, 연구자가 변수를 적절히 조작할 수 있는 환경이나 여건과 실험대상을 확보하기가 쉽지 않다는 어려움이 따른다. 따라서 실험은 내적 타당성에 관련된 요인들의 통제는 쉬우나, 외적 타당성에 관해서는 약점을 가지고 있다.

💡 **내적 타당도 vs 외적 타당도**

내적 타당도	• **의의**: 측정된 결과(종속변수)가 실험처치(독립변수)에 의한 영향으로만 나타난 변화가 맞는지에 관한 것이다. 즉, 종속변수에 나타난 변화가 독립변수의 영향에 의한 것임을 확신할 수 있는 정도를 나타낸다. 만일 내적 타당도가 낮다면 독립변수의 영향 외에 제3의 변수가 영향을 미쳤다는 것이며, 내적 타당도가 높다면 독립변수만이 종속변수에 영향을 미쳤다고 보면 된다. 내적 타당도를 높이기 위해서는 독립변수와 종속변수의 관계에 영향을 미치는 외생변수를 통제해야 한다. • **내적 타당도 저해요인**: 사전검사와 사후검사 사이에 발생하는 통제 불가능한 특수한 사건 또는 우연한 사건 등으로 생기는 변화, 피시험자의 내적인 변화, 사전검사의 경험이 사후검사에 영향을 줌으로서 생기는 변화, 측정도구, 실험대상자의 상실 등
외적 타당도	• **의의**: 실험결과, 즉 독립변수로 인해 나타난 종속변수의 변화를 다른 상황에서도 적용했을 때 동일한 효과가 나타나는가를 나타내는 타당도이다. 이는 실험의 결과를 일반화할 수 있는가, 즉 '일반화될 수 있는 정도'를 의미한다. • **외적 타당도 저해요인**: 사전검사에 대한 반응적 효과, 실험대상자의 선발 편견, 실험절차에 대한 반응적 효과(조사 반응성), 다양한 실험처리의 복합적 영향 등

정답 ④

다음 설명의 내용과 형사정책학의 연구방법을 올바르게 연결한 것은?

> ㉠ 기본적으로 사회 내에서 "얼마나 많은 범죄가 발생하는가."를 중심내용으로 하는 연구방법이다.
> ㉡ 경험과학에서 가장 효과적인 방법 가운데 하나로서 보통 새로운 형사제도의 효율성을 점검하는 데 많이 이용된다.
> ㉢ 일정 시점과 일정 시간이 경과한 다음 조사대상자의 변화를 관찰하는 것으로 수직적 비교방법에 속하는 것이다.
> ㉣ 1937년 서덜랜드(Sutherland)가 실시한 직업절도범 연구가 대표적인 예라고 할 수 있다.

> A. 개별적 사례조사 B. 범죄통계표의 분석
> C. 추행조사 D. 실험적 방법

① ㉠ - A, ㉡ - B, ㉢ - D, ㉣ - C
② ㉠ - B, ㉡ - C, ㉢ - A, ㉣ - D
③ ㉠ - B, ㉡ - D, ㉢ - C, ㉣ - A
④ ㉠ - C, ㉡ - D, ㉢ - A, ㉣ - B
⑤ ㉠ - C, ㉡ - B, ㉢ - A, ㉣ - D

정답 및 해설

③ [○] ㉠ - B, ㉡ - D, ㉢ - C, ㉣ - A

💡 **범죄학의 연구방법**

공식범죄 통계자료 (대량관찰)	• 수사기관 등 정부기관이 범죄와 범죄자에 대한 다각적인 분석결과를 집계한 것으로, 공식통계표를 분석하여 사회의 대량적 현상으로서의 범죄의 규모 또는 추이를 파악하는 방법이다. • 오늘날 형사정책에서 범죄상황을 파악하는 데 가장 일반적이고 기본적인 수단으로 활용된다.
실험적 방법	• 설정된 가정을 검증하기 위하여 제한된 조건하에서 반복적으로 이루어지는 관찰을 의미한다. • 경험과학적 연구에서 실험은 가장 효과적인 방법 중의 하나로 인정되고 있는데, 이는 보통 새로운 제도의 효율성을 미리 점검하는데 많이 이용된다.
참여적 관찰방법	• 관찰자(연구자)가 직접 범죄자 집단에 들어가 함께 생활하면서 그들의 생활을 관찰하는 조사방법을 말한다. • 대표적 예로는 이아니(Ianni)의 '조직범죄에 대한 연구', 폴스키(Polsky)의 '전문적 장물아비', 야블론스키(Yablonsky)의 '약물중독자' 등이 있다.
개별적 사례조사	• 범죄자 개개인에 대해 인격과 환경 등 여러 요소를 종합적으로 분석하여 상호 연결관계를 규명하는 방법이다. 미시범죄학적인 연구방법이며, 하나 또는 몇 개의 대상에 대한 깊이 있는 정밀조사를 목표로 한다. • 사례연구의 대표적 예로는 서덜랜드(Sutherland)의 '직업절도범', 스래셔(Thraser)의 '갱', 쇼(Shaw)의 '잭 롤러' 등이 있고, 생애사연구의 대표적인 사례는 마스(Mass)의 '발라치 페이퍼', 테레사(Teresa)와 레너(Renner)의 '마피아에서의 내 인생' 등이 있다.
표본집단조사	범죄자의 일부를 표본으로 선정(실험집단)하여 이들을 정밀 관찰한 결과를 전체 범죄자에게 유추 적용하여 그 전체상황을 파악하는 조사방법을 말한다.
추행조사	일정 수의 범죄자 또는 비범죄자를 일정 기간 계속적으로 추적·조사하여 그들의 특성과 사회적 조건의 변화상태를 분석하고 그 변화상태와 범죄자 또는 범죄와의 연결관계를 살펴보는 방법으로, 표본조사가 수평적 비교라면 추행조사는 수직적 비교방법이라고 할 수 있다.

정답 ③

01 상대적 암수범죄의 원인에 대한 설명으로 가장 적절하지 않은 것은?

2024(74). 경위

① 수사기관에 알려진 모든 범죄를 수사기관이 해결할 수는 없다.

② 수사기관에서 처리한 모든 범죄가 기소되는 것은 아니다.

③ 기소된 모든 범죄가 법원에서 유죄판결을 받는 것은 아니다.

④ 모든 범죄가 수사기관에 알려지는 것은 아니다.

정답 및 해설

④ [×] 절대적 암수범죄는 실제로 범하여졌지만 어느 누구도 인지하지 않았거나 기억조차 하지 못하는 범죄로 성매매, 도박, 마약매매와 같은 피해자가 없거나 피해자와 가해자의 구별이 어려운 범죄에 많이 발생하게 된다. 이러한 범죄에 대한 국민의 고소·고발은 거의 기대할 수 없기 때문이다. 강간, 강제추행 등과 같은 성범죄의 경우 피해자가 수치심 때문에 범죄신고를 하지 않는 경우가 많고, 범죄신고에 따른 불편과 범죄자에 의한 보복의 두려움 등이 절대적 암수범죄의 발생원인이 된다.

정답 ④

02 다음 중 암수범죄와 그 조사방법에 대한 설명으로 가장 옳은 것은?

2024. 해경 경위

① 암수범죄의 직접적 관찰방법에는 범죄피해 조사, 정보제공자 조사가 있다.

② 암수범죄의 유형 중 절대적 암수범죄는 수사기관이 인지하였으나 해결되지 않은 범죄를 의미하는 것이다.

③ 자기보고식 조사(self-report survey)는 응답자에게 자신의 범죄나 비행을 스스로 보고하도록 하는 조사방법이다.

④ 범죄피해 조사는 살인범죄, 경제범죄, 경미한 범죄 피해 등에 대해서 정확한 조사를 하는 것이 가능하다는 장점이 있다.

정답 및 해설

① [×] 암수범죄의 직접적 관찰방법에는 자연적 관찰과 실험적 관찰이 있고, 간접적 관찰방법(설문조사)에는 자기보고식 조사, 피해자 조사, 정보제공자 조사가 있다.

② [×] 상대적 암수범죄에 대한 설명이다. 절대적 암수범죄는 실제로 범하여졌지만 어느 누구도 인지하지 않았거나 기억조차 하지 못하는 범죄로 성매매, 도박, 마약매매와 같은 피해자가 없거나 피해자와 가해자의 구별이 어려운 범죄에 많이 발생하게 된다. 이러한 범죄에 대한 국민의 고소·고발은 거의 기대할 수 없기 때문이다.

③ [○] 자기보고식 조사는 설문조사를 통하여 보통 지난 1년 동안 각 유형별로 몇 건의 범죄나 비행을 했는지 질문하는 방식이다. 자신이 저지른 범죄를 고백하는 것이 쉽지 않다는 치명적인 문제점을 가지며, 결과적으로 살인, 강간, 강도 등의 중한 범죄를 측정하는 것은 거의 불가능에 가깝다. 따라서 청소년비행이나 경미한 성인범죄를 측정하는 데 주로 이용되며, 특히 거의 신고가 되지 않아 범죄통계로는 알 수가 없는 청소년 약물남용을 측정하는 데 유용하다.

④ [×] 범죄피해 조사는 설문조사를 통해 지난 1년 동안 자신이 당한 범죄피해건수를 유형별로 진술하는 방식을 이용한다. 대부분의 범죄유형을 비교적 정확히 측정할 수 있다는 장점이 있지만, 마약범죄, 경제범죄, 정치범죄, 조직범죄와 가정에서 일어나는 범죄에 대한 자료를 거의 제공하지 못하고, 피해 없는 범죄, 법인이나 집단의 범죄, 화이트칼라 범죄 등은 조사가 거의 불가능하다. 또한 살인범죄는 피해자가 사망한 관계로 사실상 조사가 어렵거나, 강간 등은 피해자의 수치심과 명예의 손실 때문에 조사의 효과가 의문시된다.

정답 ③

03 암수범죄에 관한 내용으로 가장 적절하지 않은 것은?

① 암수범죄란 실제로 범죄가 발생하였으나 공식적인 통계에는 나타나지 않은 범죄를 말한다.
② 절대적 암수범죄란 수사기관에 의하여 인지되었으나 해결되지 못하여 범죄통계에 반영되지 못한 범죄를 말한다.
③ 공식범죄통계가 갖는 암수범죄의 문제를 극복하기 위해 자기보고식조사나 피해자조사를 활용하기도 한다.
④ 서덜랜드(Sutherland)는 범죄와 비행에 대한 통계에는 암수가 존재하며, 암수는 가변적이므로 모든 사회통계 중에서 가장 신빙성이 없고 난해한 것이라고 하였다.

정답 및 해설

② [×] 상대적 암수범죄에 대한 설명이다. 절대적 암수범죄는 실제로 범하여졌지만 어느 누구도 인지하지 않았거나 기억조차 하지 못하는 범죄를 말한다. 성매매, 도박, 마약매매와 같은 피해자가 없거나 피해자와 가해자의 구별이 어려운 범죄에 많이 발생하게 된다. 이러한 범죄에 대한 국민의 고소·고발은 거의 기대할 수 없기 때문이다. 또한 강간, 강제추행 등과 같은 성범죄의 경우 피해자가 수치심 때문에 범죄신고를 하지 않는 경우가 많고, 범죄신고에 따른 불편과 범죄자에 의한 보복의 두려움 등이 절대적 암수범죄의 발생원인이 된다.

정답 ②

04 암수범죄에 관한 설명 중 가장 옳지 않은 것은?

① 일반적으로 형사사법기관에 인지되지 아니하여 공식통계에 기록되지 않는 범죄를 말한다.
② 우리나라는 암수범죄의 규모를 파악하기 위해 해마다 범죄피해 패널조사를 실시한다.
③ 마약범죄와 같이 범죄자가 피해자이면서 가해자이기도 한 범죄에 많다.
④ 범죄사실이 수사기관에 의해 인지는 됐으나 용의자 신원 미파악 등 미해결된 사건은 상대적 암수범죄로 분류된다.

정답 및 해설

① [○] 절대적 암수범죄에 대한 설명이다.
② [×] 암수범죄의 조사방법으로 가장 많이 활용되는 것은 피해자조사이다. 국내에서는 한국형사정책연구원에서 2년 정도를 주기로 전국범죄피해조사를 수행하고 있다.
③ [○] 절대적 암수범죄는 성매매, 도박, 마약매매와 같은 피해자가 없거나 피해자와 가해자의 구별이 어려운 범죄에 많이 발생하게 된다. 이러한 범죄에 대한 국민의 고소·고발은 거의 기대할 수 없기 때문이다.
④ [○] 상대적 암수범죄에 대한 설명이다. 수사기관의 검거율과 증거채취력의 정도(주로 증거불충분으로 발생)에 따라 발생하고, 법집행기관이 범죄의 혐의가 명백히 존재함에도 개인적인 편견이나 가치관에 따라 범죄자에 대하여 차별적인 취급을 함으로써 발생하기도 한다.

정답 ②

05 범죄에 대한 자기보고식 조사의 특성으로 가장 옳은 것은?

2023. 해경 경위

① 숨은 범죄를 파악하는 데 도움이 된다.
② 5년 이상의 오래된 범죄를 조사하는 데 유리하다.
③ 범죄의 원인이 되는 인격특성, 가치관, 환경 등을 함께 조사할 수 없다.
④ 경미한 범죄를 조사하는 데 부적합하다.

정답 및 해설

① [○] 공식통계상 기록되지 않은 범죄의 암수를 파악하는 데 유용하다.
② [×] 설문조사를 통하여 보통 지난 1년 동안 각 유형별로 몇 건의 범죄나 비행을 했는지 질문하는 방식이다.
③ [×] 피조사자의 인격, 특성, 가치관, 태도 등을 조사할 수 있어 범죄이론을 검증하고 범죄원인을 파악할 수 있다.
④ [×] 자신이 저지른 범죄를 고백하는 것이 쉽지 않다는 치명적인 문제점을 가지며, 결과적으로 살인, 강간, 강도 등의 중한 범죄를 측정하는 것은 거의 불가능에 가깝다. 따라서 청소년비행이나 경미한 성인범죄를 측정하는 데 주로 이용되며, 특히 거의 신고가 되지 않아 범죄통계로는 알 수가 없는 청소년 약물남용을 측정하는 데 유용하다.

정답 ①

06 다음에서 설명하는 형사정책 연구방법은?

2016. 보호 7급

청소년들의 약물남용실태를 조사하기 위하여 매 2년마다 청소년 유해환경조사를 실시하고 있다. 이 조사는 매 조사 연도에 3,000명의 청소년들을 새롭게 표본으로 선정하여 설문지를 통해 지난 1년 동안 어떤 약물을, 얼마나 복용하였는지를 질문하고 있다.

① 자기보고식조사
② 범죄피해조사
③ 추행조사
④ 참여관찰조사

정답 및 해설

① [○] 자기보고조사는 일정한 집단을 대상으로 개개인의 범죄나 비행을 면접이나 설문지를 통하여 스스로 보고하게 하여 암수범죄를 측정하는 방법이다.
② [×] 피해자조사는 실제 범죄의 피해자로 하여금 범죄의 피해경험을 보고하게 하는 방법이다.
③ [×] 추행조사는 일정 수의 범죄자 또는 비범죄자를 일정 기간 계속적으로 추적·조사하여 그들의 특성과 사회적 조건의 변화상태를 분석하고, 그 변화상태와 범죄자 또는 범죄와의 연결관계를 살펴보는 방법이다.
④ [×] 참여관찰조사는 관찰자(연구자)가 직접 범죄자 집단에 들어가 함께 생활하면서 그들의 생활을 관찰하는 조사방법을 말한다.

정답 ①

07 범죄문제의 현황을 파악하는 자료로 활용되는 공식범죄통계와 범죄피해조사에 대한 설명으로 옳은 것으로 만 묶인 것은?

2013. 보호 7급

> ㉠ 공식범죄통계는 일선경찰서의 사건처리방침과 경찰관들의 재량행위로 인하여 범죄율이 왜곡되고 축소될 가능성이 있다.
> ㉡ 범죄피해조사는 응답자의 기억에 오류가 있을 수 없기에 비교적 정확히 범죄의 수준을 파악할 수 있다.
> ㉢ 공식범죄통계를 통해서 범죄현상의 내재적 상관관계나 범죄원인을 밝힐 수 있다.
> ㉣ 범죄피해조사에 대해서는 범죄구성요건에 대한 응답자의 지식이 충분하지 못하고, 질문 문항이 잘못 작성될 가능성이 있다는 등의 문제점이 지적된다.
> ㉤ 공식범죄통계와 범죄피해조사는 각기 나름대로의 한계가 있기 때문에 범죄의 수준을 측정하는 도구로 완벽하다고 볼 수는 없다.

① ㉠, ㉡, ㉢

② ㉠, ㉣, ㉤

③ ㉡, ㉢, ㉣

④ ㉡, ㉢, ㉤

정답 및 해설

옳은 것은 ㉠, ㉣, ㉤이다.
㉡ [×] 피해자조사는 응답에 있어서도 응답자의 기억에 오류가 있을 수 있으며, 내용을 부풀려서 응답하거나 사실 대로 응답하지 않는 등 오류가 많다는 문제점이 제기된다. 그리고 피해자가 피해를 인식하지 못한 경우나 피해 자가 범죄피해가 없었다고 오신하는 경우에는 조사결과의 정확성이 결여된다.
㉢ [×] 공식범죄통계는 범죄의 질적 비중 파악이나 인과관계의 파악이 어렵고, 범죄피해의 구체적 상황이나 범죄 자의 개인적 특성 등을 파악하는 데 한계가 있다.

정답 ②

08 암수범죄(숨은범죄)에 대한 설명으로 옳지 않은 것은?

2021. 보호 7급

① 수사기관에 의하여 인지되었으나 해결되지 않은 경우를 상대적 암수범죄라고 한다.
② 케틀레(Quetelet)의 정비례 법칙에 의하면, 공식적 범죄통계상의 범죄현상이 실제 범죄현상을 징표한다고 보기는 어렵다.
③ 피해자가 특정되지 않거나 간접적 피해자만 존재하는 경우, 암수범죄가 발생하기 쉽다.
④ 낙인이론이나 비판범죄학에 의하면 범죄화의 차별적 선별성을 암수범죄의 원인으로 설명한다.

정답 및 해설

① [○] 상대적 암수범죄(Relatives Dunkelfeld)는 수사기관에 인지는 되었으나 해결되지 않은 범죄로 수사기관이나 법원과 같은 법집행기관의 자의 또는 재량 때문에 발생하는 암수범죄이다. 즉, 경찰, 검찰, 법관 등이 범죄의 혐의가 명백히 존재함에도 개인적인 편견이나 가치관에 따라 범죄자에 대하여 차별적인 취급을 함으로써 암수범죄가 발생한다.
② [×] 케틀레(Quetelet)는 암수범죄와 관련하여 정비례의 법칙을 주장하면서, 명역범죄(공식적으로 인지된 범죄)와 암역범죄 사이에는 변함없는 고정관계가 존재한다고 보고, 명역범죄가 크면 그만큼 암역범죄도 크며, 명역범죄가 작으면 그만큼 암역범죄도 작다고 하였다. 이 공식에 따라 공식적 통계상의 범죄현상은 실제의 범죄현상을 징표하거나 대표하는 의미가 있다고 보았다. 그러나 이후에 서덜랜드(Sutherland), 셀린(Sellin), 엑스너(Exner) 등에 의해 암수율은 항상적(변함없는)인 것이 아니고 불규칙적으로 변화한다는 사실이 밝혀졌다.

③ [○] 절대적 암수범죄(Absolutes Dunkelfeld)는 성매매, 낙태, 도박, 마약매매와 같은 피해자가 없거나 피해자와 가해자의 구별이 어려운 범죄에서 많이 발생하게 된다. 이러한 범죄에 대한 국민의 고소 · 고발은 거의 기대할 수 없기 때문이다.

④ [○] 일탈자에 대한 사회의 반응으로 인한 암수의 문제점을 지적하고(사회적 강자들은 국가가 개입 × ⇨ 그러므로 이들이 범하는 범죄는 통계에 잡히지 않음 ⇨ 암수범죄), 자기보고나 참여적 관찰에 의한 보충을 요구하였다.

정답 ②

09 암수범죄에 대한 설명으로 옳은 것을 모두 고른 것은?

2010. 보호 7급

> ㉠ 케틀레(A. Quetelet)는 암수범죄와 관련하여 반비례의 법칙을 주장하면서, 공식적 통계상의 범죄현상은 실제의 범죄현상을 징표하거나 대표하는 의미가 있다고 보았다.
> ㉡ 자기보고조사는 범죄자가 자기가 범한 범죄를 인식하지 못한 경우나 범죄를 범하지 않았다고 오신하는 경우에는 실태파악이 곤란하다.
> ㉢ 범죄피해자조사는 피해자가 피해를 인식하지 못한 경우나 피해자가 범죄피해가 없었다고 오신하는 경우에는 조사결과의 정확성이 결여된다.
> ㉣ 정보제공자조사는 법집행기관에 알려지지 않은 범죄 또는 비행을 알고 있는 자로 하여금 그것을 보고하게 하는 것이다.

① ㉠, ㉡, ㉢, ㉣   ② ㉠, ㉢, ㉣
③ ㉡, ㉢, ㉣   ④ ㉡, ㉢

정답 및 해설

옳은 것은 ㉡, ㉢, ㉣이다.

㉠ [×] 케틀레(Quetelet)는 암수범죄와 관련하여 정비례의 법칙을 주장하면서 명역범죄(공식적으로 인지된 범죄)와 암역범죄 사이에는 변함없는 고정관계가 존재한다고 보고, 명역범죄가 크면 그만큼 암역범죄도 크며, 명역범죄가 작으면 그만큼 암역범죄도 작다고 하였다. 이 공식에 따라 공식적 통계상의 범죄현상은 실제의 범죄현상을 징표하거나 대표하는 의미가 있다고 보았다.

㉡ [○] 자기보고조사는 일정한 집단을 대상으로 개개인의 범죄나 비행을 면접이나 설문지를 통하여 스스로 보고하게 하여 암수범죄를 측정하는데 여기에는 범죄피해를 당한 사실과 범죄행위를 한 경험까지를 포함한다. 보고자가 자신의 추가범죄사실에 대한 발각이 두려워 사실을 은폐하는 등 진실성에 문제가 있을 수 있으므로, 조사대상자의 정직성과 진실성에 따라 조사결과의 타당성 여부가 달라질 수 있다.

㉢ [○] 피해자조사는 암수범죄의 조사방법으로 가장 많이 활용되는 것으로 실제 범죄의 피해자로 하여금 범죄의 피해경험을 보고하게 하는 방법이다.

㉣ [○] 법집행기관에 알려지지 않은 범죄나 비행을 인지하고 있는 자로 하여금 이를 보고하게 하는 것으로서 피해자조사에 의해서도 밝혀지지 않은 범죄를 밝히기 위한 보조수단으로 자기보고나 피해자조사와 결합하여 행해지면 더욱 효과적이다.

정답 ③

10 암수범죄(Hidden crime)에 대한 설명으로 옳지 않은 것은? 2016. 사시

① 수사기관이 범죄의 혐의가 명백히 존재함에도 개인적 편견에 따라 차별적 취급을 한 경우 암수범죄로 볼 수 없다.
② 수사기관이 범죄피해자가 아닌 제3자의 신고를 받고 범죄를 인지하여 해결한 경우 암수범죄로 볼 수 없다.
③ 암수범죄는 성매매, 낙태, 도박과 같이 피해자가 없거나 피해자와 가해자의 구별이 어려운 범죄에 많이 발생한다.
④ 피해자를 대상으로 하는 암수조사는 기억의 부정확성으로 인하여 오류가 발생할 수 있다.
⑤ 자기보고조사는 보고자가 자신의 추가범죄사실에 대한 발각이 두려워 사실을 은폐하는 등 진실성에 문제가 있을 수 있다.

정답 및 해설

① [×] 법집행과정에서 그 주체에 해당하는 경찰, 검찰, 법관 등이 범죄의 혐의가 명백히 손재삼에도 개인직인 편견이나 가치관에 따라 범죄자에 대하여 차별적 취급을 한 경우 암수범죄 발생의 원인이 될 수 있다.

정답 ①

11 암수범죄에 대한 설명으로 옳은 것들을 모두 묶은 것은? 2014. 사시

> ㉠ 암수범죄를 파악하기 위해 범죄피해자로 하여금 범죄피해를 보고하게 하는 피해자조사가 행해지기도 한다.
> ㉡ 살인, 강간 등의 중범죄는 가해자의 자기보고방식을 통해서 암수범죄를 쉽게 파악해 낼 수 있다.
> ㉢ 피해자 없는 범죄의 경우 암수범죄가 발생할 가능성이 상대적으로 높다.
> ㉣ 화이트칼라범죄는 피해 규모가 크기 때문에 암수범죄가 될 가능성이 상대적으로 낮다.

① ㉠, ㉡
② ㉠, ㉢
③ ㉡, ㉢
④ ㉡, ㉣
⑤ ㉢, ㉣

정답 및 해설

옳은 것은 ㉠, ㉢이다.
㉡ [×] 암수범죄의 측정방법 중 하나인 자기보고조사는 경범죄(경미범죄)의 실태파악은 가능하지만, 처벌에 대한 두려움 등으로 중범죄(강력범죄)에 대한 실태파악은 곤란하다.
㉣ [×] 화이트칼라범죄는 피해의 규모가 큰 반면 법률의 허점을 교묘히 이용하거나 권력과 결탁하여 조직적으로 은밀히 이루어지기 때문에 암수범죄가 많이 발생한다.

정답 ②

12

암수범죄의 조사방법의 유형에 대한 설명과 비판이 올바르게 연결된 것은?

2013. 사시

㉠ 자기보고조사(행위자 조사)
㉡ 피해자조사
㉢ 정보제공자조사

A. 일정한 집단을 대상으로 개인의 범죄 또는 비행을 스스로 보고하게 하는 방법
B. 피해자에게 자신의 피해 경험을 보고하게 하는 방법
C. 범죄나 비행을 인지하고 있는 제3자에게 그 인지 내용을 보고하게 하는 방법

(1) 스스로 범한 범죄를 정확하게 보고할지 의문이어서 조사결과가 부정확할 수 있다.
(2) 피해자를 특정하기 어려운 환경범죄나 경제범죄 등에서는 정확한 조사결과를 얻기 어렵다.
(3) 주관적 편견이 개입되고 객관성을 유지하지 못하여 조사대상자에게 감정적으로 동화될 우려가 있다.

① ㉠ - B - (3)
② ㉠ - C - (1)
③ ㉡ - B - (2)
④ ㉡ - A - (1)
⑤ ㉢ - A - (3)

정답 및 해설

③ [○] ㉠ - A - (1), ㉡ - B - (2), ㉢ - C - (3)

정답 ③

13

다음 중 암수범죄에 대한 설명으로 가장 옳지 않은 것은?

2022. 해경 경위

① 암수범죄란 실제로 발생하였지만 범죄통계에 포착되지 않은 범죄를 말한다.
② 신고에 따른 불편, 수사기관 출두의 번거로움, 보복의 두려움은 절대적 암수범죄의 발생원인이다.
③ 수사기관의 낮은 검거율과 채증력, 법집행기관의 자의적 판단은 상대적 암수범죄의 발생원인이다.
④ 피해자가 특정되지 않거나 직접적 피해자만 존재하는 경우, 암수범죄가 발생하기 쉽다.

정답 및 해설

④ [×] 피해자가 특정되지 않거나 간접적 피해자만 존재하는 경우, 암수범죄가 발생하기 쉽다. 절대적 암수범죄는 성매매, 낙태, 도박, 마약매매와 같은 피해자가 없거나 피해자와 가해자의 구별이 어려운 범죄에서 많이 발생하게 된다. 이러한 범죄에 대한 국민의 고소·고발은 거의 기대할 수 없기 때문이다.

정답 ④

14 암수범죄에 대한 설명으로 옳지 않은 것은?

① 암수범죄란 실제로 발생하였지만 범죄통계에 포착되지 않은 범죄를 말한다.
② 신고에 따른 불편, 수사기관 출두의 번거로움, 보복의 두려움은 절대적 암수범죄의 발생원인이다.
③ 수사기관의 낮은 검거율과 채증력, 법집행기관의 자의적 판단은 상대적 암수범죄의 발생원인이다.
④ 설문조사는 정치범죄, 가정범죄 등 내밀한 관계 및 조직관계에서 일어나는 범죄의 암수를 밝히는 데에 적합하다.

정답 및 해설

④ [×] 간접적 관찰(설문조사)은 마약범죄, 경제범죄, 정치범죄, 조직범죄와 가정에서 일어나는 범죄에 대한 자료를 거의 제공하지 못한다.

정답 ④

15 암수범죄의 조사에 대한 설명으로 옳은 것은?

① 상점절도를 숨긴 카메라로 촬영하거나 유리벽을 통해 관찰하는 등의 참여적 관찰 방법은 인위적 관찰 방법에 속한다.
② 중범죄나 사회적으로 금기시되는 범죄를 조사하는 유일한 방법은 행위자의 자기보고 방식이다.
③ 피해자를 개인으로 구체화할 수 없는 국가적·사회적 법익에 관한 범죄의 암수는 피해자조사를 통해 명확하게 파악할 수 있다.
④ 자기보고, 피해자조사 등은 암수범죄의 직접 관찰 방법이다.
⑤ 정보제공자조사는 법집행기관에 알려지지 않은 범죄나 비행을 인지하고 있는 제3자로 하여금 이를 보고하게 하는 방법이다.

정답 및 해설

① [×] 자연적 관찰 중 비참여적 관찰 방법에 속한다. 인위적 관찰은 의도적으로 범죄상황을 실현하여 관찰하는 방법이다.
② [×] 자기보고조사는 경범죄(경미범죄)의 실태파악은 가능하지만 처벌에 대한 두려움 등으로 중범죄(강력범죄)에 대한 실태파악은 곤란하다는 단점이 있다. 피해자조사는 경미범죄보다 강력범죄를 오래 기억하므로 강력범죄의 실태파악이 용이하다.
③ [×] 피해자조사는 주로 전통적인 중범죄인 대인범죄나 재산범죄가 대상이 되므로 사회 전체의 범죄파악이 곤란하며, 마약범죄, 경제범죄, 정치범죄, 조직범죄와 가정에서 일어나는 범죄에 대한 자료를 거의 제공하지 못한다.
④ [×] 자기보고조사, 피해자조사, 정보제공자조사 등은 암수범죄의 간접적 관찰 방법이다.
⑤ [○] 정보제공자조사는 법집행기관에 알려지지 않은 범죄나 비행을 인지하고 있는 자로 하여금 이를 보고하게 하는 방법으로, 피해자조사에 의해서도 밝혀지지 않는 범죄를 밝히기 위한 보조수단으로 사용된다. 자기보고나 피해자조사와 결합하여 행해지면 더욱 효과적이다.

정답 ⑤

16 암수범죄에 대한 설명으로 옳지 않은 것은?

① 피해자의 개인적 사정이나 신고에 따른 불편·불이익뿐만 아니라 수사기관의 자유재량도 암수범죄의 원인이 된다.

② 암수조사의 방법 중 '자기 보고식 조사'는 중범죄보다는 경미한 범죄의 현상을 파악하는 데에 유용하다.

③ 암수조사의 방법 중 '피해자 조사'는 암수범죄에 대한 직접적 관찰방법에 해당한다.

④ 암수범죄는 피해자와 가해자의 구별이 어려운 범죄에 비교적 많이 존재한다.

정답 및 해설

① [○] 피해자의 개인적 사정이나 범죄신고에 따른 불편과 범죄자에 의한 보복의 두려움 등은 절대적 암수범죄의 발생원인이 되며, 수사기관과 법원과 같은 법집행기관의 자의 또는 재량은 상대적 암수범죄의 발생원인이 된다.

② [○] 자기보고조사는 일정한 집단을 대상으로 개개인의 범죄나 비행을 면접이나 설문지를 통하여 스스로 보고하게 하여 암수범죄를 측정하는 방법으로, 경범죄(경미범죄)의 실태 파악은 가능하지만, 처벌에 대한 두려움 등으로 중범죄(강력범죄)에 대한 실태 파악은 곤란하다.

③ [×] 피해자 조사는 암수범죄에 대한 간접적 관찰방법에 해당한다.
  ▶ 암수범죄의 측정(조사)방법에는 직접적 관찰과 간접적 관찰이 있다. 직접적 관찰에는 자연적 관찰(참여적 관찰과 비참여적 관찰이 있다)과 실험적 관찰(인위적 관찰)이 있으며, 간접적 관찰(설문조사)에는 자기보고 조사, 피해자 조사, 정보제공자 조사가 있다.

④ [○] 암수범죄는 성매매, 도박과 같이 피해자가 없거나 피해자와 가해자의 구별이 어려운 범죄에 많이 발생한다.

정답 ③

17 암수범죄(暗數犯罪)에 대한 설명으로 옳은 것만을 모두 고르면?

> ㉠ 암수범죄로 인한 문제는 범죄통계학이 도입된 초기부터 케틀레(A. Quetelet) 등에 의해 지적되었다.
> ㉡ 절대적 암수범죄란 수사기관에 의해서 인지는 되었으나 해결되지 않은 범죄를 의미하는 것으로, 완전범죄가 대표적이다.
> ㉢ 상대적 암수범죄는 마약범죄와 같이 피해자와 가해자의 구별이 어려운 범죄에서 많이 발생한다.
> ㉣ 암수범죄는 자기보고식조사, 피해자조사 등의 설문조사방법을 통해 간접적으로 관찰할 수 있다.

① ㉠, ㉡   ② ㉠, ㉣   ③ ㉡, ㉢   ④ ㉢, ㉣

정답 및 해설

옳은 것은 ㉠, ㉣이다.

㉠ [○] 범죄통계학이 발달한 초기부터 케틀레(Quetelet)·외팅겐(Oettingen)·페리(Ferri) 등에 의해 암수범죄가 지적되었지만, 보고된 범죄와 암수범죄의 관계가 일정한 비율을 지닌다고 보아 20C 초반까지는 특별히 문제삼지 않았다.

㉡ [×] 실제로 범하여졌지만 어느 누구도 인지하지 않았거나 기억조차 하지 못하는 범죄를 절대적 암수범죄, 수사기관에서 인지는 되었으나 해결되지 않은 범죄를 상대적 암수범죄라 한다.

㉢ [×] 절대적 암수범죄는 성매매, 도박, 마약매매와 같은 피해자가 없거나 피해자와 가해자의 구별이 어려운 범죄에 많이 발생하게 된다. 이러한 범죄에 대한 국민의 고소·고발은 거의 기대될 수 없기 때문이다. 상대적 암수범죄는 수사기관과 법원과 같은 법집행기관의 자의 내지 재량 때문에 발생한다.

㉣ [○] 암수범죄의 측정(조사)방법에는 직접적 관찰과 간접적 관찰이 있다. 직접적 관찰에는 자연적 관찰(참여적 관찰과 비참여적 관찰이 있음)과 실험적 관찰(인위적 관찰)이 있으며, 간접적 관찰(설문조사)에는 자기보고조사, 피해자조사, 정보제공자조사가 있다.

정답 ②

18

암수범죄에 대한 설명으로 옳지 않은 것은?

① 절대적 암수범죄는 실제로 발생하였으나 수사기관이 인지하지 못하여 범죄통계에 반영되지 못한 범죄를 말한다.

② 상대적 암수범죄의 발생은 수사기관의 검거율과 채증력의 정도뿐만 아니라 법집행과정에서 경찰, 검찰, 법관 등의 개인적 편견에 따른 차별적 취급과도 관련이 있다.

③ 수사기관에 의해서 인지는 되었으나 해결되지 않은 범죄는 암수범죄 개념에서 제외된다.

④ 암수범죄의 조사방법으로 활용되는 피해자조사는 실제 범죄의 피해자가 범죄의 피해 경험을 보고하게 하는 것을 말한다.

정답 및 해설

① [○] 절대적 암수범죄는 실제로 발생하였으나 수사기관이 인지하지 못하여 공식적인 범죄통계에 나타나지 않는 범죄를 말한다. 범죄에 대한 국민의 고소·고발을 거의 기대할 수 없는 성매매, 도박, 마약매매와 같은 피해자가 없거나 피해자와 가해자의 구별이 이려운 범죄에 많이 발생하며, 간간, 간제추행 등과 같은 성범죄의 경우 피해자가 수치심 때문에 범죄신고를 하지 않는 경우가 많고, 범죄신고에 따른 불편과 범죄자에 의한 보복의 두려움 등이 절대적 암수범죄의 발생원인이 된다.

② [○] 상대적 암수범죄의 발생은 수사기관의 검거율과 채증력의 정도뿐만 아니라 법집행과정에서 경찰, 검찰, 법관 등이 범죄의 혐의가 명백히 존재함에도 개인적인 편견이나 가치관에 따라 범죄자에 대하여 차별적인 취급을 함으로써 암수범죄가 발생한다.

③ [×] 상대적 암수범죄는 수사기관에 인지는 되었으나 해결되지 않은 범죄로 수사기관과 법원과 같은 법집행기관의 자의 또는 재량 때문에 발생하는 암수범죄이다.

④ [○] 암수범죄의 조사방법으로 활용되는 피해자조사는 실제 범죄의 피해자로 하여금 범죄의 피해 경험을 보고하게 하는 방법으로, 암수범죄의 조사방법으로 가장 많이 활용된다.

정답 ③

제2편

범죄원인론

제3장 범죄원인론 개관

01 범죄 및 범죄원인에 대한 설명으로 옳지 않은 것은?

2012. 교정 7급

□□□

① 비결정론은 법률적 질서를 자유의사에 따른 합의의 산물로 보고 법에서 금지하는 행위를 하거나 의무를 태만히 하는 행위 모두를 범죄로 규정하며, 범죄의 원인에 따라 책임 소재를 가리고 그에 상응하는 처벌을 부과해야 한다는 견해이다.

② 결정론에 따르면 인간의 사고나 판단은 이미 결정된 행위 과정을 정당화하는 것에 불과하므로 자신의 사고나 판단에 따라 자유롭게 행위를 선택할 수 없다고 본다.

③ 미시적 환경론과 거시적 환경론은 개인의 소질보다는 각자가 처해있는 상황을 주요한 범죄발생 원인으로 고려한다는 점에서 유사하다.

④ 갈등이론에 의하면 법률은 사회구성원들이 함께 나누고 있는 가치관이나 규범을 종합한 것으로서, 법률의 성립과 존속은 일정한 가치나 규범의 공유를 상징한다.

정답 및 해설

① [△] 후단부분인 '범죄의 원인에 따라 책임 소재를 가리고 그에 상응한 처벌을 부과해야 한다는 견해이다.' 부분은 비결정론으로 연결될 수 없다. 이를 '범죄가 개인의 자유선택인지 통제할 수 없는 요인에 의해 결정되는 것인가의 원인에 따라 책임소재가 가려지고 그에 따라 처벌을 한다.'로 수정해야 내용이 완전성이 확보된다.

④ [×] 법의 기원을 사회적 갈등으로 보는 갈등론자들은 사회를 상호갈등적인 다양한 집단의 집합으로 보고, 이들 집단 중에서 자신들의 정치적 · 경제적 힘을 주장할 수 있는 집단이 자신들의 이익과 기득권을 보호하기 위한 수단으로서 법을 만들어 냈다고 보고 있다. 터크(Turk)는 법이란 영향력 있는 집단의 이익을 보호하기 위한 하나의 무기라고 주장했으며, 챔블리스(Chambliss)와 사이드만(Seidman)은 법을 지배집단이 자신들의 우월성을 보장하기 위한 행위규범이라고 규정하였다. 법의 기원을 사회적 합의로 보는 입장은 사회학의 구조기능주의로, 이들 구조기능론자들은 사회의 다양한 부분들이 하나의 통합된 구조로 조직되며, 완벽하게 통합된 문화에서는 사회적 안정성이 존재하고 사회의 구성원들이 규범 · 목표 · 규칙 · 가치에 대해서 일종의 합의나 동의를 이루게 된다고 보았다. 따라서 그 사회의 법률은 일반적으로 합의된 행위규범을 반영하는 것이다. 이처럼 구조기능론적 관점에서 법은 우리 사회의 가치 · 신념 그리고 의견의 주류를 반영하는 것이며, 범죄는 이러한 법률의 위반인 동시에 사회의 전체 요소에 모순되는 행위로 규정되고 있다.

> **💡 갈등론적 관점**
>
> ⊙ 권력을 갖는 집단과 힘 없는 집단 간의 갈등이 범죄를 유발한다는 갈등이론(비판범죄론)에 의하면 법은 집단 간 이해관계의 충돌에 따른 부산물이라고 한다.
>
> ⓛ 법의 제정, 위반 및 집행의 전 과정은 집단이익 간의 근본적인 갈등과 투쟁의 결과라고 보았으며(볼드. Vold), 사회적 가치 · 규범 및 법률에 대한 사회적 합의를 인정하지 않는다.
>
> ⓒ 형사사법기관은 사회구성원 대다수의 이익보다는 권력과 지위를 차지하고 있는 소수집단의 이익을 위해 차별적으로 법을 집행한다고 보며 법의 내용은 권력을 차지한 집단의 이익을 도모하는 방향으로 정해진다고 한다.
>
> ⓔ 비판범죄학(갈등이론)은 법의 제정과 집행이 자본가 계급에 의해 통제되고 있다고 보고 형법과 형사사법은 노동자 계급을 억압하는 자본가 계급의 도구로 본다.

정답 ④

02 범죄발생원인으로서의 소질과 환경에 대한 설명으로 옳은 것은?

① 고전학파는 소질과 환경이 모두 범죄원인으로 작용하지만 소질이 훨씬 강하게 작용한다고 보았다.
② 범죄발생원인으로서 소질의 내용에는 유전, 신체, 빈곤, 가정해체 등이 포함된다.
③ 에이커스(Akers)는 범죄발생은 개인의 소질이 아니라 자본주의의 모순으로 인해 자연적으로 발생하는 사회현상이라고 보고, 노동자 계급의 범죄를 적응범죄와 대항범죄로 구분하였다.
④ 크리스찬센(Christiansen)은 쌍생아 연구를 통해 유전적 소질이 범죄원인으로 작용하는지를 탐구하였다.
⑤ 볼드(Vold)는 집단갈등론을 통해 범죄유전인자를 가진 가족사이의 갈등이 중요한 범죄원인이 된다고 보았다.

정답 및 해설

① [×] 고전학파(고전주의)는 범죄원인에는 관심이 없었고, 법과 형벌제도의 개혁에 관심을 가졌다. 즉, 고전주의 범죄학은 근본적으로 원인론적 접근이라기보다는 사회통제이론이라고 볼 수 있다.
② [×] 소질론은 범죄인 개인의 생리적·정신적인 내부적 특질이 범죄발생의 주요 원인이라고 보는 입장이고, 환경론은 범죄인을 둘러싼 환경을 범죄원인으로 본다. 빈곤, 가정해체 등은 환경론에서 중시한다.
③ [×] 퀴니(Quinney)에 대한 설명이다. 지배와 억압의 범죄는 우월적 지위에 있는 자본가 계층이 자신의 이익을 지키기 위해 자본가 계층의 기관을 통하여 범하는 것이며, 화해(적응)와 저항(대항)의 범죄는 주로 자본가 계층의 억압적 전술로부터 살아남기 위한 근로자 계층의 범죄를 말한다. 에이커스(Akers)는 범죄행위의 결과로서 보상이 취득되고 처벌이 회피될 때 그 행위는 강화되는 반면, 보상이 상실되고 처벌이 강화되면 그 행위는 약화된다는 차별적 강화이론을 주장하였다.
④ [○] 크리스티안센(Christiansen)은 쌍둥이 연구를 사회학적 방법을 통하여 시도하였는데 랑게(Lange)의 연구가 갖는 한계를 극복하기 위해 가장 광범위한 표본을 연구대상으로 연구를 시행하였으며, 연구결과의 정확성을 기하기 위하여 '쌍생아 계수'를 사용하였다. 그의 1974년 연구에 의하면, 범죄의 일치는 범죄의 종류, 출생지역, 사회계층, 범죄에 대한 집단의 저항강도에 따라 달라진다고 보면서, 종전의 연구결과보다는 일치율이 현저히 떨어진다는 보고를 하고 있다(일란성: 남성 35.8%, 여성 21.4%, 이란성: 남성 12.3%, 여성 4.3%).
⑤ [×] 볼드(Vold)는 그의 저서 『이론범죄학』에서 이해관계의 갈등에 기초한 집단갈등이론을 전개하였는데, 집단 간의 이해관계 대립이 범죄원인이라고 주장하였으며, 범죄란 집단이익의 갈등이나 집단 간 투쟁의 결과이며, 범죄행위란 집단갈등과정에서 자신들을 방어하지 못한 집단의 행위로 보았다.

정답 ④

03 범죄원인에 대한 아래의 주장들과 관계가 없는 사람은?

> ㉠ 어느 사회든지 일정량의 범죄는 있을 수밖에 없으며, 범죄는 사회의 유지와 존속을 위하여 일정한 순기능을 지닌다.
> ㉡ 사회는 범죄를 예비하고, 범죄자는 그것을 실천하는 도구에 불과하다.
> ㉢ 모든 사회적 현상은 모방의 결과이며, 범죄도 다른 사람의 범죄를 모방한 것이다.
> ㉣ 사회환경은 범죄의 배양기이며 범죄자는 미생물에 해당하므로, 벌해야 할 것은 범죄자가 아니라 사회이다.

① 리스트(Liszt)
② 라까사뉴(Lacassagne)
③ 케틀레(Quetelet)
④ 뒤르껭(Durkheim)
⑤ 타르드(Tarde)

㉠ 뒤르껨, ㉡ 케틀레, ㉢ 따르드, ㉣ 라까사뉴의 주장이다.
① [×] 관계없는 사람은 리스트이다.

정답 ①

제2절 ┃ 범죄원인의 설명(고전주의와 실증주의)

 01 범죄에 관하여 고전주의 학파와 실증주의 학파로 나눌 때, 다음 설명 중 동일한 학파의 주장으로만 묶은 것은?

2015. 교정 7급

> ㉠ 효과적인 범죄예방은 형벌을 통해 사람들이 범죄를 포기하게 만드는 것이다.
> ㉡ 법·제도적 문제 대신에 범죄인의 개선 자체에 중점을 둔 교정이 있어야 범죄예방이 가능하다.
> ㉢ 형이상학적인 설명보다는 체계화된 인과관계 검증 과정과 과거 경험이 더 중요하다.
> ㉣ 형벌은 계몽주의, 공리주의에 사상적 기초를 두고 이루어져야 한다.
> ㉤ 인간은 기본적으로 자유의지를 가진 합리적·이성적 존재이다.

① ㉠, ㉡, ㉤   ② ㉠, ㉣, ㉤
③ ㉡, ㉢, ㉣   ④ ㉡, ㉢, ㉤

• 고전주의 학파: ㉠, ㉣, ㉤
• 실증주의 학파: ㉡, ㉢

정답 ②

 02 다음은 고전주의와 실증주의 범죄학파의 견해를 기술한 것이다. 실증주의 학파의 내용만으로 바르게 짝지어진 것은?

2023(73). 경위

> ㉠ 인본주의 철학사상을 배경으로 한다.
> ㉡ 인간은 환경의 영향을 받는 존재이다.
> ㉢ 과학적 연구방법을 중시한다.
> ㉣ 형벌의 본질은 응보이며, 형벌의 목적은 일반예방이다.
> ㉤ 형벌은 개인의 특성에 따라 차별적으로 결정되어야 한다.
> ㉥ 인간은 자유의지를 가진 합리적이고 이성적인 존재이다.

① ㉠, ㉡, ㉢   ② ㉡, ㉢, ㉤
③ ㉢, ㉣, ㉤   ④ ㉣, ㉤, ㉥

• 고전주의 범죄학파: ㉠, ㉣, ㉥
• 실증주의 범죄학파: ㉡, ㉢, ㉤

고전주의 범죄학파 vs 실증주의 범죄학파	
고전주의 범죄학파	실증주의 범죄학파
• 인간은 자유의지를 가진 합리적·이성적 존재 • 범죄는 개인의 의지에 의해 선택한 규범 침해 • 범죄행위에 대한 개인의 책임 및 처벌 강조 • 형벌은 계몽주의, 공리주의에 사상적 기초 • 형벌을 통해 사람들이 범죄를 포기하게 만드는 것 • 처벌의 엄격·확실, 집행의 신속성 강조 • 자의적·불명확한 법률 반대(죄형법정주의) • 법과 형벌제도 개혁에 관심(범죄원인 관심 ×)	• 범죄는 생물학적·심리학적·환경적 원인 • 결정론적 입장에서 사회적 책임을 강조 • 범죄는 과학적으로 분석가능한 개인적·사회적 원인에 의해 발생 • 범죄연구의 체계적·객관적 방법 추구 • 범죄원인 규명, 범죄자에 따라 형벌 개별화 • 범죄원인 제거가 범죄통제에 효과적 • 법·제도가 아닌 범죄인의 개선 자체에 중점

정답 ②

03 고전주의 범죄학파와 실증주의 범죄학파에 관한 설명으로 가장 적절하지 않은 것은? 2023. 경찰2차

① 고전주의 범죄학파는 개인의 소질과 환경에 주목하여 범죄자의 행위에 대한 결정론을 주장하였다.
② 실증주의 범죄학파는 생물학적, 심리학적, 사회학적 요인에 기반하여 범죄원인을 설명하였다.
③ 고전주의 범죄학파는 범죄자의 자유의지와 합리성에 기반하여 범죄원인을 설명하였다.
④ 실증주의 범죄학파는 범죄원인의 규명과 해결을 위해서 과학적 연구방법의 중요성을 강조하였다.

① [×] 실증주의 범죄학파에 대한 설명이다. 인간의 자유의지를 중시한 고전주의 범죄학파는 비결정론적 입장으로, 개인의 자유의지에 따른 범죄행위에 대한 개인의 책임 및 처벌을 강조한다.

정답 ①

04 범죄 문제에 대한 고전학파의 특징에 대비되는 실증주의 학파의 특징으로 옳지 않은 것은? 2018. 교정 7급

① 범죄행위를 연구하는 데 있어서 경험적이고 과학적인 접근을 강조한다.
② 범죄행위는 인간이 통제할 수 없는 영향력에 의해서 결정된다고 주장한다.
③ 범죄행위의 사회적 책임보다는 위법 행위를 한 개인의 책임을 강조한다.
④ 범죄행위를 유발하는 범죄원인을 제거하는 것이 범죄통제에 효과적이라고 본다.

③ [×] 개인의 자유의지에 따른 범죄행위에 대한 책임 및 처벌을 강조하는 고전학파에 대한 설명이다. 소질과 환경을 중시하는 실증주의는 결정론적 입장에서 사회적 책임을 강조한다.

정답 ③

05 범죄학에 관한 고전주의와 실증주의에 대한 설명으로 옳지 <u>않은</u> 것은?

2024. 교정 9급

□□□ ① 고전주의는 형벌이 범죄결과의 정도에 상응하여야 한다고 주장한 반면, 실증주의는 부정기형과 사회 내 처우를 중요시하였다.

② 고전주의는 인간은 누구나 자유의지를 지닌 존재이기 때문에 평등하고, 범죄인이나 비범죄인은 본질적으로 다르지 않다고 인식하였다.

③ 19세기의 과학적 증거로 현상을 논증하려는 학문 사조는 실증주의 범죄학의 등장에 영향을 끼쳤다.

④ 실증주의는 적법절차모델(Due Process Model)에 바탕을 둔 합리적 형사사법제도 구축에 크게 기여하였다.

정답 및 해설

① [○] 고전주의는 범죄를 예방하고 범죄자를 제지하기 위해 범죄에 상응한 처벌을 주장한 반면, 범죄인의 교정·교화를 주요 목적으로 하는 실증주의는 결정론의 입장에서 범죄자의 치료를 위한 부정기형과 범죄자와 지역사회의 유대 및 지역사회에 기초한 처우를 중요시한다.

② [○] 고전주의는 인간이 여러 가지 대안 행위 중에서 어떠한 행위를 선택하는 데 있어서 자신의 자유의사를 활용한다고 가정한다. 범죄행위는 상대적인 위험과 이득에 대한 합리적인 계산의 결과로 선택된 행위이므로, 범죄인이나 비범죄인은 본질적으로 다르지 않다고 한다. 반면에, 실증주의는 인간은 자신이 희망하는 사항이나 이성적 판단에 따라 행동하는 자율적 존재가 아니며 인간의 행위는 이미 결정된 대로 행동하는 것으로 보는 입장으로, 인간의 행위는 개인의 특수한 소질조건과 그 주변의 환경조건에 따라 결정된다고 이해한다. 따라서 범죄인과 비범죄인은 근본적으로 다르다고 본다.

③ [○] 범죄학에서의 실증주의학파는 사회문제의 연구에 과학적인 방법을 적용하였던 19C의 실증철학에서 따온 것이다. 19C의 실증주의학파는 범죄자의 연구를 위하여 과학적인 방법을 적용하기 위한 시도로서 발전되었으며, 특정의 범죄자에게 상응한 개별화된 처우와 더불어 범죄자로부터 사회의 보호를 동시에 강조하였다.

④ [×] 고전주의에 대한 설명이다. 베카리아와 벤담은 범죄를 현실적으로 사회의 안녕과 존속을 해치는 정도에 따라 구분했고, 자의적인 형벌운영을 지양하기 위해서 모든 형벌집행은 법률에 의하도록 주장했으며, 이를 배경으로 당시 자의적이고 전횡적인 형사사법 운영실태를 비판하고, 인본주의를 바탕으로 합목적적인 형사사법제도의 토대를 마련하기 위해 노력하였다. 이는 효율적인 범죄방지를 위하여 형벌 등 현대적인 형사사법제도의 발전에 크게 기여하였다.

정답 ④

제4장 고전주의 범죄학

제1절 | 시대적 배경

01 고전주의 범죄학에 대한 설명으로 가장 적절한 것은? 2024(74). 경위

□□□
① 벤담(Bentham)은 처벌의 비례성과 형벌의 특별예방을 강조하였고 최대다수의 최대행복을 주장하였다.
② 고전주의 범죄학의 영향을 받은 현대 범죄이론에는 합리적 선택이론, 일상활동이론, 인지이론, 행동주의이론 등이 있다.
③ 인간은 합리적 의사결정에 따른 자유의지를 갖는 존재이므로 경미한 범죄에도 강력한 처벌이 필요하다.
④ 규문주의 형사사법을 비판하고, 적법절차에 바탕을 둔 합리적 형사사법제도를 정립하는 데 공헌하였다.

정답 및 해설

① [×] 공리주의를 주장한 벤담은 최대다수의 최대행복의 원리를 바탕으로 범죄를 설명하면서, 처벌의 비례성과 형벌의 일반예방을 통해 성취될 수 있는 최대다수의 행복을 강조하였다.
② [×] 고전주의 범죄학의 영향을 받은 현대 범죄이론(신고전주의 범죄학)에는 합리적 선택이론, 생활양식·노출이론, 일상활동이론, 구조적 선택이론, 범죄패턴이론 등이 있다.
③ [×] 고전주의 범죄학자인 베카리아(Beccaria)는 형벌은 법률에 의해 규정되어야 하며 범죄에 비례하여 최소한도로 부과되어야 한다고 주장하였다. 범죄와 처벌 사이의 비례는 '형사정의'의 차원에서도 중요하지만, 적절하지 않은 형벌은 오히려 더 심각한 범죄를 유발할 수도 있다는 것이다. 예를 들어, 경미한 범죄가 중한 범죄와 동일하게 처벌받는다면 범죄자 입장에서는 더 많은 이익을 위해 더 심각한 범죄를 선택할 수 있다고 설명하였다.
④ [○] 자의적인 형벌운영을 지양하기 위해서 모든 형벌집행은 법률에 의하도록 주장했다.

정답 ④

02 고전주의 범죄학의 일반적 특징으로서 가장 옳지 않은 것은? 2023. 해경 경위

□□□
① 범죄자 개인이 아니라 형법 및 형사사법 체계의 개혁에 초점을 두었다.
② 사람은 욕구 충족이나 문제해결을 위한 방법으로 범죄를 선택할 수 있는 자유의지를 가지고 있다고 본다.
③ 범죄를 그것에 따른 위험과 이득을 합리적으로 계산하여 선택한 결과적 행위로 본다.
④ 법률이 공정하고 정의로운지 의문을 제기하고 법관의 법 해석상 자율권을 인정한다.

정답 및 해설

④ [×] 법관의 재량권 인정을 거부하고 형법 적용의 도구로 보았다. 즉, 범죄에 대한 형벌은 법률로서만 정할 수 있고, 형사사건에서 법관은 형법을 해석할 권한이 없다.

정답 ④

03 범죄원인론 중 고전학파에 대한 설명으로 가장 적절하지 않은 것은?

2022(72). 경위

① 고전학파는 범죄의 원인보다 형벌 제도의 개혁에 더 많은 관심을 기울였다.

② 고전주의 범죄학은 계몽주의 시대사조 속에서 중세 형사사법 시스템을 비판하며 태동하였고, 근대 형사사법 개혁의 근간이 되는 이론적 토대를 제공하였다.

③ 고전주의 범죄학은 범죄를 설명함에 있어 인간이 자유의지(free-will)에 입각한 합리적 존재라는 기본가정을 바탕으로 한다.

④ 고전주의 범죄학은 처벌이 아닌 개별적 처우를 통한 교화개선을 가장 효과적인 범죄예방 대책으로 본다.

정답 및 해설

④ [×] 실증주의에 대한 설명이다. 고전주의는 범죄를 효과적으로 제지하기 위해서는 처벌이 엄격·확실하고, 집행이 신속해야 하며, 효과적인 범죄예방은 형벌을 통해 사람들이 범죄를 포기하게 만드는 것이라 주장한다.

정답 ④

04 고전학파 이론의 배경에 대한 설명으로 옳지 않은 것은 모두 몇 개인가?

㉠ 인간의 본래적인 모습은 항상 기쁨을 극대화하고 고통을 최소화하려는 경향을 갖는다.	

㉠ 인간의 본래적인 모습은 항상 기쁨을 극대화하고 고통을 최소화하려는 경향을 갖는다.
㉡ 인간과 사회와의 관계는 계약관계이다.
㉢ 생물학, 물리학, 화학 등 자연과학의 발전이 배경이 되었다.
㉣ 행위를 통제할 수 있는 근본적인 도구는 고통에 의한 공포감이다.
㉤ 사회는 개인을 처벌할 수 있는 권리가 있으며, 이러한 권리는 형벌집행을 전담하는 국가 기구에 위임될 수 있다.
㉥ 인간의 의지란 심리적으로 실재하는 것으로 인식되어야 한다.
㉦ 환경의 변화에 적응하는 생명체는 생존할 수 있다는 적자생존의 원칙이 제기되었다.

① 2개 ② 3개
③ 4개 ④ 5개

정답 및 해설

① [○] 옳지 않은 것은 ㉢, ㉦ 2개이다.
㉠, ㉡, ㉣, ㉤, ㉥이 고전학파 이론의 배경이 되었으며, ㉢, ㉦은 실증주의 이론의 배경에 해당된다. 고전학파 이론의 시대적 배경이 된 것은 이 외에도 공포감을 불러일으키기 위한 방법으로서 처벌이 필요하고, 형법전이나 금지행위에 대한 처벌체계가 구성되어야 한다.

정답 ①

05 범죄원인론 중 고전주의 학파에 대한 설명으로 옳은 것만을 모두 고르면?

> ㉠ 인간은 자유의사를 가진 합리적인 존재이다.
> ㉡ 인간은 처벌에 대한 두려움 때문에 범죄를 선택하는 것이 억제된다.
> ㉢ 범죄는 주로 생물학적·심리학적·환경적 원인에 의해 일어난다.
> ㉣ 범죄를 효과적으로 제지하기 위해서는 처벌이 엄격·확실하고, 집행이 신속해야 한다.
> ㉤ 인간에 대한 과학적 분석을 통해 범죄원인을 규명하고자 하였다.

① ㉠, ㉡, ㉢
② ㉠, ㉡, ㉣
③ ㉡, ㉢, ㉣
④ ㉢, ㉣, ㉤

정답 및 해설

옳은 것은 ㉠, ㉡, ㉣이다.
㉢, ㉤ [×] 실증주의 학파에 대한 설명이다.

정답 ②

06 다음 중 고전학파 범죄이론에 대한 설명으로 가장 옳지 않은 것은?

① 고전학파는 범죄의 원인보다 형벌 제도의 개혁에 더 많은 관심을 기울였다.
② 고전주의 범죄학은 계몽주의 시대사조 속에서 중세 형사사법 시스템을 비판하며 태동하였고, 근대 형사사법 개혁의 근간이 되는 이론적 토대를 제공하였다.
③ 파놉티콘(Panopticon) 교도소를 구상하여 이상적인 교도행정을 추구하였다.
④ 인간의 합리적인 이성을 신뢰하지 않고 범죄원인을 개인의 소질과 환경에 있다고 하는 결정론을 주장하였다.

정답 및 해설

① [○] 18C 중엽 공리주의 사회철학자인 베카리아와 영국의 벤담으로 대표되는 고전학파가 중점적으로 관심을 둔 사항은 범죄행위에 대한 설명보다는 형벌제도와 법제도의 개혁에 관한 것이었다.
② [○] 1761년에 발생한 칼라스家(Jean. Calas)의 비극은 계몽주의자들과 베카리아에게 당시 자의적이고 공정하지 못한 왜곡된 사법 및 형벌체계에 대한 개혁의 단초를 제공하였고, 이는 1789년 프랑스 대혁명으로 이어지는 동력이 되었다. 고전주의 범죄학은 르네상스와 계몽주의의 영향을 받아 중세의 형사사법의 자의적 집행과 잔혹한 처벌에 대한 반성을 토대로 태동하였고, 근대 형사사법 개혁의 근간이 되는 이론적 토대를 제공하였다.
③ [○] 벤담(Bentham)은 최소비용으로 최대효과를 거둘 수 있는 유토피아적인 파놉티콘(Panopticon)형 교도소 건립계획을 수립하여 이상적인 교도행정을 추구하였다.
④ [×] 실증주의 학파에 대한 설명이다. 인간의 자유의지를 중시한 고전학파(고전주의)는 비결정론적 입장이며, 인간을 자유의지를 가진 합리적·이성적 존재로 본다.

정답 ④

07 고전학파 범죄이론에 대한 설명으로 옳지 않은 것은? 2021. 보호 7급

① 사회계약설에 입각한 성문형법전의 제정이 필요하다고 주장하였다.

② 파놉티콘(Panopticon) 교도소를 구상하여 이상적인 교도행정을 추구하였다.

③ 인간의 합리적인 이성을 신뢰하지 않고 범죄원인을 개인의 소질과 환경에 있다고 하는 결정론을 주장하였다.

④ 심리에 미치는 강제로서 형벌을 부과해야 한다고 하는 심리강제설을 주장하였다.

정답 및 해설

① [○] 형법전이나 금지행위에 대한 처벌체계가 구성되어야 한다고 주장한다. 특히 베카리아(Beccaria)는 형벌은 성문의 법률에 의해 규정되어야 하고, 법조문은 누구나 알 수 있게 쉬운 말로 작성되어야 한다고 주장하였다.

② [○] 벤담(Bentham)은 최소비용으로 최대효과를 거둘 수 있는 유토피아적인 파놉티콘(Panopticon)형 교도소 건립계획을 수립하여 이상적인 교도행정을 추구하였다.

③ [×] 인간의 자유의지를 중시한 고전학파(고전주의)는 비결정론적 입장이며, 인간을 자유의지를 가진 합리적·이성적 존재로 본다. 또한 범죄원인에는 관심이 없었고, 법과 형벌제도의 개혁에 관심을 가졌다.

④ [○] 포이에르바하(Feuerbach)는 법률을 위반하는 경우 물리적 강제를 가해서는 안 되고, 심리적 강제로 위법행위와 고통을 결부하여야 한다는 심리강제설을 주장하였다.

정답 ③

제2절 | 고전주의 범죄학자

01 베카리아(Beccaria)의 범죄 및 형사정책에 대한 설명으로 가장 적절하지 않은 것은? 2024(74). 경위

① 국가가 인간을 처벌할 수 있는 근거는 오직 사회계약에 있으며, 사회계약 시 인간은 생명에 대한 권리까지 국가에 양도하지 않았기 때문에 사형은 폐지되어야 한다.

② 개인의 정치적·사회적 신분 등에 따른 차별적 형벌의 적용은 폐지되어야 한다.

③ 입법부의 역할은 각각의 범죄에 대한 형벌을 규정하는 것이고, 판사의 역할은 재량권을 가지고 유죄의 여부 및 양형을 결정하는 것이다.

④ 범죄의 심각성은 그것이 사회에 끼친 해악의 정도로 결정되는 것이지, 범죄자의 개인적인 동기와는 무관하다.

정답 및 해설

③ [×] 베카리아(Beccaria)는 전통적 형법체계를 비판하면서 "법률이 없으면 범죄도 없다."라는 죄형법정주의를 주장하였고, 형법의 제정과 재판의 분권원리를 설명하였다. 죄형법정주의는 입법의 역할을 강조한 것으로, 입법부의 역할은 각각의 범죄에 대한 형벌을 규정하는 것이다. 당시의 법 해석의 남용이라든가 재판과정에서의 비일관성을 통한 자의적인 처벌에 대해 비판하면서 판사는 입법자가 아니기 때문에 법을 해석할 권한이 없고, 다만 법 규정에 따라 형벌을 부과해야 한다며 판사의 양형재량에 반대하였다.

정답 ③

02 다음 설명과 가장 관련이 깊은 학자는?

> 형벌의 목적은 오직 범죄자가 시민들에게 새로운 해악을 입힐 가능성을 방지하고, 타인들이 유사한 행위를 할 가능성을 억제시키는 것이다. 따라서 형벌 및 형 집행의 수단은 범죄와 형벌 간의 비례관계를 유지하면서 인간의 정신에 가장 효과적이고 지속적인 인상을 만들어 내는 동시에, 수형자의 신체에는 가장 적은 고통을 주는 것이다.

① 베카리아(Beccaria)
② 롬브로소(Lombroso)
③ 쉘던(Sheldon)
④ 에이커스(Akers)

정답 및 해설

18C 고전학파의 선구자이자, 형법개혁운동의 개척자인 베카리아에 대한 설명이다.

① [○] 베카리아(Beccaria)는 『범죄와 형벌』(1764)을 통해 무차별적인 고문과 사형 등 당시의 형사사법 관행을 비판하고 사형 및 고문제도의 폐지를 주장하였으며, 죄형법정주의를 강조히면서 고전주의 범죄학의 근간이 되는 이론적 토대를 마련하였다.

② [×] 실증주의 및 범죄인류학의 선구자이자 범죄학의 아버지로 불리며, 자연과학을 바탕으로 한 생물학적 범죄원인연구의 개척자인 롬브로소는 『범죄인론』(1876)에서 범죄자에게는 일정한 신체적 특징이 있고, 이러한 신체적 특징은 원시인에게 있었던 것이 격세유전에 의하여 나타난 것이라고 하였다. 생래적 범죄성과 신체적 특징과의 관계에 주목하였으며, 범죄자적 신체특성을 5가지 이상 가진 사람들을 '생래적 범죄자'라고 부르고, 이들은 원래 생물학적으로 원시적인 형질을 가지고 태어났기 때문에 범죄를 저지를 수밖에 없다고 보았다.

③ [×] 체형이론을 주장한 미국의 심리학자 쉘던(Sheldon)은 인간의 배아가 내배엽, 중배엽, 외배엽의 3개 배엽으로 구성되어 있고, 내배엽은 내장 기관으로, 중배엽은 근육과 뼈로, 외배엽은 피부와 신경계로 발달한다는 개체발생론적 지식에 근거하여 사람의 체형에 따라 성격이 다르다는 주장을 하였다.

④ [×] 버제스(Burgess)와 에이커스(Akers)는 범죄행위의 결과로서 보상이 취득되고 처벌이 회피될 때 그 행위는 강화되는 반면, 보상이 상실되고 처벌이 강화되면 그 행위는 약화된다는 차별적 강화이론을 주장하였다. 이후 에이커스는 차별적 강화이론에 모방의 개념을 포함시켜 사회학습이론을 제시하였다.

정답 ①

03 베까리아(C. Becaria)의 형사사법제도 개혁에 대한 주장으로 옳지 않은 것만을 모두 고르면?

> ⊙ 형벌은 성문의 법률에 의해 규정되어야 하고, 법조문은 누구나 알 수 있게 쉬운 말로 작성되어야 한다.
> ⊙ 범죄는 사회에 대한 침해이며, 침해의 정도와 형벌 간에는 적절한 비례관계가 유지되어야 한다.
> ⊙ 처벌의 공정성과 확실성이 요구되며, 범죄행위와 처벌 간의 시간적 근접성은 중요하지 않다.
> ⊙ 형벌의 목적은 범죄예방을 통한 사회안전의 확보가 아니라 범죄자에 대한 엄중한 처벌에 있다.

① ⊙, ⊙
② ⊙, ⊙
③ ⊙, ⊙
④ ⊙, ⊙

정답 및 해설

옳지 않은 것은 ©, ⊜이다.

© [×] 범죄가 일어난 후에 처벌이 신속하여 처벌과 범죄가 근접할수록 처벌은 더욱 공정해지고 효과적이다.

⊜ [×] 범죄를 처벌하는 것보다 범죄를 예방하는 것이 더욱 중요하며, 처벌은 범죄예방에 도움이 된다고 판단될 때에 정당화된다는 범죄예방주의를 표방하였다.

정답 ④

04 베카리아(Beccaria)의 사상에 대한 설명으로 옳지 않은 것은?

2013. 사시

① 형벌은 범죄에 비례하지 않으면 안 되며 법률에 의해 규정되어야 한다.
② 사형은 예방 목적의 필요한 한도를 넘는 불필요한 제도로서 폐지되어야 한다.
③ 처벌은 공개적이어야 하고 신속하며 필요한 것이어야 한다.
④ 범죄를 예방할 수 있는 가장 확실한 장치는 처벌의 가혹성에 있다.
⑤ 범죄와 처벌 사이의 시간적 길이가 짧을수록 범죄 예방에 더욱 효과적이다.

정답 및 해설

④ [×] 베카리아는 범죄를 예방할 수 있는 가장 확실한 장치는 처벌의 가혹성이 아니라 처벌의 완벽성이라는 처벌의 확실성을 강조하였다.

정답 ④

---

05 베카리아(Beccaria)의 주장으로 옳지 않은 것은?

2024. 보호 9급

① 형벌의 목적은 범죄를 억제하는 것이다.
② 범죄를 억제하는 효과를 높이기 위해서는 처벌의 신속성뿐만 아니라 처벌의 확실성도 필요하다.
③ 형벌이 그 목적을 달성하기 위해서는 형벌로 인한 고통이 범죄로부터 얻는 이익을 약간 넘어서는 정도가 되어야 한다.
④ 인도주의의 실천을 위하여 사형제도는 폐지되어야 하고 사면제도가 활용되어야 한다.

정답 및 해설

① [○] 범죄를 처벌하는 것보다 범죄를 예방하는 것이 더욱 중요하며, 처벌은 범죄예방에 도움이 된다고 판단될 때에 정당화된다는 범죄예방주의를 표방하였다. 또한 범죄예방의 가장 좋은 방법의 하나는 잔혹한 형의 집행보다 확실하고 예외 없는 처벌이라고 하였다.
② [○] 처벌의 신속성, 확실성, 엄격성의 효과를 강조한다.
③ [○] 형벌의 정도는 형벌로 인한 고통이 범죄로부터 얻는 이익을 약간 넘어서는 정도가 되어야 한다.
④ [×] 범죄의 심각성과 형벌의 강도는 합리적인 연관성이 없다고 생각했기 때문에 사회계약설에 의거 사형제도를 폐지하고 대신에 구금형으로 대체되어야 한다고 주장한다. 또한 사면은 형사제도의 무질서와 법에 대한 존중심의 훼손을 초래한다고 보고, 자비라는 얼굴을 한 가면이라고 혹평하면서 사면의 폐지를 주장하였다.

정답 ④

---

 06 다음 중 벤담(Bentham)의 파놉티콘(Panopticon)에 대한 설명으로 가장 옳은 것은?

2024. 해경 경위

① 봄 – 보여짐의 비대칭적 구조를 갖고 있다.
② 수형자에게 강제노역은 유해하므로, 노동은 원하는 자로 한정해야 한다고 주장하였다.
③ 채찍이론을 통하여 범죄와 형벌의 비례성을 비판하고 수형자를 강하게 처벌해야 한다는 엄격함의 원칙을 주장하였다.
④ 최초로 야간독거제를 주장했으며, 수형자 상호 간의 접촉은 차단해야 한다고 하였다.

① [○] 파놉티콘(Panopticon)은 그리스어로 '모두'를 뜻하는 'pan'과 '본다'를 뜻하는 'opticon'을 합성한 것으로, 벤담은 소수의 감시자가 자신을 드러내지 않고 모든 수용자를 감시할 수 있는 형태의 감옥을 제안하면서 이 말을 창안했다.

② [×] 수용자들의 강제노동에 긍정적이다. 파놉티콘은 다른 교도소와 다르게 정부가 아닌 개인에 의해 운영되며, 수감자들의 노동으로 얻은 수익을 운영자가 가질 수 있도록 해서 운영자가 수감자의 건강을 신경 쓰게 만들었다.

③ [×] 벤담은 범죄와 형벌의 비례성을 논증하면서 채찍의 비유를 든다. 범죄자에 대한 채찍은 매질하는 자의 근력과 범죄자에 대한 적개심에 따라 달라질 수 있기 때문에 이러한 불공정함과 불합리한 것을 예방하기 위해 형벌의 강도는 범죄의 중대성에 의해서만 결정되어야 한다. 이를 위해 각 범죄에 정확하게 비례하여 형벌을 가할 수 있는 균일한 타격기계 같은 것을 구상하기도 하였다.

④ [×] 존 하워드(J. Howard)에 대한 설명이다. 그는 『영국과 웰스의 감옥상태론』(1777)을 통해 잡거구금의 무질서와 비위생을 지적하면서 반독거제 형태인 주간 또는 야간독거제를 주장하였다.

정답 ①

07 벤담(Bentham)의 주장에 대한 설명으로 옳지 않은 것은? 2015. 사시

① 법의 목적은 최대다수의 최대행복을 보장하는 것이라고 주장하였다.
② 형벌은 범죄자의 재사회화를 목표로 하는 특별예방에 주된 목적이 있다고 보아 형벌대용물 사상을 주장하였다.
③ 최소비용으로 최대의 감시효과를 거둘 수 있는 파놉티콘(Panopticon)이라는 감옥 형태를 구상하였다.
④ 범죄자에 대한 적개심에 따라 강도가 달라질 수 있는 채찍질처럼, 감정에 따라 불공정하게 형벌이 부과되는 것을 경계하였다.
⑤ 범죄를 상상(관념)적 범죄와 실제적 범죄로 구별하려고 하였다.

① [○] 법의 목적은 최대다수의 최대행복을 보장하여 주는 것이고, 형벌부과의 목적은 범죄예방에 있으며, 이를 위해 가장 적은 비용을 사용하여야 한다고 주장하였다.
② [×] 페리(Ferri)에 대한 설명이다. 그는 범죄에 대해서 형벌이라는 직접적인 반작용보다는 범죄성의 충동을 간접적으로 방지시킬 수 있는 대책으로서 형벌대용물의 사상을 내세웠다. 페리는 이탈리아의 새로운 형법을 기초하는 책임을 맡았는데, 여기서 범죄자의 도덕적 책임을 부정하였으며, 응보와 같은 개인의 유책성에 근거하여 이를 상쇄하고자 하는 형벌제도의 운용을 거부하고, 범죄자의 재사회화 방안을 강조하였다.
③ [○] 의회의 반대 및 당시 열악한 건축기술로 실제로 건립되지는 않았으나, 현대 교도소 건축에 많은 영향을 미쳤다.
④ [○] 형벌이 채찍을 가하는 것과 같이 감정에 치우쳐 부과되는 것을 경계하는 채찍이론을 제시하면서 범죄에 정확하게 비례하는 과학적 형벌부과를 강조하였다.
⑤ [○] 범죄란 악을 낳는 것, 즉 실제적 범죄이어야 하는 것으로 보면서 그렇지 아니한 상상(관념)적 범죄와는 엄격히 구별하였다.

정답 ②

08 다음은 벤담(Bentham)의 주장을 소개한 것이다. 괄호 안에 들어갈 말을 모두 올바르게 고른 것은?

법의 목적은 최대다수의 최대행복을 보장하여 주는 것이고, 형벌부과의 목적은 (A)이며, 이를 위해 가장 적은 비용을 사용해야 한다고 보았다. 그리고 범죄로 인한 이익, 고통 등을 고려하여 적절한 형벌이 부과되도록 형벌을 (B)해야 한다고 주장하였다. 범죄란 악을 낳는 것, 즉 (C)이어야 한다고 보면서 그렇지 아니한 관념적(상상적) 범죄와 엄격히 구별하였다. 또한, 최소비용으로 최대의 감시효과를 거둘 수 있는 (D)이라는 감옥 형태를 구상하였다.

㉠ 응보	㉡ 범죄예방	㉢ 다양화
㉣ 계량화	㉤ 실제적 범죄	㉥ 형식적 범죄
㉦ 파놉티콘	㉧ 파빌리온	

	A	B	C	D
①	㉠	㉣	㉤	㉦
②	㉡	㉣	㉥	㉧
③	㉠	㉢	㉥	㉦
④	㉡	㉣	㉤	㉦
⑤	㉠	㉢	㉤	㉧

정답 및 해설

④ [○] A - ㉡, B - ㉣, C - ㉤, D - ㉦
  벤담은 법의 목적은 최대다수의 최대행복을 보장하여 주는 것이고, 형벌부과의 목적은 범죄예방에 있으며, 이를 위해 가장 적은 비용을 사용하여야 한다고 주장하였다. 그는 범죄란 악을 낳는 것, 즉 실제적 범죄이어야 하는 것으로 보면서 그렇지 아니한 상상(관념)적 범죄와는 엄격히 구별하였다. 형벌을 계량화하는 행복지수계산법을 주장하였으며, 특히 채찍이론을 제시하면서 범죄에 정확하게 비례하는 과학적 형벌부과를 주장하였고, 유토피아적인 파놉티콘형 교도소건립계획을 수립하였다.

정답 ④

09 형벌이론에 대한 설명으로 옳지 않은 것은? 2024. 보호 7급

① 베카리아(C. Beccaria)는 사형을 폐지하고 종신 노역형으로 대체할 것을 주장하였다.
② 헤겔(G. W. F. Hegel)은 절대적 형벌론자였으며, 범죄행위는 법의 부정이며, 형벌은 법의 부정을 부정하는 것이라고 주장하였다.
③ 칸트(I. Kant)는 응보이론을 옹호했으며, 형벌은 일정한 목적을 추구하기 위해 존재하는 것이 아니라 범죄자에게 고통을 주는 그 자체가 가치있는 것이라고 주장하였다.
④ 포이어바흐(A. Feuerbach)는 일반예방과 특별예방을 구별하고, 재사회화와 관련된 심리강제설을 주장하면서, 특별예방을 강조하였다.

① [○] 베카리아는 범죄의 심각성과 형벌의 강도는 합리적인 연관성이 없다고 생각했기 때문에 사회계약설에 의거 사형제도를 폐지하고 대신에 종신 노역형으로 대체할 것을 주장하였다.

② [○] 헤겔은 응보형주의(절대주의, 절대설) 형벌론자였으며, 범죄행위는 법의 부정이며, 따라서 형벌은 법의 부정을 부정하는 것이다. 범죄는 침해되는 자의 권리를 없는 것으로서 취급하지만, 형벌의 실행에 의해서 그 권리의 존재가 명시되고 확립된다. 만약 형벌이 실행되지 않으면 침해되는 자는 권리를 갖지 못하게 된다. 따라서 형벌은 법의 회복이며, 권리의 확립이다. 이것은 법 내지 권리가 형벌과 불가분에 있으며, 형벌을 수반하지 않는 인격적 권리의 추상적 주장은 그 권리의 존재 자체를 위태롭게 하는 것이다. 요컨대 형벌을 수반하지 않는 권리는 권리가 아니라는 것을 의미한다.

③ [○] 칸트는 응보형주의(절대주의, 절대설) 형벌론자로, 형벌은 어떤 목적과도 무관한 정언명령이며, 형법을 통해 목적을 추구하는 것은 인간을 수단화하는 것이므로 인간의 존엄에 반한다고 하였다. 또한 범죄는 자유의사를 가지는 인간의 도덕률 위반이며, 형벌은 범죄자의 책임에 대한 응보이며 그 자체가 목적이라고 하였다. 형벌은 범죄행위 그 이상의 것이어서는 안 된다고 한다(동해형벌론).

④ [×] 포이에르바하는 상대주의 형벌론자로, 일반 국민에게 범죄로 얻어지는 쾌락보다는 범죄에 대하여 과하여지는 고통이 더욱 크다는 것을 알게 하는 심리적 강제로써만 범죄를 방지할 수 있으며, 이러한 심리적 강제는 형벌을 법전에 규정하여 두고 이를 집행함으로써 효과적으로 이루어질 수 있다고 하였다(심리강제설에 의한 일반예방사상).

정답 ④

10 <보기 1>에 제시된 설명과 <보기 2>에 제시된 학자를 옳게 짝지은 것은? 2018. 교정 9급

┤ 보기 1 ├

㉠ 감옥개량의 선구자로 인도적인 감옥개혁을 주장하였다.
㉡ 『범죄와 형벌』을 집필하고 죄형법정주의를 강조하였다.
㉢ 파놉티콘(Panopticon)이라는 감옥형태를 구상하였다.
㉣ 범죄포화의 법칙을 주장하였다.

┤ 보기 2 ├

A. 베까리아(Beccaria)
B. 하워드(Howard)
C. 벤담(Bentham)
D. 페리(Ferri)

	㉠	㉡	㉢	㉣
①	A	B	C	D
②	C	A	B	D
③	B	A	C	D
④	B	A	D	C

③ [○] ㉠ - B, ㉡ - A, ㉢ - C, ㉣ - D

정답 ③

01 현대적 고전학파 이론에 대한 설명으로 옳지 않은 것은?

① 1968년 미국의 50개 주 전체를 대상으로 각각의 주에서 범죄발생률, 범죄검거율, 평균형량 등의 관계를 분석한 깁스(Gibbs)의 연구가 있다.
② 깁스(Gibbs)는 위 연구에서 살인 사건의 경우 형벌의 집행이 확실하고 그 정도가 엄격한 곳일수록 그 지역에서 살인사건 발생률이 낮았다고 주장한다.
③ 티틀(Tittle)은 형벌의 엄격성은 살인사건의 경우에는 그 억제효과가 있었고, 형벌의 확실성은 모든 유형의 범죄발생률에 중요한 영향을 미친다고 주장했다.
④ 코헨(Cohen)과 펠슨(Felson)은 일상생활이론을 주장하며, 범죄동기나 범죄를 저지를 개연성은 제한이 없다고 가정하였다.

정답 및 해설

④ [×] 코헨(Cohen)과 펠슨(Felson)의 일상생활(활동)이론은 범죄자가 아니라 범행의 조건을 특정화하는 이론이다. 고전학파에서 모든 사람들이 쾌락을 극대화하고 고통을 최소화하려는 경향을 가지고 있다고 가정했듯이 이들은 범죄 동기나 범죄를 저지를 개연성이 있는 사람의 수는 일정하다고 가정하였다. 다만, 사회에서 발생하는 범죄는 범행을 동기화한 사람, 적절한 범행대상(합당한 표적), 범행을 막을 수 있는 사람의 부존재(보호할 수 있는 능력의 부재)의 세 가지 요소에 의해 결정된다고 보았기 때문에 범죄를 저지를 개연성까지 제한이 없다고 할 수 없다.

정답 ④

02 억제이론에 대한 설명으로 가장 옳지 않은 것은?

2023. 해경 경위

① 억제이론은 처벌의 신속성, 확실성, 엄격성의 효과를 강조한다.
② 형벌의 특수적 억제효과란 범죄를 저지른 사람에 대한 처벌이 일반시민들로 하여금 처벌에 대한 두려움을 불러일으켜서 결과적으로 범죄가 억제되는 효과를 말한다.
③ 범죄자에 대한 처벌의 억제효과는 범죄자의 자기통제력 수준에 따라 달라질 수 있다.
④ 억제이론의 기초가 되는 것은 인간의 공리주의적 합리성이다.

정답 및 해설

② [×] 억제 또는 제지이론은 인간이란 합리적으로 즐거움과 고통, 이익과 비용을 계산할 줄 아는 이성적 존재이기 때문에 범죄의 비용이 높을수록 범죄수준은 낮아질 것이라는 가정, 즉 처벌을 강화하면 두려움과 공포로 인하여 사람들의 범죄동기가 억제되고 범죄는 줄어들 것이라는 가정에 기초한 이론으로 일반제지와 특별제지의 두 가지 형태로 논의되어 왔다. 범죄 억제 구성요소로 처벌의 확실성, 처벌의 엄중성, 처벌의 신속성이 있다.

일반적 예방효과 (일반제지, 일반예방주의)	범죄를 저지른 사람에 대한 처벌이 일반시민들로 하여금 처벌에 대한 두려움을 불러일으켜서 결과적으로 범죄가 억제되는 효과
형벌의 특수적 예방효과 (특별제지, 특별예방주의)	형벌의 목적을 범죄인에 대한 위하와 범죄인이 다시 죄를 범하는 것을 방지

③ [○] 억제이론에 의하면 인간의 의지란 심리적으로 실재하는 것으로 인식한다. 의지로서 사람들은 자기 스스로의 행동을 규율하고 통제할 수 있다. 일반적으로 이러한 의지는 자유로운 것으로서 개인들이 할 수 있는 선택에는 어떠한 한계도 없다. 비록 외부적 조건이 영향을 미칠 수 있지만 구체적인 행위를 선택하는 데 있어서 인간의 의지는 자유로운 것이다. 그러므로 행위를 통제할 수 있는 근본적인 도구는 고통에 의한 공포감이다.

정답 ②

03 억제이론(Deterrence Theory)에 대한 설명으로 옳지 않은 것은?

2012. 교정 9급

① 억제이론의 기초가 되는 것은 인간의 공리주의적 합리성이다.
② 형벌의 특수적 억제효과란 범죄를 저지른 사람에 대한 처벌이 일반시민들로 하여금 처벌에 대한 두려움을 불러 일으켜서 결과적으로 범죄가 억제되는 효과를 말한다.
③ 범죄자에 대한 처벌의 억제효과는 범죄자의 자기통제력 수준에 따라 달라질 수 있다.
④ 처벌의 신속성, 확실성, 엄격성의 효과를 강조한다.

정답 및 해설

② [×] 억제 또는 제지이론은 인간이란 합리적으로 즐거움과 고통, 이익과 비용을 계산할 줄 아는 이성적 존재이기 때문에 범죄의 비용이 높을수록 범죄수준은 낮아질 것이라는 가정, 즉 처벌을 강화하면 두려움과 공포로 인하여 사람들의 범죄동기가 억제되고 범죄는 줄어들 것이라는 가정에 기초한 이론으로 일반제지와 특별제지의 두 가지 형태로 논의되어 왔다. 범죄 억제 구성요소로 처벌의 확실성, 처벌의 엄중성, 처벌의 신속성이 있다.

정답 ②

04 억제이론(Deterrence theory)에 관한 설명으로 가장 적절하지 않은 것은?

2022. 경찰2차

① 억제(deterrence)는 고전주의 범죄학파의 주요 개념 중 하나이다.
② 효과적인 범죄억제를 위해서는 처벌이 확실하고 엄격하며 신속해야 한다.
③ 일반억제(general deterrence)는 전과자를 대상으로 한 재범방지에 중점을 둔다.
④ 촉법소년의 연령 하향을 주장하는 학자들의 이론적 근거 중 하나이다.

정답 및 해설

①, ② [○] 억제의 개념은 고전주의 범죄학자인 베카리아와 벤담의 주장에 근거하며, 고전주의 범죄학의 기본전제인 인간의 자유의지와 합리성을 기반으로 한 억제이론은 처벌의 확실성, 엄격성, 신속성에 의해 계량된 처벌의 고통과 범죄로 인한 이익 사이의 함수관계로 범죄를 이해하였다.
③ [×] 특별억제에 대한 설명이다. 일반억제는 범죄자들에 대한 처벌의 위협에 의해서 잠재적인 범죄자들의 범죄행위를 억제할 수 있다는 관점이다.
④ [○] 심리적 억제이론에 기반한 것으로, 처벌이 확실하고 엄격하며 신속하게 이루어지면 범죄가 억제된다는 것이다.

정답 ③

05 억제이론에 대한 설명으로 옳은 것은?

2025. 교정 9급

① 인간은 자유의지를 가지고 합리적인 판단에 따라 행동한다고 가정한다.
② 처벌의 엄중성은 처벌받을 가능성을 의미한다.
③ 처벌의 확실성은 강한 처벌을 통한 범죄억제를 의미한다.
④ 처벌의 신속성은 초기 고전주의 범죄학자들이 범죄억제에 있어 가장 강조한 핵심 요소이다.

정답 및 해설

① [○] 고전주의 범죄학의 기본전제인 인간의 자유의지와 합리성을 기반으로 한 억제이론(제지이론)은 처벌의 확실성, 엄격성, 신속성에 의해 계량된 처벌의 고통과 범죄로 인한 이익 사이의 함수관계로 범죄를 이해한다. 억제이론에 따르면, 범죄자는 범죄행위로 인해 얻어지는 쾌락과 처벌의 고통을 합리적으로 계산하여 법 위반이나 준수 여부를 결정하기에, 범죄로부터 얻어지는 이익보다 처벌로부터 발생하는 고통이 크다고 생각하면 법을 위반하지 않게 된다.
② [×] 처벌의 엄격성은 해악의 정도에 맞는 확고한 행위결과에 상응한 처벌을 의미한다.
③ [×] 처벌의 확실성은 범죄자가 범행 후 체포되어 처벌받을 가능성에 대한 것으로, 억제의 핵심 요소 세 가지 중에서 초기의 고전주의 범죄학자들이 가장 강조한 것이다.
④ [×] 처벌의 신속성은 체포 및 처벌이 범죄행위 이후에 얼마나 신속하게 진행되는가에 대한 문제이다.

정답 ①

06 다음 중 억제이론(Deterrence Theory)에 대한 설명으로 가장 옳지 않은 것은?

2024. 해경 경위

① 범죄는 처벌의 신속성, 엄격성, 확실성으로 통제 가능하다는 입장이다.
② 특별억제(specific deterrence)는 직업적 범죄자들이 재범을 범하지 못하도록 자제시킬 수 있다는 것을 뜻한다.
③ 일반억제(general deterrence)는 미래의 처벌에 대한 인식에 의존하는 한편, 특별억제는 그것의 집행에 근거한다.
④ 억제이론은 대체로 특성이론(trait theory)에 기초하여 법 위반 행동과 규범적 행동 사이의 선택을 결정하는 원인이 된다고 본다.

정답 및 해설

① [○] 억제이론은 처벌의 확실성, 엄격성, 신속성으로 범죄는 통제 가능하다고 한다. 처벌의 확실성은 범죄자가 범행 후 체포되어 처벌받을 가능성에 대한 것이고, 처벌의 엄격성은 해악의 정도에 맞는 확고한 행위결과에 상응한 처벌을 의미하며, 처벌의 신속성은 체포 및 처벌이 범죄행위 이후에 얼마나 신속하게 진행되는가에 대한 문제이다.
② [○] 특별억제 또는 특별예방은 강력한 처벌에 의해 경력 범죄자들, 즉 전과자들이 범죄를 되풀이하지 못하도록 대책을 강구하는 것을 목적으로 한다.
③ [○] 일반억제는 범법자에 대한 처벌이 범행하지 않는 일반대중에게 범죄의 비용에 관한 정보를 제공함으로써 그들의 범죄행위를 억제시키는 것을 의미하고, 특별억제는 한때 범죄행위로 처벌받은 사람이 자신이 경험한 처벌에 대한 고통과 현실로 인하여 차후의 범죄행위를 억제하는 것을 말한다.
④ [×] 억제이론은 인간은 합리적이며 경제적 선택을 하는 존재라는 것을 전제로 범죄에 의한 이익이 처벌의 고통보다 크면 범죄가 발생하며 처벌의 고통이 범죄의 이익보다 크면 범죄는 일어나지 않는다는 이론이다. 억제이론은 고전주의 범죄이론과 동일하게 공리적인 인간을 전제로 하여 인간은 이익과 고통을 비교하여 자신의 행위를 결정한다는 전제에서 시작한다.

정답 ④

07 신고전주의 범죄학에 대한 다음 설명 중 그 내용이 가장 적절하지 않은 것은? 2022(72). 경위

□□□ ① 합리적 선택이론(Rational Choice Theory)은 사람들이 이윤을 극대화하고 손실을 최소화하기 위한 결정을 한다는 경제학의 기대효용원리에 기초하고 있다.

② 합리적 선택이론에 따르면, 범죄자는 범행 여부에 대한 의사결정을 함에 있어 처벌의 가능성과 강도뿐 아니라 다양한 개인적, 상황적 요인을 포괄적으로 고려한다.

③ 일상활동이론(Routine Activity Theory)은 범죄 발생의 3요소 중 가해자의 범행 동기를 가장 중요한 요소로 제시한다.

④ 신고전주의 범죄학의 등장은 실증주의 범죄학 및 관련 정책의 효과에 대한 비판적 시각과 관련이 있다.

정답 및 해설

① [○] 클라크(Clarke)와 코니쉬(Cornish)의 합리적 선택이론은 경제이론에서의 기대효용의 법칙에 기초하여, 인간우 범죄로 인하여 얻게 될 휴용(이익)과 손실이 크기를 비교하여 범행 여부를 결정한다고 본다. 이는 고전 범죄학에서 이해하는 인간본성에 대한 가정과 일치한다.

② [○] 합리적 선택이론에 따르면 범죄를 위한 결정이나 중단은 처벌 가능성과 처벌의 강도는 물론 일체의 범죄비용을 고려한 기대효과와 보상을 바탕으로 의사결정이 이루어진다. 범행결정은 돈의 필요, 스릴, 복수 등의 개인적 요인 및 범행대상의 보호수준과 경찰활동 등의 상황적 요인을 모두 고려하며, 사회적 관계라든가 개인 특성과 능력 및 환경요인의 영향을 받는다.

③ [×] 코헨(Cohen)과 펠슨(Felson)의 일상활동이론은 범행을 촉발하는 요인으로 동기화된 범법자의 존재(범행을 동기화한 사람), 범행에 적합한 대상(적절한 범행 대상), 범행 대상에 대한 경찰, 집 주인, 이웃, 친구, 친척 등과 같은 보호자의 부존재(범행을 막을 수 있는 사람의 부존재)를 들고 있으며, 이 범죄의 세 가지 요소가 동일한 시간과 장소에 모아졌을 때 범죄 발생률이 증가할 것이라는 가설을 전제로 한다.

④ [○] 실증주의 범죄학이 범죄의 원인을 생물학적ㆍ심리학적ㆍ사회학적 요인에 기반하여 설명하고, 이를 바탕으로 범죄자 교화와 치료를 주장하며, 경제적 기회와 사회복지에 집중하는 다수의 범죄예방정책을 펼쳤으나 이 시기에 범죄율은 지속적으로 증가하는 결과를 보였다. 신고전주의 범죄학은 범죄선택으로 인한 개인의 책임에 대한 설명이 소외되었다며 실증주의 범죄학을 비판하였고, 빈곤 등 사회여건 개선을 위한 세금 낭비보다는 엄정한 처벌을 통한 범죄억제 정책을 주장하였다.

정답 ③

08 범죄경제학에 대한 설명으로 옳지 않은 것은?

□□□ ① 대체로 고전학파 범죄학의 이론을 근저에 두고 있다.

② 형벌의 범죄억지력에 대한 연구를 시도하였다.

③ 인간이 형벌에 의한 위협을 이해하고 계산할 수 있는 존재라는 것을 전제로 한다.

④ 범죄인을 치료한다는 처우효과에 대한 불신을 배경으로 대두되고 발전하였다.

⑤ 이른바 합리적 선택이론의 반격을 받아 쇠퇴하게 되었다.

정답 및 해설

⑤ [×] 범죄경제학과 합리적 선택이론은 고전주의적 기본가정에 충실한 같은 부류의 이론이다. 범죄경제학은 범죄행위를 비용과 이득이라는 측면에서 접근하여 범죄는 합리적인 인간의 자유의사를 전제로 하며, 합리적 선택이론은 범죄행위는 각 개인이 선택한 결과이고 그 선택과정에서 고려하는 요인(개인적 요인, 상황적 요인)이 있다는 것이다. 따라서 개인적 요인들과 상황적 요인을 고려하여 비합법적 행위를 하는 것이 그렇지 않은 것보다 이득이 된다고 판단했을 때에 범죄가 저질러진다는 것이 합리적 선택이론의 핵심이다.

정답 ⑤

09 다음 중 합리적 선택이론(Rational Choice Theory)에 대한 설명으로 가장 옳은 것은? 2024. 해경 경위

① 범죄자에게 있어서 범죄의 상황적 요인은 고려되지 않는다.
② 범죄는 잠재적인 범죄자가 불법 행위에 대한 비용과 편익을 분석하는 의사결정 과정의 결과라는 입장이다.
③ 범죄경제학을 비판하면서 등장한 이론이다.
④ 범죄자 개인의 학습과 경험은 범죄선택에 영향을 미치는 요소가 되지 못한다.

정답 및 해설

①, ④ [×] 범죄자는 범행 여부에 대한 의사결정을 함에 있어 처벌의 가능성과 강도뿐 아니라 다양한 개인적 요인 (금전욕구, 가치관, 학습경험, 스릴, 복수 등)과 상황적 요인(범행대상의 보호수준, 주위환경, 경찰활동 등)을 포괄적으로 고려한다.

② [○] 범죄를 위한 결정이나 중단은 처벌의 가능성과 처벌의 강도는 물론 일체의 비용을 고려한 기대효과와 보상을 바탕으로 의사결정이 이루어진다. 이는 고전주의 범죄학에서 이해하는 인간본성에 대한 가정과 일치한다.

③ [×] 범죄경제학과 합리적 선택이론은 고전주의적 기본가정에 충실한 이론으로 신고전주의 범죄학에 속한다. 범죄경제학은 인간이 형벌의 위협을 이해하고 계산할 수 있는 존재라는 전제로, 범죄는 경제활동과 마찬가지의 과정, 즉 범행 시 얻게 되는 이익과 발생할 수 있는 손실(비용)을 계량한 후에 저지른다고 본다.

정답 ②

제4절 | 고전주의 범죄학의 공적과 한계

01 고전학파의 형법이론에 대한 비판으로 옳지 않은 것은?

① 범죄대책을 형벌을 통한 고통의 부과라고 지나치게 단순화하였다.
② 인간행위의 동기를 지나치게 단순하게 파악하였다.
③ 신속하고 확실한 처벌이 범죄를 억제한다는 주장에 대한 경험적 연구를 등한시하였다.
④ 관념론적 입장에서 처우를 통한 범죄인의 개선 가능성을 과신하였다.
⑤ 범죄원인에 대한 사실적 탐구를 등한시하였다.

정답 및 해설

① [○] 고전학파는 인간은 이성적 합리적 존재로 자유의사에 따라 고통은 회피하고 쾌락을 추구하므로 일정한 행위에 형벌(고통)을 부과함으로써 범죄는 억제될 것이라 주장하였다. 그러나 고전주의의 한계는 범죄현상을 형벌 사용에 관련하여서만 고찰하였다는 것이다. 즉, 형벌제도를 객관화하고 형벌집행을 합리화함으로써 사람들이 범죄에 대한 두려움을 느끼고 이로 인하여 범죄를 규제할 수 있다는 형벌중심의 범죄원인론이라 할 수 있다.

② [○] 고전학파는 범죄결과(범죄사실)에 대해 그에 상응한 형벌을 부과할 것을 중시하였고 인간의 주관적 의사는 고려하지 않았다.

③ [○] 베카리아(Beccaria)는 범죄예방(억제)을 위해서는 형벌의 확실성, 신속성, 엄중성이 필요하다고 주장하였으나 이에 대한 실증적 연구는 1960년대 현대적 고전주의가 다시 등장하면서 발전하게 되었다.

④ [×] 고전학파는 범죄의 연구에 있어서 실증적이라기보다는 관념론적 입장에서 연구하고, 인간에 있어서 동질동량의 자유의사를 가정하면서 범죄인이 아닌 범죄행위 결과에 초점을 두어 동일한 범죄에 동등한 형벌을 부과할 것을 강조하였다.

⑤ [○] 인간은 이성적 · 합리적 존재로 자유의사에 의한 선택의 결과로 보아 형벌은 그 행위결과에 대한 도의적 책임을 묻는 것으로 보았다. 범죄원인에 대한 사실적 탐구는 등한시하였던 것이다.

정답 ④

제5장 피해자학

제1절 | 피해자학의 역사와 의의

01 피해자학 또는 범죄피해자에 대한 설명으로 옳지 않은 것은?

2014. 교정 7급

① 멘델존(Mendelsohn)은 피해자학의 아버지로 불리며 범죄피해자의 유책성 정도에 따라 피해자를 유형화하였다.

② 「범죄피해자 보호법」에서는 대인범죄 피해자와 재산범죄 피해자를 모두 범죄피해 구조대상으로 본다.

③ 마약 복용, 성매매 등의 행위는 '피해자 없는 범죄(Victimless Crimes)'에 해당한다.

④ 정당방위(「형법」 제21조 제1항)에 해당하여 처벌되지 않는 행위 및 과실에 의한 행위로 인한 피해는 범죄피해 구조대상에서 제외된다.

정답 및 해설

① [○] 멘델존(Benjamin Mendelsohn)은 설문조사를 통하여 범죄피해자를 피해자의 책임 정도에 따라 범죄피해자의 유형을 제시하였다. 그의 분류는 주로 법률적 책임의 정도에 따라 분류되었지만, 동시에 죄가 없는 피해자는 좋은 사람이고, 중간쯤의 사람은 그리 좋은 사람이 못되며, 자신의 운명에 대해 전적으로 책임이 있는 피해자는 나쁜 범죄자와 동일할 정도로 도덕적 비난을 받아야 한다는 도덕적 기준까지도 내포하고 있다.

② [×] 「범죄피해자 보호법」은 사람의 생명 또는 신체를 해치는 죄에 해당하는 행위로 인하여 사망하거나 장해 또는 중상해를 입은 것을 구조대상 범죄피해로 규정하고 있으므로(「범죄피해자 보호법」 제3조 제1항 제4호), 대인범죄 피해자에 대해서만 구조대상으로 하고 있다.

③ [○] 강도나 강간 등 전통적 범죄가 가해자와 피해자가 분명한 상대방으로서 존재하는 데 비해 피해자 없는 범죄는 전통적 범죄와는 달리 가해자와 피해자의 관계가 분명치 않다는 점에서 피해자가 없는 것으로 간주하는 것이다. 그리고 전통적 범죄와 구별하기 위해서 이를 통칭하여 피해자 없는 범죄(Victimless Crimes)라고 칭하고 있다. 피해자 없는 범죄는 개인적 차원의 범죄로서 범죄의 가해자와 피해자와 동일인인 경우(성매매, 도박, 약물남용 등)와 기업범죄로서 기업이 범죄의 가해자인 반면 그 피해자는 불특정 다수여서 가해자와의 관계가 분명하지 않은 경우로 나눌 수 있다.

④ [○] 「범죄피해자 보호법」 제3조 제1항 제4호

정답 ②

01 멘델존(Mendelsohn)은 범죄피해자 유형을 5가지로 분류하였다. 분류의 기준은 무엇인가? 2022(72). 경위

□□□ ① 피해자의 유책성(귀책성)
② 피해자의 외적특성과 심리적 공통점
③ 피해자의 도발유무
④ 일반적 피해자성과 잠재적 피해자성

정답 및 해설

① [○] 멘델존은 범죄피해자 유형을 피해자의 유책성(귀책성) 정도를 기준으로 책임이 없는 피해자, 책임이 조금 있는 피해자, 가해자와 동등한 책임이 있는 피해자, 가해자보다 더 유책한 피해자, 가해자보다 책임이 많은 피해자로 분류하였다.

정답 ①

02 다음 중 멘델존(Mendelsohn)이 분류한 피해자의 유형이 가장 옳게 연결된 것은? 2024. 해경 경위

□□□ ① 자신에 대한 살인을 촉탁 또는 승낙한 자 - 상상적 피해자
② 범죄피해를 가장하고 타인을 무고한 자와 같은 기만적인 피해자 - 완전히 유책성이 없는 피해자
③ 상대방에게 학대적인 언행을 하다가 맞은 사람 - 가해자와 같은 정도의 유책성이 있는 피해자
④ 자신의 무지로 낙태를 감행하다가 사망한 임산부 - 경미한 유책성이 있는 피해자

정답 및 해설

① [×] 자신에 대한 살인을 촉탁 또는 승낙한 자 - 가해자와 동등한 책임이 있는 피해자(자발적 피해자)
② [×] 범죄피해를 가장하고 타인을 무고한 자와 같은 기만적인 피해자 - 가해자보다 책임이 많은 피해자(가해자보다 범죄발생에 더 큰 영향을 미친 피해자)
③ [×] 상대방에게 학대적인 언행을 하다가 맞은 사람 - 가해자보다 더 유책한 피해자(유발적 피해자, 부주의에 의한 피해자)
④ [○] 자신의 무지로 낙태를 감행하다가 사망한 임산부 - 책임이 조금 있는 피해자(경미한 유책성이 있는 피해자, 무지에 의한 피해자)

정답 ④

03 범죄피해자에 관한 설명으로 가장 적절한 것은? 2023. 경찰2차

□□□ ① 레클리스(Reckless)는 피해자의 도발을 기준으로 피해자 유형을 '가해자 - 피해자'모델과 '피해자 - 가해자 - 피해자'모델로 분류하였다.
② 멘델존(Mendelsohn)은 심리학적 기준으로 피해자 유형을 잠재적 피해자와 일반적 피해자로 분류하였다.
③ 헨티히(Hentig)는 피해자의 유책성을 기준으로 피해자 유형을 이상적인 피해자, 무지에 의한 피해자, 자발적 피해자, 유발적 피해자 및 기망적 피해자 5가지 유형으로 분류하였다.
④ 엘렌베르거(Ellenberger)는 '피해자를 위한 정의'라는 논문을 통하여 피해자의 공적 구제에 대한 관심을 촉구하였다.

① [O] 레클리스(Reckless)는 피해자의 도발을 기준으로 피해자 유형을 순수한 피해자('가해자 – 피해자'모델)와 도발한 피해자('피해자 – 가해자 – 피해자'모델)로 분류하였다.

② [×] 엘렌베르거(Ellenberger)의 분류에 대한 설명이다. 멘델존(Mendelsohn)은 피해자의 유책성 정도를 기준으로 피해자 유형을 ⓐ 책임이 없는 피해자, ⓑ 책임이 조금 있는 피해자, ⓒ 가해자와 동등한 책임이 있는 피해자, ⓓ 가해자보다 더 유책한 피해자, ⓔ 가해자보다 책임이 많은 피해자로 분류하였다.

③ [×] 멘델존(Mendelsohn)에 대한 설명이다. 헨티히(Hentig)는 피해자의 범죄 취약성 기준으로 피해자 유형을 일반적 피해자와 심리학적 피해자로 분류하였다.

④ [×] 프라이 여사(Mrs. Fry)에 대한 설명이다. 1957년 영국의 여성 형벌개량가이며 범죄피해자 보상제도의 어머니라고 불리는 프라이는 『피해자를 위한 정의』에서 범죄자를 피해자와 화해시키고 법평화를 재생시키기 위하여는 원상회복제도가 고려되어야 한다고 주장하였다.

정답 ①

---

04 다음 중 레클리스(W.Reckless)의 범죄피해자 유형 분류 기준으로 가장 옳은 것은?   2022. 해경 경위

① 피해자의 유책성(귀책성)
② 피해자의 도발유무
③ 피해자의 외적특성과 심리적 공통점
④ 일반적 피해자성과 잠재적 피해자성

② [O] 레클리스는 피해자의 도발을 기준으로 순수한 피해자(가해자 – 피해자 모델)과 도발한 피해자(피해자 – 가해자 – 피해자 모델)로 구분하고 있다.

정답 ②

---

05 피해자 유형의 분류에 대한 설명으로 옳지 않은 것은?   2010. 보호 7급

① 엘렌베르거(Ellenberger)는 피해자 유형을 일반적 피해자성과 잠재적 피해자성으로 나누며, 피학대자를 잠재적 피해자성으로 분류한다.

② 헨티히(Hentig)는 피해자 유형을 일반적 피해자와 심리학적 피해자로 나누며, 심신장애자를 심리학적 피해자로 분류한다.

③ 멘델존(Mendelsohn)은 피해자 유형을 피해자 측의 귀책성 여부에 따라 나누며, 영아살해죄의 영아를 완전히 유책성이 없는 피해자로 분류한다.

④ 레클리스(Reckless)는 피해자 유형을 피해자의 도발유무를 기준으로 하여 순수한 피해자와 도발한 피해자로 나눈다.

② [×] 헨티히(Hentig)는 피해자 유형을 일반적 피해자와 심리학적 피해자로 나누고, 심신장애자를 일반적 피해자로 분류하였다.

▶ 가로팔로(Garofalo)가 처음으로 범죄피해자가 다른 사람으로 하여금 공격하도록 유발시킬 수도 있음을 인식하였다면, 멘델존(Mendelsohn)은 전적으로 죄가 있다고 고려되는 범죄자들과 범죄자보다 오히려 더 많은 책임이 있는 피해자를 구분하는 범죄피해자의 유형론을 제시하였으며, 헨티히(Hentig)는 범죄피해자의 특성을 중심으로 한 피해자의 계층과 범죄에 대한 취약성을 증대시키는 인성과 관계되는 특성을 기술하였다.

정답 ②

06 피해자학에서의 피해자 유형에 대한 설명으로 옳지 않은 것은?

① 레클리스(W. Reckless)는 피해자 도발을 기준으로 '가해자 – 피해자 모델'과 '피해자 – 가해자 – 피해자 모델'로 구분하였다.

② 헨티히(H. Hentig)는 사회구조적 요인을 기초로 하여 피해자 유형을 구분하고자 하였으며, 피해자를 크게 '일반적 피해자 유형'과 '심리적 피해자 유형'으로 구분하였다.

③ 멘델존(B. Mendelsohn)은 피해자가 범죄행위에 어떠한 역할을 하는지 파악하기 위해 피해자 유책의 개념을 제시하였고, 피해자를 책임 정도에 따라 구분하였다.

④ 엘렌베르거(H. Ellenberger)는 개인의 심리학적 특성을 기준으로 하여 피해자의 유형을 피해자가 되기 쉬운 특성을 지닌 '잠재적 피해자성'과 그렇지 아니한 '일반적 피해자성'으로 구분하였다.

정답 및 해설

① [○] 레클리스는 피해자 유형을 피해자의 도발유무를 기준으로 하여 순수한 피해자(가해자 – 피해자 모델)와 도발한 피해자(피해자 – 가해자 – 피해자 모델)로 구분한다.

② [×] 헨티히는 피해자 유형을 피해자의 범죄 취약성을 기준으로 일반적 피해자(생물학적·사회적 취약성 기준: 젊은 사람, 여성, 노인, 정신장애자, 이민자, 소수자, 아둔한 사람으로 분류)와 심리학적 피해자(심리적 취약성 기준: 우울한 사람, 탐욕스러운 사람, 자유분방한 사람, 고독한 사람, 괴롭히는 사람, 고립된 사람으로 분류)로 구분한다.

③ [○] 멘델존은 설문조사를 통하여 피해자의 유책성(책임, 귀책성) 정도를 기준으로 '완전히 죄가 없는 피해자'에서부터 '피해자 자신만이 유죄인 피해자'에 이르는 범죄피해자의 유형을 제시하였다. 그의 분류는 주로 법률적 책임의 정도에 따라 분류되었지만, 동시에 죄가 없는 피해자는 좋은 사람이고 중간쯤의 사람은 그리 좋은 사람이 못되며 자신의 운명에 대해 전적으로 책임이 있는 피해자는 나쁜 범죄자와 동일할 정도로 도덕적 비난을 받아야 한다는 도덕적 기준까지도 내포하고 있다.

④ [○] 엘렌베르거는 피해자 유형을 심리학적 기준에 따라 피해자가 되기 쉬운 경향을 가진 자인 잠재적 피해자와 잠재적 피해자와 같은 특수한 원인을 갖고 있지 않은 사람인 일반적 피해자로 분류한다.

정답 ②

07 쉐이퍼(Schafer)의 피해자 분류 및 주장에 관한 설명으로 가장 적절하지 않은 것은?

① 피해자를 '기능적 책임성'에 따라 분류하였다.

② 1968년 그의 저서 『피해자와 그의 범죄자(The Victim and His Criminal)』에서 피해자 유형을 분류하였다.

③ 범죄를 단지 개인적 행동으로만 평가해서는 안 되고, 사회적 현상의 일종으로 평가되어야 한다고 주장하였다.

④ 피해자의 유형으로는 범죄와 무관한(unrelated), 피해를 유발한(provocative), 피해를 촉진시키는(precipitative), 생물학적으로 취약한(biologically weak), 사회적으로 취약한(socially weak), 자신에게 피해를 야기한(self-victimizing), 윤리적(ethical) 피해자 등 7가지로 분류하였다.

정답 및 해설

④ [×] 쉐이퍼는 범죄피해자를 기능적 책임성(Functional Responsibility)을 기준으로 무관한 피해자(unrelated victim), 유발적 피해자(provocative victim), 촉진적 피해자(precipitative victim), 생물학적으로 연약한 피해자(biologically weak victim), 사회적으로 연약한 피해자(socially weak victim), 자기피해자화(self-victimizing), 정치적 피해자(political victim)로 분류하였다.

정답 ④

08 쉐이퍼(Schafer)가 제시한 범죄피해자 유형의 분류기준으로 가장 적절한 것은?

2023(73). 경위

① 범죄피해 위험요인(Risk Factors)
② 피해자 책임 공유(Shared Responsibility)
③ 피해자에 대한 비난(Victim Blaming)
④ 기능적 책임성(Functional Responsibility)

정답 및 해설

④ [○] 쉐이퍼(Schafer)는 범죄피해자를 기능적 책임성(Functional Responsibility)을 기준으로 무관한 피해자(unrelated victim), 유발적 피해자(provocative victim), 촉진적 피해자(precipitative victim), 생물학적으로 연약한 피해자(biologically weak victim), 사회적으로 연약한 피해자(socially weak victim), 자기피해자화(self-victimizing), 정치적 피해자(political victim)로 분류하였다.

정답 ④

제3절 | 범죄 피해발생 설명이론

01 일상활동이론(Routine Activities Theory)의 범죄발생 요소에 해당하지 않는 것은?

2021. 보호 7급

① 동기화된 범죄자(Motivated Offenders)
② 비범죄적 대안의 부재(Absence of Non-criminal Alternatives)
③ 적절한 대상(Suitable Targets)
④ 보호의 부재(Absence of Capable Guardians)

정답 및 해설

② [×] 범인성이론과 피해이론의 통합모형인 발견적 모형의 '범법자 동기의 요소'에 대한 내용이다. 코헨(Cohen)과 펠슨(Felson)의 일상활동이론은 범죄자가 아니라 피해자를 둘러싸고 있는 범행의 조건을 강조하는 이론으로, 약탈적 범죄의 설명을 위하여 시작하였으며, 그러한 범죄가 발생하기 위해서는 범행을 동기화한 사람(범행동기를 가진 잠재적 범죄자), 적절한 범행대상(합당한 표적), 범행을 막을 수 있는 사람의 부존재(보호할 수 있는 능력의 부재)의 세 가지 요소가 시간과 공간적으로 융합되어야 한다고 가정한다. 이 이론은 잠재적 범죄자는 이미 정해진 것으로 간주하고, 나머지 두 요소에 초점을 맞춘다.

 범인성이론과 피해이론의 통합

1. 두 이론의 호환성(Compatibility)
   ⊙ **범인성이론**: 대부분의 범죄성이론은 범법자 동기에 대한 결정론적 이론으로 간주해 왔기 때문에 범죄는 특정한 생물학적, 사회적, 경제적, 환경적 조건들에 의해서 양산되는 것으로 인식해 왔다. 그러나 중요한 것은 이들 범인성이론의 어느 하나도 범죄행위에 가담하는 능력을 문제점으로 고려하고 있지 않다는 사실이다. 즉, 일단 범행의 동기나 욕구가 있으면 범죄는 일어나는 것으로 가정되는 것이다. 이러한 시각은 잠재적 피해자의 행동이 범죄기회의 제공을 결정한다는 사실을 인식하지 못하며, 생활유형과 일상활동에 따라 생기는 범죄기회가 어떻게 범죄동기의 표출을 가능하게 하거나 제약하는가를 고려하지 않는다.
   ⓛ **피해이론**: 피해이론은 범죄의 기회구조와 범죄표적의 선택과 관련된 요소를 직접적으로 다루고 있다. 범죄기회이론은 잠재적 범법자에 대한 잠재적 피해자의 노출과 근접성을 증대시킴으로써 어떻게 일상활동과 생활유형의 특성이 약탈범죄를 용이하게 하는가를 지적하고 있다. 위험하고 취약한 상황에의 근접성과 노출이 그 사람을 더 높은 범죄피해의 위험성에 처하게 하지만, 이러한 특정한 환경에서 그 사람이 실제 피해자가 되고 안 되고는 범죄표적의 매력과 표적의 보호능력에 달렸다는 것이다. 그러나 범인성이론의 주류인 범죄동기를 양산하거나 사회적 제재를 약화시키는 사회적 영향력은 피해이론에서 대부분 무시되고 있다.

ⓒ 범인성이론과 피해이론의 통합은 범죄가 범죄가담의 결정(범행)과 특정한 범죄피해 대상의 선택(표적 – 선택)이라는 두 가지 과정을 내포하고 있음을 인식하는 것이다.

2. **발견적 모형**(Heuristic Model. 통합모형)
   ⓐ 범죄사건에 대한 완전한 설명을 위해서는 범법자, 피해자, 그리고 그 둘을 함께 결합시키는 사회적 여건(대인적 환경과 물리적 환경의 요소 둘 다를 포함하는 것으로 범죄의사와 매력적인 피해자 특성이 행동으로 옮겨지는 행위장소)에 대한 관심을 필요로 한다.
   ⓑ **범법자 동기의 요소**: 경제적 단점, 사회유대의 약화, 친범죄적 가치, 심리적 · 생물적 속성, 일반화된 욕구, 비범죄적 대안의 부재 등 다양한 요소를 포함하고 있다.
   ⓒ **범죄 기회를 제공하는 범죄피해자적 특성**: 범법자와의 근접성, 범죄위험성이 높은 상황에의 노출성, 표적의 매력성, 보호의 부재 등이 있다.
   ⓓ **사회적 여건**: 물리적 위치, 가해자와 피해자의 대인적 관계, 범행의 시간에 피해자의 활동을 확립하는 행위여건을 포함하는 미시적 환경이라고 할 수 있다.
   ⓔ 통합모형에 의하면 범법자의 동기, 피해자의 특성, 사회적 여건의 연계가 이상적(ⓑ, ⓒ, ⓓ의 연계)이거나 최적의 경우가 아닐 때(ⓑ, ⓒ의 연계)도 범죄가 발생할 수 있다고 한다.

정답 ②

---

 02 코헨(L. Cohen)과 펠손(M. Felson)의 일상생활이론(Routine Activity Theory)에 대한 설명으로 옳지 않은 것은?

2011. 사시

① 범죄인의 특성을 분석하는 데 중점을 둔다는 점에서 실증주의 범죄원인론과 유사하다.
② 어느 시대나 사회에도 범죄를 범할 개연성이 있는 사람의 수는 일정하다고 가정한다.
③ 범죄의 발생 여부에 결정적인 영향을 미치는 요인은 적절한 범행대상(합당한 표적)과 보호능력의 부존재(감시의 부재)라고 본다.
④ 시간의 흐름에 따른 범죄율의 변화를 설명하기 위해 등장한 이론이다.
⑤ 경제적 불평등, 실업률 등 범죄를 자극하거나 동기를 부여하는 구조적 조건이 저하됨에도 불구하고 범죄율이 지속적으로 증가하고 있는 이유에 대한 설명을 가능하게 한다.

정답 및 해설

① [×] 코헨(Cohen)과 펠손(Felson)의 일상활동이론은 범죄자가 아니라 피해자를 둘러싸고 있는 범행의 조건을 강조하는 이론으로, 적절한 범행대상(합당한 표적)과 보호할 수 있는 능력의 부재라는 요인에 의하여 범죄발생 여부가 결정된다고 본다. 이러한 의미에서 이 이론은 실증주의자들에 의한 귀납적 · 경험적 범죄원인론과 구별되는 연역적 범죄원인론에 해당한다.

정답 ①

---

 03 다음 범죄학 이론에 대한 설명으로 옳지 않은 것은?

2024. 교정 9급

> 범죄가 발생하기 위해서는 최소한 범죄성향을 갖고 그 성향을 행동으로 표현할 능력을 가진 동기화된 범죄자(Motivated Offender)가 존재해야 한다. 이러한 범죄자에게 적당한 범행대상(Suitable Target)이 되는 어떤 사람이나 물체가 존재하고, 범죄를 예방할 수 있는 감시의 부재(Absence of Guardianship)가 같은 시간과 공간에서 만날 때 범죄가 발생한다.

① 코헨(L. Cohen)과 펠슨(M. Felson)의 견해이다.
② 합리적 선택이론을 기반으로 한 신고전주의 범죄학 이론에 속한다.
③ 동기화된 범죄자로부터 범행대상을 보호할 수 있는 수단인 가족, 친구, 이웃 등의 부재는 감시의 부재에 해당한다.
④ 범죄예방의 중점을 환경이나 상황적 요인보다는 범죄자의 성향이나 동기의 감소에 둔다.

① [○] 일상활동이론은 1970년대 미국의 범죄증가율을 설명하기 위하여 코헨과 펠슨이 제안하였다.

② [○] 억제이론과 합리적 선택이론의 요소들을 근간으로 한 신고전주의 범죄학이론에 속한다. 합리적 선택이론, 생활양식 · 노출이론, 일상활동이론, 구조적 선택이론, 범죄패턴이론 등이 신고전주의 범죄학이론에 해당한다.

③ [○] 감시(보호자)의 부존재는 동기화된 범죄자로부터 범행대상을 보호할 수 있는 수단인 가족, 친구, 이웃 등의 부재를 말한다. 펠슨은 감시인 또는 보호자는 경찰이나 민간경비원 등의 공식 감시인을 의미하는 것이 아니라, 그 존재나 근접성 자체가 범죄를 좌절시킬 수 있는 사람들을 의미하는 것으로 의도하지 않더라도 사람들이 친지나 친구 또는 모르는 사람들로부터 보호받게 되는 측면을 의미한다고 설명하였다. 즉, 일상활동이론은 비공식적 통제체계에서의 자연스러운 범죄예방과 억제를 중요시한다.

④ [×] 범죄발생의 원인에 대하여 범죄자의 동기적 측면을 주로 강조하는 기존의 범죄이론과 달리 일상활동이론은 피해자를 둘러싸고 있는 범행의 조건을 강조한다. 따라서 범죄예방의 중점을 범죄자의 성향이나 동기의 감소보다는 환경이나 상황적 요인에 두고 있다.

정답 ④

04 다음 그림은 에크(Eck)가 제시한 범죄의 삼각형이다. 이에 대한 설명으로 가장 적절하지 않은 것은?

2023(73). 경위

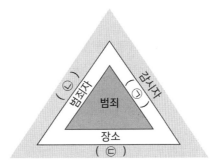

① 내부의 삼각형은 일상활동이론의 범죄발생 3요소를 의미한다.

② ㉠은 적절한 범행대상 목표물로 범죄자가 갖거나 통제하고 싶은 어떤 대상을 의미한다.

③ ㉡은 보호자(Guardians)로서 범죄자와의 사적 유대관계를 통해 범위반을 억제한다.

④ ㉢은 관리자(Managers)로 상점점원, 학교 교사, 시설의 경비원이나 안내원 등이 포함된다.

① [×] 일상활동이론의 범죄발생 3요소는 동기화된 범죄자, 범행에 적합한 대상, 사람이나 재산에 대한 감시의 부재이고 에크(Eck)가 제시한 범죄삼각형의 내부의 삼각형은 잠재적인 범죄자, 범죄의 대상물과 피해자, 범행에 용이한 장소이므로, 내부의 삼각형은 일상활동이론의 범죄발생 3요소를 의미하는 것이 아니다. 에크(Eck)가 제시한 범죄삼각형은 두 개의 삼각형으로 구성되었다. 안쪽의 삼각형은 일반적으로 발생하는 범죄의 세 요소인 잠재적인 범죄자, 범죄의 대상물과 피해자, 범행에 용이한 장소로 구성되어 있다. 동기화된 범죄자가 범행을 수행하기 위해서는 적합한 상황에서 범죄대상을 찾아야 가능한 것이다. 바깥쪽 삼각형은 세 감시주체들로서 통제인(Handler), 감시인(Guardian), 관리인(Manager)으로 구체화 되었다.

② [○] ㉠은 범죄의 대상물과 피해자이다.

③ [×] ㉡은 통제인으로 잠재적 범죄자에게 영향력을 행사하고 통제할 수 있는, 예를 들어 청소년의 경우 부모, 형제나 선생님이 이에 해당할 수 있다.

④ [○] ㉢은 관리인으로 장소를 관리하는 역할을 할 수 있는, 예를 들어 편의점인 경우 편의점 주인이나 종업원이 될 수 있다.

정답 ①, ③

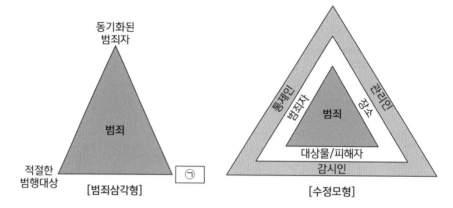

[범죄삼각형]   [수정모형]

① 범죄삼각형은 일상활동이론(Routine Activity Theory)의 3요소가 시·공간에서 수렴했을 때 범죄가 발생한다는 것을 도식화한 것이다.

② 두 모형은 범죄문제 해결 및 예방을 위한 환경설계를 통한 범죄예방(CPTED) 및 상황적 범죄예방기법과 밀접한 관련이 있다.

③ ㉠에 대한 구체적 범죄예방기법으로는 소유물에 대한 표시, 출입문 잠금장치 및 방범창 설치, 금고의 활용 등이 있다.

④ 수정모형은 ㉠의 개념을 보다 구체화한 것으로 동기화된 범죄자를 사적으로 통제할 수 있는 통제인(handler), 장소와 시설을 관리할 수 있는 관리인(manager), 범행대상을 공·사적으로 보호할 수 있는 감시인(guardian)으로서의 역할을 강조하였다.

정답 및 해설

일상활동이론은 1970년대 미국의 범죄증가율을 설명하기 위하여 코헨(Cohen)과 펠슨(Felson)이 제안하였고, 억제이론과 합리적 선택이론의 요소들을 근간으로 하며, 피해자를 둘러싸고 있는 범행의 조건을 강조한다. 범죄율을 설명함에 있어서 미시적이고도 거시적인 접근을 시도한다.

- **첫 번째 그림**: 미시적 차원에서 코헨과 펠슨은 시간, 공간, 대상물, 사람을 기본요소로 범죄에 대한 일상활동이론을 발전시켰으며, 핵심은 범죄삼각형이라는 세 가지 요소를 전제로 한다.
- **두 번째 그림**: 엑(Eck)은 동기화된 범죄자, 범행에 적합한 대상, 사람이나 재산에 대한 감시의 부재라는 3요소에 통제인(handler)이 추가된 네 가지 요소를 기반으로 범죄삼각형 또는 문제삼각형을 고안하였다.

① [○] 일상활동이론의 핵심은 범죄삼각형이라는 세 가지 요소를 전제로 한다. 동기화된 범죄자, 범행에 적합한 대상, 사람이나 재산에 대한 감시(보호자)의 부재가 동일한 시간과 공간에서 만나면 범죄발생의 가능성이 높아진다는 것이다.

② [○] 합리적 선택이론, 일상활동이론 등 신고전주의 범죄이론들은 주거지를 안전한 지역에 갖는다거나 우범지역 등 위험한 장소를 피해 다닌다거나 문 단속이나 경보기를 설치하는 등의 조치를 포함한 일상적인 예방조치를 통해 범죄를 예방할 수 있다는 정책적 함의를 기본 개념 속에서 제시하고 있다. 이러한 이론들은 합리적으로 판단하여 결정하는 인간을 전제로 하고 있기에 과학적인 설계를 통해 범죄를 예방할 수 있다는 정책적 함의가 강하다. 셉테드(CPTED)는 신고전주의 범죄학이론에 근거한 대표적인 범죄예방정책으로 범죄자, 피해자, 취약한 공간구조의 세 가지 조건이 갖추어질 때 범죄가 발생한다는 일상활동이론의 기본요소와 이의 근간이 되는 합리적 선택이론을 토대로 범죄기회요인을 감소시키는 전략에 집중한다.

③ [×] ㉠은 감시의 부재이며, 펠슨은 감시인 또는 보호자는 경찰이나 민간경비원 등의 공식 감시인을 의미하는 것이 아니라, 그 존재나 근접성 자체가 범죄를 좌절시킬 수 있는 사람들을 의미하는 것으로 의도하지 않더라도 사람들이 친지나 친구 또는 모르는 사람들로부터 보호받게 되는 측면을 의미한다고 설명하였다. 즉, 일상활동이론은 비공식적 통제체계에서의 자연스러운 범죄예방과 억제를 중요시한다.

④ [○] 수정모형의 범죄삼각형은 두 개의 삼각형으로 구성되었다. 안쪽의 삼각형은 일반적으로 발생하는 범죄의 세 요소인 ㉠ 잠재적인 범죄자, ㉡ 범죄의 대상물과 피해자, ㉢ 범행에 용이한 장소로 구성되어 있다. 동기화된 범죄자가 범행을 수행하기 위해서는 적합한 상황에서 범죄대상을 찾아야 가능한 것이다. 바깥쪽 삼각형은 '통제인'으로 추가된 세 감시주체들로서 통제인(handler), 감시인(guardian), 관리인(manager)으로 구체화 되었다. 통제인은 잠재적 범죄자에게 영향력을 행사하고 통제할 수 있는, 예를 들어 청소년의 경우 부모형제나 선생님이 이에 해당한다. 감시인은 대상물이나 피해자를 감시하고 보호할 수 있는, 예를 들어 이웃이나 지나가는 사람들이 될 수 있다. 관리인은 장소를 관리하는 역할을 할 수 있는, 예를 들어 편의점의 경우 편의점 주인이나 종업원이 될 수 있다. 이 감시주체들이 무능하거나 없는 상황에서 범행의 발생이 용이하게 되는데, 범죄자가 통제자의 영향력에서 벗어나 감시인이 없는 피해자나 대상물을 관리인의 눈길이 없는 장소에서 만나게 되면 범죄가 발생하는 것이다.

정답 ③

06 □□□ 생활양식노출이론(Lifestyle-Exposure Theory)에 관한 설명으로 옳지 않은 것은 모두 몇 개인가?

2024. 경찰2차

㉠ 힌델랑(Hindelang)과 그의 동료들이 연구하였다.
㉡ 개인의 방어능력(guardianship)과 노출(exposure)이 개인의 범죄피해자화에 영향을 미친다고 설명하는 이론이다.
㉢ 남성·기혼자·저소득층 및 저학력층은 범죄피해자가 될 확률이 보다 높다고 설명한다.
㉣ 구조적 기대에 대한 순응과 같은 거시적인 요소보다 미시적 요소로 인해 개인의 위험 노출 정도가 결정된다고 설명한다.
㉤ 이론 초기에는 사회계층별 대인범죄를 설명하고자 시도하였으나, 이후 재산범죄와 같은 대물범죄까지 확대되었다.

① 1개 ② 2개
③ 3개 ④ 4개

정답 및 해설

옳지 않은 것은 ㉢, ㉣ 2개이다.
㉠ [○] 하인드랑(Hindelang)과 갓프레드슨(Gottfredson)의 생활양식 – 노출이론은 범죄피해에 대한 체계적 이론 중 하나로, 사람들이 범죄자들에게 노출되는 생활양식 때문에 범죄피해자가 된다는 점을 강조한다.
㉡ [○] 기본적 가설은 범죄피해의 가능성에 있어서 인구학적 차이는 피해자의 개인적 생활양식의 차이에 기인한다는 것이다. 즉, 사람은 그 생활환경에 따라 범죄피해의 위험이 높은 상황·지역·시간에 노출되는 정도가 다르기 때문에 범죄피해에 대한 위험부담 또한 다르게 된다는 것이다. 여기서 개인의 방어능력이란 범죄위험에 취약한 구조적 생활양식을 의미한다.
㉢ [×] 젊은 사람, 남자, 미혼자, 저소득층, 저학력층 등은 노년층, 여자, 기혼자, 고소득층, 고학력층보다 범죄피해자가 될 확률이 훨씬 높다. 왜냐하면 그들은 가족과 보내는 시간이 적고, 외부에서 보내는 시간과 하는 일이 많으며, 범죄자특성의 소유자와 빈번한 접촉을 하기 때문이다.
㉣ [×] 범죄기회 구조의 내용으로서 범죄자와의 근접성과 범죄위험에의 노출이라는 거시적 요소를 중시한다. 인구통계학적, 사회구조적 요인이 개인별 생활양식의 차이를 야기하고 이러한 생활양식의 차이가 노출정도가 결정되며 범죄피해 가능성의 차이로 이어진다고 본다.
㉤ [○] 처음에 사회계층별 폭력범죄에 대한 피해위험성의 차이를 밝히기 위해 제안되었으나, 점차 재산범죄까지로 확대되었고, 더 나아가 보다 정교한 표적선택과정이론의 기초를 제공하였다.

정답 ②

07 다음 설명 중 그 내용이 가장 옳지 않은 것은?

① 일상활동이론(Routine Activity Theory)은 범죄발생의 3요소 중 가해자의 범행 동기를 가장 중요한 요소로 제시한다.
② 합리적 선택이론(Rational Choice Theory)에 따르면, 범죄자는 범행 여부에 대한 의사결정을 함에 있어 처벌의 가능성과 강도뿐 아니라 다양한 개인적, 상황적 요인을 포괄적으로 고려한다.
③ 신고전주의 범죄학의 등장은 실증주의 범죄학 및 관련 정책의 효과에 대한 비판적 시각과 관련이 있다.
④ 합리적 선택이론(Rational Choice Theory)은 사람들이 이윤을 극대화하고 손실을 최소화하기 위한 결정을 한다는 경제학의 기대효용원리에 기초하고 있다.

정답 및 해설

① [×] 코헨(Cohen)과 펠슨(Felson)의 일상활동이론은 범행을 촉발하는 요인으로 동기화된 범법자의 존재(범행을 동기화한 사람), 범행에 적합한 대상(적절한 범행 대상), 범행 대상에 대한 경찰, 집 주인, 이웃, 친구, 친척 등과 같은 보호자의 부존재(범행을 막을 수 있는 사람의 부존재)를 들고 있으며, 이 범죄의 세 가지 요소가 동일한 시간과 장소에 모아졌을 때 범죄 발생률이 증가할 것이라는 가설을 전제로 한다.
② [○] 합리적 선택이론에 따르면 범죄를 위한 결정이나 중단은 처벌 가능성과 처벌의 강도는 물론 일체의 범죄비용을 고려한 기대효과와 보상을 바탕으로 의사결정이 이루어진다. 범행 결정은 돈의 필요, 스릴, 복수 등의 개인적 요인 및 범행 대상의 보호수준과 경찰활동 등의 상황적 요인을 모두 고려하며, 사회적 관계라든가 개인특성과 능력 및 환경요인의 영향을 받는다.
③ [○] 실증주의 범죄학이 범죄의 원인을 생물학적, 심리학적, 사회학적 요인에 기반하여 설명하고, 이를 바탕으로 범죄자 교화와 치료를 주장하며, 경제적 기회와 사회복지에 집중하는 다수의 범죄예방정책을 펼쳤으나 이 시기에 범죄율은 지속적으로 증가하는 결과를 보였다. 신고전주의 범죄학은 범죄선택으로 인한 개인의 책임에 대한 설명이 소외되었다며 실증주의 범죄학을 비판하였고, 빈곤 등 사회여건 개선을 위한 세금낭비보다는 엄정한 처벌을 통한 범죄억제 정책을 주장하였다.
④ [○] 클라크(Clarke)와 코니쉬(Cornish)의 합리적 선택이론은 경제이론에서의 기대효용의 법칙에 기초하여, 인간은 범죄로 인하여 얻게 될 효용(이익)과 손실의 크기를 비교하여 범행여부를 결정한다고 본다. 이는 고전 범죄학에서 이해하는 인간본성에 대한 가정과 일치한다.

정답 ①

08 피해자에 대한 설명 중 가장 적절하지 않은 것은?

① 멘델손(Mendelsohn)은 비난 정도를 고려한 법적 유책성에 따라 피해자를 분류하였다.
② 헨티히(Hentig)는 개인의 의지와 무관하게 피해 가능성을 높이는 취약한 피해자가 있음을 지적하면서, 일반적인 피해자 유형과 심리학적 피해자 유형으로 구분하였다.
③ 울프강(Wolfgang)은 살인사건 기록을 분석하여, 피해자가 범죄유발 동기를 제공하는 경우도 있다는 것을 설명하였다.
④ 미쓰와 메이어(Miethe & Meier)는 생활양식 – 노출이론에서 피해자와 가해자의 상호작용을 통해 범죄피해의 과정을 설명하고자 하였다.

정답 및 해설

④ [×] 하인드랑(Hindelang)과 갓프레드슨(Gottfredson)의 생활양식 – 노출이론에 대한 설명이다. 미쓰(Miethe)와 메이어(Meier)는 생활양식 – 노출이론과 일상활동이론을 통합하여 범죄발생의 네 가지 요인을 범행기회와 대상선택이라는 두 가지 관점으로 압축하여 구조적 – 선택모형이론을 제시하였다.

정답 ④

09 범죄피해이론에 대한 설명으로 가장 적절하지 않은 것은?

2023(73). 경위

① 일상활동이론은 범죄자와 피해자의 일상활동이 특정 시간과 공간에 걸쳐 중첩되는 양식을 고려하여 범죄피해를 설명한다.

② 생활양식 · 노출이론은 직장과 학교 등 직업적 활동과 여가활동을 포함한 매일의 일상적 활동이 범죄피해에 미치는 영향에 주목하였다.

③ 구조적 - 선택이론은 생활양식 · 노출이론과 집합효율성이론을 통합하여 기회이론의 의미를 심화시킨 이론이다.

④ 피해자 - 가해자 상호작용이론은 가해자와 피해자의 상호작용 등을 포함한 일련의 범죄피해의 전개 과정에 주목했다.

정답 및 해설

① [○] 코헨(Cohen)과 펠슨(Felson)의 일상활동이론은 범죄자와 피해자가 함께 시간과 공간에 걸쳐 분포되는 양시과 그들의 일상활동을 고려하여 피해를 설명한다. 동기화된 **범죄자**, **범행**에 적합한 대상, 범죄발생을 저지할 수 있는 보호자의 부재의 세 가지 기본요소가 시간적, 공간적으로 일치해야 범죄가 발생한다고 본다.

② [○] 하인드랑(Hindelang)과 갓프레드슨(Gottfredson)의 생활양식 · 노출이론은 직장과 학교 등 직업적 활동과 여가활동을 포함한 매일의 일상적 활동이 범죄피해에 미치는 영향에 주목하였다. 개인의 다양한 생활양식은 범죄피해의 위험성이 높은 시간대나 장소에의 노출, 타인과의 상호작용이나 위험에의 노출 등에 영향을 주게 되고, 이것이 범죄피해의 확률을 달리한다고 설명한다.

③ [×] 미테(Miethe)와 메이어(Meier)의 구조적 - 선택이론은 생활양식 · 노출이론과 일상활동이론을 통합하여 범죄발생의 네 가지 요인을 범행기회와 대상선택이라는 두 가지 관점으로 압축한다. 두 이론을 통합하여 구조적 - 선택의 관점에서 범죄피해를 봄으로써 일상활동이론에 의해 범죄기회구조에 기여하는 거시적 영향과 생활양식 · 노출이론에 의한 특정 범죄대상의 선택을 결정하는 미시적 과정을 모두 설명할 수 있다.

④ [○] 피해자 - 가해자 상호작용이론은 범죄피해자를 범죄과정에서 일정한 역할을 담당하는 행위자로 인식하고, 피해자의 행동이나 반응이 범죄 진행과정에 미치는 영향을 고려하여 범죄의 발전과정을 설명한다. 클렉(Kleck)과 맥얼라스(McElrath)는 범죄발생이 항상 가해자의 의도대로 발생하는 것은 아니며, 범죄의 개시 이후에 전개되는 양상은 가해자와 피해자의 상호작용 및 여러 요인에 따라 다양하게 달라질 수 있음을 지적하였다.

정답 ③

10 다음 중 일상활동이론(Routine Activity Theory)의 범죄발생 요소에 해당하지 않는 것은?

2022. 해경 경위

① 동기화된 범죄자(Motivated offenders)
② 비범죄적 대안의 부재(Absence of non-criminal alternatives)
③ 적절한 대상(Suitable targets)
④ 보호의 부재(Absence of capable guardians)

정답 및 해설

② [×] 범인성이론과 피해이론의 통합모형인 발견적 모형의 '범법자 동기의 요소'에 대한 내용이다. 코헨(Cohen)과 펠슨(Felson)의 일상활동이론은 범죄자가 아니라 피해자를 둘러싸고 있는 범행의 조건을 강조하는 이론으로, 약탈적 범죄의 설명을 위하여 시작하였으며, 그러한 범죄가 발생하기 위해서는 범행을 동기화한 사람(범행동기를 가진 잠재적 범죄자), 적절한 범행대상(합당한 표적), 범행을 막을 수 있는 사람의 부존재(보호할 수 있는 능력의 부재)의 세 가지 요소가 시간과 공간적으로 융합되어야 한다고 가정한다. 이 이론은 잠재적 범죄자는 이미 정해진 것으로 간주하고, 나머지 두 요소에 초점을 맞춘다.

정답 ②

제2편

해커스공무원 이언담 형사정책 단원별 기출문제집

11 미스(Miethe)와 마이어(Meier)의 구조적 선택이론을 구성하는 핵심 개념에 포함되지 않는 것은?

2023. 해경 경위

① 동기화된 범죄자
② 대상의 매력성
③ 노출의 정도
④ 보호력의 부재

정답 및 해설

① [×] 미쓰(Miethe)와 메이어(Meier)는 생활양식노출이론과 일상활동이론을 통합하여 범죄발생의 네 가지 요인을 범행기회와 대상선택이라는 두 가지 관점으로 압축한다. 사회적 상호작용의 특성과 개인의 특성이 가져오는 범행기회(구조적 요인 – 근접성과 노출)가 있고, 주어진 사회적·공간적 상황에서 범죄자의 주관적 선택, 즉 범죄표적의 선택(대상선택)에 영향을 미치는 요인들(상황적 요인 – 표적의 매력성, 보호능력)이 있다.

정답 ①

12 다음이 설명하는 범죄피해에 관한 이론으로 가장 적절한 것은?

2023. 경찰1차

> 인구통계학적·사회구조적 요인이 개인별 생활양식의 차이를 야기하고 이러한 생활양식의 차이가 범죄피해 가능성의 차이로 이어진다고 본다. 예컨대, 밤늦은 시간 술집에 가거나 혼자 밤 늦게까지 일하는 생활양식을 가진 사람은 그렇지 않은 사람에 비해 상대적으로 범죄피해의 가능성이 증가한다는 것이다.

① 집합효율성이론(Collective Efficacy Theory)
② 생활양식 – 노출이론(Lifestyle-Exposure Theory)
③ 생애과정이론(Life-Course Theory)
④ 합리적 선택이론(Rational Choice Theory)

정답 및 해설

하인드랑(Hindelang)과 갓프레드슨(Gottfredson)의 생활양식 – 노출이론에 대한 설명이다.
① [×] 샘슨(Sampson)의 집합효율성이론은 지역주민 간의 상호신뢰 또는 연대감과 범죄에 대한 적극적인 개입을 강조한다. 지역사회의 구성원들(지역주민, 사업체, 지방자치단체 등)이 범죄문제를 공공의 적으로 생각하고 이를 해결하기 위해 적극적으로 참여하는 것이 범죄예방의 열쇠가 된다고 본다.
② [○] 생활양식 – 노출이론의 기본적 가설은 범죄피해의 가능성에 있어서 인구학적 차이는 피해자의 개인적 생활양식의 차이에 기인한다는 것이다. 즉, 사람은 그 생활환경에 따라 범죄피해의 위험이 높은 상황·지역·시간에 노출되는 정도가 다르기 때문에 범죄피해에 대한 위험부담 또한 다르게 된다는 것이다.
③ [×] 생애과정이론은 범죄성의 원인을 부적응적 성격, 교육실패 그리고 가족관계 등으로 보는 다차원적 이론으로 생물학적, 발달론적, 사회유대, 사회학습 그리고 기타 기존의 통제이론의 개념을 통합하려는 시도이다. 샘슨(Sampson)과 라웁(Laub)의 생애과정이론은 다른 발달범죄학 이론들과 마찬가지로 어린아이에서 성인에 이르는 과정에 범죄성이 지속되거나 범죄가 중단되는 현상을 설명하고자 하였다.
④ [×] 코니쉬(Cornish)와 클라크(Clarke)의 합리적 선택이론은 고전주의적 가정에 기초하여 범죄자의 의사결정과정에서 고려되는 요인들(개인적 요인과 상황적 요인)로 범죄행위를 설명하고자 한 이론으로, 범죄는 합리적·이성적 인간의 계산된 결과로 보는 현대적 고전주의이론이다.

정답 ②

13 코헨(Cohen)과 펠슨(Felson)의 일상활동이론(Routine Activity Theory)에 관한 설명으로 가장 적절하지 않은 것은?

2022. 경찰2차

① 범죄기회가 주어지면 누구든지 범죄를 저지를 수 있다고 본다.

② 범죄를 저지르고자 하는 동기화된 범죄자(motivated offender), 적절한 범행대상(suitable target), 보호(감시)의 부재(absence of capable guardian)라는 세 가지 조건이 충족될 때 범죄가 발생한다고 가정한다.

③ 도시화, 여가활동 증대 등 가정 밖에서 일어나는 활동을 증가시킴으로써 피해자와 범죄자가 시·공간적으로 수렴할 가능성을 증대시킨다고 본다.

④ 형사사법체계에 의해서 수행되는 공식적 통제를 통한 범죄예방을 설명하는 데 유용하다.

정답 및 해설

① [○] 어느 시대나 사회에도 범죄를 범할 개연성이 있는 사람의 수는 일정하다고 가정하며, 범죄기회가 주어지면 누구든지 범죄를 저지를 수 있다고 본다

② [○] 동기화된 범죄자, 범행에 적합한 대상, 사람이나 재산에 대한 감시(보호자)의 부재가 동일한 시간과 공간에서 만나면 범죄발생의 가능성이 높아진다고 한다.

③ [○] 제2차 세계대전 이후 직업이나 여가에서의 일상활동의 변화로 사람들이 특정한 장소와 시간에 모이는 상황이 조성되었고 이러한 일상활동의 변화가 범죄대상이 될 가능성을 증가시키고 재산을 감시할 능력을 감소시켰다고 설명하였다.

④ [×] 펠슨은 감시인 또는 보호자는 경찰이나 민간경비원 등의 공식 감시인을 의미하는 것이 아니라, 그 존재나 근접성 자체가 범죄를 좌절시킬 수 있는 사람들을 의미하는 것으로 의도하지 않더라도 사람들이 친지나 친구 또는 모르는 사람들로부터 보호받게 되는 측면을 의미한다고 설명하였다. 즉, 일상활동이론은 비공식적 통제체계에서의 자연스러운 범죄예방과 억제를 중요시한다.

정답 ④

14 범죄피해에 관한 이론들의 내용으로 가장 적절하지 않은 것은?

2022(72). 경위

① 생활양식·노출이론(Lifestyle-Exposure Theory)은 인구통계학적, 사회구조적 요인이 개인별 생활양식의 차이를 야기하고 이러한 생활양식의 차이가 범죄피해 가능성의 차이로 이어진다고 본다.

② 코헨(Cohen)과 펠슨(Felson)의 일상활동이론(Routine Activity Theory)은 사람들의 일상활동에 영향을 미친 사회변화에 관한 거시적 차원의 고찰이 없다는 비판을 받는다.

③ 코헨(Cohen)과 펠슨(Felson)의 일상활동이론(Routine Activity Theory)은 동기가 부여된 범죄자, 적합한 표적(범행대상), 보호(감시)의 부재라는 세 가지 요소가 합치할 때 범죄피해가 발생한다고 본다.

④ 펠슨(Felson)은 경찰과 같은 공식적 감시자의 역할보다 가족, 이웃, 지역사회 등 비공식적 통제수단에 의한 범죄예방과 억제를 강조하였다.

정답 및 해설

① [○] 하인드랑(Hindelang)과 갓프레드슨(Gottfredson)의 생활양식·노출이론은 개인의 직업적 활동·여가활동 등 모든 일상적 활동의 생활양식이 그 사람의 범죄피해 위험성을 높이는 중요한 요인이 된다는 이론으로, 인구학적·사회학적 계층·지역에 따른 범죄율의 차이는 피해자의 개인적 생활양식의 차이를 반영한다고 한다.

② [×], ③ [○] 일상활동이론은 1970년대 미국의 범죄증가율을 설명하기 위하여 코헨과 펠슨이 제안한 이론으로, 억제이론과 합리적 선택이론의 요소들을 근간으로 한다. 이 이론은 범죄율을 설명함에 있어서 미시적이고 거시적인 접근을 시도한다.

미시적인 차원에서 코헨과 펠슨은 시간, 공간, 대상물, 사람을 기본요소로 범죄에 대한 일상활동이론을 발전시켰으며, 핵심은 범죄삼각형이라는 동기화된 범죄자, 범행에 적합한 대상, 보호(감시)의 부재라는 세 가지 요소가 동일한 시간과 공간에서 만나면 범죄발생의 가능성이 높아진다는 것이다. 거시적인 차원에서의 일상활동이론은 거대 사회와 지역사회의 어떠한 특징이 미시적 차원에서 세 가지 핵심요소의 결합을 통한 범죄발생을 더 용이하게 한다고 설명한다.

④ [○] 펠슨은 감시인 또는 보호자는 경찰이나 민간경비원 등의 공식 감시인을 의미하는 것이 아니라, 그 존재나 근접성 자체가 범죄를 좌절시킬 수 있는 사람들을 의미하는 것으로 의도하지 않더라도 사람들이 친지나 친구 또는 모르는 사람들로부터 보호받게 되는 측면을 의미한다고 설명하였다. 즉, 일상활동이론은 비공식적 통제체계에서의 자연스러운 범죄예방과 억제를 중요시한다.

정답 ②

15 범죄피해에 대한 대안이론의 설명으로 옳지 않은 것은?

□□□

① 미테(Mieth)와 메이어(Meier)의 구조적 선택모형이론에 의하면 생활양식·노출이론과 일상활동이론을 통합하여 범죄발생의 네 가지 요인을 범행기회와 대상선택이라는 두 가지 관점으로 압축했다.

② 클라크(Clarke)와 코니쉬(Gornish)의 표적선택과정이론에 의하면 사고하는 범죄자의 범죄선택이라는 측면에 초점을 두고 범죄자가 범행을 결정하고 실제 범행을 저지르는 범행동기에 관심을 둔다.

③ 휴(Hough)의 선정모형에 의하면 나이·성별·사회적 계급 등의 인구학적 특성이 직업·소득·거주지역 등 사람의 생활양식의 구조적 특징을 결정하고 나아가서 이것이 그 사람의 일상생활에도 영향을 미친다.

④ 범죄대체효과이론에 의하면 그 지역에 거주하는 특정인이 개인적인 생활양식상 범죄의 위험성이 높다할지라도 그 지역이 보안수준이 높으면 범죄피해의 위험성이 줄어든다고 한다.

정답 및 해설

① [○] 구조적 선택모형은 범죄기회구조와 표적선택을 통합한 이론모형으로서 미테(Mieth)와 메이어(Meier)가 생활양식·노출이론과 일상활동이론을 통합하여 범죄발생의 네 가지 요인(범죄근접성, 범죄노출성, 표적의 매력성, 보호능력)을 범행기회와 대상의 선택이라는 두 가지 관점으로 압축한다.

② [○] 클라크(Clarke)와 코니쉬(Gornish)의 표적선택과정이론은 범행대상을 선정하여 범행을 실행하기까지는 범죄자가 의사결정을 통하여 선택한다는 이론이다.

③ [○] 휴(Hough)의 선정모형은 동기부여된 범죄자에게 쉽게 노출되고(근접성), 범행대상으로서 잠재적 수확가능성이 있으며(보상), 접근 또한 용이하여 범행대상으로 매력이 있을 뿐만 아니라 충분한 방어수단이 갖추어져 있지 않으면(보호성 부재) 범행대상으로 선정될 위험성이 높다고 본다.

④ [×] 무임승차효과에 대한 설명이다.

> **범죄대체효과와 무임승차효과**(토마스 가보. Thomas Gabor)
>
> ㉠ 피해자이론이 주로 개인적 원인을 통한 분석이라면, 가보(Gabor)는 특정지역의 보호·보안수준의 차이는 지역적·집단적 측면에서 범죄발생에 영향을 줄 수 있다고 한다.
>
> ㉡ 범죄대체효과란 특정지역의 범죄를 예방하기 위하여 사전조치가 철저하게 이루어지고 있다면 이로 인하여 범죄의 보안수준이나 보호수준이 낮은 지역으로 옮겨가는 효과를 말한다.
>
> ㉢ 무임승차효과란 그 지역에 거주하는 특정인이 개인적인 일상활동이나 생활양식상 범죄의 위험성이 높다할지라도 그 지역이 보안수준이나 보호수준이 높아 범죄피해의 위험성이 줄어드는 효과를 말한다.

정답 ④

제6장 피해자보호법제

제1절 | 형사절차상 피해자 보호

01 형사절차상 피해자에 대한 설명으로 옳지 않은 것은?　　　　　2014. 보호 7급

① 범죄로 인해 인적 또는 물적 피해를 받은 자가 가해자의 불명 또는 무자력의 사유로 인하여 피해의 전부 또는 일부를 배상받지 못하는 경우 국가는 피해자 또는 유족에게 범죄피해 구조금을 지급한다.

② 제1심 또는 제2심 형사공판절차에서 일정한 범죄에 관하여 유죄판결을 선고할 경우, 법원은 범죄행위로 인하여 발생한 직접적인 물적 피해, 치료비 손해 및 위자료의 배상을 명할 수 있다.

③ 범죄로 인한 피해자는 고소할 수 있고, 고소는 제1심판결 선고 전까지 취소할 수 있다.

④ 법원은 범죄 피해자의 신청이 있는 때에는, 당해 사건에 관하여 공판절차에서 충분히 진술하여 다시 진술할 필요가 없거나 공판절차가 현저하게 지연될 우려가 있는 경우를 제외하고는 피해자를 증인으로 신문하여야 한다.

정답 및 해설

① [×] 물적 피해는 구조대상 범죄피해에 해당하지 않으며(「범죄피해자 보호법」 제3조 제1항 제4호), 가해자 불명, 무자력 사유, 피해자의 생계유지 곤란 등은 구조금 지급요건에 해당하지 않는다(동법 제16조).

② [○] 「소송촉진 등에 관한 특례법」 제25조 제1항

③ [○] 「형사소송법」 제223조, 제232조 제1항

④ [○] 「형사소송법」 제294조의2 제1항

정답 ①

02 「형사소송법」상 피해자 등 진술권에 대한 설명으로 옳지 않은 것은?　　　　　2021. 보호 7급

① 범죄로 인한 피해자 등의 신청으로 그 피해자 등을 증인으로 신문하는 경우, 신청인이 출석통지를 받고도 정당한 이유 없이 출석하지 아니한 때에는 그 신청을 철회한 것으로 본다.

② 법원은 범죄로 인한 피해자를 증인으로 신문하는 경우 당해 피해자·법정대리인 또는 검사의 신청에 따라 피해자의 사생활의 비밀이나 신변보호를 위하여 필요하다고 인정하는 때에는 결정으로 심리를 공개하지 아니할 수 있다.

③ 법원은 동일한 범죄사실에서 피해자 등의 증인신문을 신청한 그 피해자 등이 여러 명이라도 진술할 자의 수를 제한할 수 없다.

④ 법원이 범죄로 인한 피해자의 신청에 의하여 신문할 증인의 신문방식은 재판장이 정하는 바에 의한다.

① [○] 법원은 범죄로 인한 피해자 또는 그 법정대리인(피해자 등)의 신청이 있는 때에는 그 피해자 등을 증인으로 신문하여야 하며(동법 제294조의2 제1항 본문), 신청인이 출석통지를 받고도 정당한 이유 없이 출석하지 아니한 때에는 그 신청을 철회한 것으로 본다(동법 제294조의2 제4항).

② [○] 동법 제294조의3 제1항

③ [×] 법원은 동일한 범죄사실에서 피해자 등의 증인신문을 신청한 사람이 여러 명인 경우에는 진술할 자의 수를 제한할 수 있다(「형사소송법」 제294조의2 제3항).

④ [○] 법원이 직권으로 신문할 증인이나 범죄로 인한 피해자의 신청에 의하여 신문할 증인의 신문방식은 재판장이 정하는 바에 의한다(동법 제161조의2 제4항).

정답 ③

03 형사절차에서 피해자보호에 대한 설명으로 옳지 않은 것은?

2016. 사시

① 「가정폭력범죄의 처벌 등에 관한 특례법」에 따르면 피해자는 행위자가 자기 또는 배우자의 직계존속인 경우에도 고소할 수 있게 하여 피해자를 보호하고 있다.

② 현행법상 피해자는 공판절차에서 증인으로서 일정한 범위 내에서 형사절차에 참여할 수 있는 지위를 보장받고 있다.

③ 「형사소송법」은 피의자 또는 피고인이 피해자 등에게 해를 가하거나 가할 염려가 있는 경우 보증금납입조건부 석방 내지 보석을 제한하여 범죄피해자를 보호하고 있다.

④ 「특정범죄신고자 등 보호법」에 따르면 법원은 범죄신고자 등이 보복을 당할 우려가 있는 경우에 사법경찰관 또는 검사의 신청에 따라 수사 및 공판과정에서 필요한 협력을 할 수 있는 보좌인을 지정할 수 있다.

⑤ 형사공판절차에서 상해죄에 관하여 유죄판결을 선고할 경우, 법원은 피고사건의 범죄행위로 인하여 발생한 직접적인 물적 피해, 치료비 손해 및 위자료의 배상을 명할 수 있다.

① [○] 피해자는 가정폭력행위자가 자기 또는 배우자의 직계존속인 경우에도 고소할 수 있다(「가정폭력범죄의 처벌 등에 관한 특례법」 제6조 제2항).

② [○] 법원은 범죄로 인한 피해자 또는 그 법정대리인의 신청이 있는 때에는 그 피해자 등을 증인으로 신문하여야 한다(「형사소송법」 제294조의2 제1항).

③ [○] '피해자, 당해 사건의 재판에 필요한 사실을 알고 있다고 인정되는 사람 또는 그 친족의 생명·신체나 재산에 해를 가하거나 가할 염려가 있다고 믿을 만한 충분한 이유가 있는 때'는 보증금납입조건부 피의자석방결정의 불허사유(「형사소송법」 제214조의2 제5항 제2호), 필요적 보석의 예외사유(동법 제95조 제6호), 보석의 취소사유(동법 제102조 제2항 제4호), 구속집행정지의 취소사유(동법 제102조 제2항 제4호)에 해당한다.

④ [×] 사법경찰관, 검사 또는 법원은 범죄신고자 등이나 그 친족 등이 보복을 당할 우려가 있는 경우에는 직권으로 또는 범죄신고자 등(범죄신고 등을 한 자), 그 법정대리인이나 친족 등(범죄신고자 등의 친족 또는 동거인, 그 밖의 밀접한 인적 관계에 있는 자)의 신청에 의하여 보좌인을 지정할 수 있다(「특정범죄신고자 등 보호법」 제6조 제1항).

⑤ [○] 「소송촉진 등에 관한 특례법」 제25조 제1항

정답 ④

04

범죄의 피해자에 대한 설명으로 옳지 않은 것은?

2022. 보호 7급

① 「형법」에 의하면 피해의 정도뿐만 아니라 가해자와 피해자의 관계도 양형에 고려된다.

② 피해자는 제2심 공판절차에서는 사건이 계속된 법원에 「소송촉진 등에 관한 특례법」에 따른 피해배상을 신청할 수 없다.

③ 레크리스(Reckless)는 피해자의 도발을 기준으로 '가해자 - 피해자 모델'과 '피해자 - 가해자 - 피해자 모델'로 구분하고 있다.

④ 「범죄피해자보호기금법」에 의하면 「형사소송법」에 따라 집행된 벌금의 일부도 범죄피해자보호기금에 납입된다.

정답 및 해설

① [○] 형을 정함에 있어서는 ㉠ 범인의 연령, 성행, 지능과 환경, ㉡ 피해자에 대한 관계, ㉢범행의 동기, 수단과 결과, ㉣ 범행 후의 정황을 참작하여야 한다(「형법」 제51조).

② [×] 제1심 또는 제2심의 형사공판 절차에서 일정한 범죄에 관하여 유죄판결을 선고한 경우, 법원은 직권에 의하여 또는 피해자나 그 상속인의 신청에 의하여 피고사건의 범죄행위로 인하여 발생한 직접적인 물적 피해, 치료비 손해 및 위자료의 배상을 명할 수 있다(「소송촉진 등에 관한 특례법」 제25조 제1항).

③ [○] 레크리스는 피해자의 도발을 기준으로 순수한 피해자(가해자 - 피해자 모델)과 도발한 피해자(피해자 - 가해자 - 피해자 모델)로 구분하고 있다.

④ [○] 정부는 「형사소송법」 제477조 제1항에 따라 집행된 벌금에 100분의 6 이상의 범위에서 대통령령으로 정한 비율(100분의 8)을 곱한 금액을 범죄피해자보호기금에 납입하여야 한다(「범죄피해자보호기금법」 제4조 제2항).

정답 ②

제2절 | 범죄피해자보호법과 소송촉진법

01

범죄피해자학 또는 범죄피해자에 대한 설명으로 가장 옳지 않은 것은?

2023. 해경 경위

① 정당방위에 해당하여 처벌되지 않는 행위 및 과실에 의한 행위로 인한 피해자는 범죄피해 구조대상에서 제외된다.

② 마약 복용, 성매매 등 행위는 피해자 없는 범죄에 해당한다.

③ 「범죄피해자 보호법」에서는 대인범죄 피해자와 재산범죄 피해자를 모두 범죄피해 구조대상으로 본다.

④ 멘델존(Mendelsohn)은 피해자학의 아버지로 불리며 범죄피해자의 유책성 정도에 따라 피해자를 유형화하였다.

정답 및 해설

① [○] 형사미성년자, 심신상실자, 강요된 행위, 긴급피난에 따라 처벌되지 아니하는 행위로 인한 피해자는 범죄피해 구조대상에 포함되며, 정당행위, 정당방위에 해당하여 처벌되지 않는 행위 및 과실에 의한 행위로 인한 피해자는 범죄피해 구조대상에서 제외된다(「범죄피해자 보호법」 제3조 제1항 제4호).

② [○] 성매매, 마리화나 흡연 등 경미한 마약 사용, 단순도박 등 행위는 피해자 없는 범죄(victimless crimes)에 해당한다.

③ [×] 구조대상 범죄피해란 대한민국의 영역 안에서 또는 대한민국의 영역 밖에 있는 대한민국의 선박이나 항공기 안에서 행하여진 사람의 생명 또는 신체를 해치는 죄에 해당하는 행위로 인하여 사망하거나 장해 또는 중상해를 입은 것을 말한다(「범죄피해자 보호법」 제3조 제1항 제4호).

④ [○] 멘델존(Mendelsohn)은 범죄피해자 유형을 피해자의 유책성(귀책성) 정도를 기준에 따라 구분하여 제시하였고, 국제적 규모의 조직을 통한 피해자학 연구의 활성화를 주장하였다.

정답 ③

 02 범죄피해자에 대한 설명으로 옳지 않은 것은?

2018. 보호 7급

① 멘델존(Mendelsohn)은 범죄발생에 있어 귀책성의 정도에 따라 피해자를 구분하였고, 엘렌베르거(Ellenberger)는 심리학적 기준에 따라 피해자를 분류하였다.

② 「범죄피해자 보호법」상 범죄피해자의 개념에는 타인의 범죄행위로 피해를 당한 사람의 배우자는 포함되지 않는다.

③ 피해자는 공판절차에서 증인으로 신문을 받는 경우 자신과 신뢰관계에 있는 자의 동석을 신청할 수 있다.

④ 회복적 사법은 범죄피해자의 피해회복을 통하여 사회적 화합을 성취하고 이를 통하여 가해자에게도 사회복귀의 기회와 가능성을 높여주기 위한 프로그램이다.

정답 및 해설

② [×] 범죄피해자란 타인의 범죄행위로 피해를 당한 사람과 그 배우자(사실상의 혼인관계를 포함), 직계친족 및 형제자매를 말한다(「범죄피해자 보호법」 제3조 제1항 제1호).

③ [○] 「형사소송법」 제163조의2 제1항

정답 ②

03 「범죄피해자 보호법」상 범죄피해 구조제도에 대한 설명으로 가장 옳은 것은?

2024(74). 경위

① 구조금은 유족구조금, 장해구조금 및 중상해구조금으로 구분하며, 일시금으로만 지급한다.

② 외국인이 구조피해자이거나 유족인 경우에는 해당 국가의 상호 보증이 있는 경우에만 적용한다.

③ 구조피해자가 사망할 당시에 아직 출생하지 않은 태아는 구조금을 받을 수 있는 유족의 범위에 포함되지 않는다.

④ 구조금을 받을 권리는 양도하거나 담보로 제공하거나 압류할 수 없다.

정답 및 해설

① [×] 구조금은 일시금으로 지급한다. 다만, 구조피해자 또는 그 유족이 연령, 장애, 질병이나 그 밖에 대통령령으로 정하는 사유로 구조금을 관리할 능력이 부족하다고 인정되는 경우로서 ㉠ 구조피해자나 그 유족이 구조금의 분할 지급을 청구하여 제24조 제1항에 따른 범죄피해구조심의회가 구조금의 분할 지급을 결정한 경우 ㉡ 제24조 제1항에 따른 범죄피해구조심의회가 직권으로 구조금의 분할 지급을 결정한 경우 어느 하나에 해당하는 경우에는 대통령령으로 정하는 바에 따라 구조금을 분할하여 지급할 수 있다(동법 제17조 제4항).<2025.3.21.개정>

② [×] 구조피해자 또는 그 유족이 외국인인 때에는 ㉠ 해당 국가의 상호 보증이 있는 경우 ㉡ 해당 외국인이 구조대상 범죄피해 발생 당시 대한민국 국민의 배우자이거나 대한민국 국민과 혼인관계(사실상의 혼인관계를 포함)에서 출생한 자녀를 양육하고 있는 자로서 「출입국관리법」 제10조 제2호의 영주자격이나 「출입국관리법」 제10조의2 제1항 제2호의 장기체류자격으로서 법무부령으로 정하는 체류자격 어느 하나에 해당하는 체류자격을 가지고 있는 경우에만 이 법을 적용한다(동법 제23조).<2025.3.21.개정>

③ [×] 유족의 범위에서 태아는 구조피해자가 사망할 때 이미 출생한 것으로 본다(동법 제18조 제2항).

④ [○] 「범죄피해자 보호법」 제32조

정답 ④

04 「범죄피해자 보호법」상 구조금 지급에 대한 설명으로 옳지 않은 것은? 2017. 교정 9급

① 범죄행위 당시 구조피해자와 가해자의 사이가 4촌 이내의 친족관계가 있는 경우 구조금을 지급하지 아니한다. 다만, 구조금을 지급하지 아니하는 것이 사회통념에 위배된다고 인정할 만한 특별한 사정이 있는 경우에는 구조금의 전부 또는 일부를 지급할 수 있다.

② 구조금은 유족구조금, 장해구조금 및 중상해구조금으로 구분하며, 일시금으로 지급하여야 한다.

③ 구조피해자의 사망 당시 구조피해자의 수입으로 생계를 유지하고 있지 않은 구조피해자의 자녀, 부모, 손자·손녀, 조부모 및 형제자매도 유족구조금의 지급대상인 유족에 해당한다.

④ 국가는 구조피해자나 유족이 해당 구조대상 범죄피해를 원인으로 하여 손해배상을 받았으면 그 범위에서 구조금을 지급하지 아니한다.

정답 및 해설

① [○] 범죄행위 당시 구조피해자와 가해자 사이에 부부(사실상의 혼인관계를 포함), 직계혈족, 4촌 이내의 친족, 동거친족관계가 있는 경우에는 구조금을 지급하지 아니한다(동법 제19조 제1항). 구조금의 실질적인 수혜자가 가해자로 귀착될 우려가 없는 경우 등 구조금을 지급하지 아니하는 것이 사회통념에 위배된다고 인정할 만한 특별한 사정이 있는 경우에는 구조금의 전부 또는 일부를 지급할 수 있다(동법 제19조 제7항).

② [×] 구조금은 일시금으로 지급한다. 다만, 구조피해자 또는 그 유족이 연령, 장애, 질병이나 그 밖에 대통령령으로 정하는 사유로 구조금을 관리할 능력이 부족하다고 인정되는 경우로서 ㉠ 구조피해자나 그 유족이 구조금의 분할 지급을 청구하여 제24조 제1항에 따른 범죄피해구조심의회가 구조금의 분할 지급을 결정한 경우 ㉡ 제24조 제1항에 따른 범죄피해구조심의회가 직권으로 구조금의 분할 지급을 결정한 경우 어느 하나에 해당하는 경우에는 대통령령으로 정하는 바에 따라 구조금을 분할하여 지급할 수 있다(「범죄피해자 보호법」 제17조 제4항).<2025.3.21. 개정>

③ [○] 유족구조금을 지급받을 수 있는 유족은 ㉠ 배우자(사실상 혼인관계를 포함) 및 구조피해자의 사망 당시 구조피해자의 수입으로 생계를 유지하고 있는 구조피해자의 자녀, ㉡ 구조피해자의 사망 당시 구조피해자의 수입으로 생계를 유지하고 있는 구조피해자의 부모, 손자·손녀, 조부모 및 형제자매, ㉢ ㉠및 ㉡에 해당하지 아니하는 구조피해자의 자녀, 부모, 손자·손녀, 조부모 및 형제자매로 한다(동법 제18조 제1항).

④ [○] 동법 제21조 제1항

정답 ②

---

05 「범죄피해자 보호법」상 범죄피해자 구조제도에 대한 설명으로 옳은 것만을 모두 고르면? 2019. 5급 승진

㉠ 구조금은 유족구조금, 장해구조금 및 중상해구조금으로 구분하며, 일시금으로 지급한다. 다만 일정한 경우 분할하여 지급할 수 있다.

㉡ 정당행위나 정당방위, 긴급피난에 의해 처벌되지 아니하는 행위로 인한 피해는 구조대상 범죄피해에서 제외한다.

㉢ 외국인이 구조피해자이거나 유족인 경우에도 해당 국가의 상호 보증 유무와 관계없이 구조금을 지급하여야 한다.

㉣ 구조금을 받을 권리는 양도하거나 담보로 제공하거나 압류할 수 없다.

㉤ 구조금을 받을 권리는 구조대상 범죄피해가 발생한 날부터 2년간 행사하지 아니하면 시효로 인하여 소멸된다.

① ㉠, ㉣

② ㉡, ㉢

③ ㉠, ㉡, ㉣

④ ㉠, ㉣, ㉤

⑤ ㉠, ㉡, ㉢, ㉤

옳은 것은 ㉠, ㉣이다.
㉠ [○]「범죄피해자 보호법」제17조 제1항
㉡ [×] 형법상 형사미성년자, 심신상실자, 강요된 행위, 긴급피난에 의해 처벌되지 아니하는 행위로 인한 피해는 구조대상 범죄피해에 포함하며, 형법상 정당행위나 정당방위에 의해 처벌되지 아니하는 행위 및 과실에 의한 행위로 인한 피해는 구조대상 범죄피해에서 제외한다(동법 제3조 제4호).
㉢ [×] 구조피해자 또는 그 유족이 외국인인 때에는 ㉠ 해당 국가의 상호 보증이 있는 경우 ㉡ 해당 외국인이 구조대상 범죄피해 발생 당시 대한민국 국민의 배우자이거나 대한민국 국민과 혼인관계(사실상의 혼인관계를 포함)에서 출생한 자녀를 양육하고 있는 자로서「출입국관리법」제10조 제2호의 영주자격이나「출입국관리법」제10조의2 제1항 제2호의 장기체류자격으로서 법무부령으로 정하는 체류자격 어느 하나에 해당하는 체류자격을 가지고 있는 경우에만 이 법을 적용한다(동법 제23조).<2025.3.21.개정>
㉣ [○] 동법 제32조
㉤ [×] 구조금을 받을 권리는 그 구조결정이 해당 신청인에게 송달된 날부터 2년간 행사하지 아니하면 시효로 인하여 소멸된다(동법 제31조).

정답 ①

06

「범죄피해자 보호법」에 대한 설명으로 옳지 않은 것은?

2014. 사시

① 유족구조금을 지급받을 수 있는 유족의 범위에서 태아는 구조피해자가 사망할 때 이미 출생한 것으로 본다.
② 범죄행위 당시 구조피해자와 가해자가 사실상 혼인관계에 있는 경우 구조금을 지급하지 않는 것이 원칙이지만, 지급하지 않는 것이 사회통념에 위배된다고 인정할 만한 특별한 사정이 있는 경우에는 구조금의 전부 또는 일부를 지급할 수 있다.
③ 국가는 구조피해자나 유족이 해당 구조대상 범죄피해를 원인으로 하여 손해배상을 받았으면 그 범위에서 구조금을 지급하지 아니한다.
④ 구조금 지급의 대상범죄는 살인, 폭행, 상해와 같은 생명과 신체에 관한 범죄 및 절도, 강도와 같은 재산범죄이다.
⑤ 구조금을 받을 권리는 그 구조결정이 해당 신청인에게 송달된 날로부터 2년간 행사하지 아니하면 시효로 인하여 소멸된다.

① [○] 동법 제18조 제2항
② [○] 동법 제19조 제1항·제7항
③ [○] 동법 제21조 제1항
④ [×] 구조대상 범죄피해란 대한민국의 영역 안에서 또는 대한민국의 영역 밖에 있는 대한민국의 선박이나 항공기 안에서 행하여진 사람의 생명 또는 신체를 해치는 죄에 해당하는 행위로 인하여 사망하거나 장해 또는 중상해를 입은 것을 말한다(「범죄피해자 보호법」제3조 제1항 제4호). 즉, 재산범죄는 구조대상 범죄피해에 해당하지 않는다.
⑤ [○] 동법 제31조

정답 ④

07 「범죄피해자 보호법」상 국가에 의한 범죄피해자구조금의 지급대상이 되는 경우는?

2012. 사시

① 전치 8주의 폭행치상을 당한 자가 피해의 전부를 가해자로부터 배상받은 경우
② 10억원의 사기피해를 당한 자가 가해자로부터 5억원만 배상받은 경우
③ 강도상해를 당하여 반신불수가 된 자가 가해자로부터 배상받지 못한 경우
④ 단순폭행을 당한 자가 가해자로부터 일부 배상을 받았지만 피해자가 가난하여 생계유지가 곤란한 경우
⑤ 명예훼손을 당한 자가 심한 정신적 고통을 겪다가 결국 우울증에 걸려 자살하였고, 피해자의 유족인 처는 가해자의 행방불명으로 피해를 전혀 배상받지 못한 경우

정답 및 해설

① [×] 국가는 구조피해자나 유족이 해당 구조대상 범죄피해를 원인으로 하여 손해배상을 받았으면 그 범위에서 구조금을 지급하지 아니한다(동법 제21조 제1항).
② [×] 구조대상 범죄피해란 대한민국의 영역 안에서 또는 대한민국의 영역 밖에 있는 대한민국의 선박이나 항공기 안에서 행하여진 사람의 생명 또는 신체를 해치는 죄에 해당하는 행위로 인하여 사망하거나 장해 또는 중상해를 입은 것을 말한다(동법 제3조 제1항 제4호). 그러므로 재산범죄인 사기피해는 구조대상 범죄피해에 해당되지 않는다.
③ [○] 강도상해는 사람의 신체를 해치는 죄에 해당하고, 반신불수는 중상해를 입은 것에 해당하며(「범죄피해자 보호법」 제3조 제1항 제4호), 구조피해자가 피해의 전부 또는 일부를 배상받지 못하는 경우(동법 제16조 제1호)이므로 범죄피해자구조금의 지급대상이 된다.
④ [×] 단순폭행은 구조대상 범죄피해에 해당되지 않으며(동법 제3조 제1항 제4호), 생계유지 곤란은 구조금 지급요건이 아니다(동법 제16조).
⑤ [×] 명예훼손은 사람의 생명 또는 신체를 해치는 죄에 해당하지 않으므로 범죄피해자구조금의 지급대상이 될 수 없다(동법 제3조 제1항 제4호).

정답 ③

08 「범죄피해자 보호법」상 구조금 지급에 대한 설명으로 옳지 않은 것은?

2016. 사시

① 범죄행위 당시 구조피해자와 가해자가 사실상의 혼인관계에 있는 경우 원칙적으로 구조금을 지급하지 아니한다.
② 구조피해자나 유족이 해당 구조대상 범죄피해를 원인으로 하여 손해배상을 받았으면 그 범위에서 구조금을 지급하지 아니한다.
③ 유족구조금을 받을 유족 중 부모의 경우 양부모를 선순위로 하고 친부모를 후순위로 한다.
④ 자기 또는 타인의 형사사건의 수사 또는 재판에서 고소·고발 등 수사단서를 제공하거나 진술, 증언 또는 자료제출을 하다가 구조피해자가 된 경우에도 구조금을 지급받을 수 있다.
⑤ 외국인이 구조피해자이거나 유족인 경우 해당 국가의 상호 보증 유무와 관계없이 구조금을 지급하여야 한다.

정답 및 해설

① [○] 동법 제19조 제1항 제1호
② [○] 동법 제21조 제1항
③ [○] 동법 제18조 제3항
④ [○] 동법 제16조

⑤ [×] 구조피해자 또는 그 유족이 외국인인 때에는 ㉠ 해당 국가의 상호 보증이 있는 경우, ㉡ 해당 외국인이 구조대상 범죄피해 발생 당시 대한민국 국민의 배우자이거나 대한민국 국민과 혼인관계(사실상의 혼인관계를 포함)에서 출생한 자녀를 양육하고 있는 자로서 「출입국관리법」 제10조 제2호의 영주자격이나 「출입국관리법」 제10조의2 제1항 제2호의 장기체류자격으로서 법무부령으로 정하는 체류자격 어느 하나에 해당하는 체류자격을 가지고 있는 경우에만 이 법을 적용한다(동법 제23조).<2025.3.21.개정>

정답 ⑤

---

09 다음 중 「범죄피해자 보호법」의 구조금 지급에 관한 설명으로 가장 옳지 않은 것은? 2022. 해경 경위

① 구조피해자나 유족이 해당 구조대상 범죄피해를 원인으로 하여 손해배상을 받았으면 그 범위에서 구조금을 지급하지 아니한다.
② 유족구조금을 받을 유족 중 부모의 경우 양부모를 선순위로 하고 친부모를 후순위로 한다.
③ 외국인이 구조피해자이거나 유족인 경우에도 구조금을 지급하여야 한다.
④ 범죄행위 당시 구조피해자와 가해자가 사실상의 혼인관계에 있는 경우 원칙적으로 구조금을 지급하지 아니한다.

정답 및 해설

① [○] 동법 제21조 제1항
② [○] 동법 제18조 제3항
③ [×] 구조피해자 또는 그 유족이 외국인인 때에는 ㉠ 해당 국가의 상호 보증이 있는 경우, ㉡ 해당 외국인이 구조대상 범죄피해 발생 당시 대한민국 국민의 배우자이거나 대한민국 국민과 혼인관계(사실상의 혼인관계를 포함)에서 출생한 자녀를 양육하고 있는 자로서 「출입국관리법」 제10조 제2호의 영주자격이나 「출입국관리법」 제10조의2 제1항 제2호의 장기체류자격으로서 법무부령으로 정하는 체류자격 어느 하나에 해당하는 체류자격을 가지고 있는 경우에만 이 법을 적용한다(동법 제23조).<2025.3.21.개정>
④ [○] 동법 제19조 제1항 제1호

정답 ③

---

10 범죄피해자 보호법령상 형사조정에 대한 설명으로 옳지 않은 것은? 2021. 보호 7급

① 피의자가 도주하거나 증거를 인멸할 염려가 있는 경우에는 형사조정에 회부하여서는 아니 된다.
② 각 형사조정사건에 대한 형사조정위원회(개별 조정위원회)는 3명 이내의 조정위원으로 구성한다.
③ 검사는 형사조정이 성립되지 아니하였다는 사정을 피의자에게 불리하게 고려하여서는 아니 된다.
④ 형사조정에 회부하는 것이 분쟁해결에 적합하다고 판단되는 경우에는 당사자의 동의가 없어도 조정절차를 개시할 수 있다.

정답 및 해설

① [○] 형사조정에 회부할 수 있는 형사사건의 구체적인 범위는 대통령령으로 정한다. 다만, ㉠ 피의자가 도주하거나 증거를 인멸할 염려가 있는 경우, ㉡ 공소시효의 완성이 임박한 경우, ㉢ 불기소처분의 사유에 해당함이 명백한 경우(다만, 기소유예처분의 사유에 해당하는 경우는 제외)에는 형사조정에 회부하여서는 아니 된다(동법 제41조 제2항).
② [○] 형사조정위원회의 위원장은 대외적으로 형사조정위원회를 대표하고 형사조정위원회의 업무를 총괄하며, 형사조정위원 중에서 3명 이내의 형사조정위원을 지정하여 각 형사조정사건에 대한 형사조정위원회(개별 조정위원회)를 구성한다(동법 시행령 제48조 제1항).
③ [○] 검사는 형사사건을 수사하고 처리할 때 형사조정 결과를 고려할 수 있다. 다만, 형사조정이 성립되지 아니하였다는 사정을 피의자에게 불리하게 고려하여서는 아니 된다(동법 제45조 제4항).

④ [×] 형사조정절차를 개시하기 위해서는 당사자의 동의가 있어야 하며(「범죄피해자 보호법 시행령」 제52조 제1항), 동의권자가 제1회 형사조정절차 개시 이전까지 출석하여 또는 전화, 우편, 팩스, 그 밖의 방법으로 형사조정절차에 동의하지 않을 뜻을 명확히 한 경우에는 형사조정위원회는 담당 검사에게 사건을 회송해야 한다(동법 시행령 제52조 제2항).

▶ **당사자**: 형사조정의 당사자는 피의자와 타인의 범죄행위로 피해를 당한 사람이 되는 것을 원칙으로 한다(동법 시행령 제47조).

📄 **형사조정 대상 사건(동법 시행령 제46조)**

법 제41조 제2항에 따라 형사조정에 회부할 수 있는 형사사건은 다음과 같다.
1. 차용금, 공사대금, 투자금 등 개인 간 금전거래로 인하여 발생한 분쟁으로서 사기, 횡령, 배임 등으로 고소된 재산범죄 사건
2. 개인 간의 명예훼손·모욕, 경계 침범, 지식재산권 침해, 임금체불 등 사적 분쟁에 대한 고소사건
3. 제1호 및 제2호에서 규정한 사항 외에 형사조정에 회부하는 것이 분쟁 해결에 적합하다고 판단되는 고소사건
4. 고소사건 외에 일반 형사사건 중 제1호부터 제3호까지에 준하는 사건

정답 ④

11

「범죄피해자 보호법」상 범죄피해자를 위한 지원에 대한 설명으로 옳지 않은 것은? 2016. 보호 7급

① 국가 또는 지방자치단체는 법무부장관에게 등록한 범죄피해자 지원법인의 건전한 육성과 발전을 위하여 등록법인에 운영 또는 사업에 필요한 경비를 보조할 수 있다.
② 범죄피해구조금 지급에 관한 사항을 심의·결정하기 위하여 각 지방검찰청에 범죄피해구조심의회를 둔다.
③ 검사는 피의자와 범죄피해자 사이에 범죄피해자가 입은 피해를 실질적으로 회복하는 데 필요하다고 인정되더라도 당사자의 신청이 없으면 수사 중인 형사사건을 형사조정에 회부할 수 없다.
④ 국가는 구조피해자나 유족이 해당 구조대상 범죄피해를 원인으로 하여 손해배상을 받았으면 그 범위에서 구조금을 지급하지 아니한다.

정답 및 해설

① [○] 국가 또는 지방자치단체는 법무부장관에게 등록한 범죄피해자 지원법인(등록법인)의 건전한 육성과 발전을 위하여 필요한 경우에는 예산의 범위에서 등록법인에 운영 또는 사업에 필요한 경비를 보조할 수 있다(동법 제34조 제1항).
② [○] 구조금 지급에 관한 사항을 심의·결정하기 위하여 각 지방검찰청에 범죄피해구조심의회(지구심의회)를 두고 법무부에 범죄피해구조본부심의회(본부심의회)를 둔다(동법 제24조 제1항).
③ [×] 검사는 피의자와 범죄피해자(당사자) 사이에 형사분쟁을 공정하고 원만하게 해결하여 범죄피해자가 입은 피해를 실질적으로 회복하는 데 필요하다고 인정하면 당사자의 신청 또는 직권으로 수사 중인 형사사건을 형사조정에 회부할 수 있다(「범죄피해자 보호법」 제41조 제1항).
④ [○] 동법 제21조 제1항

정답 ③

12

「범죄피해자 보호법」상 범죄피해의 구조에 대한 설명으로 옳지 않은 것은?

2023. 보호 7급

① 범죄피해 구조금을 받을 권리는 그 구조결정이 해당 신청인에게 송달된 날부터 2년간 행사하지 아니하면 시효로 인하여 소멸된다.

② 구조대상 범죄피해를 받은 사람이 해당 범죄피해의 발생 또는 증대에 가공한 부적절한 행위를 한 때에는 범죄피해 구조금의 일부를 지급하지 아니한다.

③ 범죄피해구조심의회에서 범죄피해 구조금 지급신청을 일부기각하면 신청인은 결정의 정본이 송달된 날부터 2주일 이내에 그 범죄피해구조심의회를 거쳐 범죄피해구조본부심의회에 재심을 신청할 수 있다.

④ 범죄피해 구조금을 받은 사람이 거짓이나 그 밖의 부정한 방법으로 범죄피해 구조금을 받은 경우, 국가는 범죄피해구조심의회 또는 범죄피해구조본부심의회의 결정을 거쳐 그가 받은 범죄피해 구조금의 전부를 환수해야 한다.

정답 및 해설

① [○] 동법 보호법 제31조

② [○] 동법 제19조 제4항 제2호

③ [○] 동법 제27조 제1항

④ [×] 국가는 이 법에 따라 구조금을 받은 사람이 ⊙ 거짓이나 그 밖의 부정한 방법으로 구조금을 받은 경우, ⓒ 구조금을 받은 후 제19조(구조금을 지급하지 아니할 수 있는 경우)에 규정된 사유가 발견된 경우, ⓒ 구조금이 잘못 지급된 경우에는 범죄피해구조심의회(지구심의회) 또는 범죄피해구조본부심의회(본부심의회)의 결정을 거쳐 그가 받은 구조금의 전부 또는 일부를 환수할 수 있다(「범죄피해자 보호법」 제30조 제1항).

정답 ④

13

「범죄피해자 보호법 시행령」상 범죄피해자보호위원회에 대한 설명으로 옳은 것은?

2014. 교정 9급

① 위원장은 법무부차관이 된다.

② 위원의 임기는 2년으로 하되 연임할 수 없다.

③ 회의는 재적위원 2/3 이상의 출석으로 개의하고 출석위원 과반수의 찬성으로 의결한다.

④ 위원장이 부득이한 사유로 직무를 수행할 수 없을 때에는 위원장이 미리 지정한 위원이 그 직무를 대행한다.

정답 및 해설

① [×] 범죄피해자보호위원회의 위원장은 법무부장관이 된다(동법 시행령 제13조 제1항).

② [×] 위촉된 위원의 임기는 2년으로 하되 연임할 수 있다(동법 시행령 제13조 제3항).

③ [×] 회의는 재적위원 과반수의 출석으로 개의하고, 출석위원 과반수의 찬성으로 의결한다(동법 시행령 제14조 제3항).

④ [○] 「범죄피해자 보호법 시행령」 제14조 제2항

정답 ④

14 「범죄피해자 보호법」상 형사조정에 대한 설명으로 옳은 것은? 2018. 보호 7급

① 공소시효의 완성이 임박한 형사사건이라도 형사조정에 회부할 수 있다.
② 형사조정위원회는 2명 이상의 형사조정위원으로 구성한다.
③ 형사조정위원회는 형사조정의 결과에 이해관계가 있는 사람의 신청이 없는 한 직권으로 이해관계인을 형사조정에 참여하게 할 수 없다.
④ 기소유예처분의 사유에 해당하는 형사사건은 형사조정에 회부할 수 없다.

> **정답 및 해설**
>
> ①, ④ [×] ㉠ 피의자가 도주하거나 증거를 인멸할 염려가 있는 경우, ㉡ 공소시효의 완성이 임박한 경우, ㉢ 불기소처분의 사유에 해당함이 명백한 경우(다만, 기소유예처분의 사유에 해당하는 경우는 제외)에는 형사조정에 회부하여서는 아니 된다(동법 제41조 제2항).
> ② [○] 「범죄피해자 보호법」 제42조 제2항
> ③ [×] 형사조정위원회는 필요하다고 인정하면 형사조정의 결과에 이해관계가 있는 사람의 신청 또는 직권으로 이해관계인을 형사조정에 참여하게 할 수 있다(동법 제43조 제3항).
>
> 정답 ②

15 범죄피해자 보호법령상 형사조정 대상 사건으로서 형사조정에 회부할 수 있는 경우로 옳은 것은? 2021. 교정 9급

① 피의자가 도주할 염려가 있는 경우
② 기소유예처분의 사유에 해당하는 경우
③ 공소시효의 완성이 임박한 경우
④ 피의자가 증거를 인멸할 염려가 있는 경우

> **정답 및 해설**
>
> **형사조정 회부 제외사유**(「범죄피해자 보호법」 제41조 제2항)
>
> 1. 피의자가 도주하거나 증거를 인멸할 염려가 있는 경우
> 2. 공소시효의 완성이 임박한 경우
> 3. 불기소처분의 사유에 해당함이 명백한 경우(다만, 기소유예처분의 사유에 해당하는 경우는 제외)
>
> 정답 ②

16 「범죄피해자 보호법」상 형사조정에 대한 설명으로 옳지 않은 것은? 2023. 보호 7급

① 검사는 피의자와 범죄피해자 사이에 형사분쟁을 공정하고 원만하게 해결하여 범죄피해자가 입은 피해를 실질적으로 회복하는 데 필요하다고 인정하면 직권으로 수사 중인 형사사건을 형사조정에 회부할 수 있다.
② 형사조정위원회는 필요하다고 인정하면 직권으로 형사조정의 결과에 이해관계가 있는 사람을 형사조정에 참여하게 할 수 있다.
③ 검사는 형사사건을 수사하고 처리할 때 형사조정이 성립되지 아니하였다는 사정을 피의자에게 불리하게 고려하여서는 아니 된다.
④ 검사는 기소유예처분 사유에 해당함이 명백한 형사사건을 형사조정에 회부하여서는 아니 된다.

① [○] 검사는 피의자와 범죄피해자(당사자) 사이에 형사분쟁을 공정하고 원만하게 해결하여 범죄피해자가 입은 피해를 실질적으로 회복하는 데 필요하다고 인정하면 당사자의 신청 또는 직권으로 수사 중인 형사사건을 형사조정에 회부할 수 있다(동법 제41조 제1항).

② [○] 형사조정위원회는 필요하다고 인정하면 형사조정의 결과에 이해관계가 있는 사람의 신청 또는 직권으로 이해관계인을 형사조정에 참여하게 할 수 있다(동법 제43조 제3항).

③ [○] 검사는 형사사건을 수사하고 처리할 때 형사조정 결과를 고려할 수 있다. 다만, 형사조정이 성립되지 아니하였다는 사정을 피의자에게 불리하게 고려하여서는 아니 된다(동법 제45조 제4항).

④ [×] 형사조정에 회부할 수 있는 형사사건의 구체적인 범위는 대통령령으로 정한다. 다만, ㉠ 피의자가 도주하거나 증거를 인멸할 염려가 있는 경우, ㉡ 공소시효의 완성이 임박한 경우, ㉢ 불기소처분의 사유에 해당함이 명백한 경우(다만, 기소유예처분의 사유에 해당하는 경우는 제외)에는 형사조정에 회부하여서는 아니 된다(「범죄피해자 보호법」 제41조 제2항).

정답 ④

17 「범죄피해자 보호법」상 형사조정위원회에 대한 설명으로 옳지 않은 것은?

2020. 5급 승진

□□□
① 형사조정을 담당하기 위하여 각급 지방검찰청 및 지청에 형사조정위원회를 둔다.
② 형사조정위원회는 2명 이상의 형사조정위원으로 구성한다.
③ 형사조정위원은 형사조정에 필요한 법적 지식 등 전문성과 덕망을 갖춘 사람 중에서 관할 지방검찰청 또는 지청의 장이 미리 위촉한다.
④ 형사조정위원회의 위원장은 관할 지방검찰청 또는 지청의 장이 형사조정위원 중에서 위촉한다.
⑤ 형사조정위원의 임기는 3년으로 하며, 연임할 수 있다.

① [○] 동법 제42조 제1항
② [○] 동법 제42조 제2항
③ [○] 동법 제42조 제3항
④ [○] 동법 제42조 제6항
⑤ [×] 형사조정위원의 임기는 2년으로 하며, 연임할 수 있다(「범죄피해자 보호법」 제42조 제5항).

정답 ⑤

18 「범죄피해자 보호법」상 규정하고 있는 것이 아닌 것은?

2017. 5급 승진

□□□
① 형사조정제도
② 배상명령제도
③ 범죄피해 구조금 지급
④ 범죄피해자보호위원회의 설치
⑤ 범죄피해자 지원법인의 등록 및 지원

① [○] 형사조정제도(「범죄피해자 보호법」 제41조)
② [×] 배상명령제도(「소송촉진 등에 관한 특례법」 제25조)
③ [○] 범죄피해 구조금 지급(「범죄피해자 보호법」 제16조)
④ [○] 범죄피해자보호위원회의 설치(「범죄피해자 보호법」 제15조)
⑤ [○] 범죄피해자 지원법인의 등록 및 지원(「범죄피해자 보호법」 제33조 · 제34조)

정답 ②

19 배상명령에 대한 설명으로 옳지 않은 것은?

2013. 보호 7급

① 배상신청은 항소심 공판의 변론이 종결되기 전까지 피해자나 그 상속인이 신청할 수 있다. 다만, 다른 절차에 따른 손해배상 청구가 법원에 계속 중일 때에는 배상신청을 할 수 없다.

② 신청인 및 그 대리인은 재판장의 허가를 받아 소송기록을 열람할 수 있고, 공판기일에 피고인을 신문할 수 있다. 재판장이 이를 불허하는 때에는 이의신청을 할 수 있다.

③ 배상명령은 유죄판결의 선고와 동시에 하고, 배상의 대상과 금액을 유죄판결의 주문에 표시하여 하되, 배상명령의 이유는 기재하지 않을 수 있다.

④ 유죄판결에 대한 상소가 제기된 경우에는 배상명령은 피고사건과 함께 상소심으로 이심되고, 상소심은 원심판결을 유지하는 경우에도 원심의 배상명령을 취소하거나 변경할 수 있다.

정답 및 해설

① [○] 피해자(피해자나 그 상속인)는 제1심 또는 제2심 공판의 변론이 종결될 때까지 사건이 계속된 법원에 피해배상을 신청할 수 있다(동법 제26조 제1항). 피해자는 피고사건의 범죄행위로 인하여 발생한 피해에 관하여 다른 절차에 따른 손해배상 청구가 법원에 계속 중일 때에는 배상신청을 할 수 없다(동법 제26조 제7항).

② [×] 신청인 및 그 대리인은 공판절차를 현저히 지연시키지 아니하는 범위에서 재판장의 허가를 받아 소송기록을 열람할 수 있고, 공판기일에 피고인이나 증인을 신문할 수 있으며, 그 밖에 필요한 증거를 제출할 수 있다(「소송촉진 등에 관한 특례법」 제30조 제1항). 허가를 하지 아니한 재판에 대하여는 불복을 신청하지 못한다(동법 제30조 제2항).

③ [○] 배상명령은 유죄판결의 선고와 동시에 하여야 한다(동법 제31조 제1항). 배상명령은 일정액의 금전 지급을 명함으로써 하고 배상의 대상과 금액을 유죄판결의 주문에 표시하여야 한다. 배상명령의 이유는 특히 필요하다고 인정되는 경우가 아니면 적지 아니한다(동법 제31조 제2항).

④ [○] 유죄판결에 대한 상소가 제기된 경우에는 배상명령은 피고사건과 함께 상소심으로 이심된다(동법 제33조 제1항). 상소심에서 원심판결을 유지하는 경우에도 원심의 배상명령을 취소하거나 변경할 수 있다(동법 제33조 제4항).

정답 ②

20 범죄피해자와 관련한 현행 제도에 대한 설명으로 옳지 않은 것은? (다툼이 있는 경우 판례에 의함)

2020. 보호 7급

① 「소송촉진 등에 관한 특례법」 제25조 제1항에 따른 배상명령은 피고사건의 범죄행위로 발생한 직접적인 물적 피해, 치료비 손해와 위자료에 대하여 피고인에게 배상을 명함으로써 간편하고 신속하게 피해자의 피해회복을 도모하고자 하는 제도이다.

② 「범죄피해자 보호법」은 피해자와 피의자 사이의 합의가 이루어졌더라도 기소유예처분의 사유에 해당함이 명백한 경우 형사조정에 회부하지 못하도록 하고 있다.

③ 「범죄피해자 보호법」상 범죄피해자란 타인의 범죄행위로 피해를 당한 사람과 그 법률상·사실상 배우자, 직계친족 및 형제자매를 말한다.

④ 「성폭력범죄의 처벌 등에 관한 특례법」에 따르면 검사는 성폭력범죄 피해자에게 변호사가 없는 경우 국선변호사를 선정하여 형사절차에서 피해자의 권익을 보호할 수 있다.

정답 및 해설

① [○] 대법원 2019.1.17. 2018도17726

② [×] 검사는 불기소처분(혐의 없음, 죄가 안 됨, 공소권 없음, 각하, 기소유예, 기소중지, 참고인중지)의 사유에 해당함이 명백한 경우에는 형사조정에 회부하여서는 아니 되지만, 기소유예처분의 사유에 해당하는 경우에는 형사조정에 회부할 수 있다(「범죄피해자 보호법」 제41조 제2항 제3호).

③ [○] 「범죄피해자 보호법」 제3조 제1항 제1호

④ [○] 「성폭력범죄의 처벌 등에 관한 특례법」 제27조 제6항

정답 ②

21 「범죄피해자 보호법」상 범죄피해 구조제도에 대한 설명으로 옳은 것은? (다툼이 있는 경우 판례에 의함)

2021. 보호 7급

① 사실혼 관계에 있는 배우자는 구조금을 받을 수 있는 유족에 포함되지 않는다.
② 유족구조금은 범죄행위로 인한 손실 또는 손해를 전보하기 위하여 지급된다는 점에서 불법행위로 인한 소극적 손해의 배상과 같은 종류의 금원에 해당하지 않는다.
③ 국가 간 상호 보증과 무관하게 구조피해자나 유족이 외국인이라도 구조금 지급대상이 된다.
④ 범죄피해자 구조청구권의 대상이 되는 범죄피해에 해외에서 발생한 범죄피해의 경우를 포함하고 있지 아니한 것은 평등원칙에 위배되지 아니한다.

정답 및 해설

① [×] 사실혼 관계에 있는 배우자는 구조금을 받을 수 있는 유족에 포함된다(「범죄피해자 보호법」 제18조 제1항 제1호).
② [×] 「범죄피해자 보호법」에 의한 범죄피해 구조금 중 법 제17조 제2항의 유족구조금은 사람의 생명 또는 신체를 해치는 죄에 해당하는 행위로 인하여 사망한 피해자 또는 그 유족들에 대한 손실보상을 목적으로 하는 것으로서, 위 범죄행위로 인한 손실 또는 손해를 전보하기 위하여 지급된다는 점에서 불법행위로 인한 소극적 손해의 배상과 같은 종류의 금원이라고 봄이 타당하다(대법원 2017.11.9. 2017다228083).
③ [×] 「범죄피해자 보호법」은 외국인이 구조피해자이거나 유족인 경우에는 해당 국가의 상호 보증이 있는 경우에만 적용한다(동법 제23조).
④ [○] 범죄피해자 구조청구권을 인정하는 이유는 크게 국가의 범죄방지책임 또는 범죄로부터 국민을 보호할 국가의 보호의무를 다하지 못하였다는 것과 그 범죄피해자들에 대한 최소한의 구제가 필요하다는 데 있다. 그런데 국가의 주권이 미치지 못하고 국가의 경찰력 등을 행사할 수 없거나 행사하기 어려운 해외에서 발생한 범죄에 대하여는 국가에 그 방지책임이 있다고 보기 어렵고, 상호 보증이 있는 외국에서 발생한 범죄피해에 대하여는 국민이 그 외국에서 피해구조를 받을 수 있으며, 국가의 재정에 기반을 두고 있는 구조금에 대한 청구권 행사대상을 우선적으로 대한민국의 영역 안의 범죄피해에 한정하고, 향후 해외에서 발생한 범죄피해의 경우에도 구조를 하는 방향으로 운영하는 것은 입법형성의 재량의 범위 내라고 할 것이다. 따라서 범죄피해자 구조청구권의 대상이 되는 범죄피해에 해외에서 발생한 범죄피해의 경우를 포함하고 있지 아니한 것이 현저하게 불합리한 자의적인 차별이라고 볼 수 없어 평등원칙에 위배되지 아니한다(헌재 2011.12.29. 2009헌마354).

정답 ④

---

22 현행법상 피해자보호에 대한 설명으로 옳지 않은 것은?

① 구속적부심사를 청구한 피의자가 피해자의 생명·신체나 그 재산에 해를 가하거나 가할 염려가 있다고 믿을 만한 충분한 이유가 있는 때에는 보증금납입조건부 석방의 예외사유가 된다.
② 검사는 고소사건에 관하여 공소를 제기하지 아니하는 처분을 한 경우에 피해자인 고소인의 청구가 있는 때에는 14일 이내에 고소인에게 그 이유를 서면으로 설명하여야 한다.
③ 「성폭력범죄의 처벌 등에 관한 특례법」에 의하면 성폭력범죄에 대하여는 자기 또는 배우자의 직계존속을 고소할 수 있다.
④ 「소송촉진 등에 관한 특례법」에 의하면 법원은 특정범죄에 관하여 유죄판결을 선고할 경우 피고사건의 범죄행위로 인하여 발생한 직접적인 물적 피해, 치료비 손해 및 위자료의 배상을 명할 수 있다.
⑤ 「범죄피해자 보호법」에 의하면 범죄피해자 보호·지원에 관한 기본계획 및 주요사항 등을 심의하기 위하여 법무부장관 소속으로 범죄피해자보호위원회를 둔다.

① [○] '피해자, 당해 사건의 재판에 필요한 사실을 알고 있다고 인정되는 사람 또는 그 친족의 생명·신체나 재산에 해를 가하거나 가할 염려가 있다고 믿을 만한 충분한 이유가 있는 때'는 보증금납입조건부 피의자석방결정의 불허사유(「형사소송법」 제214조의2 제5항 제2호)에 해당한다.

② [×] 검사는 고소 또는 고발있는 사건에 관하여 공소를 제기하지 아니하는 처분을 한 경우에 고소인 또는 고발인의 청구가 있는 때에는 7일 이내에 고소인 또는 고발인에게 그 이유를 서면으로 설명하여야 한다(「형사소송법」 제259조).

③ [○] 「성폭력범죄의 처벌 등에 관한 특례법」 제18조

④ [○] 「소송촉진 등에 관한 특례법」 제25조 제1항

⑤ [○] 「범죄피해자 보호법」 제15조 제1항

정답 ②

23 □□□ 「소송촉진 등에 관한 특례법」상 배상명령에 대한 설명으로 옳지 않은 것은?

① 배상명령은 유죄판결의 선고와 동시에 하여야 하며, 가집행할 수 있음을 선고할 수 있다.

② 상소심에서 원심의 유죄판결을 파기하고 피고사건에 대하여 공소기각의 재판을 할 때에는 원심의 배상명령을 취소하여야 한다.

③ 법원은 피해 금액이 특정되지 아니한 경우에도 피해자의 구조에 특히 필요한 경우에는 배상명령을 할 수 있다.

④ 배상명령이 확정된 경우 피해자는 그 인용된 금액의 범위에서 다른 절차에 따른 손해배상을 청구할 수 없다.

① [○] 동법 제31조 제1항·제3항

② [○] 상소심에서 원심의 유죄판결을 파기하고 피고사건에 대하여 무죄, 면소 또는 공소기각의 재판을 할 때에는 원심의 배상명령을 취소하여야 한다. 이 경우 상소심에서 원심의 배상명령을 취소하지 아니한 경우에는 그 배상명령을 취소한 것으로 본다(동법 제33조 제2항).

③ [×] 법원은 피해 금액이 특정되지 아니한 경우에는 배상명령을 하여서는 아니 된다(「소송촉진 등에 관한 특례법」 제25조 제3항 제2호).

④ [○] 동법 제34조 제2항

정답 ③

제7장 초기실증주의

제1절 | 과학주의와 결정론

01 실증주의 범죄학파에 관한 설명으로 가장 적절하지 않은 것은? 2022. 경찰2차

① 범죄행위보다는 범죄자 개인에게 중점을 두어 범죄요인을 제거하는 것이 범죄통제에 효과적이라고 보았다.
② 야만적인 형사사법제도를 개편하여 효율적인 범죄예방을 위한 형벌제도 개혁에 힘썼다.
③ 범죄의 원인 규명과 해결을 위해서 과학적 연구방법의 중요성을 강조하였다.
④ 학문적 지식은 이상 또는 신념에 의해 습득되는 것이 아니라, 직접적인 관찰을 통해서 얻어진다고 보았다.

정답 및 해설

② [×] 고전주의 범죄학파에 대한 설명으로, 합리적인 형사사법제도를 통해 범죄자의 형벌로 인한 고통이 범죄로 인한 이익보다 크도록 하였을 때 범죄행위들이 억제될 수 있다고 본다.

정답 ②

02 실증주의 범죄학파의 기본입장에 대한 설명으로 가장 적절한 것은? 2022(72). 경위

① 인간을 자유로운 의사에 따라 합리적으로 결정하여 행동할 수 있는 이성적 존재로 인식한다.
② 합의의 결과물인 실정법에 반하는 행위를 범죄로 규정하고, 범죄에 상응하는 제재(처벌)를 부과하여야 한다고 본다.
③ 일반시민에 대한 형벌의 위하효과를 통해 범죄예방을 추구한다.
④ 인간의 행동은 개인적 기질과 다양한 환경요인에 의하여 통제되고 결정된다고 본다.

정답 및 해설

① [×] 고전주의 학파의 비결정론에 대한 설명이다. 실증주의 학파의 결정론에 따르면 인간의 사고나 판단은 이미 결정된 행위 과정을 정당화하는 것에 불과하므로 자신의 사고나 판단에 따라 자유롭게 행위를 선택할 수 없다고 본다.
② [×] 고전주의 학파에 대한 설명이다. 실증주의 학파는 인간에 대한 과학적 분석을 통해 범죄원인을 규명하고자 하였으며, 범죄원인을 규명해서 범죄자에 따라 형벌을 개별화할 것을 주장하였다.
③ [×] 고전주의 학파에 대한 설명이다. 실증주의 학파는 범죄행위를 유발하는 범죄원인을 제거하는 것이 범죄통제에 효과적이라고 보며, 법·제도적 문제 대신에 범죄인의 개선 자체에 중점을 둔 교정이 있어야 범죄예방이 가능하다고 본다.
④ [○] 실증주의 학파는 인간은 자신이 희망하는 사항이나 이성적 판단에 따라 행동하는 자율적 존재가 아니며 인간의 행위는 이미 결정된 대로 행동하는 것으로 보는 입장으로, 인간의 행위는 개인의 특수한 소질조건과 그 주변의 환경조건에 따라 결정된다고 이해한다.

정답 ④

03 범죄원인과 관련하여 실증주의 학파에 대한 설명으로 옳지 않은 것은? 2021. 교정 9급

① 페리(Ferri)는 범죄자의 통제 밖에 있는 힘이 범죄성의 원인이므로 범죄자에게 그들의 행위에 대해 개인적으로나 도덕적으로 책임을 물어서는 안 된다고 주장했다.
② 범죄의 연구에 있어서 체계적이고 객관적인 방법을 추구하여야 한다고 하였다.
③ 인간은 자신의 행동을 합리적, 경제적으로 계산하여 결정하기 때문에 자의적이고 불명확한 법률은 이러한 합리적 계산을 불가능하게 하여 범죄억제에 좋지 않다고 보았다.
④ 범죄는 개인의 의지에 의해 선택한 규범침해가 아니라, 과학적으로 분석가능한 개인적·사회적 원인에 의해 발생하는 것이라 하였다.

정답 및 해설

③ [×] 고전주의 학자들의 견해이다. 실증주의는 인간은 자신이 희망하는 사항이나 이성적 판단에 따라 행동하는 자율적 존재가 아니라 이미 행위하도록 결정된 대로 행동하는 존재로 보는 입장으로 인간의 행위는 개인의 특수한 소질조건과 그 주변의 환경조건에 따라 결정된다고 이해한다.

정답 ③

04 다음 중 실증주의 범죄학파에 대한 설명으로 가장 옳지 않은 것은? 2024. 해경 경위

① 개인의 생물학적·심리학적 소질과 사회적 환경이 복합적으로 작용하여 인간이 범죄행위를 범한다고 보는 입장이다.
② 페리(Ferri)는 결정론적 입장에서 범죄포화의 법칙을 주장하였다.
③ 라카사뉴(Lacassagne)는 사회환경은 범죄의 배양기이며, 범죄자는 미생물에 해당할 뿐이므로 벌해야 할 것은 범죄자가 아니라 사회라고 주장했다.
④ 뒤르켐(Durkheim)은 범죄는 정상적인 요소이며 모든 사회와 시대에서 공통적으로 적용될 수 있는 객관적 범죄개념이 존재한다고 보았다.

정답 및 해설

① [○] 인간은 자신이 희망하는 사항이나 이성적 판단에 따라 행동하는 자율적 존재가 아니며 인간의 행위는 이미 결정된 대로 행동하는 것으로 보는 입장으로, 인간의 행위는 개인의 특수한 소질조건과 그 주변의 환경조건에 따라 결정된다고 이해한다. 실증주의 범죄학파는 범죄의 원인을 생물학적, 심리학적, 사회학적 요인에 기반하여 설명하고, 이를 바탕으로 범죄자 교화와 치료를 주장하며, 경제적 기회와 사회복지에 집중하는 다수의 범죄예방정책을 펼쳤다.
② [○] 페리는 결정론적 입장에서 범죄포화의 법칙을 주장하였다. 범죄원인을 인류학적 요인(나이, 성별, 신체적·정신적 상태), 물리적 요인(자연환경), 사회적 요인(인구밀도, 관습, 종교, 정부조직, 경제조건, 산업조건)으로 구분하고, 일정한 개인적·사회적 환경하에서 그에 맞는 일정량의 범죄가 있는 것은 정상이며 그 수는 증감할 수 없다고 주장한다.
③ [○] 라카사뉴는 프랑스의 범죄사회학의 주도자로, 롬브로조의 생물학적 결정론을 반대하면서 사회환경 특히 그중에 경제상황을 강조하였다. '사회는 범죄의 배양기이며, 범죄자는 미생물에 해당할 뿐이다.'라고 말함으로써 범죄라는 세균도 사회적 환경이라는 배양기가 없으면 번식할 수 없다고 보고, 사회는 그 각각에 상응하는 범죄를 갖기 마련이며 처벌해야 할 것은 범죄인이 아니라 사회라고 주장하여 범죄문제를 개인의 문제가 아니라 사회적 문제로 인식하였다(범죄원인은 사회와 환경에 있다는 점을 강조).
④ [×] 뒤르켐은 범죄는 모든 사회에 어쩔 수 없이 나타나는 현상으로 병리적이기보다는 정상적인 현상이라고 보지만, 모든 사회와 시대에 공통적으로 적용될 수 있는 객관적 범죄개념을 부정하고, 특정사회에서 형벌의 집행대상으로 정의된 행위를 범죄로 보는 새로운 범죄관을 제시하였다(절대적 범죄개념의 부정). 한편 가로팔로는 범죄 가운데 형법상 금지되는 것과 무관하게 시간과 문화를 초월하여 인정되는 범죄행위로 살인, 강도, 강간, 절도 등의 범죄를 자연범(절대적 범죄)이라 하고, 자연범은 인류의 근본적·애타적 정조의 결여, 즉 연민과 성실의 정의 결여라는 두 개의 도덕적 정서에 반대되는 행위를 한 자로, 법률·정치·문명의 사회적 환경변화에도 개선을 기대할 수 없는 반윤리성·반사회성으로 인해 비난받는 원시인 및 생래적 범죄인을 말한다.

정답 ④

01 롬브로소(Lombroso)의 영향을 받은 초기 실증주의 학자 <보기 1>과 주장 <보기 2>를 가장 적절하게 연결한 것은?

2024. 경찰2차

┤ 보기 1 ├

㉠ 가로팔로(Garofalo) ㉡ 고링(Goring) ㉢ 페리(Ferri)

┤ 보기 2 ├

(가) 통계학자인 피어슨(Pearson)과 협업하여 생래적 범죄인설을 비판하였다.
(나) 범죄방지를 위해서는 법률제도 및 사회제도의 근본적 개량이 필요하다고 주장하였다.
(다) 범죄행위란 범죄자와 일반인의 신체적 차이가 아닌, 유전학적 열등성에 의한 것이라고 주장하였다.
(라) 사회진화론을 적용하여 범죄자는 도덕(양심)과 연민(공감 능력)이 낮은 수준이라고 주장하였다.
(마) 사회는 자연적인 몸체이며, 범죄행위는 자연에 대항하는 것이라고 인식하였다.

	(가)	(나)	(다)	(라)	(마)
①	㉠	㉠	㉠	㉡	㉢
②	㉠	㉢	㉠	㉢	㉡
③	㉡	㉠	㉡	㉢	㉠
④	㉡	㉢	㉡	㉠	㉠

정답 및 해설

④ [○] ㉠ 가로팔로: (라), (마), ㉡ 고링: (가), (다), ㉢ 페리: (나)이다.

(가) 범죄자는 격세유전에 의해 원시선조의 야만성이 후대에 신체적 특징과 함께 나타난다는 롬브로조의 주장을 고링은 비판하였다. 롬브로조의 연구는 비과학적인 것으로, 자신이 막연히 가졌던 생각에 과학이라는 상표를 붙이려는 무의식적 생각에 의한 것이었다고 비판하였으며, 생래적 범죄인은 어떠한 방법을 통해서도 판별해낼 수 없는 비경험적인 개념이라고 지적하였다.

(나) 페리는 범죄대책으로, 특정한 사회에 있어서의 범죄예방의 조직이나 형사정책은 무의미하며, 범죄방지를 위해서는 범죄를 발생하게 하는 원인인 사회를 변경하는 방법밖에는 없다고 주장하였다.

(다) 범죄자들은 다른 사람보다 키가 1~2인치 정도 작고, 몸무게도 정상인에 비해 3~7파운드 정도 적은 것으로 나타나 범죄행위란 신체적인 변이형태와 관계된 것이 아니라 이들의 유전학적 열등성에 의한 것이라고 고링은 주장하였다.

(라) 가로팔로는 『범죄학』(1885)에서 범죄원인으로 인류학적 요소 중 정신적·심리적 측면을 중시하였다. 범죄는 인간의 근본적인 품성에 속하는 '연민과 성실의 정'을 침해하는 특성을 갖고 있다. 즉, 범죄는 심리적 또는 도덕적 변종에 의한 것이라고 하면서 정상인들은 모두 이타적인 정서를 기본적으로 가지고 있는데 범죄자들은 이러한 정서가 결핍되어 있다고 보았다.

(마) 가로팔로의 자연범에 대한 설명이다. 자연범을 모든 시대의 모든 사람들에게 공통된 두 개의 기본적인 애타적 감정, 정직과 가련히 여김을 해치는 위법행위라고 정의하였다. 사회는 자연적 몸체이며, 범죄행위는 자연에 대항하는 것이라 주장하였다. 또한 어떤 사회에서도 범죄로 인정할 수밖에 없는 행위가 있는데, 이것이 자연범이며 법정범보다 가혹한 처벌을 주장하였다.

정답 ④

02

페리(Ferri)가 주장한 내용으로 가장 적절하지 않은 것은? 2024(74). 경위

① 범죄자의 개인적(인류학적), 물리적 요인이 일정한 사회적 요인과 결합할 때 반드시 그에 상응한 일정량의 범죄가 발생한다고 하였다.

② 과도한 개인주의에 국가가 개입함으로써 사회문제에 효과적 대처가 이루어질 수 있다고 믿었기 때문에, 독재적 전체주의 국가이념을 표방하는 파시즘(Fascism)에 동조하였다.

③ 범죄예방을 위해서는 형벌보다는 범죄의 충동을 간접적으로 방지할 수 있는 사회정책이 필요하다고 하였다.

④ 범죄행위는 생물학적 · 심리학적으로 비정상적인 사람이 저지르는 것이 아니라, 정상적으로 태어난 사람이 이후에 다른 사람의 범죄를 모방한 결과라고 하였다.

정답 및 해설

① [○] 페리는 『범죄사회학』(1884)에서 인류학적, 물리적, 사회적 요인이 존재하는 사회에서는 이에 상응하는 일정량의 범죄가 반드시 발생한다는 범죄포화의 법칙을 주장했다.

인류학적 요인	나이, 성별, 신체적 혹은 심리적 상태
물리적 요인	인종, 기후, 지리적 위치, 계절적 효과, 기온
사회적 요인	인구밀도, 관습, 종교, 정부조직, 경제조건 및 산업조건

② [○] 국가는 시민의 생활을 향상시키기위한 수단이라는 도구주의적 국가관에 의해 가로팔로와 함께 무솔리니의 전체주의를 지지하고, 그의 '페리초안'은 파시즘의 이념적 배경이 되었다.

③ [○] 범죄유발요인을 롬브로조보다 훨씬 많은 요인을 꼽았다. 범죄 대처방법에서도 다양한 종류의 형벌대처수단을 제안하여 범죄예방방안을 제시했다. 특히 형벌이라는 직접적인 반작용보다 범죄성의 충동을 간접적으로 방지시킬 수 있는 대책으로 형벌대용물사상을 주장했다. 전반적인 사회생활 향상을 통한 범죄방지대책으로 자유무역, 독점폐지, 저렴한 주거비용, 공공은행제도, 가로등 확대설치, 산아제한, 결혼 및 이혼의 자유, 무기생산에 대한 국가관리, 성직자 결혼허용, 복지시설설립, 대중오락시설 설치 등을 주장했다.

④ [×] 따르드(Tarde)의 모방의 법칙 대한 설명이다. 따르드는 범죄행위를 생물학적 결함이나 심리적 기능장애로 설명하는 입장을 극복하고, 정상행위와 마찬가지로 학습의 결과라는 사실을 최초로 지적했다는 점에서 매우 중요한 공헌을 하였다.

정답 ④

03

초기 실증주의 범죄학파 중 이탈리아학파에 대한 설명으로 가장 적절하지 않은 것은? 2024(74). 경위

① 롬브로조(Lombroso)는 생물학적 퇴행성 때문에 범죄를 저지를 수밖에 없는 유형의 범죄자는 교정의 효과를 거의 기대할 수 없기 때문에 영구격리 또는 도태처분을 해야 한다고 하였다.

② 롬브로조(Lombroso)는 범죄자를 생래적 범죄자, 정신병적 범죄자, 상습성 범죄자, 우발성 범죄자, 격정성 범죄자, 폭력성 범죄자 여섯 가지 유형으로 분류하였다.

③ 가로팔로(Garofalo)는 『범죄학』(Criminologia)이라는 저서를 통해 사실학적 의미의 '범죄학'이라는 용어를 최초로 사용하였다.

④ 가로팔로(Garofalo)는 정상적인 사람은 정직성, 동정심, 성실 등과 같은 이타적 정서를 기본적으로 지니고 있는데 반해 범죄자는 이러한 정서가 결핍되었다고 하였다.

정답 및 해설

② [×] 롬브로조(Lombroso)는 범죄자를 생래적 범죄인, 정신병 범죄인, 격정(우범)범죄인, 기회범죄인, 관습범죄인, 잠재적 범죄인 여섯 가지 유형으로 분류하였다.

정답 ②

제2편 · 해커스공무원 이언담 형사정책 단원별 기출문제집

04 롬브로조(Lombroso)와 비교할 때 페리(Ferri)의 연구에 대한 설명으로 옳지 않은 것은? 2013. 사시

① 롬브로조와 마찬가지로 범죄에 관한 인간관으로서 결정론적 입장을 취하였다.
② 롬브로조와는 달리 범죄 원인을 인류학적 요인, 물리적 요인, 사회적 요인으로 확장하였다.
③ 롬브로조와 마찬가지로 실증적 연구방법을 취하였다.
④ 롬브로조와 마찬가지로 범죄자들을 몇 가지로 유형화하고 각 유형별로 별개의 범죄 대책을 제시하였다.
⑤ 롬브로조와는 달리 범죄 발생의 사회적 요인을 중시하여 생래적 범죄인의 존재를 부정하였다.

정답 및 해설

① [○] 페리는 『책임귀속이론과 자유의지의 부정』(1878)에서 고전주의에서 가정하였던 자유의지론을 비난하면서 인간행위는 환경에 의해 영향을 받을 수밖에 없다고 주장하였다(결정론).
② [○] 페리는 『범죄사회학』(1884)에서 범죄를 유발하는 원인을 인류학적 요인, 물리적 요인, 사회적 요인으로 구분하였다.
③ [○] 마르크스(Marx)의 유물론, 스펜서(Spencer)의 사회관, 다윈(Darwin)의 진화론의 영향을 받은 젊은 사회주의자였던 페리에게 롬브로조의 가장 큰 영향은 객관적인 실증주의 방법을 전수한 것이었다.
④ [○] 페리는 범죄사회학적 요인을 고려하여 범죄인을 5가지로 분류하고, 별개의 대책을 제시하였다.
⑤ [×] 페리는 롬브로조가 생물학적 원인에 치중한 나머지 범죄인의 사회적 요인을 무시한 점을 비판하고 범죄사회학적 요인을 고려하여 생래적 범죄인, 정신병 범죄인, 격정(우범)범죄인, 기회범죄인, 관습(상습)범죄인으로 범죄인을 분류하였다(잠재적 범죄인은 페리의 범죄인 분류에는 나타나지 않는 유형). 그러므로 생래적 범죄인의 존재를 부정하지는 않았다.

정답 ⑤

05 이탈리아 학파에 대한 설명으로 옳지 않은 것은? 2011. 사시

① 이탈리아 학파는 자연과학적 방법을 도입하여 범죄원인을 실증적으로 분석하였다.
② 롬브로조(C. Lombroso)는 생래적 범죄인에 대해서 무기형을 과해야 하고 사형을 과해서는 안 된다고 주장하였다.
③ 페리(E. Ferri)는 마르크스(Marx)의 유물사관, 스펜서(Spencer)의 발전사관, 다윈(Darwin)의 진화론 등의 영향을 받았다.
④ 페리(E. Ferri)는 형벌대용물 사상과 범죄포화의 법칙을 주장하였다.
⑤ 가로팔로(R. Garofalo)는 범죄원인으로서 심리학적 측면을 중시하였다.

정답 및 해설

② [×] 생래적 범죄인은 초범일지라도 무기구금하고 잔악한 행위를 반복하는 자(누범자)는 극형(사형)에 처할 것을 롬브로조는 주장하였다.

정답 ②

06 범죄인류학파(이탈리아 실증주의학파)에 대한 설명으로 옳지 않은 것은? 2018. 보호 7급

① 롬브로조(Lombroso)는 자유의지에 따라 이성적으로 행동하는 인간을 전제로 하여 범죄의 원인을 자연과학적 방법으로 분석하였다.

② 페리(Ferri)는 범죄포화의 법칙을 주장하였으며 사회적·경제적·정치적 요소도 범죄의 원인이라고 주장하였다.

③ 가로팔로(Garofalo)는 범죄의 원인으로 심리적 측면을 중시하여 이타적 정서가 미발달한 사람일수록 범죄를 저지르는 경향이 있다고 하였다.

④ 생래적 범죄인에 대한 대책으로 롬브로조(Lombroso)는 사형을 찬성하였지만 페리(Ferri)는 사형을 반대하였다.

정답 및 해설

① [×] 이탈리아학파는 결정론을 전제로, 자연과학적 방법을 도입하여 범죄원인을 실증적으로 분석하였다. 자유의지에 따라 이성적으로 행동하는 인간을 전제로 한 것은 고전학파이다.

② [○] 페리는 롬브로조의 생물학적 범죄원인론에 관심을 가졌지만, 자신이 수용한 사회주의 영향으로 사회적·경제적·정치적 요인들의 영향을 더욱 강조하였다.

③ [○] 범죄행위는 심리적 혹은 도덕적 변종에 의한 것이라고 가로팔로는 주장하였다. 즉, 정상인들은 모두 이타적인 정서를 기본적으로 가지고 있는데 범죄자들은 이러한 정서가 결핍되어 있다는 것이다. 심리적 변종상태는 일반적인 정신이상이나 정신질환과는 다른 것이며 대체로 열등한 인종이나 민족들에서 많이 나타난다고 보았다. 따라서 범죄의 원인으로 고찰한 것은 신체적 특성이 아니라 심리적 상태였으며, 심리적으로 덜 발달된, 즉 이타적 정서가 미발달된 사람일수록 범죄를 저지르는 경향이 높다는 것이다.

④ [○] 롬브로조와는 달리 생래적 범죄인에 대해서는 사형을 부정하고 무기격리할 것을 주장하였다.

정답 ①

07 다음 중 범죄인류학파(이탈리아 실증주의학파)에 대한 설명으로 가장 옳지 않은 것은? 2022. 해경 경위

① 롬브로조(Lombroso)는 자유의지에 따라 이성적으로 행동하는 인간을 전제로 하여 범죄의 원인을 자연과학적 방법으로 분석하였다.

② 페리(Ferri)는 범죄포화의 법칙을 주장하였으며 사회적·경제적·정치적 요소도 범죄의 원인이라고 주장하였다.

③ 가로팔로(Garofalo)는 범죄의 원인으로 심리적 측면을 중시하여 이타적 정서가 미발달한 사람일수록 범죄를 저지르는 경향이 있다고 하였다.

④ 생래적 범죄인에 대한 대책으로 롬브로조(Lombroso)는 사형을 찬성하였지만 페리(Ferri)는 사형을 반대하였다.

정답 및 해설

① [×] 이탈리아학파는 결정론을 전제로, 자연과학적 방법을 도입하여 범죄원인을 실증적으로 분석하였다. 자유의지에 따라 이성적으로 행동하는 인간을 전제로 한 것은 고전학파이다.

② [○] 페리는 롬브로조의 생물학적 범죄원인론에 관심을 가졌지만, 자신이 수용한 사회주의 영향으로 사회적·경제적·정치적 요인들의 영향을 더욱 강조하였다.

③ [○] 범죄행위는 심리적 혹은 도덕적 변종에 의한 것이라고 가로팔로는 주장하였다. 즉, 정상인들은 모두 이타적인 정서를 기본적으로 가지고 있는데 범죄자들은 이러한 정서가 결핍되어 있다는 것이다. 심리적 변종상태는 일반적인 정신이상이나 정신질환과는 다른 것이며 대체로 열등한 인종이나 민족들에서 많이 나타난다고 보았다. 따라서 범죄의 원인으로 고찰한 것은 신체적 특성이 아니라 심리적 상태였으며, 심리적으로 덜 발달된, 즉 이타적 정서가 미발달된 사람일수록 범죄를 저지르는 경향이 높다는 것이다.

④ [○] 페리는 롬브로조와는 달리 생래적 범죄인에 대해서는 사형을 부정하고 무기격리할 것을 주장하였다.

정답 ①

08 초기 실증주의 범죄학파와 관련된 설명이다. ㉠~㉡에 들어갈 사람들을 순서대로 배열한 것은?

이탈리아 학파인 (㉠)는(은) (㉡)의 생래적 범죄인론의 영향을 많이 받았지만 인간행동에 대한 사회환경적 영향에 더 관심을 가졌으며, (㉢)는(은) (㉡)와(과) 달리 신체적 비정상성이 아니라 정신적 비정상성에 관심을 갖고 범죄행위는 심리적 혹은 도덕적 변종에 의한 것이라고 주장하였다. 그에 반하여 프랑스 학파는 범죄발생원인으로서 범죄자를 둘러싼 사회환경에 주로 관심을 가졌는데, 그들 중 (㉣)는(은) 사회환경 중에서 경제상황을 중시하였고, (㉤)는(은) 사회현상을 모방의 결과로 보고 범죄행위를 설명하였으며, (㉥)는(은) 범죄가 사회유지존속에 중요한 역할을 담당한다고 주장하였다.

	㉠	㉡	㉢	㉣	㉤	㉥
①	가로팔로	페리	롬브로조	라까사뉴	따르드	뒤르껭
②	페리	롬브로조	가로팔로	라까사뉴	따르드	뒤르껭
③	라까사뉴	롬브로조	가로팔로	페리	따르드	뒤르껭
④	페리	가로팔로	롬브로조	따르드	뒤르껭	라까사뉴
⑤	가로팔로	롬브로조	페리	뒤르껭	따르드	라까사뉴

정답 및 해설

② [○] 순서대로 올바르게 나열한 것은 ②이다.
이탈리아와 프랑스의 초기 실증주의 발달과정을 설명한 것으로, 이탈리아의 소질론은 롬브로조의 제자였던 페리가 롬브로조의 영향을 받았지만, 반대로 스승인 롬브로조에게 환경론적 범죄원인에 대한 영향을 미치기도 하였다. 프랑스의 라까사뉴와 따르드, 뒤르껭은 범죄발생원인으로서 범죄자를 둘러싼 사회환경에 주로 관심을 가졌다.

정답 ②

09 이탈리아 범죄인류학파의 공헌과 비판으로 옳지 않은 것은?

① 과학적 연구방법을 범죄학에 도입한 최초의 실증주의 범죄학파라는 평가를 받는다.
② 이탈리아 학파는 범죄인에서 범죄로 관심의 초점을 전환하였다.
③ 형벌의 감소를 주요대상으로 한 고전학파에 비해 범죄의 감소 문제까지 연구범위에 포함시킨 업적이 인정된다.
④ 인류학적 · 정신의학적 · 사회학적 입장이 혼합되어 통일성이 없다는 비판이 있다.

정답 및 해설

② [×] 이탈리아 학파는 과거 고전학파의 범죄행위에 대한 관심을 범죄인으로 관심의 초점을 전환시켰다는 평가를 받는다.

 이탈리아 학파의 공헌과 비판

공헌	• 과학적 연구방법을 범죄학에 도입한 최초의 실증주의 범죄학파이다. • 범죄학 연구에서 범죄(고전주의)로부터 범죄인(실증주의)에게로 관심의 초점을 전환시켰다. • 형벌의 감소를 주요대상으로 한 고전학파에 비하여 범죄의 감소 문제까지 연구범위에 포함시킨 업적이 인정된다. • 현대 형벌에 있어서 교화개선 철학의 기초를 마련하는 계기를 만들었다.
비판	• 인류학적 또는 정신의학적 · 사회학적 입장이 혼합되어 통일성이 없다. • 오늘날의 범죄학적 관점에서 보면 그들의 범죄인 유형은 부적절하다.

정답 ②

01 타르드(Tarde)가 주장한 모방의 법칙에 관한 설명으로 가장 적절하지 않은 것은?

① 타르드는 사회란 곧 모방이라고 할 정도로 모든 사회적 현상을 모방의 결과로 보았고, 범죄행위 역시 모방된다고 보았다.
② 모방의 법칙은 학습이론(Learning Theory)에 영향을 미쳤다.
③ 거리의 법칙에 따르면 모방의 강도는 사람 간의 거리에 비례하고 사람과 얼마나 밀접하게 접촉하고 있는가에 반비례한다.
④ 방향의 법칙에 따르면 대개 열등한 사람이 우월한 사람을 모방하는 방향으로 진행된다.

정답 및 해설

① [○] 타르드(Tarde)는 롬브로조의 생물학적 원인론을 부정하고, 인간행위는 다른 사람들과 접촉하면서 관념을 학습하며, 행위는 자기가 학습한 관념으로부터 유래하는 것이라고 주장하였다. 즉, 모든 사회현상이 모방이듯이 범죄행위도 모방한다고 보았다.
② [○] 사회심리학적 방법을 기초로 개인의 특성과 사회의 접촉과정을 중시하였으며, 모방의 법칙(거리의 법칙, 방향의 법칙, 삽입의 법칙)은 법칙을 주장하여 후일 미국의 학습이론에 영향을 미쳤다.
③ [×] 거리의 법칙에 따르면, 사람들은 서로를 모방하는 경향이 있으며, 모방의 정도(강도)는 사람 간의 거리에 반비례하고 타인들과 얼마나 밀접하게 접촉하는가에 비례하여 타인을 모방한다는 것이다.
④ [○] 방향의 법칙은 학습의 방향에 관한 것으로, 일반적으로 열등한 사람이 우월한 사람을 모방하는 경향이 있다(위에서 아래로). 즉, 모방은 사회의 상류계층 ⇨ 하층계급, 도시 ⇨ 농촌으로 전해지는 등 사회적 지위가 우월한 자를 중심으로 이루어진다.

정답 ③

02 타르드(Tarde)가 주장한 모방의 법칙에 대한 설명으로 옳지 않은 것은?　　　2012. 사시

① 롬브로조(Lombroso)의 생래적 범죄인설을 부정하고, 범죄행위도 타인의 행위를 모방함으로써 발생한다고 한다.
② 거리의 법칙에 의하면 모방은 시골보다는 도시지역에서 쉽게 발생한다.
③ 방향의 법칙에 의하면 원래 하류계층이 저지르던 범죄를 다른 계층들이 모방함으로써 모든 사회계층으로 전파된다.
④ 삽입의 법칙에 의하면 처음에 단순한 모방이 유행이 되고, 유행은 관습으로 변화·발전된다.
⑤ 총기에 의한 살인이 증가하면서 칼을 사용한 살인이 줄어드는 현상은 새로운 유행이 기존의 유행을 대체하기 때문이라고 보았다.

정답 및 해설

③ [×] **방향의 법칙**: 일반적으로 열등한 사람이 우월한 사람을 모방하는 경향이 있다(위에서 아래로). 즉, 모방은 사회적 지위가 우월한 자를 중심으로 이루어지는데, 예를 들면 사회의 상류계층 ⇨ 하층계급, 도시 ⇨ 농촌으로 전해지게 된다.

정답 ③

03

다음 중 타르드(Tarde)의 모방의 법칙에 관한 설명으로 가장 옳은 것은?

① 거리의 법칙에 따르면 한 개인이 접촉하는 사람들과의 빈도와 강도에 따라 타인을 모방한다는 것이다.
② 롬브로소(Lombroso)의 견해를 지지하면서 과학적 방법을 통해 범죄유발요인을 규명하려 했다.
③ 서덜랜드(Sutherland)의 차별적 접촉이론으로부터 많은 영향을 받았다.
④ 방향의 법칙은 농촌에서 발생한 범죄가 도시지역에서 모방하는 경우를 설명하기에 적합하다.

정답 및 해설

① [○] 거리의 법칙에 따르면 사람들은 서로를 모방하는 경향이 있으며, 모방의 정도(강도)는 사람 간의 거리에 반비례하고 사람과 얼마나 밀접하게 접촉하고 있는가에 비례하여 타인을 모방한다는 것이다. 즉, 친밀도가 높을수록 모방의 강도는 증가한다.
② [×] 롬브로소의 생물학적 원인론을 부정하고, 인간행위는 다른 사람들과 접촉하면서 관념을 학습하며, 행위는 자기가 학습한 관념으로부터 유래하는 것이라고 주장하였다. 즉, 모든 사회현상이 모방이듯이 범죄행위도 모방한다고 보았다. 또한 범죄행위를 생물학적 결함이나 심리적 기능장애로 설명하는 입장을 극복하고 정상행위와 마찬가지로 학습의 결과라는 사실을 최초로 지적했다는 점에서 매우 중요한 공헌을 하였다.
③ [×] 타르드의 초기학습이론(모방)은 서덜랜드의 차별적 접촉이론에 많은 영향을 주었다.
④ [×] 방향의 법칙은 학습의 방향에 관한 것으로, 일반적으로 열등한 사람이 우월한 사람을 모방하는 경향이 있다(위에서 아래로). 즉, 모방은 사회의 상류계층 ⇨ 하층계급, 도시 ⇨ 농촌으로 전해지는 등 사회적 지위가 우월한 자를 중심으로 이루어진다.

정답 ①

04

다음 학자와 그의 주장이 바르게 연결된 것은?

① 리스트(Liszt) - 죄는 범죄인을 제외한 모든 사람에게 있다.
② 케틀레(Quetelet) - 사회 환경은 범죄의 배양기이며, 범죄자는 미생물에 해당할 뿐이므로 벌해야 할 것은 범죄자가 아니라 사회이다.
③ 따르드(Tarde) - 모든 사회현상이 모방이듯이 범죄행위도 모방으로 이루어진다.
④ 라카사뉴(Lacassagne) - 사회는 범죄를 예비하고, 범죄자는 그것을 실천하는 도구에 불과하다.

정답 및 해설

① [×] 따르드의 주장이며, 철저한 사회적 원인론을 주장하였다.
② [×] 라카사뉴의 주장이며, 범죄원인으로 사회환경, 특히 경제상황(물가, 실업 등)을 강조하였다.
③ [○] 따르드(Tarde)의 모방의 법칙이다.
④ [×] 케틀레의 주장이며, 사회적 범죄원인론을 주장하였다.

정답 ③

05 뒤르켐(Durkheim)의 사회사상과 범죄이론에 대한 설명으로 적절한 것은 모두 몇 개인가? 2024(74). 경위

□□□

㉠ 근대 산업화과정에서 사회는 기계적(Mechanical) 사회에서 유기적(Organic) 사회로 급격하게 변동하였다.

㉡ 사회통합을 조절하는 기능이 약화되면, 사회구성원들이 자신의 행위를 통제하지 못하는 아노미(Anomie)라는 병리현상이 나타난다.

㉢ 사회병리의 대표적인 현상은 자살인데, 이는 개인적 문제라기보다는 사회통합의 정도와 관련되어 있다.

㉣ 자살은 아노미적 자살, 이기적 자살, 이타적 자살, 무동기 자살 네 가지 유형이 있는데, 이 가운데 아노미적 자살이 가장 큰 문제이다.

㉤ 어느 사회이든지 일정량의 범죄는 존재하는데, 이는 지극히 자연스러운 현상이다.

㉥ 20세기 범죄생태학, 긴장이론, 통제이론 등에 많은 영향을 미쳤다.

① 3개
② 4개
③ 5개
④ 6개

정답 및 해설

적절한 것은 ㉠, ㉡, ㉢, ㉤, ㉥이다.

㉠ [○] 뒤르켐은 『사회분업론』에서 사회에서 분업의 증가가 기계적 사회에서 유기적 사회로의 이동을 일으키며 사회적 연대도 그에 따라 변한다고 지적한다. 기계적 연대(Mechanical Solidarity)는 구성원들의 동일한 가치와 규범의 공유(집합의식)가 사회의 통합과 개인의 결속의 기초로 작용하는 상태이고 유기적 연대(Organic Solidarity)는 전문화된 각각의 개인들이 상호의존성에 기반하여 결속된 상태이다. 뒤르켐은 분업이 진행될수록 집합의식이 약화되고 개인상호 간의 이질성이 증대하지만, 이것이 사회적 유대 자체를 없애는 것은 아니며 오히려 개인들 간의 상호의존을 증대시킨다고 보았다. 이러한 전문화되고 이질적인 개인 간의 상호의존성의 증대는 집합의식의 대안적 형태로 나타난다. 곧 분업은 집합의식을 약화시키고 개인성을 증대시키는 동시에 유기적 연대를 촉진한다는 것이다.

㉡ [○] 아노미는 인간의 생래적인 끝없는 욕망을 사회의 규범이나 도덕으로서 제대로 통제하지 못하는 상태로, 사회적·도덕적 권위가 훼손되어 사회구성원들이 '자신의 삶을 지도할 수 있는 기준(지향적인 삶의 기준)'을 상실한 무규범 상태를 말한다.

㉢ [○] 사회적 통합 및 도덕적 규제와 관련하여 당시 유럽사회의 자살률이 급격히 증가하는 것은 산업화되는 과정에서 정치·경제·기술적 사회변동으로 사회통합이 약화됨으로써 이기적 자살이 증가하였기 때문이다.

㉣ [×] 자살은 아노미적 자살, 이기적 자살, 이타적 자살, 숙명적 자살 네 가지 유형이 있는데, 이 가운데 아노미적 자살이 가장 큰 문제이다.

아노미적 자살	• 집단이나 사회의 규범이 느슨한 상태에서 개인적 욕구가 실현되지 않는 경우에 발생하게 된다. • 개인의 현재와 미래의 역할에 대한 불확실성이 큰 경제위기 상황이 발생할 때 사회가 적절한 규제를 하지 않으면 자살이 발생하게 되는 것이다. • 가난한 사람이 벼락부자가 된 경우, 경제공황 때문에 직장에서 해고당한 경우에 발생하는 자살 등이 이에 해당된다.
이기적 자살	• 개인이 사회에 통합되지 못해 사회로부터 격리되고 지지를 잃음으로써 고립감, 소외감에 빠져 발생하게 된다. • 가족이나 친구와의 사회적 유대가 결여되는 경우에도 사회적 통합이 결여되기 때문에 자살이 발생할 수 있다. • 독신자의 자살률이 기혼자보다 높게 나타나거나, 강한 사회적 공동체를 기반으로 하는 가톨릭 신자들보다 개인을 중요시하는 개신교도들의 자살률이 높게 나타나는 경우가 이에 해당된다.
이타적 자살	• 이기적 자살과는 반대로 개인이 사회에 지나치게 통합돼 있어 자살로 인한 사망 자체가 사회를 위하는 길이라고 생각할 때 발생하게 된다. • 군대조직과 같이 소속 구성원들에게 집단을 위한 헌신과 충성을 우선적으로 강조하는 공동체에서 발생한다. • 전쟁터에서의 육탄돌격대, 일본의 가미가제, 할복 등의 경우가 이에 해당된다.

숙명적 자살	• 사회적 구속의 정도가 높은 사회에서 발생하게 되는데, 개인에 대한 사회의 규범에 의한 구속력이 너무 강해 더 이상의 희망을 발견할 수 없게 될 때 유일한 탈출구로써 자살이 발생하게 된다. 즉, 개인의 욕구가 과도하게 억압되면 자살이 발생한다는 것이다. • 자녀가 없는 기혼여성이 자신의 처지를 비관해서 죽는 자살이나, 고대 인도에서처럼 왕이나 신하가 죽었을 때 노예들이 함께 순장되는 죽음 등이 이에 해당된다.

ⓜ [○] 범죄정상설에 대한 설명으로, 범죄는 사회의 구조적 모순에서 자연적으로 발생하는 정상적이고 불가피한 현상으로 어느 사회든지 일정량의 범죄는 있을 수밖에 없으며, 이는 집단적 비승인이 존재하는 한 범죄는 모든 사회에 어쩔 수 없이 나타나는 현상으로 병리적이기보다는 정상적인 현상이기 때문이다.

ⓗ [○] 시카고 학파의 사회해체이론(생태학적 범죄원인론으로 지역적 특성이 범죄의 원인이 된다고 보는 이론), 머튼의 아노미이론, 허쉬의 사회통제이론 등에 많은 영향을 미쳤다.

정답 ③

 06 다음 설명에 해당하는 학자는?

2020. 교정 9급

> ㉠ 범죄는 정상(Normal)이라고 주장함
> ㉡ 규범이 붕괴되어 사회 통제 또는 조절 기능이 상실된 상태를 아노미로 규정함
> ㉢ 머튼(R. Merton)이 주장한 아노미 이론의 토대가 됨

① 뒤르켐(E. Durkheim)
② 베까리아(C. Beccaria)
③ 케틀레(A. Quetelet)
④ 서덜랜드(E. Sutherland)

정답 및 해설

① [○] 뒤르켐(Durkheim)에 대한 설명이다.

㉠ **범죄정상설**: 집단적 비승인이 존재하는 한 범죄는 모든 사회에 어쩔 수 없이 나타나는 현상으로 병리적이기보다는 정상적인 현상이라고 주장하였다. 즉 범죄를 사회의 구조적 모순에서 자연적으로 발생하는 정상적이고 불가피한 현상으로 본다.

㉡ **뒤르껭의 아노미**: 인간의 생래적인 끝없는 욕망을 사회의 규범이나 도덕으로서 제대로 통제하지 못하는 상태로, 사회적·도덕적 권위가 훼손되어 사회구성원들이 '자신의 삶을 지도할 수 있는 기준(지향적인 삶의 기준)'을 상실한 무규범 상태를 말한다.

㉢ **머튼의 아노미 이론**: 개인의 욕망에 대한 사회적 규제가 안 되는 상황을 나타내는 뒤르켐(Durkheim)의 아노미 개념을 미국의 머튼(Merton)은 사회구조 내에서 문화적으로 정의된 목표와 이를 달성할 수 있는 수단 간의 불일치로 파악하여 기능주의적 범죄이론을 전개하였다.

정답 ①

07 다음의 내용을 주장한 학자는 누구인가?

2023(73). 경위

> ⊙ 사회적 규범해체의 원인은 이기주의와 아노미(Anomie)이다.
> ⓒ 어느 사회나 일정량의 범죄는 발생할 수밖에 없는 지극히 자연스러운 사회적 현상이다.
> ⓒ 현재의 사회규범에 저항하는 범죄는 사회의 변화와 새로운 규범의 창설을 가능하게 한다.
> ⓔ 형벌은 개인의 피해에 대한 보복이 아니라 범죄예방이라는 목표를 지향하는 제도이다.

① 따르드(Tarde)
② 머튼(Merton)
③ 케틀레(Quetelet)
④ 뒤르껨(Durkheim)

정답 및 해설

④ [○] 뒤르껨에 대한 설명이다. 그는 개인과 사회와의 관계에 대하여 사회가 인간을 만들고 규제하는 측면을 강조하면서 사회적 규범해체의 원인을 이기주의와 아노미로 파악하였으며, 범죄정상설, 범죄기능설, 형법발전론, 자살론 등을 제시하였다.

정답 ④

---

08 뒤르껨(E. Durkheim)의 이론에 대한 설명으로 옳지 않은 것은?

2024. 보호 7급

① 자살 유형을 아노미적 자살, 이기적 자살, 이타적 자살, 운명적 자살로 구분하였다.
② 급격한 경제성장기보다 급격한 경제침체기에 아노미적 자살의 빈도가 더 높다고 주장하였다.
③ 범죄는 이에 대한 제재와 비난을 통하여 사회의 공동의식을 사람들이 체험할 수 있도록 함으로써 사회의 유지 존속에 중요한 역할을 담당한다고 하였다.
④ 객관적 범죄개념은 존재하지 않으며, 특정 사회에서 형벌의 집행 대상으로 정의된 행위가 바로 범죄라고 보았다.

정답 및 해설

① [○] 자살 유형을 아노미적 자살(급격한 사회변동으로 인한 기존 규범력의 상실·혼란에 기인한 자살), 이기적 자살(사회통합의 약화로 인해 자신의 욕망에 따라 발생), 이타적 자살(사회통합이 강화된 곳에서 집단의 존속을 위해 발생), 운명적 자살(사회의 외적인 권위, 즉 과도한 규제력으로부터 발생)로 구분하였다.

② [×] 급격한 경제침체기보다 급격한 경제성장기에 아노미적 자살의 빈도가 더 높다고 주장하였다. 뒤르껨은 사회통합 및 규제와 관련하여 『자살론』을 전개하였는데, 급격한 정치·경제·기술적 사회변동이 자살의 원인이라고 주장하였고, 급격한 사회변동으로 인한 기존 규범력의 상실과 혼란에 기인한 자살을 아노미적 자살이라 하였다. 아노미적 자살은 사회가 개인을 규제하는데 실패했을 때 발생하는데, 규제의 실패는 집합적 질서 및 평형상태를 흔드는 사회적 사건들에서 기인한다. 바로 아노미가 자살의 원인이 되는 것이다.

③ [○] 범죄는 이에 대한 제재와 비난을 통하여 사회의 공동의식을 사람들이 체험할 수 있도록 함으로써 사회의 유지존속을 위해 중요한 역할을 담당하며, 범죄는 사회의 규범유지를 강화시켜주는 필수적이고 유익한 기능을 한다고 하였다(범죄기능설).

④ [○] 범죄를 일반적 집합의식을 위반한 행위가 아니라 그 시대 그 사회구성원의 의식 속에 강력하게 새겨져 있고 명백하게 인지된 집합의식을 위반한 행위라고 정의하고, 사회적 통합력의 저하 또는 도덕적 권위의 훼손을 범죄발생의 원인으로 보았다. 모든 사회와 시대에 공통적으로 적용될 수 있는 객관적 범죄개념을 부정하며, 특정 사회에서 형벌의 집행대상으로 정의된 행위를 범죄로 보는 새로운 범죄관을 제시하였다(절대적 범죄개념의 부정).

정답 ②

09 뒤르케임(Durkheim)의 범죄관을 표현한 것으로 가장 옳지 않은 것은?

2023. 해경 경위

① 범죄는 정상적인 것이다.
② 범죄는 기능적인 것이다.
③ 범죄는 상황적인 것이다.
④ 범죄는 필연적인 것이다.

> **정답 및 해설**

③ [×] 뒤르케임(Durkheim)은 모든 사회와 시대에 공통적으로 적용될 수 있는 객관적 범죄개념을 부정하며, 특정 사회에서 형벌의 집행대상으로 정의된 행위를 범죄로 보는 새로운 범죄관을 제시하였다. 범죄는 사회의 구조적 모순에서 자연적으로 발생하는 정상적이고 불가피한 현상으로 어느 사회든지 일정량의 범죄는 있을 수밖에 없으며, 이는 집단적 비승인이 존재하는 한 범죄는 모든 사회에 어쩔 수 없이 나타나는 현상으로 병리적이기보다는 정상적인 현상이다(범죄정상설). 범죄란 이에 대한 제재와 비난을 통하여 사회의 공동의식을 사람들이 체험할 수 있도록 함으로써 사회의 유지존속을 위해 중요한 역할을 담당하며, 범죄는 사회의 규범유지를 강화시켜주는 필수적이고 유익한 기능을 한다(범죄기능설).

정답 ③

10 뒤르껨(E. Durkheim)의 범죄이론에 대한 설명으로 옳지 않은 것은?

2015. 5급 승진

① 어느 사회든지 일정량의 범죄는 있을 수밖에 없다는 범죄정상설을 주장하였다.
② 모든 사회와 시대에 공통적으로 적용될 수 있는 객관적 범죄가 존재한다고 주장하였다.
③ 사회의 도덕적 권위가 무너져 사회구성원들이 '지향적인 삶의 기준을 상실한 무규범상태'를 아노미라고 불렀다.
④ 뒤르껨은 범죄가 사회적 문제로 일어나는 것임을 강조하였음에도, 그에 대응할 수 있는 사회정책을 제시하지 못했다는 비판을 받기도 하였다.
⑤ 범죄발생의 주된 원인으로 사회적 상황을 고려하였다.

> **정답 및 해설**

① [○] 범죄는 사회의 구조적 모순에서 자연적으로 발생하는 정상적이고 불가피한 현상으로 어느 사회든지 일정량의 범죄는 있을 수밖에 없으며, 이는 집단적 비승인이 존재하는 한 범죄는 모든 사회에 어쩔 수 없이 나타나는 현상으로 병리적이기보다는 정상적인 현상으로 보았다.

② [×] 모든 사회와 시대에 공통적으로 적용될 수 있는 객관적인 범죄란 존재하지 않으며, 특정사회에서 형벌의 집행대상으로 정의된 행위가 범죄라고 보았다. 예컨대, 강도범죄와 같이 과거로부터 범죄로 인식되어 왔던 행위가 없어지더라도 이전에는 범죄로 간주되지 않았던 행위가 범죄로 새롭게 규정될 수 있으므로 시간과 장소를 초월한 범죄개념이란 인정될 수 없다고 보았다. 참고로, 가로팔로(Garofalo)는 자연범의 개념을 주장하고 범죄가운데 형법상 금지되는 것과 무관하게 시간과 문화를 초월하여 인정되는 범죄행위가 존재한다고 보아 이러한 범죄(살인, 강도, 강간, 절도 등)를 자연범이라 부르고 있다.

③ [○] 『분업론』(1893)에서 아노미(Anomie) 개념을 제시하였다. 아노미란 사회구성원에 대한 도덕적 규제가 제대로 되지 않은 상태, 즉 사회의 도덕적 권위가 무너져 사회구성원들이 '지향적인 삶의 기준을 상실한 무규범상태'를 지칭한다.

⑤ [○] 뒤르껨이 범죄발생의 주된 원인으로 고려한 것은 사회적 상황이었다. 그는 사회적 상황을 사회적 통합 수준과 도덕적 통합 수준의 두 가지 측면에서 파악했으며, 사회적 통합의 수준이란 사람들이 일상적 사회생활을 하는 중에 얼마나 상호 간에 밀접히 연관되어 있는가에 관한 것이며, 도덕적 통합의 수준이란 자기가 속해 있는 사회적 단위와 일체감을 느끼고 그것의 권위를 얼마나 인정하는가에 관한 것이다.

정답 ②

11 범죄학자들과 그 주장 내용을 연결한 것으로 옳지 않은 것은?

① 코헨(A. Cohen) - 빈곤 계층 청소년들은 중산층의 가치나 규범을 중심으로 형성된 사회의 중심 문화와 자신들이 익숙한 생활 사이에서 긴장이나 갈등을 겪게 되고, 이러한 긴장관계를 해소하려는 시도에서 비행적 대체문화가 형성된다.

② 리스트(F. Liszt) - 범죄는 범죄자의 타고난 특성과 범행 당시 그를 둘러싼 사회적 환경의 산물이다.

③ 라까사뉴(A. Lacassagne) - 사회환경은 범죄의 배양기이며, 범죄자는 미생물에 불과하므로 범죄자가 아닌 사회를 벌해야 한다.

④ 뒤르껭(E. Durkheim) - 범죄는 범죄자의 비인간성이나 성격적 불안정성에서 기인한다.

⑤ 탠넨바움(F. Tannenbaum) - 사회에서 범죄자로 규정되는 과정이 일탈강화의 악순환으로 작용하며, 이를 '악의 극화'라고 한다.

정답 및 해설

④ [×] 뒤르껭은 범죄를 일반적 집합의식을 위반한 행위기 아니라, 그 시대 그 사회구성원의 의식 속에 강력하게 새겨져 있고 명백하게 인지된 집합의식을 위반한 행위라고 정의하였고, 사회적 통합력의 저하 또는 도덕적 권위의 훼손을 범죄발생의 원인으로 보았다.

정답 ④

12 프랑스 환경학파에 대한 설명으로 옳지 않은 것은?

① 라까사뉴(Lacassagne)는 프랑스 범죄사회학의 주도자로 "사회는 범죄의 배양토이고 범죄자는 미생물에 해당된다. 벌해야 할 것은 사회이지 범죄자가 아니다."라고 주장하였다.

② 라까사뉴는 범죄의 원인으로 경제적 사정을 중시하고 곡물가격과 재산범죄의 관계에 대한 실증적 연구를 시도하였다.

③ 뒤르껭(Durkheim)은 범죄는 사회의 결집력이 약화되는 데 비례하여 증가하고 사회구조적 모순에서 자연적으로 발생하는 정상적이고 불가피한 현상으로 보았다.

④ 뒤르껭은 『자살론』에서 급격한 사회변동으로 인한 기존 규범력의 상실과 혼란에 기인한 자살을 이기주의적 자살이라고 하였다.

정답 및 해설

④ [×] 뒤르껭(Durkheim)은 사회통합 및 규제와 관련하여 『자살론』을 전개하였는데, 급격한 정치·경제·기술적 사회변동이 자살의 원인이라고 주장하였고, 자살유형을 아노미적 자살, 이기주의적 자살, 이타주의적 자살, 숙명적 자살로 구분하였다. 급격한 사회변동으로 인한 기존 규범력의 상실과 혼란에 기인한 자살을 아노미적 자살이라 하였고, 이기주의적 자살은 사회통합의 약화로 인해 자신의 욕망에 따라 일어나는 것이라고 주장하였다.

정답 ④

01 리스트(Liszt)의 형사정책이론에 대한 설명으로 옳은 것은?

2015. 사시

① 형벌의 목적으로 특별예방사상을 처음으로 주장함으로써 형벌 예고를 통해 일반인의 범죄충동을 억제하는 것이 형벌의 가장 중요한 기능이라고 보았다.
② '처벌되어야 할 것은 행위자가 아니고 행위'라는 명제를 제시하였다.
③ 개선이 불가능한 범죄자를 사회로부터 격리수용하는 무해화 조치도 필요하다고 주장하였다.
④ 부정기형의 폐지, 단기자유형의 활용, 강제노역의 폐지 등을 주장하였다.
⑤ 형벌의 주된 목적을 응보로 이해하였다.

정답 및 해설

① [×] 형벌의 목적은 범죄인을 개선·교육하여 그 범죄인이 장차 범죄를 저지르지 않도록 예방하는 데에 있다(특별예방주의).
② [×] '처벌되어야 할 것은 행위가 아니고 행위자'라는 명제를 제시하였다.
③ [○] 형벌의 개별화(형벌을 범죄인에 따라 부과)를 주장하고, 범죄인에 따라 개선, 위하, 무해화(사형)를 인정하였다.
④ [×] 부정기형의 채택, 단기자유형의 폐지, 집행유예, 벌금형, 누진제의 합리화, 강제노역의 인정, 소년범에 대한 특별처우를 주장하였다.
⑤ [×] 형벌의 본질은 응보가 아니라 응보 이외의 이성적 목적을 달성, 즉 사회를 방위하기 위하여 장래의 범죄를 예방하려는 목적을 가졌기 때문에 형벌 그 자체와 목적을 상대적으로 이해하였다.

정답 ③

02 리스트(Liszt)의 주장내용으로 옳지 않은 것을 모두 고른 것은?

㉠ 개인의 인권보장을 강조한 반면 사회방위는 경시
㉡ 마부르크(Marburg) 강령(Programm)을 통하여 목적형사상을 주창
㉢ 부정기형의 채택
㉣ 누진제도의 합리화
㉤ 최초로 단기자유형 폐지
㉥ 형벌과 보안처분의 분리

① ㉠, ㉥   ② ㉡, ㉢   ③ ㉣, ㉤   ④ ㉠, ㉤

정답 및 해설

옳지 않은 것은 ㉠, ㉥이다.
㉠ [×] 형벌의 개별화를 주장하고 범죄인에 따라 개선·위하·무해화 등 사회방위를 위한 정책을 제시하였다.
㉥ [×] 형벌과 보안처분의 엄격한 분리보다는 형법학을 총괄하는 전(全)형법학 사상을 주장하여 범죄문제에 대한 다원적인 접근을 시도하였다.

> 💡 **리스트(Liszt)의 범죄방지대책**
> 1. 형벌의 개별화를 주장하고, 범죄인에 따라 개선, 위하, 무해화(사형 인정)를 인정하였다.
> 2. 부정기형의 채택, 단기자유형의 폐지, 집행유예, 벌금형, 누진제의 합리화, 강제노역의 인정, 소년범에 대한 특별처우를 주장하였다.
> 3. 범죄대책적 차원에서 범죄인을 8가지 유형으로 분류하였다. ▶ 후기: 개선 가능자, 개선 불가능자
> 4. 행위형법이 아닌 행위자 중심의 형벌을 주장하였다.

정답 ①

제8장 생물학적 범죄원인론

제1절 | 생물학적 범죄원인과 신체적 특징

01 다음은 범죄원인론에 관한 설명이다. ㉠, ㉡의 학자를 가장 적절하게 연결한 것은? 2023. 경찰2차

> • (㉠)은 범죄자 집단과 비범죄자 집단을 비교·분석한 결과, 범죄의 원인이 신체적 차이에 있는 것이 아니라 유전학적 열등성에 있다고 주장하면서 롬브로조(Lombroso)의 연구를 비판하였다.
> • (㉡)는 도덕적 발달단계를 범죄에 적용하였으며, 도덕적 발달단계를 3가지 수준인 전관습적, 관습적, 후관습적 수준으로 나누고 각 수준마다 2단계씩 총 6단계로 나누었다.

① ㉠ 후튼(Hooton) ㉡ 피아제(Piaget)
② ㉠ 고링(Goring) ㉡ 콜버그(Kohlberg)
③ ㉠ 후튼(Hooton) ㉡ 콜버그(Kohlberg)
④ ㉠ 고링(Goring) ㉡ 피아제(Piaget)

정답 및 해설

② [○] ㉠ 고링, ㉡ 콜버그이다.
㉠ 20C 신체적 특징과 범죄와의 관계를 연구한 대표적인 학자인 고링(Goring)은 1901년부터 8년간에 걸쳐 인간의 신체적 특징과 범죄발생과의 관계를 분석하였다. 영국의 수형자 3,000명과 대학생, 병원환자, 공무원과 군인 등 일반인의 신체적 특징을 상호 비교하는 방법으로 진행되었고, 연구진은 교도관, 교도소 의사, 통계학자 등이 참여했다. 연구결과, 범죄자들은 다른 사람보다 키가 1~2인치 정도 작고, 몸무게도 정상인에 비해 3~7파운드 정도 적은 것으로 나타나 범죄행위란 신체적인 변이형태와 관계된 것이 아니라 이들의 유전학적 열등성에 의한 것이라고 주장하면서, 범죄자는 격세유전에 의해 원시선조의 야만성이 후대에 신체적 특징과 함께 나타난다는 롬브로조(Lombroso)의 주장을 비판하였다.
㉡ 콜버그(Kohlberg)는 도덕발전 단계를 관습 이전 – 관습 – 관습 이후 등 3단계로 나누고, 그에 따라 인간의 추론능력도 발전한다고 하였다. 이후 발전단계를 6단계로 수정하였는데, 대부분의 일반청소년은 3~4단계, 대부분의 비행청소년은 1~2단계에 속한다고 주장하였다.

정답 ②

02 생물학적 범죄원인론에 대한 설명으로 옳지 않은 것은?

① 랑게(Lange)는 일란성 쌍생아들이 이란성 쌍생아들보다 범죄일치율(두 명 모두 범죄를 저지른 비율)이 현저히 높다는 점을 근거로 유전적 소질이 범죄에 영향을 미친다고 주장하였다.
② 제이콥스(Jakobs)는 염색체 구조와 범죄의 관계를 조사하여, 남성성을 나타내는 Y염색체가 일반 남성보다 많은 XYY형 남성은 폭력적이며 강한 범죄성향을 가진다고 주장하였다.
③ 고링(Goring)은 신체적 특징과 범죄의 관계를 분석하여, 범죄자가 일반인과 현저히 구별되는 신체적 특징을 지녔다는 롬브로조(Lombroso)의 주장을 지지하였다.
④ 크레취머(Kretschmer)는 사람의 체형을 세장형, 운동형, 비만형으로 나누고 각 체형과 범죄유형의 상관관계를 연구하였다.
⑤ 글룩(Glueck)부부의 연구에 따르면 범죄를 저지르는 경향이 가장 높은 체형은 중배엽형이다.

③ [×] 롬브로조(Lombroso)는 상습적인 절도나 폭력관계로 인한 중범죄자들은 애초부터 범죄자로 태어났으며, 이들 범죄자들은 범죄의 일생을 걷게 하는 신체적인 문제를 유전받는다는 것을 밝히고, 이들을 격세유전적인 변이의 결과라고 주장하였다. 고링(Goring)은 롬브로조의 방법이 부적절하고 부정확하다고 비판하였으며, 3,000명의 영국 범죄자를 정밀한 통계적 검증을 통해서 연구하였다. 고링은 체중, 청력, 미간, 눈 색깔 등과 같은 특징을 측정함에 있어서 범죄자와 비범죄자 사이에 아무런 차이가 없음을 기초로 롬브로조의 생물학적 결정론을 반대하였다. 그 대신 그는 범죄행위가 '결손적 지능'이라고 하는 조건과 밀접한 관련이 있는 것으로 보고, 결과적으로 범죄행위는 유전되며 따라서 이러한 문제 있는 가족의 재생산을 규제함으로써 범죄를 통제해야 된다고 주장하였다. 후튼(Hooton)은 롬브로조에 대한 고링의 비판에 반기를 들고, 미국에서 재소자와 일반인을 비교한 결과, 범죄자는 생물학적으로 열등하다고 결론을 내리고, 신체적 특징에 따라 범하기 쉬운 범죄유형을 제시하기도 하였다.

정답 ③

03 다음 중 생물학적 범죄원인론에 대한 설명으로 가장 옳지 않은 것은? 2024. 해경 경위

□□□

① 고링(Goring)은 롬브로소(Lombroso)의 생래적 범죄자의 생물학적 열등성에 대한 연구방법에 문제가 있다고 비판하였다.

② 초남성(Supermale)으로 불리는 XYY성염색체를 가진 남성은 보통 남성보다 공격성이 더 강한 것으로 알려져 있다.

③ 크레취머(Kretschmer)는 체형을 비만형, 운동형(투사형), 세장형으로 분류한 후 체형과 범죄성 간의 관계를 설명하였다.

④ 랑게(Lange)는 일란성 쌍둥이가 이란성 쌍둥이보다 범죄를 저지를 가능성이 높다고 하였다.

① [○] 고링은 범죄자 집단과 비범죄자 집단을 비교·분석한 결과, 범죄의 원인이 신체적 차이에 있는 것이 아니라 유전학적 열등성에 있다고 주장하면서, 범죄자는 격세유전에 의해 원시선조의 야만성이 후대에 신체적 특징과 함께 나타난다는 롬브로조의 주장을 비판하였다. 롬브로조의 연구는 비과학적인 것으로, 자신이 막연히 가졌던 생각에 과학이라는 상표를 붙이려는 무의식적 생각에 의한 것이었다고 비판하였으며, 생래적 범죄인은 어떠한 방법을 통해서도 판별해낼 수 없는 비경험적인 개념이라고 지적하였다.

② [×] Y염색체가 남성성징을 결정하기 때문에, 남성성을 나타내는 Y염색체가 일반 남성보다 많은 XYY형 남성은 남성기질을 초과하여 지능이 낮고, 성적인 조숙, 조발성, 뇌파측정에서 간질환자의 뇌파와 유사한 이상파를 보이는 자로 폭력적이고 강한 범죄성향을 가지며 공격성이 강하다고 가정되고 있다. 이상염색체가 발견된 것은 1961년이었지만, 이상염색체와 범인성과의 관계를 처음 연구한 것은 제이콥스(Jacobs)였다. 그는 Y염색체가 남성성징을 결정하기 때문에, Y염색체를 하나 더 가지고 있는 XYY형은 '초남성'이고 보다 공격적이며 범인성의 소지가 많다고 보았다. 그러나 이후의 모든 연구결과가 XYY염색체가 범죄자가 될 확률이 높다는 사실을 입증하지는 못하였다. 제이콥스 등이 발견한 9명의 XYY재소자를 같은 시설에 수용되어 있던 18명의 정상염색체 소유 재소자의 통제집단과 비교한 결과, 정상염색체소유의 통제집단이 이상염색체집단보다 더 폭력적이고 범죄적임을 발견하였다(W. H. Price & P. B. Whatmore). 따라서 XYY남성이 예견할 수 있을 정도로 공격적이지 않으며, 오히려 정도의 차이가 있다면 XY에 비해 덜 공격적이라고 결론짓는 사람도 있다(T. R. Sarbin & J. E. Miller). 위트킨(Witken)은 1944년에서 1947년 사이 덴마크 코펜하겐에서 태어난 XYY형 12명을 대상으로 범죄내역을 조사했지만, 정상적인 XY형에 비해 폭력적인 범죄를 더 많이 저지른다는 증거를 발견하지 못했다.

③ [○] 독일의 정신병리학자 크레취머는 일정한 체격형은 그와 병존하는 성격 또는 기질을 가지고 있고, 그에 상응하는 정신병질 및 정신병이 존재한다고 하여 체형과 범죄와의 관련성을 설명하였으며, ⊙ 근육이 잘 발달된 투사형 또는 운동형, ⓒ 키가 크고 마른 체형의 쇠약형 또는 세장형, ⓒ 키가 작고 뚱뚱한 비만형, ⓔ 발육부전형(혼합형)으로 구분하고 기질을 분열성, 점착성, 회귀성(순환성) 등으로 나누어 체형과 기질과의 관계를 설명하였다.

④ [×] 랑게는 13쌍의 일란성 쌍둥이와 17쌍의 이란성 쌍둥이를 대상으로 연구한 결과, 일란성 쌍둥이에서 쌍둥이 모두가 범죄를 저지른 <u>비율</u>이 이란성 쌍둥이에서 쌍둥이 모두가 범죄를 저지른 <u>비율</u>보다 높다는 것을 확인하였다.

정답 ②, ④

04 범죄와 생물학적 특성 연구에 대한 학자들의 주장으로 옳지 않은 것은?

2021. 교정 9급

① 덕데일(Dugdale)은 범죄는 유전의 결과라는 견해를 밝힌 대표적인 학자이다.
② 랑게(Lange)는 일란성쌍생아가 이란성쌍생아보다 유사한 행동경향을 보인다고 하였다.
③ 달가드(Dalgard)와 크링그렌(Kringlen)은 쌍생아 연구에서 환경적 요인이 고려될 때도 유전적 요인의 중요성은 변함없다고 하였다.
④ 허칭스(Hutchings)와 메드닉(Mednick)은 입양아 연구에서 양부모보다 생부모의 범죄성이 아이의 범죄성에 더 큰 영향을 준다고 하였다.

정답 및 해설

① [○] 뉴욕의 쥬크(Jukes)가(家)에 대한 덕데일(Dugdale)의 연구(1877)에 의하면 Jukes가계에서 수많은 범죄자나 창녀 등이 출현하였으며, 이러한 사실들은 모두 유전과 관련되는 것으로 결론을 내렸다.
② [○] 독일의 생리학자 랑게(Lange)는 일란성 쌍생아에서 쌍생아 모두가 범죄를 저지른 비율이 이란성 쌍생아에서 쌍생아 모두가 범죄를 저지른 비율보다 높다고 하였다.
③ [×] 달가드(Dalgard)와 크링그렌(Kringlen)은 쌍둥이 연구에서 유전적 요인 이외에 환경적 요인(양육 과정의 차이)도 함께 고려하여 연구하였으며, 실제 양육과정별 분석상 일치율 차이가 없어 '범죄발생에 있어 유전적인 요소는 중요하지 않다'고 주장하였다.
④ [○] 허칭스(Hutchings)와 메드닉(Mednick)은 코펜하겐에서의 입양아 연구에서 생부모가 전과자인 경우 입양아가 범죄자가 될 경우가 더 많았으며, 양부모와 생부모의 범죄성 간에는 상호작용효과가 있어 양부모와 생부모가 모두 범죄자인 경우 입양아가 범죄자가 될 확률이 가장 높으나, 생부모의 영향이 양부모의 영향보다는 크다는 결론을 내렸다.

정답 ③

제2절 | 체(격)형과 범죄

01 생물학적 범죄원인론에 대한 설명으로 옳지 않은 것은?

2016. 보호 7급

① 랑게(Lange)는 일란성 쌍둥이가 이란성 쌍둥이에 비해 쌍둥이가 함께 범죄를 저지를 가능성이 높다고 하였다.
② 허칭스(Hutchings)와 메드닉(Mednick)의 연구결과에 의하면 입양아는 생부와 양부 둘 중 한 편만 범죄인인 경우가 생부와 양부 모두가 범죄인인 경우보다 범죄인이 될 가능성이 낮다고 하였다.
③ 크레취머(Kretschmer)는 사람의 체형 중 비만형이 범죄확률이 높은데 특히 절도범이 많다고 하였다.
④ 제이콥스(Jacobs)에 의하면 XYY형의 사람은 남성성을 나타내는 염색체 이상으로 신장이 크고 지능이 낮으며 정상인들에 비하여 수용시설에 구금되는 비율이 높다고 하였다.

③ [×] 크레취머(Kretschmer)는 체형 중 운동형이 범죄확률이 높다고 하였으며, 절도범이나 사기범 중에는 세장형이 많다고 하였다. 독일의 정신병리학자인 크레취머는 『신체구조와 성격』(1921)에서 일정한 체격형은 그와 병존하는 성격 내지 기질을 가지고 있고, 그에 상응하는 정신병질 및 정신병이 존재한다고 하여 체형과 범죄와의 관련성을 설명하였으며, 체형을 운동형, 세장형(쇠약형), 비만형, 발육부전형(혼합형)으로 나누어 각각의 범죄율과 범죄유형을 조사하였다. 이러한 크레취머의 연구는 후에 셸던(Sheldon)의 연구에 영향을 미쳤다.

운동형(투사형)	근육이 잘 발달된 체형으로 둔중하고 무미건조한 성격이라고 한다. 이런 체형을 가진 사람은 폭력적인 성향을 갖는 경우가 많아 범죄할 가능성이 높고 주로 폭력범죄를 저지른다고 한다.
세장형(쇠약형)	키가 크고 마른 체형으로 민감하고 비사교적인 성격을 갖는다고 한다. 이런 사람들 중에는 사기범이나 절도범이 많고 누범률이 높다고 한다.
비만형	키가 작고 뚱뚱한 체형으로 자극에 동요가 많고 정이 많다고 한다. 이러한 사람은 범죄를 저지를 확률이 적은데, 범죄를 한다면 주로 사기범이 많고 폭력범도 종종 있다고 한다.
발육부전형(혼합형)	주로 풍속범이나 질서위반 범죄를 저지르고, 때때로 폭력범죄를 저지른다고 한다.

정답 ③

02 생물학적 범죄이론에 대한 설명으로 옳지 않은 것은?

2023. 보호 7급

□□□

① 입양아 연구는 쌍생아 연구를 보충하여 범죄에 대한 유전의 영향을 조사할 수 있지만, 입양 환경의 유사성을 보장할 수 없기 때문에 연구결과를 일반화하기 어렵다.

② 가계연구는 범죄에 대한 유전과 환경의 영향을 분리할 수 없는 단점을 갖는다.

③ 롬브로조(Lombroso)는 격세유전이라는 생물학적 퇴행성에 근거하여 생래성 범죄인을 설명하였다.

④ 셸던(Sheldon)은 크고 근육질의 체형을 가진 자를 외배엽형(Eectomorph)으로 분류하고 비행행위에 더 많이 관여하는 경향이 있다고 주장하였다.

① [○] 입양아 연구는 쌍생아 연구를 보충하여 범죄에 대한 유전의 영향을 조사할 수 있는 유용한 방법이지만, 입양부모가 최소 중산층 이상이 되어야 입양심사를 통과하기 때문에 입양부모들이 제공하는 환경이 전체 모집단의 환경을 대표한다고 볼 수 없기 때문에 그 연구결과를 모집단에 일반화하기 어려운 단점이 있다.

② [○] 연구결과만으로는 자식이 부모의 범죄성향을 닮은 이유가 순전히 유전에 의한 것인지, 아니면 부모가 자식에게 제공한 환경의 영향 때문인지에 대해 명확한 해답을 제시할 수 없다는 비판을 받는다.

③ [○] 롬브로조는 『범죄인론』(1876)에서 범죄자에게는 일정한 신체적 특징이 있고, 이러한 신체적 특징은 원시인에게 있었던 것이 격세유전에 의하여 나타난 것이라고 하며, 생래적 범죄성과 신체적 특징과의 관계에 주목하였다.

④ [×] 셸던(Sheldon)은 크고 근육질의 체형을 가진 자를 중배엽(Mesomorph)으로 분류하고 비행행위에 더 많이 관여하는 경향이 있다고 주장하였다. 그는 사람의 신체유형은 태아가 형성될 때에 기본적인 3개의 세포막, 즉 내배엽, 중배엽, 외배엽이 어떻게 구성되는가에 의해 구별할 수 있다고 보고, 이를 토대로 체형과 비행사이의 관계를 고찰하였다. 그에 따르면 내배엽형 인간은 배가 나오고 둥그스름한 체형에 살이 찌기 쉬운 체질이고 성격적으로는 느긋하며 외향적이고, 중배엽형은 가슴과 어깨근육이 발달한 근육형 인간으로 활동적이고 공격적인 성향을 띠며, 외배엽형은 길고 연약한 체형에 예민하고 알레르기나 피부 트러블이 많은 사람들이라고 하였다. 비행소년집단은 중배엽형, 즉 근육이나 골격의 발달이 높았고 외배엽형, 즉 신경계는 낮았으며 내배엽형, 즉 소화기 등의 발달 상태는 보통이었다.

정답 ④

03 셀던(Sheldon)이 분류한 신체유형 및 기질유형에 대한 설명으로 옳지 않은 것은?

□□□
① 기질유형 중 내장긴장형은 몸가짐이 대체로 이완되어있고 편안한 성격이며, 온순하지만 본질적으로 외향적 성격이다.
② 신체유형 중 내배엽 우월형은 상대적으로 소화기관이 크게 발달하였고 살이 찐 편이며, 골격이 작고 피부가 부드럽다.
③ 비행소년의 평균체형은 내배엽형의 발달수치가 높았다.
④ 비행과 거리가 먼 일반적인 사람의 경우 외배엽형의 발달수치가 높았다.

정답 및 해설

③ [×] 셀던은 신체유형을 내배엽형, 중배엽형, 외배엽형으로 분류하고, 이에 대응하는 기질유형으로 내장긴장형, 신체긴장형, 두뇌긴장형으로 나누었다. 1939년부터 1949년까지 메사추세츠주에 있는 소년교정원에 수용된 소년을 대상으로 조사한 바, 비행소년들의 신체유형은 근육이나 골격이 발달한 중배엽형의 수치가 높았고 외배엽, 즉 신경계 등의 발달상태의 수치가 낮으며 내배엽은 보통으로 나타났다.

 체형과 비행연구

㉠ 셀던(Sheldon)은 신체유형과 기질유형은 매우 밀접한 연관이 있다고 보고, ⓐ 잘 발달된 근육과 운동선수적인 외모, 활동적이고 공격적이며 가끔은 폭력적인 성격의 소유자들은 범죄자가 될 확률이 가장 높다고 하였으며, 이를 신체긴장형이라고 하였다. ⓑ 뚱뚱하고 움직임이 느려서 무기력한 행동을 하는 내장긴장형, ⓒ 키가 크고 몸이 야위고 비사회적이며 다른 유형보다 지능적인 두뇌긴장형의 세 가지 유형으로 구분하였다.
㉡ 그는 체형은 타고나는 것이며, 체형이 그 사람의 기질 또는 인성과 밀접한 연관이 있기 때문에 체형이 행위의 설명에 있어 중요한 이유가 된다고 주장하였다.
㉢ 이를 검증하기 위해서 200명의 비행소년과 200명의 일반 대학생을 비교한 결과 비행소년의 상당수가 신체긴장이 높은 반면 두뇌긴장은 낮았으나, 일반 대학생은 반대로 두뇌긴장은 높았으나 신체긴장은 낮은 것을 발견하였다.

정답 ③

제3절 | 유전과 범죄

01 범죄인의 가계연구 중 범죄성향과 유전의 관계를 부정한 연구는?

2024. 경찰2차

□□□
① 덕데일(Dugdale)의 쥬크가(Juke 家) 연구
② 고다드(Goddard)의 칼리카크가(Kallikak 家) 연구
③ 서덜랜드(Sutherland)의 에드워드가(Edward 家) 연구
④ 고링(Goring)의 통계방법에 의한 연구

① [×] 덕데일은 1700년대 중반에 미국에 살았던 '에이다 쥬크(가명)'라는 여자 범죄자의 후손들을 조사한 결과 상당수가 전과자, 포주, 창녀, 극빈자였다는 사실을 밝혀내어 범죄는 유전과 관계되는 것으로 결론지었다.

② [×] 고다드는 미국 독립전쟁 당시 생존했던 '마틴 칼리카크(가명)'라는 남자와 그의 후손들에 대한 가계를 조사하여 유전과 범죄의 관계를 찾을 수 있었다.

③ [○] 서덜랜드는 조나단 에드워드가(家)의 연구를 통해 선조 중에는 살인범이 있었으나, 후손 중에는 살인범이 전혀 없다는 점을 들어 범죄의 유전성을 부정하였다.

④ [×] 고링은 통계학의 상관계수법으로 범죄성이 유전되는지를 검토하기 위해, 범죄성의 정도를 구금빈도와 구금 기간의 두 가지 측면에서 고찰하고 부모의 범죄성과 자식의 범죄성이 어떻게 관련되었는지를 살펴보았다. 그 결과 범죄성이란 유전에 의해 전수되는 것이며 각자가 처해 있는 사회적 환경이나 자연적 환경의 결과가 아니라고 주장하였다.

정답 ③

02 생물학적 범죄원인론에 대한 설명으로 가장 적절하지 않은 것은?   2024(74). 경위

□□□

① 덕데일(Dugdale)은 쥬크 가(The Jukes) 연구를 통해 범죄의 유전적 요인에 주목하였다.

② 랑게(Lange)는 가계 연구에서 밝히기 어려운 범죄성에 대한 유전과 환경의 관계를 밝히기 위해 쌍생아 연구를 하였다.

③ 허칭스와 매드닉(Hutchings & Madnick)의 연구에 따르면, 친부와 양부 모두 범죄경력이 있는 경우가 한 쪽만 범죄경력이 있는 경우에 비해 입양아의 범죄 가능성에 더 큰 영향력을 미치는 것으로 나타났다.

④ 크리스티안센(Christiansen)은 일란성 쌍생아의 경우 성별을 불문하고 이란성 쌍생아보다 한 쪽이 범죄자인 경우에 다른 쪽도 범죄자인 비율이 높은 것을 확인하였고, 범죄성의 환경적 요인에 따른 영향력은 없다고 하였다.

① [○] 덕데일은 미국의 교도소에 수감 중인 에이다 쥬크(Jukes. 가명)의 가족 6명의 후손 1,000명 이상을 조사하여 범죄성의 유전성을 입증하고자 하였다.

② [○] 가계연구들은 부모의 외모와 성격이 자식에게 유전되는 일반적 현상을 범죄성향으로 확장하여, 부모의 범죄성향 또는 전적으로 유전에 의해 자식에게 대물림된다고 주장하였다. 이런 주장은 자식이 부모의 범죄성향을 닮은 이유가 순전히 유전에 의한 것인지, 아니면 부모가 자식에게 제공한 환경의 영향 때문인지에 대해서는 명확한 해답을 제시할 수 없다. 가계연구만으로는 유전의 영향과 환경의 영향을 분리할 수 없기 때문이다. 이런 단점을 극복하고자, 환경과 유전의 개별적 영향을 적절하게 밝히기 위해서 쌍생아 연구가 시작되었다.

③ [○] 허칭스와 메드닉은 환경적 요인을 통제하지 못한 가계도 연구의 한계를 보완하기 위하여 입양아를 대상으로 범죄와 유전과의 관계를 연구하였다. 이 입양아 연구결과는 생물학적 부모에 의한 유전의 영향(20%)이 입양부모에 의한 환경의 영향(14.7%)보다 더 크다는 사실을 밝혔고 더불어 생물학적 부모와 입양부모가 모두 범죄경력이 있을 때, 즉 유전과 환경의 영향이 중첩될 때 범죄성향이 가장 증가(25%)한다는 사실도 보여 주었다.

④ [×] 크리스티안센은 1881년부터 1910년 사이에 덴마크에서 태어난 모든 쌍생아들의 범죄 일치율을 조사했다. 그 결과 남자 일란성 쌍생아와 이란성 쌍생아의 일치율은 각 35.8%와 12.5%였고, 여자의 경우는 각 21.4%와 4.3%였다. 이 연구에서는 일란성 쌍생아 집단의 일치율이 높았기 때문에 유전이 범죄에 미치는 영향이 존재함을 입증했다. 그러나 만약 범죄발생이 환경과는 무관하게 오로지 유전에 의한 것이라면 일란성 쌍생아의 일치율은 100%에 해당해야 한다. 그러나 남녀집단 공히 일치율이 50%에도 미치지 못한 점을 토대로 판단해보면, 범죄에 미치는 환경의 영향 또한 강하다는 사실을 확인할 수 있다. 즉, 이 연구결과는 일란성 쌍생아가 상대적으로 높은 일치율을 보여 주고 있으나, 환경이 고려될 때는 그 중요성이 약화됨을 알 수 있다. 이러한 견지에서 크리스티안센은 유전적 요인은 중요하지만 사회적 변수에 따라 많은 영향을 받는다고 주장하였다.

정답 ④

03

생물학적 범죄원인론에 대한 설명으로 가장 적절하지 않은 것은?

□□□

2023(73). 경위

① 셀던(Sheldon)은 소년교정시설에 수용된 청소년과 일반 청소년의 신체적 특징을 비교 조사하여 범죄자는 독특한 체형을 지니며, 이러한 체형이 반사회적 행동의 원인이라고 주장하였다.

② 랑게(Lange)는 이란성 쌍생아보다 일란성 쌍생아가 범죄적 일치성이 높아 범죄는 개인의 타고난 유전적 소질에 의한 것이라고 주장하였다.

③ 허칭스와 메드닉(Hutchings & Mednick)은 입양아 연구결과 양아버지의 영향이 생물학적 아버지의 영향보다 크다고 하였다.

④ 글룩(Glueck) 부부는 체형이 행위에 영향을 주어 간접적으로 비행을 유발하는 다양한 요인 중 하나라고 하였다.

정답 및 해설

① [○] 셀던은 1939년부터 10년간 메사추세츠 주 소년원에 수용된 200명의 소년과 범죄경험이 없는 대학생 200명의 신체유형을 측정하여 비교분석하였디. 비행소년집단은 중배엽형, 즉 근육이나 골격의 빌딜이 높았고 외배엽형, 즉 신경계는 낮았으며 내배엽형, 즉 소화기 등의 발달 상태는 보통이었다. 반면 일반 대학생의 경우 중배엽형 수치는 매우 낮고, 반면 외배엽형의 수치는 주목할 정도로 높은 수치였다.

② [○] 랑게는 일란성 13쌍과 이란성 17쌍 모두 30쌍의 쌍생아를 대상으로 연구한 결과, 일란성 쌍생아의 경우 13쌍 중에서 10쌍이, 이란성의 경우 2쌍만이 양쪽 모두 범죄를 저질러, 일란성 쌍생아에서 쌍생아 모두가 범죄를 저지른 비율이 이란성 쌍생아에서 쌍생아 모두가 범죄를 저지른 비율보다 높다는 것을 확인하여, '범죄란 개인이 타고난 유전적 소질에 의해 저질러지는 것'으로 이해하였다.

③ [×] 허칭스와 메드닉은 환경적 요인을 통제하지 못한 가계도 연구의 한계를 보완하기 위하여 입양아를 대상으로 범죄와 유전과의 관계를 연구하였다. 이 입양아 연구결과는 생물학적 부모에 의한 유전의 영향(20%)이 입양부모에 의한 환경의 영향(14.7%)보다 더 크다는 사실을 밝혔고 더불어 생물학적 부모와 입양부모가 모두 범죄경력이 있을 때, 즉 유전과 환경의 영향이 중첩될 때 범죄성향이 가장 증가(25%)한다는 사실도 보여주었다.

④ [○] 글룩 부부는 셀던의 세 가지 체형과 어느 특정한 체형이라고 할 수 없는 유형의 체형을 가미한 네 가지 체형으로서 500명의 비행소년과 이들과 부합되는 일반소년 500명을 비교하여 비행의 관련성을 검증하였다. 그 결과 60.1%의 비행소년이 신체긴장형이었던 반면, 일반소년은 30.7%만이 신체긴장형이라는 사실을 발견하였다. 그러나 이들은 연구결과를 인과적 견지에서 해석하기보다는 체형이 비행을 유발시킬 수 있는 요소로 해석하면서, 범죄유발 환경하에 사는 신체긴장형이 비행의 잠재성이 더욱 크다고 주장하였다. 즉, 체형이 비행의 직접적인 원인이라기보다는 단순히 외형이 그 사람의 행위에 영향을 미치며, 비행을 유발시키는 많은 요인 가운데 체형은 그 중 하나에 불과하다는 것이다.

정답 ③

04

생물학적 범죄원인론에 관한 설명으로 가장 적절하지 않은 것은?

□□□

2023. 경찰1차

① 롬브로소(Lombroso)는 범죄인은 일반인에 비해 얼굴이나 두개골 등 신체 전반에 걸쳐 생물학적 열등성이 존재한다는 생래적 범죄인(born criminals)을 주장하였다.

② 크레취머(Kretschmer)는 인간의 체형을 크게 세장형(asthenic), 근육형(athletic), 비만형(pyknic) 등으로 분류한 후 각각의 신체특징별 성격과 범죄유형을 연구하였다.

③ 덕데일(Dugdale)은 범죄에 대한 유전성을 밝히기 위해 쥬크(Juke) 가문에 대한 가계도 연구를 실시하였다.

④ 허칭스(Hutchings)와 메드닉(Mednick)은 환경적 요인을 통제하지 못한 가계도 연구의 한계를 보완하기 위하여 쌍생아를 대상으로 범죄와 유전과의 관계를 연구하였다.

① [○] 초기 생물학적 범죄학자들은 다윈의 진화론의 영향을 많이 받은 관계로 범죄인은 일반인에 비해 생물학적으로 열등한 존재이기 때문에 범죄를 저지른다고 믿었다. 이탈리아 군대의 외과의사이던 롬브로조(Lombroso)는 당시의 이런 주장을 확장하여 범죄자의 징표는 얼굴이나 두개골 외에도 신체 전반에 걸쳐 나타난다고 주장하였으며, 범죄자들은 마치 다시 원시상태로 되돌아간 것처럼 진화가 덜 된 상태로 태어났기 때문에 범죄를 저지르는 것이라고 추정하였다.

② [○] 독일의 정신병리학자 크레취머(Kretschmer)는 일정한 체격형은 그와 병존하는 성격 또는 기질을 가지고 있고, 그에 상응하는 정신병질 및 정신병이 존재한다고 하여 체형과 범죄와의 관련성을 설명하였으며, ㉠ 근육이 잘 발달된 투사형 또는 운동형, ㉡ 키가 크고 마른 체형의 쇠약형 또는 세장형, ㉢ 키가 작고 뚱뚱한 비만형, ㉣ 발육부전형(혼합형)으로 구분하고 기질을 분열성, 점착성, 회귀성(순환성) 등으로 나누어 체형과 기질과의 관계를 설명하였다.

③ [○] 덕데일(Dugdale)은 미국의 교도소에 수감 중인 에이다 쥬크(Jukes. 가명)의 가족 6명의 후손 1,000명 이상을 조사하여 범죄성의 유전성을 입증하고자 하였으며, 280명의 극빈자, 60명의 절도범, 7명의 살인범, 140명의 범죄자, 40명의 성병 사망자, 50명의 매춘부 및 기타 일탈행위자가 확인되어 범죄성의 유전을 인정하는 조사로 평가되었다.

④ [×] 범죄에 대한 유전의 영향을 확인할 수 있는 방법은 쌍생아 연구 외에도 입양아들의 성장과정을 연구하는 입양아(양자) 연구가 있다. 만약 입양아의 범죄성향이 입양부모보다 생물학적 부모의 범죄성향을 더 닮는다면 범죄에 대한 유전적 영향이 더 강하다고 볼 수 있고, 반대로 입양부모의 범죄성향을 더 닮는다면 환경적 영향이 더 강하다고 볼 수 있다는 이론이다. 허칭스(Hutchings)와 메드닉(Mednick)은 환경적 요인을 통제하지 못한 가계도 연구의 한계를 보완하기 위하여 입양아를 대상으로 범죄와 유전과의 관계를 연구하였다.

정답 ④

05 생물학적 범죄이론에 관한 내용으로 가장 적절한 것은?

2022. 경찰2차

① 셸던(Sheldon)은 인간의 체형을 중배엽형(mesomorph), 내배엽형(endomorph), 외배엽형(ectomorph)으로 구분하고, 이 중 외배엽형은 활동적이고, 공격적이며, 폭력적 면모를 가진다고 주장하였다.

② 고링(Goring)은 수형자와 일반사회인에 대한 비교 연구를 통해 유전보다는 환경의 역할이 결정적이라고 주장하였다.

③ 초남성(supermale)으로 불리는 XXY 성염색체를 가진 남성은 보통 남성보다 공격성이 더 강한 것으로 알려져 있다.

④ 범죄성 유전에 대한 가계도 연구는 쥬크(Juke)가(家)와 칼리카크(Kallikak)가(家)에 대한 연구가 대표적이다.

① [×] 셸던에 따르면 내배엽형 인간은 배가 나오고 둥그스름한 체형에 살이 찌기 쉬운 체질이고 성격적으로는 느긋하며 외향적이고, 중배엽형은 가슴과 어깨근육이 발달한 근육형 인간으로 활동적이고 공격적인 성향을 띠며, 외배엽형은 길고 연약한 체형에 예민하고 알레르기나 피부 트러블이 많은 사람들이라고 하였다.

② [×] 고링은 범죄성이란 유전에 의해 전수되는 것이며 각자가 처해 있는 사회적 환경이나 자연적 환경의 결과가 아니라고 하였다.

③ [×] 제이콥스(Jacobs)는 XYY형은 '초남성'이고 보다 폭력적이며 강한 범죄성향을 가졌다고 보았지만 그 후에 이루어진 성염색체의 범죄원인성과의 상관성 연구결과에 의하면 XYY형이 범죄성과 크게 관련성이 없다는 것이 일반적 견해이다.

④ [○] 범죄성 유전에 대한 가계도 연구는 덕데일의 쥬크(Juke)가(家) 연구와 고다드의 칼리카크(Kallikak)가(家)에 대한 연구가 대표적이다.

정답 ④

06

생물사회학적 범죄연구 사례에 대한 내용이다. 해당되는 연구는 무엇인가?

> 마틴은 기독교 집안에서 자란 청년으로 미국 독립전쟁에 참전 후 귀가하던 도중 하룻밤 묵게 된 여관에서 지적장애를 가진 여성 종업원과 성관계를 맺었다. 그 후 자신의 고향에 돌아와 기독교인 여성과 결혼한 후 건실한 가정을 꾸리고 살았다. 연구자는 이 두 여성으로부터 태어난 마틴의 4대째 후손들까지를 조사하였는데, 이후에 결혼한 여성에게서 태어난 후손들 중에는 법률가, 성직자, 의사 등 사회적으로 성공한 사람들이 많았고 범죄자는 한 명도 없었다. 그에 비해 지적장애를 가진 여성 종업원으로부터 태어난 후손들은 절반 이상이 지적장애인이나 범죄자였다. 연구자는 이러한 연구결과를 토대로 부모의 범죄성향이 전적으로 유전에 의해 자식에게 대물림된다고 주장하였다. 하지만 이러한 연구결과만으로는 자식이 부모의 범죄성향을 닮은 이유가 순전히 유전에 의한 것인지 아니면 부모가 자식에게 제공한 환경의 영향 때문인지에 대해 명확한 해답을 제시할 수 없다는 비판을 받는다.

① 덕데일(Dugdale)의 쥬크(Juke)가문에 관한 연구
② 고다드(Goddard)의 칼리카크(Kallikak)가문에 관한 연구
③ 서덜랜드(Sutherland)의 조나단 에드워드(Jonathan Edward)가문에 관한 연구
④ 제이콥스(Jacobs)와 스트롱(Strong)의 연구

정답 및 해설

① [×] 덕데일(Dugdale)은 1700년대 중반에 미국에 살았던 '에이다 쥬크(가명)'라는 여자 범죄자의 후손들을 조사한 결과 상당수가 전과자, 포주, 창녀, 극빈자였다는 사실을 밝혀내어 범죄는 유전과 관계되는 것으로 결론지었다.
② [○] 다드(Goddard)는 미국 독립전쟁 당시 생존했던 '마틴 칼리카크(가명)'라는 남자와 그의 후손들에 대한 가계를 조사하여 유전과 범죄의 관계를 찾을 수 있었다.
③ [×] 서덜랜드(Sutherland)는 조나단 에드워드(Jonathan Edward)家의 연구를 통해 선조 중에는 살인범이 있었으나 후손 중에는 살인범이 전혀 없다는 점을 들어 범죄의 유전성을 부정하였다.
④ [×] 제이콥스(Jacobs)와 스트롱(Strong)의 연구는 성염색체에 대한 연구로, 인간의 성염색체는 그 형태·구성·개수 등에 있어서 이상이 나타날 수 있고 이로 인하여 성격적 결함을 초래할 수 있으며 이것이 범죄성과 어떠한 상관관계를 갖는가에 대한 연구이다.

정답 ②

07

쌍둥이 연구에 대한 설명으로 옳지 않은 것은?

① 쌍둥이 연구는 일란성 쌍둥이와 이란성 쌍둥이의 범죄일치율을 비교해 봄으로써 유전적 소질이 범죄에 미치는 영향을 알 수 있다는 전제에서 출발하였다.
② 랑게(Lange)는 13쌍의 일란성 쌍둥이와 17쌍의 이란성 쌍둥이를 대상으로 연구한 결과, 일란성 쌍둥이에서 쌍둥이 모두가 범죄를 저지른 비율이 이란성 쌍둥이에서 쌍둥이 모두가 범죄를 저지른 비율보다 높다는 것을 확인하였다.
③ 크리스찬센(Christiansen)은 랑에의 연구가 가진 한계를 극복하기 위해 광범위한 표본을 대상으로 연구하였고, 그 연구결과에 의하면 일란성 쌍둥이 모두가 범죄를 저지른 비율보다 이란성 쌍둥이 모두가 범죄를 저지른 비율이 오히려 높다는 결과를 얻었다.
④ 달가드(Dalgard)와 크링글렌(Kringlen)은 쌍둥이 연구에서 유전적 요인 이외에 양육과정의 차이도 함께 고려하여 연구하였다.
⑤ 쌍둥이 연구는 일란성과 이란성의 분류 방법의 문제, 표본의 대표성, 공식적인 범죄기록에 의한 일치율 조사 등에 문제가 있다는 비판이 있다.

③ [×] 크리스찬센(Christiansen)은 쌍둥이 연구를 사회학적 방법을 통하여 시도하였는데 랑게(Lange)의 연구가 갖는 한계를 극복하기 위해 가장 광범위한 표본을 연구대상으로 연구를 시행하였으며, 연구결과의 정확성을 기하기 위하여 '쌍생아 계수'를 사용하였다. 그의 1974년 연구에 의하면, 일란성 쌍둥이가 상대적으로 높은 일치율을 보여 주고 있으나, 환경의 요인이 고려될 때는 그 중요성이 약화됨을 알 수 있었다. 즉, 유전적 요인은 중요하지만, 사회적 변수에 따라 많은 영향을 받는다고 주장하였다.

정답 ③

08

생물학적 범죄원인론에 대한 설명으로 옳지 않은 것은?

① 랑게(Lange)는 생물학적 부모의 유전적 영향과 입양 부모의 환경적 영향이 상호작용할 때 범죄에 가장 큰 영향을 주는 것을 확인하였다.

② 후튼(Hooton)은 범죄자는 일반인보다 신체적 열등성을 가진다고 주장하였고, 신체적 특징에 따라 범죄유형을 제시하였다.

③ 크레취머(Kretschmer)는 체형과 성격유형, 범죄 잠재성은 높은 상관관계가 있다고 주장하였다.

④ 제이콥스(Jacobs)와 동료들은 수용자 집단의 XYY 염색체 비율이 정상집단의 비율보다 높은 것을 확인하였다.

① [×] 허칭스(Hutchings)와 메드닉(Mednick)의 입양아(양자) 연구에 대한 설명이다. 이 입양아 연구결과는 생물학적 부모에 의한 유전의 영향(20%)이 입양부모에 의한 환경의 영향(14.7%)보다 더 크다는 사실을 밝혔고 더불어 생물학적 부모와 입양부모가 모두 범죄경력이 있을 때, 즉 유전과 환경의 영향이 중첩될 때 범죄성향이 가장 증가(25%)한다는 사실도 보여 주었다. 한편 랑게(Lange)는 가계 연구에서 밝히기 어려운 범죄성에 대한 유전과 환경의 관계를 밝히기 위해 쌍생아 연구를 하였다.

② [○] 후튼은 인류학적(골상학적) 연구를 실시했는데, 연구결과 범죄자는 신체의 많은 부분이 크게 구별되어, 신체적 특징과 범죄는 관계가 없다는 고링(Goring)의 주장을 반박하였다. 구별되는 특징은 신체적 열등성 또는 생물학적 열등성이라고 보고, 이러한 열등성은 현실의 경쟁사회에서 성공적으로 적응하는 데 장애가 되어 범죄자의 길로 전락할 수밖에 없다고 보았으며, 신체적 특징에 따라 범죄유형을 제시하였다.

③ [○] 체형이론은 범죄행위와 신체적 특징 및 그에 따른 기질에 의해 분류하는 것을 의미한다. 크레취머는 일정한 체격형은 그와 병존하는 성격 또는 기질을 가지고 있고, 그에 상응하는 정신병질 및 정신병이 존재한다고 하여 체형과 범죄와의 관련성을 설명하였다.

④ [○] Y염색체가 남성성징을 결정하기 때문에 Y염색체를 하나 더 가지고 있는(XYY) 사람은 '초남성적'이고 보다 공격적이며 범인성의 소지가 많다고 가정된다. 이상염색체가 발견된 것은 1961년이었지만 이상염색체와 범인성과의 관계를 처음 연구한 것은 제이콥스였다. 그는 197명의 재소자를 조사한 결과, 실제로 정상집단의 경우 100명당 1.5명 꼴로 존재하는 XYY이상염색체 분포보다 훨씬 많은 상당수의 재소자가 XYY이상염색체의 소지자라는 것을 발견하였다.

정답 ①

118 해커스공무원 학원·인강 gosi.Hackers.com

01 공격성과 관련된 신경전달물질 중 다음 <보기>의 설명이 지칭하는 것은?　　2023. 해경 경위

┤ 보기 ├

정신치료감호소에 있는 폭력범죄자들의 경우 이것의 수치가 높을수록 과도한 공격성을 보였으나,
반대로 폭력범죄자들에게 낮은 수치가 발견되기도 하였다. 결국 높고 낮은 수치 모두 도구적 공격성
과 관계가 있다.

① 노르에피네프린(Norepinephrine)
② 세로토닌(Serotonin)
③ 도파민(Dopamine)
④ 모노아민(Monoamine)

정답 및 해설

① [○] 노르에피네프린(Norepinephrine)에 대한 설명이다. 중추신경계의 신경전달물질로서, 노르에피네프린은 주
　　의력을 증가시키고 빠른 반응 시간을 보이게 하며, 개인의 기분과 집중력에도 영향을 미치게 된다. 이 호르몬의
　　수치가 낮을 경우 주의력결핍/과잉행동, 우울증과 저혈압의 증상을 보이게 된다.

정답 ①

02 범죄행위에 영향을 미치는 뇌와 신경전달물질에 관한 설명으로 가장 적절하지 않은 것은?　　2022(72). 경위

① 뇌의 변연계에 존재하는 편도체는 공포 및 분노와 관련되어 있다.
② 뇌의 전두엽은 욕구, 충동, 감정 관련 신경정보를 억제하거나 사회적 맥락에 맞게 조절, 제어,
　표출하게 하는 집행기능을 수행한다.
③ 세로토닌 수치가 너무 높을 경우 충동, 욕구, 분노 등이 제대로 통제되지 않을 수 있다.
④ 도파민 시스템은 보상 및 쾌락과 관련되어 있다.

정답 및 해설

① [○] 뇌의 가운데 부분에 위치한 변연계에는 편도체, 시상하부, 해마 등이 존재하며 주로 본능적 욕구, 충동,
　　감정을 담당한다. 그중 편도체는 공포와 분노기능을 담당하기 때문에 범죄와 직접적 관련성이 높다.
② [○] 뇌의 바깥쪽에 위치한 대뇌피질은 기억, 언어, 집중, 의식 등 고차원적 사고 기능을 담당하고 그중 전두엽
　　은 변연계에서 대뇌피질 방향으로 투사된 욕구, 충동, 감정 관련 신경정보를 억제하거나 사회적 맥락에 맞게
　　조절, 제어, 표출하게 하는 집행기능을 수행한다.
③ [×] 세로토닌 시스템은 사람의 충동성이나 욕구를 조절하고 억제하는 역할을 담당한다. 세로토닌이 너무 적은
　　경우 충동성, 욕구, 분노 등이 제대로 통제되지 않아 폭력, 자살, 알코올 중독 등이 유발되기도 한다.
④ [○] 신경전달물질 도파민은 운동능력, 집중력, 문제해결능력을 매개한다. 특히 뇌에 존재하는 도파민 시스템은
　　보상과 쾌락을 담당하는 역할을 한다. 특정 행위나 자극이 도파민을 증가시키는 경우 즉각적인 만족과 쾌락을
　　느끼게 되므로 사람들은 관련 행위나 자극을 지속적으로 추구하게 된다. 비정상적 도파민 신경전달은 충동적
　　행위 및 폭력범죄와 깊은 연관성을 지닌다.

정답 ③

03 범죄생물학에 대한 설명으로 옳지 않은 것은?

2015. 사시

① 제이콥스(Jakobs)는 남성성이 과잉인 XYY형 염색체를 가진 사람들이 폭력적이고 강한 범죄성향을 가진다고 보았다.

② 아이젠크(Eysenck)는 내성적인 사람의 경우 대뇌에 가해지는 자극이 낮기 때문에 충동적, 낙관적, 사교적, 공격적이 된다고 보았다.

③ 달가드(Dalgard)와 크린글렌(Kringlen)은 쌍둥이연구를 통해 범죄 발생에서 유전적 요소는 중요하지 않다고 주장하였다.

④ 꼬르떼(Corts)는 신체적으로 중배엽형의 사람일수록 범죄성향이 높다고 주장하였다.

⑤ 폴링(Pauling)은 영양결핍으로 인한 지각장애와 영양부족·저혈당증에 수반되는 과활동반응에서 범죄원인을 찾았다.

정답 및 해설

① [O] 이상염색체와 범인성과의 관계를 처음 연구한 제이콥스는 Y염색체가 남성성징을 결정하기 때문에, Y염색체를 하나 더 가지고 있는 XYY형은 '초남성'이고 보다 공격적이며 범인성의 소지가 많다고 보았다.

② [×] 아이젠크는 외향적인 사람은 대뇌에 가해지는 자극이 낮기 때문에 항상 자극을 갈망하여 성격 자체도 충동적·낙관적·사교적·공격적이 되고, 반면 내성적인 사람은 대뇌에 가해지는 자극이 강하고 오랫동안 지속되기 때문에 자극을 회피하는 경향이 강하여 성격 자체도 신중하고, 조심스러우며, 비관적이 된다고 하였다.

③ [O] 실제 양육과정별로 분석하였을 경우 일란성 쌍생아의 일치율은 이란성 쌍생아들의 일치율과 큰 차이가 없었음을 확인하고, '범죄발생에 있어 유전적인 요소는 중요하지 않다'고 주장하였다.

④ [O] 신체적으로 중배엽형(신체긴장형)의 사람일수록 활동적이며 공격적인 성향과 상관성이 높다고 주장하였다.

⑤ [O] 폴링은 영양결핍에 따른 범죄원인을 주장하였다.

정답 ②

04 다음 중 생물학적 범죄원인론에 대한 설명으로 가장 옳지 않은 것은?

2022. 해경 경위

① 크레취머(Kretschmer)는 사람의 체형을 세장형, 운동형, 비만형으로 나누고 각 체형과 범죄유형의 상관관계를 연구하였다.

② 제이콥스(Jacobs)에 의하면 XYY형의 사람은 남성성을 나타내는 염색체 이상으로 신장이 크고, 정상인들에 비하여 수용시설에 구금되는 비율이 높다고 하였다.

③ 랑게(Lange)는 이란성 쌍둥이가 일란성 쌍둥이에 비해 쌍둥이가 함께 범죄를 저지를 가능성이 높다고 하였다.

④ 덕데일(Dugdale)은 범죄는 유전의 결과라는 견해를 밝힌 대표적인 학자이다.

정답 및 해설

① [O] 독일의 정신병리학자 크레취머(Kretschmer)는 일정한 체격형은 그와 병존하는 성격 또는 기질을 가지고 있고, 그에 상응하는 정신병질 및 정신병이 존재한다고 하여 체형과 범죄와의 관련성을 설명하였다.

② [O] 제이콥스(Jacobs)는 염색체 구조와 범죄의 관계를 조사하여, 남성성을 나타내는 Y염색체가 일반 남성보다 많은 XYY형 남성은 폭력적이며 강한 범죄성향을 가진다고 주장하였다.

③ [×] 랑게(Lange)는 일란성 쌍둥이가 이란성 쌍둥이에 비해 쌍둥이가 함께 범죄를 저지를 가능성이 높다고 하였다.

④ [O] 뉴욕의 쥬크(Jukes)가(家)에 대한 덕데일(Dugdale)의 연구(1877)에 의하면 Jukes가계에서 수많은 범죄자나 창녀 등이 출현하였으며, 이러한 사실들은 모두 유전과 관련되는 것으로 결론을 내렸다.

정답 ③

05

다음 중 신경생리학적 조건과 범죄에 대한 설명으로 가장 옳지 않은 것은?

① 비정상적인 도파민 수치는 충동적 행위 및 폭력범죄와 관련이 있을 수 있다.
② 노르에피네프린(norepinephrine)은 충동성, 공격성과 관련된 신경전달물질이다.
③ 모노아민 산화효소 A(monoamine oxidase A) 유전자가 과활성화 형태를 가지게 되면 폭력행위를 보일 가능성이 높아지게 된다.
④ 낮은 수준의 세로토닌은 특히 기질, 공격성, 충동 등에 영향을 미친다.

정답 및 해설

① [○] 도파민은 흥분성 신경전달물질이므로, 비정상적 도파민 신경전달은 충동적 행위 및 폭력범죄와 깊은 관련성을 지닌다.
② [○] 중추신경계의 신경전달물질로서, 노르에피네프린은 주의력을 증가시키고 빠른 반응 시간을 보이게 하며, 개인의 기분과 집중력에도 영향을 미치게 된다. 이 호르몬의 수치가 낮을 경우 주의력결핍/과잉행동, 우울증과 저혈압의 증상을 보이게 된다.
③ [×] 모노아민 산화효소 A(MAOA) 유전자가 저활성화 형태를 가지게 되면 폭력행위를 보일 가능성이 높아지게 된다. 모노아민 산화효소는 도파민, 세로토닌, 노르에피네프린의 분해를 담당하는 효소로, 이 효소의 합성과 활동성이 비정상적이라면 시냅스 상의 신경전달물질들이 적절히 제거되지 않기 때문에 다양한 행동 및 정신병리적 증상들이 야기된다. 특히 이 효소가 과활성화되면 신경전달물질의 양이 급격히 감소하게 되고, 저활성화되면 신경전달물질의 양이 급격히 증가하게 된다. 이런 이유로 MAOA 효소의 활동성에 영향을 미치는 MAOA 유전자는 범죄 및 폭력과 깊은 관계가 있다.
④ [○] 세로토닌 시스템은 사람의 충동성이나 욕구를 조절하고 억제하는 역할을 담당한다. 세로토닌이 너무 적은 경우 충동성, 욕구, 분노 등이 제대로 통제되지 않아 폭력, 자살, 알코올 중독 등이 유발되기도 한다.

정답 ③

제9장 심리, 성격적 범죄원인론

제1절 | 개관

01 다음 이론이 설명하는 내용과 가장 관련이 적은 것은?

2010. 교정 7급

> 범죄는 내적 장애의 표출이다. 범죄자에게는 충동성, 공격성, 도덕성 부족, 낮은 자존감 등과 같은 특성을 발견할 수 있다.

① 심리학적 성격이론, 자기통제이론 등이 이에 해당한다.
② 범죄행위에 대한 개인의 자유의지를 부정하는 편이다.
③ 범죄인 교정을 위해 범인성에 대한 치료적 접근이 필요하다.
④ 범죄 원인 규명을 위해 개개인의 특성보다 범죄자가 처한 사회적 상황에 관심을 갖는다.

정답 및 해설

④ [×] 개인적 범죄원인론의 심리·성격적 요인에 대한 설명으로, 프로이드(Freud)의 정신분석과 슈나이더(Schneider)의 정신병질 및 개인적 통제이론이 이에 해당한다. 범죄원인 규명을 위해 개개인의 특성보다 범죄자가 처한 사회적 상황에 관심을 갖는 것은 사회학적 범죄원인론이다.

정답 ④

제2절 | 프로이드의 정신분석학

01 프로이드(Freud)의 정신분석학에 관한 설명으로 가장 적절하지 않은 것은?

2024. 경찰2차

① 이드(id)를 구성하는 핵심요소에는 성(性)적 에너지인 리비도(libido)가 있다.
② 의식의 영역에는 에고(ego)와 이드(id)가 있고, 무의식의 영역에는 슈퍼에고(superego)가 있다.
③ 오이디푸스 콤플렉스는 남자아이가 어머니에게 성(性)적 욕망을 느끼고 아버지에게서는 거세의 공포를 느끼는 것이다.
④ 승화(sublimation)는 에고(ego)의 갈등 해결 유형 중 하나이며 반사회적 충동을 사회가 허용하는 방향으로 나타내는 것이다.

정답 및 해설

① [○] 인간의 욕망 가운데 가장 중요한 것이 성적 욕망, 즉 리비도인데 프로이드는 인간 정신구조의 성장과정을 구순기 ⇨ 항문기 ⇨ 남근음핵기 ⇨ 잠복기 ⇨ 성기기로 나누고, 이러한 단계별 정상적인 진행이 건전한 성인으로의 발전을 좌우한다고 한다.

② [×] 의식은 자아(Ego)로, 무의식은 본능(Id)과 초자아(Superego)로 나누었다. 이드(Id)는 타인의 권리를 배려하지 않는 즉각적인 만족을 요구하는 쾌락의 원칙을 따르고, 에고(Ego)는 사회적 기준에 따라 무엇이 관습적이며 실질적인가를 고려하는 현실원리를 따른다. 슈퍼에고(Superego)는 인성의 도덕적 관점으로서 행위에 대한 판단을 맡는다. 무의식의 이드(원초아)가 의식으로 표출되는 것을 무의식의 슈퍼에고(초자아)가 차단하지 못하면, 즉 무의식의 이드(Id)가 의식으로 표출되면 범죄를 저지른다.

③ [○] 초자아의 발달에 중요한 남근음핵기에 오이디푸스 콤플렉스와 일렉트라 콤플렉스가 형성되고, 이러한 콤플렉스로 인한 죄책감을 에고(자아)가 적절히 조절하지 못하면 이는 각자의 성격에 중요한 영향을 미쳐 향후 행동에 심각한 영향을 미친다고 보았다. 오이디푸스 콤플렉스는 남자아이가 모친에 대한 성적 감정(근친상간의 욕망)과 부친에 대한 적대 감정(살인 욕망)을 가지는 것을 말하고, 남근기에 여자아이는 아버지에게 성적 감정을 가지게 되는데 이를 일렉트라 콤플렉스라고 한다.

④ [○] 이드와 슈퍼에고 간의 충돌과정에서 발생하는 불안이나 죄의식을 에고가 적절히 해결할 수 없을 때, 자아를 보호하기 위한 사고 및 행동수단을 자기방어기제라고 한다. 이에는 승화, 억압, 부인, 투사, 동일시, 퇴행, 합리화, 치환, 반동형성 등이 있다. 이중에서 승화는 이드와 슈퍼에고 간의 충돌을 건전하고 정상적인 방법으로 해결하는 방법인데, 공격적이고 파괴적인 충동을 체육활동, 학습, 전문적 활동에 전념하는 등의 방법으로 승화시키는 것을 말한다.

정답 ②

02 정신분석학적 범죄이론에 대한 설명으로 가장 적절하지 않은 것은? 　　　　　　 2024(74). 경위

① 프로이드(Freud)는 특정한 사람들은 슈퍼에고(Superego)가 과잉발달되어 죄책감과 불안을 느끼게 되어 죄의식 해소와 심리적 균형감을 얻고자 범죄를 저지르게 된다고 하였다.

② 아들러(Adler)는 인간의 무의식에는 열등감 콤플렉스가 내재해 있는데, 일부는 이러한 열등감을 과도하게 보상받기 위해 비행이나 범죄를 저지르게 된다고 하였다.

③ 에릭슨(Erikson)은 모성의 영향을 중시했는데, 어렸을 때 엄마가 없는 경우에는 기초적인 애정관계를 형성하지 못해 불균형적 인성구조를 형성하게 되어 범죄와 같은 반사회적 행동에 빠져든다고 하였다.

④ 레들과 와인맨(Redl & Wineman)은 비행소년들이 적절한 슈퍼에고(Superego)를 형성하지 못하고 에고(Ego) 또한 이드(Id)의 충동을 무조건 수용하는 방향으로 형성되어, 에고(Ego)가 슈퍼에고(Superego)의 억제 없이 이드(Id)의 욕구대로 형성된 경우를 '비행적 자아'라고 지칭하였다.

정답 및 해설

① [○] 프로이드는 범죄자들이 슈퍼에고가 과잉발달되어 죄책감과 불안을 느끼게 되어 죄의식 해소와 심리적 균형감을 얻고자 범죄행동을 수행한다고 하였다. 범죄대책으로 형벌의 위하력에 대하여는 부정하는 관점을 취하면서, 범죄인의 치료법으로 인간의 무의식적인 동기를 의식화시키는 의학적 치료와 사회적 보호처분을 해야 한다고 주장하였다.

② [○] 아들러는 인간의 심층심리에 작용하는 원동력은 프로이드가 말하는 성욕이 아니고 '힘의 의지'라며, 프로이드의 성욕설을 비판하였다. 인간은 힘(권력)에 대한 의지와 자기보존욕구를 가지는데, 이러한 욕구가 충족되지 못할 때 열등감 콤플렉스를 지니게 되고, 이를 지나치게 보상하려는 시도에서 범죄나 비행을 저지르게 된다고 한다.

③ [×] 바울비(Bowlby)는 모성의 영향을 강조하고, 어린 시절 어머니가 없는 경우에는 아이들이 기초적인 애정관계를 형성할 수 없기 때문에 불균형적인 인성구조를 갖게 되고, 이후에 범죄와 같은 반사회적 행위에 빠져든다고 보았다.

④ [○] 레들과 와인맨은 증오심이 강한 소년들의 공통된 특성을 살폈는데, 고립되어 성장한 결과 어른들이 자기를 사랑하고, 원하고, 보호하고, 격려한다는 느낌을 가지지 못한 것으로 나타났다. 비행소년들은 적절한 슈퍼에고를 형성하지 못하고, 에고도 이드의 욕구를 무조건 옹호하는 방향에서 구성되었다고 보고, 에고가 슈퍼에고의 규제 없이 이드의 욕구대로 형성된 경우를 '비행적 자아'라고 지칭하였다. 치료방법으로 어렸을 때에 결핍되었던 어른들과 자기를 연계시킬 수 있는 동일시 감정을 증진시키는 것이 무엇보다 중요하다고 주장하였다.

정답 ③

03 프로이트(Freud)의 정신분석이론에 대한 설명으로 가장 적절한 것은? 2023(73). 경위

□□□ ① 프로이트에 따르면 인성 구조에서 이드(Id)는 쾌락원칙, 에고(Ego)는 도덕원칙을 따른다.

② 슈퍼에고(Superego)는 양심과 이상 같은 긍정적 요소이므로 미발달한 경우는 문제이지만 과다하게 발달하는 경우는 문제가 되지 않는다.

③ 프로이트는 인간 발달의 성 심리적 단계를 구순기(Oral Stage), 항문기(Anal Stage), 남근기(Phallic Stage), 잠복기(Latent Stage), 생식기(Genital Stage) 순으로 제시하였다.

④ 남근기에 여자아이는 아버지에게 성적 감정을 가지게 되는데 이를 오이디푸스 콤플렉스라고 한다.

정답 및 해설

① [×] 이드(Id)는 타인의 권리를 배려하지 않는 즉각적인 만족을 요구하는 쾌락의 원칙을 따르고, 에고(Ego)는 사회적 기준에 따라 무엇이 관습적이며 실질적인가를 고려하는 현실원리를 따른다. 슈퍼에고(Superego)는 인성의 도덕적 관점으로서 행위에 대한 판단을 맡는다.

② [×] 프로이드는 범죄자들이 지속적인 죄책감과 불안감으로 인해 과도하게 발달된 슈퍼에고를 가지고 있기 때문에 범죄행동을 수행한다고 하였다.

③ [○] 인간의 욕망 가운데 가장 중요한 것이 성적 욕망, 즉 리비도인데 프로이드는 인간 정신구조의 성장과정을 구순기 ⇨ 항문기 ⇨ 남근음핵기 ⇨ 잠복기 ⇨ 성기기로 나누고, 이러한 단계별 정상적인 진행이 건전한 성인으로의 발전을 좌우한다고 한다.

④ [×] 일렉트라 콤플렉스에 대한 설명이다. 오이디푸스 콤플렉스는 남자아이가 모친에 대한 성적 감정(근친상간의 욕망)과 부친에 대한 적대 감정(살인 욕망)을 가지는 것을 말한다.

정답 ③

04 프로이드(Freud)의 정신분석학적 범죄이론에 대한 설명으로 옳지 않은 것은? 2024. 보호 9급

□□□ ① 일탈행위의 원인은 유아기의 발달단계와 관련이 있다.

② 인간의 무의식은 에고(Ego)와 슈퍼에고(Superego)로 구분된다.

③ 이드(Id)는 생물학적 충동, 심리적 욕구, 본능적 욕망 등을 요소로 하는 것이다.

④ 슈퍼에고는 도덕적 원칙을 따르고 이드의 충동을 억제한다.

정답 및 해설

① [○] 프로이드는 유아기로부터 성인기로의 사회화과정을 '구순기, 항문기, 남근기, 잠복기, 성기기'라는 성심리적 단계로 설명하면서, 이러한 단계별 발전이 인성형성에 중요한 역할을 한다고 가정한다. 각 단계별로 아동은 그에 맞는 욕구를 해결해야 하는데, 바로 이들 욕구가 긴장을 야기시키며 이러한 긴장이 사회적으로 수용될 수 있는 행위를 통하여 해결되지 않을 때 범죄적 적응이 유발될 수 있다고 한다.

② [×] 프로이드는 의식을 에고(Ego)라고 하고, 무의식을 이드(Id)와 슈퍼에고(Superego)로 나누었다. 무의식인 이드가 의식으로 표출되면 범죄가 발생한다고 본다.

③ [○] 이드는 성이나 음식과 같이 모든 행동의 기초를 이루는 생물학적·심리학적 욕구·충동 자극을 대표하는 것으로서 태어날 때부터 존재하는 무의식적 개념이고, 타인의 권리를 배려하지 않는 즉각적인 만족을 요하는 쾌락만족의 원칙을 따른다.

④ [○] 슈퍼에고는 자기비판과 양심이며, 사회적 경험에서 생성되는 요구를 반영하는 것이다. 이는 인성 내에서 중요한 다른 사람, 지역사회, 부모의 가치와 도덕적 기준을 통합한 결과로 발전되며, 인성의 도덕적 관점으로서 행위에 대한 판단을 맡는다. 즉, 사회적 규범과 제재의 두려움으로부터 도출된 내적 제재인 것이다. 그리고 도덕에 위배되는 이드의 충동을 억제하며, 에고의 현실적 목표를 도덕적이고 이상적인 목표로 유도하려고 한다.

정답 ②

제3절 | 행동주의(학습이론)

01 학습이론과 관련하여 아래의 공란에 들어갈 내용으로 가장 적절한 것은? 2024(74). 경위

☐☐☐

> ( )은/는 인간의 정서반응을 형성하는데 중요한 영향을 미친다. 공포증(phobia)과 관련하여, 객관적으로 위험하지 않은 대상이나 상황에 대해서 강한 공포와 두려움을 느끼는 경우가 있다. 예컨대, 덩치가 크고 사납게 생긴 개를 보고 크게 놀란 경험이 있는 어린아이는 아주 강력하고, 일반화된 '개 공포증'을 학습할 것이며, 이후에는 다른 개에게도 접근하는 것을 두려워하게 될 것이다.

① 고전적 조건화(Classical Conditioning)
② 조작적 조건화(Operant Conditioning)
③ 사회 및 인지학습(Social and Cognitive Learning)
④ 관찰학습(Observational Learning)

정답 및 해설

① [○] 파블로프(Pavolv)는 고전적 조건형성실험을 통해 조건자극(메트로놈 소리)이 무조건 자극(먹이) 없이도 개의 행동반응(침 흘리기)을 유발할 수 있음을 증명함으로써 자극과 반응을 통한 학습의 원리를 처음으로 제시하였다. 이 실험을 통해 우리는 왜 사람들이 특정 상황에서 공포를 느끼고 성적흥분을 느끼며 불쾌해 하는지 등의 다양한 반응의 원인을 설명할 수 있게 되었다.
② [×] 스키너는 정적 또는 부적 강화와 처벌로 행동을 학습한다는 조작적 조건화를 주장했다.
③, ④ [×] 반두라(Albert Bandura)의 사회학습이론(Social Learning Theory) 또는 관찰학습(Observational Learning) 또는 '모델링'(modeling)은 행동주의 심리학과 인지주의 심리학 이론이 반영된것으로, 다른 사람의 행동과 그 결과의 관찰로 학습이 이루어진다고 보는 이론이다. 이 이론은 고전적 조건형성(Classical conditioning)과 조작적 조건화 이론(Operant Conditioning) 및 인지심리학등에 그 기반을 두고 있으며 개체가 개별적으로 어떤 행동을 수정할 수 있다는 면과 함께 다른 개체의 모델행동(modeling)을 통해 보상하는 모방에서 더 많은 유기체가 그런 유의미한 행동을 효과적으로 학습할 수 있다는 심리학 이론이다. 이후 사회학습이론에 환경의 영향을 추가하여 환경과 개인의 특성, 행동 간의 삼원적 관계를 골자로 하는 사회인지이론을 제안하였다. 사회인지이론에서는 동기, 사고, 기대, 신념과 같은 개인적 특성과 행동 양식, 부모나 직장동료, 친구와 같은 타인의 영향, 농촌, 도시, 경제적 지위, 인종적 다양성 등과 같이 개인이 처한 사회적 상황을 포괄하는 환경적 요소가 상호작용하며 양방향적으로 영향을 미친다고 본다.

정답 ①

02 범죄원인에 관한 학자들의 견해로 가장 적절하지 않은 것은? 2023(73). 경위

☐☐☐

① 반두라(Bandura)는 사람들이 폭력행위를 할 수 있는 능력을 가지고 태어나는 것이 아니라, 삶의 경험을 통해서 공격적 행동을 학습하는 것이며, 학습행동이 범죄와 깊은 관련성이 있다고 보았다.
② 아들러(Adler)는 열등감을 갖는 사람들은 열등감을 보상받기 위해 탁월함을 보여주려고 노력한다고 주장하면서 열등 콤플렉스(Inferiority Complex)라는 용어로 설명하였다.
③ 글레이저(Glaser)는 단순히 범죄적 집단이나 가치에 접촉함으로써 범죄를 저지르는 것이 아니라, 그것을 자기와 동일시하는 단계에 이르러야 범죄를 저지른다고 보았다.
④ 보울비(Bowlby)는 아동이 한 행동에 대하여 칭찬이나 보상을 하면 그 행동이 강화되지만 처벌이나 제재를 하면 그러한 행동이 억제된다고 하였다.

① [○] 반두라의 보보인형실험은 폭력과 같은 행동이 관찰자에게 제공되는 어떠한 강화자극이 없더라도 관찰과 모방을 통해 학습될 수 있음을 증명하였다.
② [○] 아들러는 인간의 심층심리에 작용하는 원동력은 프로이드가 말하는 성욕이 아니고 '힘의 의지'라며, 프로이드의 성욕설을 비판하였다. 인간은 힘(권력)에 대한 의지와 자기보존욕구를 가지는데, 이러한 욕구가 충족되지 못할 때 열등감 콤플렉스를 지니게 되고, 이를 지나치게 보상하려는 시도에서 범죄나 비행을 저지르게 된다고 하였다.
③ [○] 글레이저(Glaser)는 차별적 동일시이론에서 범죄는 행위자가 단순히 범죄적 가치와 접촉함으로써 발생하는 것이 아니라, 행위자 스스로 그것을 자기 것으로 동일시하는 단계로까지 나가야 발생한다고 보았다.
④ [×] 행동주의 학습이론(Behavioral Learning Theory)에 대한 설명이다. 바울비(Bowlby)는 모성의 영향을 강조하여, 어린 시절 어머니가 없는 경우에는 아이들이 기초적인 애정관계를 형성할 수 없기 때문에 불균형적인 인성구조를 갖게 되고, 이후에 범죄와 같은 반사회적 행위에 빠져든다고 보았다.

정답 ④

03 심리학적 범죄이론에 관한 평가로 가장 적절하지 않은 것은?

2023. 경찰1차

① 프로이트(Freud)의 정신분석이론은 범죄자의 현재 상황보다 초기 아동기의 경험을 지나치게 강조한다는 비판을 받는다.
② 스키너(Skinner)의 행동이론은 외적 자극의 영향보다는 인지·심리 등 내적 요인을 지나치게 강조하였다는 비판을 받는다.
③ 콜버그(Kohlberg)의 도덕발달이론은 도덕적 판단과 도덕적 행위 간의 불일치가 문제점으로 지적되고 있다.
④ 아이젠크(Eysenck)의 성격이론은 극단적인 범행동기를 파악하는 데 유용하지만, 그렇지 않은 범죄자의 범행원인 파악은 어려운 것으로 평가된다.

① [○] 프로이드(Freud)의 정신분석이론은 주요한 개념을 측정하고 기본 가정이나 가설을 검증하기 어려우며, 범죄자의 현재 상황보다 초기 아동기의 경험과 성적 욕구를 지나치게 강조하고, 문화와 환경적 영향을 무시한다는 비판을 받는다.
② [×] 스키너(Skinner)는 과학적 실험연구를 통하여 인간의 특정 행동이 어떻게 형성되는지 구체적으로 보여줌으로써, 문제행동의 변화를 목표로 하는 행동주의 상담 및 행동치료의 이론적 체계를 구축하는 데 공헌하였고, 사회복지 실천의 초점을 정신 내적 갈등으로부터 외현적 행동으로 이동시켰으며, 인간발달에 있어 환경의 중요성을 인식시켰다. 반면에 인간행동에 대한 환경의 결정력을 지나치게 강조하여 인간의 내적·정신적 영향력을 배제하였고, 인간을 조작이 가능한 대상으로 취급하고 인간의 모든 행동이 조작화를 통해 수정 가능하다고 보는 시각 때문에 인간의 자유의지와 존엄성을 무시하고 인간을 지나치게 단순화, 객관화하는 것이라는 비판을 받고 있다.
③ [○] 콜버그(Kohlberg)의 도덕발달이론의 문제점(한계)으로는 ㉠ 인습 이후 도덕성의 부적합성: 5·6단계에 도달한 사람들은 드물며, 실제 도덕 발달 양상을 진단해 줄 수 있는 이론적 틀로서는 부적합하다. ㉡ 도덕적 퇴행은 없다고 보는 입장은 사실적이지 않다는 비판: 고등학교 시기에서 대학생 시기 사이에 4단계에서 5단계로 진전하는 대신에 2단계의 전 인습적 수준으로 퇴행하는 것이 실제 연구에서 발견되었다. ㉢ 도덕적 사고와 도덕적 행위 간의 불일치에 대한 비판: 일상경험에 비춰보면, 갈등 상황에서 올바른 판단을 했다고 반드시 올바른 도덕적 행동으로 실현되는 것은 아닌데도, 콜버그는 도덕적 추론 능력만 중시하여 도덕적 판단과 도덕적 행위 간의 불일치에 대해 적절한 설명을 제시하지 못하였다. ㉣ 남성 중심적인 남성편향이론으로 도덕성에 관한 여성의 목소리를 간과하고 왜곡하였다. 그 결과로 여성 추론 능력을 낮은 단계로 격하시키고, 여성은 도덕적으로 결함이 있다는 잘못된 입장을 취하였다.
④ [○] 아이센크(Eysenck)의 성격이론은 극단적인 범행동기를 파악하는 데 유용하지만, 그렇지 않은 범죄자의 범행원인 파악은 어려운 것으로 평가된다.

정답 ②

04 사회학습이론 및 행동주의이론을 바탕으로 하여 이루어진 실제 실험에 대한 설명으로 가장 거리가 먼 것은?

2023(73). 경위

① 조건 자극(종소리)이 무조건 자극(먹이) 없이도 개의 행동반응(침 흘림)을 유발할 수 있음을 증명하여 자극과 반응을 통한 학습의 원리를 처음으로 제시하였다.

② 피실험체(생쥐)가 우연한 기회(지렛대 누르기)에 긍정적인 보상(먹이)이 주어지는 것을 경험하고 지렛대 누르기를 반복하게 되는 것을 통해 행동의 강화를 증명하였다.

③ 성인 모델이 인형을 대상으로 하는 폭력적·비폭력적 행동을 아동이 화면으로 시청한 후에 성인 모델의 행동방식을 그대로 모방하는 경향을 관찰하였다.

④ 가상의 교도소에 교도관과 수용자 역할을 할 지원자를 모집하여 각자의 행동 변화를 관찰하였다.

정답 및 해설

① [○] 파블로프(Pavolv)는 고전적 조건형성실험을 통해 조건 자극(메트로놈 소리)이 무조건 자극(먹이) 없이도 개의 행동반응(침 흘리기)을 유발할 수 있음을 증명함으로써 자극과 반응을 통한 학습의 원리를 처음으로 제시하였다.

② [○] 스키너(Skinner)는 조작적 조건형성 실험을 통해 피실험체(생쥐)가 우연한 기회(지렛대 누르기)에 긍정적인 보상(먹이)이 주어지는 것을 경험하고 지렛대 누르기를 반복하게 되는 행동의 강화가 일어남을 증명하였다.

③ [○] 반두라(Bandura)의 보보인형실험에 대한 설명이다. 그는 이 실험을 통해 아동의 공격적인 행동이 모방학습을 통해 이루어질 수 있다는 증거를 보여줌으로써 단순히 보상과 처벌에 의해 행동이 학습된다는 기존 자극-행동주의 학습이론을 비판하였다.

④ [×] 스탠퍼드 감옥 실험(SPE. 루시퍼 이펙트. 루치펠 효과)에 대한 설명으로, 이는 스탠퍼드 대학교의 필립 짐바르도(Philip Zimbardo) 심리학 교수가 1971년에 한 심리학 실험이다. 감옥이라는 환경(상황)이 인간의 반응과 행동에 어떤 영향을 미치는지 관찰하기 위하여 진행되었다. 참고로, 실험심리학은 실험적 방법을 사용하여 인간의 행동과 행동 과정에 기반한 심리학적 특성에 대해 연구하는 학문을 말한다.

정답 ④

05 행태이론(Behavior Theory)에 대한 설명으로 옳지 않은 것은?

2023. 보호 7급

① 버제스(Burgess)와 에이커스(Akers)의 차별적 강화이론에 의하면, 범죄행동은 고전적 조건형성의 원리에 따라 학습된다.

② 범죄행위는 어떤 행위에 대한 보상 혹은 처벌의 경험에 따라 학습된 것이다.

③ 행태이론은 범죄의 원인을 설명하면서 개인의 인지능력을 과소평가한다.

④ 반두라(Bandura)는 직접적인 자극이나 상호작용이 없어도 미디어 등을 통해 간접적으로 범죄학습이 이루어질 수 있다는 이론적 근거를 제시하였다.

정답 및 해설

① [×] 차별적 강화이론에 의하면, 범죄행동은 조작적 조건형성의 원리에 따라 학습된다. 1966년 버제스와 에이커스는 차별적 접촉이론의 한계를 지적하며 조건형성의 학습 원리를 강조하는 차별적 접촉강화이론을 제시하였다. 심리학의 행동주의 학습이론을 사회학에 적용하여, 서덜랜드의 상징적 상호작용론에 기초한 차별접촉의 원리를 스키너(Skinner)의 조작적 조건화로 재구성한 것이 차별적 접촉강화이론이다. 서덜랜드의 9가지 차별접촉의 원리를 7가지 조작적 조건화의 원리로 변경하였다. 차별접촉의 원리 제1명제와 제8명제를 하나로 묶어 '조작적 조건의 원리에 따른 학습'으로 변경하고, 제2명제부터 제7명제까지의 문구에서 차별접촉을 '강화'라는 용어로 변경하였으며, 제9명제를 삭제하였다.

② [○] 행동주의 학습이론가들은 범죄행위는 어떤 행위에 대한 보상 또는 처벌의 경험에 따라서 범죄가 학습되는 것이지, 비정상적이거나 도덕적으로 미성숙한 심리상태로 인해 범죄행위에 가담하는 것이 아니라고 주장한다.

③ [○] 인간의 행동이 무의식의 반응이라는 정신분석학의 주장을 거부하고, 행동은 자극에 대한 반응이라고 주장한다. 특히 다른 심리학적 범죄학 이론가들이 범죄자의 정신적, 인지적, 성격적 문제가 범죄행위를 유발한다는 결정론에 기초하는 것과 달리 행동주의 학습이론가들은 범죄자의 행위는 다른 사람들의 반응 또는 자극에 의해 변화(학습)한다고 주장한다.

④ [○] 반두라는 보보인형실험을 통해 TV 등 미디어를 통한 공격성 학습원리를 증명하였다. 이 실험은 폭력과 같은 행동이 관찰자에게 제공되는 어떠한 강화자극이 없더라도 관찰과 모방을 통해 학습될 수 있음을 증명하였다는 의의를 가진다. 특히 이 실험의 결과로 미디어와 범죄의 관계에 대한 역사적 논쟁이 시작되었다.

정답 ①

06 □□□ 다음 〈보기〉의 행동주의 학습이론(Behavioral Learning Theory)에 관한 내용 중 옳고 그름의 표시(○, ×)가 모두 바르게 된 것은?

2024. 해경 경위

┤ 보기 ├

㉠ 스키너(Skinner)는 조작적 조건화 실험을 통하여 인간의 행동은 조절할 수 있다고 주장하였다.

㉡ 반두라(Bandura)는 보보인형(Bobo Doll) 실험을 통해 강화 자극이 없더라도 관찰과 모방을 통해 학습될 수 있다고 보았다.

㉢ 반두라(Bandura)는 동기화를 세 가지 측면으로 구분하였는데, 타인의 행위가 강화되거나 처벌받는 것을 관찰함으로써 이루어지는 것을 외부강화라고 명명하였다.

㉣ 범죄행위는 비정상적 성격이나 도덕적 미성숙의 표현에서 시작되므로 무의식적인 성격이나 인지발달의 정도를 중시한다.

	㉠	㉡	㉢	㉣
①	○	○	×	×
②	○	○	○	○
③	○	×	○	×
④	×	×	×	×

정답 및 해설

㉠ [○] 스키너는 실험상자 지렛대 실험(조작적 조건형성 실험)에서 쥐의 행동이 보상과 처벌에 따라 변화하는 것을 확인하였고, 이를 통해 인간의 행위 역시 조절할 수 있다고 보았다.

㉡ [○] 반두라는 보보인형실험을 통해 폭력과 같은 행동이 관찰자에게 제공되는 어떠한 강화자극이 없더라도 관찰과 모방을 통해 학습될 수 될 수 있다고 보았다.

㉢ [×] 동기화(motivation)는 학습한 내용대로 행동에 옮기기 전에 기대감을 갖게 만드는 과정이다. 반두라는 동기화를 촉진하는 요인으로 외적강화, 대리강화, 자기강화 세 가지 측면으로 구분하였는데, 타인의 행위가 강화되거나 처벌받는 것을 관찰함으로써 이루어지는 것을 대리강화라고 하였다.

㉣ [×] 행동주의 학습이론가들은 범죄자의 행위는 다른 사람들의 반응 또는 자극에 의해 변화(학습)한다고 주장한다. 즉, 범죄행위는 어떤 행위에 대한 보상 또는 처벌의 경험에 따라서 범죄가 학습되는 것이지, 비정상적이거나 도덕적으로 미성숙한 심리상태로 인해 범죄행위에 가담하는 것이 아니라고 주장한다.

정답 ①

01 심리학적 특성이론 중 인지이론에 대한 설명으로 가장 적절한 것은? 2023(73). 경위

□□□ ① 연령에 따른 지적 능력 발달과 범죄 중단 과정의 관련성을 설명한다.
② 범죄행동은 보상에 의해 강화되고 처벌에 의해 소멸된다고 본다.
③ 미디어가 어떻게 범죄와 폭력에 영향을 미치는지 보여준다.
④ 초기 아동기의 무의식적 성격 발달이 일생 동안의 행동에 영향을 미친다고 본다.

정답 및 해설

① [○] 인지이론(cognitive theory)은 도덕적 판단력이 인간의 인지발달에 따라 '내재화'하는 과정을 상정하여 범죄원인을 탐구하며, 사람이 어떻게 외부 사회세계의 가치와 규범을 획득하여 내재화하는가가 비행행위의 연구에 있어서 중요한 문제가 된다고 본다.
② [×] 사회학습이론에 대한 설명이다.
③ [×] 반두라는 보보인형실험을 통해 TV 등 미디어를 통한 공격성 학습원리를 증명하였다. 이 실험의 결과로 미디어와 범죄의 관계에 대한 역사적 논쟁이 시작되었다.
④ [×] 정신분석이론에 대한 설명이다.

정답 ①

02 심리학적 범죄이론에 관한 내용으로 가장 적절하지 않은 것은? 2022. 경찰2차

□□□ ① 프로이트(Freud)의 인성구조 중 이드(Id)는 모든 행동의 기초를 이루는 생물학적 · 심리학적 욕구와 충동 자극 등을 대표하는 것으로서 즉각적인 만족을 요구하는 쾌락원리(pleasure principle)를 따른다.
② 스키너(Skinner)는 실험상자(Skinner box) 지렛대 실험에서 쥐의 행동이 보상과 처벌에 따라 변화하는 것을 확인하였고, 이를 통해 인간의 행위 역시 조절할 수 있다고 보았다.
③ 슈나이더(Schneider)의 정신병질에 대한 10가지 분류 중 무정성 정신병질자는 동정심이나 수치심 등 인간의 고등감정이 결여되었으며, 토막살인범이나 범죄단체조직원 등에서 많이 나타나는 유형이다.
④ 콜버그(Kohlberg)의 도덕발달이론에 관한 경험적 연구결과에 따르면 대부분의 범죄자는 도덕발달 6단계 중 중간 단계인 3~4단계에 속하는 것으로 보았다.

정답 및 해설

① [○] 프로이트의 인성구조 중 이드(Id)는 생물학적 · 심리학적 충동의 커다란 축적체를 가리키는 것으로서 모든 행동의 밑바탕에 놓여 있는 동기들을 의미하며, 모든 행동의 기초를 이루는 생물학적 · 심리학적 욕구와 충동 자극 등을 대표하는 것으로서 태어날 때부터 존재하는 무의식적 개념이고, 타인의 권리를 배려치 않는 즉각적인 만족을 요구하는 쾌락의 원칙을 따른다.
② [○] 스키너는 어떤 특정 상황에서 행동을 취하게 되면 그것에 따른 결과물이 제공되며 이 결과가 보상으로 인식될 때 강화가 이루어지고 행동을 반복하게 되는 강화학습이 이루어진다고 하였다.
③ [○] 무정성 정신병질자는 동정심 · 수치심 · 회오 등 인간의 고등감정이 결여되어 냉혹 · 잔인하고, 복수심이 강하고 완고하며 교활하다. 범죄학상 가장 문제시 되며, 목적달성을 위한 흉악범(살인, 강도, 강간 등), 범죄단체조직원, 누범 등에 많이 나타나는 유형이다.
④ [×] 콜버그는 도덕발전 단계를 관습 이전 – 관습 – 관습 이후 등 3단계로 나누고, 그에 따라 인간의 추론능력도 발전한다고 하였다. 이후 발전단계를 6단계로 수정하였는데, 대부분의 일반청소년은 3~4단계, 대부분의 비행청소년은 1~2단계에 속한다고 주장하였다.

정답 ④

03 심리학적 범죄이론에 대한 설명으로 옳지 않은 것은?

2023. 보호 7급

① 프로이트(Freud) 이론에 의하면, 성 심리의 단계적 발전 중에 필요한 욕구가 충족되지 못함으로써 야기된 긴장이 사회적으로 수용되지 못할 때 범죄행위를 유발하는 것으로 설명할 수 있다.
② 아이젠크(Eysenck)는 저지능이 저조한 학업성취를 가져오고, 학업에서의 실패와 무능은 비행 및 범죄와 높은 관련성을 갖는다고 하였다.
③ 고다드(Goddard)는 적어도 비행청소년의 50%가 정신적 결함을 갖고 있다고 하였다.
④ 콜버그(Kohlberg)의 도덕발달이론에 의하면, 인간의 도덕발달과정은 전관습적(Pre-Conventional), 관습적(Conventional), 후관습적(Post-Conventional)이라는 3개의 수준으로 구분되고, 각 수준은 2개의 단계로 나뉜다.

정답 및 해설

① [○] 성 심리의 단계적 발전 중에 각 단계별로 아동은 그에 맞는 욕구를 해결해야 되는데, 바로 이들 욕구가 긴장을 야기시키며 이러한 긴장이 사회적으로 수용될 수 있는 행위를 통하여 해결되지 않을 때 범죄적 적응이 유발될 수 있다고 한다.
② [×] 아이센크(Eyesenck)는 『성격이론』에서 자율신경계의 특징에 따라 사람들의 성격을 내성적인 사람과 외향적인 사람의 두 부류로 분류하였다. 내성적인 사람은 처벌에 대한 불안감을 크게 느끼고 이를 회피하는 성향이 강하기 때문에 규범에 어긋난 행동을 하는 정도가 약하고, 반면에 외향적인 사람은 처벌에 대한 불안감을 대체로 덜 느끼고 기본적으로 새로운 자극을 항상 추구하기 때문에 그만큼 반사회적 행위를 저지를 가능성이 크다고 보았다.
③ [○] 미국의 심리학자 고다드(Goddard)는 1920년에 실시한 한 연구를 통해, 상당한 수의 수감생활을 하는 청소년들이 정신박약상태라고 주장하며, 지능적 결함이 청소년비행의 주요원인이라고 강조하였다.
④ [○] 콜버그(Kohlberg)는 도덕적 발달단계를 범죄에 적용하였으며, 도덕적 발달단계를 3가지 수준인 전관습적, 관습적, 후관습적 수준으로 나누고 각 수준마다 2단계씩 총 6단계로 나누었다.

정답 ②

04 고다드(H. Goddard)의 범죄 연구에 대한 설명으로 옳은 것은?

① 매스컴과 범죄의 무관성을 주장하였다.
② 인신범죄는 따뜻한 지방에서, 재산범죄는 추운지방에서 상대적으로 많이 발생한다고 하였다.
③ 범죄자의 정신박약이나 지능과의 관계에 대하여 연구하였다.
④ 상습범죄자에 대한 조사에서 비행소년의 학업 태만 등은 '범죄의 유치원'이라고 하였다.

정답 및 해설

① [×] 고다드(Goddard)는 매스컴과 범죄에 대한 연구와는 관련이 없고, 정신박약과 범죄와의 관계를 연구하였다.
② [×] 케틀레(Quetelet)와 게리(Guerrey)에 대한 설명이다.
③ [○] 고다드(Goddard)는 칼리카크家 연구(1912)에서 미국 남북전쟁 당시 민병대원이었던 칼리카크의 자손을 대상으로 범죄성의 유전적 성격을 규명하기 위한 연구를 하였다. 연구에 의하면 칼리카크는 전쟁 중에 정신박약녀와의 사이에 사생아인 아들을 두었는데, 귀향하여 정식결혼을 하고 여러 자녀를 두었다. 그런데 사생아의 자손 488명 중에 정신박약자, 사생아, 알코올 중독자, 간질병자, 포주, 범죄자 등이 나타난 반면, 후자의 자손들 중에 일부를 제외하고는 모두 교육자나 의사, 변호사 등 훌륭한 시민으로 성장했다는 사실을 밝혀내어 유전부인(유전적 결함)의 역할을 중요시하게 되었다.
④ [×] 학업태만과 범죄와의 관계를 연구한 힐리(Healy)와 브론너(Bronner)는 시카고 및 보스턴의 누범소년에 대하여 연구한 결과 그들 가운데 재학 시에 학교를 무단으로 결석하고, 다른 곳에서 소일한 학업태만자가 많음을 발견하고, 학업태만은 "범죄의 유치원"이라고 하였다.

정답 ③

05

지능과 범죄의 관계에 대한 설명으로 옳지 않은 것은?

① 지능이 낮은 사람은 어떤 특정 상황에서 자신의 잘못된 행위의 비도덕성 또는 비윤리성을 느끼고 평가할 수 있는 능력도 낮기 때문에, 낮은 지능과 범죄행위가 직접적으로 관계가 있다는 가정에서 출발했다.

② 고다드(Goddard)는 1920년에 실시한 한 연구를 통해 범죄와 지능과의 상관관계는 크지 않다는 결론을 내렸다.

③ 지능검사 방법에 대해 표본추출이나 측정조건 등 다양한 형태의 문제점이 지적되고 있다.

④ 낮은 지능이 태어날 때부터 결정되고 유전된다고 간주하는 본성이론(Nature Theory)과 지능은 부분적으로 생물학적인 것이지만 주로 사회학적인 것으로 간주하는 양육이론(Nurture Theory)이 있다.

정답 및 해설

① [○] 지능과 범죄를 관련시키는 데는 2가지 가정에 기초하고 있다. 첫째는 지능이 낮은 사람은 어떤 특정 상황에서 행위의 비도덕성 또는 비윤리성을 느끼고 평가할 능력이 낮기 때문에 저지능과 범죄행위가 직접적으로 관계가 있는 것으로 가정하고 있고, 둘째는 사람이 지능이 낮으면 자신의 감정과 욕망을 통제할 수 있는 능력도 낮기 때문에 범죄행위에 가담할 가능성이 높다고 가정하기도 한다. 그러나 일반적인 견해는 지능이 범죄행위보다 직접적인 관련이 있는 다른 요인들에 영향을 미침으로써 간접적으로 범죄행위에 영향을 미치는 것으로 이해되고 있다.

② [×] 미국의 심리학자 고다드(Goddard)는 1920년에 실시한 한 연구를 통해, 상당한 수의 수감생활을 하는 청소년들이 정신박약상태라고 주장하며, 지능적 결함이 청소년비행의 주요원인이라고 강조하였으나, 머치슨(Merchison) 이후 연구결과 정신박약은 범죄와의 상관관계가 그리 크지 않다고 보고 있다.

③ [○] 전통적인 지능검사는 중상류층의 이상과 생각 및 문화를 중심으로 평가하기 때문에 범죄인구가 많은 하류계층의 사람들에게는 상당히 편견적이다. 따라서 하류계층에는 낮은 지능지수가 많을 수밖에 없는 것이다.

④ [○] 범죄와 지능의 관련성은 지능은 유전적인가 아니면 후천적인 것인가에 따라 본성이론과 양육이론이라는 논쟁을 야기시킨다. 초기의 이론과 시설에 수용된 재소자들에 대한 지능검사를 기초로 연구결과는 대체로 지능이 유전되며 지능이 낮은 소년을 잠재적인 비행소년으로 지적하여 저지능과 범인성의 상관관계가 존재하는 것으로 이해하였다. 그러나 양육이론에 따르면 지능이 부분적으로는 생물학적인 것이지만 주로 사회학적인 것으로 간주되고 있다. 따라서 단순히 지능이 낮기 때문이 아니라 부모, 학교, 동료 등 수많은 요인들로부터의 환경적 자극이 그 사람의 지능수준을 만드는 것이다.

정답 ②

01 인간의 본성과 관련한 아래의 연구 및 견해를 제시한 사람은?

2024(74). 경위

> ㉠ 선량한 인간이 어떻게 악인으로 변하게 되는지를 설명하기 위해 루시퍼 효과(Lucifer Effect)라는 용어를 사용하였다.
> ㉡ 모의교도소 실험을 통해 인간의 행위와 본성을 연구하였다.
> ㉢ 인간의 본성은 생물학적 유전 등에 의해 결정되는 것이 아니라, 경험과 실천을 통해서 형성된다.
> ㉣ 인간은 상황에 따라 모두 범죄자가 될 수 있다.

① 밀그램(Milgram)
② 짐바르도(Zimbardo)
③ 험프리스(Humphreys)
④ 손다이크(Thorndike)

정답 및 해설

① [×] 밀그램(Milgram)에 의해 실시된 일명 '복종실험'이 이루어졌다. 인간의 내재된 도덕성에 대한 평가실험으로, 인간이 자신의 평소 도덕적 기준이 누군가의 지시나 명령(강압적이지 않더라도)에 얼마나 쉽게 무너지는지를 확인하는 결과로 나타났다. 이 실험의 기초로 1971년 짐바르도의 모의교도소 실험이 이루어졌다.

② [○] 1971년 짐바르도(Zimbardo), 하니(Haney), 뱅스(Banks) 등이 스탠포드 대학교의 심리학과 건물 지하에 모의교도소를 만들어 놓고 교정시설의 수형환경과 수형자들의 적응심리, 교도관들의 양태에 관하여 연구를 시도하였으나 참가자 모두에게 심각한 심리적 문제가 발생하여 도중에 중단하였다.

③ [×] 험프리스(Humphreys)는 현대 생활심리학자로 가족, 자아(자존감), 육아, 일 등 일상생활의 갈등과 고민의 문제를 심리학의 관점에서 분석하고 그 해결방법을 제시해왔다.

④ [×] 손다이크(Thorndike)는 최초 고양이를 퍼즐상자에 넣고 고양이가 어떻게 그 상자에서 빠져나오는지를 관찰하는 통찰학습을 연구했다. 이 실험은 추후 스키너의 조작적 조건형성을 입증한 흰쥐실험의 모태가 되었다.

정답 ②

02 성격과 범죄 관련성을 검사하는 방법 중 다음 <보기>의 설명이 지칭하는 것은?

2023. 해경 경위

┤ 보기 ├

비행성이 있는 성격과 그렇지 않은 성격을 구분하기 위한 수단으로 개발됐다. 세계적으로 많이 쓰이고 있는 14세 이상 정상인 대상의 성격 측정 지필검사다.

① MBTI검사
② CPI검사
③ 과제통각검사
④ 로르샤흐검사

정답 및 해설

② [○] 고프의 캘리포니아 성격검사(CPI)에 대한 설명이다. 1956년 캘리포니아 버클리대학의 고프(Gough)가 개발한 18개 척도의 성격검사도구로 미네소타 다면적 인성검사(다중 성격검사. MMPI)와 함께 가장 널리 활용되는 성격검사이다. MMPI가 신경증이나 정신병과 같은 정서적 문제를 진단하기 위한 것인데 반해, CPI는 정상적인 사람의 심리적 특성을 이해하기 위한 것이라고 할 수 있다.

정답 ②

심리학적 범죄원인론에 대한 설명으로 옳은 것은?

① 글룩 부부(S. Glueck & E. Glueck)는 비행소년들이 일반소년들보다 도전적이고 반항적이지만 외향적이고 양면가치적인 성격은 갖지 않는다고 주장한다.

② 아이센크(H. Eysenck)는 범죄행동과 성격특성 간의 관련성을 정신병적(정신증적) 경향성 (Psychoticism), 외향성(Extraversion), 신경증(Neuroticism) 등 세 가지 차원에서 설명한다.

③ 프로이드(S. Freud)는 유아기로부터 성인기로의 사회화과정을 구순기(Oral stage), 남근기 (Phallic stage), 항문기(Anal stage), 잠복기(Latency stage), 성기기(Genital stage)라는 성심리 적 단계(Psychosexual stage) 순으로 발전한다고 설명하면서, 이러한 단계별 발전이 건전한 성 인으로의 발전을 좌우한다고 주장한다.

④ 콜버그(L. Kohlberg)는 개인마다 어떤 특정 상황에서 옳다고 판단하는 평가의 기준이 다르고, 이 기준은 도덕발달 단계에 따라 다르다고 주장하며, 도덕발달 단계를 처벌과 복종 단계, 법과 질서유지 단계 그리고 보편적 윤리 단계의 세 단계로 구분한다.

⑤ 질만(D. Zillmann)은 좌절 - 공격이론을 주장하면서, 인간의 공격성은 자연적이고 좌절 상황에 대하여 거의 자동적으로 반응한다고 설명한다.

정답 및 해설

① [×] 글룩(Glueck) 부부는 로르샤하(Rorschach) 검사를 이용하여 비행소년 500명과 일반소년 500명을 대상으로 비교 연구한 결과, 두 집단 간에는 중요한 인격특성의 차이가 있음을 발견하였다. 비행소년들이 외향적이고 충동적이며, 자제력이 약하고 도전적이며 파괴적이었다고 한다. 또한 이들은 다른 사람들의 기대에 관심이 없고, 국가기관의 권위에 대해서도 양면적인 태도를 갖는다고 하였다. 뿐만 아니라 그들은 좌절과 불안을 많이 느끼고 있으며, 후회 · 주저 · 의심 · 방어적인 태도를 많이 보이고 있다고 밝혔다.

② [○] 아이센크(Eysenck)는 범죄행동과 성격특성 간의 관련성을 체계적으로 설명하였다. 범죄행동에 대한 그의 초기 이론(1970)은 외향성과 신경증적 경향성의 2가지 요인의 결합이 환경적 조건과는 독립적으로 범죄행동을 유발시킬 수 있다고 하였다. 이후 정신병적 경향성이라는 개념을 성격이론에 도입해 성격차원을 3가지 요인으로 발전시켰다.

외향성	외향성을 개인의 조건화 능력을 결정짓는 중요한 성격차원으로 간주하고, 대뇌의 피각질성 수준으로 내 · 외향성을 판단하였으며, 외향성은 사회적 · 물리적 환경의 외적인 자극에 관심이 많은 성향을 가지고 있다.
신경증적 경향성	신경증적 경향성은 그 자체의 충동적 속성에 의해 증폭기제로 작용하기 때문에 범죄행동과 관련이 있으며, 정서적으로 불안정한 성향을 가지고 있다.
정신병적 경향성	정신병환자와 정신병질자들의 특징을 잘 나타내 주는 성격특성이며, 정신병적 취약성과 반사회적 성향을 가지고 있고, 공격적이고 자기중심적이며, 차갑고 비정한 성향을 가지고 있다.

③ [×] 프로이드(Freud)는 유아기로부터 성인기로의 사회화과정을 구순기, 항문기, 남근기, 잠복기, 성기기라는 성심리적 단계로 설명하면서, 이러한 단계적 발전이 인성형성에 중요한 역할을 한다고 가정하고, 성심리적 단계를 통한 정상적인 진전이 건전한 성인으로의 발전을 좌우하게 된다고 하였다.

④ [×] 도덕발달 단계를 관습 이전 단계와 관습 단계, 관습 이후 단계의 세 단계로 나누고, 그에 따라 인간의 추론 능력도 발전한다고 하였다. 후에 콜버그(Kohlberg)는 사람들은 도덕적 발달의 여섯 단계들을 거쳐 가게 된다고 내용을 수정하였는데, 범죄자들은 동일한 사회적 배경을 가진 비범죄자들보다 도덕적 판단의 발달이 매우 낮다고 하였으며, 대부분의 비범죄자들은 3~4단계에 속하는 반면, 대부분의 범죄자들은 1~2단계에 속한다고 주장하였다.

⑤ [×] 달라드(Dollard)의 좌절 - 공격이론은 본능이론과는 달리 공격성이 외부조건에 의해 유발된 동기로 생긴다는 이론이다. "공격성은 항상 좌절의 결과이다."라고 주장한 달라드는 인간의 공격성은 자연적이고 좌절 상황에 대하여 거의 자동적으로 반응한다고 설명한다. 즉, 좌절하거나, 방해받고 위협받은 사람은 거의 자동적으로 공격행동을 한다는 것이다. 고조된 각성이론은 좌절 · 공격이론에 대한 절충이론으로, 어떤 상황에서는 원인을 묻지 않고 각성이 고조된 상태에 놓이게 되면 성가심, 좌절, 도발 등에 공격으로 반응하게 된다는 것이다. 질만 (Zillmann)은 정서적 각성이 전이된다고 설명하고 있다.

정답 ②

04 인성이론(Personality Theory)에 대한 설명으로 옳지 않은 것은?

① 인성이론에서 비행이란 인간의 심리적 틀 내에 존재하는 저변의 갈등이 표출된 것이라고 말한다.

② 글룩(Glueck)부부는 비행소년과 일반소년 각각 500명에 대해 로르샤하 테스트(Rorschach test)를 실시한 결과 비행소년은 일반적으로 외향적이며 활발하고, 충동적이며 자제력이 약하고, 적대적이고 화를 잘 내며, 도전적이고 의심이 많고, 파괴적인 것으로 나타났다.

③ 워렌(Warren)의 대인성숙도(I-Level) 검사법에 따르면 비행자는 정상자보다 단계가 높게 나왔으며 특히 5단계부터 7단계까지 비행자가 가장 많이 발견되었다.

④ 왈도(Waldo)와 디니츠(Dinitz)는 MMPI를 이용하여 범죄자의 성격프로그램을 조사하여 범죄자들은 일반인에 비해 정신병리적 일탈경향이 강한 성격이라고 특징지을 수 있다고 보았다.

정답 및 해설

 워렌의 대인성숙도(I-Level)

㉠ 1965년 개발한 인성검사방법으로 사람은 각 단계별로 핵심인성과 관계되는 7가지 점진적인 발전의 단계나 수준의 형태로 사회적 또는 대인적 역량에 있어서 성숙해지는 것으로 가정한다.

㉡ 복잡하고 추상적인 방법으로 대인관계를 보는 능력에 따라 가장 미성숙한 1단계에서부터 가장 성숙한 7단계까지로 나누어지며, 비행자가 비비행자보다 성숙하지 못하나 이들 7가지 단계 중에서 가장 많은 공식적 비행자가 발견되는 단계는 2단계부터 4단계까지라고 한다. 이들 단계의 비행소년은 인성이 미성숙할 뿐만 아니라 공격적이고 수동적이며 신경질적이라고 할 수 있다.

2단계	비사회적 · 공격적 그리고 폭력지향적 성향	반사회적 모사자
3단계	비행집단의 규칙에 동조하는 성향	문화적 동조자
4단계	전형적인 신경과민과 정신이상의 성향	신경증적 행위자

① [○] 인성이론들은 범죄란 인간의 심리적 틀 내에 존재하는 저변의 갈등이 표출된 것이라고 말하고 있다. 또한 인성발전이 현재의 생활경험에도 영향을 받지만 그 발생기원은 아동기에 있으며, 특정한 인성적 특징이 그 사람의 일반적 외형뿐만 아니라 전반적인 행위를 특정지우며, 비행과 같은 부정적 결과는 부정적인 원인에 의해 초래되는, 즉 비정상적 · 인성적 특징이 곧 범죄를 유발시키도록 작용한다고 한다.

② [○] 글룩(Glueck) 부부에 의하면 비행소년들이 보다 도전적이고 반항적이며, 외향적이고 양면가치적인 성격을 가지고 있으며, 좌절과 불안을 많이 느끼고 있고, 후회 · 주저 · 의심 · 방어적인 태도를 많이 보이고 있다고 하였다.

④ [○] 왈도(Waldo)와 디니츠(Dinitz)는 인성검사를 이용한 연구결과에서 비행자와 비비행자가 인격특성상 구별된다고 하였으며, 객관적 검사방법이 주관적 검사방법보다 더 바람직한 검사라고 주장하였다. 이들이 가장 신빙성 있는 객관적 인성검사의 방법으로 제시한 것은 MMPI로서, 정신병적 편향(pd) 하위척도는 상당한 신빙성이 있는 것으로 알려져 있다.

정답 ③

05 성격과 범죄에 대한 설명으로 옳지 않은 것은?

① 아이젠크(Eysenck)는 『범죄와 성격』에서 융(Jung)의 내향성과 외향성의 개념을 파블로프 (Pavlov)의 고전적 조건형성이론을 응용하여 범죄자의 성격특성을 설명하였다.

② 로렌쯔(Lorenz)의 본능이론(Nature theory)은 인간의 공격적 행동특징은 학습이 아니라 본능에 의존한다고 한다.

③ 좌절 – 공격이론(Frustration-Aggression Theory)은 본능이론과는 달리 공격성이 외부조건에 의해 유발된 동기로 생긴다고 본다.

④ 행동이론(Behavioral theory)에서는 현실에 중심을 두면서도 정신분석이론가들에 의해 주장된 측정할 수 없는 무의식적인 현상에 대해 견해를 같이하고 있다.

정답 및 해설

② [○] 본능이론은 인간의 공격성을 설명하기 위한 것으로서, 인간의 공격적 행동특징은 학습이 아니라 본능에 의존한다고 한다. 로렌쯔(Lorenz)는 공격성을 파괴적이고 폭력적으로 본 프로이드와는 달리 종 안에서 나타나는 공격성은 종의 생존을 위해 필수적인 것으로 간주한다.

③ [○] 사람들은 자신의 욕구가 충족되지 않을 때 좌절을 경험하며 이에 대한 반응으로 공격적인 행동을 하게 된다. 달라드(Dollard)는 인간의 공격적인 모든 행동은 좌절에 대한 결과이며, 좌절은 공격성으로 나타난다고 하며 좌절 – 공격이론을 제시하였다. 여기서 좌절이란 기대하는 만족감을 얻는 것을 누군가 방해하는 행위(act)를 말하며, 공격성이란 의도적으로 상대방에게 해를 입히는 행동(Behavior)을 말한다.

④ [×] 행동이론에 의하면 인간행위는 학습경험을 통하여 발전된다. 행동이론에서는 초기 아동기에 형성된 무의식적 인성특징이나 인지발달보다는 사람들의 일상생활 중에 가담하게 되는 실제 행위를 중시한다. 즉, 사람은 다른 사람으로부터의 반응에 따라 자신의 행위를 변용한다는 것이 행동이론의 근간을 이루고 있는 것이다. 결과적으로 사람들의 행위는 인생경험에 의해서 끊임없이 변용되는 것으로서 범죄행위도 생활상황에 대한 학습된 반응이며, 반드시 비정상적이거나 도덕적으로 미성숙한 반응을 나타내는 것은 아니라고 할 수 있다.

정답 ④

06 인지발달이론(Cognitive Development Theory)에 대한 설명으로 옳지 않은 것은?

① 도덕적 판단력이 인간의 인지발달에 따라 내재화하는 과정을 상정하여 범죄원인을 탐구한다.

② '내재화'는 사람이 사건이나 신념을 수용하고 그것을 자신의 사고의 일부로 만든다는 것을 의미한다.

③ 피아제(Piaget)는 사람의 도덕성은 일정한 단계에 따라 발전하며, 각 단계는 사람의 경험, 지적 또는 인지적 장비에 따라 그 전단계에 의존하여 발전한다고 한다.

④ 도덕성과 비행성과의 관계를 직접 검증한 연구가 많다는 장점이 있는 반면, 다양한 비행원인론을 포괄할 수 없다는 단점이 있다.

정답 및 해설

④ [×] 인지발달단계에 따라 도덕적 판단능력에서 차이가 있다는 인지발달이론의 설명은 다양한 비행원인론을 포괄할 수 있다는 장점이 있는 반면, 도덕성과 비행성과의 관계를 직접 검증한 연구가 부족하다는 단점이 있다. 또한 도덕심과 비행의 상관관계는 하나의 상식에 지나지 않는다는·비판도 제기되고 있다. 태도나 기준의 인지적 내재화를 강조하는 인지발달이론에 의하면, 사회적 규칙을 내재화하는 사람은 그 규준(규칙, 규범)을 범할 가능성이 적다고 한다.

정답 ④

01 슈나이더(Schneider)의 정신병질에 대한 10가지 분류에 관해 기술한 것이다. 가장 적절하지 않은 것은?

2022(72). 경위

① 의지박약성 - 모든 환경에 저항을 상실하여 우왕좌왕하고, 지능이 낮은 성격적 특징을 가지고 있으며, 인내심과 저항력이 빈약하다. 상습범, 누범에서 이러한 정신병질이 많이 발견된다.

② 기분이변성 - 기분 동요가 많아서 예측이 곤란하고, 폭발성과 유사하나 정도가 낮은 특징을 가지고 있다. 방화범, 상해범에서 이러한 정신병질이 많이 발견된다.

③ 무력성 - 심신의 부조화 상태를 호소하여 타인의 동정을 바라고 신경질적인 특징을 보이나, 범죄와의 관련성은 적다.

④ 발양성 - 자신의 운명과 능력에 대해 과도하게 비관적이며, 경솔하고 불안정한 특징을 보인다. 현실가능성이 없는 약속을 남발하기도 한다. 상습사기범과 무전취식자 등에서 이러한 정신병질이 많이 발견된다.

정답 및 해설

④ [×] 발양성 정신병질자는 자신의 운명과 능력에 대해 과도하게 낙관적이며, 이로 인해 경솔하고 불안정한 특징을 보인다. 이들은 다혈질적이고 활동적이어서 어디서나 떠들고 실현가능성이 없는 약속을 남발함으로써 상습사기범이 되기 쉽다. 무전취식자로 돌아다니기도 하며 닥치는 대로 훔치기도 한다. 반성을 하지 않으며, 찰나적인 충동에 따라 움직이고, 누구와도 쉽게 흉금을 털어놓고 이야기를 나누다가 범죄의 유혹에 쉽게 빠지기도 한다. 특히 상습누범자 중에 상당수 있는 것으로 본다.

정답 ④

02 심리학적 범죄이론에 대한 내용으로 가장 적절하지 않은 것은?

2022(72). 경위

① 심리학적 범죄이론에는 범죄자의 정신을 중심으로 범죄의 원인을 규명하려는 '정신분석이론', 범죄자의 행위가 과거의 학습 경험을 통해 발달한다고 파악하는 '행동이론', 범죄자의 개인적 추론 과정이 행동에 미치는 영향을 바탕으로 범죄원인을 밝히고자 하는 '인지이론', 각 개인의 성격적 결함에서 비행성을 찾으려는 '인성(성격)이론' 등이 있다.

② 아이젠크(Eysenck)는 신경계적 특징과 범죄행동 및 성격특성 간의 관련성을 정신병적 경향성(Psychoticism), 외향성(Extroversion), 신경증(Neuroticism) 등 성격의 3가지 차원에서 설명하였다.

③ 헤어(Hare)는 사이코패스에 대한 표준화된 진단표(PCL-R)를 개발하였으며, 오늘날 사이코패스 검사 도구로 광범위하게 사용되고 있다.

④ 슈나이더(Schneider)는 대부분의 범죄자가 정신병질자이므로 정신치료에 초점을 맞추어야 한다고 주장하였다.

정답 및 해설

① [○] 심리학적 범죄이론에는 범죄자의 정신을 중심으로 범죄의 원인을 규명하려는 정신의학적 또는 정신분석적 접근, 인간의 인격 특성의 차이에서 범인성을 찾으려는 인성(성격)이론, 범죄자의 인지발달 정도에 따라 범죄자를 밝히고자 하는 인지발달이론, 범죄를 범죄자의 과거학습경험의 자연적인 발전으로 파악하는 학습 및 행동이론, 심리학적 관점뿐만 아니라 생물학적 관점도 동시에 고려하는 심리생물학적 접근 등이 있다.

② [○] 아이센크(Eysenck)는 범죄행동과 성격특성 간의 관련성을 체계적으로 설명하였다. 범죄행동에 대한 그의 초기 이론(1970)은 외향성과 신경증적 경향성의 2가지 요인의 결합이 환경적 조건과는 독립적으로 범죄행동을 유발시킬 수 있다고 하였다. 이후 정신병적 경향성이라는 개념을 성격이론에 도입해 성격차원을 3가지 요인으로 발전시켰다.

외향성	외향성을 개인의 조건화 능력을 결정짓는 중요한 성격차원으로 간주하고, 대뇌의 피각질성 수준으로 내·외향성을 판단하였으며, 외향성은 사회적·물리적 환경의 외적인 자극에 관심이 많은 성향을 가지고 있다.
신경증적 경향성	신경증적 경향성은 그 자체의 충동적 속성에 의해 증폭기제로 작용하기 때문에 범죄행동과 관련이 있으며, 정서적으로 불안정한 성향을 가지고 있다.
정신병적 경향성	정신병환자와 정신병질자들의 특징을 잘 나타내 주는 성격특성이며, 정신병적 취약성과 반사회적 성향을 가지고 있고, 공격적이고 자기중심적이며, 차갑고 비정한 성향을 가지고 있다.

③ [○] 로버트 헤어(R. Hare)는 '우리의 삶을 위협하는 것은 대부분 냉혹한 살인마가 아니라 달변의 사기꾼이다.'라고 사이코패스를 정의했다. 사이코패스는 다른 사람에게 비정상적으로 공격적이거나 심각하게 무책임한 행동을 하는 지속적인 성격장애 또는 정신적인 장애자이지만, 자신의 행동의 원인과 의미를 잘 인식하면서 잔인한 범죄를 통해 다른 사람과 사회를 괴롭히는 정신병질자이다. 헤어가 개발한 사이코패스에 대한 표준화된 진단표(PCL-R)는 PCL의 개정판으로 자기보고, 행동관찰 그리고 부모, 가족, 친구와 같은 2차적인 원천을 포함한 20개의 다양한 측면에서 범죄적 사이코패스의 정서적·대인적·행동적·사회적 일탈 측면을 평가하는 가장 많이 사용하는 사이코패스 측정 도구이다.

④ [×] 슈나이더는 정신병질적 성격유형을 10가지 유형으로 분류하였는데, 이 중 무력성, 자신결핍증, 우울증은 일반적으로 범죄와는 관계가 적다.

정답 ④

03 다음 설명 중 옳지 않은 것은?

2015. 사시

① 프로이드(Freud)는 의식을 에고(Ego)라고 하고, 무의식을 이드(Id)와 슈퍼에고(Superego)로 나누었다.
② 정신분석학은 개인이 콤플렉스에 의한 잠재적인 죄책감과 망상을 극복할 수 없는 경우에 범죄로 나아갈 수 있다고 보았다.
③ 에이크혼(Aichhorn)에 따르면 비행소년은 슈퍼에고(Superego)의 과잉발달로 이드(Id)가 통제되지 않아 양심의 가책 없이 비행을 하게 된다고 보았다.
④ 슈나이더(Schneider)는 정신병질유형 중에서 과장성(자기현시성) 정신병질자는 고등사기범이 되기 쉽다고 보았다.
⑤ 정신분석학은 초기 아동기의 경험과 성적 욕구를 지나치게 강조한다는 비판을 받는다.

정답 및 해설

① [○] 프로이드(Freud)는 인간의 마음(의식구조)은 의식적, 의식발달 이전(전의식), 무의식적인 세 가지 상이한 기능을 수행한다고 보았다. 이후 의식과 무의식의 개념을 의식은 자아(Ego)로, 무의식은 본능(Id)과 초자아(Superego)로 나누어 보완하였다.
② [○] 프로이드에 의해 주창된 정신분석학은 개인의 성장과정이나 생활과정에서 형성된 정신심리상의 특징을 해명하고자 하였고, 개인이 콤플렉스로 인한 무의식적인 죄책감과 망상을 극복할 수 없는 경우에 범죄의 원인이 된다고 주장하였다.
③ [×] 에이크혼(Aichhorn)에 의하면 비행소년의 경우 슈퍼에고(Superego)가 제대로 형성되지 않아 이드(Id)가 전혀 통제되지 못함으로써 이들이 반사회적 행위를 아무런 양심의 가책 없이 저지르게 된 것으로 보았다.
④ [○] 과장성(자기현시성) 정신병질자는 자기를 사물의 중심으로 생각하는 등 자기를 실제 이상으로 높이 인식하는 성격자로, 다른 사람의 주목과 평판의 대상이 되고자하여 공상성 거짓말을 일삼고, 이 때문에 고등사기범(화이트칼라범죄)이 되기 쉽다. 이들은 욕구가 좌절되면 신체적 질환으로 도피하는 히스테리성 반응을 나타낸다.
⑤ [○] 초기 아동기의 경험과 성적 욕구를 지나치게 강조하고, 문화와 환경적 영향을 무시하고 있다는 비판을 받는다.

정답 ③

04 슈나이더(K. Schneider)의 개별 정신병질의 유형과 그 범죄경향에 관한 연결 중 옳은 것을 모두 묶은 것은?

2011. 사시

ⓐ 무력성 – 충동적 살상범, 폭행범, 손괴범
ⓑ 기분이변성 – 방화범, 상해범
ⓒ 발양성 – 상습사기범, 무전취식자
ⓓ 의지박약성 – 상습누범자, 성매매여성, 마약중독자
ⓔ 자기현시성(과장성) – 종교적 광신자, 정치적 확신범
ⓕ 우울성 – 자살자, 살인범

---

① ⓐ, ⓑ, ⓒ, ⓓ   ② ⓑ, ⓒ, ⓓ, ⓔ   ③ ⓑ, ⓒ, ⓓ, ⓕ
④ ⓑ, ⓓ, ⓔ   ⑤ ⓒ, ⓓ, ⓕ

정답 및 해설

옳은 것은 ⓑ, ⓒ, ⓓ, ⓕ이다.
ⓐ [×] • **폭발성 정신병질** – 충동적 살상범, 폭행범, 모욕범, 손괴범
      • **무력성 정신병질** – 범죄와는 관계가 적은 것으로 본다.
ⓔ [×] • **광신성(열광성) 정신병질** – 종교적 광신자, 정치적 확신범
      • **자기현시성(과장성, 허영성) 정신병질** – 고급사기범(화이트칼라범죄, 고위층 사칭 사기범죄 등)

정답 ③

---

05 다음 중 심리학적 범죄이론에 대한 설명으로 가장 옳지 않은 것은?

2024. 해경 경위

① 슈나이더(Schneider)의 정신병질에 대한 10가지 분류 중 무정성 정신병질자는 동정심이나 수치심 등 인간의 고등감정이 결여되어 있는 유형으로, 토막살인범 등에서 많이 나타난다.
② 헤어(Hare)는 사이코패스의 진단방법으로 PCL-R을 개발하였다.
③ 콜버그(Kohlberg)의 도덕발달이론에 관한 경험적 연구결과에 따르면, 도덕발달 6단계 중 1단계, 2단계에 있는 사람이 범죄를 범할 가능성이 높다고 했다.
④ 아이크혼(Aichhorn)은 초자아가 과잉발달한 경우 범죄에 따른 처벌을 통하여 죄의식을 해소하고 심리적 균형감을 얻기 위하여 범죄를 저지를 수 있다고 하였다.

정답 및 해설

① [○] 슈나이더의 10분법 중 무정성 정신병질자는 동정심·수치심·회오 등 인간의 고등감정이 결여되어 냉혹·잔인하고, 자기중심적·죄책감 없으며, 사이코패스적인 성격 특징을 가진다. 범죄학상 가장 문제시 되며, 목적달성을 위한 흉악범(살인, 강도, 강간 등), 범죄단체조직, 누범, 토막살인범 등에서 많이 나타난다. 생래적 범죄인·XYY범죄인이 이에 가깝다.
② [○] 헤어가 개발한 사이코패스에 대한 표준화된 진단표(PCL-R)는 PCL의 개정판으로 자기보고, 행동관찰 그리고 부모, 가족, 친구와 같은 2차적인 원천을 포함한 20개의 다양한 측면에서 범죄적 사이코패스의 정서적·대인적·행동적·사회적 일탈 측면을 평가하는 가장 많이 사용하는 사이코패스 측정 도구이다.
③ [○] 콜버그는 도덕발전 단계를 관습 이전 – 관습 – 관습 이후 등 3단계로 나누고, 그에 따라 인간의 추론능력도 발전한다고 하였다. 이후 발전단계를 6단계로 수정하였는데, 대부분의 일반청소년은 3~4단계, 대부분의 비행청소년은 1~2단계에 속한다고 주장하였다.
④ [×] 프로이드(Freud)는 특정한 사람들은 슈퍼에고(Superego. 초자아)가 과잉발달되어 죄책감과 불안을 느끼게 되어 죄의식 해소와 심리적 균형감을 얻고자 범죄를 저지르게 된다고 하였다. 에이크혼(Aichhorn)에 의하면 비행소년의 경우 슈퍼에고(Superego. 초자아)가 제대로 형성되지 않아 이드(Id. 원초아)가 전혀 통제되지 못함으로써 이들이 반사회적 행위를 아무런 양심의 가책 없이 저지르게 된 것으로 보았다.

정답 ④

06 다음은 슈나이더(Schneider)가 분류한 정신병질의 특징과 범죄의 관련성에 대해 설명한 것이다. 괄호 안에 들어갈 말이 바르게 짝지어진 것은?

2013. 보호 7급

- (㉠) 정신병질자는 인간이 보편적으로 갖는 고등감정이 결핍되어 있으며, 냉혹하고 잔인한 범죄를 저지르는 경우가 많다.
- (㉡) 정신병질자는 환경의 영향을 많이 받으며, 누범의 위험이 높다.
- (㉢) 정신병질자는 심신의 부조화 상태를 늘 호소하면서 타인의 동정을 바라는 성격을 가지며, 일반적으로 범죄와는 관계가 적다.
- (㉣) 정신병질자는 낙천적이고 경솔한 성격을 가지고 있으며, 상습사기범이 되기 쉽다.

	㉠	㉡	㉢	㉣
①	광신성	의지박약성	우울성	발양성
②	무정성	의지박약성	무력성	발양성
③	광신성	자신결핍성	우울성	기분이변성
④	무정성	자신결핍성	무력성	기분이변성

정답 및 해설

② [○] ㉠ 무정성, ㉡ 의지박약성, ㉢ 무력성, ㉣ 발양성이다.
- 광신성 정신병질자는 개인적 · 이념적 사항에 열중하여 그에 따라서만 행동하는 강한 성격을 가지고 있으며, 종교적 광신자, 정치적 확신범 등이 되기 쉽다.
- 우울성 정신병질자는 염세적 · 회의적 인생관에 빠져 자책성 불평이 심한 성격으로, 자살의 유혹이 강하다.
- 자신결핍성 정신병질자는 능력부족의 인식으로 주변을 의식하고 강박관념에 시달리나, 주변사정에 민감하여 도덕성은 강하다.
- 기분이변성 정신병질자는 기분동요가 많아 예측이 곤란하고, 방화, 도벽, 음주광, 과음, 도주증상에 따른 격정범으로 상해, 모욕, 규율위반 등을 범한다.

정답 ②

07 다음 중 슈나이더(Schneider)의 정신병질에 대한 10가지 분류에 대한 설명으로 가장 옳지 않은 것은?

2022. 해경 경위

① 의지박약성 – 모든 환경에 저항을 상실하여 우왕좌왕하고, 지능이 낮은 성격적 특징을 가지고 있으며, 인내심과 저항력이 빈약하다. 상습범, 누범에서 이러한 정신병질이 많이 발견된다.
② 기분이변성 – 기분 동요가 많아서 예측이 곤란하고, 폭발성과 유사하나 정도가 낮은 특징을 가지고 있다. 방화범, 상해범에서 이러한 정신병질이 많이 발견된다.
③ 무력성 – 심신의 부조화 상태를 호소하여 타인의 동정을 바라고 신경질적인 특징을 보이며, 범죄와의 관련성이 높다.
④ 발양성 – 자신의 운명과 능력에 대해 과도하게 낙관적이며, 경솔하고 불안정한 특징을 보인다. 상습사기범과 무전취식자 등에서 이러한 정신병질이 많이 발견된다.

정답 및 해설

③ [×] 무력성 정신병질자는 심신의 부조화 상태를 호소하여 타인의 동정을 바라고 신경질적인 특징을 보이나, 범죄와의 관련성은 적다.

정답 ③

08

사이코패스에 대한 설명으로 옳지 않은 것은?

2023. 보호 7급

① 감정, 정서적 측면에서 타인에 대한 공감능력이 부족하며 죄의식이나 후회의 감정이 결여되어 있다.
② 헤어(Hare)의 사이코패스 체크리스트 수정본(PCL-R)은 0~2점의 3점 척도로 평가되는 총 25개 문항으로 구성된다.
③ 모든 사이코패스가 형사사법제도 안에서 범죄행위가 드러나는 형태로 걸러지는 것은 아니다.
④ 공감, 양심, 대인관계의 능력 등에 대한 전통적 치료프로그램의 효과를 거의 기대하기 어렵다.

정답 및 해설

① [○] 감정·대인관계 측면에서 달변이며 깊이가 없고, 자기중심적이며 과장이 심하며, 후회나 죄의식이 결여되어 있고, 공감능력이 부족하다. 거짓말과 속임수에 능하고, 파상적인 감정을 가지고 있다.
② [×] 헤어(Hare)가 개발한 사이코패스에 대한 표준화된 진단표(PCL-R)는 PCL의 개정판으로 자기보고, 행동관찰 그리고 부모, 가족, 친구와 같은 2차적인 원천을 포함한 20개의 다양한 측면에서 범죄적 사이코패스의 정서적·대인적·행동적·사회적 일탈 측면을 평가하는 가장 많이 사용하는 사이코패스 측정 도구이다. 총 20문항으로 각 항목별 점수는 0~2점이다.
③ [○] 사이코패스는 주어진 환경에 따라 다양하게 발현된다. 그들은 계산적인 행동과 표정과 말투로 사회에서 능숙히 섞여 지내고 환경에 따라 발현되는 정도가 달라 범죄를 저질렀을 때만 사이코패스를 일반인과 구분할 수 있다는 특징을 가진다. 그래서 보통 사이코패스를 '반사회성 인격장애'라 부르기도 한다.
④ [○] 본인 스스로 자신에게 심리적·정서적 문제가 있다는 것을 인정하고 적극적으로 동참하여야 하지만, 이들은 자신들이 인정하지 않는 사회적 기준에 자신을 맞추어야 한다고 생각하지 않는다. 그러므로 통상적인 심리치료방식은 이들에게는 적용되지 않는다는 전제에서 출발하여야 한다.

정답 ②

09

사이코패스(정신병질)에 대한 설명 중 가장 옳은 것은?

2023. 해경 경위

① 미국 정신의학회의 DSM에서는 이를 반사회적 성격장애와 구별한다.
② 유전적·생물학적 요인보다 후천적·환경적 요인이 더 크게 작용한다.
③ 가장 많이 사용되는 진단도구는 슈나이더(Schneider)가 개발한 PCL-R이다.
④ 무정성 정신병질자는 롬브로조(Lombroso)가 말한 생래적 범죄인에 가깝다.

정답 및 해설

① [×] 반사회적 성격장애(ASPD)는 미국의 정신진단체계(DSM-5)상의 정의로, 유년기 또는 청년기에 시작해서 성인이 된 이후로도 계속되는 타인의 권리 또는 도덕을 무시하거나 침해하는 행위를 말한다. 반복적인 범법행위, 거짓말, 충동성, 공격성 등의 특성이 있으며, 사이코패스와 소시오패스의 개념은 반사회적 성격장애(ASPD)의 하위개념에 포함된다.
② [×] 후천적·환경적 요인보다는 유전적·생물학적 요인이 더 크게 작용한다.
③ [×] 헤어(Hare)가 개발한 사이코패스에 대한 표준화된 진단표(PCL-R)는 PCL의 개정판으로 자기보고, 행동관찰 그리고 부모, 가족, 친구와 같은 2차적인 원천을 포함한 20개의 다양한 측면에서 범죄적 사이코패스의 정서적·대인적·행동적·사회적 일탈 측면을 평가하는 가장 많이 사용하는 사이코패스 측정 도구이다.
④ [○] 슈나이더(Schneider)의 10분법 중 무정성 정신병질자는 동정심·수치심·회오 등 인간의 고등감정이 결여되어 냉혹·잔인하고, 자기중심적·죄책감 없으며, 사이코패스적인 성격 특징을 가진다. 범죄학상 가장 문제시되며, 생래적 범죄인·XYY범죄인이 이에 가깝다.

정답 ④

제10장 사회과정(미시)이론

제1절 | 사회학습이론

01 서덜랜드(Sutherland)의 차별접촉이론(Differential Association Theory)에 관한 설명으로 가장 적절하지 않은 것은?

2022. 경찰2차

① 기존 생물학적 범죄이론에서 강조한 개인의 범인성을 부정한다.
② 범죄행위를 학습할 때 학습은 범죄기술, 구체적 동기나 욕구, 합리화, 태도 등을 포함한다.
③ 범죄행위의 학습은 타인과의 의사소통과정에서 이루어지는 상호작용의 산물이다.
④ 갓프레드슨(Gottfredson)과 허쉬(Hirschi)의 자기통제이론과 달리 하류계층의 반사회적 행동을 설명하는 데 국한된다.

정답 및 해설

① [O] 범죄행동이 기본적으로 인적 교류를 통한 차별접촉의 결과물이라 가정하며, 기존 생물학적 범죄학과 심리학적 범죄학이 강조한 개인의 범인성(정신질환, 유전적 특성, 신체적 특성, 성격적 특성 등)을 부정한다.
② [O] 차별적 접촉의 원리 중 제4명제에 대한 설명으로, 범죄행위의 학습은 범죄를 성공적으로 완수하기 위한 범행기술의 습득에서부터 범죄행위의 의미와 이 행위를 외면하기 위한 변명 및 합리화 방법 그리고 그 행위에 대한 태도 학습까지를 포함한다.
③ [O] 차별적 접촉의 원리 중 제2명제에 대한 설명으로, 미드(Mead)의 상징적 상호작용론에 영향을 받았으며, 범죄행위가 학습되기 위해서는 학습과정이 필요하며, 범죄행위의 학습은 의사소통과정에서 이루어진다고 보았다.
④ [×] 하위계층의 청소년비행을 중심으로 하는 사회구조이론과는 달리 전 계층의 모든 사람들의 모든 범죄유형을 일관적으로 설명한다는 점에서 적용범위가 넓다. 갓프레드슨과 허쉬의 자기통제이론은 문제행동에서부터 재산, 폭력범죄를 포함한 모든 유형의 범죄를 설명하며, 모든 연령층과 모든 국가, 문화권에도 적용되는 이론이다.

정답 ④

02 서덜랜드(Sutherland)의 차별접촉이론(Differential Association Theory)에서 제시하는 명제로 가장 적절하지 않은 것은?

2022(72). 경위

① 범죄행위의 학습과정은 일반적 학습과정의 기제와 다르다.
② 범죄행위는 타인과의 의사소통에서 이루어지는 상호작용으로 학습된다.
③ 차별적 접촉은 교제의 빈도, 기간, 우선성, 강도에 있어 다양할 수 있다.
④ 범죄행위는 일반적인 욕구와 가치관으로 설명될 수 없다.

① [×] 범죄적 또는 비범죄적 유형과의 접촉에 의한 범죄행위의 학습과정은 다른 일반적 학습과정의 모든 기제를 포함한다(제8명제). 범죄행위와 그 내용에 있어서 비범죄적 유형의 행위와 다르지만, 그 학습의 과정은 다른 행위의 학습과 동일하다.

② [○] 범죄행위는 의사소통과정에 있는 다른 사람과의 상호작용에서 학습된다(제2명제). 사람이 단지 범죄환경에 산다거나 범죄적 특성을 가지는 것 외에도 범죄에 대한 안내자와 교사로서의 다른 사람과 상징적 상호작용과정을 통한 학습으로서 법률위반자가 될 수 있는 것이다.

③ [○] 차별적 접촉은 교제의 빈도, 기간, 우선순위, 강도에 있어 다양할 수 있다(제7명제). 범죄적 또는 비범죄적 가치, 사람, 집단과의 모든 접촉이 동일하지 않다. 또한 집단규정의 습득에 대한 접촉의 영향은 접촉상 사회적 상호작용의 질에 의해 좌우된다. 그리고 사회적 상호작용의 질은 자주 오래 접촉할수록, 어릴 때 시작될수록(우선순위), 중요성이나 특전이 주어지는 접촉일수록(강도) 강해진다.

④ [○] 범죄행위는 일반적 욕구와 가치의 표현이지만, 비범죄적 행위도 똑같은 욕구와 가치의 표현이므로 일반적 욕구와 가치로는 범죄행위를 설명할 수 없다(제9명제). 도둑과 정직한 근로자가 모두 돈에 대한 욕구는 같지만 수단은 다르다. 즉, 두 사람 모두 돈을 필요로 하지만 한 사람은 훔치고, 다른 한 사람은 열심히 일을 하기 때문에 단순히 돈에 대한 욕망이나 욕구가 왜 훔치거나 정직하게 일하는지에 대해 설명할 수는 없다.

정답 ①

03 다음의 설명과 관련 있는 범죄이론가는?

- 범죄는 의사소통을 통한 타인과의 상호작용 과정에서 학습된다.
- 범죄학습에서 중요한 사항은 친밀한 사적 집단 사이에서 이루어진다.
- 차별적 교제의 양상은 빈도, 지속성, 우선성, 강도의 측면에서 다양하다.

① 뒤르켐(E. Durkheim)
② 롬브로조(C. Lombroso)
③ 서덜랜드(E. Sutherland)
④ 레머트(E. Lemert)

③ [○] 서덜랜드(Sutherland)의 차별적 접촉이론에 대한 설명이다.

정답 ③

04 서덜랜드(Sutherland)의 차별적 접촉이론에 대한 설명으로 옳지 않은 것은?

① 차별접촉은 빈도, 기간, 우선순위, 그리고 강도(强度) 등에 의하여 차이가 발생한다고 주장한다.

② 범죄학습이 신문·영화 등 비대면적인 접촉수단으로부터도 큰 영향을 받는다는 점을 간과하고 있다.

③ 범죄원인으로는 접촉의 경험이 가장 큰 역할을 한다고 보아, 나쁜 친구들을 사귀면 범죄를 저지를 것이라는 단순한 등식을 제시했다.

④ 범죄인과 가장 접촉이 많은 경찰·법관·형집행관들이 범죄인이 될 확률이 높지 않다는 비판이 있다.

① [○] 차별적 접촉은 빈도, 기간, 우선성 그리고 강도에 있어 다양할 수 있다(제7명제).
② [○] 차별적 접촉이론에 대한 비판에 대한 설명으로, 이러한 비판에 대한 대안으로서 글래저(Glaser)는 차별적 동일시라는 개념을 제시하여 범죄학습대상을 확대하였다. 그는 사람은 범죄적 행동양식과 직접 접촉하지 않더라도 TV나 영화 속에 등장하는 주인공과 자신의 이상형을 일치시키면 관념적 동일화를 거쳐 범죄를 학습할 수 있다고 하였다.
③ [×] 법률위반에 대한 호의적인 정의가 법률위반에 대한 비호의적인 정의보다 클 때 개인은 범죄를 저지르게 된다(제6명제). 즉, 사람들이 법률을 위반해도 무방하다는 생각을 학습한 정도가 법률을 위반하면 안 된다는 생각을 학습한 정도보다 클 때에 범죄를 저지르게 된다는 것이다. 이처럼 차별적 접촉이론은 나쁜 친구들을 사귀면 범죄를 저지를 것이라는 식의 단순한 등식이 아니라 불법적인 생각과 접촉한 정도와 준법적인 생각과 접촉한 정도와의 차이가 범죄유발의 중요한 요인이라고 본다.
④ [○] 범죄인과 가장 접촉이 많은 경찰·법관·형집행관들이 범죄인으로 될 확률이 높아야 함에도 불구하고 그렇지 않은 점을 설명할 수 없다는 비판이 있다. 교도관이 범죄인과 함께 장시간 생활을 함에도 수용자문화에 물들지 않는 이유는 상대방에 느끼는 존경이나 권위의 정도인 강도(제7명제)가 매우 약하기 때문으로 이해될 수 있다.

정답 ③

05 서덜랜드(E. H. Sutherland)의 차별적 접촉이론에 대한 설명으로 옳은 것은?　　　2018. 교정 7급

① 범죄행위의 학습 과정과 정상 행위의 학습 과정은 동일하다.
② 범죄행위는 유전적인 요인뿐만 아니라 태도, 동기, 범행 수법의 학습 결과이다.
③ 법에 대한 개인의 태도는 개인이 처한 경제적 위치와 차별 경험에서 비롯된다.
④ 타인과 직접 접촉이 아닌 매체를 통한 특정 인물의 동일시에 의해서도 범죄행위는 학습된다.

① [○] 범죄행위의 학습 과정은 다른 행위의 학습 과정과 동일한 메커니즘을 가진다. 범죄자와 준법자와의 차이는 접촉양상에 있을 뿐 학습이 진행되는 과정에는 아무런 차이가 없다.
② [×] 범죄행위는 의사소통과정에 있는 다른 사람과의 상호작용을 수행하는 과정에서 학습된다는 이론으로, 범죄행위는 유전적인 요인과는 관계가 없다.
③ [×] 법에 대한 비우호적 정의가 우호적 정의보다 클 때 범죄를 실행한다는 이론으로, 개인이 처한 경제적 위치와 차별경험은 관계가 없다.
④ [×] 글래저(Glaser)의 차별적 동일화이론에 대한 설명이다. 차별적 접촉이론은 범죄행위 학습의 중요한 부분은 친밀 관계를 맺고 있는 집단들에서 일어난다고 한다.

정답 ①

06 서덜랜드(Sutherland)의 차별접촉이론(Differential Association Theory)의 9가지 명제로 옳지 않은 것은?　　　2021. 교정 7급

① 범죄행위의 학습은 다른 사람들과의 의사소통과정을 통하여 이루어진다.
② 법 위반에 대한 비우호적 정의에 비해 우호적 정의를 더 많이 학습한 사람은 비행을 하게 된다.
③ 범죄행위가 학습될 때 범죄의 기술, 동기, 충동, 합리화, 태도 등도 함께 학습된다.
④ 금전적 욕구, 좌절 등 범죄의 욕구와 가치관이 범죄행위와 비범죄행위를 구별해 주는 변수가 된다.

① [○] 범죄행위는 의사소통과정에 있는 다른 사람과의 상호작용에서 학습된다(제2명제). 사람이 단지 범죄환경에 산다거나 범죄적 특성을 가지는 것 외에도 범죄에 대한 안내자와 교사로서의 다른 사람과 상징적 상호작용과정을 통한 학습으로서 법률위반자가 될 수 있다.

② [○] 법률위반에 대한 호의적인 규정이 법률위반에 대한 비호의적인 규정을 초과하기 때문에 사람이 일탈자 또는 범죄자가 된다(제6명제). 차별적 접촉이론의 핵심으로, 범죄행위는 법을 비호의적으로 보는 집단과의 접촉을 통하여 습득된 법에 대한 부정적 규정이 법을 호의적으로 보는 규정을 능가하기 때문에 일어난다는 것이다.

③ [○] 범죄행위의 학습은 때로는 매우 복잡하고 때로는 매우 단순하기도 한 범행기술의 학습과 동기, 욕망, 합리화, 태도와 구체적 방향의 학습을 포함한다(제4명제). 범죄행위는 다른 일반적 행위와 마찬가지로 학습되기 때문에 범행의 기술은 물론이고 동기, 욕구, 가치 그리고 합리화 등도 학습되어야 한다.

④ [×] 범죄행위는 일반적 욕구와 가치의 표현이지만, 비범죄적 행위도 똑같은 욕구와 가치의 표현이므로 일반적 욕구와 가치로는 범죄행위를 설명할 수 없다(제9명제). 도둑과 정직한 근로자가 모두 돈에 대한 욕구는 같지만 수단은 다르다. 즉, 두 사람 모두 돈을 필요로 하지만 한 사람은 훔치고, 다른 한 사람은 열심히 일을 하기 때문에 단순히 돈에 대한 욕망이나 욕구가 왜 훔치거나 정직하게 일하는지에 대해 설명할 수는 없다.

정답 ④

 07 서덜랜드(Sutherland)의 차별접촉이론을 보완하는 주장들에 대한 설명으로 옳은 것으로만 묶인 것은?

2013. 보호 7급

> ㉠ 법위반에 우호적인 대상과 반드시 대면적 접촉을 필요로 하는 것은 아니므로 영화나 소설 등을 통한 간접적인 접촉을 통해서도 범죄행동을 모방할 수 있다.
> ㉡ 사람들이 사회와 맺는 사회유대의 정도에 따라 범죄행동이 달라질 수 있다.
> ㉢ 하층이나 소수민, 청소년, 여성처럼 사회적 약자에게 법은 불리하게 적용될 수 있다.
> ㉣ 비행은 주위 사람들로부터 학습되지만 학습원리, 즉 강화의 원리에 의해 학습된다.
> ㉤ 비합법적인 수단에 대한 접근가능성에 따라서 비행하위문화의 성격 및 비행의 종류도 달라진다.

① ㉠, ㉡   ② ㉠, ㉣
③ ㉡, ㉢   ④ ㉡, ㉤

옳은 것은 ㉠, ㉣, ㉤이다.
㉠ [○] **차별적 동일화이론**(글래저): 차별적 접촉의 방법으로 직접적인 접촉에 한정되지 않고 대중매체를 통한 간접적 접촉으로도 범죄학습이 이루어짐을 설명하고 있다(매스미디어 등 준거되는 접촉집단을 확대하여 적용).
㉣ [○] **차별적 강화이론**(버제스와 에이커스): 범죄행위의 결과로서 보상이 취득되고 처벌이 회피될 때 그 행위는 강화되는 반면, 보상이 상실되고 처벌이 강화되면 그 행위는 약화된다는 것이다(학습과정에 대한 설명을 보완).
㉤ [○] **차별적 기회구조이론**(클라워드와 오린): 비합법적인 수단이 어떻게 분포되어 있느냐에 따라 그 지역의 비행하위문화의 성격 및 비행의 종류도 달라진다(학습환경에의 접근가능성 문제를 보완).
▶ 그 외에 차별적 접촉이론을 보완하는 이론으로 퀴니의 기호이론(학습된 행위양식의 비율이나 접촉의 강도, 우선순위 등 측정과 검증의 곤란에 대한 보완), 레크리스의 자기관념이론(차별적 반응의 무시에 대한 비판을 보완), 맛차와 사이크스의 중화이론(범죄인이 되는 과정의 차이를 수정) 등이 있다.
▶ 허쉬의 사회유대이론(㉡), 비판범죄학(㉢)은 차별적 접촉이론을 보완하는 이론이 아니다.

정답 ②

08 서덜랜드(Sutherland)의 차별적 접촉이론을 수정·보완한 이론들에 대한 설명으로 옳지 않은 것은?

① 레크리스(Reckless)의 자기관념이론 - 차별적 반응의 무시에 대한 비판을 보완

② 버제스와 에이커스(Burgess & Akers)의 차별적 강화이론 - 학습과정에 대한 설명을 보완

③ 글래저(Glaser)의 차별적 동일화이론 - 범죄인이 되는 과정의 차이 수정(합리화)

④ 클라워드와 오린(Cloward & Ohlin)의 차별적 기회구조이론 - 학습환경에의 접근가능성 문제

 정답 및 해설

> 💡 **차별적 접촉이론을 수정·보완한 이론**
> ㉠ 퀴니의 기호이론: 학습된 행위양식의 비율이나 접촉의 강도, 우선 순위 등 측정과 검증의 곤란에 대한 보완
> ㉡ 레크리스의 자기관념이론: 차별적 반응의 무시에 대한 비판을 보완
> ㉢ 버제스와 에이커스의 차별적 강화이론: 학습과정에 대한 설명을 보완
> ㉣ 글래저의 차별적 동일화이론: 매스미디어 등 준거되는 접촉집단을 확대하여 적용
> ㉤ 맛차와 사이크스의 중화이론: 범죄인이 되는 과정의 차이 수정(합리화)
> ㉥ 글라워드와 오린의 차별적 기회구소이론: 학습환경에의 접근가능성 문제

정답 ③

09 학습이론가들과 그들의 핵심 주장을 가장 옳지 않게 연결한 것은?   2023. 해경 경위

① 서덜랜드(Sutherland) - 범죄행위는 의사소통 과정에서 다른 사람과 상호작용하는 가운데 학습된다.

② 글레이저(Glaser) - 사람들은 물리적 접촉을 통해서뿐만 아니라, 주관적 애착을 통해서도 영향을 받는다.

③ 버제스(Robert L. Burgess) - 범죄로부터 얻을 만족에 대한 기대감이 부정적 기대감을 상회할 때 범행하기 쉽다.

④ 렉클리스(Reckless) - 동일한 비행적 접촉 환경 속에서도 사람들이 다른 반응을 하는 이유는 자아관념의 차이 때문이다.

정답 및 해설

① [○] 범죄행위는 의사소통과정에 있는 다른 사람들과의 상호작용에서 학습된다(제2명제).
> ▶ 범죄행위가 학습되기 위해서는 학습과정이 필요하며, 범죄행위의 학습은 의사소통과정에서 이루어진다. 사람이 단지 범죄환경에 산다거나 범죄적 특성을 가지는 것 외에도 범죄에 대한 안내자와 교사로서의 다른 사람과 상징적 상호작용과정을 통한 학습으로서 법률위반자가 될 수 있다.

② [○] 글레이저(Glaser)의 차별적 동일시이론에 대한 설명이다. 사람은 누구나 자신을 누군가와 동일시하려는 경향이 있고, 자신의 범죄행위를 수용할 수 있다고 생각되는 실재의 인간이나 관념상의 인간에게 자신을 동일화시키는 과정을 통해 자기 자신을 합리화하고 용납하면서 범죄를 저지른다고 한다.

③ [×] 글레이저(Glaser)의 차별적 기대이론에 대한 설명이다. 글래저는 차별적 접촉, 차별적 기회구조, 사회통제를 기초로 차별적 접촉이론이 무시한 기회구조의 문제에 대응하고 사회통제이론의 요소를 가미하려는 시도로서 자신의 차별적 동일시이론을 차별적 기대이론으로 재구성하였다. 사람이 범죄로부터의 만족감에 대한 기대감이 사회적 유대, 차별적 학습 그리고 기회의 인식의 결과로 이들 요소들로부터의 부정적 기대감을 상회할 경우에 범행하고자 한다는 것이다.

④ [○] 렉클리스(Reckless)와 디니츠(Dinitz)의 자아관념이론에 대한 설명이다. 자아관념이론은 긍정적인 자아관념이 있다면 아무리 범죄자인 친구들과 접촉을 한다고 하더라도 범죄를 실행하지 않는다는 것으로, 렉클리스에 의해 봉쇄이론으로 발전하였는데, 그는 자아관념을 내적 봉쇄요인으로 보았다.

정답 ③

10 학습이론에 대한 설명으로 옳지 않은 것은?

① 타르드(Tarde)는 인간은 다른 사람들과 접촉하면서 관념을 학습하며, 행위는 자신이 학습한 관념으로부터 유래한다고 주장하였다.

② 서덜랜드(Sutherland)의 차별적 접촉이론(Differential Association Theory)은 범죄자도 정상인과 다름없는 성격과 사고방식을 갖는다고 보는 데에서 출발한다.

③ 그레이저(Glaser)의 차별적 동일시이론(Differential Identification Theory)은 자신과 동일시하려는 대상이나 자신의 행동을 평가하는 준거집단의 성격보다는 직접적인 대면접촉이 범죄학습과정에서 더욱 중요하게 작용한다고 본다.

④ 조작적 조건화의 논리를 반영한 사회적 학습이론은 사회적 상호작용과 더불어 물리적 만족감(굶주림, 갈망, 성적욕구 등의 해소)과 같은 비사회적 사항에 의해서도 범죄행위가 학습될 수 있다고 본다.

정답 및 해설

① [○] 타르드(Tarde)는 롬브로조(Lombroso)의 생물학적 원인론을 부정하고, 인간은 다른 사람들과 접촉하면서 관념을 학습하며, 행위는 자기가 학습한 관념으로부터 유래하는 것이라고 주장하였다. 즉, 모든 사회현상이 모방이듯이 범죄행위도 모방한다고 보았다. 따라서 사람은 태어날 때는 모두 정상인이지만, 이후 범죄가 생활방식의 하나인 분위기에서 양육됨으로써 범죄자가 된다는 것이다.

② [○] 서덜랜드(Sutherland)의 차별적 접촉이론은 분화된 집단 가운데 어느 집단과 친밀감을 가지고 차별적 접촉을 갖느냐에 따라 백지와 같은 인간의 본성에 특정집단의 행동양식을 배우고 익혀나간다는 이론으로, 범죄자는 정상인과 원래 다르다는 심리학적 분석을 수용하지 않고, 범죄자도 정상인과 다름없는 성격과 사고방식을 갖는다는 데서 출발한다.

③ [×] 차별적 접촉이론이 차별적 반응의 문제를 해결하지 못하고, 또한 범죄의 학습이 반드시 친근한 집단과의 직접적인 접촉을 통해서만 학습되는 것이 아니라는 비판에 대한 대안으로서 글래저(Glaser)는 차별적 동일시라는 개념을 제시하였다. 즉, 실제로 반법률적 규정을 야기시키는 접촉을 하지 않은 사람이라도 그들이 반법률적 규정이 기대되는 사람과 자신을 동일시한다면 범죄행위가 가능해진다는 것이다. 예를 들어 청소년들이 텔레비전이나 영화의 범죄적 주인공을 모방하고 흉내 내는 것은 청소년들이 그들을 직접 만나거나 접촉한 적이 없었음에도 불구하고 범죄를 학습한 경우라고 할 수 있다. 글래저(Glaser)는 차별적 접촉보다 역할이론에 기초한 범죄적 역할과의 동일시를 강조하였다. 범죄행위는 일종의 역할수행이며 따라서 범죄적 역할이 왜 선택되는가를 이해할 필요가 있고, 이러한 선택은 범죄자와의 직접적인 접촉을 통해서도 가능하지만 대중매체로부터 보고 듣던 사람과의 동일시를 통해서 또는 범죄반대세력에 대한 부정적 반응으로서 이루어질 수도 있다는 것이다. 그래서 사람은 그들의 관점에서 볼 때 자신의 범행이 받아들여질 것 같은 실제 인물이나 그 밖에 상상된 다른 사람과 자신을 동일시하면서 범죄행위를 추구하게 된다.

④ [○] 차별적 접촉이론(Sutherland)은 범죄의 학습환경으로 사람들과의 접촉을 고려하였지만, 조작적 조건화의 논리를 반영한 사회학습이론(Akers)은 학습환경으로 사회적 상호작용과 비사회적 환경 모두를 고려하였다. 즉, 사회적 상호작용과 함께 물리적 만족감(굶주림, 갈망, 성적욕구 등의 해소)과 같은 비사회적 환경에 의해서도 범죄행위가 학습될 수 있다고 넓게 보았다.

정답 ③

학습이론(Learning Theory)에 대한 설명으로 옳은 것은?

① 버제스(Burgess)와 에이커스(Akers)에 따르면 범죄행위를 학습하는 과정은 과거에 이러한 행위를 하였을 때에 주위로부터 칭찬, 인정, 더 나은 대우를 받는 등의 보상이 있었기 때문이다.

② 타르드(Tarde)의 모방의 법칙에 따르면 학습의 방향은 대개 우월한 사람이 열등한 사람을 모방하는 방향으로 진행된다.

③ 서덜랜드(Sutherland)에 따르면 범죄자와 비범죄자의 차이는 접촉유형의 차이가 아니라 학습과정의 차이에서 발생한다.

④ 글레이저(Glaser)에 따르면 범죄를 학습하는 과정에 있어서는 누구와 자신을 동일시하는지 또는 자기의 행동을 평가하는 준거집단의 성격이 어떠한지보다는 직접적인 대면접촉이 더욱 중요하게 작용한다.

정답 및 해설

① [○] 서덜랜드(Sutherland)의 차별적 접촉이론을 보완한 이론이며, 사회학습이론인 버세스(Burgess)와 에이커스(Akers)의 차별적 강화이론은 차별적 접촉이론에 대한 비판 중 하나였던 특정인이 범죄자가 되기 전에 거쳐야 하는 학습의 과정이 명확하지 않다는 점에 착안하여, 사회학습이론(에이커스)은 조작적 조건화의 논리를 반영하였다. 즉, 범죄행위는 과거에 이러한 행위를 했을 때에 주위로부터 칭찬을 받거나 인정을 받거나 더 나은 대우를 받거나 하는 등의 보상이 있었기 때문이라는 것이다. 차별적 접촉 ⇨ 차별적 강화 ⇨ 범죄행위라고 하는 범죄학 습과정을 설명하였다.

② [×] 일반적으로 열등한 사람이 우월한 사람을 모방하는 경향이 있다(위에서 아래로). 즉, 모방은 사회적 지위가 우월한 자를 중심으로 이루어지는데, 예를 들면 사회의 상류계층 ⇨ 하층계급, 도시 ⇨ 농촌으로 전해지게 된다.

③ [×] 범죄자와 비범죄자 간의 차이는 학습과정의 차이가 아니라 접촉유형의 차이에서 발생한다.

④ [×] 범죄를 학습하는 과정에 있어서 누구와 자신을 동일시하는지 또는 자기의 행동을 평가하는 준거집단의 성격이 어떠한지가 더욱 중요하게 작용한다고 보았다. 서덜랜드는 친밀한 집단들과의 직접적 접촉을 중요하게 여겼다.

> 💡 **차별적 강화이론(Differential Identification Theory)**
>
> ㉠ 인간의 행위는 직접적인 상황이나 다른 사람의 행위모방(Imitation)을 통하여 습득된다. 특정행위의 결과로서 보상의 취득(긍정적 재강화)과 처벌의 회피(부정적 재강화), 즉 긍정적인 보상이 얻어지거나 부정적인 처벌이 회피될 때 그 특정행위는 강화되고, 반면에 그 행위의 결과 긍정적 처벌이라는 혐오스러운 자극을 받거나 보상의 상실이라는 부정적 처벌을 받게 될 때 그 행위는 약화된다는 것이다.
>
> ㉡ 이처럼 처벌과 보상의 조화는 차별적 재강화를 구성하게 된다. 따라서 특정행위가 일탈적이거나 관습적인 것은 그 행위에 대한 과거와 현재의 보상·처벌 및 그 대안적 행위에 대한 보상과 처벌이라는 차별적 재강화에 따르는 것이다. 쉽게 설명하면, 사람이란 자신의 행위결과 보상적인 행위는 지속하는 반면, 처벌되는 행위는 그만두게 되는데, 범죄의 경우에도 범행의 결과 자신이 보상된다면 범죄행위를 지속하게 될 것이다. 즉, 사람은 관습적인 것보다 일탈적인 것이 더 만족스럽다면 관습성보다 범인성을 선택할 것이다.

정답 ①

12 차별적 접촉이론, 차별적 동일시이론 및 차별적 강화이론에 대한 설명으로 옳지 않은 것은? 2018. 보호 7급

□□□

① 서덜랜드(Sutherland)의 차별적 접촉이론은 범죄자의 학습과정과 비범죄자의 학습과정에 차이가 있다는 데에서 출발한다.

② 서덜랜드(Sutherland)의 차별적 접촉이론에 따르면 범죄행위는 타인과의 의사소통을 통한 상호작용으로 학습된다.

③ 글래저(Glaser)의 차별적 동일시이론에 따르면 범죄자와의 직접적인 접촉이 없이도 범죄행위의 학습이 가능하다.

④ 버제스(Burgess)와 에이커스(Akers)의 차별적 강화이론도 차별적 접촉이론과 마찬가지로 범죄행위의 학습에 기초하고 있다.

정답 및 해설

① [×] 범죄행위의 학습과정은 다른 행위의 학습과정과 동일한 메커니즘을 가진다. 범죄자와 준법자와의 차이는 접촉양상에 있을 뿐 학습이 진행되는 과정에는 아무런 차이가 없다(범죄자와 비범죄자 간의 차이는 학습과정의 차이가 아니라 접촉유형의 차이이다).

 차별적 강화이론의 가정

㉠ 일탈행위는 시행착오적 학습(Operant Conditioning)원리에 따라 학습된다.

㉡ 일탈행위는 차별하거나 재강화하는 비사회적 상황과 다른 사람의 행위가 그 행위에 대하여 차별하거나 재강화하는 사회적 상호작용을 통해서 학습된다.

㉢ 일탈행위에 대한 학습의 중요한 부분은 한 개인의 중요한 재강화의 근원을 통제하거나 절충하는 집단에서 일어난다.

㉣ 특정 기술·태도 그리고 회피절차를 포함하는 일탈행위의 학습은 효과적이고 유용한 강화재와 기존의 강화가능성의 기능이다.

㉤ 학습된 행위의 특정 계층과 행위발생의 빈도는 효과적이고 유용한 강화재와 과거 강화를 수반하였던 규범·규칙 그리고 규정의 일탈적 또는 비일탈적 방향의 기능이다.

㉥ 동조적 행위보다 큰 일탈적 행위에 대한 차별적 강화의 과정에서 개인이 일탈행위를 할 확률은 차별적 가치를 습득해 온 규범적 진술·규정 그리고 어구화가 존재할 때 증대된다.

㉦ 일탈행위의 강점은 일탈행위강화의 가능성·빈도·양의 직접적인 기능이다. 일탈적 유형과 접촉하는 양식은 일탈유형의 강화의 계획·양 그리고 근원에 영향을 미치는 중요한 요인이다.

정답 ①

13 중학생 甲은 친구들의 따돌림을 받고 인터넷에 빠져 살던 중 어느 조직폭력단 두목의 일대기에 심취하여 그의 행동을 흉내내다가 범죄를 저지르기에 이르렀다. 甲의 범죄화 과정을 설명하는 이론으로 적절한 것은?

2014. 사시

□□□

① 머튼(Merton)의 아노미이론(Anomie Theory)

② 서덜랜드(Sutherland)의 차별적 접촉이론(Differential Association Theory)

③ 레머트(Lemert)의 낙인이론(Labeling Theory)

④ 셀린(Sellin)의 문화갈등이론(Culture Conflict Theory)

⑤ 글레이저(Glaser)의 차별적 동일시이론(Differential Identification Theory)

> 💡 **차별적 동일시이론**(글래저. Glaser)
>
> ㉠ 사람은 누구나 자신을 누군가와 동일화하려는 경향이 있고 자신의 범죄행위를 수용할 수 있다고 생각되는 실재의 인간이나 관념상의 인간에게 자신을 동일화시키는 과정을 통해 자기 자신을 합리화하고 용납하면서 범죄를 저지른다는 이론이다.
>
> ㉡ 범죄를 학습의 결과로 보는 차별적 접촉이론의 관점과 공통되나, 서덜랜드(Sutherland)의 '접촉' 대신 '동일화'라는 개념을 사용하여 범죄학습대상을 확대하여 차별적 접촉이론을 수정·보완하였는데 사람들이 동일화되어가는 과정에서 범죄행동을 수행한다고 보았다(동일화 ⇨ 합리화 ⇨ 범죄행위).
>
> ㉢ 차별적 동일시이론은 범죄를 학습할 수 있는 대상이 텔레비전이나 영화의 주인공처럼 관념상의 인간으로까지 확장될 수 있다고 보았다.

> 💡 **차별적 기대이론**(Differential Anticipation Theory)
>
> 글래저(Glaser)는 차별적 접촉, 차별적 기회구조, 사회통제를 기초로 차별적 접촉이론이 무시한 기회구조의 문제에 대응하고 사회통제이론의 요소를 가미하려는 시도로서 자신의 차별적 동일시이론을 차별적 기대이론으로 재구성하였다. 차별적 기대이론에 따르면, 개인적 범죄성은 행위의 결과에 대한 자신의 기대감의 산물이라는 것이나. 여기서 기내감이란 행위에 대한 상대적 보상과 처벌을 의미하는 인간의 범죄적 또는 반범죄적 사회적 유대, 범죄행위를 유발하거나 조장하는 기술과 태도 및 합리화 등의 차별적 학습, 그리고 범행의 기회와 위험성에 대한 자신의 인식에 의해서 영향을 받게 되는 것을 말한다. 그런데 인간은 인식된 또는 기대되는 최선의 대안을 선택할 때 실제로 최선의 대안을 중요시하는 것이 아니라 최선의 대안에 대한 자신의 기대감을 중요시하고 있다. 결론적으로 차별적 기대이론은 "사람이 범죄로부터의 만족감에 대한 기대감이 – 사회적 유대, 차별적 학습 그리고 기회의 인식의 결과로 – 이들 요소들로부터의 부정적 기대감을 상회할 경우에 범행하고자 한다."라는 것이다.

정답 ⑤

 14 중학생 A는 어느 조직폭력단 두목의 일대기에 심취하여 그의 행동을 흉내 내다가 범죄를 저지르기에 이르렀다. 다음 중 A의 범죄화 과정을 설명하는 이론으로 가장 옳은 것은? 2022. 해경 경위

① 머튼(Merton)의 아노미이론

② 그레이저(Glaser)의 차별적 동일시이론

③ 셀린(Sellin)의 문화갈등이론

④ 터크(Turk)의 권력갈등론

② [○] 그레이저(Glaser)의 차별적 동일시이론은 사람은 누구나 자신을 누군가와 동일화하려는 경향이 있고 자신의 범죄행위를 수용할 수 있다고 생각되는 실재의 인간이나 관념상의 인간에게 자신을 동일화시키는 과정을 통해 자기 자신을 합리화하고 용납하면서 범죄를 저지른다는 이론이다. 범죄를 학습의 결과로 보는 차별적 접촉이론의 관점과 공통되나, 서덜랜드(Sutherland)의 '접촉' 대신 '동일화'라는 개념을 사용하여 범죄학습대상을 확대하여 차별적 접촉이론을 수정·보완하였는데 사람들이 동일화되어가는 과정에서 범죄행동을 수행한다고 보았다(동일화 ⇨ 합리화 ⇨ 범죄행위). 차별적 동일시이론은 범죄를 학습할 수 있는 대상이 텔레비전이나 영화의 주인공처럼 관념상의 인간으로까지 확장될 수 있다고 보았다.

정답 ②

15 에이커스(R. Akers)의 사회학습이론이 개인의 범죄활동을 설명하기 위하여 제시한 네 가지 개념이 아닌 것은?

2016. 5급 승진

① 차별접촉(Differential Association)
② 정의(Definition)
③ 차별강화(Differential Reinforcement)
④ 모방(Imitation)
⑤ 동일시(Identification)

 학습과정의 4가지 주요 초점

에이커스(Akers)는 일탈적 집단과의 차별적 접촉을 규정하고 모방하며 사회적 환경을 제공해 주는 과정을 기술함으로써 차별적 강화이론을 요약하고 있으며, 학습된 규정은 미래행위에 대한 판별적 자극으로 작용한다고 하였다. 최초의 행동이 있은 후에는 모방의 중요성을 떨어지고 대신 사회적 또는 비사회적 강화재와 처벌재가 중요성을 더하게 된다. 이를 바탕으로 에이커스는 이론상 확인된 자신의 학습과정에서 중요한 네 가지 개념, 즉 모방, 차별적 접촉, 규정(정의), 차별적 강화를 제시하였다.

차별적 접촉	대부분 서덜랜드의 명제를 받아들이지만, 차별적 접촉의 내용으로 사람들 간의 간접적인 의사소통까지 포함시킨다는 점에서 차이가 있다.
정의	사람들이 자신의 행위에 대해 부여하는 의미를 말한다.
차별적 강화	행위에 대해 기대되는 결과가 다를 수 있다는 것으로, 즉 자기 행위에 대한 보답이나 처벌에 대한 생각의 차이가 사회적 학습에서 나름의 의미를 지닌다는 것을 말한다.
모방	다른 사람들이 하는 행동을 관찰하고 모방하는 것을 말한다.

▶ 이를 종합하면, 차별적 강화이론이 차별적 접촉이론에서 지적되었던 접촉과 범죄행위 사이의 부족한 연계를 '차별적 강화'라는 개념으로 채워주어 '차별적 접촉 ⇨ 차별적 강화 ⇨ 범죄행위'와 같은 인과관계의 형태를 띠게 된다. 즉, 범죄행위의 학습이 일어나는 일련의 귀결은 – 범죄행위에 대해서 역할모형으로 작용하고 사회적 강화를 제공하는 – 범죄행위에 대한 긍정적인 규정을 가진 다른 사람과의 개인적인 차별적 접촉으로부터 시작한다. 최초의 범죄는 이렇게 시작하나 범행의 지속 여부는 범죄행위의 실제 결과에 의해서 결정되는 것이다.

정답 ⑤

 16 에이커스(Akers)의 사회학습이론에서 제시한 주요 개념에 대한 설명으로 가장 적절한 것은?

2024(74). 경위

① 차별적 접촉이란 개인이 법 준수나 법 위반에 대한 우호적 또는 비우호적 정의에 노출되어 있는 과정을 의미하는데, 직접 접촉은 물론 영상 등을 통한 간접 접촉도 포함된다.
② 정의란 개인이 특정 행위에 부여하는 의미 또는 태도를 말하며, 여기에는 범죄에 대한 긍정적 정의와 부정적 정의는 포함되나 중화적 정의는 포함되지 않는다.
③ 차별적 강화는 행위로부터 얻게 되거나 예상되는 보상과 처벌의 균형을 의미하고, 주변으로부터의 인정이나 금전적 보상 등이 빈번하고 강할수록 차별적 강화는 약하게 나타난다.
④ 모방은 다른 사람의 행동을 관찰함으로써 행위를 따라 하는 것으로, 새로운 행위의 시도나 범죄 수법에 영향을 미치지만 행위의 지속에는 영향을 미치지 않는다.

① [○] 차별적 접촉이란 개인이 법 준수나 법 위반에 대해 우호 또는 비우호적인 규범적 정의에 노출되어 있는 과정을 말한다. 서덜랜드의 차별적 접촉이론이 직접적인 접촉에 기초한 상호작용을 강조하였다면, 에이커스의 사회학습이론은 직접적 접촉뿐만 아니라 간접적 접촉(스마트폰, 인터넷, TV, 신문 등)과 준거집단에 대한 동일시를 포함하고 있다.

② [×] 정의는 특정 행위에 대하여 사람들이 부여하는 의미와 태도를 말하며, 여기에는 범죄에 대한 긍정적 정의, 부정적 정의, 중화적 정의가 포함된다. 에이커스는 행위에 대한 사람들의 긍정적 혹은 부정적 태도가 행위가담 가능성을 결정한다고 보았다. 사람들은 어떤 행위를 거부하는 태도를 견지할수록 그 행위를 덜 하게 된다. 따라서 범죄나 일탈행위를 거부하는 도덕적·인습적 태도는 범죄에 대한 부정적 정의라 할 수 있다. 반대로 어떤 행위를 허용 가능하며 도덕적으로도 문제가 없다고 인식하는 태도나 정의를 긍정적 정의라 한다. 또한 긍정적 정의와 유사하게 중화적 정의 역시 존재한다. 중화적 정의란 사람들은 비록 어떤 행위가 바람직하지 않다고 생각할지라도 그 행위가 특정 상황에서는 정당화될 수 있고 나쁜 것이 아니며 필요하다고 변명하려는 태도를 가질 수 있다는 것이다. 결국 범죄에 긍정적 정의나 중화적 정의를 더 많이 가진 사람일수록 보다 더 범죄행위에 가담할 가능성이 높아진다. 에이커스는 대부분의 경우 범죄는 범죄행위에 대한 우호적 정의가 너무 강하기 때문이 아니라 인습적 신념이 너무 약해서 절제를 못하거니 법위빈에 대한 적극적 또는 중화직 태도를 견지하기 때문에 발생한다고 하였다.

③ [×] 차별적 강화는 행위의 결과로 얻게 되는 보상과 처벌에 의해 영향을 받는다. 주변 사람들로부터 얻게 되는 인정, 돈, 음식, 칭찬 등이 빈번하고 강하며 강화가능성이 높을수록 차별강화는 더 크게 나타난다고 한다. 일반적으로 강화는 어떤 행동을 지속하게 만든다.

④ [×] 모방이란 다른 사람의 행동을 관찰함으로써 그 행위를 따라하는 것이다. 대리강화라 불리는 간접적 체험을 통해서도 행위가 모방이 될 수 있으며, 미디어를 통한 행위학습은 대리강화의 원리가 반영된 대표적인 예이다. 모방은 주로 새로운 행위의 시도나 범행수법의 도입에 더 큰 영향을 미치지만, 행위의 지속에도 영향을 미친다.

정답 ①

17 버제스와 에이커스(Burgess & Akers)의 차별강화이론에 대한 설명으로 가장 적절하지 않은 것은?

2023(73). 경위

① 범죄행위에 대해 처벌이 이루어지지 않아 범죄행위가 지속·강화된다면 이것은 부정적 처벌이다.
② 범죄행동은 행위의 결과로 얻게 되는 보상과 처벌에 의해 영향을 받게 된다.
③ 범죄행위에 대한 보상이 제공됨으로써 범죄행위가 지속·강화된다면 이것은 긍정적 강화이다.
④ 차별접촉이론과 심리학적 학습이론을 접목하였다.

① [×] 부정적 강화(Negative Reinforcement)에 대한 설명이다. 어떤 아이가 착한 일을 했음에도 불구하고 보상이 주어지지 않는다면 향후 그 행위를 지속할 가능성이 낮아지는데, 이를 부정적 처벌(Negative Punishment)이라 한다.

② [○] 차별적 강화이론은 범죄행위의 결과로서 보상이 취득되고 처벌이 회피될 때 그 행위는 강화되는 반면, 보상이 상실되고 처벌이 강화되면 그 행위는 약화된다고 설명한다.

③ [○] 어린아이가 어떤 행위에 대하여 부모로부터 보상을 받았다면 그 행위를 지속할 가능성이 높아진다. 행위에 대한 보상이 주어지는 경우를 긍정적 강화(Positive Reinforcement)라 한다.

④ [○] 심리학의 행동주의 학습이론을 사회학에 적용하여, 서덜랜드의 상징적 상호작용론에 기초한 차별접촉의 원리를 스키너(Skinner)의 조작적 조건화로 재구성한 것이 차별적 접촉강화이론이다.

정답 ①

다음 중 버제스(Burgess)와 에이커스(Akers)의 차별접촉강화이론(Differential Association Reinforcement)에 대한 설명으로 가장 옳지 않은 것은?

① 사회학습 요소로서 차별접촉, 차별강화, 정의, 모방을 제시하였다.

② 차별강화는 행위의 결과로 얻게 되는 보상과 처벌에 의해 영향을 받는다.

③ 어린아이가 나쁜 짓을 했을 때 부모가 적절하게 훈육을 한다면 그 아이는 나쁜 짓을 덜 하게 되며, 이는 부정적 처벌(negative punishment)에 해당한다.

④ 행위에 대해 보상이 주어지는 경우 그 행위를 지속할 가능성이 높아지는데 이를 긍정적 강화(positive reinforcement)라 한다.

정답 및 해설

① [○] 개인의 범죄활동을 설명하기 위하여 차별적 접촉, 정의, 차별적 강화, 모방을 중심으로 학습과정의 핵심 개념을 제시하였다.

② [○] 차별적 강화는 행위의 결과로 얻게 되는 보상과 처벌에 의해 영향을 받는다. 주변 사람들로부터 얻게 되는 인정, 돈, 음식, 칭찬 등이 빈번하고 강하며 강화가능성이 높을수록 차별강화는 더 크게 나타난다고 한다. 일반적으로 강화는 어떤 행동을 지속하게 만든다.

③ [×] 긍정적 처벌에 대한 설명이다. 처벌에는 행위에 대한 보상을 철회하거나 그 행위에 대해 처벌하는 긍정적 처벌과 착한 행위를 했음에도 불구하고 보상이 주어지지 않는 부정적 처벌이 있다. 처벌은 그 행위를 감소시킨다.

④ [○] 강화에는 행위에 대해 보상이 주어지는 긍정적 강화와 처벌이 제공되지 않아 강화가 이루어지는 부정적 강화가 있다. 강화는 지속적으로 그 행위를 하게 만든다.

정답 ③

제2절 | 사회통제이론

초기 통제이론들에 대한 다음 설명 중 가장 적절하지 않은 것은?

① 나이(Nye)는 가정을 사회통제의 가장 중요한 근본이라고 주장하였다.

② 리스(Reiss)는 개인이 스스로 욕구를 참아내는 능력인 개인적 통제력의 개념을 제시하였다.

③ 레클리스(Reckless)의 봉쇄이론(Containment Theory)은 청소년 비행의 요인으로 내적 배출요인과 외적 유인요인이 있다고 하였다.

④ 토비(Toby)의 통제이론은 범죄를 통제하는 기제로서 자아의 역할을 특히 강조하였다.

정답 및 해설

① [○] 나이(Nye)는 가정을 사회통제의 가장 중요한 근본임을 강조하였다. 그는 대부분의 청소년비행이 불충분한 사회통제의 결과라고 보았다. 그는 비행자들은 부모에게 거부당하거나 인정받지 못하였고, 비행을 저지르지 않은 청소년들은 부모의 훈육과 부모와 시간을 보내는 것에 긍정적인 태도를 갖고 있다는 설문조사의 결과를 제시하며 청소년비행에서 가정의 중요성을 강조하였다.

② [○] 라이스(Reiss)는 청소년범죄의 원인이 청소년 개인의 통제력에 있다고 보았고, 그것을 사회의 규범을 위반하는 욕구를 절제하는 능력이라고 보았다. 그는 소년비행의 원인을 개인통제력의 미비와 사회통제력의 부족으로 파악하였다.

③ [○] 레클리스(Reckless)의 봉쇄이론은 내부적·외부적 통제개념에 기초하여 범죄유발요인과 범죄차단요인으로 나누고, 만약 범죄를 이끄는 힘이 차단하는 힘보다 강하면 범죄나 비행을 저지르게 되고, 차단하는 힘이 강하면 비록 이끄는 힘이 있더라도 범죄나 비행을 자제한다는 이론이다. 범죄나 비행을 유발하는 요인으로 내적 배출요인, 외적 유인요인, 외적 압력요인으로 나누었고, 범죄나 비행을 차단하는 요인으로 내적 통제, 외적 통제로 나누었다.

④ [×] 레클리스(Reckless)는 범죄를 통제하는 기제로서 자아의 역할을 특히 강조한 자아관념이론을 제시하고, 긍정적인 자아관념이 있다면 아무리 범죄자인 친구들과 접촉을 한다고 하더라도 범죄를 실행하지 않는다고 하였다. 그는 비행행위에 대한 내적 견제로 좋은 자아관념이 가장 중요하며 그 밖에 목표지향성과 현실적 목적, 좌절감의 인내, 합법성에 대한 일체감을 들었다. 토비(Jackson Toby)는 『사회적 해체와 순응의 지분(Social Disorganization and Stake in Conformity)』(1957)에서 "순응의 지분(Stake in Conformity)" 개념을 도입하여, 사회통제이론의 발전에 기여했다. 순응의 지분은 개인이 사회적 규범에 순응하면서 유지하려는 사회적, 경제적, 개인적 이해관계를 의미하는 것으로 개인이 사회규범을 어길 경우 잃게 될 "지분"이 많을수록, 범죄나 비행을 저지를 가능성이 낮아진다는 가정을 담고 있다. 범죄통제요인으로 사회적 지위, 명성, 가족관계, 직업 안정성 등은 규범을 따르게 하는 지분에 해당한다.

정답 ④

02

렉클리스(Reckless)의 봉쇄이론(Containment Theory)이 말하는 범죄유발요인에 해당하지 않는 것은?

2023. 해경 경위

① 합리화(Rationalization)
② 유인(Pull)
③ 배출(Push)
④ 압력(Pressure)

정답 및 해설

① [×] 렉크리스(Reckless)의 봉쇄이론은 범죄율이 높은 빈곤지역에 사는 사람이 어떻게 범죄적 환경의 영향을 뿌리치고 범죄활동에의 가담에 저항할 수 있으며, 어떠한 개인적 자질이 그 사람을 범죄유발의 영향으로부터 멀어지게 할 수 있는가라는 의문에 답하고자 하는 이론이다. 즉, 범죄적 영향이 왜 어떤 사람에게는 영향을 미치고, 어떤 사람에게는 영향을 미치지 않는가를 알고자 하는 것이다. 레크리스는 내부적·외부적 통제개념에 기초하여 범죄유발요인과 범죄차단요인으로 나누고, 만약 범죄를 이끄는 힘이 차단하는 힘보다 강하면 범죄나 비행을 저지르게 되고, 차단하는 힘이 강하면 비록 이끄는 힘이 있더라도 범죄나 비행을 자제한다고 하였다.

💡 **범죄나 비행을 유발하는 요인**

압력요인 (외적 압력)	불만족한 상태에 들게 하는 조건을 지칭한 것으로 빈곤·실업 등 열악한 생활조건, 가족갈등, 열등한 신분적 지위, 성공기회의 박탈 등
유인요인 (외적 유인)	정상적인 생활로부터 이탈하도록 유인하는 요소로 주위의 비행친구, 비행이나 범죄하위문화, 범죄조직, 불건전한 대중매체, 유흥업소 등의 유해환경 등
배출요인 (내적 배출)	비행을 하려는 욕구와 충동, 불안감, 불만감, 내적 긴장감, 적의감, 공격성, 즉흥성, 반역성 등과 같이 범죄나 비행을 저지르도록 하는 각 개인의 생물학적 혹은 심리적 요소들을 말한다.

💡 **범죄나 비행을 차단하는 요인**

내적 통제	사람들이 내면화한 사회적 규칙 또는 규범으로 자기통제력 및 자아나 초자아의 능력과 좌절감을 인내할 수 있는 능력, 책임감, 집중력, 성취지향력, 대안을 찾을 수 있는 능력 등
외적 통제	가족이나 주위사람들과 같이 외부적으로 범죄를 차단하는 요인들로 일관된 도덕교육, 교육기관의 관심, 합리적 규범과 기대체계, 집단의 포용성, 효율적인 감독과 훈육, 소속감과 일체감의 배양 등

정답 ①

03 통제이론에 대한 설명으로 옳지 않은 것은?

2024. 보호 7급

① 라이스(A. Reiss)는 개인적 통제 및 사회적 통제의 실패가 범죄의 원인이라고 보고, 가족 등 일차집단의 역할수행에 주목하였다.

② 레클리스(W. Reckless)는 대부분의 사람이 수많은 압력과 유인에도 불구하고 범행에 가담하지 않고 순응 상태를 유지하는 이유 중의 하나를 사회화 과정에서 형성되는 내적(자기) 통제에서 찾았다.

③ 나이(F. Nye)는 가정이나 학교에서 소년에게 자신의 행위가 주위 사람에게 실망과 고통을 줄 것이라고 인식시키는 것이 소년비행을 예방할 수 있는 가장 효율적인 방법이라고 하였다.

④ 허쉬(T. Hirschi)는 전념(commitment)은 참여(involvement)의 결과물로 장래의 목표성취와 추구에 관한 관심과 열망이 강한 경우 범죄나 비행이 감소한다고 하였다.

정답 및 해설

① [○] 라이스는 『개인적·사회적 통제실패로 인한 일탈』(1951)에서 개인의 자기통제력과 범죄와의 관계에 주목하여, 청소년비행의 원인을 개인통제력의 부족과 사회통제력의 부족으로 파악하고, 가족 등 일차집단의 역할수행에 주목하였다.

② [○] 차별적 접촉이론이 각각의 개인들의 차별적 반응에 대한 문제를 도외시하고 있다는 비판에 대해서 레크리스와 디니츠는 자아관념이라는 개념으로 설명하고자 하였다. 즉, '왜 범죄적 문화와 접촉한 사람 중에서 어떤 사람은 범죄에 빠지지 않는가?'라는 비행다발지역의 비비행소년에 대한 의문을 풀려고 하였다. 자아관념이론은 긍정적인 자아관념이 있다면 아무리 범죄자인 친구들과 접촉을 한다고 하더라도 범죄를 실행하지 않는다는 것으로, 레크리스에 의해 봉쇄이론으로 발전하였는데, 그는 자아관념을 내적 봉쇄요인으로 보았다.

③ [○] 나이(Nye)는 소년비행을 가장 효율적으로 예방할 수 있는 방법으로 가정이나 학교와 같은 비공식기관들이 소년들에게 본인들의 행위가 주위사람들에게 실망과 고통을 줄 것이라고 인식시키는 비공식적인 간접통제방법을 들었다.

④ [×] 전념이 참여의 결과물이 아니라, 참여가 전념의 결과물이다. 전념은 관습적인 생활방식과 활동에 투자하는 시간과 정열을 의미한다. 즉, 교육적 또는 직업적 목표의 성취와 추구에 대한 열망이 비행에 대한 제재로 해석되는데, 이는 이러한 열망의 소유자는 자신의 비행으로 미래의 희망을 망칠 수도 있다고 우려하기 때문에 비행과 같은 위험을 무릅쓴 행동을 하지 않는 반면, 관습적인 일에 대한 열망이 적고 전념하지 못하는 청소년은 그만큼 잃어버릴 것이 적기 때문에 비행과 같은 위험성이 있는 행위에도 가담할 수 있는 것이다. 참여는 전념의 결과로서, 실제로 관습적인 일에 참여하는 것을 말한다. 학업에 열중하고 가족과 시간을 보내는 청소년은 그만큼 비관습적인 일에 참여할 수 있는 시간과 기회가 적어지는 반면, 그렇지 못한 청소년은 학업에 열중할 수 있는 시간과 기회가 적기 때문일 것이다.

정답 ④

04 봉쇄이론(Containment Theory)에 대한 설명으로 옳지 않은 것은?

① 나쁜 친구들, 불건전한 대중매체 등은 유인요인에 해당한다.

② 가족갈등, 열등한 신분적 지위 등은 배출요인에 해당한다.

③ 열악한 생활조건, 성공기회의 박탈은 압력요인에 해당한다.

④ 가족이나 주위사람들은 외적 봉쇄요인에 해당한다.

정답 및 해설

> **레크리스(Reckless)의 봉쇄(견제)이론**
> 범죄유발요인과 범죄차단요인으로 나누고, 만약 범죄를 이끄는 힘이 차단하는 힘보다 강하면 범죄나 비행을 저지르게 되고, 차단하는 힘이 강하면 비록 이끄는 힘이 있더라도 범죄나 비행을 자제한다는 것이다.

정답 ②

05 사이크스(Sykes)와 마짜(Matza)가 제시한 중화의 기법과 사례의 연결이 가장 적절하지 않은 것은?

2024(74). 경위

① 가해(손상)의 부인: 타인의 재물을 횡령하면서 사후에 대가를 지불하면 아무런 문제가 없다고 주장하는 경우
② 충성심(상위가치)에 대한 호소: 특수절도를 하는 과정에서 공범인 A, B와의 친분관계 때문에 의리상 어쩔 수 없었다고 주장하는 경우
③ 피해자의 부인: 성범죄를 저지르면서 피해자가 야간에 혼자 외출하였기 때문에 발생한 것이라고 주장하는 경우
④ 비난자에 대한 비난: 폭력을 행사하면서 어린 시절 부모로부터 학대를 당해 그럴 수밖에 없었다고 주장하는 경우

정답 및 해설

① [○] 가해(손상)의 부전은 훔친 것을 빌린 것이라고 히는 등 자신의 행위기 위법힌 것일지는 몰라도 실제로 자신의 행위로 인하여 손상을 입은 사람은 아무도 없다고 주장하며 합리화하는 경우가 이에 해당한다(자신의 범죄사실을 부정하는 것).
② [○] 상위가치(충성심)에 대한 호소는 자신의 행위가 옳지는 않지만, 친구 등 중요한 개인적 친근집단에 대한 충성심이나 의리에서 어쩔 수 없었다는 주장으로 중화시키는 것을 말한다.
③ [○] 피해자의 부정은 자신의 행위가 피해를 유발한 것은 인정하지만, 그 피해는 당해야 마땅한 사람에 대한 일종의 정의로운 응징이라고 주장하거나(도덕적 복수자) 피해를 본 사람이 노출되지 않은 경우에 피해자의 권리를 무시함으로써 중화시키는 것을 말한다(자신의 범죄사실은 인정하지만, 범행 행위의 원인을 피해자가 제공).
④ [×] 책임의 부정에 해당한다. 책임의 부정은 의도적인 것이 아니었거나 자기의 잘못이 아니라 주거환경, 친구 등에 책임을 전가하거나 또는 자신도 자기를 통제할 수 없는 외부세력의 피해자라고 여기는 경우가 이에 해당한다(자신의 범죄사실은 인정하지만, 사람·환경에 책임을 전가하는 것). 비난자에 대한 비난은 자신을 비난하는 사람, 즉 경찰·기성세대·부모·선생님 등이 더 나쁜 사람이면서 소년 자신의 작은 잘못을 비난하는 것은 모순이라는 식으로 합리화해 가는 것을 말한다.

정답 ④

06 맛차(Matza)의 표류이론(Drift Theory)에 대한 설명으로 옳지 않은 것은?

2015. 교정 7급

① 비행청소년들은 비행의 죄책감을 모면하기 위해 다양한 중화의 기술을 구사한다.
② 비행이론은 표류를 가능하게 하는, 즉 사회통제를 느슨하게 만드는 조건을 설명해야 한다고 주장하였다.
③ 대부분의 비행청소년들은 합법적인 영역에서 오랜 시간을 보낸다.
④ 비행청소년들은 비행 가치를 받아들여 비행이 나쁘지 않다고 생각하기 때문에 비행을 한다.

정답 및 해설

④ [×] 밀러(Miller)의 하위계층(계급)문화이론에 대한 설명으로, 범죄행위를 독특한 하류계층 하위문화의 가치와 규범에 대한 정상적인 반응으로 보고 있다.

정답 ④

07 다음 사례를 적절히 설명할 수 있는 이론과 그 이론을 주장한 학자로 옳은 것은?

2015. 교정 9급

> A회사에 근무하는 甲은 신입직원 환영회에서 여직원들에게 인기를 독차지한 乙이 자신이 근무하는 부서로 발령을 받자 다른 남자 동료 직원과 함께 乙을 집단으로 따돌렸다. 甲은 乙이 오히려 부서의 단합을 저해한 원인을 제공하고 있다고 비난하였다.

① 허쉬(Hirschi)의 사회통제이론
② 클로워드(Cloward)와 오린(Ohlin)의 차별적 기회구조이론
③ 사이크스(Sykes)와 맛차(Matza)의 중화기술이론
④ 베커(Becker)의 낙인이론

정답 및 해설

③ [○] 사이크스(Sykes)와 맛차(Matza)의 중화기술의 유형 중 '피해자의 부정(Denial of Victim)'에 해당한다.

정답 ③

 08 다음은 사이크스(Sykes)와 마차(Matza)의 중화기술에 관한 내용이다. ㉠, ㉡에 해당되는 유형이 가장 적절하게 짝지어진 것은?

2022. 경찰2차

> ㉠ 범죄자 甲은 이 세상은 타락했고 경찰도 부패했다며 '왜 나만 갖고 그래!'라고 소리쳤다.
> ㉡ 범죄자 乙은 자신에게 폭행당한 사람에게 '네가 힘없는 부녀자를 때렸기 때문에 넌 맞아도 돼!'라고 말했다.

① ㉠ 비난자에 대한 비난(Condemnation of condemners)
   ㉡ 피해자의 부정(Denial of Victim)
② ㉠ 책임의 부정(Denial of Responsibility)
   ㉡ 피해의 부정(Denial of Injury)
③ ㉠ 책임의 부정(Denial of Responsibility)
   ㉡ 피해자의 부정(Denial of Victim)
④ ㉠ 비난자에 대한 비난(Condemnation of condemners)
   ㉡ 책임의 부정(Denial of Responsibility)

정답 및 해설

㉠ **비난자에 대한 비난**: 자신을 비난하는 사람, 즉 경찰·기성세대·부모·선생님 등이 더 나쁜 사람이면서 소년 자신의 작은 잘못을 비난하는 것은 모순이라는 식으로 합리화해 가는 것을 말한다.
㉡ **피해자의 부정**: 자신의 행위가 피해를 유발한 것은 인정하지만, 그 피해는 당해야 마땅한 사람에 대한 일종의 정의로운 응징이라고 주장하거나 피해를 본 사람이 노출되지 않은 경우에 피해자의 권리를 무시함으로써 중화시키는 것을 말한다.

정답 ①

중화의 기법 중 다음 <보기>의 연구와 관련성이 가장 적은 것은?

2023. 해경 경위

┤ 보기 ├

1971년 메나헴 아미르(Menachem Amir)는 필라델피아에서 강간범죄 피해자에 대한 연구를 수행하였다. 이 연구에서 아미르는 여성피해자가 흔히 도발적인 복장을 하거나 외설적인 언어를 사용하거나 심지어 일부는 마조히즘 성향을 보이며 강간범과 관계를 가지려고 함으로써 공격에 원인을 제공하였다고 주장하였다.

① 책임의 부정
② 가해의 부정
③ 피해자의 부정
④ 비난자에 대한 비난

정답 및 해설

① [○] **책임의 부정**: 사람이나 어쩔 수 없는 환경상황에서 그럴 수밖에 없었다고 자신의 책임을 전가하는 것을 말한다. 여성피해자가 나(강간범)와 관계를 가지려고 하였기에, 피해자의 잘못이지 나의 잘못이 아니다(자신의 범죄사실은 인정하지만, 사람·환경에 책임을 전가하는 것).

② [○] **가해의 부정**: 피해자의 피해가 그다지 크지는 않다고 그 손상을 부인하는 것을 말한다. 여성피해자가 마조히즘(타인으로부터 물리적이거나 정신적인 고통을 받고 성적 만족을 느끼는 병적인 심리상태) 성향을 보이며 나(강간범)와 관계를 가지려고 하였기에, 누구도 법적 책임을 질 필요가 없다고 주장하는 경우에 해당한다(자신의 범죄사실을 부정하는 것).

③ [○] **피해자의 부정**: 비행의 상대 피해자가 잘못을 했고 피해를 당할만했다고 피해자를 부정하는 것을 말한다. 여성피해자가 흔히 도발적인 복장을 하거나 외설적인 언어를 사용하였기에, 보호받을 가치 없는 정조라고 강간범이 자신의 행위를 정당화한 경우에 해당한다(범행 행위의 원인을 피해자가 제공).

④ [×] **비난자에 대한 비난**: 자신들의 비행을 나무라는 어른이나 경찰들도 법을 위반하기 때문에 자신들만을 나무라는 것은 잘못되었다는 것을 말한다. 제시된 사례와 관련성이 없다.

정답 ④

10

범죄자들이 사용하는 중화기술에 해당하지 않는 것은?

2016. 사시

① 범죄자 甲은 타인 乙의 재물을 절취하면서 자신은 아무런 재산이 없기 때문에 그러한 행위를 하였다고 하면서 자신의 책임을 부정하였다.

② 범죄자 甲은 타인 乙의 재물을 횡령하면서 사후에 대가를 지불하면 아무런 문제가 없다고 변명하였다.

③ 범죄자 甲은 병역의무가 있음에도 불구하고 관련 법률이 개인의 자유권을 침해했다는 이유로 이를 부정하였다.

④ 범죄자 甲은 특수절도를 하는 과정에서 공범인 乙 및 丙과의 친분관계 때문에 어쩔 수 없었다고 주장하였다.

⑤ 범죄자 甲은 수뢰죄 혐의로 수사를 받으면서 사건 담당 사법경찰관 乙의 강제추행사실을 비난하였다.

정답 및 해설

① [○] 책임의 부정(Denial of Responsibility)
② [○] 가해(손상)의 부정(Denial of Injury)
③ [×] 사이크스(Sykes)와 맛차(Matza)의 중화기술이 아닌 비동조(Nonconformity)개념에 해당한다. 이는 사회의 목표와 규범을 거부하거나 따르지 않으면서 대안적 가치를 추구하는 정치적 저항 등 머튼의 전복형(Rebellion)이 이에 해당한다.
④ [○] 상위가치에 대한 호소(고도의 충성심에의 호소. Appeal to Higher Loyalties)
⑤ [○] 비난자에 대한 비난(Condemnation of Condemners)

정답 ③

11 사이크스(Sykes)와 마짜(Matza)가 제시한 중화의 기법 중 '(A) 책임의 부인'과 '(B) 상위의 충성심에 호소'에 해당하는 것을 바르게 연결한 것은?

2019. 5급 승진

㉠ 무엇인가가 나를 그렇게 하도록 만들었어. 어쩔 수 없었잖아.
㉡ 난 단지 그것을 잠시 빌린 것뿐이야.
㉢ 다른 사람들은 더 나쁜 짓을 하고서도 처벌받지 않잖아.
㉣ 나는 내 가족의 생계를 위해서 훔쳤어.

	(A)	(B)
①	㉠	㉡
②	㉠	㉣
③	㉠, ㉡	㉢
④	㉠, ㉣	㉢
⑤	㉡, ㉢	㉠, ㉣

정답 및 해설

㉠ 책임의 부정
㉡ 가해(손상)의 부정
㉢ 비난자에 대한 비난
㉣ 상위가치에 대한 호소(고도의 충성심에의 호소)

정답 ②

12 다음 중 사이크스(Sykes)와 맛차(Matza)의 중화이론(theory of Neutralization)에 대한 설명으로 가장 옳지 않은 것은?

2024. 해경 경위

① 법 위반자는 때로는 위반행위가 단순히 자신의 잘못 때문만이 아니라 자신의 통제에서 벗어난 어쩔 수 없는 힘에 의한 결과였다고 생각한다.
② 범죄란 불법행위에 직면할 때 도덕적 고민을 해결하기 위해 사회적으로 용인된 일정의 표준화된 기술을 학습하여 얻은 극복의 결과로 여긴다.
③ 훔친 물건은 잠시 빌리는 것뿐이며, 물건 파손은 이미 쓸모없는 물건에 해를 입히는 것뿐이라고 여긴다.
④ 범죄란 사회의 문화적이고 제도적 영향의 결과로 바라본다.

정답 및 해설

① [○] 중화기술의 유형 중 책임의 부정에 대한 설명이다.
② [○] 비행을 해서는 안 된다고 생각하면서도 순간적으로 표류하여 비행을 하게 될 때 비행 전에 자신의 비행행위를 정당화하고 중화하는 것이 비행의 원인이라고 보았다. 즉, 불법적 행위에 대한 일련의 표준적 합리화를 수용함으로써 사회적으로 수용된 가치를 중화시킨 결과가 비행이라고 파악하였다.
③ [○] 중화기술의 유형 중 가해의 부정에 대한 설명이다.
④ [×] 메스너와 로젠펠드의 제도적 아노미이론에 대한 설명이다. 중화기술이론에 따르면 범죄는 사회적으로 용인된 기술을 학습하여 얻은 자기합리화의 결과이다. 그러므로 중화이론을 학습이론으로 분류하기도 한다.

정답 ④

13 다음 사례에 해당하는 중화의 기술을 옳게 짝지은 것은?

> ○ 친구의 물건을 훔치면서 잠시 빌린 것이라고 주장하는 경우
> ○ 술에 취해서 자기도 모르는 사이에 저지른 범행이라고 주장하는 경우

	㉠	㉡
①	가해(손상)의 부정	책임의 부정
②	가해(손상)의 부정	비난자에 대한 비난
③	책임의 부정	비난자에 대한 비난
④	피해자의 부정	충성심에 대한 호소

정답 및 해설

㉠ **가해(손상)의 부정**: 훔친 것을 빌린 것이라고 하는 등 자신의 행위가 위법한 것일지는 몰라도 실제로 자신의 행위로 인하여 손상을 입은 사람은 아무도 없다고 주장하며 합리화하는 경우가 이에 해당한다(자신의 범죄사실을 부정하는 것).

㉡ **책임의 부정**: 의도적인 것이 아니었거나 자기의 잘못이 아니라 주거환경, 친구 등에 책임을 전가하거나 또는 자신도 자기를 통제할 수 없는 외부 세력의 피해자라고 여기는 경우가 이에 해당한다(자신의 범죄사실은 인정하지만, 사람·환경에 책임을 전가하는 것).

정답 ①

14 사이크스(Sykes)와 맛차(Matza)는 청소년들이 표류상태에 빠지는 과정에서 '중화기술'을 습득함으로써 자신의 비행을 합리화한다고 하였다. <보기 1>의 중화기술의 유형과 <보기 2>의 구체적인 사례를 바르게 연결한 것은?

────── 보기 1 ──────

> ㉠ 책임의 부정(Denial of Responsibility)
> ㉡ 가해의 부정(Denial of Injury)
> ㉢ 피해(자)의 부정(Denial of Victim)
> ㉣ 비난자에 대한 비난(Condemnation of The Condemners)

────── 보기 2 ──────

> A. 甲은 경찰, 검사, 판사는 부패한 공무원들이기 때문에 자신의 비행을 비난할 자격이 없다고 합리화한다.
> B. 乙은 자신이 비행을 범한 것은 열악한 가정환경과 빈곤, 불합리한 사회적 환경 탓이라고 합리화한다.
> C. 丙은 마약을 사용하면서 마약은 누구에게도 피해를 주지 않는다고 합리화한다.
> D. 점원 丁은 점주의 물건을 훔치면서 점주가 평소 직원들을 부당하게 대우하여 노동을 착취해왔기 때문에 그의 물건을 가져가는 것은 당연하다고 합리화한다.

	㉠	㉡	㉢	㉣
①	B	A	D	C
②	B	C	D	A
③	B	D	C	A
④	D	C	B	A

㉠ 책임의 부정 – B
㉡ 가해의 부정 – C
㉢ 피해자의 부정 – D
㉣ 비난자에 대한 비난 – A

정답 ②

15 중화기술이론의 사례에서 '책임의 부정'에 해당하는 것은? 2022. 보호 7급

① 기초수급자로 지정받지 못한 채 어렵게 살고 있던 중에 배가 고파서 편의점에서 빵과 우유를 훔쳤다고 주장하는 사람
② 성매수를 했지만 성인끼리 합의하여 성매매를 한 것이기 때문에 누구도 법적 책임을 질 필요가 없다고 주장하는 사람
③ 부정한 행위로 인하여 사회적 비난을 받는 사람의 차량을 파손하고 사회정의를 실현한 것이라고 주장하는 사람
④ 교통범칙금을 부과하는 경찰관에게 단속실적 때문에 함정단속을 한 것이 아니냐고 따지는 운전자

① [○] 책임의 부정은 어쩔 수 없는 환경상황에서 그럴 수밖에 없었다고 자신의 책임을 전가하는 것을 말한다.
② [×] 가해의 부정
③ [×] 피해자의 부정
④ [×] 비난자에 대한 비난

정답 ①

16 사이크스(Sykes)와 맛차(Matza)의 중화기술 중 '비난자의 비난'에 해당하는 것은? 2025. 보호 9급

① 자신의 행동으로 인해 타인이 직접적인 피해를 입지 않았다고 주장한다.
② 사회지도층 역시 부패하거나 범죄를 저지르기 때문에, 자신의 범죄 행위가 특별히 비난받을 이유가 없다고 주장한다.
③ 자신의 행위로 인해 피해자가 발생할 가능성을 인정하면서도, 그 피해자는 마땅히 그런 대우를 받을 만한 사람이라고 주장한다.
④ 범죄자는 자신의 행동이 본인의 책임이 아니라 외부 요인에 의해 발생했다고 주장한다.

① [×] **가해의 부정**: 훔친 것을 빌린 것이라고 하는 등 자신의 행위가 위법한 것일지는 몰라도 실제로 자신의 행위로 인하여 손상을 입은 사람은 아무도 없다고 주장하며 합리화하는 경우를 말한다(자신의 범죄사실을 부정하는 것).
② [○] **비난자에 대한 비난**: 자신을 비난하는 사람, 즉 경찰·기성세대·부모·선생님 등이 더 나쁜 사람이면서 소년 자신의 작은 잘못을 비난하는 것은 모순이라는 식으로 합리화해 가는 것을 말한다.
③ [×] **피해자의 부정**: 자신의 행위가 피해를 유발한 것은 인정하지만, 그 피해는 당해야 마땅한 사람에 대한 일종의 정의로운 응징이라고 주장하거나(도덕적 복수자) 피해를 본 사람이 노출되지 않은 경우에 피해자의 권리를 무시함으로써 중화시키는 것을 말한다(자신의 범죄사실은 인정하지만, 범행 행위의 원인을 피해자가 제공).
④ [×] **책임의 부정**: 의도적인 것이 아니었거나 자기의 잘못이 아니라 주거환경, 친구 등에 책임을 전가하거나 또는 자신도 자기를 통제할 수 없는 외부세력의 피해자라고 여기는 경우를 말한다(자신의 범죄사실은 인정하지만, 사람·환경에 책임을 전가하는 것).

정답 ②

17 다음은 사이크스(Sykes)와 마차(Matza)의 중화기술에 관한 내용이다. 해당되는 유형은 무엇인가?

2022(72). 경위

> 이 사회를 운영하는 지도층도 다들 부패했고 도둑놈들이기 때문에 법을 어기는 것은 괜찮아. 그들은 내가 하는 것에 대해서 비판하는 위선자들일 뿐이야. 그렇게 존경받는 사람들이 저지르는 화이트칼라범죄를 봐.

① 책임의 부정(Denial of Responsibility)
② 피해의 부정(Denial of Injury)
③ 피해자의 부정(Denial of Victim)
④ 비난자에 대한 비난(Condemnation of Condemners)

정답 및 해설

④ [○] 사이크스(Sykes)와 맛차(Matza)의 중화기술의 유형 중 '비난자에 대한 비난'에 해당한다. 자신을 비난하는 사람, 즉 경찰·기성세대·부모·선생님 등이 더 나쁜 사람이면서 소년 자신의 작은 잘못을 비난하는 것은 모순이라는 식으로 합리화해 가는 것을 말한다.

정답 ④

18 소년비행의 원인에 대한 설명으로 옳지 않은 것은?

2014. 보호 7급

① 맛차(Matza)와 사이크스(Sykes)에 따르면 일반소년과 달리 비행소년은 처음부터 전통적인 가치와 문화를 부정하는 성향을 가지고 있으며, 차별적 접촉과정에서 전통규범을 중화시키는 기술이나 방법을 습득한다.
② 레크리스(Reckless)에 따르면 누구든지 비행으로 이끄는 힘과 이를 차단하는 힘을 받게 되는데, 만일 비행으로 이끄는 힘이 차단하는 힘보다 강하면 범죄나 비행을 저지르게 된다.
③ 허쉬(Hirschi)에 따르면 누구든지 비행가능성이 잠재되어 있고, 이를 통제하는 요인으로 개인이 사회와 맺고 있는 일상적인 유대가 중요하다.
④ 나이(Nye)에 따르면 소년비행을 예방할 수 있는 방법 중 가장 효율적인 것은 비공식적 간접통제방법이다.

정답 및 해설

① [×] 비행소년은 대부분의 경우 다른 사람들과 마찬가지로 일상적이고 준법적인 행위를 하며 특별한 경우에 한하여 위법적인 행위에 빠져들고, 규범위반에 대해 일련의 표준적 합리화(중화)를 통한 내적 통제의 약화가 범죄의 원인이 된다고 보았다.

> 💡 **중화기술이론과 사회학습이론과의 차이**
>
> 사이크스(Sykes)와 맛차(Matza)도 범죄자가 되는 과정을 학습경험으로 간주하지만, 다른 학습이론들과는 상당한 차이가 있다. 차별적 접촉이론 등은 범죄행위를 수행하는 데 필요한 태도·가치·기술의 학습을 중시하는 데 비해, 사이크스와 맛차는 대부분의 비행자와 범죄자들이 관습적인 가치와 태도를 견지하지만 그들은 이들 가치를 중화(합리화, 정당화)시키는 기술을 배워서 비합법적 행위와 관습적 행위 사이를 왔다갔다 표류(Drift)한다고 주장한다. 이 표류의 개념은 비행이 특별한 수단의 상황이나 여건에 따른 개인의 '규제되지 않은 선택'에 주로 기초한다는 것으로서, 이른바 행위에 대한 개인판단의 중요성이 청소년 행위에 대해 개인적 또는 환경적인 측면에서 결정적 요인을 중시하는 다른 학습이론과는 구별된다. 대부분의 사람들은 완전한 자유와 완전한 제재 사이라는 연속선상의 어떤 한 곳에서 행동하고 자신의 생을 살아가는데, 표류라는 것은 개인이 때로는 완전히 비관습적이고 일탈적인 방법으로 행동하거나, 때로는 그 반대로 행동하여 연속선상의 양극단 중 어느 하나로부터 다른 하나로 옮기는 과정을 말한다.

정답 ①

19 허쉬(Hirschi)의 사회유대이론에 대한 설명으로 가장 적절하지 않은 것은? 2024(74). 경위

① 누구나 범죄를 저지를 가능성이 있지만, 그것을 통제하는 요인은 개인이 사회와 맺고 있는 일상적인 유대이며, 그 유대가 약화되거나 단절되었을 때 범죄를 저지르게 된다고 하였다.

② 사회유대의 요소에는 애착(Attachment), 전념(Commitment), 참여(Involvement), 신념(Belief)이 있다.

③ 사회유대이론은 형사사법기관에 의한 공식적 통제를 강조하였다.

④ 사회유대이론과 억제이론은 통제력을 강조한다는 공통점이 있다.

정답 및 해설

① [○] 허쉬는 사회통제(유대)이론에서 범죄동기는 누구나에게 주어지는 것이라고 가정하였고, 모두가 범죄동기를 가지고 있음에도 왜 대부분의 사람들이 법과 규범을 지키는 것인지를 설명하고자 했고, 그들에게는 사회통제 또는 사회유대가 작동하기 때문이라고 보았다.

② [○] 사회유대의 요소에는 애착, 전념, 참여, 믿음(신념)이 있으며, 개인이 사회와 유대를 맺는 방법인 애착, 전념, 참여, 믿음의 정도에 따라 비행을 저지를지 여부가 결정된다고 보았다.

③ [×] 사회통제이론은 비공식적 통제를 강조한다. 차별적 접촉이론이나 사회학습이론가들이 문화규범의 갈등을 가정하고 범죄에 호의적 문화와 규범 그리고 범죄에 호의적이지 않는 문화와 규범의 존재 모두를 가정했지만, 허쉬는 사회가 범죄에 호의적이지 않은 인습적 규범만이 존재한다고 가정한다. 따라서 사회의 가정, 교육기관, 종교 등 다양한 기구와 제도들은 범죄에 부정적이고, 그래서 사회통제의 기제로 작용한다고 보았다. 그리고 대다수의 많은 사람들은 이러한 인습적인 사회와 유대를 맺음으로서 자신의 범죄동기를 통제할 수 있게 되어 범죄를 저지르지 않는다고 보았다. 그렇지만 일부 사회유대가 약한 사람들은 범죄동기를 통제하지 못해 범죄의 가능성이 높다고 주장한다. 결국 범죄는 범죄동기가 아니라 그것을 통제해 줄 수 있는 사회유대의 여부에 달려있다고 본다.

④ [○] 사회통제이론과 억제이론은 통제력을 강조한다는 공통점이 있다. 사회통제이론은 범죄의 설명요인으로 범죄 여부는 범죄동기가 아니라 이러한 범죄동기를 통제해 줄 수 있는 통제기제의 여부에 달려있다고 본다. 억제이론은 고전주의 범죄학의 기본전제인 인간의 자유의지와 합리성을 기반으로 처벌의 확실성, 엄격성, 신속성에 의해 계량된 처벌의 고통과 범죄로 인한 이익 사이의 함수관계로 범죄를 이해한다. 고전주의 범죄학자들은 이러한 개념을 모든 인간과 모든 범죄에 적용될 수 있는 범죄에 대한 일반이론으로 설명하였으며, 처벌이 강화되면 범죄가 감소되는 것으로 보았다.

정답 ③

20 허쉬(Hirschi)의 사회유대이론에 관한 설명으로 가장 적절하지 않은 것은? 2023(73). 경위

① 모든 사람이 범죄성을 지니고 있는 것은 아니지만 사회적 유대가 약해질 때 범죄를 저지르게 된다.

② 사회유대이론은 『비행원인론』(Causes of Delinquency)이라는 저서를 통하여 발표되었다.

③ 사회유대이론 중 애착(Attachment)이란 청소년이 상대방과의 관계를 중요하게 생각하고 감정적으로 유대감을 가지는 것을 의미한다.

④ 허쉬의 이론은 주로 청소년비행을 설명하기 위해 이론을 제시했지만, 다양한 범죄에 적용할 수 있다.

① [×] 범죄동기는 누구나에게 주어지는 것이라고 가정하였고, 모두가 범죄동기를 가지고 있음에도 왜 대부분의 사람들이 법과 규범을 지키는 것인지를 설명하고자 했고, 그들에게는 사회통제 또는 사회유대가 작동하기 때문이라고 보았다. 사회통제(유대)이론에 따르면 범죄는 범죄동기가 아니라 그것을 통제해 줄 수 있는 사회유대의 여부에 달려있다고 본다. 즉, 범죄의 설명요인은 사회유대의 정도라 했고, 사회와의 유대가 높은 사람은 범죄를 하지 않지만 사회유대가 낮은 사람들은 범죄동기를 통제하지 못하고 범죄를 저지른다고 보았다.

② [○] 허쉬는 『비행의 원인』(Causes of Delinquency. 1969)에서 뒤르껨(Durkheim)의 아노미이론(범죄는 정상적인 사회현상)과 반대로 규범 준수행위가 정상적이고 규범위반행위는 비정상적이라고 보면서, 우리 사회는 비행을 저지르도록 강요하는 긴장은 없다고 보았다.

③ [○] 애착은 청소년의 부모, 친구, 학교선생 등 사회의 중요한 다른 사람과의 애정적 결속관계를 말한다.

④ [○] 허쉬의 저서 『비행의 원인』은 주로 청소년비행을 설명하기 위해 제시하였지만, 이 이론은 다양한 범죄에 적용될 수 있다. 하위계층 사람이 더 범죄를 하는 것이 아니라고 보았고, 계층과 상관없이 누구나 사회유대가 약하면 범죄를 한다고 보았다.

정답 ①

21

허쉬(Hirschi)가 주장한 사회유대이론(Social Bond Theory)을 바탕으로 다음 사례에서 도출 가능한 유대 개념을 가장 적절하게 연결한 것은?

2023. 경찰1차

> 경찰관이 되고자 하는 甲은 본인의 꿈을 달성하기 위하여 다음과 같은 노력을 기울이고 있다.
> ㉠ 경찰관련 학과에 진학하여 전공과목에서 A+학점을 취득하기 위해 수업에 집중하고 있다.
> ㉡ 학과에서 실시하고 있는 학생 순찰대에 가입하여 방과 후 대부분의 시간을 순찰활동에 할애하였다.

① ㉠ 전념(commitment) ㉡ 참여(involvement)
② ㉠ 참여(involvement) ㉡ 전념(commitment)
③ ㉠ 전념(commitment) ㉡ 신념(belief)
④ ㉠ 신념(belief) ㉡ 참여(involvement)

① [○] 허쉬(Hirschi)는 사회유대이론에서 개인이 사회와 유대를 맺는 방법인 애착, 전념, 참여, 믿음의 정도에 따라 비행을 저지를지 여부가 결정된다고 보았다.

㉠ 전념(commitment)에 대한 설명이다. 사회에서의 주요 활동에 대한 관여 또는 투자하는 정도를 말하며, 규범준수에 따른 사회적 보상에 얼마나 관심을 갖는가에 관한 것이다. 미래를 위해 교육에 투자하고 저축하는 것처럼 관습적 활동에 소비하는 시간과 에너지, 노력 등으로, 시간과 노력을 투자할수록 비행을 저지름으로써 잃게 되는 손실이 커져 비행을 저지르지 않는 것을 말한다.

㉡ 참여(involvement)에 대한 설명이다. 행위적 측면에서 개인이 사회와 맺고 있는 유대의 형태로, 개인이 인습적인 활동에 얼마나 많은 시간을 투여하고 있는가에 따라 평가할 수 있다. 관습적 활동 또는 일상적 활동에 열중하는 것으로, 참여가 높을수록 범죄에 빠질 기회와 시간이 적어져 범죄를 저지를 가능성이 감소되는 것을 말한다.

정답 ①

22

2017. 교정 7급

허쉬(Hirschi)의 사회유대이론에 대한 설명으로 옳은 것은?

① 모든 사람을 잠재적 법위반자라고 가정한다.
② 인간의 자유의지와 도덕적 책임감을 강조한다.
③ 범죄율을 이웃공동체의 생태학적 특징과 결부시킨다.
④ 범죄행위는 다른 사람들과의 상호작용으로 학습된다.

정답 및 해설

① [○] 사람은 일탈의 잠재적 가능성을 가지고 있는데, 이것을 통제하는 시스템에 기능장애가 생기면 통제가 이완되고 일탈가능성이 발현되어 범죄가 발생한다고 한다.
② [×] 고전학파에 대한 설명이다.
③ [×] 쇼(Show)와 맥케이(Mckay)의 범죄생태이론(범죄지대연구)과 사회해체이론에 대한 설명이다.
④ [×] **서덜랜드(Sutherland)의 차별적 접촉이론**: 범죄행위는 다른 사람들과의 상호작용과정에서 의사소통을 통해 학습되며, 범죄행위 학습의 중요한 부분은 친밀한 관계를 맺고 있는 집단들에서 일어난다.

정답 ①

23

2020. 보호 7급

허쉬(Hirschi)의 사회유대이론에 대한 설명으로 옳지 않은 것은?

① 신념(Delief)은 지역사회가 청소년의 초기 비행행동에 대해 과잉반응하지 않고 꼬리표를 붙이지 않는 것을 말한다.
② 애착(Attachment)은 개인이 다른 사람과 맺는 감성과 관심으로, 이를 통해서 청소년은 범죄를 스스로 억누르게 되는 것을 말한다.
③ 관여 또는 전념(Commitment)은 관습적 활동에 소비하는 시간·에너지·노력 등으로, 시간과 노력을 투자할수록 비행을 저지름으로써 잃게 되는 손실이 커져 비행을 저지르지 않는 것을 말한다.
④ 참여(Involvement)는 관습적 활동 또는 일상적 활동에 열중하는 것으로, 참여가 높을수록 범죄에 빠질 기회와 시간이 적어져 범죄를 저지를 가능성이 감소되는 것을 말한다.

정답 및 해설

① [×] 믿음(신념)이란 내적 통제를 의미하는 것으로 사람들마다 사회규범을 준수해야 한다고 믿는 정도에는 차이가 있고 규범에 대한 믿음이 약할수록 비행이나 범죄를 저지를 가능성이 높다고 보았다. 탄넨바움(Tannenbaum)은 공공(公共)에 의해 부여된 범죄자라는 꼬리표에 비행소년 스스로가 자신을 동일시하고 그에 부합하는 역할을 수행하게 되는 과정을 '악의 극화'라고 하였다. 따라서 지역사회가 청소년의 초기 비행행동에 대해 과잉반응하지 않고 꼬리표를 붙이지 않는다면, 이들 청소년의 비행교우와 비행활동이 그만큼 적어질 수 있고, 결과적으로 자신을 정상적으로 생각하게 되어 비행이나 범죄적 생활에 전념하는 것을 방지할 수 있는 것이다.

정답 ①

24 허쉬(T. Hirschi)의 사회유대이론의 요소에 대한 설명으로 옳게 짝지어진 것은?

□□□

> ㉠ 부자지간의 정, 친구 사이의 우정, 가족끼리의 사랑, 학교 선생님에 대한 존경 등 다른 사람과 맺는 감성과 관심을 의미한다.
> ㉡ 미래를 위해 교육에 투자하고 저축하는 것처럼 관습적 활동에 소비하는 시간과 에너지, 노력 등을 의미한다.
> ㉢ 학교, 여가, 가정에서 많은 시간을 보내게 되면 범죄행위의 유혹에서 멀어진다는 것을 의미한다.
> ㉣ 관습적인 규범의 내면화를 통하여 개인이 사회와 맺고 있는 유대의 형태로 관습적인 도덕적 가치에 대한 믿음을 의미한다.

	㉠	㉡	㉢	㉣
①	애착	전념	참여	신념
②	애착	전념	신념	참여
③	전념	애착	신념	참여
④	전념	참여	애착	신념

정답 및 해설

💡 개인이 사회와 유대를 맺는 방법(사회연대의 요소)

애착 (Attachment)	• 애정과 정서적 관심을 통하여 개인이 사회와 맺고 있는 유대관계로 부자지간의 정, 친구 사이의 우정, 가족구성원끼리의 사랑, 학교선생에 대한 존경심 등을 들 수 있다. • 자식이 비행을 저지르려 하다가도 부모가 실망하고 슬퍼할 것을 우려해서 그만둔다면 이는 애착에 의하여 사회통제가 이행되는 사례라 할 수 있다. • 허쉬는 사회의 가치나 규범을 개인이 내면화하기 위해서는 다른 사람들에 대한 애착관계가 형성됨으로써 가능하다는 점에서 애착에 의한 사회유대를 가장 강조하였다.
전념 (관여·수용. Commitment)	• 규범준수에 따른 사회적 보상에 얼마나 관심을 갖는가에 관한 것이다. • 미래를 위해 교육에 투자하고 저축하는 것처럼 관습적 활동에 소비하는 시간과 에너지, 노력 등을 의미한다. • 애착이 감정적·정서적인 관계에 기초한 것이라면 전념은 각자의 합리적인 판단을 바탕으로 개인과 사회의 유대가 형성되고 유지되는 형태이다. • 전념에 의한 통제는 규범적인 생활에 집착하고 많은 관심을 두었던 사람은 그렇지 않은 사람들에 비해 잃을 것이 많기 때문에 비행이나 범죄를 자제하도록 한다고 본다.
참여 (Involvement)	• 행위적 측면에서 개인이 사회와 맺고 있는 유대의 형태로 개인이 관습적인 활동에 얼마나 많은 시간을 투여하고 있는가에 따라 평가할 수 있다. • 학교, 여가, 가정에서 많은 시간을 보내게 되면 범죄행위의 유혹에서 멀어진다는 것을 의미한다. • 참여와 범죄발생의 관계에 대해서 허쉬는 마치 '게으른 자에게 악이 번창하듯이' 사회생활에 대하여 참여가 낮으면 그만큼 일탈행동의 기회가 증가됨으로써 비행이나 범죄를 저지를 가능성이 높다고 보았다.
믿음 (신념. Belief)	• 관습적인 규범의 내면화를 통하여 개인이 사회와 맺고 있는 유대의 형태로 관습적인 도덕적 가치에 대한 믿음을 의미한다. • 믿음이란 내적 통제를 의미하는 것으로 사람들마다 사회규범을 준수해야 한다고 믿는 정도에는 차이가 있고 규범에 대한 믿음이 약할수록 비행이나 범죄를 저지를 가능성이 높다고 보았다.

정답 ①

25

허쉬(Hirschi)가 말한 사회적 유대의 네 가지 요소 중 '규범준수에 따른 사회적 보상에 대한 관심'을 나타내는 것으로 가장 옳은 것은?

2023. 해경 경위

① 애착(Attachment)
② 관여(Commitment)
③ 참여(Involvement)
④ 신념(Belief)

정답 및 해설

① [×] **애착**: 개인이 다른 사람과 맺는 감성과 관심으로, 이를 통해서 청소년은 범죄를 스스로 억누르게 되는 것을 말한다.
② [○] **전념**(관여, 수용): 사회에서의 주요 활동에 대한 관여 또는 투자하는 정도를 말하며, 규범준수에 따른 사회적 보상에 얼마나 관심을 갖는가에 관한 것이다.
③ [×] **참여**: 행위적 측면에서 개인이 사회와 맺고 있는 유대의 형태로, 개인이 인습적인 활동에 얼마나 많은 시간을 투여하고 있는가에 따라 평가할 수 있다.
④ [×] **믿음**(신념): 사회의 관습적인 가치, 규범을 얼마나 받아들이고 있는가의 정도를 말한다.

정답 ②

26

다음은 고등학교 야구선수 A의 비행시작과 비행중단에 대한 이론적 설명이다. 가장 적절하지 않은 것은?

2023(73). 경위

> 어려서부터 유망한 야구선수였던 A는 고교 진학 후 좋은 성적을 내야 한다는 심리적 부담과 급작스런 부상으로 야구를 그만두고 비행친구와 어울리게 된다. 하지만, 소속팀을 떠나 음주, 흡연, 성인오락실 출입 등 방황과 일탈로 시간을 보내던 중, 자신이 정말 원하고 좋아하는 일이 야구 그 자체였음을 깨닫고 다시 어렵사리 야구부로 돌아왔다. 일탈적 생활습관이 추후 선수생활을 유지하는 데 지장을 줄 수 있다고 생각하여 비행친구의 유혹을 뿌리치고 운동에만 매진하게 되었다.

① 애그뉴(Agnew)의 일반긴장이론에 따르면 야구선수 A의 부상과 성적에 대한 부담은 긴장으로 볼 수 있다.
② 허쉬(Hirschi)의 사회유대이론에 따르면 A가 야구부 복귀 후 비행친구의 유혹을 뿌리치고 운동에만 매진하는 것은 전념(Commitment)에 해당한다.
③ 레클리스(Reckless)의 봉쇄이론에 따르면 A의 비행중단은 외적 봉쇄요인보다 내적 봉쇄요인의 작용이 컸다.
④ 갓프레드슨과 허쉬(Gottfredson & Hirschi)의 자기통제이론에 따르면 A의 비행은 전형적인 낮은 자기통제력 사례에 해당한다.

정답 및 해설

④ [×] A의 비행은 낮은 자기통제력과 관련이 없다. 갓프레드슨과 허쉬는 자기통제이론에서 자기통제력은 어릴 때 부모의 양육방법에 의해 결정된다고 하면서, 부모로부터 감독이 소홀하거나 애정 결핍 속에 무계획적 생활습관이 방치되고, 잘못된 행동에 일관적이고도 적절한 처벌이 없이 자란 아이들이 자기통제력이 낮다고 보았다.

정답 ④

27
갓프레드슨(Gottfredson)과 허쉬(Hirschi)의 자기통제이론(Self Control Theory)에 관한 설명으로 가장 적절한 것은?

2023. 경찰2차

① 갓프레드슨과 허쉬는 자기통제이론이 모든 인구사회학적 집단에 의해 발생하는 모든 유형의 범죄행위와 범죄유사행위를 설명할 수 있다고 주장하였다.
② 유년기에 형성된 자기통제력은 개인의 상황과 생애과정의 경험에 따라 변화한다.
③ 낮은 자기통제력의 주요 원인은 청소년기 동안 경험한 비행친구와의 교제이다.
④ 청소년은 사회통제로부터 벗어나 합법과 위법의 사이를 표류하여 비행을 저지른다.

정답 및 해설

① [○] 허쉬(Hirschi)는 1969년 사회통제이론 이후에 갓프레드슨(Gottfredson)과 함께 1990년에 자기통제이론을 제시하였다. 이 이론은 범죄에 대한 일반이론으로도 불리며, 기존의 실증주의 학파와 고전주의 학파를 통합하려 했다. 문제행동에서부터 재산, 폭력범죄를 포함한 모든 유형의 범죄를 설명하며, 모든 연령층과 모든 국가, 문화권에도 적용된다고 하였다. 이 이론에서 어릴 때 형성된 자기통제력이라는 내적 성향 요소가 어려서의 다양한 문세행동, 그리고 청소년비행뿐만 아니라 성인들의 범죄도 설명할 수 있는 유일하면서도 중요한 원인이 된다는 점을 강조하였다. 따라서 비행친구와의 차별적 접촉과 같은 요인들은 비행의 원인이 될 수 없다고 하였다.
② [×] 자기통제력은 순간만족과 충동을 조절할 수 있는지, 스릴과 모험을 추구하기보다는 분별력과 조심성이 있는지, 근시한적이기보다는 앞으로의 일을 생각하는지, 쉽게 흥분하는 성격인지 등을 말한다. 자기통제력이라는 내적 성향은 어릴 때 형성되며, 아동기에 형성된 자기통제력은 청소년기를 지나 성인이 되어서도 변하지 않는 안정적이고도 지속적인 성향이 된다고 한다.
③ [×] 모든 범죄의 원인은 '낮은 자기통제력' 때문이며, 부모의 부적절한 자녀 양육이 자녀의 낮은 자기통제력의 원인이라고 보았다. 자기통제력이 낮은 아이들은 어려서부터 문제행동을 보이고, 청소년이 되어서도 지속적으로 비행을 저지르며, 성인이 되어서도 범죄를 저지를 가능성이 높으며, 결국 어려서 형성된 자기통제력의 결핍이 지속적인 범죄의 주요 원인이 된다.
④ [×] 사이크스(Sykes)와 맛차(Matza)의 중화이론에 대한 설명이다.

정답 ①

28
통제이론(Control Theories)에 관한 설명으로 가장 적절하지 않은 것은?

2023. 경찰1차

① 레클리스(Reckless)는 긍정적 자아관념이 청소년을 범죄환경의 압력과 유인으로부터 보호한다고 주장하였다.
② 나이(Nye)는 직접통제가 공식적 제재를 통해 행사될 수 있음을 인정하면서도, 가정에서의 비공식적 간접통제를 강조하였다.
③ 마차(Matza)는 비행청소년들이 비행가치를 받아들여 비행이 나쁘지 않다고 생각하기 때문에 비행을 저지른다고 보았다.
④ 갓프레드슨(Gottfredson)과 허쉬(Hirschi)는 낮은 수준의 자기통제력이 범죄행동의 주요 원인이라고 보았다.

① [○] 레크리스(Reckless)의 봉쇄(견제)이론은 범죄율이 높은 빈곤지역에 사는 사람이 어떻게 범죄적 환경의 영향을 뿌리치고 범죄활동에의 가담에 저항할 수 있으며, 어떠한 개인적 자질이 그 사람을 범죄유발의 영향으로부터 멀어지게 할 수 있는가라는 의문에 답하고자 하는 이론으로, 범죄를 통제하는 기제로서 자아의 역할을 특히 강조하였다.

② [○] 나이(Nye)는 직접통제가 공식적 제재를 통해 행사될 수 있음을 인정하면서도, 가정을 사회통제의 가장 중요한 근본이라고 주장하며 가정에서의 비공식적 간접통제를 강조하였다.

③ [×] 밀러(Miller)의 하위계층(계급)문화이론에 대한 설명으로, 범죄행위를 독특한 하류계층 하위문화의 가치와 규범에 대한 정상적인 반응으로 보고 있다. 사이크스(Sykes)와 맛차(Matza)는 중화이론에서 비행을 해서는 안 된다고 생각하면서도 순간적으로 표류하여 비행을 하게 될 때 비행 전에 자신의 비행행위를 정당화하고 중화하는 것이 비행의 원인이라고 보았다. 즉, 불법적 행위에 대한 일련의 표준적 합리화를 수용함으로써 사회적으로 수용된 가치를 중화시킨 결과가 비행이라고 파악하였다.

④ [○] 갓프레드슨(Gottfredson)과 허쉬(Hirschi)는 자기통제이론에서 모든 범죄의 원인은 '낮은 자기통제력' 때문이며, 부모의 부적절한 자녀 양육이 자녀의 낮은 자기통제력의 원인이라고 보았다. 자기통제력이 낮은 아이들은 어려서부터 문제행동을 보이고, 청소년이 되어서도 지속적으로 비행을 저지르며, 성인이 되어서도 범죄를 저지를 가능성이 높으며, 결국 어려서 형성된 자기통제력의 결핍이 지속적인 범죄의 주요 원인이 된다고 보았다.

정답 ③

29 다음은 두 명의 학생 사이에 이루어지는 가상의 대화이다. 이들 주장의 근거가 되는 범죄학자들의 이름이 올바르게 짝지어진 것은?

2022(72). 경위

> ㉠ 인간의 본성은 악하기 때문에 그냥 두면 범죄를 저지를 위험성이 높습니다. 그래서 어릴 때부터 부모나 주변 사람들과의 정서적 유대를 강화하여 행동을 통제해야 합니다.
>
> ㉡ 저는 다르게 생각합니다. 사람이 악하게 태어나는 것이 아니라 주변 환경의 영향 때문에 악해지는 것입니다. 따라서 아동이 범죄자로 성장하지 않도록 하기 위해서는 범죄행동을 부추기는 사람들과의 접촉을 차단하는 것이 더 중요합니다.

	㉠	㉡
①	갓프레드슨(Gottfredson)	허쉬(Hirschi)
②	허쉬(Hirschi)	서덜랜드(Sutherland)
③	에이커스(Akers)	서덜랜드(Sutherland)
④	갓프레드슨(Gottfredson)	에이커스(Akers)

㉠ 허쉬의 사회통제이론에 대한 설명으로, 반사회적 행위를 자행하게 하는 근본적인 원인은 인간의 본성에 있다고 보았으며, 누구든지 범행 가능성이 잠재되어 있음에도 불구하고 이를 통제하는 요인으로 허쉬가 지적한 것은 개인이 사회와 맺고 있는 일상적인 유대이다.

㉡ 서덜랜드의 차별적 접촉이론에 대한 설명으로, 분화된 집단 가운데 어느 집단과 친밀감을 가지고 차별적 접촉을 갖느냐에 따라 백지와 같은 인간의 본성에 특정집단의 행동양식을 배우고 익혀나간다는 이론이다.

정답 ②

30 갓프레드슨(Gottfredson)과 허쉬(Hirschi)의 자기통제이론에 대한 설명으로 가장 적절하지 않은 것은?

□□□

2022(72). 경위

① 갓프레드슨과 허쉬는 성인기 사회유대의 정도가 한 개인의 자기통제능력을 변화시킬 수 있다고 주장한다.
② 갓프레드슨과 허쉬는 자기통제능력의 상대적 수준이 부모의 양육방법으로부터 큰 영향을 받는다고 주장한다.
③ 갓프레드슨과 허쉬는 어린 시절 형성된 자기통제능력의 결핍이 모든 범죄의 원인이라고 주장한다.
④ 범죄를 설명함에 있어 청소년기에 경험하는 다양한 환경적 영향요인을 충분히 고려하지 않는다는 비판이 제기되어 왔다.

정답 및 해설

① [×], ③ [○] 갓프레드슨과 허쉬에 따르면 어릴 때 형성된 자기통제력은 청소년기를 지나 성인이 되어서도 변하지 않는 안정적이고도 지속적인 성향이 된다고 한다. 따라서 자기통제력이 낮은 아이들은 어려서부터 문제행동을 보이고, 청소년이 되어서도 지속적으로 비행을 저지르며, 성인이 되어서도 범죄를 저지를 가능성이 높으며, 결국 어려서 형성된 자기통제력의 결핍이 지속적인 범죄의 주요 원인이 된다고 주장하였다.
② [○] 자기통제력이라는 내적 성향은 어릴 때 형성된다고 주장한다. 즉, 자기통제력은 어릴 때 부모의 양육방법에 의해 결정된다고 하면서, 부모로부터 감독이 소홀하거나 애정 결핍 속에 무계획적 생활습관이 방치되고, 잘못된 행동에 일관적이고도 적절한 처벌이 없이 자란 아이들이 자기통제력이 낮다고 보았다.
④ [○] 자기통제이론에서는 자기통제력을 범죄 설명에 있어 유일한 원인이라고 주장하지만, 청소년비행이나 범죄가 성장 시기의 가정, 학교, 친구 등의 환경요인과 상관없이 어릴 때의 성향에 의해서만으로 설명될 수 있는지에는 많은 논란과 비판이 제기되어 왔다.

정답 ①

31 갓프레드슨(Gottfredson)과 허쉬(Hirschi)의 낮은 자기통제(Low Self-Control)에 대한 설명으로 옳지 않은 것은?

□□□

2023. 보호 7급

① 폭력범죄부터 화이트칼라범죄에 이르기까지 모든 범죄를 낮은 자기통제의 결과로 이해한다.
② 순간적인 쾌락과 즉각적 만족에 대한 욕구가 장기적 관심보다 클 때 범죄가 발생한다.
③ 비효율적 육아와 부적절한 사회화보다는 학습이나 문화전이와 같은 실증적 근원에서 낮은 자기통제의 원인을 찾는다.
④ 자기통제가 결여된 자도 범죄기회가 주어지지 않는 한 범죄를 저지르지 않는다.

정답 및 해설

① [○] 갓프레드슨과 허쉬의 자기통제이론(1990)은 범죄에 대한 일반이론으로도 불리며, 기존의 실증주의 학파와 고전주의 학파를 통합하려 했다. 자기통제이론은 문제행동에서부터 재산, 폭력범죄를 포함한 모든 유형의 범죄를 설명하며, 모든 연령층과 모든 국가, 문화권에도 적용되는 이론이다.
② [○] 대부분의 범죄가 우연히 즉각적이면서도 우발적으로 발생한다는 점에서 고전주의 학파를 따랐지만, 또한 그러한 점에서 실증주의에서처럼 범죄자의 특성으로 범죄자는 그와 관련된 개인의 안정된 성향으로 순간만족과 충동성을 통제·조절할 수 있는 능력이 부족하다고 보았다. 자기통제력은 순간만족과 충동을 조절할 수 있는지, 스릴과 모험을 추구하기보다는 분별력과 조심성이 있는지, 근시한적이기보다는 앞으로의 일을 생각하는지, 쉽게 흥분하는 성격인지 등을 말한다.
③ [×] 모든 범죄의 원인은 '낮은 자기통제력' 때문이며, 부모의 부적절한 자녀 양육이 자녀의 낮은 자기통제력의 원인이라고 보았다. 또한 낮은 자기통제와 관련하여 사회화의 결여가 비행·범죄활동으로 이어진다고 주장한다.

④ [○] 범죄의 발생에는 개인의 자기통제력도 중요하지만 범죄의 기회도 중요한 기능을 한다고 주장한다. 충동적인 성격으로 인해 자기 통제력이 약한 사람은 범죄를 범할 위험성이 있지만, 그들의 충동적인 욕구를 만족시켜 줄 만한 범죄기회가 없다면 범죄를 범하지 않게 되고, 반대로 비교적 자기 통제력이 강한 사람도 욕구충족을 위한 기회가 발견된다면, 범죄행동을 저지르게 된다. 범죄에 대한 유인이 크다면, 즉 기회가 좋다면 자기 통제력은 범죄기회에 굴복하게 되는 것이다.

정답 ③

32 범죄이론에 대한 설명으로 옳지 않은 것은?

2024. 보호 9급

① 에이커스(Akers)의 사회학습이론에 따르면, 비행이나 일탈은 사회구성원 간의 상호작용을 통해 학습된다.

② 라이스(Reiss)와 나이(Nye)의 내적 · 외적 통제이론에 따르면, 애정 · 인정 · 안전감 및 새로운 경험에 대한 청소년의 욕구가 가족 내에서 충족될수록 범죄를 저지를 확률이 낮아진다.

③ 허쉬(Hirschi)의 사회유대이론에 따르면, 모든 사람은 잠재적 범죄자로서 자신의 행위로 인해 주변인과의 관계가 악화하는 것을 두려워하기 때문에 범죄를 저지르게 된다.

④ 사이크스(Sykes)와 맛차(Matza)의 중화(기술)이론에 따르면, 자신의 비행에 대하여 책임이 없다고 합리화하는 것도 중화기술의 하나에 해당한다.

정답 및 해설

① [○] 에이커스(Akers)는 차별적 강화이론에 모방의 개념을 포함시켜 사회학습이론을 제시하였다. 즉, 반두라(Bandura)의 사회학습이론을 차용하여 모방과 관찰을 통한 모델링(Modeling)을 추가하여 사회학습 요소로 차별적 접촉, 정의, 차별적 강화, 모방을 제시하였다. 차별적 접촉이론이 범죄의 학습환경으로 고려한 것은 사람들과의 접촉이었으나, 사회학습이론은 학습환경으로 사회적 상호작용과 비사회적 환경 모두를 고려하였다. 즉, 사회적 상호작용과 함께 물리적 만족감(굶주림, 갈망, 성적욕구 등의 해소)과 같은 비사회적 환경에 의해서도 범죄행위가 학습될 수 있다고 넓게 보았다.

② [○] 청소년비행은 욕구의 미충족으로 인해 유발된다. 즉, 애정, 인정, 보호, 새로운 경험 등에 대한 욕구가 가정 내에서 충족되지 못함으로써 가정 외에서 비정상적인 방법으로 욕구를 해소하는 과정에서 소년비행이 발생한다.

③ [×] 누구든지 범행 가능성이 잠재되어 있지만, 자신의 행위로 인해 주변인과의 관계가 악화되는 것을 두려워하기 때문에 범죄를 저지르지 않게 된다(사회유대요소 중 애착에 의한 사회통제).
   ▶ 누구든지 범행 가능성이 잠재되어 있음에도 불구하고 이를 통제하는 요인으로 허쉬(Hirschi)가 지적한 것은 개인이 사회와 맺고 있는 일상적인 유대이다. 따라서 비행이 발생한 경우에 비행문화를 내면화하였다든지, 불량친구의 영향을 받았다든지 하는 측면에서 설명하지 않는다. 대신에 해당소년과 사회와의 유대가 약화되거나 단절됨으로써 소년의 타고난 비행성향이 노출된 것으로 이해한다.

④ [○] 자신의 범죄사실은 인정하지만, 사람 · 환경에 책임을 전가하는 '책임의 부정'에 대한 설명이다.

정답 ③

33 다음 중 허쉬(Hirschi)의 사회유대이론에 대한 설명으로 가장 옳지 않은 것은?

① '애착(Attachment)'은 개인이 다른 사람과 맺는 감성과 관심으로, 이를 통해서 청소년은 범죄를 스스로 억누르게 되는 것을 말한다.

② '참여(Involvement)'는 관습적 활동 또는 일상적 활동에 열중하는 것으로, 참여가 높을수록 범죄에 빠질 기회와 시간이 적어져 범죄를 저지를 가능성이 감소되는 것을 말한다.

③ '신념(Belief)'은 지역사회가 청소년의 초기 비행행동에 대해 과잉반응하지 않고 꼬리표를 붙이지 않는 것을 말한다.

④ '관여 또는 전념(Commitment)'은 관습적 활동에 소비하는 시간·에너지·노력 등으로, 시간과 노력을 투자할수록 비행을 저지름으로써 잃게 되는 손실이 커져 비행을 저지르지 않는 것을 말한다.

정답 및 해설

③ [×] 믿음(신념)이란 내적 통제를 의미하는 것으로 사람들마다 사회규범을 준수해야 한다고 믿는 정도에는 차이가 있고 규범에 대한 믿음이 약할수록 비행이나 범죄를 저지를 가능성이 높다고 보았다. 탄넨바움(Tannenbaum)은 공공(公共)에 의해 부여된 범죄자라는 꼬리표에 비행소년 스스로가 자신을 동일시하고 그에 부합하는 역할을 수행하게 되는 과정을 '악의 극화'라고 하였다. 따라서 지역사회가 청소년의 초기 비행행동에 대해 과잉반응하지 않고 꼬리표를 붙이지 않는다면, 이들 청소년의 비행교우와 비행활동이 그만큼 적어질 수 있고, 결과적으로 자신을 정상적으로 생각하게 되어 비행이나 범죄적 생활에 전념하는 것을 방지할 수 있는 것이다.

정답 ③

34 통제이론에 대한 설명으로 옳지 않은 것은?

① 라이스(A. Reiss) - 소년비행의 원인을 낮은 자기통제력에서 찾았다.

② 레크리스(W. Reckless) - 청소년이 범죄환경의 압력을 극복한 것은 강한 자아상 때문이다.

③ 허쉬(T. Hirschi) - 범죄행위의 시작이 사회와의 유대약화에 있다고 보았다.

④ 에그뉴(R. Agnew) - 범죄는 사회적으로 용인된 기술을 학습하여 얻은 자기합리화의 결과이다.

정답 및 해설

① [○] 라이스의 개인통제이론

② [○] 레크리스의 봉쇄(견제)이론

③ [○] 허쉬의 사회통제(유대)이론

④ [×] 사이크스(Sykes)와 맛차(Matza)의 중화기술이론(Techniques of Neutralization Theory)에 대한 설명이다. 에그뉴(Agnew)의 일반긴장이론(General Strain Theory)은 스트레스와 긴장을 느끼는 개인이 범죄를 저지르기 쉬운 이유를 설명하는 이론으로, 긴장의 개인적 영향을 밝히는 데 도움을 주었다.

정답 ④

35 통제이론에 대한 설명으로 옳은 것은?

2020. 보호 7급

① 나이(Nye)는 범죄통제방법 중 비공식적인 직접통제가 가장 효율적인 방법이라고 주장하였다.
② 레크리스(Reckless)는 외부적 통제요소와 내부적 통제요소 중 어느 한 가지만 제대로 작동되어도 범죄는 방지될 수 있다고 보았다.
③ 맛차(Matza)와 사이크스(Sykes)가 주장한 중화기술 중 '가해의 부정'은 자신의 행위로 피해를 입은 사람은 그러한 피해를 입어도 마땅하다고 합리화하는 기술이다.
④ 통제이론은 "개인이 왜 범죄로 나아가지 않게 되는가"의 측면이 아니라 "개인이 왜 범죄를 하게 되는가"의 측면에 초점을 맞춘다.

정답 및 해설

① [×] 나이(Nye)는 소년비행을 가장 효율적으로 예방할 수 있는 방법으로 비공식적인 간접통제방법을 들었다.
② [○] 레크리스(Reckless)의 봉쇄(견제)이론에 대한 설명이다. 내부적·외부적 통제개념에 기초하여 범죄유발요인과 범죄차단요인으로 나누고, 만약 범죄를 이끄는 힘이 차단하는 힘보다 강하면 범죄나 비행을 저지르게 되고, 차단하는 힘이 강하면 비록 이끄는 힘이 있더라도 범죄나 비행을 자제한다는 것이다. 이때 외부적 통제요소와 내부적 통제요소 중 어느 한 가지만 제대로 작동되어도 범죄는 방지될 수 있다고 보았다.
③ [×] 피해자의 부정에 대한 설명이다.
④ [×] 사회통제이론은 "사람들이 왜 범죄를 저지르는가?"보다는 "왜 많은 사람들이 범죄를 저지르지 않는가?"를 설명하려고 한다.

정답 ②

36 사회학적 범죄원인론 중 통제이론을 주장한 학자만을 모두 고르면?

2022. 교정 9급

㉠ 서덜랜드(Sutherland)	㉡ 나이(Nye)	㉢ 애그뉴(Agnew)
㉣ 라이스(Reiss)	㉤ 베커(Becker)	

① ㉠, ㉢
② ㉡, ㉣
③ ㉡, ㉢, ㉣
④ ㉢, ㉣, ㉤

정답 및 해설

통제이론을 주장한 학자는 ㉡, ㉣이다. 통제이론은 개인적 통제(라이스와 나이의 개인통제, 디니츠의 자기관념이론, 레크리스의 봉쇄이론, 브라이어와 필리아빈의 동조성 전념이론, 사이크스와 맛차의 표류이론·중화기술이론 등), 사회적 통제(허쉬의 사회통제이론 등), 법률적 통제(고전학파의 억제이론, 현대적 억제이론, 클라크와 코니쉬의 합리적 선택이론 등)가 있다.
㉠ [×] 서덜랜드(Sutherland)는 사회학습이론(차별적 접촉이론)을 주장하였다.
㉡ [○] 나이(Nye)는 통제이론을 주장하였으며, 청소년의 비행을 예방할 수 있는 통제방법의 종류를 직접통제(공식통제, 비공식통제), 간접통제, 내부적 통제로 분류하였다.
㉢ [×] 애그뉴(Agnew)는 일반긴장이론을 주장하였다.
㉣ [○] 라이스(Reiss)는 통제이론을 주장하였으며, 개인의 자기통제력과 범죄와의 관계에 주목하여 소년비행의 원인을 개인통제력의 미비와 사회통제력의 부족으로 파악하였다.
㉤ [×] 베커(Becker)는 낙인이론(사회적 지위로서의 일탈)을 주장하였다.

정답 ②

37

□□□

통제이론(Control Theory)에 대한 설명으로 옳은 것은?

2016. 사시

① 통제이론은 사회적 상호작용과정에서 행해지는 주위 사람들의 반응이 범죄문제를 더욱 악화시 킨다고 본다.
② 통제이론은 특히 하층계급의 중범죄를 설명하는 데 적절하다.
③ 허쉬(Hirschi)는 개인의 사회적 활동에 대한 참여가 높을수록 일탈행동의 기회가 증가하여 비행 이나 범죄를 저지를 가능성이 많다고 보았다.
④ 나이(Nye)는 사회통제방법을 직접통제, 간접통제, 내부통제로 나누고, 소년비행예방에 가장 효 율적인 방법은 내부통제라고 보았다.
⑤ 레크리스(Reckless)는 올바른 자아관념이 비행에 대한 절연체라고 보았다.

정답 및 해설

① [×] 낙인이론에 대한 설명이다. 통제이론은 누구나 범죄 또는 일탈동기를 가지고 있으나 개인이나 사회적 통제 에 의해 제지되고 있다는 이론이다.
② [×] 대체로 사소한 비행만을 연구대상으로 하였다는 한계가 있어 강력범죄와 같은 유형의 경우에는 설득력을 갖지 못한다.
③ [×] 허쉬(Hirschi)는 개인이 사회와 유대를 맺는 방법(사회연대의 요소)으로 애착·전념·참여·믿음을 제시하였 고, 참여와 범죄발생의 관계에 대해서 마치 '게으른 자에게 악이 번창하듯이' 사회생활에 대하여 참여가 낮으면 그만큼 일탈행동의 기회가 증가됨으로써 비행이나 범죄를 저지를 가능성이 높다고 보았다.
④ [×] 나이(Nye)는 소년비행을 가장 효율적으로 예방할 수 있는 방법으로 가정이나 학교와 같은 비공식기관들이 소년들에게 본인들의 행위가 주위사람들에게 실망과 고통을 줄 것이라고 인식시키는 비공식적인 간접통제 방법 을 들었다.
⑤ [○] 레크리스(Reckless)는 자아관념을 비행에 대한 절연체라고 주장하면서 선량한 소년들로 하여금 비행을 멀 리하게 하는 중요한 절연체의 역할을 하는 요소는 가족관계에 있으며 이를 바탕으로 형성된 무비행적 태도의 내면화, 즉 사회적으로 용인된 적정한 자기관념의 획득과 유지가 범죄로부터 멀어지게 되는 요인이 된다고 한다.

> **레크리스(Reckless)의 봉쇄(견제)이론(Containment Theory)**
>
> 범죄율이 높은 빈곤지역에 사는 사람이 어떻게 범죄적 환경의 영향을 뿌리치고 범죄활동에의 가담에 저항할 수 있으며, 어떠한 개인적 자질이 그 사람을 범죄유발의 영향으로부터 멀어지게 할 수 있는가라는 의문에 답하고자 하는 이론이다. 즉, 범죄적 영향이 왜 어떤 사람에게는 영향을 미치고, 어떤 사람에게는 영향을 미치지 않는가를 알고자 하는 것이다.

정답 ⑤

38 다음 중 통제이론에 대한 설명으로 가장 옳은 것은?

① 통제이론은 "개인이 왜 범죄로 나아가지 않게 되는가"의 측면이 아니라 "개인이 왜 범죄를 하게 되는가"의 측면에 초점을 맞춘다.

② 나이(Nye)는 범죄 통제방법 중 비공식적인 직접통제가 가장 효율적인 방법이라고 주장하였다.

③ 레크리스(W.Reckless)는 외부적 통제요소와 내부적 통제요소 중 어느 한 가지만 제대로 작동되어도 범죄는 방지될 수 있다고 보았다.

④ 마차(Matza)와 사이크스(Sykes)가 주장한 중화기술 중 '가해의 부정'은 자신의 행위로 피해를 입은 사람은 그러한 피해를 입어도 마땅하다고 합리화하는 기술이다.

정답 및 해설

① [×] 사회통제이론은 "사람들이 왜 범죄를 저지르는가?"보다는 "왜 많은 사람들이 범죄를 저지르지 않는가?"를 설명하려고 한다.

② [×] 나이(Nye)는 소년비행을 가장 효율적으로 예방할 수 있는 방법으로 비공식적인 간접통제방법을 들었다.

③ [○] 레크리스(Reckless)의 봉쇄(견제)이론에 대한 설명이다. 내부적·외부적 통제개념에 기초하여 범죄유발요인과 범죄차단요인으로 나누고, 만약 범죄를 이끄는 힘이 차단하는 힘보다 강하면 범죄나 비행을 저지르게 되고, 차단하는 힘이 강하면 비록 이끄는 힘이 있더라도 범죄나 비행을 자제한다는 것이다. 이때 외부적 통제요소와 내부적 통제요소 중 어느 한 가지만 제대로 작동되어도 범죄는 방지될 수 있다고 보았다.

④ [×] 피해자의 부정에 대한 설명이다.

정답 ③

39 다음 중 학자와 그 주장의 내용이 가장 옳지 않은 것은?

① 나이(Nye)는 가정을 사회통제의 가장 중요한 근본이라고 주장하였다.

② 레크리스(W.Reckless)의 봉쇄이론(Containment Theory)은 청소년비행의 요인으로 내적 배출 요인과 외적 유인요인이 있다고 하였다.

③ 코헨(Cohen)의 비행하위문화이론은 중산계층이나 상류계층 출신이 저지르는 비행이나 범죄를 설명하지 못하는 한계가 있다.

④ 클로워드(Cloward)와 오린(Ohlin)의 범죄적 하위문화는 합법적인 기회구조와 비합법적인 기회구조 모두가 차단된 상황에서 폭력을 수용한 경우에 나타나는 하위문화이다.

정답 및 해설

① [○] 나이(Nye)는 가정을 사회통제의 가장 중요한 근본임을 강조하였다. 그는 대부분의 청소년비행이 불충분한 사회통제의 결과라고 보았으며, 비행자들은 부모에게 거부당하거나 인정받지 못하였고, 비행을 저지르지 않은 청소년들은 부모의 훈육과 부모와 시간을 보내는 것에 긍정적인 태도를 갖고 있다는 설문조사의 결과를 제시하며 청소년비행에서 가정의 중요성을 강조하였다.

② [○] 레크리스(Reckless)의 봉쇄이론은 내부적·외부적 통제개념에 기초하여 범죄유발요인과 범죄차단요인으로 나누고, 만약 범죄를 이끄는 힘이 차단하는 힘보다 강하면 범죄나 비행을 저지르게 되고, 차단하는 힘이 강하면 비록 이끄는 힘이 있더라도 범죄나 비행을 자제한다는 이론이다. 범죄나 비행을 유발하는 요인으로 내적 배출요인, 외적 유인요인, 외적 압력요인으로 나누었고, 범죄나 비행을 차단하는 요인으로 내적 통제, 외적 통제로 나누었다.

③ [○] 코헨(Cohen)은 노동계급의 남자 청소년들에게서 발견되는 비행적인 하위문화의 형성과정을 아노미이론의 틀을 빌려서 설명하였다. 그러므로 중산계층이나 상류계층 출신이 저지르는 비행이나 범죄를 설명하지 못하는 한계가 있다.

④ [×] 클라워드(Cloward)와 오린(Ohlin)의 하위문화유형 중 갈등적 하위문화에 대한 설명이다. 범죄적 하위문화는 합법적 기회는 없고 비합법적 기회와는 접촉이 가능하여 범행이 장려되고 불법이 생활화되는 하위문화유형이다.

정답 ④

01 낙인이론에 대한 평가로 가장 적절하지 않은 것은?

2024(74). 경위

① 낙인이론에 관한 경험적 연구들은 개인이 독립적인 주체로서 낙인을 내면화하는 과정을 명확하게 실증하고 있다.

② 탄넨바움(Tannenbaum)은 악의 극화(Dramatization of Evil)라는 개념을 사용하여 범죄행위의 원인은 사회적으로 부여된 낙인의 결과라고 하였다.

③ 공식적 형사처벌의 긍정적 효과보다는 부정적 효과에 주목하였다.

④ 슈어(Schur)는 이차적 일탈로의 발전이 정형적인 것은 아니며, 사회적 반응에 대한 개인의 적응 노력에 따라 달라질 수 있다고 주장하였다.

정답 및 해설

① [×] 깁스(Gibbs)는 낙인의 비행자아관념에 대한 효과가 과장되었다고 비판한다. 즉, 타인에게 비행행위자로 낙인찍힌 사람들 모두가 순순히 타인의 평가를 내면화하여 비행자아관념을 갖게 되는 것은 아니며, 때로는 타인들의 평가를 부인하거나 거부할 수도 있다는 것이다. 또한 개인이 단순히 주어진 낙인을 받기만 하는 것이 아니라, 낙인을 찾아나서는 경우도 있다는 것이다. 낙인이론에 관한 실증연구들 역시 한 개인이 독립적인 주체로서 낙인을 내면화하는 과정을 제대로 반영하지 못하고 있다.

② [○] 탄넨바움은 『범죄와 지역공동체』(1938)라는 저서에서 소년들이 지역사회로부터 범죄자로 낙인되는 과정을 묘사하였다. 공공에 의해 부여된 범죄자라는 꼬리표에 비행소년 스스로가 자신을 동일시하고 그에 부합하는 역할을 수행하게 되는 과정을 '악의 극화'라고 하였다. 즉, 부정적 낙인은 부정적 자아관념을 심어 일단 자신에게 일탈자로서 낙인이 붙게 되면 스스로 일탈자로 치부하여 일탈행위를 지속한다고 보았다.

③ [○] 공식적 처벌(형사사법기관에 의한 처벌)이 가지는 긍적적 효과보다는 부정적 효과에 주목한다.

④ [○] 이차적 일탈로의 발전은 레머트의 주장처럼 정형화된 발전단계를 거치는 것이 아니라, 그 사람이 사회적 반응에 어떻게 반응하느냐에 따라 외부적 낙인이 자아정체성에 영향을 미칠 수도 있고 미치지 않을 수도 있다고 한다. 이차적인 일탈로의 발전은 개인이 어떻게 사회적 낙인에 반응하느냐에 따라 달라질 수 있다든지, 본인 스스로의 자아낙인을 고려했다는 점에서 다른 낙인이론가들과는 차이가 있다.

정답 ①

---

02 낙인이론에 대한 설명으로 옳은 것만을 모두 고르면?

2020. 교정 9급

> ㉠ 일탈·범죄행위에 대한 공식적·비공식적 통제기관의 반응(Reaction)과 이에 대해 일탈·범죄행위자 스스로가 정의(Definition)하는 자기관념에 주목한다.
>
> ㉡ 비공식적 통제기관의 낙인, 공식적 통제기관의 처벌이 2차 일탈·범죄의 중요한 동기로 작용한다고 본다.
>
> ㉢ 범죄행동은 보상에 의해 강화되고 부정적 반응이나 처벌에 의해 중단된다고 설명한다.
>
> ㉣ 형사정책상 의도하는 바는 비범죄화, 탈시설화 등이다.

① ㉡, ㉣

② ㉠, ㉡, ㉢

③ ㉠, ㉡, ㉣

④ ㉡, ㉢, ㉣

옳은 것은 ㉠, ㉡, ㉣이다.

㉢ [×] 학습이론인 버제스(Burgess)와 에이커스(Akers)의 차별적 강화이론에 대한 설명이다. 범죄행위의 결과로서 보상이 취득되고 처벌이 회피될 때 그 행위는 강화되는 반면, 보상이 상실되고 처벌이 강화되면 그 행위는 약화된다는 것이다.

정답 ③

03

다음은 범죄이론가 – 주요개념 – 정책함의를 연결한 것이다. 빈칸의 내용을 적절하게 짝지은 것은?

2023(73). 경위

범죄이론가	주요 개념	주요 정책함의
서덜랜드 (Sutherland)	(가)	또래집단 예방 및 개입 프로그램
(나)	재통합적 수치심 (Reintegrative Shaming)	회복적 사법
레머트(Lemert), 베커(Becker)	낙인 (Labeling)	(다)

(가)	㉠ 사회학습 (Social Learning)	㉡ 차별접촉/교제 (Differential Association)	㉢ 사회유대 (Social Bond)
(나)	ⓐ 패터노스터 (Paternoster)	ⓑ 브레이스웨이트 (Braithwaite)	ⓒ 헤어 (Hare)
(다)	㉮ 치료적 처우	㉯ 직업기술훈련	㉰ 전환처우

① ㉠ – ⓐ – ㉰
② ㉡ – ⓒ – ㉯
③ ㉢ – ⓐ – ㉮
④ ㉡ – ⓑ – ㉰

④ [○] ㉡ – ⓑ – ㉰

범죄이론가	주요 개념	주요 정책함의
서덜랜드	차별접촉/교제	또래집단 예방 및 개입 프로그램
브레이스웨이트	재통합적 수치심	회복적 사법
레머트, 베커	낙인	전환처우

정답 ④

04

낙인이론에 대한 설명으로 옳지 않은 것은?

① 탄넨바움(F. Tanenbaum)은 공공에 의해 부여된 범죄자라는 꼬리표에 비행소년 스스로가 자신을 동일시하고 그에 부합하는 역할을 수행하게 되는 과정을 '악의 극화(Dramatization of Evil)'라고 하였다.

② 슈어(E. Schur)는 사람에게 범죄적 낙인이 일단 적용되면, 그 낙인이 다른 사회적 지위나 신분을 압도하게 되므로 일탈자로서의 신분이 그 사람의 '주지위(Master Status)'로 인식된다고 하였다.

③ 레머트(E. Lemert)는 1차적 일탈에 대하여 부여된 사회적 낙인으로 인해 일탈적 자아개념이 형성되고, 이 자아개념이 직접 범죄를 유발하는 요인으로 작용하여 2차적 일탈이 발생된다고 하였다.

④ 베커(H. Becker)는 금지된 행동에 대한 사회적 반응이 2차적 일탈을 부추길 뿐 아니라 사회집단이 만든 규율을 특정인이 위반한 경우 '이방인(Outsider)'으로 낙인찍음으로써 일탈을 창조한다고 하였다.

정답 및 해설

② [×] 베커(Becker)의 '사회적 지위로서의 일탈'에 대한 설명이다. 슈어(Schur)는 '자기관념으로부터의 일탈'을 통해 사회적 낙인보다 스스로 일탈자라고 규정함으로써 이차적 일탈에 이르는 경우도 있다는 점을 강조하고(내적인 자아낙인 강조), 불간섭주의를 대책으로 제시하였다.

> **베커(Becker)의 사회적 지위(Social Status)로서의 일탈**
>
> 베커는 일탈을 통제하기 위한 노력이 오히려 일탈적 행위와 일탈적 생활유형을 양산한다는 레머트(Lemert)의 주장을 더욱 확대하여, 금지된 행동에 대한 사회적 반응이 이차적 일탈을 부추길 뿐 아니라 "위반한다면 일탈이 되는 규율을 사회집단이 만들고, 그 규율을 특정인에게 적용하여 이방인(Outsider)으로 낙인찍음으로써 일탈을 창조한다."라고 하였다. 따라서 일탈은 사람이 범하는 행위의 질이 아니라 다른 사람에 의한 규율의 적용과 범법자에 대한 제재의 결과이며, 일탈자는 낙인이 성공적으로 적용된 사람이고, 일탈행위는 사람들이 일탈이라고 낙인찍은 행위이다.

정답 ②

05

낙인이론에 대한 설명으로 가장 적절한 것은?

① 최초 일탈의 발생 원인과 가해자에 대한 관심이 적다는 비판이 있다.

② 레머트(Lemert)는 사회로부터 부정적인 반응을 받은 소년이 스스로 이를 동일시하고 부정적 역할을 수행하게 되는 악의 극화(Dramatization of Evil)에 빠지게 된다고 하였다.

③ 탄넨바움(Tannenbaum)은 일차적 일탈에 대한 부정적인 주변의 반응이 이차적 일탈을 유발한다고 하였다.

④ 베커(Becker)는 일탈자는 공식적인 일탈자라는 주지위를 얻게 되어 교육과 직업 등에 방해를 받게 되며 이로 인해 일탈을 반복하게 된다고 하였다.

정답 및 해설

① [×] 최초의 일탈에 대한 원인설명이 부족하며, 범죄피해자에 대한 관심이 적었다는 비판이 있다. 낙인이론의 주요 관심사는 비행을 저지른 소년들에 대한 사회의 차별적 반응과 그러한 사회적 반응이 한 개인에게 미치는 영향이다.

② [×] 탄넨바움(Tannenbaum)의 악의 극화(Dramatization of Evil. 일탈강화의 악순환)에 대한 설명이다.

③ [×] 레머트(Lemert)의 사회적 낙인(Social Label)으로서의 일탈에 대한 설명이다.

④ [○] 베커(Becker)는 사람에게 범죄적 낙인이 일단 적용되면, 그 낙인이 다른 사회적 지위나 신분을 압도하게 되므로 일탈자로서의 신분이 그 사람의 '주지위'로 인식되어 교육과 직업 등에 방해를 받게 되며 이로 인해 일탈을 반복하게 된다고 하였다.

정답 ④

06 일차적 일탈에 대한 사회적 반응(낙인)의 결과로 나타날 수 있는 현상의 개념과 그것을 제시한 학자를 옳지 않게 짝지은 것은?

2023. 해경 경위

① 이차적 일탈(Secondary Deviance) - 레머트(Lemert)
② 주 지위(Master Status) - 베커(Becker)
③ 자기완성적 예언(Self-fulfilling Prophecy) - 슈어(Schur)
④ 악의 극화(Dramatization of Evil) - 탄넨바움(Tannenbaum)

정답 및 해설

① [○] 레머트(Lemert)는 일차적 일탈에 대하여 부여된 사회적 낙인으로 인해 일탈적 자아개념이 형성되고, 이 자아개념이 직접 범죄를 유발하는 요인으로 작용하여 이차적 일탈이 발생된다고 하였다. 즉, 일차적 일탈에 대한 부정적 사회반응이 이차적 일탈을 만들어 낸다고 하였다.

② [○] 베커(Becker)는 금지된 행동에 대한 사회적 반응이 이차적 일탈을 부추길 뿐 아니라 사회집단이 만든 규율을 특정인이 위반한 경우 '이방인(outsider)'으로 낙인찍음으로써 일탈을 창조하며, 사람에게 범죄적 낙인이 일단 적용되면, 그 낙인이 다른 사회적 지위나 신분을 압도하게 되므로 일탈자로서의 신분이 그 사람의 '주지위'로 인식된다고 하였다.

③ [×] 슈어(Schur)는 규범위반을 하였다고 하여 바로 낙인이 되는 것이 아니고 낙인이 이루어졌더라도 이차적 일탈자로 되는 과정이 단계적으로 진행되지 않는다고 보았다. 즉, 낙인과정에서 개인의 적응노력에 따라 어떤 사람은 낙인을 수용하며 어떤 사람은 여러 가지 협상이나 타협을 통해 낙인을 회피할 수도 있다는 것이다. 이차적 일탈로의 발전은 레머트의 주장처럼 정형화된 발전단계를 거치는 것이 아니라, 그 사람이 사회적 반응에 어떻게 반응하느냐에 따라 외부적 낙인이 자아정체성에 영향을 미칠 수도 있고 미치지 않을 수도 있다고 한다.

④ [○] 탄넨바움(Tannenbaum)은 공공에 의해 부여된 범죄자라는 꼬리표에 비행소년 스스로가 자신을 동일시하고 그에 부합하는 역할을 수행하게 되는 과정을 '악의 극화'라고 하였다. 즉, 부정적 낙인은 부정적 자아관념을 심어 일단 자신에게 일탈자로서 낙인이 붙게 되면 스스로 일탈자로 치부하여 일탈행위를 지속한다고 보았다.

정답 ③

---

07 사회학적 범죄이론과 범죄예방대책의 연결이 가장 적절하지 않은 것은?

2023. 경찰2차

	학자	범죄이론	범죄예방대책
①	샘슨(Sampson)과 동료들	집합효율성이론 (Collective Efficacy Theory)	지역사회 구성원의 상호유대와 신뢰도 향상
②	메스너(Messner)와 로젠펠드(Rosenfeld)	제도적 아노미이론 (Institutional Anomie Theory)	경제적 안전망 제공
③	허쉬(Hirschi)	사회유대이론 (Social Bond Theory)	개인과 사회 간의 연결 강화
④	레머트(Lemert)	낙인이론 (Labeling Theory)	건전한 가정양육환경 조성

정답 및 해설

④ [×] 낙인이론의 범죄예방대책은 비범죄화 또는 다이버전(전환)이다.

정답 ④

08

다음 사례를 읽고 ㉠, ㉡에 적용 가능한 이론에 관한 설명으로 가장 적절하지 않은 것은? 2023. 경찰1차

□□□

이론	사례
㉠	甲은 고등학교 시절 학교 친구들의 따돌림을 받고 게임에 빠져 지내던 중 TV에서 본 조직폭력배 두목의 일대기에 심취하여 그의 행동을 흉내 내다가 범죄를 저질렀다.
㉡	乙은 소년교도소 출소 후 전과자라는 부정적 인식으로 인해 정상적인 사회생활이 어려워지자 다시 범죄조직에 가담하여 범죄자로서의 삶을 살았다.

① ㉠은 개인이 범죄자가 되어가는 과정을 설명하는 사회과정이론 중 하나이다.

② ㉡은 상징적 상호작용론을 바탕으로 한 사회반응이론 중 하나이다.

③ ㉠을 주장한 글레이저(Glaser)는 직·간접적 접촉을 통한 동일시에 의해 범죄행위가 학습될 수 있다고 보았다.

④ ㉡을 주장한 베커(Becker)는 일탈행위를 일차적 일탈과 이차적 일탈로 구분하였다.

정답 및 해설

㉠ 글래저(Glaser)의 차별적 동일시이론, ㉡ 베커(Becker)의 사회적 지위로서의 일탈이다.

① [○] ㉠은 학습이론에 속하는 이론으로, 미시적 관점이다.

② [○] ㉡은 상징적 상호작용이론을 바탕으로 한 사회반응이론(사회 반작용이론, 낙인이론) 중 하나이다.

③ [○] ㉠을 주장한 글래저(Glaser)는 사람은 범죄적 행동양식과 직접 접촉하지 않더라도 TV나 영화 속에 등장하는 주인공과 자신의 이상형을 일치시키면 관념적 동일화를 거쳐 범죄를 학습할 수 있다고 보았다.

④ [×] 레머트(Lemert)의 '사회적 낙인으로서의 일탈'에 대한 설명이다. ㉡을 주장한 베커(Becker)는 범죄행위로 낙인을 찍는 것은 사회적 지위와 같은 효과를 주어 낙인 찍힌 자에게 '주지위'를 부여하는 결과가 되고, 낙인 찍힌 일탈자는 다른 영역에서 정상적인 사회생활을 하는 것이 힘들게 되는 반면 일탈은 더욱 용이하다고 보았다.

정답 ④

09

낙인이론에 대한 설명 중 가장 적절하지 않은 것은? 2022(72). 경위

□□□

① 레머트(Lemert)는 조직적이고 일관성 있게 일어나는 일차적 일탈을 막기 위해서는 지역사회의 관심과 역할이 중요하다고 주장하였다.

② 탄넨바움(Tannenbaum)은 『범죄와 지역공동체』(Crime and the Community, 1938)라는 저서에서 소년들이 지역사회로부터 범죄자로 낙인되는 과정을 묘사하였다.

③ 패터노스터(Paternoster)와 이오반니(Iovanni)에 의하면 낙인이론의 뿌리는 갈등주의와 상징적 상호작용이론으로 볼 수 있다.

④ 낙인이론에 따르면 범죄자의 인구통계학적 특성에 따라 낙인 가능성 및 정도가 달라질 수 있다.

정답 및 해설

① [×] 일차적 일탈이란 낙인을 받기 전에 행하는 비행행위들로 조직적이지 않고, 일관성이 없으며, 자주 일어나지 않는 사소한 일탈행위라고 레머트(Lemert)는 정의하였다.

② [○] 탄넨바움(Tannenbaum)은 그의 저서 『범죄와 지역공동체』에서 지역사회의 개인에 대한 낙인 과정을 다음과 같이 묘사하였다. 청소년들과 지역사회 구성원들 간 몇몇 행위들에 대한 가치판단의 차이가 존재한다. 예를 들어 청소년들은 남의 집 창문을 깨는 행위, 무단으로 결석하는 행위 등을 단순한 모험이나 놀이 정도로 여기지만, 지역사회 구성원들은 일종의 일탈행위로 인식하고 부정적인 시각으로 바라보며 나쁘고 치유할 수 없는 존재들로 규정짓게 되고, 이러한 규정짓기는 공식 낙인 또는 비공식 낙인의 형태로 이루어진다. 결국 해당 청소년들은 자신들을 바라보는 지역사회의 시선, 즉 자신들에 대한 지역사회의 낙인을 인식하게 되고 비행청소년으로서의 자아관념을 갖게 된다.

③ [○] 패터노스터(Paternoster)와 이오반니(Iovanni)에 의하면 갈등주의 관점과 상징적 상호작용이론은 낙인이론의 형성에 큰 영향을 미쳤다고 한다. 이들의 연구는 낙인이론의 기원, 낙인이론의 이론적 주장, 낙인이론에 대한 비판의 반박, 초창기 실증연구들의 문제점을 체계적으로 정리하고 향후 연구들이 나아가야 할 방향을 제시함으로써 낙인이론이 다시 범죄학의 주요 이론으로 자리매김하는 데 크게 기여한 것으로 평가받는다.

④ [○] 낙인이론에 따르면 똑같이 비행을 저지르더라도 사회적 약자계층에 속한 사람들은 그렇지 않은 사람들보다 낙인을 경험할 가능성 및 낙인의 정도가 더 높다고 한다. 한 개인이 사회적 약자계층에 속하는지 여부는 주로 인종, 소득, 사회적 지위 등 인구통계학적 요인들을 중심으로 논의되어 왔다. 즉, 한 국가에서 소수인종 또는 저소득층에 속하거나 사회적 지위가 낮을수록 더 가혹한 낙인을 경험하게 된다는 것이다.

정답 ①

10 낙인이론에 대한 설명으로 옳지 않은 것은?

2014. 사시

□□□

① 다이버전(Diversion)의 확대나 비범죄화 등 인도주의적 형사정책을 주장하는 근거가 된다.
② 범죄행위보다는 범죄행위에 대한 통제기관의 반작용에 관심을 가진다.
③ 레머트(Lemert)에 의하면 이차적 일탈은 일반적으로 오래 지속되며, 행위자의 정체성이나 사회적 역할들의 수행에 중요한 영향을 미친다.
④ 범죄의 원인을 범죄자의 개인적 특징에서 찾는다.
⑤ 일차적 일탈의 원인이나 범죄피해자에 대한 관심이 적다는 비판이 있다.

정답 및 해설

④ [×] 범죄인과 사회의 상호작용에 의한 사회적 낙인과 반작용, 특히 낙인의 주체인 법집행기관의 역할에 초점을 맞춘 규범회의주의의 입장에 있으며, 범죄가 범죄통제를 야기하기보다는 범죄통제가 오히려 범죄를 야기한다고 보았다.

정답 ④

11 낙인이론(Labeling Theory)에 대한 설명 중 옳은 것만을 모두 고르면?

2019. 5급 승진

□□□

ㄱ 공식적 처벌이 가지는 긍정적 효과보다는 부정적 효과에 주목하였다.
ㄴ 범죄자에 대한 시설 내 처우의 축소와 사회 내 처우의 확대를 주장하였다.
ㄷ 사회적 위험성이 없는 행위는 범죄목록에서 제외해야 한다고 주장하였다.
ㄹ 다이버전(Diversion)에 대해서는 사회적 통제망의 확대를 이유로 반대하였다.
ㅁ 일탈과 비일탈을 뚜렷하게 구분하면서 일차적 일탈의 근본원인을 설명하였다.

① ㄱ, ㄴ, ㄷ
② ㄱ, ㄴ, ㄹ
③ ㄱ, ㄷ, ㄹ
④ ㄱ, ㄴ, ㄷ, ㅁ
⑤ ㄴ, ㄷ, ㄹ, ㅁ

정답 및 해설

옳은 것은 ㄱ, ㄴ, ㄷ이다.
ㄹ [×] 소년사법분야나 경미범죄, 과실범죄 등에 대해 그 예방차원으로 비범죄화, 다이버전, 시설 내 구금수용의 철폐 등을 주장하여 사회 내 처우의 근거가 되었으며, 시설 내 처우의 문제점을 지적하면서 사회 내 처우의 필요성을 강조하였다.
ㅁ [×] 최초의 일탈에 대한 원인설명이 부족하다는 비판을 받는다.

정답 ①

12 레머트(E. M. Lemert)가 주장한 낙인효과에 대한 설명이 바르게 짝지어지지 않은 것은? 2024. 보호 7급

① 오명씌우기(stigmatization): 일차적 일탈자에게 도덕적 열등이라는 오명이 씌워져서 이후 정상적인 자아정체성을 회복하는 것이 곤란해진다.

② 제도적 강제(institutional restraint)의 수용: 공식적 처벌을 받게 되면 스스로 합리적·독자적 사고를 하지 못하고 사법기관의 판단을 수용할 수밖에 없게 된다.

③ 부정적 정체성의 긍정적 측면(positive side of negative identity): 일차적 일탈자는 자신에 대한 부정적 평가를 거부하는 과정을 통해 긍정적 정체성을 형성한다.

④ 일탈하위문화에 의한 사회화(socialization of deviant subculture): 공식적인 처벌을 집행하는 시설 특유의 일탈하위문화에 의하여 범죄를 옹호하는 가치나 새로운 범죄기술을 습득하게 된다.

정답 및 해설

일차적 일탈자를 이차적 일탈자로 악화시키는데 공식반응이 미치는 낙인효과는 오명씌우기, 불공정에 대한 자각, 제도적 강제의 수용, 일탈하위문화에 의한 사회화, 부정저 정체선의 긍정적 측면이 있디.

① [○] **오명씌우기**: 사법기관에 의한 공식반응이 행해짐으로써 일차적 일탈자에게 도덕적 열등이라는 오명이 씌워진다. 특히 공식처벌은 대중매체를 통해 알려지고 전자로 기록되면서 종전과는 달리 타인과의 관계설정이 어려워지고 구직이 어려워지는 등 정상적인 사회생활을 하지 못하게 되므로 이차적 일탈로 이어진다.

② [○] **제도적 강제의 수용**: 일차적 일탈자는 공식적 처벌을 받게 되면 자신에 대한 사법기관의 판단을 수용할 수밖에 없게 된다는 것이다.

③ [×] **부정적 정체성의 긍정적 측면**: 사법기관이 일탈자에게 부정적인 정체성을 부여하지만, 이것을 수용했을 때에 얻게 되는 책임감에 대한 면책이나 죄책감으로부터 도피 등의 이익 때문에 일차적 일탈자는 자신에 대한 부정적인 평가를 거부하지 않는다.

④ [○] **일탈하위문화에 의한 사회화**: 집행시설 내에서는 그 특유한 일탈하위문화가 존재한다. 공식처벌에 따라 일차적 일탈자는 이를 접하게 되면서 범죄를 옹호하는 가치나 새로운 범죄기술을 습득하게 된다는 것이다.

정답 ③

---

13 낙인이론에 대한 설명으로 옳은 것은? 2015. 사시

① 범죄는 귀속과 낙인의 산물이 아니라 일정한 행위의 속성이라고 본다.

② 범죄행위 자체보다 범죄행위에 대한 형사사법기관의 반작용에 관심을 둔다.

③ 랑에(Lange)는 일탈을 일차적 일탈과 이차적 일탈로 구분하고, 이차적 일탈에 이르는 과정에서 협상의 중요성을 강조한다.

④ 베커(Becker)는 직업, 수입, 교육정도와 무관하게 낙인은 주지위가 될 수 없다고 한다.

⑤ 국가가 범죄자의 적발과 교정에 더욱 노력할 것을 범죄대책으로 제시한다.

정답 및 해설

① [×] 범죄는 일정한 행위속성의 결과가 아니라 귀속과 낙인의 산물이다. 즉, 통제기관에 의해 범죄로 규정된다.

② [○] 낙인이론은 일탈의 원인을 정적인 실체로 일탈을 해석하지 않고, 일탈자와 비일탈자 간의 상징적 상호작용에 의한 동적 과정으로 이해한다. 결과적으로 "무엇이 일탈행위를 야기하는가?"라는 의문 대신에 "누가 누구에게 낙인을 찍고, 그 낙인의 결과는 무엇인가."를 의문의 주체로 삼는다. 즉, 상호작용적 관점에서 본다면 누가 누구의 행위를 일탈로 해석하며, 이러한 해석이 상호작용의 당사자의 행위에 어떠한 영향을 미치는가를 관심의 대상으로 한다.

③ [×] 레머트(Lemert)의 '사회적 낙인으로서의 일탈'에 대한 설명이다.

④ [×] 베커(Becker)에 의하면 일탈자라는 낙인은 하나의 사회적 지위로서 그 사람을 대변하는 주지위(Master Status)가 된다고 한다.

⑤ [×] 비범죄화, 전환(다이버전), 탈제도화·탈시설수용화, 탈낙인화 등을 범죄대책으로 제시한다.

정답 ②

14 낙인이론에 대한 설명으로 옳지 않은 것은?

① 낙인이론에 따르면 범죄자에 대한 국가개입의 축소와 비공식적인 사회 내 처우가 주된 형사정책의 방향으로 제시된다.
② 슈어(Schur)는 이차적 일탈로의 발전은 정형적인 것이 아니며 사회적 반응에 대한 개인의 적응노력에 따라 달라질 수 있다고 주장하였다.
③ 레머트(Lemert)는 일탈행위에 대한 사회적 반응은 크게 사회구성원에 의한 것과 사법기관에 의한 것으로 구분할 수 있고, 현대사회에서는 사회구성원에 의한 것이 가장 권위 있고 광범위한 영향력을 행사하는 것으로 보았다.
④ 베커(Becker)는 일탈자라는 낙인은 그 사람의 지위를 대변하는 주된 지위가 되어 다른 사람들과의 상호작용에 부정적인 영향을 미치는 요인이 되는 것으로 설명하였다.

정답 및 해설

① [○] 낙인이론은 형사정책적 대안으로 비범죄화, 전환, 탈제도화·탈시설수용화, 탈낙인화를 주장하였으며, 이에 따라 범죄자에 대한 국가개입은 가능한 축소하고 대신에 비공식적인 사회 내 처우가 새로운 범죄자의 교화방법으로 제시되기도 하였다.
② [○] 슈어(Schur)는 이차적 일탈로의 발전은 레머트(Lemert)의 주장처럼 정형화된 발전단계를 거치는 것이 아니라, 그 사람이 사회적 반응에 어떻게 반응하느냐에 따라 외부적 낙인이 자아정체성에 영향을 미칠 수도 있고 미치지 않을 수도 있다고 한다.
③ [×] 레머트(Lemert)가 특히 관심을 두고 분석한 사항은 이차적 일탈에 관한 것으로, 일탈행위에 대한 사회적 반응의 종류를 크게 사회구성원에 의한 반응과 사법기관에 의한 공식적인 반응으로 나누었다. 사회적 반응 중에서 특히 사법기관에 의한 공식적인 반응(처벌은 일차적 일탈자에게 오명을 씌우고, 사법제도의 불공정성을 자각하게 하고, 제도적으로 강제당하고, 일탈하위문화를 사회화하고, 죄책감이나 책임감을 회피할 수 있는 긍정적 이익을 제공)은 일상생활에서 행해지는 비공식적 반응들보다 심각한 낙인효과를 끼쳐 일차적 일탈자가 이차적 일탈자로 발전하게 된다고 하였다.
④ [○] 베커(Becker)는 사람에게 범죄적 낙인이 일단 적용되면, 그 낙인이 다른 사회적 지위나 신분을 압도하게 되므로 일탈자로서의 신분이 그 사람의 '주지위'로 인식되며, 일탈자라는 낙인은 그 사람의 사회적 지위와 타인과의 상호작용에 부정적인 영향을 미친다고 하였다.

정답 ③

15 낙인이론이 주장하는 형사정책적 결론에 부합하는 것만을 모두 고른 것은?

> ㉠ 기존 형법의 범죄목록 중에서 사회변화로 인하여 더 이상 사회위해성이 없는 행위로 평가되는 것은 범죄목록에서 삭제해야 한다.
> ㉡ 가능한 한 범죄에 대한 공식적 반작용은 비공식적 반작용으로, 중한 공식적 반작용은 경한 공식적 반작용으로 대체되어야 한다.
> ㉢ 가능한 한 범죄자를 자유로운 공동체 내에 머물게 하여 자유로운 상태에서 그를 처우하여야 한다.
> ㉣ 범죄자의 재사회화가 성공적으로 이루어진 후에는 그의 사회적 지위를 되돌려주는 탈낙인화가 뒤따라야 한다.

① ㉠, ㉢
② ㉡, ㉣
③ ㉠, ㉡, ㉢
④ ㉠, ㉡, ㉢, ㉣

④ [○] 모두 낙인이론이 주장하는 형사정책적 결론에 부합한다. 낙인이론은 소년사법분야나 경미범죄자, 과실범죄자 등에 대한 부분에서는 이차적 일탈의 예방차원으로 비범죄화, 다이버전, 시설 내 구금수용의 철폐 등을 주장하여 사회 내 처우의 근거가 되었다.

정답 ④

16 낙인이론에 대한 설명으로 옳지 <u>않은</u> 것은?　　　　　　　　　　　　2018. 보호 7급

① 낙인이론은 범죄행위에 대하여 행해지는 부정적인 사회적 반응이 범죄의 원인이라고 보며 이를 통해 1차적 일탈과 2차적 일탈의 근본원인을 설명한다.
② 탄넨바움(Tannenbaum)에 따르면, 청소년의 사소한 비행에 대한 사회의 부정적 반응이 그 청소년으로 하여금 자신을 부정적인 사람으로 인식하게 한다.
③ 레머트(Lemert)에 따르면, 1차적 일탈에 대한 사회적 반응이 2차적 일탈을 저지르게 한다.
④ 베커(Becker)에 따르면, 일탈자라는 낙인은 그 사람의 사회적 지위와 타인과의 상호작용에 부정적인 영향을 미친다.

① [×] 낙인이론은 일차적 일탈의 원인, 즉 이차적 일탈을 유발하는 일차적 일탈의 근본원인을 설명하지 않았다는 비판을 받는다. 즉, 개인 간·집단 간·사회 간 범죄율의 차이나 일탈과정에 있어서의 개인적 의사결정상 차이 등은 개인적 인격특성 또는 상황적 특성 및 동기의 차이가 있음을 암시해 줌에도 불구하고, 지나치게 사회적 반응만을 강조한 나머지 이런 사항들이 무시되고 있다는 것이다. 따라서 일탈과 비일탈의 구분이 뚜렷할 수 없다는 지적이다.

정답 ①

17 낙인이론(Labeling Theory)에 대한 설명으로 옳지 <u>않은</u> 것은?　　　　　　2015. 교정 7급

① 레머트(Lemert)는 1차적 일탈에 대한 부정적 사회반응이 2차적 일탈을 만들어 낸다고 하였다.
② 베커(Becker)는 일탈자의 지위는 다른 대부분의 지위보다도 더 중요한 지위가 된다고 하였다.
③ 중요한 정책으로는 다이버전, 비범죄화, 탈시설화 등이 있다.
④ 사회 내 처우의 문제점을 지적하면서 시설 내 처우의 필요성을 강조하였다.

① [○] 레머트(Lemert)는 일차적 일탈에 대하여 부여된 사회적 낙인으로 인해 일탈적 자아개념이 형성되고, 이 자아개념이 직접 범죄를 유발하는 요인으로 작용하여 이차적 일탈이 발생된다고 하였다.
② [○] 베커(Becker)는 사람에게 범죄적 낙인이 일단 적용되면, 일탈자로서의 신분이 그 사람의 '주지위(Master Status)'로 인식된다고 하였다. 여기서 주지위는 그 사람의 사회적 상호작용의 과정과 형태에 영향을 미치는 다른 지위나 신분을 제압하는 신분이며 지위이다. 그러므로 일탈자로서의 공식낙인 또는 신분은 그 사람의 주지위로 기능하여 그 사람의 취업이나 인간관계 등에 영향을 미치게 되어 그 사람을 일종의 체계적 규범 위반자로 전이시킨다는 것이다.
③ [○] 낙인이론은 경미한 일탈에 대해서는 낙인의 방지와 제한을 통한 이차적 일탈의 예방을 목표로 비범죄화시켰고, 공적 개입과 그로 인한 공식적 낙인보다는 다양한 대체처분으로서 전환시켰으며, 교정시설의 선별적 수용 등으로 교정시설의 다양한 대체처분을 활용하는 등 형사정책분야에 공헌하였다.
④ [×] 시설 내 처우의 문제점을 지적하면서 사회 내 처우의 필요성을 강조하였다.

정답 ④

18 다음 중 낙인이론에 대한 설명으로 가장 옳지 않은 것은?

① 슈어(Schur)는 이차적 일탈로의 발전은 정형적인 것이 아니며 사회적 반응에 대한 개인의 적응 노력에 따라 달라질 수 있다고 주장하였다.

② 베커(Becker)는 일탈자라는 낙인은 그 사람의 지위를 대변하는 주된 지위가 되어 다른 사람들과의 상호작용에 부정적인 영향을 미치는 요인이 되는 것으로 설명하였다.

③ 형사사법기관의 역할에 대해 회의적이며, 공식적 낙인은 사회적 약자에게 차별적으로 부여될 가능성이 높다고 본다.

④ 레머트(Lemert)는 일탈행위에 대한 사회적 반응은 크게 사회구성원에 의한 것과 사법기관에 의한 것으로 구분할 수 있고, 현대사회에서는 사회구성원에 의한 것이 가장 권위 있고 광범위한 영향력을 행사하는 것으로 보았다.

정답 및 해설

① [○] 슈어(Schur)는 이차적 일탈로의 발전은 레머트(Lemert)의 주장처럼 정형화된 발전단계를 거치는 것이 아니라, 그 사람이 사회적 반응에 어떻게 반응하느냐에 따라 외부적 낙인이 자아정체성에 영향을 미칠 수도 있고 미치지 않을 수도 있다고 한다.

② [○] 베커(Becker)는 사람에게 범죄적 낙인이 일단 적용되면, 그 낙인이 다른 사회적 지위나 신분을 압도하게 되므로 일탈자로서의 신분이 그 사람의 '주지위'로 인식되며, 일탈자라는 낙인은 그 사람의 사회적 지위와 타인과의 상호작용에 부정적인 영향을 미친다고 하였다.

③ [○] 낙인이론은 범죄인과 사회의 상호작용에 의한 사회적 낙인과 반작용, 특히 낙인의 주체인 법집행기관의 역할에 초점을 맞춘 규범회의주의의 입장으로, 공식적 처벌(형사사법기관에 의한 처벌)이 가지는 긍정적 효과보다는 부정적 효과에 주목하여 형사사법기관의 역할에 대해 회의적이며, 똑같이 비행을 저지르더라도 사회적 약자 계층에 속한 사람들은 그렇지 않은 사람들보다 낙인을 경험할 가능성 및 낙인의 정도가 더 높다고 한다.

④ [×] 레머트(Lemert)가 특히 관심을 두고 분석한 사항은 이차적 일탈에 관한 것으로, 일탈행위에 대한 사회적 반응의 종류를 크게 사회구성원에 의한 반응과 사법기관에 의한 공식적인 반응으로 나누었다. 사회적 반응 중에서 특히 사법기관에 의한 공식적인 반응(처벌은 일차적 일탈자에게 오명을 씌우고, 사법제도의 불공정성을 자각하게 하고, 제도적으로 강제당하고, 일탈하위문화를 사회화하고, 죄책감이나 책임감을 회피할 수 있는 긍정적 이익을 제공)은 일상생활에서 행해지는 비공식적 반응들보다 심각한 낙인효과를 끼쳐 일차적 일탈자가 이차적 일탈자로 발전하게 된다고 하였다.

정답 ④

19 다음 중 브레이스웨이트(Braithwaite)의 재통합적 수치심에 대한 설명으로 가장 옳지 않은 것은?

① 일반예방 및 특별예방 효과가 있다.

② 피해자의 참여와 용서는 중요한 요소가 아니다.

③ 수치심은 비공식적 사회통제의 강력한 수단이다.

④ 양심의 가책을 느끼도록 하되 지역사회와 재통합하는 노력을 병행함으로써 미래 범죄의 가능성을 줄이려는 의도를 내포하고 있다.

① [○] 특별예방 및 일반예방의 효과를 가지고 있다. 첫째, 가해자가 피해자와 대화할 기회를 부여함으로써 피해자의 고통을 깨닫고 자신의 행위를 반성하게 하여, 규범적 행동양식으로 회복할 수 있도록 촉진한다. 뿐만 아니라 피해자 및 지역사회와의 화해를 통하여 원활한 사회복귀를 조장한다는 의미에서 특별예방에 기여할 수 있다. 둘째, 소극적 일반예방과 적극적 일반예방에도 기여한다. 지역주민들을 비롯하여 피해자와 함께 참여하는 사람들에게는 범죄피해의 양상을 체험을 통하여 깨닫게 하고 불법행위에 대한 반작용으로서의 처벌위협 및 피해회복을 위한 압력이 존재한다는 사실을 인식하게 함으로써 범죄의 동기를 억제한다는 의미에서 소극적 일반예방에도 기여한다고 할 수 있다. 또한 가해자와 피해자 또는 그 가족 및 지역사회 구성원이 협의과정에 함께 참여하여 피해자와 그 가족의 고통을 공유하고 적정한 급부를 모색하는 과정을 반복함으로써 사건 관여자를 포함한 일반시민에 대한 도덕형성력을 발휘할 수 있다는 의미에서 적극적 일반예방에도 기여한다고 할 수 있다.

② [×] 재통합적 수치심부여 이론에 의하면, 범죄자는 피해자가 앞에 있고 피해자가 적극적으로 참여하게 되면 자신의 범죄를 대면(직면)하지 않을 수 없게 되고 자신이 가한 피해에 대한 자신의 책임을 회피하거나 중립화시킬 가능성은 그만큼 더 적어진다. 감정이 섞이지 않은 판사 앞에서보다는 '의미있는 타인들' 앞에서 수치심을 입을 때 범죄자에게 더 큰 영향력이 생긴다는 것이다.

③ [○] 전통적 낙인이론을 새롭게 보완한 브레이스웨이트는 재통합적 수치심부여이론을 통해 비공식적 사회통제는 법적·공식적 통제보다 영향력이 커서 개인적 수치심을 경험하는 것이 법적 처벌을 받는 것보다 범죄예방효과가 더 크다고 주장하며, 수치심은 비공식적 사회통제의 강력한 수단이 될 수 있으므로, 범죄를 예방하기 위해서는 사회는 재통합적 수치심을 진작시켜야 한다고 주장하였다. 이러한 그의 주장은 회복적 사법제도 발전에 중요한 촉진제가 되었다.

④ [○] 재통합적 수치는 제재를 가하되 범죄자라는 낙인으로부터 벗어나도록 해주기 위한 의식, 용서의 말과 몸짓 등을 수반한다. 즉, 재통합적 수치는 일정한 제재를 통해 범죄자로 하여금 양심의 가책을 느끼도록 하되, 지역사회의 구성원으로 재통합하려는 노력을 병행함으로써 미래 범죄의 가능성을 줄이고자 하는 의도를 포함한 수치를 의미한다.

정답 ②

제11장 비범죄화와 전환

제1절 | 비범죄화와 신범죄화

01 비범죄화에 대한 설명으로 가장 적절하지 않은 것은?

2024(74). 경위

① 피해자 없는 범죄와 주로 사회적 법익을 침해하는 범죄에 적용 가능하다.

② 양심적 병역거부는 대법원의 판결에 따라 비범죄화되었다.

③ 「성매매방지 및 피해자보호 등에 관한 법률」상 성매매 목적의 인신매매를 당한 사람은 처벌하지 아니한다.

④ 입법부에 의한 법률상의 비범죄화뿐만 아니라 경찰·검찰과 같은 수사기관에 의한 실무상의 비범죄화도 이루어지고 있다.

정답 및 해설

① [○] 비범죄화 혹은 탈범죄화란 형사사법절차에서 특정범죄에 대한 형사처벌의 범위를 축소하는 것을 의미하며, 형법이 가지는 보충적 성격과 공식적 사회통제기능의 부담가중을 고려하여 일정한 범죄유형을 형벌에 의한 통제로부터 제외시키는 경향이다. 경미한 범죄, 피해 없는 범죄, 주로 사회적 법익을 침해하는 범죄 등에서 비범죄화가 주장된다.

② [○] 대법원 2018.11.1. 2016도10912 ; 대법원 2020.7.9. 2019도17322 등

③ [×] 비범죄화의 내용과 관련이 없다. 참고로, 성매매방지 및 피해자보호 등에 관한 법률은 성매매를 방지하고, 성매매피해자 및 성을 파는 행위를 한 사람의 보호, 피해회복 및 자립·자활을 지원하는 것을 목적으로 하므로 (동법 제1조) 이들에 대한 처벌조항이 없다. 다만, 성매매알선 등 행위의 처벌에 관한 법률은 성매매 목적의 인신매매를 당한 사람(동법 제2조 제1항 제4호 라목)은 성매매피해자(동법 제2조 제1항 제4호)에 해당하고 성매매피해자의 성매매는 처벌하지 아니한다(동법 제6조 제1항)라고 규정하고 있다.

④ [○] 법률상 비범죄화와 사실상의 비범죄화에 대한 설명이다.

정답 ③

02 비범죄화에 대한 설명으로 옳은 것은?

2017. 교정 7급

① 검사의 기소유예 처분은 비범죄화와 관계가 없다.

② 형법의 탈도덕화 관점에서 비범죄화 대상으로 뇌물죄가 있다.

③ 비범죄화는 형사처벌의 완화가 아니라 폐지를 목표로 한다.

④ 비범죄화는 형법의 보충성 요청을 강화시켜주는 수단이 되기도 한다.

정답 및 해설

① [×] 검사의 기소유예 처분은 사실상 비범죄화에 해당한다. 사실상 비범죄화에는 검찰의 기소편의주의(기소유예)·불기소처분, 범죄관련자 고소·고발 기피, 경찰의 무혐의 처리, 법원의 절차 중단 등이 있다.

② [×] 형법의 탈도덕화 관점에서 비범죄화 대상으로 비영리적 공연음란죄, 음화판매죄 등이 있으며, 뇌물죄는 비범죄화 논의 대상이 아니다.

③ [×] 비범죄화론은 행위에 대한 형사처벌의 폐지가 아니라 형사처벌의 완화를 목표로 한다.

④ [○] 비범죄화(Decriminalization) 혹은 탈범죄화란 형사사법절차에서 특정범죄에 대한 형사처벌의 범위를 축소하는 것을 의미하며, 형법이 가지는 보충적 성격(사회생활에 불가결한 법익을 보호하는 것이 형법 이외의 다른 수단에 의해 불가능한 경우에만 최후 수단으로 적용되어야 함)과 공식적 사회통제기능의 부담가중을 고려하여 일정한 범죄유형을 형벌에 의한 통제로부터 제외시키는 경향이다. 그러므로 비범죄화는 형벌구성요건을 필요 최소한으로 제한시키기 위한 형법의 보충성 요청을 강화시켜주는 수단이 되기도 한다.

정답 ④

03 비범죄화(Decriminalization)에 대한 설명으로 옳지 않은 것은?

2023. 교정 9급

① 비범죄화의 예시로 혼인빙자간음죄가 있다.
② 형사사법 절차에서 형사처벌의 범위를 축소하는 것을 의미한다.
③ 형사사법기관의 자원을 보다 효율적으로 활용하자는 차원에서 경미범죄에 대한 비범죄화의 필요성이 주장된다.
④ 비범죄화의 유형 중에서 사실상 비범죄화는 범죄였던 행위를 법률의 폐지 또는 변경으로 너 이상 범죄로 보지 않는 경우를 말한다.

정답 및 해설

① [○] 비범죄화 논의의 대표적 범죄로 거론되었던 혼인빙자간음죄와 간통죄는 위헌 및 형법 개정으로 폐지되었다. 이는 법률상 비범죄화에 해당한다.
② [○] 비범죄화 또는 탈범죄화란 형사사법절차에서 특정범죄에 대한 형사처벌의 범위를 축소하는 것을 의미한다.
③ [○] 경미범죄를 비범죄화해서 형사사법기관의 부담을 덜어주고, 한정된 수단을 좀 더 중한 범죄와 위험한 범죄자에게 집중함으로써 형사사법의 효율을 높이려는 사법경제 차원에서 경미범죄에 대한 비범죄화의 필요성이 주장된다.
④ [×] 사실상 비범죄화는 형사사법의 공식적 통제권한에는 변함이 없으면서도 일정한 행위양태에 대해 형사사법체계의 점진적 활동축소로 이루어지는 비범죄화를 의미한다.

정답 ④

04 비범죄화 또는 다이버전(Diversion)에 대한 설명으로 옳지 않은 것은?

2011. 사시

① 비범죄화론은 약물범죄와 같은 공공질서 관련 범죄에 대해서 많이 주장되고 있다.
② 다이버전은 형사제재의 최소화를 도모하는 것으로, 보석도 그 한 형태이다.
③ 다이버전은 재판절차 전 형사개입이라는 점에서 또 다른 형사사법절차의 창출이라는 비판도 있다.
④ 경미범죄에 대한 경찰의 훈방조치 내지 지도장 발부, 범칙금 납부제도 등은 넓은 의미의 비범죄화의 일환이다.
⑤ 다이버전은 범죄자를 전과자로 낙인찍을 가능성을 줄인다.

정답 및 해설

② [×] 다이버전(Diversion)은 공식적 형사절차로부터의 이탈과 동시에 사회 내 처우 프로그램에 위탁하는 것을 내용으로 하며, 형사사법기관이 통상의 절차를 중단하고 이를 대체하는 새로운 절차로의 이행을 의미하므로 보석이나 구속적부심사제도는 통상의 형사절차에 해당한다는 점에서 다이버전의 한 예라고 볼 수 없다. 다이버전은 형사사법의 탈제도화라는 의미에서 낙인이론의 산물이라고 할 수 있다.

정답 ②

05 다음 중 비범죄화에 대한 설명으로 가장 옳지 않은 것은?

2024. 해경 경위

① 법률상 비범죄화는 국회의 입법으로 법률이 폐지되거나 헌법재판소의 위헌결정 등에 의한 비범죄화를 의미한다.
② 형사처벌의 범위를 축소시키는 것은 비범죄화에 해당하지 않는다.
③ 수사상 비범죄화는 수사기관이 형벌법규가 존재함에도 사실상 수사하지 아니하는 것을 의미한다.
④ 간통죄는 헌법재판소가 위헌결정을 내림에 따라 비범죄화되었다.

정답 및 해설

① [○] 법률상 비범죄화는 입법작용이나 헌법재판소의 위헌결정과 같은 판결에 의해 형벌법규가 무효화됨으로써 이루어지는 비범죄화를 의미한다.
② [×] 비범죄화 혹은 탈범죄화란 형사사법절차에서 특정범죄에 대한 형사처벌의 범위를 축소하는 것을 의미한다.
③ [○] 수사상 비범죄화는 수사기관이 형벌법규가 존재함에도 불구하고 사실상 수사하지 아니함으로써 달성되는 비범죄화를 의미한다.
④ [○] 비범죄화 논의의 대표적 범죄로 거론되었던 혼인빙자간음죄와 간통죄는 위헌 및 형법 개정으로 폐지되었고, 낙태죄는 헌법재판소가 헌법불합치로 결정(헌재 2019.4.11. 2017헌바127)함에 따라, 2020년까지 「형법」의 관련 조항을 개정하도록 하였다. 2020년 11월 「형법」과 「모자보건법」의 개정안이 국무회의를 통과했으나, 연말까지 국회를 통과하지 못함에 따라 낙태죄 관련 조항은 대체입법 없이 2021년 1월 1일 자동 폐지되었다.

정답 ②

06 비범죄화에 대한 설명으로 옳지 않은 것은?

2023. 보호 7급

① 비범죄화는 형법의 보충적 성격을 강조한다.
② 비범죄화는 형사처벌에 의한 낙인의 부정적 효과를 감소시킨다.
③ 「형법」상 간통죄의 폐지는 비범죄화의 예라고 할 수 없다.
④ 피해자 없는 범죄는 비범죄화의 주요 대상으로 논의된다.

정답 및 해설

① [○] 비범죄화는 형법의 보충성 원칙이나 최후수단성 원칙에 부합한다.
② [○] 비범죄화는 형법이 가지는 보충적 성격과 공식적 사회통제기능의 부담가중을 고려하여 일정한 범죄유형을 형벌에 의한 통제로부터 제외시키는 경향으로, 형사처벌에 의한 낙인의 부정적 효과를 감소시킨다.
③ [×] 비범죄화 논의의 대표적 범죄로 거론되었던 혼인빙자간음죄와 간통죄는 위헌 및 형법 개정으로 폐지되었고, 낙태죄는 헌법재판소가 헌법불합치로 결정(헌재 2019.4.11. 2017헌바127)함에 따라, 2020년까지 「형법」의 관련 조항을 개정하도록 하였다. 2020년 11월 「형법」과 「모자보건법」의 개정안이 국무회의를 통과했으나, 연말까지 국회를 통과하지 못함에 따라 낙태죄 관련 조항은 대체입법 없이 2021년 1월 1일 자동 폐지되었다.
④ [○] 비범죄화의 논의 대상으로 피해자 없는 범죄(성매매, 마리화나 흡연 등 경미한 마약사용, 단순도박 등), 비영리적 공연음란죄, 음화판매죄, 사상범죄 등이 있다.

정답 ③

07 전환제도(diversion)의 장점만을 모두 고르면?

> ㉠ 경미한 범죄자가 형사사법의 대상이 됨으로써 형사사법망이 확대된다.
> ㉡ 범죄자에게 범죄를 중단할 수 있는 변화의 기회를 제공한다.
> ㉢ 형사사법제도의 운영이 최적 수준이 되도록 자원을 배치한다.
> ㉣ 범죄자에 대한 보다 인도적인 처우방법이다.

① ㉠, ㉡   ② ㉠, ㉢

③ ㉡, ㉣   ④ ㉡, ㉢, ㉣

정답 및 해설

전환제도의 장점은 ㉡, ㉢, ㉣이다.

㉠ [×] 전환제도는 낙인이론의 산물로서 경미범죄를 형사사법 절차를 거치지 않고 처리함으로써 낙인효과를 줄일 수 있다는 장점이 있는 반면에, 다이버전이 등장으로 인하여 그동안 형사사법의 대상조차 되지 않았던 문제가 통제대상이 되어 오히려 사회적 통제가 강화(사회통제망의 확대)될 우려가 있다.

정답 ④

제2절 | 다이버전

01 전환처우(다이버전)에 대한 설명으로 가장 적절하지 않은 것은?

① 낙인효과에 의한 2차 범죄를 방지하고 법원의 업무경감을 통해 형사사법 제도의 능률성을 높인다는 장점이 있다.
② 검찰 단계의 (조건부) 기소유예, 법원의 집행유예와 구속적부심사제도 등이 있다.
③ 경찰 단계의 훈방과 「경범죄 처벌법」, 「도로교통법」상 통고처분이 이에 해당한다.
④ 교도소의 수용인원을 줄여 과밀 수용 문제를 해결하는 장점이 있다.

정답 및 해설

② [×] 검찰 단계의 기소유예, 불기소처분, 선도조건부 기소유예, 약식명령청구 등이 있다. 구속적부심사제도는 통상의 형사절차에 속한다.

정답 ②

02 다이버전(Diversion, 전환처우)에 관한 설명으로 가장 적절한 것은?

① 보석과 구속적부심사제도는 다이버전의 한 종류이다.
② 법원 단계에서의 다이버전은 선고유예, 집행유예 등이 있다.
③ 검찰 단계에서의 다이버전은 불기소처분, 가석방 등이 있다.
④ 경찰 단계에서의 다이버전은 훈방, 경고, 약식명령청구 등이 있다.

정답 및 해설

① [×] 보석이나 구속적부심사제도는 통상의 형사절차에 해당한다는 점에서 다이버전의 한 예라고 볼 수 없다.
② [○] 법원 단계에서의 다이버전은 선고유예, 집행유예, 약식명령 등이 있다.
③ [×] 검찰 단계에서의 다이버전은 기소유예, 불기소처분, 선도조건부 기소유예, 약식명령청구 등이 있다. 가석방은 교정 단계에서의 다이버전에 해당한다.
④ [×] 경찰 단계에서의 다이버전은 훈방, 경고, 통고처분, 보호기관 위탁 등이 있다. 약식명령청구는 검찰 단계에서의 다이버전에 해당한다.

정답 ②

03 다이버전에 대한 설명으로 옳지 않은 것은?

① 형벌 이외의 사회통제망의 축소를 가져온다.
② 공식적인 절차에 비해서 형사사법비용을 절감할 수 있다.
③ 업무경감으로 인하여 형사사법제도의 능률성과 신축성을 가져온다.
④ 범죄로 인한 낙인의 부정적 영향을 최소화하여 2차적 일탈의 예방에 긍정적이다.

정답 및 해설

① [×] 다이버전이란 형사사법기관이 통상의 형사절차를 중단하고 이를 대체하는 절차에 의해 범죄인을 처리하는 제도를 말하며, 다이버전의 등장으로 인하여 그동안 형사사법의 대상조차 되지 않았던 문제가 통제대상이 되어 오히려 사회적 통제가 강화될 우려가 있다.

정답 ①

04 전환처우(다이버전)에 대한 설명으로 가장 적절하지 않은 것은?

① 전환처우는 형사사법제도에 융통성을 부여해 범죄인에 대하여 보다 적절히 대응하고, 범죄사건을 효과적으로 처리할 수 있도록 한다.
② 경찰단계에서의 전환처우는 훈방, 통고처분 등이 있다.
③ 전환처우는 형사사법절차에서 적법절차의 원리를 강화하기 위한 것이다.
④ 전환처우는 성인형사사법에서보다는 소년형사사법에서 더욱 유용한 제도로 평가된다.

정답 및 해설

③ [×] 일반적으로 공식적 형사절차로부터의 이탈과 동시에 사회 내 처우프로그램에 위탁하는 것을 그 내용으로 한다. 즉, 다이버전이란 형사사법기관이 통상의 형사절차를 중단하고 이를 대체하는 절차에 의해 범죄인을 처리하는 제도를 말한다.

정답 ③

05 다음 중 전환제도(diversion)에 대한 설명으로 가장 옳지 않은 것은? 2024. 해경 경위

① 교도소의 과밀 수용문제에 대한 대안이 될 수 있다는 장점이 있다.
② 전환제도는 낙인이론의 산물로서 경미범죄를 형사사법 절차를 거치지 않고 처리함으로서 낙인 효과를 줄일 수 있다는 장점이 있다.
③ 경찰단계에서의 전환제도는 통고처분, 경고, 훈방 등이 있다.
④ 구속적부심 또는 보석은 전환제도의 대표적인 예시이다.

정답 및 해설

① [○] 교도소의 수용인원을 줄여 과밀 수용 문제를 해결하는 장점이 있다.
② [○] 전환제도는 낙인이론의 산물로서 범죄인에 대한 형사처벌 및 형집행이 낙인효과를 가져와 오히려 범죄인의 사회복귀를 힘들게 할 뿐만 아니라 범죄인의 자아의식을 왜곡시켜 재범으로 나아가게 한다는 사실이 다이버전을 모색하게 된 동기이다.
③ [○] 경찰단계에서의 전환제도는 훈방, 경고, 통고처분, 보호기관 위탁 등이 있다.
④ [×] 보석이니 구속적부심사제도는 동성의 형사질사에 해당안나는 섬에서 다이버전의 한 예라고 볼 수 없다.

정답 ④

06 청소년범죄 관련 다이버전(Diversion, 전환) 프로그램에 대한 설명으로 옳지 않은 것은? 2020. 교정 9급

① 다이버전은 형사사법기관이 통상적인 형사절차를 대체하는 절차를 활용하여 범죄인을 처리하는 제도를 말한다.
② 공식적인 형사처벌로 인한 낙인효과를 최소화하려는 목적을 갖고 있다.
③ 다이버전은 주체별로 '경찰에 의한 다이버전', '검찰에 의한 다이버전', '법원에 의한 다이버전' 등으로 분류하는 경우도 있다.
④ 경찰의 '선도조건부 기소유예제도'가 대표적인 '기소 전 다이버전' 프로그램이라고 할 수 있다.

정답 및 해설

④ [×] 선도조건부 기소유예제도는 검찰단계의 기소 전 다이버전 프로그램이다. 선도조건부 기소유예제도는 검사가 범죄소년에 대하여 일정한 기간 동안 준수사항을 이행하고 민간인인 범죄예방위원의 선도를 받을 것을 조건으로 기소유예처분을 하고, 그 소년이 준수사항을 위반하거나 재범을 하지 않고 선도 기간을 경과한 때에는 공소를 제기하지 않는 제도를 말하며, 소년에 대한 다이버전제도의 일종이라고 할 수 있다.

정답 ④

07 전환제도(Diversion)의 장점이 아닌 것은? 2021. 교정 7급

① 형사사법대상자 확대 및 형벌 이외의 비공식적 사회통제망 확대
② 구금의 비생산성에 대한 대안적 분쟁해결방식 제공
③ 법원의 업무경감으로 형사사법제도의 능률성 및 신축성 부여
④ 범죄적 낙인과 수용자 간의 접촉으로 인한 부정적 위험 회피

정답 및 해설

① [×] 형사사법대상자 확대 및 형벌 이외의 비공식적 사회통제망 확대는 전환제도(Diversion)의 단점에 해당한다. 그동안 형사사법의 대상조차 되지 않았던 문제가 통제대상이 되어 오히려 사회적 통제가 강화될 우려가 있다는 것이다.

정답 ①

다이버전(Diversion)에 대한 설명 중 옳은 것(○)과 옳지 않은 것(×)을 순서대로 바르게 나열한 것은?

2014. 보호 7급

> ㉠ 일반적으로 공식적 형사절차로부터의 이탈과 동시에 사회 내 처우프로그램에 위탁하는 것을 내용으로 한다.
> ㉡ 형사사법기관이 통상의 형사절차를 중단하고 이를 대체하는 새로운 절차로 이행하는 것으로, 성인형사사법보다 소년형사사법에서 그 필요성이 더욱 강조된다.
> ㉢ 기존의 사회통제체계가 낙인효과로 인해 범죄문제를 해결하기보다는 오히려 악화시킨다는 가정에서 출발하고 있다.
> ㉣ 종래에 형사처벌의 대상이 되었던 문제가 다이버전의 대상이 됨으로써 형사사법의 통제망이 축소되고 나아가 형사사법의 평등을 가져온다.

	㉠	㉡	㉢	㉣
①	○	○	○	×
②	○	×	×	○
③	×	○	×	○
④	○	×	○	×

정답 및 해설

옳은 것은 ㉠, ㉡, ㉢이고, 옳지 않은 것은 ㉣이다.
㉢ [○] 다이버전은 낙인이론의 산물로 범죄인에 대한 형사처벌 및 형집행이 낙인효과를 가져와 오히려 범죄인의 사회복귀를 힘들게 할 뿐만 아니라 범죄인의 자아의식을 왜곡시켜 재범으로 나아가게 한다는 사실이 다이버전을 모색하게 된 동기이다.
㉣ [×] 다이버전의 등장으로 인하여 형사사법의 대상조차 되지 않을 문제가 다이버전의 대상이 된다는 점으로써 이는 사회적 통제가 오히려 강화된다는 비판을 받는다.

정답 ①

다이버전(Diversion)에 대한 설명으로 옳지 않은 것은?

2018. 보호 7급

① 구속적부심사제도는 법원에 의한 다이버전에 해당된다.
② 다이버전에 대해서는 형사사법의 대상조차 되지 않을 문제가 다이버전의 대상이 된다는 점에서 오히려 사회적 통제가 강화된다는 비판이 있다.
③ 다이버전의 장점은 경미범죄를 형사사법절차에 의하지 아니하고 처리함으로써 낙인효과를 줄이는 것이다.
④ 검사가 소년피의자에 대하여 선도를 받게 하면서 공소를 제기하지 아니하는 조건부 기소유예는 다이버전의 예이다.

정답 및 해설

① [×] 구속적부심사제도는 통상의 형사절차에 해당한다는 점에서 다이버전의 한 예라고 볼 수 없다.

정답 ①

10

다이버전(Diversion)에 대한 설명으로 옳지 않은 것은?

① 범죄학 이론 중 낙인이론의 정책적 함의와 관련이 있다.
② 소년범에 대해 그 필요성이 강조되고 있다.
③ 검찰 단계의 대표적 다이버전으로서 훈방과 통고처분이 있다.
④ 형사사법기관의 업무량을 줄여 상대적으로 더 중요한 범죄사건에 집중할 수 있게 해준다.

정답 및 해설

① [○] 낙인이론은 경미한 범죄를 저지른 소년범에 대한 형사처벌이 이차 비행을 야기하는 원인이 된다고 본다. 따라서 낙인이론의 관점에서는 경미범죄를 저지른 소년범을 처벌하기보다 용서하고 관용을 베푸는 비범죄화가 가장 이상적인 정책의 방향이라고 할 수 있다. 소년범 다이버전은 경미한 범죄를 저지른 소년범들에게 통상의 형사사법절차에 따른 형사처벌을 부과하는 대신 다른 형태로 전환된 제재를 가한다는 의미이다. 현재 세계 각국에서 시행중인 다양한 형태의 다이버전 프로그램들은 낙인이론과 재통합적 수치이론에 기반을 두고 있다.

② [○] 다이버전은 형사사법기관이 통상의 형사절차를 중단하고 이를 대체하는 새로운 절차로 이행하는 것으로, 성인형사사법보다 소년형사사법에서 그 필요성이 더욱 강조된다.

③ [×] 경찰 단계의 대표적 다이버전으로서 훈방, 경고, 통고처분, 보호기관 위탁 등이 있으며, 검찰 단계의 대표적 다이버전으로서 기소유예, 불기소처분, 선도조건부 기소유예, 약식명령청구 등이 있다.

④ [○] 형사사법기관의 업무량을 줄여 상대적으로 더 중요한 범죄사건에 집중할 수 있게 해준다. 즉, 업무경감으로 인하여 형사사법제도의 능률성과 신축성을 가져온다.

정답 ③

제1절 | 의의와 발전

01 응보적 사법과 회복적 사법에 대한 설명으로 가장 적절하지 않은 것은? 　　　2023(73). 경위

① 응보적 사법은 응보, 억제, 무력화를 위한 유죄확정과 처벌을 목표로 한다.
② 회복적 사법은 범죄의 본질을 특정인 또는 지역사회에 대한 침해행위라고 본다.
③ 응보적 사법에서 피해자는 사법절차의 직접 참여자, 범죄 해결 과정의 중심인물이다.
④ 회복적 사법에서 가해자는 책임을 수용하고 배상과 교화의 대상으로 인식된다.

정답 및 해설

③ [×] 응보적 사법에서 피해자는 고소인이나 기소를 위한 증인에 한정하는 것으로 인식되는 반면, 회복적 사법에서의 피해자는 사법절차의 직접 참여자로서 범죄 해결과정의 중심인물로 인식된다.

정답 ③

02 회복적 사법에 기초한 프로그램으로 가장 옳지 않은 것은? 　　　2023. 해경 경위

① 가족집단회합　　　　　　　　　② 전자장치부착
③ 양형써클　　　　　　　　　　　④ 피해자와 가해자의 화해

정답 및 해설

② [×] 형사사법기관과 공무원에 의해 처리되는 전자장치부착은 지역사회 구성원에 의해 처리되는 회복적 사법과 관련이 없다. 회복적 사법에 기초한 프로그램으로는 피해자 – 가해자 중재, 양형써클, 가족집단 회합 등이 있다.

정답 ②

03 회복적 사법(Restorative Justice)에 관한 설명으로 가장 적절하지 않은 것은?

① 회복적 사법에서는 자발적인 피해자의 참여를 필요로 한다.
② 회복적 사법 프로그램으로는 피해자 – 가해자 중재, 가족회합 등이 있다.
③ 회복적 사법은 가해자에게는 엄격한 처벌을, 피해자에게는 회복을 중심으로 두고 있다.
④ 국제연합(UN)은 회복적 사법의 개념을 대면, 변환, 회복(배상) 3가지 개념으로 분류하고 있다.

정답 및 해설

③ [×] 가해자에 대한 엄격한 처벌은 응징적 사법에 해당한다.

정답 ③

04 회복적 사법(Restorative Justice)에 관한 설명으로 가장 적절하지 않은 것은? 2023. 경찰1차

□□□ ① 피해자, 가해자 및 지역사회 등의 참여를 중시한다.

② 중재나 협상 및 합의 등을 통해 피해자 회복과 가해자의 처벌에 그 목표를 둔다.

③ 양형서클은 피해자와 가해자를 공동체 내로 재통합하려는 시도로서 회복적 사법에 해당한다.

④ 이론적 근거로는 브레이스웨이트(Braithwaite)의 재통합적 수치이론(Reintegrative Shaming Theory)을 들 수 있다.

정답 및 해설

---

① [○] 회복적 사법은 중재자의 도움으로 범죄로 인한 피해자와 가해자, 그 밖의 관련자 및 지역공동체가 함께 범죄로 인한 문제를 치유하고 해결하는 데에 적극적으로 참여하는 절차를 의미한다.

② [×] 범죄를 특정 개인 또는 지역사회에 대한 침해행위로 이해하며 중재나 협상, 합의 등을 통해 피해자 회복과 가해자 교화개선 등에 그 목표를 둔다.

③ [○] 양형서클(sentencing circle)모델은 회복적 사법의 주요 모델 중 하나로, 범죄상황을 정리하여 피해자와 가해자를 공동체 내로 재통합하려는 시도이다.

④ [○] 브레이스웨이트의 재통합적 수치심부여이론은 회복적 사법의 기본적 이론 틀이다. 회복적 사법을 지지할 수 있는 이론으로 레머트의 낙인이론, 퀴니와 페핀스키의 평화구축범죄학, 브레이스웨이트의 재통합적 수치심부여이론 등이 있다.

정답 ②

---

05 다음 ㉠과 ㉡에 관한 설명으로 가장 적절하지 않은 것은? 2022. 경찰2차

□□□

> ㉠ 피해자에 대한 피해의 원상회복, 범죄에 대한 보상, 지역사회 내에서의 가해자와 피해자의 재통합을 추구하며, 궁극적으로는 범죄로 발생한 손상을 복구하고 나아가 범죄를 예방함으로써 미래의 손상을 감소시키고자 하는 전략을 의미한다.
>
> ㉡ 사법기관의 공식적 개입을 최소화함으로써 부정적 영향을 감소시키는 전략을 의미하며, 검찰 단계에서의 소년범에 대한 선도조건부 기소유예제도 등이 대표적이다.

① ㉠은 브레이스웨이트(Braithwaite)의 재통합적 수치이론(Reintegrative Shaming Theory)을 근거로 하고 있다.

② ㉡은 리스(Reiss)와 나이(Nye)의 사회통제이론(social control theories)을 근거로 하고 있다.

③ ㉠의 대표적 프로그램으로는 피해자 - 가해자 중재(victim - offender mediation)모델, 양형서클(sentencing circles) 등이 있다.

④ ㉡의 대표적 프로그램으로는 경찰 단계에서의 훈방, 통고처분 등이 있다.

정답 및 해설

㉠은 회복적 사법에 대한 설명이고, ㉡은 다이버전(Diversion. 전환)에 대한 설명이다.

① [○] 재통합적 수치이론은 낙인이론을 확장한 이론으로, 브레이스웨이트는 『범죄, 수치와 재통합』(1989)에서 낙인이론에 대한 실증연구의 지지가 제한적인 이유는 낙인의 종류를 제대로 구분하지 못하였기 때문이라고 주장하면서, 이에 대한 대안으로 재통합적 수치이론을 제시하였다. 이론의 핵심개념인 '수치'란 낙인이론에서의 '낙인'에 상응하는 개념으로 볼 수 있으며, 재통합적 수치는 일정한 제재를 통해 범죄자로 하여금 양심의 가책을 느끼도록 하되, 지역사회의 구성원으로 재통합하려는 노력을 병행함으로써 미래 범죄의 가능성을 줄이고자하는 의도를 포함한 수치를 의미한다. 그러므로 회복적 사법은 재통합적 수치이론을 근거로 하고 있다.

② [×] 범죄인에 대한 형사처벌 및 형집행이 낙인효과를 가져와 오히려 범죄인의 사회복귀를 힘들게 할 뿐만 아니라 범죄인의 자아의식을 왜곡시켜 재범으로 나아가게 한다는 사실이 다이버전을 모색하게 된 동기이다. 즉, 다이버전은 낙인이론의 산물이다.

③ [○] 회복적 사법의 주요 모델로는 피해자 – 가해자 중재모델, 양형서클모델, 가족집단 회합모델 등이 있다.
④ [○] 경찰단계에서 훈방, 경고, 통고처분, 보호기관 위탁 등이 있고, 검찰단계에서 기소유예, 불기소처분, 선도조
건부 기소유예, 약식명령청구 등이 있으며, 법원단계에서 선고유예, 집행유예, 약식명령 등이 있다.

정답 ②

06 브레이스웨이트(Braithwaite)의 재통합적 수치이론(Reintegrative Shaming Theory)에 대한 설명으
로 가장 적절하지 <u>않은</u> 것은?

2022(72). 경위

① 수치란 일종의 불승인 표시로서 당사자에게 양심의 가책을 느끼게 하는 것을 의미한다.
② 브레이스웨이트는 상호의존적이고 공동체 지향적인 사회일수록 재통합적 수치의 효과가 더 크
다고 주장하였다.
③ 재통합적수치이론은 형사처벌의 효과에 대하여 엇갈리는 연구결과들을 통합하려는 시도의 일
환이라고 할 수 있다.
④ 브레이스웨이트는 낙인으로부터 벗어나도록 하기 위한 의식, 용서의 말과 몸짓만으로는 재통합
적수치가 이루어지기 어렵다고 주장하였다.

정답 및 해설

① [○] 재통합적 수치이론의 핵심개념인 '수치'란 낙인이론에서의 '낙인'에 상응하는 개념으로 볼 수 있는데, 브레
이스웨이트는 수치를 '불승인 표시'로서 "당사자에게 양심의 가책을 느끼게 하는 것"으로 정의하였다.
② [○] 브레이스웨이트는 상호의존적이고 공동체 지향적인 사회일수록 재통합적 수치의 효과는 더 클 것이라고
주장하였다.
③ [○] 형사처벌과 이차적 일탈 간의 관계를 살펴본 실증연구들의 결론은 일관되지 않다. 이렇듯 엇갈리는 연구결
과는 형사처벌의 효과를 설명하는 두 가지 상반된 이론의 존재와 무관하지 않다. 낙인이론은 형사처벌, 즉 공식
낙인이 향후 범죄 및 비행을 유발한다고 보는 반면, 전통적 억제이론은 형사처벌이 향후 범죄를 억제한다고 본
다. 재통합적 수치이론은 이렇듯 엇갈리는 형사처벌의 효과에 대한 이론 및 실증연구의 결과들을 통합하고자
하는 시도의 일환이라고 볼 수 있다.
④ [×] 재통합적 수치는 제재를 가하되 범죄자라는 낙인으로부터 벗어나도록 해주기 위한 의식, 용서의 말과 몸짓
등을 수반한다. 즉, 재통합적 수치는 일정한 제재를 통해 범죄자로 하여금 양심의 가책을 느끼도록 하되, 지역사회의
구성원으로 재통합하려는 노력을 병행함으로써 미래 범죄의 가능성을 줄이고자 하는 의도를 포함한 수치를 의미한다.

정답 ④

07 회복적 사법에 대한 설명으로 옳지 <u>않은</u> 것은?

2023. 교정 9급

① 처벌적이지 않고 인본주의적인 전략이다.
② 구금 위주 형벌정책의 대안으로 제시되고 있다.
③ 사적 잘못(Private Wrong)보다는 공익에 초점을 맞춘다는 비판을 받는다.
④ 범죄를 개인과 국가 간의 갈등으로 보기보다 개인 간의 갈등으로 인식한다.

정답 및 해설

③ [×] 공익보다는 사적 잘못(Private Wrong)에 지나치게 초점을 맞춘다는 비판을 받고 있다. 회복적 사법은 범죄
가 사회에 대한 위반뿐 아니라 일차적으로는 특정한 피해자에 대한 사적 잘못이라는 범죄관에 기초하고 있고,
더구나 형사사법제도의 일차적 목적은 그 사적 잘못의 복구에 초점을 맞추는 것이라는 입장을 견지하고 있다.
그러나 비판가들은 회복적 사법이 사회 속의 개인이 경험한 손상을 통하여 사회 전체가 고통받는 손상에는 충분
한 관심을 주지 않는다고 반대하고 있다. 형법이란 단순히 사적 이익보다는 공익을 건드리는 형태의 잘못을 벌
하기 위한 것이며, 형벌은 공익적으로 행사되는 국가의 기능이라고 이들은 주장한다. 국가의 관심은 개별 사건
그 자체뿐만 아니라 다른 잠재적 미래 피해자와 지역사회 전체의 이익에도 주어져야 하기 때문이다.

정답 ③

08 회복적사법에 대한 설명 중 가장 적절하지 않은 것은?

2022(72). 경위

① 최초의 공식적인 회복적사법 프로그램은 미국 오하이오 주에서 도입된 피해자 – 가해자 화해프로그램(victim- offender mediation)이다.
② 가족집단 회합모델(family group conference)은 뉴질랜드 마오리족의 전통에서 유래하였다.
③ 써클모델(circle)은 아메리칸 인디언과 캐나다 원주민들에 의해 사용되던 것으로 범죄상황을 정리하여 피해자와 가해자를 공동체 내로 재통합하려는 시도이다.
④ 미국에서 시행된 가장 대규모의 회복적 사법제도는 버몬트주의 배상적 보호관찰 프로그램이다.

정답 및 해설

① [×] 피해자 – 가해자 중재(조정)모델은 범죄자와 피해자 사이에 제3자가 개입하여 화해와 배상 등을 중재하는 프로그램을 의미한다. 1974년 캐나다 온타리오 주의 피해자 – 가해자 화해프로그램에서 시작되었으며, 가장 오래된 회복적 사법 프로그램의 모델이다.
② [○] 가족집단 회합모델은 뉴질랜드 마오리족의 전통에 기원을 두고 있는데, 1989년 뉴질랜드의 소년범 중 마오리족 청소년들이 높은 비중을 차지하는 문제를 해결하기 위한 방안으로 「아동·청소년 및 그 가족들에 관한 법」에 의해 도입되었다.
③ [○] 써클모델은 범죄의 상황을 정리하는 치유 써클에서 기원하며, 아메리칸 인디언과 캐나다 원주민들에 의해 사용되던 것으로 범죄상황을 정리하여 피해자와 가해자를 공동체 내로 재통합하려는 시도이다. 이 제도에 기인하여 이후 가해자 처벌과 관련하여 형사사법기관에 적절한 양형을 권고하는데 중점을 둔 제도가 양형 써클이다.

정답 ①

09 브레이스웨이트(Braithwaite)의 재통합적 수치심부여이론(Reintegrative Shaming Theory)에 대한 설명으로 옳지 않은 것은?

2022. 보호 7급

① 재통합적 수치심 개념은 낙인이론, 하위문화이론, 기회이론, 통제이론, 차별접촉이론, 사회학습이론 등을 기초로 하고 있다.
② 해체적 수치심(Disintegrative Shaming)을 이용한다면 범죄자의 재범확률을 낮출 수 있으며, 궁극적으로는 사회의 범죄율을 감소시키는 효과를 기대할 수 있다.
③ 재통합적 수치심의 궁극적인 목표는 범죄자가 자신의 잘못을 진심으로 뉘우치고 사회로 복귀할 수 있도록 그들이 수치심을 느끼게 할 방법을 찾아내는 것이다.
④ 브레이스웨이트는 형사사법기관의 공식적 개입을 지양하며 가족, 사회지도자, 피해자, 피해자 가족 등 지역사회의 공동체 강화를 중시하는 '회복적 사법(Restorative Justice)'에 영향을 주었다.

정답 및 해설

② [×] 브레이스웨이트는 사회가 범죄를 감소시키기 위해서는 좀 더 효과성 있게 수치심부여를 하여야 한다고 주장하고, 이를 재통합과 거부(해체)로 나누었다. 재통합적 수치심부여는 범죄자를 사회와 결속시키기 위한 고도의 낙인을 주는 것이고, 거부적 수치심부여는 범죄자에게 명백한 낙인을 찍어 높은 수치심을 주는 것으로 전자는 범죄율이 보다 낮은 반면, 후자는 범죄율이 더 높은 결과가 초래된다고 하였다.

정답 ②

10

다음 중 회복적 사법(Restorative Justice)에 대한 설명으로 가장 옳은 것은?

2024. 해경 경위

① 회복적 사법 프로그램으로 양형서클모델, 피해자 - 가해자 중재모델 등이 있다.
② 회복적 사법은 범죄감소를 위한 공동 협력을 국가에게만 맡긴다.
③ 응보적 사법에서 피해자는 사법절차의 직접 참여자로서 범죄해결 과정에 중심적 역할을 담당한다.
④ 회복적 사법의 목표는 가해자의 처벌과 피해자의 회복이다.

정답 및 해설

① [○] 회복적 사법의 주요 모델로는 피해자 - 가해자 중재모델, 양형서클모델, 가족집단 회합모델 등이 있다.
② [×] 중재자의 도움으로 범죄로 인한 피해자와 가해자, 그 밖의 관련자 및 지역공동체가 함께 범죄로 인한 문제를 치유하고 해결하는 데에 적극적으로 참여하는 절차를 의미한다.
③ [×] 응보적 사법에서 피해자는 고소인이나 기소를 위한 증인에 한정하는 것으로 인식되는 반면, 회복적 사법에서의 피해자는 사법절차의 직접 참여자로써 범죄 해결과정의 중심인물로 인식된다.
④ [×] 범죄를 특정 개인 또는 지역사회에 대한 침해행위로 이해하며 중재나 협상, 합의 등을 통해 피해자 회복과 가해자 교화개선 등에 그 목표를 둔다.

정답 ①

11

회복적 사법에 대한 설명으로 옳지 않은 것은?

2023. 보호 7급

① 범죄로 인한 피해에는 지역사회가 겪는 피해가 포함된다.
② 시민에게 갈등과 사회문제의 해결에 참여하는 기회를 제공함으로써 공동체 의식을 강화하는 것을 목표로 한다.
③ 지역사회 내에서 범죄자와 그 피해자의 재통합을 추구한다.
④ 가해자는 배상과 교화의 대상으로서 책임을 수용하기보다는 비난을 수용하여야 한다.

정답 및 해설

① [○] 회복적 사법의 시각에서 보면, 범죄행동은 법을 위반한 것일 뿐만 아니라 피해자와 지역사회에 해를 끼친 것이다.
② [○] 회복적 사법은 피해의 회복, 가해자의 재통합, 공동체 강화를 목표로 한다. 공동체 강화는 가해자와 피해자 모두 사건이 적절하게 마무리되었다고 느끼고 지역사회로 통합되는 것을 의미한다. 또한 시민들에게 갈등과 사회문제의 해결에 참여하는 기회를 제공함으로써 스스로 공동체 의식을 강화할 수 있도록 돕는다.
③ [○] 회복적 사법은 피해자에 대한 피해의 원상회복, 범죄에 대한 보상, 지역사회 내에서의 가해자와 피해자의 재통합을 추구하며, 궁극적으로는 범죄로 발생한 손상을 복구하고 나아가 범죄를 예방함으로써 미래의 손상을 감소시키고자 하는 전략을 의미한다.
④ [×] 응보적 사법에서 피해자는 고소인이나 기소를 위한 증인에 한정하고, 가해자는 비난을 수용하고 결과를 견뎌내야 하는 것으로 인식되는 반면, 회복적 사법에서 피해자는 직접참여자로서 범죄 해결과정의 중심 인물로 인식되고, 가해자는 책임을 수용하고 배상과 교화의 대상으로 인식된다.

정답 ④

12

회복적 사법(restorative justice)을 지지할 수 있는 이론으로 옳지 않은 것은?

2021. 보호 7급

① 코헨과 펠슨(Cohen & Felson)의 일상활동이론(routine activities theory)
② 레머트(Lemert)의 낙인이론(labeling theory)
③ 퀴니와 페핀스키(Quinney & Pepinsky)의 평화구축범죄학(peace-making criminology)
④ 브레이스웨이트(Braithwaite)의 재통합적 수치심부여이론(reintegrative shaming theory)

① [×] 코헨(Cohen)과 펠슨(Felson)의 일상활동이론은 시간의 흐름에 따른 범죄율의 변화를 설명하기 위해 등장한 이론으로, 일상활동유형의 구조적 변화가 동기부여된 범죄자, 적절한 범행대상 및 보호의 부재라는 세 가지 요소에 대해 시간적·공간적으로 영향을 미친다고 한다. 따라서 이것이 범죄율에 영향을 미치게 된다고 한다. 즉, 이들 세 가지 조건 중 어느 하나라도 부족하다면 범죄활동은 예방될 수 없다는 것이다. 그러므로 중재자의 도움으로 범죄로 인한 피해자와 가해자, 그 밖의 관련자 및 지역공동체가 함께 범죄로 인한 문제를 치유하고 해결하는 데에 적극적으로 참여하는 회복적 사법과는 관련이 없다.

② [○] 소년사법분야나 경미범죄자, 과실범죄자 등에 대한 부분에서 이차적 일탈의 예방에 초점이 맞추어져 많은 공헌을 하였다. 즉, 경미한 일탈에 대해서는 낙인의 방지와 제한을 통한 이차적 일탈의 예방을 목표로 비범죄화시켰으며, 공적 개입과 그로 인한 공식낙인보다는 다양한 대체처분으로 전환시켰다.

③ [○] 퀴니(Quinney)와 페핀스키(Pepinsky)는 평화구축범죄학에서 평화롭고 정의로운 사회를 실현하는 데 범죄학의 목표가 있다고 보고, 경험적 연구보다는 종교적이고 철학적인 가르침으로부터 영감을 얻는 것에 관심을 가졌다. 평화주의 범죄학의 기본적인 주제는 연락, 관심, 배려 등으로, 중재와 갈등해결, 화해 그리고 고통의 완화와 범죄를 줄이려는 노력을 통해 범죄자를 지역공동체에 재통합시켜야 한다고 주장한다.

④ [○] 회복적 사법이 재통합적 수치심이론을 그 근본 배경이론으로 삼는 이유는, 이 이론이 범죄자 하나에 초점을 두고 범죄자를 비난하는 것이 아니라, 객관적인 범죄행동에 관심을 갖고 가족, 친구, 지역사회 시민들 전체가 자발적 참여와 문제해결에 관심을 두어 실천방안을 제시하기 때문이다. 재통합적 수치는 용서의 단어나 몸짓 또는 일탈자라는 낙인을 벗겨주는 의식을 통하여 범법자가 법을 준수하고 존중하는 시민의 공동체로 돌아가도록 재통합시키는 노력을 의미한다.

정답 ①

13 회복적 사법에 대한 설명으로 옳지 않은 것은? 2012. 보호 7급

□□□
① 범죄피해자의 피해회복을 통하여 사회적 화합을 성취하고자 한다.
② 브레이스웨이트의 재통합적 수치이론(reintegrative shaming theory)은 회복적 사법의 기본적 이론 틀이다.
③ 유엔에서 분류한 회복적 사법의 세 가지 분류는 대면개념(encounter conception), 해체적 수치개념(disintegrative shaming conception), 변환개념(transformative conception)이다.
④ 회복적 사법의 목표는 사회복귀와 더불어 재범의 감소에 있다.

③ [×] 유엔에서 분류한 회복적 사법의 세 가지 분류는 대면개념, 회복(배상)개념, 변환개념이다.

> 💡 **재통합적 수치심부여이론**
> ㉠ 브레이스웨이트는 낙인이론, 하위문화이론, 기회이론, 통제이론, 차별적 접촉이론, 사회학습이론을 통합하였다.
> ㉡ 사회가 범죄를 감소시키기 위해서는 좀 더 효과성 있게 수치심부여를 하여야 한다고 주장하고, 이를 재통합과 거부로 나누었다. 재통합적 수치심부여는 범죄자를 사회와 결속시키기 위한 고도의 낙인을 주는 것이고, 거부 수치심부여는 범죄자에게 명백한 낙인을 찍어 높은 수치심을 주는 것으로 전자는 범죄율이 보다 낮은 반면, 후자는 범죄율이 더 높은 결과가 초래된다고 하였다.
> ㉢ 이 관점은 지역사회에서 범죄자에게 수치심을 주는 태도 및 방법의 차이를 잘 설명하면서 회복적 사법을 지지한다.
> ㉣ 회복적 사법이 재통합적 수치심이론을 그 근본 배경이론으로 삼는 이유는, 이 이론이 범죄자 하나에 초점을 두고 범죄자를 비난하는 것이 아니라, 객관적인 범죄행동에 관심을 갖고 가족, 친구, 지역사회 시민들 전체가 자발적 참여와 문제해결에 관심을 두어 실천방안을 제시하기 때문이다.
> ㉤ 결국 피해자와 지역사회가 원하는 것이 무엇인지 논의하고 가해자에게 그 메시지를 명확하게 전달하여 가해자로 하여금 재통합적 수치심을 느끼게 하고, 가해자가 피해자의 욕구를 받아들임으로써 궁극적으로는 지역사회의 회복적 사법을 통해 재범을 예방하는 것이다.

정답 ③

14 브레이스웨이트(Braithwaite)의 재통합적 수치심부여이론(reintegrative shaming theory)에 대한 설명으로 옳지 <u>않은</u> 것은?

① 재통합적 수치심 개념은 낙인이론, 하위문화이론, 기회이론, 통제이론, 차별접촉이론, 사회학습이론 등을 기초로 하고 있다.

② 해체적 수치심(disintegrative shaming)을 이용한다면 범죄자의 재범확률을 낮출 수 있으며, 궁극적으로는 사회의 범죄율을 감소시키는 효과를 기대할 수 있다.

③ 재통합적 수치심의 궁극적인 목표는 범죄자가 자신의 잘못을 진심으로 뉘우치고 사회로 복귀할 수 있도록 그들이 수치심을 느끼게 할 방법을 찾아내는 것이다.

④ 브레이스웨이트는 형사사법기관의 공식적 개입을 지양하며 가족, 사회지도자, 피해자, 피해자 가족 등 지역사회의 공동체 강화를 중시하는 '회복적 사법(restorative justice)'에 영향을 주었다.

정답 및 해설

② [×] 브레이스웨이트는 사회가 범죄를 감소시키기 위해서는 좀 더 효과성 있게 수치심부여를 하여야 한다고 주장하고, 이를 재통합과 거부(해체)로 나누었다. 재통합적 수치심부여는 범죄자를 사회와 결속시키기 위한 고도의 낙인을 주는 것이고, 거부적 수치심부여는 범죄자에게 명백한 낙인을 찍어 높은 수치심을 주는 것이다. 전자는 범죄율이 보다 낮은 반면, 후자는 범죄율이 더 높은 결과가 초래된다고 하였다.

정답 ②

---

15 회복적 사법(restorative justice)에 대한 설명으로 옳지 <u>않은</u> 것은?

① 회복적 사법은 가해자에 대한 강한 공식적 처벌과 피해의 회복을 강조한다.

② 회복적 사법은 공식적인 형사사법이 가해자에게 부여하는 오명 효과를 줄이는 대안이 될 수 있다.

③ 회복적 사법의 시각에서 보면 범죄행동은 법을 위반한 것일 뿐만 아니라 피해자와 지역사회에 해를 끼친 것이다.

④ 회복적 사법 프로그램으로는 피해자 - 가해자 중재, 가족회합 등이 있다.

정답 및 해설

① [×] 회복적 사법은 피해자와 가해자의 합의와 조정을 강제하는 것이 아니라 가해자와 피해자의 깨어진 신뢰를 회복하도록 유도하는 것으로, 비공식적 절차를 통한 범죄자의 책임감 강조와 집단적 갈등의 해결에 역점을 둔다. 공식적 절차(국가에 의한 것)에 의한 처벌은 응징적 사법을 의미한다.

정답 ①

200 해커스공무원 학원·인강 gosi.Hackers.com

16 형사사법정책의 새로운 방향으로서 회복적 사법(Restorative Justice)에 대한 설명으로 옳지 않은 것은 몇 개인가?

2012. 교정 9급

> ㉠ 회복적 사법의 핵심가치는 피해자, 가해자 욕구뿐만 아니라 지역사회 욕구까지 반영하는 것이다.
> ㉡ 범죄를 개인 대 국가의 갈등으로 인식한다.
> ㉢ 회복적 사법은 범죄가 발생하는 여건·환경에 관심을 둔다.
> ㉣ 회복적 사법은 범죄로 인한 손해의 복구를 위해 중재, 협상, 화합의 방법을 강조한다.
> ㉤ 회복적 사법은 범죄자의 교화개선이라는 교정의 이념을 실현시키기 위해 등장했으며 피해자 권리운동의 발전과는 관련이 없다.

① 1개　　　　　　　　　　　　② 2개
③ 3개　　　　　　　　　　　　④ 4개

정답 및 해설

② [○] 옳지 않은 것은 ㉡, ㉤ 2개이다.
원상회복주의 또는 보상주의와 회복주의로 불리는 현대적 처벌관으로 1970년대 후반에 이글래시(Albert Eglash)가 처음 사용한 용어에서 비롯되었다. 과거 응징적·강제적·사후대응적 사법제도에 대한 반성에서 출발하여 범죄자들로 하여금 보다 생산적이고 책임감 있는 시민이 되도록 능력개발이 이루어져야 한다는 목표를 지향하는 적극적인 형사패러다임의 강조사상으로 일반적인 형사사법보다는 소년사법에서 중시되고 있다. 회복적 사법의 핵심가치는 피해자, 가해자 욕구뿐만 아니라 지역사회 욕구까지 반영하는 것이며 범죄가 발생하는 여건·환경에 관심을 둔다. 범죄로 인한 손해의 복구를 위해 중재, 협상, 화합의 방법을 강조하며 피해자 권리운동의 발전과 관련이 깊다. 개인 대 국가의 갈등으로 범죄를 인식한 것은 응징적 사법이다.

정답 ②

17 회복적 사법에 대한 설명으로 옳지 않은 것은?

2013. 보호 7급

① 회복적 사법은 지역사회의 피해를 복구하고 사회적 화합을 도모할 수 있다.
② 회복적 사법은 가해자에게 진심으로 반성할 수 있는 기회를 제공함으로써 재사회화에도 도움이 된다.
③ 회복적 사법은 회복목표가 명확하고 재량이 광범위하여 평가 기준이 가변적이라는 장점이 있다.
④ 회복적 사법은 형사화해를 통해 형벌이 감면되는 경우 낙인 효과를 경감시킬 수 있다.

정답 및 해설

③ [×] 회복적 사법은 회복목표가 불명확하고 재량이 광범위하여 평가기준이 가변적이라는 문제가 있다.

정답 ③

01 소년법령상 화해권고제도에 대한 설명으로 옳지 않은 것은?

2021. 보호 7급

① 소년부 판사는 소년의 품행을 교정하고 피해자를 보호하기 위하여 필요하다고 인정하면 소년에게 피해 변상 등 피해자와의 화해를 권고할 수 있다.

② 소년부 판사는 피해자와의 화해를 위하여 필요하다고 인정하면 기일을 지정하여 소년, 보호자 또는 참고인을 소환할 수 있다.

③ 소년부 판사는 소년이 화해권고에 따라 피해자와 화해하였을 경우에는 보호처분을 결정할 때 이를 고려할 수 있다.

④ 소년부 판사는 심리를 시작하기 전까지 화해를 권고할 수 있고, 화해권고기일까지 소년, 보호자 및 피해자의 서면동의를 받아야 한다.

정답 및 해설

① [○] 「소년법」 제25조의3 제1항
② [○] 동법 제25조의3 제2항
③ [○] 동법 제25조의3 제3항
④ [×] 소년부 판사는 보호처분을 하기 전까지 화해를 권고할 수 있다. 이 경우 화해를 권고하기 위한 기일(화해권고기일)까지 소년, 보호자 및 피해자(피해자가 미성년자인 경우 그 보호자도 포함)의 서면에 의한 동의를 받아야 하며 (「소년심판규칙」 제26조의2 제1항), 소년, 보호자 및 피해자는 화해권고절차가 종료할 때까지 동의를 서면에 의하여 철회할 수 있다(동 규칙 제26조의2 제2항).

정답 ④

02 다음 교정 처우 이념에 대한 설명으로 옳지 않은 것은? 2025. 교정 9급

> 소년보호사건의 경우 판사가 소년의 품행을 교정하고 피해자를 보호하는 데 필요하다고 인정하면 소년에게 피해 변상 등 피해자와의 화해를 권고할 수 있고, 화해가 잘 이루어진 경우에는 이를 보호처분 결정에 고려할 수 있다.

① 공식적인 형사사법 체계가 가해자에게 부여하는 낙인효과를 줄일 수 있다.
② 범죄의 정황, 가해자와 피해자 등 사건과 관련된 사안에 대해 개별적으로 고려할 수 있다.
③ 강력범죄자보다는 소년 범죄자에게 적합하기 때문에 사회적 무질서를 바로잡는 것과는 무관하다.
④ 가해자로 하여금 자신의 행동에 대한 원인과 결과를 직시하게 하고 행위에 대한 진정한 책임을 갖게 한다.

정답 및 해설

박스 인은 「소년법」 제25조의3(화해권고)에 대한 내용으로 '소년의 품행 교정, 피해자 보호, 피해 변상 등 피해자와의 화해'는 회복적 사법에 해당한다. 회복적 사법의 목표는 피해자의 회복, 가해자의 교화개선, 지역사회와의 조화를 통한 회복에 있다.
① [○] 회복적 사법은 형사화해를 통해 형벌이 감면되는 경우 낙인효과를 경감시킬 수 있다.
② [○] 회복적 사법은 범죄의 정황, 가해자와 피해자 등 사건과 관련된 사안에 대해 개별적으로 고려할 수 있다.
③ [×] 회복적 사법은 강력범죄를 포함한 다양한 범죄와 범죄자에게 적용될 수 있지만, 일반적인 형사사법보다는 소년사법에서 중시된다. 소년 범죄자에게 진심으로 반성할 수 있는 기회를 제공함으로써 재사회화에 도움이 되므로, 회복적 사법은 사회적 무질서를 바로잡는 것과 무관하지 않다.
④ [○] 회복적 사법은 가해자에 대한 공식적 처벌보다는 피해자를 지원하고 지역사회를 재건하는 데 역점을 두면서 가해자에겐 자신의 행위에 대해 책임감을 갖게 하는 제도로, 주로 비공식적 절차에 의해 범죄 피해에 대한 문제를 해결하고자 한다.

정답 ③

제13장 사회구조(거시)이론

01

다음 중 미시적 관점에 해당하는 이론을 모두 고른 것은?

2023. 경찰1차

- ㉠ 뒤르켐(Durkheim)의 아노미이론(Anomie Theory)
- ㉡ 서덜랜드(Sutherland)의 차별접촉이론(Differential Association Theory)
- ㉢ 애그뉴(Agnew)의 일반긴장이론(General Strain Theory)
- ㉣ 메스너와 로젠펠드(Messner & Rosenfeld)의 제도적 아노미이론(Institutional Anomie Theory)

① ㉠, ㉡　　　　② ㉡, ㉢　　　　③ ㉠, ㉢　　　　④ ㉢, ㉣

정답 및 해설

미시적 관점에 해당하는 이론은 ㉡, ㉢이다.

- ㉠ [×] 아노미이론은 거시적 이론이다. 뒤르켐(Durkheim)은 『사회분업론』(1893)에서 규범이 제대로 작동하지 않거나 규범의 효력이 사회구성원들에게 제대로 미치지 못하는 사회적 상태를 아노미(Anomie)라고 불렀고, 『자살론』(1897)에서 아노미상태에 있을 때 그 사회의 자살률은 증가한다고 주장하였다. 따라서 아노미는 사회의 특성에 대한 거시적 개념이다.
- ㉡ [○] 서덜랜드(Sutherland)의 차별접촉이론은 사람들의 계층이나 문화가 범죄의 원인이라는 사회구조이론들의 주장을 반박하며, 사람들이 속해있는 집단·문화 환경 안에서 발생되는 차별적 학습의 결과가 범죄의 원인이라고 보았다. 개인의 범죄성은 개인의 차별적 접촉에서 그 원인을 찾고 있는 미시적 관점이다.
- ㉢ [○] 에그뉴(Agnew)는 머튼(Merton)의 '긴장이론'의 수정이 필요하다는 점을 지적하며 '수정된 긴장이론'을 제시하였고, 이후 스트레스에 대한 심리학 연구들을 참고하여 '일반긴장이론'으로 발전시켰다. 일반긴장이론은 스트레스와 긴장을 느끼는 개인이 범죄를 저지르기 쉬운 이유를 설명하는 이론으로 미시적 관점에 해당한다.
- ㉣ [×] 메스너(Messner)와 로젠펠드(Rosenfeld)는 『범죄와 아메리칸 드림』(1994)에서 머튼의 아노미이론이 갖고 있던 거시적 관점을 그대로 계승하여 발전시켰다. 머튼과 같은 입장에서, 사회학적 지식과 원칙의 체계적인 적용을 통해 범죄의 국가 간 변이에 대한 거시적 설명을 추구하며, 미국 사회의 문화와 사회구조에 주목하여 범죄현상에서 보이는 '미국 예외주의'를 사회학적으로 설명하였다.

사회구조 이론	• 사회적 상호작용의 반복적인 안정된 유형으로서 규범위반을 설명하는 이론이다. • 범죄원인에 있어 개인의 생활환경보다는 보다 광범위한 정치·경제·사회·문화와 같은 구조적인 사회적 상황 자체와 연관되어 있다는 것이다. • 사회구조를 중시하는 거시적 관점은 범죄의 유형과 정도의 다양성을 설명하기 위해 하위문화를 포함한 문화 및 사회제도의 속성을 중시한다. • 여기에는 다양한 형태의 기능주의이론, 사회해체이론, 문화전달이론, 갈등이론, 마르크스주의 이론, 긴장/아노미이론, 차별적 사회조직화, 하위문화이론 등이 이 범주에 속한다. • 왜 특정 개인이 특정 범죄에 가담하는가보다는 왜 상이한 사회제도·문화·하위문화 등이 상이한 유형과 정도의 범죄를 유발하는가 또는 왜 범죄가 특정한 방법으로 유형화되는가를 설명하고자 한다.
사회과정 이론	• 시간에 따른 사회적 상호작용의 계속적인 변화와 발전의 견지에서 규범위반을 설명하는 이론이다. • 범죄의 원인을 개인이 처해 있는 주위 상황 자체와 밀접하게 연관된 생활환경에서 찾는다. • 사회과정을 중시하는 미시적 수준에서의 설명은 집단과 개인의 상호작용의 결과와 유형에 초점을 맞추고, 어떠한 상호작용의 발전과 구조가 범죄를 유발하는가를 공식화하고자 한다. • 다양한 형태의 사회학습적 이론들이 이 범주에 속하며, 학습이론, 통제이론, 낙인이론, 일반긴장이론 등이 있다.

정답 ②

02 사회과정이론에 관한 설명으로 가장 적절한 것은?

① 글레이저(Glaser)의 차별적 동일시이론은 차별적 접촉이론의 "범죄행동 학습의 중요한 부분은 친밀한 집단 내에서 일어난다."라는 명제를 수정한 것이다.

② 에이커스(Akers)가 주장하는 사회학습이론의 핵심 개념은 차별적 접촉, 차별적 강화, 차별적 동일시, 정의 및 모방이다.

③ 초등학생 甲은 조직폭력배 역할인 범죄영화 주인공에 심취하여 그 주인공의 일탈행동을 흉내내고 결국 강력범죄를 저질렀는데, 甲의 범죄화 과정은 권력갈등이론에 부합한다.

④ 차별적 접촉이론은 주요 개념이 명확하여 결과적인 이론검증이 신속하게 이루어진다는 특징이 있다.

정답 및 해설

① [○] 차별적 접촉이론이 차별적 반응의 문제를 해결하지 못하고, 범죄의 학습이 반드시 친근한 집단과의 직접적인 접촉을 통해서만 학습되는 것이 아니라는 비판에 대한 대안으로서 글래저는 차별적 동일시라는 개념을 제시하여 범죄학습대상을 확대하였다. 그는 차별적 접촉보다 역할이론에 기초한 범죄적 역할과의 동일시를 강조하였다.

② [×] 사회학습이론은 개인의 범죄활동을 설명하기 위하여 차별적 접촉, 정의, 차별적 강화, 모방을 중심으로 학습과정의 핵심 개념을 제시하였다.

③ [×] 甲의 범죄화 과정은 글래저(Glaser)의 차별적 동일시이론에 부합한다. 차별적 동일시이론은 사람은 누구나 자신을 누군가와 동일화하려는 경향이 있고 자신의 범죄행위를 수용할 수 있다고 생각되는 실재의 인간이나 관념상의 인간에게 자신을 동일화시키는 과정을 통해 자기 자신을 합리화하고 용납하면서 범죄를 저지른다는 이론이다.

④ [×] 차별적 접촉이론의 가장 큰 문제로 지적되는 것이 중요한 개념의 모호성과 그로 인한 측정의 불가능 및 결과적인 이론검증의 어려움이다. 실제로 정확하게 무엇이 법위반에 대한 호의적 또는 비호의적 규정인지 규정할 수 없으며, 호의와 비호의가 규정될 수 있더라도 인간 경험상으로는 측정절차상 이러한 규정에 대한 의미가 의문시 되고 또한 법위반에 대한 호의적 또는 비호의적이라는 용어 자체를 측정할 수 없다. 그리고 중요한 개념인 접촉의 빈도 · 강도 · 우선순위 · 기간 등의 개념은 그 측정이 곤란한 것으로 알려져 있다.

정답 ①

03 범죄 원인에 대한 사회과정이론(Social Process Theory)의 설명으로 가장 적절하지 않은 것은?

① 법 위반에 대한 우호적 정의를 학습할수록 범죄를 저지를 가능성이 커진다.

② 아동기에 형성된 자기통제력이 낮을수록 범죄를 저지를 가능성이 커진다.

③ 부모와의 정서적 유대관계가 약할수록 범죄를 저지를 가능성이 커진다.

④ 낮은 사회적 지위 때문에 목표 달성에 실패할수록 범죄를 저지를 가능성이 커진다.

정답 및 해설

사회과정이론(Social Process Theory)은 어떻게 사람들이 범죄자가 되는지를 설명하고자 하는 이론으로 범죄를 유발하거나 조장할 수 있는 환경이나 범죄자의 특성이 무엇인가 보다는 개인이 범죄자가 되는 과정을 설명하고자 한다. 사회과정이론은 크게 사회학습이론, 사회통제이론, 낙인이론으로 나눌 수 있다.

① [○] 사회학습이론 중 서덜랜드의 차별적 접촉이론에 대한 설명이다.

② [○] 사회통제이론 중 허쉬의 자기통제이론에 대한 설명이다.

③ [○] 사회통제이론 중 허쉬의 사회통제이론에 대한 설명이다.

④ [×] 사회구조적 이론에 속하는 머튼의 아노미(긴장)이론에 대한 설명이다.

정답 ④

04 다음 중 범죄원인에 대한 사회과정이론(Social Process Theory)의 설명으로 가장 옳지 않은 것은?

2022. 해경 경위

① 낮은 사회적 지위 때문에 목표 달성에 실패할수록 범죄를 저지를 가능성이 커진다.
② 법 위반에 대한 우호적 정의를 학습할수록 범죄를 저지를 가능성이 커진다.
③ 아동기에 형성된 자기통제력이 낮을수록 범죄를 저지를 가능성이 커진다.
④ 부모와의 정서적 유대관계가 약할수록 범죄를 저지를 가능성이 커진다.

정답 및 해설

사회과정이론(Social Process Theory)은 어떻게 사람들이 범죄자가 되는지를 설명하고자 하는 이론으로 범죄를 유발하거나 조장할 수 있는 환경이나 범죄자의 특성이 무엇인가 보다는 개인이 범죄자가 되는 과정을 설명하고자 한다. 사회과정이론은 크게 사회학습이론, 사회통제이론, 사회반응이론(낙인이론)으로 나눌 수 있다.
① [×] 사회구조적 이론에 속하는 머튼의 아노미/긴장이론에 대한 설명이다. 사회구조이론은 크게 사회해체이론, 아노미/긴장이론, 하위문화이론으로 나눌 수 있다.
② [○] 사회학습이론 중 서덜랜드의 차별적 접촉이론에 대한 설명이다.
③ [○] 사회통제이론 중 허쉬의 자기통제이론에 대한 설명이다.
④ [○] 사회통제이론 중 허쉬의 사회통제이론에 대한 설명이다.

정답 ①

제2절 | 사회해체이론

01 사회해체이론에 관한 설명으로 가장 적절하지 않은 것은?

2024. 경찰2차

① 버식과 웹(Bursik & Webb)은 사회해체지역에서는 공식적인 행동 지배규범이 결핍되어 있으므로 비공식적인 감시와 지역주민에 의한 직접적인 통제가 어렵다고 주장하였다.
② 콘하우저(Kornhauser)는 사회해체가 진행된 지역에 비행하위문화가 형성되어야만 무질서 및 범죄가 발생된다고 주장하였다.
③ 쇼와 맥케이(Shaw & McKay)는 범죄율이 거주민의 인종 및 민족구성과 상관관계가 낮다고 주장하였다.
④ 샘슨(Sampson)은 집합효율성의 약화가 범죄율을 증가시킨다고 주장하였다.

정답 및 해설

① [○] 사회해체지역은 ⑤ 비공식적 감시기능의 약화로 범죄의 유혹이 커지고, ⑥ 행동지배율의 결핍으로 우범지역이나 위험지역 등에 대한 정보가 제대로 공유되지 않아 범죄의 발생여지가 많아지고, ⑥ 직접통제의 부재로 수상한 사람이나 지역주민의 비행이 있을 때 개입하거나 지적하지 않아 지역주민에 의한 직접 통제가 어렵다고 하였다.
② [×] 콘하우저는 비행의 사회적 근원을 파헤친 자신의 책에서 쇼와 맥케이의 주장이 크게 사회해체적 관점과 하위문화적 관점으로 구성되어 있다고 파악하고, 쇼와 맥케이는 두 가지 관점 중 하위문화적 관점을 더 중요시하였고, 따라서 그들은 비행하위문화가 청소년비행을 더 잘 설명한다고 보았다. 그러나 콘하우저는 이러한 쇼와 맥케이의 결론이 비논리적이라고 주장하며, 비행하위문화는 저절로 형성되는 것이 아니라고 하였다. 지역사회의 사회통제가 작동하지 않는 사회해체가 먼저 진행되고 그로 인해 비행이 발생하며 비행하위문화는 비행행위에 대한 사회적 지지를 제공하기 위해 형성되는 것이라고 하였다. 따라서 이론적 차원에서 보면 비행의 발생에 중요한 역할을 하는 것은 사회해체이지 비행하위문화가 아니라고 하였다.

③ [○] 쇼와 맥케이는 높은 범죄율의 원인이 특정 인종이나 민족과 같은 개인적 특성과 관련된 것이 아니라 지역적 특성과 관련되어 있다고 보았다.
④ [○] 집합효율성이란 공통의 선을 유지하기 위한 지역주민들 사이의 사회적 응집력을 의미하며, 상호신뢰와 유대 및 사회통제에 대한 공통된 기대를 포함하는 개념이다. 집합효율성은 이웃상호간 신뢰수준이나 자신의 이웃 및 외부에서 온 사람에 대해 적극적으로 개입하려고 하는 성향 등으로 설명되는데, 범죄가 집중되는 곳은 이러한 집합효율성이 낮게 나타난다.

정답 ②

02 인간생태학과 사회해체이론에 대한 설명으로 가장 적절하지 않은 것은?

2024(74). 경위

① 파크(Park)는 도시에 사는 사람들이 동ㆍ식물집단과 마찬가지로 유기적 통일성을 가지고 살아가고 있는 모습을 연구하고, 이를 인간생태학이라고 하였다.
② 버제스(Burgess)는 특정 도시의 성장은 도시 주변부에서 중심부로 동심원을 그리며 진행되는데, 그러한 과정에서 침입ㆍ지배ㆍ계승이 이루어진다고 하였다.
③ 쇼와 맥케이(Shaw & McKay)는 동심원을 형성한 도시 가운데 급격한 인구유입이 이루어진 전이지대에서 청소년비행 등 많은 문제를 발견하고, 이를 사회해체라고 하였다.
④ 샘슨(Sampson)은 사회해체된 지역의 문제를 해결하기 위하여, 구성원 상호간의 응집력이 강한 공동체를 만들어야 한다는 집합효율성이론을 제시하였다.

정답 및 해설

① [○] 파크는 1914년 시카고대학의 교수로 임명되면서 자신만의 인간생태학 연구를 개척하였으며, 워밍(Warming)의 식물생태학적 개념을 차용하여 인간공동체를 생태학적으로 설명하였다. 인간공동체는 워밍이 규정한 식물공동체와 다르지 않고, 개별유기체는 상호 연관되고 상호 의존적이며 각자의 삶을 위해 끊임없이 투쟁한다. 인간생태학 이론은 '공생'과 '침입 – 지배 – 계승'이라는 두 핵심 용어로 대변된다.
② [×] 버제스는 특정 도시의 성장은 도시의 성장은 도시 중심부에서 주변부로 동심원을 그리며 진행한다고 하였다.
  ▶ 버제스는 침입, 지배, 계승의 과정을 보다 구체적으로 적용하여, 동심원모델이라는 이론적 틀로 시카고의 확장 및 발전을 설명하였다. 동심원모델이란 마치 중심은 같지만 지름이 다수의 원이 중심에서 외곽으로 확장해 가듯 도시가 성장해가는 모습을 이론화한 것이다. 도시를 지대(地帶. zone)라는 용어를 사용해 5개로 구분하였고, 이들 5개 지대는 도시가 성장해가면서 겪게 되는 침입, 지배, 계승의 과정을 통해 확장해간다. 5개 지대는 각기 자신만의 자연지역을 갖게 되며 때로는 다른 구역의 자연지역과도 연계된다.
③ [○] 쇼와 맥케이는 청소년비행의 지리적 집중현상이 중심상업지역으로부터 외곽으로 벗어날수록 약화된다고 지적하면서 도심집중현상이 가장 극심한 곳은 버제스의 동심원 모델에서 제시된 제2지대인 전이지대라고 주장하였다. 도심과 인접하면서 주거지역에서 상업지역으로 바뀐 이른 바 전이지대는 유럽의 이민과 흑인 이주자들의 혼재로 문화의 이질성이 높고, 이로 인한 사회해체가 촉진되면서 개인해체를 가져오고, 나아가 범죄 및 비행으로 연결되고 범죄발생률이 지속적으로 높다.
④ [○] 샘슨은 지역사회 주민들 간에 존재하는 수많은 사회적 관계가 있을 때, 범죄는 줄어든다고 주장한다. 집합효율성이란 공통의 선을 유지하기 위한 지역주민들 사이의 사회적 응집력을 의미하며, 상호신뢰와 유대 및 사회통제에 대한 공통된 기대를 포함하는 개념이다. 집합효율성은 이웃상호간 신뢰수준이나 자신의 이웃 및 외부에서 온 사람에 대해 적극적으로 개입하려고 하는 성향 등으로 설명되는데, 범죄가 집중되는 곳은 이러한 집합효율성이 낮게 나타난다.

정답 ②

03 다음 중 사회해체이론(Social Disorganization Theory)에 대한 설명으로 가장 옳지 않은 것은?

2022. 해경 경위

① 지역사회의 생태학적 변화가 범죄의 발생에 중요한 역할을 한다고 보는 것이다.
② 범죄는 개인적인 차이에 의한 것이라기보다는 환경적 요인들을 범죄의 근원적 원인으로 본다.
③ 범죄의 발생이 비공식적인 감시기능의 약화에서 비롯되는 것으로 설명하기도 한다.
④ 버식(Bursik)과 웹(Webb)은 사회해체 원인을 주민의 비이동성과 동질성으로 보았다.

정답 및 해설

① [○] 지역사회의 생태학적 변화를 범죄 발생의 주요 원인으로 본다. 특정 지역사회는 경제발전에 따른 산업화의 과정을 거치면서 점차 거주지로서의 특성을 잃어가고 상업 및 경제적 활동에 적합한 모습으로 변화하는데 이는 사회통제력의 약화를 의미한다. 즉, 지역사회를 지탱하고 보호하던 공동체적 전통이 사라지고 인습적 가치가 약화되며 이를 틈타 비행과 범죄자가 늘어난다고 본다.

② [○] 쇼(Show)와 맥케이(Mckay)는 청소년들에 대한 사회통제 결여 및 해체지역의 문제해결능력 결여에 주목하면서 지역사회에 초점을 맞춘 거시적 주장을 하게 된다. 첫 번째 주장은 물리적 환경에 관한 것으로, 주거안정성이 확보되지 못하는 물리적 환경은 높은 범죄율과 연관된다. 두 번째 주장은 경제적 환경에 관한 것으로, 지역의 빈곤율이 높은 범죄율과 연관된다. 마지막 주장은 인구구성에 관한 것으로, 이질적인 인구구성이 높은 범죄율과 관련이 있다.

③ [○] 도시화와 산업화로 인한 급격한 사회변동은 지역사회의 제도적 또는 비공식적 사회통제를 약화시키는 사회해체를 경험하게 되는데, 이러한 사회해체는 대체로 도시가 성장함에 따라 동심원지역으로 일어난다. 이러한 사회해체를 경험하는 지역에서는 비행적 전통과 가치관이 관습적 전통과 가치관을 대체하여 공식적 또는 비공식적 사회통제를 약화시켜서 일탈이 야기된다.

④ [×] 버식(Bursik)과 웹(Webb)은 쇼와 맥케이의 이론이 지역사회의 해체가 어떻게 범죄발생과 관련되는지를 명확하게 설명하지 못했다고 비판하고, 사회해체론의 입장을 지역사회(공동체)의 안정성(Community Stability)의 관점에서 재정리하였다. 지역사회해체를 지역사회의 무능력, 즉 지역사회가 주민들에게 공통된 가치체계를 실현하지 못하고 지역주민들이 공통적으로 겪는 문제를 해결할 수 없는 상태라고 정의하고, 사회해체의 원인을 주민의 이동(population turnover)과 주민의 이질성(population heterogeneity)으로 보았다.

정답 ④

04 사회해체이론(Social Disorganization Theory)에 대한 설명으로 옳지 않은 것은?

2020. 보호 7급

① 화이트칼라범죄 등 기업범죄를 설명하는 데에 유용하다.
② 범죄는 개인적인 차이에 의한 것이라기보다는 환경적 요인들을 범죄의 근원적 원인으로 본다.
③ 지역사회의 생태학적 변화가 범죄의 발생에 중요한 역할을 한다고 보는 것이다.
④ 범죄의 발생이 비공식적인 감시기능의 약화에서 비롯되는 것으로 설명하기도 한다.

정답 및 해설

① [×] 특정인이 어떻게 범죄행위에 가담하게 되는가를 설명하는 서덜랜드(Sutherland)의 차별적 접촉이론은 화이트칼라범죄 등 기업범죄를 설명하는 데에 유용한 이론이다. 사회해체이론은 급격한 도시화·산업화에 따라 지역사회에 기초한 통제의 붕괴, 사회해체, 비행적 전통과 가치관이 관습적 전통과 가치관을 대체, 공식적 또는 비공식적 사회통제의 약화, 일탈로 이어진다는 이론이다. 퇴행변이지역(틈새지역)에서의 하류계층의 높은 범죄율을 설명하는 데에 유용하다.

정답 ①

05 사회해체이론에 대한 설명으로 가장 적절하지 않은 것은?

2023(73). 경위

① 사회해체(Social Disorganization)란 지역사회가 공동체의 문제해결을 위한 능력이 상실된 상태를 의미한다.
② 초기 사회해체이론은 사회해체의 개념을 명확히 측정하고 다수의 실증연구를 제시했다.
③ 사회해체이론에 기반한 대표적 정책은 시카고지역프로젝트(Chicago Area Project)가 있다.
④ 집합효율성이론, 환경범죄학, 깨진 유리창이론은 사회해체이론을 계승·발전한 것이다.

정답 및 해설

---

① [○] 사회해체란 지역사회가 주민들에 대한 통제력을 상실한 상태, 즉 틈새지역의 사회적 환경을 말한다. 지역사회의 전통적인 기관들이 주민들의 행동을 규제하지 못하며, 주민들에게 일관된 가치를 제공하지 못하고, 지역사회가 공통으로 겪는 문제를 자체적으로 해결할 수 있는 능력을 상실한 상태를 사회해체라고 한다.
② [×] 초기 사회해체이론은 지역사회의 범죄문제를 설명함에 있어서 지역사회의 하위문화가 원인인지 아니면 지역사회의 사회통제능력이 범죄를 유발하는 것인지에 대하여 명확한 입장을 제시하지 않았다.
③ [○] 쇼(Show)와 맥케이(Mckay)가 주장한 사회해체이론의 업적 중에서 가장 중요한 발견은 도시의 생태가 범죄행위에 영향을 미친다는 사실이다. 그들의 주장에 의하면 비행원인이 지역사회의 붕괴나 빈민굴의 형성과 조건 등이기 때문에 이는 시카고지역프로젝트를 시작으로 지금까지 이어져 오고 있는 지역사회활동과 처우프로그램의 기초를 제공하고 있다. 즉, 비행의 원인이 사회해체에 기인한 것이기 때문에 개별비행자의 처우는 비효과적이며, 따라서 도시생활환경에 영향을 미치는 사회의 조직화가 필요하고, 그 대표적인 예가 시카고지역프로젝트이다. 따라서 사회해체이론은 범죄와 비행의 예방을 위한 중요한 기초를 제공한 것으로 평가될 수 있다.
④ [○] 콜만(Coleman)의 사회자본, 윌슨(Wilson)과 켈링(Kelling)의 깨진 유리창이론, 샘슨(Sampson)의 집합효율성이론, 환경범죄학 등은 사회해체이론을 계승·발전시킨 것이다. ⊙ 콜만의 사회자본은 시카고학파의 주요 관심인 사회조직 또는 사회해체의 개념을 염두에 두고 개인의 사회적 행동을 경제학의 합리적 선택이라는 개념과 연결한다. 즉, 사회학적 기능주의와 경제학적 합리주의를 결합한 개념이다. ⓒ 윌슨과 켈링의 깨진 유리창이론은 공공의 안전을 결정하는 데 있어서 주변의 사소한 생활환경이 중요함을 강조하는 이론으로 인식의 중요성을 강조하며, 지역사회 환경의 퇴락이 범죄 증가를 초래하기 때문에 범죄예방을 위해서는 환경적 퇴락을 방지하는 것이 중요하다고 하였다. ⓒ 샘슨의 집합효율성이론은 시카고학파의 사회해체이론을 현대 도시에 맞게 계승·발전시켰으며, 근린의 구조와 문화가 어떻게 범죄율의 차이를 가져오는지 알기 위해 근린과 범죄 간의 관계에 대해 연구하였다. ⓔ 환경범죄학은 주택이나 건물, 지역 등의 환경이 가진 범죄취약 요인을 분석하여 범죄기회를 감소시키기 위해 환경설계를 통한 범죄예방 전략을 강조하는 이론이다.

정답 ②

---

06 쇼(Shaw)와 맥케이(McKay)의 사회해체이론(Social Disorganization Theory)에 관한 설명으로 가장 적절하지 않은 것은?

2023. 경찰2차

① 특정 지역에서의 범죄가 다른 지역에 비해서 많이 발생하는 이유를 규명하고자 하였다.
② 지역 거주민의 인종과 민족의 변화가 해당 지역의 범죄율을 좌우하는 핵심요인으로 나타났다.
③ 전이지역(transitional zone)은 타 지역에 비해 범죄율이 상대적으로 높게 나타났다.
④ 사회해체의 요소로 낮은 경제적 지위, 민족적 이질성, 거주 불안정성 등을 제시하였다.

① [○] 특정지역에서 왜 범죄가 다른 지역에 비해서 높게 나타나는지 그 이유를 규명하고자 하였다. 즉, 시카고 시의 범죄발생률이 지역과 매우 밀접한 관련이 있다는 점에 주목하였다.

② [×] 높은 범죄율의 원인이 특정 인종이나 민족과 같은 개인적 특성과 관련된 것이 아니라 지역적 특성과 관련되어 있다고 보았다. 전이지역 내 구성원의 인종이나 국적이 바뀌었음에도 불구하고 계속적으로 높은 범죄율을 보이는 것은 개별적으로 누가 거주하든지 관계없이 지역의 특성과 범죄발생과는 중요한 연관이 있다는 것이다. 즉, 범죄 및 비행은 지대와 관련된 것이지 행위자의 특성이나 사회전체의 경제적 수준 등과는 관계없다는 것이다.

③ [○] 도심과 인접하면서 주거지역에서 상업지역으로 바뀐 이른 바 전이지대는 유럽의 이민과 흑인 이주자들의 혼재로 문화의 이질성이 높고, 이로 인한 사회해체가 촉진되면서 개인해체를 가져오고, 나아가 범죄 및 비행으로 연결되고 범죄발생률이 지속적으로 높다.

④ [○] 비행율이 높은 지역은 가난하고(poverty), 사람들의 이동이 잦고(mobility), 인종적으로 이질적인(heterogeneity) 특성을 가지고 있다고 결론지으면서, 이러한 특성을 '사회해체(social disorganization)'라고 하였다.

정답 ②

07 사회해체이론(Social Disorganization Theory)에 관한 설명으로 가장 적절하지 않은 것은?

2022. 경찰2차

① 쇼(Shaw)와 멕케이(McKay)는 지역사회의 특성과 청소년비행 간의 관계를 검증하였다.
② 지역사회의 생태학적 변화를 범죄 발생의 주요 원인으로 본다.
③ 초기 시카고학파의 학자들은 지역사회수준의 연구결과를 개인의 행동에 적용하는 생태학적 오류(ecological fallacy) 문제를 해결하였다는 평가를 받는다.
④ 집합효율성(collective efficacy)이란 공통의 선을 유지하기 위한 지역주민들 사이의 사회적 응집력을 의미하며, 상호신뢰와 유대 및 사회통제에 대한 공통된 기대를 포함하는 개념이다.

① [○] 쇼와 멕케이는 다양한 자료들을 근거해 지역사회의 특성과 청소년비행률 사이에 강한 생태적 상관관계가 있음을 경험적으로 검증하였다.

② [○] 특정 지역사회는 경제발전에 따른 산업화의 과정을 거치면서 점차 거주지로서의 특성을 잃어가고 상업 및 경제적 활동에 적합한 모습으로 변화하는데 이는 사회통제력의 약화를 의미한다. 즉, 지역사회를 지탱하고 보호하던 공동체적 전통이 사라지고 인습적 가치가 약화되며 이를 틈타 비행과 범죄자가 늘어난다고 본다.

③ [×] 로빈슨(Robinson)은 개인적 상관관계와 생태학적 상관관계를 구분하면서 생태학적 오류의 문제점을 지적하였다. 쇼와 멕케이를 포함한 다수의 학자들이 개인의 특성에 대해 파악하고자 하는 목적을 가지고 있었음에도 개인적 상관관계에 근거하지 않고 오히려 생태학적 상관관계에 근거해 자신들의 주장을 펼쳤다는 것이 로빈슨의 비판이다.

④ [○] 샘슨(Sampson)과 동료들은 집합효율성이라는 용어를 통해 범죄를 설명하고자 했는데, 집합효율성이란 거리, 보도, 공원 등과 같은 공공장소에서 질서를 유지할 수 있는 능력을 말한다.

정답 ③

08 시카고학파인 쇼(Shaw)와 맥케이(McKay)가 수행한 연구의 결과로 가장 적절하지 않은 것은?

2022(72). 경위

① 지역 거주민의 인종과 민족이 바뀌었을 때 해당 지역의 범죄율도 함께 변했다.
② 시카고 시(市)의 전이지대(transition zone)에서 범죄율이 가장 높게 나타났다.
③ 새로운 이민자가 지속적으로 유입되면서 지역사회의 사회해체 상태가 초래되었다.
④ 범죄지역에서는 전통적 규범과 가치가 주민들의 행동을 제대로 통제하지 못했다.

① [×] 전이지역 내 구성원의 인종이나 국적이 바뀌었음에도 불구하고 계속적으로 높은 범죄율을 보이는 것은 개별적으로 누가 거주하든지 관계없이 지역의 특성과 범죄발생과는 중요한 연관이 있다는 것이다. 즉, 범죄 및 비행은 지대와 관련된 것이지 행위자의 특성이나 사회 전체의 경제적 수준 등과는 관계없다는 것이다. 결과적으로 쇼와 맥케이는 높은 범죄율의 원인이 특정 인종이나 민족과 같은 개인적 특성과 관련된 것이 아니라 지역적 특성과 관련되어 있다고 보았다.

②, ③ [○] 도심과 인접하면서 주거지역에서 상업지역으로 바뀐 이른바 전이지대는 유럽의 이민과 흑인 이주자들의 혼재로 문화의 이질성이 높고 이로 인한 사회해체가 촉진되면서 개인해체를 가져오고 나아가 범죄 및 비행으로 연결되고 범죄발생률이 지속적으로 높다.

④ [○] 지역사회가 주민들에 대한 통제력을 상실한 상태, 즉 틈새지역의 사회적 환경을 사회해체란 용어로 표현하였다. 지역사회의 전통적인 기관들이 주민들의 행동을 규제하지 못하며, 주민들에게 일관된 가치를 제공하지 못하고, 지역사회가 공통으로 겪는 문제를 자체적으로 해결할 수 있는 능력을 상실한 상태를 사회해체라고 한다.

정답 ①

09 다음 중 사회해체이론에 대한 설명으로 가장 옳지 않은 것은?

2024. 해경 경위

① 파크(Park)와 버제스(Burgess)의 동심원이론에 따라 시카고지역을 5단계로 분리하였을 때, 빈민가가 형성되어 있으며 범죄발생률이 가장 높은 지역은 중심상업지역이다.

② 초기 시카고학파의 학자들은 생태학적 오류(ecological fallcy)를 극복하지는 못했다는 평가를 받는다.

③ 쇼(Shaw)와 맥케이(Mckay)의 사회해체이론은 사회해체의 요소로 낮은 경제적 지위, 민족적 이질성, 거주불안정성 등을 주장하였다.

④ 샘슨(Sampson)은 집합효율감(collective efficacy)의 강화가 범죄율 감소에 긍정적인 영향을 미친다는 점을 발견하였다.

① [×] 쇼와 맥케이는 청소년비행의 지리적 집중현상이 중심상업지역으로부터 외곽으로 벗어날수록 약화된다고 지적하면서 도심집중 현상이 가장 극심한 곳은 버제스의 동심원 모델에서 제시된 제2지대인 전이지대(점이지대. 퇴행변이지대)라고 주장하였다. 도심과 인접하면서 주거지역에서 상업지역으로 바뀐 이른 바 전이지대는 유럽의 이민과 흑인 이주자들의 혼재로 문화의 이질성이 높고, 이로 인한 사회해체가 촉진되면서 개인해체를 가져오고, 나아가 범죄 및 비행으로 연결되고 범죄발생률이 지속적으로 높다.

② [○] 로빈슨(Robinson)은 개인적 상관관계와 생태학적 상관관계를 구분하면서 생태학적 오류의 문제점을 지적하였다. 쇼와 맥케이를 포함한 다수의 학자들이 개인의 특성에 대해 파악하고자 하는 목적을 가지고 있었음에도 개인적 상관관계에 근거하지 않고 오히려 생태학적 상관관계에 근거해 자신들의 주장을 펼쳤다는 것이 로빈슨의 비판이다.

③ [○] 쇼와 맥케이는 사회해체이론에서 사회해체의 요소로 낮은 경제적 지위, 민족적 이질성, 거주 불안정성 등을 제시하였다. 비행율이 높은 지역은 가난하고(poverty), 사람들의 이동이 잦고(mobility), 인종적으로 이질적인(heterogeneity) 특성을 가지고 있다고 결론지으면서, 이러한 특성을 '사회해체'라고 하였다.

④ [○] 샘슨은 사회해체된 지역의 문제를 해결하기 위하여, 구성원 상호 간의 응집력이 강한 공동체를 만들어야 한다는 집합효율성이론을 제시하였다. 샘슨은 지역사회 주민들 간에 존재하는 수많은 사회적 관계가 있을 때, 범죄는 줄어든다고 주장한다. 집합효율성이란 공통의 선을 유지하기 위한 지역주민들 사이의 사회적 응집력을 의미하며, 상호신뢰와 유대 및 사회통제에 대한 공통된 기대를 포함하는 개념이다. 집합효율성은 이웃상호간 신뢰수준이나 자신의 이웃 및 외부에서 온 사람에 대해 적극적으로 개입하려고 하는 성향 등으로 설명되는데, 범죄가 집중되는 곳은 이러한 집합효율성이 낮게 나타난다.

정답 ①

10 사회해체론에 대한 설명으로 옳지 않은 것만을 모두 고른 것은?

> ㉠ 개별적으로 누가 거주하든지 관계없이 지역의 특성과 범죄발생 간에는 중요한 연관성이 있다고 본다.
> ㉡ 쇼(Shaw)와 맥케이(Mckay)는 도심과 인접하면서 주거지역에서 상업지역으로 바뀐 이른바 전이 지역(Transitional Zone)의 범죄발생률이 지속적으로 높다고 지적하였다.
> ㉢ 버식(Bursik)과 웹(Webb)은 지역사회가 주민들에게 공통된 가치체계를 실현하지 못하고 지역주민들이 공통적으로 겪는 문제를 해결할 수 없는 상태를 사회해체라고 정의하고, 그 원인을 주민의 비이동성과 동질성으로 보았다.
> ㉣ 버식(Bursik)과 웹(Webb)은 사회해체지역에서는 공식적인 행동지배규범(Movement-Governing Rules)이 결핍되어 있으므로 비공식적 감시와 지역주민에 의한 직접적인 통제가 커진다고 주장하였다.
> ㉤ 사회해체지역에서는 전통적인 사회통제기관들이 규제력을 상실하면서 반가치를 옹호하는 하위문화가 형성되나, 주민이동이 많아지면서 이러한 문화는 계승되지 않고 점차 줄어들면서 범죄율이 낮아진다고 본다.

① ㉠, ㉡, ㉢
② ㉡, ㉢, ㉣
③ ㉡, ㉣, ㉤
④ ㉢, ㉣, ㉤

정답 및 해설

옳지 않은 것은 ㉢, ㉣, ㉤이다.

㉠, ㉡ [○] 전이지역 내 구성원의 인종이나 국적이 바뀌었음에도 불구하고 계속적으로 높은 범죄율을 보이는 것은 개별적으로 누가 거주하든지 관계없이 지역의 특성과 범죄발생과는 중요한 연관이 있다는 것이다. 즉, 범죄 및 비행은 지대와 관련된 것이지 행위자의 특성이나 사회전체의 경제적 수준 등과는 관계없다는 것이다.

㉢ [×] 지역사회해체를 '지역사회의 무능력', 즉 지역사회가 주민들에게 공통된 가치체계를 실현하지 못하고 지역주민들이 공통적으로 겪는 문제를 해결할 수 없는 상태라고 정의하면서, 사회해체의 원인을 지역이전(Population Turnover)과 주민 이질성(Population Heterogeneity)으로 보았다.

㉣ [×] 사회해체지역은 ⓐ 비공식적 감시기능의 약화로 범죄의 유혹이 커지고, ⓑ 행동지배율의 결핍으로 우범지역이나 위험지역 등에 대한 정보가 제대로 공유되지 않아 범죄의 발생여지가 많아지고, ⓒ 직접통제의 부재로 수상한 사람이나 지역주민의 비행이 있을 때 개입하거나 지적하지 않아 지역주민에 의한 직접 통제가 어렵다고 하였다.

㉤ [×] 사회해체지역에서는 전통적인 사회통제기관들이 규제력을 상실하면서 반사회적 가치를 옹호하는 범죄하위문화가 형성되고, 지역 사회의 반사회적 문화가 지역에서 계승됨으로써 특정지역은 주거민의 변화에도 불구하고 계속적으로 높은 범죄율이 유지되는 문화 전달이 이루어진다고 보았다.

정답 ④

11 다음 글에서 설명하는 이론은?

> 공동체의 사회통제에 대한 노력이 무뎌질 때 범죄율은 상승하고 지역의 응집력은 약해진다. 이에 지역사회 범죄를 줄이기 위해서는 이웃 간의 유대 강화와 같은 비공식적 사회통제가 중요하며, 특히 주민들의 사회적 참여는 비공식적 사회통제와 밀접하게 관련되어 있다.

① 샘슨(Sampson)의 집합효율성(Collective Efficacy)
② 쇼(Shaw)와 맥케이(Mckay)의 사회해체(Social Disorganization)
③ 머튼(Merton)의 긴장(Strain)
④ 뒤르켐(Durkheim)의 아노미(Anomie)

212 해커스공무원 학원·인강 gosi.Hackers.com

① [○] 샘슨의 집합효율성이론에 대한 설명이다.

> 💡 **샘슨의 집합효율성이론(Collective Efficacy Theory)**
>
> ㉠ 1997년 샘슨(Sampson)을 중심으로 전개되었고, 시카고학파의 사회해체이론을 현대도시에 맞게 계승·발전시켰다.
> ㉡ 지역주민 간의 상호신뢰 또는 연대감과 범죄에 대한 적극적인 개입을 강조한다.
> ㉢ 지역사회의 범죄율에 차이가 나는 것을 사회구조적으로 설명하였다.
> ㉣ **비공식적 사회통제의 중요성:** 지역사회 구성원(지역주민, 사업체, 지방자치단체 등) 간의 유대를 강화하고, 범죄 등 사회문제에 대해 적극적으로 개입하는 등 공동의 노력이 중요한 범죄예방의 방법이라고 보았다.
> ㉤ 집합효율성이란 공통의 선을 유지하기 위한 지역주민들 사이의 사회적 응집력을 의미하며, 상호신뢰와 유대 및 사회통제에 대한 공통된 기대를 포함하는 개념이다.
> ㉥ 집합효율성은 이웃상호 간 신뢰수준이나 자신의 이웃 및 외부에서 온 사람에 대해 적극적으로 개입하려고 하는 성향 등으로 설명되는데, 범죄가 집중되는 곳은 이러한 집합효율성이 낮게 나타난다.
> ㉦ 공식적 사회통제(경찰 등 법집행기관)의 중요성을 간과하였다는 비판을 받는다.

정답 ①

12 사회해체이론에 대한 설명으로 옳지 않은 것은?

2024. 보호 9급

① 범죄를 예방하기 위해서는 도시의 지역사회를 재조직함으로써 사회통제력을 증가시키는 것이 중요하다.
② 버제스(Burgess)의 동심원 이론에 따르면, 도시 중심부로부터 멀어질수록 범죄 발생률이 높아진다.
③ 쇼우(Shaw)와 맥케이(McKay)는 사회해체가 높은 범죄율과 상관관계가 있다고 보았다.
④ 버제스의 동심원 이론은 소위 변이지역(Zone in Transition)의 범죄율이 거주민들의 국적이나 인종의 변화에도 불구하고 지속해서 높다는 것을 보여준다.

① [○] 높은 범죄율의 원인이 특정 인종이나 민족과 같은 개인적 특성과 관련된 것이 아니라 지역적 특성과 관련되어 있다고 보고, 범죄를 예방하기 위해서는 지역사회를 재조직화하여 사회통제력을 증가시키는 것이 중요하다고 보았다.
② [×] 버제스는 도시 중심부에서 멀어질수록 지가(地價)가 높아진다고 하면서 범죄는 중심지일수록 발생률이 높다고 주장하였다. 특히 버제스는 유대인 이주자가 초기에 정착한 시카고의 제2지대에 주목했다. 소위 전이지대(점이지대, 퇴행변이지대)라고 불리는 이곳은 빈곤한 사람들, 소수민족구성원들, 사회적 일탈자들이 주로 거주함으로써 범죄와 비행에 가장 취약한 지역이다. 또한 쇼와 맥케이는 청소년비행의 지리적 집중현상이 중심상업지역으로부터 외곽으로 벗어날수록 약화된다고 지적하면서 도심집중 현상이 가장 극심한 곳은 버제스의 동심원 모델에서 제시된 제2지대인 전이지대라고 주장하였다.
③ [○] 특정지역에서 범죄가 다른 지역에 비해서 높게 나타나는 이유는 급격한 도시화, 산업화가 지역사회에 기초한 통제의 붕괴를 낳게 되고, 이는 사회해체로 이어지며, 해체된 지역은 관습과 가치관을 대신하는 일탈과 범죄성을 발달시키게 된다고 보았다.
④ [○] 전이지역 내 구성원의 인종이나 국적이 바뀌었음에도 불구하고 계속적으로 높은 범죄율을 보이는 것은 개별적으로 누가 거주하든지 관계없이 지역의 특성과 범죄발생과는 중요한 연관이 있다는 것이다. 즉, 범죄 및 비행은 지대와 관련된 것이지 행위자의 특성이나 사회전체의 경제적 수준 등과는 관계없다는 것이다.

정답 ②

머튼(Merton)의 긴장이론에 대한 설명으로 가장 적절하지 않은 것은? 2024(74). 경위

① 미국사회의 구조는 문화적 목표와 이에 도달하기 위한 제도적 · 규범적 수단의 두 요소로 이루어진다고 가정하였다.

② 머튼은 재산범죄 등 경제적 동기의 범죄에만 적용할 수 있다고 하였다.

③ 목표와 수단에 대한 5가지 적응유형으로 동조형(Conformity), 혁신형(Innovation), 의례형(Ritualism), 회피형(Retreatism), 반역형(Rebellion)을 제시하였다.

④ 사회의 모든 구성원이 물질적 성공을 문화적 목표로 하고 있다고 보기 어렵다는 비판이 있다.

정답 및 해설

① [O] 미국사회의 구조는 문화적 목표와 이에 도달하기 위한 제도적 · 규범적 수단의 두 요소로 이루어진다고 가정하고, 성공목표를 달성하기 위한 수단이 주로 사회경제적 계층에 따라 차등적으로 분배되어 목표와 수단의 괴리(분리)가 커지게 될 때 범죄가 발생한다고 본다.

② [×] 아노미/긴장이론이 재산범죄 등 경제적 동기의 비행이나 범죄에 대한 설명에 한정된다는 비판도 있었다. 경제적 성공 목표와 이를 성취하기 위한 제도적 수단 사이의 괴리(분리)를 일탈의 원인으로 강조했기 때문에 경제적 이득을 목적으로 하지 않는 대부분의 일탈에 대해서는 제대로 설명하지 못한다는 것이다. 이러한 비판에 대해 머튼은 그의 이론이 '합리적 계산에 의한 실리주의적' 일탈행동에 한정되는 것은 아니라고 반박하였다. 목표와 수단 사이의 불일치로 인한 극심한 압력에 처한 개인은 큰 좌절을 겪게 된다는 점이 이론의 핵심이며, '파괴성'은 심리학적으로 지속적인 좌절에 대한 반응 중 하나이기 때문에 개인은 얼마든지 비합리적 행동을 할 수도 있다고 언급하였다.

③ [O] 경제적 성공을 지나치게 강조하는 문화와 심한 불평등구조의 영향하에서 개인의 적응 양식 또는 대응 방식으로 동조형(순응형), 혁신형(개혁형), 의례형(의식형), 도피형(은둔형, 회피형, 퇴행형), 반역형(혁명형, 전복형) 다섯 가지를 제시하였다. 적응 양식의 차이는 개인적인 속성의 차이가 아니라 사회적 문화구조에 의해 결정된다고 본다.

④ [O] 모든 인간이 일률적으로 부의 성취라는 목표를 공유하고 있는지 의문스럽고, 특정 사회내의 다양한 문화와 추구하는 목표의 다양성을 무시하고 있다는 비판이 있다.

정답 ②

 머튼(Merton)이 주장한 아노미의 발생원인과 가장 거리가 먼 것은? 2022(72). 경위

① 물질적 성공만을 과도하게 강조하는 문화

② 성공을 위한 제도화된 기회의 부족

③ 급격한 사회변동과 위기

④ 공평한 성공기회에 대한 평등주의적 이념

정답 및 해설

③ [×] 머튼(Merton)은 경제적 성공 목표를 모든 사회구성원에게 지나치게 강조하는 문화를 지목하고, 특정사회에서 아노미 상황으로 인한 사회적 긴장은 문화적 목표를 지나치게 강조하면서 반면에 사회의 구조적 특성에 의해 특정집단의 사람들이 제도화된 수단으로 문화적 목표를 성취할 수 있는 기회가 제한되었을 때에 발생한다고 하였다. 성공목표를 달성하기 위한 수단이 주로 사회경제적 계층에 따라 차등적으로 분배되어 목표와 수단의 괴리가 커지게 될 때 범죄가 발생한다고 본다. 뒤르켐(Durkheim)은 사회통합 및 규제와 관련하여 『자살론』을 전개하였는데, 급격한 정치 · 경제 · 기술적 사회변동이 자살의 원인이라고 주장하였고, 급격한 사회변동으로 인한 기존 규범력의 상실과 혼란에 기인한 자살을 아노미적 자살이라 하였다. 뒤르켐이 거시적 관점의 급격한 사회변동에서 아노미의 발생원인을 찾았다면, 머튼은 일상 가운데 목표와 제도적 수단 간의 차이에서 발생의 원인을 찾았다는 데 차이가 있다.

정답 ③

03 다음은 마약범죄에 가담한 다양한 형태의 사람들에 대한 내용이다. 머튼(Merton)의 아노미이론 관점에서 가장 적절한 것은?

> ㉠ 전과자 甲은 마약범죄 총책으로 해외에 본거지를 두고 조직을 운영하면서 범죄수익으로 해외 부동산 개발투자를 하고 있다.
> ㉡ 대학생 乙은 주식투자 실패로 대출금을 갚기 위해 고수익 아르바이트를 찾던 중 마약배송을 하게 되었다.
> ㉢ 공무원 丙은 경제적 문제로 배우자와 이혼을 한 이후 틈틈이 불법약물로 스트레스를 풀고 있다.
> ㉣ 가정주부 丁은 한때 마약중독에 빠졌으나, 현재는 재활치료에 전념하면서 사회복귀를 위해 준비하고 있다.

① 甲 – 순응형(Conformity)
② 乙 – 혁신형(Innovation)
③ 丙 – 의례형(Ritualism)
④ 丁 – 은둔형(Retreatism)

정답 및 해설

① [×], ② [○] 혁신형(개혁형)에 대한 설명이다. 범죄자들의 전형적인 적응방식으로 문화적 목표는 수용하지만, 제도화된 수단은 거부하는 형태로, 대부분의 범죄가 비합법적인 수단을 통하여 자신들이 원하는 목표를 달성하려고 한다는 점에서 이러한 적응방식에 해당한다.

③ [×] 도피형(은둔형, 회피형, 퇴행형)에 대한 설명이다. 문화적 목표와 제도화된 수단을 거부하고, 사회로부터 도피해 버리는 적응방식으로, 합법적인 수단을 통한 목표성취 노력의 계속적인 실패와 제도화된 수단에 대한 내면화에 따른 양심의 가책 때문에 불법적인 수단을 사용할 능력이 없는 결과 때문에 나타난다.

④ [×] 동조형(순응형)에 대한 설명이다. 정상적인 기회구조에 접근할 수는 없지만, 그래도 문화적 목표와 사회적으로 제도화된 수단을 통하여 목표를 추구하는 적응방식으로, 반사회적인 행위유형이 아니다.

정답 ②

04 머튼(Merton)의 아노미이론에 대한 설명으로 옳지 않은 것은?

① 순응(Conformity)은 문화적 목표와 제도화된 수단을 모두 승인하는 적응방식으로 반사회적인 행위유형이 아니다.

② 혁신(Innovation)은 문화적 목표는 승인하지만 제도화된 수단을 부정하는 적응방식으로 마약밀매, 강도, 절도 등이 이에 해당한다.

③ 퇴행(Retreatism)은 문화적 목표와 제도화된 수단을 모두 부정하고 사회활동을 거부하는 적응방식으로 만성적 알코올 중독자, 약물 중독자, 부랑자 등이 이에 해당한다.

④ 의식주의(Ritualism)는 문화적 목표와 제도화된 수단을 모두 부정하고 기존의 사회질서를 다른 사회질서로 대체할 것을 요구하는 적응방식으로 혁명을 시도하는 경우 등이 이에 해당한다.

정답 및 해설

④ [×] 아노미 상황에서 개인의 적응 방식 중 반역형(혁명형, 전복형)에 대한 설명이다.

> **아노미 상황에서 개인의 적응 방식**
>
> 정상적인 기회구조에 접근하기 어려운 사람들이 본인의 곤경을 해결하는 방법으로 머튼은 다음과 같은 유형을 거론하였다.
>
> | 동조형 (순응형) | • 정상적인 기회구조에 접근할 수는 없지만, 그래도 문화적 목표와 사회적으로 제도화된 수단을 통하여 목표를 추구하는 적응방식이다.
• 반사회적인 행위유형이 아니다(아노미가 아님).
• 비록 자신은 충분한 교육을 받지 못했지만 주어진 조건 내에서 돈을 많이 벌려고 노력하는 자 |
> |---|---|

혁신형 (개혁형)	• 범죄자들의 전형적인 적응방식으로 문화적 목표는 수용하지만, 제도화된 수단은 거부하는 형태이다. • 대부분의 범죄가 비합법적인 수단을 통하여 자신들이 원하는 목표를 달성하려고 한다는 점에서 이러한 적응방식에 해당한다. • 범죄학상 문제되는 유형이다. • 하류계층의 재산범죄를 설명하는 데 상당한 설득력이 있다. • 정상적인 방법으로는 부자가 될 수 없다고 판단하고 사기, 횡령, 마약밀매, 강도, 절도 등을 행하는 자
의례형 (의식형)	• 문화적 목표를 거부하고, 제도화된 수단만을 수용하는 적응방식이다. • 이들은 아예 목표 자체를 포기했기 때문에 목표를 달성하지 못했다고 실망하지 않으며, 모든 제도화된 수단을 따르기 때문에 실제 큰 문제는 야기하지도 않는다. • 머튼은 사회적으로 중하층에 속해 있는 사람들에게 흔히 볼 수 있는 적응방식이라고 보았다. • 자기가 하는 일의 목표는 안중에 없고 무사안일하게 절차적 규범이나 규칙만을 준수하는 관료
도피형 (회피형, 퇴행형)	• 문화적 목표와 제도화된 수단을 모두 거부하고, 사회로부터 도피해 버리는 적응방식이다. • 합법적인 수단을 통한 목표성취 노력의 계속적인 실패와 제도화된 수단에 대한 내면화에 따른 양심의 가책 때문에 불법적인 수단을 사용할 능력이 없는 결과 때문에 나타난다. • 정신병자, 빈민층, 방랑자, 폭력배, 만성적 알코올중독자 및 마약상습자 • 사업이 수차례 실패로 끝나자 자신의 신세를 한탄하면서 부랑생활을 하는 자
반역형 (혁명형, 전복형)	• 기존의 문화적 목표와 제도화된 수단을 모두 거부하면서 동시에 새로운 목표와 수단으로 대체하려는 형태의 적응방식이다. • 정치범에서 나타나는 유형이다. • 보수적 이데올로기에 반항하여 욕구불만의 원인을 현존 사회구조에서 규명하고 욕구불만이 없는 사회주의 국가의 건설을 문화적 목표로 설정하고, 이를 달성할 수 있는 수단으로 폭력혁명을 주창하는 형태를 들 수 있다. • 이들은 대부분 사적인 목적달성보다는 공동체 전체를 위한다는 동기에서 새로운 목표와 수단을 도모하는 경향이 강하다(환경보호론자, 낙태금지론자, 동물보호론자 등). • 환경보호를 이유로 공공기관이 시행하는 댐건설현장에서 공사 중단을 요구하며 시위를 하는 자

정답 ④

05 다음 중 머튼(Merton)의 아노미이론에 대한 설명으로 가장 옳지 않은 것은?
□□□

2022. 해경 경위

① '순응형(Conformity)'은 문화적 목표와 제도화된 수단을 모두 승인하는 적응방식으로 반사회적인 행위유형이 아니다.

② '퇴행형(Retreatism)'은 문화적 목표와 제도화된 수단을 모두 부정하고 사회활동을 거부하는 적응방식으로 만성적 알코올 중독자, 약물 중독자, 부랑자 등이 이에 해당한다.

③ '순응형(Conformity)'은 안정적인 사회에서 가장 보편적인 행위유형으로서 문화적인 목표와 제도화된 수단을 부분적으로만 수용할 때 나타난다.

④ '혁신형(Innovation)'은 문화적인 목표에 집착하여 부당한 수단을 통해서라도 성공을 달성하려는 행위유형으로 이욕적 범죄가 대표적이다.

정답 및 해설

③ [×] 동조형(순응형)의 적응 양식을 택한 개인은 문화적으로 설정된 목표와 이를 달성하기 위한 제도적 수단 모두를 받아들인다. 사회의 문화적 요구와 기존 사회구조에 순응하는 것으로 모든 사회에서 가장 일반적이고 보편적인 적응 양식이다.

정답 ③

06 머튼(Merton)의 아노미이론에서 제시한 개인의 적응방식 중 다음의 사례에서 찾을 수 없는 유형은?

> ㉠ 비록 자신은 충분한 교육을 받지 못했지만 주어진 조건 내에서 돈을 많이 벌려고 노력하는 자
> ㉡ 정상적인 방법으로는 부자가 될 수 없다고 판단하고 사기, 횡령 등을 행하는 자
> ㉢ 사업이 수차례 실패로 끝나자 자신의 신세를 한탄하면서 부랑생활을 하는 자
> ㉣ 환경보호를 이유로 공공기관이 시행하는 댐건설현장에서 공사 중단을 요구하며 시위를 하는 자

① 혁신형(Innovation) ② 회피형(Retreatism)
③ 의례형(Ritualism) ④ 반역형(Rebellion)

정답 및 해설

③ [×] 사례를 찾을 수 없는 유형은 의례형이다.

㉠ **동조형**: 정상적인 기회구조에 접근할 수는 없지만, 그래도 문화적 목표와 사회적으로 제도화된 수단을 통하여 목표를 추구하는 적응방식으로 반사회적인 행위유형이 아니다.

㉡ **혁신형(개혁형)**: 범죄자들의 전형적인 적응방식으로 문화적 목표는 수용하지만, 제도화된 수단은 거부하는 형태이다. 대부분의 범죄가 비합법적인 수단을 통하여 자신들이 원하는 목표를 달성하려고 한다는 점에서 이러한 적응방식에 해당한다.

㉢ **도피형(은둔형, 회피형, 퇴행형)**: 문화적 목표와 제도화된 수단을 거부하고, 사회로부터 도피해 버리는 적응방식이다. 합법적인 수단을 통한 목표성취 노력의 계속적인 실패와 제도화된 수단에 대한 내면화에 따른 양심의 가책 때문에 불법적인 수단을 사용할 능력이 없는 결과 때문에 나타난다.

㉣ **혁명형(반역형, 전복형)**: 기존의 문화적 목표와 제도화된 수단을 모두 거부하면서 동시에 새로운 목표와 수단으로 대체하려는 형태의 적응방식으로 정치범, 확신범에게서 나타나는 유형이다.

정답 ③

07 머튼(Merton)이 제시한 아노미 상황에서의 적응양식 중에서 기존 사회체제를 거부하는 혁명가(A)와 알코올 중독자(B)에 해당하는 유형을 옳게 짝지은 것은?

적응양식의 유형	문화적 목표	제도화된 수단
㉠	+	+
㉡	+	-
㉢	-	+
㉣	-	-
㉤	±	±

*+는 수용, -는 거부, ±는 제3의 대안을 추구하는 것을 의미

　　(A)　　(B)
① ㉣　　㉢
② ㉡　　㉤
③ ㉤　　㉣
④ ㉤　　㉢

㉠ **동조형**: 정상인
㉡ **개혁·혁신형**: 대부분의 범죄(성매매, 마약거래, 강도, 사기, 횡령 등)
㉢ **의례·의식형**: 사회적으로 중하층인, 자기가 하는 일의 목표는 안중에 없고 무사안일하게 절차적 규범이나 규칙만을 준수하는 관료 등
㉣ **도피·회피·퇴행형**: 정신병자, 빈민층, 방랑자, 폭력배, 만성적 알코올중독자 및 마약상습자 등
㉤ **혁명·전복·반역형**: 정치범, 환경보호론자, 낙태금지론자, 동물보호론자 등

정답 ③

08

머튼(R. Merton)의 아노미(긴장)이론에 대한 설명으로 옳지 않은 것은?

2024. 교정 7급

① 사람들이 추구하는 목표는 선천적인 것이 아니며, 문화적 전통과 같은 사회환경에 의해 형성된다고 보았다.
② 사회적으로 인정되는 목표를 달성하기 위한 수단은 공평하게 주어지지 않는다고 보았다.
③ 개인적 수준의 긴장은 목표 달성의 실패, 긍정적 가치를 갖는 자극의 상실, 부정적 자극으로부터 발생한다고 보았다.
④ 개인의 목표는 다양하지만, 경제적 성공에만 집중하고 다른 목표를 경시한다는 비판을 받았다.

① [○] 사람들이 추구하는 목표는 문화적 전통과 같은 사회환경에 의해 형성된다고 보았다. 머튼은 아노미의 사회적 조건을 문화의 측면과 사회구조의 측면으로 구분하였다. 문화는 우리가 무엇에 가치를 두고 어떤 목표를 추구해야 할지, 그 목표를 어떻게 추구하며 살아야 할지를 규정해주고, 사회구조는 그러한 목표를 달성하기 위해 필요한 수단을 제공하거나 제한한다.
② [○] 머튼은 성공목표를 달성하기 위한 수단이 주로 사회경제적 계층에 따라 차등적으로 분배되어 목표와 수단의 괴리(분리)가 커지게 될 때 범죄가 발생한다고 보았다. 부(富)의 성취는 미국사회에 널리 퍼진 문화적 목표이고, 목표달성을 위한 합법적 수단에 대한 접근은 하류계층에게 더 제한되어 있으며, 합법적 수단이 제한된 하류계층 사람들은 비합법적인 수단을 통해서라도 목표를 달성하려고 한다.
③ [×] 에그뉴(Agnew)의 일반긴장이론에 대한 설명이다. 개인적 수준에서의 열망과 기대 간의 괴리, 열망과 실체 성취 간의 괴리, 기대와 실제 성취 간의 괴리, 공정한 결과와 실제 결과 간의 괴리로 인해 긴장 및 스트레스가 발생하고 이는 범죄를 유발하는 요인이 된다고 보고, 범죄발생의 원인으로 목표달성의 실패, 기대와 성취 사이의 괴리, 긍정적 자극의 소멸, 부정적 자극의 발생을 제시했다.
④ [○] 모든 인간이 일률적으로 부의 성취라는 목표를 공유하고 있는지 의문스럽고, 특정 사회 내의 다양한 문화와 추구하는 목표의 다양성을 무시한다는 비판이 있다.

정답 ③

09

머튼(Merton)의 아노미이론에 대한 설명으로 옳지 않은 것은?

2022. 교정 9급

① 부(富)의 성취는 미국사회에 널리 퍼진 문화적 목표이다.
② 목표달성을 위한 합법적 수단에 대한 접근은 하류계층에게 더 제한되어 있다.
③ 합법적 수단이 제한된 하류계층 사람들은 비합법적인 수단을 통해서라도 목표를 달성하려고 한다.
④ 하류계층뿐만 아니라 상류계층의 범죄를 설명하는 데 유용하다.

④ [×] 성공목표를 달성하기 위한 수단이 주로 사회경제적 계층에 따라 차등적으로 분배되어 목표와 수단의 괴리가 커지게 될 때 범죄가 발생한다는 머튼(Merton)의 아노미이론은 기회구조가 차단된 하류계층의 범죄를 설명하는 데에는 유용하지만, 최근 증가하는 중산층 범죄나 상류층의 범죄를 설명하는 데에는 한계가 있다.

정답 ④

10

1990년대에 등장한 긴장이론의 하나인 메스너(Messner)와 로젠펠드(Rosenfeld)의 제도적 아노미이론 (Institutional Anomie Theory)에 대한 설명으로 가장 적절하지 않은 것은? 2022(72). 경위

① 아메리칸 드림이라는 문화사조는 경제제도와 다른 사회제도 간 '힘의 불균형' 상태를 초래했다고 주장한다.
② 머튼의 긴장이론이 갖고 있던 거시적 관점을 계승하여 발전시켰다.
③ 아메리칸 드림이라는 문화 사조의 저변에는 성취지향, 개인주의, 보편주의, 물신주의(fetishism of money)의 네 가지 주요 가치가 전제되어 있다고 분석한다.
④ 머튼의 긴장개념을 확장하여 다양한 상황이나 사건들이 긴장상태를 유발할 수 있다고 하였다.

① [○] 경제제도, 정치제도, 가족제도, 교육제도 등의 사회제도들은 각기 고유한 기능을 수행하면서 상호 의존한다. 사회가 안정적으로 작동하기 위해서는 이 제도들 간의 조화와 협조가 필수적이다. 그런데 아메리칸 드림이라는 문화사조는 경제제도가 다른 사회제도들을 지배하는 '제도적 힘의 불균형' 상태를 초래했다는 것이 메스너와 로젠펠드의 주장이다. 경제제도의 지배는 평가절하, 적응, 침투라는 세 가지 상호 연관된 방식으로 나타난다고 하였다.
② [○] 머튼과 같은 입장에서 '사회학적 지식과 원칙의 체계적 적용'을 통해 '범죄의 국가 간 변이'에 대한 거시적 설명을 추구한다. 메스너와 로젠펠드 역시 미국 사회의 문화와 사회구조에 주목하여 범죄현상에서 보이는 "미국 예외주의"를 사회학적으로 설명하였다. 문화적 측면은 기본적으로 머튼의 생각과 유사하지만, 사회구조적 측면에서는 머튼의 이론과 많은 차이를 보인다.
③ [○] 아메리칸 드림을 '개인들의 열린 경쟁이라는 조건하에서 사회의 모든 이들이 추구해야 할 물질적 성공이라는 목표에 대한 헌신을 낳는 문화 사조'로 정의하고, 그 저변에는 성취지향, 개인주의, 보편주의, 물신주의의 네 가지 주요 가치가 전제되어 있다고 분석한다.
④ [×] 에그뉴의 일반긴장이론에 대한 설명이다.

정답 ④

11

범죄원인론에 대한 설명으로 옳지 않은 것은? 2018. 교정 7급

① 낙인이론은 범죄행위에 대한 처벌의 부정적 효과에 주목한다.
② 통제이론은 모든 인간이 범죄를 저지를 수 있는 동기를 가지고 있다고 가정한다.
③ 일반긴장이론은 계층에 따라서 범죄율이 달라지는 이유를 설명하는 데 유용하다.
④ 사회해체론은 지역사회의 안정성, 주민의 전·출입, 지역사회의 통제력에 주목한다.

③ [×] 에그뉴(Agnew)의 일반긴장이론은 스트레스와 긴장을 느끼는 개인이 범죄를 저지르기 쉬운 이유를 설명하는 이론으로, 모든 계층(하류층, 중·상류층)의 범죄원인에 대한 설명은 가능하나, 계층에 따라 범죄율이 달라지는 이유를 설명하지 못한다는 비판을 받는다.

정답 ③

12 다음에서 설명하는 이론을 주장한 학자는?

2023. 교정 9급

> • 아메리칸 드림이라는 문화사조는 경제제도가 다른 사회제도들을 지배하는 '제도적 힘의 불균형' 상태를 초래함
> • 아메리칸 드림과 같은 문화사조와 경제제도의 지배는 서로 상호작용을 하면서 미국의 심각한 범죄문제를 일으킴

① 머튼(Merton)
② 코헨과 펠슨(Cohen & Felson)
③ 코니쉬와 클라크(Cornish & Clarke)
④ 메스너와 로젠펠드(Messner & Rosenfeld)

정답 및 해설

④ [○] 메스너와 로젠펠드의 제도적 아노미이론에 대한 설명이다. 아메리칸 드림이라는 문화사조는 경제제도가 다른 사회제도들(정치·종교·가족·교육제도 등)을 지배하는 '제도적 힘의 불균형' 상태를 초래했다고 주장하였다. 아메리칸 드림과 경제제도의 지배는 서로 되먹임(Feedback)하면서 상승작용을 일으킴으로써 미국의 심각한 범죄 문제를 불가피하게 만드는 것이라고 주장하였다.

정답 ④

13 메스너(Messner)와 로젠펠드(Rosenfeld)의 제도적 아노미이론(Institutional Anomie Theory)에 관한 설명으로 가장 적절한 것은?

2024. 경찰2차

① 탈상품화(decommodification)가 치열한 경쟁을 줄이고 궁극적으로 범죄를 감소시킬 것이라고 설명한다.
② 애그뉴(Agnew)의 일반긴장이론을 구조적 차원에서 재해석하고 확장한 이론으로 평가된다.
③ 성취 지향(achievement), 개인주의(individualism), 보편주의(universalism), 행위규범(conduct norms) 및 물질만능주의(money fetish)의 다섯 가지 하위 가치관이 범죄행위를 유도한다고 주장한다.
④ 다른 사회제도가 경제에 종속되어 있어 비경제적 기능과 역할이 평가절하되는 사회제도의 불균형과 개인의 관심적 초점(focal concerns)이 미국의 높은 범죄율의 원인이라고 설명한다.

정답 및 해설

① [○] 메스너와 로젠펠드는 '탈상품화' 개념으로 경제제도에 대한 정치제도의 힘을 간접적으로 측정하여 국제비교 연구를 통해 그 효과를 분석하였다. 분석결과 탈상품화 지수가 높은 국가일수록 살인율이 낮은 것으로 나타났다. 이는 제도적 아노미이론의 예측대로 정치제도의 힘이 경제제도의 힘을 상쇄할 수 있다면 범죄문제를 개선할 수 있음을 간접적으로 보여주는 결과라고 할 수 있다.

② [×] 『범죄와 아메리칸 드림』(1994)에서 머튼의 아노미이론이 갖고 있던 거시적 관점을 그대로 계승하여 발전시켰으며, 머튼과 같은 입장에서 사회학적 지식과 원칙의 체계적인 적용을 통해 범죄의 국가 간 변이에 대한 거시적 설명을 추구한다. 미국 사회의 문화와 사회구조에 주목하여 범죄현상에서 보이는 '미국 예외주의'를 사회학적으로 설명하였다.

③ [×] 아메리칸 드림을 '개인들의 열린 경쟁이라는 조건하에서 사회의 모든 이들이 추구해야 할 물질적 성공이라는 목표에 대한 헌신을 낳는 문화사조'로 정의하고, 그 저변에는 성취지향, 개인주의, 보편주의, 물신주의의 네 가지 주요 가치가 전제되어 있다고 분석한다. 메스너와 로젠펠드는 이러한 아메리칸 드림이 미국의 번영에 크게 기여한 것이 사실이지만, 그 이면에는 심각한 사회문제의 근본 원인이 되기도 하는 '양날의 칼'이라고 보았다.

④ [×] 다른 사회제도가 경제에 종속되어 있어 비경제적 기능과 역할이 평가절하되는 사회제도의 불균형이 미국의 높은 범죄율의 원인이라고 설명한다. 기본적 속성상 개인을 통제하는 기능이 가장 취약한 경제제도가 다른 사회제도를 지배하게 되면 사회제도들의 통제력이 약화될 수밖에 없다. 이것이 바로 아메리칸 드림이라는 미국 자본주의의 문화사조가 낳는 사회구조적 특성인 '제도적 아노미'인 것이다. 사회 규범의 규제력이 약화되는 아노미 상황은 경제제도가 지배하는 제도적 힘의 불균형 상태와 밀접한 관련이 있으며, 이는 사회구성원에 대한 사회제도들의 통제력 약화로 이어진다. 아메리칸 드림과 같은 문화사조와 경제제도의 지배는 서로 상호작용을 하면서 미국의 심각한 범죄문제를 일으킨다고 주장한다.

정답 ①

14

□□□

애그뉴(Agnew)의 일반긴장이론에 대한 설명으로 적절한 것은 모두 몇 개인가?

ㄱ 거시적 수준에서 하류층뿐만 아니라 다양한 계층의 긴장원인을 설명하고자 하였다.
ㄴ 인간은 부·명예와 같은 목표의 달성에 실패하였을 때, 긴장하게 된다.
ㄷ 인간은 이혼, 해고, 친구의 죽음 등 긍정적인 자극이 세서뇌었을 때, 긴상하게 된다.
ㄹ 인간은 직장 내 갑질, 가정폭력, 선생님의 꾸중 등 부정적인 자극을 받았을 때, 긴장하게 된다.
ㅁ 특히 청소년들은 긴장상태가 지속되면 부정적인 감정에 의해 비행에 빠지기 쉽다.
ㅂ 하류계층 청소년들이 중류사회의 성공목표를 합법적으로 성취할 수 없는 긴장상태에 놓였을 때, 경험하는 죄책감, 불안감, 증오심을 지위좌절(Status Frustration)이라고 하였다.

---

① 3개
② 4개
③ 5개
④ 6개

정답 및 해설

적절한 것은 ㄴ, ㄷ, ㄹ, ㅁ 4개이다.

ㄱ [×] 에그뉴는 머튼의 '긴장이론'의 수정이 필요하다는 점을 지적하며 '수정된 긴장이론'을 제시하였고, 이후 스트레스에 대한 심리학 연구들을 참고하여 '일반긴장이론'으로 발전시켰다. 따라서 일반긴장이론은 머튼의 이론을 수정하고 미시적으로 계승한 이론이라 할 수 있다. 머튼의 긴장이론에 그 이론적 기초를 두고 있지만, 머튼의 이론과 달리 계층과 상관없는 긴장의 개인적, 사회심리학적 원인을 다루고 있다. 따라서 일반긴장이론은 하류계층의 범죄 행위가 아닌 사회의 모든 구성요소의 범죄 행위에 대한 일반적 설명을 제공하고 있다.

ㄴ, ㄷ, ㄹ [○] 개인적 수준에서의 열망과 기대 간의 괴리, 열망과 실제 성취 간의 괴리, 기대와 실제 성취 간의 괴리, 공정한 결과와 실제 결과 간의 괴리로 인해 긴장 및 스트레스가 발생하고 이는 범죄를 유발하는 요인이 된다. 에그뉴는 범죄발생의 원인으로 목표달성의 실패, 기대와 성취 사이의 괴리, 긍정적 자극의 소멸, 부정적 자극의 발생을 제시했다.

목표달성의 실패	머튼의 긴장이론이 지목한 요인이지만, 경제적 목표나 지위달성의 목표에 한정하는 것이 아니라 당장의 다양한 목표들까지도 포함한다.
기대와 성취 사이의 괴리	동료와의 비교에서 느끼는 상대적인 감정
긍정적 자극의 소멸	• 사람은 자신에게 긍정적인 가치를 갖는 무엇인가를 상실했을 때 또는 그럴 것이라고 예상될 때 긴장을 겪는다. • 자신에게 중요한 이성 친구와의 결별이나 실연, 이혼, 친한 친구나 가족의 사망 등
부정적 자극의 발생	• 사람은 자신에게 괴로움과 고통을 주는 자극이 주어지거나 주어질 것으로 예상될 때, 그리고 이를 피할 수가 없을 때, 긴장을 겪는다. • 아동학대, 범죄피해, 체벌, 가족 또는 또래집단에서의 갈등, 학업실패 등의 유해한 자극에 노출

ㅁ [○] 에그뉴는 청소년 비행을 대상으로 연구하였고, 청소년 입장에서 그들이 중요시하는 목표와 현실적인 긴장이 무엇인지에 주목하였다. 청소년의 긴장의 원인을 '당장의 다양한 목표 추구에 대한 장애'에서 찾아야 하며, '고통스러운 상황을 회피하려는 시도에 대한 장애'에서도 찾아야 한다고 하였다. 또한 긴장과 감정의 관련성에 주목하였다. 목표 달성에 실패하는 좌절 상황과 불쾌하고 고통스러운 자극으로 인한 긴장은 분노와 같은 부정적 감정을 유발하고, 이러한 부정적 감정에 의해 비행을 저지르게 된다는 것이다.

ⓑ [×] 코헨(Cohen)의 비행하위문화이론에 대한 설명이다. 코헨은 하류계층의 비행이 중류계층의 가치와 규범에 대한 저항이라고 보았다. 사회적 조건이 하류계층의 청소년들로 하여금 사회적으로, 특히 중류사회의 성공목표를 합법적으로 성취할 수 없게 하기 때문에 하류계층의 청소년들은 스스로의 열악한 지위에 대한 욕구불만과 자신감 상실로 지위좌절이라는 일종의 문화갈등을 경험하게 된다. 이러한 지위좌절을 경험하는 하류계층의 청소년들 중 다수는 비행집단을 형성하여 비공식적이고, 악의적이며, 부정적인 행위에 가담하게 된다.

정답 ②

 15 다음 〈보기〉 중 메스너(Messner)와 로젠펠드(Rosenfeld)의 제도적 아노미 이론(Institutional Anomie Theory)에 대한 설명으로 옳은 것은 모두 몇 개인가?

2024. 해경 경위

┤ 보기 ├

ⓐ 머튼(Merton)의 아노미 이론을 확장하여 여러 사회제도들의 밀접한 연관성과 어떻게 문화가 경제영역을 과도하게 강조하게 되는지를 연구하였다.
ⓑ 아메리칸 드림(American Dream)이 규범적 통제의 붕괴를 촉진한다고 보았다.
ⓒ 제도적 힘의 불균형 상태는 비공식적 사회통제를 약화시킨다.

① 없음
② 1개
③ 2개
④ 3개

정답 및 해설

모두 옳은 설명이다.
ⓐ [○] 메스너와 로젠펠은 『범죄와 아메리칸 드림』(1994)에서 머튼의 아노미이론이 갖고 있던 거시적 관점을 그대로 계승하여 발전시켰다. 머튼과 같은 입장에서 '사회학적 지식과 원칙의 체계적 적용'을 통해 '범죄의 국가 간 변이'에 대한 거시적 설명을 추구하며, 여러 사회제도들의 밀접한 연관성과 어떻게 문화가 경제영역을 과도하게 강조하게 되는지를 연구하였다.
ⓑ [○] 경제제도, 정치제도, 가족제도, 교육제도 등의 사회제도들은 각기 고유한 기능을 수행하면서서 상호 의존한다. 사회가 안정적으로 작동하기 위해서는 이 제도들 간의 조화와 협조가 필수적이다. 그런데 아메리칸 드림이라는 문화사조는 경제제도가 다른 사회제도들을 지배하는 '제도적 힘의 불균형'상태를 초래했다는 것이 메스너와 로젠펠드의 주장이다. 경제제도의 지배는 평가절하, 적응, 침투라는 세 가지 상호 연관된 방식으로 나타난다고 하였다.
ⓒ [○] 기본적 속성상 개인을 통제하는 기능이 가장 취약한 경제제도가 다른 사회제도를 지배하게 되면 사회제도들의 통제력이 약화될 수밖에 없다. 이것이 바로 아메리칸 드림이라는 미국 자본주의의 문화사조가 낳는 사회구조적 특성인 '제도적 아노미'인 것이다. 사회 규범의 규제력이 약화되는 아노미 상황은 경제제도가 지배하는 제도적 힘의 불균형 상태와 밀접한 관련이 있으며, 이는 사회구성원에 대한 사회제도들의 통제력 약화로 이어진다.

정답 ④

 16 애그뉴(Agnew)의 일반긴장이론에 대한 설명으로 가장 옳지 않은 것은?

2023. 해경 경위

① 아노미이론에 비해 긴장을 보다 개인적 수준에서 바라보았다.
② 긴장의 원인을 다양화하였다.
③ 아노미이론에 비해 긴장에 대한 폭력적 반응도 잘 설명할 수 있다.
④ 긴장 상태에 있는 모두가 범죄를 행하는 것은 아니라는 점에 대한 적절한 해명을 하지 못한다.

정답 및 해설

① [○] 에그뉴(Agnew)는 머튼(Merton)의 '긴장이론'의 수정이 필요하다는 점을 지적하며 '수정된 긴장이론'을 제시하였고, 이후 스트레스에 대한 심리학 연구들을 참고하여 '일반긴장이론'으로 발전시켰다. 따라서 일반긴장이론은 머튼의 이론을 수정하고 미시적으로 계승한 이론이라 할 수 있다.

② [○] 개인적 수준에서의 열망과 기대 간의 괴리, 열망과 실체 성취 간의 괴리, 기대와 실제 성취 간의 괴리, 공정한 결과와 실제 결과 간의 괴리로 인해 긴장 및 스트레스가 발생하고 이는 범죄를 유발하는 요인이 된다. 범죄발생의 원인으로 목표달성의 실패, 기대와 성취 사이의 괴리, 긍정적 자극의 소멸, 부정적 자극의 발생을 제시했다. 이렇게 다양한 유형의 긴장을 고려한다는 의미에서 이론의 이름이 '일반'긴장이론이다.

③ [○] 목표 달성의 실패, 긍정적 자극의 제거나 상실, 부정적 자극의 존재나 발생과 같은 다양한 상황이나 사건들이 긴장을 유발하고, 이러한 긴장은 부정적 감정(분노, 좌절, 실망, 우울, 공포)을 낳게 되며, 결과적으로 범죄나 비행을 저지를 가능성을 높인다. 특히 만성적이고 반복적인 긴장은 범죄 성향을 강화한다. 부정적 감정 중에서 분노는 특히 중요한 감정적 반응으로 간주되며, 공격적인 비행과 범죄로 이어질 가능성이 크다.

④ [×] 긴장을 경험하고 부정적 감정을 갖는 모든 사람이 범죄를 저지른다거나 범죄에 의존하게 되는 것은 아니다. 이에 대한 추가 설명으로 에그뉴는 긴장에 대처하는 인지적·행동적·감정적 차원의 대응전략들이 다양하게 존재할 수 있고, 여기에서 개인 차이가 존재한다고 보았다. 이러한 대응전략에서의 차이로 인해 긴장을 겪을 때 범죄나 비행으로 나아가는 사람들이 있는 반면, 그렇지 않은 사람들도 있는 것이다.

정답 ④

 17 일반긴장이론(General Strain Theory)에서 애그뉴(Agnew)가 주장하는 세 가지 긴장 원인 유형의 예에 해당하지 않는 것은?

2023. 경찰2차

① 수년 동안 부모의 학대와 방임을 경험한 사람
② 가장 친한 친구의 죽음을 경험한 사람
③ 학교 시험에서 기대한 점수를 받지 못해 속상한 사람
④ 반사회적이고 공격적인 성향을 가진 사람

정답 및 해설

① [○] 부정적이거나 해로운 자극의 존재
② [○] 긍정적 가치를 갖는 자극의 제거
③ [○] 긍정적 가치를 갖는 목표 달성의 실패
④ [×] 에그뉴(Agnew)는 머튼(Merton)의 '긴장이론'의 수정이 필요하다는 점을 지적하며 '수정된 긴장이론'을 제시하였고, 이후 스트레스에 대한 심리학 연구들을 참고하여 '일반긴장이론'으로 발전시켰다. 따라서 일반긴장이론은 머튼의 이론을 수정하고 미시적으로 계승한 이론이라 할 수 있다. 일반긴장이론은 스트레스와 긴장을 느끼는 개인이 범죄를 저지르기 쉬운 이유를 미시적 관점에서 설명하는 이론으로, 긴장은 스트레스와 같은 의미로 보아도 무방하다. 에그뉴는 긴장의 출처(원인), 즉 스트레스를 주는 상황을 세 가지로 파악하였다.

긍정적 가치를 갖는 목표 달성의 실패	• 기존의 긴장이론(머튼)이 지목하는 요인이지만, 경제적 목표나 지위달성의 목표에 한정하는 것이 아니라 당장의 다양한 목표들을 포함한다는 중요한 차이점이 있다. • 열망과 기대 간의 격차뿐만 아니라, 열망과 실제 성취 간의 격차, 특히 기대와 실제 성취 간의 격차가 오히려 더 중요한 긴장의 출처가 될 수 있다고 보았다. • 그뿐만 아니라 공정한 결과와 실제 결과 간의 격차도 큰 긴장을 불러일으킬 수 있다고 하였다.
긍정적 가치를 갖는 자극의 제거	• 사람은 자신에게 긍정적인 가치를 갖는 무엇인가를 상실했을 때 또는 그럴 것이라고 예상될 때 긴장을 겪는다. • 자신에게 중요한 이성 친구와의 결별이나 실연, 이혼, 친한 친구나 가족의 사망 등이 그 예가 된다.
부정적이거나 해로운 자극의 존재	• 사람은 자신에게 괴로움과 고통을 주는 자극이 주어지거나 주어질 것으로 예상될 때, 그리고 이를 피할 수가 없을 때, 긴장을 겪는다. • 아동학대, 범죄피해, 체벌, 가족 또는 또래집단에서의 갈등, 학업실패 등의 유해한 자극에 노출 등이 그 예가 된다.

▶ '목표달성의 실패'의 내용 중에서 '기대와 성취 사이의 괴리'를 분리하여 ㉠ 목표달성의 실패, ㉡ 기대와 성취 사이의 괴리, ㉢ 긍정적 자극의 소멸, ㉣ 부정적 자극의 발생 등 네 가지 유형으로 구분하는 경우도 있다.

정답 ④

18 에그뉴(Agnew)의 일반긴장이론(General Strain Theory)에 관한 설명 중 옳은 것은 모두 몇 개인가?

2022. 경찰2차

㉠ 모든 사회인구학적 집단의 범죄행위와 비행행위를 설명하는 일반이론 중 하나이다.
㉡ 개인적인 스트레스와 긴장이 범죄의 유발요인이므로 미시적 수준의 범죄이론으로 볼 수 있다.
㉢ 긴장 원인의 복잡성과 부정적 감정의 상황들을 밝혀내어 결국 아노미 이론을 축소시켰다.
㉣ 부정적 자극의 발생(presentation of negative stimuli)은 일상생활에서 자신이 통제할 수 없는 부정적 사건의 발생을 의미하며, 부모의 사망, 이혼 등이 대표적 사례이다.

① 0개
② 1개
③ 2개
④ 3개

정답 및 해설

옳은 것은 ㉠, ㉡ 2개이다.
㉠ [○] 머튼의 긴장이론에 그 이론적 기초를 두고 있지만, 머튼의 이론과 달리 계층과 상관없는 긴장의 개인적, 사회심리학적 원인을 다루고 있다. 따라서 일반긴장이론은 하류계층의 범죄 행위가 아닌 사회의 모든 구성요소의 범죄 행위에 대한 일반적 설명을 제공하고 있다.
㉡ [○] 스트레스와 긴장을 느끼는 개인이 범죄를 저지르기 쉬운 이유를 미시적 관점에서 설명하는 이론으로, 긴장은 스트레스와 같은 의미로 보아도 무방하다.
㉢ [×] 일반긴장이론은 기존 긴장이론이 제시한 긴장의 원인에 더해서 부정적인 사회 관계나 환경과 관련된 긴장을 포함하여 '일반'긴장으로 개념 범주를 크게 확장하였다.
㉣ [×] 긍정적 자극의 소멸에 대한 설명이다. 에그뉴는 범죄발생의 원인으로 목표달성의 실패, 기대와 성취 사이의 괴리, 긍정적 자극의 소멸, 부정적 자극의 발생을 제시하였으며, 부정적 자극의 발생이란 사람은 자신에게 괴로움과 고통을 주는 자극이 주어지거나 주어질 것으로 예상될 때, 그리고 이를 피할 수가 없을 때, 긴장을 겪게 되는 것을 말한다. 아동학대, 범죄피해, 체벌, 가족 또는 또래집단에서의 갈등, 학업실패 등의 유해한 자극에 노출 등이 이에 해당한다.

정답 ③

19 애그뉴(R. Agnew)의 일반긴장이론(General Strain Theory)에 대한 설명으로 옳지 않은 것은?

2020. 5급 승진

① 개인적 수준에서의 열망(Aspiration)과 기대(Expectation) 간의 괴리로 인해 긴장 및 스트레스가 발생하고 이는 범죄를 유발하는 요인이 된다.
② 아노미이론에 기초를 두고 있는 점에서 주된 연구들은 거시적 범죄이론으로 분류된다.
③ 목표달성의 실패, 긍정적 자극의 소멸, 부정적 자극의 발생을 통해 범죄가 유발된다.
④ 자신에게 중요한 이성 친구와의 결별이나 실연, 친한 친구나 가족의 사망 등은 긍정적 자극이 소멸한 예라 할 수 있다.
⑤ 같은 수준의 긴장이 주어졌다 하더라도 모든 사람이 동일한 정도로 범죄를 저지르는 것은 아니다.

정답 및 해설

② [×] 애그뉴(Agnew)의 일반긴장이론은 머튼의 아노미이론(긴장이론)에 그 이론적 뿌리를 두고 있지만, 머튼의 이론과 달리 계층과 상관없는 긴장의 개인적, 사회심리학적 원인을 다루고 있으며, 스트레스와 긴장을 느끼는 개인이 범죄를 저지르기 쉬운 이유를 설명하는 이론으로 미시적 관점에 해당한다.

정답 ②

20

애그뉴(R. Agnew)의 일반긴장이론에 대한 설명으로 옳은 것만을 모두 고른 것은?

⊙ 머튼(Merton)의 아노미이론에 그 이론적 뿌리를 두고 있다.
ⓛ 거시적 수준의 범죄이론으로 분류된다.
ⓒ 범죄발생의 원인으로 목표달성의 실패, 기대와 성취 사이의 괴리, 긍정적 자극의 소멸, 부정적 자극의 발생을 제시했다.
ⓒ 긴장을 경험하는 모든 사람이 범죄를 저지른다거나 범죄에 의존하게 되는 것은 아니다.

① ⊙, ⓒ

② ⊙, ⓛ, ⓒ

③ ⊙, ⓒ, ⓒ

④ ⊙, ⓛ, ⓒ, ⓒ

정답 및 해설

③ [○] 옳은 것은 ⊙, ⓒ, ⓒ이다.
다양한 원인으로부터 긴장이 발생하여 부정적 감정 상태(분노, 좌절, 실망, 의기소침, 두려움)로 이어지고, 반사회적 행위(약물남용, 비행, 폭력, 낙오)에 이르게 된다는 것이 일반긴장이론의 논리구조이다. 스트레스와 긴장을 느끼는 개인이 범죄를 저지르기 쉬운 이유를 설명하는 이론으로 미시적 관점에 해당한다.

💡 머튼 vs 에그뉴

머튼	에그뉴
사회적 수준의 긴장	개인적 수준의 긴장
문화적 목표와 제도적 수단의 괴리에 의한 긴장	다양한 원인에 의한 긴장 또는 스트레스
범죄율에서 사회계층의 차이를 설명	스트레스와 긴장을 느끼는 개인이 범죄를 저지르기 쉬운 이유를 설명(긴장의 개인적 영향을 밝히는 데 도움을 줌)
하류층의 범죄에 국한	모든 계층(하류층, 중·상류층)의 범죄에 대한 설명 가능
거시 환경이론	미시 환경이론

정답 ③

제4절 ┃ 하위문화이론

01

밀러(Miller)가 주장한 하위계층문화이론(Lower Class Culture Theory)의 '관심의 초점(focal concerns)'에 관한 설명으로 가장 적절하지 않은 것은?

① 말썽부리기(trouble) – 싸움이나 폭주 등 문제행동을 유발할수록 또래들로부터 인정받기 때문에 말썽을 일으키는 것

② 강인함(toughness) – 감성적으로 정에 이끌리는 태도보다는 힘의 과시나 남자다움을 중시하는 것

③ 영악함(smartness) – 사기나 도박 등과 같이 남을 속임으로써 영리함을 인정받는 것

④ 운명주의(fatalism) – 자기 마음대로 자신의 일을 처리하는 것으로, 경찰이나 부모 등 어느 누구로부터의 통제나 간섭을 기피하는 것

④ [×] 자율·자립(Autonomy)에 대한 설명이다. 운명·숙명(Fatalism)은 자신의 미래가 스스로의 노력보다는 스스로 통제할 수 없는 운명에 달려 있다는 믿음이다. 하위계급은 행운이나 불행에 많은 관심을 갖고 있으며 범죄를 저지르고 체포되더라도 이를 운수가 좋지 않았기 때문이라고 판단한다.

정답 ④

02

밀러(Miller)의 하류계층 문화이론(Lower Class Culture Theory)에 대한 설명으로 옳지 않은 것은?

2023. 보호 7급

① 밀러는 하류계층의 문화를 고유의 전통과 역사를 가진 독자적 문화로 보았다.
② 하류계층의 여섯 가지 주요한 관심의 초점은 사고치기(Trouble), 강인함(Toughness), 영악함(Smartness), 흥분추구(Excitement), 운명(Fate), 자율성(Autonomy)이다.
③ 중류계층의 관점에서 볼 때, 하류계층 문화는 중류계층 문화의 가치와 갈등을 초래하여 범죄적·일탈적 행위로 간주된다.
④ 범죄와 비행은 중류계층에 대한 저항으로서 하류계층 문화 자체에서 발생한다.

① [○] 밀러는 하위문화를 중산층과 상관없이 고유의 전통과 역사를 가진 독자적 문화로 보았으며, 코헨은 하위문화를 중산층의 보편적인 문화에 대항하고 반항하기 위해서 형성되는 것이라고 보았다.
② [○] 하류계층의 여섯 가지 주요 관심사(관심의 초점)는 말썽·걱정·사고치기(Trouble), 강인·완강함(Toughness), 교활·영악·영리함(Smartness), 흥분·자극·스릴추구(Excitement), 운명·숙명(Fate), 자율·자립성(Autonomy)이다.
③ [○] 하류계층의 대체문화가 갖는 상이한 가치는 지배계층의 문화와 갈등을 초래하며, 지배집단의 문화와 가치에 반하는 행위들이 지배계층에 의해 범죄적·일탈적 행위로 간주된다고 주장한다.
④ [×] 밀러(Miller)는 범죄행위를 독특한 하류계층 하위문화의 가치와 규범에 대한 정상적인 반응으로 본다. 하위계층 청소년들은 하위계층문화의 '주요 관심사'에 따라 학습하고 행동하며 비행청소년들은 특히 이를 과장된 방법으로 표현하고 행위로 나타낸다. 다만, 이러한 관심은 중류계층의 규범에 위반이지만 악의적인 원한이나 울분 또는 저항을 표시하는 것은 아니라는 점에서 코헨(Cohen)의 비행적 하위문화이론과 다르다. 즉, 하류계층의 비행을 '중류층에 대한 반발에서 비롯된 것'이라는 코헨의 주장에 반대하고 그들만의 독특한 하류계층문화 자체가 집단비행을 발생시킨다고 보았다.

정답 ④

03

밀러(Miller)의 하류계층 문화이론(Lower-Class Culture Theory)에 대한 설명으로 옳지 않은 것은?

2013. 보호 7급

① 하류계층의 비행을 '중류층에 대한 반발에서 비롯된 것'이라는 코헨(Cohen)의 주장에 반대하고 그들만의 독특한 하류계층문화 자체가 집단비행을 발생시킨다고 보았다.
② 하류계층의 대체문화가 갖는 상이한 가치는 지배계층의 문화와 갈등을 초래하며, 지배집단의 문화와 가치에 반하는 행위들이 지배계층에 의해 범죄적·일탈적 행위로 간주된다고 주장한다.
③ 하류계층의 비행이 반항도 혁신도 아닌 그들만의 독특한 '관심의 초점'을 따르는 동조행위라고 보았다.
④ 하류계층의 문화를 범죄적 하위문화, 갈등적 하위문화, 도피적 하위문화로 분류하였다.

④ [×] 하류계층의 문화를 범죄적 하위문화, 갈등적 하위문화, 도피적 하위문화로 분류한 것은 클라워드(Cloward)와 오린(Ohlin)의 차별적 기회구조이론(Differential Opportunity Theory)이다.

 차별적 기회구조이론 vs 하위계층 문화이론

차별적 기회구조이론	성공을 위한 목표로의 수단이 합법적·비합법적인 두 가지 기회구조가 있음을 전제로 하고, 두 가지 기회구조 중 어느 수단을 취하는가는 사회구조와의 관계에서 어떠한 수단을 취할 수 있는 위치에 있는가에 달려 있다고 보고, 범죄는 개인의 심리적 결단의 문제가 아니라 어떤 하위문화(범죄적·갈등적·도피적)에 속해 있느냐의 문제로 보았다. 적법한 기회가 막혔다는 이유만으로 불법적 기회를 무조건 선택할 수 있는 것은 아니라고 주장하였고, 적법한 기회에 못지않게 범죄행위를 위해 필요한 불법적 기회 역시 불균등하게 배분되어 있다고 보았다.
하위계층 문화이론	하층계급의 독자적인 문화규범에 동조하는 것 자체가 중산층문화의 법규범에 위반함으로써 범죄가 발생한다는 것으로, 중류계층의 가치를 거부하거나 반항하는 것이 아니고 그들만의 문화에 따르는 행동 자체가 중류계층의 가치나 행동패턴과 상치되어 범죄가 된다는 것이다.

정답 ④

04 다음 중 밀러(Miller)의 하류계층문화이론(Lower Class Culture Theory)에 대한 설명으로 가장 옳지 않은 것은?

2024. 해경 경위

① 범죄와 비행은 중류계층의 가치를 거절하는 것이 아니라 그들만의 독특한 하류계층문화 자체가 집단비행을 발생시킨다고 보았다.
② 밀러(Miller)가 하류계층 사람들의 중심적인 관심사항으로 제시한 내용 중 자율성(autonomy)은 코헨(Cohen)이 주장한 비행하위문화이론의 자율성과 동일한 개념에 해당한다.
③ 하류계층의 비행은 그들만의 독특한 관심을 따르는 동조행위이며 반항이나 혁신은 아니라고 보았다.
④ 하류계층의 중점적인 관심사항(focal concern)에는 운명주의(fatalism), 강인함(toughness), 사고치기(trouble) 등이 있다.

① [○] 하류계층의 비행을 중류층에 대한 반발에서 비롯된 것이라는 코헨(Cohen)의 주장에 반대하고 그들만의 독특한 하류계층문화 자체가 집단비행을 발생시킨다고 보았다.
② [×] 밀러가 하위계층의 주요 관심사(관심의 초점)로 제시한 자율·자립성은 다른 사람의 간섭을 받기 싫어하는 태도나 자기 마음대로 행동하려는 태도로서 일종의 방종을 의미하며, 사회의 권위 있는 기구들에 대하여 경멸적인 태도를 취하게 된다. 코헨이 비행하위문화의 특징으로 제시한 집단 자율성은 외부에 대한 극도의 적개심(반항)과 내부에 대한 응집력을 말한다.
③ [○] 중류계층의 가치를 거부하는 것이 아니고 그들만의 문화에 따르는 행위를 하다 보니 그 자체가 중류계층의 가치나 행동패턴과 상치되어 그것이 범죄원인이 된다.
④ [○] 하위계층의 주요 관심사(관심의 초점)로 말썽·걱정·사고치기(Trouble), 강인·완강(Toughness), 교활·영악·영리함(Smartness), 흥분·자극·스릴(Excitement), 운명·숙명(Fatalism), 자율·자립(Autonomy)이 있다.

정답 ②

05 다음 중 밀러(Miller)의 하류계층 하위문화이론에 대한 설명으로 가장 옳지 않은 것은? 2022. 해경 경위

① 하류계층의 비행이 반항도 혁신도 아닌 그들만의 독특한 관심의 초점을 따르는 동조행위라고 보았다.
② 하류계층의 비행을 중류층에 대한 반발에서 비롯된 것이라는 코헨(Cohen)의 주장에 반대하고 그들만의 독특한 하류계층문화 자체가 집단비행을 발생시킨다고 보았다.
③ 하류계층의 문화를 범죄적 하위문화, 갈등적 하위문화, 도피적 하위문화로 분류하였다.
④ 하류계층의 대체문화가 갖는 상이한 가치는 지배계층의 문화와 갈등을 초래하며, 지배집단의 문화와 가치에 반하는 행위들이 지배계층에 의해 범죄적·일탈적 행위로 간주된다고 주장하였다.

정답 및 해설

③ [×] 하류계층의 문화를 범죄적 하위문화, 갈등적 하위문화, 도피적 하위문화로 분류한 것은 클라워드(Cloward)와 오린(Ohlin)의 차별적 기회구조이론(differential opportunity theory)이다. 성공을 위한 목표로의 수단이 합법적·비합법적인 두 가지 기회구조가 있음을 전제로 하고, 두 가지 기회구조 중 어느 수단을 취하는가는 사회구조와의 관계에서 어떠한 수단을 취할 수 있는 위치에 있는가에 달려 있다고 보고, 범죄는 개인의 심리적 결단의 문제가 아니라 어떤 하위문화(범죄적·갈등적·도피적)에 속해 있느냐의 문제로 보았다. 적법한 기회가 막혀있다는 이유만으로 불법적 기회를 무조건 선택할 수 있는 것은 아니라고 주장하였고, 적법한 기회에 못지 않게 범죄행위를 위해 필요한 불법적 기회 역시 불균등하게 배분되어 있다고 보았다.

정답 ③

06 코헨(Cohen)의 비행하위문화이론에 대한 비판으로 가장 적절하지 않은 것은? 2023(73). 경위

① 청소년비행의 원인을 자본주의 체제에 책임을 전가함으로써 사회구성원 간의 상호작용 과정에서 주로 발생하는 대부분의 비행행위를 객관적으로 설명하지 못한다.
② 상당수의 청소년비행은 비행하위문화에 속한 청소년들에 의해 집단적으로 발생하기보다는 청소년 각자의 개인적 이유 때문에 발생한다.
③ 하류층의 청소년 중에서 비행을 저지르지 않는 청소년들이 많다는 사실을 간과하였다.
④ 비행하위문화이론은 중산층 또는 상류층 청소년이 저지르는 비행에 대해서는 잘 설명하지 못한다.

정답 및 해설

① [×] 갈등론적 범죄학(비판범죄학, 급진범죄학)에 대한 비판이다.

정답 ①

07 코헨(Cohen)이 1955년에 발표한 비행하위문화이론에 대한 설명으로 가장 적절하지 않은 것은?

2022(72). 경위

① 주로 사회학습이론의 틀을 빌어 비행하위문화의 형성과정 및 유래를 제시한다.
② 하층 비행청소년들의 비행 하위문화가 비실리적이고, 악의적이며, 부정적인 특성을 갖는다고 하였다.
③ 중간계급의 문화에 잘 적응하지 못하는 하층 청소년들이 하위문화 형성을 통해 문제를 해결하고자 하는 과정을 문화적 혁신이라고 하였다.
④ 경제적 목표와 수단 사이의 괴리가 긴장을 유발하는 것이 아니라 중간계급의 문화적 가치에 대한 부적응이 긴장을 유발한다고 하였다.

① [×] 코헨(Cohen)은 노동계급의 남자 청소년들에게서 발견되는 비행적인 하위문화의 형성과정을 아노미이론의 틀을 빌려서 설명한다. 갱을 거점으로 하층계급의 비행청소년들이 공유하고 있는 하위문화는 사회의 규범적 상식으로 이해하기 어려운 특징들을 보이는데, 왜 그리고 어떻게 이처럼 특이한 문화 형태가 노동계급의 하층 청소년들 사이에서 나타나게 되었는지를 아노미이론으로 이해할 수 있다는 것이다.

② [○] 하층 비행청소년들의 비행 하위문화는 비실리적이고, 악의적이며, 부정적인 특성을 갖는다고 하였다. 그들은 필요에 의해서 비행을 저지르는 것도 아니고 그렇다고 뚜렷한 비행 동기가 있는 것도 아니라는 점에서 비실리적 특성을 보이고, 특별한 이유 없이 남들에게 피해를 주는 비행을 저지른다는 면에서 그들의 하위문화는 악의적이라고 할 수 있으며, 기성세대의 규범과 갈등하는 문화적 코드를 공유하며 규범적 요구에 반항한다는 점에서 부정적 특성을 갖는다.

③ [○] 지위 좌절을 겪는 하층의 청소년들은 그들의 지위문제를 해결하기 위해 나름대로 해결책을 강구한다. 동일한 적응의 문제를 겪는 하층 청소년들은 서로 상호작용하면서 그들만의 새로운 문화를 형성함으로써 그들의 집단을 통해 지위문제를 해결한다는 것이다. 코헨은 이를 문화적 혁신이라고 표현하였다.

④ [○] 중산층의 가치나 규범을 중심으로 형성된 사회의 중심문화와 빈곤계급 출신소년들이 익숙한 생활 사이에 긴장이나 갈등이 발생하며 이러한 긴장관계를 해결하려는 시도에서 비행하위문화가 형성되며 비행이 발생한다고 보았다. 코헨의 이론은 사회의 계급구조에 주목하여 하층이 목표 달성을 위한 대안적 수단을 찾는 과정을 묘사하고 있다는 점에서 머튼(Merton)의 이론적 영향을 찾을 수 있다. 하지만 경제적 성공 목표가 아닌 보다 본질적인 차원의 지위문제 해결을 목표로 설정하였다는 점, 개인의 적응이나 대응 방식이 아닌 공통된 긴장 상황에서의 집합적 해결책을 강조했다는 점에서 중요한 차이가 있다.

정답 ①

08 코헨(Cohen)의 비행하위문화이론(Delinquent Subculture Theory)에 대한 설명으로 옳지 않은 것은?

2014. 사시

① 하위문화(Subculture)란 지배집단의 문화와는 별도로 특정한 집단에서 강조되는 가치나 규범체계를 의미한다.

② 하위문화이론에 속하는 여러 견해들의 공통점은 특정한 집단이 지배집단의 문화와는 상이한 가치나 규범체계에 따라 행동하며, 그 결과가 범죄와 비행이라고 보는 것이다.

③ 코헨은 하위계층 청소년들 사이에서 반사회적 가치나 태도를 옹호하는 비행문화가 형성되는 과정을 규명하였다.

④ 비행하위문화이론은 중산층 또는 상류계층 청소년의 비행이나 범죄를 잘 설명하지 못한다.

⑤ 코헨은 비행하위문화의 특징으로 사고치기, 강인함, 기만성, 흥분 추구, 운명주의, 자율성 등을 들었다.

⑤ [×] 밀러(Miller)의 하위계층의 주요 관심사(관심의 초점)에 대한 설명이다. 코헨(Cohen)은 비행하위문화의 특징으로 비공리성(Nonutilitarian), 악의성(Malice), 부정성(Negativistic. 거부주의), 변덕, 단기적 쾌락주의, 집단자율성의 강조 경향을 들고 있다.

정답 ⑤

09 다음 중 코헨(Cohen)이 주장한 비행하위문화의 특징으로 가장 옳지 않은 것은?

2022. 해경 경위

① 부정성(Negativism)
② 악의성(Malice)
③ 자율성(Autonomy)
④ 비합리성(Non-utilitarianism)

정답 및 해설

③ [×] 자율성(autonomy)은 밀러(Miller)의 하위계층의 주요 관심사(관심의 초점. focal concerns)에 해당한다. 하위계층 청소년들은 하위계층문화의 '주요 관심사'에 따라 학습하고 행동하며, 비행청소년들은 특히 이를 과장된 방법으로 표현하고 행위로 나타낸다. 하위계층의 주요 관심사에는 Trouble(말썽·걱정·사고치기), Toughness(강인·완강), Smartness(교활·영악·영리함), Excitement(흥분·자극·스릴), Fatalism(운명·숙명), Autonomy(자율·자립) 등이 있다. 코헨(Cohen)이 주장한 비행하위문화의 특징으로는 비실리성(비합리성, 비공리성), 악의성, 부정성, 변덕, 단락적 쾌락주의, 집단 자율성 등이 있다.

정답 ③

 10 코헨(Cohen)이 주장한 비행하위문화의 특징에 해당하지 않는 것은?

2021. 보호 7급

① 자율성(Autonomy): 다른 사람의 간섭을 받기 싫어하는 태도나 자기 마음대로 행동하려는 태도로서 일종의 방종을 의미한다.
② 악의성(Malice): 중산층의 문화나 상징에 대한 적대적 표출로서 다른 사람에게 불편을 주는 행동, 사회에서 금지하는 행동을 하는 것을 즐긴다.
③ 부정성(Negativism): 기존의 지배문화, 인습적 가치에 반대되는 행동을 추구하며, 기존 어른들의 문화를 부정하는 성향을 갖는다.
④ 비합리성(Non-Utilitarianism): 합리성의 추구라는 중산층 가치에 반대되는 것으로 합리적 계산에 의한 이익에 따라서 행동하는 것이 아니라 스릴과 흥미 등에 따른 행동을 추구한다.

정답 및 해설

① [×] 밀러(Miller)의 하위계층의 주요 관심사(관심의 초점. Focal Concerns) 중 자율성(Autonomy)에 대한 설명이다.

정답 ①

11

코헨(A. Cohen)이 주장한 비행하위문화(delinquent subculture)에 대한 설명으로 옳지 않은 것은?

2024. 보호 7급

① 부정성(negativism)은 사회의 지배적 가치체계에 대해 무조건 거부반응을 보이는 것이다.
② 운명주의(fatalism)는 하층계급의 구성원들이 자신의 미래가 스스로의 노력보다는 운명에 달려 있다고 믿는 것이다.
③ 악의성(maliciousness)은 다른 사람이 고통을 당하는 모습에서 쾌감을 느끼는 속성을 의미한다.
④ 비공리성(non-utilitarianism)은 범죄행위로부터 얻는 물질적 이익보다 동료들로부터 얻는 신망과 영웅적 지위 때문에 범죄를 저지른다는 것이다.

정답 및 해설

① [○] 부정성(거부주의)은 기존의 지배문화, 인습적 가치에 반대되는 행동을 추구하며, 기존 어른들의 문화를 부정하는 성향을 갖고, 기성세대의 규범과 갈등하는 문화적 코드를 공유하며 규범적 요구에 반항한다.
② [×] 밀러(Miller)의 하위계층의 주요 관심사 중 '운명·숙명'에 대한 설명이다. 하위계층의 주요 관심사(관심의 초점)에는 ⊙ 말썽·걱정·사고치기(Trouble), ⓛ 강인·완강함(Toughness), ⓒ 교활·영악·영리함(Smartness), ⓔ 흥분·자극·스릴추구(Excitement), ⓜ 운명·숙명(Fate), ⓗ 자율·자립성(Autonomy)이 있다.
③ [○] 악의성은 중산층의 문화나 상징에 대한 적대적 표출로서 다른 사람에게 불편을 주는 행동, 사회에서 금지하는 행동을 하는 것을 즐긴다. 특별한 이유 없이 남들에게 피해를 주는 비행을 저지르고, 다른 사람들에게 불편을 주고 고통당하는 모습에서 쾌감을 느낀다.
④ [○] 비공리성(비합리성, 비실리성)은 필요에 의해서 비행을 저지르는 것도 아니고 그렇다고 뚜렷한 비행 동기가 있는 것도 아니다. 합리성의 추구라는 중산층 가치에 반대되는 것으로 합리적 계산에 의한 이익에 따라서 행동하는 것이 아니라 스릴과 흥미 등에 따른 행동을 추구하며, 다른 사람의 물건을 훔치는 경우에 그 경제적 효용가치보다 스릴이나 동료들로부터 인정받고 지위를 얻기 위한 행위로 생각한다.

정답 ②

12

다음 중 코헨(Cohen)의 비행하위문화이론(Delinquent Subculture Theory)에 대한 설명으로 가장 옳지 않은 것은?

2024. 해경 경위

① 중간계층이 향유하고 있는 문화적 가치에 대한 부적응이 긴장을 낳는다고 주장한다.
② 모든 하류계층 청소년이 비행을 저지르는 것은 아니라는 비판을 받는다.
③ 비행하위문화의 특성 중 '부정성(negativism)'은 사회적으로 널리 보편화되어 있는 하류계층의 가치관을 거부하는 속성을 말한다.
④ 비행하위문화의 특성으로 '악의성(maliciousness)', '단기적 쾌락주의(short-term hedonism)' 등이 있다.

정답 및 해설

① [○] 중간계층의 가치나 규범을 중심으로 형성된 사회의 중심문화와 하위계층 청소년들의 익숙한 생활 사이에 긴장이나 갈등이 발생하며, 이러한 긴장관계를 해결하려는 시도에서 비행하위문화가 형성되며 비행이 발생한다.
② [○] 중산층 또는 상류계층 청소년의 비행이나 범죄를 잘 설명하지 못하며, 하류계층 출신 중에는 범죄를 저지르지 않는 소년이 많다는 점을 간과하였다는 비판이 있다.
③ [×] 부정성은 기존의 지배문화, 인습적 가치에 반대되는 행동을 추구하며, 기존 어른들의 문화를 부정하는 성향을 말한다. 기성세대의 규범과 갈등하는 문화적 코드를 공유하며 규범적 요구에 반항한다.
④ [○] 비행하위문화의 특성으로 비합리성(비실리성. 비공리성), 악의성, 부정성(거부주의), 변덕, 단기적 쾌락주의, 집단자율성이 있다.

정답 ③

13 클로워드(Cloward)와 올린(Ohlin)의 차별적 기회이론에 관한 설명으로 가장 적절한 것은? 2024. 경찰2차

적응유형	합법적 수단	비합법적 수단	폭력 수용
㉠	-	+	
㉡	-	-	+
도피적 하위문화	-	-	-

① ㉠은 비합법적 기회가 많은 지역에서 형성된 하위문화로, 주로 과시적 폭력범죄나 조직폭력범죄 간의 다툼 등이 빈번하게 발생한다.

② ㉡은 사회해체 정도가 심한 지역에서 형성된 하위문화로, 이중의 실패(double failures)를 경험한 사람들이 주를 이룬다.

③ 합법적 수단 사용이 차단된 개인은 곧바로 비합법적 수단을 사용할 것이라는 머튼(Merton)의 가정에 동의하지 않는다.

④ 격정범 및 하위계층 청소년의 하위문화 형성을 밝히는 데 많은 기여를 하였다.

정답 및 해설

㉠은 범죄적 하위문화, ㉡은 갈등적 하위문화이다. 합법적 수단, 비합법적 수단, 폭력의 수용 여부에 따라 하류계층의 비행이나 범죄는 범죄적, 갈등적, 도피적 유형으로 구분된다. 범죄적 하위문화는 경제적 수입을 보장하는 범죄를 중심으로 조직화된 갱(gang)에서 특징적으로 나타나는 유형이고, 갈등적 하위문화는 지위 획득을 위한 방법으로 폭력이 만연하는 갱(gang)에서 주로 발견되는 유형이며, 도피적 하위문화는 마약 소비 행태가 두드러지게 나타나는 갱(gang)에서 주로 발견되는 유형이다.

① [×] ㉠의 범죄적 하위문화는 합법적 기회는 없고, 비합법적 기회와는 접촉이 가능하여 범행이 장려되고 불법이 생활화되는 유형으로, 주로 성인범죄자들과의 연계가 긴밀한 안정적 하류계층 사회에서 나타나며, 재산범죄가 발생하기 쉽다. ㉡의 갈등적 하위문화는 합법적 기회뿐만 아니라 비합법적 기회에도 접근하지 않고, 자신들의 욕구불만을 폭력으로 표현하는 투쟁적인 하위문화유형으로, 범죄조직에 대한 통제가 확고하지 않은 관계로 과시적인 폭력과 무분별한 갱 전쟁 등이 빈번하게 발생한다.

② [×] 도피적 하위문화에 대한 설명이다. 성공을 위한 합법적 수단에 대한 접근 기회뿐만 아니라 폭력을 포함한 모든 불법적 수단에 대한 접근 기회마저도 주어지지 않는, '이중의 실패'를 겪는 청소년들은 도피적 하위문화를 선택할 가능성이 크다. 폭력 능력마저 없는 청소년들은 폭력을 통한 지위 경쟁에서도 밀려나기 때문에 모든 수단과 목표를 포기해 버리고 도피하는 것이다.

③ [○] 성공을 위한 합법적인 수단이 없다고 하여 곧바로 비합법적 수단을 사용한다는 머튼의 가정에 동조하지 않는다. 머튼은 성공 목표 달성을 위한 합법적 수단에 대한 접근이 계급에 따라 차별적으로 주어진다는 점만을 고려하여, 불법적 수단에는 누구나 접근할 수 있는 것처럼 가정하였지만, 클라워드와 오린은 이 부분을 비판하며 성공을 위한 불법적 수단에 대한 접근 역시 모두에게 동등하게 주어지는 것은 아니라고 하였다. 즉, '차별 기회'를 합법적 수단뿐만 아니라 불법적 수단에 대해서도 고려해야 한다는 것이다.

④ [×] 하위계층 청소년의 하위문화 형성을 밝히는 데에는 기여를 하였지만, 격정범에 대한 설명이 곤란하다.

정답 ③

14

클라워드(Cloward)와 올린(Ohlin)의 차별기회이론(Differential Opportunity Theory)에 대한 설명으로 옳지 않은 것은?

2023. 교정 9급

① 합법적 수단뿐만 아니라 비합법적 수단에 대해서도 차별기회를 고려하였다.
② 도피 하위문화는 마약 소비 행태가 두드러지게 나타나는 갱에서 주로 발견된다.
③ 머튼의 아노미이론과 서덜랜드의 차별접촉이론으로 하위문화 형성을 설명하였다.
④ 비행하위문화를 갈등 하위문화, 폭력 하위문화, 도피 하위문화로 구분하였다.

정답 및 해설

① [○] 머튼(Merton)은 성공 목표 달성을 위한 합법적 수단에 대한 접근이 계급에 따라 차별적으로 주어진다는 점만을 고려하여, 불법적 수단에는 누구나 접근할 수 있는 것처럼 가정했다. 클라워드와 오린은 이 부분을 비판하며, 성공을 위한 불법적 수단에 대한 접근 역시 모두에게 동등하게 주어지는 것은 아니라고 하였다. 즉 '차별기회'를 합법적 수단뿐만 아니라 불법적 수단에 대해서도 고려해야 한다는 것이다.
② [○] 도피적 하위문화는 문화적 목표의 가치는 인정하지만 이를 달성하기 위한 수단이 모두 봉쇄되어 있고 이를 해소할 폭력도 사용하지 못하는 자포자기 집단의 유형으로, 마약 소비 행태가 두드러지게 나타나는 갱(gang)에서 주로 발견된다.
③ [○] 일탈에 이르는 압력의 근원에 초점을 맞춘 머튼의 아노미이론과 비행을 학습의 결과로 파악하는 서덜랜드의 차별적 접촉이론으로 대도시 하층 거주 지역에서 하위문화가 형성되는 과정을 설명하였다.
④ [×] 비행하위문화를 합법적 수단, 비합법적 수단, 폭력의 수용 여부에 따라 범죄적 하위문화, 갈등적 하위문화, 도피적 하위문화로 구분하였다.

정답 ④

15

다음 중 클로워드(Cloward)와 올린(Ohlin)의 차별적 기회이론(Differential Opportunity Theory)에서 주장한 범죄적 하위문화(criminal subculture)에 대한 설명으로 가장 옳은 것은?

2024. 해경 경위

① 성공을 위한 합법적인 기회도 없고, 성인들의 범죄도 조직화되지 않아 소년들이 범죄기술을 배울 수 있는 환경이 없는 지역에서 형성되는 하위문화이다.
② 성공을 위한 합법적 수단의 이용이 어렵고 비합법적 수단을 동원할 수도 없는 이중의 실패를 경험한 집단에서 형성되는 하위문화이다.
③ 개인적이고, 조직화되지 못한 무분별한 조직폭력배들의 폭력이 빈번하게 발생하는 지역에서 형성되는 하위문화이다.
④ 범죄행위가 장려되고 불법이 생활화된 지역에서 형성되는 안정적인 하위문화이다.

정답 및 해설

① [×] 갈등적 하위문화에 대한 설명이다. 지위 획득을 위한 방법으로 폭력이 만연하는 갱(gang)에서 주로 발견되는 유형이다. 범죄기술을 전수할 수 있는 환경이나 기회가 없기 때문에 이러한 지역에서는 안정된 범죄적 하위문화가 형성되지 못한다.
② [×] 도피적 하위문화에 대한 설명이다. 마약 소비 행태가 두드러지게 나타나는 갱(gang)에서 주로 발견되는 유형이다. 문화적 목표의 가치는 인정하지만 이를 달성하기 위한 수단이 모두 봉쇄되어 있고 이를 해소할 폭력도 사용하지 못하는 자포자기 집단의 유형으로, 합법적 기회와 비합법적 기회가 모두 결여된 사람들을 이중실패자라 분류하였다.
③ [×] 갈등적 하위문화에 대한 설명이다. 합법적 기회뿐만 아니라 비합법적 기회에도 접근하지 않고, 자신들의 욕구불만을 폭력으로 표현하는 투쟁적인 하위문화유형으로, 범죄조직에 대한 통제가 확고하지 않은 관계로 과시적인 폭력과 무분별한 갱 전쟁 등이 빈번하게 발생한다.
④ [○] 범죄적 하위문화에 대한 설명이다. 경제적 수입을 보장하는 범죄를 중심으로 조직화된 갱(gang)에서 특징적으로 나타나는 유형으로, 합법적 기회는 없고, 비합법적 기회와는 접촉이 가능하여 범행이 장려되고 불법이 생활화되는 유형이다.

정답 ④

16

차별적 기회구조이론(Differential Opportunity Theory)에 대한 설명으로 옳지 않은 것은? 2012. 사시

① 클로워드(Cloward)와 올린(Ohlin)이 제시한 이론이다.
② 머튼(Merton)의 아노미이론과 서덜랜드(Sutherland)의 차별적 접촉이론의 영향을 받았다.
③ 불법적 수단에 대한 접근기회의 차이가 그 지역의 비행적 하위문화의 성격 및 비행의 종류에 영향을 미친다고 한다.
④ 합법적 수단을 사용할 수 없는 사람들은 곧바로 불법적 수단을 사용할 것이라는 머튼(Merton)의 가정을 계승하고 있다.
⑤ 비행적 하위문화로 범죄적 하위문화, 갈등적 하위문화, 도피적 하위문화 등 세 가지를 제시하고, 범죄적 가치나 지식을 습득할 기회가 가장 많은 문화는 범죄적 하위문화라고 주장하였다.

정답 및 해설

④ [×] 아노미현상을 비행적 하위문화의 촉발요인으로 본다는 점에서 머튼(Merton)의 영향을 받았으나, 성공이나 출세를 위하여 합법적 수단을 사용할 수 없는 사람들은 바로 비합법적 수단을 사용할 것이라는 머튼의 가정에 동의하지 않는다. 적법한 기회가 막혀있다는 이유만으로 불법적 기회를 무조건 선택할 수 있는 것은 아니라고 주장하였고, 적법한 기회에 못지않게 범죄행위를 위해 필요한 불법적 기회 역시 불균등하게 배분되어 있다고 보았다.

정답 ④

17

다음 <보기> 중 밀러(Miller)가 하층계급 사람들의 중심적인 관심사항(Focal Concerns)으로 제시한 항목들만으로 묶인 것은? 2023. 해경 경위

┤ 보기 ├

ⓐ 자율성(Autonomy)
ⓒ 운명주의(Fatalism)
ⓔ 쾌락주의(Hedonism)
ⓖ 영악함(Smartness)
ⓙ 비실리성(Non-utility)

ⓑ 악의성(Maliciousness)
ⓓ 부정성(Negativism)
ⓕ 자극(Excitement)
ⓗ 강인함(Toughness)

① ㉠, ㉡, ㉣, ㉤
② ㉠, ㉢, ㉥, ㉦
③ ㉢, ㉤, ㉥, ㉤
④ ㉢, ㉤, ㉣, ㉦

정답 및 해설

- 밀러의 하위계층의 주요 관심사: ㉠, ㉢, ㉥, ㉣, ㉦
  밀러(Miller)는 하위계층의 주요 관심사(관심의 초점)로 말썽·걱정·사고치기(Trouble), 강인·완강(Toughness), 교활·영악·영리함(Smartness), 흥분·자극·스릴(Excitement), 운명·숙명(Fatalism), 자율·자립(Autonomy)을 들고 있다.
- 코헨의 비행하위문화의 특징: ㉡, ㉣, ㉤, ㉤
  코헨(Cohen)은 비행하위문화의 특징으로 비공리성(비실리성. nonutilitarian), 악의성(malice), 부정성(negativistic. 거부주의), 변덕, 단기적 쾌락주의, 집단자율성의 강조 경향을 들고 있다.

정답 ②

18 울프강(Wolfgang)과 페라쿠티(Ferracuti)의 폭력적 하위문화이론을 설명한 것으로 가장 옳지 않은 것은?

---

18 울프강(Wolfgang)과 페라쿠티(Ferracuti)의 폭력적 하위문화이론을 설명한 것으로 가장 옳지 않은 것은?

① 폭력적 하위문화에서 폭력은 불법적인 행동으로 간주되지 않는다.
② 폭력적 하위문화에서 폭력적 태도는 차별적 접촉을 통하여 형성된다.
③ 폭력적 하위문화라도 모든 상황에서 폭력을 사용하지는 않는다.
④ 폭력적 하위문화는 주류문화와 항상 갈등상태를 형성한다.

정답 및 해설

④ [×] 폭력적 하위문화는 주류문화와 항상 갈등상태를 형성하는 것은 아니다.

> 💡 **폭력적 하위문화이론**
> ㉠ 밀러의 이론을 계승한 것으로서 울프강(Wolfgang)과 페라쿠티(Ferracuti)가 주장한 이론이다.
> ㉡ 지배적인 문화와는 별도로 특정지역을 중심으로 폭력사용을 용인하고 권장하는 폭력하위문화가 존재한다.
> ㉢ 이러한 지역의 사람들은 일반인들에 비해 자신의 명예, 집안의 명예, 남자의 명예 등을 지나치게 강조하고 인간의 생명을 가볍게 보는 경향이 있다.
> ㉣ 이러한 문화적 특성은 이들의 생활양식, 사회화과정, 대인관계면에서 폭력사용을 정상적인 행위양식으로 정립한다.
> ㉤ 대표적인 예로는 미국의 필라델피아 지역이 다른 지역보다 살인사건이 많은 것은 바로 이 지역에 폭력하위문화가 존재하기 때문이라고 설명하고 있다.
> ㉥ 폭력적 하위문화는 주류문화와 항상 갈등상태를 형성하는 것은 아니며, 폭력적 하위문화라도 모든 상황에서 폭력을 사용하지는 않는다.

정답 ④

19 범죄학자와 그 견해에 관한 설명으로 가장 적절하지 않은 것은?

① 코헨(Cohen)은 하류계층의 비행이 중류계층의 가치와 규범에 대한 저항이라고 설명하였다.
② 클로워드(Cloward)와 올린(Ohlin)은 머튼(Merton)의 아노미이론(Anomie Theory)과 사이크스(Sykes)와 맛차(Matza)의 중화이론(Neutralization Theory)을 확장하여 범죄원인을 설명하였다.
③ 밀러(Miller)는 하류계층에 중류계층의 문화와는 구별되는 독자적인 문화가 있다고 설명하였다.
④ 울프강(Wolfgang)과 페라쿠티(Ferracuti)는 폭력사용이 사회적으로 용인되는 폭력하위문화가 존재한다고 설명하였다.

정답 및 해설

① [○] 코헨(Cohen)의 비행하위문화이론은 하류계층의 비행이 중류계층의 가치와 규범에 대한 저항이라고 보았다. 사회적 조건이 하류계층의 청소년들로 하여금 사회적으로, 특히 중류사회의 성공목표를 합법적으로 성취할 수 없게 하기 때문에 하류계층의 청소년들은 신분좌절(status frustration)이라는 일종의 문화갈등을 경험하게 된다. 이러한 지위좌절을 경험하는 하류계층의 청소년들 중 다수는 비행집단을 형성하여 비공식적이고, 악의적이며, 부정적인 행위에 가담하게 된다.
② [×] 클라워드(Cloward)와 오린(Ohlin)의 차별적 기회이론은 일탈에 이르는 압력의 근원에 초점을 맞춘 머튼의 아노미이론과 비행을 학습의 결과로 파악하는 서덜랜드의 차별적 접촉이론으로 대도시 하층 거주 지역에서 하위문화가 형성되는 과정을 설명하였다.
③ [○] 밀러(Miller)는 하류계층에 중류계층과 상관없이 고유의 전통과 역사를 가진 독자적인 문화가 있다고 설명하였다. 하위계층문화이론은 하류계급의 독자적인 문화규범에의 동조가 중류계층 문화의 법규범에 위반함으로써 범죄가 발생한다는 것으로, 중류계급의 규범에 대한 악의성의 표출이 아닌 그들의 집중된 관심의 추구가 범죄원인이 된다고 보았다. 즉, 이러한 관심은 중류계층의 규범에 위반이지만 악의적인 원한이나 울분 또는 저항을 표시하는 것은 아니라는 점에서 중류계층 문화의 대항문화를 형성하는 코헨(Cohen)의 비행하위문화이론과 구별된다.
④ [○] 울프강(Wolfgang)과 페라쿠티(Ferracuti)의 폭력하위문화론에 의하면 대인적 폭행을 나쁘다거나 반사회적이라고 규정하지 않는 폭력의 하위문화가 있으며, 그 하위문화에서는 신체적 공격에 대한 즉각적인 호소가 용인되고 있다고 주장하였다.

정답 ②

20 하위문화이론(Subcultural Theory)에 관한 설명이다. 이와 관련된 <보기 1>의 설명과 <보기 2>의 학자를 가장 적절하게 연결한 것은?

2022. 경찰2차

┤ 보기 1 ├

㉠ 하류계층의 비행은 범죄적(criminal), 갈등적(conflict), 은둔(도피)적(retreatist) 유형으로 구분된다.

㉡ 하류계층의 청소년들은 중류사회의 성공목표를 합법적으로 성취할 수 없기 때문에 지위좌절 (status frustration)이라고 하는 문화갈등을 경험하게 된다.

㉢ 하류계층 비행청소년들의 비행하위문화는 비실리적(nonutilitarian), 악의적(malicious), 부정적 (negativistic)이라는 특성을 보인다.

㉣ 『비행과 기회(Delinquency and Opportunity)』라는 저서를 통해 불법적인 기회에 대한 접근이 불평등하게 분포되어 있다고 주장하였다.

㉤ 신체적 강건함, 싸움능력 등을 중시하는 강인함(toughness)이 하류계층의 주된 관심 중 하나라고 주장한다.

┤ 보기 2 ├

ⓐ 코헨(Cohen)

ⓑ 클라워드(Cloward)와 올린(Ohlin)

ⓒ 밀러(Miller)

	㉠	㉡	㉢	㉣	㉤
①	ⓐ	ⓑ	ⓒ	ⓒ	ⓑ
②	ⓑ	ⓐ	ⓐ	ⓑ	ⓒ
③	ⓑ	ⓑ	ⓐ	ⓒ	ⓐ
④	ⓑ	ⓐ	ⓑ	ⓐ	ⓒ

정답 및 해설

㉠ **클라워드와 올린의 차별적 기회이론**: 합법적 수단, 비합법적 수단, 폭력의 수용 여부에 따라 하류계층의 비행이나 범죄는 범죄적, 갈등적, 도피(은둔)적 유형으로 구분된다.

㉡ **코헨의 비행하위문화이론**: 하류계층의 청소년들은 중류사회의 성공목표를 합법적으로 성취할 수 없기 때문에 지위좌절이라고 하는 문화갈등을 경험하게 되고, 지위좌절을 겪는 하위계층 청소년들은 지위문제를 해결하기 위해 나름대로 해결책을 강구한다. 동일한 적응의 문제를 겪는 하층 청소년들은 서로 상호작용하면서 그들만의 새로운 문화(비행하위문화)를 형성함으로써 그들의 집단을 통해 지위문제를 해결한다(집합적 해결책). 코헨은 이를 문화적 혁신이라고 표현하였다.

㉢ **코헨의 비행하위문화이론**: 하류계층 비행청소년들의 비행하위문화는 비실리성(비합리성, 비공리성), 악의성, 부정성, 변덕, 단락적 쾌락주의, 집단 자율성이라는 특성을 보인다.

㉣ **클라워드와 올린의 차별적 기회이론**: 머튼(Merton)은 성공 목표 달성을 위한 합법적 수단에 대한 접근이 계급에 따라 차별적으로 주어진다는 점만을 고려하여, 불법적 수단에는 누구나 접근할 수 있는 것처럼 가정했지만, 클라워드와 올린은 이 부분을 비판하며, 성공을 위한 불법적 수단에 대한 접근 역시 모두에게 동등하게 주어지는 것은 아니라고 하였다. 즉, '차별 기회'를 합법적 수단뿐만 아니라 불법적 수단에 대해서도 고려해야 한다는 것이다.

㉤ **밀러의 하위계층(계급)문화이론**: 하위계층 청소년들은 하위계층문화의 '주요 관심사'에 따라 학습하고 행동하며, 비행청소년들은 특히 이를 과장된 방법으로 표현하고 행위로 나타낸다. 하위계층의 주요 관심사(관심의 초점)에는 Trouble(말썽·걱정·사고치기), Toughness(강인·완강), Smartness(교활·영악·영리함), Excitement(흥분·자극·스릴), Fatalism(운명·숙명), Autonomy(자율·자립) 등이 있다.

정답 ②

21 다음 개념을 모두 포괄하는 범죄이론은?

2022. 보호 7급

> • 울프강(Wolfgang)의 폭력사용의 정당화
> • 코헨(Cohen)의 지위좌절
> • 밀러(Miller)의 주요 관심(Focal Concerns)

① 갈등이론
② 환경범죄이론
③ 하위문화이론
④ 정신분석이론

정답 및 해설

③ [○] 울프강의 폭력하위문화이론, 코헨의 비행하위문화이론, 밀러의 하위계층(계급)문화이론은 하위문화이론 (Subcultural Theory)에 속한다.

정답 ③

22 문화적 비행이론(Cultural Deviance Theory)에 대한 설명으로 옳지 않은 것은?

2020. 보호 7급

① 밀러(Miller)는 권위적 존재로부터 벗어나고 다른 사람으로부터 간섭을 받는 것을 혐오하는 자율성(Autonomy)이 하위계층의 주된 관심 중 하나라고 한다.
② 코헨(Cohen)은 비행하위문화가 비합리성을 추구하기 때문에 공리성, 합리성을 중요시하는 중심문화와 구별된다고 한다.
③ 코헨(Cohen)의 비행하위문화이론은 중산계층이나 상류계층 출신이 저지르는 비행이나 범죄를 설명하지 못하는 한계가 있다.
④ 클로워드(Cloward)와 오린(Ohlin)의 범죄적 하위문화는 합법적인 기회구조와 비합법적인 기회구조 모두가 차단된 상황에서 폭력을 수용한 경우에 나타나는 하위문화이다.

정답 및 해설

④ [×] 클라워드(Cloward)와 오린(Ohlin)의 하위문화유형 중 갈등적 하위문화에 대한 설명이다. 범죄적 하위문화는 합법적 기회는 없고 비합법적 기회와는 접촉이 가능하여 범행이 장려되고 불법이 생활화되는 하위문화유형이다.

정답 ④

23

클로워드(Cloward)와 올린(Ohlin)의 차별기회이론(differential opportunity theory)에 대한 설명으로 옳지 않은 것은?

2025. 보호 9급

① 불법적 수단에 접근할 수 있는 기회가 각 사회계층 · 지역별로 상이하게 분포한다고 보았다.

② 머튼(Merton)의 아노미이론(긴장이론)과 서덜랜드(Sutherland)의 차별접촉이론으로 하위문화 형성을 설명하였다.

③ 범죄하위문화(criminal subculture)는 주거가 불안정하고 물리적으로 쇠퇴한 해체지역에서 주로 생겨나며, 폭력과 같은 즉흥적인 범죄가 두드러지는 특징이 있다.

④ 도피하위문화(retreatist subculture)의 구성원을 '이중 실패자'로 묘사하기도 하며, 마약 중독 등의 도피적 행동에 집중하는 경향이 있다.

정답 및 해설

① [○] 머튼(Merton)은 성공 목표 달성을 위한 합법적 수단에 대한 접근이 계급에 따라 차별적으로 주어진다는 점만을 고려하여, 불법적 수단에는 누구나 접근할 수 있는 것처럼 가정했다. 그러나 클로워드와 올린은 이 부분을 비판하며, 성공을 위한 불법적 수단에 대한 접근 역시 모두에게 동등하게 주어지는 것은 아니라고 하였다. 즉, '차별 기회'를 합법적 수단뿐만 아니라 불법적 수단에 대해서도 고려해야 한다는 것이다.

② [○] 클로워드와 올린은 일탈에 이르는 압력의 근원에 초점을 맞춘 머튼의 아노미이론(긴장이론)과 비행을 학습의 결과로 파악하는 서덜랜드의 차별적 접촉이론으로 대도시 하층 거주 지역에서 하위문화가 형성되는 과정을 설명하였다.

③ [×] 범죄적 하위문화는 경제적 수입을 보장하는 범죄를 중심으로 조직화된 갱(gang)에서 특징적으로 나타나는 유형으로, 주거가 불안정하고 물리적으로 쇠퇴한 해체지역에서 주로 생겨나며, 주로 비폭력적인 절도와 같은 재산범죄를 지향한다. 갈등적 하위문화는 지위 획득을 위한 방법으로 폭력이 만연하는 갱(gang)에서 주로 발견되는 유형으로, 분노와 좌절을 폭력으로 분출할 수 있고 폭력적 수단에 대한 접근에는 장애가 없으므로 경제적 성공 대신 폭력을 통해 지위 성취를 목표로 하는 경향이 나타나기 때문에 갈등 하위문화가 지배적인 갱에서는 폭력이 특징적으로 나타난다.

④ [○] 도피적 하위문화는 마약 소비 행태가 두드러지게 나타나는 갱(gang)에서 주로 발견되는 유형으로, 클로워드와 올린은 합법적 기회와 비합법적 기회가 모두 결여된 사람들을 이중실패자라 분류하였다. 이중실패자들은 합법적인 세계와 불법적인 세계로부터 모두 차단됨으로써 문화적 목표 추구를 포기한 채 도피적 생활양식(약물중독, 정신장애, 알코올중독)에 빠져든다.

정답 ③

01 범죄학 이론에 대한 설명으로 옳지 않은 것은?

① 레머트(Lemert)는 1차적 일탈과 2차적 일탈의 개념을 제시하였다.

② 허쉬(Hirschi)는 사회통제이론을 통해 법집행기관의 통제가 범죄를 야기하는 과정을 설명하였다.

③ 머튼(Merton)은 아노미 상황에서 긴장을 느끼는 개인이 취할 수 있는 5가지 적응유형을 제시하였다.

④ 갓프레드슨과 허쉬(Gottfredson & Hirschi)는 부모의 부적절한 자녀 양육이 자녀의 낮은 자기통제력의 원인이라고 보았다.

정답 및 해설

(1) [○] 레머트(Lemert)는 1차적 일탈에 대하여 부여된 사회적 낙인으로 인해 일탈적 자아개념이 형성되고, 이 자아개념이 직접 범죄를 유발하는 요인으로 작용하여 2차적 일탈이 발생된다고 하였다.

(2) [×] 허쉬(Hirschi)는 누구든지 비행가능성이 잠재되어 있고, 이를 통제하는 요인으로 개인이 사회와 맺고 있는 일상적인 유대가 중요하다고 하였으며, 개인이 사회와 유대관계를 맺는 방법으로 애착, 전념, 믿음, 참여를 제시하였다. 낙인이론은 범죄가 범죄통제를 야기하기보다는 범죄통제가 오히려 범죄를 야기한다고 주장하였으며, 국가의 범죄통제가 오히려 범죄를 증가시키는 경향이 있으므로 과감하게 이를 줄여야 한다고 하였다.

(3) [○] 머튼(Merton)은 정상적인 기회구조에 접근하기 어려운 아노미 상황에서 사람들이 본인의 곤경을 해결하는 방법으로 동조형(순응형), 혁신형(개혁형), 의례형(의식형), 도피형(회피형, 퇴행형), 반역형(혁명형, 전복형)의 5가지 개인적 적응유형을 제시하였다.

(4) [○] 갓프레드슨(Gottfredson)과 허쉬(Hirschi)는 범죄에 대한 일반이론(General Theory of Crime)에서 범죄성향을 인간의 자기통제 능력에서 찾고, 모든 범죄의 원인은 '낮은 자기통제력' 때문이며, 낮은 자기통제력의 근본적인 원인을 타고난 것으로 보지 않고 부모의 부적절한 양육에 의해 형성된다고 주장한다. 자기통제력 부족 현상은 아주 어릴 때 형성되고, 성인이 되었어도 안정적인 상태로 계속 존재한다고 보았다.

정답 ②

02 학자들과 그들의 주장을 연결한 것으로 옳지 않은 것은?

① 갓프레드슨과 허쉬(Gottfredson & Hirschi) – 모든 범죄의 원인은 '낮은 자기통제력' 때문이며, 이러한 '자기통제력'은 아동기에 형성된다.

② 코헨(Cohen) – 합법적 수단이 이용가능하지 않을 때 비합법적 수단에 호소하게 되지만, 이러한 합법적 및 비합법적 수단이 모두 이용가능하지 않을 때 이중의 실패자(Double Failures)가 된다.

③ 샘슨(Sampson) – 지역사회의 구성원들이 범죄문제를 공공의 적으로 인식하고 이를 해결하기 위하여 적극적으로 참여하는 것이 범죄문제 해결의 열쇠가 된다.

④ 레크리스(Reckless) – 범죄다발지역에 살면서 범죄적 집단과 접촉하더라도 비행행위에 가담하지 않는 청소년들은 '좋은 자아개념'을 가지고 있기 때문이다.

① [○] 갓프레드슨(Gottfredson)과 허쉬(Hirschi)의 범죄에 대한 일반이론(General Theory of Crime)은 범죄성향을 인간의 자기통제 능력에서 찾으며, 낮은 자기 통제력은 충동성, 쾌락추구, 고통에 대한 둔감성, 무모성 그리고 범죄성격과 경향을 의미한다. 어릴 때 형성된 낮은 자기통제력이 성인에 이르기까지 지속적으로 문제행동과 비행, 범죄의 성향으로 이어진다고 보았다.

② [×] 클라워드(Cloward)와 오린(Ohlin)의 도피적 하위문화(Retretist Subculture)에 대한 설명이다. 문화적 목표를 추구하는 데 필요한 합법적인 수단을 이용하기도 어렵고 비합법적인 기회도 결여된 사람들은 이중실패자로 분류되며, 이들은 합법적인 세계와 불법적인 세계로부터 모두 차단됨으로써 문화적 목표 추구를 포기한 채 도피적 생활양식(약물중독, 정신장애, 알코올중독)에 빠져든다. 코헨(Cohen)의 비행하위문화이론(Delinquent Subculture Theory)은 하류계층의 비행이 중류계층의 가치와 규범에 대한 저항이라고 보았다. 사회적 조건이 하류계층의 청소년들로 하여금 사회적으로, 특히 중류사회의 성공목표를 합법적으로 성취할 수 없게 하기 때문에 하류계층의 청소년들은 신분좌절(Status Frustration)이라는 일종의 문화갈등을 경험하게 된다. 이러한 지위좌절을 경험하는 하류계층의 청소년들 중 다수는 비행집단을 형성하여 비공식적이고, 악의적이며, 부정적인 행위에 가담하게 된다.

③ [○] 샘슨(Sampson)은 지역주민 간의 상호신뢰 또는 연대감과 범죄에 대한 적극적인 개입을 강조하는 '집합효율성이론'을 주장하였다.

④ [○] 레크리스(Reckless)의 봉쇄(견제)이론(Containment Theory)은 범죄율이 높은 빈곤지역에 사는 사람이 어떻게 범죄적 환경의 영향을 뿌리치고 범죄활동에의 가담에 저항할 수 있으며, 어떠한 개인적 자질이 그 사람을 범죄유발의 영향으로부터 멀어지게 할 수 있는가라는 의문에 답하고자 하는 이론이다. 즉, 범죄적 영향이 왜 어떤 사람에게는 영향을 미치고, 어떤 사람에게는 영향을 미치지 않는가를 알고자 하는 것이다. 레크리스는 비행행위에 대한 내적 견제로 좋은 자아관념(Self-Concept)이 가장 중요하며 그 밖에 목표지향성과 현실적 목적, 좌절감의 인내, 합법성에 대한 일체감을 들었다.

💡 집합효율성이론(Collective Efficacy Theory)	
의의	• 1997년 로버트 샘슨(Robert Sampson)을 중심으로 전개되었고, 시카고 학파의 사회해체이론을 현대 도시에 맞게 계승·발전시켰다. • 지역사회의 구성원들(지역주민, 사업체, 지방자치단체 등)이 범죄문제를 공공의 적으로 생각하고 이를 해결하기 위해 적극적으로 참여하는 것이 범죄예방의 열쇠가 된다고 보는 이론이다. • 지역사회의 범죄율에 차이가 나는 것을 사회구조적으로 설명하였다.
내용	**비공식적 사회통제의 중요성**: 지역사회 구성원 간의 유대를 강화하고, 범죄 등 사회문제에 대해 적극적으로 개입하는 등 공동의 노력이 중요한 범죄예방의 방법이라고 보았다.
비판	공식적 사회통제(경찰 등 법집행기관)의 중요성을 간과하였다는 비판을 받는다.

정답 ②

03 범죄원인에 대한 설명으로 옳은 것은?

2021. 교정 7급

□□□

① 퀴니(Quinney)는 대항범죄(Crime of Resistance)의 예로 살인을 들고 있다.

② 레크리스(Reckless)는 범죄를 유발하는 압력요인으로 불안감을 들고 있다.

③ 중화기술이론에서 세상은 모두 타락했고, 경찰도 부패했다고 범죄자가 말하는 것은 책임의 부정에 해당한다.

④ 부모 등 가족구성원이 실망할 것을 우려해서 비행을 그만두는 것은 사회유대의 형성 방법으로서 애착(Attachment)에 의한 것으로 설명할 수 있다.

① [×] 퀴니(Quinney)는 범죄발생은 개인의 소질이 아니라 자본주의의 모순으로 인해 자연적으로 발생하는 사회현상이라고 보고, 자본가 계층의 억압적 전술로부터 살아남기 위한 노동자 계급(피지배 집단)의 범죄를 적응(화해)범죄와 대항(저항)범죄로 구분하였다. 적응범죄의 예로 절도, 강도, 마약거래 등과 같은 경제적 약탈범죄와 살인, 폭행, 강간 등 같은 계층에 대해 범해지는 대인범죄를 들고 있으며, 대항범죄의 예로 시위, 파업 등을 들고 있다.

② [×] 레크리스(Reckless)는 범죄나 비행을 유발하는 요인으로 압력요인, 유인요인, 배출요인으로 구분하고, 압력요인으로 열악한 생활조건(빈곤, 실업), 가족갈등, 열등한 신분적 지위, 성공기회의 박탈 등을 들고 있으며, 유인요인으로 나쁜 친구들, 비행이나 범죄하위문화, 범죄조직, 불건전한 대중매체 등을 들고 있고, 배출요인으로 불안감, 불만감, 내적 긴장감, 증오심, 공격성, 즉흥성, 반역성 등을 들고 있다.

③ [×] 세상은 모두 타락했고, 경찰도 부패했다고 범죄자가 말하는 것은 중화기술의 유형 중 '비난자에 대한 비난'에 해당한다.

④ [○] 부모 등 가족구성원이 실망할 것을 우려해서 비행을 그만두는 것은 사회연대의 요소 중 애착(Attachment)에 의하여 사회통제가 이행되는 사례라 할 수 있다.

정답 ④

04 범죄이론에 대한 설명으로 옳지 않은 것은?

2016. 교정 9급

① 코헨(A. Cohen)의 비행하위문화이론 – 하류계층의 비행은 중류계층의 가치와 규범에 대한 저항이다.

② 베까리아(C. Beccaria)의 고전주의 범죄학 – 범죄를 처벌하는 것보다 범죄를 예방하는 것이 더욱 바람직하다.

③ 코헨과 펠슨(L. Cohen & M. Felson)의 일상활동이론 – 일상활동의 구조적 변화가 동기부여된 범죄자, 적절한 범행대상 및 보호의 부재라는 세 가지 요소에 대해 시간적·공간적으로 영향을 미친다.

④ 브레이스웨이트(J. Braithwaite)의 재통합적 수치심부여이론 – 사회구조적 결핍은 대안적 가치로써 높은 수준의 폭력을 수반하는 거리의 규범(Code of The Street)을 채택하게 하고, 결국 이것이 높은 수준의 폭력을 양산한다.

④ [×] 거리의 규범(Code of The Street)에 대한 설명이다. 거리의 규범은 폭력의 부문화(폭력의 하위문화, Subculture of Violence)를 설명하는 이론으로, 미국 도심의 아프리카계 흑인공동체들이 가지고 있는 폭력적 성향에 대한 것이다. 엘리야 앤더슨(Elijah Anderson)은 사회구조적 결핍은 대안적 가치로써 높은 수준의 폭력을 수반하는 거리의 규범을 채택하게 하고, 결국 사회구조적 결핍은 높은 수준의 폭력을 양산하게 된다고 보았다.

> ### 💡 재통합적 수치심부여이론(브레이스웨이트. Braithwaite)
>
> 사회가 범죄를 감소시키기 위해서는 좀 더 효과성 있게 수치심부여를 하여야 한다고 주장하고, 이를 재통합과 거부로 나누었다. 재통합적 수치심부여는 범죄자를 사회와 결속시키기 위한 고도의 낙인을 주는 것이고, 거부적 수치심부여는 범죄자에게 명백한 낙인을 찍어 높은 수치심을 주는 것으로, 재통합적 수치심부여는 범죄율이 보다 낮은 반면 거부적 수치심부여는 범죄율이 더 높은 결과가 초래된다고 하였다. 재통합적 수치심주기이론에 의하면 범죄자는 피해자가 앞에 있고 피해자가 적극적으로 참여하게 되면 자신의 범죄를 대면(직면)하지 않을 수 없게 되고 자신이 가한 피해에 대한 자신의 책임을 회피하거나 중립화시킬 가능성은 그 만큼 더 적어진다. 감정이 섞이지 않은 판사 앞에서 보다는 '의미있는 타인들' 앞에서 수치심을 입을 때가 범죄자에게 더 큰 영향력이 생긴다는 것이다. 이 관점은 지역사회에서 범죄자에게 수치심을 주는 태도 및 방법의 차이를 잘 설명하면서 회복적 사법을 지지한다(재통합적 수치이론은 회복적 사법의 기본적 이론 틀이다).
> ▶ 브레이스웨이트는 수치는 '수치를 당하는 사람에게 양심의 가책을 느끼게 하는 효과를 가진 사회적 불승인과 타인의 비난'이며, 재통합적 수치는 '용서의 단어나 몸짓 또는 일탈자라는 낙인을 벗겨주는 의식을 통하여 범법자가 법을 준수하고 존중하는 시민의 공동체로 돌아가도록 재통합시키는 노력'이라 정의하였다.

정답 ④

05 다음의 범죄이론과 그 내용이 바르게 짝지어진 것은?

⬜⬜⬜

> ㉠ 억제이론(Deterrence Theory)
> ㉡ 차별접촉이론(Differential Association Theory)
> ㉢ 사회유대이론(Social Bond Theory)
> ㉣ 낙인이론(Labeling Theory)
> ㉤ 사회해체이론(Social Disorganization Theory)

> A. 도심지역의 주민이동과 주민이질성이 범죄발생을 유도한다.
> B. 지하철에 정복경찰관의 순찰을 강화하자 범죄가 감소했다.
> C. 부모와의 애착이 강한 청소년일수록 비행가능성이 낮다.
> D. 청소년 비행의 가장 강력한 원인은 비행친구에 있다.
> E. 어려서부터 문제아로 불리던 사람은 성인이 되어서도 범죄성향이 강하게 나타난다.

	㉠	㉡	㉢	㉣	㉤
①	A	B	E	C	D
②	A	E	D	B	C
③	B	C	D	A	E
④	B	D	C	E	A

정답 및 해설

④ [○] ㉠ - B, ㉡ - D, ㉢ - C, ㉣ - E, ㉤ - A

㉠ **억제이론**: 범죄로부터의 이익이 비행의 원인이라면, 범죄에 대한 처벌의 고통은 비행을 제재하는 요인이므로 범죄의 이익이 처벌의 고통보다 크면 범죄가 발생할 것이고, 처벌의 고통이 범죄의 이익보다 크다면 범죄는 일어나지 않을 것이다. 즉, 처벌이 사회적 또는 외적 통제의 수단이 되는 것이다. 따라서 경찰관의 순찰이 강화되면 처벌의 위험성이 높아지므로 범죄가 줄어들 것이다.

㉡ **차별적 접촉이론**: 사회조직은 서로 다른 특성을 가진 이질적 이익과 이질적 목표를 가진 잡다한 조직으로 분화되어 있는데, 그 가운데 어느 집단과 친밀감을 가지고 차별적 접촉을 갖느냐에 따라 백지와 같은 인간의 본성에 특정집단의 행동양식을 배우고 익혀 나간다는 이론으로, 최우선적 접촉대상은 부모, 가족, 친구 등이라고 보았다. 따라서 비행친구와의 접촉을 통하여 청소년 비행이 전이된다고 본다.

㉢ **사회유대이론**: 누구나 반사회적 행위를 하려는 본성을 가지고 있다고 전제하고, 우리 사회는 비행을 저지르도록 강요하는 긴장은 없으며 오히려 범죄를 저지르지 못하게 하는 요인인 '사회연대의 요소'만이 있다고 보았다. 부모와의 애착과 같은 유대관계는 비행가능성을 줄여준다.

㉣ **낙인이론**: 일탈행위에 대한 '사회적 반응'에 관심을 두고, 범죄원인은 범죄인과 사회의 상호작용에 의한 사회적 낙인과 반작용의 결과라는 이론으로, 범죄가 범죄통제를 야기하기보다는 범죄통제가 오히려 범죄를 야기한다고 보았다. 어려서부터 문제아로 불리던 사람은 낙인 효과에 의하여 성인이 되어서도 범죄성향이 나타난다고 본다.

㉤ **사회해체이론**: 급격한 도시화, 산업화에 따라 지역사회에 기초한 통제의 붕괴, 사회해체, 구성원의 일탈로 이어진다는 이론이다. 사회해체의 원인을 지역이전과 주민 이질성으로 보았으며, 사회해체지역에서는 전통적인 사회통제기관들이 규제력을 상실하면서 반사회적 가치를 옹호하는 범죄하위문화가 형성되어 범죄가 발생된다고 본다.

정답 ④

06 다음 〈보기〉 중 낙인이론에 대하여 옳은 내용만으로 짝지은 것은?

┤ 보기 ├

㉠ 낙인이론에 의하면 범죄자의 인구통계학적 특성에 따라 낙인 가능성 및 정도가 달라질 수 있다.
㉡ 헤이건(Hagan)은 사회로부터 부정적인 반응을 받은 소년들이 지역사회로부터 범죄자로 낙인받는 과정을 묘사하였다.
㉢ 허쉬(Hirschi)는 1차적 일탈과 2차적 일탈이란 용어를 사용하여 일탈행위를 설명하였는데, 2차적 일탈은 심리적 구조와 사회적 역할에 큰 영향을 미치지 않는다고 보았다.
㉣ 패터노스터(Paternoster)와 이오반니(Iovanni)에 의하면 낙인이론의 이론적 뿌리는 갈등주의와 상징적 상호작용주의로 볼 수 있다.

① ㉠, ㉡
② ㉡, ㉢
③ ㉠, ㉣
④ ㉡, ㉣

정답 및 해설

옳은 것은 ㉠, ㉣이다.

㉠ [○] 낙인이론에 따르면 똑같이 비행을 저지르더라도 사회적 약자계층에 속한 사람들은 그렇지 않은 사람들보다 낙인을 경험할 가능성 및 낙인의 정도가 더 높다고 한다. 한 개인이 사회적 약자계층에 속하는지 여부는 주로 인종, 소득, 사회적 지위 등 인구통계학적 요인들을 중심으로 논의되어 왔다. 즉, 한 국가에서 소수인종 또는 저소득층에 속하거나 사회적 지위가 낮을수록 더 가혹한 낙인을 경험하게 된다는 것이다.

㉡ [×] 탄넨바움(Tannenbaum)은 소년들이 지역사회로부터 범죄자로 낙인되는 과정을 묘사하였다. 그의 저서 『범죄와 지역공동체』(Crime and the Community, 1938)에서 지역사회의 개인에 대한 낙인 과정을 다음과 같이 묘사하였다. 청소년들과 지역사회 구성원들 간 몇몇 행위들에 대한 가치판단의 차이가 존재한다. 예를 들어 청소년들은 남의 집 창문을 깨는 행위, 무단으로 결석하는 행위 등을 단순한 모험이나 놀이 정도로 여기지만, 지역사회 구성원들은 일종의 일탈행위로 인식하고 부정적인 시각으로 바라보며 나쁘고 치유할 수 없는 존재들로 규정짓게 되고, 이러한 규정짓기는 공식 낙인 또는 비공식 낙인의 형태로 이루어진다. 결국 해당 청소년들은 자신들을 바라보는 지역사회의 시선, 즉 자신들에 대한 지역사회의 낙인을 인식하게 되고 비행청소년으로서의 자아관념을 갖게 된다.

㉢ [×] 레머트(Lemert)는 일차적 일탈과 이차적 일탈이란 용어를 사용하여 일탈행위를 설명하였다. 일차적 일탈에 대하여 부여된 사회적 낙인으로 인해 일탈적 자아개념이 형성되고, 이 자아개념이 직접 범죄를 유발하는 요인으로 작용하여 이차적 일탈이 발생된다고 한다. 이차적(경력적) 일탈은 일차적 일탈에 대한 사회적 반응, 즉 비행 낙인이 있은 후에 발생하는 일탈 및 심각한 범죄행위들을 말한다. 일반적으로 오래 지속되며, 행위자의 정체성이나 사회적 역할들의 수행에 중요한 영향을 미친다.

㉣ [○] 패터노스터와 이오반니에 의하면 갈등주의 관점과 상징적 상호작용이론은 낙인이론의 형성에 큰 영향을 미쳤다고 한다. 이들의 연구는 낙인이론의 기원, 낙인이론의 이론적 주장, 낙인이론에 대한 비판의 반박, 초창기 실증연구들의 문제점을 체계적으로 정리하고 향후 연구들이 나아가야 할 방향을 제시함으로써 낙인이론이 다시 범죄학의 주요 이론으로 자리매김하는 데 크게 기여한 것으로 평가받는다.

정답 ③

07 범죄원인이론에 대한 설명과 그에 해당하는 이론이 올바르게 연결된 것은?

㉠ 범죄는 하나의 단일문화가 독특한 행위규범을 갖는 여러 개의 상이한 하위문화로 분화될 때, 사람들이 자신이 속한 문화의 행위규범을 따르다 보면 발생할 수 있다.

㉡ 지역사회의 전통적인 기관들이 주민들의 행동을 규제하지 못하고, 지역사회의 공통문제를 자체적으로 해결할 수 있는 능력을 상실하면 범죄율이 높아진다.

㉢ 인간은 범죄성을 본질적으로 지니고 있기 때문에 그대로 두면 누구든지 범죄를 저지를 것이라는 가정에서 출발한다.

ⓐ 사회해체이론   ⓑ 통제이론   ⓒ 문화갈등이론

① ㉠ - ⓐ, ㉡ - ⓑ, ㉢ - ⓒ
② ㉠ - ⓑ, ㉡ - ⓐ, ㉢ - ⓒ
③ ㉠ - ⓑ, ㉡ - ⓒ, ㉢ - ⓐ
④ ㉠ - ⓒ, ㉡ - ⓐ, ㉢ - ⓑ
⑤ ㉠ - ⓒ, ㉡ - ⓑ, ㉢ - ⓐ

정답 및 해설

④ [○] ㉠ - ⓒ 문화갈등이론, ㉡ - ⓐ 사회해체이론, ㉢ - ⓑ 통제이론이다.

정답 ④

08 다음 ㉠, ㉡에 들어갈 용어가 바르게 연결된 것은?

• 뒤르껭(Durkheim)에 의하면 (㉠)는 현재의 사회구조가 구성원 개인의 욕구나 욕망에 대한 통제력을 유지할 수 없을 때 발생한다고 보았으며, 머튼(Merton)에 의하면 문화적 목표와 이를 달성하기 위한 제도적 수단 사이에 간극이 있고 구조적 긴장이 생길 경우에 발생한다고 보았다.

• 밀러(Miller)에 의하면 (㉡)는 중산층과 상관없이 고유의 전통과 역사를 가진 독자적 문화로 보았으며, 코헨(Cohen)에 의하면 중산층의 보편적인 문화에 대항하고 반항하기 위해서 형성되는 것이라고 보았다.

	㉠	㉡
①	아노미	저항문화
②	아노미	하위문화
③	사회해체	저항문화
④	사회해체	하위문화

정답 및 해설

② [○] ㉠ 아노미, ㉡ 하위문화이다.

정답 ②

09 범죄원인론에 대한 설명으로 옳지 않은 것은?

2015. 사시

① 레크리스(Reckless)는 압력, 유인, 배출 요인이 범행을 유발한다고 보았다.
② 허쉬(Hirschi)는 개인이 사회와 유대관계를 맺는 방법으로 애착, 전념, 믿음, 참여를 제시하였다.
③ 맛짜(Matza)와 사이크스(Sykes)는 범죄자가 피해자 혹은 사회일반에 책임을 전가하거나 더 높은 가치에 의지하는 등 범죄행위를 정당화하는 방법을 '중화기술'이라고 하였다.
④ 머튼(Merton)은 사람들이 사회적 긴장에 반응하는 방식 중 '혁신형'은 문화적 목표와 사회적 수단을 모두 자신의 의지에 따라 새로운 것으로 대체하려는 특성을 갖는다고 하였다.
⑤ 서덜랜드(Sutherland)의 '차별적 접촉이론'은 범죄자와 비범죄자의 차이는 접촉유형의 차이에서 생긴다고 보았다.

정답 및 해설

④ [×] 반역(혁명·전복)형에 대한 설명이다. 혁신(개혁)형은 문화적 목표는 수용하지만 제도화된 수단은 거부하는 형태이다.

정답 ④

10 범죄원인에 관한 학자들의 주장으로 옳지 않은 것은?

2019. 교정 7급

① 샘슨(R.J. Sampson)과 라웁(J.H. Laub) – 어려서 문제행동을 보인 아동은 부모와의 유대가 약화되고, 학교에 적응하지 못하며, 성인이 되어서도 범죄를 저지르게 되므로, 후에 사회와의 유대가 회복되더라도 비행을 중단하지 않고 생애 지속적인 범죄자로 남게 된다.
② 클라우드(R.A. Cloward)와 올린(L.E. Ohlin) – 하류계층 청소년들이 합법적 수단에 의한 목표달성이 제한될 때 비합법적 수단에 호소하게 되는 경우에도, 비행의 특성은 불법행위에 대한 기회에 영향을 미치는 지역사회의 특성에 따라 달라진다.
③ 머튼(R.K. Merton) – 문화적으로 규정된 목표는 사회의 모든 구성원이 공유하고 있으나 이들 목표를 성취하기 위한 수단은 주로 사회경제적인 계층에 따라 차등적으로 분배되며, 이와 같은 목표와 수단의 괴리가 범죄의 원인으로 작용한다.
④ 글레이저(D. Glaser) – 범죄의 학습에 있어서는 직접적인 대면접촉보다 자신의 범죄적 행동을 지지해 줄 것 같은 실존 또는 가상의 인물과 자신을 동일시하는가가 더욱 중요하게 작용한다.

정답 및 해설

① [×] 청소년기에 비행을 저지른 아이들도 사회유대 혹은 사회자본의 형성을 통해 취업과 결혼으로 가정을 이루는 인생의 전환점을 만들면 성인이 되어 정상인으로 돌아가게 된다고 주장하였다.

 발전범죄이론 – 생애과정이론

샘슨과 라웁	• 샘슨(Sampson)과 라웁(Laub)은 범죄경력의 발전과정에서 통제이론과 낙인이론을 중심으로 숀베리(Thornberry)와 유사한 설명을 하고 있다. • 비행은 비공식적 사회통제 혹은 유대의 결과라는 점을 강조했는데, 이에 따르면 어려서 문제행동을 보였던 아이들이 지속적으로 혹은 보다 심각한 비행을 저지르게 되는 이유가 그들의 어릴 때의 경험들이 사회와의 유대를 약화시켰기 때문이라고 설명한다. 즉, 어려서 문제성향을 보인 아동은 부모와의 유대가 약화되고, 학교에 적응하지 못하며, 친구들과의 관계도 원만하지 못해 점차 비행소년, 더 나아가서는 성인 범죄자로 전락하게 된다. • 그러나 한편으로 어려서 문제행동을 보였던 아동이 사회와의 유대가 회복되거나 강화될 경우 더 이상 비행을 저지르지 않고 비행을 중단하게 된다고도 주장하였다. 또한 청소년기에 비행을 저지르게 되던 아이들도 성인기에 직업을 갖게 되거나 결혼으로 가정을 이루게 될 경우 정상인으로 돌아간다고 하였는데, 그들은 이러한 사회유대 혹은 사회자본의 형성이 인생의 전환점이 된다고 주장하였다.

모핏	• 모핏(Moffitt)은 신경심리학, 낙인이론, 긴장이론 입장에서 범죄경력의 발전과정을 논의하고 있다. • 범죄자를 청소년한정형 범죄자와 인생지속형 범죄자로 분류하고, 청소년한정형 범죄자보다 인생지속형 범죄자가 정신건강상의 문제를 더 많이 가지고 있다고 하였다. • 인생지속형 범죄자들은 아동기 때부터 비행행위를 시작해서 청소년기와 성년기를 거치는 전 생애 과정 동안 지속적으로 일탈을 일삼게 되고, 이들은 정상인에 비해 뇌신경학적 손상을 가지고 있고 또 어린 나이에 부모로부터 학대를 당하는 등 부모와 정상적인 애착관계를 형성하지 못하였다고 한다. • 소년시절 반사회적 행위가 성인까지 이어지는 이유는 낮은 언어능력, 과잉활동, 충동적 성격 때문이며, 인생지속형 범죄자에 대한 친구의 영향은 미미하다. • 한편 성인에 이르기까지 비행을 지속하지 않는 청소년한정형 범죄자는 친구의 영향을 보다 강하게 받는다. • 패터슨(Patterson)의 연구와 일정부분 유사한 면도 있지만, 패터슨은 조기에 비행을 시작하는 자에게도 친구의 영향이 중요하다고 보았다.

정답 ①

11 다음 학자들의 범죄이론에 대한 설명으로 옳지 않은 것은?

2013. 사시

① 레크리스(Reckless)는 범죄를 법제정 과정에 참여하여 자기의 이익을 반영하지 못한 집단의 구성원이 일상생활 속에서 법을 위반하며 자기의 이익을 추구하는 행위라고 주장하였다.

② 헨티히(Hentig)는 피해자를 일반적 피해자 유형, 심리학적 피해자 유형으로 구분하고, 피해자도 범죄 발생의 원인이 될 수 있다고 주장하였다.

③ 서덜랜드(Sutherland)는 범죄행위는 다른 사람들과의 상호작용과정에서 의사소통을 통해 학습되며, 범죄행위 학습의 중요한 부분은 친밀한 관계를 맺고 있는 집단들에서 일어난다고 주장하였다.

④ 레머트(Lemert)는 범죄를 포함한 일탈행위를 일차적 일탈과 이차적 일탈로 구분하고, 이차적 일탈은 일차적 일탈에 대한 사회적 반응으로 야기된 문제들에 대한 행위자의 반응에 의해 발생하는 것이라고 주장하였다.

⑤ 케틀레(Quetelet)는 기후, 연령분포, 계절 등 사회환경적 요인들이 범죄 발생과 함수관계에 있다는 것을 밝힘으로써 범죄가 사회환경적 요인에 의해 유발된다고 주장하였다.

정답 및 해설

① [×] 볼드(Vold)의 집단갈등이론에 대한 설명이다. 레크리스(Reckless)의 봉쇄이론(Containment Theory)은 내부적·외부적 통제개념에 기초하여 범죄유발요인과 범죄차단요인으로 나누고, 만약 범죄를 이끄는 힘이 차단하는 힘보다 강하면 범죄나 비행을 저지르게 되고, 차단하는 힘이 강하면 비록 이끄는 힘이 있더라도 범죄나 비행을 자제한다는 이론이다.

정답 ①

12 다음 설명 중 옳지 않은 것은?

① 라까사뉴(Lacassagne)는 사회는 범죄의 배양기이고 범죄자는 그 미생물에 해당한다고 하여 범죄원인은 결국 사회와 환경에 있다는 점을 강조하였다.

② 셀린(Sellin)은 동일한 문화 안에서의 사회변화에 의한 갈등을 1차적 문화갈등이라고 하고, 이질적 문화 간의 충돌에 의한 갈등을 2차적 갈등이라고 설명하였다.

③ 뒤르켐(Durkheim)은 집단적 비승인이 존재하는 한 범죄는 모든 사회에 어쩔 수 없이 나타나는 현상으로 병리적이기보다는 정상적인 현상이라고 주장하였다.

④ 코헨(Cohen)은 중산층 문화에 적응하지 못한 하위계층 출신 소년들이 자신을 궁지에 빠뜨린 문화나 가치체계와는 정반대의 비행하위문화를 형성한다고 보았다.

정답 및 해설

② [×] 셀린(Sellin)은 이질적 문화 간의 충돌에 의한 갈등을 일차적 문화갈등이라고 하고, 동일한 문화 안에서의 사회변화에 의한 갈등을 이차적 문화갈등이라고 설명하였다.

정답 ②

13 다음 학자와 그 이론에 대한 설명으로 바르게 연결되지 않은 것은?

① 롬브로조(Lombroso) – 범죄의 원인을 생물학적으로 분석하여 격세유전과 생래적 범죄인설을 주장하였다.

② 페리(Ferri) – 범죄의 원인을 인류학적 요인, 물리적 요인, 사회적 요인으로 구분하고 이 세 가지 요인이 존재하는 사회에는 이에 상응하는 일정량의 범죄가 발생한다는 범죄포화의 법칙을 주장하였다.

③ 셀린(Sellin) – 동일한 문화 안에서 사회변화에 의하여 갈등이 생기는 경우를 일차적 문화갈등이라 보고, 상이한 문화 안에서 갈등이 생기는 경우를 이차적 문화갈등으로 보았다.

④ 머튼(Merton) – 아노미 상황에서 개인의 적응 방식을 동조형(Conformity), 혁신형(Innovation), 의례형(Ritualism), 도피형(Retreatism), 반역형(Rebellion)으로 구분하였다.

정답 및 해설

③ [×] 셀린(Sellin)은 동일한 문화 안에서 사회변화에 의하여 갈등이 생기는 경우를 이차적(종적) 문화갈등이라 보고, 상이한 문화 안에서 갈등이 생기는 경우를 일차적(횡적) 문화갈등으로 보았다.
- 일차적 문화갈등은 상이한 두 문화 사이의 경계지역에서 일어나는 것으로, 주로 시민과 관련된 문제를 분석하는 데 적용되고 있다.
- 이차적 문화갈등은 한 문화 내에서의 갈등으로 하나의 문화가 각자 자신의 고유한 행동규범을 가지는 여러 가지 상이한 부문화로 진화될 때 일어나는 것이다.

정답 ③

14 다음 범죄이론의 내용과 주장자를 올바르게 연결한 것은?

2016. 사시

> ㉠ 어떤 사람이 범죄자가 되는 것은 법률 위반을 긍정적으로 생각하는 정도가 부정적으로 생각하는 정도보다 크기 때문이다.
> ㉡ 범죄로 이끄는 힘이 범죄를 차단하는 힘보다 강하면 범죄나 비행을 저지르게 된다.
> ㉢ 성공목표를 달성하기 위한 수단이 주로 사회경제적 계층에 따라 차등적으로 분배되어 목표와 수단의 괴리가 커지게 될 때 범죄가 발생한다.
> ㉣ 개인이 일상적 사회와 맺고 있는 유대가 범죄발생을 통제하는 기능을 하며, 개인과 사회 간의 애착, 전념, 참여, 믿음의 네 가지 관계를 중요시 한다.
> ㉤ 하류계층의 비행은 범죄적·갈등적·은둔적 세 가지 차원에서 발생한다.

> A. 허쉬(Hirschi)의 사회통제이론
> B. 레크리스(Reckless)의 봉쇄이론
> C. 클로이드(Cloward)와 올린(Ohlin)의 차별적 기회이론
> D. 서덜랜드(Sutherland)의 차별적 접촉이론
> E. 머튼(Merton)의 아노미이론

① ㉠ - D, ㉡ - B
② ㉠ - B, ㉢ - E
③ ㉡ - A, ㉤ - C
④ ㉢ - D, ㉣ - A
⑤ ㉣ - D, ㉤ - C

정답 및 해설

① [○] ㉠ - D, ㉡ - B, ㉢ - E, ㉣ - A, ㉤ - C이다.

정답 ①

15 다음 설명의 내용과 범죄이론을 올바르게 연결한 것은?

2016. 사시

> ㉠ 소년범은 우리가 그를 나쁘다고 규정하고, 그를 선하다고 믿지 않기 때문에 오히려 나쁘게 된다.
> ㉡ 입법이나 사법활동은 사회구성원 대부분의 가치를 반영하는 것이 아니라 강력한 권력과 높은 지위를 차지한 집단의 이익을 도모하는 방향으로 운용된다.
> ㉢ 비행을 저지르려고 하다가 부모가 실망하고 슬퍼할 것을 떠올리고 그만두었다.
> ㉣ 싸움이나 사고치는 것은 스릴 있는 일이며, 사고를 치더라도 체포와 처벌을 교묘히 피한다면 멋있다.
> ㉤ 오로지 기업이익을 추구하는 사람들을 계속 접하다 보니 기업이윤을 위해서라면 규범위반을 하는 것을 대수롭지 않다고 생각하게 되었다.

> A. 갈등론적 범죄론   B. 범죄적 하위문화론   C. 낙인이론
> D. 학습이론   E. 통제이론

① ㉠ - C, ㉡ - A, ㉢ - D
② ㉠ - B, ㉡ - C, ㉣ - E
③ ㉡ - D, ㉢ - A, ㉣ - B
④ ㉡ - C, ㉣ - B, ㉤ - E
⑤ ㉢ - E, ㉣ - B, ㉤ - D

⑤ [○] ㉠ - C, ㉡ - A, ㉢ - E, ㉣ - B, ㉤ - D

㉠ 사회반응이론인 낙인이론에 해당한다.

㉡ 갈등이론에 대한 설명이다. 갈등론자들은 사회생활의 기본 성질을 집단 간의 갈등으로 가정한다. 법을 만들고 범죄를 규정하고 범죄자를 색출하고 처벌하는 국가사법기관의 활동 역시 집단 간 갈등의 산물이라는 견해이다. 즉, 입법이나 사법활동은 사회구성원 대다수의 가치를 반영하고 공공이익을 대변하기보다는 강력한 권력과 높은 지위를 차지한 집단의 이익을 도모하는 방향에서 운용된다고 보고 있다. 갈등론은 이러한 점에서 사회구성원의 가치합의와 국가기관의 중립성을 강조하는 합의론과는 대립되는 견해이다.

㉢ 통제이론 중 나이(Nye)의 사회통제유형 중 간접통제에 해당하고, 허쉬(Hirschi)의 사회연대요소 중 '애착'에 해당한다.

㉣ 하위문화이론 중 밀러(Miller)의 하위계층의 주요 관심사 중 흥분성·자극성·스릴(Excitement)에 해당한다.

㉤ 학습이론 중 서덜랜드(Sutherland)의 차별적 접촉이론은 화이트칼라범죄에 해당하는 기업가의 범죄행위를 설명하는 데에 유용하다. 기업인들이 사회 주류로부터 소외되거나 가난 때문에 범행을 하는 것이 아니라 오히려 이들의 범죄원인은 사회적 학습방법에 있다고 본다. 즉, 이윤추구를 위해서는 규범위반을 대수롭지 않게 여기거나 오로지 사업만을 생각하고 기업이익의 추구를 제한하는 법 규범에는 무관심한 태도에서 비롯된다.

정답 ⑤

16

범죄이론에 대한 설명으로 옳지 않은 것은?

① 서덜랜드(Sutherland)에 의하면 범죄행동은 학습되며 범죄자와 비범죄자의 차이는 학습과정의 차이가 아니라 접촉유형의 차이라고 한다.

② 글래저(Glaser)에 의하면 범죄는 행위자가 단순히 범죄적 가치와 접촉함으로써 발생하는 것이 아니라, 행위자 스스로 그것을 자기 것으로 동일시하는 단계로까지 나가야 발생한다고 한다.

③ 사이크스(Sykes)와 맛짜(Matza)에 의하면 비행소년들이 범죄자와 접촉하는 과정에서 전통의 규범을 중화시키는 기술을 습득하게 된다고 한다.

④ 머튼(Merton)에 의하면 반응양식 중 혁신(Innovation)은 문화적 목표는 부정하지만 제도화된 수단은 승인하는 형태라고 한다.

① [○] 서덜랜드(Sutherland)는 ㉠ 왜 사람의 집단에 따라 범죄율이 서로 다른가 하는 이유를 설명하고자 하였고, ㉡ 왜 대부분의 사람들이 범죄자가 되지 않는 데도 불구하고 일부 사람들은 범죄자가 되는지 그 이유를 설명하고자 하였다. ㉠의 의문, 즉 특정 지역의 범죄성을 범죄적 전통에서 그 원인을 찾고자 하였고, ㉡의 의문, 즉 개인의 범죄성은 개인의 차별적 접촉에서 그 원인을 찾고 있다. 그래서 차별적 접촉이론은 특정인이 어떻게 범죄행위에 가담하게 되는가를 9가지 명제로 설명한다.

② [○] 글래저(Glaser)는 차별적 동일시이론에서 차별적 동일시라는 개념을 제시하였다. 즉, 실제로 반법률적 규정을 야기시키는 접촉을 하지 않은 사람이라도 그들이 반법률적 규정이 기대되는 사람과 자신을 동일시한다면 범죄행위가 가능해진다는 것이다. 이 이론은 범죄행위를 이해할 때 사람과 환경 또는 상황과의 상호작용은 물론 사람들과의 상호작용도 고려하는 등 일종의 통합적인 노력을 하고 있다는 점에서 긍정적으로 평가를 받고 있다. 그러나 왜 사람에 따라서 상이한 역할모형을 선택하고 자기와 동일시하는가, 즉 왜 어떤 사람은 범죄적 역할모형과 자신을 동일시하고, 어떤 사람은 관습적인 역할모형과 자기를 동일시하는가라는 차별적 동일시의 근원을 제시하지는 못하였다.

④ [×] 아노미 상황에서 개인의 적응방식 중 개혁·혁신형은 문화적 목표는 수용하지만 그것을 성취하기 위한 문화적·합법적 수단은 수용하지 않는 반응형태로서, 목표성취에 대한 강력한 동기에 비해 합법적 수단에 대한 접근이 제한되는 데 대한 직접적인 반응이다. 이 유형의 사람은 자신의 성공을 비관습적인 방법으로 달성하려는 사람으로 주로 절도 등이 대표적인 전형이다. 비숙련노동자의 낮은 지위와 낮은 임금 그리고 이들 하류계층에게 주어지는 기본적인 직업적 기회로서는 소득과 권력이라는 측면에서 높은 지위를 성취할 수 없어 일탈적인 행위에 눈을 돌리게 된다는 것이다. 즉, 목표를 성취하려는 사회－구조적 압력을 받으면서도 그것을 이룰 수 있는 합법적인 수단은 사회－구조적으로 제한되기 때문이다.

정답 ④

17 범죄사회학의 주요이론에 대한 설명으로 옳지 않은 것은?

2020. 5급 승진

① 머튼(R. Merton)의 아노미 이론은 기회구조가 차단된 하류계층의 범죄를 설명하는 데에는 유용하지만 최근 증가하는 중산층 범죄나 상류층의 범죄를 설명하는 데에는 한계가 있다.

② 클로워드와 올린(R. Cloward & L. Ohlin)의 차별적 기회구조이론은 성공하기 위하여 합법적인 수단을 사용할 수 없는 사람들은 비합법적 수단을 사용한다는 머튼(Merton)의 가정에 동조하지 않는다.

③ 쇼와 맥캐이(C. Shaw & H. McKay)의 사회해체이론은 지역사회에 새로운 거주자들이 증가하면 과거 이 지역을 지배하였던 여러 사회적 관계가 와해되고 시간이 흐르면서 새로운 관계가 형성되는 생태학적 과정을 거친다고 주장한다.

④ 레머트(E. Lemert)의 낙인이론은 일차적 일탈자가 이차적 일탈자로 발전하는 데에 일상생활에서 행해지는 비공식적 반응이 공식적 반응보다 더욱 심각한 낙인효과를 끼친다고 주장한다.

⑤ 갓프레드슨과 허쉬(M. Gottfredson & T. Hirschi)의 범죄의 일반이론은 범죄의 발생에는 개인의 자기통제력도 중요하지만 범죄의 기회도 중요한 기능을 한다고 주장한다.

정답 및 해설

① [○] 머튼(Merton)의 아노미 이론은 특정 개인이 비행자가 되는 이유보다는 수단의 불공평한 분배로 인한 특정 사회계층이나 인종집단의 높은 범죄율을 설명하는 데 도움이 되고 있으나, 하류계층에 주목하게 함으로써 하층에 대한 비난을 함축하고, 중·상류층의 범죄 등에 대한 설명이 곤란하다.

② [○] 클라워드(Cloward)와 오린(Ohlin)의 차별적 기회구조이론은 성공을 위한 합법적인 수단이 없다고 하여 곧바로 비합법적 수단을 사용한다는 머튼(Merton)의 가정에 동조하지 않는다. 합법적인 수단에 대한 접근의 차단이나 제한이 자동적으로 형성된 비합법적인 수단에의 접근을 의미하지 않는다는 것이다. 즉, 합법적 기회의 차단이 비행으로 이루어지기 위해서는 범죄자가 되는 방법을 학습할 기회를 필요로 하는 것이다.

③ [○] 쇼(Shaw)와 맥케이(McKay)는 생태학적 변화과정을 이용하여 버제스(Burgess)의 지대연구를 범죄 및 비행 분석에 적용시켜 범죄생태이론을 전개하였다. 지역사회는 새로운 거주자들이 증가하면 과거 이 지역을 지배하였던 여러 사회적 관계가 와해되고, 시간이 흐르면 새로운 관계가 형성되는 생태학적 과정을 거친다는 것이다.

④ [×] 레머트(Lemert)가 특히 관심을 두고 분석한 사항은 이차적 일탈에 관한 것으로, 사회반응의 종류를 크게 사회구성원에 의한 반응과 사법기관에 의한 공식적인 반응으로 나누었다. 사회적 반응 중에서 특히 사법기관에 의한 공식적인 반응은 일상생활에서 행해지는 비공식적 반응들보다 심각한 낙인효과를 끼쳐 일차적 일탈자가 이차적 일탈자로 발전하게 된다고 하였다.

⑤ [○] 갓프레드슨(Gottfredson)과 허쉬(Hirschi)의 범죄의 일반이론은 충동적인 성격으로 인해 자기 통제력이 약한 사람은 범죄를 범할 위험성이 있지만, 그들의 충동적인 욕구를 만족시켜줄 만한 범죄기회가 없다면 범죄를 범하지 않게 되고, 반대로 비교적 자기 통제력이 강한 사람도 욕구충족을 위한 기회가 발견된다면, 범죄행동을 저지르게 된다고 한다.

정답 ④

18 범죄이론에 대한 설명으로 옳은 것은?

2016. 5급 승진

① 밀러(W. Miller)의 하층계급문화이론에서 자율성(Autonomy)이란 자신의 미래가 노력보다는 스스로 통제할 수 없는 운명에 달려있다는 믿음이다.

② 허쉬(T. Hirschi)의 사회유대이론에 따르면, 모든 사람들은 범죄나 비행을 저지를 가능성에서 차이가 없는 본성을 가지고 있다고 주장한다.

③ 클로워드(Cloward)와 올린(Ohlin)의 차별적 기회구조이론은 뒤르켐(E. Durkheim)의 아노미이론과 하위문화이론을 통합하여 만든 이론이다.

④ 코헨(A. Cohen)의 비행하위문화이론에 따르면, 비행하위문화는 중산층 문화에 대한 거부감에서 비롯되는 것이 아니라 하류계층 고유의 독자성을 가지고 형성된 것이다.

⑤ 낙인이론은 어떤 행위가 범죄인지 아닌지는 사람들과의 관계가 아닌 그 행위자체가 가지고 있는 속성에 의해서 판명되는 것이라고 주장한다.

정답 및 해설

① [×] 밀러(Miller)의 하위계층의 주요 관심사 중 '운명·숙명'에 대한 설명이다. '자율·자립'은 권위로부터 벗어나고, 다른 사람으로부터 간섭을 받는 것을 혐오한다.

② [○] 허쉬(Hirschi)는 누구든지 범죄를 저지를 수 있다고 단언하면서 반사회적 행위를 자행하게 하는 근본적인 원인은 인간의 본성에 있다고 보았다.

③ [×] 차별적 기회구조이론은 문화전달이론(퇴행변이지역), 차별적 접촉이론(친밀한 집단과의 직접적 접촉), 아노미이론(문화적 목표와 제도화된 수단 간의 괴리)을 종합한 것으로 기회구조의 개념을 도입하여 성공을 위한 목표로의 수단이 합법적·비합법적인 두 가지 기회구조가 있음을 전제로 한다.

④ [×] 비행하위문화를 밀러(Miller)는 중산층과 상관없이 고유의 전통과 역사를 가진 독자적 문화로 보았으며, 코헨(Cohen)은 중산층의 보편적인 문화에 대항하고 반항하기 위해서 형성되는 것이라고 보았다.

⑤ [×] 낙인이론은 범죄는 일정한 행위속성의 결과가 아니라 통제기관에 의해 범죄로 규정된다고 주장한다. 따라서 낙인이론에서 관심을 두는 것은 범죄행위가 아니라 범죄행위에 대한 통제기관의 반작용이다.

정답 ②

19 학자와 이론적 주장을 연결한 것으로 옳지 않은 것은?

2016. 5급 승진

① 머튼(R. Merton) - 하층계급은 성공을 위한 전통적 교육과 직업의 기회로부터 상대적으로 차단되어 있다.

② 샘슨(R. Sampson) - 열악한 환경에도 불구하고 많은 소년들이 비행을 저지르지 않고 정상적인 사회구성원으로 성장할 수 있는 것은 올바른 자아관념이 있기 때문이다.

③ 서덜랜드(E. Sutherland) - 범죄는 일반적 욕구와 가치의 표현이지만 그 욕구와 가치로는 설명되지 않는다.

④ 맛차(D. Matza) - 비행소년도 다른 일반적인 사람들과 마찬가지로 대부분의 시간을 법을 준수하며 보낸다.

⑤ 볼드(G. Vold) - 입법이나 법집행 등의 모든 과정이 집단 간 이해갈등의 결과로 빚어지며 국가의 경찰력 역시 자신의 이익에 도움이 되는 방향으로 유도하려는 집단들 간의 경쟁을 반영한다.

① [○] 문화적 목표를 달성할 수 있는 기회란 흔히 높은 교육수준, 전문적 능력의 소지, 좋은 사회적 배경 등이라 할 수 있으나 도시빈민 계층과 같은 특정의 사회계층이 이러한 기회에 접근한다는 것은 중상류 계층에 비해 상당히 어렵다.

② [×] 레크리스(Reckless)와 디니츠(Dinitz)의 자기관념이론에 대한 설명이다. 서덜랜드(Sutherland)의 차별적 접촉이론이 차별적 반응의 문제를 도외시하고 있다는 문제점에 대해 레크리스와 디니츠는 자아관념(Self Concept)이라는 개념으로 설명하고자 하였다. 비행다발지역의 청소년들이 범죄적 접촉은 하면서도 이들 중 다수가 비행에 가담하지 않는 것은 그들이 사회적으로 적절하게 수용되는 자아관념을 습득하고 유지하는 것이 외부의 비행적 영향이나 환경적 압력과 유인에 대한 절연체 및 내적 견제요소 또는 장애물로 작용하기 때문이라는 것이다. 즉, 동일한 범죄적 접촉하에서도 비행에 가담하고 비행에 가담하지 않는 개인적 반응의 차이는 바로 자아관념의 차이 때문이라는 주장이다.

③ [○] 범죄행위는 일반적 욕구와 가치의 표현이지만, 비범죄적 행위도 동일한 욕구와 가치의 표현이므로 그러한 일반적 욕구와 가치로는 설명되지는 않는다. 도둑과 정직한 근로자가 모두 돈에 대한 욕구는 같지만 수단은 다르다. 즉, 두 사람 모두 돈을 필요로 하지만, 한 사람은 훔치고 다른 한 사람은 열심히 일을 하기 때문에 단순히 돈에 대한 욕망이나 요구가 왜 훔치거나 정직하게 일하는지에 대해 설명할 수 없다.

④ [○] 비행소년은 대부분의 경우 다른 사람들과 마찬가지로 일상적이고 준법적인 행위를 하며 특별한 경우에 한하여 위법적인 행위에 빠져든다고 하였다.

⑤ [○] 법이란 집단 간 투쟁에서 이긴 정치지향의 집단이 자신들의 이익과 권한을 보호 · 방어하고, 상대집단의 이익은 제거 · 방해하기 위해 만들어 진 것이다. 그래서 입법적 다수를 점한 집단이 국가경찰권에 대한 통제력을 갖게 되며, 법률위반에 가담할 확률이 높은 자를 결정짓는 정책을 내리는 것이다. 그러므로 법률의 제정 · 위반 그리고 집행이라는 전체 과정은 집단이익 간의 근본적 갈등과 국가경찰권의 통제에 대한 집단 간 일반적 투쟁을 직접적으로 반영하는 것이다.

정답 ②

20 전과자 A는 교도소에서 배운 미용기술로 미용실을 개업하여 어엿한 사회인으로 돌아오고, 범죄와의 고리를 끊었다. 다음 중 이 사례를 설명할 수 있는 것으로 가장 거리가 먼 것은? 2014. 교정 7급

① 허쉬(Hirschi)의 사회유대
② 샘슨(Sampson)과 라웁(Laub)의 사회자본
③ 베커(Becker)의 일탈자로서의 지위
④ 머튼(Merton)의 제도화된 수단

① [○] 허쉬(Hirschi)의 사회유대이론 중 전념으로 설명이 가능하다. 전념은 각자의 합리적인 판단을 바탕으로 개인과 사회의 유대가 형성되고 유지되는 형태이며, 미래를 위해 교육에 투자하고 저축하는 것처럼 관습적 활동에 소비하는 시간과 에너지, 노력 등을 의미한다.

② [○] 사회자본(사회유대)은 결혼, 직업 등을 의미하는 것으로, 샘슨(Sampson)과 라웁(Laub)은 어릴 때 비행소년이었던 사람이 후에 범죄를 저지르지 않고 다른 사람들과 같이 정상적인 삶을 살게 되는 것은 결혼이나 군복무, 직업, 형사사법절차에의 경험과 같은 요소에서 찾고 있으며, 이와 같은 인생에서의 계기를 통해 공식적 혹은 비공식적 통제가 가능하게 되고 그런 통제를 통해 범죄에서 탈출하게 된다는 것으로, A의 정상적인 사회생활에 대한 설명이 가능하다.

③ [×] 베커(Becker)는 범죄행위로 낙인을 찍는 것은 사회적 지위와 같은 효과를 주어 낙인 찍힌 자에게 '주지위'를 부여하는 결과가 되고, 낙인 찍힌 일탈자는 다른 영역에서 정상적인 사회생활을 하는 것이 힘들게 되는 반면 일탈은 더욱 용이하다고 보았다. 그러므로 베커의 '사회적 지위로서의 일탈'은 정상적인 사회생활을 하고 있는 A에 대해 설명하기 어렵다.

④ [○] 머튼(Merton)은 문화적 목표를 달성할 수 있는 제도화된 수단이 제한되었을 때 개인의 적응방식에 따라 비행이 발생한다고 보았으므로, 제도화된 수단을 가진 A의 사회생활 적응에 대한 설명이 가능하다.

정답 ③

범죄원인론의 내용과 이론에 대한 설명으로 옳은 것만을 모두 고르면?

㉠ 서덜랜드(E. Sutherland)의 차별적 교제이론(differential association theory)에 따르면 범죄행위는 학습되며, 법 위반에 대한 우호적 정의(definition)가 비우호적 정의보다 클 때 개인은 비행을 저지르게 된다.

㉡ 베커(H.S. Becker)의 낙인이론에 따르면 일탈자라는 낙인은 그 사람의 지위를 대변하는 주 지위(master status)가 되기 때문에 다른 사람들과의 원활한 상호작용에 부정적인 영향을 미치는 장애요인이 된다.

㉢ 머튼(R. Merton)의 아노미이론에 따르면 아노미 상태에 있는 개인의 적응방식 중 혁신형(innovation)은 범죄자들의 전형적인 적응방식으로, 문화적 목표는 수용하지만 제도화된 수단은 거부하는 형태이다.

㉣ 타르드(G. Tarde)의 학습이론에 따르면 "사람들이 왜 범죄를 저지르는가?"에 대한 질문보다는 "왜 누군가는 규범에 순응하며 합법적인 행동을 하는가?"라는 질문이 중요하다.

① ㉡, ㉢

② ㉠, ㉡, ㉢

③ ㉠, ㉡, ㉣

④ ㉠, ㉢, ㉣

정답 및 해설

옳은 것은 ㉠, ㉡, ㉢이다.

㉠ [○] 법률위반에 대한 호의적인 정의가 법률위반에 대한 비호의적인 정의보다 클 때 개인은 범죄를 저지르게 된다. 사람들은 차별접촉의 과정에서 주변인들의 법위반에 대한 정의를 학습하게 되는데 법위반에 보다 호의적인 정의를 가지면 결국 범죄행위를 더 많이 할 것이다. 서덜랜드는 법위반에 대한 호의도와 비호의도의 차이는 차별접촉의 차이라고 주장하였다.

㉡ [○] 베커는 사람에게 범죄적 낙인이 일단 적용되면, 그 낙인이 다른 사회적 지위나 신분을 압도하게 되므로 일탈자로서의 신분이 그 사람의 '주지위'로 인식되고, 일탈자라는 낙인은 그 사람의 사회적 지위와 타인과의 상호작용에 부정적인 영향을 미친다고 하였다.

㉢ [○] 혁신형(개혁형)은 범죄자들의 전형적인 적응방식으로 문화적 목표는 수용하지만, 제도화된 수단은 거부하는 적응 방식으로, 문화적 목표를 강하게 내면화하여 경제적 성공에의 강한 열망을 갖지만, 구조적 여건상 제도적 수단으로는 목표를 달성할 수 없을 때, 제도적 수단을 거부하고 불법적 수단으로 목표를 달성하려고 하는 경우이다. 목표 달성을 위해 기존의 수단을 버리고 새로운 수단을 택한다는 의미에서 혁신이며, 그 새로운 수단이 사회적으로 금지하는 비제도적 수단이기 때문에 범죄적 행위 유형으로 분류될 수 있다.

㉣ [×] 사회통제이론에 대한 설명이다. 사회통제이론에서는 기존 이론들과는 달리 어떤 사람들이 왜 범죄를 저지르는가의 질문보다는 왜 많은 대다수의 사람들이 범죄를 저지르지 않는가의 질문에 답을 하려고 한다. 즉, '범죄의 원인은 무엇인가?'보다는 '왜 대부분의 사람들은 일탈하지 않고 사회규범에 동조하는가?'를 설명하는 이론으로, 누구나 범죄 또는 일탈동기를 가지고 있으나 개인이나 사회적 통제에 의해 제지되고 있다는 이론이다. 따르드의 초기학습이론에 의하면, 인간행위는 다른 사람들과 접촉하면서 관념을 학습하며, 행위는 자기가 학습한 관념으로부터 유래하는 것이라고 한다. 즉 모든 사회현상이 모방이듯이 범죄행위도 모방한다고 보았다.

정답 ②

22 다음 중 범죄원인에 대한 설명으로 가장 옳은 것은?

2022. 해경 경위

① 퀴니(Quinney)는 대항범죄(Crime of resistance)의 예로 살인을 들고 있다.

② 부모 등 가족구성원이 실망할 것을 우려해서 비행을 그만두는 것은 사회유대의 형성 방법으로서 애착(Attachment)에 의한 것으로 설명할 수 있다.

③ 중화기술이론에서 세상은 모두 타락했고, 경찰도 부패했다고 범죄자가 말하는 것은 책임의 부정에 해당한다.

④ 레크리스(W. Reckless)는 범죄를 유발하는 압력요인으로 불안감을 들고 있다.

정답 및 해설

① [×] 퀴니(Quinney)는 범죄발생은 개인의 소질이 아니라 자본주의의 모순으로 인해 자연적으로 발생하는 사회현상이라고 보고, 자본가 계층의 억압적 전술로부터 살아남기 위한 노동자 계급(피지배 집단)의 범죄를 적응(화해)범죄와 대항(저항)범죄로 구분하였다. 적응범죄의 예로 절도, 강도, 마약거래 등과 같은 경제적 약탈범죄와 살인, 폭행, 강간 등 같은 계층에 대해 범해지는 대인범죄를 들고 있으며, 대항범죄의 예로 시위, 파업 등을 들고 있다.

② [○] 부모 등 가족구성원이 실망할 것을 우려해서 비행을 그만두는 것은 사회연대의 요소 중 애착(attachment)에 의하여 사회통제가 이행되는 사례라 할 수 있다.

③ [×] 세상은 모두 타락했고, 경찰도 부패했다고 범죄자가 말하는 것은 중화기술의 유형 중 '비난자에 대한 비난'에 해당한다.

④ [×] 레크리스(Reckless)는 범죄나 비행을 유발하는 요인으로 압력요인, 유인요인, 배출요인으로 구분하고, 압력요인으로 열악한 생활조건(빈곤, 실업), 가족갈등, 열등한 신분적 지위, 성공기회의 박탈 등을 들고 있으며, 유인요인으로 나쁜 친구들, 비행이나 범죄하위문화, 범죄조직, 불건전한 대중매체 등을 들고 있고, 배출요인으로 불안감, 불만감, 내적 긴장감, 증오심, 공격성, 즉흥성, 반역성 등을 들고 있다.

정답 ②

23 범죄원인론에 대한 설명으로 옳은 것은?

① 고링(C. Goring)은 생물학적 결정론과 내적 요인에 관한 탐구의 필요성을 역설하고, 생래적 범죄인설을 지지하였다.

② 나이(F. Nye)는 청소년들의 비행을 예방할 수 있는 사회통제방법으로 직접통제, 간접통제, 내부통제, 욕구충족의 가능성(availability of need satisfaction)으로 분류하고, 소년비행을 예방할 수 있는 가장 효율적인 방법은 내부통제라고 하였다.

③ 콜버그(L. Kohlberg)는 상당수의 범죄자는 도덕발달 6단계 중 관습적(conventional) 수준인 3~4단계에 해당한다고 주장하였다.

④ 퀴니(R. Quinney)는 범죄를 정치적으로 조직화된 사회에서 권위가 부여된 공식기관들에 의해 만들어진 인간의 행동으로 정의하였다.

정답 및 해설

① [×] 고링은 체중, 청력, 미간, 눈의 색깔 등과 같은 특징을 측정함에 있어서 범죄자와 비범죄자 사이에 아무런 차이가 없음을 기초로 롬브로조의 생물학적 결정론을 반대하였다. 그 대신 그는 범죄행위가 '결손적 지능'이라고 말하는 조건과 밀접한 관련이 있는 것으로 보고, 결과적으로 범죄행위는 유전되며 따라서 이러한 문제 있는 가족의 재생산을 규제함으로써 범죄를 통제해야 한다고 주장한다.

② [×] 나이(Nye)는 청소년들의 비행을 예방할 수 있는 사회통제방법으로 직접통제, 간접통제, 내부통제, 공식통제, 비공식통제로 분류하고, 소년비행을 가장 효율적으로 예방할 수 있는 방법으로 가정이나 학교와 같은 비공식기관들이 소년들에게 본인들의 행위가 주위사람들에게 실망과 고통을 줄 것이라고 인식시키는 비공식적인 간접통제방법을 들었다.

③ [×] 콜버그는 도덕발전 단계를 관습 이전 - 관습 - 관습 이후 등 3단계로 나누고, 그에 따라 인간의 추론능력도 발전한다고 하였다. 이후 발전단계를 6단계로 수정하였는데, 대부분의 일반청소년은 3~4단계, 대부분의 비행청소년은 1~2단계에 속한다고 주장하였다.

④ [○] 퀴니의 주장은 그의 저서 『범죄의 사회적 현실』에서 여섯 개의 가정으로 기술하고 있다.

범죄의 정의	범죄는 정치적으로 조직된 사회의 권한 있는 기관에 의해서 만들어지는 인간행위의 규정이다.
범죄규정의 형성	범죄규정은 공공정책을 형성하는 힘을 가진 사회계층의 이익에 갈등적인 행위를 기술한다.
범죄규정의 적용	범죄규정은 형법의 운용과 집행을 형성하는 힘을 가진 사회계층에 의해서 적용된다.
범죄규정과 관련된 행위유형의 발전	행위유형은 분파적으로 조직된 사회에서 범죄규정과 관련하여 구축되고, 이러한 구조 내에서 사람들은 범죄로 규정될 상대적 확률이 있는 행동에 가담하게 된다.
범죄인식의 구성	범죄의 인식은 다양한 방법의 의사소통에 의해서 사회의 계층에서 구축되고 전파된다.
범죄의 사회적 현실	범죄의 사회적 현실은 범죄규정의 형성과 적용, 범죄규정과 관련된 행위유형의 발전, 범죄인식의 구성에 의해서 구축된다.

정답 ④

제14장 갈등이론(비판범죄학)

제1절 | 개관

01 낙인이론과 비판범죄학에 대한 설명으로 옳지 않은 것은?

2016. 사시

① 양자 모두 범죄에 대한 상대적 개념을 전제하고 있다.
② 낙인이론이 범죄인 개인과 형사사법기관 간의 상호작용에 초점을 맞춘다면 비판범죄학은 범죄인 집단과 국가권력의 문제를 다루고 있다.
③ 낙인이론은 국가의 범죄통제가 오히려 범죄를 증가시키는 경향이 있으므로 과감하게 이를 줄여야 한다고 주장한다.
④ 비판범죄학에 의하면 범죄인 가운데 하층계급의 사람들이 많은 것은 국가가 이들의 범죄만을 집중적으로 통제하기 때문이다.
⑤ 비판범죄학자들은 자본주의의 불평등으로 인해 야기되는 일상범죄에 초점을 맞추었으므로, 국가범죄나 기업범죄 등 자본가계급의 범죄는 범죄학과는 다른 차원에서 접근해야 한다고 보았다.

정답 및 해설

⑤ [×] 비판범죄학은 범죄의 연구대상을 사회적 상호작용이 아닌 '비행에 대한 사회통제 메커니즘'으로 옮겨 놓은 거시적(구조적) 이론이다. 범죄행위의 개별적 원인을 규명하기보다는 어떤 행위가 범죄로 규정되는 과정에 더 관심을 가졌고, 연구초점을 일탈자 개인으로부터 자본주의 체제로 전환시켜 연구의 범위를 확대하여 일탈의 문제도 자본주의 사회의 모순에 대한 총체적 해명 속에서 이해하고자 하였다. 퀴니(Quinney)는 범죄원인과 유형을 적응과 저항의 범죄, 지배와 억압의 범죄로 구분하고, 적응과 저항의 범죄는 대부분의 노상범죄와 자본주의하에서 생존을 위하여 노동자 계층에서 범하는 것이며, 지배와 억압의 범죄는 국가나 사회통제기관이 기득권을 유지하기 위하여 범하는 범죄로 화이트칼라범죄, 경제범죄 및 산업범죄 등이 해당한다.

정답 ⑤

02 갈등론적 관점에 대한 설명으로 가장 적절하지 않은 것은?

2024(74). 경위

① 법의 제정과 집행은 사회 일반의 이익을 보호하기 위해서가 아니라, 국가운영을 통제하는 지배계층의 이익을 보호하기 위해 존재한다.
② 범죄원인을 밝히기보다는 '대부분의 사람은 왜 범죄를 저지르지 않고, 사회규범에 동조하는가'라는 의문에서 출발하고 있다.
③ 살인, 강도, 절도, 도박 등 일반범죄의 원인을 설명하는 것은 한계가 있다.
④ 볼드(Vold)의 집단갈등이론은 인종분쟁, 노사분쟁과 같은 이익집단 간의 갈등에서 비롯된 범죄현상을 설명하는 데 유용하다.

① [○] 갈등론은 법을 만들고, 범죄를 규정하고, 범죄자를 색출하고, 처벌하는 국가사법기관의 활동 역시 집단 간 갈등의 산물로 본다. 즉, 입법이나 사법활동은 사회구성원 대다수의 가치를 반영하고 공공이익을 대변하기보다는 강력한 권력과 높은 지위를 차지한 집단의 이익을 도모하는 방향에서 운용된다는 것이다. 그렇기 때문에 갈등론에 의하면 한 사회의 법률을 위반하는 범죄의 문제도 도덕성의 문제가 아니라 사회경제적이고 정치적인 함의를 지니는 문제일 뿐이라고 한다. 터크(Turk)는 법이란 영향력 있는 집단의 이익을 보호하기 위한 하나의 무기라고 주장했으며, 챔블리스(Chambliss)와 사이드만(Seidman)은 법을 지배집단이 자신들의 우월성을 보장하기 위한 행위규범이라고 규정하고 있다.

② [×] 사회통제이론에 대한 설명이다. 갈등론적 관점은 누가 범죄를 저지르는가보다는 어떤 행위가 국가의 형사법에 의해 범죄로 규정이 되는가를 살펴보아야 한다고 주장한다. 사회통제이론에서는 기존 이론들과는 달리 어떤 사람들이 왜 범죄를 저지르는가의 질문보다는 왜 많은 대다수의 사람들이 범죄를 저지르지 않는가의 질문에 답을 하려고 한다. 즉, '범죄의 원인은 무엇인가?'보다는 '왜 대부분의 사람들은 일탈하지 않고 사회규범에 동조하는가?'를 설명하는 이론으로, 누구나 범죄 또는 일탈동기를 가지고 있으나 개인이나 사회적 통제에 의해 제지되고 있다는 이론이다.

③ [○] 갈등론적 범죄학은 범죄의 연구대상을 사회적 상호작용이 아닌 '비행에 대한 사회통제 메커니즘'으로 옮겨 놓은 거시적(구조적) 이론이다. 범죄행위의 개별적 원인을 규명하기보다는 어떤 행위가 범죄로 규정되는 과정에 더 관심을 가졌고, 연구초점을 일탈자 개인으로부터 자본주의체제로 전환시켜 연구의 범위를 확대하여 일탈의 문제도 자본주의 사회의 모순에 대한 총체적 해명 속에서 이해하고자 하였다. 즉, 범죄는 자본주의 사회의 본질적인 불평등과 밀접한 관련이 있다고 보기 때문에 살인, 강도, 절도, 도박 등 일반범죄의 원인을 설명하는 것은 한계가 있다.

④ [○] 볼드는 『이론범죄학』(1958)에서 이해관계의 갈등에 기초한 집단갈등이론을 주장하였다. 이 이론은 정치적 갈등으로 야기된 범죄, 노사 간의 이익갈등으로서 범죄, 노동조합 간의 관할권 분쟁으로서 범죄, 인종적 갈등으로서 범죄에 가장 적합한 설명이라고 할 수 있다.

정답 ②

---

03 비판범죄학에 대한 설명으로 옳은 것은?　　　　2012. 보호 7급

□□□

① 어떤 행위가 범죄로 규정되는 과정보다 범죄행위의 개별적 원인을 규명하는 데 주된 관심이 있다.

② 비판범죄학에는 노동력 착취, 인종차별, 성차별 등과 같이 인권을 침해하는 사회제도가 범죄적이라고 평가하는 인도주의적 입장도 있다.

③ 자본주의 사회의 모순이 범죄원인이라는 관점에서 범죄에 대한 다양하고 구체적인 대책들을 제시하지만 급진적이라는 비판이 제기된다.

④ 형사사법기관은 행위자의 경제적·사회적 지위에 관계없이 중립적이고 공평하게 법을 집행한다는 것을 전제한다.

① [×] 범죄행위의 개별적 원인을 규명하기보다는 어떤 행위가 범죄로 규정되는 과정에 더 관심을 가졌다(범죄발생의 저변에 작용하고 있는 구조적 요인을 거시적 시각에서 분석).

② [○] 휴머니즘 비판범죄학에 대한 설명이다.

③ [×] 범죄통제의 측면에 대한 지나친 관심으로 범죄의 원인에 대한 규명이 제대로 행해지지 못하고, 자본주의 구조 혹은 국가가 범죄를 생산한다는 지극히 일차적이고 막연한 논의에 그치고 있으며, 범죄통제를 위한 구체적인 대안도 제시하지 못하였다(이념적·사변적·이념지향적으로 현실적으로 형사사법체계의 개선을 위한 구체적인 대안을 제시하지 못함). 비판범죄학의 범죄대책은 자본주의 타파와 사회주의로의 전환을 주장하는데, 이는 지나치게 이데올로기적이고 추상적이라는 비판을 받는다.

④ [×] 형사사법기관은 사회구성원 대다수의 이익보다는 권력과 지위를 차지하고 있는 소수집단의 이익을 위해 차별적으로 법을 집행한다고 보며 법의 내용은 권력을 차지한 집단의 이익을 도모하는 방향으로 정해진다고 한다(형사사법기관의 선별적 형사소추에 대한 비판을 제시).

정답 ②

01 갈등이론에 대한 설명으로 가장 적절하지 않은 것은?

2023(73). 경위

① 봉거(Bonger)는 자본주의 사회에서의 생산수단 소유 여부, 즉 자본주의적 경제조건 때문에 범죄가 발생한다고 하였다.

② 볼드(Vold)는 사회의 주도권을 쟁취한 권력집단이 스스로의 이익을 지키기 위해 법규범과 범죄를 규정하고 국가경찰력을 통제한다고 하였다.

③ 셀린(Sellin)은 문화갈등에 따른 행위규범의 갈등은 심리적 갈등을 유발하고 이것이 범죄의 원인이 된다고 하였다.

④ 챔블리스(Chambliss)는 범죄를 지배적 범죄와 저항적 범죄로 구분하고, 자본가들의 지배에 대항하는 범죄형태를 저항적 범죄라고 하였다.

정답 및 해설

① [○] 봉거는 계급갈등과 경제적 불평등을 범죄원인으로 보았으며, 범죄문제에 대한 정책은 사회주의 사회의 달성에 있다고 보았다.

② [○] 볼드는 법의 제정, 위반 및 법집행의 전 과정은 집단이익의 갈등이나 국가의 권력을 이용하고자 하는 집단 간 투쟁의 결과라고 보았다. 특히 법 제정을 권력집단의 협상의 결과로 보고 범죄를 개인적 법률 위반이 아니라 비권력 소수계층의 집단투쟁으로 이해한다.

③ [○] 셀린의 문화갈등이론은 인간의 사회행동을 결정하는 데는 한 사회의 문화적 가치체계가 결정적 작용을 한다는 전제로부터 출발한다. 그리고 일탈행동은 개인이 사회의 지배적 가치와 다른 규범 체계, 즉 하위문화 또는 이주자의 생소한 문화로부터 배운 가치체계를 지향할 때 발생하는 것으로 설명한다.

④ [×] 퀴니(Quinney)의 경제계급론에 대한 설명이다. 챔블리스(Chambliss)와 사이드만(Seidman)은 법을 지배집단이 자신들의 우월성을 보장하기 위한 행위규범이라고 규정하였다. 즉, 법은 공공이익을 대변하지도 않고, 모든 시민을 동등하게 취급하지도 않으며, 사회 최고의 이익에 봉사하지도 않는다고 한다.

정답 ④

02 범죄원인론 중 갈등이론에 대한 설명으로 가장 옳지 않은 것은?

2023. 해경 경위

① 터크(Turk)는 갈등의 개연성은 지배집단과 피지배집단 양자의 조직화 정도와 세련됨의 수준에 의해 영향을 받는다고 한다.

② 셀린(Sellin)은 전체 사회의 규범과 개별집단의 규범 사이에는 갈등이 존재하고, 개인도 이러한 종류의 갈등이 내면화됨으로써 인격해체가 이루어지고 범죄원인으로 작용하게 된다고 한다.

③ 볼드(Vold)는 범죄를 법제정과정에 참여하여 자기의 이익을 반영시키지 못한 집단의 구성원이 일상생활 속에서 법을 위반하며 자기의 이익을 추구하는 행위로 본다.

④ 갈등이론에 의하면 한 사회의 법률을 위반하는 범죄 문제는 사회경제적이고 정치적인 함의를 지니는 문제가 아니라 도덕성의 문제로 다루어진다.

① [○] 터크(Turk)의 권력갈등이론에 대한 설명이다. 터크는 문화규범과 사회규범을 구별하여 문화규범은 가치의 언어적 형성물, 예컨대 법조문에 관계한다면 사회규범은 그러한 법이 실제로 집행되는 실제적 행동양식과 관련된다고 한다. 그리고 지배집단과 피지배자 사이에 문화적·사회적 규범의 차이가 있다는 점에서 출발한다면, 피지배자들이 그들의 행동양식, 즉 그들의 사회규범을 방어할 수 있는 수단으로 자신들의 성숙된 언어와 철학, 즉 문화규범을 가지고 있을 때 갈등의 개연성은 가장 커진다고 한다. 또한 갈등의 개연성은 지배집단과 피지배자, 양자의 조직화의 정도와 세련됨의 수준에 의해 영향을 받는다고 한다. 그러나 그는 모든 갈등이 언제나 피지배자의 범죄화를 유발하는 것은 아니며, 이러한 갈등이 범죄화를 유발하는 요인들이 존재한다고 한다.

② [○] 셀린(Sellin)의 문화갈등이론에 대한 설명이다. 법은 그 사회의 다양한 구성원들의 합의를 대변하는 것이 아니라, 지배적인 문화의 행위규범을 반영하는 것이고, 전체 사회의 규범과 개별집단의 규범 사이에는 갈등이 존재하며, 개인도 이러한 종류의 갈등이 내면화됨으로써 인격해체가 이루어지고 범죄원인으로 작용하게 된다.

③ [○] 볼드(Vold)의 집단갈등이론에 대한 설명이다. 법의 제정, 위반 및 법집행의 전 과정은 집단이익의 갈등이나 국가의 권력을 이용하고자 하는 집단 간 투쟁의 결과로 본다. 특히 법제정을 권력집단의 협상의 결과로 보고 범죄를 개인적 법률 위반이 아니라 비권력 소수계층의 집단투쟁으로 이해한다. 집단 간의 이익갈등이 가장 첨예한 상태로 대립하는 영역을 입법정책 부분으로 보며, 범죄를 입법제정과정에 참여하여 자기의 이익을 반영시키지 못한 집단의 구성원이 일상생활 속에서 법을 위반하며 자기의 이익을 추구하는 행위로 본다.

④ [×] 갈등론은 법을 만들고, 범죄를 규정하고, 범죄자를 색출하고, 처벌하는 국가사법기관의 활동 역시 집단 간 갈등의 산물로 본다. 즉, 입법이나 사법활동은 사회구성원 대다수의 가치를 반영하고 공공이익을 대변하기보다는 강력한 권력과 높은 지위를 차지한 집단의 이익을 도모하는 방향에서 운용된다는 것이다. 그렇기 때문에 갈등론에 의하면 한 사회의 법률을 위반하는 범죄의 문제도 도덕성의 문제가 아니라 사회경제적이고 정치적인 함의를 지니는 문제로 다루어진다.

정답 ④

03 다음 중 사회갈등이론에 대한 설명으로 가장 옳지 않은 것은? 2024. 해경 경위

① 범죄는 피지배계층을 통제하기 위한 지배계층의 억압적 노력의 결과물이다.

② 볼드(Vold)는 입법정책 영역에서 집단갈등이 가장 격렬하게 나타난다고 주장하였다.

③ 터크(Turk)는 우리 사회의 갈등과 그로 인한 범죄성을 지배와 복종관계에서 규명하려고 했기에 그의 이론을 지배 - 복종(authority-subject)이론이라고 한다.

④ 한 사회의 법률을 위반하는 범죄 문제는 도덕성의 문제로 다루어진다.

① [○] 범죄는 하류층의 희생에 기초해서 상류층의 권력과 지위를 보호하기 위해 고안된 정치적인 개념이라고 본다.

② [○] 볼드는 이해관계의 갈등에 기초한 집단갈등론을 주장하였으며, 특히 집단 간의 이익갈등이 가장 첨예한 상태로 대립하는 영역으로 입법정책 부문을 지적하였다.

③ [○] 터크의 범죄화이론은 "왜 관련기관에서 그들의 관심을 일부 집단의 행위에 초점을 맞추면서 일부 집단의 행위는 무시하는가?"의 이유를 설명하기 위해서 고안된 이론이다. 터크에 의하면 법 제정자나 집행자의 관심을 가장 많이 끄는 사람들은 높은 수준의 조직성을 가진 사람들, 법의 제정이나 집행에 있어서 약삭빠른 사람, 불법행위에 가담하는 사람들이다. 즉, 터크의 이론은 법집행기관이 자신들의 자기이익에 기초하여 법집행을 차별한다고 주장한다. 따라서 그의 이론은 우리 사회의 갈등과 그로 인한 범죄성을 지배와 복종의 관계에서 규명하려고 했기에 '지배 - 복종이론'이라고도 한다. 한편, 이러한 지배 - 복종의 관계는 어떤 조건에서 갈등을 초래하며 이 갈등은 어떤 조건에서 범죄성을 야기시키는가에 대해 그 요소를 규명하였다고 하여 '범죄화의 요소이론'이라고도 한다. 결국 그의 이론은 법률 갈등과 범죄화에 초점을 맞추었다.

④ [×] 갈등론은 법을 만들고, 범죄를 규정하고, 범죄자를 색출하고, 처벌하는 국가사법기관의 활동 역시 집단 간 갈등의 산물로 본다. 즉, 입법이나 사법활동은 사회구성원 대다수의 가치를 반영하고 공공이익을 대변하기보다는 강력한 권력과 높은 지위를 차지한 집단의 이익을 도모하는 방향에서 운용된다는 것이다. 그렇기 때문에 갈등론에 의하면 한 사회의 법률을 위반하는 범죄의 문제도 도덕성의 문제가 아니라 사회경제적이고 정치적인 함의를 지니는 문제일 뿐이라고 한다.

정답 ④

04 갈등이론에 대한 설명으로 옳지 않은 것은?

① 셀린(Sellin)은 이민 집단의 경우처럼 특정 문화집단의 구성원이 다른 문화의 영역으로 이동할 때에 발생할 수 있는 갈등을 이차적 문화갈등으로 보았다.

② 볼드(Vold)는 이해관계의 갈등에 기초한 집단갈등론을 주장하였으며, 특히 집단 간의 이익갈등이 가장 첨예한 상태로 대립하는 영역으로 입법정책 부문을 지적하였다.

③ 터크(Turk)는 사회를 통제할 수 있는 권력 또는 권위의 개념을 범죄원인과 대책 분야에 적용시키고자 하였다.

④ 퀴니(Quinney)는 노동자계급의 범죄를 자본주의 체제에 대한 적응범죄와 대항범죄로 구분하였다.

정답 및 해설

① [×] 셀린은 특정 문화집단의 구성원이 다른 문화의 영역으로 이동할 때에 발생할 수 있는 갈등을 일차적 문화갈등으로 보았고, 하나의 단일문화가 각기 독특한 행위규범을 갖는 여러 개의 상이한 하위문화로 분화될 때 일어나는 갈등을 이차적 문화갈등으로 보았다.

② [○] 셀린의 문화갈등이론이 행위규범들의 갈등에 기초한 반면, 볼드는 『이론범죄학』(1958)에서 이해관계의 갈등에 기초한 집단갈등이론을 주장하였으며, 범죄를 법제정과정에 참여하여 자기의 이익을 반영시키지 못한 집단의 구성원이 일상생활 속에서 법을 위반하며 자기의 이익을 추구하는 행위로 본다.

③ [○] 터크는 사회적으로 권력이 있는 집단이 하층계급의 사람들에게 그들의 실제 행동과는 관계없이 범죄자라는 신분을 부여할 수 있다는 측면에서 피지배집단의 범죄현상을 이해한다.

④ [○] 퀴니는 자본주의 사회에서 불평등에 시달리는 하류계층 노동자계급(피지배 집단)이 저지르는 범죄를 자본주의 체계에 대한 적응범죄와 저항범죄로 나누어 설명한다.

정답 ①

05 갈등이론에 대한 설명으로 옳지 않은 것은?

① 셀린(T. Sellin)의 문화갈등론 - 문화갈등에 따른 행위규범의 갈등은 심리적 갈등의 원인이 되고, 나아가 범죄의 원인이 된다.

② 볼드(G. Vold)의 집단갈등론 - 범죄는 집단사이에 갈등이 일어나고 있는 상황에서 자신들의 이익과 목적을 제대로 방어하지 못한 집단의 구성원들이 자기의 이익을 추구하기 위해 표출하는 행위이다.

③ 봉거(W. Bonger)의 급진적 갈등론 - 범죄와 같은 현행규범에서의 일탈을 이탈(離脫)로 하고, 고차원의 도덕성을 구하기 위해 현행규범에 반대하거나 어긋나는 일탈을 비동조로 구분한다.

④ 터크(A. Turk)의 범죄화론 - 사회적으로 권력이 있는 집단이 하층계급의 사람들에게 그들의 실제 행동과는 관계없이 범죄자라는 신분을 부여할 수 있다는 측면에서 피지배집단의 범죄현상을 이해한다.

③ [×] 봉거(Bonger)의 급진적 갈등론은 마르크스주의의 입장에서 범죄원인론을 처음으로 체계화한 이론으로, 롬브로조(Lombroso)의 범죄생물학에 대항하여 범죄원인을 경제적 이유에서 찾았다. 봉거는 범죄에 영향을 미치는 것은 부의 불평등한 분배의 문제로 자본주의 사회는 경제영역에서 소수가 다수를 지배하는 체계로서 범죄는 하위계층에 집중되며 부의 재분배가 가능한 사회주의 사회가 되면 궁극적으로 범죄가 없어진다고 보았다. 일탈을 이탈과 비동조로 구분한 사람은 머튼(Robert K. Merton)이다.

일탈 행동(Aberrant Behavior)	비동조 행동(Nonconformist Behavior)
개인의 이익추구	기존 규범이나 사회구조 변화 추구
비밀주의	공개적
사회 시스템 자체에는 위협이 되지 않음	기존 질서에 대한 근본적인 도전
혁신형(Innovation)	반항/반역형(Rebellion)

정답 ③

06 다음 범죄학자들의 주장 중 가장 옳지 않은 것은?

2023. 해경 경위

① 코헨(Cohen)은 중산층 문화에 적응하지 못한 하위계층 출신 소년들이 자신을 궁지에 빠뜨린 문화나 가치체계와는 정반대의 비행하위문화를 형성한다고 보았다.
② 머튼(Merton)은 문화적 목표와 제도화된 수단 간의 불일치로 범죄를 설명하였다.
③ 셀린(Sellin)은 동일한 문화 안에서의 사회변화에 의한 갈등을 1차적 문화갈등이라고 하고, 이질적 문화 간의 충돌에 의한 갈등을 2차적 갈등이라고 설명하였다.
④ 라까사뉴(Lacassagne)는 사회는 범죄의 배양기이고 범죄자는 그 미생물에 해당한다고 하여 범죄원인은 결국 사회와 환경에 있다는 점을 강조하였다.

① [○] 코헨(Cohen)은 중간계급의 가치나 규범을 중심으로 형성된 사회의 중심문화와 하위계층 청소년들의 익숙한 생활 사이에 긴장이나 갈등이 발생하며, 이러한 긴장관계를 해결하려는 시도에서 비행하위문화가 형성되며 비행이 발생한다고 보았다.
② [○] 머튼(Merton)은 문화적으로 규정된 목표는 사회의 모든 구성원이 공유하고 있으나 이들 목표를 성취하기 위한 수단은 주로 사회경제적인 계층에 따라 차등적으로 분배되며, 이와 같은 목표와 수단의 괴리가 범죄의 원인으로 작용한다고 보았다.
③ [×] 셀린(Sellin)은 상이한 문화 안에서 갈등이 생기는 경우를 일차적(횡적) 문화갈등이라고 하고, 동일한 문화 안에서 사회변화에 의하여 갈등이 생기는 경우를 이차적(종적) 문화갈등이라고 설명하였다. 일차적 문화갈등은 상이한 두 문화 사이의 경계지역에서 일어나는 것으로, 주로 시민과 관련된 문제를 분석하는 데 적용되고 있다. 이차적 문화갈등은 한 문화 내에서의 갈등으로 하나의 문화가 각자 자신의 고유한 행동규범을 가지는 여러 가지 상이한 부문화로 진화될 때 일어나는 것이다.
④ [○] 라까사뉴(Lacassagne)는 사회환경은 범죄의 배양기이며 범죄자는 미생물에 해당하므로, 벌해야 할 것은 범죄자가 아니라 사회라고 하면서 사회환경의 영향을 강조하였다.

정답 ③

07 범죄나 비행을 갈등이론적 입장에서 설명하는 학자들이 있는데 터크(A. Turk)는 어떤 갈등이론을 형성하였는가?

① 문화갈등이론
② 가정갈등이론
③ 법적 갈등이론
④ 급진적 범죄이론

정답 및 해설

③ [○] 갈등이론 중 법률적 접근을 한 이론에는 터크의 범죄화이론, 챔블리스(Chambliss)와 사이드만(Seidman)의 법집행이론, 볼드(Vold)의 집단가치이론, 버나드(Bernard)의 통합갈등이론 등이 있는데 그중 터크(Turk)의 범죄화이론은 막시스트 관점에 내재된 개념에 주로 의존하고 있지만, 그의 이론이 갈등이론의 한 부분으로 분류되는 것은 도덕성에 대해서 상대주의적 관점을 견지하기 때문이다. 이러한 터크의 범죄화이론은 "왜 관련기관에서 그들의 관심을 일부 집단의 행위에 초점을 맞추면서 일부 집단의 행위는 무시하는가?"의 이유를 설명하기 위해서 고안된 이론이다. 터크에 의하면 법 제정자나 집행자의 관심을 가장 많이 끄는 사람들은 높은 수준의 조직성을 가진 사람들, 법의 제정이나 집행에 있어서 약삭빠른 사람, 불법행위에 가담하는 사람들이다. 즉, 터크의 이론은 법집행기관이 자신들의 자기이익에 기초하여 법집행을 차별한다고 주장한다. 따라서 그의 이론은 우리 사회의 갈등과 그로 인한 범죄성을 지배와 복종의 관계에서 규명하려고 했기에 '지배 – 복종이론'이라고도 한다. 한편, 이러한 지배 – 복종의 관계는 어떤 조건에서 갈등을 초래하며 이 갈등은 어떤 조건에서 범죄성을 야기시키는가에 대해 그 요소를 규명하였다고 하여 '범죄화의 요소이론'이라고도 한다. 결국 그는 이론은 법률 갈등과 범죄화에 초점을 맞추었다.

정답 ③

제3절 | 급진적 갈등론

01 비판범죄학에 관한 설명으로 가장 적절한 것은?

2023. 경찰1차

① 비판범죄학자들은 범죄를 하류층의 권력과 지위를 보호하기 위해 고안된 정치적 개념으로 본다.
② 터크(Turk)는 법이 집행되는 과정에서 특정한 집단의 구성원이 범죄자로 규정되는 과정에 주목하였고, 이를 '비범죄화(decriminalization)'라고 규정하였다.
③ 볼드(Vold)의 집단갈등이론(Group Conflict Theory)은 범죄를 집단 간 투쟁의 결과로 보았으며, 강도 · 강간 · 사기와 같은 개인 차원의 전통적 범죄를 설명하는 데 유용한 것으로 평가된다.
④ 퀴니(Quinney)는 노동자 계급의 범죄를 자본주의 체계에 대한 적응범죄와 저항범죄로 구분하였다.

정답 및 해설

① [×] 비판범죄학자(갈등론자)들은 범죄를 하류층의 희생에 기초해서 상류층의 권력과 지위를 보호하기 위해 고안된 정치적인 개념이라고 본다.
② [×] 터크(Turk)의 권력갈등이론은 다른 갈등이론과 달리 법제도 자체보다는 법이 집행되는 과정에서 특정집단의 구성원이 범죄자로 규정되는 과정을 중시하였는데, 이를 '범죄화(criminalization)'라고 규정하였다.

③ [×] 볼드(Vold)의 집단갈등이론은 법의 제정, 위반 및 법집행의 전 과정은 집단이익의 갈등이나 국가의 권력을 이용하고자 하는 집단 간 투쟁의 결과로 파악한다. 이러한 맥락에서 범죄행위도 집단갈등 과정에서 자신들의 이익과 목적을 제대로 방어하지 못한 집단의 행위로 인식하였다. 볼드의 이론은 정치적 갈등으로 야기된 범죄, 노사 간의 이익갈등으로서 범죄, 노동조합 간의 관할권 분쟁으로서 범죄, 인종적 갈등으로서 범죄에 가장 적합한 설명이라고 할 수 있다.

④ [○] 퀴니(Quinney)는 범죄발생은 개인의 소질이 아니라 자본주의의 모순으로 인해 자연적으로 발생하는 사회 현상이라고 보고, 자본가 계층의 억압적 전술로부터 살아남기 위한 노동자 계급(피지배 집단)의 범죄를 적응(화해) 범죄와 대항(저항)범죄로 구분하였다. 적응범죄의 예로 절도, 강도, 마약거래 등과 같은 경제적 약탈범죄와 살인, 폭행, 강간 등 같은 계층에 대해 범해지는 대인범죄를 들고 있으며, 대항범죄의 예로 시위, 파업 등을 들고 있다.

정답 ④

02 갈등이론에 관한 아래 ㉠부터 ㉣까지의 설명 중 옳고 그름의 표시(○, ×)가 모두 바르게 된 것은?

2022. 경찰2차

㉠ 범죄는 자본주의 사회의 본질적인 불평등과 밀접한 관련이 있다고 본다.
㉡ 터크(Turk)는 자본가들의 지배에 대항하는 범죄형태를 저항범죄(crime of resistance)라고 정의하였다.
㉢ 볼드(Vold)는 범죄를 개인적 법률위반이 아니라 집단 간 투쟁의 결과로 보았다.
㉣ 퀴니(Quinney)는 법이 집행되는 과정에서 특정한 집단의 구성원이 범죄자로 규정되는 과정에 주목하였다.

	㉠	㉡	㉢	㉣
①	○	×	○	×
②	○	×	×	○
③	×	○	○	×
④	×	○	×	○

정답 및 해설

㉠ [○] 갈등론적 범죄학은 범죄행위의 개별적 원인을 규명하기보다는 어떤 행위가 범죄로 규정되는 과정에 더 관심을 가졌고, 연구초점을 일탈자 개인으로부터 자본주의체제로 전환시켜 연구의 범위를 확대하여 일탈의 문제도 자본주의 사회의 모순에 대한 총체적 해명 속에서 이해하고자 하였다. 즉, 범죄는 자본주의 사회의 본질적인 불평등과 밀접한 관련이 있다고 본다.

㉡ [×] 퀴니는 범죄란 자본주의의 물리적 상황에 의해 어쩔 수 없이 유발된다고 주장하며, 자본주의 사회에서 불평등에 시달리는 하류계층 노동자계급이 저지르는 범죄를 자본주의 체계에 대한 적응범죄와 저항범죄로 나누어 설명한다. 저항범죄는 자본가의 지배에 대항하는 노동자계급의 범죄로, 비폭력적이거나 잠재적인 불법행위와 자본주의에 직접적으로 대항하는 혁명적인 행위들을 포함한다.

㉢ [○] 볼드는 법의 제정, 위반 및 법 집행의 전 과정은 집단이익의 갈등이나 국가의 권력을 이용하고자 하는 집단 간 투쟁의 결과로 보았다. 특히 법 제정을 권력집단의 협상의 결과로 보고 범죄를 개인적 법률 위반이 아니라 비권력 소수계층의 집단투쟁으로 이해한다.

㉣ [×] 터크의 권력갈등이론은 다른 갈등이론과 달리 법제도 자체보다는 법이 집행되는 과정에서 특정집단의 구성원이 범죄자로 규정되는 과정을 중시하였는데, 법집행기관이 자신들의 이익을 위해 차별적 법 집행을 한다고 보았다.

정답 ①

03 법과 형사사법에 대한 갈등주의적 관점과 가장 거리가 먼 이론은? 2022(72). 경위

① 챔블리스(Chambliss)의 마르크스주의 범죄이론
② 체스니 – 린드(Chesney-Lind)의 페미니스트 범죄이론
③ 블랙(Black)의 법행동이론
④ 메스너(Messner)와 로젠펠드(Rosenfeld)의 제도적 아노미이론

정답 및 해설

갈등주의적 관점의 이론은 ①, ②, ③이다.
① [○] 챔블리스(Chambliss)의 마르크스주의 범죄이론은 범죄원인을 자본주의 경제체제의 속성에 따른 분배구조의 불평등에서 찾는다.
② [○] 체스니 – 린드(Chesney-Lind)의 페미니스트 범죄이론은 가부장제의 형성과 강화를 통해 여성에 대한 억압과 여성의 성에 대한 통제가 어떻게 이루어졌는지에 대한 분석이 필요하다고 주장한다.
③ [○] 블랙(Black)의 법행동이론은 종적 분화 · 횡적 분화 · 문화 · 사회조직 · 대체적 사회통제의 5가지 관점에 의하여 사회적 요인을 분석하였다.
④ [×] 메스너(Messner)와 로젠펠드(Rosenfeld)의 제도적 아노미이론은 아노미(긴장)이론에 속하며, 제도적 불균형과 이로 인한 규범적 통제 요소의 부재가 일탈행동을 유발하게 된다는 이론으로, 경제적 제도와 비경제적 제도의 영향력 간 차이가 클수록 일탈행동이 빈번해질 수 있다고 한다.

정답 ④

04 다음 <보기> 중 비판범죄학에 대한 설명으로 옳은 것을 모두 고른 것은? 2022. 해경 경위

┤ 보기 ├

㉠ 마르크스(Marx)는 범죄발생의 원인을 계급갈등과 경제적 불평등으로 설명하고, 생활에 필요한 물적 자산을 충분히 갖지 못한 피지배계급이 물적 자산 내지 지배적 지위에 기존 사회가 허락하지 않는 방법으로 접근하는 행위를 범죄로 인식했다.
㉡ 봉거(Bonger)는 사법체계가 가진 자에게는 그들의 욕망을 달성할 수 있는 합법적인 수단을 허용하는 반면, 가난한 자에게는 이러한 기회를 허용하지 않기 때문에 범죄는 하위계급에 집중된다고 주장했다.
㉢ 퀴니(Quinney)는 마르크스의 경제계급론을 부정하면서 사회주의 사회에서의 범죄 및 범죄통제를 분석하였다.
㉣ 볼드(Vold)는 집단갈등이 입법정책 영역에서 가장 첨예하게 나타난다고 보았다.

① ㉠, ㉡, ㉢
② ㉠, ㉡, ㉣
③ ㉠, ㉢, ㉣
④ ㉡, ㉢, ㉣

정답 및 해설

옳은 것은 ㉠, ㉡, ㉣이다.
㉠ [○] 마르크스(Marx)는 범죄발생의 원인을 계급갈등과 경제적 불평등으로 설명하고, 생활에 필요한 물적 자산을 충분히 갖지 못한 피지배계급이 물적 자산 내지 지배적 지위에 기존사회가 허락하지 않는 방법으로 접근하는 행위를 범죄로 인식했으며, 산업화된 자본주의 사회에서 실업이나 불완전 고용의 상태에 처하게 된 수많은 사람들은 비생산적이기 때문에 타락하게 되고 여러 종류의 범죄와 악습에 물들게 된다고 하였다. 즉, 범죄는 산업자본주의하에서 실업과 노동착취로 인해 도덕적으로 타락한 사람들의 개별적인 적응이라 하였다.

ⓒ [○] 봉거(Bonger)는 사법체계는 가진 자에게는 그들의 욕망을 달성할 수 있는 합법적 수단을 허용하는 반면, 가난한 자에게는 이러한 기회를 허용하지 않기 때문에 범죄는 하위계급에 집중된다고 하였다. 그리하여 가진 자와 못 가진 자의 갈등적 양상이 심화되면서 양자는 모두 비인간화되고 여기서 범죄생산의 비도덕성(탈도덕화)이 형성된다고 하였다.

ⓒ [×] 퀴니(Quinney)의 초기 연구는 터크(Turk)와 비슷하게 경쟁적 이해관계라는 측면에서 다양한 집단들의 갈등 현상을 다루었으나, 후기 연구에서 범죄는 자본주의 물질적 상황에 의해 어쩔 수 없이 유발되는 것이라고 보는 마르크스주의적 관점을 취하였으며, 마르크스 이후 발전된 경제계급론을 총체적으로 흡수하여 자본주의 사회에서의 범죄 및 범죄통제를 분석하였다.

ⓒ [○] 볼드(Vold)는 집단 간의 이익갈등이 가장 첨예한 상태로 대립하는 영역은 입법정책 부분이라고 보았으며, 범죄를 법제정 과정에 참여하여 자기의 이익을 반영시키지 못한 집단의 구성원이 일상생활 속에서 법을 위반하며 자기의 이익을 추구하는 행위로 보았다.

정답 ②

05 갈등이론에 대한 설명으로 옳은 것(○)과 옳지 않은 것(×)을 올바르게 조합한 것은? 2015 사시

☐☐☐

> ㉠ 퀴니(Quinney)는 피지배집단(노동자계급)의 범죄를 적응범죄와 대항범죄로 구분하였다.
> ㉡ 볼드(Vold)는 법제정과정에서 자신들의 이익을 반영시키지 못한 집단 구성원이 법을 위반하며 자기의 이익을 추구하는 행위를 범죄로 보았다.
> ㉢ 터크(Turk)는 피지배집단의 저항력이 약할수록 법의 집행가능성이 높아진다고 보았다.
> ㉣ 봉거(Bonger)는 범죄발생의 원인을 계급갈등과 경제적 불평등으로 보고, 근본적 범죄대책은 사회주의 사회의 달성이라고 하였다.

	㉠	㉡	㉢	㉣
①	○	×	○	×
②	×	○	×	×
③	○	○	×	×
④	×	○	×	○
⑤	○	○	○	○

정답 및 해설

㉠ [○] 퀴니(Quinney)는 범죄원인과 유형을 적응(화해)과 저항(대항)의 범죄, 지배와 억압의 범죄로 구분하고, 적응과 저항의 범죄는 대부분의 노상범죄와 자본주의하에서 생존을 위하여 노동자 계층에서 범하는 것이며, 지배와 억압의 범죄는 국가나 사회통제기관이 기득권을 유지하기 위하여 범하는 범죄로 정부통제의 범죄, 화이트칼라범죄, 환경범죄, 조직범죄와 같은 경제적 지배의 범죄가 이에 해당한다. 적응 및 저항의 범죄는 생산수단을 소유, 통제하지 못하는 노동자 계급이 개별적으로 자본주의의 기본모순에 반응하는 형태를 말한다. 퀴니의 연구를 종합하면, 그는 범죄의 정치적 특성을 강조하여, 왜 사람들이 법질서를 위반하는가가 아니라 법질서 그 자체를 연구의 주제로 삼고 있다.

㉡ [○] 볼드(Vold)는 범죄를 법제정과정에 참여하여 자기의 이익을 반영시키지 못한 집단의 구성원이 일상생활 속에서 법을 위반하며 자기의 이익을 추구하는 행위로 본다.

㉢ [○] 터크(Turk)는 권력집단보다 피지배집단의 권력이 약할수록 법이 집행될 가능성이 커진다고 보았다.

㉣ [○] 봉거(Bonger)는 범죄발생의 원인을 계급갈등과 경제적 불평등으로 보고, 생산과 수단이 공유되며 부의 재분배가 가능한 사회주의 사회가 되면 부유한 자에 대한 법적 편향성을 제거하고 전체 사회의 복지를 배려할 것이기 때문에 궁극적으로 범죄가 없어질 것이라고 보았다.

정답 ⑤

06 범죄원인론 중 갈등이론에 대한 설명으로 옳지 <u>않은</u> 것은?

2017. 5급 승진

① 갈등이론에 의하면 한 사회의 법률을 위반하는 범죄 문제는 사회경제적이고 정치적인 함의를 지니는 문제가 아니라 도덕성의 문제로 다루어진다.

② 베버(M. Weber)는 범죄를 사회 내 여러 집단들이 자기의 생활기회를 증진시키기 위해 하는 정치적 투쟁 내지 권력투쟁의 산물이라고 본다.

③ 볼드(G. B. Vold)는 범죄를 법제정 과정에 참여하여 자기의 이익을 반영시키지 못한 집단의 구성원이 일상생활 속에서 법을 위반하며 자기의 이익을 추구하는 행위로 본다.

④ 셀린(T. Sellin)은 전체 사회의 규범과 개별집단의 규범 사이에는 갈등이 존재하고, 개인도 이러한 종류의 갈등이 내면화됨으로써 인격해체가 이루어지고 범죄원인으로 작용하게 된다고 한다.

⑤ 터크(A. Turk)는 갈등의 개연성은 지배집단과 피지배자 양자의 조직화 정도와 세련됨의 수준에 의해 영향을 받는다고 한다.

정답 및 해설

① [×] 범죄에 대한 갈등론적 관점은 이익갈등론과 강제론을 전제로 한다. 그리고 범죄에 대한 대책에서도 개혁적·변혁적 경향을 띠고 있다. 갈등론자들은 우선 법을 사회구성원의 합의의 산물로 보는 전통적 관점을 배척하고 법의 기원을 선별적인 과정으로 본다. 즉, 사회의 다양한 집단들 중에서 자신들의 정치적·경제적 힘을 주장할 수 있는 집단이 자신들의 이익과 기득권을 보호하기 위한 수단으로 만들어 낸 것이 법이라는 것이다. 그렇기 때문에 갈등론에 의하면 한 사회의 법률을 위반하는 범죄의 문제도 도덕성의 문제가 아니라 사회경제적이고 정치적인 함의를 지니는 문제일 뿐이라는 것이다.

② [○] 베버(Weber)는 권력개념 내지 사회의 권력갈등을 범죄의 해명에 이용한다. 즉, 범죄를 사회 내 여러 집단들이 자기의 생활기회를 증진시키기 위해 하는 정치적 투쟁 내지 권력투쟁의 산물이라고 본다. 따라서 범죄는 사회체제 여하를 떠나서 권력체계, 즉 정치체계가 조직되어 있는 모든 사회에 존재한다고 한다.

③ [○] 볼드(Vold)의 집단갈등이론은 법의 제정, 위반 및 법집행의 전 과정은 집단이익의 갈등이나 국가의 권력을 이용하고자 하는 집단 간 투쟁의 결과로 파악한다. 이러한 맥락에서 범죄행위도 집단갈등 과정에서 자신들의 이익과 목적을 제대로 방어하지 못한 집단의 행위로 인식하였다.

④ [○] 셀린(Sellin)은 법은 그 사회의 다양한 구성원들의 합의를 대변하는 것이 아니라, 지배적인 문화의 행위규범을 반영하는 것이고, 전체 사회의 규범과 개별집단의 규범 사이에는 갈등이 존재하고, 개인도 이러한 종류의 갈등이 내면화됨으로써 인격해체가 이루어지고 범죄원인으로 작용하게 된다고 하였다.

⑤ [○] 터크(Turk)는 갈등의 확률은 권력자와 종속자 양자 간의 정교함(세련됨)과 조직화 정도에 따라 영향을 받는다고 한다. 터크에 의하면 조직화는 권력을 쟁취하고 유지하기 위한 하나의 전제이기 때문에 권력집단은 조직화되기 마련이지만, 종속자는 조직화될 수도 있고 그렇지 않을 수도 있다는 것이다. 그런데 종속자가 조직화될 때 갈등의 가능성이 높아지는데, 그 이유는 개인이 자신의 행위에 대하여 집단의 지지를 받을 때 가장 큰 힘을 가지기 때문이다. 그리고 세련됨이란 다른 사람을 이용하기 위한 행위유형에 대한 지식이라고 할 수 있는 것으로, 이 경우 종속자나 권력자가 상대의 약점과 강점을 잘 알고 있어서 서로를 이용할 수 있을 때에 이를 세련되었다고 규정할 수 있다. 따라서 양자가 세련되지 못할 때 갈등의 소지가 커지게 된다. 그러므로 종속자가 권력자보다 조직화되고 세련되지 못할 때 갈등의 소지가 많다고 가정할 수 있다.

정답 ①

07 비판범죄학에 대한 설명으로 옳지 않은 것은?

① 비판범죄학의 기초가 되는 마르크스(Marx)는 범죄발생의 원인을 계급갈등과 경제적 불평등으로 설명하고, 생활에 필요한 물적 자산을 충분히 갖지 못한 피지배계급이 물적 자산 내지 지배적 지위에 기존사회가 허락하지 않는 방법으로 접근하는 행위를 범죄로 인식했다.

② 봉거(Bonger)는 사법체계가 가진 자에게는 그들의 욕망을 달성할 수 있는 합법적인 수단을 허용하는 반면, 가난한 자에게는 이러한 기회를 허용하지 않기 때문에 범죄는 하위계급에 집중된다고 주장했다.

③ 퀴니(Quinney)는 마르크스의 경제계급론을 부정하면서 사회주의 사회에서의 범죄 및 범죄통제를 분석하였다.

④ 볼드(Vold)는 집단갈등이 입법정책 영역에서 가장 첨예하게 나타난다고 보았다.

정답 및 해설

① [○] 마르크스(Marx)는 범죄발생의 원인을 계급갈등과 경제적 불평등으로 설명하고, 생활에 필요한 물적 사산을 충분히 갖지 못한 피지배계급이 물적 자산 내지 지배적 지위에 기존사회가 허락하지 않는 방법으로 접근하는 행위를 범죄로 인식했으며, 산업화된 자본주의 사회에서 실업이나 불완전 고용의 상태에 처하게 된 수많은 사람들은 비생산적이기 때문에 타락하게 되고 여러 종류의 범죄와 악습에 물게 된다고 하였다. 즉, 범죄는 산업자본주의하에서 실업과 노동착취로 인해 도덕적으로 타락한 사람들의 개별적인 적응이라 하였다.

② [○] 봉거(Bonger)는 사법체계는 가진 자에게는 그들의 욕망을 달성할 수 있는 합법적 수단을 허용하는 반면, 가난한 자에게는 이러한 기회를 허용하지 않기 때문에 범죄는 하위계급에 집중된다고 하였다. 그리하여 가진 자와 못 가진 자의 갈등적 양상이 심화되면서 양자는 모두 비인간화되고 여기서 범죄생산의 비도덕성(탈도덕화)이 형성된다고 하였다.

③ [×] 퀴니(Quinney)의 초기 연구는 터크(Turk)와 비슷하게 경쟁적 이해관계라는 측면에서 다양한 집단들의 갈등현상을 다루었으나, 후기 연구에서 범죄는 자본주의 물질적 상황에 의해 어쩔 수 없이 유발되는 것이라고 보는 마르크스주의적 관점을 취하였으며, 마르크스 이후 발전된 경제계급론을 총체적으로 흡수하여 자본주의 사회에서의 범죄 및 범죄통제를 분석하였다.

④ [○] 볼드(Vold)는 집단 간의 이익갈등이 가장 첨예한 상태로 대립하는 영역은 입법정책 부분이라고 보았으며, 범죄를 법제정 과정에 참여하여 자기의 이익을 반영시키지 못한 집단의 구성원이 일상생활 속에서 법을 위반하며 자기의 이익을 추구하는 행위로 보았다.

정답 ③

08 갈등이론에 대한 설명으로 옳지 않은 것은?

① 터크(Turk)는 법제도 자체보다는 법이 집행되는 과정에서 특정집단의 구성원이 범죄자로 규정되는 과정에 주목하였다.

② 셀린(Sellin)은 이질적인 문화 사이에서 발생하는 갈등을 일차적 문화갈등이라고 하고, 하나의 단일 문화가 각기 독특한 행위규범을 갖는 여러 개의 상이한 하위문화로 분화될 때 일어나는 갈등을 이차적 문화갈등이라고 하였다.

③ 스핏처(Spitzer)는 후기 자본주의 사회에서는 생산활동에서 소외되는 인구가 양산됨에 따라 이로 인해 많은 일탈적 행위가 야기될 것이라고 보았다.

④ 봉거(Bonger)는 법규범과 문화적·사회적 규범의 일치도, 법 집행자와 저항자 간의 힘의 차이, 법규범 집행에 대한 갈등의 존재 여부가 범죄화에 영향을 미친다고 보았다.

① [○] 터크(Turk)의 범죄화론은 다른 갈등이론과 달리 법제도 자체보다는 법이 집행되는 과정에서 특정집단의 구성원이 범죄자로 규정되는 과정을 중시하였는데, 이를 '범죄화'라고 하였으며, 법집행기관이 자신들의 이익을 위해 차별적 법집행을 한다고 보았다.

② [○] 셀린(Sellin)은 문화갈등의 유형을 일차적 문화갈등과 이차적 문화갈등으로 나누어 설명하였는데, 여기에서 중요한 것은 갈등의 구조·동태가 아니라 비관습적 규범과 가치가 대대로 전승되는 사회적 과정에 있다고 한다.

③ [○] 스핏처(Spitzer)는 대량생산과 대량소비를 주축으로 하는 후기 자본주의 시대의 경제활동이나 계급갈등을 중심으로 범죄발생이나 사회통제에 관심을 두었다. 후기 자본주의에서는 생산활동의 기계화·자동화에 따른 전문적인 숙련노동자들을 필요로 하기 때문에 전문성이 없는 다수의 비숙련노동자들은 점차 생산활동에서 소외되는 잉여인구 또는 문제인구가 되어, 후기 자본주의에서 가장 중요한 사회문제 중의 하나가 된다. 생산활동에서 소외된 이들은 부유한 사람들의 물건을 탈취하거나 자본주의 이념에 도전하는 정치적 행동을 하는 등 자본주의에 위협이 되는 일탈과 범죄행동을 하게 된다고 보았다.

④ [×] 터크(Turk)의 범죄화론에 대한 설명이다. 봉거(Bonger)에 의하면, 사법체계는 가진 자에게는 그들의 욕망을 달성할 수 있는 합법적 수단을 허용하는 반면, 가난한 자에게는 이러한 기회를 허용하지 않기 때문에 범죄는 하위계급에 집중된다. 그리하여 가진 자와 못 가진 자의 갈등적 양상이 심화되면서 양자는 모두 비인간화되고 여기서 범죄생산의 비도덕성(탈도덕화)이 형성된다는 것이다.

정답 ④

09 비판범죄학에 대한 설명으로 옳은 것은?

□□□

① 자본주의 사회의 모순이 범죄원인이라고 하면서 구체적 범죄대책을 제시하지만 너무 급진적이라는 비판이 제기된다.

② 어떤 행위가 범죄로 규정되는 과정보다 범죄행위의 개별적 원인을 규명하는 데 주된 관심이 있다.

③ 휴머니즘 비판범죄학에서는 노동력착취, 인종차별, 성차별 등과 같이 제도적으로 인권을 침해하는 사회제도도 범죄적이라고 평가한다.

④ 형사사법기관은 행위자의 빈부나 사회적 지위에 관계없이 중립적으로 법을 집행한다는 전제에서 논의를 시작한다.

① [×] 비판범죄학에서는 자본주의 체제를 종식시키는 것이 근본적 범죄대책이라고 보기 때문에 즉각 실행할 만한 구체적 범죄대책을 제시하지 못한다.

② [×] 범죄행위의 개별적 원인보다는 어떤 행위가 범죄로 규정되는 과정, 즉 범죄화 과정을 규명하는 데 관심을 둔다.

④ [×] 비판범죄학은 형사사법기관이 행위자의 빈부나 사회적 지위에 따라 선별적으로 범죄를 소추하는 것을 비판한다.

정답 ③

제15장 여성범죄와 페미니즘

제1절 | 여성범죄론

01 다음은 범죄학자 A의 여성범죄의 원인에 대한 내용이다. 이를 주장한 범죄학자 A는 누구인가?

2023(73). 경위

> ㉠ 자신의 저서 『여성의 범죄성』(The Criminality of Women)에서 여성의 범죄는 대개 사적인 영역에서 발생하며 잘 들키지 않는다고 주장하였다.
> ㉡ 여성범죄가 감추어져 있는 것이지 실제로는 남성의 범죄와 비슷한 양을 가지고 있을 것이라고 추정하였다.
> ㉢ 여성은 그들의 범죄를 잘 감추는 능력을 타고났다고 보았으며, 범죄를 교사하여 자신은 체포되지 않거나, 들키지 않는 방법으로 범죄를 행하는 특성이 있다고 하였다.

① 프로이트(Freud)　　　　　　　② 폴락(Pollak)
③ 롬브로조(Lombroso)　　　　　④ 애들러(Adler)

정답 및 해설

폴락(Pollak)에 대한 설명이다.

① [×] 프로이드(Freud)는 여성범죄인은 남성에 대한 자연적인 시기심을 억제할 수 없어서 규범으로부터 일탈한 것으로 간주하고 있다. 따라서 여성범죄인을 병약자처럼 취급하여 대부분의 여성범죄인 교정의 기초가 되고 있다.

② [○] 폴락(Pollak)은 여성이 남성보다 더 일탈적이고, 약으며, 생리적이고, 사회적으로 어떤 유형의 범죄에 대해서는 더 용이하다고 보고 있다. 따라서 여성이 남성에 못지않은 범죄를 하지만, 단지 여성의 범죄는 은폐되거나 편견적인 선처를 받기 때문에 통계상 적은 것으로 보인다는 것이다.

③ [×] 롬브로조(Lombroso)는 『The Female Offender』(여성범죄자. 1895)에서 여성은 남성에 비해 수동적이며 범죄성이 약하지만 경건함, 모성애, 저지능, 약함 등 여성의 전형적인 특질이 부족한 소수의 여성범죄 집단이 있다고 주장하였다.

④ [×] 애들러(Adler)는 전통적으로 여성범죄율이 낮은 이유를 여성의 사회경제적 지위가 낮기 때문이라고 보고, 여성의 사회적 역할이 변하고 생활형태가 남성의 생활상과 유사해지면서 여성의 범죄활동도 남성의 그것과 닮아간다고 주장하였다.

정답 ②

02 여성과 범죄에 대한 설명으로 가장 적절하지 않은 것은?

① 폴락(Pollak)은 여성이 남성에 비해 범죄행위를 덜 할 뿐만 아니라, 은폐되는 경향이 있기 때문에 통계상 적게 나타난다고 하였다.

② 여성이 남성에 비해 가벼운 처벌을 받는 이유로는 사법당국의 남성들이 발휘하는 기사도 정신이나 여성에 대한 온정주의가 있다.

③ 데일리(Daly)와 체스니-린드(Chesney-Lind)는 여성이 남성보다 일관되게 가벼운 처벌을 받는 것은 아니며, 전통적인 여성성을 위반했다고 인정되는 경우에는 오히려 더 엄중한 처벌을 받는다고 하였다.

④ 헤이건(Hagen)은 권력-통제이론에서 계급, 성별 불평등과 청소년의 성별 범죄율 차이를 분석하였다.

정답 및 해설

① [×] 폴락은 여성이 남성 못지않게 범죄행위를 저지르지만, 은폐 또는 편견적 선처에 의해 통계상 적게 나타나는 것일 뿐이라고 지적하였다. 그는 『여성의 범죄성』(1950)에서 여성의 범죄는 사적인 영역에서 발생하며, 잘 들키지 않는다고 주장하였다. 즉, 여성범죄가 감추어져 있는 것이지 실제로는 남성의 범죄와 비슷한 양을 가지고 있을 것이라고 추정하였다. 이렇게 감추어지는 이유를 설명하는 데 있어서 그는 첫째, 형사사법이 여성에게 기사도적이고 관대한 처분을 내리기 때문이며, 둘째, 여성은 그들의 범죄를 잘 감추는 능력을 타고나기 때문이라고 주장하였다.

② [○] 폴락의 기사도 가설(chivalry hypothesis)에 따르면 형사사법기관 종사자들이 남성범죄자보다 여성범죄자를 더 관대하게 대하는 태도를 가졌다고 본다.

③ [○] 체스니-린드는 형사사법체계에서 여자청소년의 비행과 범죄는 남자청소년에 비해 더 엄한 법적 처벌을 받는다며 소년범들의 성별에 따른 차별적 대우가 존재한다고 보았으며, 특히 성(性)과 관련된 범죄에서는 더욱 그렇다고 주장하였다.

④ [○] 헤이건의 권력통제이론은 마르크스주의 범죄이론과 페미니스트 범죄이론과 같은 비판적 범죄학을 사회통제이론과 결합한 통합이론을 제시하였다. 성과 계급, 가족구조를 하나의 이론적 틀 안에서 고려하면서 범죄를 설명하였으며, 사회의 계급구조와 전통적 가부장제가 어떻게 가정 내에서 자녀의 성별에 따른 차별적인 양육방식으로 적용되고, 범죄성의 차이로 이어지는지 설명하고자 하였다. 가부장적 가정에서는 아들에 비해 딸의 행동을 더 엄격히 감시·통제하고, 평등적 가정에서는 딸과 아들에 대한 부모의 감시와 통제가 별반 다르지 않다고 한다.

정답 ①

03 여성범죄에 대한 설명으로 가장 옳지 않은 것은?

① 롬브로조(Lombroso)는 범죄여성은 신체적으로 다른 여성과 구별되는 특징이 없지만, 감정적으로는 다른 여성과 구별되는 특징이 있다고 설명하였다.

② 신여성범죄자 개념은 여성의 사회적 역할변화와 그에 따른 여성범죄율 변화와의 관계에 초점을 맞추어 등장하였다.

③ 폴락(Pollak)은 여성이 남성 못지않게 범죄행위를 저지르지만, 은폐 또는 편견적 선처에 의해 통계상 적게 나타나는 것일 뿐이라고 지적하였다.

④ 여성범죄는 우발적이거나 상황적인 경우가 많고 경미한 범행을 반복해서 자주 저지르는 경향이 있다.

① [×] 롬브로조(Lombroso)는 『The Female Offender』(여성범죄자. 1895)에서 여성은 남성에 비해 수동적이며 범죄성이 약하지만 경건함, 모성애, 저지능, 약함 등 여성의 전형적인 특질이 부족한 소수의 여성범죄 집단이 있다고 주장하였다. 여성은 남성보다 진화가 덜 되었으며, 보다 어린애 같으며, 덜 감성적이며, 지능이 낮다고 한다. 즉, 범죄를 범하는 여성은 몸에 털이 많이 나는 등 신체적 특성으로 정상적인 여성과 구별될 수 있다는 것이다. 신체적 특성뿐 아니라 감정적인 면에서도 다른 여성보다 비행여성은 범죄적 또는 비범죄적 남성과 더 가까운 것으로 보인다고 주장하였다. 이러한 롬브로조의 주장을 '남성성 가설'이라고 한다. 여성범죄자는 정상인 과 다를 뿐만 아니라 일반적 여성과도 다른 특이한 존재로서의 이중적인 의미를 지닌 '괴물'이라 하였다.

② [○] 1970년대에 들어서는, 여성범죄의 원인에 대한 새로운 주장이 등장하였으며, 이는 여성의 사회적 역할의 변화와 그에 따른 여성범죄율의 변화의 관계에 초점을 맞추고 있다. 전통적으로 여성범죄율이 낮은 이유를 여성 의 사회경제적 지위가 낮기 때문이라고 보고, 여성의 사회적 역할이 변하고 생활형태가 남성의 생활상과 유사해 지면서 여성의 범죄활동도 남성의 그것과 닮아간다는 주장이다(아들러. Adler). 이러한 주장을 '신여성범죄자'로 지칭하고 있으며, 최근의 여성범죄의 증가로 인하여 많은 설득력을 얻기도 하였다.

③ [○] 폴락(Pollak)은 『여성의 범죄성』(1950)에서 여성의 범죄는 사적인 영역에서 발생하며, 잘 들키지 않는다고 주장하였다. 즉, 여성범죄가 감추어져 있는 것이지 실제로는 남성의 범죄와 비슷한 양을 가지고 있을 것이라고 추정하였다. 이렇게 감추어지는 이유를 설명하는 데 있어서 그는 첫째, 형사사법이 여성에게 기사도적이고 관대 한 처분을 내리기 때문이며, 둘째, 여성은 그들의 범죄를 잘 감추는 능력을 타고나기 때문이라고 주장하였다.

④ [○] 여성범죄의 특징 중 가장 대표적인 것은 은폐된 범죄성으로, 여성이 주로 범하는 범죄의 유형이 가시적이 지 않아서 인지되기가 힘들고 여성범죄자가 자신을 은폐하기도 쉽기 때문이다. 또한 여성범죄의 대부분은 우발 적이거나 상황적 범죄이며, 배후에서의 공범으로 가담하는 경우가 많다는 것이다. 그리고 여성은 대개 자신이 잘 아는 사람을 주로 범행의 대상으로 삼고 있으며, 범행의 수법도 독살 등 비신체적 수법을 택하는 경우가 많 고, 경미한 범행을 반복해서 자주 행하는 것이 특징이다.

정답 ①

04 여성범죄에 관한 설명으로 가장 적절하지 않은 것은?

2022. 경찰2차

① 아들러(Adler)는 여성해방운동이 여성범죄를 증가시켰다고 주장하였다.

② 폴락(Pollak)의 기사도 가설(chivalry hypothesis)에 따르면 형사사법기관 종사자들이 남성범죄 자보다 여성범죄자를 더 관대하게 대하는 태도를 가졌다고 본다.

③ 체스니 - 린드(Chesney-Lind)는 형사사법체계에서 소년범들의 성별에 따른 차별적 대우가 존 재한다고 보았다.

④ 헤이건(Hagan)과 그의 동료들은 테스토스테론(testosterone)이 남성을 여성보다 폭력적으로 만 든다고 주장하였다.

정답 및 해설

① [○] 성평등 가설 또는 여성해방가설이라고 불리는 아들러의 주장은 전반적인 사회발전은 여성의 지위를 향상 시켜 점차 남성과 평등해지며, 이 향상된 지위가 합법적인 영역에서의 남녀평등과 함께 비합법적인 영역, 즉 범죄영역에 있어서도 남녀가 범죄의 양과 질에 있어 유사해진다고 보았다.

② [○] 폴락은 『여성의 범죄성』(1950)에서 여성의 범죄는 사적인 영역에서 발생하며, 잘 들키지 않는다고 주장하 였다. 즉, 여성범죄가 감추어져 있는 것이지 실제로는 남성의 범죄와 비슷한 양을 가지고 있을 것이라고 추정하 였다. 이렇게 감추어지는 이유를 설명하는 데 있어서 그는 첫째, 형사사법이 여성에게 기사도적이고 관대한 처분 을 내리기 때문이며, 둘째, 여성은 그들의 범죄를 잘 감추는 능력을 타고나기 때문이라고 주장하였다.

③ [○] 체스니 - 린드는 형사사법체계에서 여자청소년의 비행과 범죄는 남자청소년에 비해 더 엄한 법적 처벌을 받는다며 소년범들의 성별에 따른 차별적 대우가 존재한다고 보았다.

④ [×] 헤이건(Hagan)은 마르크스주의 범죄이론과 페미니스트 범죄이론과 같은 비판적 범죄학을 사회통제이론과 결합한 통합이론을 제시하였다. 사회학적 범죄이론인 권력통제이론(power-control theory)은 사회의 계급구조와 전통적 가부장제가 어떻게 가정 내에서 자녀의 성별에 따른 차별적인 양육방식으로 적용되고, 범죄성의 차이로 이어지는지 설명하고자 하였다. 생물학적 범죄이론에서 남성호르몬인 테스토스테론이 남성의 범죄적 폭력성과 관계가 있다는 주장이 있으며, 테스토스테론 호르몬의 차이는 최소한 남자와 여자의 범죄율 차이의 일부와 관련된 것으로 이해할 수 있다.

정답 ④

05 여성범죄에 대한 설명으로 옳지 않은 것은?

2016. 보호 7급

□□□
① 여성범죄는 우발적이거나 상황적인 경우가 많고 경미한 범행을 반복해서 자주 저지르는 성향이 있다.
② 폴락(Pollak)은 여성이 남성 못지않게 범죄행위를 저지르지만, 은폐 또는 편견적 선처에 의해 통계상 적게 나타나는 것일 뿐이라고 지적하였다.
③ 신여성범죄자(New Female Criminals) 개념은 여성의 사회적 역할변화와 그에 따른 여성범죄율의 변화와의 관계에 초점을 맞추어 등장하였다.
④ 롬브로조(Lombroso)는 범죄여성은 신체적으로는 다른 여성과 구별되는 특징이 없지만, 감정적으로는 다른 여성과 구별되는 특징이 있다고 설명하였다.

정답 및 해설

① [○] 여성범죄의 특징 중 가장 대표적인 것은 은폐된 범죄성으로, 여성이 주로 범하는 범죄의 유형이 가시적이지 않아서 인지되기가 힘들고 여성범죄자가 자신을 은폐하기도 쉽기 때문이다. 또한 여성범죄의 대부분은 우발적이거나 상황적 범죄이며, 배후에서의 공범으로 가담하는 경우가 많다는 것이다. 그리고 여성은 대개 자신이 잘 아는 사람을 주로 범행의 대상으로 삼고 있으며, 범행의 수법도 독살 등 비신체적 수법을 택하는 경우가 많고, 경미한 범행을 반복해서 자주 행하는 것이 특징이다.
② [○] 폴락(Pollak)은 여성범죄를 기본적인 자연적 여성성향으로부터의 일탈로 보지 않고, 자연적으로 범죄지향적인 성향이 있다고 보고 있다. 여성이 남성보다 더 일탈적이고, 약으며, 생리적이고, 사회적으로 어떤 유형의 범죄에 대해서는 더 용이하다는 것이다. 따라서 여성이 남성에 못지않은 범죄를 하지만, 단지 여성의 범죄는 은폐되거나 편견적인 선처를 받기 때문에 통계상 적은 것으로 보일 뿐이라는 것이다. 폴락의 주장을 '기사도정신 가설'이라고 하는데, 여성이 남성에 의해 이용되기보다는 그들의 남성동료로 하여금 범죄를 수행하도록 남성을 이용한다고 보고 있다.
③ [○] 1970년대에 들어서는, 여성범죄의 원인에 대한 새로운 주장이 등장하였다. 이는 여성의 사회적 역할의 변화와 그에 따른 여성범죄율의 변화의 관계에 초점을 맞추고 있다. 전통적으로 여성범죄율이 낮은 이유를 여성의 사회경제적 지위가 낮기 때문이라고 보고, 여성의 사회적 역할이 변하고 생활형태가 남성의 생활상과 유사해지면서 여성의 범죄활동도 남성의 그것과 닮아간다는 주장이다. 이러한 주장을 '신여성범죄자'로 지칭하고 있으며, 최근의 여성범죄의 증가로 인하여 많은 설득력을 얻기도 하였다.
④ [×] 롬브로조(Lombroso)는 『The Female Offender』(여성범죄자, 1895)에서 여성은 남성에 비해 수동적이며 범죄성이 약하지만, 경건함, 모성애, 저지능, 약함 등 여성의 전형적인 특질이 부족한 소수의 여성범죄집단이 있다고 주장한다. 여성은 남성보다 진화가 덜 되었으며, 보다 어린애 같으며, 덜 감성적이며, 지능이 낮다고 한다. 즉, 예를 들어 범죄를 범하는 여성은 몸에 털이 많이 나는 등 신체적 특성으로 정상적인 여성과 구별될 수 있다는 것이다. 이러한 신체적 특성뿐 아니라 감정적인 면에서도 다른 여성보다 비행여성은 범죄적 또는 비범죄적 남성과 더 가까운 것으로 보인다고 주장하였다. 이러한 롬브로조의 주장을 '남성성 가설'이라고 한다.

정답 ④

01 다음 설명에 해당하는 범죄이론으로 가장 적절한 것은?

2024(74). 경위

> 여성 억압은 사유재산제의 도입과 함께 시작되었으며, 여성 억압과 불평등을 해결하려면 사유재산의 불평등이 극대화된 자본주의에 대해 투쟁해야 한다고 주장한다. 이 이론에 따르면 자본주의 – 가부장제 체제를 위협하는 행동은 형법과 형사사법기관에 의해 범죄로 정의된다.

① 차별적 페미니즘(Differential Feminism)
② 자유주의적 페미니즘(Liberal Feminism)
③ 포스트모던 페미니즘(Postmodern Feminism)
④ 마르크스주의 페미니즘(Marxist Feminism)

정답 및 해설

① [×] 차별적 페미니즘은 문화적 페미니즘에 대비되는 분파로 남성성에 대한 비판, 여성성의 새로운 발견, 양자 간의 정체성 확립이라고 하는 여성주의 이론이다.
② [×] 자유주의적 페미니즘에 의하면 여성차별은 법과 제도의 기회불평등에 기인하므로 기회의 동등한 부여와 선택의 자유를 허용하고, 교육·취업·정치적 기회 등 공적 영역에서 동등한 기회를 제공할 것을 주장한다.
③ [×] 포스트모던 페미니즘은 급진적 페미니즘이 남성과 여성이라는 이분법적 구분으로 여성의 주체성을 여성의 한계에 머무르게 했다는 점을 비판하고, 남녀를 떠나 인간으로서의 주체성 확립을 강조하는 제3세대 여성주의 운동이라고 할 수 있다.
④ [○] 마르크스주의적 페미니즘에서는 마르크스주의의 핵심적 주장을 성 불평등을 설명하는 데 분석틀로 사용한다. 이들은 자유주의적 페미니스트들이 자유주의적 세계관에 갇혀서 계급 불평등과 성 불평등의 구조적 본질을 간과하고 있다고 비판한다. 여성억압은 사유재산제의 도입과 함께 시작되었으며, 따라서 여성억압과 불평등을 해결하려면 사유재산의 불평등이 극대화된 자본주의에 대해 투쟁해야 한다고 주장한다. 계급사회가 타파되면 여성은 남성에게 더 이상 경제적으로 의존하지 않고 자유로워질 수 있다. 마르크스주의적 페미니즘에서는 여성의 억압이 자본주의의 정치적·경제적·사회적 구조 때문이라고 보았으며, 임금차별은 자본주의의 속성과 관련되어 있는 것으로 분석하고 있다. 자본주의 하에서 저임금 노동과 불안정한 노동이 여성의 삶을 고통으로 내몰고 있다는 점을 강조한다(벨크냅. Belknap). 자본주의 체제로 인해 남성이 경제권을 장악하고 여성은 가사노동으로 내몰리면서 남성의 경제적 지배를 위협하는 여성의 행동은 범죄로 규정되었다고 한다.

정답 ④

02 페미니즘 범죄이론에 대한 설명으로 가장 적절하지 않은 것은?

2023(73). 경위

① 자유주의적 페미니즘은 성 불평등의 원인은 법적·제도적 기회의 불평등이므로 여성에게 동등한 기회를 부여하고 선택의 자유를 허용한다면 성 불평등은 해결될 수 있다고 한다.
② 사회주의적 페미니즘은 계급불평등과 함께 가부장제로 인한 성 불평등을 분석해야 한다고 한다.
③ 급진적 페미니즘에 따르면 남성은 생물학적 우월성을 근거로 여성이 자신보다 나약한 존재이기 때문에 통제나 지배를 할 수 있는 대상이라고 인식한다.
④ 페미니즘 범죄이론은 1970년대에 다양한 실증적 연구가 이루어져 1980년대부터 주류 범죄학 이론 중 하나로 완전히 자리매김하였다.

① [○] 자유주의적 페미니즘은 성 불평등의 원인은 법적·제도적 기회의 불평등으로 인한 것이므로, 여성에게 기회를 동등하게 부여하고 선택의 자유를 허용한다면 성 불평등은 해결될 수 있다고 주장한다. 더 나아가 법적·제도적 불평등은 성별 분업과 전통적 성역할 때문이며 교육의 기회, 취업의 기회, 정치적 기회 등 공적 영역에서 동등한 기회를 여성에게 제공한다면 불평등은 낮아질 것이라고 낙관한다.

② [○] 사회주의적 페미니즘은 마르크스주의적 페미니즘이 사유재산으로 인한 계급 불평등을 지나치게 강조하다 보니 성 불평등이 핵심적으로 부각되지 못했다는 점을 비판하면서 계급 불평등과 함께 가부장제로 인한 성 불평등을 분석해야 한다고 주장한다. 계급 하나로만 여성의 종속을 설명할 수는 없으며, 계급 불평등과 가부장제를 양대 지배체계로 진단해야 함을 강조한다.

③ [○] 급진적 페미니즘은 가부장제에 의한 여성억압은 남성의 여성에 대한 공격과 여성의 성에 대한 통제로 나타난 것이라고 주장한다. 여성은 임신과 출산을 위한 기간에는 자신과 아이의 생존을 위해 남성에게 의존적일 수밖에 없으며, 이것이 남성으로 하여금 쉽게 여성을 지배하고 통제하도록 만들었다고 한다.

④ [×] 1970년대에 여성해방과 범죄에 대한 논쟁을 시작으로 해서 여성의 범죄행동을 이해하기 위해서는 '젠더(Gender)'라는 렌즈가 필요하다는 것을 인식하였고 이후 여성범죄자의 삶에서 피해와 가해의 중첩이 특징적으로 나타나고 있음을 밝혀냈다. 또한 피해자로서의 여성이 형사사법기관에서 어떤 방식으로 처리되는지에 대한 관심, 양형에 있어서의 성차에 대한 연구, 여성의 범죄경로에 대한 연구 등이 진행되고 있지만, 여성주의 범죄학이 범죄학의 주류에 포함되고 있느냐에 대해서는 많은 여성주의 범죄학자들은 동의하고 있지 않다. 여성이 미국 범죄학회 회장이 된 경우는 역대 40명의 회장 중에서 11명으로 26%만을 차지하고 있고, 여전히 명망있는 저널에 게재되는 논문의 주저자의 성비를 보아도 높지 않다. 이것은 여전히 여성범죄학자, 구체적으로는 여성주의 범죄학자들의 위상이 높지 않다는 것을 의미한다(체스니 - 린드. Chesney-Lind).

정답 ④

03 범죄현상에 대한 급진적 페미니즘의 설명으로 가장 적절한 것은?

2022(72). 경위

① 임신, 출산, 육아에 있어 여성의 생물학적 특성에서 비롯된 역할로 인해 노동의 성 분업이 이루어졌고, 남성에 대한 여성의 의존도가 높아졌으며, 남성에게 더 많은 범죄기회가 주어졌다.

② 가부장제에서 비롯된 남성우월주의에 대한 믿음과 남성지배 - 여성종속의 위계구조가 사회 전반으로 확대되면서 여성에 대한 남성의 폭력이 정당화되었다.

③ 자본주의 체제로 인해 남성이 경제권을 장악하고 여성은 가사노동으로 내몰리면서 남성의 경제적 지배를 위협하는 여성의 행동은 범죄로 규정되었다.

④ 사회적·문화적으로 요구되는 전통적 성 역할의 차이로 인해 여성보다 남성이 더 많은 범죄를 저지른다.

① [×] 임신, 출산, 육아에 있어 여성의 생물학적 특성에서 비롯된 역할을 강조한 것은 급진적 여성주의에 대한 설명이라면, 노동의 성 분업과 기회의 부족은 자유주의적 시각의 여성주의 설명이다.

② [○] 급진적 페미니즘에서는 가부장제에 의한 여성억압은 남성의 여성에 대한 공격과 여성의 성에 대한 통제로 나타난 것이라고 주장한다. 급진적 페미니스트들은 여성의 성에 대한 억압과 통제를 분석의 핵심으로 삼는다. 즉, 가부장제의 형성과 강화를 통해 여성에 대한 억압과 여성의 성에 대한 통제가 어떻게 이루어졌는지에 대한 분석이 필요하다고 주장한다.

③ [×] 마르크스주의 페미니즘에 대한 설명이다.

④ [×] 자유주의적 관점의 페미니즘이다.

정답 ②

제16장 특질 · 발달 · 통합이론

제1절 | 잠재적 특질이론

01 티틀(Title)의 통제균형이론(Control-Balance Theory)에 관한 설명으로 가장 적절하지 않은 것은?

2024. 경찰2차

① 개인이 받는 통제의 양과 개인이 행사할 수 있는 통제의 양이 일탈의 확률을 결정한다는 '통제비율(control ratio)'을 제시하였다.

② 통제 결손(control deficit)이 발생할 경우 약탈적이거나 반항적 행동을 저지를 가능성이 더 높다고 주장하였다.

③ 극단적인 억압은 굴종형(submission)과 가장 관련성이 높다고 주장하였다.

④ 강제적이고 비일관적인 통제가 가장 심각한 범죄를 유발한다고 주장하였다.

정답 및 해설

④ [×] 티틀의 통제균형이론은 또 하나의 뛰어난 잠재적 특질 이론으로, 범죄성향의 요인으로서 개인적 통제요인을 확대하는 이론이다. 통제의 개념을 개인에 의해 통제받는 양(통제량)과 개인을 통제하는 양(피통제량)으로 구분하고, 이 두 개의 통제량이 균형을 이루면 개인은 순응적이 되고, 불균형을 이루면 일탈적이고 범죄적인 행동을 하게 된다고 보았다. 사람들이 범죄나 비행을 하지 않고 순응하도록 하는 것은 통제 그 자체가 아니라 '통제의 균형'이라고 하였다. 통제를 계속적인 변수로서 생각하고, 자신에 대한 타인의 통제량과 타인에 대한 자신의 통제량은 고정되어 있는 것이 아니라 사회적 환경이나 사회적 위치의 변화에 따라 계속 변화한다. 통제결핍과 통제과잉(잉여)은 하나의 연속선상에 존재하는 통제에 관련된 현상으로서 중앙의 균형점으로 이동하면 범죄가 감소하고 결핍과 과잉의 양극단으로 갈수록 범죄는 증가한다.

정답 ④

02 다음 <보기>의 내용은 어느 학자의 이론을 언급한 것인가?

2023. 해경 경위

┤ 보기 ├

㉠ 한 사람이 다른 사람에게 행사하는 통제의 양과 다른 사람으로부터 받게 되는 피통제 양의 비율(통제비)로써 범죄와 피해를 설명한다.

㉡ 두 개의 요소가 균형을 이루면 순응이 발생하나, 그것이 불균형을 이루면 범죄와 피해가 발생한다.

① 티틀(Tittle)

② 패링턴(Farrington)

③ 콜빈(Colvin)

④ 헌스타인(Herrnstein)

① [○] 티틀(Tittle)의 통제균형이론은 또 하나의 뛰어난 잠재적 특질 이론으로, 범죄성향의 요인으로서 개인적 통제요인을 확대하는 이론이다. 통제의 개념을 개인에 의해 통제받는 양(피통제량)과 개인을 통제하는 양(통제량)으로 구분하고, 이 두 개의 통제량이 균형을 이루면 개인은 순응적이 되고, 불균형을 이루면 일탈적이고 범죄적인 행동을 하게 된다. 통제의 균형은 네 개의 주요 변수, 즉 경향(범죄동기), 도발(상황적 자극), 범죄기회, 억제 등의 관계에 의해서 결정된다. 이러한 변수들은 사회학습이론, 아노미이론, 범죄억제·합리적 선택이론 그리고 사회 유대이론의 개념들을 통합한다.

정답 ①

03

잠재적 특질이론에 대한 설명으로 옳지 않은 것은?

① 세상의 많은 사람들이 범죄행동의 성향이나 경향을 통제하는 개인적 속성이나 특질을 가지고 있다고 가정하고 이러한 성향이나 특질은 태어나면서 가지고 태어나거나 생애 초기에 형성되고, 세월이 흘러도 아주 안정적으로 존재한다는 것이 이 이론의 개념적 본질이다.

② 갓프레드슨(Gottfredson)과 허쉬(Hirschi)는 사회통제이론에서 밝힌 통제의 개념을 생물사회적 이론, 심리학적 이론, 일상활동이론 그리고 합리적 선택이론의 통제개념과 통합함으로써 사회통제이론의 일부 원리에 대한 수정과 재정의를 시도했다.

③ 콜빈(Colvin)은 『범죄와 강압』에서 개인이 강압(Coercion)이라고 하는 거대한 사회적 힘을 경험함으로써 낮은 자기 통제력 상태에 있게 된다고 주장한다. 이는 낮은 자기 통제력이 충동적인 성격의 함수라고 주장하는 갓프레드슨과 허쉬의 견해와 일치한다.

④ 티틀(Tittle)의 통제균형이론은 범죄성향의 요인으로서 개인적 통제요인을 확대하여 통제의 개념을 개인에 의해 통제받는 양과 개인을 통제하는 양으로 구분한다.

③ [×] 콜빈(Colvin)은 낮은 자기 통제력이 충동적인 성격의 함수라고 주장하는 갓프레드슨(Gottfredson)과 허쉬(Hirschi)의 견해와는 달리 『범죄와 강압』에서 개인이 강압(Coercion)이라고 하는 거대한 사회적 힘을 경험함으로써 낮은 자기 통제력 상태에 있게 된다고 주장한다. 다시 말해, 개인의 낮은 통제력은 충동적 성격이 원인이 아니라 개인으로서도 어쩔 수 없는 강력한 힘의 작용이 원인이라는 것이다.

정답 ③

01 범죄학이론 중 발달이론(Developmental Theory)에 대한 설명으로 옳지 않은 것은? 2017. 5급 승진

□□□
① 이 이론은 1990년대 샘슨(R. Sampson)과 라웁(J. Laub)이 1930년대 글룩(Glueck) 부부의 연구를 재분석하며 활성화된 이론이다.
② 범죄자의 삶의 궤적을 통해 범죄를 지속하는 요인과 중단하는 요인이 무엇인지를 찾아내는 데 관심이 있다.
③ 심리학자 모핏(Moffitt)은 범죄자를 청소년한정형 범죄자와 인생지속형 범죄자로 분류하면서 이들 중 인생지속형 범죄자는 아주 이른 나이에 비행을 시작하고 성인이 되어서도 범죄를 지속하는 유형이라고 정의하였다.
④ 인생지속형 범죄자보다 청소년한정형 범죄자가 정신건강상의 문제를 더 많이 가지고 있다.
⑤ 발달이론에서 범죄경력을 중단하는 계기가 되는 사건으로 결혼, 취직 등이 있다.

정답 및 해설

① [○] 1930년대 글룩(Glueck) 부부의 종단연구는 발달범죄학이론의 토대가 되었으며, 1990년대 샘슨(Sampson)과 라웁(Laub)이 글룩 부부의 연구를 재분석하며 활성화된 이론이다. 발달범죄학이론은 1990년대 이후 개인의 범죄경력이 연령의 증가에 따라 발전하는 과정을 이론화하려는 시도에서 출발한다.
② [○] 상습 범죄자의 성장 역사와 범죄경력의 발달과정을 추적하여 범죄성의 원인을 밝히고, 범죄자의 삶의 궤적을 통해 범죄를 지속하는 요인과 중단하는 요인이 무엇인지를 찾아내는 데 관심이 있다.
③ [○], ④ [×] 모핏(Moffitt)은 범죄자를 청소년한정형 범죄자와 인생지속형 범죄자로 분류하고, 청소년한정형 범죄자보다 인생지속형 범죄자가 정신건강상의 문제를 더 많이 가지고 있다고 하였다. 생애지속형 범죄자들은 비교적 소수에 불과하지만, 이들은 아동기 때부터 비행행위를 시작해서 청소년기와 성년기를 거치는 전 생애 과정 동안 지속적으로 일탈을 일삼게 된다. 이들은 정상인에 비해 뇌신경학적 손상을 가지고 있고 또 어린 나이에 부모로부터 학대를 당하는 등 부모와 정상적인 애착관계를 형성하지 못하였다. 따라서 어릴 때부터 심각한 반사회적 성향과 행동을 보이고, 이로 인해 가족, 학교, 친구, 기타 사회의 구성원들과 친사회적 유대 관계를 형성하지 못하며, 결국 평생 동안 범죄의 소용돌이에서 헤어나지 못하게 된다.
⑤ [○] 청소년기에 비행을 저지르게 되던 아이들도 성인기에 직업을 갖게 되거나 결혼으로 가정을 이루게 될 경우 정상인으로 돌아간다고 하였는데, 그들은 이러한 사회유대 혹은 사회자본(결혼, 직업 등)의 형성이 인생의 전환점이 된다고 주장하였다.

정답 ④

02 발달범죄학이론에 대한 설명으로 옳지 않은 것은? 2020. 교정 7급

□□□
① 1930년대 글룩(Glueck) 부부의 종단연구는 발달범죄학이론의 토대가 되었다.
② 인생항로이론은 인간의 발달이 출생 시나 출생 직후에 나타나는 주된 속성에 따라 결정된다고 주장한다.
③ 인생항로이론은 인간이 성숙해 가면서 그들의 행위에 영향을 주는 요인도 변화한다는 사실을 인정한다.
④ 인생항로이론은 첫 비행의 시기가 빠르면 향후 심각한 범죄를 저지를 것이라고 가정한다.

② [×] 잠재적 특질이론에 대한 설명이다. 잠재적 특질이론은 범죄행동이 출생 또는 그 직후에 나타나고, 평생을 통해서 변화하지 않는 주요한 특질에 의해 통제되기 때문에 인간은 변하지 않고 기회가 변할 뿐이라는 관점을 취한다. 생애과정(경로)이론(인생항로이론)은 인간의 범죄성이란 개인적 특질뿐만 아니라 사회적 경험에 의해서도 영향받는 역동적인 과정에 의해서 형성된다는 관점을 취하기 때문에 인간은 변하고 계속 성장한다는 입장이다.

③ [○] 다양한 사회적·개인적 그리고 경제적 요인들은 범죄성에 영향을 주며, 이러한 요인들이 시간이 흐름에 따라서 변화하고 범죄성도 역시 변화한다. 생애의 성장 전환점마다 사회적 상호작용의 성질은 변화하기 때문에, 사람의 행동은 바뀌게 된다.

④ [○] 대부분의 생애과정 이론은 범죄성이 아주 어린 시기에 형성되고, 어린 나이에 일탈행위를 경험한 자는 후에 더 심각한 범죄성을 나타낼 것이라고 강조한다. 다시 말해, 범죄성 개시의 나이가 어릴수록, 범죄경력은 더 빈번하고 다양하며, 지속될 것이라는 것이다.

정답 ②

03 발달범죄이론에 대한 설명으로 가장 적절하지 않은 것은?

2024(74). 경위

① 범죄자 삶의 궤적을 통해 범행의 지속 및 중단 요인을 밝히는 데 관심을 둔다.

② 모피트(Moffitt)에 따르면 청소년기 한정형(Adolescence-limited)은 신경심리학적 결함으로 각종 문제행동을 일으키는 경우가 많다고 하였다.

③ 샘슨과 라웁(Sampson & Laub)은 글룩(Glueck) 부부의 연구를 재분석하여 생애과정이론을 제시하였다.

④ 범죄경력을 중단하는 계기가 되는 중요한 사건으로는 결혼과 취업이 있다.

① [○] 발달범죄학은 1990년대 샘슨(Sampson)과 라웁(Laub)이 글룩(Glueck) 부부의 연구를 재분석하며 활성화된 이론으로 행위자의 생애과정이라는 맥락 속에서 범죄를 설명하려는 이론적 사조를 일컫는다. 발달범죄학 이론가들에게 범죄성이란 행위자가 태어나고 성장하고 살아가는 전 과정 속에서 경험하는 다양한 요인들과의 상호작용 속에서 변화해 가는 역동적인 개념이다.

② [×] 인생(생애)지속형 범죄자는 유아기부터 문제행동이 시작되어 평생 동안 범죄행동을 지속하는 유형으로, 생래적인 신경심리학적 결함으로 인해 유아기 동안 언어 및 인지능력에서 장애증상을 보이며, 각종 문제를 일으킨다. 청소년기 한정형 범죄자는 아동기까지는 반사회적 행동을 하지 않다가 사춘기에 접어들면서 집중적으로 일탈행동을 저지르다가 성인이 되면 일탈행동을 멈추는 유형으로, 사춘기 초기에 일탈행동에 가담하게 되는 주된 이유는 성장 격차(성숙의 차이) 때문이다. 즉, 사춘기는 생물학적 나이와 사회적 나이 간에 격차가 발생하는 시기이다.

③ [○] 1993년 샘슨과 라웁은 1930년대 글룩 부부의 종단연구의 타당성을 검증하였을 뿐만 아니라, 보다 정교한 연구결과를 바탕으로 생애과정이론을 제시하였다. 다른 발달범죄학이론들과 마찬가지로 어린아이에서 성인에 이르는 과정에 범죄성이 지속되거나 범죄가 중단되는 현상을 설명하고자 하였다. 패터슨이나 모핏의 이론처럼 청소년 집단을 인위적으로 구분하지는 않았으며, 그 대신 누구든지 생애과정 속에서 범죄행위를 지속하거나 중지할 수 있다고 전제하였다.

④ [○] 샘슨과 라웁은 범죄성에는 지속성이라는 특성과 함께 가변성도 존재한다고 주장한다. 인간의 삶 속에는 장기간에 걸쳐 반복되는 행동패턴이 하나의 궤적을 이루는데, 범죄행위와 이에 대한 반응이 반복되면서 인생 전반에 걸쳐 범죄궤적을 형성한다. 이 궤적 속에는 단기간에 걸쳐 발생하는 다양한 인생사건이 내재되어 있는데 이것이 인생의 변곡점이 되어 범죄궤적을 올바른 방향으로 바꿀 수 있다는 것이다. 대표적인 인생의 변곡점으로 결혼, 취업, 군 입대를 강조한다.

정답 ②

04 다음 중 샘슨(Sampson)과 라웁(Laub)의 생애과정이론(연령 – 단계이론)의 주장으로 가장 옳지 않은 것은?

2022. 해경 경위

① 타고난 기질과 어린 시절의 경험만이 범죄행위의 지속과 중단에 가장 큰 영향을 미친다.

② 행위자를 둘러싼 상황적 · 구조적 변화가 범죄로부터 단절된 삶으로 이끈다.

③ 생애과정을 통해 사회유대와 범죄행위가 서로 영향을 미친다.

④ 결혼, 취업, 군 입대는 범죄궤적을 올바른 방향으로 바꾸는 인생의 변곡점이다.

정답 및 해설

① [×] 샘슨(Sampson)과 라웁(Laub)은 생애과정이론을 제시하였다. 이 이론은 다른 발달범죄학이론들과 마찬가지로 어린 아이에서 성인에 이르는 과정에 범죄성이 지속되거나 범죄가 중단되는 현상을 설명하고자 했다. 또한 범죄행위의 지속성과 가변성이 어린 시절의 특성이나 경험에 의해 결정된다기보다는 인생의 중요한 전환기에 발생하는 사건들과 그 결과에 의해 영향을 받는다고 보았다.

② [○] 사회유대의 회복을 통해 범죄와의 단절이 이루어지는 과정에 관하여 샘슨과 라웁은 행위자를 둘러싼 상황적, 구조적 변화가 장기적인 행동의 변화를 이끈 것이라고 설명한다.

③ [○] 생애과정이론은 사회유대의 약화를 범죄행위의 직접적인 원인으로 간주한다는 점에서 사회통제이론의 핵심 주장을 그대로 차용한다. 하지만 허쉬(Hirschi)의 사회유대가 아동기와 청소년기에 국한되었다면, 샘슨과 라웁은 사회유대의 강화, 약화, 단절이 한 사람의 생애 전 과정에서 반복되는 현상으로 보았다는 점에서 차이가 있다.

④ [○] 대표적인 인생의 전환점으로 결혼, 취업, 군 입대를 강조한다. 이러한 변곡점들은 이미 약화되었거나 단절된 사회유대를 새롭게 복원시키는 기능을 하기 때문이다.

정답 ①

05 통합 및 발달범죄이론에 관한 설명으로 가장 적절하지 않은 것은?

2023. 경찰1차

① 패터슨(Patterson)은 비행청소년이 되어가는 경로를 조기 개시형(early starters)과 만기 개시형(late starters)으로 구분하였다.

② 손베리(Thornberry)는 비행청소년을 청소년기 한정형(adolescence-limited)과 생애지속형(life-course-persistent)으로 분류하였다.

③ 엘리엇(Elliott)과 동료들은 사회유대가 강한 청소년일수록 성공기회가 제약되면 긴장을 느끼게 되고, 불법적 수단을 활용할 가능성이 크다고 주장하였다.

④ 샘슨(Sampson)과 라웁(Laub)은 연령에 따른 범죄행위의 지속성과 가변성이 인생의 중요한 전환기에 발생하는 사건들과 그 결과에 의해 영향을 받는다고 주장하였다.

정답 및 해설

① [○] 패터슨(Patterson)은 성장과정 속에서 아동의 문제행동과 주변 환경 간의 상호작용을 통해 반사회성이 형성되는 점에 주목하였으며, 비행청소년이 되어가는 두 가지 경로에 따라 조기 개시형(초기 진입자)과 만기 개시형(후기 진입자)으로 구분하였다.

② [×] 모핏(Moffitt)에 대한 설명이다. 모핏은 신경심리학, 낙인이론, 긴장이론의 입장에서 범죄경력의 발전과정을 설명하였고, 생물사회이론 범죄학자답게 생물학적 특성을 보다 강조하였다. 패터슨의 유형화와 비슷하게 범죄자를 청소년기 한정형 범죄자와 인생(생애)지속형 범죄자로 분류하고, 청소년기 한정형 범죄자보다 인생지속형 범죄자가 정신건강상의 문제를 더 많이 가지고 있다고 하였다. 손베리(Thornberry)의 상호작용이론은 사회유대이론과 사회학습이론을 결합한 합성이론으로, 어린 시기에는 부모와의 애착과 같은 유대가 비행을 하지 않게 만들지만, 학교에 다니게 되면 비행친구와의 접촉과 같은 학습이 비행을 하게 만들지만, 다시 성인기 초기에는 유대가 범죄를 하지 않게 만든다고 설명한다. 이 이론은 사회유대이론에서 도출된 개념인 부모에 대한 애착, 학교에 대한 전념, 관습적 가치의 믿음과 사회학습이론의 이론적 개념인 비행친구와의 교류와 비행가치의 수용으로 구성되어 있다. 청소년 시기에 따라 이러한 변수들 간의 인과관계가 변화한다고 가정하고, 이론모형을 청소년 초기(11~13세), 청소년 중기(15~16세), 청소년 후기(18~20세)로 구분하여 제시하고 있다.

③ [○] 엘리엇과 동료들의 통합모형에서 중요한 점은 관습적 목표를 달성하기 위한 제도적 기회가 차단되었을 때 사회유대의 개인차가 상이한 방식으로 개인의 행동에 영향을 미친다는 사실이다. 사회유대가 강하고 관습적 목표에 대한 전념 정도가 높은 사람은 기회가 차단되었을 때 긴장이론의 주장대로 긴장이 발생하고 이를 해소하기 위한 방편으로 비제도적, 즉 불법적 수단을 동원하게 된다. 하지만 처음부터 사회유대가 약하고, 따라서 제도적 목표에 그다지 전념하지 않는 사람은 비록 성공기회가 제약되더라도 이로 인한 부정적 영향을 별로 받지 않게 된다.

④ [○] 샘슨과 라웁의 생애과정이론은 패터슨이나 모핏의 이론처럼 청소년 집단을 인위적으로 구분하지는 않았으며, 그 대신 누구든지 생애과정 속에서 범죄행위를 지속하거나 중지할 수 있다고 전제하였다. 범죄행위의 지속성과 가변성이 어린 시절의 특성이나 경험에 의해 결정된다기보다는 인생의 중요한 전환기에 발생하는 사건들과 그 결과에 의해 영향을 받는다고 보았다.

정답 ②

 06 □□□ **발달범죄학의 주요 이론에 대한 설명으로 적절한 것은 모두 몇 개인가?** 2023(73). 경위

> ㉠ 쏜베리(Thornberry)의 상호작용이론은 사회유대의 약화를 비행이 시작되는 출발점으로 보았다.
> ㉡ 패터슨(Patterson)은 비행청소년을 생애 지속형(Life Persistent)과 청소년기 한정형(Adolescent Limited)으로 구분하였다.
> ㉢ 모핏(Moffitt)은 비행청소년이 되어가는 경로에 따라 조기 개시형(Early Starters)과 후기 개시형(Late Starters)으로 구분하였다.
> ㉣ 샘슨과 라웁(Sampson & Laub)의 생애과정이론은 사회유대이론과 사회학습이론을 결합한 합성이론이다.
> ㉤ 티틀(Tittle)의 통제균형이론은 타인으로부터 받는 통제와 자신이 행사하는 통제의 양이 균형을 이룰 때 순응이 발생하고 통제의 불균형이 비행과 범죄행위를 발생시킨다고 설명한다.

① 2개
② 3개
③ 4개
④ 5개

정답 및 해설

적절한 것은 ㉠, ㉤ 2개이다.
㉠ [○] 쏜베리(Thornberry)의 상호작용이론에서 사회유대의 약화는 비행이 시작되는 출발점으로서 그의 이론모형에서 가장 핵심적인 요인이다. 그런데 그는 사회유대를 고정불변의 특성이 아니라 다양한 요인들의 영향을 받아 지속적으로 변화하는 변수로 이해하였다.
㉡ [×] 모핏(Moffitt)의 범죄자 분류에 대한 설명이다.
㉢ [×] 패터슨(Patterson)의 범죄자 분류에 대한 설명이다.
㉣ [×] 사회유대이론과 사회학습이론을 결합한 발달범죄이론은 쏜베리의 상호작용이론이다.
㉤ [○] 티틀(Tittle)의 통제균형이론은 통제의 개념을 개인에 의해 통제받는 양(통제량)과 개인을 통제하는 양(피통제량)으로 구분하고, 이 두 개의 통제량이 균형을 이루면 개인은 순응적이 되고, 불균형을 이루면 일탈적이고 범죄적인 행동을 하게 된다고 보았다.

정답 ①

07 발달범죄학에 관한 설명으로 가장 적절하지 않은 것은?

① 손베리(Thornberry)는 사회통제이론(Social Control Theory)과 사회학습이론(Social Learning Theory)을 통합하여 범죄행위는 행위자와 환경이 상호작용하는 발전적 과정에 의하여 발생한다고 주장하였다.

② 샘슨(Sampson)과 라웁(Laub)은 아동기, 청소년기를 거쳐 성인기까지의 생애과정에 걸친 범죄의 지속성과 가변성을 설명하였다.

③ 샘슨과 라웁은 행위자를 둘러싼 상황적 · 구조적 변화로 인해 범죄가 중단된다고 주장하였다.

④ 모핏(Moffitt)의 비행청소년 분류에서 청소년기 한정형(adolescent-limited) 집단이 저지르는 범죄와 반사회적 행위는 전 생애에 걸쳐 안정성이 두드러지며 가변성을 특징으로 하지 않는다.

정답 및 해설

① [○] 손베리(Thornberry)의 상호작용이론은 발달범죄학의 초기 이론이면서 동시에 통합이론에 해당된다. 상호작용이론은 사회유대이론과 사회학습이론을 결합한 합성이론이다. 사회유대이론에 의하면 가정, 학교 등 관습적 사회제도들과의 유대 약화는 비행의 증가에 직접적인 영향을 미친다고 하지만, 손베리는 사회유대의 약화가 비행으로 바로 이어지는 것이 아니라 단지 청소년들에게 더 많은 행동의 자유를 부여할 뿐이라고 하였다. 따라서 늘어난 행동의 자유가 비행으로 진행되기 위해서는 매개 요인이 필요한데 비행친구들과의 교류와 반사회적 가치의 수용 등이 그 역할을 담당한다는 것이다.

② [○] 1993년 샘슨(Sampson)과 라웁(Laub)은 1930년대 글룩 부부의 종단연구의 타당성을 검증하였을 뿐만 아니라, 보다 정교한 연구결과를 바탕으로 생애과정이론을 제시하였다. 다른 발달범죄학 이론들과 마찬가지로 어린아이에서 성인에 이르는 과정에 범죄성이 지속되거나 범죄가 중단되는 현상을 설명하고자 하였으며, 범죄행위의 지속성과 가변성이 어린 시절의 특성이나 경험에 의해 결정된다기보다는 인생의 중요한 전환기에 발생하는 사건들과 그 결과에 의해 영향을 받는다고 보았다.

③ [○] 사회유대의 회복을 통해 범죄와의 단절이 이루어지는 과정에 관하여 샘슨과 라웁은 행위자를 둘러싼 상황적 · 구조적 변화가 장기적인 행동의 변화를 이끈 것이라고 설명한다.

④ [×] 청소년기 한정형은 반사회적 행동의 불연속성을 특징으로 하며, 아동기까지는 반사회적 행동을 하지 않다가 사춘기에 접어들면서 집중적으로 일탈행동을 저지르다가 성인이 되면 일탈행동을 멈추는 유형이다. 청소년기 동안 성인들의 역할과 지위를 갈망하게 되고 인생지속형 범죄자들을 흉내내며(사회모방) 흡연, 음주 등 경미한 지위비행 등을 일삼게 된다. 사춘기를 벗어나면서 성인으로서의 지위와 역할이 부여되고, 범죄에 수반되는 처벌이 심각하게 인식되면서 비행을 멈추게 된다.

정답 ④

08 손베리(Thornberry)의 상호작용이론(interactional theory)에 대한 설명으로 옳은 것은? 2025. 교정 9급

① 사회통제이론과 사회학습이론을 결합한 통합이론이다.

② 청소년의 비행경로를 조기 개시형(early starters)과 만기 개시형(late starters)으로 구분한다.

③ 사회적 반응이 일탈의 특성과 강도를 규정하는 원인이다.

④ 사회학습 요소로 차별접촉, 차별강화, 애착, 모방을 제시한다.

① [○] 손베리는 사회통제이론과 사회학습이을 통합하여 범죄행위는 행위자와 환경이 상호작용하는 발전적 과정에 의하여 발생한다고 주장하였다. 그는 단일 범죄이론이 가진 설명력의 한계를 지적하며, 두 개 이상의 이론에서 도출된 명제들을 결합하여 범죄현상에 대해 보다 포괄적인 설명을 제공하고자 하였다. 상호작용이론은 어린 시기에는 부모와의 애착과 같은 유대(고전주의)가 비행을 하지 않게 만들지만, 학교에 다니게 되면 비행친구와의 접촉과 같은 학습(실증주의)이 비행을 하게 만들지만, 다시 성인기 초기에는 유대(고전주의)가 범죄를 하지 않게 만든다고 설명한다.

② [×] 패터슨(Patterson)의 범죄자 분류에 대한 설명이다. 패터슨은 성장과정 속에서 아동의 문제행동과 주변 환경 간의 상호작용을 통해 반사회성이 형성되는 점에 주목하여, 비행청소년이 되어가는 두 가지 경로에 따라 조기 개시형(초기 진입자)과 만기 개시형(후기 진입자)으로 구분하였다.

③ [×] 낙인이론에 대한 설명이다. 탄넨바움(Tannenbaum)은 사회에서 범죄자로 규정되는 과정은 일탈강화의 악순환으로 작용하여 오히려 범죄로 비난받는 특성을 자극하여 강화시켜주는 역할을 한다(악의 극화)고 하였다.

④ [×] 에이커스(Akers)는 차별적 강화이론에 모방의 개념을 포함시켜 사회학습이론을 제시하였다. 즉, 반두라(Bandura)의 사회학습이론을 차용하여 모방과 관찰을 통한 모델링(Modeling)을 추가하여 사회학습 요소로 차별적 접촉, 정의, 차별적 강화, 모방을 제시하였다. 상호작용이론은 사회유대이론에서 도출된 개념인 부모에 대한 애착, 학교에 대한 전념, 관습적 가치의 믿음과 사회학습이론의 이론적 개념인 비행친구와의 교류와 비행가치의 수용으로 구성되어 있다.

정답 ①

09

2023. 경찰2차

다음 甲의 성장과정에서 나타나는 범죄경향의 변화를 설명할 수 있는 이론으로 가장 적절하지 않은 것은?

> 甲은 평범한 중산층 가정에서 태어나 부족함 없이 자랐으나 고등학교 진학 후 비행친구들과 어울리면서 절도에 가담하게 되었다. 이 사건으로 甲은 법원으로부터 소년보호처분을 받게 되었으며, 주변 친구들로부터 비행청소년이라는 비난을 받고 학교 생활에 적응하지 못하여 자퇴를 하게 되었다. 甲은 가출 후 비행친구들과 더 많은 범죄를 저지르고 급기야 불법도박에 빠지게 되었고 많은 재산을 탕진하게 되었다. 甲은 경제적 어려움으로 인해 방황을 하다가 군대에 입대하게 되었고, 규칙적이고 통제된 군대 생활 속에서 삶에 대해 고민하는 계기를 가지게 되었다. 甲은 군 전역 이후 기술을 배워 안정적인 직장을 다니면서 더 이상 범죄를 저지르지 않게 되었다.

① 차별접촉이론(Differential Association Theory)
② 문화갈등이론(Culture Conflict Theory)
③ 생애과정이론(Life Course Theory)
④ 낙인이론(Labeling Theory)

① [○] 차별적 접촉이론에 의하면, 범죄는 의사소통을 통한 타인과의 상호작용 과정에서 학습된다고 한다.
② [×] 문화갈등이론은 인간의 사회행동을 결정하는 데는 한 사회의 문화적 가치체계가 결정적 작용을 한다는 전제로부터 출발한다. 그리고 일탈행동은 개인이 사회의 지배적 가치와 다른 규범 체계, 즉 하위문화 또는 이주자의 생소한 문화로부터 배운 가치체계를 지향할 때 발생하는 것으로 설명한다. 사회 내의 서로 다른 문화집단들 간의 갈등에 기초한 이론으로, 문화갈등이란 사회적 가치에 대한 이해 및 규범 등의 충돌을 의미한 것으로 보았다.
③ [○] 샘슨과 라웁은 범죄성에는 지속성이라는 특성과 함께 가변성도 존재한다고 주장한다. 인간의 삶 속에는 장기간에 걸쳐 반복되는 행동패턴이 하나의 궤적을 이루는데, 범죄행위와 이에 대한 반응이 반복되면서 인생 전반에 걸쳐 범죄궤적을 형성한다. 궤적 속에는 단기간에 걸쳐 발생하는 다양한 인생사건이 내재되어 있는데 이것이 인생의 변곡점이 되어 범죄궤적을 올바른 방향으로 바꿀 수 있다는 것이다. 대표적인 인생의 변곡점으로 결혼, 취업, 군 입대를 강조한다.
④ [○] 낙인은 당사자로 하여금 비행자아관념을 갖도록 하여 또 다른 범죄 및 비행을 야기하는 원인이 된다고 한다.

정답 ②

10

다음은 발달범죄학이론에 관한 설명이다. ㉠, ㉡ 이론을 주장한 학자를 가장 적절하게 연결한 것은?

2022. 경찰2차

> ㉠ 범죄자를 청소년기 한정형 범죄자와 생애지속형 범죄자로 분류하였다. 청소년기 한정형은 사춘기에 집중적으로 일탈행동을 저지르다가 성인이 되면 일탈행동을 멈추는 유형이고, 생애지속형은 유아기부터 문제행동이 시작되어 평생 동안 범죄행동을 지속하는 유형이다.
> ㉡ 범죄의 시작, 유지, 중단의 연령에 따른 변화는 생애과정에서의 비공식적 통제와 사회유대를 반영하고, 인생의 중요한 전환기에 발생하는 사건들과 그 결과에 영향을 받는다고 보았다.

① ㉠ 모핏(Moffitt) ㉡ 패터슨(Patterson)
② ㉠ 모핏(Moffitt) ㉡ 샘슨과 라웁(Sampson & Laub)
③ ㉠ 패터슨(Patterson) ㉡ 모핏(Moffitt)
④ ㉠ 패터슨(Patterson) ㉡ 샘슨과 라웁(Sampson & Laub)

㉠ 모핏은 신경심리학, 낙인이론, 긴장이론의 입장에서 범죄경력의 발전과정을 설명하였고, 생물사회이론 범죄학자답게 생물학적 특성을 보다 강조하였으며, 패터슨의 유형화와 비슷하게 범죄자를 청소년기 한정형 범죄자와 인생(생애)지속형 범죄자로 분류하고, 청소년기 한정형 범죄자보다 인생지속형 범죄자가 정신건강상의 문제를 더 많이 가지고 있다고 하였다.
㉡ 샘슨과 라웁의 생애과정이론은 다른 발달범죄학이론들과 마찬가지로 어린아이에서 성인에 이르는 과정에 범죄성이 지속되거나 범죄가 중단되는 현상을 설명하고자 하였고, 패터슨이나 모핏의 이론처럼 청소년 집단을 인위적으로 구분하지는 않았으며, 그 대신 누구든지 생애과정 속에서 범죄행위를 지속하거나 중지할 수 있다고 전제하였다.

정답 ②

11 샘슨(Sampson)과 라웁(Laub)의 생애과정이론(연령 – 단계이론)의 주장으로 가장 적절하지 않은 것은?

2022(72). 경위

① 타고난 기질과 어린 시절의 경험이 범죄행위의 지속과 중단에 가장 큰 영향을 미친다.
② 행위자를 둘러싼 상황적 · 구조적 변화가 범죄로부터 단절된 삶으로 이끈다.
③ 생애과정을 통해 사회유대와 범죄행위가 서로 영향을 미친다.
④ 결혼, 취업, 군 입대는 범죄궤적을 올바른 방향으로 바꾸는 인생의 변곡점이다.

정답 및 해설

① [×] 샘슨(Sampson)과 라웁(Laub)은 생애과정이론을 제시하였다. 이 이론은 다른 발달범죄학 이론들과 마찬가지로 어린아이에서 성인에 이르는 과정에 범죄성이 지속되거나 범죄가 중단되는 현상을 설명하고자 했다. 또한 범죄행위의 지속성과 가변성이 어린 시절의 특성이나 경험에 의해 결정된다기보다는 인생의 중요한 전환기에 발생하는 사건들과 그 결과에 의해 영향을 받는다고 보았다.
② [○] 사회유대의 회복을 통해 범죄와의 단절이 이루어지는 과정에 관하여 샘슨과 라웁은 행위자를 둘러싼 상황적, 구조적 변화가 장기적인 행동의 변화를 이끈 것이라고 설명한다.
③ [○] 생애과정이론은 사회유대의 약화를 범죄행위의 직접적인 원인으로 간주한다는 점에서 사회통제이론의 핵심 주장을 그대로 차용한다. 하지만 허쉬(Hirschi)의 사회유대가 아동기와 청소년기에 국한되었다면, 샘슨과 라웁은 사회유대의 강화, 약화, 단절이 한 사람의 생애 전 과정에서 반복되는 현상으로 보았다는 점에서 차이가 있다.
④ [○] 대표적인 인생의 전환점으로 결혼, 취업, 군 입대를 강조한다. 이러한 변곡점들은 이미 약화되었거나 단절된 사회유대를 새롭게 복원시키는 기능을 하기 때문이다.

정답 ①

12 샘슨(Sampson)과 라웁(Laub)의 생애과정이론(연령 – 단계이론)에 대한 설명으로 옳지 않은 것은?

2025. 보호 9급

① 범죄 행위의 지속성과 가변성은 인생의 중요한 전환기에 발생하는 사건과 그 결과에 영향을 받는다고 본다.
② 허쉬(Hirschi)의 사회유대이론의 영향을 받아, 사회유대의 약화를 범죄 행위의 원인으로 본다.
③ 성실한 직장생활, 활발한 대인관계 등의 사회적 자본을 발전시키는 것을 범죄 중단의 중요한 요인으로 본다.
④ 범죄를 중단하는 데 있어 결정적인 전환점(turning point)은 체포 혹은 수감(收監) 경험이다.

정답 및 해설

① [○] 생애과정이론은 다른 발달범죄학 이론들과 마찬가지로 어린아이에서 성인에 이르는 과정에 범죄성이 지속되거나 범죄가 중단되는 현상을 설명하고자 했다. 또한 범죄 행위의 지속성과 가변성이 어린 시절의 특성이나 경험에 의해 결정된다기보다는 인생의 중요한 전환기에 발생하는 사건들과 그 결과에 의해 영향을 받는다고 보았다.
② [○] 생애과정이론은 사회유대의 약화를 범죄 행위의 직접적인 원인으로 간주한다는 점에서 사회통제이론의 핵심 주장을 그대로 차용하지만, 허쉬(Hirschi)의 사회유대가 아동기와 청소년기에 국한되었다면, 샘슨과 라웁은 사회유대의 강화, 약화, 단절이 한 사람의 생애 전 과정에서 반복되는 현상으로 보았다.
③ [○] 결혼, 취업 등 상황적 · 구조적 변환에 따라 관습적 활동에 몰입하여 나타나는 효과와 더불어 범죄를 멀리하고 다른 삶을 살겠다는 의식적 · 선택적 노력도 범죄를 중단하는 데 중요한 역할을 한다고 본다.
④ [×] 범죄를 중단하는 데 있어 결정적인 전환점(변곡점)은 결혼, 취업, 군 입대 등 사회유대 또는 사회자본으로, 이러한 전환점들은 이미 약화되었거나 단절된 사회유대를 새롭게 복원시키는 기능을 한다.

정답 ④

13 생애과정이론에 대한 설명으로 옳지 않은 것은?

① 생애과정이론은 생물학적, 발달론적, 사회유대, 사회학습 그리고 기타 기존의 통제이론의 개념을 통합하려는 시도이다.

② 생애과정이론가들은 범죄는 개인 생애에 관련되는 것으로 사회적·경제적 요인들이 범죄성에 직접적인 영향을 미치지는 않는다고 가정한다.

③ 대부분의 생애과정이론은 범죄성이 아주 어린 시기에 형성되고, 어린 나이에 일탈행위를 경험한 자는 후에 더 심각한 범죄성을 나타낼 것이라고 강조한다.

④ 생애과정이론은 범죄자의 범죄경로도 다르지만, 범죄를 범하는 시기, 즉 나이도 다르다고 가정한다.

정답 및 해설

② [×] 생애과정이론가들은 다양한 사회적·개인적 그리고 경제적 요인들이 범죄성에 영향을 미친다고 주장한다. 이러한 요인들은 시간이 흐름에 따라서 변화하고 범죄성도 역시 변화한다. 생애의 성장 전환점마다 사회적 상호작용의 성질은 변화하기 때문에, 사람의 행동은 바뀌게 된다. 샘슨(Sampson)과 라웁(Laub)의 연구와 관련하여 티틀(Tittle)은 범죄경력의 발전과정에 대한 낙인이론의 타당성을 지적하였다. 즉, 낙인이 찍힌 사람의 경우 이 낙인이 범죄행동을 향한 지속적인 동기를 만들어내기 때문에 그의 생애과정을 통해 범죄를 계속하는 반면, 낙인을 받지 않은 사람의 경우 범죄의 동기가 감소되는 것을 경험한다는 것이다. 특히 낙인이론적 설명틀에서는 그동안의 쟁점이 되었던 연령/범죄곡선의 시간 및 공간적 유사성을 쉽게 설명할 수 있을 뿐 아니라, 여러 가지 맥락적 요인에 의한 연령/범죄곡선의 변이도 설명할 수 있다는 것이다.

정답 ②

14 다음에서 설명하는 범죄학 이론을 주창한 이론가는?

2020. 5급 승진

> 반사회적 범죄자를 두 가지 발달경로로 분류하여 설명한 이론으로 청소년 범죄를 청소년기 한정형(Adolescence-Limited)과 생애과정 지속형(Life Course-Persistent)으로 구분하여 설명하였다. 청소년기 한정형은 늦게 비행을 시작해서 청소년기에 비행이 한정되는 유형을 의미하며, 생애과정 지속형은 오랜 기간에 걸쳐 비행행위가 지속된다는 것을 의미하고 있어 지속 또는 변화를 설명하는 대표적인 이론이라고 할 수 있다.

① 쏜베리(T. Thornberry) ② 라이스(A. Reiss)
③ 샘슨과 라웁(R. Sampson & J. Laub) ④ 브레이쓰웨이트(J. Braithwaite)
⑤ 모피트(T. Moffitt)

정답 및 해설

⑤ [○] 발달범죄이론(생애경로이론) 학자 중 심리학자 모피트(Moffitt)에 대한 설명이다. 모피트는 범죄자를 청소년한정형 범죄자와 인생지속형 범죄자로 분류하고, 청소년한정형 범죄자보다 인생지속형 범죄자가 정신건강상의 문제를 더 많이 가지고 있다고 한다.

정답 ⑤

15

모피트(Moffitt)의 청소년기 한정형(Adolescence-Limited) 일탈의 원인으로 옳은 것만을 모두 고르면?

2022. 보호 7급

ㄱ 성숙의 차이(Maturity Gap)
ㄴ 신경심리적 결함(Neuropsychological Deficit)
ㄷ 사회모방(Social Mimicry)
ㄹ 낮은 인지 능력(Low Cognitive Ability)

① ㄱ, ㄴ
② ㄱ, ㄷ
③ ㄴ, ㄹ
④ ㄷ, ㄹ

정답 및 해설

옳은 것은 ㄱ, ㄷ이다.

ㄱ, ㄷ [○] 청소년기 한정형은 아동기까지는 반사회적 행동을 하지 않다가 사춘기에 접어들면서 집중적으로 일탈행동을 저지르다가 성인이 되면 일탈행동을 멈추는 유형으로, 사춘기 초기에 일탈행동에 가담하게 되는 주된 이유는 성장 격차 때문이다. 즉, 사춘기는 생물학적 나이와 사회적 나이 간에 격차가 발생하는 시기이다. 또한 청소년기 동안 성인들의 역할과 지위를 갈망하게 되고 인생지속형 범죄자들을 흉내내며 흡연, 음주 등 경미한 지위비행 등을 일삼게 된다.

ㄴ, ㄹ [×] 인생(생애)지속형은 유아기부터 문제행동이 시작되어 평생 동안 범죄행동을 지속하는 유형으로, 생래적인 신경심리학적 결함으로 인해 유아기 동안 언어 및 인지능력에서 장애증상을 보이며, 각종 문제를 일으킨다.

정답 ②

16

모피트(Moffitt)의 발전이론과 관련성이 가장 적은 것은?

2023. 해경 경위

① 청소년기 한정형 범죄자
② 거리 효율성(Street Efficacy)
③ 성숙 격차(Maturity Gap)
④ 생애지속형 범죄자

정답 및 해설

② [×] 모피트(Moffitt)는 신경심리학, 낙인이론, 긴장이론의 입장에서 범죄경력의 발전과정을 설명하였고, 생물사회이론 범죄학자답게 생물학적 특성을 보다 강조하였다. 패터슨의 유형화와 비슷하게 범죄자를 청소년기 한정형 범죄자와 인생(생애)지속형 범죄자로 분류하고, 청소년기 한정형 범죄자보다 인생지속형 범죄자가 정신건강상의 문제를 더 많이 가지고 있다고 하였다. 사춘기 초기에 일탈행동에 가담하게 되는 주된 이유는 성장 격차(성숙의 차이) 때문이다. 즉, 사춘기는 생물학적 나이와 사회적 나이 간에 격차가 발생하는 시기이다. 샘슨(Sampson)의 집합 효율성 이론을 확장하는 이론으로, 집합 효율성을 거리의 개념에서 측정하는 것이다. 이를 거리 효율성(Street Efficacy)이라 부르며 거리 효율성이 높은 청소년은 폭력적 행동을 회피하는 것으로 나타났다(Sharkey, 2006).

정답 ②

17

□□□

모피트(Moffitt)의 발달유형론(developmental taxonomy)에 대한 설명으로 옳지 않은 것은?

2025. 보호 9급

① 반사회적 범죄자를 청소년기 한정형(adolescence-limited)과 생애지속형(life-course-persistent)으로 구분하였다.

② 청소년기 한정형 범죄자에 비하여 생애지속형 범죄자가 또래 집단과의 유대관계에 더욱 강한 영향을 받는다고 보았다.

③ 개인의 신경심리학적 취약성과 범죄 유발적 환경이 상호작용하여 생애지속형 반사회적 행위가 발생하는 것으로 보았다.

④ 생물학적 능력과 사회적 역할의 격차, 즉 성장격차(maturity gap)를 청소년기 한정형 범죄자가 반사회적 행위에 가담하는 주요 원인으로 보았다.

정답 및 해설

---

① [○] 모핏(Moffit)은 패터슨(Patterson)이 유형화(조기 개시형과 만기 개시형)와 비슷하게 범죄지를 청소년기 한정형 범죄자와 생애(인생)지속형 범죄자로 분류하고, 청소년기 한정형 범죄자보다 생애지속형 범죄자가 정신건강상의 문제를 더 많이 가지고 있다고 하였다.

② [×] 생애지속형 범죄자에 비하여 청소년기 한정형 범죄자가 또래 집단과의 유대관계에 더욱 강한 영향을 받는다고 보았다. 다시 말해 생애지속형 범죄자에게 친구의 영향은 미미하지만, 청소년기 한정형 범죄자는 친구의 영향을 보다 강하게 받는다.

③ [○] 생래적인 신경심리학적 결함으로 인해 유아기 동안 언어 및 인지능력에서 장애증상을 보이며 각종 문제를 일으키고, 자녀양육에 서툰 부모들은 부적절한 방식의 체벌이나 학대로 아이에게 반응하고 이로 인해 아동의 문제적 기질은 더욱 강화된다.

④ [○] 사춘기 초기에 일탈행동에 가담하게 되는 주된 이유는 성장격차(성숙의 차이) 때문이다. 사춘기 청소년들은 신체적으로는 성인만큼 성장했지만 사회적으로는 아직까지 성인으로 대우받지 못한다. 즉, 사춘기는 생물학적 나이와 사회적 나이 간에 격차가 발생하는 시기이다. 청소년들은 부모나 학교로부터의 통제에서 벗어나 독립적인 주체가 되길 갈망하고 점차 성장 격차로 인한 긴장과 스트레스가 고조된다. 해결책으로 청소년기 한정형은 주변의 비행청소년들과 어울리면서 그들의 비행을 모방하게 된다.

정답 ②

01 다음은 통합이론과 관련된 설명이다. ㉠, ㉡, ㉢에 해당하는 이론으로 가장 적절한 것은? 2024. 경찰2차

> 엘리엇(Elliott)과 동료들은 ㉠, ㉡, ㉢을 결합한 통합이론을 제시하였다. ㉠과 ㉡의 연결고리 역할은 '성공에 대한 열망'이지만, '성공에 대한 열망'이 범죄에 미치는 영향은 서로 정반대 방향으로 작용한다. 이후 두 이론과 ㉢을 결합하여 관습집단과의 사회적 유대 강도에 따라 범죄에 이르게 되는 다양한 경로를 제시하였다.

	㉠	㉡	㉢
①	사회통제이론	긴장이론	사회학습이론
②	사회통제이론	사회유대이론	사회학습이론
③	사회학습이론	긴장이론	사회유대이론
④	사회학습이론	사회통제이론	긴장이론

정답 및 해설

① [○] 엘리엇과 동료들은 사회통제이론, 긴장이론, 사회학습이론을 결합한 통합이론을 제시하였다. 먼저 긴장이론과 사회통제이론을 결합하여 성공 기회의 제약으로 인해 유발된 긴장이 어떻게 사회유대의 개인차에 의해 조건화되는지 설명하였다. 두 이론의 연결고리 역할은 '성공에 대한 열망'이 담당했다. 성공에 대한 열망이 범죄에 미치는 영향은 긴장이론과 사회통제이론에서 정반대 방향으로 작동한다. 긴장이론에 의하면 긍정적 목표를 달성하기 위한 기회가 차단되었다고 느끼는 개인에게 성공에 대한 높은 열망은 관습적 수단을 포기하고 불법적 수단을 선택하게 만드는 요인이 된다. 반면 사회통제이론의 경우 높은 성공 열망은 교육과 같은 제도화된 수단에 대한 몰입을 높여 범죄의 유혹에 빠지지 않도록 하는 규범적 통제기제로 작용한다. 이후 두 이론과 사회학습이론을 결합하여 관습집단과의 사회적 유대 강도에 따라 범죄에 이르게 되는 다양한 경로를 제시하였다.

정답 ①

02 엘리엇(Elliott)과 동료들의 통합이론(Integrated Theory)이 주장하는 내용으로 가장 적절한 것은?

2022(72). 경위

① 노동자 계급 가정에서 양육된 청소년은 부모의 강압적 양육방식으로 인해 부모와의 유대관계가 약해져 범죄를 저지를 가능성이 크다.
② 사회유대가 강한 청소년일수록 성공기회가 제약되면 긴장을 느끼고 불법적 수단으로 목표를 달성하려 할 가능성이 크다.
③ 가부장적 가정은 양성 평등적 가정보다 청소년비행에 있어 성별 차이가 크다.
④ 범죄행위에 대한 비난을 받더라도 사회유대가 강한 청소년은 재범을 저지를 가능성이 적다.

① [×] 콜빈(Colvin)과 폴리(Poly)의 마르크스주의 통합이론에 대한 설명이다. 마르크스주의 범죄이론과 사회통제이론을 결합한 통합이론으로, 노동자의 지위에 따라 차별적인 통제방식이 가정에서 이루어지는 부모의 양육방식과 연관되어 있다고 주장한다.

② [○] 엘리엇(Elliott)과 동료들은 긴장이론, 사회통제이론, 사회학습이론을 결합한 통합이론을 제시하였다. 그들은 개인에 따라 사회질서와의 유대정도가 다르다고 가정한다. 관습적 목표를 달성하기 위한 제도적 기회가 차단되었을 때 사회유대의 개인차가 상이한 방식으로 개인의 행동에 영향을 미친다고 한다. 사회유대가 강하고 관습적 목표에 대한 전념 정도가 높은 사람은 기회가 차단되었을 때 긴장이론의 주장대로 긴장이 발생하고 이를 해소하기 위한 방편으로 비제도적, 즉 불법적 수단을 동원하게 된다. 하지만 처음부터 사회유대가 약하고 제도적 목표에 그다지 전념하지 않는 사람은 성공기회가 제약되더라도 이로 인한 부정적 영향을 별로 받지 않는다.

③ [×] 헤이건(Hagan)의 권력통제이론에 대한 설명이다. 마르크스주의 범죄이론과 페미니스트 범죄이론과 같은 비판적 범죄학을 사회통제이론과 결합한 통합이론으로, 가부장적 가정에서는 아들에 비해 딸의 행동을 더 엄격히 감시·통제하고, 평등적 가정에서는 딸과 아들에 대한 부모의 감시와 통제가 별반 다르지 않다고 한다.

④ [×] 허쉬의 사회통제(연대, 유대, 결속)이론에 대한 설명이다.

정답 ②

03 다음 <보기>의 내용을 주장한 학자는 누구인가?

2023. 해경 경위

┤ 보기 ├

㉠ 성과 계급, 가족구조를 하나의 이론적 틀 안에서 고려하면서 범죄를 설명하였다.

㉡ 부모는 가족 내에서 자신들의 직장 내 권력관계를 재생산한다. 따라서 부모의 직업과 지위가 자녀의 범죄성에 영향을 준다.

㉢ 부모가 직장이나 가정에서 비슷한 권력을 소유하는 평등한 가정에서 자란 딸은 아들과 비슷한 수준의 비행을 저지른다.

① 헤이건(Hagan)
② 메셔슈미트(Messerschmidt)
③ 티프트(Tifft)
④ 설리번(Sullivan)

① [○] 헤이건(Hagan)의 권력통제이론(power-control theory)에 대한 설명이다. 헤이건은 마르크스주의 범죄이론과 페미니스트 범죄이론과 같은 비판적 범죄학을 사회통제이론과 결합한 통합이론을 제시하였다. 사회의 계급구조와 전통적 가부장제가 어떻게 가정 내에서 자녀의 성별에 따른 차별적인 양육방식으로 적용되고, 범죄성의 차이로 이어지는지 설명하고자 하였다.

정답 ①

04 헤이건(Hagan)과 동료들의 권력통제이론(Power Control Theory)에 관한 설명으로 가장 적절한 것은?

2023. 경찰2차

① 아노미(anomie)의 발생원인을 문화적 목표와 제도화된 수단 간의 괴리에서 찾는다.

② 부모가 아들보다 딸을 더 많이 통제하기 때문에 결과적으로 소녀가 소년보다 더 위험한 행동을 한다.

③ 부모의 직장에서의 권력적 지위가 부부 간의 권력관계에 반영되고, 이는 자녀에 대한 감독·통제 수준과 연계된다.

④ 부모의 권력이 평등한 가정의 자녀들은 성별에 따른 범죄 정도의 차이가 뚜렷하지만, 가부장적 가정의 자녀들은 성별에 따른 범죄 정도의 차이가 상대적으로 뚜렷하지 않다.

정답 및 해설

① [×] 머튼(Merton)의 아노미이론에 대한 설명이다.

②, ④ [×] 헤이건(Hagan)은 직장에서의 권력적 지위가 가족구성원 간의 권력관계에 반영된다고 주장하며, 모든 가정을 가부장적 권력구조를 가진 가정(가부장적 가정)과 평등한 권력구조를 가진 가정(양성 평등적 가정)으로 구분하였다. 그는 가정 내에서 권력이 젠더구조화된 정도는 부모가 자녀를 양육하는 방식에 영향을 미친다고 하였다.

가부장적 가정	• 아들에 비해 딸의 행동을 더 엄격히 감시하고 통제한다. • 딸은 모험적이거나 일탈적 행동을 못하도록 제약당하기 때문에 사춘기 동안 비행이나 범죄에 별로 가담하지 않는다. • 아들은 상대적으로 자유롭게 위험하거나 일탈적인 행동들을 저지른다. • 또한 아들은 어려서부터 다른 사람을 통제하는 데 익숙해지도록 사회화되어, 그 결과 여자형제에 비해 더 많은 범죄와 비행을 저지르게 된다. • 종합하면, 가부장적 가정은 양성 평등적 가정보다 청소년비행에 있어 성별 차이가 크다.
양성 평등적 가정	• 딸과 아들에 대한 부모의 감시와 통제가 별반 다르지 않다. • 젠더 사회화를 통해 자녀들이 고정된 성역할을 받아들이도록 하지도 않는다. • 양성 평등적 가정에서는 자녀들이 저지르는 비행과 범죄의 정도에 있어서 성별 차이가 뚜렷하게 나타나지 않는다.

③ [○] 헤이건은 마르크스주의 범죄이론과 페미니스트 범죄이론과 같은 비판적 범죄학을 사회통제이론과 결합한 통합이론을 제시하며, 사회의 계급구조와 전통적 가부장제가 어떻게 가정 내에서 자녀의 성별에 따른 차별적인 양육방식으로 적용되고, 범죄성의 차이로 이어지는지 설명하고자 하였다. 권력통제이론은 모든 성인 가족구성원이 그가 속한 직장과 가정에서 특정한 권력적 지위를 차지하고 있다고 전제하고, 직장에서의 권력적 지위는 가정 내에서 가족구성원들과의 사회적 관계 속에 작동되는 권력과 밀접하게 연관되어 있다고 가정한다. 헤이건은 부모의 직장에서의 권력적 지위가 부부 간의 권력관계에 반영되고, 이는 자녀에 대한 감독·통제 수준과 연계된다고 하였다.

정답 ③

05 다음 〈보기〉는 통합이론 및 발달이론에 대한 학자들의 주장을 나열한 것이다. 〈보기〉의 내용을 주장한 학자를 가장 옳게 짝지은 것은?

2024. 해경 경위

┤ 보기 ├

⊙ 연령에 따른 범죄행위의 지속성과 가변성이 인생의 중요한 전환기에 발생하는 사건과 그 결과에 영향을 받는다.

⊙ 비행청소년이 되어가는 경로를 조기 개시형(early starters)과 만기 개시형(late starters)으로 구분하였다.

ⓒ 범죄자를 청소년기 한정형(adolescent-limited)과 생애지속형(life-course persistent)으로 분류하였다.

	⊙	⊙	ⓒ
①	패터슨(Patterson)	샘슨(Sampson)과 라웁(Laub)	모핏(Moffitt)
②	모핏(Moffitt)	패터슨(Patterson)	샘슨(Sampson)과 라웁(Laub)
③	샘슨(Sampson)과 라웁(Laub)	패터슨(Patterson)	모핏(Moffitt)
④	샘슨(Sampson)과 라웁(Laub)	모핏(Moffitt)	패터슨(Patterson)

정답 및 해설

⊙ 샘슨과 라웁의 생애과정이론은 다른 발달범죄학 이론들과 마찬가지로 어린아이에서 성인에 이르는 과정에 범죄성이 지속되거나 범죄가 중단되는 현상을 설명하고자 했다. 또한 범죄행위의 지속성과 가변성이 어린 시절의 특성이나 경험에 의해 결정된다기보다는 인생의 중요한 전환기에 발생하는 사건들과 그 결과에 의해 영향을 받는다고 보았다.

⊙ 패터슨은 성장과정 속에서 아동의 문제행동과 주변 환경 간의 상호작용을 통해 반사회성이 형성되는 점에 주목하였으며, 비행청소년이 되어가는 두 가지 경로에 따라 조기 개시형(초기 진입자)과 만기 개시형(후기 진입자)으로 구분하였다.

ⓒ 모핏은 신경심리학, 낙인이론, 긴장이론의 입장에서 범죄경력의 발전과정을 설명하였고, 생물사회이론 범죄학자답게 생물학적 특성을 보다 강조하였다. 패터슨의 유형화와 비슷하게 범죄자를 청소년기 한정형 범죄자와 인생(생애)지속형 범죄자로 분류하고, 청소년기 한정형 범죄자보다 인생지속형 범죄자가 정신건강상의 문제를 더 많이 가지고 있다고 하였다.

정답 ③

제3편

범죄현상과
범죄유형론

제17장 범죄현상론

제1절 | 환경과 범죄

01

환경과 범죄현상에 대한 설명으로 옳지 않은 것은?

2010. 보호 7급

① 급격한 도시화는 인구의 이동이나 집중으로 인해 그 지역의 사회관계의 혼란을 초래하고, 지역 사회의 연대를 어렵게 하여 범죄의 증가를 초래할 수 있다고 한다.

② 케틀레(A. Quetelet)는 인신범죄는 따뜻한 지방에서, 재산범죄는 추운 지방에서 상대적으로 많이 발생한다고 한다.

③ 경기와 범죄는 상관관계가 없다는 주장도 있지만, 일반적으로 불황기에는 호황기에 비해 재산 범죄가 많이 발생한다고 한다.

④ 전체주의 사회에서는 소수집단의 공격성 때문에 다수집단의 구성원이 대량 희생되어 모든 범죄가 전체적으로 감소하게 된다고 한다.

정답 및 해설

④ [×] 전제적 강권정치가 횡행하는 시기에는 힘에 밀려 일반범죄가 감소한다는 주장도 있다. 즉, 전체주의 사회체제의 범죄율은 자유·민주국가의 경우보다 일반적으로 낮다는 주장이다. 전체주의 사회에서는 다수집단의 공격성 때문에 소수집단의 구성원이 희생되어 범죄가 전체적으로 감소하게 된다고 한다. 일정한 정치적 이데올로기의 열병이 사회를 지배하게 되면 그 사회를 구성하는 다수집단의 가치합의가 강화되고 전체주의적 성격을 띠게 됨으로써 일시적으로는 범죄를 감소시키는 효과를 가질 수도 있다. 그러나 이러한 효과는 언제나 다수집단의 공격성이 희생양으로 삼는 소수집단 내지 소외집단의 희생 위에서만 가능하다.

정답 ④

02

클리나드(Clinard)의 도시화에 따라서 발생하는 범죄경향의 네 가지 단계에 대한 설명으로 옳지 않은 것은?

① 부족문화 단계에서 범죄는 낮은 수준을 유지한다.

② 근대화 단계에서는 범죄가 현저하게 증가한다.

③ 교육, 경제, 사회서비스 부문의 개선 단계에서는 소속 구성원들의 높은 욕구수준으로 범죄 증가 경향을 보인다.

④ 미래 복지사회 단계에서 소외계층이 형성된다.

클리나드(Clinard)의 도시화 4단계

부족문화 단계	거의 완벽하게 통합된 부족집단에 의하여 소속 구성원들이 통제됨으로써 범죄는 낮은 수준을 유지한다.
근대화 단계	빠른 도시화가 가족의 유대를 약화시키고, 많은 농촌 주민들이 도시로 집중하게 됨으로써 전통적인 부족의 결속력과 전통적 관습의 통제력이 약화되어 범죄가 현저하게 증가한다.
교육·경제·사회서비스 부문의 개선 단계	새로운 공동체의 가치와 규범이 형성되고 주민들은 이러한 가치규범에 동조함으로써 범죄가 감소한다.
미래 복지사회 단계	소속 구성원들의 높은 욕구수준, 사회공동체로부터 야기된 불안감, 극단적인 개인주의, 한정된 사람들과의 인간관계 및 의사소통 등으로 인해 사회적으로 소외된 일탈집단이 형성될 가능성이 있다.

정답 ③

03 룬덴(Lunden)의 지역사회 범죄발생론에 대한 설명으로 옳지 않은 것은?

① 산업사회와 도시는 전통사회와 농촌보다 범죄발생률이 높다.
② 상호적·공식적 계약에 의한 사회는 가족적·종족적 연대에 의한 사회보다 범죄율이 낮다.
③ 공식적 규범과 비공식적 규범 간의 갈등이 심한 사회는 두 요소가 일치하는 사회보다 범죄율이 높다.
④ 홍수, 지진 등의 갑작스런 재해는 도덕과 규범적 통제를 약화시켜 범죄발생을 증가시킨다.
⑤ 계급 간의 차이가 큰 사회는 계급 간의 차이가 작은 사회보다 범죄율이 높다.

② [×] 상호적·공식적 계약에 의한 사회는 가족적·종족적 연대에 의한 사회보다 범죄율이 높다.

정답 ②

04 경제환경과 범죄에 대한 설명으로 옳지 않은 것은?   2011. 사시

① 글룩(Glueck) 부부는 절대적 빈곤과 범죄가 비례한다고 주장한다.
② 봉거(W. Bonger)는 자본주의의 경쟁적·착취적 특성이 불가피하게 범죄를 야기한다고 한다.
③ 엑스너(F. Exner)는 불경기와 범죄는 상관관계가 없다고 주장한다.
④ 토비(J. Toby)는 자신이 속한 사회에서 스스로 느끼고 경험하는 상대적 결핍감이 범죄원인이 된다고 한다.
⑤ 렝거(E. Renger)는 실질임금에 대한 범죄의 의존성을 지적한다.

③ [×] 엑스너(Exner)는 독일의 범죄학자로 1882년에서 1936년까지 범죄통계를 기초로 경제발전과 범죄와의 관계를 연구하였으며, 경제여건과의 관련성에서 인플레이션은 범죄에 중요한 변동을 가져왔다고 하였다.

정답 ③

05 부유지역과 빈곤지역에서의 범죄율을 비교하여 상대적 빈곤이 범죄의 원인이라고 주장한 학자는?

☐☐☐   ① 서덜랜드(Sutherland)   ② 케틀레(Quetelet)

    ③ 쉐프(Scheff)   ④ 랑게(Lange)

    ⑤ 아들러(Adler)

정답 및 해설

② [○] 케틀레(Quetelet), 스토우퍼(Stouffer), 머튼(Merton), 토비(Toby)는 범죄발생에 있어 빈곤의 영향은 단지 하류계층에 국한된 현상이 아니라 어떤 계층이든지 느낄 수 있는 것이기 때문에 광범위한 사회계층에 작용한다는 상대적 빈곤이 범죄원인이라 주장한다.

정답 ②

06 빈곤과 범죄에 대한 설명으로 옳지 않은 것은?

☐☐☐   ① 과거 절대적 빈곤에 따른 재산범 등의 연구에서 최근에는 상대적 빈곤으로 인한 박탈감이나 열등감, 목표와 수단의 좌절 등의 요인을 연구하는 방향으로 발전되고 있다.

    ② 일반적으로 빈곤과 관련한 범죄원인연구 결과는 절대적 빈곤과 범죄의 상관성을 인정하는 추세이다.

    ③ 상대적 빈곤은 타인과 비교함으로써 느끼는 심리적 박탈감을 뜻하는 것으로 이러한 연구결과는 범죄발생에 있어 빈곤의 영향은 단지 하류계층에 국한된 현상이 아니라 어떤 계층이든지 느낄 수 있는 것이기 때문에 광범위한 사회계층에 작용하는 문제라고 한다.

    ④ 밀러(Miller)는 빈민 유형을 안정된 빈민, 긴장된 빈민 2가지 유형으로 나눈다.

정답 및 해설

④ [×] 밀러는 빈민 유형을 4가지로 나눈다.

💡 밀러(Miller)의 빈민 유형과 범죄와의 관계	
안정된 빈민	가족관계와 직업 양 측면에서 안정적이다.
긴장된 빈민	경제면에서는 다소 안정적이나 가족 간의 인간관계에 문제가 있어 불안정적이므로, 문제아가 발생할 가능성이 있다.
노력하는 빈민	경제면에서는 다소 불안정하나, 가족관계가 건전하여 문제를 일으키지 않는다.
불안정한 빈민	가족관계 및 경제면에 모두 불안정하여 가장 문제시되는 유형으로 소년비행이나 성인범죄가 발생할 가능성이 있다.

정답 ④

07 경제상태와 범죄에 대한 설명으로 옳지 않은 것은?

① 봉거(Bonger)는 『경제적 조건과 범죄성』을 통해 경제적 결정설의 입장에서 사회주의적 범죄관인 환경설을 최초로 주장하였다.

② 반칸(Van Kan)은 자본주의 사회를 범죄의 온상으로 보았지만, 빈곤의 문제는 개인적인 문제로 보고 빈곤의 범죄결정력을 비판했다.

③ 엑스너(Exner)는 독일의 범죄학자로 1882~1936년까지 범죄통계를 기초로 경제발전과 범죄와의 관계를 연구하였다.

④ 마이어(Mayer)는 곡가변동과 절도범의 상관관계를 최초로 연구하였다.

정답 및 해설

② [×] 반칸(Van Kan)은 자본주의 사회를 범죄의 온상으로 보고 빈곤의 범죄결정력에 주목하였다.

정답 ②

08 매스컴과 범죄의 관계에 대한 설명으로 옳지 않은 것은?　　2012. 사시

① 자극성가설에 의하면 매스컴이 묘사하는 범죄실행장면이 모방심리를 자극함으로써 범죄를 유발한다고 한다.

② 카타르시스가설에 의하면 일반인들이 매스컴의 범죄장면을 보고 스스로 카타르시스를 얻기 위해 범죄행위에 나설 수 있기 때문에 매스컴이 범죄를 유발한다고 한다.

③ 습관성가설에 의하면 매스컴의 폭력장면에 장기적으로 노출되다 보면 폭력에 무감각해지고 범죄를 미화하는 가치관이 형성되므로 범죄가 유발된다고 한다.

④ 억제가설에 의하면 매스컴의 범죄묘사는 폭력피해에 대한 책임감과 보복에 대한 공포심을 불러일으켜 일반인들의 공격적 성향을 억제한다고 한다.

⑤ 텔레비전이 가족의 대화를 단절시키고 구성원을 고립시킴으로써 범죄를 유발한다는 주장도 제기된다.

정답 및 해설

② [×] 카타르시스가설이란 매스컴의 범죄에 대한 영향력을 부정하는 견해(범죄억제기능)로, 영화 속의 폭력 시청은 시청자로 하여금 자기가 하지 못하는 폭력행위에 대해 대리만족을 얻게 하고, 그의 공격적 성향을 자제시킨다는 이론이다.

정답 ②

09 환경과 범죄원인에 대한 설명으로 옳지 않은 것은?　　2016. 보호 7급

① 물가와 범죄의 관계에 대한 경험적 연구는 주로 곡물류 가격과 범죄의 관계를 대상으로 하였다.

② 계절과 범죄의 관계에 대한 연구에 의하면 성범죄와 폭력범죄는 추울 때보다 더울 때에 더 많이 발생한다고 알려져 있다.

③ 범죄인자 접촉빈도와 범죄발생과의 관계에 대한 이론인 습관성가설은 마약범죄 발생의 원인규명에 주로 활용되었다.

④ 엑스너(Exner)는 전쟁을 진행 단계별로 나누어 전쟁과 범죄의 관련성을 설명하였다.

① [○] **곡물 가격과 범죄의 관계**: 식량비의 변동은 재산범죄에 정비례하고 임금변동과 재산범은 반비례한다.
② [○] 케틀레(Quetelet)는 인신범죄는 따뜻한 지방에서, 재산범죄는 추운 지방에서 상대적으로 많이 발생한다고 한다.
③ [×] 범죄인자 접촉빈도와 범죄발생과의 관계에 대한 이론인 습관성가설은 매스컴과 범죄의 관계에 대한 이론으로 매스컴의 폭력장면을 장기적으로 보게 되면 범죄행위에 대해 무감각하게 되고, 범죄를 미화하는 가치관이 형성되어서 장기적으로 범죄가 유발된다는 것이다. 마약범죄 발생의 원인규명에 주로 활용되는 것은 도파민가설이다. 도파민가설에 의하면 마약중독은 인체가 약물에 의해 도파민의 적정량을 유지하는 기능을 상실했을 때 발생한다고 한다.
④ [○] 엑스너(Exner)는 제1차 세계대전 당시 독일의 범죄현상에 대해 연구하여, 전쟁의 추이가 범죄에 미치는 영향을 네 단계(감격기, 의무이행기, 피로기, 붕괴기)로 나누어 전쟁과 범죄의 관련성을 설명하였다.

정답 ③

10 사회 · 문화적 환경과 범죄에 대한 설명으로 옳지 않은 것은?

2022. 보호 7급

① 체스니 – 린드(Chesney-Lind)는 여성범죄자가 남성범죄자보다 더 엄격하게 처벌받으며, 특히 성(性)과 관련된 범죄에서는 더욱 그렇다고 주장하였다.
② 스토우퍼(Stouffer), 머튼(Merton) 등은 상대적 빈곤론을 주장하면서 범죄발생에 있어 빈곤의 영향은 단지 빈곤계층에 국한된 현상이 아니라고 지적하였다.
③ 매스컴과 범죄에 대하여 '카타르시스 가설'과 '억제가설'은 매스컴의 역기능성을 강조하는 이론이다.
④ 서덜랜드(Sutherland)는 화이트칼라범죄를 직업활동과 관련하여 존경과 높은 지위를 가지고 있는 사람이 저지르는 범죄라고 정의했다.

정답 및 해설

① [○] 체스니 – 린드는 형사사법체계에서 여자청소년의 비행과 범죄는 남자청소년에 비해 더 엄한 법적 처벌을 받는다며 소년범들의 성별에 따른 차별적 대우가 존재한다고 보았으며, 특히 성(性)과 관련된 범죄에서는 더욱 그렇다고 주장하였다.
② [○] 상대적 빈곤은 타인과 비교함으로써 느끼는 심리적 박탈감을 뜻하는 것으로, 이러한 연구결과는 범죄발생에 있어 빈곤의 영향은 단지 하류계층에 국한된 현상이 아니라 어떤 계층이든지 느낄 수 있는 것이기 때문에 광범위한 사회계층에 작용하는 문제라고 지적한다. 케틀레(Quetelet), 스토우퍼(Stouffer), 머튼(Merton), 토비(Toby) 등이 상대적 빈곤론을 주장하였다.
③ [×] 매스컴의 범죄무관론(범죄억제기능, 매스컴의 순기능, 정화론적 입장)에는 민감화작용, 정화작용(카타르시스), 문화계발이론, 억제가설 등이 있다. 매스컴의 범죄유관론(매스컴의 역기능, 학습이론적 입장)에는 단기(직접) 효과이론, 장기(간접) 효과이론, 공동연대성 해체 작용 등이 있다.
④ [○] 화이트칼라범죄라는 용어는 상류계층의 사람이나 권력이 있는 사람들이 자신의 직업활동 과정에서 자신의 지위를 이용하여 저지르는 범죄를 의미하며, 1939년 서덜랜드가 부유한 사람과 권력 있는 사람들의 범죄활동을 기술하기 위해 처음 사용한 용어이다.

정답 ③

11 가정환경과 범죄와의 관계에 대한 설명으로 옳지 않은 것은?

① 결손가정이란 양친 전부 또는 일방이 결손된 가정을 말한다.
② 빈곤가정의 경우 빈곤 그 자체보다도 간접적인 원인에 의해 범죄와 친화력이 높다.
③ 부도덕가정이란 가족 간에 심리적 갈등이 있어 인간관계의 융화가 결여된 가정을 말한다.
④ 시설가정이란 고아원 기타 아동양육시설이 가정의 역할을 하는 경우이다.

정답 및 해설

③ [×] 갈등가정에 대한 설명이며, 부도덕가정이란 반드시 범죄자가 아니더라도 사회적 부적응자(전과자 또는 정신질환자, 이복형제 등)가 가족의 구성원으로 되어 있는 가정을 말한다.

정답 ③

12 엑스너(Exner)의 전쟁과 범죄의 관련성에 대한 설명으로 옳지 않은 것은?

① 감격기인 전쟁발발단계에는 국민적 불안감이 증폭되면서 범죄 발생은 급격하게 증가한다.
② 전쟁이 어느 정도 진행되는 단계인 의무이행기에는 물자가 부족하게 되지만 국민은 각자 인내심을 가지고 의무를 이행하여 범죄율에는 특별한 변화가 없게 된다.
③ 전쟁이 장기화된 단계인 피로기에는 인내심의 약화로 범죄는 증가하게 된다. 특히 청소년범죄와 여성범죄가 늘어난다.
④ 패전이 임박한 단계(붕괴기)에는 도덕심이 극도로 약화되어 각종 범죄가 급속히 증가한다.

정답 및 해설

① [×] 감격기인 전쟁발발단계에는 국민적 통합 분위기에 의해 범죄발생이 감소한다.

정답 ①

제18장 범죄인 유형분류

제1절 | 초기실증주의 범죄유형론

01 다음 설명 중 옳지 않은 것은?

2014. 보호 7급

① 롬브로조(Lombroso)는 범죄인류학적 입장에서 범죄인을 분류하였으나, 페리(Ferri)는 롬브로조가 생물학적 범죄원인에 집중한 나머지 범죄인의 사회적 영향을 무시한다고 비판하고 범죄사회학적 요인을 고려하여 범죄인을 분류하였다.

② 가로팔로(Garofalo)는 생물학적 요소에 사회심리학적 요소를 덧붙여 범죄인을 자연범과 법정범으로 구분하고, 과실범은 처벌하지 말 것을 주장하였다.

③ 아샤펜부르그(Aschaffenburg)는 개인적 요인과 환경적 요인을 결합하여 범죄인으로부터 생겨나는 법적 위험성을 기준으로 범죄인을 분류하였다.

④ 리스트(Liszt)는 형벌의 목적을 개선, 위하, 무해화로 나누고 선천적으로 범죄성향이 있으나 개선이 가능한 자에 대해서는 개선을 위한 형벌을 부과해야 한다고 하면서, 이러한 자에 대해서는 단기자유형이 효과적이라고 주장하였다.

정답 및 해설

④ [×] 선천적·후천적으로 범죄성향이 있으나 개선이 가능한 자에 대해서는 개선을 위한 형벌을 부과하여야 한다. 다만, 단기자유형은 피해야 한다고 주장했다.

정답 ④

02 형사정책의 연구대상인 범죄와 범죄인분류에 대한 설명으로 옳은 것은?

2011. 사시

① 그룰레(H. Gruhle)는 범죄를 자연범과 법정범으로 구분한다.

② 젤리히(E. Seelig)는 성격학, 유전생물학, 범죄심리학, 범죄사회학, 형사정책학 등을 기준으로 범죄인을 분류한다.

③ 슈툼플(F. Stumpfl)은 범죄인의 인격적 특성과 행동양식을 종합하여 범죄인을 8가지 유형으로 분류한다.

④ 아샤펜부르그(G. Aschaffenburg)는 개인적 요인과 환경적 요인을 고려하여 범죄인을 7가지 유형으로 분류한다.

⑤ 국제형사학협회(IKV)는 범죄인을 기회범과 상태범으로 분류한다.

정답 및 해설

① [×] 범죄인 분류를 자연범과 법정범으로 구분한 이는 가로팔로(Garofalo)이다.

② [×] 젤리히(Seelig)는 범죄인의 인격적 특성과 행동양식의 양면을 종합하여 8가지 유형으로 분류하였고, 성격학, 유전생물학, 범죄심리학, 범죄사회학, 형사정책학 등 다원적 기준에 의해 범죄인의 유형을 분류한 학자는 엑스너(Exner)이다.

③ [×] 슈툼플(Stumpfl)의 범죄인 분류는 범죄인의 성격적 태도에 의한 분류(경범죄인, 중범죄인)와 범죄인의 장래에 대한 징후를 기준으로 한 분류(조발성 범죄인, 지발성 범죄인)가 있다.

④ [○] 아샤펜부르그(Aschaffenburg)는 범죄인의 행위로 인한 법적 안정성의 위험성 정도를 기준으로 국제형사학협회(I.K.V)의 분류(3분법)를 세분화하여 7가지 유형으로 분류(7분법)하였는데, 가장 전통적인 분류방법으로 이해된다.

⑤ [×] 국제형사학협회(I.K.V)는 행위자의 사회적 위험성 관점에서 개선가능(순간적 범죄인), 개선곤란(사회생활 적응능력이 약화된 자), 개선불가능(사회적응을 기대할 수 없는 자)로 범죄인을 분류하였다.

💡 아샤펜부르그의 범죄인 분류

우발범죄인	과실에 의한 범죄로 법적 안정성을 해롭게 할 의도는 발견할 수 없으나 사회방위의 관점에서 적당한 대책이 필요한 자
격정범죄인	순간적인 정서의 폭발로 인해 범죄를 저지르는 자로 해를 끼치려는 의도는 적지만 위험성이 있으므로 일정한 조치가 필요한 자
기회범죄인	• 격정범죄인과 유사하지만 감정·흥분 때문이 아니라 우연한 기회가 동기가 되어 범죄를 하는 자 • 사려 부족이나 유혹에 잘 빠지는 것이 특징
예비·모의범죄인	• 기회를 노리고 찾으려는 자로 고도의 공공위험성을 보임 • 사전에 심사숙고하여 냉정한 계획 하에 죄를 범한 자(사전 범죄계획)
누범범죄인	범죄를 반복하는 자로 전과 유무를 불문하고 심리적 동기에서 범행을 반복하는 자
관습범죄인	부랑자나 성매매 여성 기타 범죄적 환경에서 형벌을 불명예로 보지 않고 범죄에 익숙하여 나태와 무기력으로 살아가는 자
직업범죄인	지능적 방법에 의한 사기나 조직적 인신매매, 대규모 절도 등과 같이 적극적 범죄 욕구를 가진 자로 환경보다는 이상성격이 그 원인이 되는 경우가 많음

정답 ④

제2절 | 범죄유형론의 다양화

01 다음의 학자들이 사용한 유형분류의 기준이 아닌 것은?

2023(73). 경위

ㄱ 가로팔로(Garofalo)의 범죄자유형
ㄴ 페리(Ferri)의 범죄자유형
ㄷ 린드스미스와 던햄(Lindesmith & Dunham)의 범죄유형
ㄹ 클리나드(Clinard)의 범죄유형
ㅁ 트레비노(Trevino)의 범죄유형

① 개인적 유형화(Individualistic Typologies)
② 법률적 유형화(Legalistic Typologies)
③ 사회적 유형화(Social Typologies)
④ 다차원적 유형화(Multi-Dimensional Typologies)

정답 및 해설

범죄유형화의 기준
• 법률적 유형화
• 사회적 유형화: ㄷ
• 개인적 유형화: ㄱ, ㄴ
• 다차원적 유형화: ㄹ, ㅁ

정답 ②

제1절 | 살인

01 홈즈와 드버거(Holmes & DeBurger)의 연쇄살인범 유형 중 다음 사례에 해당하는 것으로 가장 적절한 것은?

2024(74). 경위

> 연쇄살인범 A는 보험금을 노리고 가족과 지인 등을 대상으로 범행을 저질렀다. A의 범행으로 5명이 사망하고 5명이 실명하였으며 1명이 화상을 입었다. 사망한 사람은 A의 첫 번째와 두 번째 남편, 친아들과 친딸, 지인의 남편이었고, 실명한 사람은 친모와 친오빠 등이었다.

① 망상형 연쇄살인범(Visionary Serial Killers)
② 사명형 연쇄살인범(Mission-Oriented Serial Killers)
③ 쾌락형 연쇄살인범(Hedonistic Serial Killers)
④ 권력형 연쇄살인범(Power-Control Serial Killers)

정답 및 해설

① [×] 망상형 연쇄살인범은 환청이나 환각 등의 망상증을 포함한 정신적 장애를 앓고 있는 자가 누군가를 살해해야 한다는 망상 때문에 살인을 하는 유형이다.
② [×] 사명형 연쇄살인범은 정상인이 특정 집단에 대한 혐오 등의 이유로 특정한 사람들을 세상에서 제거해야 한다는 신념으로 살해하는 유형을 말한다.
③ [○] 쾌락형 연쇄살인범은 본인의 쾌락을 충족하기 위해 살해를 하는 유형을 말한다. 쾌락의 유형에 따라, 성적 욕구를 충족하기 위한 성욕형, 피해자의 고통을 즐기면서 쾌감을 느끼는 스릴형, 경제적 이익을 목적으로 하는 재물형으로 세분된다.
④ [×] 권력형 연쇄살인범은 피해자를 완전히 지배할 수 있다는 정복감과 힘의 우위를 통한 만족감을 얻기 위해 타인을 살해하는 유형을 말한다.

정답 ③

02 홈즈와 드버거(Holmes & DeBurger)의 연쇄살인범 유형에 대한 설명으로 가장 적절하지 않은 것은?

2023(73). 경위

① 망상형(Visionary Serial Killers) - 환각, 환청 또는 망상이 살인의 원인이 된다. 정신적 장애를 수반하며 망상형 연쇄살인범은 신의 지시 명령에 따른 것이라고 주장하기도 한다.
② 사명형(Mission-Oriented Serial Killers) - 성매매 여성, 동성애자, 범죄자 같은 특정 유형의 사람들을 사회에서 제거해야 한다는 신념으로 살해하는 경우로 정신이상이 아니며 환청이나 환각을 경험하지 않는다.
③ 쾌락형(Hedonistic Serial Killers) - 본인의 쾌락을 충족하기 위해 살해하는 유형으로 이들이 추구하는 쾌락에 따라 성욕형, 스릴형, 재물형으로 구분할 수 있다.
④ 권력형(Power/Control Serial Killers) - 정치적·경제적 권력을 쟁취하기 위하여 자신에게 방해되는 사람들을 무자비하게 살해하는 폭군이나 독재자 같은 포식자 유형이다.

④ [×] 홈즈와 드버거(Holmes & DeBurger, 1988)는 연쇄 살인범을 범행 동기와 특성에 따라 망상형, 사명형, 쾌락형, 권력형으로 분류했다. 권력형 연쇄살인범은 피해자를 완전히 지배할 수 있다는 정복감과 힘의 우위를 통한 만족감을 얻기 위해 타인을 살해하는 유형을 말한다. 권력형 연쇄살인범은 다른 사람을 통제하고 힘을 휘두르고 싶어 하는 사람으로 피해자의 삶과 죽음을 완전히 통제하는 과정에서 오는 만족감 때문에 살인을 한다. 이들은 범행대상자의 삶 자체를 통제하려 하고 이들을 지배할 수 있다는 정복감을 느끼려고 한다. 이들의 피해자는 주로 여성, 노인, 어린이 대상이 많다. 많은 연쇄살인범들의 살인행동 원천은 성적인 즐거움을 추구하기 위한 것이 아닌 피해자를 통제하려는 만족에서 나온다. 이 유형 중에 성적인 면모를 띠고 있는 연쇄살인범들은 성적 만족감이 살인을 위한 부차적인 것이지 주요 요인은 아니다. 이들의 과거력을 살펴보면, 성장과정에서 권위적인 인물이나 가족들로부터 부정적인 영향을 가진 경우가 많으며, 자아상에 문제가 있는 경향이 있다.

정답 ④

03 폭스(Fox)와 레빈(Levin)이 분류한 대량 살인범의 유형에 포함되지 않는 것은?

2023. 해경 경위

① 복수형 살인범(Revenge Killers)
② 사명형 살인범(Mission Killers)
③ 이익형 살인범(Profit Killers)
④ 사랑형 살인범(Love Killers)

② [×] 복수의 피해자를 가지는 살인 범죄 일반을 지칭하는 다수살인(multiple murder) 중 대량살인은 복수의 피해자를 같은 장소에서 살해하는 행위를 말한다. 대량살인의 개념에 대해서 폭스(Fox)와 레빈(Levin)은 4명 이상의 피해자를 가지는 것을 대량살인이라 지칭했으며, 홈즈(Holmes)와 홈즈(Holmes)는 3명 이상의 피해자를 가지는 것을 대량살인이라 지칭하고 있다.

 대량살인의 범죄자 분류

㉠ 폭스(Fox)와 레빈(Levin)은 복수형 살인범(Revenge Killers), 사랑형 살인범(Love Killers), 이익형 살인범(Profit Killers), 테러형 살인범(terror Killers)으로 구분하였다.
㉡ 디츠(Dietz)는 가족학살자(family annihilator), 무기도착자(pseudo-commandos), 설치 – 도주형 살인자(set-and-runkillers) 등의 세 유형으로 구분하였다.
㉢ 홈즈(Holmes)와 홈즈(Holmes)는 디츠(Dietz)의 세 유형에 더해 추종자(disciples), 불만 많은 피고용자(disgruntled employees), 불만 많은 시민(disgruntled citizens), 미친 대량살인자(psychotic mass murderers) 등의 네 가지의 유형을 추가하여 모두 일곱 가지의 유형으로 구분하였다.

정답 ②

04 다음 (　　) 안에 들어갈 내용으로 가장 적절한 것은?

> 살인범죄는 피해자의 수에 따라 일반살인과 다수(다중)살인으로 구분할 수 있다. 보통 일반살인은 피해자가 1명인 경우를 말하며, 다수살인은 피해자가 2~4명 이상인 경우를 의미한다. 다수살인을 시간과 장소에 따라 보다 세분화하면, (　㉠　)은 한 사건에서 다수의 피해자를 발생시키는 행위를 말하고, (　㉡　)은 심리적 냉각기를 거치지 않고 여러 장소를 옮겨 다니면서 살해하는 행위이며, (　㉢　)은 한 사건과 그 다음 사건 사이에 심리적 냉각기가 존재하는 살인행위를 의미한다.

① ㉠ 대량살인　㉡ 연쇄살인　㉢ 연속살인
② ㉠ 연속살인　㉡ 연쇄살인　㉢ 대량살인
③ ㉠ 대량살인　㉡ 연속살인　㉢ 연쇄살인
④ ㉠ 연속살인　㉡ 연속살인　㉢ 대량살인

정답 및 해설

③ [○] ㉠ 대량살인, ㉡ 연속살인, ㉢ 연쇄살인이다.

> 💡 **피해자 수에 따른 구분**
>
> 1. 피해자 수에 따라 살인의 유형은 크게 희생자가 한 명인 개인 사이에 발생하는 일반살인과 2명 이상의 피해자가 발생하는 다중살인으로 구분되고, 다중살인은 대량살인, 연속살인, 연쇄살인으로 세분된다.
>
> | 대량살인 | 한 장소에서 4명 이상의 희생자가 발생하는 경우를 말한다. |
> |---|---|
> | 연속살인,
연쇄살인 | 한 사건이나 한 장소가 아닌 여러 장소를 이동하며 살인이 발생하는 경우를 말한다. |
>
> 2. 연속살인과 연쇄살인은 한 사건과 다음 사건 사이에 일정 기간의 심리적 냉각기(일반적으로 만 24시간 이상을 의미)의 존재 여부에 따라 구분된다.
>
> | 연속살인 | 심리적 냉각기가 없이 여러 장소를 이동하면서 복수의 사람을 살해하는 행위를 말한다. |
> |---|---|
> | 연쇄살인 | 사건과 사건 사이에 심리적 냉각기를 거친 후 복수의 사람을 살해하는 행위를 말한다. |

정답 ③

제2절 | 강도, 성폭력

01 그로스(Groth)의 폭력적 강간의 유형으로 가장 옳지 않은 것은?

① 가학성 변태성욕 강간
② 지배 강간
③ 스릴추구적 강간
④ 분노 강간

③ [×] 그로스(Groth)는 강간범을 분노강간, 지배강간, 가학성 변태성욕 강간으로 나누었다.

분노강간 (anger rape)	• 성욕이 억압된 분노를 표출하는 수단으로 사용될 때 발생한다. • 강간범의 목적은 상대방에게 가능한 더 깊은 상처를 주는 데 있다. • 스스로 통제할 수 없는 사건으로 무척 당황스럽거나 초조하거나 화가 난 후 갑자기 공격한다. • 보통 신체적 구타를 당해 동료, 친척, 사법기관의 동정심 등으로 정신적 고통은 덜 심하다.
지배강간 (power rape)	• 상대여성에 어떤 상처를 주고 싶어하지 않는 대신 상대여성을 성적으로 소유하고자 한다. • 목적은 성적지배이고, 목적달성을 위해 필요한 최소한의 폭력을 사용한다. • 지배강간범에게 성적만족감을 주지는 않는다. 여자친구나 아내와 좋은 관계를 유지하기도 한다. • 강간을 개인적 불안감을 표출하고, 이성애를 강조하며, 남성성을 유지하는 하나의 수단으로 사용한다. • 피해자는 보통 나이가 같거나 어린여자로 신체적 폭력이 잘 나타나지 않아 주위에서 피해자의 고통을 잘 이해하지 못하는 경우가 많다. • 피해자의 죄의식과 수치심이 증가하고 피해자는 자신의 인생이 끝났다고 생각한다.
가학성 변태성욕 강간 (sadistic rape)	• 성욕과 폭력이 동시에 수반된다. • 피해여성을 괴롭히고 묶고 고문하는 등 종교적 의시에 몰두한다. • 피해여성이 괴롭힘을 당하고 고통받기를 바라는 성격의 소유자라고 착각한다. • 강간범은 피해여성을 학대하고 목욕감을 안겨주고 수치심을 불러일으키게 함으로써 만족감을 느낀다. • 피해여성은 치명적인 상처를 받아 신체적 상처를 치유한 후에도 오랫동안 정신과 치료를 받아야 한다.

정답 ③

02 다음에서 설명하는 그로스(Groth)의 강간유형으로 가장 적절한 것은?　　　　　2023. 경찰2차

> 피해자를 자신의 통제 하에 놓고 싶어하는 강간으로, 여성을 성적으로 지배하기 위한 목적으로 행하는 강간의 유형이다.

① 권력형(지배형) 강간
② 분노형 강간
③ 스릴추구형 강간
④ 가학성 변태성욕 강간

① [○] 그로스(Groth)는 강간범을 분노형 강간, 지배형 강간, 가학성 변태성욕 강간으로 나누었다.

정답 ①

01 「가정폭력범죄의 처벌 등에 관한 특례법」에 대한 설명으로 적절하지 않은 것은 모두 몇 개인가?

2024(74). 경위

> ㉠ 피해자에게 고소할 법정대리인이나 친족이 없는 경우에 이해관계인이 신청하면 검사는 10일 이내에 고소할 수 있는 사람을 지정하여야 한다.
> ㉡ 검사는 가정폭력범죄로서 사건의 성질·동기 및 결과, 가정폭력행위자의 성행 등을 고려하여 이 법에 따른 보호처분을 하는 것이 적절하다고 인정하는 경우에는 가정보호사건으로 처리할 수 있다. 이 경우 검사는 피해자의 의사를 존중하여야 한다.
> ㉢ 법원은 가정폭력행위자에 대하여 유죄판결(선고유예는 제외한다)을 선고하거나 약식명령을 고지하는 경우에는 200시간의 범위에서 재범예방에 필요한 수강명령(「보호관찰 등에 관한 법률」에 따른 수강명령을 말한다)을 병과할 수 있다. 이 경우 수강명령은 형의 집행을 유예할 경우에는 그 집행유예기간이 종료된 다음날부터 6개월 이내에 집행한다.
> ㉣ 사법경찰관이 긴급임시조치를 한 때에는 지체 없이 검사에게 임시조치를 신청하고, 신청받은 검사는 법원에 임시조치를 청구하여야 한다. 이 경우 임시조치의 청구는 응급조치를 한 때부터 48시간 이내에 청구하여야 한다.

① 0개   ② 1개
③ 2개   ④ 3개

정답 및 해설

적절하지 않은 것은 ㉢, ㉣ 2개이다.
㉠ [○] 동법 제6조 제3항
㉡ [○] 동법 제9조 제1항
㉢ [×] 법원은 가정폭력행위자에 대하여 유죄판결(선고유예는 제외한다)을 선고하거나 약식명령을 고지하는 경우에는 200시간의 범위에서 재범예방에 필요한 수강명령(「보호관찰 등에 관한 법률」에 따른 수강명령을 말한다)을 병과할 수 있다. 이 경우 수강명령은 형의 집행을 유예할 경우에는 <u>그 집행유예기간 내에서 병과하고, 그 집행유예기간 내에 집행한다</u>(동법 제3조의2 제1항·제2항·제4항).
㉣ [×] 사법경찰관이 긴급임시조치를 한 때에는 지체 없이 검사에게 임시조치를 신청하고, 신청받은 검사는 법원에 임시조치를 청구하여야 한다. 이 경우 임시조치의 청구는 <u>긴급임시조치를 한 때부터 48시간 이내에 청구하여야 한다</u>(동법 제8조의3).

정답 ③

02 범죄유형에 대한 설명으로 가장 적절한 것은?

2024(74). 경위

① 화이트칼라 범죄는 사회적 지위가 높은 사람이 주로 직업 및 업무수행 과정에서 범하는 범죄를 의미하고, 피해가 직접적이고 암수범죄의 비율이 낮으며 선별적 형사소추가 문제된다.
② 화이트칼라 범죄는 범행동기에 따라 조직적 범죄와 직업적 범죄로 나눌 수 있는데, 직업적 범죄는 사기기만형, 시장통제형, 뇌물매수형, 기본권 침해형으로 구분된다.
③ 피해자 수에 따라 살인은 일반살인과 다중살인으로 구분되며 다중살인은 다시 한 사건과 다음 사건 사이에 심리적 냉각기의 존재 여부에 따라 연속살인과 대량살인으로 구분된다.
④ 「아동복지법」에서는 가정폭력에 아동을 노출시키는 행위를 정서적 학대에 포함한다.

① [×] 피해가 직접적이지 않고 간접적이고 장기간에 걸쳐 나타나는 경우가 많아 피해자의 피해의식이나 저항감이 낮다. 피해의 규모가 큰 반면 법률의 허점을 교묘히 이용하거나 권력과 결탁하여 조직적으로 은밀히 이루어지기 때문에 암수범죄가 많이 발생한다.

② [×] 조직적 범죄는 사기기만형, 시장통제형, 뇌물매수형, 기본권 침해형으로 구분되고, 직업적 범죄는 범죄자의 신분에 따라 기업범죄, 정부범죄, 전문가범죄 등으로 분류된다.

③ [×] 피해자 수에 따라 살인의 유형은 크게 희생자가 한 명인 개인 사이에 발생하는 일반살인과 2명 이상의 피해자가 발생하는 다중살인으로 구분되고, 다중살인은 대량살인, 연속살인, 연쇄살인으로 세분된다. 연속살인과 연쇄살인은 한 사건과 다음 사건 사이에 일정 기간의 심리적 냉각기(일반적으로 만 24시간 이상을 의미)의 존재 여부에 따라 구분된다.

④ [○] 누구든지 아동의 정신건강 및 발달에 해를 끼치는 정서적 학대행위(「가정폭력범죄의 처벌 등에 관한 특례법」 제2조 제1호에 따른 가정폭력에 아동을 노출시키는 행위로 인한 경우를 포함한다)를 하여서는 아니 된다(「아동복지법」 제17조 제5호).

정답 ④

03

2024. 해경 경위

다음 중 아동학대에 관한 설명으로 가장 옳지 않은 것은?

① 심리적 특징으로는 냉담한 태도로 사람을 피하면서 눈동자만은 끊임없이 주위를 살피며 위험이 있는지 탐색하는 '얼어붙은 감시상태(frozen watchfulness)'가 있다.

② 학대 피해자가 성인이 되어 폭력의 가해자가 될 가능성이 높은 폭력의 대물림이라는 특징이 있다.

③ 「아동학대범죄의 처벌 등에 관한 특례법」상 방임과 무관심도 아동학대의 유형에 해당한다.

④ 암수범죄가 많고, 장기간 은폐되는 특징이 있다.

① [×] 아동학대에 따른 아동의 심리적 이상반응은 회피형 애착과 대처 또는 얼어붙은 감시상태로 나타난다. 사람을 피하면서 눈동자만은 끊임없이 주위를 살피며 위험을 탐색하는 것은 회피적 대처에 해당한다.

> 💡 **아동학대에 따른 심리적 이상반응**
>
> ⊙ **회피형 애착(Avoidant Attachment)과 회피적 대처(Avoidant Coping)**
> 회피형 애착은 타인과의 친밀한 관계를 불편하게 느끼고 정서적 거리를 유지하려는 경향을 말한다. 타인에게 의존하기보다는 독립적이려고 하며, 감정 표현을 억제하고 상호작용에서 감정적으로 냉담한 모습을 보인다. 회피적 대처는 스트레스 상황이나 감정적으로 어려운 상황에서 문제를 직면하기보다는 회피하려는 행동을 말한다. 사람과의 상호작용에서 눈을 피하고 대화를 피하려는 것도 이러한 회피적 대처의 일환일 수 있다.
>
> ⊙ **얼어붙은 감시상태(frozen watchfulness)**
> 냉동 반응 혹은 동결반응으로 불리는 방어기제로, 공포, 위협, 또는 큰 불안 상황에서 사람이 반사적으로 "도망"이나 "싸움" 대신 "정지"하거나 "경직"되어 움직이지 않거나 반응하지 못하는 상태를 말한다.

② [○] 어릴 때 학대받은 경험이 있는 부모가 아동학대를 하는 경우가 많다.

③ [○] 아동학대란 「아동복지법」 제3조 제7호에 따른 아동학대를 말한다. 다만, 「유아교육법」과 「초·중등교육법」에 따른 교원의 정당한 교육활동과 학생생활지도는 아동학대로 보지 아니한다(「아동학대범죄의 처벌 등에 관한 특례법」 제2조 제3호). 아동학대란 보호자를 포함한 성인이 아동의 건강 또는 복지를 해치거나 정상적 발달을 저해할 수 있는 신체적·정신적·성적 폭력이나 가혹행위를 하는 것과 아동의 보호자가 아동을 유기하거나 방임하는 것을 말한다(「아동복지법」 제3조 제7호).

④ [○] 아동학대는 사건 대부분이 집안에서 은밀하게 벌어지다 보니 학대 사실을 파악하기조차 힘들어 대표적인 암수범죄로 꼽힌다.

정답 ①

01 다음 절도범죄와 관련한 내용으로 옳지 않은 것은?

① 절도란 타인의 재물을 불법적으로 취득하는 일련의 행위를 의미한다.
② 형법상 절도죄는 타인의 재물을 그 의사에 반하여 절취함으로써 성립하는 범죄로 절도, 야간주거침입절도, 특수절도, 자동차 등 불법 사용으로 구분된다.
③ 절도범의 특성은 절도범죄행위의 지속성에 따라 비상습적 절도범과 전문 절도범의 두 가지 관점에서 살펴볼 수 있다.
④ 비상습적 절도범은 범죄에서 얻을 수 있는 이익이 의사결정과정에서 가장 중요한 요인이 된다.

정답 및 해설

④ [×] 범죄에서 얻을 수 있는 이익이 의사결정과정에서 중요한 요인 중 하나인 것은 전문 절도범이다.

비상습적 절도범	• 매년 발생하는 절도 범죄 중에서 상당수는 비상습적 절도범에 의해 우발적으로 저질러지는 것으로 조사되었다. • 범죄를 저지를 기회나 상황적 유인이 있을 때 주로 발생한다. • 일반적으로 기술이 서툴고 충동적이며 무계획적으로 범행을 저지르는 경우가 대다수이다. • 동기화된 범죄자, 적절한 범행대상, 범죄를 억제할 수 있는 보호 및 감시의 부재라는 세 가지 요소가 시·공간에서 수렴되는 경우, 범죄의 발생이 커진다고 주장하는 일상활동이론적 측면에서 이해할 수 있다.
전문 절도범	• 범죄에서 얻을 수 있는 이익이 의사결정과정에서 중요한 요인 중 하나이다. • 즉, 우발적 범행이 아닌 경찰에 체포될 가능성을 최소화하면서 금전적 이익을 극대화하는 방법을 강구하고, 고도의 기술을 활용하여 매우 치밀하게 준비하여 실행에 옮긴다. • 범죄자들은 자신의 자유의지에 따라 범죄로 인한 경제적 혜택과 비용의 합리적 계산을 통해 범행 대상을 선정하고 이익이 비용보다 클 경우, 범죄의 확률이 높아진다는 합리적 선택이론의 관점으로 설명이 가능하다.

정답 ④

02 다음 사기범죄에 대한 설명으로 옳지 않은 것은?

① 형법에서는 사람을 기망하여 재물을 교부받거나 재산상 이익을 취득하는 것으로 규정하고 있고, 일반사기, 컴퓨터 등 사용사기, 준사기, 편의시설부정이용, 부당이득 등의 범죄행위를 포함한다.
② 경찰청 범죄분류에서는 사기, 컴퓨터 등 사용사기, 준사기, 편의시설부정이용, 부당이득을 지능범죄의 한 유형인 사기로 분류하고 있다.
③ 범죄자의 고의와 계획성에 따라 연성사기, 경성사기, 악성사기로 구분된다.
④ 연성사기는 처음부터 피해자를 기망하여 재산상 이익을 취득하는 사기행위를 말한다.

정답 및 해설

④ [×] 처음부터 피해자를 기망하여 재산성 이익을 취득하는 사기행위는 '경성사기'이다.

연성사기	처음부터 사기를 계획하지 않았지만 사업의 실패, 과다한 채무발생, 불의의 사고 등으로 인해 중간에 변제능력이 없어져 발생하는 사기범죄를 말한다.
경성사기	처음부터 피해자를 기망하여 재산상 이익을 취득하는 사기행위를 말한다.
악성사기	보이스피싱이나 다단계 투자사기와 같이 2인 이상이 공모한 계획적 사기행위를 의미한다.

정답 ④

제20장 특수범죄 유형

제1절 | 화이트칼라범죄

 01 화이트칼라 범죄의 통제방법 중 법을 따르도록 시장의 인센티브를 만들려는 시도로 행위자보다 행위에 초
점을 맞추는 전략으로 가장 옳은 것은?
2023. 해경 경위

① 분산전략　　　　　　　　　　　② 환원전략
③ 억제전략　　　　　　　　　　　④ 준수전략

정답 및 해설

④ [○] 준수전략은 법을 따르도록 시장의 인센티브를 만들려는 시도로 행위자보다 행위에 초점을 맞추는 전략이다.

정답 ④

 02 범죄유형에 대한 설명으로 가장 적절한 것은?
2024(74). 경위

① 화이트칼라 범죄는 사회적 지위가 높은 사람이 주로 직업 및 업무수행 과정에서 범하는 범죄를
의미하고, 피해가 직접적이고 암수범죄의 비율이 낮으며 선별적 형사소추가 문제된다.
② 화이트칼라 범죄는 범행동기에 따라 조직적 범죄와 직업적 범죄로 나눌 수 있는데, 직업적 범죄
는 사기기만형, 시장통제형, 뇌물매수형, 기본권 침해형으로 구분된다.
③ 피해자 수에 따라 살인은 일반살인과 다중살인으로 구분되며 다중살인은 다시 한 사건과 다음
사건 사이에 심리적 냉각기의 존재 여부에 따라 연속살인과 대량살인으로 구분된다.
④ 「아동복지법」에서는 가정폭력에 아동을 노출시키는 행위를 정서적 학대에 포함한다.

정답 및 해설

① [×] 피해가 직접적이지 않고 간접적이고 장기간에 걸쳐 나타나는 경우가 많아 피해자의 피해의식이나 저항감
이 낮다. 피해의 규모가 큰 반면 법률의 허점을 교묘히 이용하거나 권력과 결탁하여 조직적으로 은밀히 이루어
지기 때문에 암수범죄가 많이 발생한다.
② [×] 조직적 범죄는 사기기만형, 시장통제형, 뇌물매수형, 기본권 침해형으로 구분되고, 직업적 범죄는 범죄자의
신분에 따라 기업범죄, 정부범죄, 전문가범죄 등으로 분류된다.
③ [×] 피해자 수에 따라 살인의 유형은 크게 희생자가 한 명인 개인 사이에 발생하는 일반살인과 2명 이상의
피해자가 발생하는 다중살인으로 구분되고, 다중살인은 대량살인, 연속살인, 연쇄살인으로 세분된다. 연속살인과
연쇄살인은 한 사건과 다음 사건 사이에 일정 기간의 심리적 냉각기(일반적으로 만 24시간 이상을 의미)의 존재
여부에 따라 구분된다.
④ [○] 누구든지 아동의 정신건강 및 발달에 해를 끼치는 정서적 학대행위(「가정폭력범죄의 처벌 등에 관한 특례법」
제2조 제1호에 따른 가정폭력에 아동을 노출시키는 행위로 인한 경우를 포함)를 하여서는 아니 된다(「아동복지법」 제17조
제5호).

정답 ④

03 화이트칼라범죄(White-Collar Crime)에 대한 설명으로 옳지 않은 것은?

2022. 교정 7급

① 화이트칼라범죄는 경제적·사회적 제도에 대한 불신감을 조장하여 공중의 도덕심을 감소시키고 나아가 기업과 정부에 대한 신뢰를 훼손시킨다.

② 화이트칼라범죄의 폐해가 심각한 것은 청소년비행과 기타 하류계층 범인성의 표본이나 본보기가 된다는 사실이다.

③ 오늘날 화이트칼라범죄의 존재와 현실을 부정하는 사람은 없으나, 대체로 초기 서덜랜드(Sutherland)의 정의보다는 그 의미를 좁게 해석하여 개념과 적용범위를 엄격하게 적용하려는 경향이 있다.

④ 화이트칼라범죄는 피해규모가 큰 반면 법률의 허점을 교묘히 이용하거나 권력과 결탁하여 조직적으로 은밀히 이뤄지기 때문에 암수범죄가 많다.

정답 및 해설

③ [×] 오늘날 화이트칼라범죄의 존재와 현실을 부정하는 사람은 없으나, 대체로 초기 서덜랜드의 정의보다는 그 의미를 확대해석하여 화이트칼라범죄의 개념과 적용범위를 넓게 보는 경향이 있다. 즉, 서덜랜드가 정의하였던 사회적 지위와 직업적 과정이라는 두 가지 특성으로 화이트칼라범죄를 특정지었던 것을 중심으로 새롭게 개념을 재정립하게 되었다.

정답 ③

04 화이트칼라범죄에 대한 설명으로 옳지 않은 것으로만 묶인 것은?

2013. 보호 7급

> ㉠ 화이트칼라범죄는 사회지도층에 대한 신뢰를 파괴하고, 불신을 초래할 수 있다.
> ㉡ 화이트칼라범죄는 청소년비행이나 하류계층 범인성의 표본이나 본보기가 될 수 있다.
> ㉢ 화이트칼라범죄는 폭력성이 전혀 없다는 점에서 전통적인 범죄유형과 구별된다.
> ㉣ 화이트칼라범죄는 업무활동에 섞여 일어나기 때문에 적발이 용이하지 않고 증거수집이 어려운 특성이 있다.
> ㉤ 경제발전과 소득증대로 화이트칼라범죄를 범하는 계층은 점차 확대되어가는 경향이 있다.
> ㉥ 서덜랜드는 사회적 지위와 직업활동이라는 요소로 화이트칼라범죄를 개념 정의한다.
> ㉦ 화이트칼라범죄는 직접적인 피해자를 제외하고는 다른 사람들에게 영향을 미치지 않는다.
> ㉧ 화이트칼라범죄는 전문적 지식이나 기법을 기반으로 행해지기 때문에 대체로 위법성의 인식이 분명한 특성이 있다.

① ㉠, ㉣, ㉧
② ㉡, ㉦
③ ㉢, ㉦, ㉧
④ ㉤, ㉥, ㉦

정답 및 해설

옳지 않은 것은 ㉢, ㉦, ㉧이다.

㉢ [×] 화이트칼라범죄는 폭력성이 전혀 없는 것이 아니라, 약하고 복잡하다는 특징을 가진다.

㉦ [×] 화이트칼라범죄는 살인, 강도, 폭행과 같이 개인을 직접적인 피해자로 하기보다는 사회 전체에 광범위한 피해를 야기하는 점에서 일반 범죄와 구분된다.

㉧ [×] 화이트칼라범죄는 전문적 지식이나 기법을 기반으로 업무활동에 섞여 일어나기 때문에 대체로 위법하다는 인식이 적은 경향이 있다.

정답 ③

05 화이트칼라범죄에 대한 설명으로 옳지 않은 것은?

---

05 화이트칼라범죄에 대한 설명으로 옳지 않은 것은? 2018. 보호·교정 7급

① 서덜랜드(Sutherland)에 따르면 사회적 지위가 높은 사람이 그 직업 활동과 관련하여 행하는 범죄로 정의된다.
② 범죄로 인한 피해의 규모가 크기 때문에 행위자는 죄의식이 크고 일반인은 범죄의 유해성을 심각하게 생각하는 것이 특징이다.
③ 범죄행위의 적발이 용이하지 않고 증거수집에 어려움이 있다.
④ 암수범죄의 비율이 높고 선별적 형사소추가 문제되는 범죄유형이다.

> **정답 및 해설**
>
> ② [×] 화이트칼라범죄는 피해의 규모가 큰 반면, 교묘하고 계획적인 범죄가 많아 피해자가 느끼는 피해감정이 미약하며, 가해자도 살인·강도 등을 저지른 것과 같은 죄책감을 갖지 않는 특징을 가진다.
>
> 정답 ②

06 다음 중 화이트칼라범죄에 대한 설명으로 가장 옳지 않은 것은? 2022. 해경 경위

① 서덜랜드(Sutherland)에 따르면 사회적 지위가 높은 사람이 그 직업 활동과 관련하여 행하는 범죄로 정의된다.
② 범죄행위의 적발이 쉽지 않고 증거수집에 어려움이 있다.
③ 암수범죄의 비율이 높고 선별적 형사소추가 문제되는 범죄유형이다.
④ 범죄로 인한 피해의 규모가 크기 때문에 행위자는 죄의식이 크고 일반인은 범죄의 유해성을 심각하게 생각하는 것이 특징이다.

> **정답 및 해설**
>
> ④ [×] 화이트칼라범죄는 피해의 규모가 큰 반면, 교묘하고 계획적인 범죄가 많아 피해자가 느끼는 피해감정이 미약하며, 가해자도 살인·강도 등을 저지른 것과 같은 죄책감을 갖지 않는 특징을 가진다.
>
> 정답 ④

제2절 | 조직범죄

01 아바딘스키(Abadinsky)가 제시한 조직범죄의 특성에 대한 설명으로 옳지 않은 것은? 2023. 보호 7급

① 정치적 목적이나 이해관계가 개입되지 않는 점에서 비이념적이다.
② 내부 구성원이 따라야 할 규칙을 갖고 있고, 이를 위반한 경우에는 상응한 응징이 뒤따른다.
③ 조직의 활동이나 구성원의 참여가 일정 정도 영속적이다.
④ 조직의 지속적 확장을 위하여, 조직구성원이 제한되지 않고 배타적이지 않다.

④ [×] 조직구성원은 매우 제한적이며 배타적이다.

> 💡 **조직범죄의 특성**(아바딘스키. Abadinsky)
> ㉠ 정치적 목적이나 이해관계가 개입되지 않으며, 일부 정치적 참여는 자신들의 보호나 면책을 위한 수단에 지나지 않는 비이념적인 특성을 가지고 있다.
> ㉡ 매우 위계적·계층적이다.
> ㉢ 조직구성원은 매우 제한적이며 배타적이다.
> ㉣ 조직활동이나 구성원의 참여가 거의 영구적일 정도로 영속적이다.
> ㉤ 목표달성을 쉽고 빠르게 하기 위해서 조직범죄는 불법적 폭력과 뇌물을 활용한다.
> ㉥ 전문성에 따라 또는 조직 내 위치에 따라 임무와 역할이 철저하게 분업화되고 전문화되었다.
> ㉦ 이익을 증대시키기 위해서 폭력을 쓰거나 관료를 매수하는 등의 방법으로 특정 지역이나 사업분야를 독점한다.
> ㉧ 합법적 조직과 마찬가지로 조직의 규칙과 규정에 의해 통제된다.

> 💡 **조직범죄의 특성**(하스켈과 야블론스키. Haskell & Yablonsky)
> ㉠ 대기업이나 군대와 유사한 계층구조를 가지고 있다.
> ㉡ 통상 무력을 사용하거나 무력으로 위협한다.
> ㉢ 기업운영, 인사관리, 정치인과 경찰과의 관계, 이익 배분 등에 관한 철저한 계획을 한다.
> ㉣ 비교적 형사처벌로부터 면책되는 경우가 많다.
> ㉤ 관련된 집단의 지도자들끼리 상호 맞물려 있다.

정답 ④

02 조직범죄에 대한 설명으로 옳지 않은 것은?

① 불법적 활동을 통해 이득을 추구하고 위협이나 무력을 사용하고 법집행을 면하기 위한 집단에 의하여 행해진 범죄로 조직폭력범죄만을 의미한다.
② 조직범죄는 마약과 같은 불법적인 재화와 성매매 같은 용역에 대한 국민의 수요를 만족시켜주는 특성을 가진다. 이러한 경우에는 특별한 범죄피해자가 없고 범죄사실을 수사기관에 적극적으로 알리는 자가 없으며 따라서 그만큼 수사기관이 범죄사실을 발견하기 어렵게 된다.
③ 조직범죄자는 계속적인 범죄행위로 생계를 유지하는 직업범죄자이다. 따라서 그들은 범죄실행의 전문가일 뿐만 아니라 체포를 회피하는 전문가이기도 하다.
④ 조직범죄자는 체포와 처벌을 회피하기 위하여 엄격한 내부규율, 공무원의 매수 및 보복살상 등의 방법을 사용하는 특징을 지닌다.

① [×] 조직범죄란 불법적 활동을 통해 이득을 추구하고 위협이나 무력을 사용하고 법집행을 면하기 위한 집단에 의하여 행해진 범죄이지만, 조직범죄가 조직폭력범죄를 의미하는 것은 아니다. 다만, 우리나라에서는 주로 조직폭력범죄가 문제시되고 있다.

정답 ①

01

증오범죄(hate crime)에 관한 설명으로 옳지 않은 것은 모두 몇 개인가?   2024. 경찰2차

> ㉠ 증오범죄는 특정 대상에 대한 편견을 바탕으로 범행을 실행하므로 표적범죄(target crime)의 한 유형으로 볼 수 있다.
> ㉡ 증오범죄의 유형 중 스릴추구형은 특정 대상에게 고통을 주는 행위를 통한 가학성 스릴을 즐기는 경향이 있다.
> ㉢ 증오범죄의 유형 중 사명형은 특정 대상을 괴롭히는 것이 세상의 악을 없애기 위해 자신에게 부여된 신성한 사명이라고 여긴다.
> ㉣ 증오범죄는 피해자에 대한 개인적 원한이나 복수심에 의하여 주로 발생되며, 증오범죄자는 자신의 행동이 옳다고 믿는다.

① 없음
② 1개
③ 2개
④ 3개

정답 및 해설

옳지 않은 것은 ㉣ 1개이다.

㉣ [×] 증오범죄는 인종, 종교, 장애, 성적 지향, 성별 또는 성정체성에 대한 범죄자의 편견이 범행의 전체 또는 일부 동기가 되어 발생하고, 피해자에 대한 개인적 원한이나 복수심 때문에 발생하는 것이 아니다. 증오범죄를 범하는 범죄자는 자신의 행동이 옳다고 확신하고 피해자는 그러한 운명을 받을 만하다고 믿는다.

💡 **증오범죄**

1. **증오범죄의 개념**

   증오범죄란 가해자가 특정 사회집단 또는 인종을 별다른 이유 없이 표적으로 삼아 범행을 저지르는 범죄의 유형을 말하며, 특정 대상을 표적으로 삼아 범행을 실행하기 때문에 표적범죄의 한 유형으로 본다. 미국 FBI의 정의에 의하면, 증오범죄(hate crime, 혐오범죄)란 범죄자가 인종, 종교, 장애, 성적 성향 또는 민족, 출신국가에 대한 범죄자의 전체적 혹은 부분적인 편견 또는 제노포비아(xenophobia)에 의하여 동기화되어 사람 또는 재산에 대해 불법적인 행위를 하는 것을 말한다.

2. **증오범죄의 유형**

   맥데빗(Jack NcDevitt)과 레빈(Jack Levin)은 증오범죄를 그 동기에 의하여 네 가지 유형으로 분류하였다. 그들의 연구에 의하면 증오범죄는 스릴추구형이 66%로 가장 많고, 그 다음이 방어형 25%, 보복형 8% 순이었고, 사명형 증오범죄는 극소수에 불과했다.

스릴추구형	소수집단에 대한 편견이 심한 사람들이 힘을 합쳐 소수집단의 사람들을 괴롭히고 그들의 재산을 파괴하는 행위를 통하여 가학성 스릴을 즐기는 경우이다.
반응형 (방어형)	자신의 공동체나 생활을 위협한다고 생각하는 외부인에 대항하여 방어적 차원에서 공격을 하는 것이라면서 자신들의 행위를 합리화하는 경우이다.
보복형 (복수형)	증오범죄를 응징하기 위하여 저질러지는 또 다른 증오범죄를 말한다. 이것은 또 추가적인 보복을 촉발시킨다.
사명형	특정한 사람을 괴롭히는 것이 세상의 악을 제거하기 위해 자신에게 부여된 신성한 사명으로 여기는 경우이다.

정답 ②

02 각 유형별 범죄에 대한 설명으로 가장 적절하지 않은 것은? 2022(72). 경위

① 화이트칼라범죄(white-collar crime)라는 용어는 서덜랜드(Sutherland)가 최초로 사용하였다.

② 미국 FBI의 정의에 따르면, 증오범죄란 피해자에 대한 개인적 원한 또는 복수심이 원인이 되어 발생하는 범죄를 말한다.

③ 일상생활에 도움이 필요한 아동과 노인을 적절히 돌보지 않는 행위도 가정폭력의 범주에 포함 될 수 있다.

④ 어떠한 범죄가 화이트칼라범죄인지 여부는 범죄자의 사회적 지위만으로 판단할 수 있는 것이 아니다.

정답 및 해설

① [○] 화이트칼라범죄라는 용어는 상류계층의 사람이나 권력이 있는 사람들이 자신의 직업활동 과정에서 자신의 지위를 이용하여 저지르는 범죄를 의미하며, 1939년 서덜랜드가 부유한 사람과 권력 있는 사람들의 범죄활동을 기술하기 위해 처음 사용한 용어이다.

② [×] 증오범죄(hate crimes)란 가해자가 특정 사회집단 또는 인종을 별다른 이유 없이 표적으로 삼아 범행을 저지르는 범죄의 유형을 말한다. 특정 대상을 표적으로 삼아 범행을 실행하기 때문에 표적범죄(target crimes)의 한 유형으로 본다. 미국 FBI의 정의에 따르면, 증오범죄란 인종, 종교, 장애, 성적 지향, 성별 또는 성정체성에 대한 범죄자의 편견이 범행의 전체 또는 일부 동기가 되어 발생하는 범죄를 의미한다.

③ [○] 가정폭력은 폭력의 대상에 따라 신체적 폭력, 정신적 폭력, 성폭력, 방임 등으로 구분된다. 이 중 방임은 아동학대와 노인학대에서 주로 많이 나타나는 가정폭력의 유형의 하나로 경제적 자립 능력이 부족하거나 일상생 활에 도움이 필요한 아동과 노인을 방치하는 행위를 말한다.

④ [○] 서덜랜드에 따르면 화이트칼라범죄는 높은 사회적 지위를 가지고 존경받고 있는 사람이 자신의 직업 활동 과 관련하여 행하는 범죄로 정의된다.

정답 ②

---

 03 미국의 전국범죄피해자센터(The National Center for Victims of Crime)에서 제시한 스토킹의 4가지 유형에 대한 설명으로 가장 적절하지 않은 것은? 2023(73). 경위

① 단순 집착형(Simple Obsessional Stalking) – 전남편, 전처, 전 애인 등 주로 피해자와 스토커가 서로 잘 알고 있는 관계에서 많이 발생하는 유형으로 위험성이 가장 높다.

② 애정 집착형(Love Obsessional Stalking) – 피해자와 스토커 사이에 기존에 특별한 교류가 없어 서로 잘 모르는 관계에서 발생하는 유형으로 단순 집착형에 비해서 피해자에 대한 직접적인 피 해는 적은 편이다.

③ 증오 망상형(Hate Obsessional Stalking) – 피해자와 스토커 사이에 원한 관계가 있는 경우로 피 해자에게 심리적 고통을 주기 위해 스토킹하는 유형이다.

④ 허위 피해 망상형(False Victimization Syndrome) – 실제로는 스토커가 없는데 피해자 자신이 스토킹 피해를 당하고 있다는 망상에 빠진 유형이다.

③ [×] 미국의 전국범죄피해자센터(The National Center for Victims of Crime)에서 제시한 스토킹의 4가지 유형은 단순 집착형(Simple obsessional type), 애정 집착형(Love obsessial type), 연애 망상형(Erotomanic type), 허위 피해 망상형(False victimational syndrome)이다. 연애 망상형은 자신이 피해자에 의해 사랑을 받고 있다는 환상을 가지고 있다는 점에서 애정 집착형과 구별된다. 이 유형은 타인의 성적인 매력보다는 타인과 자신 사이에 낭만적 사랑과 영적 결합이 있다고 망상하는 데에서 주로 발생한다. 이들은 주로 정신분열증과 편집증을 가지고 있으며, 통상의 방법으로 타인과 관계를 맺지 못하여 타인과 환상적 관계를 상상하여 그 속에서 살아간다. 연애 망상형의 중요한 특징은 스토커의 대부분이 여성이라는 사실로 높은 사회적 지위를 지닌 중년 남성을 주요 대상으로 삼는다는 점이다. 그런 이유로 해결책을 구하기가 더욱 어렵다. 이런 유형의 스토커들은 피해자와 관계를 맺기 위해서 매우 폭력적 성향을 띠지만, 실제 신체적 위해를 가하는 경우는 적은 편이다.

정답 ③

---

 04 다음 중 유형별 범죄에 대한 설명으로 가장 옳지 않은 것은?　　　　　　2022. 해경 경위

① 스토킹 범죄는 대체로 안면이 있거나 과거의 친밀한 관계에 있는 사람들에 의해서 행해진다.
② 미국 FBI의 정의에 따르면, 증오범죄란 피해자에 대한 개인적 원한 또는 복수심이 원인이 되어 발생하는 범죄를 말한다.
③ 일상생활에 도움이 필요한 아동과 노인을 적절히 돌보지 않는 행위도 가정폭력의 범주에 포함될 수 있다.
④ 어떠한 범죄가 화이트칼라범죄인지 여부는 범죄자의 사회적 지위만으로 판단할 수 있는 것이 아니다.

① [○] 스토킹(stalking)이란 개인 또는 집단이 원치 않는 타인을 반복적으로 따라다니거나 감시하는 행위를 말하며, 괴롭힘, 협박과 밀접한 관련이 있다. 특정한 사람이 원하지 않는데도 불구하고 방문하거나, 물건을 전달하거나, 협박하는 등의 행위를 2회 이상 반복적으로 행함으로써 해당인에게 공포감을 주는 모든 일체의 행위를 말한다. 스토킹범죄자(stalker)는 범행동기에 따라 친밀감 추구자(사랑하는 사람을 따라다니는 유형), 거부된 스토커(전처 또는 전 여자친구를 스토킹하는 유형), 화난 스토커(피해자에 대한 보복을 추구하는 유형), 약탈적 스토커(힘으로 스토킹 대상을 제압하려고 공격을 계획하는 유형), 무능한 구혼자(관계 형성을 위한 적절한 사회성이 부족한 스토커 유형) 5가지 유형으로 구분된다.
② [×] 증오범죄(hate crimes)란 가해자가 특정 사회집단 또는 인종을 별다른 이유 없이 표적으로 삼아 범행을 저지르는 범죄의 유형을 말한다. 특정 대상을 표적으로 삼아 범행을 실행하기 때문에 표적범죄(target crimes)의 한 유형으로 본다. 미국 FBI의 정의에 따르면, 증오범죄란 인종, 종교, 장애, 성적 지향, 성별 또는 성정체성에 대한 범죄자의 편견이 범행의 전체 또는 일부 동기가 되어 발생하는 범죄를 의미한다.
③ [○] 가정폭력은 폭력의 대상에 따라 신체적 폭력, 정신적 폭력, 성폭력, 방임 등으로 구분된다. 이 중 방임은 아동학대와 노인학대에서 주로 많이 나타나는 가정폭력의 유형의 하나로 경제적 자립 능력이 부족하거나 일상생활에 도움이 필요한 아동과 노인을 방치하는 행위를 말한다.
④ [○] 서덜랜드에 따르면 화이트칼라범죄는 높은 사회적 지위를 가지고 존경받고 있는 사람이 자신의 직업 활동과 관련하여 행하는 범죄로 정의된다.

정답 ②

05 다음 중 현행 「스토킹범죄의 처벌 등에 관한 법률」상 신고를 받은 사법경찰관리가 즉시 현장에 나가서 취해야 할 응급조치로 가장 옳지 않은 것은?

2024. 해경 경위

① 스토킹행위의 제지
② 재발 우려 시 임시조치를 신청할 수 있음을 통보
③ 스토킹행위자와 피해자 등의 분리
④ 피해자 등이 동의한 경우 스토킹 피해 관련 보호시설로의 피해자 등 인도

정답 및 해설

📄 스토킹행위 신고 등에 대한 응급조치(「스토킹범죄의 처벌 등에 관한 법률」 제3조)

사법경찰관리는 진행 중인 스토킹행위에 대하여 신고를 받은 경우 즉시 현장에 나가 다음 각 호의 조치를 하여야 한다.
1. 스토킹행위의 제지, 향후 스토킹행위의 중단 통보 및 스토킹행위를 지속적 또는 반복적으로 할 경우 처벌 서면경고
2. 스토킹행위자와 피해자 등의 분리 및 범죄수사
3. 피해자 등에 대한 긴급응급조치 및 잠정조치 요청의 절차 등 안내
4. 스토킹 피해 관련 상담소 또는 보호시설로의 피해자 등 인도(피해자 등이 동의한 경우만 해당)

정답 ②

제4절 | 사이버 범죄

01 사이버범죄의 유형을 나타내는 용어 중 성격이 가장 다른 하나는?

2023. 해경 경위

① e-후킹(Hooking)
② 스푸핑(Spoofing)
③ 스미싱(Smishing)
④ 비싱(Vishing)

정답 및 해설

①은 정보통신망 침해 범죄에 해당하고, 나머지는 정보통신망 이용 범죄에 해당한다.
① [×] e-후킹(Hooking)은 해킹기법의 하나이다. PC이용자가 키보드를 누른 정보를 밖으로 빼돌리는 것으로, 신용카드번호나 각종 비밀번호 등 중요한 정보를 유출시키는 기법이다.
② [○] 스푸핑(spoofing)이란, 눈속임(spoof)에서 파생된 용어로, 직접적으로 시스템에 침입을 시도하지 않고 피해자가 공격자의 악의적인 시도에 의한 잘못된 정보, 혹은 연결을 신뢰하게끔 만드는 일련의 기법들을 의미한다.
③ [○] 스미싱(Smishing, SMS + Phishing)은 인터넷이 가능한 휴대폰 사용자에게 문자 메시지를 보낸 후, 사용자가 웹사이트에 접속하면, 트로이목마를 주입해 휴대폰을 통제하는 수법을 말한다.
④ [○] 비싱(Vishing, VoIP + Phishing)은 피싱이 발전된 수법으로, 인터넷 전화(VoIP)를 이용하여 은행계좌에 문제가 있다는 자동 녹음된 메시지를 보낸 뒤, 사용자가 비밀번호 등을 입력하면 미리 설치한 중계기로 이를 빼내가는 수법을 말한다.

정답 ①

02 다음에서 설명하고 있는 사이버금융범죄에 해당하는 것은?

> '무료쿠폰 제공', '돌잔치 초대장' 등을 내용으로 하는 문자메시지 내 인터넷 주소를 클릭하면, 악성코드가 스마트폰에 설치되어, 피해자가 모르는 사이에 소액이 결제되거나 개인·금융정보를 탈취해가는 수법을 말한다.

① 피싱(Phishing)
② 파밍(Pharming)
③ 스미싱(Smishing)
④ 메모리해킹(Memory Hacking)

정답 및 해설

① [×] 피싱은 개인정보(Private data)와 낚는다(Fishing)의 합성어로, 피해자를 기망 또는 협박하여 개인정보 및 금융기래정보를 요구하거나 피해자의 금진을 이세하도록 하는 수법을 말한다.
② [×] 파밍은 피싱(Phishing)과 조작하다(Farming)의 합성어로, 피해자 PC를 악성프로그램에 감염시켜 정상적인 사이트 주소를 입력하더라도 가짜 사이트로 접속되도록 조작한 후 금융거래정보를 빼내 금전을 부당하게 인출하는 수법을 말한다.
③ [○] 스미싱은 문자메시지(SMS)와 피싱(Phishing)의 합성어로, 문자메시지를 이용하여 소액결제를 유도하거나, 스마트폰에 악성프로그램을 유포하여 개인정보 및 금융거래정보를 편취하는 수법을 한다.
④ [×] 메모리해킹은 피해자 PC 메모리에 상주한 악성프로그램으로 인하여 정상 사이트에 접속하더라도 거래오류를 발생시키거나 팝업창을 띄워 금융거래정보를 입력하게 한 후 금전을 부당하게 인출하는 수법을 말한다.

정답 ③

03 사이버범죄에 관한 설명으로 가장 적절하지 않은 것은?

① 사이버범죄란 일반적으로 사이버공간을 범행의 수단, 대상, 발생 장소로 하는 범죄행위를 의미한다.
② 전통적 범죄와 달리 사이버범죄는 비대면성, 익명성, 피해의 광범위성 등의 특성이 있다.
③ 경찰청 사이버범죄 분류(2021년 기준)에 따르면 몸캠피싱은 불법 컨텐츠 범죄 중 사이버 성폭력에 속한다.
④ 경찰청 사이버범죄 분류(2021년 기준)에 따르면 메모리해킹은 정보통신망 이용범죄 중 사이버 금융범죄에 속한다.

정답 및 해설

① [○] 일반적으로 컴퓨터를 포함한 사이버공간에서 행해지는 모든 범죄행위를 포괄적으로 지칭하며, 현행법상으로는 정보통신망에서 일어나는 범죄로 정의된다. 즉, 사이버범죄란 사이버공간을 범행의 수단, 표적, 범죄발생 장소로 삼는 모든 범죄행위를 말한다.
② [○] 전통적인 범죄와 구별되는 특징으로는 비대면성, 익명성, 용이성, 탈규범성(놀이성), 전문성, 암수성, 피해의 광범위성 등이 있다.
③ [×], ④ [○] 경찰청 사이버안전국의 사이버범죄 분류에 따르면 몸캠피싱은 정보통신망 이용범죄 중 사이버 금융범죄에 속한다. 정보통신망 이용범죄에는 사이버 사기, 사이버 금융범죄(피싱, 파밍, 스미싱, 메모리해킹, 몸캠피싱 등), 개인·위치정보 침해, 사이버 저작권 침해, 사이버 스팸메일, 기타 정보통신망 이용범죄 등이 있다.

정답 ③

04 경찰청은 사이버범죄를 '정보통신망 침해 범죄', '정보통신망 이용 범죄', '불법 컨텐츠 범죄'로 구분하고 있다(2021년 기준). 다음 중 '정보통신망 침해 범죄'와 가장 거리가 먼 것은? 　　2022(72). 경위

① 해킹
② 사이버 도박
③ 서비스 거부 공격(DDos 등)
④ 악성 프로그램 전달 및 유포

정답 및 해설

② [×] 사이버 도박은 불법 컨텐츠 범죄이다.

💡 경찰청 사이버범죄의 유형 구분	
정보통신망 침해 범죄	해킹, 서비스 거부 공격, 악성프로그램, 기타 정보통신망 침해형 범죄 등
정보통신망 이용 범죄	사이버 사기, 사이버금융범죄(피싱, 파밍, 스미싱, 메모리해킹, 몸캠피싱 등), 개인·위치정보 침해, 사이버 저작권 침해, 사이버 스팸메일, 기타 정보통신망 이용범죄 등
불법 컨텐츠 범죄	사이버 성폭력, 사이버 도박, 사이버 명예훼손·모욕, 사이버 스토킹, 기타 불법 컨텐츠 범죄 등

정답 ②

05 범죄유형에 관한 설명으로 가장 적절하지 않은 것은? 　　2023. 경찰1차

① 화이트칼라범죄(white-collar crimes)란 사회적 지위가 높은 사람이 주로 직업 및 업무 수행의 과정에서 범하는 범죄를 의미한다.
② 증오범죄(hate crimes)란 인종, 종교, 장애, 성별 등에 대한 범죄자의 편견이 범행의 전체 또는 일부 동기가 되어 발생하는 범죄를 의미한다.
③ 피해자 없는 범죄(victimless crimes)란 전통적인 범죄와 마찬가지로 피해자와 가해자의 관계가 명확하여 피해자를 특정하기 어려운 범죄를 의미한다.
④ 사이버범죄(cyber crimes)란 사이버공간을 범행의 수단·대상·발생장소로 하는 범죄행위로 비대면성, 익명성, 피해의 광범위성 등의 특성이 있는 범죄를 의미한다.

정답 및 해설

③ [×] 강도나 강간 등 전통적 범죄가 가해자와 피해자가 분명한 상대방으로서 존재하는 데 비해, 피해자 없는 범죄는 전통적 범죄와는 달리 가해자와 피해자의 관계가 분명치 않다는 점에서 피해자가 없는 것으로 간주하는 것이다. 그리고 전통적 범죄와 구별하기 위해서 이를 통칭하여 피해자 없는 범죄(Victimless Crimes)라고 칭하고 있다. 피해자 없는 범죄는 개인적 차원의 범죄로서 범죄의 가해자와 피해자와 동일인인 경우(성매매, 도박, 약물남용 등)와 기업범죄로서 기업이 범죄의 가해자인 반면 그 피해자는 불특정 다수여서 가해자와의 관계가 분명하지 않은 경우로 나눌 수 있다.

정답 ③

06 다음 두 사람의 대화에서 설명하고 있는 사이버범죄에 해당하는 것으로 가장 옳은 것은? 2024. 해경 경위

─────────────┤ 보기 ├─────────────

민지: 유진아, 그 메일 열지마!

유진: 왜? 여기 내 정보가 정확하게 기재되어 있어.

민지: 아니야. 이거 요즘 신종수법인데, SNS에서 얻은 네 정보가 포함된 이메일을 발송해서 마치 합법적인 것처럼 가장하는 거야. 악성코드가 이름, 비밀번호, 은행 계좌 정보, 신용카드 번호 및 기타 개인 정보와 같은 세부 정보를 수집하기 위해 이메일 첨부파일을 열도록 요청하는 사기의 유형이야.

① 스피어피싱(spearphishing)

② 살라미 기술(salami technique)

③ 돼지도살 사기(pig butchering scam)

④ 슈퍼재핑(super zapping)

정답 및 해설

① [○] 불특정 다수의 개인정보를 빼내는 피싱(phising)과 달리 특정인의 정보를 캐내기 위한 피싱 공격을 말한다. 특정 목표자나 조직의 정보를 정밀하게 수집하고 그 정보를 활용하여 타깃에게 신뢰성 있는 메일을 보내는 특징이 있다.

② [×] 많은 사람들로부터 눈치 채지 못할 정도의 적은 금액을 빼내는 컴퓨터 사기수법의 하나이다.

③ [×] 피해자가 점차적으로 사기성 암호화폐 계획에 암호화폐 형태로 기부금을 늘리도록 유도하는 일종의 장기 사기 및 투자 사기이다.

④ [×] 컴퓨터가 고장으로 가동이 불가능할 때 비상용으로 쓰이는 프로그램으로 패스워드나 각종 보안 장치 기능을 일시적으로 마비시켜 컴퓨터의 기억 장치에 수록된 모든 파일에 접근해 자료를 몰래 복사해 가는 수법이다.

정답 ①

제5절 | 마약범죄와 약물범죄

01 약물범죄에 대한 설명으로 가장 적절하지 않은 것은? 2023(73). 경위

① 약물은 생산방식에 따라 천연약물, 합성약물, 대용약물로 구분되는데 합성약물에는 메스암페타민, LSD, 엑스터시 등이 있다.

② 약물범죄는 약물사용자 스스로가 가해자인 동시에 피해자가 되는 것이지 특정인이나 제3자가 범죄피해자가 되는 것이 아니라는 점에서 대표적인 피해자 없는 범죄(Victimless Crime)로 구분된다.

③ 대마는 세계에서 가장 널리 남용되고 있는 마약류로 세계 전역에서 생산되어 마리화나, 해시시, 대마유 등의 형태로 가공되어 유통되고 있다.

④ 마약의 주생산지 중 황금의 삼각지대와 황금의 초생달지역에서 세계 아편과 코카인의 대부분을 생산하고 있다.

④ [×] 세계 아편 생산량의 90% 이상은 황금의 삼각지대(Golden Triangle. 태국, 미얀마, 라오스)와 황금의 초생달 지역(Golden Crescent. 아프가니스탄, 이란, 파키스탄)에서 생산되며, 세계 남용인구의 절반 이상도 이들 인접국에 집중되어 있다. 코카인은 대부분 코카나무 자생지인 콜롬비아(50%), 페루(32%), 볼리비아(15%) 등 남미 안데스 산맥의 3개국에서 생산되고 있다.

정답 ④

약물 범죄에 관한 설명으로 옳은 것은 모두 몇 개인가?

2023. 경찰2차

> ㉠ 「마약류 관리에 관한 법률」에 따르면 마약류란 마약·향정신성의약품 및 대마를 말한다.
> ㉡ 클로워드(Cloward)와 올린(Ohlin)의 차별기회이론(Differential Opportunity Theory)과 머튼(Merton)의 아노미이론(Anomie Theory) 등으로 약물 범죄의 원인을 설명할 수 있다.
> ㉢ 세계보건기구(WHO)는 마약을 '사용하기 시작하면 사용하고 싶은 충동을 느끼고(의존성), 사용할 때마다 양을 증가시키지 않으면 효과가 없으며(내성), 사용을 중지하면 온몸에 견디기 힘든 이상을 일으키며(금단증상), 개인에게 한정되지 않고 사회에도 해를 끼치는 물질'로 정의하고 있다.
> ㉣ 마약류는 특정 직업 및 계층에 국한되어 남용되고 있다.

① 1개
② 2개
③ 3개
④ 4개

옳은 것은 ㉠, ㉡, ㉢ 3개이다.

㉠ [○] 「마약류 관리에 관한 법률」 제2조 제1호

㉡ [○] 머튼의 아노미이론에 의하면, 문화적 목표와 제도화된 수단의 괴리에 대해서 사람들은 동조, 혁신, 의례, 도피, 반역 등의 양식으로 반응하는데, 약물남용은 도피(은둔)형의 반응양식이다. 즉, 문화적 목표와 제도화된 수단을 모두 수용하지 못하는 일종의 사회로부터의 탈출기제인 도피적 반응의 결과로 마약을 남용한다는 것이다. 클로워드와 올린의 차별직 기회구조이론에 의하면, 합법적 방법으로 성공을 성취할 기회가 주어지지 않듯이 범죄적 방법으로 성공을 성취할 기회마저도 주어지지 않기 때문에 은둔하여 약물을 남용한다. 즉, 이들은 관습적 수단과 범죄적 수단 모두에 의해서도 성공을 성취하지 못한 사람들로서 이들을 이중실패자라 한다.

㉢ [○] 세계보건기구(WHO)는 마약을 ⓐ 약물사용의 욕구가 강제에 이를 정도로 강하고(의존성), ⓑ 사용약물의 양이 증가하는 경향이 있으며(내성), ⓒ 사용 중지 시, 온몸에 견디기 어려운 증상이 나타나며(금단증상), ⓓ 개인에 한정되지 아니하고 사회에도 해를 끼치는 약물로 정의하고 있다.

㉣ [×] 마약류와 연관된 문제는 특정계층에 국한되지 않고 주부나 학생, 그리고 일반인에 이르기까지 다양한 연령층과 직업군에 모두 해당한다.

정답 ③

03 약물범죄에 대한 설명으로 가장 적절하지 않은 것은?

① 약물범죄는 대표적인 피해자 없는 범죄로 불법약물의 사용, 제조, 판매, 유통하는 행위를 통칭한다.

② 작용에 따른 약물의 종류 중 각성제는 중앙신경계통 자극제로 아편, 몰핀, 헤로인, 합성제제 등이 있다.

③ 작용에 따른 약물의 종류 중 환각제는 환각을 일으키는 물질로 LSD, 마리화나 등이 있다.

④ 세계적인 헤로인 생산지에는 미얀마, 태국, 라오스 3국의 접경지역에 있는 황금의 삼각지대와 아프가니스탄, 파키스탄, 이란 3국의 접경지역에 있는 황금의 초승달 지역이 있다.

정답 및 해설

① [○] 약물범죄의 심각성은 의존성과 내성에 의한 신체적·정신적 피해가 심각하다는 점에 있다.

② [×], ③ [○] 작용에 따른 약물의 종류는 진정제, 각성제, 환각제가 있다. 아편, 몰핀, 헤로인, 합성제제 등은 진정제이다.

진정제	신경활동을 줄이고 이완을 촉진하는 작용으로 감마 아미노뷰티르산(GABA)이라고 불리는 뇌의 화학물질의 활성을 증가시킴으로써 작용한다. 예 알코올, 아편, 몰핀, 헤로인, 합성제제 등
각성제	주의력, 그리고 에너지 레벨을 증가, 도파민과 노르에피네프린과 같은 뇌의 특정 화학물질의 수치를 증가시킴으로써 작용한다. 예 카페인, 니코틴, 암페타민, 코카인
환각제	지각, 기분, 그리고 사고 과정을 바꾸는 약, 기분 조절, 지각, 감각 처리에 관여하는 뇌의 세로토닌 시스템에 영향을 미친다. 환각제는 기분과 사고 패턴의 변화뿐만 아니라 시각적, 청각적 환각과 같은 감각적 왜곡을 일으킨다. 예 LSD, 마리화나, 프실로시빈, 메스칼린

정답 ②

04 다음 중 마약류에 관한 설명으로 가장 옳지 않은 것은?

① 코카인에 베이킹파우더를 섞어 담배형태로 피울 수 있는 크랙(crack)은 가격이 저렴하여 흑인, 유색인종들에게 애용되고 있다.

② L.S.D는 호밀에 생기는 곰팡이인 맥각에서 추출된 물질로 향정신성의약품에 해당한다.

③ YABA는 주로 종이에 묻혔다가 뜯어서 혓바닥을 통해 입에 넣는 방법으로 남용된다.

④ 황금의 초승달 지대란 이란·아프가니스탄·파키스탄의 접경지역에 위치하는 아편 생산지대이다.

정답 및 해설

③ [×] L.S.D에 대한 설명이다. 향정신성의약품 야바(YABA)는 태국어로 '미친 약'이란 뜻으로 강력한 각성(흥분) 효과를 가진 필로폰과 카페인의 합성물(붉은색 알약 형태)로, 대부분 태국에서 제조·유통되는 것으로 알려진다.

정답 ③

05 약물범죄와 약물치료프로그램에 대한 설명으로 옳지 않은 것은?

① 약물의존문제는 초기에는 주로 개인의 심리적 요인만을 중시하였으나 향후 신체적·사회적 요인까지 연계되었다.
② 약물범죄를 '피해자 없는 범죄'라고 한다.
③ 시나논(Synanon)과 같은 프로그램은 약물 없이 치료하는 것을 특징으로 한다.
④ 금주동맹과 같은 자조회(Self-Help)의 성공은 약물남용자의 치료와 재활에 큰 영향을 미쳤다.
⑤ 약물남용자 치료모델로서 의학적 모델에는 해독프로그램과 길항제(Antagonist) 프로그램이 포함된다.

① [×] 약물의존문제는 초기 개인의 신체적·심리적 요인에 대한 관심에서 점차 사회적 요인으로까지 확대되었다고 본다.
③ [○] 시나논(Synanon)은 약물중독자 치료센터로 엄격한 공동생활, 집단극기훈련, 극기 마라톤, 정기적 상호 조언회 등을 통해 극심한 금단증상으로 고통받는 중독자 치료프로그램이다.
④ [○] 금주동맹과 같은 자조회는 주로 중산층 이상의 이용자로 인하여 하위계층에게 크게 도움이 되지 않는 점을 들어 그 효과에 의문을 제기하는 경우도 있으나, 본 문제의 경우 정답을 상대적으로 골라야 한다.
⑤ [○] 길항제는 의존성 등 부작용을 유발하지 않으면서 진통효과가 나타나도록 개발된 약품으로 약물남용자의 치료에 쓰인다.

정답 ①

제6절 | 정치, 경제, 환경범죄

01 정치범죄에 대한 설명으로 옳지 않은 것은?

① 정치범죄는 범행의 동기가 정치적이거나 정치적 권한을 이용하여 정부 또는 정치권력에 저항하거나 도전하는 행위이다.
② 하그(Hagg)는 권력을 얻기 위해서, 권력을 행사하기 위해서, 권위에 도전하기 위해서, 권위를 집행하기 위해서 이용되는 법률위반으로 정치적 범죄를 규정하고 있다.
③ 로벅(Roebuck)과 베버(Weber)는 정치범죄를 정부를 위한 범죄와 정부에 대항하는 범죄로 구분하였다.
④ 하스켈(Haskell)과 야블론스키(Yablonsky)는 정치적 범죄를 3가지 형태로 분류하였다.

③ [×] 로벅(Roebuck)과 베버(Weber)는 정치범죄를 정부에 대한 범죄와 정부에 의한 범죄로 구분하였다.

정부에 대한 범죄	• 개인적 목적이 아닌 정치적 이유로 법이나 공공의 안녕을 침해하는 행위로, 특정 정부나 정치 체제를 공격의 주요 대상으로 한다. • 정치범은 자신의 정치적 신념에 따라 사회구조를 공격하여 체제를 재편하는 불법행위를 저지른 개인으로 정의될 수 있다. • 정치범죄는 정부에 대한 저항운동이나 테러행위 등을 포함한 정부 또는 정치 체제의 이익을 침해하는 명백한 범죄행위를 말한다.
정부에 의한 범죄	• 정치적 부패 또는 개인적 이득을 위한 공직자의 정치범죄가 대표적 유형이다. • 뇌물수수 등 재정적 이익을 취할 목적과 정치적 반대집단에 대한 도전으로부터 정권을 유지하기 위한 목적으로 행해지며, 선거법 위반, 불법 정치자금 모금, 선거자금 불법 사용 등이 이에 해당한다. • 권력남용과 같이 정부나 공무원이 자신의 지위와 권한을 과시할 목적으로 시민을 억압하고 군림하는 행위도 정치범죄의 한 유형이다.

④ [○] 하스켈(Haskell)과 야블론스키(Yablonsky)는 테러나 혁명세력과 같이 정치적·사회적 제도의 변화에 영향을 미칠 목적으로 형법을 위반하는 행위나 형법에 규정된 의무를 나하시 않는 행위, 정시권력을 유지하기 위한 목적으로 행해지는 범죄로서 정치적 반대세력을 정부권력으로서 대항한다거나 정치권력에 도전하는 사람에 대한 불법적 체포, 불법선거자금 사용 등의 행위, 불법적 정치자금의 수수, 뇌물수수와 같이 선거에 의해 선출되거나 정치적으로 임명된 공직을 이용하여 개인적 이득을 취하는 행위 등 정치범죄를 세가지 형태로 구분하였다.

정답 ③

다음 경제범죄에 대한 설명으로 옳지 않은 것은?

① 국가사회의 경제구조 내지 기능을 침해 범죄로 개인의 이욕적 재산범죄를 포함한다.
② 영리성, 모방성 및 상호연쇄성의 특징이 있다.
③ 지능성 및 전문성, 신분성 및 권력성을 띤다.
④ 화이트칼라신분자의 권력과의 결탁은 주요한 사례에 속한다.

① [×] 경제범죄에는 개인의 이욕적 재산범죄는 포함하지 않는다.

정답 ①

제4편

범죄예측과
범죄예방론

제21장　범죄예측
제22장　범죄예방과 모델

제21장 범죄예측

01 범죄예측의 네 가지 요소에 관한 설명으로 가장 적절한 것은?

2024. 경찰2차

① 경제성: 예측이 과학적으로 이루어져서 예측자가 누가 되더라도 결과가 동일해야 한다.
② 객관성: 예측방법과 결과가 쉽게 이해될 수 있어야 한다.
③ 단순성: 예측에 소요되는 비용과 시간이 과다하지 않아야 한다.
④ 타당성: 예측의 목적에 따라서 예측이 합목적적 방법으로 수행되는 것을 의미한다.

정답 및 해설

① [×] 객관성에 대한 설명이다. 판단자의 주관을 배제하고 과학적으로 이루어져서 누가 예측을 하더라도 동일한 결과가 나오도록 신뢰성이 담보되어야 한다.
② [×] 단순성에 대한 설명이다.
③ [×] 경제성에 대한 설명이다.
④ [○] 타당성에 대한 설명이다. 예측의 목적에 따라 합목적적 방법으로 예측이 수행되어야 한다.

정답 ④

 02 특정한 개인의 범행가능성에 대한 범죄예측의 문제점 및 한계에 대한 설명으로 가장 적절하지 않은 것은?

2024(74). 경위

① 아직 발생하지 않은 미래에 대한 예측을 근거로 불이익한 처우를 하는 것은 죄형법정주의나 책임원칙에 반할 수 있다.
② 기술적인 측면에서 100%의 정확도를 가진 예측은 현실적으로 불가능하므로, 오류 긍정(False Positive)과 오류 부정(False Negative)의 잘못된 결과가 나타날 가능성이 있다.
③ 예측 항목에 성별, 직업, 소득수준 같은 개인의 사회·경제적 지위와 관련된 내용이 포함되는 경우에, 이로 인해 차별대우 등 공평한 사법처리에 반하는 윤리적 문제가 발생할 수 있다.
④ 범죄예측은 형사사법 절차 중 예방 및 재판 단계에서는 유용하나, 수사 및 교정 단계에서는 유용하지 않다.

정답 및 해설

④ [×] 범죄예측은 예방단계 예측과 수사·재판·교정단계의 예측이 있다. 예방단계의 예측은 주로 소년범죄 예측에 사용되는데 잠재적인 비행소년을 식별함으로써 비행을 미연에 방지하고자 하는 방법이다.
- 수사단계의 예측은 경찰·검찰이 범죄자나 비행자에 대한 수사를 종결하면서 내릴 처분내용을 결정할 때 사용하는 예측을 말한다.
- 재판단계의 예측은 재판단계에서 유무죄 판결이나 처분의 종류를 정하는 과정에서의 예측은 양형책임을 결정하는 중요한 수단으로 작용하며, 재범예측과 적응예측이 있다.
- 교정단계의 예측은 주로 가석방 시 예측으로 교도소 및 소년원에서 가석방 및 임시퇴원을 결정할 때 그 대상자의 누범 및 재범위험성을 예측하는 것이다.

정답 ④

01 범죄예측에 관한 내용으로 가장 적절하지 않은 것은?

① 범죄예측은 크게 범죄사건예측, 범죄자예측, 범죄자신원(동일성)예측, 피해자예측 등 4가지 영역으로 구분된다.

② 현재 우리나라 경찰청에서는 CCTV를 활용한 AI인식시스템으로 프리카스(Pre-CAS)를 활용하고 있다.

③ 범죄를 예측하고 경찰활동에 체계적으로 적용한 미국 내 최초의 사례는 뉴욕경찰국(NYPD)의 공간지각시스템(DAS)이다.

④ 미국 법무부산하 국립사법연구소(NIJ)는 예측적 경찰활동이란 "다양한 분석기법을 활용하여 경찰개입이 필요한 목표물을 통계적으로 예측함으로써 범죄를 예방하거나 해결하는 제반활동"이라고 정의하였다.

정답 및 해설

③ [×] 범죄를 예측하고 경찰활동에 체계적으로 적용한 미국 내 최초의 사례는 미국 캘리포니아주 LA경찰국(LAPD)과 산타크루즈 경찰서(SCPD)에서 시행한 프레드폴(PredPol)로 알려져 있다.

정답 ③

02 범죄예측에 관한 설명으로 옳은 것은 모두 몇 개인가?

> ㉠ 범죄예측이란 예방, 수사, 재판, 교정의 각 단계에서 잠재적 범죄자의 범행가능성이나 범죄자의 재범가능성을 판단하는 것이다.
> ㉡ 버제스(Burgess)는 가중실점방식이라는 조기예측법을 소개하였다.
> ㉢ 교정단계의 예측은 가석방 여부와 가석방 시기를 결정하기 위해 필요하다.
> ㉣ 우리나라에서 범죄예측은 청소년의 재범을 예측하기 위해서 시작되었다.

① 0개   ② 1개
③ 2개   ④ 3개

정답 및 해설

옳은 것은 ㉠, ㉢, ㉣ 3개이다.

㉠ [○] 범죄예측이란 범죄를 저지를 가능성이 있는 사람 또는 범죄자를 대상으로 추후 범죄개연성을 사전에 판별하는 활동을 의미한다. 즉, 범죄예방, 수사, 재판, 교정의 각 단계에서 잠재적 범죄자의 범행가능성이나 범죄자의 재범 가능성을 판단하는 것이다.

㉡ [×] 버제스(Burgess)는 1928년 일리노이 주에서 3,000명의 가석방자를 대상으로 21개의 인자를 분석하여 공통점을 추출함으로써 경험표에 해당하는 예측표(실점부여방식)를 작성하였고, 글룩(Glueck) 부부는 1940년대 메사추세츠 주 보스턴의 비행소년 500명과 일반소년 500명에 대해 약 300개의 인자를 가지고 비교 연구하여, 아버지의 훈육, 어머니의 감독, 아버지의 애정, 어머니의 애정, 가족의 결집력 등 다섯 가지 요인을 가중실점방식(특정항목의 점수를 가중하거나 감점하는 방식)에 의한 조기예측법을 소개하였다.

㉢ [○] 교정단계의 예측은 주로 가석방 시 예측으로 교도소 및 소년원에서 가석방 및 임시퇴원을 결정할 때 그 대상자의 누범 및 재범위험성을 예측하는 것이다. 석방 시 사후관리, 사회보호를 위한 보호관찰이나 갱생보호의 위탁 등의 결정에 필요한 예측을 포함한다.

㉣ [○] 글룩 부부의 범죄예측이 전파되면서 우리나라에서도 청소년들의 재범을 예측하고자 하는 몇 개의 연구가 수행되었다. 이러한 연구의 대부분은 주로 비행소년문제를 실제 관리하는 실무가들에 의해 실시되었다.

정답 ④

범죄예측에 대한 설명으로 옳지 않은 것은?

① 수사단계에서의 범죄예측은 수사를 종결하면서 범죄자에 대한 처분을 내리는 데에 중요한 역할을 할 수 있다.

② 범죄예측은 재판단계 및 교정단계에서도 행해지지만 교정시설의 과밀화 현상을 해소하는 데는 기여할 수 없다.

③ 범죄예측의 방법 중 '임상적 예측법(경험적 예측법)'은 대상자의 범죄성향을 임상전문가가 종합분석하여 대상자의 범죄가능성을 판단하는 것이므로 대상자의 특성을 집중관찰할 수 있는 장점이 있다.

④ 범죄예측의 방법 중 '통계적 예측법'은 여러 자료를 통하여 범죄예측요인을 수량화함으로써 점수의 비중에 따라 범죄 또는 비행을 예측하는 것으로 점수법이라고도 한다.

정답 및 해설

② [×] 수사종결처분, 양형의 산정, 가석방 결정 등에 필요한 범죄예측은 교정시설의 과밀화 현상을 해소하는 데에 기여할 수 있다.

정답 ②

 다음 중 범죄예측에 대한 설명으로 가장 옳지 않은 것은?

① 수사단계에서의 범죄예측은 수사를 종결하면서 범죄자에 대한 처분을 내리는 데에 중요한 역할을 할 수 있다.

② 통계적 예측방법은 여러 자료를 통하여 범죄예측 요인을 수량화함으로써 점수의 비중에 따라 범죄 또는 비행을 예측하는 것으로 점수법이라고도 한다.

③ 임상적 예측방법은 전문가의 개인적 판단을 배제할 수 있는 장점이 있다.

④ 글룩(Glueck) 부부는 범죄예측과 관련하여 가중실점방식이라는 조기예측법을 소개하였다.

정답 및 해설

① [○] 수사단계에서의 범죄예측은 경찰·검찰이 범죄자나 비행자에 대한 수사를 종결하면서 내릴 처분내용을 결정할 때 사용하는 예측을 말한다. 기소 또는 기소유예처분 여부, 소년의 경우에는 가정법원 송치나 훈계결정 등 주로 장래의 수사방향이나 재판가능성 등을 내다보는 것으로 매우 중요한 의미를 가진다.

② [○] 통계적 예측방법은 점수법이라고도 하며, 여러 자료를 통하여 범죄예측요인을 수량화함으로써 점수의 비중에 따라 범죄나 비행을 예측하는 방법으로 예측표를 작성하여 활용된다. 누구나 쉽게 사용할 수 있고(전문가의 개입을 요하지 않음), 객관적 기준에 의해 실효성·공평성이 높으며 비용도 절감된다.

③ [×] 임상적 예측방법은 정신건강의학과 의사나 범죄심리학자가 행위자의 성격분석을 위한 조사와 관찰, 임상실험의 도움을 통해 내리는 예측을 말한다. 각 개인에 내재하는 특수성이나 특이성을 집중적으로 관찰할 수 있다.

④ [○] 글룩(Glueck) 부부는 1940년대 메사추세츠 주 보스턴의 비행소년 500명과 일반소년 500명에 대해 약 300개의 인자를 가지고 비교 연구하여, 아버지의 훈육, 어머니의 감독, 아버지의 애정, 어머니의 애정, 가족의 결집력 등 다섯 가지 요인을 가중실점방식(특정항목의 점수를 가중하거나 감점하는 방식)에 의한 조기예측법을 소개하였다.

정답 ③

01 범죄예측에 관한 설명 중 가장 옳지 않은 것은? 2023. 해경 경위

① 범죄예측은 사실상 범죄자의 재범위험성에 대한 예측이기 때문에, 브랜팅햄(Brantingham)과 파우스트(Faust)의 범죄예방모형에 따르면, 3차적 범죄예방에 해당한다.
② 전체적 평가법은 대상자의 소질과 인격 전체에 대한 구체적 상황을 종합분석하여 그 사람의 범죄성향을 임상적 경험에 의하여 예측하는 방법이다.
③ 통계적 예측법은 여러 자료를 통하여 범죄예측 요인을 수량화함으로써 점수의 비중에 따라 범죄 또는 비행을 예측하는 것이다.
④ 1928년에 버제스(E. W. Burgess)는 '경험표'라고 불렀던 예측표를 작성하여 객관적인 범죄예측의 기초를 마련하였다.

정답 및 해설

① [×] 범죄예측이란 범죄를 저지를 가능성이 있는 사람 또는 범죄자를 대상으로 추후 범죄개연성을 사전에 판별하는 활동을 의미한다. 즉, 범죄예방, 수사, 재판, 교정의 각 단계에서 잠재적 범죄자의 범행가능성이나 범죄자의 재범 가능성을 판단하는 것이다.
② [○] 전체적 평가법은 예측자의 직관적 예측능력을 토대로 하는 예측방법으로, 실무에서 자주 사용되는 방법이다. 인간의 보편적 예측능력, 판사·검사·교도관 등 범법자를 대상으로 한 직업경험이 중요한 역할을 한다.
③ [○] 통계적 예측법은 전체적 평가법에서 범하기 쉬운 객관성 문제를 개선하기 위해 개발된 방법이다. 여러 자료를 통하여 범죄예측요인을 수량화함으로써 점수의 비중에 따라 범죄나 비행을 예측하는 방법으로 예측표를 작성하여 활용된다.
④ [○] 버제스(Burgess)는 1928년 일리노이 주에서 3,000명의 가석방자를 대상으로 21개의 인자를 분석하여 공통점을 추출함으로써 경험표에 해당하는 예측표(실점부여방식)를 작성하였다.

정답 ①

02 다음의 내용은 범죄예측 방법 중 어느 것에 해당되는가? 2022(72). 경위

> 정신과 의사나 범죄학을 교육받은 심리학자가 행위자의 성격 분석을 위한 조사와 관찰 등을 토대로 내리는 예측을 말한다. 대상자에게 내재되어 있는 특성을 집중적으로 관찰할 수 있는 장점이 있는 반면, 판단자의 자료해석 오류가능성이나 주관적 평가가 개입될 위험으로 인해 객관성이 결여될 수 있고, 비용이 많이 든다는 단점이 있다.

① 전체적 관찰법(직관적 관찰법)
② 경험적 개별예측(임상적 예측법)
③ 점수법(통계적 예측법)
④ 구조예측(통합적 예측법)

① [×] 예측자의 직관적 예측능력을 토대로 하는 예측방법으로, 실무에서 자주 사용되는 방법이다. 인간의 보편적 예측능력, 판사·검사·교도관 등 범법자를 대상으로 한 직업경험이 중요한 역할을 한다.
② [○] 범죄예측 방법 중 경험적 개별예측(임상적 예측법)에 대한 설명이다.
③ [×] 전체적 평가법에서 범하기 쉬운 객관성 문제를 개선하기 위해 개발된 방법이다. 여러 자료를 통하여 범죄예측요인을 수량화함으로써 점수의 비중에 따라 범죄 또는 비행을 예측하는 방법으로 예측표를 작성하여 활용된다.
④ [×] 직관적 방법과 통계적 예측방법을 조합하여 각각의 단점을 보완하고자 하는 방법이다.

정답 ②

03 범죄예측에 대한 설명으로 옳은 것은? 2020. 교정 7급

① 전체적 평가법은 통계적 예측법에서 범하기 쉬운 객관성 문제를 개선하기 위해 개발된 방법이다.
② 통계적 예측법은 범죄자의 소질과 인격에 대한 상황을 분석하여 범죄자의 범죄성향을 임상적 경험에 의하여 예측하는 방법이다.
③ 버제스(E. W. Burgess)는 경험표(Experience Table)라 불렸던 예측표를 작성·활용하여 객관적인 범죄예측의 기초를 마련하였다.
④ 가석방 시의 예측은 교도소에서 가석방을 결정할 때 수용생활 중의 성적만을 고려하여 결정한다.

① [×] 통계적 예측법은 전체적 평가법에서 범하기 쉬운 객관성 문제를 개선하기 위해 개발된 방법이다.
② [×] 전체적 평가법 또는 임상적 예측법에 대한 설명이다. 통계적 예측법은 여러 자료를 통하여 범죄예측요인을 수량화함으로써 점수의 비중에 따라 범죄를 예측하는 것이다.
③ [○] 버제스(Burgess)는 1928년 일리노이주에서 3,000명의 가석방자를 대상으로 21개의 인자를 분석하여 공통점을 추출함으로써 경험표에 해당하는 예측표(실점부여방식)를 작성하였다.
④ [×] 가석방 시의 예측은 가석방을 결정할 때 그 대상자의 재범위험성 등을 예측하는 것으로, 과거에는 수용생활 중의 성적을 위주로 하여 가석방 여부를 결정하였으나, 최근에는 수용성적뿐만 아니라 사회복귀 후의 환경 등을 고려하여 가석방 여부를 결정한다.

정답 ③

04 범죄예측에 대한 설명으로 옳은 것을 모두 고른 것은? 2016. 사시

ⓒ 범죄예측이란 예방, 수사, 재판, 교정의 각 단계에서 잠재적 범죄자의 범행가능성이나 범죄자의 재범가능성을 판단하는 것이다.
ⓛ 통계적 예측법은 범죄자의 특징을 계량화하여 그 점수에 따라 범죄행동을 예측하므로 실효성이 높고, 비교적 공평하며, 예측비용이 절감되는 장점이 있다.
ⓒ 임상적 예측법은 정신과 의사나 범죄심리학자가 조사와 관찰 등에 의해 행위자의 성격분석을 토대로 내리는 예측이므로 판단자의 자료해석의 오류나 주관적 평가가 개입할 위험이 있다.
ⓔ 글룩(Glueck) 부부는 범죄예측과 관련하여 특정항목의 점수를 가중하거나 감점하는 '가중실점방식'이라는 조기예측법을 소개하였다.

① ㉠, ㉡
② ㉠, ㉣
③ ㉡, ㉢
④ ㉠, ㉢, ㉣
⑤ ㉠, ㉡, ㉢, ㉣

모두 옳은 설명이다.

㉠ [○] 범죄예측이란 범죄를 저지를 가능성이 있는 사람 또는 범죄자를 대상으로 추후 범죄개연성을 사전에 판별하는 활동을 의미하며, 범죄자나 비행소년을 조사하여 그 장래의 범죄나 비행을 예측하는 것으로 사회적 예후라고도 한다.

㉡ [○] 통계적 예측법은 전체적 평가법에서 범하기 쉬운 객관성 문제를 개선하기 위해 개발된 방법이다. 여러 자료를 통하여 범죄예측요인을 수량화함으로써 점수의 비중에 따라 범죄 또는 비행을 예측하는 방법으로 예측표를 작성하여 활용된다.

㉢ [○] 임상적 예측법은 판단자의 주관적 평가의 개입가능성이 있어 객관성이 결여될 수 있고, 판단자의 자료해석의 오류가능성, 비용이 많이 소요된다.

㉣ [○] 글룩(Glueck) 부부는 1940년대 메사추세츠주 보스턴시의 비행소년 500명과 일반소년 500명에 대해 약 300개의 인자를 가지고 비교 연구하여, 아버지의 훈육, 어머니의 감독, 아버지의 애정, 어머니의 애정, 가족의 결집력 등 다섯 가지 요인을 가중실점방식(특정항목의 점수를 가중하거나 감점하는 방식)에 의한 조기예측법을 소개하였다.

정답 ⑤

 05 범죄예측에 대한 설명으로 옳지 않은 것은?

① 재판단계에서의 예측은 효율적인 양형산정의 기준이 될 수 있다.
② 교정단계에서는 주로 가석방시 예측이 중요하다.
③ 통계적 예측방법은 범죄자의 특징을 계량화하여 그 점수의 많고 적음에 따라 장래의 범죄활동을 예측하는 것이다.
④ 임상적 예측방법은 판단자의 주관적 평가를 배제하고 객관성을 확보할 수 있는 장점이 있다.
⑤ 통계적 예측방법은 이미 만들어진 판정척도를 사용하므로 전문가의 개입을 요하지 않고 예측을 할 수 있는 장점이 있다.

④ [×] 임상적 예측법은 판단자의 주관이 개입되기 쉬워 객관성이 결여될 수 있다는 단점이 있다.

정답 ④

 06 범죄예측에 대한 설명으로 옳지 않은 것을 모두 고른 것은?

㉠ 글룩(Glueck) 부부는 아버지의 훈육, 어머니의 감독, 아버지의 애정, 어머니의 애정, 가족의 결집력 등 다섯 가지 요인으로 구분하여 범죄예측표를 작성하였다.
㉡ 통계적 예측법은 많은 사례를 중심으로 개발된 것이기 때문에 개별 범죄자의 고유한 특성이나 편차를 충분히 반영할 수 있다는 장점이 있다.
㉢ 직관적 예측법은 실무에서 자주 사용되는 방법이지만, 이는 판단자의 주관적 입장에 의존한다는 점에서 비판을 받는다.
㉣ 예방단계의 예측은 주로 소년범죄 예측에 사용되는데 잠재적인 비행소년을 식별함으로써 비행을 미연에 방지하고자 하는 방법이다.
㉤ 재판단계에서 행해지는 예측은 주로 가석방결정에 필요한 예측이다.

① ㉠, ㉢ 　　　　　　　　② ㉠, ㉣
③ ㉡, ㉢ 　　　　　　　　④ ㉡, ㉤

옳지 않은 것은 ⓒ, ⓜ이다.

㉠ [○] 다섯 가지 요인을 가중실점방식(특정항목의 점수를 가중하거나 감점하는 방식)에 의한 범죄예측표를 작성하였다.

㉡ [×] 통계적 예측방법은 개인의 다양성을 지나치게 단순화하여 재범가능성 판단에서는 임상적 예측법보다 예측력이 부족하다.

㉢ [○] 직관적 예측방법은 형사사법종사자들의 직업경험 등에 의한 인간의 보편적인 직관적 예측능력에 기초한 예측으로, 전문성의 결여 및 객관적 기준확보가 곤란하고 허위긍정의 예측오류가능성이 높다.

㉣ [○] 조기예측은 특정인에 대해 범행 이전에 미리 그 위험성을 예측하는 것을 말한다. 잠재적 비행자를 조기에 식별하여 위험한 사람을 분류함으로써 범죄예방에 도움을 주기 위한 목적을 가지고 있어 사법예측이 아니라는 특징이 있다.

㉤ [×] 재판단계예측은 재범예측과 적응예측이 있으며, 가장 중요한 양형의 기준(효율적인 양형산정의 기준)이 되며 처우의 개별화를 위해서도 필요하다.

정답 ④

---

 07 다음 중 범죄예측에 대한 설명으로 가장 옳은 것은?

2024. 해경 경위

① 워너(Warner)는 '경험표'라고 불린 예측표를 작성하여 객관적인 범죄예측에 기초를 마련하였다.

② 예측방법 중 '통계적 예측'은 실무에서 가장 많이 사용되는 방법으로, 판단자의 주관적 평가가 개입되어 자료를 객관적으로 분석할 수 있는 장점이 있다.

③ 미래에 범죄를 범할 것이라고 예측하였으나 실제로는 범죄를 저지르지 않은 '오류부정(false negative)'의 경우 개인의 자유가 부당하게 침해된다는 단점이 있다.

④ 수사단계에서의 소년사건에 대한 범죄예측은 수사 종료 시 비행소년 처우 결정의 기초 자료가 된다.

① [×] 버제스(Burgess)는 1928년 일리노이 주에서 3,000명의 가석방자를 대상으로 21개의 인자를 분석하여 공통점을 추출함으로써 경험표에 해당하는 예측표(실점부여방식)를 작성하여 객관적인 범죄예측에 기초를 마련하였다.

② [×] 통계적 예측은 전체적 평가법에서 범하기 쉬운 객관성 문제를 개선하기 위해 개발된 방법으로, 여러 자료를 통하여 범죄예측 요인을 수량화함으로써 점수의 비중에 따라 범죄 또는 비행을 예측하는 것이다. 누구나 쉽게 사용할 수 있고(전문가의 개입을 요하지 않는다), 객관적 기준에 의해 실효성 · 공평성이 높으며 비용도 절감된다.

③ [×] 미래에 범죄를 범할 것이라고 예측하였으나 실제로는 범죄를 저지르지 않은 잘못된 긍정(오류 긍정. false positive)의 경우 개인의 자유가 부당하게 침해되는 요인이 되며, 미래에 범죄가 없을 것이라고 예측하였으나 실제로는 범죄를 저지르는 잘못된 부정(오류 부정. false negative)의 경우 사회와 구성원의 안전에 위협이 될 수 있다.

④ [○] 수사단계에서의 예측은 경찰 · 검찰이 범죄자나 비행자에 대한 수사를 종결하면서 내릴 처분내용을 결정할 때 사용하는 예측을 말한다. 범죄자나 비행소년에 대한 위험성 판정을 전제로 하며, 이에 대한 적정한 예측은 수사종결 후 처분 선정을 하는 데 있어서 중요한 역할을 한다.

정답 ④

제22장 범죄예방과 모델

제1절 | 범죄예방의 의의와 범죄예방모델

01 범죄예방과 형사사법제도의 비교에 관한 설명으로 가장 적절한 것은?
2024. 경찰2차

□□□
① 범죄예방은 사후 대응적(reactive)인 반면, 형사사법제도는 사전 예방적(proactive)이다.
② 범죄예방의 범주는 범죄행동에 중점을 두는 반면, 형사사법제도는 범죄행동뿐 아니라 범인성, 두려움 등에도 중점을 둔다.
③ 범죄예방의 접근방법은 개입에만 중점을 두는 반면, 형사사법제도는 개입뿐 아니라 예측 및 평가도 포함한다.
④ 범죄예방은 비공식적 사회통제에 중점을 두는 반면, 형사사법제도는 공식적 사회통제에 중점을 둔다.

정답 및 해설

① [×] 형사사법제도는 사후 대응적인 반면, 범죄예방은 사전 예방적이다.
② [×] 형사사법제도의 범주는 범죄행동에 중점을 두는 반면, 범죄예방의 범주는 범죄행동뿐 아니라 범인성, 두려움 등에도 중점을 둔다.
③ [×] 형사사법제도의 접근방법은 개입에만 중점을 두는 반면, 범죄예방의 접근방법은 개입뿐 아니라 예측 및 평가도 포함한다.
④ [○] 형사사법제도는 공식적 사회통제에 중점을 두는 반면, 범죄예방은 비공식적 사회통제에 중점을 둔다.

정답 ④

02 범죄대책과 예방에 관한 내용으로 가장 적절하지 않은 것은?
2023(73). 경위

□□□
① 제프리(Jeffery)는 범죄예방이란 범죄발생 이전의 활동이며, 범죄행동에 대한 직접적 통제이며, 개인의 행동에 초점을 맞추는 것이 아니라 개인이 속한 환경과 그 환경내의 인간관계에 초점을 맞춰야 하며, 인간의 행동을 연구하는 다양한 학문을 배경으로 하는 것이라고 하였다.
② 브랜팅햄과 파우스트(Brantingham & Faust)는 범죄예방을 1차적 범죄예방, 2차적 범죄예방, 3차적 범죄예방으로 나누었다.
③ 제프리(Jeffery)는 범죄예방모델로 범죄억제모델(Deterrent Model), 사회복귀모델(Rehabilitation Model), 환경공학적 범죄통제모델(Crime Control Through Environmental Engineering)을 제시하였으며, 세 가지 모델은 상충관계에 있다.
④ 랩(Lab)은 범죄예방의 개념을 실제의 범죄발생 및 시민의 범죄에 대해서 가지는 두려움을 제거하는 활동이라고 하였다.

정답 및 해설

③ [×] 제프리(Jeffery)는 범죄대책모델로 범죄억제모델, 사회복귀모델, 환경개선을 통한 범죄예방모델을 제시하였으며, 이 세 가지 모델은 상호보완관계에 있다.

정답 ③

03

다음 중 범죄예방에 관한 설명으로 가장 옳지 않은 것은?

2022. 해경 경위

① '상황적 범죄예방모델'은 범죄기회를 감소시키는 것만으로는 범죄를 예방하는 데 한계가 있다는 생각에서 출발한다.

② '범죄자 치료와 갱생을 통한 사회복귀모델'은 주로 형집행단계에서 특별예방의 관점을 강조하고 있다.

③ '형벌을 통한 범죄억제모델'은 범죄예방의 효과를 높이기 위해서 처벌의 신속성, 확실성, 엄격성을 요구한다.

④ '환경설계를 통한 범죄예방'은 주택 및 도시설계를 범죄예방에 적합하도록 구성하려는 생각이다.

정답 및 해설

① [×] 범죄행위에 대한 위험과 어려움을 높여 범죄기회를 줄임으로써 범죄예방을 도모하려는 방법을 상황적 범죄예방모델이라고 한다. 범죄예방은 특별한 범죄기회를 감소시킴으로써 성취될 수 있다는 것이 상황적 범죄예방모델이다. 범죄예방 활동은 잠재적 범죄자들의 범죄기회를 제거하는 것이 최선의 대안이며, 이러한 정책대안은 사람이나 재물 같은 범죄표적물에 대한 주의 깊은 보호, 범죄수단에 대한 통제, 잠재적 범죄자들의 행동에 대한 주의 깊은 추적 등 세 가지 요소를 기초로 이루어진다.

정답 ①

04

다음 중 브랜팅햄(Brantingham)과 파우스트(Faust)의 범죄예방모델에 대한 설명으로 가장 옳지 않은 것은?

2022. 해경 경위

① 브랜팅햄과 파우스트의 범죄예방모델은 질병예방의 보건의료모형을 차용하였다.

② 범죄 실태에 대한 대중교육을 실시하는 것은 1차적 범죄예방에 가장 가깝다.

③ 잠재적 범죄자를 조기에 판별하고 이들이 불법행위를 저지르기 전에 개입하려는 시도는 2차적 범죄예방에 해당한다고 볼 수 있다.

④ 2차적 범죄예방은 특별예방과 관련이 있다.

정답 및 해설

① [○] 브랜팅햄과 파우스트의 범죄예방모델은 질병예방의 보건의료모형을 차용하였다. 1차적 예방은 질병예방을 위해 주변환경의 청결·소독과 같은 위생상태를 개선하는 것과 유사하고, 2차적 예방은 질병에 걸린 사람들을 격리하고 주변 사람들에게 예방접종을 하는 것과 유사하며, 3차적 예방은 중병에 걸린 사람을 입원시켜 치료하는 것과 유사하다.

② [○] 1차적 범죄예방의 방법으로는 조명·자물쇠장치·접근통제 등과 같은 환경설비, 감시·시민순찰 등과 같은 이웃감시, 경찰방범활동, 범죄예방교육, 민간경비 등이 있다(대상: 일반인).

③ [○] 2차적 범죄예방은 범행가능성이 있는 잠재적 범죄자를 조기에 발견하고 그를 감시·교육함으로써 반사회적 행위에 이르기 전에 미리 예방하는 것을 말한다(대상: 우범자, 우범집단).

④ [×] 2차적 예방은 범죄가능성이 높은 취약지역이나 개인을 대상으로 하기 때문에 이들과 많이 접촉하는 지역사회의 지도자나 부모, 교사 등에게 많이 의존하게 된다. 3차적 범죄예방은 범죄자를 대상으로 하는 예방조치로써 과거에 범행한 적이 있는 범죄자를 대상으로 재범하지 않도록 하는 것이며(특별예방), 이 기능의 대부분은 형사사법기관에 의해 이루어지고 있으며 구금, 교정 및 치료, 사회복귀, 갱생보호사업, 지역사회교정 등이 여기에 해당한다(대상: 범죄자).

정답 ④

05 브랜팅햄(Brantingham)과 파우스트(Faust)의 범죄예방모형에 따를 때 다음 중 성격이 다른 하나는?

2023. 해경 경위

① 이웃감시   ② 상황적 범죄예방

③ 민간경비   ④ 환경설계 범죄예방

정답 및 해설

①, ③, ④ [○] 범죄예방모형 중 1차적 범죄예방에 해당한다. 1차적 범죄예방은 범죄행위를 야기할 가능성이 있는 문제들을 미연에 방지할 목적으로 하며, 방법으로는 조명·자물쇠장치·접근통제 등과 같은 환경설계, 감시·시민순찰 등과 같은 이웃감시, 범죄 실태에 대한 대중교육 등과 같은 범죄예방교육, 경찰방범활동, 민간경비 등이 있다.

② [×] 상황적 범죄예방은 범죄기회가 주어지면 누구든지 저지를 수 있는 행위로 보고, 범죄예방은 범죄기회를 감소시킴으로써 성취될 수 있다고 한다. 그러므로 범죄예방모형 중 2차적 범죄예방에 해당한다. 2차적 범죄예방은 범행가능성이 있는 잠재적 범죄자를 조기에 발견하고 그를 감시·교육함으로써 반사회적 행위에 이르기 전에 미리 예방하는 것을 말한다.

💡 **범죄예방모델**(브랜팅햄과 파우스트. Brantingham & Faust)

1차적 범죄예방	• 사회정책적 측면에서 이루어지는 범죄예방으로, 범죄행위를 야기할 가능성이 있는 문제들을 미연에 방지할 목적으로 범죄기회를 제공하거나 범죄를 촉진하는 물리적·사회적 환경조건을 변화시키는 것을 말한다. • 방법으로는 조명·자물쇠장치·접근통제 등과 같은 환경설비, 감시·시민순찰 등과 같은 이웃감시, 경찰방범활동, 범죄예방교육, 민간경비 등이 있다.
2차적 범죄예방	• 범행가능성이 있는 잠재적 범죄자를 조기에 발견하고 그를 감시·교육함으로써 반사회적 행위에 이르기 전에 미리 예방하는 것을 말한다. • 방법으로는 비행가능성이 있는 소년의 직업훈련 및 교육프로그램 실시, 범죄발생지역의 분석, 전환제도 등이 있다.
3차적 범죄예방	• 범죄자를 대상으로 하는 예방조치로서 과거에 범행한 적이 있는 범죄자를 대상으로 재범하지 않도록 하는 것이 주된 임무이다. • 이 기능의 대부분은 형사사법기관에 의해 이루어지고 있으며 구금, 교정 및 치료, 사회복귀, 갱생보호사업, 지역사회교정 등이 여기에 해당한다.

정답 ②

06 범죄예방에 관한 설명으로 가장 적절하지 않은 것은?

2023. 경찰2차

① 상황적 범죄예방모델은 브랜팅햄(Brantingham)과 파우스트(Faust)의 범죄예방모델 중에서 2차적 범죄예방에 속한다.

② 깨진 유리창 이론(Broken Windows Theory)을 근거로 도출된 범죄예방모델에서는 무관용 원칙을 중요시한다.

③ 랩(Lab)은 범죄예방의 개념을 '실제의 범죄발생 및 범죄두려움(fear of crime)을 제거하는 활동'이라 정의하고, 범죄예방은 범죄의 실질적인 발생을 줄이려는 정책과 일반시민이 범죄에 대하여 가지는 막연한 두려움과 공포를 줄여나가는 정책을 포함하여야 한다고 주장한다.

④ 제프리(Jeffery)가 제시한 범죄대책 중 범죄억제모델은 주로 형집행단계에서 특별예방의 관점을 강조하고 있다.

① [O] 상황적 범죄예방모델은 범죄기회가 주어지면 누구든지 저지를 수 있는 행위로 보고, 범죄예방은 범죄기회를 감소시킴으로써 성취될 수 있다고 하였고, 2차적 범죄예방은 범행가능성이 있는 잠재적 범죄자를 조기에 발견하고 그를 감시·교육함으로써 반사회적 행위에 이르기 전에 미리 예방하는 것을 말한다. 그러므로 상황적 범죄예방모델은 브랜팅햄과 파우스트의 범죄예방모델 중에서 2차적 범죄예방과 비슷한 개념이다.

④ [×] 사회복귀모델에 대한 설명이다. 범죄억제모델은 처벌을 통하여 범죄자들의 잠재적 범죄를 예방하고, 이를 통하여 사회를 안전하게 보호하는데 중점을 두며, 처벌을 통한 범죄예방의 효과를 높이기 위하여 처벌의 확실성, 엄격성, 신속성을 요구한다.

정답 ④

---

07 브랜팅햄(Brantingham)과 파우스트(Faust)가 제시한 범죄예방모델을 1차, 2차, 3차 예방활동의 순서대로 나열한 것은?

2023. 경찰1차

① 시민순찰 - 범죄예측 - 구금
② 이웃감시 - 특별예방 - 우범지역순찰
③ 우범지역순찰 - 비상벨 설치 - 재소자 교육
④ 비상벨 설치 - 이웃감시 - 구금

① [O] 시민순찰(1차적 범죄예방) - 범죄예측(2차적 범죄예방) - 구금(3차적 범죄예방)
② [×] 이웃감시(1차적 범죄예방) - 특별예방(3차적 범죄예방) - 우범지역순찰(2차적 범죄예방)
③ [×] 우범지역순찰(2차적 범죄예방) - 비상벨 설치(1차적 범죄예방) - 재소자 교육(3차적 범죄예방)
④ [×] 비상벨 설치(1차적 범죄예방) - 이웃감시(1차적 범죄예방) - 구금(3차적 범죄예방)

정답 ①

---

08 브랜팅햄(Brantingham)과 파우스트(Faust)의 범죄예방모델에 대한 다음 설명 중 가장 적절하지 않은 것은?

2022(72). 경위

① 잠재적 범죄자를 조기에 판별하고 이들이 불법행위를 저지르기 전에 개입하려는 시도는 2차적 범죄예방에 해당한다고 볼 수 있다.
② 범죄 실태에 대한 대중교육을 실시하는 것은 1차적 범죄예방에 가장 가깝다.
③ 2차적 범죄예방은 대부분 형사사법기관에 의해 이루어진다.
④ 브랜팅햄과 파우스트의 범죄예방모델은 질병예방의 보건의료모형을 차용하였다.

① [O] 2차적 범죄예방은 범행가능성이 있는 잠재적 범죄자를 조기에 발견하고 그를 감시·교육함으로써 반사회적 행위에 이르기 전에 미리 예방하는 것을 말한다(대상: 우범자, 우범집단).
② [O] 1차적 범죄예방의 방법으로는 조명·자물쇠장치·접근통제 등과 같은 환경설비, 감시·시민순찰 등과 같은 이웃감시, 경찰방범활동, 범죄예방교육, 민간경비 등이 있다(대상: 일반인).
③ [×] 2차적 예방은 범죄가능성이 높은 취약지역이나 개인을 대상으로 하기 때문에 이들과 많이 접촉하는 지역사회의 지도자나 부모, 교사 등에게 많이 의존하게 된다. 3차적 범죄예방은 범죄자를 대상으로 하는 예방조치로서 과거에 범행한 적이 있는 범죄자를 대상으로 재범하지 않도록 하는 것이며, 이 기능의 대부분은 형사사법기관에 의해 이루어지고 있으며 구금, 교정 및 치료, 사회복귀, 갱생보호사업, 지역사회교정 등이 여기에 해당한다(대상: 범죄자).

④ [○] 브랜팅햄과 파우스트의 범죄예방모델은 질병예방의 보건의료모형을 차용하였다. 1차적 예방은 질병예방을 위해 주변환경의 청결 · 소독과 같은 위생상태를 개선하는 것과 유사하고, 2차적 예방은 질병에 걸린 사람들을 격리하고 주변 사람들에게 예방접종을 하는 것과 유사하며, 3차적 예방은 중병에 걸린 사람을 입원시켜 치료하는 것과 유사하다.

정답 ③

09 범죄예방모델에 대한 설명으로 옳지 않은 것은? 2018. 보호 7급

□□□
① 범죄억제모델은 고전주의의 형벌위하적 효과를 중요시하며 이를 위하여 처벌의 신속성, 확실성, 엄격성을 요구한다.
② 사회복귀모델은 범죄자의 재사회화와 갱생에 중점을 둔다.
③ 제프리(Jeffery)는 사회환경개선을 통한 범죄예방모델로 환경설계를 통한 범죄예방(Crime Prevention Through Environmental Design: CPTED)을 제시하였다.
④ 상황적 범죄예방모델은 한 지역의 범죄가 예방되면 다른 지역에도 긍정적 영향이 전해진다는 소위 범죄의 전이효과(Displacement Effect)를 주장한다.

정답 및 해설

④ [×] 한 지역의 상황적 범죄예방활동의 효과는 다른 지역으로 확산되어 다른 지역의 범죄예방에도 긍정적인 영향을 미치게 된다는 것은 '이익의 확산효과(Diffusion of Benefit)'이다. 특정지역을 범죄로부터 보호하고자 경찰을 집중배치하거나, CCTV를 집중적으로 설치하는 등의 안전정책을 도입하였다면 해당지역의 범죄발생은 감소할 것이다. 하지만, 안전정책을 도입한 지역에서 감소한 범죄는 실제 감소한 것이 아니고 인근지역으로 옮겨가 인근지역에서 발생한다는 것이 풍선효과(Balloon Effect) 또는 범죄전이효과(Crime Displacement Effects)이다.

정답 ④

10 환경설계를 통한 범죄예방(CPTED)에 대한 설명으로 옳지 않은 것은? 2012. 보호 7급

□□□
① 상황적 범죄예방 전략과 유사한 이론적 관점을 취한다.
② 대상물 강화(Target Hardening) 기법을 포함한다.
③ 감시(Surveillance), 접근통제(Access control), 영역성(Territoriality) 등을 기본요소로 한다.
④ CPTED모델은 사회복귀 모델과 맥락을 같이 하며 특별예방적 관점이 강조된다.

정답 및 해설

• 셉티드(CPTED)는 도시공간의 물리적 환경설계를 범죄 방어적인 구조로 적용 또는 변경함으로써 범죄와 범죄피해에 대한 일반의 공포심을 차단하거나 감소시켜주는 이론으로, 제프리(Jeffery)의 사회환경개선을 통한 범죄예방모델과 맥락을 같이 한다.
• 제프리(Jeffery)의 범죄대책모델 중 사회복귀모델은 범죄인의 재사회화와 재범방지에 중점을 둔 임상적 개선방법 등 오늘날 실증주의 특별예방관점에서의 행형론의 주요한 모델로, 형집행단계에서 특별예방의 관점을 강조하며, 주관주의 형법이론과 맥을 같이 한다.

정답 ④

11 범죄예방에 대한 설명으로 옳지 않은 것은?

2024. 보호 9급

① 적극적 일반예방 이론은 형벌이 사회의 규범의식을 강화해 주는 효과를 가짐으로써 범죄가 예방된다고 보는 것이다.
② 브랜팅햄(Brantingham)과 파우스트(Faust)가 제시한 범죄예방 구조모델에 따르면, 사회환경 가운데 범죄의 원인이 될 수 있는 것을 정화하는 것은 3차 예방에 해당한다.
③ 환경설계를 통한 범죄예방(CPTED)모델은 사전적 범죄예방을 지향한다.
④ 일상활동이론(Routine Activity Theory)에서는, 범죄예방에 관하여 범죄자의 범죄 성향이나 동기를 감소시키는 것보다는 범행 기회를 축소하는 것이 강조된다.

정답 및 해설

① [○] 소극적 일반예방은 준엄한 형집행을 통해 일반인을 위하함으로써 범죄예방의 목적을 달성하고, 적극적 일반예방은 형벌을 통해 일반인의 규범의식을 강화하여 사회의 규범 안정을 도모한다.
② [×] 1차적 범죄예방에 대한 설명이다. 1차적 범죄예방은 범죄행위를 야기할 가능성이 있는 문제들을 미연에 방지할 목적으로 범죄기회를 제공하거나 범죄를 촉진하는 물리적·사회적 환경조건을 변화시키는 것을 말한다.
  ▶ 범죄예방모델은 질병예방의 보건의료모형을 차용하였다. 1차적 예방은 질병예방을 위해 주변환경의 청결·소독과 같은 위생상태를 개선하는 것과 유사하고, 2차적 예방은 질병에 걸린 사람들을 격리하고 주변 사람들에게 예방접종을 하는 것과 유사하며, 3차적 예방은 중병에 걸린 사람을 입원시켜 치료하는 것과 유사하다.
③ [○] 셉테드(CPTED)는 주거 및 도시지역의 물리적 환경설계 또는 재설계를 통하여 범죄를 예방하고자 하는 전략을 말한다. 접근통제, 감시, 활동지원, 동기강화가 자연스럽게 이루어지는 환경을 설계하여 잠재적인 범죄자가 범행을 포기하는 결정을 하도록 합리적이고 과학적으로 유도하는 것을 목표로 한다.
④ [○] 범죄발생의 원인에 대하여 범죄자의 동기적 측면을 주로 강조하는 기존의 범죄이론과 달리 일상활동이론은 피해자를 둘러싸고 있는 범행의 조건을 강조한다. 범행을 촉발하는 요인으로 동기화된 범죄자, 범행에 적합한 대상, 그리고 감시의 부재를 들고, 범죄 기회가 주어지면 누구든지 범죄를 저지를 수 있는 것으로 본다.

정답 ②

12 범죄예방에 대한 설명으로 옳지 않은 것은?

2023. 보호 7급

① 생활양식이론에 의하면, 범죄예방을 위하여 체포가능성의 확대와 처벌의 확실성 확보를 강조한다.
② 브랜팅햄(Brantingham)과 파우스트(Faust)는 질병예방에 관한 보건의료모형을 응용하여 단계화한 범죄예방모델을 제시하였다.
③ 일상활동이론에 의하면, 동기 부여된 범죄자와 매력적인 목표물, 보호능력의 부재나 약화라는 범죄의 발생조건의 충족을 제지함으로써 범죄를 예방할 수 있다.
④ 이웃감시는 일반시민을 대상으로 한 1차적 범죄예방모델의 예에 해당한다.

정답 및 해설

① [×] 하인드랑(Hindelang)과 갓프레드슨(Gottfredson)의 생활양식 – 노출이론에 따르면, 개인의 직업적 활동과 여가활동을 포함하는 일상적 활동의 생활양식이 그 사람의 범죄피해위험성을 결정하는 중요한 요인이 된다고 한다. 범죄피해자화의 위험은 범죄자와의 접촉 및 노출수준에 의해 결정되고, 접촉과 노출수준은 개인의 생활양식에 따라 달라지므로 범죄예방을 위해서는 범죄자와의 접촉과 노출이 적은 생활양식을 가져야 한다고 한다.
② [○] 브랜팅햄과 파우스트의 범죄예방모델은 질병예방의 보건의료모형을 차용하였다. 1차적 예방은 질병예방을 위해 주변환경의 청결·소독과 같은 위생상태를 개선하는 것과 유사하고, 2차적 예방은 질병에 걸린 사람들을 격리하고 주변 사람들에게 예방접종을 하는 것과 유사하며, 3차적 예방은 중병에 걸린 사람을 입원시켜 치료하는 것과 유사하다.

③ [O] 코헨(Cohen)과 펠슨(Felson)의 일상활동이론에 따르면, 동기화된 범죄자, 범행에 적합한 대상, 사람이나 재산에 대한 감시(보호자)의 부재가 동일한 시간과 공간에서 만나면 범죄발생의 가능성이 높아진다는 것이다. 범죄삼각형이라는 세 가지 요소의 발생조건을 제지함으로써 범죄를 예방할 수 있다고 한다.

④ [O] 브랜팅햄(Brantingham)과 파우스트(Faust)의 범죄예방모델에서 1차적 범죄예방모델은 사회정책적 측면에서 이루어지는 범죄예방으로, 범죄행위를 야기할 가능성이 있는 문제들을 미연에 방지할 목적으로 범죄기회를 제공하거나 범죄를 촉진하는 물리적·사회적 환경조건을 변화시키는 것을 말한다. 방법으로는 조명·자물쇠장치·접근통제 등과 같은 환경설비, 감시·시민순찰 등과 같은 이웃감시, 범죄 실태에 대한 대중교육 등과 같은 범죄예방교육, 경찰방범활동, 민간경비 등이 있다.

정답 ①

13

범죄예방에 대한 설명으로 가장 적절하지 않은 것은?

2024(74). 경위

① 브랜팅햄과 파우스트(Brantingham & Faust)는 질병예방에 관한 보건의료모형을 응용하여 3단계로 분류한 범죄예방모델을 제시하였다.

② 이웃감시와 주민순찰은 브랜팅햄과 파우스트(Brantingham & Faust)가 제시한 1차적 범죄예방과 관련이 있다.

③ 코니쉬와 클락(Cornish & Clarke, 2003)이 제시한 상황적 범죄예방에서, 관련 규정과 규칙을 명확하게 하고 표지판 등을 통해 양심에 호소하는 것은 '변명의 제거'를 목표로 하는 기법이다.

④ 코니쉬와 클락(Cornish & Clarke, 2003)은 상황적 범죄예방의 목표를 '노력의 증가', '위험의 감소', '보상의 감소', '변명의 제거' 네 가지로 제시하였다.

정답 및 해설

① [O] 범죄예방모델은 질병예방의 보건의료모형을 차용하였다. 1차적 예방은 질병예방을 위해 주변환경의 청결·소독과 같은 위생상태를 개선하는 것과 유사하고, 2차적 예방은 질병에 걸린 사람들을 격리하고 주변 사람들에게 예방접종을 하는 것과 유사하며, 3차적 예방은 중병에 걸린 사람을 입원시켜 치료하는 것과 유사하다.

② [O] 1차적 범죄예방은 사회정책적 측면에서 이루어지는 범죄예방으로, 범죄행위를 야기할 가능성이 있는 문제들을 미연에 방지할 목적으로 범죄기회를 제공하거나 범죄를 촉진하는 물리적·사회적 환경조건을 변화시키는 것을 말한다. 방법으로는 조명·자물쇠장치·접근통제 등과 같은 환경설비, 감시·시민순찰 등과 같은 이웃감시, 범죄 실태에 대한 대중교육 등과 같은 범죄예방교육, 경찰방범활동, 민간경비 등이 있다.

③ [O] 규칙 명확화(괴롭힘 방지규정, 주택임대규정), 지침의 게시(주차금지, 사유지), 양심에 호소(도로 옆의 속도알림 표지판, 세관신고서 작성), 준법행동 보조(간편한 도서관 체크아웃, 공중화장실, 쓰레기통), 약물과 알코올 통제(술집에 음주측정기 비치, 알코올 없는 행사 진행)는 '변명의 제거'를 목표로 하는 기법이다.

④ [X] 상황적 범죄예방의 5가지 목표(노력의 증가, 위험의 증가, 보상의 감소, 자극의 감소, 변명의 제거)와 25가지 구체적 기법을 제시하였다.

정답 ④

14 브랜팅햄(Brantingham)과 파우스트(Faust)가 제시한 범죄예방 모델 중 2차적 범죄예방에 해당하는 것으로 가장 옳은 것은? 2024. 해경 경위

① 이웃상호감시활동
② 전과자 고용
③ 시민에 대한 범죄예방교육
④ 상황적 범죄예방

정답 및 해설

①, ③ [×] 1차적 범죄예방이다. 사회정책적 측면에서 이루어지는 범죄예방으로, 범죄행위를 야기할 가능성이 있는 문제들을 미연에 방지할 목적으로 범죄기회를 제공하거나 범죄를 촉진하는 물리적·사회적 환경조건을 변화시키는 것을 말한다.

② [×] 3차적 범죄예방이다. 범죄자를 대상으로 하는 예방조치로서 과거에 범행한 적이 있는 범죄자를 대상으로 재범하지 않도록 하는 것이 주된 임무이다.

④ [○] 2차적 범죄예방이다. 상황적 범죄예방은 범죄를 범죄기회가 주어지면 누구든지 저지를 수 있는 행위로 보고, 범죄예방은 범죄기회를 감소시킴으로써 성취될 수 있다고 한다. 그러므로 범죄예방모델 중 2차적 범죄예방에 해당한다. 2차적 범죄예방은 범행가능성이 있는 잠재적 범죄자를 조기에 발견하고 그를 감시·교육함으로써 반사회적 행위에 이르기 전에 미리 예방하는 것을 말한다.

정답 ④

15 뉴먼(Newman)과 레피토(Reppetto)의 범죄예방모델에 대한 설명으로 옳지 않은 것은? 2022. 보호 7급

① 뉴먼은 주택건축과정에서 공동체의 익명성을 줄이고 순찰·감시가 용이하도록 구성하여 범죄예방을 도모해야 한다는 방어공간의 개념을 사용하였다.
② 범죄행위에 대한 위험과 어려움을 높여 범죄기회를 줄임으로써 범죄예방을 도모하려는 방법을 '상황적 범죄예방모델'이라고 한다.
③ 레피토는 범죄의 전이양상을 시간적 전이, 전술적 전이, 목표물 전이, 지역적 전이, 기능적 전이의 5가지로 분류하였다.
④ 상황적 범죄예방활동에 대해서는 '이익의 확산효과'로 인해 사회 전체적인 측면에서는 범죄를 줄일 수 없게 된다는 비판이 있다.

정답 및 해설

① [○] 뉴먼은 주택건축과정에서 공동체의 익명성을 줄이고 범죄자의 침입과 도주를 차단하며, 순찰·감시가 용이하도록 구성하여 범죄예방을 도모하여야 한다는 방어공간의 개념을 사용하였다.

② [○] 상황적 범죄예방모델은 범죄기회가 주어지면 누구든지 저지를 수 있는 행위로 보고, 범죄예방은 범죄기회를 감소시킴으로써 성취될 수 있다고 한다.

③ [○] 레피토는 범죄의 전이는 '범죄예방활동으로 장소, 시간 또는 범죄유형 등이 다른 형태로 변경되는 것'이라고 정의하고, 범죄전이의 유형을 공간적(지역적) 전이, 시간적 전이, 전술적 전이, 목표물 전이, 기능적 전이의 5가지로 분류하였다.

④ [×] 상황적 범죄예방활동은 전이효과를 가지기 때문에 사회의 전체적인 측면에서 범죄를 줄일 수 없게 된다는 비판이 있다.

정답 ④

16 뉴만(Newman)의 방어공간이론에 대한 설명으로 가장 적절하지 않은 것은?

2024(74). 경위

□□□
① 방어공간이론은 많은 도시시설 가운데 특히, 주거시설에 초점을 두고 정립되었다.
② 방어공간에는 영역성, 자연적 감시, 이미지, 환경의 네 가지 구성요소가 있는데, 이 가운데 영역성을 강조하였다.
③ 방어공간 구성요소 가운데 이미지는 특정 지역·장소에 있는 특정한 사람이 범행하기 쉬운 대상으로 인식되지 않도록 하는 것을 의미한다.
④ 방어공간의 영역은 사적 영역, 준사적 영역, 준공적 영역, 공적 영역으로 나뉘는데, 이 가운데 준공적 영역과 공적 영역의 범죄발생 위험성이 높다고 하였다.

정답 및 해설

④ [×] 공적 영역의 범죄발생가능성이 가장 높고, 준공적 영역, 준사적 영역, 사적 영역 순으로 낮다고 보았다.

정답 ④

제2절 | 환경범죄학

01 환경설계를 통한 범죄예방(CPTED)에 대한 설명으로 옳지 않은 것은?

2022. 보호 7급

□□□
① 자연적 감시(Natural Surveillance): 건축물이나 시설을 설계함에 있어서 가시권을 최대한 확보하고, 범죄행동에 대한 감시기능을 확대함으로써 범죄발각 위험을 증가시켜 범죄기회를 감소시키거나 범죄를 포기하도록 하는 원리
② 접근통제(Access Control): 일정한 지역에 접근하는 사람들을 정해진 공간으로 유도하거나 외부인의 출입을 통제하도록 설계함으로써 접근에 대한 심리적 부담을 증대시켜 범죄를 예방하는 원리
③ 영역성 강화(Territorial Reinforcement): 레크레이션 시설의 설치, 산책길에의 벤치설치 등 당해 지역에 일반인의 이용을 장려하여 그들에 의한 감시기능을 강화하는 전략
④ 유지·관리(Maintenance·Management): 시설물이나 장소를 처음 설계된 대로 지속해서 이용할 수 있도록 관리함으로써 범죄예방 환경설계의 장기적·지속적 효과를 유지

정답 및 해설

③ [×] 주민에 의한 방범활동 지원에 대한 설명으로, 제이콥스가 제안한 거리의 눈, 즉 일반 주민들의 눈을 적극적으로 활용하는 설계전략이다. 주거지 주변에 레크레이션 시설의 설치, 산책로 주변에 벤치 설치, 주택단지 안에 농구장이나 테니스장 설치 등에 의해 범법자들의 이동을 감시하는 기능을 강화할 수 있으며, 일반 주민들의 방범협조는 주민들의 방범의식 강화와 함께 경찰과의 협조체계가 확립되어야 하는 것이 선결조건이다. 영역성 강화는 주거지의 영역을 공적 영역보다 사적 영역화함으로써 외부인을 통제하고 또한 외부인은 자신이 통제대상이라는 것을 자각하게 함으로써 범죄를 예방하려는 전략이다. 조경, 도로의 포장, 특수 울타리 설치, 출입구 통제 강화, 표지판 설치, 내부 공원조성 등은 주민들의 소유재산이나 자기의 사적 영역이라는 인식을 강화한다.

정답 ③

02 1세대 환경설계를 통한 범죄예방(CPTED) 전략을 활용한 범죄예방 방안으로 가장 거리가 먼 것은?

2023(73). 경위

① CCTV 설치
② 벽화 그리기
③ 출입구 단일화
④ 시민방범순찰

정답 및 해설

---

④ [×] 시민방범순찰은 2세대 CPTED 전략을 활용한 범죄예방 방안이다. 1세대 CPTED는 자연적 감시, 접근 통제, 영역성의 강화 등 셉테드의 기본 원리에 입각하여, 범죄예방에 효과적인 물리 환경을 설계·개선하는 하드 웨어 중심의 접근 방법으로, 가로등 세우기, CCTV 설치, 쓰레기 치우기 등과 같이 물리적 환경을 설계하고 개선 하는 접근이 많다.

정답 ④

---

03 다음 사례에 적용된 환경설계를 통한 범죄예방(CPTED)의 원리로 가장 적절한 것은?   2023. 경찰1차

> ○○경찰서에는 관할구역 내 방치된 공·폐가와 인적이 드문 골목길에 대한 민원이 자주 접수되고 있다. 이에 경찰서는 관할 구청과 협조하여 방치된 공·폐가는 카페로 조성하고 골목길에는 벤치와 운동기구를 설치하였다. 새로 조성된 카페와 시설물을 주민들이 적극적으로 이용하면서 자연스럽게 감시 기능이 향상되는 결과가 나타났다.

① 접근통제(access control)
② 영역성(territoriality)
③ 활동성 지원(activity support)
④ 유지·관리(maintenance & management)

정답 및 해설

사례는 활동성 지원에 대한 설명이다.
① [×] 접근통제는 일정한 지역에 접근하는 사람들을 정해진 공간으로 유도하거나 외부인의 출입을 통제하도록 설계함으로써 접근에 대한 심리적 부담을 증대시켜 범죄를 예방하려는 원리이다.
② [×] 영역성은 사적 공간, 준사적 공간, 공적 공간 사이의 경계를 분명히 하여 공간이용자들이 사적 공간에 들어 갈 때 심리적 부담을 주는 원리이다.
③ [○] 활동성 지원은 시민들이 공공장소를 그 목적에 맞게 활발하게 활용하도록 유도하여 비행이나 범죄행위를 억제하는 원리이다.
④ [×] 유지·관리는 장소나 건물을 설계목적대로 사용할 수 있도록 보수하고 관리하는 것을 말한다.

정답 ③

04 환경설계를 통한 범죄예방(CPTED)에 관한 설명으로 가장 적절하지 않은 것은? 2022. 경찰2차

□□□ ① CPTED는 물리적 환경설계를 통한 범죄예방전략을 의미한다.

② 목표물 견고화(target hardening)란 잠재적 범행대상이 쉽게 피해를 보지 않도록 하는 일련의 조치를 말한다.

③ CPTED의 기본원리 중 자연적 접근통제(natural access control)란 사적 공간, 준사적 공간, 공적 공간상의 경계를 분명히 하여 공간이용자들이 사적 공간에 들어갈 때 심리적 부담을 주는 원리를 의미한다.

④ 2세대 CPTED는 범죄예방에 필요한 매개요인들에 대한 직접 개입을 주목적으로 하지만, 3세대 CPTED는 장소, 사람, 기술 및 네트워크를 핵심요소로 하여 안전한 공동체 형성을 지향한다.

정답 및 해설

① [○] 셉테드(CPTED)는 신고전주의 범죄학이론에 근거한 대표적인 범죄예방정책으로, 건축학자 뉴먼의 방어공간이론을 환경범죄학적 견지에서 발전시킨 범죄학자 제프리(Jeffery)에 의해서 CPTED로 개념화되었으며, 주거 및 도시지역의 물리적 환경설계 또는 재설계를 통하여 범죄를 예방하고자 하는 전략을 말한다.

② [○] 목표물 견고화(강화)란 잠재적 범행대상이 쉽게 피해를 보지 않도록 하는 일련의 조치를 말하는 것으로, 범죄에 대한 물리적 장벽을 설치하거나 강화하고, 또는 범죄의 표적이 되는 대상물의 약점을 보강함으로써 범죄의 실행을 곤란하게 하는 것이다.

③ [×] CPTED의 기본 원리 중 영역성에 대한 설명이다. 자연적 접근통제란 일정한 지역에 접근하는 사람들을 정해진 공간으로 유도하거나 외부인의 출입을 통제하도록 설계함으로써 접근에 대한 심리적 부담을 증대시켜 범죄를 예방하려는 원리이다.

④ [○] 1세대 CPTED는 자연적 감시, 접근 통제, 영역성의 강화 등 셉테드의 기본 원리에 입각하여, 범죄예방에 효과적인 물리 환경을 설계·개선하는 하드웨어 중심의 접근 방법이다. 2세대 CPTED는 범죄의 원인이 물리적 환경뿐만 아니라 주민이 직접적으로 관계를 맺고 살아가는 사회 환경에도 영향을 받는다는 점에 착안하여, 주민이 환경 개선 과정에 직접 참여하여 물리적 개선과 함께 유대감을 재생하는 소프트웨어적 접근 방법이다. 3세대 CPTED는 2세대 CPTED에 대한 접근을 확장하여, 지역 구성원이 스스로 필요한 서비스를 결정하고 추진하는 공동체적 추진 절차를 구축하는 것을 말한다.

정답 ③

05 환경설계를 통한 범죄예방(CPTED)에 관한 설명으로 가장 적절하지 않은 것은? 2022(72). 경위

□□□ ① CPTED는 주거 및 도시지역의 물리적 환경설계 또는 재설계를 통해 범죄기회를 감소시키고자 하는 기법이다.

② CPTED의 기본원리 중 자연적 감시는 사적 공간에 대한 경계를 제거하여 주민들의 책임의식과 소유의식을 감소시킴으로써 사적공간에 대한 관리권을 약화시키는 원리이다.

③ 뉴먼(Newman)은 방어공간의 4가지 구성요소로 영역성, 자연적 감시, 이미지, 환경을 제시하였다.

④ CPTED의 기본원리 중 자연적 접근통제는 일정한 지역에 접근하는 사람들을 정해진 공간으로 유도하거나 외부인의 출입을 통제하도록 설계함으로써 접근에 대한 심리적 부담을 증대시켜 범죄를 예방하려는 원리이다.

① [○] 셉테드는 '환경설계를 통한 범죄예방'(Crime Prevention Through Environmental Design: CPTED)의 영문 첫 글자를 따서 만든 용어이다. 셉테드는 주거 및 도시지역의 물리적 환경설계 또는 재설계를 통하여 범죄를 예방하고자 하는 전략이다.

② [×] CPTED의 기본 원리 중 자연적 감시는 주민들이 자연스럽게 낯선 사람을 볼 수 있도록 건물과 시설물을 배치하는 것을 말한다. 영역성은 사적 공간, 준사적 공간, 공적 공간 사이의 경계를 분명히 하여 공간 이용자들이 사적공간에 들어갈 때 심리적 부담을 주는 원리이다.

③ [○] 뉴만(Newman)은 주택건설설계를 통해서 범죄자의 범죄기회를 제거하거나 감소시킬 수 있다는 방어공간 이론을 제기하였다. 그는 환경설계 4원칙으로 영역성 설정 원칙, 자연스런 감시의 확보 원칙, 거주지 이미지 형성 원칙, 입지조건(환경) 원칙을 제시하였다.

④ [○] 자연적 접근통제는 범죄 표적대상 강화라고도 하며 건물 출입구의 수 줄이기, 특수 잠금장치 설치, 방범경보장치 설치, 차단기·방범창 설치, 방범견 배치, 경비원 배치 등이 있다.

정답 ②

 환경설계 범죄예방(CPTED)의 배경이 되는 범죄학이론으로 보기 가장 어려운 것은? 2023. 해경 경위

① 뉴먼(Newman)의 방어공간이론
② 윌슨(Wilson)의 합리적 선택이론
③ 콜빈(Colvin)의 잠재특성이론
④ 클라크(Clarke)의 상황적 범죄예방론

③ [×] 잠재적 특질이론 중 콜빈(Colvin)의 차별적 강압이론은 낮은 자기 통제력이 충동적인 성격의 함수라고 주장하는 갓프레드슨과 허쉬의 견해와는 달리 『범죄와 강압』에서 개인이 강압(Coercion)이라고 하는 거대한 사회적 힘을 경험함으로써 낮은 자기 통제력 상태에 있게 된다고 주장한다. 개인의 낮은 통제력은 충동적 성격이 원인이 아니라 개인으로서도 어쩔 수 없는 강력한 힘의 작용이 원인이라는 것이다. 강압은 사회적 유대를 약화시키는 강압적 가족훈육(가족모형), 긴장의 원인(일반긴장이론), 경제적 불평등(아노미이론), 억압(통제균형이론)이 포함되는 통합개념이다.

정답 ③

 다음 중 환경설계를 통한 범죄예방(CPTED)에 대한 설명으로 가장 옳은 것은? 2024. 해경 경위

① 자연적 감시(Natural surveillance)란 사적 공간에 대한 경계표시를 강화하여 공간이용자가 사적 공간에 들어갈 때 심리적 부담을 주는 원리를 의미한다.

② 활동성의 증대(Activity support)란 주민이 모여서 상호의견을 교환하고 유대감을 증대할 수 있는 공공장소를 설치하고 시민의 눈에 의한 감시를 이용하여 범죄위험을 감소시키는 원리를 의미한다.

③ 영역성의 강화(Territorial)란 건축물 설계 시 가시권을 최대한 확보하여 범죄발각 위험을 증가시키는 원리를 의미한다.

④ 자연적 접근통제(Access control)란 시설물이나 장소를 처음 설계대로 유지하여 범죄예방의 지속적 효과를 유지하는 원리를 말한다.

① [×] 자연적 감시는 주민들이 자연스럽게 낯선 사람을 볼 수 있도록 건물과 시설물을 배치하는 것을 말한다.

② [○] 활동성의 증대는 시민들이 공공장소를 그 목적에 맞게 활발하게 활용하도록 유도하여 비행이나 범죄행위를 억제하는 원리이다.

③ [×] 영역성의 강화는 사적 공간, 준사적 공간, 공적 공간 사이의 경계를 분명히 하여 공간이용자들이 사적 공간에 들어갈 때 심리적 부담을 주는 원리이다.

④ [×] 자연적 접근통제는 일정한 지역에 접근하는 사람들을 정해진 공간으로 유도하거나 외부인의 출입을 통제하도록 설계함으로써 접근에 대한 심리적 부담을 증대시켜 범죄를 예방하려는 원리이다.

정답 ②

08 환경범죄학(Environmental Criminology)에 대한 설명으로 옳지 않은 것은?　　2016. 교정 7급

☐☐☐

① 범죄사건을 가해자, 피해자, 특정 시공간상에 설정된 법체계 등의 범죄환경을 통해 설명하였다.

② 브랜팅햄(Brantingham) 부부의 범죄패턴이론(Crime Pattern Theory)에 따르면 범죄자는 일빈인과 같은 정상적인 시공간적 행동패턴을 갖지 않는다.

③ 환경설계를 통한 범죄예방(CPTED)을 주장한 제프리(Jeffrey)는 "세상에는 환경적 조건에 따른 범죄행동만 있을 뿐 범죄자는 존재하지 않는다."라고 주장하였다.

④ 환경범죄학의 다양한 범죄분석 기법은 정보주도 경찰활동(Intelligence-Led Policing: ILP)에 활용되고 있다.

① [○] 환경범죄학을 주장한 브랜팅햄 부부는 범죄사건을 가해자, 피해자, 범행대상, 특정 시공간상에 설정된 법체계 등의 범죄환경에 대해 관심을 가졌다. 특히, '언제', '어디에서' 범죄가 발생하는지에 대해 연구한 브랜팅햄 부부는 환경범죄학이 사회적 상상력과 결합한 지리적 상상력이 범죄사건을 설명하고, 이해하며 통제하기 위해 활용된다고 보았다.

② [×] 범죄패턴이론은 범죄는 일정한 장소적 패턴이 있으며 이는 범죄자의 일상적인 행동패턴과 유사하다는 논리로 범죄자의 여가활동 장소나 이동경로 · 이동수단 등을 분석하여 범행지역을 예측함으로써 연쇄살인이나 연쇄강간 등의 연쇄범죄 해결에 도움을 줄 수 있다는 범죄예방이론이다. 범죄의 공간적 패턴을 분석할 때 범죄자들이 평범한 일상생활 속에서 범죄기회와 조우하는 과정을 설명한다.

③ [○] 제프리(Jeffrey)는 광범위한 사회정책에서부터 개인의 심리적 수준까지 다양한 차원의 범죄예방전략을 제안하였다. 특히, "세상에는 환경적 조건에 따른 범죄행동만 있을 뿐 범죄자는 존재하지 않는다."라고 주장하여, 매우 급진적인 시각을 갖고 있음을 알 수 있다.

④ [○] 환경범죄학은 인간과 상황의 상호작용 기제나 범죄패턴의 묘사보다는 범죄예방 전략의 제시방법에 더 관련이 있다. 즉, 경찰에게 환경적 측면의 중재를 실시하도록 하는 방법이나 도구를 제공하는 것에 더 관심을 갖는다. 대표적으로 골드스타인(Goldstein)의 문제지향 경찰활동(POP)이나 윌슨(Wilson)과 켈링(Kelling)의 깨진 유리창 개념을 통해 환경범죄학의 교훈이 전달되고 있다. 최근에는 정보주도 경찰활동(ILP)에 환경범죄학의 다양한 범죄분석 기법이 활용되고 있다.

> 💡 **브랜팅햄 부부의 범죄패턴이론**
>
> 브랜팅햄(Brantingham) 부부는 범죄패턴이론(Crime Pattern Theory)을 제시하면서 8가지 주요 법칙을 정리하였다.
> ㉠ **제6법칙**: 범죄자는 일반인과 같은 정상적인 시공간적 행동패턴을 갖는다. 범죄 개연성이 높은 장소 역시 정상적인 활동이 이루어지는 공간이다.
> ㉡ **제7법칙**: 잠재적 목표물 내지 피해자는 잠재적 범죄자의 활동공간과 교차하는 활동공간이나 위치를 갖는다. 잠재적 목표물과 피해자는 잠재적 범죄자의 범행의지가 촉발되었을 때와 범죄자의 범죄템플릿(범죄의 추상적인 안내판)에 적합할 때 실제 목표물이나 피해자가 된다.

정답 ②

09 사빌과 클리블랜드(Saville & Cleveland)가 제시한 2세대 환경설계를 통한 범죄예방(CPTED)의 구성요소 가운데 핵심 전략(Core Strategy)에 해당하는 것은?

① 사회적 응집(Social Cohesion)
② 연계성(Connectivity)
③ 지역사회 문화(Community Culture)
④ 한계수용량(Threshold Capacity)

정답 및 해설

① [○] 2세대 환경설계를 통한 범죄예방(CPTED)은 범죄의 원인이 물리적 환경뿐만 아니라 <u>주민이 직접적으로 관계를 맺고 살아가는 사회 환경에도 영향을 받는다</u>는 점에 착안하여, 주민이 환경 개선 과정에 직접 참여하여 물리적 개선과 함께 유대감을 재생하는 소프트웨어적 접근 방법이다. 범죄예방에 필요한 매개요인들에 대한 직접 개입을 주목적으로 하며, 주민 커뮤니티 시설을 만들거나 주민 쉼터, 안전지도 제작 등과 같이 주민들이 참여해 물리적 개선과 유대감을 키우는 것을 목적으로 한다. 연계성은 지역안전을 위한 내외부 관계 기관과의 네트워크를 말하고, 지역사회 문화는 공유문화의 활성화, 한계수용량은 인구나 공공시설의 적절성을 의미한다.

정답 ①

제3절 | 상황적 범죄예방

01 CCTV 설치를 통한 범죄예방에 대한 설명으로 옳지 않은 것은?

① CCTV의 범죄예방 효과는 잠재적 범죄자에 대한 심리적 억제력이 작용하여 범죄의 기회를 줄이는 것이다.
② CCTV의 범죄예방 전략은 범죄발생 건수의 감소와 함께 시민들이 느끼는 범죄의 두려움을 줄이는 것을 목적으로 한다.
③ CCTV 설치로 인한 범죄통제이익의 확산효과가 문제점으로 지적된다.
④ CCTV 설치로 인한 범죄발생의 전이효과에 대한 우려가 제기된다.

정답 및 해설

③ [×] 한 지역의 범죄예방이 다른 지역의 범죄예방에도 긍정적인 영향을 미치며, 다른 지역의 범죄감소에도 영향이 확산되고 범죄자에게 체포의 두려움을 증가시키고 이러한 두려움의 지속이 범죄행동의 의지를 약화시켜 범행을 포기하게 하는 범죄통제이익의 확산효과는 CCTV 설치로 인한 긍정적인 점이지 문제점이 아니다.
④ [○] 범죄 목표물을 막는 행위는 결코 범죄를 예방하지 못하고, 다른 유형이나 다른 시간, 다른 장소에서의 범죄행위로 전이된다는 전이효과는 강도범죄의 경우 범죄자의 입장에 더욱 친숙한 지역을 범행대상으로 삼아 이동한다는 범죄의 공간적 전이현상이 나타나 우려가 제기된다.

정답 ③

02 코니쉬(Cornish)와 클락(Clarke)의 상황적 범죄예방 기법 25개 중 '노력의 증가(increasing efforts)'에 해당하지 않는 것은?

① 대상물 강화(hardening targets) - 운전대 잠금장치, 강도방지 차단막

② 시설접근 통제(control access to facilities) - 전자카드 출입, 소지품 검색

③ 출구검색(screen exits) - 전자식 상품 태그, 퇴장 시 티켓 확인

④ 자연적 감시 지원(assist natural surveillance) - 가로등 개선, 방어적 공간설계

정답 및 해설

④ [×] 자연적 감시는 5가지 목표 중 '위험의 증가'의 기법에 해당한다. 코니쉬(Cornish)와 클라크(Clarke)의 상황적 범죄예방이란 사회나 사회제도 개선에 의존하는 것이 아니라 단순히 범죄기회의 감소에 의존하는 예방적 접근을 말한다. 상황적 범죄예방의 5가지 목표(노력의 증가, 위험의 증가, 보상의 감소, 자극의 감소, 변명의 제거)와 25가지 구체적 기법을 제시하였다.

💡 **상황적 범죄예방의 5가지 목표와 25가지 구체적 기법**

목표	구체적 기법
노력의 증가	대상물 강화, 시설 접근 통제, 출구검색, 잠재적 범죄자 분산, 도구·무기 통제
위험의 증가	보호기능 확장, 자연적 감시, 익명성 감소, 장소 감독자 활용, 공식적 감시 강화
보상의 감소	대상물 감추기, 대상물 제거, 소유자 표시, 장물시장 교란, 이익 불허
자극의 감소	좌절감과 스트레스 감소, 논쟁 피하기, 감정적 자극 감소, 친구압력 중화, 모방 좌절시키기
변명의 제거	규칙 명확화, 지침의 게시, 양심에 호소, 준법행동 보조, 약물과 알코올 통제

정답 ④

---

03 클락(Clarke)이 제시한 상황적 범죄예방 기법 중 보상의 감소에 해당하는 것은?

① 목표물 견고화   ② 접근 통제

③ 자연적 감시   ④ 소유자 표시

정답 및 해설

코니쉬(Cornish)와 클라크(Clarke)의 상황적 범죄예방이란 사회나 사회제도 개선에 의존하는 것이 아니라 단순히 범죄기회의 감소에 의존하는 예방적 접근을 말하며, 구체적인 범죄를 대상으로 체계적이고 장기적으로 직접적인 환경을 관리·조정하며 범죄기회를 감소시키고 잠재적 범죄자로 하여금 범행이 위험할 수 있음을 인지하도록 하는데 목표를 두고 있다. 코니쉬와 클라크는 상황적 범죄예방의 5가지 목표(노력의 증가, 위험의 증가, 보상의 감소, 자극의 감소, 변명의 제거)와 25가지 구체적 기법을 제시하였다.

①, ② [×] 목표물 견고화(대상물 강화), 접근 통제(시설 접근 통제) 기법은 5가지 목표 중 노력의 증가에 해당한다.

③ [×] 자연적 감시 기법은 5가지 목표 중 위험의 증가에 해당한다.

④ [○] 소유자 표시 기법은 5가지 목표 중 보상의 감소에 해당한다.

정답 ④

04 □□□ **상황적 범죄예방의 5가지 전략과 구체적인 전술을 잘못 짝지은 것은?**

2023. 해경 경위

① 노력의 증가 – 범행대상의 견고화, 시설의 접근 통제
② 보상의 감소 – 자산 식별하기, 목표물 제거
③ 위험의 증가 – 자연적 감시력 제고, 마약 및 알콜 통제
④ 변명의 제거 – 안내문 게시, 규칙 정하기

정답 및 해설

③ [×] 마약 및 알콜 통제는 '변명의 제거'의 구체적 기법에 해당한다.

정답 ③

05 □□□ **다음 중 레페토(Reppetto)가 분류한 전이(Displacement)의 유형과 유형별 사례가 가장 부합하지 않는 것은?**

2023. 해경 경위

① 영역적(Territorial) 전이 – 상점의 경비가 강화되자 주택을 범행대상으로 선택하는 것
② 전술적(Tactical) 전이 – 열린 문을 통해 침입하다가 문에 자물쇠가 설치되자 창문을 깨고 침입하는 것
③ 기능적(Functional) 전이 – 경비 강화로 절도가 어려워지자 대신 강도를 저지르는 것
④ 시간적(Temporal) 전이 – 야간에 절도를 하다가 야간 시민순찰이 실시되자 오전에 절도를 하는 것

정답 및 해설

① [×] 상점의 경비가 강화되자 주택을 범행대상으로 선택하는 것은 목표물 전이에 해당한다. 레페토(Reppetto)는 범죄의 전이는 '범죄 예방활동으로 장소, 시간 또는 범죄유형 등이 다른 형태로 변경되는 것'이라고 정의하고, 범죄전이의 유형을 다음과 같이 분류하였다.

범죄전이의 유형	
공간적 전이	한 지역에서 다른 지역, 일반적으로 인접지역으로의 이동
시간적 전이	낮에서 밤으로와 같이 한 시간에서 다른 시간으로의 범행의 이동
전술적 전이	범행에 사용하는 방법을 바꿈
목표물 전이	같은 지역에서 다른 피해자를 선택
기능적 전이	범죄자가 한 범죄를 그만두고, 다른 범죄유형으로 옮겨감

정답 ①

06 □□□ **범죄전이는 개인 또는 사회의 예방활동에 의한 범죄의 변화를 의미한다. 레페토(Reppetto)는 범죄의 전이를 다섯 가지 유형으로 분류하였는데, 다음 지문이 설명하는 전이의 유형은?**

2017. 5급 승진

- 범죄자가 한 범죄를 그만두고, 다른 범죄유형으로 옮겨가는 유형
- 침입절도가 목표물을 견고화하는 장치에 의해 어려워졌을 때, 침입절도 범죄자들은 대신 강도범죄를 하기로 함

① 공간적(Territorial) 전이
② 시간적(Temporal) 전이
③ 전술적(Tactical) 전이
④ 목표물(Target) 전이
⑤ 기능적(Functional) 전이

⑤ [○] 레페토(T.A.Reppetto)는 범죄의 전이는 '범죄예방활동으로 장소, 시간 또는 범죄유형 등이 다른 형태로 변경되는 것'이라고 정의하고, 범죄전이의 유형을 다음과 같이 분류하였다.

정답 ⑤

07 레페토(Reppetto)가 주장한 범죄전이(Crime Displacement)에 대한 내용으로 가장 적절하지 않은 것은?

2023(73). 경위

① 범죄의 전이(Crime Displacement)는 개인 또는 사회의 예방활동에 의한 범죄의 변화를 의미한다.
② 기능적 전이(Functional Displacement)란 기존 범죄자의 활동 중지가 또 다른 범죄자에 의해 대체되는 것을 의미한다.
③ 목표의 전이(Target Displacement)란 같은 지역에서 다른 피해자 또는 범행대상을 선택하는 것을 의미한다.
④ 전술적 전이(Tactical Displacement)란 범죄에 사용하는 범행수법을 바꾸는 것을 의미한다.

② [×] 기능적 전이는 범죄자가 한 범죄를 그만두고, 다른 범죄유형으로 옮겨가는 것을 의미한다.

정답 ②

08 클라크(Clarke)는 절도범죄와 관련하여 VIVA 모델과 CRAVED 모델을 제시하였다. 두 모델의 구성 개념들은 일부 중첩되는데, VIVA 모델에서 말한 관성(Inertia)은 CRAVED 모델의 무엇과 가장 가까운 개념인가?

2023. 해경 경위

① 가치성(Valuable)
② 접근성(Available)
③ 이동성(Removable)
④ 처분성(Disposable)

③ [○] VIVA 모델에서 말한 관성(Inertia)은 CRAVED 모델의 이동성(Removable)과 가장 가까운 개념이다. 일상활동이론을 주장한 코헨(Cohen)과 펠슨(Felson)은 절도범죄를 설명하면서 VIVA 모델을 제시했는데, 알파벳 I는 Inertia의 약자로서 '이동의 용이성'을 의미한다. 클라크(Clarke)는 취약물품의 특성을 설명하기 위해 코헨(Cohen)과 펠슨(Felson)의 VIVA 개념을 확장하여 CRAVED 개념을 제시하였다. 알파벳 R은 Removable의 약자로서 '이동성'을 의미한다.

정답 ③

09 범죄전이에 관한 설명으로 가장 적절하지 않은 것은?

2023. 경찰2차

① 레페토(Reppetto)는 범죄는 탄력적이며, 범죄자들은 합리적 선택을 한다고 가정하였다.
② 레페토가 제안한 전이의 유형 중 전술적 전이는 범죄자가 동종의 범죄를 저지르기 위해 새로운 수단을 사용하는 것을 말한다.
③ 레페토가 제안한 전이의 유형 중 목표의 전이는 범죄자가 같은 지역에서 다른 피해자를 선택하는 것을 말한다.
④ CCTV의 증설로 인하여 차량절도범이 인접 지역으로 이동해 범행을 저지르는 것은 레페토가 제안한 전이의 유형 중 영역적 전이에 해당한다.

① [×] 전이(Displacement)란 용어는 레페토의 논문에서 소개된 바 있다. 그러나 당시 언급한 전이는 단순한 현상을 규명하기 위한 용어였을 뿐이며, 그 개념이 학문적으로 정의되지 않았다. 이후 범죄의 전이에 대하여 랩(Lab)은 '개인적 또는 사회적 범죄예방활동에 따라 범죄에 변화가 일어나는 것'이라고 정의하였다. 이때 범죄의 전이는 다음 세 가지 가설을 바탕으로 한다. 첫째, 범죄의 총량 및 종류는 비탄력적이기 때문에 범죄예방활동으로서 범죄를 완전히 제거 할 수 없다. 하지만 첫 번째 가설은 우발적으로 범죄를 행하는 범죄자, 합리적 의사결정을 전제로 범죄를 저지르는 범죄자에게 적용하기에는 다소 무리가 있다. 둘째, 범죄자는 이동가능한 주체이다. 즉, 범죄의 전이는 단순한 부분적 이동이 아닌, 각 범죄자가 이동 가능한 반경에 따라 그 정도가 달라진다. 셋째, 잠재적 범죄자는 범행에 대한 의지, 판단능력을 갖는다. 이는 합리적 선택이론으로 보다 쉽게 설명할 수 있다. 잠재적 범죄자는 물리적·사회적·환경적 요인 등 다양한 요인에 반응하여 합리적 의사결정을 내리며, 범행여부를 결정한다. 때문에 다양한 요인의 변화는 범죄의 전이를 유도할 수 있다.

정답 ①

10 다음은 범죄자 甲과 乙의 범행장소 선정에 관한 가상 시나리오이다. 경찰의 순찰강화가 B지역과 C지역에 미친 효과에 해당하는 것으로 가장 적절하게 연결한 것은? 2022. 경찰2차

> • 범죄자 甲은 A지역에서 범죄를 할 예정이었으나, A지역의 순찰이 강화된 것을 확인하고 C지역으로 이동해서 범죄를 저질렀다.
> • 범죄자 乙은 B지역에서 범행을 계획하였으나, A지역의 순찰이 강화된 것을 인지하고 A지역과 인접한 B지역 대신 멀리 떨어진 C지역으로 이동해서 범죄를 저질렀다.

① B지역 – 이익의 확산(diffusion of benefits)
　 C지역 – 범죄전이(crime displacement)
② B지역 – 범죄전이(crime displacement)
　 C지역 – 억제효과(deterrent effect)
③ B지역 – 범죄전이(crime displacement)
　 C지역 – 이익의 확산(diffusion of benefits)
④ B지역 – 이익의 확산(diffusion of benefits)
　 C지역 – 억제효과(deterrent effect)

• **B지역** – 한 지역의 상황적 범죄예방활동의 효과는 다른 지역으로 확산되어 다른 지역의 범죄예방에도 긍정적인 영향을 미치게 된다는 것이 이익의 확산효과이다. 범죄전이효과는 범죄발생 예방책을 시행한 대상에서 범죄감소효과가 다른 방식으로 재발생하는 현상을 설명하는 반면, 범죄통제 이익의 확산효과는 예방책의 대상을 비롯한 다른 대상에게도 범죄감소효과가 나타나는 현상을 설명한다.

• **C지역** – 특정지역을 범죄로부터 보호하고자 경찰을 집중배치하거나, CCTV를 집중적으로 설치하는 등의 안전정책을 도입하였다면 해당지역의 범죄발생은 감소할 것이다. 하지만, 안전정책을 도입한 지역에서 감소한 범죄는 실제 감소한 것이 아니고 인근지역으로 옮겨가 인근지역에서 발생한다는 것이 풍선효과(Balloon Effect) 또는 범죄전이효과이다.

정답 ①

11 다음 〈보기〉 중 레페토(Reppetto)의 범죄 전이(crime displacement)의 예시와 전이유형을 올바르게 짝지은 것은?

2024. 해경 경위

| 보기 |

- ⊙ 어떤 지역에서 범죄 예방활동이 행해지면 그러한 범죄 예방 활동이 없는 다른 지역으로 이동하는 경우
- ⊙ 범죄자가 경찰순찰 때문에 다른 시간에 범죄를 범하는 경우

	⊙	ⓛ
①	지역적(Territorial) 전이	시간적(Temporal) 전이
②	지역적(Territorial) 전이	기능적(Functional) 전이
③	전술적(Tactical) 전이	시간적(Temporal) 전이
④	전술적(Tactical) 전이	기능적(Functional) 전이

정답 및 해설

① [○] ⊙ 지역적(Territorial) 전이, ⓛ 시간적(Temporal) 전이이다. 레페토는 범죄의 전이는 '범죄 예방활동으로 장소, 시간 또는 범죄유형 등이 다른 형태로 변경되는 것'이라고 정의하고, 범죄전이의 유형을 다음과 같이 분류하였다.

공간적 전이	한 지역에서 다른 지역, 일반적으로 인접지역으로의 이동
시간적 전이	낮에서 밤으로와 같이 한 시간에서 다른 시간으로의 범행의 이동
전술적 전이	범행에 사용하는 방법을 바꿈
목표물 전이	같은 지역에서 다른 피해자를 선택
기능적 전이	범죄자가 한 범죄를 그만두고, 다른 범죄유형으로 옮겨감

정답 ①

12 브랜팅햄 부부(P. Brantingham & P. Brantingham)의 범죄패턴이론에 대한 설명으로 옳은 것만을 모두 고르면?

2018. 5급 승진

- ⊙ 개인은 의사결정을 통해 일련의 행동을 하게 되는데, 활동들이 반복되는 경우 의사결정과정은 규칙화된다.
- ⓛ 범죄자들은 평범한 일상생활 속에서 범행기회와 조우하게 된다.
- ⓒ 범죄자는 일반인과 같은 정상적인 시공간적 행동패턴을 갖지 못한다.
- ⓔ 잠재적 피해자는 잠재적 범죄자의 활동공간과 교차하는 활동공간이나 위치를 갖는다.
- ⓜ 사람들이 활동하기 위해 움직이고 이동하는 것과 관련하여 축(교차점, Nodes), 통로(경로, Paths), 가장자리(Edges)의 세 가지 개념을 제시한다.

① ⊙, ⓜ
② ⓛ, ⓒ
③ ⊙, ⓛ, ⓔ
④ ⓛ, ⓒ, ⓜ
⑤ ⊙, ⓛ, ⓔ, ⓜ

옳은 것은 ㉠, ㉡, ㉣, ㉤이다.

㉠ [○] 개인은 의사결정을 통해 일련의 행동을 하게 되는데, 활동들이 반복되는 경우 의사결정과정은 규칙화되며, 이러한 규칙은 추상적인 안내판을 형성한다. 범죄 실행의 의사결정과정에서 이것을 '범죄템플릿'이라고 부른다.

㉢ [×] 범죄자는 일반인과 같은 정상적인 시공간적 행동패턴을 갖는다. 범죄 개연성이 높은 장소 역시 정상적인 활동이 이루어지는 공간이다.

㉣ [○] 잠재적 목표물 내지 피해자는 잠재적 범죄자의 활동공간과 교차하는 활동공간이나 위치를 갖는다. 잠재적 목표물과 피해자는 잠재적 범죄자의 범행의지가 촉발되었을 때와 범죄자의 범죄템플릿에 적합할 때 실제 목표물이나 피해자가 된다.

정답 ⑤

13 다음 중 클라크(Clarke)가 주장한 자주 도난당하는 제품(취약 물품)의 특징으로 가장 옳지 않은 것은?

2024. 해경 경위

① 처분 가능한(disposable)
② 즐거운(enjoyable)
③ 이용 가능한(available)
④ 숨길 수 없는(unconcealable)

④ [×] 취약 물품(Hot products)은 범죄자의 주의를 끌고 절도의 대상이 되기 쉬운 물건을 의미한다. 클라크는 취약 물품의 특성을 설명하기 위해 코헨과 펠슨의 VIVA 개념을 확장하여 CRAVED 개념을 제시하였다. 취약 물품으로서 MP3, PDA, 휴대폰 등과 같은 전자장비는 쉽게 숨길 수 있고, 가격이 비싸고, 소형이므로 가져 가기도 쉽고, 쉽게 처분할 수 있어서 CRAVED 성격에 더 가깝다.

▶ CRAVED: Concealable(숨길 수 있는), Removable(제거할 수 있는), Available(이용할 수 있는), Valuable(가 치 있는), Enjoyable(즐거운), Disposable(처분할 수 있는)

정답 ④

14 깨진 유리창 이론(Broken Window Theory)에 대한 설명으로 가장 적절하지 않은 것은? 2023(73). 경위

① 이웃사회의 무질서는 비공식적 사회통제 참여활동을 감소시켜 이로 인해 지역사회가 점점 더 무질서해지는 악순환에 빠져 지역사회의 붕괴로 이어지게 된다.
② 기존 범죄대책이 범죄자 개인에 집중하는 개인주의적 관점을 취하는 것에 반하여 공동체적 관 점으로의 전환을 주장하고 범죄예방활동의 중요성을 강조하였다.
③ 깨진 유리창 이론은 윌슨과 켈링(Wilson & Kelling)이 발표하였다.
④ 1990년대 미국 시카고시에서 깨진 유리창 이론을 적용하여 사소한 범죄라도 강력히 처벌하는 무관용주의(Zero Tolerance)를 도입하였다.

④ [×] 1990년대 미국 뉴욕 시에서 깨진 유리창 이론을 적용하여 사소한 범죄라도 강력히 처벌하는 무관용주의 (Zero Tolerance)를 도입하였다.

정답 ④

15 깨어진 유리창 이론(Broken Windows Theory)에 대한 설명으로 옳지 않은 것은?   2012. 보호 7급

□□□

① 종래의 형사정책이 범죄자 개인에 집중하는 개인주의적 관점을 취한다는 점을 비판하고, 공동체적 관점으로의 전환을 주장한다.

② 법률에 의한 범죄화와 범죄에 대한 대응을 중시한다.

③ 경찰의 역할로서 지역사회의 물리적·사회적 무질서를 집중적으로 다룰 것을 강조한다.

④ 개인의 자유와 권리, 법의 지배라는 기본적 가치가 상실될 수 있다는 비판의 소지가 있다.

정답 및 해설

② [×] 직접적인 피해가 없는 사소한 무질서 행위에 대한 경찰의 강경한 대응(Zero Tolerance)을 강조한다(무관용의 원칙).

> 💡 **깨진 유리창 이론(Broken Windows Theory)**
>
> ㉠ 스탠포드 대학교의 심리학자인 짐바르도(Zimbardo)에 의해서 개발된 이론으로 사회의 기초적인 무질서를 간과하면 그로 인해 보다 중한 범죄의 발생가능성이 커진다고 보는 범죄이론이다.
>
> ㉡ 무질서와 심각한 범죄를 이론적으로 연결시킨 최초의 시도로 범죄학자인 윌슨(Wilson)과 켈링(Kelling)이 제시하였다(1982).
> ▶ 무관용(Zero Tolerance) 경찰활동
>
> ㉢ 윌슨과 켈링은 지역사회 환경의 퇴락이 범죄 증가를 초래하기 때문에 범죄예방을 위해서는 환경적 퇴락을 방지하는 것이 중요하다고 보았다.
>
> ㉣ 강력 및 흉악 범죄의 해결만이 중요한 것이 아니라 범죄의 근본원인인 사회의 여러 가지 문제를 해결하는 것이 우선되어야 한다고 주장하였다.
>
> ㉤ 무질서한 행위(구걸, 성매매, 음주소란 등)와 환경(쓰레기, 낙서, 빈 집, 버려진 자동차 등)을 그대로 방치하면, 주민들은 공공장소를 회피하게 되고 범죄 두려움을 증가시키며, 증가된 무질서와 악화된 비공식적 사회통제는 범죄를 증가시킨다고 보았다.
> ▶ 무질서에 대한 엄격한 통제관리가 요구되었다.
>
> ㉥ 공공의 안전을 결정하는 데 있어서 주변의 사소한 생활환경이 중요함을 강조하는 이론
> ▶ 인식의 중요성 강조

정답 ②

16 다음 중 깨어진 유리창 이론(Broken Windows Theory)에 대한 설명으로 가장 옳지 않은 것은?   2022. 해경 경위

□□□

① 법률에 의한 범죄화와 범죄에 대한 대응을 중시한다.

② 종래의 형사정책이 범죄자 개인에 집중하는 개인주의적 관점을 취한다는 점을 비판하고, 공동체적 관점으로의 전환을 주장한다.

③ 경찰의 역할로서 지역사회의 물리적·사회적 무질서를 집중적으로 다룰 것을 강조한다.

④ 개인의 자유와 권리, 법의 지배라는 기본적 가치가 상실될 수 있다는 비판의 소지가 있다.

정답 및 해설

① [×] 깨진 유리창이 상징하는 것은 지역사회의 무질서이다. 깨진 유리창 이론은 특정 지역사회에 무질서가 확산되면 지역주민들은 그 지역이 안전하지 않다는 불안감을 느끼게 되고, 이는 범죄에 대한 두려움으로 이어진다고 주장한다. 무질서가 두려움을 초래하고 사회통제의 붕괴로 이어지며 결국 범죄가 발생하는 논리이다. 따라서 직접적인 피해가 없는 사소한 무질서 행위에 대한 경찰의 강경한 대응(Zero Tolerance)을 강조한다(무관용의 원칙).

정답 ①

17 깨진 유리창 이론(Broken Window Theory)에 대한 설명으로 옳지 않은 것은?

□□□ ① 윌슨(Wilson)과 켈링(Kelling)은 지역사회 환경의 퇴락이 범죄 증가를 초래하기 때문에 범죄예방을 위해서는 환경적 퇴락을 방지하는 것이 중요하다고 보았다.

② 강력 및 흉악 범죄의 해결만이 중요한 것이 아니라 범죄의 근본원인인 사회의 여러 가지 문제를 해결하는 것이 우선되어야 한다고 주장한다.

③ 기물 손괴행위, 쓰레기 투기, 난폭한 행동, 공공연한 추태, 새치기와 같은 경미한 질서위반행위들이 방치되면, 지역사회를 통제하는 비공식적 통제능력이 약화되고 유사한 기초질서 위반행위와 경범죄가 증가하게 된다고 보았다.

④ 유리창이 깨진 자동차를 거리에 방치하는 것은 강력범죄의 온상이 되기 때문에 경범죄로 다룰 것이 아니라 강력한 처벌이 뒤따라야 한다는 주장이다.

정답 및 해설

④ [×] 깨진 유리창 이론은 사회의 기초적인 무질서를 간과하면 그로 인해 보다 중한 범죄의 발생가능성이 커진다고 보는 범죄이론이다. 깨진 유리창을 방치하지 말자는 것이지 그러한 대상자를 엄중처벌하자는 논의는 아니다. 미국 스탠포드 대학교의 심리학과 교수 필립 짐바르도(Philip Zimbardo)는 1969년 깨진 유리창 이론과 유사한 실험을 진행하였다. 그는 두 대의 자동차를 보닛을 열어놓은 상태에서 한 대는 유리창을 깨 놓고, 다른 한 대는 깨지 않은 상태로 일주일 동안 방치해 두었다. 그 결과 유리창이 깨지지 않은 자동차는 아무 이상 없이 처음 상태 그대로를 유지했지만, 유리창이 깨진 자동차는 차에 부속된 물건들이 없어진 것을 발견하였다. 이 실험에서 또한 주목할 만한 점은 이 같은 행동이 어느 정도 교양이 있고 평범한 시민들로 보이는 사람들에 의해 일어났다는 것이었다. 이 실험은 이후 윌슨과 켈링이 깨진 유리창 이론을 발표하는 모태가 되었다. 미국의 범죄학자 제임스 윌슨(James Q. Wilson)과 조지 켈링(George L. Kelling)은 『깨진 유리창 이론』(1982년)에서 자동차의 작은 깨진 유리창과 같은 사소한 무질서가 더 큰 범죄와 무질서 상태를 가져올 수 있으며, 따라서 사소한 무질서에 대해서 경각심을 가지고 질서정연한 상태로 유지하는 것이 미래의 더 큰 범죄를 막는 데 중요한 역할을 한다고 하였다. 1990년대 높은 범죄율로 고민하던 뉴욕시에서는 깨진 유리창 이론을 활용하여 지하철의 낙서를 지우는 프로젝트를 대대적으로 진행하였다. 5년간에 걸친 낙서 지우기 작업이 진행되는 동안 뉴욕의 범죄율은 서서히 감소하는 추세를 보였다.

정답 ④

01 초범방지대책으로 볼 수 있는 것은 모두 몇 개인가?

> ㉠ 형벌의 일반예방　　　　　　　　　㉡ 선시제도
> ㉢ 지역사회의 조직화　　　　　　　　㉣ 그룹워크(Group Work)
> ㉤ 임상적 개선법　　　　　　　　　　㉥ 경찰의 범죄예방활동
> ㉦ 가석방제도

① 1개　　　　　　　　② 2개　　　　　　　　③ 3개
④ 4개　　　　　　　　⑤ 5개

정답 및 해설

④ [○] 범죄예방(초범예방)을 위한 대책에 해당하는 것은 ㉠, ㉢, ㉣, ㉥ 4개이다. 형벌의 일반예방기능과 지역사회의 조직화, 경찰의 범죄예방활동, 매스컴의 범죄예방활동, 그룹워크(Group Work), 여가지도, 협력회의의 편성과 활동이 초범예방을 위한 대책에 해당한다.

정답 ④

---

01 에크와 스펠만(Eck & Spelman)이 제시한 SARA모델에 대한 설명으로 가장 적절하지 않은 것은?

2023(73). 경위

① 탐색(Scanning) 단계는 지역사회 문제, 쟁점, 관심사 등을 인식하고 범주화하는 단계이다.
② 분석(Analysis) 단계는 경찰 내부 조직을 통해 문제의 범위와 성격에 따라 문제에 대한 원인을 파악하기 위해 데이터를 수집하고 분석하는 단계이다.
③ 대응(Response) 단계는 경찰과 지역사회의 다양한 주체가 협력하여 분석된 문제의 원인을 제거하고 해결하는 단계이다.
④ 평가(Assessment) 단계는 대응 후의 효과성을 검토하는 단계로서 문제해결의 전 과정에 대한 문제점을 분석하고 환류를 통해 대응방안 개선을 도모한다.

정답 및 해설

② [×] 분석 단계는 문제의 원인과 기여 요인들을 분석하는 것으로, 데이터 수집, 패턴 인식, 통계 분석 등을 통해 범죄 발생 원인, 영향 요인 등을 면밀히 파악하게 된다. 이때의 자료는 경찰내부 자료뿐 아니라 지역사회 자료, 설문조사, 인터뷰 등 다양한 방법을 사용해 데이터를 확보한다. 에크(Eck)와 스펠만(Spelman)은 경찰의 문제해결과정으로 SARA모델을 제시하였다. SARA모델은 조사(탐색), 분석, 대응, 평가의 과정을 통하여 문제를 해결하는 과정을 설명한다.

정답 ②

02 다음은 각 경찰활동과 해당 경찰활동의 근거가 되는 대표적인 범죄학 이론을 짝지은 것이다. 이 중 옳은
내용을 모두 고른 것은?

2022(72). 경위

⊙ 순찰을 통해 경찰력을 주민들에게 자주 노출시키는 것 - 억제이론(Deterrence Theory)
⊙ 전환처우(다이버전)를 통해 형사처벌의 부작용을 줄이는 것 - 자기통제이론(Self-Control Theory)
⊙ 지역주민들을 범죄예방활동에 참여하도록 유도하는 것 - 사회해체이론(Social Disorganization Theory)
⊙ 방범용 CCTV를 설치함으로써 범죄 위험 지역의 감시를 강화하는 것 - 허쉬의 사회통제이론(Social Control Theory)
⊙ 지역 내 무질서 행위를 철저히 단속하는 것 - 깨어진 유리창이론(Broken Windows Theory)

① ⊙, ⊙, ⊙
② ⊙, ⊙, ⊙
③ ⊙, ⊙, ⊙
④ ⊙, ⊙, ⊙

정답 및 해설

옳은 것은 ⊙, ⊙, ⊙ 3개이다.
⊙ [×] 전환처우(다이버전)를 통해 형사처벌의 부작용을 줄이는 것 - 낙인이론
⊙ [×] 방범용 CCTV를 설치함으로써 범죄 위험 지역의 감시를 강화하는 것 - 합리적 선택이론, 환경설계를 통한 범죄예방(CPTED)

정답 ②

03 지역사회경찰활동(Community Policing)에 대한 설명으로 옳지 않은 것은?

2012. 보호 7급

① 발생한 범죄와 범죄자에 대한 대응활동에 중점을 둔 경찰활동을 말한다.
② 범죄와 비행의 원인이 되는 지역사회의 문제를 주민과의 연대를 통하여 해결하는 것을 지향한다.
③ 지역사회경찰활동이 성공을 거두기 위해서는 경찰조직의 중앙집권적 지휘명령체계를 변화시키는 것이 필요하다.
④ 지역사회 및 주민들의 비공식적인 네트워크가 갖는 사회통제 능력을 강조하는 전략이다.

정답 및 해설

① [×] 경찰이 범죄예방활동을 효율적으로 수행해 나가기 위해서는 지역주민의 적극적인 참여가 전제되어야 한다. 경찰이 지역사회와 공동으로 범죄예방활동을 해 나가는 것을 지역사회경찰활동(Community Policing)이라 한다. 범죄예방에 중점을 둔 경찰활동이다.

정답 ①

04 민간경비의 필요성에 대한 설명으로 옳지 않은 것은? 2012. 보호 7급

① 갈수록 복잡·다원화되는 사회에서 경찰 등 공권력의 공백을 메워줄 수 있다.

② 국민의 요구에 부합하는 양질의 치안서비스를 제공하고 사회 형평성을 증대하는 효과가 있다.

③ 수익자부담 원칙에 따라 국가의 치안관련예산을 절감할 수 있다.

④ 경찰력을 보다 필요한 곳에 집중 배치할 수 있게 된다.

정답 및 해설

② [×] 일반국민이 아니라 특정 의뢰자와의 계약에 의하여 받은 보수만큼 서비스를 제공하고(대가의 유무나 다소에 따라 서비스의 내용이 달라지는 경합적 서비스) 특별한 개인적 서비스에 대한 수익자부담 원칙이므로 사회형평성을 저해한다.

정답 ②

제5편

형벌과 보안처분

제23장 형벌론

제1절 | 형벌이론

01 형벌의 목적 중 소극적 일반예방에 대한 설명으로 가장 적절한 것은?

2022(72). 경위

① 형벌을 통해 범인을 교육·개선함으로써 범죄자의 재범을 예방한다.
② 형벌을 통해 일반인의 규범의식을 강화하여 사회의 규범 안정을 도모한다.
③ 준엄한 형집행을 통해 일반인을 위하함으로써 범죄예방의 목적을 달성한다.
④ 형벌의 고통을 체험하게 함으로써 범죄자가 스스로 재범을 억제하도록 한다.

정답 및 해설

예방이론은 형벌이 그 자체로 성립되는 것이 아니라 예방이라는 목적에 의하여 정당화된다는 입장이다. 예방이론은 그 대상에 따라 일반예방과 특별예방으로 나누어지는데, 일반예방은 일반인에 대한 형벌위하 내지 규범의식의 강화를 수단으로 범죄의 예방을 꾀하는 것이고, 특별예방은 범죄인 개개인을 중심으로 범죄를 예방하려는 것이다. 일반예방은 일반인에 대한 위하를 추구하는 소극적 일반예방과 일반인의 규범의식의 강화를 추구하는 적극적 일반예방으로, 특별예방은 범죄인의 격리를 추구하는 소극적 특별예방과 범죄인의 재사회화를 추구하는 적극적 특별예방으로 구분할 수 있다.
① [×] 적극적 특별예방
② [×] 적극적 일반예방
③ [○] 소극적 일반예방
④ [×] 소극적 특별예방

정답 ③

02 형벌의 목적에 대한 설명으로 옳지 않은 것은?

2021. 교정 7급

① 응보형주의는 개인의 범죄에 대하여 보복적인 의미로 형벌을 과하는 것이다.
② 교육형주의는 범죄인의 자유박탈과 사회로부터의 격리를 교육을 위한 수단으로 본다.
③ 응보형주의에 의하면 범죄는 사람의 의지에 의하여 발생하는 것이 아니라 사회 환경 및 사람의 성격에 의하여 발생하는 것이다.
④ 현대의 교정목적은 응보형주의를 지양하고, 교육형주의의 입장에서 수형자를 교정·교화하여 사회에 복귀시키는 데에 중점을 둔다.

정답 및 해설

③ [×] 응보형주의란 형벌의 본질을 범죄에 대한 정당한 응보에 있다고 하는 사상이다. 즉, 범죄는 위법한 해악이므로 범죄를 행한 자에게는 그 범죄행위에 상응하는 해악을 가하는 것이 바로 형벌이며, 따라서 형벌의 본질은 응보에 있고 형벌의 내용은 악에 대한 보복적 반동으로서의 고통을 의미한다고 한다. 응보형주의는 사람은 자유의지를 가지고 자신의 행위를 스스로 결정한다는 고전주의 사상을 배경으로 하기 때문에 범죄는 사람의 의지에 의하여 발생하는 것으로 본다.

정답 ③

03 형벌의 본질과 목적에 대한 설명으로 옳지 않은 것은?

2018. 보호 7급

① 응보형주의에 따르면 범죄는 정의에 반하는 악행이므로 범죄자에 대해서는 그 범죄에 상응하는 해악을 가함으로써 정의가 실현된다.
② 목적형주의에 따르면 형벌은 과거의 범행에 대한 응보가 아니라 장래의 범죄예방을 목적으로 한다.
③ 일반예방주의는 범죄자에게 형벌을 과함으로써 수형자에 대한 범죄예방의 효과를 기대하는 사고방식이다.
④ 특별예방주의는 형벌의 목적을 범죄자의 사회복귀에 두고 형벌을 통하여 범죄자를 교육·개선함으로써 그 범죄자의 재범을 예방하려는 사고방식이다.

정답 및 해설

③ [×] 일반예방주의는 목적형주의의 입장에서 범죄예방의 대상을 일반인에게 두고 형벌에 의하여 일반인을 위하·경계시킴으로써 범죄를 행하지 않도록 하는 데에 형벌의 목적을 두는 것을 말한다.

정답 ③

제2절 | 미결구금제도와 공소단계 형사정책

01 미결구금에 대한 설명으로 옳지 않은 것은? (다툼이 있는 경우 판례에 의함)

2022. 보호 7급

① 미결구금의 폐해를 줄이기 위한 정책으로는 구속영장실질심사제, 신속한 재판의 원칙, 범죄피해자보상제도, 미결구금 전용수용시설의 확대 등이 있다.
② 미결구금된 사람을 위하여 변호인이 되려는 자의 접견교통권은 변호인의 조력을 받을 권리의 실질적 확보를 위해서 헌법상 기본권으로서 보장되어야 한다.
③ 판결선고 전 미결구금일수는 그 전부가 법률상 당연히 본형에 산입되므로 판결에서 별도로 미결구금일수 산입에 관한 사항을 판단할 필요가 없다.
④ 재심재판에서 무죄가 확정된 피고인이 미결구금을 당하였을 때에는 국가에 대하여 그 구금에 대한 보상을 청구할 수 있다.

정답 및 해설

① [×] 범죄피해자보상제도는 미결구금의 폐해를 줄이기 위한 정책과는 관련이 없다. 미결구금의 폐해를 줄이기 위한 정책으로는 불구속수사를 원칙으로 한 구속수사의 지양, 구속영장실질심사제, 수사 및 법원 심리의 신속화, 보상제도의 현실화(무죄석방자에 대한 손실보상 등), 석방제도의 적극 활용, 피구금자의 가족보호, 미결구금시설의 개선, 실질적인 접견·교통권의 보장 등이 있다.
② [○] 헌재 2019.2.28. 2015헌마1204
③ [○] 대법원 2009.12.10. 2009도11448
④ [○] 형사소송법에 따른 일반 절차 또는 재심이나 비상상고 절차에서 무죄재판을 받아 확정된 사건의 피고인이 미결구금을 당하였을 때에는 국가에 대하여 그 구금에 대한 보상을 청구할 수 있다(「형사보상 및 명예회복에 관한 법률」 제2조 제1항).

정답 ①

02 기소유예제도에 대한 설명으로 옳은 것만을 모두 고른 것은?

> ㉠ 초범자와 같이 개선의 여지가 큰 범죄자를 모두 기소하여 전과자를 양산시키고, 무의미한 공소
> 제기와 무용한 재판 등으로 인하여 소송경제에 반하는 문제점이 있다.
> ㉡ 「소년법」상 검사는 피의자에 대하여 범죄예방자원봉사 위원의 선도를 받게 하고 공소를 제기하
> 지 아니할 수 있으며, 이 경우 소년과 소년의 친권자·후견인 등 법정대리인의 동의를 받아야
> 한다.
> ㉢ 공소권행사에 있어 법 앞의 평등을 실현하고 공소권 행사에 정치적 영향을 배제할 수 있다.
> ㉣ 피의자에게 전과의 낙인 없이 기소 전 단계에서 사회복귀를 가능하게 하고, 법원 및 교정기관의
> 부담을 덜 수 있다.

① ㉠, ㉢
② ㉡, ㉢
③ ㉡, ㉣
④ ㉠, ㉣

정답 및 해설

옳은 것은 ㉡, ㉣이다.
㉠ [×] 기소법정주의의 문제점(단점)에 해당한다.
㉡ [○] 「소년법」 제49조의3
㉢ [×] 정치적 개입이나 부당한 불기소처분의 가능성 등 검사의 지나친 자의적 재량의 여지가 있다.
㉣ [○] 기소유예제도의 장점에 해당한다.

정답 ③

03 기소유예제도에 대한 설명으로 옳은 것은?

① 기소유예는 「형법」 제51조의 양형의 조건을 참작하여 검사가 결정한다.
② 기소유예제도는 처벌의 공백을 두지 않음으로써 철저한 법집행을 기할 수 있다는 장점이 있다.
③ 기소유예제도의 견제 및 보완책으로는 재정신청제도, 검찰항고제도, 공소권 남용에 따른 공소기
각제도 등을 들 수 있다.
④ 기소유예 결정에 불복하는 고소인의 재정신청에 대해서는 헌법재판소가 당부에 관한 결정을 한다.
⑤ 기소유예의 결정권자인 검사의 재량을 통제하기 위하여 재정신청 대상범죄의 축소, 강제적 기
소유예 등이 제시된다.

정답 및 해설

① [○] 기소유예제도는 공소를 제기하기에 충분한 범죄의 혐의가 있고 소송조건도 구비되었으나 범인의 연령·성
행·지능과 환경, 피해자에 대한 관계, 범행의 동기·수단과 결과, 범행 후의 정황 등(「형법」 제51조) 양형인자를
참작하여 검사의 재량에 의하여 공소를 제기하지 않는 처분을 말한다(「형사소송법」 제247조).
② [×] 기소유예제도는 구체적 정의의 실현과 실질적 공평의 추구에 필요한 탄력성을 제공하며, 기소 전의 단계에
서 형사정책적 고려로 사회복귀가 가능하여 단기자유형의 폐해를 방지할 수 있으나, 기소만을 유예하는 것이므
로 처벌의 공백이 발생하여 법집행이 약화될 수 있다.

③ [×] 현행법상 부당한 불기소처분 또는 기소유예의 억제조치에는 재정신청(「형사소송법」 제260조), 고소·고발인의 검찰항고·재항고 제도(「검찰청법」 제10조), 헌법소원(「헌법재판소법」 제68조 제1항), 불기소처분 통지제도(「형사소송법」 제258조 제1항), 불기소처분 이유고지제도(동법 제259조) 등이 있다. 공소권 남용이란 공소제기가 형식적으로 적법하지만 실질적으로 위법·부당한 경우를 말하며, 공소권 남용이론이란 공소권 남용이 있을 때 유무죄의 실체재판을 하지 말고 공소기각판결 등의 형식재판으로 소송을 종결하여 검사의 공소권을 규제하자는 이론이다. 공소권 남용에 따른 공소기각제도는 현행법상 채택하고 있지 않고, 기소유예제도의 견제 및 보완책에도 해당하지 않는다.

④ [×] 고소권자로서 고소를 한 자는 검사로부터 공소를 제기하지 아니한다는 통지를 받은 때에는 그 검사 소속의 지방검찰청 소재지를 관할하는 고등법원에 그 당부에 관한 재정을 신청할 수 있다(「형사소송법」 제260조 제1항).

⑤ [×] 재정신청의 대상범죄를 축소하면 오히려 검사의 재량이 확대된다. 검사의 재량을 통제하기 위하여 재정신청 대상범죄의 확대, 강제적 공소제기 등이 제시된다.

정답 ①

04 기소유예제도에 대한 설명으로 옳지 않은 것은?

2017. 교정 7급

① 피의자의 법적 안전성을 침해할 수 있다.
② 법원 및 교정시설의 부담을 줄여줄 수 있다.
③ 단기자유형의 폐해를 막는 방법이 될 수 있다.
④ 피의자에 대한 형벌적 기능을 수행하지 않는다.

정답 및 해설

① [○], ④ [×] 기소유예제도는 무죄결정을 내리는 것이 아니라 시효가 완성될 때까지 기소를 유예하는 것이므로 법적 안정성을 침해할 수 있다. 왜냐하면 기소유예기간 동안 피의자는 불안한 법적 지위를 가져야 하기 때문이다. 그러나 이러한 피의자의 불이익 때문에 기소유예제도는 오히려 형벌적 기능을 담당할 수 있다고 한다.

②, ③ [○] 기소유예제도의 장점에 해당한다.

정답 ④

제3절 | 재판단계 형사정책

01 우리나라의 현행 양형기준제도에 대한 설명으로 가장 옳지 않은 것은?

2023. 해경 경위

① 양형기준은 법적 구속력을 갖지 아니한다.
② 법정형 – 처단형 – 선고형의 3단계 과정을 거쳐서 이루어진다.
③ 특별양형인자들이 일반양형인자들보다 더 중요하게 고려된다.
④ 형량범위 결정 시 해당 특별양형인자의 개수보다 그 내용과 질을 더 중요하게 고려한다.

① [○] 법관은 형의 종류를 선택하고 형량을 정할 때 양형기준을 존중하여야 한다. 다만, 양형기준은 법적 구속력을 갖지 아니한다(「법원조직법」 제81조의7 제1항).

▶ 양형기준은 법관이 형종을 선택하고 형량을 정함에 있어 참고하여야 하지만, 법적 구속력은 갖지 않는 권고적 기준에 해당한다.

② [○] 양형기준이란 법관이 형을 정함에 있어 참고할 수 있는 기준을 말한다. 법관이 법정형(각 범죄에 대응하여 법률에 규정되어 있는 형벌) 중에서 선고할 형의 종류(예컨대, 징역 또는 벌금형)를 선택하고, 법률에 규정된 바에 따라 형의 가중 · 감경을 함으로써 주로 일정한 범위의 형태로 처단형이 정하여 지는데, 처단형의 범위 내에서 특정한 선고형을 정하고 형의 집행유예 여부를 결정함에 있어 참조되는 기준이 바로 양형기준이다.

③ [○] 특별양형인자는 일반양형인자에 비하여 양형에 대한 영향력이 큰 인자로서 일반양형인자보다 중하게 고려된다. 특별양형인자는 3단계 권고 영역 자체를 변동시킬 수 있도록 한 반면, 일반양형인자는 결정된 권고 영역 내에서 선고형을 정할 때 고려되도록 함으로써 양자의 영향력과 그에 따른 역할을 구분하였다.

④ [×] 형량범위 결정 시 해당 특별양형인자의 내용과 질보다 개수를 더 중요하게 고려한다. 양형기준에 의한 최종 형량범위의 결정은 각 유형별로 제시된 3단계 권고 영역 중 하나를 선택한 다음 이를 조정하는 과정을 거쳐 이루어진다. 구체적으로, ㉠ 양형인자의 존부 확정 ⇨ ㉡ 복수 특별양형인자의 평가 ⇨ ㉢ 형량범위의 특별 조정 및 서술식 기준 적용 ⇨ ㉣ 다수범죄 처리기준 적용의 순으로 진행된다.

정답 ④

02 재판단계의 형사정책에 대한 다음의 설명 중에서 옳은 것(○)과 옳지 않은 것(×)이 바르게 짝지어진 것은?

2013. 보호 7급

㉠ 유일점 형벌이론은 형이상학적 목적형사상을 기초로 한 절대적 형벌이론이다.
㉡ 공판절차 이분론은 소송절차를 범죄사실의 인정절차와 양형절차로 나누자는 주장을 말한다.
㉢ 판결 전 조사제도는 보호관찰의 활성화에 기여할 수 있는 장점이 있다.
㉣ 가석방자에 대한 보호관찰은 필요적 사법처분이므로 반드시 보호관찰을 부과하여야 한다.

	㉠	㉡	㉢	㉣
①	×	○	○	×
②	×	×	○	×
③	○	×	○	○
④	○	×	×	○

㉠ [×] 유일점 형벌이론은 책임은 언제나 고정된 일정한 크기를 가지므로 정당한 형벌은 오직 하나일 수밖에 없다는 이론으로, 다만 책임에 상응한 형벌을 찾아내는 과정에서 우리는 인식능력의 불완전성 내지 법관의 불확실성으로 인하여 산술적으로 정확히 확인할 수 없을 뿐이라는 것이다. 범주 이론은 행위자의 책임만을 기준으로 양형을 할 수 없으며 일반예방이나 특별예방의 목적도 고려하여야 한다고 주장한 이론 중의 하나이다.

㉡ [○] 공판절차 이분론은 소송절차를 범죄사실의 인정절차와 양형절차로 나누자는 주장으로, 범죄사실의 인정절차를 순화하고, 양형을 과학화 · 합리화하여, 변호권을 보장하고 피고인을 보호하여야 한다는 주장이다.

㉢ [○] 판결 전 조사란 재판부의 요청에 따라 판결선고 전에 보호관찰관이 피고인의 성격, 성장과정, 범행동기, 피해회복 여부 등에 대한 제반사항을 조사하여 그 결과를 형량에 참고하도록 하는 제도이다. 미국에서 보호관찰 제도와 밀접한 관련을 가지고 발전되어 온 제도로서 법관의 양형의 합리화에 도움을 주며, 변호인의 변호활동 보완, 피고인의 인권보장에 도움이 되며, 교정시설에서 개별처우의 자료로 활용할 수 있고, 지역사회에서 범죄인 처우지침으로 활용될 수 있다.

㉣ [×] 가석방된 자는 가석방기간 중 보호관찰을 받는다. 다만, 가석방을 허가한 행정관청이 필요가 없다고 인정한 때에는 그러하지 아니하다(「형법」 제73조의2 제2항).

정답 ①

03 양형에 관한 이론 및 현행법에 대한 설명으로 옳은 것은?

① 단계이론은 책임에 상응하는 형벌이 법정형의 범위 내에서 특정된 하나의 형으로 존재하는 것이 아니라 폭으로 존재한다고 본다.
② 위가이론은 정당한 형벌이 언제나 하나일 수밖에 없다고 한다.
③ 양형위원회는 양형기준을 설정할 때에는 범행 후의 정황은 고려하되, 피고인의 범죄전력을 고려해서는 안 된다.
④ 양형위원회의 양형기준은 법적 구속력을 갖는다.
⑤ 법원이 양형기준을 벗어난 판결을 하는 경우에는 판결서에 양형이유를 기재하여야 한다.

정답 및 해설

① [×] 독일 연방대법원(BGH)이 취하고 있는 '폭의 이론'에 대한 설명이다. 단계이론(위가이론)은 유일점 이론과 폭의 이론이 대립하는 과정에서 폭의 이론을 변형하기 위한 시도로 등장한 이론으로, 양형의 단계에 따라 개별적인 형벌목적의 의의와 가치를 결정해야 한다는 이론이다.
② [×] 유일점 형벌이론은 책임은 언제나 고정된 일정한 크기를 가진 것이므로 정당한 형벌은 하나일 수밖에 없다(책임에 상응하는 형벌은 하나의 점의 형태로 존재)고 한다.
③ [×] 양형위원회는 양형기준을 설정·변경할 때에는 ㉠ 범죄의 유형 및 법정형, ㉡ 범죄의 중대성을 가중하거나 감경할 수 있는 사정, ㉢ 피고인의 나이, 성품과 행실, 지능과 환경, ㉣ 피해자에 대한 관계, ㉤ 범행의 동기, 수단 및 결과, ㉥ 범행 후의 정황, ㉦ 범죄 전력, ㉧ 그 밖에 합리적인 양형을 도출하는 데 필요한 사항을 고려하여야 한다(동법 제81조의6 제3항).
④ [×] 법관은 형의 종류를 선택하고 형량을 정함에 있어서 양형기준을 존중하여야 한다. 다만, 양형기준은 법적 구속력을 갖지 아니한다(동법 제81조의7 제1항).
⑤ [○] 법원이 양형기준을 벗어난 판결을 하는 경우에는 판결서에 양형의 이유를 기재하여야 한다. 다만, 약식절차 또는 즉결심판절차에 의하여 심판하는 경우에는 그러하지 아니하다(「법원조직법」 제81조의7 제2항).

정답 ⑤

04 양형이론에 대한 설명으로 옳지 않은 것은?

2013. 보호 7급

① 형벌책임의 근거를 비난가능성에서 구하는 것은 객관적이고 중립적이어야 할 국가형벌권의 행사가 감정에 치우칠 위험이 있다.
② 양형이론 중 범주이론 또는 재량여지이론(Spielraumtheorie)은 예방의 관점을 고려한 것으로 법관에게 일정한 형벌목적으로 고려할 수 있는 일정한 재량범위를 인정하는 장점을 가지고 있다.
③ 유일점 형벌이론(Punktstrafentheorie)에 의하면 책임은 언제나 하나의 고정된 크기를 가지므로 정당한 형벌은 언제나 하나일 수밖에 없다.
④ 양형에서 법적 구성요건의 표지에 해당하는 사정이 다시 고려되어도 무방하다는 이중평가의 원칙이 적용된다.

정답 및 해설

④ [×] 양형에는 법적 구성요건의 표지에 해당하는 사정은 다시 고려될 수 없다는 이중평가금지의 원칙이 적용된다.

정답 ④

05 대법원 양형위원회가 작성한 양형기준표에 대한 설명으로 옳지 않은 것은? 2022. 보호 7급

① 주요 범죄 대부분에 대하여 공통적, 통일적으로 적용되는 종합적 양형기준이 아닌 범죄 유형별로 적용되는 개별적 양형기준을 설정하였다.

② 양형인자는 책임을 증가시키는 가중인자인 특별양형인자와 책임을 감소시키는 감경인자인 일반양형인자로 구분된다.

③ 양형인자 평가결과에 따라 감경영역, 기본영역, 가중영역의 3가지 권고영역 중 하나를 선택하여 권고형량의 범위를 정한다.

④ 양형에 있어서 권고형량범위와 함께 실형선고를 할 것인가, 집행유예를 선고할 것인가를 판단하기 위한 기준을 두고 있다.

정답 및 해설

① [○] 양형위원회는 모든 범죄에 통일적으로 적용되는 단일한 양형기준을 설정하는 방식이 아닌, 개별 범죄의 특성을 반영하여 범죄군별로 독립적인 양형기준을 설정하는 방식을 채택하였다. 즉, 보호법익과 행위태양을 기준으로 유사한 범죄군을 통합하고, 그 범죄군 내에서 다시 범죄의 특수성을 고려하여 개별적인 양형기준을 설정하는 방식을 취하고 있다.

② [×] 양형인자는 ㉠ 다양한 양형인자의 기본적인 성격(행위인자, 행위자인자/기타인자), ㉡ 책임의 경중에 영향을 미치는 내용(가중인자, 감경인자), ㉢ 그 정도(특별양형인자, 일반양형인자)에 따라 구분된다. 가중인자는 책임을 증가시키는 역할을 하는 인자를 말하고, 감경인자는 그와 반대로 책임을 감소시키는 역할을 하는 인자를 말한다. 특별양형인자는 당해 범죄유형의 형량에 큰 영향력을 갖는 인자로서 권고 영역을 결정하는 데 사용되는 인자를 말하며, 일반양형인자는 그 영향력이 특별양형인자에 미치지 못하는 인자로서 권고 영역을 결정하는 데에는 사용되지 못하고, 결정된 권고 형량범위 내에서 선고형을 정하는 데 고려되는 인자를 말한다.

③ [○] 양형기준은 범죄군을 여러 유형으로 분류하고, 각 유형에 상응하는 일정한 형량범위를 부여하였다. 이와 같이 유형 분류만으로도 형량범위가 전체 법정형 범위 내에서 일정한 구간으로 제한되지만, 양형기준은 이에 그치지 않고 각 유형의 형량범위를 다시 감경영역, 기본영역, 가중영역이라는 3단계 권고 영역으로 나눈 다음 각 사안별로 존재하는 구체적인 양형인자를 비교·평가하는 방법으로 3단계 권고 영역 중 적정한 영역을 선택하도록 하고 있다.

④ [○] 양형기준은 형종 및 형량 기준과 집행유예 기준으로 구성된다. 형종 및 형량 기준은 범죄군별로 범죄유형을 구분한 다음 각 유형별로 감경, 기본, 가중의 3단계 권고 형량범위를 제시하고 있으므로 법관은 양형기준을 적용함에 있어 해당 범죄유형을 찾아 권고 형량범위를 결정한 다음 최종 선고형을 정하게 된다. 이어 선고형이 3년 이하의 징역 또는 금고에 해당하는 경우에는, 실형이 권고되는 경우, 집행유예가 권고되는 경우, 어느 쪽도 권고되지 않는 경우(실형과 집행유예 중에서 선택 가능)를 구분하고 있는 집행유예 기준에 따라 법관은 집행유예 여부를 결정하게 된다. 양형기준은 책임단계와 예방단계를 구별하는 전제에서 형종 및 형량 기준과 별도로 집행유예 기준을 두고 있다.

정답 ②

06 양형의 합리화를 위한 방안과 그에 대한 설명을 옳게 짝지은 것은?

㉠ 양형기준표의 마련	㉡ 양형위원회의 설치 및 운영
㉢ 판결 전 조사제도	㉣ 공판절차이분론

A. 공판절차를 사실인정 절차와 양형 절차로 분리하자는 주장
B. 판결 전 피고인의 성향과 환경을 과학적으로 조사하여 이를 양형의 기초 자료로 이용하는 제도
C. 법관의 양형을 일정 부분 통제할 수 있도록 양형기준표를 개발하는 것을 주된 임무로 삼는 제도
D. 특정 범죄에 대해 어떤 형벌과 어느 정도의 형량이 선고될지를 예측할 수 있게 만드는 업무 지침

	㉠	㉡	㉢	㉣
①	B	C	D	A
②	C	B	A	D
③	D	B	C	A
④	D	C	B	A

정답 및 해설

④ [○] 양형의 합리화를 위한 방안으로 양형지침서(양형기준표)의 마련, 적응예측표의 활용, 양형위원회의 설치 및 운영, 판결 전 조사제도의 활용, 공판절차의 이분화(유무죄 인부절차와 형의 양형절차), 검사 구형의 합리화, 판결서에 양형이유의 명시 등을 들 수 있다.

- ㉠ – D 양형기준표: 특정 범죄에 대해 어떤 형벌과 어느 정도의 형량이 선고될지를 예측할 수 있게 만드는 업무 지침으로, 양형위원회에서 흔히 발생하는 20대 주요 범죄의 유형별로 선고형 범위와 집행유예 여부의 대략적인 기준을 마련해놓은 것을 말한다.

- ㉡ – C 양형위원회: 법관의 양형을 일정 부분 통제할 수 있도록 양형기준표를 개발하는 것을 주된 임무로 삼는 제도이다. 형을 정할 때 국민의 건전한 상식을 반영하고 국민이 신뢰할 수 있는 공정하고 객관적인 양형을 실현하기 위하여 대법원에 양형위원회를 두고(「법원조직법」 제81조의2 제1항), 위원회는 법관이 합리적인 양형을 도출하는 데 참고할 수 있는 구체적이고 객관적인 양형기준을 설정하거나 변경한다(동법 제81조의6 제1항).

- ㉢ – B 판결 전 조사제도: 재판부의 요청에 따라 판결선고 전에 보호관찰관이 피고인의 성격, 성장과정, 범행동기, 피해회복 여부 등에 대한 제반사항을 조사하여 그 결과를 형량에 참고하도록 하는 제도이다. 미국에서 보호관찰제도와 밀접한 관련을 가지고 발전되어 온 제도로서 법관의 양형의 합리화에 도움을 주며, 변호인의 변호활동 보완, 피고인의 인권보장에 도움이 되며, 교정시설에서 개별처우의 자료로 활용할 수 있고, 지역사회에서 범죄인처우지침으로 활용될 수 있다.

- ㉣ – A 공판절차이분론: 소송절차를 범죄사실의 인정절차와 양형절차로 나누자는 주장으로, 범죄사실의 인정절차를 순화하고, 양형을 과학화·합리화하여, 변호권을 보장하고 피고인을 보호하여야 한다는 주장이다.

정답 ④

07

양형에 대한 설명으로 옳은 것은? (다툼이 있는 경우 판례에 의함)

① 「형법」은 양형의 조건으로서 '범행 후의 정황과 범죄 전력'을 규정하고 있다.

② 「형법」은 양형 원칙으로 양형은 행위자의 불법과 책임의 정도와 비례할 것을 규정하고 있다.

③ 대법원 양형위원회의 양형기준은 법관이 형종을 선택하고 형량을 정함에 있어 법적 구속력을 가진다.

④ 「법원조직법」에 따르면 법원이 양형기준을 벗어난 판결을 하는 경우에는 판결서에 양형의 이유를 적어야 하지만, 약식절차 또는 즉결심판절차에 따라 심판하는 경우에는 그러하지 아니하다.

정답 및 해설

① [×] 형을 정함에 있어서는 ㉠ 범인의 연령, 성행, 지능과 환경, ㉡ 피해자에 대한 관계, ㉢ 범행의 동기, 수단과 결과, ㉣ 범행 후의 정황을 참작하여야 한다(「형법」 제51조).

② [×] 양형위원회는 양형기준을 설정·변경할 때 ㉠ 범죄의 죄질, 범정 및 피고인의 책임의 정도를 반영할 것, ㉡ 범죄의 일반예방과 피고인의 재범 방지 및 사회복귀를 고려할 것, ㉢ 같은 종류 또는 유사한 범죄에 대해서는 고려하여야 할 양형 요소에 차이가 없으면 양형에서 서로 다르게 취급하지 아니할 것, ㉣ 피고인의 국적, 종교 및 양심, 사회적 신분 등을 이유로 양형상 차별을 하지 아니할 것 등의 원칙을 준수하여야 한다(「법원조직법」 제81조의6 제2항).

③ [×] 법관은 형의 종류를 선택하고 형량을 정할 때 양형기준을 존중하여야 한다. 다만, 양형기준은 법적 구속력을 갖지 아니한다(「법원조직법」 제81조의7 제1항). 대법원 양형위원회의 양형기준은 형사재판에 있어서의 합리적 양형을 위해 마련된 일반적이고 객관적인 기준이므로 법관의 양형에 있어 존중되어야 하나, 구체적 사건마다의 다양하고 특수한 사정을 모두 포섭하거나 반영하여 그에 상응하는 양형까지를 제시할 수는 없는 것이므로, 법적인 구속력을 가지는 것은 아니다(대법원 2012.6.28. 2012도2631).

④ [○] 「법원조직법」 제81조의7 제2항

정답 ④

08

판결 전 조사제도에 대한 설명으로 옳지 않은 것은?

① 「보호관찰 등에 관한 법률」에 의하면 판결 전 조사의 대상자를 소년으로 한정하고 있다.

② 사실심리절차와 양형절차를 분리하는 소송절차이분(訴訟節次二分)을 전제로 하며, 미국에서 보호관찰(Probation)제도와 밀접한 관련을 가지고 발전되어 온 제도이다.

③ 판결 전 조사보고서의 내용에 대하여 피고인에게 반대신문권을 인정할 것인지의 여부가 문제되는데, 미국은 법원이 피고인과 변호인에게 보고서에 대하여 논박할 기회를 충분히 제공하도록 하고 있다.

④ 형사정책적으로 양형의 합리화 뿐만 아니라 사법적 처우의 개별화에도 그 제도적 의의가 있다.

정답 및 해설

① [×] 종전에는 판결 전 조사제도가 소년범에 대해서만 인정되었으나, 2008년 12월 26일 보호관찰 등에 관한 법률이 개정되면서 그 대상이 성인범까지 확대되었다. 즉, 「보호관찰 등에 관한 법률」 제19조 제1항에서 피고인이라 함은 소년·성인 피고인을 말한다.

정답 ①

판결 전 조사제도에 대한 설명으로 옳은 것을 모두 고른 것은?

> ⊙ 판결 전 조사제도는 형사절차가 유무죄인부절차와 양형절차로 분리되어 있는 미국의 보호관찰 (Probation)제도와 밀접한 관련을 가지고 발전되어 왔다.
> ⓛ 법원은 피고인에 대하여 「형법」 제59조의2 및 제62조의2에 따른 보호관찰, 사회봉사 또는 수강을 명하기 위하여 필요하다고 인정하면 범행 동기, 직업, 생활환경, 교우관계, 가족상황, 피해회복 여부 등 피고인에 관한 사항의 조사를 요구할 수 있다.
> ⓒ 판결 전 조사 요구는 제1심 또는 항소심뿐만 아니라 상고심에서도 할 수 있다.
> ⓔ 판결 전 조사제도는 개별사건에 대하여 구체적이고 실제적으로 적절히 처우할 수 있도록 하는 처우의 개별화와 관련이 있으며, 양형의 합리화에 기여한다.
> ⓜ 현행법상 판결 전 조사의 주체는 조사를 요구하는 법원의 소재지 또는 피고인의 주거지를 관할하는 경찰서장이다.

① ⊙, ⓛ, ⓒ
② ⊙, ⓛ, ⓔ
③ ⓛ, ⓒ, ⓔ
④ ⓒ, ⓔ, ⓜ

정답 및 해설

옳은 것은 ⊙, ⓛ, ⓔ이다.

ⓞ [○] 판결 전 조사제도는 소송절차가 이분된 영미법계의 나라에서 보호관찰(Probation)과 밀접한 관련을 가지고 발전한 제도로, 1911년 미국의 일리노이주 시카고시에서 처음 실시되었고, 1940년 표준보호관찰법(SPA)에서 공식화되었다.

ⓛ [○] 법원은 (소년·성인)피고인에 대하여 「형법」 제59조의2 및 제62조의2에 따른 보호관찰, 사회봉사 또는 수강을 명하기 위하여 필요하다고 인정하면 그 법원의 소재지 또는 피고인의 주거지를 관할하는 보호관찰소의 장에게 범행 동기, 직업, 생활환경, 교우관계, 가족상황, 피해회복 여부 등 피고인에 관한 사항의 조사를 요구할 수 있다(보호관찰 등에 관한 법률 제19조 제1항).

ⓒ [×] 판결 전 조사는 형을 선고하기 전에 실시하므로 상고심에는 실시하지 않는다.

ⓔ [○] 판결 전 조사제도는 교화개선주의, 교육형주의에 바탕을 둔 제도로서, 재판단계에서 처우를 개별화하기 위해 피고인과 관련된 자료를 조사하는 제도이며, 판사가 가장 유효·적절한 판결을 할 수 있도록 양형의 합리화에 도움을 준다.

ⓜ [×] 경찰서장이 아니라 보호관찰소의 장이다(「보호관찰 등에 관한 법률」 제19조 제1항).

정답 ②

01 형의 유예에 대한 설명으로 옳은 것은?

2020. 보호 7급

① 형의 선고유예를 받은 날로부터 2년을 경과한 때에는 기소유예된 것으로 간주한다.
② 형의 선고를 유예하거나 형의 집행을 유예하는 경우 보호관찰의 기간은 1년으로 한다.
③ 형의 집행유예 시 부과되는 수강명령은 집행유예기간이 완료된 이후에 이를 집행한다.
④ 형을 병과할 경우에는 그 형의 일부에 대하여 집행을 유예할 수 있다.

정답 및 해설

① [×] 형의 선고유예를 받은 날로부터 2년을 경과한 때에는 면소된 것으로 간주한다(동법 제60조).
② [×] 형의 선고를 유예하는 경우 보호관찰의 기간은 1년으로 하고(동법 제59조의2 제2항), 형의 집행을 유예하는 경우 보호관찰의 기간은 집행을 유예한 기간으로 한다(동법 제62조의2 제2항).
③ [×] 형의 집행유예 시 부과되는 수강명령은 집행유예기간 내에 이를 집행한다(동법 제62조의2 제3항).
④ [○] 「형법」 제62조 제2항

정답 ④

02 다음 甲, 乙, 丙의 사례를 읽고 집행유예가 실효되는 경우를 모두 고른 것은?

2012. 사시

> 甲: 절도죄로 징역 1년에 집행유예 2년을 선고받고 확정된 이후 집행유예기간 중 사기죄를 범하여 집행유예기간 중 재판을 받아 징역 1년의 실형이 확정되었다.
> 乙: 절도죄로 징역 1년에 집행유예 2년을 선고받고 확정된 이후 그 절도범행 이전에 범한 사기죄가 발각되어 절도죄 집행유예기간 중 재판을 받아 징역 1년에 집행유예 2년을 추가로 선고받고 판결이 확정되었다.
> 丙: 절도죄로 징역 1년에 집행유예 2년을 선고받고 확정된 이후 집행유예기간 중 업무상과실치사죄를 범하여 집행유예기간 중 재판을 받아 금고 1년의 실형이 확정되었다.

① 甲
② 甲, 乙
③ 甲, 丙
④ 乙, 丙
⑤ 甲, 乙, 丙

정답 및 해설

• 甲: 집행유예의 선고를 받은 자가 유예기간 중 고의로 범한 죄로 금고 이상의 실형을 선고받아 그 판결이 확정된 때에는 집행유예의 선고는 효력을 잃는다(「형법」 제63조).
• 乙: 집행유예기간 중 고의범에 대해 금고이상의 실형을 선고받아 그 판결이 확정되더라도 그 범죄가 그 집행유예 선고 이전에 범한 것이라면 앞의 집행유예의 선고는 실효되지 않는다.
• 丙: 실형이 아니라 집행이 유예된 형이 확정되거나 금고 이상의 실형이 과실범인 경우에는 집행유예의 선고는 실효되지 않는다.

정답 ①

03 다음 설명 중 옳지 않은 것은? (다툼이 있는 경우 판례에 의함)   2016. 사시

① 기소유예는 기소 전의 단계에서 피의자에 대한 형사정책적 고려를 통하여 사회복귀를 가능하게 하고 단기 자유형의 폐해를 방지할 수 있다.

② 1년 이하의 징역이나 금고, 자격정지 또는 벌금의 형을 선고할 경우에 「형법」 제51조(양형의 조건)의 사항을 고려하여 뉘우치는 정상이 뚜렷할 때에는 그 형의 선고를 유예할 수 있다.

③ 선고유예는 유예기간을 실효됨이 없이 경과하면 면소된 것으로 간주함으로써 피고인의 사회복귀를 용이하게 하는 특별예방적 목적을 달성할 수 있다.

④ 하나의 형의 일부에 대한 집행유예는 허용되지만, 형을 병과하는 경우 그 일부의 형에 대하여는 집행유예를 선고할 수 없다.

⑤ 선고유예는 형의 선고 자체를 유예한다는 점에서 형을 선고하되 집행만을 유예하는 집행유예와 다르다.

정답 및 해설

① [○] 기소유예는 피의자에게 전과의 낙인 없이 기소 전 단계에서 형사정책적 고려를 통하여 사회복귀를 가능하게 하고, 단기자유형의 폐해를 방지할 수 있다.

② [○] 동법 제59조 제1항

③ [○] 선고유예는 범정이 비교적 경미한 범죄인에 대해 일정기간 형의 선고를 유예하고 그 유예기간(2년)을 실효됨이 없이 경과하면 면소된 것으로 간주하는 제도(동법 제60조)로 이는 처벌의 오점을 남기지 않음으로써 장차 피고인의 사회복귀를 용이하게 하는 특별예방적 목적을 달성하기 위한 제도라는 점에서 특별예방을 위해 책임주의를 양보한 것이라 할 수 있다.

④ [×] 하나의 자유형 중 일부에 대해서는 실형을, 나머지에 대해서는 집행유예를 선고하는 것은 허용되지 않지만(대법원 2007.2.22. 2006도8555), 형을 병과할 경우에는 그 형의 일부에 대하여 집행을 유예할 수 있다(「형법」 제62조 제2항).

⑤ [○] 선고유예는 형의 선고 자체를 유예한다는 점에서 형을 선고하되 그 집행만을 유예하는 집행유예와는 다르며, 유죄판결이지만 형을 선고하지 않고 일정기간 유예한다는 점에서 형법상의 제재 중 가장 가벼운 제재라고 할 수 있다.

정답 ④

---

04 「형법」상 집행유예에 대한 설명으로 옳은 것은? (다툼이 있는 경우 판례에 의함)   2015. 사시

① 하나의 자유형으로 징역 1년의 형을 선고할 경우 그 일부인 6개월에 대해서만 형의 집행을 유예할 수 있다.

② 형의 집행을 유예하는 경우 보호관찰을 받을 것을 명하여야 한다.

③ 형의 집행을 유예하는 경우 보호관찰과 사회봉사를 동시에 명할 수 있다.

④ 집행유예기간 중 과실로 범한 죄로 금고 1년의 형이 확정된 때에는 집행유예의 선고는 효력을 잃는다.

⑤ 집행유예의 선고를 받은 후 그 선고의 실효 또는 취소됨이 없이 유예기간을 경과한 때에는 형의 집행을 종료한 것으로 본다.

① [×] 대법원 2007.2.22. 2006도8555

> **⚖ 관련판례**
>
> 집행유예의 요건에 관한 형법 제62조 제1항이 '형'의 집행을 유예할 수 있다고만 규정하고 있다고 하더라도, 이는 제62조 제2항이 그 형의 '일부'에 대하여 집행을 유예할 수 있는 때를 형을 '병과'할 경우로 한정하고 있는 점에 비추어 보면, 조문의 체계적 해석상 하나의 형의 전부에 대한 집행유예에 관한 규정이라 할 것이고, 또한 하나의 자유형에 대한 일부집행유예에 관하여는 그 요건, 효력 및 일부 실형에 대한 집행의 시기와 절차, 방법 등을 입법에 의해 명확하게 할 필요가 있어, 그 인정을 위해서는 별도의 근거 규정이 필요하므로 하나의 자유형 중 일부에 대해서는 실형을, 나머지에 대해서는 집행유예를 선고하는 것은 허용되지 않는다(대법원 2007.2.22. 2006도8555).

② [×] 형의 집행을 유예하는 경우에는 보호관찰을 받을 것을 명하거나 사회봉사 또는 수강을 명할 수 있다(「형법」 제62조의2 제1항).

③ [○] 대법원 1998.4.24. 98도98

> **⚖ 관련판례**
>
> 형법 제62조에 의하여 집행유예를 선고할 경우에는 제62조의2 제1항에 규정된 보호관찰과 사회봉사 또는 수강을 동시에 명할 수 있다고 해석함이 상당하다(대법원 1998.4.24. 98도98).

④ [×] 집행유예의 선고를 받은 자가 유예기간 중 고의로 범한 죄로 금고 이상의 실형을 선고받아 그 판결이 확정된 때에는 집행유예의 선고는 효력을 잃는다(동법 제63조).

⑤ [×] 집행유예의 선고를 받은 후 그 선고의 실효 또는 취소됨이 없이 유예기간을 경과한 때에는 형의 선고는 효력을 잃는다(동법 제65조).

정답 ③

 05
□□□

「형법」상 형의 선고유예에 대한 설명으로 옳지 않은 것은? (다툼이 있는 경우 판례에 의함)

2023. 보호 7급

① 주형의 선고유예를 하는 경우 몰수의 요건이 있더라도 몰수형만의 선고를 할 수는 없다.

② 피고인이 범죄사실을 자백하지 않고 부인할 경우에는 언제나 선고유예를 할 수 없다고 해석할 것은 아니다.

③ 형의 선고를 유예하는 경우에 재범방지를 위하여 지도 및 원호가 필요한 때에는 보호관찰을 받을 것을 명할 수 있는데, 이에 따른 보호관찰의 기간은 1년으로 한다.

④ 형의 선고유예 판결이 확정된 후 2년을 경과한 때에는 면소된 것으로 간주하고, 그 뒤에는 실효의 대상이 되는 선고유예의 판결이 존재하지 않으므로 선고유예 실효의 결정을 할 수 없다.

① [×] 대법원 1973.12.11. 73도1133

> **⚖ 관련판례**
>
> 형의 선고유예를 하는 경우에도 몰수의 요건이 있는 때에는 몰수형만의 선고를 할 수 있다고 해석함이 상당하다(대법원 1973.12.11. 73도1133).

② [○] 대법원 2003.2.20. 2001도6138

> **⚖ 관련판례**
> 선고유예의 요건 중 '개전의 정상이 현저한 때'라고 함은, 반성의 정도를 포함하여 널리 형법 제51조가 규정하는 양형의 조건을 종합적으로 참작하여 볼 때 형을 선고하지 않더라도 피고인이 다시 범행을 저지르지 않으리라는 사정이 현저하게 기대되는 경우를 가리킨다고 해석할 것이고, 이와 달리 여기서의 '개전의 정상이 현저한 때'가 반드시 피고인이 죄를 깊이 뉘우치는 경우만을 뜻하는 것으로 제한하여 해석하거나, 피고인이 범죄사실을 자백하지 않고 부인할 경우에는 언제나 선고유예를 할 수 없다고 해석할 것은 아니다(대법원 2003.2.20. 2001도6138).

③ [○] 「형법」제59조의2 제1항·제2항
④ [○] 대법원 2018.2.6. 2017모3459

> **⚖ 관련판례**
> 형의 선고유예 판결이 확정된 후 2년을 경과한 때에는 형법 제60조에 따라 면소된 것으로 간주하고, 그 뒤에는 실효의 대상이 되는 선고유예의 판결이 존재하지 않으므로 선고유예 실효의 결정을 할 수 없다. 이는 원결정에 대한 집행정지의 효력이 있는 즉시항고 또는 재항고로 인하여 아직 선고유예 실효 결정의 효력이 발생하기 전 상태에서 상소심 절차 진행 중에 선고유예 기간이 그대로 경과한 경우에도 마찬가지이다(대법원 2018.2.6. 2017모3459).

정답 ①

06 다음 중 형의 선고유예, 집행유예에 대한 설명으로 가장 옳지 않은 것은? 2022. 해경 경위
□□□

① 판례에 따르면 집행유예기간의 시기(始期)에 관하여 명문의 규정을 두고 있지 않으므로 법원은 그 시기를 집행유예를 선고한 판결 확정일 이후의 시점으로 임의로 선택할 수 있다.
② 집행유예의 선고를 받은 자가 유예기간 중 고의로 범한 죄로 금고 이상의 실형을 선고받아 그 판결이 확정된 때에는 집행유예의 선고는 효력을 잃는다.
③ 형의 선고유예를 받은 날로부터 2년을 경과한 때에는 면소된 것으로 간주한다.
④ 형의 선고를 유예하는 경우에 재범방지를 위하여 지도 및 원호가 필요한 때에는 1년의 보호관찰을 받을 것을 명할 수 있다.

정답 및 해설

① [×] 대법원 2019.2.28. 2018도13382

> **⚖ 관련판례**
> 우리 형법이 집행유예 기간의 시기에 관하여 명문의 규정을 두고 있지는 않지만, 형사소송법 제459조가 "재판은 이 법률에 특별한 규정이 없으면 확정한 후에 집행한다."라고 규정한 취지나 집행유예 제도의 본질 등에 비추어 보면 집행유예를 함에 있어 그 집행유예 기간의 시기는 집행유예를 선고한 판결 확정일로 하여야 한다(대법원 2019.2.28. 2018도13382).

② [○] 「형법」제63조
③ [○] 동법 제60조
④ [○] 동법 제59조의2 제1항·제2항

정답 ①

07 선고유예 및 가석방에 대한 설명으로 옳지 않은 것은? (다툼이 있는 경우 판례에 의함) 2021. 보호 7급

□□□ ① 선고유예 판결에서도 그 판결 이유에서는 선고형을 정해 놓아야 하고, 그 형이 벌금형일 경우에는 벌금액뿐만 아니라 환형유치처분까지 해 두어야 한다.
② 형의 집행유예의 선고가 실효 또는 취소됨이 없이 정해진 유예기간을 경과하여 형의 선고가 효력을 잃게 되었더라도, 이는 선고유예 결격사유인 자격정지 이상의 형을 받은 전과가 있는 경우에 해당한다.
③ 형기에 산입된 판결선고 전 구금일수는 가석방을 하는 경우 집행한 기간에 산입한다.
④ 사형을 무기징역으로 특별감형한 경우, 사형집행 대기기간을 처음부터 무기징역을 받은 경우와 동일하게 가석방요건 중의 하나인 형의 집행기간에 산입할 수 있다.

정답 및 해설

① [○] 대법원 2015.1.29. 2014도15120

> **관련판례**
> 「형법」 제59조에 의하여 형의 선고를 유예하는 판결을 할 경우에도 선고가 유예된 형에 대한 판단을 하여야 하므로, 선고유예 판결에서도 그 판결 이유에서는 선고형을 정해 놓아야 하고, 그 형이 벌금형일 경우에는 벌금액뿐만 아니라 환형유치처분까지 해 두어야 한다(대법원 2015.1.29. 2014도15120).

② [○] 대법원 2012.6.28. 2011도10570

> **관련판례**
> 「형법」 제59조 제1항은 형의 선고유예에 관하여 "1년 이하의 징역이나 금고, 자격정지 또는 벌금의 형을 선고할 경우에 제51조의 사항을 고려하여 뉘우치는 정상이 뚜렷할 때에는 그 형의 선고를 유예할 수 있다. 다만, 자격정지 이상의 형을 받은 전과가 있는 사람에 대하여는 예외로 한다."고 규정하고 있다. 여기서 그 단서에서 정한 "자격정지 이상의 형을 받은 전과"라 함은 자격정지 이상의 형을 선고받은 범죄경력 자체를 의미하는 것이고, 그 형의 효력이 상실된 여부는 묻지 않는 것으로 해석함이 상당하다. 한편 형의 집행유예를 선고받은 사람이 「형법」 제65조에 의하여 그 선고가 실효 또는 취소됨이 없이 정해진 유예기간을 무사히 경과하여 형의 선고가 효력을 잃게 되었더라도, 이는 형의 선고의 법적 효과가 없어질 뿐이고 형의 선고가 있었다는 기왕의 사실 자체까지 없어지는 것은 아니므로, 그는 형법 제59조 제1항 단서에서 정한 선고유예 결격사유인 "자격정지 이상의 형을 받은 전과가 있는 사람"에 해당한다고 보아야 한다(대법원 2012.6.28. 2011도10570).

③ [○] 「형법」 제73조 제1항
④ [×] 대법원 1991.3.4. 90모59

> **관련판례**
> 사형집행을 위한 구금은 미결구금도 아니고 형의 집행기간도 아니며, 특별감형은 형을 변경하는 효과만 있을 뿐이고 이로 인하여 형의 선고에 의한 기성의 효과는 변경되지 아니하므로, 사형이 무기징역으로 특별감형된 경우 사형의 판결확정일에 소급하여 무기징역형이 확정된 것으로 보아 무기징역형의 형기 기산일을 사형의 판결 확정일로 인정할 수도 없고, 사형집행대기 기간이 미결구금이나 형의 집행기간으로 변경된다고 볼 여지도 없으며, 또한 특별감형은 수형 중의 행장의 하나인 사형집행대기기간까지를 참작하여 되었다고 볼 것이므로 사형집행대기기간을 처음부터 무기징역을 받은 경우와 동일하게 가석방요건 중의 하나인 형의 집행기간에 다시 산입할 수는 없다(대법원 1991.3.4. 90모59).

정답 ④

08

다음 설명 중 옳지 않은 것은? (다툼이 있는 경우에는 판례에 의함)

① 징역형 수형자에게 정역의무를 부과하는 것은 헌법상 신체의 자유를 침해하지 않는다.

② 사형은 일반국민에 대한 심리적 위하를 통하여 범죄의 발생을 예방하며 극악한 범죄에 대한 정당한 응보를 실현하는 형벌로 위헌이라 할 수 없다.

③ 청소년 성매수자에 대한 신상공개는 성매수자의 일반적 인격권과 사생활의 비밀의 자유가 제한되는 정도가 청소년 성보호라는 공익적 요청에 비해 크다고 할 수 없어 과잉금지원칙에 위배되지 않는다.

④ 형의 집행을 유예하면서 사회봉사를 명할 수 있도록 한 것은 사회와 통합하여 재범 방지 및 사회복귀를 용이하게 하는 것이 아니므로 과잉금지원칙에 위배된다.

⑤ 성매매에 제공되는 사실을 알면서 건물을 제공하여 얻은 임대수익 전부를 몰수·추징하는 것을 규정한 법률조항은 중대한 공익을 달성하기 위한 것으로 헌법규정이나 헌법상의 제 원리에 반하여 입법재량권이 자의적으로 행사되었다고 볼 수 없다.

정답 및 해설

① [○] 헌재 2012.11.29. 2011헌마318
② [○] 헌재 2010.2.25. 2008헌가23
③ [○] 헌재 2003.6.26. 2002헌가14
④ [×] 헌재 2012.3.29. 2010헌바100

> **관련판례**
> 형의 집행을 유예하면서 사회봉사를 명할 수 있도록 한 것은 범죄인에게 근로를 강제하여 형사제재적 기능을 함과 동시에 사회에 유용한 봉사활동을 통하여 사회와 통합하여 재범방지 및 사회복귀를 용이하게 하려는 것으로서, 이에 근거하여 부과되는 사회봉사명령이 자유형 집행의 대체수단으로서 자유형의 집행으로 인한 범죄인의 자유의 제한을 완화하여 주기 위한 수단인 점, 기간이 500시간 이내로 제한되어 있는 점 등을 종합하여 보면 과잉금지원칙에 위배되지 아니한다(헌재 2012.3.29. 2010헌바100).

⑤ [○] 헌재 2012.12.27. 2012헌바46

정답 ④

현행법상 형의 실효에 대한 설명으로 옳지 않은 것은?

2017. 교정 9급

① 수형인이 3년 이하의 징역형인 경우, 자격정지 이상의 형을 받지 아니하고 형의 집행을 종료하거나 그 집행이 면제된 날부터 5년이 경과한 때에 그 형은 실효된다.

② 구류와 과료는 형의 집행을 종료하거나 그 집행이 면제된 날부터 1년이 경과한 때에 그 형은 실효된다.

③ 하나의 판결로 여러 개의 형이 선고된 경우에는 각 형의 집행을 종료하거나 그 집행이 면제된 날부터 가장 무거운 형에 대한 「형의 실효 등에 관한 법률」에서 정한 형의 실효기간이 경과한 때에 형의 선고는 효력을 잃는다. 이때 징역과 금고는 같은 종류의 형으로 보고 각 형기를 합산한다.

④ 징역 또는 금고의 집행을 종료하거나 집행이 면제된 자가 피해자의 손해를 보상하고 자격정지 이상의 형을 받음이 없이 7년을 경과한 때에는 본인 또는 검사의 신청에 의하여 법원은 그 재판의 실효를 선고할 수 있다.

정답 및 해설

① [○], ② [×] 수형인이 자격정지 이상의 형을 받지 아니하고 형의 집행을 종료하거나 그 집행이 면제된 날부터 3년을 초과하는 징역·금고는 10년, 3년 이하의 징역·금고는 5년, 벌금은 2년이 경과한 때에 그 형은 실효된다. 다만, 구류와 과료는 형의 집행을 종료하거나 그 집행이 면제된 때에 그 형이 실효된다(「형의 실효 등에 관한 법률」 제7조 제1항).

③ [○] 동법 제7조 제2항

④ [○] 「형법」 제81조

정답 ②

02 **「사면법」상 사면에 대한 설명으로 옳지 않은 것은?**

2023. 보호 7급

① 특별사면은 형을 선고받은 자를 대상으로 한다.

② 일반사면이 있으면 특별한 규정이 없는 한 형을 선고받지 아니한 자에 대하여는 공소권이 상실된다.

③ 형의 집행유예를 선고받은 자에 대하여는 형 선고의 효력을 상실하게 하는 특별사면을 할 수 없다.

④ 일반사면은 죄의 종류를 정하여 대통령령으로 한다.

정답 및 해설

① [○] 동법 제3조 제2호

② [○] 일반사면이 있으면 형 선고의 효력이 상실되며, 형을 선고받지 아니한 자에 대하여는 공소권이 상실된다. 다만, 특별한 규정이 있을 때에는 예외로 한다(동법 제5조 제1항 제1호).

③ [×] 형의 집행유예를 선고받은 자에 대하여는 형 선고의 효력을 상실하게 하는 특별사면 또는 형을 변경하는 감형을 하거나 그 유예기간을 단축할 수 있다(「사면법」 제7조).

④ [○] 일반사면, 죄 또는 형의 종류를 정하여 하는 감형 및 일반에 대한 복권은 대통령령으로 한다. 이 경우 일반사면은 죄의 종류를 정하여 한다(동법 제8조).

정답 ③

03 형의 실효와 복권에 대한 설명으로 옳지 않은 것은?

① 벌금형을 받은 사람이 자격정지 이상의 형을 받지 아니하고 그 형의 집행을 종료한 날부터 2년이 경과한 때에 그 형은 실효된다.

② 자격정지의 선고를 받은 자가 피해자의 손해를 보상하고 자격정지 이상의 형을 받음이 없이 정지기간의 2분의 1을 경과한 때에는 본인 또는 검사의 신청에 의하여 법원은 자격의 회복을 선고할 수 있다.

③ 징역 5년 형의 집행을 종료한 사람이 형의 실효를 받기 위해서는 피해자의 손해를 보상하고 자격정지 이상의 형을 받음이 없이 7년을 경과한 후 해당 사건에 관한 기록이 보관되어 있는 검찰청에 형의 실효를 신청하여야 한다.

④ 「형법」 제81조(형의 실효)에 따라 형이 실효되었을 때에는 수형인명부의 해당란을 삭제하고 수형인명표를 폐기한다.

정답 및 해설

① [○] 수형인이 자격정지 이상의 형을 받지 아니하고 형의 집행을 종료하거나 그 집행이 면제된 날부터 ㉠ 3년을 초과하는 징역·금고는 10년, ㉡ 3년 이하의 징역·금고는 5년, ㉢ 벌금은 2년이 경과한 때에 그 형은 실효된다. 다만, 구류와 과료는 형의 집행을 종료하거나 그 집행이 면제된 때에 그 형이 실효된다(「형의 실효 등에 관한 법률」 제7조 제1항).

② [○] 「형법」 제82조

③ [×] 징역 또는 금고의 집행을 종료하거나 집행이 면제된 자가 피해자의 손해를 보상하고 자격정지 이상의 형을 받음이 없이 7년을 경과한 때에는 본인 또는 검사의 신청에 의하여 그 재판의 실효를 선고할 수 있다(「형법」 제81조).

④ [○] ㉠ 「형의 실효 등에 관한 법률」 제7조(형의 실효) 또는 「형법」 제81조(형의 실효)에 따라 형이 실효되었을 때, ㉡ 형의 집행유예기간이 경과한 때, ㉢ 자격정지기간이 경과한 때, ㉣ 일반사면이나 형의 선고의 효력을 상실하게 하는 특별사면 또는 복권이 있을 때의 어느 하나에 해당하는 경우에는 수형인명부의 해당란을 삭제하고 수형인명표를 폐기한다(「형의 실효 등에 관한 법률」 제8조 제1항).

정답 ③

제24장 형벌의 종류

제1절 | 사형제도

01 사형폐지론을 주장한 학자만을 모두 고르면?

2023. 교정 9급

㉠ 베카리아(C. Beccaria)	㉡ 루소(J. Rousseau)
㉢ 캘버트(E. Calvert)	㉣ 리프만(M. Liepmann)

① ㉠, ㉡
② ㉠, ㉢
③ ㉠, ㉢, ㉣
④ ㉡, ㉢, ㉣

정답 및 해설

③ [×] 루소는 사형제도 존치론자에 해당한다. 그는 사회적 원리를 침해하는 악인은 자신의 범죄로 인하여 조국에의 반역자, 배신자가 되는 것이므로 추방에 의하여 격리되거나 공중의 적으로서 죽음에 의해 격리되어야 한다고 보면서도 무제한적 사형집행을 시인하지는 않았다.
- **사형폐지론자**: 베카리아, 존 하워드, 페스탈로치, 빅토르 위고, 리프만, 앙셀, 셀린, 캘버트, 서덜랜드 등
- **사형존치론자**: 칸트, 헤겔, 루소, 비르크메이어, 로크 등

정답 ③

02 사형제도에 대한 설명으로 옳은 것은?

2013. 보호 7급

① 「형법」상 절대적 법정형으로서 사형을 과할 수 있는 죄는 적국을 위하여 모병한 모병이적죄뿐이다.
② 죄를 범할 당시 만 18세 미만인 소년에 대하여 사형으로 처할 경우에는 25년의 유기징역으로 한다.
③ 헌법재판소에 의하면, 사형제도를 법률상 존치시킬 것인지 또는 폐지할 것인지의 문제는 사형제도의 존치가 바람직한지에 관한 평가를 통하여 민주적 정당성을 가진 입법부가 결정할 입법정책적 문제이지 헌법재판소가 심사할 대상은 아니라고 한다.
④ 현재 우리나라는 거의 매년 사형이 집행되어 국제사면위원회(Amnesty International)가 규정한 실질적 사형존속국에 속한다.

정답 및 해설

① [×] 「형법」상 절대적 법정형으로서 사형을 과할 수 있는 죄는 여적죄(적국과 합세하여 국가에 항전하는 죄, 「형법」 제93조)뿐이다.
② [×] 죄를 범할 당시 18세 미만인 소년에 대하여 사형 또는 무기형으로 처할 경우에는 15년의 유기징역으로 한다(「소년법」 제59조).
③ [○] 헌재 2010.2.25. 2008헌가23
④ [×] 우리나라는 1997년 12월 30일 마지막으로 사형을 집행한 이래 현재까지 사형집행을 하지 않고 있어, 국제사면위원회는 실질적 사형폐지국가로 분류하고 있다.

정답 ③

03 □□□

사형제도에 대한 설명으로 옳은 것은? 2010. 사시

① 현행법상 사형은 교수형의 방식으로만 가능하며, 가스살이나 독살은 허용되지 않는다.
② 20세 미만의 소년에 대해서는 사형을 선고할 수 없고, 사형 또는 무기형으로 처할 경우에는 15년의 유기징역으로 한다.
③ 사형선고에 대한 상고는 포기할 수 없으며, 대법원은 전원재판부 3분의 2 이상의 찬성으로만 사형을 선고할 수 있다.
④ 현행법은 사형을 제한한다는 취지에 따라 피해자가 사망하지 않는 범죄에 대해서는 사형을 규정하고 있지 않다.
⑤ 현행법상 사형집행의 명령은 검찰총장이 아닌 법무부장관의 권한이며 그 명령은 판결이 확정된 날로부터 6개월 이내에 하여야 한다.

정답 및 해설

① [×] 사형은 교정시설 안에서 교수하여 집행하며(「형법」 제66조), 사형은 소속 군 참모총장 또는 군사법원의 관할관이 지정한 장소에서 총살로써 집행한다(「군형법」 제3조).
② [×] 죄를 범할 당시(행위시 · 범죄시) 18세 미만인 소년에 대하여 사형 또는 무기형으로 처할 경우(처단형 ○, 법정형 ×)에는 15년의 유기징역으로 한다(「소년법」 제59조).
③ [×] 피고인 또는 상소대리권자는 사형 또는 무기징역이나 무기금고가 선고된 판결에 대하여는 상소의 포기를 할 수 없다(「형사소송법」 제349조 단서). 대법원이 전원재판부 3분의 2 이상의 찬성으로만 사형을 선고할 수 있도록 하자는 사형개선책이 학계에 논의되고 있지만, 현재 실시하지는 않는다.
④ [×] 형법상 피해자가 사망하지 않는 범죄에 대해 사형을 선고할 수 있는 죄로 내란죄(「형법」 제87조), 외환유치죄(동법 제92조), 여적죄(동법 제93조), 모병이적죄(동법 제94조), 시설파괴이적죄(동법 제96조), 간첩죄(동법 제98조), 폭발물사용죄(동법 제119조) 등이 있으며, 기타 특별법에도 규정되어 있다.
⑤ [○] 사형은 법무부장관의 명령에 의하여 집행하고(「형사소송법」 제463조), 사형집행의 명령은 판결이 확정된 날로부터 6월 이내에 하여야 하며(동법 제465조 제1항), 법무부장관이 사형의 집행을 명한 때에는 5일 이내에 집행하여야 한다(동법 제466조).

정답 ⑤

04 □□□

사형제도에 대한 설명으로 옳지 않은 것은?

① 근대 이후 자본주의 사회가 발전함에 따라 노동력을 활용해야 한다는 것도 사형을 폐지해야 한다는 논거의 하나였다.
② 사형의 일반예방효과를 주장하는 입장에서는 통계학상 근거를 들어 사형제도의 존치를 주장한다.
③ 사형은 범죄억지력이 없으므로 종신징역형으로 대체하여야 한다고 빅토르 위고(Victor Marie Hugo)는 주장하였다.
④ 라드부르흐(Radbruch)는 사형폐지는 역사발전의 귀결이고 형사정책 발전의 최종귀착지라고 주장하며 사형폐지를 주장했다.

정답 및 해설

① [○] 근대 이후 자본주의 사회에서의 노동력은 매우 큰 가치개념이 되었으며, 교도소는 값싼 노동력을 활용할 수 있다는 점에서 경제적 효용가치가 인정되었다. 일부이긴 하지만 사형폐지론의 주장논거가 되었다.
② [×] 일반예방론자들의 사형폐지론은 관념론에 입각한 것이다. 통계학상의 근거를 가지고 사형제도의 존폐를 논하는 것은 실증주의의 연구결과이다.
③, ④ [○] 사형폐지론자로 베카리아, 존 하워드, 페스탈로치, 빅토르 위고, 리프만, 앙셀, 캘버트, 서덜랜드, 라드부르흐, 셀린 등을 들 수 있다.

정답 ②

05 사형제도 폐지론자들의 주장에 대한 설명으로 옳지 않은 것은?

① 사형제도는 죽음에 대한 인간의 본능적인 공포심과 범죄에 대한 응보욕구가 서로 맞물려 고안된 필요악이다.
② 사형은 생명권을 박탈하는 것으로 인간의 존엄성에 반한다.
③ 사형은 국가에 의한 합법적 살인행위로 이는 국가가 살인을 금지하는 사상과 충돌된다.
④ 사형은 일반 사회인이 기대하는 것처럼 위하적인 효과를 가지지 못한다.

정답 및 해설

① [×] 사형제도가 '필요악'이라고 주장하는 것은 사형 존치론자들의 주장이며, 이들은 사형제도가 일반예방효과가 있다고 본다.

정답 ①

제2절 | 자유형제도

01 「형법」상 형벌제도에 대한 설명으로 옳지 않은 것은?

2022. 보호 7급

① 유기징역 또는 유기금고는 1개월 이상 25년 이하로 하되, 형을 가중하는 때에는 50년까지로 한다.
② 유기징역 또는 유기금고에 자격정지를 병과한 때에는 징역 또는 금고의 집행을 종료하거나 면제된 날로부터 정지기간을 기산한다.
③ 벌금을 납입하지 아니한 자는 1일 이상 3년 이하, 과료를 납입하지 아니한 자는 1일 이상 30일 미만의 기간 노역장에 유치하여 작업에 복무하게 한다.
④ 벌금에 대한 노역장 유치기간을 정하는 경우, 선고하는 벌금이 1억원 이상 5억원 미만인 경우에는 300일 이상, 5억원 이상 50억원 미만인 경우에는 500일 이상, 50억원 이상인 경우에는 1천일 이상의 유치기간을 정하여야 한다.

정답 및 해설

① [×] 징역 또는 금고는 무기 또는 유기로 하고 유기는 1개월 이상 30년 이하로 한다. 단, 유기징역 또는 유기금고에 대하여 형을 가중하는 때에는 50년까지로 한다(「형법」 제42조).
② [○] 동법 제44조 제2항
③ [○] 동법 제69조 제2항
④ [○] 동법 제70조 제2항

정답 ①

02 현행법상 자유형제도에 대한 설명으로 옳지 않은 것은?

2013. 사시

① 징역 또는 금고는 무기 또는 유기로 하고 유기는 1개월 이상 30년 이하로 한다.

② 무기징역의 집행 중에 있는 자에 대하여 20년이 경과하면 법원의 결정으로 가석방을 할 수 있다.

③ 유기징역 또는 유기금고에 대하여 형을 가중하는 때에는 50년까지로 한다.

④ 금고는 노역에 복무하지 않지만 수형자의 신청이 있으면 작업을 하도록 할 수 있다.

⑤ 구류는 수형자의 신청이 있으면 작업을 하도록 할 수 있다.

정답 및 해설

① [○] 동법 제42조 본문

② [×] 징역이나 금고의 집행 중에 있는 사람이 행상이 양호하여 뉘우침이 뚜렷한 때에는 무기형은 20년, 유기형은 형기의 3분의 1이 지난 후 행정처분으로 가석방을 할 수 있다(「형법」제72조 제1항).

③ [○] 동법 제42조 단서

④, ⑤ [○] 소장은 금고형 또는 구류형의 집행 중에 있는 사람에 대하여는 신청에 따라 작업을 부과할 수 있다(형집행법 제67/소).

정답 ②

03 단기자유형에 대한 설명으로 옳지 않은 것은?

2015. 사시

① 어느 정도 기간까지의 자유형이 단기자유형인지를 현행 「형법」은 규정하고 있지 않다.

② 단기자유형을 받는 수형자가 개선되기는커녕 시설 내의 다른 범죄자들로부터 악영향을 받는다는 비판이 제기되고 있다.

③ 단기자유형의 예로 현행 「형법」의 구류형이 언급된다.

④ 단기자유형의 대체방안으로 벌금형의 활용, 선고유예나 집행유예제도의 활용 등이 거론된다.

⑤ 현행법은 단기자유형의 폐단을 방지하기 위해 충격구금(Shock Probation), 주말구금, 휴일구금을 도입하고 있다.

정답 및 해설

⑤ [×] 현행법은 도입하고 있지 않으며 주말구금, 휴일구금 등은 단기자유형의 개선방안으로 제시되고 있다.

정답 ⑤

04 단기자유형의 대체방안으로 적절하지 않은 것은?

2017. 교정 9급

① 주말구금제도
② 귀휴제도
③ 사회봉사명령제도
④ 벌금형제도

정답 및 해설

② [×] 귀휴제도는 사회적 처우에 해당한다. 단기자유형의 대체방안으로 벌금형의 활용, 선고유예·집행유예·기소유예제도의 활용, 주말구금, 휴일구금, 단속구금, 원상회복, 사회봉사명령제도 등이 거론된다.

정답 ②

05 단기자유형에 대한 설명으로 옳지 않은 것은?

2017. 5급 승진

① 단기자유형의 개선방안으로 주말구금, 휴일구금 등을 통한 탄력적인 구금제도의 활용이 있다.
② 우리나라의 경우 총액벌금제를 취하고 있으므로 단기자유형을 벌금형으로 대체한다면 경제적으로 부유한 사람에 대하여 큰 형벌효과를 가져올 수 있다.
③ 단기자유형의 경우 수형시설 내 범죄자들의 범죄성향에 오염될 위험성이 높아 형벌의 예방적 효과를 위태롭게 한다는 문제점이 지적된다.
④ 단기자유형을 선고받고 복역한 후에는 누범문제가 제기되어 3년 동안 집행유예 결격 사유가 발생할 수 있다.
⑤ 단기자유형으로 인하여 수형시설의 부족현상을 가중한다는 점이 문제점으로 지적된다.

정답 및 해설

② [×] 단기자유형을 벌금형으로 대체하더라도 총액벌금제를 취하고 있는 우리나라에서는 실효성이 없는 것으로 사료된다. 왜냐하면, 벌금형으로 대체하더라도 자유형을 부과하는 것과 동일한 형벌효과가 기대되어야 하는데 통상의 경제능력을 기준으로 하는 벌금액만으로는 일반인, 특히 경제적으로 부유한 사람에 대하여 형벌효과를 기대하기 어렵기 때문이다. 벌금형으로의 대체제도는 독일과 같이 일수벌금제도를 취할 때 비로소 실효성이 있을 것이다.

정답 ②

06 자유형 중 부정기형제도에 대한 설명으로 가장 적절하지 않은 것은?

2022(72). 경위

① 수형자의 개선의욕을 촉진할 수 있다.
② 책임을 초과하는 형벌을 가능하게 하는 문제가 있다.
③ 상대적 부정기형은 죄형법정주의에 반한다.
④ 소년법은 부정기형을 선고할 수 있도록 규정하고 있다.

정답 및 해설

① [○] 부정기형 도입 찬성 논거에 해당한다.
② [○] 부정기형 도입 반대 논거로, 부정기형은 행위 당시의 책임을 넘어서는 처벌을 가능하게 할 수 있어 형의 판단은 행위 당시의 책임을 기준으로 하여야 한다는 죄형법정주의 이념에 위배된다고 주장한다.
③ [×] 부정기형은 자유형을 선고할 때 형기를 확정하지 않는 것으로서 형기는 형집행단계에서 결정된다. 절대적 부정기형과 상대적 부정기형이 있으며, 절대적 부정기형은 전혀 형기를 정하지 않는 것으로 죄형법정주의의 명확성의 원칙에 반한다.
④ [○] 소년이 법정형으로 장기 2년 이상의 유기형에 해당하는 죄를 범한 경우에는 그 형의 범위에서 장기와 단기를 정하여 선고한다. 다만, 장기는 10년, 단기는 5년을 초과하지 못한다(「소년법」 제60조 제1항).

정답 ③

07 부정기형제도에 대한 설명으로 옳지 않은 것은?

① 수형자 형기의 영구한 미확정 상태의 방치는 인권옹호상 용납될 수 없고, 범죄사실이 중대함에도 교정할 필요가 없다고 해서 조기 석방함은 일반예방정책상 용납되지 않는 점이 한계점으로 지적된다.

② 교도관과 수형자 간의 왜곡가능성이 있고, 부당한 장기수용은 인권침해 우려가 있다는 점은 부정기형의 반대론자의 주장이다.

③ 교육형·응보형자들의 견해는 형기의 상한은 좁게 잡고 형기의 하한은 넓게 잡아 부정기형에 대한 폐단을 최소화하려고 하고 있다.

④ 형기가 부정기라는 사실 그 자체가 범죄인에게 위하효과가 있고, 교화정도에 따라 석방하므로 사회와 수형자 모두에게 이익이 된다는 주장은 부정기형의 찬성론자들의 주장이다.

정답 및 해설

③ [×] 부정기형의 찬성논기에 의하면 부정기형은 교화개신목직에 가장 적합한 세노이사 위험한 범죄자나 상습적 누범자에 대하여 장기간 구금이 확보되기 때문에 사회방위에 효율적인 제도라고 주장한다. 또한, 교육형·개선 형론자들은 형기의 상한과 하한을 넓게 잡으려는 경향이 있고, 책임형·응보론자들은 그 범위를 좁게 잡으려는 경향이 있다.

정답 ③

08 부정기형제도에 대한 설명으로 옳지 않은 것은?

2022. 보호 7급

① 부정기형은 범죄인의 개선에 필요한 기간을 판결선고시에 정확히 알 수 없기 때문에 형을 집행하는 단계에서 이를 고려한 탄력적 형집행을 위한 제도로 평가된다.

② 부정기형은 범죄자에 대한 위하효과가 인정되고, 수형자자치제도의 효과를 높일 수 있으며, 위험한 범죄자를 장기구금하게 하여 사회방위에도 효과적이다.

③ 부정기형은 형벌개별화원칙에 반하고, 수형자의 특성에 따라서 수형기간이 달라지게 되는 문제점이 있으며, 교도관의 자의가 개입할 여지가 있고, 석방결정과정에서 적정절차의 보장이 결여될 위험이 있다.

④ 「소년법」 제60조 제1항은 '소년이 법정형으로 장기 2년 이상의 유기형에 해당되는 죄를 범한 경우에는 그 형의 범위 내에서 장기와 단기를 정하여 형을 선고하되, 장기는 10년, 단기는 5년을 초과하지 못한다'고 규정하여 상대적 부정기형제도를 채택하였다.

정답 및 해설

③ [×] 부정기형은 형벌 개별화의 필연적 결과이고, 수형자의 특성에 따라서 수형기간이 달라지는 문제점이 있으며, 교도관의 자의가 개입할 여지가 있고, 석방결정과정에서 적정절차의 보장이 결여될 위험이 있다.

정답 ③

09 부정기형 제도에 대한 설명으로 옳지 않은 것은?

① 소년이 법정형으로 장기 2년 이상의 유기형에 해당하는 죄를 범한 경우에는 그 형의 범위에서 장기와 단기를 정하여 선고한다.

② 「특정강력범죄의 처벌에 관한 특례법」 소정의 특정강력범죄를 범한 소년에 대하여 부정기형을 선고할 때에는 장기는 15년, 단기는 7년을 초과하지 못한다.

③ 소년교도소의 장은 부정기형을 선고받은 소년이 단기의 3분의 1을 경과한 때에는 소년교도소의 소재지를 관할하는 보호관찰소의 장에게 그 사실을 통보하여야 한다.

④ 판례에 따르면, 상고심에서의 심판대상은 항소심 판결 당시를 기준으로 하여 그 당부를 심사하는 데에 있는 것이므로 항소심 판결 선고 당시 미성년이었던 피고인이 상고 이후에 성년이 되었다고 하여 항소심의 부정기형의 선고가 위법이 되는 것은 아니다.

정답 및 해설

① [○] 소년이 법정형으로 장기 2년 이상의 유기형에 해당하는 죄를 범한 경우에는 그 형의 범위에서 장기와 단기를 정하여 선고한다. 다만, 장기는 10년, 단기는 5년을 초과하지 못한다(「소년법」 제60조 제1항).

② [○] 특정강력범죄의 처벌에 관한 특례법 제4조 제2항

③ [×] 교도소·구치소·소년교도소의 장은 징역 또는 금고의 형을 선고받은 소년(소년수형자)이 「소년법」 제65조의 기간(무기형의 경우에는 5년, 15년 유기형의 경우에는 3년, 부정기형의 경우에는 단기의 3분의 1)이 지나면 그 교도소·구치소·소년교도소의 소재지를 관할하는 보호관찰심사위원회에 그 사실을 통보하여야 한다(「보호관찰 등에 관한 법률」 제21조 제1항).

④ [○] 대법원 1998.2.27. 97도3421

정답 ③

01 재산형에 대한 설명으로 옳은 것만을 모두 고르면? 2020. 5급 승진

⊙ 500만원 이하의 벌금형이 확정된 벌금 미납자는 검사의 납부명령일부터 30일 이내(검사로부터 벌금의 일부납부 또는 납부연기를 허가받은 자는 그 허가기한 내)에 사회봉사를 신청할 수 있지만, 징역 또는 금고와 동시에 벌금을 선고받은 경우에는 사회봉사를 신청할 수 없다.

ⓛ 과료의 선고를 받은 사람이 그 금액의 일부를 납입한 경우에는 과료액과 노역장 유치기간의 일수에 비례하여 납입금액에 해당하는 일수를 뺀다.

ⓒ 형의 시효는 벌금형을 선고하는 재판이 확정된 후 그 집행을 받지 아니하고 3년이 지나면 완성된다.

ⓔ 1천만원 이하의 벌금의 형을 선고할 경우에 「형법」 제51조의 사항을 참작하여 그 정상에 참작할 만한 사유가 있는 때에는 1년 이상 5년 이하의 기간 형의 집행을 유예할 수 있다.

ⓜ 사회봉사 집행 중에 벌금을 내려는 사회봉사 대상자는 보호관찰소의 장으로부터 사회봉사집행확인서를 발급받아 주거지를 관할하는 지방검찰청의 검사에게 제출하여야 한다.

① ㄱ, ㄴ, ㄷ ② ㄱ, ㄴ, ㅁ
③ ㄱ, ㄷ, ㄹ ④ ㄷ, ㄹ, ㅁ
⑤ ㄱ, ㄴ, ㄹ, ㅁ

정답 및 해설

옳은 것은 ㄱ, ㄴ, ㅁ이다.
⊙ [○] 「벌금 미납자의 사회봉사 집행에 관한 특례법」 제4조 제1항·제2항
ⓛ [○] 「형법」 제71조
ⓒ [×] 형의 시효는 벌금형을 선고하는 재판이 확정된 후 그 집행을 받지 아니하고 5년이 지나면 완성된다(동법 제78조).
ⓔ [×] 500만원 이하의 벌금의 형을 선고할 경우에 형법 제51조의 사항을 참작하여 그 정상에 참작할 만한 사유가 있는 때에는 1년 이상 5년 이하의 기간 형의 집행을 유예할 수 있다(동법 제62조 제1항).
ⓜ [○] 「벌금 미납자의 사회봉사 집행에 관한 특례법」 제12조 제2항

정답 ②

02 벌금형의 특성에 대한 설명으로 옳지 않은 것은? 2014. 교정 9급

① 제3자의 대납이 허용되지 않는다.
② 국가에 대한 채권과 상계가 허용된다.
③ 공동연대책임이 허용되지 않는다.
④ 벌금은 범죄인의 사망으로 소멸된다.

정답 및 해설

② [×] 국가에 대한 채권과 상계할 수 없다.
④ [○] 벌금은 상속되지 않는 일신전속적 성격, 즉 벌금납부 의무자가 사망하면 납부의무까지도 소멸하지만, 예외적으로 소멸하지 않는 경우도 있다(「형사소송법」 제478조, 제479조).

정답 ②

03 「형법」상 벌금형에 대한 설명으로 옳지 않은 것은?

① 벌금을 선고할 때에는 동시에 그 금액을 완납할 때까지 노역장에 유치할 것을 명하여야 한다.
② 벌금을 납입하지 아니한 자는 1일 이상 3년 이하의 기간 노역장에 유치하여 작업에 복무하게 한다.
③ 벌금은 5만원 이상으로 한다. 다만, 감경하는 경우에는 5만원 미만으로 할 수 있다.
④ 선고하는 벌금이 1억원 이상 5억원 미만인 경우에는 300일 이상, 5억원 이상 50억원 미만인 경우에는 500일 이상, 50억원 이상인 경우에는 1천일 이상의 노역장 유치기간을 정하여야 한다.

정답 및 해설

① [×] 벌금을 선고할 때에는 동시에 그 금액을 완납할 때까지 노역장에 유치할 것을 명할 수 있다(「형법」제69조 제1항 단서).
② [○] 동법 제69조 제2항
③ [○] 동법 제45조
④ [○] 동법 제70조 제2항

정답 ①

04 벌금형에 대한 설명으로 옳은 것은?

① 벌금은 판결확정일로부터 30일 이내에 납입하여야 하고, 벌금을 납입하지 아니한 자는 1년 이상 3년 이하의 기간 동안 노역장에 유치하여 작업에 복무하게 한다.
② 벌금은 상속이 되지 않으나 몰수 또는 조세, 전매 기타 공과에 관한 법령에 의하여 벌금의 재판을 받은 자가 재판확정 후 사망한 경우에는 그 상속재산에 관하여 집행할 수 있다.
③ 벌금형의 확정판결을 선고받은 자는 법원의 허가를 받아 벌금을 분할납부하거나 납부를 연기받을 수 있다.
④ 500만원 이하의 벌금형이 확정된 벌금 미납자는 검사의 허가를 받아 사회봉사를 할 수 있고, 이 경우 사회봉사시간에 상응하는 벌금액을 낸 것으로 본다.

정답 및 해설

① [×] 벌금은 판결확정일로부터 30일 이내에 납입하여야 하고(「형법」제69조 제1항), 벌금을 납입하지 아니한 자는 1일 이상 3년 이하의 기간 노역장에 유치하여 작업에 복무하게 한다(동법 제69조 제2항).
② [○] 「형사소송법」제478조
③ [×] 검사의 허가를 받아 벌금을 분할납부하거나 납부를 연기받을 수 있다(「재산형 등에 관한 검찰 집행사무규칙」제12조 제1항).
④ [×] 500만원 범위 내의 벌금형이 확정된 벌금 미납자는 법원의 허가를 받아 사회봉사를 할 수 있고(「벌금 미납자의 사회봉사 집행에 관한 특례법」제6조 제1항), 이 경우 사회봉사시간에 상응하는 벌금액을 낸 것으로 본다(동법 제13조).

정답 ②

05 「형법」상 벌금과 과료에 대한 설명으로 옳지 않은 것은?

2019. 교정 9급

① 벌금은 5만원 이상으로 하되 감경하는 경우에는 5만원 미만으로 할 수 있으며, 과료는 2천원 이상 5만원 미만으로 한다.

② 벌금과 과료는 판결확정일로부터 30일 내에 납입하여야 한다. 단, 벌금 또는 과료를 선고할 때에는 동시에 그 금액을 완납할 때까지 노역장에 유치할 것을 명할 수 있다.

③ 선고하는 벌금이 1억원 이상 5억원 미만인 경우에는 300일 이상, 5억원 이상 50억원 미만인 경우에는 500일 이상, 50억원 이상인 경우에는 1천일 이상의 유치기간을 정하여야 한다.

④ 벌금을 납입하지 아니한 자는 1일 이상 3년 이하, 과료를 납입하지 아니한 자는 1일 이상 30일 미만의 기간 노역장에 유치하여 작업에 복무하게 한다.

정답 및 해설

① [○] 동법 제45조, 제47조

② [×] 벌금과 과료는 판결확정일로부터 30일 내에 납입하여야 한다. 단, 벌금을 선고할 때에는 동시에 그 금액을 완납할 때까지 노역장에 유치할 것을 명할 수 있다(「형법」 제69조 제1항).

③ [○] 동법 제70조 제2항

④ [○] 동법 제69조 제2항

정답 ②

---

06 벌금형과 관련하여 현행법에 도입된 제도가 아닌 것은?

2018. 보호 7급

① 벌금형에 대한 선고유예

② 벌금의 연납 · 분납

③ 일수벌금제

④ 벌금미납자에 대한 사회봉사허가

정답 및 해설

① [○] 「형법」 제59조 제1항

② [○] 「형사소송법」 제477조 제6항, 「재산형 등에 관한 검찰 집행사무규칙」 제12조

③ [×] 현행법상 총액벌금제도이다.

④ [○] 「벌금 미납자의 사회봉사 집행에 관한 특례법」 제6조

정답 ③

---

07 「형법」상 형의 집행에 대한 설명으로 옳지 않은 것은?

2024. 교정 9급

① 징역은 교정시설에 수용하여 집행하며, 정해진 노역(勞役)에 복무하게 한다.

② 유기징역 또는 유기금고에 자격정지를 병과한 때에는 징역 또는 금고의 집행을 종료하거나 면제된 날로부터 정지기간을 기산한다.

③ 벌금과 과료는 판결확정일로부터 30일 내에 납입하여야 한다. 다만, 벌금을 선고할 때에는 동시에 그 금액을 완납할 때까지 노역장에 유치할 것을 명하여야 한다.

④ 벌금이나 과료의 선고를 받은 사람이 그 금액의 일부를 납입한 경우에는 벌금 또는 과료액과 노역장 유치기간의 일수(日數)에 비례하여 납입금액에 해당하는 일수를 노역장 유치일수에서 뺀다.

① [○] 동법 제67조
② [○] 동법 제44조 제2항
③ [×] 벌금과 과료는 판결확정일로부터 30일 내에 납입하여야 한다. 단, 벌금을 선고할 때에는 동시에 그 금액을 완납할 때까지 노역장에 유치할 것을 명할 수 있다(「형법」 제69조 제1항).
④ [○] 동법 제71조

정답 ③

08 「벌금 미납자의 사회봉사 집행에 관한 특례법」에 대한 설명으로 옳지 않은 것은?

2019. 교정 7급

① 대통령령으로 정한 금액 범위 내의 벌금형이 확정된 벌금 미납자는 검사의 납부명령일부터 30일 이내에 주거지를 관할하는 지방검찰청(지방검찰청지청을 포함한다)의 검사에게 사회봉사를 신청할 수 있다. 다만, 검사로부터 벌금의 일부납부 또는 납부연기를 허가받은 자는 그 허가기한 내에 사회봉사를 신청할 수 있다.

② 사회봉사 대상자는 법원으로부터 사회봉사 허가의 고지를 받은 날부터 7일 이내에 사회봉사 대상자의 주거지를 관할하는 보호관찰소의 장에게 주거, 직업, 그 밖에 대통령령으로 정하는 사항을 신고하여야 한다.

③ 사회봉사는 1일 9시간을 넘겨 집행할 수 없다. 다만, 사회봉사의 내용상 연속집행의 필요성이 있어 보호관찰관이 승낙하고 사회봉사 대상자가 분명히 동의한 경우에만 연장하여 집행할 수 있다.

④ 사회봉사의 집행은 사회봉사가 허가된 날부터 6개월 이내에 마쳐야 한다. 다만, 보호관찰관은 특별한 사정이 있으면 검사의 허가를 받아 6개월의 범위에서 한 번 그 기간을 연장하여 집행할 수 있다.

① [○] 동법 제4조 제1항
② [×] 사회봉사 대상자는 법원으로부터 사회봉사 허가의 고지를 받은 날부터 10일 이내에 사회봉사 대상자의 주거지를 관할하는 보호관찰소의 장에게 주거, 직업, 그 밖에 대통령령으로 정하는 사항을 신고하여야 한다(「벌금 미납자의 사회봉사 집행에 관한 특례법」 제8조 제1항).
③ [○] 동법 제10조 제2항
④ [○] 동법 제11조

정답 ②

09 「벌금 미납자의 사회봉사 집행에 관한 특례법」상 사회봉사에 대한 설명으로 옳지 않은 것은?

2025. 보호 9급

① 사회봉사는 1일 9시간을 넘겨 집행할 수 없다. 다만, 사회봉사의 내용상 연속집행의 필요성이 있어 보호관찰관이 승낙하거나 사회봉사 대상자가 분명히 동의한 경우에만 연장하여 집행할 수 있다.

② 사회봉사의 집행은 사회봉사가 허가된 날부터 6개월 이내에 마쳐야 한다. 다만, 보호관찰관은 특별한 사정이 있으면 검사의 허가를 받아 6개월의 범위에서 한 번 그 기간을 연장하여 집행할 수 있다.

③ 법원은 사회봉사를 허가하는 경우 그 확정일부터 3일 이내에 사회봉사 대상자의 주거지를 관할하는 보호관찰소의 장에게 사회봉사 허가서, 판결문 등본, 약식명령 등본 등 사회봉사 집행에 필요한 서류를 송부하여야 한다.

④ 보호관찰관은 사회봉사 집행의 전부 또는 일부를 국공립기관이나 그 밖의 단체 또는 시설의 협력을 받아 집행할 수 있다.

정답 및 해설

① [×] 사회봉사는 1일 9시간을 넘겨 집행할 수 없다. 다만, 사회봉사의 내용상 연속집행의 필요성이 있어 보호관찰관이 승낙하고 사회봉사 대상자가 분명히 동의한 경우에만 연장하여 집행할 수 있다(「벌금 미납자의 사회봉사 집행에 관한 특례법」제10조 제2항). 즉, 2가지 요건(보호관찰관의 승낙과 사회봉사 대상자의 동의)을 모두 충족하여야 연장하여 집행할 수 있다.

② [○] 동법 제11조

③ [○] 동법 제7조 제2항

④ [○] 사회봉사는 보호관찰관이 집행한다. 다만, 보호관찰관은 그 집행의 전부 또는 일부를 국공립기관이나 그 밖의 단체 또는 시설의 협력을 받아 집행할 수 있다(동법 제9조 제1항).

정답 ①

---

10 벌금 미납자의 사회봉사 집행에 관한 특례법령의 내용에 대한 설명으로 옳지 않은 것은?

2024 보호 7급

① 500만원의 벌금 선고와 동시에 벌금을 완납할 때까지 노역장에 유치할 것을 명받은 벌금 미납자는 검사에게 사회봉사를 신청할 수 없다.

② 사회봉사 신청인이 정당한 이유 없이 검사의 출석 요구나 자료제출 요구를 거부한 경우 검사는 신청을 기각할 수 있다.

③ 법원은 사회봉사를 허가하는 경우 벌금 미납자의 경제적 능력, 사회봉사 이행에 필요한 신체적 능력, 주거의 안정성 등을 고려하여 사회봉사시간을 산정하여야 한다.

④ 사회봉사 대상자가 미납벌금의 일부를 낸 경우 검사는 법원이 결정한 사회봉사시간에서 이미 납입한 벌금에 상응하는 사회봉사시간을 공제하는 방법으로 남은 사회봉사시간을 다시 산정하여 사회봉사 대상자와 사회봉사를 집행 중인 보호관찰소의 장에게 통보해야 한다.

① [○] ㉠ 징역 또는 금고와 동시에 벌금을 선고받은 사람, ㉡ 법원으로부터 벌금 선고와 동시에 벌금을 완납할 때까지 노역장에 유치할 것을 명받은 사람, ㉢ 다른 사건으로 형 또는 구속영장이 집행되거나 노역장에 유치되어 구금 중인 사람, ㉣ 사회봉사를 신청하는 해당 벌금에 대하여 법원으로부터 사회봉사를 허가받지 못하거나 취소당한 사람(다만, 사회봉사 불허가 사유가 소멸한 경우에는 그러하지 아니함)은 사회봉사를 신청할 수 없다(동법 제4조 제2항).

② [○] 동법 제5조 제3항

③ [×] 법원은 사회봉사를 허가하는 경우 벌금 미납액에 의하여 계산된 노역장 유치 기간에 상응하는 사회봉사시간을 산정하여야 한다. 다만, 산정된 사회봉사시간 중 1시간 미만은 집행하지 아니한다(「벌금 미납자의 사회봉사 집행에 관한 특례법」 제6조 제4항).

④ [○] 동법 제12조 제5항

정답 ③

---

11 벌금 미납자의 사회봉사 집행에 대한 설명으로 옳은 것은? 　　2015. 5급 승진

① 벌금 미납자의 사회봉사는 검사가 집행한다.

② 보호관찰관은 검사에게 사회봉사 집행실태에 대한 관련 자료의 제출을 요구할 수 있고 사회봉사 집행방법 및 내용이 부적당하다고 인정하는 경우에는 이에 대한 변경을 요구할 수 있다.

③ 사회봉사는 원칙적으로 1일 5시간을 넘겨 집행할 수 없다.

④ 사회봉사의 집행은 특별한 사정이 있어서 관계기관의 허가를 받아 연장한 경우를 제외하고는, 사회봉사가 허가된 날부터 3개월 이내에 마쳐야 한다.

⑤ 사회봉사의 집행시간은 사회봉사 기간 동안의 집행시간을 합산하여 시간 단위로 인정한다. 다만, 집행시간을 합산한 결과 1시간 미만이면 1시간으로 인정한다.

① [×] 벌금 미납자의 사회봉사는 보호관찰관이 집행한다(동법 제9조 제1항).

② [×] 검사가 보호관찰관에게 요구할 수 있다(동법 제9조 제2항).

③ [×] 사회봉사는 원칙적으로 1일 9시간을 넘겨 집행할 수 없다(동법 제10조 제2항).

④ [×] 사회봉사의 집행은 사회봉사가 허가된 날부터 6개월 이내에 마쳐야 한다. 다만, 보호관찰관은 특별한 사정이 있으면 검사의 허가를 받아 6개월의 범위에서 한 번 그 기간을 연장하여 집행할 수 있다(동법 제11조).

⑤ [○] 「벌금 미납자의 사회봉사 집행에 관한 특례법」 제10조 제3항

정답 ⑤

---

12 「벌금 미납자의 사회봉사 집행에 관한 특례법」상 벌금 미납자의 사회봉사에 대한 설명으로 옳지 않은 것은? 　　2018. 5급 승진

① 「형법」 제69조 제1항 단서에 따라 법원으로부터 벌금 선고와 동시에 벌금을 완납할 때까지 노역장에 유치할 것을 명받은 사람은 사회봉사를 신청할 수 있다.

② 사회봉사 신청인은 사회봉사의 신청을 기각하는 검사의 처분에 대하여 재판을 선고한 법원에 이의신청을 할 수 있다.

③ 사회봉사 신청인이 일정한 수입원이나 재산이 있어 벌금을 낼 수 있다고 판단되는 경우에는 법원은 사회봉사를 허가하지 아니한다.

④ 법원은 사회봉사를 허가하는 경우 벌금 미납액에 의하여 계산된 노역장 유치 기간에 상응하는 사회봉사시간을 산정하여야 한다. 다만, 산정된 사회봉사시간 중 1시간 미만은 집행하지 아니한다.

⑤ 보호관찰관은 사회봉사 대상자의 성격, 사회경력, 범죄의 원인 및 개인적 특성 등을 고려하여 사회봉사의 집행분야를 정하여야 한다.

① [×] 법원으로부터 벌금 선고와 동시에 벌금을 완납할 때까지 노역장에 유치할 것을 명받은 사람은 사회봉사를 신청할 수 없다(「벌금 미납자의 사회봉사 집행에 관한 특례법」 제4조 제2항 제2호).
② [○] 동법 제5조 제6항
③ [○] 동법 제6조 제2항 제4호
④ [○] 동법 제6조 제4항
⑤ [○] 동법 제10조 제1항

정답 ①

13 현행법상 노역장 유치에 대한 설명으로 옳지 않은 것은? (다툼이 있는 경우 판례에 의함) 2019. 5급 승진

□□□

① 노역장 유치는 그 실질이 신체의 자유를 박탈하는 것으로서 징역형과 유사한 형벌적 성격을 가지므로 형벌불소급원칙의 적용대상이 된다.
② 벌금이나 과료를 선고할 때에는 이를 납입하지 아니하는 경우의 노역장 유치기간을 정하여 동시에 선고하여야 한다.
③ 과료를 납입하지 아니한 자는 1일 이상 30일 미만, 벌금을 납입하지 아니한 자는 1개월 이상 3년 이하의 기간 노역장에 유치하여 작업에 복무하게 한다.
④ 벌금을 선고하는 경우 벌금액이 50억 원인 때에는 1천일 이상의 노역장 유치기간을 정하여야 한다.
⑤ 징역 또는 금고와 동시에 벌금을 선고받은 사람은 노역장 유치를 대신하기 위한 사회봉사를 신청할 수 없다.

① [○] 헌재 2017.10.26. 2015헌바239

> **🔍 관련판례**
>
> 형벌불소급원칙에서 의미하는 '처벌'은 형법에 규정되어 있는 형식적 의미의 형벌 유형에 국한되지 않으며, 범죄행위에 따른 제재의 내용이나 실제적 효과가 형벌적 성격이 강하여 신체의 자유를 박탈하거나 이에 준하는 정도로 신체의 자유를 제한하는 경우에는 형벌불소급원칙이 적용되어야 한다. 노역장유치는 그 실질이 신체의 자유를 박탈하는 것으로서 징역형과 유사한 형벌적 성격을 가지고 있으므로 형벌불소급원칙의 적용대상이 된다(헌재 2017. 10.26. 2015헌바239).

② [○] 「형법」 제70조 제1항
③ [×] 벌금을 납입하지 아니한 자는 1일 이상 3년 이하, 과료를 납입하지 아니한 자는 1일 이상 30일 미만의 기간 노역장에 유치하여 작업에 복무하게 한다(「형법」 제69조 제2항).
④ [○] 동법 제70조 제2항
⑤ [○] 「벌금 미납자의 사회봉사 집행에 관한 특례법」 제4조 제2항 제1호

정답 ③

14 「벌금 미납자의 사회봉사 집행에 관한 특례법」 및 동법 시행령상 벌금미납자의 사회봉사집행에 대한 설명으로 옳은 것은?

2015. 교정 9급

① 징역 또는 금고와 동시에 벌금을 선고받은 사람은 사회봉사를 신청할 수 있다.
② 법원은 사회봉사를 허가하는 경우 벌금 미납액에 의하여 계산된 노역장 유치 기간에 상응하는 사회봉사시간을 산정하여야 하나, 산정된 사회봉사시간 중 1시간 미만은 집행하지 아니한다.
③ 500만원의 벌금형이 확정된 벌금미납자는 확정일로부터 30일 이내에 법원에 사회봉사를 신청할 수 있다.
④ 사회봉사 대상자는 사회봉사의 이행을 마치기 전에는 벌금의 전부 또는 일부를 낼 수 없다.

정답 및 해설

① [×] 징역 또는 금고와 동시에 벌금을 선고받은 사람은 사회봉사를 신청할 수 없다(동법 제4조 제2항).
② [○] 「벌금 미납자의 사회봉사 집행에 관한 특례법」 제6조 제4항
③ [×] 대통령령으로 정한 금액(500만원) 범위 내의 벌금형이 확정된 벌금 미납자는 검사의 납부명령일부터 30일 이내에 주거지를 관할하는 지방검찰청(지방검찰청지청을 포함)의 검사에게 사회봉사를 신청할 수 있다(동법 제4조 제1항, 동법 시행령 제2조).
④ [×] 사회봉사 대상자는 사회봉사의 이행을 마치기 전에 벌금의 전부 또는 일부를 낼 수 있다(동법 제12조 제1항).

정답 ②

15 「형법」상 벌금에 대한 설명으로 옳지 않은 것은? (다툼이 있는 경우 판례에 의함)

2023. 보호 7급

① 벌금을 감경하는 경우에는 5만원 미만으로 할 수 있다.
② 벌금을 선고하는 재판이 확정된 후 그 집행을 받지 아니하고 5년이 지나면 형의 시효가 완성된다.
③ 60억원의 벌금을 선고하면서 이를 납입하지 아니하는 경우의 노역장 유치기간을 700일로 정할 수 있다.
④ 「형법」 제55조 제1항 제6호의 벌금을 감경할 때의 '다액의 2분의 1'이라는 문구는 '금액의 2분의 1'을 뜻하므로 그 상한과 함께 하한도 감경되는 것으로 해석하여야 한다.

정답 및 해설

① [○] 벌금은 5만원 이상으로 한다. 다만, 감경하는 경우에는 5만원 미만으로 할 수 있다(「형법」 제45조).
② [○] 동법 제78조 제6호
③ [×] 벌금을 선고할 때에는 이를 납입하지 아니하는 경우의 노역장 유치기간을 정하여 동시에 선고하여야 하고(동법 제70조 제1항), 선고하는 벌금이 1억원 이상 5억원 미만인 경우에는 300일 이상, 5억원 이상 50억원 미만인 경우에는 500일 이상, 50억원 이상인 경우에는 1천일 이상의 노역장 유치기간을 정하여야 한다(동법 제70조 제2항).
④ [○] 대법원 1978.4.25. 78도246

정답 ③

16 벌금형에 관하여 현행법상 허용되는 것은? (다툼이 있는 경우 판례에 의함)

① 벌금형에 대한 선고유예
② 1000만원의 벌금형에 대한 집행유예
③ 범죄자의 경제력을 반영한 재산비례벌금제(일수벌금제)
④ 500만원의 벌금형을 선고하면서 300만원에 대해서만 집행유예

정답 및 해설

① [○] 「형법」 제59조 제1항
② [×] 500만원 이하의 벌금형을 선고할 경우에 형의 집행을 유예할 수 있다(동법 제62조 제1항).
③ [×] 현행법상 총액벌금형제도를 채택하고 있다.
④ [×] 하나의 단일형에 대하여 집행의 일부를 유예하는 제도(형의 일부집행유예제도)가 도입되지 못하고 있다.

정답 ①

17 벌금형 제도에 대한 설명으로 옳지 않은 것은? (다툼이 있는 경우 판례에 의함)

① 벌금형의 집행을 위한 검사의 명령은 집행력 있는 채무명의와 동일한 효력이 있다.
② 500만원 이하 벌금형을 선고할 경우 피고인의 사정을 고려하여 100만원만 집행하고 400만원은 집행을 유예할 수 있다.
③ 벌금을 납입하지 아니한 자는 1일 이상 3년 이하의 기간 노역장에 유치하여 작업에 복무하게 한다.
④ 벌금형에 따르는 노역장 유치는 실질적으로 자유형과 동일하므로, 그 집행에 대하여는 자유형의 집행에 관한 규정이 준용된다.

정답 및 해설

① [○] 벌금, 과료, 몰수, 추징, 과태료, 소송비용, 비용배상 또는 가납의 재판은 검사의 명령에 의하여 집행하고 (「형사소송법」 제477조 제1항), 검사의 명령은 집행력 있는 채무명의와 동일한 효력이 있다(동법 제477조 제2항).
② [×] 대법원 2007.2.22. 2006도8555

 관련판례

집행유예의 요건에 관한 형법 제62조 제1항이 '형'의 집행을 유예할 수 있다고만 규정하고 있다고 하더라도, 이는 같은 조 제2항이 그 형의 '일부'에 대하여 집행을 유예할 수 있는 때를 형을 '병과'할 경우로 한정하고 있는 점에 비추어 보면, 조문의 체계적 해석상 하나의 형의 전부에 대한 집행유예에 관한 규정이라 할 것이고, 또한 하나의 자유형에 대한 일부집행유예에 관하여는 그 요건, 효력 및 일부 실형에 대한 집행의 시기와 절차, 방법 등을 입법에 의해 명확하게 할 필요가 있어, 그 인정을 위해서는 별도의 근거 규정이 필요하므로 하나의 자유형 중 일부에 대해서는 실형을, 나머지에 대해서는 집행유예를 선고하는 것은 허용되지 않는다(대법원 2007.2.22. 2006도8555).

③ [○] 「형법」 제69조 제2항
④ [○] 대법원 2013.9.12. 2012도2349

정답 ②

18 다음 설명 중 옳은 것을 모두 고른 것은? (다툼이 있는 경우 판례에 의함)

2016. 사시

> ㉠ 벌금형이 확정된 미납자는 검사의 납부명령이 고지된 날로부터 30일 이내에 사회봉사명령을 신청할 수 있다.
>
> ㉡ 하나의 죄에 대하여 징역형과 벌금형을 병과하여야 할 경우에 징역형에만 작량감경할 수 있다.
>
> ㉢ 주형에 대해 선고를 유예하는 경우에 그에 부가하는 몰수에 대하여도 선고를 유예할 수 있다.
>
> ㉣ 징역형의 집행유예와 추징의 선고를 받은 자에게 징역형에 대해 특별사면이 있으면 추징에 대한 형 선고의 효력도 당연히 상실한다.
>
> ㉤ 벌금은 확정판결일로부터 30일 내에 납입하여야 하고, 벌금을 납입하지 아니한 자는 1일 이상 3년 이하의 기간 노역장에 유치한다.

① ㉠, ㉡

② ㉠, ㉢

③ ㉠, ㉢, ㉤

④ ㉡, ㉢, ㉤

⑤ ㉢, ㉣, ㉤

정답 및 해설

옳은 것은 ㉠, ㉢, ㉤이다.

㉠ [○] 「벌금 미납자의 사회봉사 집행에 관한 특례법」 제4조 제1항

㉡ [×] 대법원 2011.5.26. 2011도3161

> **⚖ 관련판례**
>
> 하나의 죄에 대하여 징역형과 벌금형을 병과하여야 할 경우에 특별한 규정이 없는 한 징역형에만 작량감경을 하고 벌금형에는 작량감경을 하지 않는 것은 위법하다(대법원 2011.5.26. 2011도3161).

㉢ [○] 대법원 1988.6.21. 88도551

㉣ [×] 대법원 1996.5.14. 96모14

> **⚖ 관련판례**
>
> 추징은 부가형이지만 징역형의 집행유예와 추징의 선고를 받은 사람에 대하여 징역형의 선고의 효력을 상실케 하는 동시에 복권하는 특별사면이 있은 경우에 추징에 대하여도 형 선고의 효력이 상실된다고 볼 수는 없다(대법원 1996.5.14. 96모14).

㉤ [○] 「형법」 제69조

정답 ③

19 몰수와 추징에 관한 설명 중 옳지 않은 것은? (다툼이 있는 경우 판례에 의함)

2012. 사시

① 몰수는 범죄의 반복을 막거나 범죄로부터 이득을 얻지 못하게 할 목적으로 범죄행위와 관련된 재산을 박탈하는 것을 내용으로 한다.

② 주형의 선고를 유예하지 않으면서 몰수와 추징에 대해서만 선고를 유예할 수는 없다.

③ 범인의 소유에 속하는 물건은 타인이 점유하더라도 몰수의 대상이 된다.

④ 행위자에게 유죄의 재판을 하지 않을 경우에도 몰수만을 선고할 수는 있다.

⑤ 추징가액은 범죄행위시의 가격을 기준으로 한다.

① [○] 몰수는 범죄의 반복을 방지하거나 범죄로부터 이득을 얻지 못하게 할 목적으로 범죄행위와 관련된 재산을 박탈하여 이를 국고에 귀속시키는 재산형을 말한다.

② [○] 대법원 1988.6.21. 88도551

> ⚖ **관련판례**
>
> 「형법」제59조(선고유예의 요건)에 의하더라도 몰수는 선고유예의 대상으로 규정되어 있지 아니하고 다만 몰수 또는 이에 갈음하는 추징은 부가형적 성질을 띠고 있어 그 주형에 대하여 선고를 유예하는 경우에는 그 부가할 몰수 추징에 대하여도 선고를 유예할 수 있으나, 그 주형에 대하여 선고를 유예하지 아니하면서 이에 부가할 몰수 추징에 대하여서만 선고를 유예할 수는 없다(대법원 1988.6.21. 88도551).

③ [○] 범인의 소유에 속하는 물건은 타인이 점유하더라도 몰수의 대상이 된다.

④ [○] 몰수는 타형에 부가하여 과한다. 단, 행위자에게 유죄의 재판을 아니할 때에도 몰수의 요건이 있는 때에는 몰수만을 선고할 수 있다(「형법」제49조).

⑤ [×] 대법원 1991.5.28. 91도352

> ⚖ **관련판례**
>
> 몰수의 취지가 범죄에 의한 이득의 박탈을 그 목적으로 하는 것이고 추징도 이러한 몰수의 취지를 관철하기 위한 것이라는 점을 고려하면 몰수하기 불능한 때에 추징하여야 할 가액은 범인이 그 물건을 보유하고 있다가 몰수의 선고를 받았더라면 잃었을 이득상당액을 의미한다고 보아야 할 것이므로 그 가액산정은 재판 선고시의 가격을 기준으로 하여야 할 것이다(대법원 1991.5.28. 91도352).

정답 ⑤

제4절 | 명예형제도

01 「형법」상 당연 정지되는 자격이 아닌 것은?

① 법률로 요건을 정한 공법상의 업무에 관한 자격
② 공법상의 선거권과 피선거권
③ 공무원이 되는 자격
④ 법인의 이사 · 감사 또는 지배인 기타 법인의 업무에 관한 검사역이나 재산관리인이 되는 자격

④ [×] 사형, 무기징역 또는 무기금고의 판결을 받은 자는 법인의 이사, 감사 또는 지배인 기타 법인의 업무에 관한 검사역이나 재산관리인이 되는 자격을 상실한다(「형법」제43조 제1항 제4호).

정답 ④

02 명예형에 대한 설명으로 옳지 않은 것은?

① 유기징역의 판결을 받은 자도 별도의 명예형이 병과되지 않는 한 법률에 정한 일정한 자격이 당연히 정지되는 것은 아니다.

② 범죄인을 불명예자 혹은 자격결함자로 규정함으로써 형벌의 재사회화 목적에 배치된다는 비판이 있다.

③ 모든 형벌은 그 자체로서 범죄자에게 불명예인데 따로 명예형을 부과하는 것은 이중형벌이 될 위험성이 크다는 비판이 있다.

④ 명예형의 낙인효과는 개인의 주관적 명예감정에 따라 다르게 나타날 수 있다.

① [×] 유기징역 또는 유기금고의 판결을 받은 자는 그 형의 집행이 종료하거나 면제될 때까지 공무원이 되는 자격, 공법상의 선거권과 피선거권, 법률로 요건을 정한 공법상의 업무에 관한 자격이 정지된다(「형법」 제43조 제2항, 당연정지).

정답 ①

제5절 | 형벌론 통합문제

01 「형법」상 형벌제도에 대한 설명으로 옳지 않은 것은?   2018. 보호 7급

① 유기징역의 기간은 1개월 이상 30년 이하이지만 형을 가중하는 경우에는 50년까지 가능하다.

② 무기징역은 종신형이지만 20년이 경과하면 가석방이 가능하다.

③ 형의 선고를 유예하는 경우에 보호관찰을 받을 것을 명하거나 사회봉사 또는 수강을 명할 수 있다.

④ 벌금을 납입하지 않은 자는 1일 이상 3년 이하의 기간 노역장에 유치하여 작업에 복무하게 한다.

① [○] 동법 제42조
② [○] 동법 제72조 제1항
③ [×] 형의 선고를 유예하는 경우에 보호관찰을 받을 것을 명할 수는 있으나(「형법」 제59조의2 제1항), 사회봉사 또는 수강을 명할 수는 없다.
④ [○] 동법 제69조 제2항

정답 ③

02 현행 법령상 형벌에 대한 설명으로 옳지 않은 것은?

① 형의 선고유예를 받은 날부터 1년을 경과한 때에는 면소된 것으로 간주한다.
② 형을 병과할 경우에는 그 형의 일부에 대하여 집행을 유예할 수 있다.
③ 유기징역은 1개월 이상 30년 이하로 하며, 형을 가중하는 경우에는 50년까지 가능하다.
④ 죄를 범할 당시 18세 미만인 소년에 대해서는 사형을 선고할 수 없다.

정답 및 해설

① [×] 형의 선고유예를 받은 날로부터 2년을 경과한 때에는 면소된 것으로 간주한다(「형법」 제60조).
② [○] 동법 제62조 제2항
③ [○] 동법 제42조
④ [○] 죄를 범할 당시 18세 미만인 소년에 대하여 사형 또는 무기형으로 처할 경우에는 15년의 유기징역으로 한다(「소년법」 제59조). 즉, 죄를 범할 당시 18세 미만인 소년에 대하여는 사형 또는 무기형을 선고할 수 없다.

정답 ①

03 형벌에 대한 설명으로 옳은 것은?

① 징역 또는 금고의 집행을 종료하거나 집행이 면제된 자가 피해자의 손해를 보상하고 벌금 이상의 형을 받음이 없이 5년을 경과한 때에는 본인 또는 검사의 신청에 의하여 그 재판의 실효를 선고할 수 있다.
② 선고하는 벌금이 1억원 이상 5억원 미만인 경우에는 300일 이상, 5억원 이상 50억원 미만인 경우에는 500일 이상, 50억원 이상인 경우에는 1천일 이상의 노역장 유치기간을 정하여야 한다. 다만, 그 상한은 3년으로 제한된다.
③ 판결선고 전의 구금일수는 그 전부 또는 일부를 유기징역, 유기금고, 벌금이나 과료에 관한 유치 또는 구류에 산입하여야 한다.
④ 벌금과 과료는 판결확정일로부터 15일 이내에 납입하여야 한다. 단, 벌금 또는 과료를 선고할 때에는 동시에 그 금액을 완납할 때까지 노역장에 유치할 것을 명할 수 있다.
⑤ 형의 시효는 형 집행의 유예나 정지 또는 가석방 기타 집행할 수 없는 기간 및 형이 확정된 후 그 형의 집행을 받지 아니한 자가 형의 집행을 면할 목적으로 국외에 있는 기간 동안에도 진행된다.

정답 및 해설

① [×] 징역 또는 금고의 집행을 종료하거나 집행이 면제된 자가 피해자의 손해를 보상하고 자격정지 이상의 형을 받음이 없이 7년을 경과한 때에는 본인 또는 검사의 신청에 의하여 그 재판의 실효를 선고할 수 있다(동법 제81조).
② [○] 형법 제70조 제2항, 벌금을 납입하지 아니한 자는 1일 이상 3년 이하의 기간 노역장에 유치하여 작업에 복무하게 한다(「형법」 제69조 제2항).
③ [×] 판결선고 전의 구금일수는 그 전부를 유기징역, 유기금고, 벌금이나 과료에 관한 유치 또는 구류에 산입한다(동법 제57조 제1항).
④ [×] 벌금과 과료는 판결확정일로부터 30일내에 납입하여야 한다. 단, 벌금을 선고할 때에는 동시에 그 금액을 완납할 때까지 노역장에 유치할 것을 명할 수 있다(동법 제69조 제1항).
⑤ [×] 형의 시효는 형의 집행의 유예나 정지 또는 가석방 기타 집행할 수 없는 기간 및 형이 확정된 후 그 형의 집행을 받지 아니한 자가 형의 집행을 면할 목적으로 국외에 있는 기간 동안은 진행되지 아니한다(동법 제79조).

정답 ②

04 「형법」상 형벌의 종류와 경중에 대한 설명 중 옳은 것만을 모두 고르면? 2019. 5급 승진

> ㉠ 유기징역 또는 유기금고에 대하여 형을 가중하는 때에는 50년까지로 한다.
> ㉡ 법률이 정한 자격의 전부 또는 일부에 대한 정지는 1년 이상 20년 이하로 한다.
> ㉢ 벌금을 감경하는 경우에는 5만원 미만으로 할 수 있다.
> ㉣ 구류는 1일 이상 30일 이하로 한다.
> ㉤ 과료는 2천원 이상 5만원 미만으로 한다.

① ㉠, ㉡
② ㉠, ㉢
③ ㉠, ㉢, ㉤
④ ㉡, ㉢, ㉤
⑤ ㉢, ㉣, ㉤

정답 및 해설

옳은 것은 ㉠, ㉢, ㉤이다.
㉠ [○] 「형법」 제42조
㉡ [×] 자격의 전부 또는 일부에 대한 정지는 1년 이상 15년 이하로 한다(동법 제44조 제1항).
㉢ [○] 동법 제45조
㉣ [×] 구류는 1일 이상 30일 미만으로 한다(동법 제46조).
㉤ [○] 동법 제47조

정답 ③

05 현행법상 형벌제도에 대한 설명으로 옳은 것은? 2018. 5급 승진

① 2 이상의 형을 집행하는 경우에 자격상실, 자격정지, 벌금, 과료와 몰수 외에는 무거운 형을 먼저 집행한다. 다만, 검사는 소속 장관의 허가를 얻어 무거운 형의 집행을 정지하고 다른 형의 집행을 할 수 있다.
② 사형선고를 받은 사람이 심신의 장애로 의사능력이 없는 상태이거나 임신 중인 여자인 때에는 대통령의 명령으로 집행을 정지한다.
③ 무기징역형을 선고받은 소년은 7년, 15년 유기징역형을 선고받은 소년은 3년이 각각 지나야만 가석방을 허가할 수 있다.
④ 징역 또는 금고는 무기 또는 유기로 하고, 유기는 1개월 이상 30년 이하로 한다. 단, 유기징역 또는 유기금고에 대하여 형을 가중하는 때에는 60년까지로 한다.
⑤ 3년 이하의 징역이나 금고 또는 500만원 이하의 벌금의 형을 선고할 경우에 「형법」 제51조의 사항을 참작하여 그 정상에 참작할 만한 사유가 있는 때에는 1년 이상 5년 이하의 기간 형의 집행을 유예할 수 있다. 다만, 벌금 이상의 형이 확정된 때부터 그 집행을 종료하거나 면제된 후 3년까지의 기간에 범한 죄에 대하여 형을 선고하는 경우에는 그러하지 아니하다.

정답 및 해설

① [○] 「형사소송법」 제462조
② [×] 사형선고를 받은 사람이 심신의 장애로 의사능력이 없는 상태이거나 임신 중인 여자인 때에는 법무부장관의 명령으로 집행을 정지한다(동법 제469조 제1항).
③ [×] 징역 또는 금고를 선고받은 소년에 대하여는 무기형의 경우에는 5년, 15년 유기형의 경우에는 3년, 부정기형의 경우에는 단기의 3분의 1이 지나면 가석방을 허가할 수 있다(「소년법」 제65조).
④ [×] 유기징역 또는 유기금고에 대하여 형을 가중하는 때에는 50년까지로 한다(「형법」 제42조).
⑤ [×] 금고 이상의 형을 선고한 판결이 확정된 때부터 그 집행을 종료하거나 면제된 후 3년까지의 기간에 범한 죄에 대하여 형을 선고하는 경우에는 그러하지 아니하다(동법 제62조 제1항).

정답 ①

06 「형법」상 형벌에 대한 설명으로 옳지 않은 것은?

2015. 교정 9급

① 과료를 납입하지 아니한 자도 노역장 유치가 가능하다.
② 유기징역 또는 유기금고에 자격정지를 병과한 때에는 징역 또는 금고의 집행을 종료하거나 면제된 날로부터 정지기간을 기산한다.
③ 벌금형의 선고유예는 인정되지만, 500만원을 초과하는 벌금형의 집행유예는 인정되지 않는다.
④ 행위자에게 유죄의 재판을 아니할 때에는 몰수의 요건이 있는 때에도 몰수만을 선고할 수는 없다.

정답 및 해설

① [○] 과료를 납입하지 아니한 자는 1일 이상 30일 미만의 기간 노역장에 유치하여 작업에 복무하게 한다(동법 제69조 제2항).
② [○] 동법 제44조 제2항
③ [○] 벌금형에 대하여는 선고유예가 가능(동법 제59조 제1항)하고, 500만원 이하의 벌금형에 대하여는 집행유예가 가능하나 500만원을 초과하는 벌금형에 대하여는 집행유예를 할 수 없다(동법 제62조 제1항).
④ [×] 몰수는 타형에 부가하여 과한다. 단, 행위자에게 유죄의 재판을 아니할 때에도 몰수의 요건이 있는 때에는 몰수만을 선고할 수 있다(「형법」 제49조).

> 📄 **집행유예의 요건(「형법」 제62조)**
> 1. 3년 이하의 징역이나 금고 또는 500만원 이하의 벌금의 형을 선고할 경우에 형법 제51조의 사항을 참작하여 그 정상에 참작할 만한 사유가 있는 때에는 1년 이상 5년 이하의 기간 형의 집행을 유예할 수 있다. 다만, 금고 이상의 형을 선고한 판결이 확정된 때부터 그 집행을 종료하거나 면제된 후 3년까지의 기간에 범한 죄에 대하여 형을 선고하는 경우에는 그러하지 아니하다.
> 2. 형을 병과할 경우에는 그 형의 일부에 대하여 집행을 유예할 수 있다.

정답 ④

 07 선고유예와 가석방제도에 대한 설명으로 옳은 것은?

2013. 교정 7급

① 선고유예와 가석방 모두 법원의 재량으로 결정할 수 있다.
② 선고유예와 가석방 모두 자격정지 이상의 형을 받은 전과가 없어야 한다.
③ 선고유예나 가석방시 사회봉사를 명할 수 있다.
④ 선고유예의 경우는 유예기간이 경과하면, 전과가 남지 않는 것이 가석방의 경우와 다르다.

정답 및 해설

① [×] 선고유예는 일정한 요건 하에서 법원의 재량으로 할 수 있으나(동법 제59조 제1항 본문), 가석방은 징역이나 금고의 집행 중에 있는 사람이 행상이 양호하여 뉘우침이 뚜렷한 때에 할 수 있는 행정기관의 행정처분이다(동법 제72조 제1항).
② [×] 선고유예는 자격정지 이상의 형을 받은 전과가 있는 사람에 대해서는 할 수 없으나(동법 제59조 제1항 단서), 전과는 가석방의 요건이 아니다(동법 제72조).
③ [×] 선고유예는 집행유예와 달리 사회봉사명령이나 수강명령제도가 없고 재범방지를 위하여 지도 및 원호가 필요한 때에는 보호관찰을 받을 것을 명할 수 있으며(동법 제59조의2 제1항), 가석방된 자는 가석방기간 중 보호관찰을 받는다(동법 제73조의2 제2항).
④ [○] 형의 선고유예를 받은 날로부터 2년을 경과한 때에는 면소된 것으로 간주한다(「형법」 제60조. 전과가 남지 않음). 가석방의 처분을 받은 후 그 처분이 실효 또는 취소되지 아니하고 가석방기간을 경과한 때에는 형의 집행을 종료한 것으로 본다(동법 제76조 제1항. 유죄판결 자체에 아무런 영향을 미치지 못함).

정답 ④

08 다음 설명 중 옳지 않은 것은? 2014. 보호 7급

① 형의 선고유예를 받은 날로부터 2년을 경과한 때에는 면소된 것으로 간주한다.

② 형의 집행유예를 받은 후 실효 또는 취소됨이 없이 유예기간을 경과한 때에는 형의 집행이 면제된다.

③ 가석방의 처분을 받은 후 그 처분이 실효 또는 취소되지 아니하고 가석방기간을 경과한 때에는 형의 집행을 종료한 것으로 본다.

④ 일반사면을 받은 경우 특별한 규정이 있을 때를 제외하고는 형 선고의 효력이 상실되며, 형을 선고받지 아니한 자에 대해서는 공소권이 상실된다.

정답 및 해설

① [○] 동법 제60조
② [×] 집행유예의 선고를 받은 후 그 선고의 실효 또는 취소됨이 없이 유예기간을 경과한 때에는 형의 선고는 효력을 잃는다(「형법」 제65조).
③ [○] 동법 제76조 제1항
④ [○] 「사면법」 제5조 제1항 제1호

정답 ②

제25장 보안처분론과 보호관찰

제1절 | 보안처분의 의의와 이론

01 형벌과 보안처분에 대한 설명으로 옳지 않은 것은? (다툼이 있는 경우 판례에 의함)   2020. 보호 7급

□□□
① 형벌은 행위자가 저지른 과거의 불법에 대한 책임을 전제로 부과되는 제재이다.
② 보안처분은 행위자의 재범의 위험성에 근거한 것으로 책임능력이 있어야 부과되는 제재이다.
③ 이원주의에 따르면 형벌은 책임을, 보안처분은 재범의 위험성을 전제로 부과되는 것으로 양자는 그 기능이 다르다고 본다.
④ 일원주의에 따르면 형벌과 보안처분이 모두 사회방위와 범죄인의 교육 및 개선을 목적으로 하므로 본질적 차이가 없다고 본다.

정답 및 해설

② [×] 형벌은 책임을 전제로 하고 책임주의의 범위 내에서 과하여 지지만, 보안처분은 행위자의 사회적 위험성을 전제로 하여 특별예방의 관점에서 과하여 지는 제재이다.

정답 ②

02 형벌과 보안처분의 관계에 대한 설명으로 옳지 않은 것은?   2011. 사시

□□□
① 이원주의는 형벌의 본질이 책임을 전제로 한 응보이고, 보안처분은 장래의 위험성에 대한 사회방위처분이라는 점에서 양자의 차이를 인정한다.
② 대체주의는 형벌과 보안처분이 선고되어 보안처분이 집행된 경우 그 기간을 형기에 산입하여야 한다고 한다.
③ 일원주의는 형벌과 보안처분의 목적을 모두 사회방위와 범죄인의 교육·개선으로 보고, 양자 중 어느 하나만을 적용하자고 한다.
④ 이원주의는 형벌이 범죄라는 과거의 사실에 중점을 두는 반면, 보안처분은 장래에 예상되는 범죄의 예방에 중점을 둔다고 한다.
⑤ 일원주의는 행위자의 반사회적 위험성을 척도로 하여 일정한 제재를 부과하는 것이 행위책임원칙에 적합하다고 한다.

정답 및 해설

⑤ [×] 행위자의 개별 책임뿐만 아니라 행위자의 반사회적 위험성까지 척도로 하여 일정한 제재를 가하게 되면 형벌의 대원칙인 책임주의에 반할 위험성이 있다는 문제점이 있다.

정답 ⑤

03 형벌과 보안처분의 관계에 대한 설명으로 옳지 않은 것은?

2012. 교정 9급

① 치료감호와 형이 병과된 경우에는 치료감호를 먼저 집행한다.
② 현행 헌법에서 보안처분 법정주의를 선언하고 있다.
③ 보안처분은 일반예방보다는 범죄자의 개선과 사회방위 등 특별예방을 중시한다.
④ 보안처분은 행위자의 책임에 의해 제한되는 한도 내에서만 정당성을 갖는다.

정답 및 해설

① [○] 「치료감호 등에 관한 법률」 제18조
② [○] 헌법 제12조 제1항
④ [×] 행위자의 책임에 의해 제한되는 한도 내에서만 정당성을 갖는 것은 형벌이며, 보안처분은 책임과는 무관하다. 보안처분은 행위자의 미래의 범죄적 위험성에 대해서 과해지는 강제처분으로 범죄자에 대한 법익침해는 사회방위와 균형을 이루어야 하는 비례성의 원칙이 강조된다.

정답 ④

04 다음 설명 중 옳지 않은 것은?

① 형벌은 책임을, 보안처분은 위험성을 전제로 한다.
② 우리는 독일과는 달리 보안처분으로서 운전면허취소를 인정하고 있지 않다.
③ 보안처분에 있어서 대체주의의 목적은 사회복귀이다.
④ 치료감호, 보호관찰, 보안감호는 「치료감호 등에 관한 법률」상 인정되는 보안처분이다.

정답 및 해설

④ [×] 「치료감호 등에 관한 법률」상 치료감호, 보호관찰이 보안처분의 내용이다.

💡 **형벌과 보안처분의 구별**

형벌	보안처분
• **책임주의**: 책임을 전제로 하고 책임주의의 범위 내에서 과하여 진다. • **과거**: 과거 침해행위를 대상으로 하는 형사제재이다.	• **위험성**: 행위자의 사회적 위험성을 전제로 하여 특별예방의 관점에서 과하여 진다. • **미래**: 장래에 대한 예방적 성격을 가진 형사제재이다.

정답 ④

05 자유박탈적 보안처분으로 옳은 것을 모두 고른 것은?

㉠ 치료감호	㉡ 보호관찰
㉢ 교정처분	㉣ 사회치료처분
㉤ 영업소의 폐쇄	㉥ 거주 및 주거제한처분

① ㉠, ㉡, ㉢
② ㉡, ㉢, ㉣
③ ㉡, ㉤, ㉥
④ ㉢, ㉣, ㉥
⑤ ㉠, ㉢, ㉣

자유박탈적 보안처분으로 옳은 것은 ㉠, ㉢, ㉣이다.

㉡, ㉢ [×] 대인적 보안처분은 자유박탈적 보안처분과 자유제한적 보안처분으로 구분되는데, ㉡, ㉢은 자유제한적 보안처분에 해당된다.

㉢ [×] 대물적 보안처분이다.

정답 ⑤

보안처분에 대한 설명으로 옳지 않은 것은?

① 범죄위험성을 사전에 방지하기 위한 강제적 예방처분을 말한다.

② 형벌을 대체하거나 보충하는 사회방위적 제재이다.

③ 일반예방보다는 범죄자의 개선과 사회방위 등 특별예방을 중시한다.

④ 보안처분도 형사제재이므로 응보나 고통부과의 특성을 피하기 어렵다.

④ [×] 보안처분은 넓은 의미의 형사제재에 속하지만, 응보나 고통부과와 같은 처벌목적이 아닌 범죄의 개연성을 사전에 제거하고 치료를 목적으로 한 특별 예방적 대책을 강구하는 데 의미가 있다.

정답 ④

보안처분에 대한 설명으로 옳지 않은 것은?

① 보안처분의 우선적 목적은 과거의 범죄에 대한 처벌이 아니라 장래의 재범위험을 예방하기 위한 범죄인의 교화·개선에 있다.

② 보안처분의 법적 성격을 이원주의로 인식하는 입장에 대해서는 행위자의 개별책임원칙에 반한다는 비판이 제기되고 있다.

③ 보안처분이 정당성을 갖기 위해서는 비례성원칙이 적용되어야 한다.

④ 보안관찰처분의 기간은 2년으로 하는 것이 원칙이다.

② [×] 보안처분의 법적 성격에 대해 일원주의는 행위자의 개별책임원칙에 반한다는 비판이 있으며, 이원주의는 이중처벌의 위험성이 있다는 비판이 있다.

정답 ②

형벌과 보안처분의 관계에 대해 형사제재일원론을 취할 경우 가장 문제가 되는 것은?

① 책임주의 ② 범죄인의 재사회화

③ 형벌과 보안처분의 대체 ④ 사회방위

⑤ 법원에 의한 보안처분

① [○] 일원주의는 형벌이나 보안처분이 모두 행위자의 반사회적 위험성을 기초로 과하는 사회방위처분이라고 보아, 본질적 차이가 없고 둘 중 어느 하나만을 선고·집행해야 한다고 한다. 그러나 단지 행위자의 반사회적인 위험성만을 척도로 하여 제재를 과하면 행위자의 개별행위에 대한 책임을 넘는 결과가 된다.

정답 ①

09 형벌과 보안처분의 관계에 대한 설명으로 옳지 않은 것은?

① 일원주의는 책임주의에 상응하는 처분이다.
② 교육형론자들은 일원주의 입장이다.
③ 보안처분은 책임에 입각해 있지 않다.
④ 이원주의는 형벌과 보안처분의 병과는 허용하나, 대체는 인정하지 않는다.

① [×], ② [○] 일원주의는 형벌의 본질이 사회방위, 교화개선에 있다고 보며, 형벌과 보안처분은 모두 사회방위처분이므로 양자는 본질적 차이가 없다고 본다. 일원주의는 책임주의와 상충한다고 할 수 있다. 이원주의는 형벌의 본질이 응보에 있다고 보는 입장에서 형법과 보안처분은 각기 그 성격을 달리한다. 형벌은 책임을 한계로, 보안처분은 책임 이외에 행위자의 장래의 위험성을 근거로 과해지는 처분이라는 것이 이원주의의 기본사상이다. 그러나 어느 주의를 취하든 보안처분은 책임에 상응한 처벌이 아니라 범죄자의 재범위험성에 대한 판단을 기초로 한다.
③ [○] 보안처분은 이미 저질러진 범죄사실과는 관계없이 또는 그것과는 별도로 장래의 범죄위험성에 대응해서 전망적인 예방조치로 과해지는 것이므로, 그 성질은 전망성, 범죄위험 대응성, 특별예방, 제2차적 목적성으로 정리할 수 있다.
④ [○] 대체주의는 형사정책상 형벌과 보안처분에 별 차이가 없다는 점과 이중적 처벌의 폐단이 있는 이원주의를 배제할 수 있다는 것에 근거하여 형벌은 책임의 정도에 따라 선고하되 그 집행단계에서 보안처분에 의해 대체하거나 보안처분의 집행이 종료된 후에 집행하는 주의이다. 이와 관련하여 볼 때 일원론자들은 형벌과 보안처분 양자의 대체성을 인정하고, 이원론자들은 부정한다.

정답 ①

10 형벌과 보안처분을 구별하는 입장에 대한 설명으로 옳지 않은 것은?

① 형벌은 책임성에 기초하는 반면 보안처분은 사회적 책임성에 기초를 둔다.
② 형벌은 형사처분이나 보안처분은 행정처분이다.
③ 형벌은 응보적 성격으로 범죄의 진압의 목적을 가지나 보안처분은 사회방위적 성격으로 범죄의 예방에 목적을 두고 있다.
④ 형벌은 미래지향적으로 범죄자에 대한 특별예방성격을 가지나 보안처분은 과거의 범죄행위에 대한 비난성으로 범죄자에 대한 일방예방적 성격을 가진다.

④ [×] 보안처분 이원론에 대한 설명으로서 형벌은 응보적·과거적으로 범죄자에 대한 처벌로 보며, 보안처분은 범죄자의 사회적 위험성에 따른 특별예방적 성격을 지닌다고 주장한다.

정답 ④

11 보안처분 이론에 대한 설명으로 옳지 않은 것은?

① 대체주의는 형벌과 보안처분은 별도로 선고하고 각각에 대하여 별도로 집행해야 한다고 주장한다.
② 일원주의는 형벌과 보안처분은 모두 사회방위 처분이라고 주장한다.
③ 일원주의 입장에서는 형벌과 보안처분 중 어느 하나만 선고하고 집행해도 무방하다고 주장한다.
④ 이원주의는 형벌과의 대체성을 부정하지만, 보안처분과의 병과는 인정하는 입장이다.

정답 및 해설

① [×] 대체주의는 선고단계에서는 형벌과 보안처분을 별도로 선고하고, 집행단계에서는 보안처분으로 대체되거나 선집행되어야 한다는 이론이다.

정답 ①

12 보안처분에 대한 대체주의의 관점이 아닌 것은?

① 형벌은 책임의 정도에 따라 선고하되 그 집행단계에서 보안처분에 의해 대체하거나 보안처분의 집행이 종료된 후에 집행하는 주의를 말한다.
② 대체주의는 이중적 처벌의 폐단이 있는 이원주의를 배제할 수 있다는 것에 근거한 것이다.
③ 형벌과 보안처분은 본질적으로 동일한 것으로 본다.
④ 대체주의는 형벌의 응보적 성격을 긍정하며, 응보를 기초로 한 책임의 한정을 원칙으로 한다.

정답 및 해설

③ [×] 대체주의는 형벌의 응보적 성격을 긍정하지만, 형벌과 보안처분을 본질적으로 동일한 것으로 보지 않는다. 형벌과 보안처분을 본질적으로 동일하다고 생각하는 이론은 일원주의이다.

정답 ③

13 보안처분에 대한 설명으로 옳지 않은 것은?

① 형벌과 보안처분의 병존을 인정하는 이원주의에 대해서는 이중처벌의 위험성이 있다는 비판이 제기된다.
② 대체주의에서는 보안처분을 형벌보다 먼저 집행하고 그 기간을 형기에 산입한다.
③ 일원주의의 입장에서는 형벌과 보안처분은 사회방위와 범죄인의 재사회화라는 동일한 목적을 갖는 것으로 이해한다.
④ 보안처분에서는 비례성의 원칙보다는 책임원칙이 더 강조된다.

정답 및 해설

④ [×] 보안처분에서는 책임원칙보다는 비례성의 원칙이 더 강조된다.

정답 ④

14 다음 중 사법처분의 형태로 이루어지는 것이 아닌 것은?

① 「형법」상 집행유예기간 중 보호관찰
② 「보안관찰법」상 보안관찰처분
③ 「성매매알선 등 행위의 처벌에 관한 법률」상 보호처분
④ 「소년법」상 보호처분
⑤ 「치료감호 등에 관한 법률」상 치료감호

정답 및 해설

② [×] 보안관찰처분에 관한 결정은 보안관찰처분심의위원회의 의결을 거쳐 법무부장관이 행한다(「보안관찰법」 제14조 제1항). 그러므로 보안관찰처분은 법무부장관이 행하는 행정처분이다.

정답 ②

15 보안처분 관련 법령에 대한 설명으로 옳지 않은 것은?

① 「소년법」에 따르면 단기로 소년원에 송치된 소년의 보호기간은 6개월을 초과하지 못하며, 보호관찰관의 단기 보호관찰(4호) 처분과 아동복지시설이나 그 밖의 소년보호시설에 감호 위탁(6호) 처분은 병과할 수 있다.
② 「치료감호 등에 관한 법률」에 따르면 피치료감호자가 치료감호시설 외에서 치료받도록 법정대리인 등에게 위탁되었을 때에 보호관찰이 시작되며, 보호관찰의 기간은 2년으로 한다.
③ 「가정폭력범죄의 처벌 등에 관한 특례법」에 따르면 판사는 심리의 결과 보호처분이 필요하다고 인정하는 경우에는 결정으로 가정폭력행위자가 친권자인 경우 피해자에 대한 친권 행사의 제한하는 처분을 할 수 있고, 이 처분을 하는 경우 피해자를 다른 친권자나 친족 또는 적당한 시설로 인도할 수 있다.
④ 「성폭력범죄의 처벌 등에 관한 특례법」에 따르면 법원이 성폭력범죄를 범한 사람에 대하여 형의 선고를 유예하는 경우에는 1년 동안 보호관찰을 받을 것을 명할 수 있다. 다만, 성폭력범죄를 범한 소년에 대하여 형의 선고를 유예하는 경우에는 반드시 보호관찰을 명하여야 한다.
⑤ 「아동·청소년의 성보호에 관한 법률」에 따르면 10세 이상 14세 미만의 아동·청소년이 특수강도강간, 장애인에 대한 강간 등의 죄를 범한 경우에 수사기관은 신속히 수사하고, 그 사건을 관할 법원 소년부에 송치하여야 한다.

정답 및 해설

① [○] 「소년법」 제33조 제5항, 동법 제32조 제2항 제3호
② [×] 「치료감호 등에 관한 법률」 제32조 제1항 제2호, 보호관찰의 기간은 3년으로 한다(동법 제32조 제2항).
③ [○] 「가정폭력범죄의 처벌 등에 관한 특례법」 제40조 제1항 제3호, 동법 제40조 제3항
④ [○] 「성폭력범죄의 처벌 등에 관한 특례법」 제16조 제1항
⑤ [○] 「아동·청소년의 성보호에 관한 법률」 제44조 제1항

정답 ②

16 현행법상 보호관찰에 대한 설명으로 옳은 것은?

① 징역을 선고받은 소년이 가석방된 경우에는 남은 잔여 형기 동안 보호관찰을 받는다.

② 법원은 성인보호관찰 대상자에게는 특정 시간대의 외출 제한 등과 같은 특별준수사항을 따로 과할 수 없다.

③ 법원은 성인형사피고인에게 보호관찰을 명하기 위하여 필요하다고 인정하면 그 법원의 소재지 또는 피고인의 주거지를 관할하는 보호관찰소의 장에게 판결 전 조사를 요구할 수 있다.

④ 검사는 선도조건부 기소유예처분으로 소년형사사건을 종결하면서 보호관찰을 받을 것을 명할 수 있다.

정답 및 해설

① [×] 징역을 선고받은 소년이 가석방된 경우에는 가석방 전에 집행을 받은 기간과 같은 기간 동안 보호관찰을 받는다(동법 제30조 제3호, 소년법 제66조).

② [×] 법원은 성인보호관찰 대상자에게 야간 등 재범의 기회나 충동을 줄 수 있는 특정 시간대의 외출 제한 등과 같은 특별준수사항을 따로 과할 수 있다(「보호관찰 등에 관한 법률」 제32조 제3항 제1호).

③ [○] 「보호관찰 등에 관한 법률」 제19조 제1항

④ [×] 검사는 조건부 기소유예처분(「소년법」 제49조의3)을 할 수 있으나 보호관찰을 명할 수 없고, 보호관찰처분은 소년부 판사가 한다(동법 제32조 제1항).

정답 ③

17 내란죄(「형법」 제88조)로 5년의 징역형을 선고받고 1년간의 형집행을 받은 자로서 다시 내란죄를 범할 가능성이 있다고 판단되는 자에게 내릴 수 있는 처분은?

2012. 교정 7급

① 보호감호처분   ② 치료감호처분

③ 보안관찰처분   ④ 보안감호처분

정답 및 해설

①, ④ [×] 보호감호처분, 보안감호처분은 현행법상 인정되지 않는 보안처분이다.

② [×] 「치료감호 등에 관한 법률」 제2조, 제2조의2 참조

③ [○] 「형법」 제88조는 보안관찰해당범죄에 해당한다(「보안관찰법」 제2조 제1호). 보안관찰처분대상자라 함은 보안관찰해당범죄 또는 이와 경합된 범죄로 금고 이상의 형의 선고를 받고 그 형기합계가 3년 이상인 자로서 형의 전부 또는 일부의 집행을 받은 사실이 있는 자를 말한다(동법 제3조). 제3조에 해당하는 자 중 보안관찰해당범죄를 다시 범할 위험성이 있다고 인정할 충분한 이유가 있어 재범의 방지를 위한 관찰이 필요한 자에 대하여는 보안관찰처분을 한다(동법 제4조 제1항).

▶「보안관찰법」 제2조 제1호·제3조·제4조 제1항이 결합되어 보안관찰처분을 할 수 있다.

정답 ③

18

「보안관찰법」에 대한 설명으로 옳지 않은 것은?

2014. 교정 9급

① 보안관찰처분의 기간은 2년이다.
② 검사가 보안관찰처분을 청구한다.
③ 보안관찰처분심의위원회의 위촉위원의 임기는 2년이다.
④ 보안관찰을 면탈할 목적으로 은신한 때에는 5년 이하의 징역에 처한다.

정답 및 해설

① [○] 동법 제5조 제1항
② [○] 동법 제7조
③ [○] 동법 제12조 제5항
④ [×] 보안관찰처분대상자 또는 피보안관찰자가 보안관찰처분 또는 보안관찰을 면탈할 목적으로 은신 또는 도주한 때에는 3년 이하의 징역에 처한다(「보안관찰법」 제27조 제1항).

정답 ④

19

다음 중 현행법에 근거하여 부과할 수 있는 보안처분이 아닌 것은? (다툼이 있는 경우 판례에 의함)

2016. 사시

① 성폭력범죄자에 대한 약물치료명령
② 특정범죄자에 대한 전자장치 부착
③ 집행유예를 선고하는 경우에 명하는 보호관찰
④ 재범의 위험성이 있는 특정강력범죄자에 대한 보호감호
⑤ 아동·청소년 성범죄자에 대한 등록정보 공개명령 및 고지명령

정답 및 해설

① [○] 「성폭력범죄자의 성충동 약물치료에 관한 법률」 제8조 제1항
② [○] 「전자장치 부착 등에 관한 법률」 제9조 제1항
③ [○] 「형법」 제62조의2 제1항, 「보호관찰 등에 관한 법률」 제3조 제1항
④ [×] 보호감호의 부과 근거 법률인 사회보호법의 폐지(2005.8.4.)로 보호감호는 더 이상 부과할 수 없다.
⑤ [○] 「아동·청소년의 성보호에 관한 법률」 제49조 제1항, 제50조 제1항

정답 ④

20 보안처분에 대한 설명으로 옳지 않은 것은? (다툼이 있는 경우 판례에 의함)

① 일반적으로 보안처분은 반사회적 위험성을 가진 자에 대하여 사회방위와 교화를 목적으로 하는 예방적 처분이라는 점에서 범죄자에 대하여 응보를 주된 목적으로 하는 사후적 처분인 형벌과 그 본질을 달리한다.
② 「아동·청소년의 성보호에 관한 법률」상 신상정보 공개·고지명령은 아동·청소년대상 성폭력범죄 등을 효과적으로 예방하고 그 범죄로부터 아동·청소년을 보호함을 목적으로 하는 일종의 보안처분이다.
③ 「전자장치 부착 등에 관한 법률」상 성폭력범죄자에 대한 전자감시는 성폭력범죄자의 재범방지와 성행교정을 통한 재사회화를 위하여 위치추적 전자장치를 신체에 부착함으로써 성폭력범죄로부터 국민을 보호함을 목적으로 하는 일종의 보안처분이다.
④ 「가정폭력범죄의 처벌 등에 관한 특례법」이 정한 사회봉사명령은 가정폭력범죄를 범한 자에 대하여 환경의 조정과 성행의 교정을 목적으로 하는 보안처분으로서, 원칙적으로 형벌불소급의 원칙이 적용되지 않는다.

정답 및 해설

① [○] 대법원 1988.11.16. 88초60

관련판례
일반적으로 보안처분은 반사회적 위험성을 가진 자에 대하여 사회방위와 교화를 목적으로 격리수용하는 예방적 처분이라는 점에서 범죄행위를 한 자에 대하여 응보를 주된 목적으로 그 책임을 추궁하는 사후적처분인 형벌과 구별되어 그 본질을 달리하는 것으로서 형벌에 관한 죄형법정주의나 일사부재리 또는 법률불소급의 원칙은 보안처분에 그대로 적용되지 않는다(대법원 1988.11.16. 88초60).

② [○] 대법원 2012.5.24. 2012도2763

관련판례
「아동·청소년의 성보호에 관한 법률」이 정한 공개명령 및 고지명령 제도는 아동·청소년대상 성폭력범죄 등을 효과적으로 예방하고 그 범죄로부터 아동·청소년을 보호함을 목적으로 하는 일종의 보안처분으로서, 그 목적과 성격, 운영에 관한 법률의 규정 내용 및 취지 등을 종합해 보면, 공개명령 및 고지명령 제도는 범죄행위를 한 자에 대한 응보 등을 목적으로 그 책임을 추궁하는 사후적 처분인 형벌과 구별되어 그 본질을 달리한다(대법원 2012. 5.24. 2012도2763).

③ [○] 대법원 2011.7.28. 2011도5813

관련판례
「전자장치 부착 등에 관한 법률」에 의한 성폭력범죄자에 대한 전자감시제도는, 성폭력범죄자의 재범방지와 성행 교정을 통한 재사회화를 위하여 그의 행적을 추적하여 위치를 확인할 수 있는 전자장치를 신체에 부착하게 하는 부가적인 조치를 취함으로써 성폭력범죄로부터 국민을 보호함을 목적으로 하는 일종의 보안처분이다. 이러한 전자감시제도의 목적과 성격, 운영에 관한 법률의 규정 내용 및 취지 등을 종합해 보면, 전자감시제도는 범죄행위를 한 자에 대한 응보를 주된 목적으로 책임을 추궁하는 사후적 처분인 형벌과 구별되어 본질을 달리한다(대법원 2011.7.28. 2011도5813).

④ [×] 대법원 2008.7.24. 2008어4

관련판례
「가정폭력범죄의 처벌 등에 관한 특례법」이 정한 보호처분 중의 하나인 사회봉사명령은 가정폭력범죄를 범한 자에 대하여 환경의 조정과 성행의 교정을 목적으로 하는 것으로서 형벌 그 자체가 아니라 보안처분의 성격을 가지는 것이 사실이다. 그러나 한편으로 이는 가정폭력범죄행위에 대하여 형사처벌 대신 부과되는 것으로서, 가정폭력범죄를 범한 자에게 의무적 노동을 부과하고 여가시간을 박탈하여 실질적으로는 신체적 자유를 제한하게 되므로, 이에 대하여는 원칙적으로 형벌불소급의 원칙에 따라 행위시법을 적용함이 상당하다(대법원 2008.7.24. 2008어4).

정답 ④

01 다음에서 설명하는 오린(L. E. Ohlin)의 보호관찰관 유형은?

2021. 교정 7급

> 이 유형의 보호관찰관은 주로 직접적인 지원이나 강연 또는 칭찬과 꾸중 등 비공식적인 방법을 이용한다. 또한 보호관찰관은 사회의 보호, 즉 사회방위와 범죄자 개인의 개선·보호를 조화시키고자 하므로 역할갈등을 크게 겪는다.

① 처벌적 보호관찰관(punitive probation officer)
② 보호적 보호관찰관(protective probation officer)
③ 복지적 보호관찰관(welfare probation officer)
④ 수동적 보호관찰관(passive probation officer)

정답 및 해설

① [×] 처벌적 보호관찰관은 위협과 처벌을 수단으로 범죄자를 사회에 동조하도록 강요하며, 사회의 보호, 범죄자의 통제, 범죄자에 대한 체계적 의심 등을 중요시한다.
② [○] 보호적 보호관찰관은 지역사회보호와 범죄자의 보호 양자 사이를 망설이는 유형으로, 주로 직접적인 지원이나 강연 또는 칭찬과 꾸중 등 비공식적인 방법을 이용한다. 지역사회와 범죄자의 입장을 번갈아 편들기 때문에 어정쩡한 입장에 처하기 쉽다.
③ [×] 복지적 보호관찰관은 자신의 목표를 범죄자에 대한 복지의 향상에 두고 범죄자의 능력과 한계를 고려하여 적응할 수 있도록 도와주려고 한다.
④ [×] 수동적 보호관찰관은 자신의 임무를 단지 최소한의 노력을 요하는 것으로 인식하는 사람이다.

정답 ②

02 올린(L. E. Ohlin)의 관점에 따라 보호관찰관의 유형을 통제와 지원이라는 두 가지 차원에서 그림과 같이 구분할 때, ⊙~ⓔ에 들어갈 유형을 바르게 연결한 것은?

2018. 교정 7급

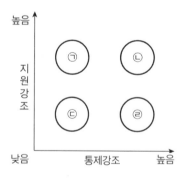

	⊙	ⓒ	ⓔ	ⓑ
①	복지적 관찰관	보호적 관찰관	수동적 관찰관	처벌적 관찰관
②	보호적 관찰관	복지적 관찰관	수동적 관찰관	처벌적 관찰관
③	복지적 관찰관	보호적 관찰관	처벌적 관찰관	수동적 관찰관
④	보호적 관찰관	복지적 관찰관	처벌적 관찰관	수동적 관찰관

① [○] 올린은 보호관찰관의 유형을 처벌적, 보호적, 복지적, 수동적 보호관찰관으로 분류하였다. 이러한 보호관찰관의 역할유형을 통제와 지원이라는 두 가지 차원에서 요약하면 다음과 같다.

구분	지원	통제
복지적	높음	낮음
보호적	높음	높음
수동적	낮음	낮음
처벌적	낮음	높음

정답 ①

03 다음 설명에 해당하는 스미크라(Smykla)의 보호관찰모형은?　　　　　2017. 보호 7급

> 보호관찰관은 외부자원을 적극 활용하여 보호관찰대상자들이 다양하고 전문적인 사회적 서비스를 받을 수 있도록 사회기관에 위탁하는 것을 주요 일과로 삼고 있다.

① 프로그램모형(program model)
② 중재자모형(brokerage model)
③ 옹호모형(advocacy model)
④ 전통적 모형(traditional model)

② [○] 옹호모형에 대한 설명이다.

 보호관찰의 모형화

스미크라(Smykla)는 보호관찰의 기능과 자원의 활용이라는 측면에서 보호관찰을 모형화하고 있다.

전통적 모형	보호관찰관이 지식인(generalist)으로서 내부자원을 이용하여 지역적으로 균등배분된 보호관찰대상자에 대해서 지도·감독에서 보도·원호에 이르기까지 다양한 기능을 수행하나 통제를 보다 중시하는 모형이다.
프로그램모형	• 보호관찰관은 전문가(specialist)를 지향하나 목적수행을 위한 자원은 내부적으로 해결하려는 모형이다. • 보호관찰관이 전문가로 기능하기 때문에 보호관찰대상자를 분류하여 보호관찰관의 전문성에 따라 배정하게 된다. • 이 모형의 문제는 범죄자의 상당수는 특정한 한 가지 문제만으로 범죄자가 된 것은 아니며, 한 가지의 처우만을 필요로 하는 것도 아니라는 것이다.
옹호모형	보호관찰관은 지식인(generalist)으로서 외부자원을 적극 활용하여 보호관찰대상자가 다양하고 전문적인 사회적 서비스를 제공받을 수 있도록 무작위로 배정된 대상자들을 사회기관에 위탁하는 것을 주된 임무로 한다.
중개모형	보호관찰관은 전문가(specialist)로서 자신의 전문성에 맞게 배정된 보호관찰대상자에 대하여 사회자원의 개발과 중개의 방법으로 외부자원을 적극 활용하여 전문적인 보호관찰을 한다.

▶ 스미크라(Smykla)는 기능적 측면에서 보호관찰관은 다양한 기능을 책임지는 지식인(generalist)이 될 수도 있고, 반면에 특수한 지식과 능력에 따라 각자의 책임영역을 제한하는 전문가(specialist)가 될 수도 있다고 보았다. 더불어 자원의 활용 측면에서는 보호관찰의 목적을 수행하기 위해서 외부자원을 적극적으로 활용하느냐 아니면 전적으로 내부자원에 의존하느냐의 문제로서, 외부자원을 강조하는 입장에서는 보호관찰대상자의 원호와 변화에 중심을 두나, 내부자원에 의존하는 보호관찰은 주로 보호관찰대상자에 대한 통제를 강조하는 것이 보통이다.

정답 ②

04

보호관찰 등에 관한 법령상 갱생보호제도에 대한 설명으로 옳지 않은 것은?

2024. 보호 7급

① 갱생보호의 방법 중 숙식 제공은 연장 기간을 포함하여 18개월을 초과할 수 없다.

② 갱생보호 신청은 갱생보호사업 허가를 받은 자 또는 한국법무보호복지공단 외에 보호관찰소의 장에게도 할 수 있다.

③ 갱생보호사업 허가를 받은 자가 정당한 이유 없이 허가를 받은 후 6개월 이내에 갱생보호사업을 시작하지 아니하거나 1년 이상 그 실적이 없는 경우, 법무부장관은 그 허가를 취소하여야 한다.

④ 갱생보호는 그 대상자가 자신의 친족 또는 연고자 등으로부터 도움을 받을 수 없거나 그 도움만으로는 충분하지 아니한 경우에 한하여 행한다.

정답 및 해설

① [×] 식제공은 6월을 초과할 수 없다. 다만, 필요하다고 인정하는 때에는 매회 6월의 범위 내에서 3회에 한하여 그 기간을 연장할 수 있다(「보호관찰 등에 관한 법률 시행령」 제41조 제2항).

▶ 숙식 제공은 연장 기간을 포함하여 24개월(6개월 + 18개월)을 초과할 수 없다.

② [○] 갱생보호 대상자와 관계 기관은 보호관찰소의 장, 갱생보호사업 허가를 받은 자 또는 한국법무보호복지공단에 갱생보호 신청을 할 수 있다(동법 제66조 제1항).

③ [○] 법무부장관은 사업자(갱생보호사업의 허가를 받은 자)가 ㉠ 부정한 방법으로 갱생보호사업의 허가를 받은 경우, ㉡ 갱생보호사업의 허가 조건을 위반한 경우, ㉢ 목적사업 외의 사업을 한 경우, ㉣ 정당한 이유 없이 갱생보호사업의 허가를 받은 후 6개월 이내에 갱생보호사업을 시작하지 아니하거나 1년 이상 갱생보호사업의 실적이 없는 경우, ㉤ 제69조에 따른 보고(다음 해의 사업계획과 전년도의 회계 상황 및 사업 실적을 법무부장관에게 보고)를 거짓으로 한 경우, ㉥ 이 법 또는 이 법에 따른 명령을 위반한 경우에는 그 허가를 취소하거나 6개월 이내의 기간을 정하여 그 사업의 전부 또는 일부의 정지를 명할 수 있다. 다만, ㉠ 또는 ㉣에 해당하는 때에는 그 허가를 취소하여야 한다.

④ [○] 동법 시행령 제40조 제1항

정답 ①

05

집중보호관찰(intensive probation)에 대한 설명으로 옳지 않은 것은?

2020. 5급 승진

① 과밀수용의 해소방안으로서 중요한 의미를 가진다.

② 집중보호관찰 대상자 선정 시 약물남용경험, 가해자 – 피해자 관계, 초범 시 나이 등을 고려하지 않는다.

③ 일반보호관찰보다는 감독의 강도가 높고, 구금에 비해서는 그 강도가 낮다.

④ 집중보호관찰은 대개의 경우 야간 통행금지시간을 정하고, 일정시간의 사회봉사를 행하게 한다.

⑤ 집중보호관찰의 대상자는 재범의 위험성이 높은 보호관찰대상자가 보편적이다.

① [○] 집중보호관찰은 수용인구의 폭증에 직면하여 구금하지 않고도 범죄자를 통제하고, 그들의 행위를 효과적으로 감시할 수 있는 장치가 필요하다는 인식에 기초하고 있다. 집중보호관찰은 과밀수용의 해소방안으로서 중요한 의미를 가지며, 전통적 보호관찰이 지나치게 전시효과를 노리는 눈가림식이라는 비판과 범죄자에 대한 처분이 지나치게 관대하다는 시민의식을 불식시킬 수 있는 장점이 있고, 동시에 재범률을 낮출 수 있는 교화개선의 효과도 적지 않다는 경험적 평가를 받고 있다.

② [×], ⑤ [○] 대상자의 선정은 대체로 범죄자의 위험성을 기준으로 이루어지는데, 약물남용경험, 소년비행경력, 가해자와 피해자의 관계, 피해자에 대한 피해, 과거 보호관찰 파기 여부, 초범 당시의 나이 등을 고려하여 위험성이 높은 보호관찰대상자를 집중보호관찰의 대상자로 정하는 것이 보편적이다.

③ [○] 일반보호관찰이 주로 경미범죄자나 초범자 등을 대상으로 하는 반면, 집중보호관찰은 어느 정도의 강력범죄자까지도 대상으로 한다. 또한 감시·감독의 정도에 있어서도 일반보호관찰이 보호관찰관의 과중한 업무량 등을 이유로 간헐적인 직접접촉과 전화접촉에 만족하지만, 집중보호관찰은 10명 내외의 적은 수의 대상자를 상대로 매주 수회에 걸친 직접대면접촉을 보호관찰대상자의 직장이나 가정에서 수행하고 있다.

④ [○] 집중보호관찰은 대개의 경우 야간 통행금지시간을 정하고, 일정시간의 사회봉사를 행하게 하고, 취업을 증명할 수 있는 봉급명세서를 제출하게 하며, 보호관찰관의 감시·감독을 두울 수 있는 지역사회 후원자를 두도록 하기도 한다. 또한 경우에 따라서는 보호관찰 비용과 피해자에 대한 배상을 명하기도 하고, 알코올이나 마약에 대한 검사도 받게 한다.

정답 ②

06 전자감시의 장점으로 옳지 않은 것은?

① 시설구금의 대안으로 경비를 절감할 수 있다.
② 지역사회에서 가정생활, 직장생활을 영위함으로써 사회복귀에 도움이 된다.
③ 적절히 운영되면 교정시설의 과밀화 해소에 기여한다.
④ 대상자의 프라이버시를 보호하고 범죄로부터 지역사회를 더 안전하게 하는 데 기여한다.

① [○] 시설에 구금하지 않고 가정에 구금하기 때문에 구금에 필요한 경비가 절감되고, 보호관찰관이 전자장치로 감시하기 때문에 그만큼 업무량이 줄어들어 경비가 절감된다.

② [○] 구금으로 인한 낙인이 없고, 지역사회에서 가족과 함께 생활하며 직장생활을 할 수 있고, 자신의 교화개선에 도움이 될 수 있는 각종 교육훈련과 상담도 받을 수 있어 사회복귀에 도움이 된다.

③ [○] 비구금적 대안인 전자감시제도를 활용함으로써 교정시설의 수용인구의 과밀을 줄일 수 있다.

④ [×] 범죄인을 시설구금이 아닌 사회 내에서 처우하는 것이므로 공공의 안전이 위협받으며, 국민의 법감정에 부합하지 않고, 대상자의 신체에 송신기를 부착하고 행동의 세세한 부분까지 감시하게 되므로 인간의 존엄성에 배치되며 지나치게 사생활을 침해한다는 비판이 있다.

정답 ④

07 사회봉사명령제도의 과제와 효율화 방안에 관한 설명으로 옳은 것은?

2007. 교정 7급

① 사회봉사명령제도는 본래 장기자유형에 대한 대체방안으로 논의되었다.
② 사회봉사명령 대상자에게 사회적으로 기피하는 일을 시킴으로 인해 인권침해라는 비난이 일 수도 있다.
③ 사회봉사명령제도는 사회 내 처우로서 범죄배양효과(crime breeding effect)를 방지하기 어렵다.
④ 제도의 목적이 다양함으로 인해 봉사명령의 효과가 증대되고 있다.

정답 및 해설

① [×] 사회봉사명령은 본래 단기자유형의 대체방안의 하나로서, 유죄가 인정된 범죄인이나 비행소년을 교도소나 소년원에 구금하는 대신 정상적인 사회생활을 영위하게 하면서 일정한 기간 내에 지정된 시간 동안 무보수로 근로에 종사하도록 명하는 것을 말한다.
③ [×] 구금으로 인한 범죄배양효과 내지 낙인효과를 피할 수 있다.
④ [×] 사회 내 처우의 한 형태이기 때문에 재범의 가능성이 있고, 사회봉사명령의 목적이 지나치게 광범위하고 그 법적 성격이 확정되어 있지 않기 때문에 전국적으로 통용되는 일관된 기준이 없으며, 정상적인 직업활동을 저해할 우려가 있고, 또 다른 낙인으로 간주될 수 있다는 단점이 있다. 또한 사회봉사명령제도의 효율성 및 성과는 아직 검증되지 않고 있다.

정답 ②

08 사회 내 처우에 대한 설명으로 옳지 않은 것은?

2017. 교정 9급

① 배상제도는 범죄자로 하여금 범죄로 인한 피해자의 경제적 손실을 금전적으로 배상하게 하는 것으로, 범죄자의 사회복귀를 도울 수 있으며 범죄자에게 범죄에 대한 속죄의 기회를 제공한다.
② 사회봉사명령은 유죄가 인정된 범죄인이나 비행소년을 교화·개선하기 위해 이들로부터 일정한 여가를 박탈함으로써 처벌의 효과도 얻을 수 있고, 동시에 교육훈련을 통하여 자기 개선적 효과를 기대할 수 있다.
③ 집중감시(감독)보호관찰은 감독의 강도가 일반보호관찰보다는 높고 구금에 비해서는 낮은 것으로, 집중적인 접촉관찰을 실시함으로써 대상자의 욕구와 문제점을 보다 정확히 파악하고, 이에 알맞은 지도·감독 및 원호를 실시하여 재범방지의 효과를 높일 수 있다.
④ 전자감시(감독)제도는 처벌프로그램의 종류라기보다는 대상자의 위치를 파악할 수 있는 감시(감독)기술로서, 구금으로 인한 폐해를 줄일 수 있고 대상자가 교화·개선에 도움이 되는 각종 교육훈련과 상담을 받을 수 있다.

정답 및 해설

② [×] 수강명령에 대한 설명이다. 수강명령은 유죄가 인정된 범죄인이나 보호소년을 교화·개선하기 위하여 일정한 강의나 교육을 받도록 명하는 것을 말한다. 사회봉사명령은 유죄가 인정된 범죄인이나 보호소년을 교도소나 소년원에 구금하는 대신에 정상적인 사회생활을 영위하면서 일정한 기간 내에 지정된 시간 동안 무보수로 근로에 종사하도록 명하는 것을 말한다.

정답 ②

09 「형법」상 보호관찰제도에 대한 설명으로 옳지 않은 것은?

① 형의 선고를 유예하는 경우에 재범방지를 위하여 지도 및 원호가 필요한 때에는 보호관찰을 받을 것을 명할 수 있으며, 이 경우 보호관찰의 기간은 1년 이내의 범위에서 법원이 정한다.

② 보호관찰을 명한 선고유예를 받은 자가 보호관찰기간 중에 준수사항을 위반하고 그 정도가 무거운 때에는 법원은 유예한 형을 선고할 수 있다.

③ 형의 집행을 유예하는 경우에 보호관찰을 받을 것을 명할 수 있으며, 이 경우 보호관찰의 기간은 원칙적으로 집행을 유예한 기간으로 하되, 다만 법원은 유예기간의 범위 내에서 보호관찰기간을 따로 정할 수 있다.

④ 가석방된 자는 가석방을 허가한 행정관청이 필요 없다고 인정한 때가 아닌 한 가석방기간 중 보호관찰을 받는다.

정답 및 해설

① [×] 형의 선고를 유예하는 경우에 재범방지를 위하여 지도 및 원후가 필요한 때에는 보호관찰을 받을 것을 명할 수 있으며(「형법」제59조의2 제1항), 이 경우 보호관찰의 기간은 1년으로 한다(동법 제59조의2 제2항).

② [○] 동법 제61조 제2항

③ [○] 동법 제62조의2 제1항·제2항

④ [○] 동법 제73조의2 제2항

정답 ①

10 보호관찰제도에 관한 법령과 판례에 대한 설명으로 옳은 것은?

① 현역 군인 등 군법 적용 대상자에 대해서도 보호관찰, 사회봉사명령, 수강명령을 명할 수 있다.

② 성폭력범죄를 범한 피고인에게 형의 집행을 유예하면서 보호관찰을 받을 것을 명하지 않은 채 위치추적 전자장치 부착을 명하는 것은 적법하다.

③ 「가정폭력범죄의 처벌 등에 관한 특례법」상 사회봉사명령을 부과하면서, 행위시 법상 사회봉사명령 부과시간의 상한인 100시간을 초과하여 상한을 200시간으로 올린 신법을 적용한 것은 적법하다.

④ 보호관찰명령 없이 사회봉사·수강명령만 선고하는 경우, 보호관찰대상자에 대한 특별준수사항을 사회봉사·수강명령대상자에게 그대로 적용하는 것은 적합하지 않다.

① [×] 현역 군인 등 군법 적용 대상자에게는 보호관찰 등에 관한 법률을 적용하지 아니한다(「보호관찰 등에 관한 법률」 제56조).

> 현역 군인 등 군법 적용 대상자에 대한 특례를 규정한 「보호관찰 등에 관한 법률」 제56조, 제64조 제1항의 해석상 군법 적용 대상자에게 보호관찰, 사회봉사, 수강명령을 명할 수 있는지 여부(소극)
> 「보호관찰 등에 관한 법률」 제56조는 「군사법원법」 제2조 제1항 각 호의 어느 하나에 해당하는 사람에게는 보호관찰법을 적용하지 아니한다고 규정하고, 제64조 제1항에서 사회봉사·수강명령 대상자에 대하여는 제56조의 규정을 준용하도록 함으로써 현역 군인 등 이른바 군법 적용 대상자에 대한 특례 조항을 두고 있는데, 군법 적용 대상자에 대한 지휘관들의 지휘권 보장 등 군대라는 부분사회의 특수성을 고려할 필요가 있는 점, 군법 적용 대상자에 대하여는 보호관찰 등의 집행이 현실적으로 곤란하고 이러한 정책적 고려가 입법 과정에서 반영된 것으로 보이는 점 등 보호관찰 등에 관한 현행 법체제 및 규정 내용을 종합적으로 검토하면, 위 특례 조항은 군법 적용 대상자에 대하여는 보호관찰법이 정하고 있는 보호관찰, 사회봉사, 수강명령의 실시 내지 집행에 관한 규정을 적용할 수 없음은 물론 보호관찰, 사회봉사, 수강명령 자체를 명할 수 없다는 의미로 해석된다(대법원 2012.2.23. 2011도8124, 2011전도141).

② [×] 법원은 특정범죄를 범한 자에 대하여 형의 집행을 유예하면서 보호관찰을 받을 것을 명할 때에는 보호관찰기간의 범위 내에서 기간을 정하여 준수사항의 이행여부 확인 등을 위하여 전자장치를 부착할 것을 명할 수 있다(「전자장치 부착 등에 관한 법률」 제28조 제1항).

> 「전자장치 부착 등에 관한 법률」상 특정범죄를 범한 자에 대하여 형의 집행을 유예하는 경우에는 보호관찰을 명하는 때에만 위치추적 전자장치 부착을 명할 수 있는지 여부(적극)
> 전자장치 부착 등에 관한 법률 제28조 제1항은 "법원은 특정범죄를 범한 자에 대하여 형의 집행을 유예하면서 보호관찰을 받을 것을 명할 때에는 보호관찰기간의 범위 내에서 기간을 정하여 준수사항의 이행 여부 확인 등을 위하여 전자장치를 부착할 것을 명할 수 있다."고 규정하고 있고, 제9조 제4항 제4호는 "법원은 특정범죄사건에 대하여 선고유예 또는 집행유예를 선고하는 때(제28조 제1항에 따라 전자장치 부착을 명하는 때를 제외한다)에는 판결로 부착명령 청구를 기각하여야 한다."고 규정하고 있으며, 제12조 제1항은 "부착명령은 검사의 지휘를 받아 보호관찰관이 집행한다."고 규정하고 있으므로, 법원이 특정범죄를 범한 자에 대하여 형의 집행을 유예하는 경우에는 보호관찰을 받을 것을 명하는 때에만 전자장치를 부착할 것을 명할 수 있다(대법원 2012.2.23. 2011도8124, 2011전도141).

③ [×] 대법원 2008.7.24. 2008어4

> ⚖ **관련판례**
> 「가정폭력범죄의 처벌 등에 관한 특례법」상 사회봉사명령을 부과하면서, 행위시법상 사회봉사명령 부과시간의 상한인 100시간을 초과하여 상한을 200시간으로 올린 신법을 적용한 것은 위법하다(대법원 2008.7.24. 2008어4).

④ [○] 대법원 2009.3.30. 2008모1116

정답 ④

11

다음 설명 중 옳은 것(○)과 옳지 않은 것(×)을 올바르게 조합한 것은? (다툼이 있는 경우 판례에 의함)

> ㉠ 성인범에 대하여 집행유예를 선고할 경우에 보호관찰과 사회봉사 또는 수강을 동시에 명할 수 있다.
> ㉡ 치료감호를 선고받은 자(피치료감호자)에 대한 치료감호가 가종료되었을 때에는 보호관찰이 시작되며, 보호관찰의 기간은 3년으로 한다.
> ㉢ 10년의 징역형을 선고받은 소년에 대해서는 3년이 경과하면 가석방을 허가할 수 있으며, 가석방된 후 그 처분이 취소되지 아니하고 남은 형기를 경과한 때에는 형의 집행을 종료한 것으로 한다.
> ㉣ 성폭력범죄를 범한 소년에 대하여 형의 선고를 유예하는 경우에는 반드시 보호관찰을 명하여야 한다.
> ㉤ 형의 선고를 유예하거나 집행유예를 선고하는 경우에는 사회봉사 또는 수강을 명할 수 있다.

	㉠	㉡	㉢	㉣	㉤
①	○	×	×	○	○
②	○	○	○	○	×
③	○	×	○	×	○
④	×	○	×	○	○
⑤	○	○	×	○	×

정답 및 해설

옳은 것은 ㉠, ㉡, ㉣이고, 옳지 않은 것은 ㉢, ㉤이다.

㉠ [○] 대법원 1998.4.24. 98도98

㉡ [○] 「치료감호 등에 관한 법률」 제32조 제1항 제1호, 제32조 제2항

㉢ [×] 징역 또는 금고를 선고받은 소년에 대하여는 무기형의 경우에는 5년, 15년 유기형의 경우에는 3년, 부정기형의 경우에는 단기의 3분의 1이 지나면 가석방을 허가할 수 있으며(「소년법」 제65조), 징역 또는 금고를 선고받은 소년이 가석방된 후 그 처분이 취소되지 아니하고 가석방 전에 집행을 받은 기간과 같은 기간이 지난 경우에는 형의 집행을 종료한 것으로 한다. 다만, 제59조의 형기(죄를 범할 당시 18세 미만인 소년에 대하여 사형 또는 무기형으로 처할 경우에는 15년의 유기징역) 또는 제60조 제1항에 따른 장기(소년이 법정형으로 장기 2년 이상의 유기형에 해당하는 죄를 범한 경우에 선고된 부정기형의 장기)의 기간이 먼저 지난 경우에는 그 때에 형의 집행을 종료한 것으로 한다.

㉣ [○] 「성폭력범죄의 처벌 등에 관한 특례법」 제16조 제1항 단서, 「아동·청소년의 성보호에 관한 법률」 제21조 제1항

㉤ [×] 사회봉사명령과 수강명령은 선고유예나 가석방을 하는 경우에는 명할 수 없고, 집행유예를 하는 경우에는 명할 수 있다.

정답 ⑤

제26장 보안처분 주요 5법

제1절 | 「보호관찰 등에 관한 법률」

01 「보호관찰 등에 관한 법률」상 보호관찰 기간에 대한 설명으로 옳지 않은 것은? 2024. 보호 9급

① 보호관찰을 조건으로 형의 선고유예를 받은 사람의 경우, 보호관찰 기간은 1년이다.

② 보호관찰을 조건으로 형의 집행유예를 선고받은 사람의 경우, 집행유예 기간이 보호관찰 기간이 되지만, 법원이 보호관찰 기간을 따로 정한 때에는 그 기간이 보호관찰 기간이 된다.

③ 소년 가석방자의 경우, 6개월 이상 2년 이하의 범위에서 가석방심사위원회가 정한 기간이 보호관찰 기간이 된다.

④ 소년원 임시퇴원자의 경우, 퇴원일로부터 6개월 이상 2년 이하의 범위에서 보호관찰 심사위원회가 정한 기간이 보호관찰 기간이 된다.

정답 및 해설

① [○] 동법 제30조 제1호

② [○] 동법 제30조 제2호

③ [×] 소년 가석방자의 경우, 가석방 전에 집행을 받은 기간과 같은 기간이 보호관찰 기간이 된다(동법 제30조 제3호).

④ [○] 동법 제30조 제4호

정답 ③

02 보호관찰을 부과할 수 있는 경우가 아닌 것은? 2013. 보호 7급

① 절도죄에 대한 6개월의 징역형의 선고를 유예하는 경우

② 상해죄에 대한 1년의 징역형의 집행을 유예하는 경우

③ 강도죄로 3년의 징역형을 선고받고 2년이 경과한 후 가석방 처분을 받는 경우

④ 내란죄로 5년의 징역형이 확정된 후 형의 전부의 집행을 받은 경우

정답 및 해설

① [○] 1년 이하의 징역이나 금고, 자격정지 또는 벌금의 형을 선고할 경우에 형의 선고를 유예할 수 있으며(「형법」 제59조 제1항), 형의 선고를 유예하는 경우에 재범방지를 위하여 지도 및 원호가 필요한 때에는 보호관찰을 받을 것을 명할 수 있다(동법 제59조의2 제1항).

② [○] 3년 이하의 징역이나 금고 또는 500만원 이하의 벌금의 형을 선고할 경우에 형의 집행을 유예할 수 있으며(동법 제62조 제1항), 형의 집행을 유예하는 경우에는 보호관찰을 받을 것을 명하거나 사회봉사 또는 수강을 명할 수 있다(동법 제62조의2 제1항).

③ [○] 징역이나 금고의 집행 중에 있는 사람이 행상이 양호하여 뉘우침이 뚜렷한 때에는 무기형은 20년, 유기형은 형기의 3분의 1이 지난 후 행정처분으로 가석방을 할 수 있으며(동법 제72조 제1항), 가석방된 자는 가석방기간 중 보호관찰을 받는다. 다만, 가석방을 허가한 행정관청이 필요가 없다고 인정한 때에는 그러하지 아니하다(동법 제73조의2 제2항).

④ [×] 보호관찰을 부과할 수 있는 경우에 해당되지 않는다.

정답 ④

03 「보호관찰 등에 관한 법률」상 보호관찰 대상자의 일반적인 준수사항에 해당하는 것만을 모두 고른 것은?

2017. 교정 9급

> ㉠ 주거지에 상주하고 생업에 종사할 것
> ㉡ 범죄행위로 인한 손해를 회복하기 위하여 노력할 것
> ㉢ 범죄로 이어지기 쉬운 나쁜 습관을 버리고 선행을 하며 범죄를 저지를 염려가 있는 사람들과 교제하거나 어울리지 말 것
> ㉣ 보호관찰관의 지도·감독에 따르고 방문하면 응대할 것
> ㉤ 주거를 이전하거나 1개월 이상 국내외 여행을 할 때에는 미리 보호관찰관에게 신고할 것
> ㉥ 일정량 이상의 음주를 하지 말 것

① ㉠, ㉡, ㉢, ㉣

② ㉠, ㉢, ㉣, ㉤

③ ㉡, ㉢, ㉣, ㉤, ㉥

④ ㉠, ㉡, ㉢, ㉣, ㉤, ㉥

정답 및 해설

- 일반준수사항(「보호관찰 등에 관한 법률」제32조 제2항): ㉠, ㉢, ㉣, ㉤
- 특별준수사항(동법 제32조 제3항): ㉡, ㉥

정답 ②

---

04 「보호관찰 등에 관한 법률」상 별도의 부과절차 없이도 보호관찰 대상자가 지켜야 할 준수사항(일반준수사항)에 해당하지 않는 것은?

2018. 보호 7급

① 범죄로 이어지기 쉬운 나쁜 습관을 버리고 선행을 하며 범죄를 저지를 염려가 있는 사람들과 교제하거나 어울리지 말 것

② 보호관찰관의 지도·감독에 따르고 보호관찰관이 방문하게 되면 응대할 것

③ 1개월 이상 국내외 여행을 할 때에는 미리 보호관찰관에게 신고할 것

④ 범죄행위로 발생한 손해를 회복하기 위해 노력할 것

정답 및 해설

④ [×] 특별준수사항에 해당한다(「보호관찰 등에 관한 법률」제32조 제3항).

정답 ④

---

05 「보호관찰 등에 관한 법률」상 범죄의 내용과 종류 및 본인의 특성 등을 고려하여 특별준수사항으로 따로 부과할 수 있는 것은?

2015. 교정 7급

① 주거지에 상주하고 생업에 종사할 것

② 재범의 기회나 충동을 줄 수 있는 특정 지역·장소의 출입을 하지 말 것

③ 주거를 이전하거나 1개월 이상 국내외 여행을 할 때에는 미리 보호관찰관에게 신고할 것

④ 범죄로 이어지기 쉬운 나쁜 습관을 버리고 선행을 하며 범죄를 저지를 염려가 있는 사람들과 교제하거나 어울리지 말 것

- 일반준수사항(「보호관찰 등에 관한 법률」 제32조 제2항): ①, ③, ④
- 특별준수사항(동법 제32조 제3항): ②

정답 ②

06

「보호관찰 등에 관한 법률 시행령」상 보호관찰 대상자가 지켜야 할 특별준수사항으로 옳지 않은 것은?

2013. 교정 7급

① 운전면허를 취득할 때까지 자동차(원동기장치자전거를 포함한다) 운전을 하지 않을 것
② 정당한 수입원에 의하여 생활하고 있음을 입증할 수 있는 자료를 정기적으로 보호관찰관에게 제출할 것
③ 주거지를 이전하는 경우 이전예정지, 이전이유, 이전일자를 신고할 것
④ 보호관찰 대상자가 준수할 수 있고 자유를 부당하게 제한하지 아니하는 범위에서 개선, 자립에 도움이 된다고 인정되는 구체적인 사항

① [○] 동법 시행령 제19조 제1호
② [○] 동법 시행령 제19조 제5호
③ [×] 주거를 이전할 때에 미리 보호관찰관에게 신고하여야 하는 사항이다. 보호관찰대상자는 법 제32조 제2항 제4호(주거를 이전하거나 1개월 이상 국내외 여행을 할 때에는 미리 보호관찰관에게 신고할 것)의 규정에 의한 신고를 할 때에는 법무부령이 정하는 바에 의하여 본인의 성명, 주거, 주거이전예정지 또는 여행지, 주거이전이유 또는 여행목적, 주거이전일자 또는 여행기간 등을 신고하여야 한다(「보호관찰 등에 관한 법률 시행령」 제18조 제1항).
④ [○] 동법 시행령 제19조 제8호

정답 ③

07

「보호관찰 등에 관한 법률」상 보호관찰 대상자의 구인 및 유치에 대한 설명으로 옳은 것은?

2019. 5급 승진

① 보호관찰소의 장은 보호관찰 대상자가 일정한 주거가 없는 경우, 준수사항을 위반하였다고 의심할 상당한 이유가 있다는 이유만으로도 구인장을 발부받아 보호관찰 대상자를 구인할 수 있다.
② 보호관찰소의 장은 보호관찰 대상자를 긴급구인한 경우에는 즉시 관할 지방검찰청의 검사에게 신청하여 검사의 청구로 관할 지방법원 판사의 구인장을 발부받아야 한다.
③ 보호관찰소의 장은 법률에 따라 보호관찰 대상자를 구인하였을 때에는 계속 구금을 위한 구속영장을 청구한 경우를 제외하고는 구인한 때부터 48시간 이내에 석방하여야 한다.
④ 보호관찰소의 장은 유치 허가를 받은 때부터 48시간 이내에 유치 사유에 따른 신청을 하여야 한다.
⑤ 보호관찰소의 장은 소년에 대한 보호관찰 처분의 변경 신청이 있는 경우에 보호관찰심사위원회의 심사에 필요하면 검사에게 신청하여 검사의 청구로 지방법원 판사의 허가를 받아 10일의 범위에서 한 차례만 유치기간을 연장할 수 있다.

① [○] 보호관찰소의 장은 보호관찰 대상자가 제32조의 준수사항(일반준수사항, 특별준수사항)을 위반하였거나 위반하였다고 의심할 상당한 이유가 있고, ㉠ 일정한 주거가 없는 경우, ㉡ 심문·조사에 따른 소환에 따르지 아니한 경우(소환 불응), ㉢ 도주한 경우 또는 도주할 염려가 있는 경우에는 관할 지방검찰청의 검사에게 신청하여 검사의 청구로 관할 지방법원 판사의 구인장을 발부받아 보호관찰 대상자를 구인할 수 있다(「보호관찰 등에 관한 법률」 제39조 제1항).

② [×] 보호관찰소의 장은 보호관찰 대상자를 긴급구인한 경우에는 긴급구인서를 작성하여 즉시 관할 지방검찰청 검사의 승인을 받아야 하고(동법 제40조 제2항), 긴급구인승인신청은 보호관찰대상자를 구인한 때부터 12시간 이내에 하여야 하며(동법 시행령 제26조 제1항), 보호관찰소의 장은 검사의 승인을 받지 못하면 즉시 보호관찰 대상자를 석방하여야 한다(동법 제40조 제3항).

③ [×] 보호관찰소의 장은 보호관찰 대상자를 구인 또는 긴급구인하였을 때에는 유치 허가를 청구한 경우를 제외하고는 구인한 때부터 48시간 이내에 석방하여야 한다. 다만, 유치 허가를 받지 못하면 즉시 보호관찰 대상자를 석방하여야 한다(동법 제41조).

④ [×] 보호관찰소의 장은 유치 허가를 받은 때부터 24시간 이내에 유치 사유에 따른 신청을 하여야 한다(동법 제42조 제3항).

⑤ [×] 보호관찰소의 장은 가석방 및 임시퇴원의 취소 신청이 있는 경우에 보호관찰심사위원회의 심사에 필요하면 검사에게 신청하여 검사의 청구로 지방법원 판사의 허가를 받아 10일의 범위에서 한 차례만 유치기간을 연장할 수 있다(동법 제43조 제3항).

정답 ①

08 「보호관찰 등에 관한 법률」상 구인(제39조 또는 제40조)한 보호관찰 대상자의 유치에 대한 설명으로 옳지 않은 것은?

2019. 교정 7급

① 보호관찰소의 장은 가석방 및 임시퇴원의 취소 신청이 필요하다고 인정되면 보호관찰 대상자를 수용기관 또는 소년분류심사원에 유치할 수 있다.

② 보호관찰 대상자를 유치하려는 경우에는 보호관찰소의 장이 검사에게 신청하여 검사의 청구로 관할 지방법원 판사의 허가를 받아야 하며, 이 경우 검사는 보호관찰 대상자가 구인된 때부터 48시간 이내에 유치 허가를 청구하여야 한다.

③ 유치된 사람에 대하여 보호관찰을 조건으로 한 형의 선고유예가 실효되거나 집행유예가 취소된 경우 또는 가석방이 취소된 경우에는 그 유치기간을 형기에 산입한다.

④ 유치의 기간은 구인한 날부터 20일로 한다. 다만, 보호처분의 변경 신청을 위한 유치에 있어서는 심사위원회의 심사에 필요하면 10일의 범위에서 한 차례만 유치기간을 연장할 수 있다.

① [○] 동법 제42조 제1항

② [○] 동법 제42조 제2항

③ [○] 동법 제45조

④ [×] 법원은 ㉠ 보호관찰을 조건으로 한 형의 선고유예의 실효 및 집행유예의 취소 청구의 신청 또는 ㉡ 보호처분의 변경 신청이 있는 경우에 심리를 위하여 필요하다고 인정되면 심급마다 20일의 범위에서 한 차례만 유치기간을 연장할 수 있다(「보호관찰 등에 관한 법률」 제43조 제2항). 보호관찰소의 장은 가석방 및 임시퇴원의 취소 신청이 있는 경우에 심사위원회의 심사에 필요하면 검사에게 신청하여 검사의 청구로 지방법원 판사의 허가를 받아 10일의 범위에서 한 차례만 유치기간을 연장할 수 있다(동법 제43조 제3항).

정답 ④

09 「보호관찰 등에 관한 법률」상 보호관찰 대상자의 구인 및 유치에 대한 설명으로 옳은 것은?

2024. 보호 9급

① 보호관찰관은, 보호관찰 대상자가 준수사항을 위반하였다고 의심할 상당한 이유가 있고 조사에 따른 소환에 불응하는 경우, 관할 지방검찰청의 검사에게 구인장을 신청할 수 있다.
② 유치된 보호관찰 대상자에 대하여 보호관찰을 조건으로 한 형의 선고유예가 실효된 경우에 그 유치기간은 형기에 산입되지 않는다.
③ 구인한 대상자를 유치하기 위한 신청이 있는 경우, 검사는 보호관찰 대상자가 구인된 때부터 48시간 이내에 관할 지방법원 판사에게 유치 허가를 청구하여야 한다.
④ 보호관찰부 집행유예의 취소 청구를 하려는 경우, 보호관찰소의 장은 유치 허가를 받은 때부터 48시간 이내에 관할 지방검찰청의 검사에게 그 신청을 하여야 한다.

정답 및 해설

① [×] 보호관찰소의 장은 보호관찰 대상자가 제32조의 준수사항을 위반하였거나 위반하였다고 의심할 상당한 이유가 있고, ㉠ 일정한 주거가 없는 경우, ㉡ 심문·조사에 따른 소환에 따르지 아니한 경우, ㉢ 도주한 경우 또는 도주할 염려가 있는 경우의 어느 하나에 해당하는 사유가 있는 경우에는 관할 지방검찰청의 검사에게 신청하여 검사의 청구로 관할 지방법원 판사의 구인장을 발부받아 보호관찰 대상자를 구인할 수 있다(동법 제39조 제1항).
② [×] 유치된 보호관찰 대상자에 대하여 보호관찰을 조건으로 한 형의 선고유예가 실효되거나 집행유예가 취소된 경우 또는 가석방이 취소된 경우에는 그 유치기간을 형기에 산입한다(동법 제45조).
③ [○] 구인한 대상자를 유치하려는 경우에는 보호관찰소의 장이 검사에게 신청하여 검사의 청구로 관할 지방법원 판사의 허가를 받아야 한다. 이 경우 검사는 보호관찰 대상자가 구인된 때부터 48시간 이내에 유치 허가를 청구하여야 한다(동법 제42조 제2항).
④ [×] 보호관찰소의 장은 유치 허가를 받은 때부터 24시간 이내에 유치사유[㉠ 보호관찰을 조건으로 한 형(벌금형을 제외)의 선고유예의 실효 및 집행유예의 취소 청구의 신청, ㉡ 가석방 및 임시퇴원의 취소 신청, ㉢ 보호처분의 변경 신청]에 따른 신청을 하여야 한다(동법 제42조 제3항). 검사는 보호관찰소의 장으로부터 보호관찰을 조건으로 한 형(벌금형을 제외)의 선고유예의 실효 및 집행유예의 취소 청구의 신청(유치사유 ㉠)을 받고 그 이유가 타당하다고 인정되면 48시간 이내에 관할 지방법원에 보호관찰을 조건으로 한 형의 선고유예의 실효 또는 집행유예의 취소를 청구하여야 한다(동법 제42조 제4항).

정답 ③

10 「보호관찰 등에 관한 법률」상 보호관찰의 종료와 임시해제에 대한 설명으로 옳은 것은? 2023. 보호 7급

① 보호관찰을 조건으로 한 형의 선고유예가 실효되더라도 보호관찰은 종료되지 않는다.
② 보호관찰의 임시해제 결정이 취소된 경우 그 임시해제 기간을 보호관찰 기간에 포함한다.
③ 보호관찰 대상자는 보호관찰이 임시해제된 기간 중에는 그 준수사항을 계속하여 지키지 않아도 된다.
④ 임시퇴원된 보호소년이 보호관찰이 정지된 상태에서 21세가 된 때에는 보호관찰이 종료된다.

① [×] 보호관찰을 조건으로 한 형의 선고유예가 실효되거나 보호관찰을 조건으로 한 집행유예가 실효되거나 취소된 때에는 보호관찰은 종료한다(동법 제51조 제1항 제2호).
② [○] 동법 제52조 제4항
③ [×] 보호관찰의 임시해제 중에는 보호관찰을 하지 아니한다. 다만, 보호관찰 대상자는 준수사항을 계속하여 지켜야 한다(동법 제52조 제2항).
④ [×] 보호관찰이 정지된 임시퇴원자가 22세가 된 때에는 보호관찰은 종료한다(동법 제51조 제1항 제6호).

정답 ②

11

「보호관찰 등에 관한 법률」상 구인에 대한 설명으로 옳지 않은 것은?　　　　2014. 교정 7급

① 보호관찰소의 장은 구인사유가 있는 경우 관할 지방검찰청의 검사에게 신청하여 검사의 청구로 관할 지방법원 판사의 구인장을 발부받아 보호관찰 대상자를 구인할 수 있다.
② 보호관찰소의 장은 구인사유가 있는 경우로서 긴급하여 구인장을 발부받을 수 없는 경우에는 그 사유를 알리고 구인장 없이 보호관찰 대상자를 구인할 수 있다.
③ 보호관찰소의 장은 보호관찰 대상자를 긴급구인한 경우에는 긴급구인서를 작성하여 48시간 내에 관할 지방검찰청 검사의 승인을 받아야 한다.
④ 보호관찰소의 장은 긴급구인에 대하여 관할 지방검찰청 검사의 승인을 받지 못하면 즉시 보호관찰 대상자를 석방하여야 한다.

① [○] 보호관찰소의 장은 보호관찰 대상자가 준수사항을 위반하였거나 위반하였다고 의심할 상당한 이유가 있고, ㉠ 일정한 주거가 없는 경우, ㉡ 소환에 따르지 아니한 경우, ㉢ 도주한 경우 또는 도주할 염려가 있는 경우 중 어느 하나에 해당하는 사유가 있는 경우에는 관할 지방검찰청의 검사에게 신청하여 검사의 청구로 관할 지방법원 판사의 구인장을 발부받아 보호관찰 대상자를 구인할 수 있다(동법 제39조 제1항).
② [○] 보호관찰소의 장은 준수사항을 위반한 보호관찰 대상자가 구인사유(동법 제39조 제1항)가 있는 경우로서 긴급하여 구인장을 발부받을 수 없는 경우에는 그 사유를 알리고 구인장 없이 그 보호관찰 대상자를 구인할 수 있다(동법 제40조 제1항).
③ [×] 보호관찰소의 장은 보호관찰 대상자를 긴급구인한 경우에는 긴급구인서를 작성하여 즉시 관할 지방검찰청 검사의 승인을 받아야 한다(「보호관찰 등에 관한 법률」 제40조 제2항).
④ [○] 보호관찰소의 장은 긴급구인에 대한 검사의 승인을 받지 못하면 즉시 보호관찰 대상자를 석방하여야 한다(동법 제40조 제3항).

정답 ③

12

「보호관찰 등에 관한 법률」상 보호관찰소 소속 공무원은 구인 또는 긴급구인한 보호관찰 대상자를 보호관찰소에 인치하거나 수용기관 등에 유치하기 위해 호송하는 경우, 정당한 직무집행 과정에서 필요하다고 인정되는 상당한 이유가 있으면 보호장구를 사용할 수 있다. 이에 사용할 수 없는 보호장구는?

2017. 교정 7급

① 수갑　　　　　　　　　② 포승
③ 보호대　　　　　　　　④ 전자충격기

📄 **보호장구의 사용**(「보호관찰 등에 관한 법률」 제46조의2 제1항)

보호관찰소 소속 공무원은 보호관찰 대상자가 보호장구의 사용요건의 어느 하나에 해당하고, 정당한 직무집행 과정에서 필요하다고 인정되는 상당한 이유가 있으면 보호장구를 사용할 수 있다.

📄 **보호장구의 종류 및 사용요건**(동법 제46조의3)

종류	사용요건
수갑, 포승, 보호대	1. 구인 또는 긴급구인한 보호관찰 대상자를 보호관찰소에 인치하거나 수용기관 등에 유치하기 위해 호송하는 때 2. 구인 또는 긴급구인한 보호관찰 대상자가 도주하거나 도주할 우려가 있는 때 3. 위력으로 보호관찰소 소속 공무원의 정당한 직무집행을 방해하는 때 4. 자살·자해 또는 다른 사람에 대한 위해의 우려가 클 때 5. 보호관찰소 시설의 설비·기구 등을 손괴하거나 그 밖에 시설의 안전 또는 질서를 해칠 우려가 클 때
가스총	1. 구인 또는 긴급구인한 보호관찰 대상자가 도주하거나 도주할 우려가 있는 때 2. 위력으로 보호관찰소 소속 공무원의 정당한 직무집행을 방해하는 때 3. 자살·자해 또는 다른 사람에 대한 위해의 우려가 클 때 4. 보호관찰소 시설의 설비·기구 등을 손괴하거나 그 밖에 시설의 안전 또는 질서를 해칠 우려가 클 때
전자충격기	다음의 어느 하나에 해당하는 경우로서 상황이 긴급하여 다른 보호장구만으로는 그 목적을 달성할 수 없는 때 1. 구인 또는 긴급구인한 보호관찰 대상자가 도주하거나 도주할 우려가 있는 때 2. 위력으로 보호관찰소 소속 공무원의 정당한 직무집행을 방해하는 때 3. 자살·자해 또는 다른 사람에 대한 위해의 우려가 클 때 4. 보호관찰소 시설의 설비·기구 등을 손괴하거나 그 밖에 시설의 안전 또는 질서를 해칠 우려가 클 때

정답 ④

13
□□□

「보호관찰 등에 관한 법률」상 보호관찰소 소속 공무원이 보호관찰 대상자에 대해 사용할 수 있는 보호장구가 아닌 것은?

2019. 5급 승진

① 수갑
② 포승
③ 보호복
④ 가스총
⑤ 전자충격기

📄 **보호장구의 종류**(「보호관찰 등에 관한 법률」 제46조의3 제1항)

1. 수갑
2. 포승
3. 보호대
4. 가스총
5. 전자충격기

정답 ③

14

「보호관찰 등에 관한 법률」상 보호처분에 대한 설명으로 옳지 않은 것은?

2016. 5급 승진

① 임시퇴원자의 보호관찰 기간은 퇴원일부터 2년 이상 5년 이하의 범위에서 보호관찰심사위원회가 정한 기간이다.

② 보호관찰은 보호관찰 대상자의 주거지를 관할하는 보호관찰소 소속 보호관찰관이 담당한다.

③ 보호관찰소의 장은 보호관찰 대상자가 준수사항을 위반하거나 위반할 위험성이 있다고 인정할 상당한 이유가 있는 경우에는 준수사항의 이행을 촉구하고 형의 집행 등 불리한 처분을 받을 수 있음을 경고할 수 있다.

④ 보호관찰소의 장은 보호처분의 변경 신청이 필요하다고 인정되면 구인한 보호관찰 대상자를 수용기관 또는 소년분류심사원에 유치할 수 있다.

⑤ 사회봉사·수강명령 대상자에 대한 형의 집행유예 기간이 지난 때에 사회봉사·수강은 종료한다.

정답 및 해설

① [×] 임시퇴원자의 보호관찰 기간은 퇴원일부터 6개월 이상 2년 이하의 범위에서 보호관찰심사위원희가 정한 기간이다(「보호관찰 등에 관한 법률」 제30조).

② [○] 동법 제31조

③ [○] 동법 제38조

④ [○] 동법 제42조 제1항

⑤ [○] 동법 제63조 제1항

정답 ①

15

「보호관찰 등에 관한 법률」에 대한 설명으로 옳지 않은 것은?

2016. 보호 7급

① 보호관찰은 법원의 판결이나 결정이 확정된 때 또는 가석방·임시퇴원된 때부터 시작된다.

② 보호관찰은 보호관찰 대상자의 행위지, 거주지 또는 현재지를 관할하는 보호관찰소 소속 보호관찰관이 담당한다.

③ 보호관찰소의 장은 범행 내용, 재범위험성 등 보호관찰 대상자의 개별적 특성을 고려하여 그에 알맞은 지도·감독의 방법과 수준에 따라 분류처우를 하여야 한다.

④ 보호관찰소 소속 공무원은 보호관찰 대상자가 자살·자해 또는 다른 사람에 대한 위해의 우려가 큰 때에 해당하고, 상황이 긴급하여 다른 보호장구만으로는 그 목적을 달성할 수 없는 경우에는 전자충격기를 사용할 수 있다.

정답 및 해설

① [○] 동법 제29조 제1항

② [×] 보호관찰은 보호관찰 대상자의 주거지를 관할하는 보호관찰소 소속 보호관찰관이 담당한다(「보호관찰 등에 관한 법률」 제31조).

③ [○] 동법 제33조의2 제1항

④ [○] 동법 제46조의3 제2항

정답 ②

16 「보호관찰 등에 관한 법률」상 보호관찰 대상자의 준수사항에 해당하지 않는 것은?

2023. 교정 9급

① 주거지에 상주하고 생업에 종사할 것

② 보호관찰관의 지도·감독에 따르고 방문하면 응대할 것

③ 주거를 이전하거나 10일 이상 국내외 여행을 할 때에는 미리 보호관찰관에게 신고할 것

④ 범죄로 이어지기 쉬운 나쁜 습관을 버리고 선행을 하며 범죄를 저지를 염려가 있는 사람들과 교제하거나 어울리지 말 것

정답 및 해설

📄 **보호관찰 대상자의 일반준수사항**(「보호관찰 등에 관한 법률」 제32조 제2항)

1. 주거지에 상주하고 생업에 종사할 것
2. 범죄로 이어지기 쉬운 나쁜 습관을 버리고 선행을 하며 범죄를 저지를 염려가 있는 사람들과 교제하거나 어울리지 말 것
3. 보호관찰관의 지도·감독에 따르고 방문하면 응대할 것
4. 주거를 이전하거나 1개월 이상 국내외 여행을 할 때에는 미리 보호관찰관에게 신고할 것

정답 ③

17 「보호관찰 등에 관한 법률」상 조사제도에 대한 설명으로 옳지 않은 것은?

2023. 교정 9급

① 법원은 판결 전 조사 요구를 받은 보호관찰소의 장에게 조사진행상황에 관한 보고를 요구할 수 있다.

② 판결 전 조사 요구를 받은 보호관찰소의 장은 지체 없이 이를 조사하여 서면 또는 구두로 해당 법원에 알려야 한다.

③ 법원은 피고인에 대하여 「형법」 제59조의2 및 제62조의2에 따른 보호관찰을 명하기 위하여 필요하다고 인정하면 그 법원의 소재지 또는 피고인의 주거지를 관할하는 보호관찰소의 장에게 피고인에 관한 사항의 조사를 요구할 수 있다.

④ 법원은 「소년법」 제12조에 따라 소년보호사건에 대한 조사 또는 심리를 위하여 필요하다고 인정하면 그 법원의 소재지 또는 소년의 주거지를 관할하는 보호관찰소의 장에게 소년의 품행, 경력, 가정상황, 그 밖의 환경 등 필요한 사항에 관한 조사를 의뢰할 수 있다.

정답 및 해설

① [○] 동법 제19조 제3항

② [×] 판결 전 조사 요구를 받은 보호관찰소의 장은 지체 없이 이를 조사하여 서면으로 해당 법원에 알려야 한다. 이 경우 필요하다고 인정하면 피고인이나 그 밖의 관계인을 소환하여 심문하거나 소속 보호관찰관에게 필요한 사항을 조사하게 할 수 있다(동법 제2항).

③ [○] 동법 제19조 제1항

④ [○] 동법 제19조의2 제1항

정답 ②

18

보호관찰, 사회봉사, 수강(受講)에 대한 설명으로 옳지 않은 것은?

① 「보호관찰 등에 관한 법률」상 보호관찰은 법원의 판결이나 결정이 확정된 때 또는 가석방·임시퇴원된 때부터 시작된다.

② 사회봉사명령 대상자가 사회봉사명령 집행 중 금고 이상의 형의 집행을 받게 된 때에는 해당 형의 집행이 종료·면제되거나 사회봉사명령 대상자가 가석방된 경우 잔여 사회봉사명령을 집행한다.

③ 판례에 따르면, 형의 집행을 유예하는 경우에 명해지는 보호관찰은 장래의 위험성으로부터 행위자를 보호하고 사회를 방위하기 위한 조치이다.

④ 판례에 따르면, 「보호관찰 등에 관한 법률」 제32조 제3항이 보호관찰 대상자에게 과할 수 있는 특별준수사항으로 정한 '범죄행위로 인한 손해를 회복하기 위하여 노력할 것(제4호)'은 수강명령대상자에 대해서도 부과할 수 있다.

정답 및 해설

① [○] 「보호관찰 등에 관한 법률」 제29조 제1항
② [○] 동법 제63조 제2항
③ [○] 대법원 1997.6.13. 97도703

> **⚖ 관련판례**
> 「형법」 제62조의2 제1항에 의하면 형의 집행을 유예를 하는 경우에는 보호관찰을 받을 것을 명할 수 있고, 같은 조 제2항에 의하면 제1항의 규정에 의한 보호관찰의 기간은 집행을 유예한 기간으로 하고, 다만 법원은 유예기간의 범위 내에서 보호관찰의 기간을 정할 수 있다고 규정되어 있는바, 위 조항에서 말하는 보호관찰은 형벌이 아니라 보안처분의 성격을 갖는 것으로서, 과거의 불법에 대한 책임에 기초하고 있는 제재가 아니라 장래의 위험성으로부터 행위자를 보호하고 사회를 방위하기 위한 합목적적인 조치이므로, 그에 관하여 반드시 행위 이전에 규정되어 있어야 하는 것은 아니며, 재판시의 규정에 의하여 보호관찰을 받을 것을 명할 수 있다고 보아야 할 것이고, 이와 같은 해석이 형벌불소급의 원칙 내지 죄형법정주의에 위배되는 것이라고 볼 수 없다(대법원 1997.6.13. 97도703).

④ [×] 대법원 2020.11.5. 2017도18291

> **⚖ 관련판례**
> 사회봉사명령·수강명령 대상자에 대한 특별준수사항은 보호관찰 대상자에 대한 것과 같을 수 없고, 따라서 보호관찰 대상자에 대한 특별준수사항을 사회봉사명령·수강명령 대상자에게 그대로 적용하는 것은 적합하지 않다. 그러므로 보호관찰법 제32조 제3항이 보호관찰 대상자에게 과할 수 있는 특별준수사항으로 정한 '범죄행위로 인한 손해를 회복하기 위하여 노력할 것(제4호)' 등 제3항 제1호부터 제9호까지의 사항은 보호관찰 대상자에 한해 부과할 수 있을 뿐, 사회봉사명령·수강명령 대상자에 대해서는 부과할 수 없다(대법원 2020.11.5. 2017도18291).

정답 ④

19

「보호관찰 등에 관한 법률」상 사회봉사명령에 대한 설명으로 옳지 않은 것은?

① 사회봉사명령 대상자가 그 집행 중 금고 이상의 형의 집행을 받게 된 때에는 해당 형의 집행이 종료·면제되거나 가석방된 경우 잔여 사회봉사명령을 집행하지 않는다.

② 보호관찰관은 사회봉사명령 집행의 전부 또는 일부를 국공립기관이나 그 밖의 단체에 위탁할 수 있다.

③ 법원은 형의 집행을 유예하는 경우, 500시간의 범위에서 기간을 정하여 사회봉사를 명할 수 있다.

④ 형의 집행유예 기간이 지난 때에는 사회봉사는 잔여 집행기간에도 불구하고 종료한다.

정답 및 해설

① [✕] 사회봉사·수강명령 대상자가 사회봉사·수강명령 집행 중 금고 이상의 형의 집행을 받게 된 때에는 해당 형의 집행이 종료·면제되거나 사회봉사·수강명령 대상자가 가석방된 경우 잔여 사회봉사·수강명령을 집행한다(「보호관찰 등에 관한 법률」제63조 제2항).

② [○] 사회봉사명령은 보호관찰관이 집행한다. 다만, 보호관찰관은 국공립기관이나 그 밖의 단체에 그 집행의 전부 또는 일부를 위탁할 수 있다(동법 제61조 제1항).

③ [○] 법원은 형의 집행을 유예하는 경우에는 사회봉사를 명할 수 있으며(「형법」제62조의2 제1항), 사회봉사를 명할 때에는 500시간의 범위에서 그 기간을 정하여야 한다(「보호관찰 등에 관한 법률」제59조 제1항).

④ [○] 사회봉사는 사회봉사명령 대상자가 ㉠ 사회봉사명령의 집행을 완료한 때, ㉡ 형의 집행유예 기간이 지난 때, ㉢ 사회봉사명령을 조건으로 한 집행유예의 선고가 실효되거나 취소된 때, ㉣ 다른 법률에 따라 사회봉사명령이 변경되거나 취소·종료된 때에 종료한다(동법 제63조 제1항).

정답 ①

20

보호관찰 대상자의 보호관찰 기간으로 옳지 않은 것은?

① 「치료감호 등에 관한 법률」상 치료감호 가종료자: 3년

② 「소년법」상 단기 보호관찰처분을 받은 자: 1년

③ 「형법」상 보호관찰을 조건으로 형의 선고유예를 받은 자: 1년

④ 「가정폭력범죄의 처벌 등에 관한 특례법」상 보호관찰처분을 받은 자: 1년

정답 및 해설

① [○] 피치료감호자에 대한 치료감호가 가종료되었을 때에 보호관찰이 시작되며(「치료감호 등에 관한 법률」제32조 제1항 제1호), 보호관찰의 기간은 3년으로 한다(동법 제32조 제2항).

② [○] 보호관찰관의 단기 보호관찰기간은 1년으로 한다(「소년법」제33조 제2항).

③ [○] 「형법」제59조의2(선고유예시 보호관찰)에 따라 보호관찰을 조건으로 형의 선고유예를 받은 사람은 보호관찰 대상자가 되고(「보호관찰 등에 관한 법률」제3조 제1항 제1호), 보호관찰의 기간은 1년이다(동법 제30조 제1호). 형의 선고를 유예하는 경우에 재범방지를 위하여 지도 및 원호가 필요한 때에는 보호관찰을 받을 것을 명할 수 있으며(「형법」제59조의2 제1항), 보호관찰의 기간은 1년으로 한다(동법 제59조의2 제2항).

④ [✕] 판사는 심리의 결과 보호처분이 필요하다고 인정하는 경우에는 결정으로 보호관찰 등에 관한 법률에 따른 보호관찰 처분을 할 수 있고(「가정폭력범죄의 처벌 등에 관한 특례법」제40조 제1항 제5호), 보호관찰 처분의 기간은 6개월을 초과할 수 없으며(동법 제41조), 보호관찰 처분의 기간을 변경하는 경우 종전의 처분기간을 합산하여 1년을 초과할 수 없다(동법 제45조 제2항).

정답 ④

21 ㉠~㉣의 보호관찰 기간을 모두 더하면?

> ㉠ 「형법」상 선고유예를 받은 자의 보호관찰 기간
> ㉡ 「형법」상 실형 5년을 선고받고 3년을 복역한 후 가석방된 자의 보호관찰 기간(허가행정관청이 필요가 없다고 인정한 경우 제외)
> ㉢ 「소년법」상 단기 보호관찰을 받은 소년의 보호관찰 기간
> ㉣ 「치료감호 등에 관한 법률」상 피치료감호자에 대한 치료감호가 가종료된 자의 보호관찰 기간

① 6년 ② 7년
③ 8년 ④ 9년

정답 및 해설

② [○] 1 + 2 + 1 + 3 = 7
㉠ 형의 선고를 유예하는 경우에 재범방지를 위하여 지도 및 원호가 필요한 때에는 보호관찰을 받을 것을 명할 수 있으며(「형법」 제59조의2 제1항), 보호관찰의 기간은 1년으로 한다(동법 제59조의2 제2항).
㉡ 가석방의 기간은 유기형에 있어서는 남은 형기로 하며(동법 제73조의2 제1항), 가석방된 자는 가석방기간 중 보호관찰을 받는다(동법 제73조의2 제2항).
  ▶ 실형 5년을 선고받고 3년을 복역한 후 가석방된 자의 보호관찰 기간은 2년이다.
㉢ 보호관찰관의 단기 보호관찰기간은 1년으로 한다(「소년법」 제33조 제2항).
㉣ 피치료감호자에 대한 치료감호가 가종료되었을 때에 보호관찰이 시작되며(「치료감호 등에 관한 법률」 제32조 제1항 제1호), 보호관찰의 기간은 3년으로 한다(동법 제32조 제2항).

정답 ②

22 보호관찰 대상자와 그 보호관찰기간이 바르게 연결되지 않은 것은?

① 「형법」상 보호관찰을 조건으로 형의 집행유예를 받은 자 – 집행을 유예한 기간(다만, 법원이 유예기간의 범위 내에서 보호관찰기간을 따로 정하는 경우에는 그 기간)
② 「전자장치 부착 등에 관한 법률」상 강도범죄를 저지른 자로 강도범죄를 다시 범할 위험성이 있으며 금고 이상의 선고형에 해당하고 보호관찰명령의 청구가 이유 있다고 인정되는 자 – 2년 이상 5년 이하
③ 「형법」상 형의 선고를 유예하는 경우에 재범방지를 위하여 지도 및 원호가 필요한 자 – 1년
④ 「소년법」상 단기보호관찰 처분을 받은 자 – 2년

정답 및 해설

① [○] 「형법」 제62조의2 제2항
② [○] 「전자장치 부착 등에 관한 법률」 제21조의3 제1항
③ [○] 「형법」 제59조의2 제2항
④ [×] 단기 보호관찰기간은 1년으로 한다(「소년법」 제33조 제2항).

정답 ④

23

「보호관찰 등에 관한 법률」상 보호관찰심사위원회에 대한 설명으로 옳은 것만을 모두 고른 것은?

2013. 교정 9급

⊙ 가석방과 그 취소에 관한 사항을 심사한다.
ⓒ 보호관찰의 정지와 그 취소에 관한 사항을 심사한다.
ⓒ 심사위원회의 위원은 고위공무원단에 속하는 별정직 국가공무원 또는 3급 상당의 별정직 국가공무원으로 한다.
ⓔ 심사위원회는 위원장을 포함하여 5명 이상 9명 이하의 위원으로 구성한다.
ⓜ 심사위원회는 심사에 필요하다고 인정하면 국공립기관이나 그 밖의 단체에 사실을 알아보거나 관계인의 출석 및 증언과 관계 자료의 제출을 요청할 수 있다.

① ⊙, ⓒ, ⓒ
② ⊙, ⓒ, ⓔ
③ ⊙, ⓒ, ⓜ
④ ⓒ, ⓒ, ⓔ

정답 및 해설

옳은 것은 ⊙, ⓒ, ⓔ이다.
⊙ [○] 「보호관찰 등에 관한 법률」 제6조 제1호
ⓒ [○] 동법 제6조 제4호
ⓒ [×] 심사위원회의 위원은 판사, 검사, 변호사, 보호관찰소장, 지방교정청장, 교도소장, 소년원장 및 보호관찰에 관한 지식과 경험이 풍부한 사람 중에서 법무부장관이 임명하거나 위촉한다(동법 제7조 제3항).
▶ 위원의 신분: 상임위원은 고위공무원단에 속하는 일반직공무원 또는 4급 공무원으로서 임기제공무원으로 하며, 상임위원이 아닌 위원은 명예직으로 한다(동법 제10조).
ⓔ [○] 동법 제7조 제1항
ⓜ [×] 심사위원회는 심사에 필요하다고 인정하면 국공립기관이나 그 밖의 단체에 사실을 알아보거나 관계 자료의 제출을 요청할 수 있다(동법 제11조 제3항).

정답 ②

24

「보호관찰 등에 관한 법률」상 보호관찰 심사위원회가 심사·결정하는 사항으로 옳지 않은 것은?

2020. 교정 9급

① 가석방과 그 취소에 관한 사항
② 임시퇴원, 임시퇴원의 취소 및 「보호소년 등의 처우에 관한 법률」 제43조 제3항에 따른 보호소년의 퇴원에 관한 사항
③ 보호관찰의 임시해제와 그 취소에 관한 사항
④ 보호관찰을 조건으로 한 형의 선고유예의 실효

정답 및 해설

④ [×] 보호관찰을 조건으로 한 형의 선고유예의 실효 및 집행유예의 취소는 법원에서 한다.

📄 **보호관찰 심사위원회의 심사·결정사항**(「보호관찰 등에 관한 법률」 제6조)

1. (소년수형자에 대한) 가석방과 (보호관찰을 받는 성인·소년 가석방 대상자의) 그 취소에 관한 사항
2. 임시퇴원, 임시퇴원의 취소 및 보호소년의 퇴원에 관한 사항
3. 보호관찰의 임시해제와 그 취소에 관한 사항
4. 보호관찰의 정지와 그 취소에 관한 사항
5. 가석방 중인 사람의 부정기형의 종료에 관한 사항
6. 이 법 또는 다른 법령에서 심사위원회의 관장 사무로 규정된 사항
7. 제1호부터 제6호까지의 사항과 관련된 사항으로서 위원장이 회의에 부치는 사항

정답 ④

25

「보호관찰 등에 관한 법률 시행규칙」상 원호협의회에 대한 설명으로 옳은 것은? 2014. 교정 9급

① 위원의 임기는 3년으로 한다.

② 원호협의회는 3명 이상 5명 이하의 위원으로 구성한다.

③ 위원장은 보호관찰 대상자에 대한 특정분야의 원호활동을 각 위원에게 개별적으로 의뢰할 수 있다.

④ 검사는 원호활동을 종합적이고 체계적으로 전개하기 위하여 원호협의회를 설치할 수 있다.

정답 및 해설

① [×] 위원의 임기는 2년으로 한다(동법 시행규칙 제25조의2 제3항).

② [×] 원호협의회는 5명 이상의 위원으로 구성한다(동법 시행규칙 제25조의2 제2항).

③ [○] 위원장은 보호관찰 대상자와 그의 가족에 대한 특정 분야의 원호활동을 각 위원에게 개별적으로 의뢰할 수 있다(「보호관찰 등에 관한 법률 시행규칙」 제25조의2 제6항).

④ [×] 보호관찰소의 장은 원호활동을 종합적이고 체계적으로 전개하기 위하여 원호협의회를 설치할 수 있다(동법 시행규칙 제25조의2 제1항).

정답 ③

26

사회봉사명령제도에 대한 설명으로 옳지 않은 것은? (다툼이 있는 경우 판례에 의함) 2011. 교정 9급

① 다양한 형벌목적을 결합시킬 수 없어 자유형에 상응한 형벌효과를 거둘 수 없다.

② 자유형의 집행을 대체하기 위한 것이므로 피고인에게 일정한 금원을 출연하거나 이와 동일시할 수 있는 행위를 명하는 것은 허용될 수 없다.

③ 강제노역으로서 이론상 대상자의 동의를 요한다고 하여야 할 것이나, 현행법은 대상자의 동의를 요건으로 하고 있지 않다.

④ 일반인의 직업활동을 저해할 우려가 있고, 대상자에게 또 다른 낙인으로 작용할 수 있다.

정답 및 해설

① [×] 사회봉사명령은 중간처벌에 해당하는 것으로, 다양한 형벌목적을 결합시킬 수 있어 자유형에 상응한 형벌효과를 거둘 수 있다.

② [○] 대법원 2008.4.11. 2007도8373

> **⚖ 관련판례**
>
> 사회봉사는 형의 집행을 유예하면서 부가적으로 명하는 것이고 집행유예 되는 형은 자유형에 한정되고 있는 점 등에 비추어, 법원이 형의 집행을 유예하는 경우 명할 수 있는 사회봉사는 자유형의 집행을 대체하기 위한 것으로서 500시간 내에서 시간 단위로 부과될 수 있는 일 또는 근로활동을 의미하는 것으로 해석되므로, 법원이 「형법」 제62조의2의 규정에 의한 사회봉사명령으로 피고인에게 일정한 금원을 출연하거나 이와 동일시할 수 있는 행위를 명하는 것은 허용될 수 없다(대법원 2008.4.11. 2007도8373).

③ [○] 법원의 임의적 부과(「형법」 제62조의2 제1항, 「보호관찰 등에 관한 법률」 제3조 제2항 등)

정답 ①

27

사회봉사명령에 대한 설명으로 옳지 않은 것은? (다툼이 있는 경우 판례에 의함)

① 법원이 형의 집행을 유예하는 경우 명할 수 있는 사회봉사는 500시간 내에서 시간 단위로 부과될 수 있는 일 또는 근로활동을 의미하는 것으로 해석된다.

② 보호관찰관은 사회봉사명령의 집행을 국공립기관이나 그 밖의 단체에 위탁한 때에는 이를 법원 또는 법원의 장에게 통보하여야 한다.

③ 사회봉사의 도움을 필요로 하는 일반 국민들에게 직접 지원 분야를 신청받아 관할 보호관찰소에서 적절성을 심사한 후, 사회봉사명령대상자를 투입하여 무상으로 사회봉사명령을 집행할 수 있다.

④ 500만원 이하의 벌금형이 확정된 벌금 미납자는 검사의 납부명령일로부터 30일 이내에 주거지를 관할하는 보호관찰관에게 사회봉사를 신청할 수 있다.

정답 및 해설

① [○] 대법원 2020.11.5. 2017도18291
② [○] 「보호관찰 등에 관한 법률」 제61조 제2항
③ [○] 사회봉사 국민공모제에 대한 설명이다.
④ [×] 대통령령으로 정한 금액(500만원) 범위 내의 벌금형이 확정된 벌금 미납자는 검사의 납부명령일부터 30일 이내에 주거지를 관할하는 지방검찰청(지방검찰청지청을 포함)의 검사에게 사회봉사를 신청할 수 있다. 다만, 검사로부터 벌금의 일부납부 또는 납부연기를 허가받은 자는 그 허가기한 내에 사회봉사를 신청할 수 있다(「벌금 미납자의 사회봉사 집행에 관한 특례법」 제4조 제1항, 동법 시행령 제2조).

정답 ④

28

「보호관찰 등에 관한 법률」상 사회봉사명령과 수강명령에 대한 설명으로 옳지 않은 것은?

① 법원은 「형법」 제62조의2에 따른 사회봉사를 명할 때에는 500시간, 수강을 명할 때에는 200시간의 범위에서 그 기간을 정하여야 한다. 다만, 다른 법률에 특별한 규정이 있는 경우에는 그 법률에서 정하는 바에 따른다.

② 법원은 「형법」 제62조의2에 따른 사회봉사 또는 수강을 명하는 판결이 확정된 때부터 3일 이내에 판결문 등본 및 준수사항을 적은 서면을 피고인의 주거지를 관할하는 보호관찰소의 장에게 보내야 한다.

③ 사회봉사·수강명령 대상자는 주거를 이전하거나 10일 이상의 국외여행을 할 때에는 미리 보호관찰관에게 신고하여야 한다.

④ 사회봉사·수강명령 대상자가 사회봉사·수강명령 집행 중 금고 이상의 형의 집행을 받게 된 때에는 해당 형의 집행이 종료·면제되거나 사회봉사·수강명령 대상자가 가석방된 경우 잔여 사회봉사·수강명령을 집행한다.

정답 및 해설

① [○] 동법 제59조 제1항
② [○] 동법 제60조 제1항
③ [×] 사회봉사·수강명령 대상자는 주거를 이전하거나 1개월 이상 국내외 여행을 할 때에는 미리 보호관찰관에게 신고하여야 한다(「보호관찰 등에 관한 법률」 제62조 제2항 제2호).
④ [○] 동법 제63조 제2항

정답 ③

29

현행법상 보호관찰명령을 부과하면서 사회봉사명령을 병과할 수 없는 것만을 모두 고른 것은?

2017. 5급 승진

- ㉠ 「형법」 제59조의2에 의한 선고유예자인 경우
- ㉡ 「형법」 제73조의2에 의한 가석방자인 경우
- ㉢ 「소년법」 제32조 제1항의 보호처분 대상 소년으로 12세인 경우
- ㉣ 「성폭력범죄의 처벌 등에 관한 특례법」상 성폭력범죄를 범한 사람에 대하여 형의 집행을 유예하는 경우
- ㉤ 「가정폭력범죄의 처벌 등에 관한 특례법」 제40조 제1항의 보호처분을 할 경우

① ㉠, ㉡, ㉢
② ㉠, ㉡, ㉣
③ ㉠, ㉣, ㉤
④ ㉡, ㉢, ㉤
⑤ ㉢, ㉣, ㉤

정답 및 해설

보호관찰명령을 부과하면서 사회봉사명령을 병과할 수 없는 것은 ㉠, ㉡, ㉢이다.

㉠ [○] 형의 선고를 유예하는 경우에 재범방지를 위하여 지도 및 원호가 필요한 때에는 보호관찰을 받을 것을 명할 수 있다(「형법」 제59조의2 제1항).

㉡ [○] 가석방된 자는 가석방기간 중 보호관찰을 받는다(동법 제73조의2 제2항).

㉢ [○] 보호관찰관의 단기 보호관찰(제4호) 처분과 사회봉사명령(제3호) 처분 또는 보호관찰관의 장기 보호관찰(제5호) 처분과 사회봉사명령(제3호) 처분은 병합할 수 있으나(「소년법」 제32조 제2항 제1호·제2호), 사회봉사명령 처분은 14세 이상의 소년에게만 할 수 있다(동법 제32조 제3항).

㉣ [×] 법원이 성폭력범죄를 범한 사람에 대하여 형의 집행을 유예하는 경우에는 수강명령 외에 그 집행유예기간 내에서 보호관찰 또는 사회봉사 중 하나 이상의 처분을 병과할 수 있다(「성폭력범죄의 처벌 등에 관한 특례법」 제16조 제4항).

㉤ [×] 판사는 심리의 결과 보호처분이 필요하다고 인정하는 경우에는 결정으로 보호관찰 등에 관한 법률에 따른 보호관찰, 사회봉사·수강명령을 할 수 있다(「가정폭력범죄의 처벌 등에 관한 특례법」 제40조 제1항).

정답 ①

현행 법령상 사회봉사·수강명령에 대한 설명으로 옳지 않은 것은? (다툼이 있는 경우 판례에 의함)

2020. 5급 승진

① 형의 집행을 유예하는 경우에는 보호관찰을 받을 것을 명하거나 사회봉사 또는 수강을 명할 수 있고, 사회봉사 또는 수강명령은 집행유예기간 내에 이를 집행한다.

② 「보호관찰 등에 관한 법률」상 법원은 「형법」에 따른 사회봉사를 명할 때에는 500시간, 수강을 명할 때에는 200시간의 범위에서 그 기간을 정하여야 하나, 다른 법률에 특별한 규정이 있는 경우에는 그 법률에서 정하는 바에 따른다.

③ 사회봉사·수강명령은 당해 대상자의 교화·개선 및 범죄예방을 위하여 필요하고도 상당한 한도 내에서 이루어져야 하므로, 보호관찰명령 없이 수강명령만 선고하는 경우에도 보호관찰대상자에 대한 특별준수사항을 수강명령대상자에게 그대로 적용하는 것이 허용된다.

④ 「성폭력범죄의 처벌 등에 관한 특례법」에 따라 병과하는 수강명령 또는 이수명령은 이른바 범죄인에 대한 사회 내 처우의 한 유형으로서 형벌 그 자체가 아니라 보안처분의 성격을 가지는 것이지만, 의무적 강의 수강 또는 성폭력 치료프로그램의 의무적 이수를 받도록 함으로써 실질적으로는 신체적 자유를 제한하는 것이 된다.

⑤ 법원이 「보호관찰 등에 관한 법률」에 의한 검사의 청구에 의하여 「형법」 제64조 제2항에 규정된 집행유예취소의 요건에 해당하는가를 심리함에 있어, 보호관찰기간 중의 재범에 대하여 따로 처벌받는 것과는 별도로 보호관찰자 준수사항 위반 여부 및 그 정도를 평가하여야 하고, 보호관찰이나 사회봉사 또는 수강명령은 각각 병과되는 것이므로 사회봉사 또는 수강명령의 이행 여부는 보호관찰자 준수사항 위반 여부나 그 정도를 평가하는 결정적인 요소가 될 수 없다.

정답 및 해설

① [○] 「형법」 제62조의2 제1항·제3항

② [○] 「보호관찰 등에 관한 법률」 제59조 제1항

③ [×] 사회봉사·수강명령대상자에 대한 특별준수사항은 보호관찰대상자에 대한 것과 같을 수 없고, 따라서 보호관찰대상자에 대한 특별준수사항을 사회봉사·수강명령대상자에게 그대로 적용하는 것은 적합하지 않다(대법원 2009.3.30. 2008모1116).

④ [○] 대법원 2018.10.4. 2016도15961

⑤ [○] 대법원 2010.5.27. 2010모446

정답 ③

보호관찰, 사회봉사명령, 수강명령에 대한 설명으로 옳지 않은 것으로만 묶인 것은?

○ 형의 집행을 유예하는 경우, 보호관찰을 받을 것을 명하거나 사회봉사 또는 수강을 명할 수 있다. 이 경우 보호관찰, 사회봉사·수강명령은 모두 동시에 명할 수 없다.

ⓛ 집행유예시 보호관찰기간은 형의 집행을 유예한 기간으로 한다. 다만, 법원은 유예기간의 범위 내에서 보호관찰기간을 정할 수 있다.

ⓒ 사회봉사명령은 500시간 범위 내에서 일정시간동안 무보수로 근로에 종사하도록 하는 제도이다. 다만, 소년의 경우 사회봉사명령은 200시간 이내이다. 사회봉사명령은 집행유예기간에 상관 없이 이를 집행할 수 있다.

ⓔ 수강명령은 200시간 이내에서 일정시간동안 지정된 장소에 출석하여 강의, 훈련 또는 상담을 받게 하는 제도이다. 소년의 경우 만 12세 이상의 소년에게만 부과할 수 있고 시간은 100시간 이내이다.

ⓜ 사회봉사명령이나 수강명령은 원상회복과 함께 자유형에 대한 대체수단으로 우리나라에서는 형법에 먼저 도입되었고 소년법에 확대 적용되있다.

① ㉠, ㉡, ㉢, ㉣
② ㉠, ㉢, ㉤
③ ㉡, ㉣, ㉤
④ ㉢, ㉣

정답 및 해설

옳지 않은 것은 ㉠, ㉢, ㉤이다.

㉠ [×] 집행유예를 선고할 경우에는 보호관찰과 사회봉사 또는 수강을 동시에 명할 수 있다(대법원 1998.4.24. 98도98).

㉡ [○] 「형법」제62조의2 제2항

㉢ [×] 법원은 「형법」제62조의2에 따른 사회봉사를 명할 때에는 500시간의 범위에서 그 기간을 정하여야 한다. 다만, 다른 법률에 특별한 규정이 있는 경우에는 그 법률에서 정하는 바에 따른다(「보호관찰 등에 관한 법률」제59조 제1항). 「소년법」제32조 제1항 제3호의 사회봉사명령은 200시간을 초과할 수 없으며, 보호관찰관이 그 명령을 집행할 때에는 사건 본인의 정상적인 생활을 방해하지 아니하도록 하여야 한다(「소년법」제33조 제4항). 사회봉사명령은 집행유예기간 내에 이를 집행한다(「형법」제62조의2 제3항).

㉣ [○] 법원은 「형법」제62조의2에 따른 수강을 명할 때에는 200시간의 범위에서 그 기간을 정하여야 한다. 다만, 다른 법률에 특별한 규정이 있는 경우에는 그 법률에서 정하는 바에 따른다(「보호관찰 등에 관한 법률」제59조 제1항). 「소년법」제32조 제1항 제2호의 수강명령은 100시간을 초과할 수 없으며, 보호관찰관이 그 명령을 집행할 때에는 사건 본인의 정상적인 생활을 방해하지 아니하도록 하여야 한다(「소년법」제33조 제4항). 수강명령은 12세 이상의 소년에게만 할 수 있다(동법 제32조 제4항).

㉤ [×] 현대적 의미의 사회봉사명령제도는 영국에서 1972년도에 창안된 제도로서, 당시 영국은 교도소 수용비율이 지나치게 높아 수형자가 포화상태에 이르게 되자, 비교적 중하지 않은 범죄자를 구금하지 않고 처벌할 수 있는 새로운 형태의 형벌로서 도입하였다. 우리나라에서는 1988년 12월 31일 「소년법」개정으로 처음 도입되었으며, 1995년 12월 29일 「형법」에 도입되어 모든 범죄자에게 확대·시행하게 되었다.

정답 ②

32 사회봉사명령 및 수강명령에 대한 설명으로 옳지 않은 것은?

2011. 교정 7급

① 사회봉사명령 및 수강명령의 집행을 완료하거나 형의 집행 유예기간이 지났을 때 사회봉사명령 및 수강명령은 종료된다.
② 보호관찰관은 사회봉사명령 또는 수강명령의 집행을 국공립기관에 위탁하였을 때 이를 법원 또는 법원의 장에게 통보해야 한다.
③ 사회봉사명령 및 수강명령 대상자는 법무부령으로 정하는 바에 따라 주거, 직업, 그 밖에 필요한 사항을 보호관찰소의 장에게 신고해야 한다.
④ 사회봉사명령 또는 수강명령은 보호관찰관이 집행하고, 보호관찰관은 국공립기관이나 그 밖의 단체에 그 집행의 전부 또는 일부를 위탁할 수 있다.

정답 및 해설

① [○] 동법 제63조 제1항
② [○] 동법 제61조 제2항
③ [×] 사회봉사명령 및 수강명령 대상자는 대통령령으로 정하는 바에 따라 주거, 직업, 그 밖에 필요한 사항을 관할 보호관찰소의 장에게 신고하여야 한다(「보호관찰 등에 관한 법률」제62조 제1항).
④ [○] 동법 제61조 제1항

정답 ③

33 사회봉사명령제도에 대한 설명으로 옳은 것은? (다툼이 있는 경우 판례에 의함)

2012. 교정 7급

① 「형법」상 사회봉사명령은 집행유예기간 내에 이를 집행한다.
② 「소년법」상 사회봉사명령은 12세 이상의 소년에게만 할 수 있다.
③ 보호관찰과 사회봉사명령 또는 수강명령은 동시에 명할 수 없다.
④ 「형법」상 사회봉사명령은 집행유예 또는 선고유예를 선고받은 사람에게 부과할 수 있다.

정답 및 해설

① [○] 「형법」제62조의2 제3항
② [×] 「소년법」상 사회봉사명령은 14세 이상의 소년에게만 할 수 있다(「소년법」제32조 제3항).
③ [×] 집행유예를 선고할 경우에는 보호관찰과 사회봉사 또는 수강을 동시에 명할 수 있다(대법원 1998.4.24. 98도98).
④ [×] 선고유예는 집행유예와는 달리 사회봉사명령이나 수강명령을 할 수 없다(「형법」제59조의2).

정답 ①

34

사회봉사명령 또는 허가의 대상이 될 수 없는 자를 모두 고른 것은?

2016. 보호 7급

ㄱ 「가정폭력범죄의 처벌 등에 관한 특례법」의 가정폭력 행위자 중 보호처분이 필요하다고 인정되는 자
ㄴ 「성매매 알선 등 행위의 처벌에 관한 법률」의 성매매를 한 자 중 보호처분이 필요하다고 인정되는 자
ㄷ 「소년법」에 따라 보호처분을 할 필요가 있다고 인정되는 만 12세의 소년
ㄹ 「벌금 미납자의 사회봉사 집행에 관한 특례법」상 징역과 동시에 벌금을 선고받아 확정되었음에도 불구하고 벌금을 미납한 자
ㅁ 「아동·청소년의 성보호에 관한 법률」상 집행유예를 선고받은 성범죄자

① ㄱ, ㄴ
② ㄷ, ㄹ
③ ㄱ, ㄹ, ㅁ
④ ㄴ, ㄷ, ㅁ

정답 및 해설

사회봉사명령 또는 허가의 대상이 될 수 없는 자는 ㄷ, ㄹ이다.

ㄱ [×] 판사는 심리의 결과 보호처분이 필요하다고 인정하는 경우에는 결정으로 보호관찰 등에 관한 법률에 따른 사회봉사명령을 할 수 있다(「가정폭력범죄의 처벌 등에 관한 특례법」 제40조 제1항).

ㄴ [×] 판사는 심리 결과 보호처분이 필요하다고 인정할 때에는 결정으로 보호관찰 등에 관한 법률에 따른 사회봉사명령을 할 수 있다(「성매매 알선 등 행위의 처벌에 관한 법률」 제14조 제1항).

ㄷ [○] 사회봉사명령 처분은 14세 이상의 소년에게만 할 수 있다(「소년법」 제32조 제3항).

ㄹ [○] 징역 또는 금고와 동시에 벌금을 선고받은 사람은 사회봉사를 신청할 수 없으며(「벌금 미납자의 사회봉사 집행에 관한 특례법」 제4조 제2항), 사회봉사를 신청할 수 없는 사람이 신청을 한 경우에는 법원은 사회봉사를 허가하지 아니한다(동법 제6조 제2항).

ㅁ [×] 법원이 아동·청소년대상 성범죄를 범한 사람에 대하여 형의 집행을 유예하는 경우에는 수강명령 외에 그 집행유예기간 내에서 보호관찰 또는 사회봉사 중 하나 이상의 처분을 병과할 수 있다(「아동·청소년의 성보호에 관한 법률」 제21조 제4항).

정답 ②

35

현행법상 사회봉사·수강명령에 대한 설명으로 옳지 않은 것을 모두 고른 것은?

ㄱ 「소년법」에 의해 보호관찰 또는 보호자에게 감호위탁 된 13세 이상의 소년에게는 사회봉사명령을 병과할 수 있다.
ㄴ 집행유예를 선고받은 성인에게는 사회봉사명령이나 수강명령을 500시간까지 부과할 수 있다.
ㄷ 사회봉사 또는 수강을 명한 집행유예를 받은 자가 준수사항이나 명령을 위반하고, 그 정도가 무거운 때에는 집행유예를 취소할 수 있다.
ㄹ 사회봉사·수강명령은 그 집행 중 고의로 범한 죄로 금고 이상의 실형을 선고받아 그 판결이 확정되어 사회봉사·수강명령을 조건으로 한 집행유예의 선고가 실효된 때에 종료한다.
ㅁ 과거에는 사회봉사·수강명령의 집행을 국·공립기관 기타 단체에 그 집행을 위탁할 수 있었으나, 그에 대한 문제점이 많아 현행법은 보호관찰관만이 집행하도록 하고 있다.

① ㄱ, ㄴ, ㄷ
② ㄷ, ㄹ, ㅁ
③ ㄱ, ㄴ, ㅁ
④ ㄴ, ㄹ, ㅁ

옳지 않은 것은 ㉠, ㉡, ㉰이다.

㉠ [×] 보호자 등에게 감호 위탁·수강명령·사회봉사명령·보호관찰관의 단기 보호관찰·보호관찰관의 장기 보호관찰 처분 상호 간에는 그 전부 또는 일부를 병합할 수 있으나(「소년법」제32조 제2항 제1호·제2호), 사회봉사명령은 14세 이상 보호소년에게만 부과할 수 있으므로(동법 제32조 제3항), 보호관찰 또는 보호자에게 감호위탁된 13세의 소년에게는 사회봉사명령을 병과할 수 없다.

㉡ [×] 법원은 「형법」제62조의2(집행유예시 보호관찰, 사회봉사·수강명령)에 따른 사회봉사를 명할 때에는 500시간, 수강을 명할 때에는 200시간의 범위에서 그 기간을 정하여야 한다. 다만, 다른 법률에 특별한 규정이 있는 경우에는 그 법률에서 정하는 바에 따른다(「보호관찰 등에 관한 법률」제59조 제1항).

㉢ [○] 「형법」제64조 제2항

㉣ [○] 사회봉사·수강은 사회봉사·수강명령 대상자가 「형법」제63조(집행유예의 실효) 또는 제64조(집행유예의 취소)에 따라 사회봉사·수강명령을 조건으로 한 집행유예의 선고가 실효되거나 취소된 때에 종료한다(「보호관찰 등에 관한 법률」제63조 제1항 제3호).

㉰ [×] 사회봉사·수강명령은 보호관찰관이 집행한다. 다만, 보호관찰관은 국·공립기관 기타 단체에 그 집행의 전부 또는 일부를 위탁할 수 있다(동법 제61조 제1항).

정답 ③

36 사회 내 처우에 대한 설명으로 옳지 않은 것은?

2025. 교정 9급

① 사회봉사명령은 유죄가 인정된 범죄자에게 일정 시간 보수를 책정하여 사회에 유익한 근로를 하도록 명하는 제도이다.

② 수강명령은 유죄가 인정된 범죄자에게 일정 시간 교육받도록 함으로써 교화개선을 도모하는 제도이다.

③ 배상명령은 범죄자가 피해자에게 금전적으로 배상하는 것으로 구금 대신 직업 활동에 전념할 수 있게 하는 제도이다.

④ 집중보호관찰은 일반보호관찰이 범죄자에게 지나치게 관대한 처분이라는 시민의 불만을 불식시키면서 교정시설의 과밀 수용을 해소할 수 있는 제도이다.

① [×] 사회봉사명령은 본래 단기자유형의 대체방안의 하나로서, 유죄가 인정된 범죄인이나 비행소년을 교도소나 소년원에 구금하는 대신 정상적인 사회생활을 영위하게 하면서 일정한 기간 내에 지정된 시간 동안 무보수로 근로에 종사하도록 명하는 것을 말한다.

② [○] 수강명령은 유죄가 인정된 범죄인이나 보호소년을 교화·개선하기 위하여 일정한 강의나 교육을 받도록 명하는 것을 말한다.

③ [○] 배상명령은 범죄자로 하여금 자신의 범죄로 인해 피해를 입은 범죄피해자에게 금전적으로 배상시키는 제도로, 범죄자를 사회로부터 격리수용하지 않으므로 지역사회에서 가족과 인간관계를 유지하며 직업활동에 전념할 수 있다는 장점이 있다.

④ [○] 집중감독(감시)보호관찰은 구금과 보호관찰에 대한 대체방안으로, 감독의 강도가 일반보호관찰보다는 엄격하고 교도소의 구금에 비해서는 관대한 중간처벌을 말한다. 보호관찰이 지나치게 관대한 처벌이라는 느낌을 주지 않으면서 범죄자를 사회 내에서 처우할 수 있는 기회를 제공하며, 과밀수용의 해소방안으로서 중요한 의미를 가진다.

정답 ①

37

현행법상 보호관찰과 수강명령을 병과할 수 있는 대상자를 모두 고른 것은?

> ㉠ 「형법」상 선고유예를 받은 자
> ㉡ 「형법」상 가석방된 자
> ㉢ 「소년법」상 보호관찰관의 장기 · 단기보호관찰 처분을 받은 소년 중 12세 이상인 자
> ㉣ 「성폭력범죄의 처벌 등에 관한 특례법」상 성폭력범죄를 범한 사람으로서 형의 집행을 유예받은 자

① ㉡, ㉣

② ㉢, ㉣

③ ㉠, ㉡, ㉢

④ ㉠, ㉢, ㉣

정답 및 해설

보호관찰과 수강명령을 병과할 수 있는 대상자는 ㉢, ㉣이다.

㉠ [×] 형법상 선고유예를 받은 자는 보호관찰 대상자에 해당하며(「보호관찰 등에 관한 법률」 제3조 제1항), 수강명령은 선고유예 시에는 할 수 없고 집행유예 시에 명할 수 있다(동법 제3조 제2항).

㉡ [×] 형법상 가석방된 자는 보호관찰 대상자에 해당하며(동법 제3조 제1항), 수강명령은 명할 수 없다(동법 제3조 제2항).

㉢ [○] 「소년법」상 보호관찰관의 장기 · 단기보호관찰 처분을 받은 소년 중 12세 이상인 자는 보호관찰 대상자와 수강명령 대상자에 해당하며(동법 제3조 제1항 · 제2항), 보호관찰관의 단기 보호관찰과 수강명령, 보호관찰관의 장기 보호관찰과 수강명령은 병합할 수 있으며(「소년법」 제32조 제2항), 수강명령은 12세 이상의 소년에게만 할 수 있다(동법 제32조 제4항).

㉣ [○] 성폭력범죄의 처벌 등에 관한 특례법상 성폭력범죄를 범한 사람으로서 형의 집행을 유예 받은 자는 보호관찰 대상자와 수강명령 대상자에 해당하며(「보호관찰 등에 관한 법률」 제3조 제1항 · 제2항), 법원이 성폭력범죄를 범한 사람에 대하여 유죄판결(선고유예는 제외)을 선고하거나 약식명령을 고지하는 경우에는 500시간의 범위에서 재범예방에 필요한 수강명령을 병과하여야 한다(「성폭력범죄의 처벌 등에 관한 특례법」 제16조 제2항). 성폭력범죄를 범한 자에 대하여 수강명령은 형의 집행을 유예할 경우에 그 집행유예기간 내에서 병과한다(동법 제16조 제3항).

정답 ②

38

다음 중 수강명령의 부과 대상이 될 수 없는 자는?

① 「경범죄처벌법」상 과다노출이나 지속적 괴롭힘 행위를 한 자
② 「성매매 알선 등 행위의 처벌에 관한 법률」상 성매매를 한 자
③ 「가정폭력범죄의 처벌 등에 관한 특례법」상 가정폭력사범
④ 「성폭력범죄의 처벌 등에 관한 특례법」상 집행유예선고를 받은 성폭력범죄자

정답 및 해설

① [×] 「보호관찰 등에 관한 법률」 제3조 제2항에서 사회봉사 · 수강명령 대상자로 ㉠ 「형법」 제62조의2에 따라 사회봉사 또는 수강을 조건으로 형의 집행유예를 선고받은 사람, ㉡ 「소년법」 제32조에 따라 사회봉사명령 또는 수강명령을 받은 사람, ㉢ 다른 법률에서 이 법에 따른 사회봉사 또는 수강을 받도록 규정된 사람으로 규정하고 있으며, 여기서 ㉢의 다른 법률에는 「가정폭력범죄의 처벌 등에 관한 특례법」, 「아동 · 청소년의 성보호에 관한 법률」, 「성매매알선 등 행위의 처벌에 관한 법률」, 「성폭력범죄의 처벌 등에 관한 특례법」 등이 있다. ①은 수강명령의 부과대상에 해당하지 않는다.

② [○] 「성매매 알선 등 행위의 처벌에 관한 법률」 제14조 제1항 제3호

③ [○] 「가정폭력범죄의 처벌 등에 관한 특례법」 제40조 제1항 제4호

④ [○] 「성폭력범죄의 처벌 등에 관한 특례법」 제16조 제2항

정답 ①

39 보호관찰을 규정하고 있지 않은 법률은?

2011. 교정 9급

① 「형법」

② 「치료감호 등에 관한 법률」

③ 「청소년보호법」

④ 「성폭력범죄의 처벌 등에 관한 특례법」

정답 및 해설

① [×] 「형법」 제59조의2, 제62조의2, 제73조의2
② [×] 「치료감호 등에 관한 법률」 제32조
④ [×] 「성폭력범죄의 처벌 등에 관한 특례법」 제16조 제1항

💡 보호관찰 vs 사회봉사 · 수강명령

보호관찰이 규정되어 있는 법률	사회봉사 · 수강명령이 규정되어 있는 법률
• 형법 • 보호관찰 등에 관한 법률 • 소년법 • 성매매알선 등 행위의 처벌에 관한 법률 • 아동 · 청소년의 성보호에 관한 법률 • 성폭력범죄의 처벌 등에 관한 특례법 • 가정폭력범죄의 처벌 등에 관한 특례법 • 치료감호 등에 관한 법률 • 전자장치 부착 등에 관한 법률 • 성폭력범죄자의 성충동 약물치료에 관한 법률	• 형법 • 보호관찰 등에 관한 법률 • 소년법 • 성매매알선 등 행위의 처벌에 관한 법률 • 아동 · 청소년의 성보호에 관한 법률 • 성폭력범죄의 처벌 등에 관한 특례법 • 가정폭력범죄의 처벌 등에 관한 특례법

정답 ③

40 「보호관찰 등에 관한 법률」상 사회봉사명령에 대한 설명으로 옳지 않은 것은?

2016. 교정 9급

① 보호관찰관은 국공립기관이나 그 밖의 단체에 사회봉사명령 집행의 전부 또는 일부를 위탁할 수 있다.

② 법원은 「형법」상 사회봉사를 명할 경우에 대상자가 사회봉사를 할 분야와 장소 등을 지정하여야 한다.

③ 사회봉사명령 대상자는 주거를 이전하거나 1개월 이상 국내외 여행을 할 때에는 미리 보호관찰관에게 신고하여야 한다.

④ 「형법」상 형의 집행유예 시 사회봉사를 명할 때에는 다른 법률에 특별한 규정이 없으면 500시간의 범위에서 그 기간을 정하여야 한다.

정답 및 해설

① [○] 동법 제61조 제1항
② [×] 법원은 사회봉사 · 수강명령 대상자가 사회봉사를 하거나 수강할 분야와 장소 등을 지정할 수 있다(「보호관찰 등에 관한 법률」 제59조 제2항).
③ [○] 동법 제62조 제2항
④ [○] 동법 제59조 제1항

정답 ②

41

「보호관찰 등에 관한 법률」상 사회봉사명령 및 수강명령에 대한 설명으로 옳은 것은?

2015. 5급 승진

① 사회봉사ㆍ수강명령 대상자는 주거를 이전하거나 15일 이상 국외 여행을 할 때에는 미리 보호관찰관에게 신고해야 한다.
② 사회봉사명령은 300시간, 수강명령은 200시간을 초과하여 명할 수 없다.
③ 사회봉사ㆍ수강명령 대상자의 준수사항은 그에게 구두로 명확하게 고지하여야 한다.
④ 보호관찰소는 사회봉사 또는 수강명령의 집행을 다른 기관에 위탁할 수 없다.
⑤ 사회봉사ㆍ수강은 사회봉사ㆍ수강명령 대상자가 선고받은 형의 집행유예 기간이 지나면 종료한다.

정답 및 해설

① [×] 주거를 이전하거나 1개월 이상 국내외 여행을 할 때에는 미리 보호관찰관에게 신고해야 한다(동법 제62조 제2항 제2호).
② [×] 법원은 사회봉사를 명할 때에는 500시간, 수강을 명할 때에는 200시간이 범위에서 그 기간을 정하여야 한다(동법 제59조 제1항).
③ [×] 준수사항은 서면으로 고지하여야 한다(동법 제62조 제4항).
④ [×] 사회봉사명령 또는 수강명령은 보호관찰관이 집행한다. 다만, 보호관찰관은 국공립기관이나 그 밖의 단체에 그 집행의 전부 또는 일부를 위탁할 수 있다(동법 제61조 제1항).
⑤ [○] 「보호관찰 등에 관한 법률」 제63조 제1항 제2호

정답 ⑤

42

수강명령의 부과 대상이 될 수 없는 자는?

① 「성폭력범죄의 처벌 등에 관한 특례법」상 유죄판결을 선고받은 성폭력범죄자
② 「아동ㆍ청소년의 성보호에 관한 법률」상 집행유예선고를 받은 성매수자
③ 「경범죄처벌법」상 통고처분 불이행자
④ 「가정폭력범죄의 처벌 등에 관한 특례법」상 가정폭력사범
⑤ 「성매매 알선 등 행위의 처벌에 관한 법률」상 성매매를 한 자

정답 및 해설

③ [×] 경범죄처벌법에는 수강명령이 규정되어 있지 않다. 수강명령이 규정되어 있는 법률은 「형법」, 「보호관찰 등에 관한 법률」, 「소년법」, 「성매매알선 등 행위의 처벌에 관한 법률」, 「아동ㆍ청소년의 성보호에 관한 법률」, 「성폭력범죄의 처벌 등에 관한 특례법」, 「가정폭력범죄의 처벌 등에 관한 특례법」 등이 있다.

정답 ③

43

수강명령에 대한 설명으로 옳지 않은 것은?

① 형의 집행을 유예하는 경우에는 수강을 명할 수 있지만, 형의 선고를 유예하는 경우에는 수강을 명할 수 없다.
② 법원이 「형법」 제62조의2에 따른 수강을 명할 때에는 다른 법률에 특별한 규정이 있는 경우를 제외하고 200시간의 범위에서 수강기간을 정하여야 한다.
③ 「소년법」에서의 수강명령은 보호관찰과 독립하여 부과할 수 있다.
④ 수강명령대상자가 수강명령 집행기간 중 금고 이상의 형의 집행을 받게 된 때에 수강은 종료한다.

① [○] 형의 선고를 유예하는 경우에는 보호관찰을 받을 것을 명할 수 있고(「형법」제59조의2 제1항), 형의 집행을 유예하는 경우에는 보호관찰을 받을 것을 명하거나 사회봉사 또는 수강을 명할 수 있다(동법 제62조의2 제1항).

② [○] 법원은 「형법」제62조의2(집행유예시 보호관찰, 사회봉사·수강명령)에 따른 사회봉사를 명할 때에는 500시간, 수강을 명할 때에는 200시간의 범위에서 그 기간을 정하여야 한다. 다만, 다른 법률에 특별한 규정이 있는 경우에는 그 법률에서 정하는 바에 따른다(「보호관찰 등에 관한 법률」제59조 제1항).

③ [○] 「소년법」제32조 제1항 제2호

④ [×] 개정 前 「보호관찰 등에 관한 법률」(2016.12.27.)에서는 사회봉사·수강명령 대상자가 '사회봉사·수강명령 집행기간 중 금고 이상의 형의 집행을 받게 된 때'에 사회봉사·수강은 종료하였으나, 개정(2019.4.16.) 법률에서는 '사회봉사·수강명령 집행기간 중 금고 이상의 형의 집행을 받게 된 때(동법 제63조 제4호)'가 사회봉사·수강명령의 종료사유에서 제외되고, 제2항이 신설되어 '금고 이상의 형의 집행 이후' 잔여 사회봉사·수강명령을 계속 집행하도록 하였다.

▶ 개정 前 「보호관찰 등에 관한 법률」(2016.12.27.)에서는 보호관찰은 보호관찰 대상자가 '보호관찰 기간 중 금고 이상의 형의 집행을 받게 된 때'에 보호관찰은 종료하였으나, 개정(2019.4.16.) 법률에서는 '보호관찰 기간 중 금고 이상의 형의 집행을 받게 된 때(동법 제51조 제6호)'가 보호관찰의 종료사유에서 제외되고, 제2항이 신설되어 '금고 이상의 형의 집행기간 동안 보호관찰 기간은 계속 진행되고, 집행 후 보호관찰 기간이 남아있는 때'에는 그 잔여기간 동안 보호관찰을 집행하도록 하였다.

 보호관찰과 사회봉사·수강명령의 잔여 집행(「보호관찰 등에 관한 법률」)

보호관찰	보호관찰 대상자가 보호관찰 기간 중 금고 이상의 형의 집행을 받게 된 때에는 해당 형의 집행기간 동안 보호관찰 대상자에 대한 보호관찰 기간은 계속 진행되고, 해당 형의 집행이 종료·면제되거나 보호관찰 대상자가 가석방된 경우 보호관찰 기간이 남아있는 때에는 그 잔여기간 동안 보호관찰을 집행한다(동법 제51조 제2항).
사회봉사·수강명령	사회봉사·수강명령 대상자가 사회봉사·수강명령 집행 중 금고 이상의 형의 집행을 받게 된 때에는 해당 형의 집행이 종료·면제되거나 사회봉사·수강명령 대상자가 가석방된 경우 잔여 사회봉사·수강명령을 집행한다(동법 제63조 제2항).

정답 ④

44

수강명령의 종료사유가 아닌 것은?

① 수강명령의 집행을 완료한 때
② 형의 집행유예 기간이 지난 때
③ 수강명령을 조건으로 한 집행유예의 선고가 실효되거나 취소된 때
④ 수강명령 집행기간 중 금고 이상의 형의 집행을 받게 된 때

사회봉사·수강명령의 종료(「보호관찰 등에 관한 법률」제63조 제1항)

1. 사회봉사명령 또는 수강명령의 집행을 완료한 때
2. 형의 집행유예 기간이 지난 때
3. 사회봉사·수강명령을 조건으로 한 집행유예의 선고가 실효되거나 취소된 때
4. 다른 법률에 따라 사회봉사·수강명령이 변경되거나 취소·종료된 때

정답 ④

45

보호관찰에 대한 설명으로 옳은 것은? (다툼이 있는 경우 판례에 의함)

2016. 사시

① 집행유예 선고 시 보호관찰을 명할 경우 반드시 사회봉사명령과 수강명령을 동시에 명해야 한다.
② 보호관찰대상자에 대한 특별준수사항은 사회봉사 및 수강명령대상자에게도 그대로 적용된다.
③ 보호관찰을 조건으로 한 형의 집행유예가 취소된 경우 집행유예 취소를 위한 유치기간은 형기에 산입하지 않는다.
④ 보호관찰 기간 중 금고 이상의 형의 집행을 받게 되면, 이는 보호관찰의 정지결정 사유에 해당한다.
⑤ 보호관찰을 조건으로 한 형의 집행유예가 실효 또는 취소된 때에는 보호관찰은 종료한다.

정답 및 해설

---

① [×] 집행유예를 선고할 경우에는 보호관찰과 사회봉사 또는 수강을 동시에 명할 수 있다(대법원 1998.4.24. 98도98).
② [×] 대법원 2009.3.30. 2008모1116

> **관련판례**
> 보호관찰의 기간은 집행을 유예한 기간으로 하고 다만, 법원은 유예기간의 범위 내에서 보호관찰기간을 정할 수 있는 반면, 사회봉사명령·수강명령은 집행유예기간 내에 이를 집행하되 일정한 시간의 범위 내에서 그 기간을 정하여야 하는 점, 보호관찰명령이 보호관찰기간 동안 바른생활을 영위할 것을 요구하는 추상적 조건의 부과이거나 악행을 하지 말 것을 요구하는 소극적인 부작위조건의 부과인 반면, 사회봉사명령·수강명령은 특정시간 동안의 적극적인 작위의무를 부과하는 데 그 특징이 있다는 점 등에 비추어 보면, 사회봉사·수강명령대상자에 대한 특별준수사항은 보호관찰대상자에 대한 것과 같을 수 없고, 따라서 보호관찰대상자에 대한 특별준수사항을 사회봉사·수강명령대상자에게 그대로 적용하는 것은 적합하지 않다(대법원 2009.3.30. 2008모1116).

③ [×] 유치된 사람에 대하여 보호관찰을 조건으로 한 형의 선고유예가 실효되거나 집행유예가 취소된 경우 또는 가석방이 취소된 경우에는 그 유치기간을 형기에 산입한다(「보호관찰 등에 관한 법률」 제45조).
④ [×] 보호관찰 대상자가 보호관찰 기간 중 금고 이상의 형의 집행을 받게 된 때에는 해당 형의 집행기간 동안 보호관찰 대상자에 대한 보호관찰 기간은 계속 진행되고, 해당 형의 집행이 종료·면제되거나 보호관찰 대상자가 가석방된 경우 보호관찰 기간이 남아있는 때에는 그 잔여기간 동안 보호관찰을 집행한다(동법 제51조 제2항).
　▶ 보호관찰심사위원회의 보호관찰 정지결정 사유는 '가석방 또는 임시퇴원된 사람이 있는 곳을 알 수 없어 보호관찰을 계속할 수 없을 때'이다(동법 제53조 제1항).
⑤ [○] 「보호관찰 등에 관한 법률」 제51조 제1항 제2호

정답 ⑤

46

「보호관찰 등에 관한 법률」상 사회봉사 또는 수강을 하여야 할 사람이 아닌 것은?

① 「형법」에 따라 사회봉사 또는 수강을 조건으로 형의 집행유예의 선고를 받은 사람
② 「소년법」에 따라 사회봉사명령 또는 수강명령을 받은 사람
③ 「성충동범죄자의 성충동 약물치료에 관한 법률」상 사회봉사명령 또는 수강명령을 받은 사람
④ 다른 법률에서 「보호관찰 등에 관한 법률」에 따른 사회봉사 또는 수강을 받도록 규정된 사람

③ [×] 「치료감호 등에 관한 법률」, 「전자장치 부착 등에 관한 법률」, 「성충동범죄자의 성충동 약물치료에 관한 법률」에는 사회봉사 또는 수강을 명할 수 있는 규정이 없다.

┌─ 📄 사회봉사·수강명령 대상자(「보호관찰 등에 관한 법률」제3조 제2항) ─
1. 「형법」제62조의2(집행유예시 보호관찰, 사회봉사·수강명령)에 따라 사회봉사 또는 수강을 조건으로 형의 집행유예를 선고받은 사람
2. 「소년법」제32조(보호처분의 결정)에 따라 사회봉사명령 또는 수강명령을 받은 사람
3. 다른 법률에서 이 법에 따른 사회봉사 또는 수강을 받도록 규정된 사람
└──

정답 ③

47

「보호관찰 등에 관한 법률」상 보호관찰에 대한 설명으로 옳지 않은 것은?

① 법원으로부터 피고인에 대한 판결 전 조사의 요구를 받은 당해 보호관찰소의 장은 지체 없이 이를 조사하여 서면으로 당해 법원에 알려야 한다.
② 법원으로부터의 피고인에 대한 판결 전 조사 대상은 소년피고인에 한하여 인정되고 있다.
③ 보호관찰관은 보호관찰에 필요한 전문적 지식을 갖춘 자이어야 한다.
④ 보호관찰소의 장은 보호관찰을 위하여 필요하다고 인정하는 때에는 국·공립기관 기타 단체에 사실을 알아보거나 관계 자료의 열람 등 협조를 요청할 수 있다.

① [○] 법원으로부터 피고인에 대한 판결 전 조사의 요구를 받은 당해 보호관찰소의 장은 지체 없이 이를 조사하여 서면으로 해당 법원에 알려야 한다. 이 경우 필요하다고 인정하면 피고인이나 그 밖의 관계인을 소환하여 심문하거나 소속 보호관찰관에게 필요한 사항을 조사하게 할 수 있다(동법 제19조 제2항).
② [×] 법원은 피고인에 대하여 보호관찰, 사회봉사 또는 수강을 명하기 위하여 필요하다고 인정하면 그 법원의 소재지 또는 피고인의 주거지를 관할하는 보호관찰소의 장에게 범행 동기, 직업, 생활환경, 교우관계, 가족상황, 피해회복 여부 등 피고인에 관한 사항의 조사를 요구할 수 있다(「보호관찰 등에 관한 법률」제19조 제1항). 그러므로 판결 전 조사의 대상은 피고인, 즉 소년과 성년이다.
③ [○] 보호관찰관은 형사정책학, 행형학, 범죄학, 사회사업학, 교육학, 심리학 기타 보호관찰에 필요한 전문적 지식을 갖춘 사람이어야 한다(동법 제16조 제2항).
④ [○] 동법 제37조 제2항

정답 ②

48

보호관찰이 가능한 기간으로 옳지 않은 것은?

2024 보호 7급

① 형의 선고를 유예하면서 보호관찰을 명받은 자는 1년
② 소년부 판사로부터 장기 보호관찰을 명받은 소년으로 보호관찰관의 신청에 따른 결정으로 그 기간이 연장된 자는 최대 4년
③ 「가정폭력범죄의 처벌 등에 관한 특례법」상 보호처분으로 보호관찰을 명받은 후 법원의 결정으로 보호처분의 기간이 변경된 자는 종전의 처분기간을 합산하여 최대 1년
④ 「성매매알선 등 행위의 처벌에 관한 법률」상 보호처분으로 보호관찰을 명받은 후 법원의 결정으로 보호처분의 기간이 변경된 자는 종전의 처분기간을 합산하여 최대 1년

① [○] 「보호관찰 등에 관한 법률」 제30조 제1호, 「형법」 제59조의2 제1항·제2항

② [×] 장기 보호관찰기간은 2년으로 한다. 다만, 소년부 판사는 보호관찰관의 신청에 따라 결정으로써 1년의 범위에서 한 번에 한하여 그 기간을 연장할 수 있다(「소년법」 제33조 제3항).
  ▶ 장기 보호관찰은 연장 기간을 포함하여 3년(2년 + 1년)을 초과할 수 없다.

③ [○] 보호관찰기간은 6개월을 초과할 수 없으며(「가정폭력범죄의 처벌 등에 관한 특례법」 제41조), 보호처분의 종류와 기간을 변경하는 경우 종전의 처분기간을 합산하여 보호관찰기간은 1년을 초과할 수 없다(동법 제45조 제2항).

④ [○] 보호관찰기간은 6개월을 초과할 수 없으며(「성매매알선 등 행위의 처벌에 관한 법률」 제15조), 보호처분의 종류와 기간을 변경할 때에는 종전의 처분기간을 합산하여 보호관찰기간은 1년을 초과할 수 없다(동법 제16조 제2항).

정답 ②

49

「보호관찰 등에 관한 법률」상 보호관찰 심사위원회에 대한 설명으로 옳은 것만을 모두 고르면?

2024 보호 7급

> ㉠ 「보호관찰 등에 관한 법률」에 따른 가석방과 그 취소에 관한 사항을 심사·결정한다.
> ㉡ 검사가 보호관찰관의 선도를 조건으로 공소제기를 유예하고 위탁한 선도 업무를 관장한다.
> ㉢ 위원은 판사, 검사, 변호사, 교도소장, 소년원장, 경찰서장 및 보호관찰에 관한 지식과 경험이 풍부한 사람 중에서 보호관찰소장이 임명하거나 위촉한다.
> ㉣ 위원 중 공무원이 아닌 사람은 「형법」 제127조(공무상 비밀의 누설) 및 제129조(수뢰, 사전수뢰)부터 제132조(알선수뢰)까지의 규정을 적용할 때 공무원으로 본다.

① ㉠, ㉡

② ㉠, ㉣

③ ㉡, ㉢

④ ㉢, ㉣

옳은 것은 ㉠, ㉣이다.

㉠ [○] (소년수형자에 대한) 가석방과 (보호관찰을 받는 성인·소년 가석방 대상자의) 그 취소에 관한 사항을 심사·결정한다(「보호관찰 등에 관한 법률」 제6조 제1호).

㉡ [×] 보호관찰소의 관장 사무에 대한 설명이다. 보호관찰소(보호관찰지소를 포함)는 ⓐ 보호관찰, 사회봉사명령 및 수강명령의 집행, ⓑ 갱생보호, ⓒ 검사가 보호관찰관이 선도함을 조건으로 공소제기를 유예[선도조건부 기소유예(성인·소년)]하고 위탁한 선도 업무, ⓓ 범죄예방 자원봉사위원에 대한 교육훈련 및 업무지도, ⓔ 범죄예방 활동, ⓕ 이 법 또는 다른 법령에서 보호관찰소의 관장 사무로 규정된 사항의 사무를 관장한다(동법 제15조).

㉢ [×] 위원은 판사, 검사, 변호사, 보호관찰소장, 지방교정청장, 교도소장, 소년원장 및 보호관찰에 관한 지식과 경험이 풍부한 사람 중에서 법무부장관이 임명하거나 위촉한다(동법 제7조 제3항).

㉣ [○] 동법 제12조의2

정답 ②

50

다음 설명 중 옳지 않은 것은?

① 법원은 일반준수사항을 서면으로 고지하여야 한다.

② 보호관찰 심사위원회는 특별준수사항을 말이나 서면으로 고지하여야 한다.

③ 보호관찰소의 장은 보호관찰 대상자가 준수사항을 위반할 위험성이 있다고 인정할 상당한 이유가 있는 경우에는 불리한 처분을 받을 수 있음을 경고할 수 있다.

④ 보호관찰 심사위원회는 보호관찰 대상자에게 준수사항을 과할 때에는 적절한 훈계를 할 수 있다.

⑤ 보호관찰소의 장은 보호관찰 대상자의 개별적 특성을 고려하여 분류처우를 하여야 한다.

① [○], ② [×] 법원 및 심사위원회는 일반준수사항 및 특별준수사항을 서면으로 고지하여야 한다(「보호관찰 등에 관한 법률」 제32조 제5항).

③ [○] 보호관찰소의 장은 보호관찰 대상자가 준수사항을 위반하거나 위반할 위험성이 있다고 인정할 상당한 이유가 있는 경우에는 준수사항의 이행을 촉구하고 형의 집행 등 불리한 처분을 받을 수 있음을 경고할 수 있다(동법 제38조).

④ [○] 동법 시행령 제17조

⑤ [○] 보호관찰소의 장은 범행 내용, 재범위험성 등 보호관찰 대상자의 개별적 특성을 고려하여 그에 알맞은 지도·감독의 방법과 수준에 따라 분류처우를 하여야 한다(동법 제33조의2 제1항).

정답 ②

51 현행법상 보호관찰제도에 대한 설명으로 옳지 않은 것은?

① 「성폭력범죄의 처벌 등에 관한 특례법」상 성폭력범죄를 범한 사람이 형의 집행 중에 가석방된 경우에는 가석방기간 동안 보호관찰을 받는다.

② 보호관찰대상자는 1개월 이상 국내외 여행을 할 때에는 미리 보호관찰관에게 신고해야 한다.

③ 보호관찰대상자가 준수사항을 위반하고 일정한 주거가 없는 때에는 사법경찰관은 관할 지방법원 판사의 구인장을 발부받아 구인할 수 있다.

④ 법원은 피고인에 대하여 보호관찰 등의 처분을 하기 전에 필요하다고 인정하는 때에는 그 법원 소재지 보호관찰소의 장에게 피고인에 대한 조사를 요구할 수 있다.

① [○] 성폭력범죄를 범한 사람으로서 형의 집행 중에 가석방된 사람은 가석방기간 동안 보호관찰을 받는다. 다만, 가석방을 허가한 행정관청이 보호관찰을 할 필요가 없다고 인정한 경우에는 그러하지 아니하다(「성폭력범죄의 처벌 등에 관한 특례법」 제16조 제8항).

② [○] 「보호관찰 등에 관한 법률」 제32조 제2항 제4호

③ [×] 보호관찰소의 장은 보호관찰 대상자가 준수사항을 위반하였거나 위반하였다고 의심할 상당한 이유가 있고, ㉠ 일정한 주거가 없는 경우, ㉡ 조사에 따른 소환에 따르지 아니한 경우, ㉢ 도주한 경우 또는 도주할 염려가 있는 경우 중 어느 하나에 해당하는 사유가 있는 경우에는 관할 지방검찰청의 검사에게 신청하여 검사의 청구로 관할 지방법원 판사의 구인장을 발부받아 보호관찰 대상자를 구인할 수 있으며(「보호관찰 등에 관한 법률」 제39조 제1항), 구인장은 검사의 지휘에 따라 보호관찰관이 집행한다. 다만, 보호관찰관이 집행하기 곤란한 경우에는 사법경찰관리에게 집행하게 할 수 있다(동법 제39조 제2항).

④ [○] 법원은 피고인에 대하여 보호관찰, 사회봉사 또는 수강을 명하기 위하여 필요하다고 인정하면 그 법원의 소재지 또는 피고인의 주거지를 관할하는 보호관찰소의 장에게 범행 동기, 직업, 생활환경, 교우관계, 가족상황, 피해회복 여부 등 피고인에 관한 사항의 조사를 요구할 수 있다(동법 제19조 제1항).

정답 ③

52 「보호관찰 등에 관한 법률」상 보호관찰에 대한 설명으로 옳은 것은? (다툼이 있는 경우 판례에 의함)

① 보호관찰은 법원의 판결이나 결정이 확정된 때부터 시작된다.

② 보호관찰은 부가적 처분으로서 부과할 수 있을 뿐이고 독립적 처분으로 부과할 수 없다.

③ 보호관찰대상자가 보호관찰의 준수사항을 위반한 경우 보호관찰을 취소해야 한다.

④ 보호관찰에 대한 임시해제 결정이 취소된 때에는 그 임시해제 기간은 보호관찰 기간에 산입되지 않는다.

① [○] 보호관찰은 법원의 판결이나 결정이 확정된 때 또는 가석방·임시퇴원된 때부터 시작된다(「보호관찰 등에 관한 법률」 제29조 제1항).

② [×] 보호관찰은 집행유예의 경우 부가적 처분으로서 부과할 수 있고, 보호처분의 경우에는 독립적 처분으로 부과할 수 있다(대법원 1998.4.24. 98도98).

③ [×] 보호관찰 심사위원회는 가석방 또는 임시퇴원된 사람이 보호관찰기간 중 준수사항을 위반하고 위반 정도가 무거워 보호관찰을 계속하기가 적절하지 아니하다고 판단되는 경우에는 보호관찰소의 장의 신청을 받거나 직권으로 가석방 및 임시퇴원의 취소를 심사하여 결정할 수 있다(동법 제48조 제1항).

④ [×] 보호관찰 심사위원회는 임시해제 결정을 받은 사람에 대하여 다시 보호관찰을 하는 것이 적절하다고 인정되면 보호관찰소의 장의 신청을 받거나 직권으로 임시해제 결정을 취소할 수 있고(동법 제52조 제3항), 임시해제 결정이 취소된 경우에는 그 임시해제 기간을 보호관찰 기간에 포함한다(동법 제52조 제4항).

정답 ①

53

「보호관찰 등에 관한 법률」상 보호관찰에 대한 설명으로 옳지 않은 것은? (다툼이 있는 경우 판례에 의함)

2025. 보호 9급

① 보호관찰은 법원의 판결이나 결정이 확정된 때 또는 가석방·임시퇴원된 때부터 시작된다.

② 「보호관찰 등에 관한 법률」 제42조에 따라 유치된 사람에 대하여 보호관찰을 조건으로 한 형의 선고유예가 실효된 경우에는 그 유치기간을 형기에 산입한다.

③ 「근로기준법」을 위반한 피고인에 대하여 형의 집행을 유예함과 동시에 집행유예기간 동안 보호관찰을 받을 것을 명하면서 "보호관찰기간 중 노조지부장 선거에 후보로 출마하는 등 선거에 개입하지 말 것"이라는 내용의 특별준수사항을 부과한 것은 피고인의 자유를 부당하게 제한한 것으로 위법하다.

④ 보호관찰소의 장은 「보호관찰 등에 관한 법률」 제39조(구인) 또는 제40조(긴급구인)에 따라 보호관찰 대상자를 구인하였을 때에는 제42조에 따라 유치 허가를 청구한 경우를 제외하고는 구인한 때부터 48시간 이내에 석방하여야 한다.

① [○] 「보호관찰 등에 관한 법률」 제29조 제1항

② [○] 제42조에 따라 유치된 사람(유치된 보호관찰 대상자)에 대하여 보호관찰을 조건으로 한 형의 선고유예가 실효되거나 집행유예가 취소된 경우 또는 가석방이 취소된 경우에는 그 유치기간을 형기에 산입한다(동법 제45조).

③ [×] 버스회사 노동조합 지부장인 피고인이 운전기사 신규 채용 내지 정년 도과 후 촉탁직 근로계약의 체결과 관련하여 취업을 원하거나, 정년 후 계속 근로를 원하는 운전기사들로부터 청탁의 대가로 돈을 받아 이익을 취득하였고, 원심이 위 행위에 대해 근로기준법 위반죄의 성립을 인정한 뒤, 피고인에 대하여 형의 집행을 유예함과 동시에 집행유예기간 동안 보호관찰을 받을 것을 명하면서 "보호관찰기간 중 노조지부장 선거에 후보로 출마하거나 피고인을 지지하는 다른 조합원의 출마를 후원하거나 하는 등의 방법으로 선거에 개입하지 말 것"이라는 내용의 특별준수사항을 부과한 사안에서, 범행에 이르게 된 동기와 내용, 피고인의 지위, 업무 환경, 생활상태, 기타 개별적·구체적 특성들을 종합할 때, 원심이 피고인의 재범을 방지하고 개선·자립에 도움이 된다고 판단하여 위와 같은 특별준수사항을 부과한 것은 정당하다(대법원 2010.9.30. 2010도6403).

④ [○] 동법 제41조 본문

정답 ③

54

보호관찰 등에 관한 법령상 갱생보호제도에 대한 설명으로 옳지 않은 것은?

① 보호관찰소는 갱생보호 사무를 관장한다.

② 갱생보호 대상자는 형사처분 또는 보호처분을 받은 사람으로서 자립갱생을 위한 숙식 제공, 주거 지원, 직업훈련 및 취업 지원 등 보호의 필요성이 인정되는 사람이다.

③ 법무부장관은 한국법무보호복지공단을 지휘·감독하고, 감독상 필요한 경우에는 그 업무에 관한 사항을 보고하게 하거나 자료의 제출이나 그 밖에 필요한 명령을 할 수 있다.

④ 한국법무보호복지공단은 갱생보호 대상자의 적절한 보호를 위하여 필요한 경우 수용기관의 장에게 수용기간, 가족 관계 및 보호자 관계 등의 사항을 통보하여 줄 것을 요청할 수 있고, 이 경우 갱생보호 대상자의 동의는 필요하지 아니하다.

정답 및 해설

① [○] 「보호관찰 등에 관한 법률」 제15조 제2호

② [○] 동법 제3조 제3항

③ [○] 동법 제97조 제1항·제2항

④ [×] 갱생보호사업의 허가를 받은 자 또는 한국법무보호복지공단은 갱생보호 대상자의 적절한 보호를 위하여 필요한 경우 갱생보호 대상자의 동의를 받아 수용기관의 장에게 ㉠ 수용기간, ㉡ 가족 관계 및 보호자 관계, ㉢ 직업경력 및 학력, ㉣ 생활환경, ㉤ 성장과정, ㉥ 심리적 특성, ㉦ 범행내용 및 범죄횟수를 통보하여 줄 것을 요청할 수 있다(동법 시행령 제46조의2 제1항).

정답 ④

55

보호관찰소의 장이 보호관찰 대상자를 유치하려고 하는 때에는 검사에게 신청하여 검사의 청구로 관할 지방법원의 판사의 허가를 받아 한다. 법원의 허가가 있는 경우 유치기간은?

① 법원의 허가를 받은 날부터 20일

② 구인 또는 긴급구인한 날부터 20일

③ 법원의 허가를 받은 날부터 10일

④ 구인 또는 긴급구인한 날부터 10일

정답 및 해설

② [○] 유치의 기간은 구인 또는 긴급구인한 날부터 20일로 한다(「보호관찰 등에 관한 법률」 제43조 제1항).

정답 ②

56

「보호관찰 등에 관한 법률」의 내용으로 옳지 않은 것은?

① 검사가 보호관찰관이 선도함을 조건으로 공소제기를 유예하고 위탁한 선도 업무는 보호관찰소의 관장 사무에 해당한다.

② 보호관찰을 조건으로 형의 집행유예를 선고받은 사람의 보호관찰 기간을 법원이 따로 정한 경우 보호관찰 기간은 그 유예기간이 아니라 법원이 정한 기간으로 한다.

③ 보호관찰소 소속 공무원은 구인 또는 긴급구인한 보호관찰 대상자를 보호관찰소에 인치하는 정당한 직무집행 과정에서 필요하다고 인정되는 상당한 이유가 있으면 보호장구 중 전자충격기를 사용할 수 있다.

④ 보호관찰 대상자가 보호관찰 기간 중 금고 이상의 형의 집행을 받게 된 때에는 해당 형의 집행 기간 동안 보호관찰 대상자에 대한 보호관찰 기간은 계속 진행되고, 해당 형의 집행이 종료·면제되거나 보호관찰 대상자가 가석방된 경우 보호관찰 기간이 남아있는 때에는 그 잔여기간 동안 보호관찰을 집행한다.

정답 및 해설

① [○] 「보호관찰 등에 관한 법률」 제15조 제3호
② [○] 동법 제30조 제2호
③ [×] 보호관찰소 소속 공무원은 구인 또는 긴급구인한 보호관찰 대상자를 보호관찰소에 인치하거나 수용기관 등에 유치하기 위해 호송하는 정당한 직무집행 과정에서 필요하다고 인정되는 상당한 이유가 있으면(동법 제46조의2 제1항) 수갑, 포승, 보호대를 사용할 수 있지만(동법 제46조의3 제2항 제1호), 가스총과 전자충격기는 사용할 수 없다(동법 제46조의3 제2항 제2호·제3호).
④ [○] 동법 제51조 제2항

정답 ③

57

「보호관찰 등에 관한 법률」상 보호관찰의 종료사유가 아닌 것은?

① 보호관찰 기간이 지난 때
② 보호관찰을 조건으로 한 집행유예가 실효되거나 취소된 때
③ 보호관찰 기간 중 금고 이상의 형의 집행을 받게 된 때
④ 가석방 또는 임시퇴원이 실효되거나 취소된 때

정답 및 해설

보호관찰의 종료사유(「보호관찰 등에 관한 법률」 제51조 제1항)

1. 보호관찰 기간이 지난 때
2. 보호관찰을 조건으로 한 형의 선고유예가 실효되거나 보호관찰을 조건으로 한 집행유예가 실효되거나 취소된 때
3. 가석방 또는 임시퇴원이 실효되거나 취소된 때
4. 보호처분이 변경된 때
5. 부정기형 종료 결정이 있는 때
6. 보호관찰이 정지된 임시퇴원자가 22세가 된 때
7. 다른 법률에 따라 보호관찰이 변경되거나 취소·종료된 때

정답 ③

58

보호관찰 등에 관한 법령상 갱생보호제도에 대한 설명으로 옳지 않은 것은?

① 갱생보호의 방법 중 숙식 제공은 연장 기간을 포함하여 18개월을 초과할 수 없다.
② 갱생보호 신청은 갱생보호사업 허가를 받은 자 또는 한국법무보호복지공단 외에 보호관찰소의 장에게도 할 수 있다.
③ 갱생보호사업 허가를 받은 자가 정당한 이유 없이 허가를 받은 후 6개월 이내에 갱생보호사업을 시작하지 아니하거나 1년 이상 그 실적이 없는 경우, 법무부장관은 그 허가를 취소하여야 한다.
④ 갱생보호는 그 대상자가 자신의 친족 또는 연고자 등으로부터 도움을 받을 수 없거나 그 도움만으로는 충분하지 아니한 경우에 한하여 행한다.

정답 및 해설

① [×] 숙식제공은 6월을 초과할 수 없다. 다만, 필요하다고 인정하는 때에는 매회 6월의 범위 내에서 3회에 한하여 그 기간을 연장할 수 있다(「보호관찰 등에 관한 법률 시행령」 제41조 제2항).
▶ 숙식 제공은 연장 기간을 포함하여 24개월(6개월 + 18개월)을 초과할 수 없다.
② [○] 갱생보호 대상자와 관계 기관은 보호관찰소의 장, 갱생보호사업 허가를 받은 자 또는 한국법무보호복지공단에 갱생보호 신청을 할 수 있다(동법 제66조 제1항).
③ [○] 법무부장관은 사업자(갱생보호사업의 허가를 받은 자)가 ㉠ 부정한 방법으로 갱생보호사업의 허가를 받은 경우, ㉡ 갱생보호사업의 허가 조건을 위반한 경우, ㉢ 목적사업 외의 사업을 한 경우, ㉣ 정당한 이유 없이 갱생보호사업의 허가를 받은 후 6개월 이내에 갱생보호사업을 시작하지 아니하거나 1년 이상 갱생보호사업의 실적이 없는 경우, ㉤ 제69조에 따른 보고(다음 해의 사업계획과 전년도의 회계 상황 및 사업 실적을 법무부장관에게 보고)를 거짓으로 한 경우, ㉥ 이 법 또는 이 법에 따른 명령을 위반한 경우에는 그 허가를 취소하거나 6개월 이내의 기간을 정하여 그 사업의 전부 또는 일부의 정지를 명할 수 있다. 다만, ㉠ 또는 ㉣에 해당하는 때에는 그 허가를 취소하여야 한다.
④ [○] 동법 시행령 제40조 제1항

정답 ①

제2절 | 「치료감호 등에 관한 법률」

01

「치료감호 등에 관한 법률」상 치료감호의 내용에 대한 설명으로 옳은 것은?

① 치료감호 대상자는 의사무능력이나 심신미약으로 인하여 형을 감경할 수 있는 심신장애인으로서 징역형 이상의 형에 해당하는 죄를 지은 자이다.
② 피치료감호자를 치료감호시설에 수용하는 기간은 치료감호대상자에 해당하는 심신장애인과 정신성적 장애인의 경우 15년을 초과할 수 없다.
③ 피치료감호자의 치료감호가 가종료되었을 때 시작되는 보호관찰의 기간은 2년으로 한다.
④ 보호관찰 기간이 끝나더라도 재범의 위험성이 없다고 판단될 때까지 치료감호가 종료되지 않는다.

정답 및 해설

① [×] 치료감호대상자는 「형법」 제10조 제1항(심신상실자)에 따라 벌하지 아니하거나 제2항(심신미약자)에 따라 형을 감경할 수 있는 심신장애인으로서 금고 이상의 형에 해당하는 죄를 지은 자이다(「치료감호 등에 관한 법률」 제2조 제1항 제1호).

② [○] 「치료감호 등에 관한 법률」 제16조 제2항

③ [×] 보호관찰의 기간은 3년으로 한다(동법 제32조 제2항).

④ [×] 피치료감호자에 대한 치료감호가 가종료되었을 때 또는 피치료감호자가 치료감호시설 외에서 치료받도록 법정대리인 등에게 위탁되었을 때에는 보호관찰기간이 끝나면 피보호관찰자에 대한 치료감호가 끝난다(동법 제 35조 제1항).

정답 ②

---

02 「치료감호 등에 관한 법률」상 피치료감호자의 보호관찰에 대한 설명으로 옳지 않은 것은? 2022. 교정 7급

☐☐☐

① 피치료감호자에 대한 치료감호가 가종료되면 보호관찰이 시작된다.

② 피치료감호자가 치료감호시설 외에서 치료받도록 법정대리인 등에게 위탁되었을 때 보호관찰이 시작된다.

③ 보호관찰의 기간은 3년으로 한다.

④ 피보호관찰자가 새로운 범죄로 금고 이상의 형의 집행을 받게 되었을지라도 보호관찰은 종료되지 아니하고 해당 형의 집행기간 동안 보호관찰기간은 정지된다.

정답 및 해설

① [○] 동법 제32조 제1항 제1호

② [○] 동법 제32조 제1항 제2호

③ [○] 동법 제32조 제2항

④ [×] 피보호관찰자가 보호관찰기간 중 새로운 범죄로 금고 이상의 형의 집행을 받게 된 때에는 보호관찰은 종료되지 아니하며, 해당 형의 집행기간 동안 피보호관찰자에 대한 보호관찰기간은 계속 진행된다(「치료감호 등에 관한 법률」 제32조 제4항).

정답 ④

---

03 「치료감호 등에 관한 법률」상 치료감호에 대한 설명으로 옳지 않은 것은? 2021. 보호 7급

☐☐☐

① 검사는 심신장애인으로 금고 이상의 형에 해당하는 죄를 지은 자에 대하여 정신건강의학과 등의 전문의의 진단이나 감정을 받은 후, 치료감호를 청구하여야 한다.

② 구속영장에 의하여 구속된 피의자에 대하여 검사가 공소를 제기하지 아니하는 결정을 하고 치료감호 청구만을 하는 때에는 구속영장은 치료감호영장으로 보며 그 효력을 잃지 아니한다.

③ 약식명령이 청구된 후 치료감호가 청구되었을 때에는 약식명령청구는 그 치료감호가 청구되었을 때부터 공판절차에 따라 심판하여야 한다.

④ 피치료감호자 등의 텔레비전 시청, 라디오 청취, 신문·도서의 열람은 일과시간이나 취침시간 등을 제외하고는 자유롭게 보장된다.

정답 및 해설

① [×] 치료감호대상자에 대한 치료감호를 청구할 때에는 정신건강의학과 등의 전문의의 진단이나 감정을 참고하여야 한다. 다만, 소아성기호증, 성적가학증 등 성적 성벽이 있는 정신성적 장애인으로서 금고 이상의 형에 해당하는 성폭력범죄를 지은 자에 대하여는 정신건강의학과 등의 전문의의 진단이나 감정을 받은 후 치료감호를 청구하여야 한다(「치료감호 등에 관한 법률」 제4조 제2항).

② [○] 동법 제8조

③ [○] 동법 제10조 제3항

④ [○] 동법 제27조

정답 ①

04

다음 중 「치료감호 등에 관한 법률」상 치료감호에 대한 설명으로 가장 옳지 않은 것은?   2022. 해경 경위

① 구속영장에 의하여 구속된 피의자에 대하여 검사가 공소를 제기하지 아니하는 결정을 하고 치료감호 청구만을 하는 때에는 구속영장은 치료감호영장으로 보며 그 효력을 잃지 아니한다.

② 검사는 심신장애인으로 금고 이상의 형에 해당하는 죄를 지은 자에 대하여 정신건강의학과 등의 전문의의 진단이나 감정을 받은 후 치료감호를 청구하여야 한다.

③ 피의자가 심신장애로 의사결정능력이 없기 때문에 벌할 수 없는 경우 검사는 공소제기 없이 치료감호만을 청구할 수 있다.

④ 피치료감호자 등의 텔레비전 시청, 라디오 청취, 신문·도서의 열람은 일과시간이나 취침시간 등을 제외하고는 자유롭게 보장된다.

> **정답 및 해설**
>
> ① [○] 동법 제8조
> ② [×] 치료감호대상자에 대한 치료감호를 청구할 때에는 정신건강의학과 등의 전문의의 진단이나 감정을 참고하여야 한다. 다만, 소아성기호증, 성적가학증 등 성적 성벽이 있는 정신성적 장애인으로서 금고 이상의 형에 해당하는 성폭력범죄를 지은 자에 대하여는 정신건강의학과 등의 전문의의 진단이나 감정을 받은 후 치료감호를 청구하여야 한다(「치료감호 등에 관한 법률」 제4조 제2항).
> ③ [○] 동법 제7조 제1호
> ④ [○] 동법 제27조
>
> 정답 ②

05

「치료감호 등에 관한 법률」상 치료감호와 치료명령에 대한 설명으로 옳은 것은?   2020. 보호 7급

① 치료감호와 형이 병과된 경우 형 집행 완료 후 치료감호를 집행한다.

② 피의자가 심신장애로 의사결정능력이 없기 때문에 벌할 수 없는 경우 검사는 공소제기 없이 치료감호만을 청구할 수 있다.

③ 소아성기호증 등 성적 성벽이 있는 장애인으로서 금고 이상의 형에 해당하는 성폭력범죄를 지은 자에 대한 치료감호의 기간은 2년을 초과할 수 없다.

④ 법원은 치료명령대상자에 대하여 형의 선고를 유예하는 경우 치료기간을 정하여 치료를 받을 것을 명할 수 있으며, 이때 보호관찰을 병과할 수 있다.

> **정답 및 해설**
>
> ① [×] 치료감호와 형이 병과된 경우에는 치료감호를 먼저 집행한다(동법 제18조).
> ② [○] 「치료감호 등에 관한 법률」 제7조
> ③ [×] 치료감호의 기간은 15년을 초과할 수 없다(동법16조 제2항).
> ④ [×] 법원은 치료명령대상자에 대하여 형의 선고 또는 집행을 유예하는 경우에는 치료기간을 정하여 치료를 받을 것을 명할 수 있으며(동법 제44조의2 제1항), 치료를 명하는 경우 보호관찰을 병과하여야 한다(동법 제44조의2 제2항).
>
> 정답 ②

06 「치료감호 등에 관한 법률」에 대한 설명으로 옳은 것은?

① 「치료감호 등에 관한 법률」은 죄의 종류와 상관없이 금고 이상의 형에 해당하는 죄를 지은 심신장애인, 마약 등 중독자, 정신성적 장애인 등 가운데 치료의 필요성과 재범의 위험성이 인정되는 경우를 치료감호의 대상으로 하고 있다.

② 검사는 범죄가 성립되지 않는 경우 공소를 제기할 수 없고, 따라서 치료감호만을 독립적으로 청구할 수도 없다.

③ 치료감호와 형이 병과된 경우에는 치료감호를 먼저 집행하고, 치료감호심의위원회가 치료 감호 집행기간의 형 집행기간 산입 여부를 결정한다.

④ 법원은 공소제기된 사건의 심리결과 치료감호를 할 필요가 있다고 인정할 때에는 검사에게 치료감호의 청구를 요구할 수 있다.

정답 및 해설

① [×] 「치료감호 등에 관한 법률」은 치료감호의 대상을 심신장애인·마약류 및 알코올 숭녹자·정신성적 장애인으로서 성폭력범죄를 지은 자 중 금고 이상의 형에 해당하는 죄를 지은 자로 규정하고(동법 제2조), 치료감호 대상 성폭력범죄의 범위를 「형법」, 「성폭력범죄의 처벌 등에 관한 특례법」, 「아동·청소년의 성보호에 관한 법률」상 성폭력범죄와 이들 범죄로서 다른 법률에 따라 가중 처벌되는 죄로 규정하고 있다(동법 제2조의2).

② [×] 검사는 피의자가 「형법」 제10조 제1항(심신상실)에 해당하여 벌할 수 없는 경우에는 공소를 제기하지 아니하고 치료감호만을 청구할 수 있다(동법 제7조 제1호).

③ [×] 치료감호와 형이 병과된 경우에는 치료감호를 먼저 집행한다. 이 경우 치료감호의 집행기간은 형 집행기간에 포함한다(동법 제18조). 즉, 치료감호의 집행기간은 법률에 따라 당연히 형 집행기간에 산입된다.

④ [○] 「치료감호 등에 관한 법률」 제4조 제7항

정답 ④

---

07 「치료감호 등에 관한 법률」상 치료감호 대상자가 아닌 자는?

① 「형법」 제10조 제1항에 따라 벌하지 아니하는 심신장애인으로서 금고 이상의 형에 해당하는 죄를 지은 자

② 「형법」 제10조 제2항에 따라 형을 감경할 수 있는 심신장애인으로서 금고 이상의 형에 해당하는 죄를 지은 자

③ 알코올을 식음하는 습벽이 있는 자로서 금고 이상의 형에 해당하는 죄를 지은 자

④ 소아성기호증이 있는 정신성적 장애인으로서 금고 이상의 형에 해당하는 성폭력범죄를 지은 자

⑤ 마약류 중독 상태에 있지 아니한 정상적 상태에서 범한 마약판매 행위로 금고 이상의 형을 받았지만, 재범의 위험성이 인정되는 자

정답 및 해설

 치료감호대상자(「치료감호 등에 관한 법률」 제2조 제1항)

치료감호대상자란 다음의 어느 하나에 해당하는 자로서 치료감호시설에서 치료를 받을 필요가 있고 재범의 위험성이 있는 자를 말한다.

1. 「형법」 제10조 제1항(심신상실자)에 따라 벌하지 아니하거나 제2항(심신미약자)에 따라 형을 감경할 수 있는 심신장애인으로서 금고 이상의 형에 해당하는 죄를 지은 자

2. 마약·향정신성의약품·대마, 그 밖에 남용되거나 해독을 끼칠 우려가 있는 물질이나 알코올을 식음·섭취·흡입·흡연 또는 주입받는 습벽이 있거나 그에 중독된 자로서 금고 이상의 형에 해당하는 죄를 지은 자

3. 소아성기호증, 성적가학증 등 성적 성벽이 있는 정신성적 장애인으로서 금고 이상의 형에 해당하는 성폭력범죄를 지은 자

정답 ⑤

08 「치료감호 등에 관한 법률」상 치료감호에 대한 설명으로 옳지 않은 것은?

2014. 보호 7급

① 심신장애, 마약류 · 알코올이나 그 밖의 약물중독, 정신성적 장애가 있는 상태 등에서 범죄행위를 한 자로서 재범위험성이 있고 특수한 교육 · 개선 및 치료가 필요하다고 인정되는 자에 대해 보호와 치료를 하는 것을 말한다.

② 피의자가 심신상실자(「형법」 제10조 제1항)에 해당하여 벌할 수 없는 경우 검사는 공소를 제기하지 아니하고 치료감호만을 청구할 수 있다.

③ 치료감호와 형이 병과된 경우에는 형을 먼저 집행하고, 이 경우 형의 집행기간은 치료감호 집행기간에 포함한다.

④ 소아성기호증, 성적가학증 등 성적 성벽이 있는 정신성적 장애인으로서 금고 이상의 형에 해당하는 성폭력범죄를 지은 자에 대한 치료감호는 15년을 초과할 수 없다.

정답 및 해설

① [○] 동법 제1조
② [○] 동법 제7조
③ [×] 치료감호와 형이 병과된 경우에는 치료감호를 먼저 집행한다. 이 경우 치료감호의 집행기간은 형 집행기간에 포함한다(「치료감호 등에 관한 법률」 제18조).
④ [○] 동법 제16조 제2항

정답 ③

09 「치료감호 등에 관한 법률」상 치료감호제도에 대한 설명으로 옳지 않은 것은?

2015. 사시

① 치료감호사건의 제1심 재판관할은 지방법원합의부 및 지방법원지원 합의부로 한다.

② 검사는 친고죄에서 고소가 취소된 경우 공소를 제기하지 아니하고 치료감호만을 청구할 수 있다.

③ 구속영장에 의하여 구속된 피의자에 대하여 검사가 공소를 제기하지 아니하는 결정을 하고 치료감호 청구만을 하는 때에는 구속영장은 치료감호영장으로 보며 그 효력을 잃지 않는다.

④ 치료감호와 형이 병과된 경우 치료감호를 먼저 집행한다.

⑤ 치료감호와 형이 병과된 경우 치료감호의 집행기간은 형 집행기간에 포함되지 않는다.

정답 및 해설

① [○] 동법 제3조 제2항
② [○] 동법 제7조
③ [○] 동법 제8조
④ [○], ⑤ [×] 치료감호와 형이 병과된 경우에는 치료감호를 먼저 집행한다. 이 경우 치료감호의 집행기간은 형 집행기간에 포함한다(「치료감호 등에 관한 법률」 제18조).

정답 ⑤

10 「치료감호 등에 관한 법률」상 옳은 것은?

2020. 교정 9급

① 마약·향정신성의약품·대마, 그 밖에 남용되거나 해독을 끼칠 우려가 있는 물질이나 알코올을 식음·섭취·흡입·흡연 또는 주입받는 습벽이 있거나 그에 중독된 자가 금고 이상의 형에 해당하는 죄를 범하여 치료감호의 선고를 받은 경우 치료감호시설 수용 기간은 1년을 초과할 수 없다.

② 구속영장에 의하여 구속된 피의자에 대하여 검사가 공소를 제기하지 아니하는 결정을 하고 치료감호 청구만을 하는 때에는 그 구속영장의 효력이 당연히 소멸하므로 검사는 법원으로부터 치료감호영장을 새로이 발부받아야 한다.

③ 치료감호와 형이 병과된 경우에는 치료감호를 먼저 집행하며, 이 경우 치료감호의 집행기간은 형 집행기간에 포함되지 않는다.

④ 피치료감호자의 텔레비전 시청, 라디오 청취, 신문·도서의 열람은 일과시간이나 취침시간 등을 제외하고는 자유롭게 보장된다.

정답 및 해설

① [×] 치료감호시설 수용 기간은 2년을 초과할 수 없다(동법 제16조 제2항 제2호).
② [×] 구속영장에 의하여 구속된 피의자에 대하여 검사가 공소를 제기하지 아니하는 결정을 하고 치료감호 청구만을 하는 때에는 구속영장은 치료감호영장으로 보며 그 효력을 잃지 아니한다(동법 제8조).
③ [×] 치료감호와 형이 병과된 경우에는 치료감호를 먼저 집행한다. 이 경우 치료감호의 집행기간은 형 집행기간에 포함한다(동법 제18조).
④ [○] 「치료감호 등에 관한 법률」 제27조

정답 ④

11 「치료감호 등에 관한 법률」상 치료감호에 대한 설명으로 옳지 않은 것은?

2016. 5급 승진

① 소아성기호증, 성적가학증 등 성적 성벽이 있는 정신성적 장애인으로서 금고 이상의 형에 해당하는 성폭력범죄를 지은 자로서 치료감호시설에서 치료를 받을 필요가 있고 재범의 위험성이 있는 자는 치료감호대상자에 해당한다.

② 치료감호를 선고 받은 자의 텔레비전 시청, 라디오 청취, 신문·도서의 열람은 일과시간이나 취침시간 등을 제외하고는 자유롭게 보장된다.

③ 검사는 피의자가 「형법」 제10조 제1항(심신상실)에 해당하여 벌할 수 없는 경우에는 공소를 제기하지 아니하고 치료감호만을 청구할 수 있다.

④ 근로에 종사하는 치료감호를 선고 받은 자에게는 근로의욕을 북돋우고 석방 후 사회정착에 도움이 될 수 있도록 법무부장관이 정하는 바에 따라 근로보상금을 지급하여야 한다.

⑤ 치료감호를 선고받은 자에 대한 치료감호가 가종료되었을 때에는 보호관찰이 시작되며, 이때 보호관찰의 기간은 2년으로 한다.

정답 및 해설

① [○] 동법 제2조 제1항
② [○] 동법 제27조
③ [○] 동법 제7조
④ [○] 동법 제29조
⑤ [×] 「치료감호 등에 관한 법률」 제32조 제1항 제1호, 보호관찰의 기간은 3년으로 한다(동법 제32조 제2항).

정답 ⑤

12 「치료감호 등에 관한 법률」상 치료감호에 대한 설명으로 옳지 않은 것은?

① 「형법」상의 강간죄, 강제추행죄, 준강간죄, 준강제추행죄 등은 치료감호 대상 성폭력범죄의 범위에 해당한다.
② 피치료감호자가 70세 이상인 때에는 검사는 치료감호의 집행을 정지할 수 있다.
③ 법원은 공소제기된 사건의 심리결과 치료감호를 할 필요가 있다고 인정할 때에는 검사에게 치료감호 청구를 요구할 수 있다.
④ 치료감호와 형이 병과된 경우에는 형을 먼저 집행한다.

정답 및 해설

① [○] 동법 제2조의2
② [○] 동법 제24조
③ [○] 동법 제4조 제7항
④ [×] 치료감호와 형이 병과된 경우에는 치료감호를 먼저 집행한다(「치료감호 등에 관한 법률」 제18조).

정답 ④

13 「치료감호 등에 관한 법률」상 치료감호에 대한 설명으로 옳지 않은 것은?

① 피치료감호자에 대한 치료감호가 가종료되었을 때 시작되는 보호관찰의 기간은 3년으로 한다.
② 치료감호심의위원회는 피치료감호자에 대하여 치료감호 집행을 시작한 후 매 6개월마다 치료감호의 종료 또는 가종료 여부를 심사·결정한다.
③ 소아성기호증, 성적가학증 등 성적 성벽이 있는 정신성적 장애인으로서 금고 이상의 형에 해당하는 성폭력범죄를 지은 자는 치료감호대상자가 될 수 있다.
④ 치료감호의 내용과 실태는 대통령령으로 정하는 바에 따라 공개하여야 한다. 이 경우 피치료감호자나 그의 보호자가 동의한 경우라도 피치료감호자의 개인신상에 관한 것은 공개할 수 없다.

정답 및 해설

① [○] 동법 제32조 제1항·제2항
② [○] 동법 제22조
③ [○] 동법 제2조 제1항 제3호
④ [×] 치료감호의 내용과 실태는 대통령령으로 정하는 바에 따라 공개하여야 한다. 이 경우 피치료감호자나 그의 보호자가 동의한 경우 외에는 피치료감호자의 개인신상에 관한 것은 공개하지 아니한다(「치료감호 등에 관한 법률」 제20조).

정답 ④

14 「치료감호 등에 관한 법률」상 치료감호에 대한 설명으로 옳지 않은 것은? 2016. 교정 7급

① 구속영장에 의하여 구속된 피의자에 대하여 검사가 공소를 제기하지 아니하는 결정을 하고 치료감호 청구만을 하는 때에는 구속영장의 효력은 상실되므로 별도로 치료감호영장을 청구하여야 한다.

② 피치료감호자 등의 텔레비전 시청, 라디오 청취, 신문·도서의 열람은 일과시간이나 취침시간 등을 제외하고는 자유롭게 보장된다.

③ 치료감호와 형이 병과된 경우에는 치료감호를 먼저 집행하며, 이 경우 치료감호의 집행기간은 형 집행기간에 포함한다.

④ 피치료감호자에 대한 치료감호가 가종료되었을 때 보호관찰이 시작되며, 이때 보호관찰의 기간은 3년으로 한다.

정답 및 해설

① [×] 구속영장에 의히여 구속된 피의자에 대하어 검사가 공소를 세기하시 아니하는 결정을 하고 치료감호 청구만을 하는 때에는 구속영장은 치료감호영장으로 보며 그 효력을 잃지 아니한다(「치료감호 등에 관한 법률」 제8조).

② [○] 동법 제27조

③ [○] 동법 제18조

④ [○] 동법 제32조 제1항·제2항

정답 ①

15 「치료감호 등에 관한 법률」상 치료감호에 대한 설명으로 옳지 않은 것은? 2018. 5급 승진

① 피치료감호자가 치료감호시설 외에서 치료받도록 법정대리인 등에게 위탁되었을 때에는 「보호관찰 등에 관한 법률」에 따른 보호관찰이 시작되고, 이때 보호관찰의 기간은 3년으로 한다.

② 「치료감호 등에 관한 법률」에 따른 치료감호의 내용과 실태는 대통령령으로 정하는 바에 따라 공개하여야 한다. 이 경우 피치료감호자나 그의 보호자가 동의한 경우라도 피치료감호자의 개인신상에 관한 것은 공개할 수 없다.

③ 피치료감호자의 연령이 70세 이상인 때에는 검사는 치료감호의 집행을 정지할 수 있다.

④ 법원은 공소제기된 사건의 심리 결과 치료감호를 할 필요가 있다고 인정할 때에는 검사에게 치료감호 청구를 요구할 수 있다.

⑤ 치료감호와 형이 병과된 경우에는 치료감호를 먼저 집행한다. 이 경우 치료감호의 집행기간은 형 집행기간에 포함한다.

정답 및 해설

① [○] 동법 제32조 제1항 제2호·제2항

② [×] 치료감호 등에 관한 법률에 따른 치료감호의 내용과 실태는 대통령령으로 정하는 바에 따라 공개하여야 한다. 이 경우 피치료감호자나 그의 보호자가 동의한 경우 외에는 피치료감호자의 개인신상에 관한 것은 공개하지 아니한다(「치료감호 등에 관한 법률」 제20조).

③ [○] 피치료감호자에 대하여 「형사소송법」 제471조(자유형의 집행정지) 제1항의 어느 하나에 해당하는 사유가 있을 때에는 검사는 치료감호의 집행을 정지할 수 있다. 이 경우 치료감호의 집행이 정지된 자에 대한 관찰은 형집행정지자에 대한 관찰의 예에 따른다(동법 제24조).

④ [○] 동법 제4조 제7항

⑤ [○] 동법 제18조

정답 ②

16

「치료감호 등에 관한 법률」상 치료감호에 대한 설명으로 옳은 것은?

① 「형법」상 살인죄(제250조 제1항)의 죄를 범한 자의 치료감호기간을 연장하는 신청에 대한 검사의 청구는 치료감호기간 또는 치료감호가 연장된 기간이 종료하기 3개월 전까지 하여야 한다.

② 치료감호심의위원회는 치료감호만을 선고받은 피치료감호자에 대한 집행이 시작된 후 6개월이 지났을 때에는 상당한 기간을 정하여 그의 법정대리인, 배우자, 직계친족, 형제자매에게 치료감호시설 외에서의 치료를 위탁할 수 있다.

③ 근로에 종사하는 피치료감호자에게는 근로의욕을 북돋우고 석방 후 사회정착에 도움이 될 수 있도록 법무부장관이 정하는 바에 따라 작업장려금을 지급할 수 있다.

④ 법원은 치료감호사건을 심리하여 그 청구가 이유 없다고 인정할 때 또는 피고사건에 대하여 심신상실 외의 사유로 무죄를 선고하거나 사형을 선고할 때에는 판결로써 청구기각을 선고하여야 한다.

정답 및 해설

① [×] 살인범죄를 저질러 치료감호를 선고받은 피치료감호자가 살인범죄를 다시 범할 위험성이 있고 계속 치료가 필요하다고 인정되는 경우에는 법원은 치료감호시설의 장의 신청에 따른 검사의 청구로 3회까지 매회 2년의 범위에서 피치료감호자를 치료감호시설에 수용하는 기간을 연장하는 결정을 할 수 있고(동법 제16조 제3항), 검사의 청구는 피치료감호자를 치료감호시설에 수용하는 기간(치료감호기간) 또는 치료감호가 연장된 기간이 종료하기 6개월 전까지 하여야 한다(동법 제16조 제5항).

② [×] 치료감호심의위원회는 치료감호만을 선고받은 피치료감호자에 대한 집행이 시작된 후 1년이 지났을 때에는 상당한 기간을 정하여 그의 법정대리인, 배우자, 직계친족, 형제자매(법정대리인 등)에게 치료감호시설 외에서의 치료를 위탁할 수 있다(동법 제23조 제1항).

③ [×] 근로에 종사하는 피치료감호자에게는 근로의욕을 북돋우고 석방 후 사회정착에 도움이 될 수 있도록 법무부장관이 정하는 바에 따라 근로보상금을 지급하여야 한다(동법 제29조).

④ [○] 「치료감호 등에 관한 법률」 제12조 제1항

정답 ④

17

「치료감호 등에 관한 법률」상 보호관찰에 대한 설명으로 옳지 않은 것은?

① 보호관찰의 기간은 3년으로 한다.

② 피치료감호자에 대한 치료감호가 가종료되었을 때 보호관찰이 시작된다.

③ 피치료감호자가 치료감호시설 외에서 치료받도록 법정대리인 등에게 위탁되었을 때 보호관찰이 시작된다.

④ 치료감호심의위원회의 치료감호 종료결정이 있어도 보호관찰기간이 남아 있다면 보호관찰은 계속된다.

정답 및 해설

① [○] 동법 제32조 제2항

②, ③ [○] 동법 제32조 제1항

④ [×] 보호관찰기간이 끝나기 전이라도 치료감호심의위원회의 치료감호의 종료결정이 있을 때에는 보호관찰이 종료된다(「치료감호 등에 관한 법률」 제32조 제3항 제2호).

정답 ④

18 「치료감호 등에 관한 법률」에 대한 설명으로 옳지 않은 것은?

□□□ ① 치료감호의 집행은 검사가 지휘한다.

② 검사가 치료감호를 청구할 때에는 정신건강의학과 등의 전문의의 진단 또는 감정을 참고하여야 한다.

③ 검사는 치료감호와 병행하여 필요한 경우 법원에 보호감호도 청구할 수 있다.

④ 성적 성벽이 있는 정신성적 장애인으로서 금고 이상의 형에 해당하는 성폭력범죄를 지은 자를 치료감호시설에 수용하는 때에는 15년을 초과할 수 없다.

⑤ 치료감호시설의 장은 수용질서 유지나 치료를 위하여 필요한 경우 외에는 피치료감호자등의 면회, 편지의 수신 · 발신, 전화통화 등을 보장하여야 한다.

> **정답 및 해설**
>
> ① [○] 「치료감호 등에 관한 법률」 제17조 제1항
> ② [○] 동법 제4조 제2항
> ③ [×] 「사회보호법」 폐지로 보호감호를 청구할 수 없다.
> ④ [○] 동법 제16조 제2항 제1호
> ⑤ [○] 동법 제26조
>
> 정답 ③

19 「치료감호 등에 관한 법률」상 치료감호에 대한 설명으로 옳은 것은?

□□□ ① 치료감호가 가종료된 피치료감호자에 대해서는 필요하다고 인정되는 경우에 한하여 보호관찰을 명할 수 있다.

② 치료감호와 형이 병과된 경우에는 치료감호를 먼저 집행한다. 다만, 정신성적 장애인으로서 금고 이상의 형에 해당하는 성폭력범죄를 지은 자는 형을 먼저 집행한다.

③ 치료감호는 공소제기한 사건의 항소심 변론종결 시까지 청구할 수 있다.

④ 반의사불벌죄에서 피해자가 처벌을 원하지 않는 의사표시를 한 경우 치료감호도 청구할 수 없다.

⑤ 금고 이상의 형에 해당하는 죄를 지은 소아성기호증 등 정신성적 장애인에 대한 치료감호는 25년을 초과할 수 없다.

> **정답 및 해설**
>
> ① [×] 피치료감호자에 대한 치료감호가 가종료되었을 때에 보호관찰이 시작된다(동법 제32조 제1항).
> ② [×] 치료감호와 형이 병과된 경우에는 치료감호를 먼저 집행한다(동법 제18조).
> ③ [○] 「치료감호 등에 관한 법률」 제4조 제5항
> ④ [×] 피해자의 명시적인 의사에 반하여 논할 수 없는 죄에서 피해자가 처벌을 원하지 아니한다는 의사표시를 하거나 처벌을 원한다는 의사표시를 철회한 경우에 검사는 공소를 제기하지 아니하고 치료감호만을 청구할 수 있다(동법 제7조 제2호).
> ⑤ [×] 소아성기호증, 성적가학증 등 성적 성벽이 있는 정신성적 장애인으로서 금고 이상의 형에 해당하는 성폭력범죄를 지은 자의 치료감호시설에 수용하는 기간은 15년을 초과할 수 없다(동법 제16조 제2항 제1호).
>
> 정답 ③

20 「치료감호 등에 관한 법률」상 치료감호제도에 대한 설명으로 옳은 것은?

① 심신장애인, 알코올 중독자, 정신성적 장애인으로서 벌금 이상의 형에 해당하는 죄를 지은 자는 치료감호의 대상이 된다.

② 심신장애인, 알코올 중독자, 정신성적 장애인의 치료감호 기간은 2년을 초과할 수 없다.

③ 검사는 친고죄에 있어서 고소가 없어 공소를 제기하지 못하는 경우 치료감호대상자에 대하여 치료감호만을 독립하여 청구할 수 없다.

④ 치료감호가 청구된 사건은 판결의 확정 없이 치료감호가 청구되었을 때부터 15년이 지나면 청구의 시효가 완성된 것으로 본다.

⑤ 피치료감호자에 대한 치료감호가 가종료되었을 경우 보호관찰기간이 끝나면 치료감호심의위원회는 피보호관찰자에 대한 치료감호의 종료 여부에 대하여 심사·결정하여야 한다.

정답 및 해설

① [×] 금고 이상의 형에 해당하는 죄를 지은 자는 치료감호의 대상이 된다(동법 제2조).

② [×] 심신장애인, 정신성적 장애인의 치료감호 기간은 15년을 초과할 수 없고, 알코올 중독자의 치료감호 기간은 2년을 초과할 수 없다(동법 제16조 제2항).

③ [×] 검사는 고소·고발이 있어야 논할 수 있는 죄에서 그 고소·고발이 없거나 취소된 경우에는 공소를 제기하지 아니하고 치료감호만을 청구할 수 있다(동법 제7조 제2호).

④ [○] 치료감호 청구의 시효는 치료감호가 청구된 사건과 동시에 심리하거나 심리할 수 있었던 죄에 대한 공소시효기간이 지나면 완성되고(「치료감호 등에 관한 법률」 제45조 제1항), 치료감호가 청구된 사건은 판결의 확정 없이 치료감호가 청구되었을 때부터 15년이 지나면 청구의 시효가 완성된 것으로 본다(동법 제45조 제2항).

⑤ [×] 피치료감호자에 대한 치료감호가 가종료되었을 때(동법 제32조 제1항 제1호) 또는 피치료감호자가 치료감호시설 외에서 치료받도록 법정대리인 등에게 위탁되었을 때(동법 제32조 제1항 제2호)에는 보호관찰기간이 끝나면 피보호관찰자에 대한 치료감호가 끝난다(동법 제35조 제1항).

💡 수용기간과 시효

치료감호 대상자	치료감호시설 수용기간	치료감호의 시효
1. 「형법」 제10조 제1항(심신상실자)에 따라 벌하지 아니하거나 제2항(심신미약자)에 따라 형을 감경할 수 있는 심신장애인으로서 금고 이상의 형에 해당하는 죄를 지은 자 3. 소아성기호증, 성적가학증 등 성적 성벽이 있는 정신성적 장애인으로서 금고 이상의 형에 해당하는 성폭력범죄를 지은 자	15년	10년
2. 마약·향정신성의약품·대마, 그 밖에 남용되거나 해독을 끼칠 우려가 있는 물질이나 알코올을 식음·섭취·흡입·흡연 또는 주입받는 습벽이 있거나 그에 중독된 자로서 금고 이상의 형에 해당하는 죄를 지은 자	2년	7년

정답 ④

21 「치료감호 등에 관한 법률」상 치료감호에 대한 설명으로 옳은 것을 모두 고른 것은?

> ㉠ 법원은 알코올이나 그 밖의 약물중독 상태에서 범죄행위를 한 자라도 재범의 위험성이 없다면 치료감호를 선고할 수 없다.
> ㉡ 치료감호사건의 제1심 재판관할은 지방법원합의부 및 지방법원지원 합의부이다.
> ㉢ 치료감호심의위원회는 피치료감호자에 대하여 치료감호 집행을 시작한 후 매 6개월마다 치료감호의 종료나 가종료 여부를 심사·결정한다.
> ㉣ 법원은 공소제기된 사건의 심리결과 치료감호를 할 필요가 있다고 인정할 때에는 검사에게 치료감호 청구를 요구할 수 있다.
> ㉤ 검사는 치료감호가 청구된 사건과 동시에 심리하거나 심리할 수 있었던 죄에 대한 공소시효기간이 지난 경우에는 공소를 제기하지 아니하고 치료감호만을 청구할 수 있다.

① ㉠, ㉡
② ㉠, ㉢, ㉣
③ ㉢, ㉣, ㉤
④ ㉠, ㉡, ㉢, ㉣

정답 및 해설

옳은 것은 ㉠, ㉡, ㉢, ㉣이다.

㉠ [○] 치료감호대상자란 치료감호시설에서 치료를 받을 필요가 있고 재범의 위험성이 있는 자를 말한다(「치료감호 등에 관한 법률」 제2조 제1항).

㉡ [○] 동법 제3조 제2항

㉢ [○] 치료감호심의위원회는 피치료감호자에 대하여 치료감호 집행을 시작한 후 매 6개월마다 치료감호의 종료 또는 가종료 여부를 심사·결정하고, 가종료 또는 치료위탁된 피치료감호자에 대하여는 가종료 또는 치료위탁 후 매 6개월마다 종료 여부를 심사·결정한다(동법 제22조).

㉣ [○] 동법 제4조 제7항

㉤ [×] 치료감호 청구의 시효는 치료감호가 청구된 사건과 동시에 심리하거나 심리할 수 있었던 죄에 대한 공소시효기간이 지나면 완성된다(동법 제45조 제1항). 검사는 ㉠ 피의자가 「형법」 제10조 제1항(심신상실자)에 해당하여 벌할 수 없는 경우, ㉡ 고소·고발이 있어야 논할 수 있는 죄(친고죄, 전속고발범죄)에서 그 고소·고발이 없거나 취소된 경우 또는 피해자의 명시적인 의사에 반하여 논할 수 없는 죄(반의사불벌죄)에서 피해자가 처벌을 원하지 아니한다는 의사표시를 하거나 처벌을 원한다는 의사표시를 철회한 경우, ㉢ 피의자에 대하여 「형사소송법」 제247조(기소유예)에 따라 공소를 제기하지 아니하는 결정을 한 경우에는 공소를 제기하지 아니하고 치료감호만을 청구할 수 있다(동법 제7조).

정답 ④

22 「치료감호 등에 관한 법률」상 치료감호제도에 대한 설명으로 옳지 않은 것은? 2024 보호 7급

① 금고 이상의 형에 해당하는 죄를 저지른 마약중독자라도 재범 위험성이 없는 경우라면 치료감호대상자에 해당하지 않는다.

② 검사는 성적가학증(性的加虐症) 등 성적 성벽이 있는 정신성적 장애인에 대해 정신건강의학과 등의 전문의의 진단이나 감정 결과에 따라 치료감호를 청구하여야 한다.

③ 치료감호와 형이 병과된 경우 치료감호를 먼저 집행하고, 이 경우 치료감호의 집행기간은 형 집행기간에 포함된다.

④ 피치료감호자에 대한 치료감호가 가종료되면 그 기간이 3년인 「보호관찰 등에 관한 법률」에 따른 보호관찰이 시작된다.

① [○] 치료감호대상자란 ㉠「형법」제10조 제1항(심신상실자)에 따라 벌하지 아니하거나 제10조 제2항(심신미약자)에 따라 형을 감경할 수 있는 심신장애인으로서 금고 이상의 형에 해당하는 죄를 지은 자, ㉡ 마약·향정신성의약품·대마, 그 밖에 남용되거나 해독을 끼칠 우려가 있는 물질이나 알코올을 식음·섭취·흡입·흡연 또는 주입받는 습벽이 있거나 그에 중독된 자로서 금고 이상의 형에 해당하는 죄를 지은 자, ㉢ 소아성기호증, 성적가학증 등 성적 성벽이 있는 정신성적 장애인으로서 금고 이상의 형에 해당하는 성폭력범죄를 지은 자로서 치료감호시설에서 치료를 받을 필요가 있고 재범의 위험성이 있는 자를 말한다(「치료감호 등에 관한 법률」제2조 제1항).

② [×] 치료감호대상자에 대한 치료감호를 청구할 때에는 정신건강의학과 등의 전문의의 진단이나 감정을 참고하여야 한다. 다만, 제2조 제1항 제3호에 따른 치료감호대상자(소아성기호증, 성적가학증 등 성적 성벽이 있는 정신성적 장애인으로서 금고 이상의 형에 해당하는 성폭력범죄를 지은 자로서 치료감호시설에서 치료를 받을 필요가 있고 재범의 위험성이 있는 자)에 대하여는 정신건강의학과 등의 전문의의 진단이나 감정을 받은 후 치료감호를 청구하여야 한다(동법 제4조 제2항).

③ [○] 동법 제18조

④ [○] 피치료감호자가 ㉠ 피치료감호자에 대한 치료감호가 가종료되었을 때, ㉡ 피치료감호자가 치료감호시설 외에서 치료받도록 법정대리인 등에게 위탁되었을 때, ㉢ 법 제16조 제2항 각 호에 따른 기간(치료감호시설 수용기간) 또는 같은 조 제3항에 따라 연장된 기간(살인범죄 피치료감호자의 연장된 수용 기간)이 만료되는 피치료감호자에 대하여 치료감호심의위원회가 심사하여 보호관찰이 필요하다고 결정한 경우에는 치료감호기간이 만료되었을 때에는 보호관찰이 시작된다(동법 제32조 제1항). 보호관찰의 기간은 3년으로 한다(동법 제32조 제2항).

정답 ②

23

치료감호와 치료명령제도에 대한 설명으로 옳은 것은? (다툼이 있는 경우 판례에 의함)   2025. 보호 9급

① 「형법」제10조 제2항의 심신미약의 피치료감호자를 치료감호시설에 수용하는 때 그 수용기간은 2년을 초과할 수 없다.

② 치료감호와 형이 병과된 경우에는 형을 먼저 집행하며, 이 경우 형의 집행기간은 치료감호 집행기간에 포함한다.

③ 검사는 친고죄에서 고소가 취소된 경우 또는 「형사소송법」제247조(기소편의주의)에 따라 공소를 제기하지 아니하는 결정을 한 경우 공소제기 없이 치료감호만을 청구할 수 있다.

④ 성폭력범죄를 저지른 정신성적 장애인은 「성충동약물치료법」에 의한 약물치료명령의 대상자가 아니고, 치료감호와 약물치료명령이 함께 청구될 수 없으므로 이에 대하여 치료감호와 함께 약물치료명령을 선고하는 것은 부적법하다.

① [×] 「형법」제10조 제1항(심신상실자)에 따라 벌하지 아니하거나 제2항(심신미약자)에 따라 형을 감경할 수 있는 심신장애인으로서 금고 이상의 형에 해당하는 죄를 지은 피치료감호자를 치료감호시설에 수용하는 때 그 수용기간은 15년을 초과할 수 없다(「치료감호 등에 관한 법률」제16조 제2항).

② [×] 치료감호와 형이 병과된 경우에는 치료감호를 먼저 집행한다. 이 경우 치료감호의 집행기간은 형 집행기간에 포함한다(동법 제18조).

③ [○] 동법 제7조 제2호·제3호

④ [×] 「치료감호법」제2조 제1항 제3호는 성폭력범죄를 저지른 성적 성벽이 있는 정신성적 장애자를 치료감호 대상자로 규정하고 있는데, 「성충동약물치료법」제2조 제1호, 제4조 제1항은 「치료감호법」제2조 제1항 제3호의 정신성적 장애자를 약물치료명령(이하 치료명령)의 대상이 되는 성도착증 환자의 한 유형으로 규정하고 있다. 따라서 성폭력범죄를 저지른 정신성적 장애자에 대하여는 치료감호와 치료명령이 함께 청구될 수도 있는데, 치료감호와 치료명령이 함께 청구된 경우에는, 치료감호를 통한 치료에도 불구하고 치료명령의 집행시점에도 여전히 약물치료가 필요할 만큼 피청구자에게 성폭력범죄를 다시 범할 위험성이 있고 피청구자의 동의를 대체할 수 있을 정도의 상당한 필요성이 인정되는 경우에 한하여 치료감호와 함께 치료명령을 선고할 수 있다고 보아야 한다(대법원 2014.12.11. 2014도6930).

정답 ③

24

「치료감호 등에 관한 법률」상 치료감호에 대한 설명으로 옳지 않은 것은?

① 마약류 중독으로 금고 이상의 형에 해당하는 죄를 지어, 치료감호시설에서 치료를 받을 필요가 있고 재범의 위험성이 있는 자의 치료감호 기간은 2년을 초과할 수 없다.

② 피치료감호자에 대한 치료감호가 가종료되었을 때 보호관찰기간은 3년으로 한다.

③ 치료감호와 형(刑)이 병과(倂科)된 경우에는 치료감호를 먼저 집행하며, 이 경우 치료감호의 집행기간은 형 집행기간에서 제외한다.

④ 법무부장관은 연 2회 이상 치료감호시설의 운영실태 및 피치료감호자 등에 대한 처우상태를 점검하여야 한다.

정답 및 해설

① [○] 「치료감호 등에 관한 법률」 제16조 제2항 제2호
② [○] 동법 제32조 제1항 제1호 · 제2항
③ [×] 치료감호와 형이 병과된 경우에는 치료감호를 먼저 집행한다. 이 경우 치료감호의 집행기간은 형 집행기간에 포함한다(동법 제18조).
④ [○] 동법 제31조

정답 ③

25

「치료감호 등에 관한 법률」상 치료감호사건의 절차 등에 대한 설명으로 옳지 않은 것은?

① 약식명령이 청구된 후 치료감호가 청구되었을 때에는 약식명령청구는 그 치료감호가 청구되었을 때부터 공판절차에 따라 심판하여야 한다.

② 법원은 피치료감호청구인이 「형법」 제10조 제1항(심신상실자)에 따른 심신장애로 공판기일에의 출석이 불가능한 경우에는 피치료감호청구인의 출석 없이 개정할 수 있다.

③ 피고사건의 판결에 대하여 상소가 있을 때에는 치료감호청구사건의 판결에 대하여도 상소가 있는 것으로 본다.

④ 구속영장에 의하여 구속된 피의자에 대하여 검사가 공소를 제기하지 아니하는 결정을 하고 치료감호 청구만을 하는 때에는 구속영장은 효력을 잃는다.

정답 및 해설

① [○] 동법 제10조 제3항
② [○] 동법 제9조
③ [○] 피고사건의 판결에 대하여 상소 및 상소의 포기 · 취하가 있을 때에는 치료감호청구사건의 판결에 대하여도 상소 및 상소의 포기 · 취하가 있는 것으로 본다. 상소권회복 또는 재심의 청구나 비상상고가 있을 때에도 또한 같다(동법 제14조 제2항).
④ [×] 구속영장에 의하여 구속된 피의자에 대하여 검사가 공소를 제기하지 아니하는 결정을 하고 치료감호 청구만을 하는 때에는 구속영장은 치료감호영장으로 보며 그 효력을 잃지 아니한다(「치료감호 등에 관한 법률」 제8조).

정답 ④

26

「치료감호 등에 관한 법률」상 피치료감호자 등(피치료감호자 및 피치료감호청구인)의 처우에 대한 설명으로 옳지 않은 것은?

① 피치료감호청구인은 피치료감호자와 구분하여 수용한다.

② 치료감호시설이 부족한 경우에는 피치료감호청구인을 피치료감호자와 같은 치료감호시설에 수용할 수 있다.

③ 치료감호시설의 장은 피치료감호자 등이 중대한 범법행위를 한 경우에는 피치료감호자 등의 신체를 묶는 등으로 직접적으로 제한할 수 있다.

④ 치료감호시설의 장은 피치료감호자 등이 치료감호시설에서 치료하기 곤란한 질병에 걸렸을 때에는 외부의료기관에서 치료를 받게 할 수 있다.

정답 및 해설

① [○] 동법 제25조의2 제1항 본문

② [○] ㉠ 치료감호시설이 부족한 경우, ㉡ 범죄의 증거인멸을 방지하기 위하여 필요하거나, ㉢ 그 밖에 특별한 사정이 있는 경우에는 피치료감호청구인을 피치료감호자와 같은 치료감호시설에 수용할 수 있다(동법 제25조의2 제1항 단서).

③ [×] 치료감호시설의 장은 피치료감호자 및 피치료감호청구인(피치료감호자 등)이 ㉠ 자신이나 다른 사람을 위험에 이르게 할 가능성이 뚜렷하게 높고 신체적 제한 외의 방법으로 그 위험을 회피하는 것이 뚜렷하게 곤란하다고 판단되는 경우, ㉡ 중대한 범법행위 또는 규율위반 행위를 한 경우, ㉢ 그 밖에 수용질서를 문란케 하는 중대한 행위를 한 경우가 아니면 피치료감호자 등에 대하여 격리 또는 묶는 등의 신체적 제한을 할 수 없다. 다만, 피치료감호자 등의 신체를 묶는 등으로 직접적으로 제한하는 것은 ㉠의 경우에 한정한다(「치료감호 등에 관한 법률」 제25조의3 제1항).

④ [○] 동법 제28조 제1항

정답 ③

27

「치료감호 등에 관한 법률」상 피보호관찰자의 유치에 대한 설명으로 옳지 않은 것은?

① 보호관찰소의 장은 치료감호 가종료의 취소 신청 또는 치료 위탁의 취소 신청을 검사에게 요청할 필요가 있다고 인정하는 경우에는 구인한 피보호관찰자를 교도소, 구치소 또는 치료감호시설에 유치할 수 있다.

② 보호관찰소의 장은 피보호관찰자를 유치하려는 경우에는 검사에게 신청하여 검사의 청구로 관할 지방법원 판사의 허가를 받아야 한다. 이 경우 검사는 피보호관찰자가 구인된 때부터 48시간 이내에 유치허가를 청구하여야 한다.

③ 보호관찰소의 장은 유치허가를 받은 때부터 24시간 이내에 검사에게 치료감호 가종료 등의 취소 신청을 요청하여야 한다.

④ 보호관찰소의 장이 피보호관찰자를 유치할 수 있는 기간은 구인한 날부터 20일로 한다.

⑤ 유치된 피보호관찰자에 대하여 치료감호 가종료 등이 취소된 경우에는 그 유치기간을 치료감호 기간에 산입한다.

정답 및 해설

① [○] 동법 제33조의2 제2항

② [○] 동법 제33조의2 제3항

③ [○] 동법 제33조의2 제4항

④ [×] 보호관찰소의 장이 피보호관찰자를 유치할 수 있는 기간은 구인한 날부터 30일로 한다(「치료감호 등에 관한 법률」 제33조의2 제6항).

⑤ [○] 동법 제33조의2 제8항

정답 ④

28 「치료감호 등에 관한 법률」상 치료명령에 대한 설명으로 옳지 않은 것은?

□□□ ① 「형법」 제10조 제2항에 따라 형을 감경할 수 있는 심신장애인으로서 금고 이상의 형에 해당하는 죄를 지은 자 중 통원치료를 받을 필요가 있고 재범의 위험성이 있는 자는 치료명령대상자가 될 수 있다.
② 법원은 치료명령대상자에 대하여 형의 선고 또는 집행을 유예하는 경우에는 치료기간을 정하여 치료를 받을 것을 명할 수 있다.
③ 치료를 명하는 경우 보호관찰을 병과할 수 있다.
④ 보호관찰기간은 선고유예의 경우에는 1년, 집행유예의 경우에는 그 유예기간으로 하며, 치료기간은 보호관찰기간을 초과할 수 없다.

정답 및 해설

① [○] 동법 제2조의3
② [○] 동법 제44조의2 제1항
③ [×] 치료를 명하는 경우 보호관찰을 병과하여야 한다(「치료감호 등에 관한 법률」 제44조의2 제2항).
④ [○] 동법 제44조의2 제3항·제4항

정답 ②

29 「치료감호 등에 관한 법률」상 치료명령에 대한 설명으로 옳지 않은 것은?

□□□ ① 법원은 치료를 명하기 위하여 필요하다고 인정하면 보호관찰소의 장에게 범죄의 동기, 피고인의 신체적·심리적 특성 및 상태 등 피고인에 관한 사항의 조사를 요구할 수 있다.
② 치료명령은 검사의 지휘를 받아 보호관찰관이 집행한다.
③ 보호관찰관은 치료명령을 받은 사람에게 치료명령을 집행하기 전에 치료기관, 치료의 방법·내용 등에 관하여 충분히 설명하여야 한다.
④ 법원은 치료를 명한 집행유예를 받은 사람이 정당한 사유 없이 치료기간 중에 준수사항을 위반하고 그 정도가 무거운 때에는 집행유예의 선고를 취소하여야 한다.

정답 및 해설

① [○] 법원은 치료를 명하기 위하여 필요하다고 인정하면 피고인의 주거지 또는 그 법원의 소재지를 관할하는 보호관찰소의 장에게 범죄의 동기, 피고인의 신체적·심리적 특성 및 상태, 가정환경, 직업, 생활환경, 병력, 치료비용 부담능력, 재범위험성 등 피고인에 관한 사항의 조사를 요구할 수 있다(동법 제44조의3 제1항).
② [○] 동법 제44조의6 제1항
③ [○] 동법 제44조의6 제3항
④ [×] 집행유예의 선고를 취소할 수 있다(「치료감호 등에 관한 법률」 제44조의8 제2항).

정답 ④

01 「전자장치 부착 등에 관한 법률」상 검사가 성폭력범죄를 다시 범할 위험성이 있다고 인정되는 사람에 대하여 전자장치 부착명령을 청구할 수 있는 사유로 명시되지 않은 것은?　　　2022. 교정 7급

① 성폭력범죄로 징역형의 실형을 선고받은 사람이 그 집행을 종료한 후 또는 집행이 면제된 후 10년 이내에 성폭력범죄를 저지른 때
② 성폭력범죄를 2회 이상 범하여(유죄의 확정판결을 받은 경우를 포함한다) 그 습벽이 인정된 때
③ 신체적 또는 정신적 장애가 있는 사람이 성폭력범죄를 저지른 때
④ 19세 미만의 사람에 대하여 성폭력범죄를 저지른 때

정답 및 해설

신체적 또는 정신적 장애가 있는 사람에 대하여 성폭력범죄를 저지른 때

📄 **전자장치 부착명령의 청구**(「전자장치 부착 등에 관한 법률」 제5조 제1항)

검사는 다음의 어느 하나에 해당하고, 성폭력범죄를 다시 범할 위험성이 있다고 인정되는 사람에 대하여 전자장치를 부착하도록 하는 명령을 법원에 청구할 수 있다.
1. 성폭력범죄로 징역형의 실형을 선고받은 사람이 그 집행을 종료한 후 또는 집행이 면제된 후 10년 이내에 성폭력범죄를 저지른 때
2. 성폭력범죄로 이 법에 따른 전자장치를 부착받은 전력이 있는 사람이 다시 성폭력범죄를 저지른 때
3. 성폭력범죄를 2회 이상 범하여(유죄의 확정판결을 받은 경우를 포함한다) 그 습벽이 인정된 때
4. 19세 미만의 사람에 대하여 성폭력범죄를 저지른 때
5. 신체적 또는 정신적 장애가 있는 사람에 대하여 성폭력범죄를 저지른 때

정답 ③

02 「전자장치 부착 등에 관한 법률」상 형기종료 후 보호관찰명령의 대상자가 아닌 것은?　　　2022. 보호 7급

① 성폭력범죄를 저지른 사람으로서 성폭력범죄를 다시 범할 위험성이 있다고 인정되는 사람
② 미성년자 대상 유괴범죄를 저지른 사람으로서 미성년자 대상 유괴범죄를 다시 범할 위험성이 있다고 인정되는 사람
③ 살인범죄를 저지른 사람으로서 살인범죄를 다시 범할 위험성이 있다고 인정되는 사람
④ 스토킹범죄를 저지른 사람으로서 스토킹범죄를 다시 범할 위험성이 있다고 인정되는 사람

정답 및 해설

📄 **보호관찰명령의 청구**(「전자장치 부착 등에 관한 법률」 제21조의2)

검사는 다음의 어느 하나에 해당하는 사람에 대하여 형의 집행이 종료된 때부터 보호관찰 등에 관한 법률에 따른 보호관찰을 받도록 하는 명령(보호관찰명령)을 법원에 청구할 수 있다.
1. 성폭력범죄를 저지른 사람으로서 성폭력범죄를 다시 범할 위험성이 있다고 인정되는 사람
2. 미성년자 대상 유괴범죄를 저지른 사람으로서 미성년자 대상 유괴범죄를 다시 범할 위험성이 있다고 인정되는 사람
3. 살인범죄를 저지른 사람으로서 살인범죄를 다시 범할 위험성이 있다고 인정되는 사람
4. 강도범죄를 저지른 사람으로서 강도범죄를 다시 범할 위험성이 있다고 인정되는 사람

정답 ④

03

「전자장치 부착 등에 관한 법률」상 검사가 위치추적 전자장치 부착명령을 법원에 반드시 청구하여야 하는 경우는?

2020. 교정 9급

① 미성년자 대상 유괴범죄로 징역형의 실형 이상의 형을 선고받아 그 집행이 종료 또는 면제된 후 다시 미성년자 대상 유괴범죄를 저지른 경우
② 강도범죄를 2회 이상 범하여 그 습벽이 인정된 경우
③ 성폭력범죄로 징역형의 실형을 선고받은 사람이 그 집행을 종료한 후 또는 집행이 면제된 후 10년 이내에 성폭력범죄를 저지른 경우
④ 신체적 또는 정신적 장애가 있는 사람에 대하여 성폭력범죄를 저지른 경우

정답 및 해설

① [○] 필요적 청구(「전자장치 부착 등에 관한 법률」 제5조 제2항 단서)
② [×] 임의적 청구(동법 제5조 제4항 제3호)
③ [×] 임의적 청구(동법 제5조 제1항 제1호)
④ [×] 임의적 청구(동법 제5조 제1항 제5호)

정답 ①

04

「전자장치 부착 등에 관한 법률」상 검사가 성폭력범죄를 다시 범할 위험성이 있다고 인정되는 사람에 대해 전자장치를 부착하도록 하는 명령을 법원에 청구할 수 있는 경우에 해당하지 않는 것은? 2017. 교정 7급

① 정신적 장애가 있는 사람이 성폭력범죄를 저지른 때
② 성폭력범죄를 2회 이상 범하여 그 습벽이 인정된 때
③ 19세 미만의 사람에 대하여 성폭력범죄를 저지른 때
④ 성폭력범죄로 전자장치를 부착받은 전력이 있는 사람이 다시 성폭력범죄를 저지른 때

정답 및 해설

 성폭력범죄자에 대한 부착명령 청구(「전자장치 부착 등에 관한 법률」 제5조 제1항)

검사는 다음의 어느 하나에 해당하고, 성폭력범죄를 다시 범할 위험성이 있다고 인정되는 사람에 대하여 전자장치를 부착하도록 하는 명령(부착명령)을 법원에 청구할 수 있다.
1. 성폭력범죄로 징역형의 실형을 선고받은 사람이 그 집행을 종료한 후 또는 집행이 면제된 후 10년 이내에 성폭력범죄를 저지른 때
2. 성폭력범죄로 이 법에 따른 전자장치를 부착받은 전력이 있는 사람이 다시 성폭력범죄를 저지른 때
3. 성폭력범죄를 2회 이상 범하여(유죄의 확정판결을 받은 경우를 포함한다) 그 습벽이 인정된 때
4. 19세 미만의 사람에 대하여 성폭력범죄를 저지른 때
5. 신체적 또는 정신적 장애가 있는 사람에 대하여 성폭력범죄를 저지른 때

정답 ①

05 「전자장치 부착 등에 관한 법률」에 대한 설명으로 옳은 것은?

2020. 교정 7급

① 만 18세 미만의 자에 대하여 부착명령을 선고한 때에는 18세에 이르기까지 이 법에 따른 전자장치를 부착할 수 없다.
② 전자장치 부착기간은 이를 집행한 날부터 기산하되, 초일은 산입하지 아니한다.
③ 전자장치 부착명령의 청구는 공소제기와 동시에 하여야 한다.
④ 법원이 특정범죄를 범한 자에 대하여 형의 집행을 유예하고 보호관찰을 받을 것을 명하면서 전자장치를 부착할 것을 명한 경우 이 부착명령은 집행유예가 실효되면 그 집행이 종료된다.

정답 및 해설

① [×] 만 19세 미만의 자에 대하여 부착명령을 선고한 때에는 19세에 이르기까지 이 법에 따른 전자장치를 부착할 수 없다(동법 제4조).
② [×] 전자장치 부착기간은 이를 집행한 날부터 기산하되, 초일은 시간을 계산함이 없이 1일로 산정한다(동법 제32조 제1항).
③ [×] 부착명령의 청구는 공소가 제기된 특정범죄사건의 항소심 변론종결 시까지 하여야 한다(동법 제5조 제5항).
④ [○] 「전자장치 부착 등에 관한 법률」 제28조 제1항, 동법 제30조 제2호

정답 ④

06 「전자장치 부착 등에 관한 법률」상 '특정범죄'에 관한 형 집행 종료 후의 전자장치 부착에 대한 설명으로 옳지 않은 것은?

2024. 보호 9급

① 검사는, 19세 미만의 사람에 대하여 성폭력범죄를 저지른 때에 성폭력범죄를 다시 범할 위험성이 있다고 인정되는 사람에 대하여 전자장치를 부착하도록 하는 명령을 법원에 청구할 수 있다.
② 검사는, 스토킹범죄를 2회 이상 범하여(유죄의 확정판결을 받은 경우를 제외한다) 그 습벽이 인정된 때에 스토킹범죄를 다시 범할 위험성이 있다고 인정되는 사람에 대하여 전자장치를 부착하도록 하는 명령을 법원에 청구할 수 있다.
③ 검사는, 미성년자 대상 유괴범죄를 저지른 사람으로서 미성년자 대상 유괴범죄를 다시 범할 위험성이 있다고 인정되는 사람에 대하여 전자장치를 부착하도록 하는 명령을 법원에 청구할 수 있다. 다만, 유괴범죄로 징역형의 실형 이상의 형을 선고받아 그 집행이 종료 또는 면제된 후 다시 유괴범죄를 저지른 경우에는 전자장치를 부착하도록 하는 명령을 청구하여야 한다.
④ 검사는, 강도범죄로 「전자장치 부착 등에 관한 법률」에 따른 전자장치를 부착하였던 전력이 있는 사람이 다시 강도범죄를 저지른 때에 강도범죄를 다시 범할 위험성이 있다고 인정되는 경우 전자장치를 부착하도록 하는 명령을 법원에 청구할 수 있다.

정답 및 해설

① [○] 동법 제5조 제1항 제4호
② [×] 검사는 ㉠ 스토킹범죄로 징역형의 실형을 선고받은 사람이 그 집행을 종료한 후 또는 집행이 면제된 후 10년 이내에 다시 스토킹범죄를 저지른 때, ㉡ 스토킹범죄로 이 법에 따른 전자장치를 부착하였던 전력이 있는 사람이 다시 스토킹범죄를 저지른 때, ㉢ 스토킹범죄를 2회 이상 범하여(유죄의 확정판결을 받은 경우를 포함한다) 그 습벽이 인정된 때의 어느 하나에 해당하고 스토킹범죄를 다시 범할 위험성이 있다고 인정되는 사람에 대하여 부착명령을 법원에 청구할 수 있다(「전자장치 부착 등에 관한 법률」 제5조 제5항).
③ [○] 동법 제5조 제2항
④ [○] 동법 제5조 제4항 제2호

정답 ②

07 「전자장치 부착 등에 관한 법률」상 전자장치 부착에 대한 설명으로 옳지 않은 것은?   2019. 교정 9급

① 검사는 강도범죄로 징역형의 실형을 선고받은 사람이 그 집행을 종료한 후 8년 뒤 다시 강도범죄를 저지른 경우, 강도범죄를 다시 범할 위험성이 있다고 인정되는 때에는 부착명령을 법원에 청구할 수 있다.

② 전자장치 피부착자가 9일 간 국내여행을 하거나 출국할 때에는 미리 보호관찰관의 허가를 받아야 한다.

③ 보호관찰소의 장 또는 피부착자 및 그 법정대리인은 해당 보호관찰소를 관할하는 심사위원회에 부착명령의 임시해제를 신청할 수 있으며, 이 신청은 부착명령의 집행이 개시된 날부터 3개월이 경과한 후에 하여야 한다.

④ 만 19세 미만의 자에 대해서는 부착명령을 선고할 수 없다.

> **정답 및 해설**
>
> ① [○] 검사는 강도범죄로 징역형의 실형을 선고받은 사람이 그 집행을 종료한 후 또는 집행이 면제된 후 10년 이내에 다시 강도범죄를 저지른 자로서 강도범죄를 다시 범할 위험성이 있다고 인정되는 사람에 대하여 부착명령을 법원에 청구할 수 있다(동법 제5조 제4항 제1호).
>
> ② [○] 피부착자는 주거를 이전하거나 7일 이상의 국내여행을 하거나 출국할 때에는 미리 보호관찰관의 허가를 받아야 한다(동법 제14조 제3항).
>
> ③ [○] 동법 제17조 제1항 · 제2항
>
> ④ [×] 만 19세 미만의 자에 대하여 부착명령을 선고한 때에는 19세에 이르기까지 이 법에 따른 전자장치를 부착할 수 없다(「전자장치 부착 등에 관한 법률」 제4조). 즉, 19세 미만의 자에 대해서도 전자장치 부착명령을 선고할 수 있으나, 19세에 이르기까지 부착할 수 없을 뿐이다.
>
> 정답 ④

08 「전자장치 부착 등에 관한 법률」상 법원이 19세 미만의 사람에 대해서 성폭력범죄를 저지른 사람에 대해서 전자장치 부착명령을 선고하는 경우, 반드시 포함하여 부과해야 하는 준수사항으로 옳은 것은?   2021. 교정 9급

① 어린이 보호구역 등 특정지역 · 장소에의 출입금지

② 주거지역의 제한

③ 피해자 등 특정인에의 접근금지

④ 특정범죄 치료 프로그램의 이수

> **정답 및 해설**
>
> ③ [○] 법원은 19세 미만의 사람에 대해서 성폭력범죄를 저지른 사람에 대해서 부착명령을 선고하는 경우에는 ⊙ 야간, 아동 · 청소년의 통학시간 등 특정 시간대의 외출제한 및 ⓛ 피해자 등 특정인에의 접근금지를 포함하여 준수사항을 부과하여야 한다. 다만, ⊙의 준수사항을 부과하여서는 아니 될 특별한 사정이 있다고 판단하는 경우에는 그러하지 아니하다(「전자장치 부착 등에 관한 법률」 제9조의2 제3항).
>
> 정답 ③

「전자장치 부착 등에 관한 법률」상 위치추적 전자장치 부착명령에 대한 설명으로 옳지 않은 것은?

2018. 5급 승진

① 부착명령의 원인이 된 특정범죄사건이 아닌 다른 범죄사건으로 형이나 치료감호의 집행이 계속될 경우에는 부착명령의 원인이 된 특정범죄사건이 아닌 다른 범죄사건에 대한 형의 집행이 종료되거나 면제·가석방 되는 날 또는 치료감호의 집행이 종료·가종료 되는 날부터 부착명령을 집행한다.

② 부착명령의 집행 중 다른 죄를 범하여 금고 이상의 형의 집행을 받게 된 때에는 부착명령의 집행이 정지된다.

③ 부착명령의 집행은 신체의 완전성을 해하지 아니하는 범위 내에서 이루어져야 하며, 부착명령이 여러 개인 경우 확정된 순서에 따라 집행한다.

④ 피부착명령자가 부착명령 판결 확정 시 석방된 상태이고 미결구금일수 산입 등의 사유로 이미 형의 집행이 종료된 경우에는 부착명령 판결 확정일부터 부착명령을 집행한다.

⑤ 부착명령의 집행 중 다른 죄를 범하여 구속영장의 집행을 받아 구금된 후에 검사가 혐의 없음을 이유로 불기소처분을 함으로써 구금이 종료된 경우 그 구금기간 동안에는 부착명령이 정지된 것으로 본다.

정답 및 해설

① [○] 동법 제13조 제1항 제1호
② [○] 동법 제13조 제6항 제2호
③ [○] 동법 제13조 제4항·제5항
④ [○] 동법 제13조 제1항 제2호
⑤ [×] 부착명령의 집행 중 다른 죄를 범하여 구속영장의 집행을 받아 구금된 후에 ㉠ 사법경찰관이 불송치결정을 한 경우, ㉡ 검사가 혐의 없음, 죄가 안됨, 공소권 없음 또는 각하의 불기소처분을 한 경우, ㉢ 법원의 무죄, 면소, 공소기각 판결 또는 공소기각 결정이 확정된 경우의 사유로 구금이 종료되는 경우 그 구금기간 동안에는 부착명령이 집행된 것으로 본다. 다만, ㉠ 및 ㉡의 경우 법원의 판결에 따라 유죄로 확정된 경우는 제외한다 (「전자장치 부착 등에 관한 법률」 제13조 제7항).

정답 ⑤

「전자장치 부착 등에 관한 법률」상 전자장치 부착명령에 대한 설명으로 옳은 것은?

2020. 보호 7급

① 19세 미만의 자에 대하여 전자장치 부착명령을 선고한 때에는 19세에 이르기 전이라도 전자장치를 부착할 수 있다.

② 전자장치가 부착된 자는 주거를 이전하거나 7일 이상의 국내여행을 하거나 출국할 때에는 미리 보호관찰관의 허가를 받아야 한다.

③ 성폭력범죄, 미성년자 대상 유괴범죄, 살인범죄, 강도·절도범죄 및 방화범죄가 전자장치 부착 대상범죄이다.

④ 전자장치 부착명령의 집행 중 다른 죄를 범하여 벌금 이상의 형이 확정된 때에는 전자장치 부착명령의 집행이 정지된다.

① [×] 만 19세 미만의 자에 대하여 부착명령을 선고한 때에는 19세에 이르기까지 이 법에 따른 전자장치를 부착할 수 없다(동법 제4조).
② [○] 「전자장치 부착 등에 관한 법률」 제14조 제3항
③ [×] 전자장치 부착 대상범죄는 성폭력범죄, 미성년자 대상 유괴범죄, 살인범죄 및 강도범죄이다(동법 제2조).
④ [×] 부착명령의 집행 중 다른 죄를 범하여 금고 이상의 형의 집행을 받게 된 때에는 부착명령의 집행이 정지된다(동법 제13조 제6항 제2호).

정답 ②

11 다음 중 「전자장치 부착 등에 관한 법률」상 전자장치 부착명령에 대한 설명으로 가장 옳지 않은 것은?

2022. 해경 경위

① 전자장치 부착명령은 검사의 지휘를 받아 보호관찰관이 집행한다.
② 전자장치 부착명령의 임시해제 신청은 부착명령의 집행이 개시된 날부터 3개월이 경과한 후에 하여야 한다.
③ 전자장치가 부착된 자는 주거를 이전하거나 7일 이상의 국내여행을 하거나 출국할 때에는 미리 보호관찰관의 허가를 받아야 한다.
④ 성폭력범죄, 미성년자 대상 유괴범죄, 살인범죄, 강도범죄 및 방화범죄가 전자장치 부착 대상범죄이다.

① [○] 동법 제12조 제1항
② [○] 동법 제17조 제2항
③ [○] 동법 제14조 제3항
④ [×] 성폭력범죄, 미성년자 대상 유괴범죄, 살인범죄 및 강도범죄가 전자장치 부착 대상범죄이다(「전자장치 부착 등에 관한 법률」 제2조 제1호).

정답 ④

12 「전자장치 부착 등에 관한 법률」에 대한 설명으로 옳지 않은 것은?

2015. 교정 9급

① 법원은 특정범죄를 범한 자에 대하여 형의 집행을 유예하면서 보호관찰을 받을 것을 명할 때에는 전자장치를 부착할 것을 명할 수는 없다.
② 전자장치 부착집행 중 보호관찰 준수사항 위반으로 유치허가장의 집행을 받아 유치된 때에는 부착집행이 정지된다.
③ 만 19세 미만의 자에 대하여 부착명령을 선고한 때에는 19세에 이르기까지 이 법에 따른 전자장치를 부착할 수 없다.
④ 법원은 부착명령 청구가 이유 없다고 인정하여 부착명령 청구를 기각하는 경우, 성폭력범죄를 저지른 사람으로서 성폭력범죄를 다시 범할 위험성이 있다고 인정되는 사람에 대하여 보호관찰명령을 선고할 필요가 있다고 인정하는 때에는 직권으로 2년 이상 5년 이하의 범위에서 기간을 정하여 보호관찰명령을 선고할 수 있다.

① [×] 법원은 특정범죄를 범한 자에 대하여 형의 집행을 유예하면서 보호관찰을 받을 것을 명할 때에는 보호관찰 기간의 범위 내에서 기간을 정하여 준수사항의 이행여부 확인 등을 위하여 전자장치를 부착할 것을 명할 수 있다(「전자장치 부착 등에 관한 법률」 제28조 제1항).

② [○] 동법 제24조 제3항

③ [○] 동법 제4조

④ [○] 동법 제21조의3 제2항

정답 ①

13

「전자장치 부착 등에 관한 법률」상 위치추적 전자장치에 대한 설명으로 옳지 않은 것은? 2014. 보호 7급

① 검사는 법원에 성폭력범죄, 미성년자 대상 유괴범죄, 살인범죄 또는 강도범죄(이하 '특정범죄'라고 한다)를 범하고 다시 범할 위험성이 있다고 인정되는 사람에 대하여 위치추적 전자장치를 부착하는 명령(이하 '부착명령'이라고 한다)을 청구할 수 있다.

② 부착명령의 청구는 특정범죄사건의 공소제기와 동시에 하여야 하고, 법원은 공소가 제기된 특정범죄사건을 심리한 결과 부착명령을 선고할 필요가 있다고 인정하는 때에는 직권으로 부착명령을 할 수 있다.

③ 법원은 특정범죄를 범한 자에 대하여 형의 집행을 유예하면서 보호관찰을 받을 것을 명할 때에는 보호관찰기간의 범위 내에서 기간을 정하여 준수사항의 이행여부 확인 등을 위하여 전자장치를 부착할 것을 명할 수 있다.

④ 보호관찰심사위원회가 필요하지 아니하다고 결정한 경우를 제외하고, 부착명령 판결을 선고받지 아니한 특정범죄자로서 형의 집행 중 가석방되어 보호관찰을 받게 되는 자는 준수사항 이행여부 확인 등을 위하여 가석방기간 동안 전자장치를 부착하여야 한다.

① [○] 동법 제5조 제1항~제4항

② [×] 부착명령의 청구는 공소가 제기된 특정범죄사건의 항소심 변론종결 시까지 하여야 하고(「전자장치 부착 등에 관한 법률」 제5조 제5항), 법원은 공소가 제기된 특정범죄사건을 심리한 결과 부착명령을 선고할 필요가 있다고 인정하는 때에는 검사에게 부착명령의 청구를 요구할 수 있다(동법 제5조 제6항).

③ [○] 동법 제28조 제1항

④ [○] 동법 제22조 제1항

정답 ②

14

「전자장치 부착 등에 관한 법률」상 옳지 않은 것은?

① 특정범죄에는 「형법」상 살인죄의 기수범은 포함되나 살인죄의 미수범과 예비, 음모죄는 포함되지 않는다.

② 만 19세 미만의 자에 대하여 부착명령을 선고한 때에는 19세에 이르기까지 이 법에 따른 전자장치를 부착할 수 없다.

③ 피부착자는 특정범죄사건에 대한 형의 집행이 종료되거나 면제·가석방되는 날부터 10일 이내에 주거지를 관할하는 보호관찰소에 출석하여 대통령령으로 정하는 신상정보 등을 서면으로 신고하여야 한다.

④ 수사기관은 체포 또는 구속한 사람이 피부착자임을 알게 된 경우에는 피부착자의 주거지를 관할하는 보호관찰소의 장에게 그 사실을 통보하여야 한다.

정답 및 해설

① [×] 살인죄의 미수범과 예비·음모죄도 포함된다(「전자장치 부착 등에 관한 법률」 제2조).
② [○] 동법 제4조
③ [○] 동법 제14조 제2항
④ [○] 동법 제16조의2 제4항

정답 ①

15

「전자장치 부착 등에 관한 법률」상 전자장치 부착명령에 대한 설명으로 옳지 않은 것은?

① 만 19세 미만의 자에 대하여 부착명령을 선고한 때에는 19세에 이르기까지 전자장치를 부착할 수 없다.

② 검사는 미성년자 대상 모든 유괴범죄자에 대하여 전자장치 부착명령을 법원에 청구하여야 한다.

③ 전자장치 부착명령은 검사의 지휘를 받아 보호관찰관이 집행한다.

④ 전자장치 부착명령의 임시해제 신청은 부착명령의 집행이 개시된 날로부터 3개월이 경과한 후에 하여야 한다.

정답 및 해설

① [○] 동법 제4조
② [×] 검사는 미성년자 대상 유괴범죄를 저지른 사람으로서 미성년자 대상 유괴범죄를 다시 범할 위험성이 있다고 인정되는 사람에 대하여 부착명령을 법원에 청구할 수 있다(초범 + 재범 위험성, 임의적 청구). 다만, 유괴범죄로 징역형의 실형 이상의 형을 선고받아 그 집행이 종료 또는 면제된 후 다시 유괴범죄를 저지른 경우에는 부착명령을 청구하여야 한다(재범, 필요적 청구)(「전자장치 부착 등에 관한 법률」 제5조 제2항).
③ [○] 동법 제12조 제1항
④ [○] 전자장치 부착명령의 임시해제 신청은 부착명령의 집행이 개시된 날부터 3개월이 경과한 후에 하여야 한다. 신청이 기각된 경우에는 기각된 날부터 3개월이 경과한 후에 다시 신청할 수 있다(동법 제17조 제2항).

정답 ②

16 「전자장치 부착 등에 관한 법률」상 전자장치 부착 등에 대한 설명으로 옳은 것은?

① 전자장치 피부착자는 주거를 이전하거나 3일 이상의 국내여행 또는 출국할 때에는 미리 보호관찰관의 허가를 받아야 한다.

② 19세 미만의 사람에 대하여 성폭력범죄를 저지른 경우에는 전자장치 부착기간의 상한과 하한은 법률에서 정한 부착기간의 2배로 한다.

③ 검사는 성폭력범죄로 징역형의 실형을 선고받은 사람이 그 집행을 종료한 후 또는 집행이 면제된 후 15년 이내에 성폭력범죄를 저지르고, 성폭력범죄를 다시 범할 위험성이 있다고 인정되는 때에는 전자장치를 부착하도록 하는 명령을 법원에 청구할 수 있다.

④ 여러 개의 특정범죄에 대하여 동시에 전자장치 부착명령을 선고할 때에는 법정형이 가장 중한 죄의 부착기간 상한의 2분의 1까지 가중하되, 각 죄의 부착기간의 상한을 합산한 기간을 초과할 수 없다. 다만, 하나의 행위가 여러 특정범죄에 해당하는 경우에는 가장 중한 죄의 부착기간을 부착기간으로 한다.

정답 및 해설

① [×] 전자장치 피부착자는 주거를 이전하거나 7일 이상의 국내여행을 하거나 출국할 때에는 미리 보호관찰관의 허가를 받아야 한다(동법 제14조 제3항).

② [×] 19세 미만의 사람에 대하여 특정범죄(성폭력범죄, 미성년자 대상 유괴범죄, 살인범죄, 강도범죄)를 저지른 경우에는 전자장치 부착기간 하한을 법률에서 정한 부착기간 하한의 2배로 한다(동법 제9조 제1항).

③ [×] 그 집행을 종료한 후 또는 집행이 면제된 후 10년 이내에 성폭력범죄를 저지른 때(동법 제5조 제1항)

④ [○] 「전자장치 부착 등에 관한 법률」 제9조 제2항

정답 ④

17 「전자장치 부착 등에 관한 법률」에 대한 설명으로 옳지 않은 것은?

① 특정범죄는 성폭력범죄, 미성년자 대상 유괴범죄, 살인범죄 및 강도범죄를 말한다.

② 만 19세 미만의 자에 대하여 전자장치의 부착명령을 선고할 수 없다.

③ 전자장치 부착명령의 선고는 특정범죄사건의 양형에 유리하게 참작되어서는 아니 된다.

④ 부착명령 판결을 선고받지 아니한 특정범죄자로서 형의 집행 중 가석방되어 보호관찰을 받게 되는 자는 준수사항 이행 여부 확인 등을 위하여 가석방기간 동안 전자장치를 부착하여야 한다.

정답 및 해설

① [○] 동법 제2조

② [×] 만 19세 미만의 자에 대하여 부착명령을 선고한 때에는 19세에 이르기까지 전자장치를 부착할 수 없다(「전자장치 부착 등에 관한 법률」 제4조). 즉, 부착을 할 수 없을 뿐 19세 미만의 자라도 부착명령을 선고할 수 있다.

③ [○] 동법 제9조 제7항

④ [○] 동법 제22조 제1항

정답 ②

18 「전자장치 부착 등에 관한 법률」상 검사가 법원에 전자장치 부착명령을 청구할 수 있는 대상자를 설명한 것으로 옳지 않은 것은?

① 성폭력범죄로 징역형을 선고받은 사람이 그 집행을 종료한 후 또는 집행이 면제된 후 20년 이 내에 성폭력범죄를 저지르고, 성폭력범죄를 다시 범할 위험성이 있다고 인정되는 사람
② 신체적 또는 정신적 장애가 있는 사람에 대하여 성폭력범죄를 저지르고, 성폭력범죄를 다시 범 할 위험성이 있다고 인정되는 사람
③ 성폭력범죄를 2회 이상 범하여 그 습벽이 인정되고, 성폭력범죄를 다시 범할 위험성이 있다고 인정되는 사람
④ 19세 미만의 사람에 대하여 성폭력범죄를 저지르고, 성폭력범죄를 다시 범할 위험성이 있다고 인정되는 사람
⑤ 미성년자대상 유괴범죄를 저지른 사람으로서 미성년자 대상 유괴범죄를 다시 범할 위험성이 있 다고 인정되는 사람

정답 및 해설

① [×] 10년 이내에 성폭력범죄를 저지른 때(「전자장치 부착 등에 관한 법률」 제5조 제1항 제1호)
② [○] 동법 제5조 제1항 제5호
③ [○] 동법 제5조 제1항 제3호
④ [○] 동법 제5조 제1항 제4호
⑤ [○] 동법 제5조 제2항

정답 ①

19 「전자장치 부착 등에 관한 법률」에 대한 설명으로 옳지 않은 것은?

① 특정범죄란 성폭력범죄, 미성년자 대상 유괴범죄, 살인범죄 및 강도범죄를 말한다.
② 검사는 미성년자 대상 유괴범죄로 징역형의 실형 이상의 형을 선고받아 그 집행이 종료 또는 면제된 후 다시 유괴범죄를 저지른 경우에는 전자장치 부착명령을 청구하여야 한다.
③ 법원은 만 19세 미만의 자에 대하여는 전자장치 부착명령을 선고할 수 없다.
④ 전자장치 부착명령과 함께 선고한 형이 사면되어 그 선고의 효력이 상실된 때에는 그 부착명령 의 집행은 종료된다.

정답 및 해설

① [○] 동법 제2조 제1호
② [○] 검사는 미성년자 대상 유괴범죄를 저지른 사람으로서 미성년자 대상 유괴범죄를 다시 범할 위험성이 있다 고 인정되는 사람에 대하여 부착명령을 법원에 청구할 수 있다. 다만, 유괴범죄로 징역형의 실형 이상의 형을 선고받아 그 집행이 종료 또는 면제된 후 다시 유괴범죄를 저지른 경우에는 부착명령을 청구하여야 한다(동법 제5조 제2항).
③ [×] 만 19세 미만의 자에 대하여 부착명령을 선고한 때에는 19세에 이르기까지 이 법에 따른 전자장치를 부착 할 수 없다(「전자장치 부착 등에 관한 법률」 제4조). 즉, 19세 미만의 자에 대해서도 전자장치 부착명령을 선고할 수 있으나, 19세에 이르기까지 부착할 수 없을 뿐이다.
④ [○] 부착명령은 부착명령기간이 경과한 때, 부착명령과 함께 선고한 형이 사면되어 그 선고의 효력을 상실하게 된 때, 부착명령이 임시해제된 자가 그 임시해제가 취소됨이 없이 잔여 부착명령기간을 경과한 때에 그 집행이 종료된다(동법 제20조).

정답 ③

20

전자장치 부착명령에 대한 설명으로 옳지 않은 것은? (다툼이 있는 경우 판례에 의함)

① 검사는 부착명령을 청구하기 위하여 필요하다고 인정하는 때에는 피의자의 주거지 또는 소속 검찰청 소재지를 관할하는 보호관찰소의 장에게 범죄의 동기, 피해자와의 관계, 심리상태, 재범의 위험성 등 피의자에 관하여 필요한 사항의 조사를 요청할 수 있다.

② 부착명령 청구사건의 관할은 부착명령 청구사건과 동시에 심리하는 특정범죄사건의 관할에 따르며, 부착명령 청구사건의 제1심 재판은 지방법원 합의부의 관할로 한다.

③ 법원은 부착명령 청구가 있는 때에는 지체 없이 부착명령 청구서의 부본을 피부착명령청구자 또는 그의 변호인에게 송부하여야 한다. 이 경우 특정범죄사건에 대한 공소제기와 동시에 부착명령 청구가 있는 때에는 제1회 공판기일 5일 전까지, 특정범죄사건의 심리 중에 부착명령 청구가 있는 때에는 다음 공판기일 5일 전까지 송부하여야 한다.

④ 여러 개의 특정범죄에 대하여 동시에 부착명령을 선고할 때에는 선고형이 가장 중한 죄의 부착기간 상한의 2분의 1까지 가중하되, 각 죄의 부착기간의 상한을 합산한 기간을 초과할 수 없다.

⑤ 살인범죄의 재범의 위험성 유무의 판단은 장래에 대한 가정적 판단이므로 판결 시를 기준으로 하여야 한다.

정답 및 해설

① [○] 동법 제6조 제1항
② [○] 동법 제7조
③ [○] 동법 제8조 제2항
④ [×] 법정형이 가장 중한 죄의 부착기간 상한의 2분의 1까지 가중한다(「전자장치 부착 등에 관한 법률」 제9조 제2항).
⑤ [○] 대법원 2018.9.13. 2018도7658

> **⚖ 관련판례**
> 「전자장치 부착 등에 관한 법률」에 규정된 '살인범죄를 다시 범할 위험성'이란 재범할 가능성만으로는 부족하고 피부착명령청구자 또는 피보호관찰명령청구자가 장래에 다시 살인범죄를 범하여 법적 평온을 깨뜨릴 상당한 개연성이 있음을 의미한다. 살인범죄의 재범의 위험성 유무는 피부착명령청구자 또는 피보호관찰명령청구자의 직업과 환경, 당해 범행 이전의 행적, 범행의 동기, 수단, 범행 후의 정황, 개전의 정 등 여러 사정을 종합적으로 평가하여 객관적으로 판단하여야 하고, 이러한 판단은 장래에 대한 가정적 판단이므로 판결 시를 기준으로 하여야 한다(대법원 2018.9.13. 2018도7658).

정답 ④

21

「전자장치 부착 등에 관한 법률」상 전자감시에 대한 설명으로 옳지 않은 것은?

① 전자장치가 부착된 자는 전자장치의 부착기간 중 전자장치를 신체에서 임의로 분리·손상, 전파 방해 또는 수신자료의 변조, 그 밖의 방법으로 그 효용을 해하여서는 아니 된다.

② 전자장치가 부착된 자는 특정범죄사건에 대한 형의 집행이 종료되거나 면제·가석방되는 날부터 10일 이내에 주거지를 관할하는 보호관찰소에 출석하여 대통령령으로 정하는 신상정보 등을 서면으로 신고하여야 한다.

③ 전자장치가 부착된 자는 주거를 이전하거나 10일 이상의 국내여행을 하거나 출국할 때에는 미리 보호관찰관의 허가를 받아야 한다.

④ 수사기관은 체포 또는 구속한 사람이 전자장치가 부착된 자임을 알게 된 경우에는 전자장치가 부착된 자의 주거지를 관할하는 보호관찰소의 장에게 그 사실을 통보하여야 한다.

⑤ 보호관찰관은 전자장치 부착기간 중 전자장치가 부착된 자의 소재지 인근 의료기관에서의 치료, 상담시설에서의 상담치료 등 전자장치가 부착된 자의 재범방지 및 수치심으로 인한 과도한 고통의 방지를 위하여 필요한 조치를 할 수 있다.

① [○] 동법 제14조 제1항
② [○] 동법 제14조 제2항
③ [×] 전자장치가 부착된 자(피부착자)는 주거를 이전하거나 7일 이상의 국내여행을 하거나 출국할 때에는 미리 보호관찰관의 허가를 받아야 한다(「전자장치 부착 등에 관한 법률」 제14조 제3항).
④ [○] 동법 제16조의2 제4항
⑤ [○] 동법 제15조 제2항

정답 ③

22

「전자장치 부착 등에 관한 법률」상 전자장치 부착에 대한 설명으로 옳은 것은?   2025. 보호 9급

① 만 19세 미만의 자에 대해서는 전자장치 부착명령을 선고할 수 없다.
② 검사의 전자장치 부착명령 청구는 공소가 제기된 특정범죄사건의 제1심 판결 선고 시까지 하여야 한다.
③ 성폭력범죄, 미성년자 대상 유괴범죄, 살인범죄, 강·절도범죄 및 스토킹범죄가 전자장치 부착 대상 특정범죄이다.
④ 보호관찰이 부과된 사람의 전자장치 부착기간은 보호관찰 기간을 초과할 수 없으며, 보호관찰이 임시해제된 경우에는 전자장치 부착이 임시해제된 것으로 본다.

① [×] 만 19세 미만의 자에 대하여 부착명령을 선고한 때에는 19세에 이르기까지 이 법에 따른 전자장치를 부착할 수 없다(동법 제4조). 즉, 19세 미만의 자에 대해서도 전자장치 부착명령을 선고할 수 있으나, 19세에 이르기까지 부착할 수 없을 뿐이다.
② [×] 검사의 전자장치 부착명령 청구는 공소가 제기된 특정범죄사건의 항소심 변론종결 시까지 하여야 한다(동법 제5조 제6항).
③ [×] 특정범죄란 성폭력범죄, 미성년자 대상 유괴범죄, 살인범죄, 강도범죄 및 스토킹범죄를 말한다(동법 제2조 제1호).
④ [○] 「전자장치 부착 등에 관한 법률」 제32조 제2항 단서, 동법 제33조

정답 ④

23

「전자장치 부착 등에 관한 법률」상 전자장치 부착명령에 대한 설명으로 옳지 않은 것은?   2024. 보호 7급

① 부착명령의 집행 중 다른 죄를 범하여 구속영장의 집행을 받아 구금되거나 금고 이상의 형의 집행을 받게 된 때에는 부착명령의 집행이 정지된다.
② 법원은 스토킹범죄를 저지른 사람에 대해서 부착명령을 선고하는 경우에는 피해자 등 특정인에의 접근금지를 준수사항으로 반드시 부과하여야 한다.
③ 법원은 특정범죄사건에 대하여 벌금형을 선고하는 때에는 특정범죄사건의 판결과 동시에 부착명령을 선고하여야 한다.
④ 법원은 「형사소송법」에 따른 보석조건으로 전자장치 부착을 명하기 위하여 필요하다고 인정하면 그 법원의 소재지 또는 피고인의 주거지를 관할하는 보호관찰소의 장에게 피고인의 직업, 경제력, 가족상황, 주거상태, 생활환경 및 피해회복 여부 등 피고인에 관한 사항의 조사를 의뢰할 수 있다.

① [○] ㉠ 부착명령의 집행 중 다른 죄를 범하여 구속영장의 집행을 받아 구금된 때, ㉡ 부착명령의 집행 중 다른 죄를 범하여 금고 이상의 형의 집행을 받게 된 때, ㉢ 가석방 또는 가종료된 자에 대하여 전자장치 부착기간 동안 가석방 또는 가종료가 취소되거나 실효된 때에는 부착명령의 집행이 정지된다(동법 제13조 제6항).

② [○] 법원은 성폭력범죄를 저지른 사람(19세 미만의 사람을 대상으로 성폭력범죄를 저지른 사람으로 한정한다)에 대해서 부착명령을 선고하는 경우에는 제1항 제1호(야간, 아동·청소년의 통학시간 등 특정 시간대의 외출제한) 및 제3호(피해자 등 특정인에의 접근금지)의 준수사항을 포함하여 준수사항을 부과하여야 한다. 다만, 제1항 제1호의 준수사항(야간, 아동·청소년의 통학시간 등 특정 시간대의 외출제한)을 부과하여서는 아니 될 특별한 사정이 있다고 판단하는 경우에는 해당 준수사항을 포함하지 아니할 수 있다(동법 제9조의2 제3항 제1호). 법원은 스토킹범죄를 저지른 사람에 대해서 부착명령을 선고하는 경우에는 제1항 제3호의 준수사항(피해자 등 특정인에의 접근금지)을 포함하여 준수사항을 부과하여야 한다(동법 제9조의2 제3항 제2호).

③ [×] 법원은 ㉠ 부착명령 청구가 이유 없다고 인정하는 때, ㉡ 특정범죄사건에 대하여 무죄(심신상실을 이유로 치료감호가 선고된 경우는 제외한다)·면소·공소기각의 판결 또는 결정을 선고하는 때, ㉢ 특정범죄사건에 대하여 벌금형을 선고하는 때, ㉣ 특정범죄사건에 대하여 선고유예 또는 집행유예를 선고하는 때[제28조 제1항(형의 집행유예 시 법원의 판결에 의한 부착명령)에 따라 전자장치 부착을 명하는 때를 제외한다]에는 판결로 부착명령 청구를 기각하여야 한다(「전자장치 부착 등에 관한 법률」 제9조 제4항).

④ [○] 동법 제31조의2 제2항

정답 ③

24. 「전자장치 부착 등에 관한 법률」상 스토킹행위자 전자장치 부착에 대한 설명으로 옳은 것은?

2025. 보호 9급

① 보호관찰소의 장은 잠정조치 집행을 종료한 날부터 5년이 경과한 때에는 스토킹행위자 수신자료를 폐기하여야 한다.

② 전자장치 부착 결정을 받은 스토킹행위자는 결정일부터 30일 이내에 보호관찰소에 출석하여 보호관찰관의 지시에 따라 전자장치를 부착하여야 한다.

③ 스토킹행위자에 대한 전자장치 부착은 잠정조치의 기간이 경과하거나 그 효력을 상실한 때 그 집행이 종료되며, 잠정조치가 변경 또는 취소된 때에는 그 집행이 종료되지 않는다.

④ 법원은 「스토킹범죄의 처벌 등에 관한 법률」상 긴급응급조치 또는 잠정조치로 전자장치의 부착을 결정한 경우 그 결정문의 등본을 스토킹행위자의 주거지를 관할하는 보호관찰소의 장에게 지체 없이 송부하여야 한다.

① [○] 「전자장치 부착 등에 관한 법률」 제31조의8 제4항 제3호

② [×] 잠정조치 결정을 받은 스토킹행위자는 법원이 지정한 일시까지 보호관찰소에 출석하여 대통령령으로 정하는 신상정보 등을 서면으로 신고한 후 보호관찰관의 지시에 따라 전자장치를 부착하여야 한다(동법 제36조의6 제2항).

③ [×] 스토킹행위자에 대한 잠정조치인 전자장치 부착은 ㉠ 잠정조치의 기간이 경과한 때, ㉡ 잠정조치가 변경 또는 취소된 때, ㉢ 잠정조치가 효력을 상실한 때에 그 집행이 종료된다(동법 제36조의7).

④ [×] 법원은 「스토킹범죄의 처벌 등에 관한 법률」 제9조 제1항 제3호의2에 따른 잠정조치로 전자장치의 부착을 결정한 경우 그 결정문의 등본을 스토킹행위자의 사건 수사를 관할하는 경찰관서의 장과 스토킹행위자의 주거지를 관할하는 보호관찰소의 장에게 지체 없이 송부하여야 한다(동법 제36조의6 제1항).

▶ 스토킹행위자에 대한 긴급응급조치로 전자장치의 부착을 결정할 수 없고, 잠정조치로 부착결정을 한 경우 법원은 결정문을 관할경찰관서의 장과 관할보호관찰소의 장에게 송부하여야 한다.

정답 ①

25

전자장치 부착명령의 집행에 대한 설명으로 옳지 않은 것은?

① 부착명령은 검사의 지휘를 받아 보호관찰관이 집행한다.

② 부착명령은 특정범죄사건에 대한 형의 집행이 종료되거나 면제·가석방되는 날 또는 치료감호의 집행이 종료·가종료되는 날 석방 직전에 피부착명령자의 신체에 전자장치를 부착함으로써 집행한다.

③ 피부착명령자가 부착명령 판결 확정 시 석방된 상태이고 미결구금일수 산입 등의 사유로 이미 형의 집행이 종료된 경우 보호관찰소의 장은 부착명령을 집행하기 위해 피부착명령자를 소환할 수 있다.

④ 부착명령이 여러 개인 경우 부착기간이 장기인 것을 먼저 집행한다.

정답 및 해설

① [○] 동법 제12조 제1항

② [○] 동법 제13조 제1항 본문

③ [○] 피부착명령자가 부착명령 판결 확정 시 석방된 상태이고 미결구금일수 산입 등의 사유로 이미 형의 집행이 종료된 경우에는 부착명령 판결 확정일부터 부착명령을 집행하며(동법 제13조 제1항 제2호), 이에 따라 부착명령을 집행하는 경우 보호관찰소의 장은 피부착명령자를 소환할 수 있으며, 피부착명령자가 소환에 따르지 아니하는 때에는 관할 지방검찰청의 검사에게 신청하여 부착명령 집행장을 발부받아 구인할 수 있다(동법 제13조 제2항).

④ [×] 부착명령이 여러 개인 경우 확정된 순서에 따라 집행한다(「전자장치 부착 등에 관한 법률」 제13조 제5항).

정답 ④

26

「전자장치 부착 등에 관한 법률」에 대한 설명으로 옳지 않은 것은?

① 보호관찰소의 장은 범죄예방 및 수사에 필요하다고 판단하는 경우 피부착자에 대한 지도·감독 중 알게 된 사실 등을 수사기관에 제공할 수 있다.

② 보호관찰소의 장은 피부착자가 범죄를 저질렀거나 저질렀다고 의심할만한 상당한 이유가 있을 때에는 이를 수사기관에 통보하여야 한다.

③ 보호관찰소의 장 또는 피부착자 및 그 법정대리인은 해당 보호관찰소를 관할하는 보호관찰 심사위원회에 부착명령의 임시해제를 신청할 수 있다.

④ 부착명령의 임시해제 신청은 부착명령의 집행이 개시된 날부터 6개월이 경과한 후에 하여야 한다.

정답 및 해설

① [○] 동법 제16조의2 제1항

② [○] 동법 제16조의2 제3항

③ [○] 동법 제17조 제1항

④ [×] 부착명령의 임시해제 신청은 부착명령의 집행이 개시된 날부터 3개월이 경과한 후에 하여야 한다. 신청이 기각된 경우에는 기각된 날부터 3개월이 경과한 후에 다시 신청할 수 있다(「전자장치 부착 등에 관한 법률」 제17조 제2항).

정답 ④

27

「전자장치 부착 등에 관한 법률」상 보호관찰명령에 대한 설명으로 옳은 것은 몇 개인가?

⬚⬚⬚

⊙ 검사는 강도범죄를 저지른 사람으로서 강도범죄를 다시 범할 위험성이 있다고 인정되는 사람에 대하여 형의 집행이 종료된 때부터 보호관찰명령을 법원에 청구할 수 있다.

ⓛ 법원은 살인범죄를 저지른 사람으로서 살인범죄를 다시 범할 위험성이 있다고 인정되는 사람이 금고 이상의 선고형에 해당하고 보호관찰명령의 청구가 이유 있다고 인정하는 때에는 5년 이상 10년 이하의 범위에서 기간을 정하여 보호관찰명령을 선고하여야 한다.

ⓒ 법원은 보호관찰명령을 선고하는 경우 부착명령 대상자 준수사항 중 하나 이상을 부과하여야 한다. 다만, 특정범죄 치료 프로그램의 이수는 500시간의 범위에서 그 기간을 정하여야 한다.

ⓔ 보호관찰명령은 특정범죄사건에 대한 형의 집행이 종료되거나 면제·가석방되는 날 또는 치료 감호 집행이 종료·가종료되는 날부터 집행한다.

ⓜ 보호관찰대상자는 특정범죄사건에 대한 형의 집행이 종료되거나 면제·가석방되는 날부터 7일 이내에 주거지를 관할하는 보호관찰소에 출석하여 서면으로 신고하여야 하고, 보호관찰대상자는 주거를 이전하거나 10일 이상의 국내여행을 하거나 출국할 때에는 미리 보호관찰관의 허가를 받아야 한다.

ⓗ 보호관찰대상자가 정당한 사유 없이 준수사항을 위반하거나 보호관찰대상자의 의무를 위반한 때에는 법원은 보호관찰소의 장의 신청에 따른 검사의 청구로 1년의 범위에서 보호관찰 및 부착 기간의 연장 결정을 할 수 있다.

① 5개
② 4개
③ 3개
④ 2개

정답 및 해설

옳은 것은 ⊙, ⓔ, ⓗ이다.

⊙ [○] 「전자장치 부착 등에 관한 법률」 제21조의2

ⓛ [×] 2년 이상 5년 이하의 범위에서 기간을 정하여 보호관찰명령을 선고하여야 한다(동법 제21조의3 제1항).

ⓒ [×] 법원은 보호관찰명령을 선고하는 경우 부착명령 대상자 준수사항(동법 제9조의2 제1항) 중 하나 이상을 부과할 수 있다. 다만, 특정범죄 치료 프로그램의 이수는 300시간의 범위에서 그 기간을 정하여야 한다(동법 제21조의4 제1항). 제1항 본문에도 불구하고 법원은 19세 미만의 사람에 대해서 성폭력범죄를 저지른 사람에 대해서 보호관찰명령을 선고하는 경우 피해자 등 특정인에의 접근금지(동법 제9조의2 제1항 제3호)를 포함하여 준수사항을 부과하여야 한다(동법 제21조의4 제2항).

ⓔ [○] 동법 제21조의5

ⓜ [×] 보호관찰대상자는 특정범죄사건에 대한 형의 집행이 종료되거나 면제·가석방되는 날부터 10일 이내에 주거지를 관할하는 보호관찰소에 출석하여 서면으로 신고하여야 하고(동법 제21조의6 제1항), 보호관찰대상자는 주거를 이전하거나 7일 이상의 국내여행을 하거나 출국할 때에는 미리 보호관찰관의 허가를 받아야 한다(동법 제21조의6 제2항).

ⓗ [○] 동법 제21조의7 제1항

정답 ③

28

「전자장치 부착 등에 관한 법률」에 대한 설명으로 옳지 않은 것은 몇 개인가? (판례에 의함)

- ㉠ 부착명령을 선고하는 경우에 준수사항을 부과하려면 '부착기간의 범위에서 준수기간을 정하여' 부과하도록 법률에 규정하고 있는데도, 준수사항으로 '피해자에 대한 100m 이내 접근금지'와 '과도한 주류 음용금지'를 부과하면서 준수기간을 정하지 아니한 것은 위법이다.
- ㉡ 甲은 성폭력범죄로 소년보호처분을 받은 전력이 있는데 다시 강간상해죄를 범하였다. 소년보호처분을 받은 전력은 법률 제5조 제1항 제3호에서 부착명령청구 요건으로 정한 '성폭력범죄를 2회 이상 범하여(유죄의 확정판결을 받은 경우를 포함)'에 포함된다.
- ㉢ 법원이 특정범죄를 범한 자에 대하여 형의 집행을 유예하는 경우, 보호관찰을 받을 것을 명하는 때에만 전자장치를 부착할 것을 명할 수 있다.
- ㉣ 현역 군인인 성폭력범죄자 甲에게 집행유예를 선고하는 경우, 보호관찰 등에 관한 법률이 정한 군법 적용 대상자에 대한 특례 규정상 보호관찰을 명할 수 없으므로 보호관찰의 부과를 전제로 한 전자장치의 부착명령 역시 명할 수 없다.
- ㉤ 법 제5조 제1항 제3호에 정한 '성폭력범죄의 습벽'은 범죄자의 어떤 버릇, 범죄의 경향을 의미하는 것으로서 행위의 본질을 이루는 성질이 아니고 행위자의 특성을 이루는 성질을 의미하는 것이므로, 습벽의 유무는 행위자의 연령·성격·직업·환경·전과, 범행의 동기·수단·방법 및 장소, 전에 범한 범죄와의 시간적 간격, 그 범행의 내용과 유사성 등 여러 사정을 종합하여 판단하여야 한다.
- ㉥ 전자감시제도의 목적과 성격, 운영에 관한 법률의 규정 내용 및 취지 등을 종합해 보면, 전자감시제도는 범죄행위를 한 자에 대한 응보를 주된 목적으로 책임을 추궁하는 사후적 처분인 형벌과 구별되어 본질을 달리한다.
- ㉦ '19세 미만의 사람에 대하여 성폭력범죄를 저지른 때'란 피부착명령청구자가 저지른 성폭력범죄의 피해자가 19세 미만의 사람인 것을 말하고, 나아가 피부착명령청구자가 자신이 저지른 성폭력범죄의 피해자가 19세 미만이라는 점까지 인식하여야 한다.
- ㉧ 부착명령청구사건의 청구원인사실은 특정범죄사건의 범죄사실과 일치하여야 하며, 부착명령청구서에 기재하여야 하는 부착명령청구원인사실에는 피고사건의 공소장에 기재된 공소사실뿐만 아니라 재범의 위험성에 관한 사실도 포함된다.

① 4개　　　　　　　　② 3개
③ 2개　　　　　　　　④ 1개

정답 및 해설

옳지 않은 것은 ㉡, ㉦이다.
㉠ [○] 대법원 2012.5.24. 2012도1047

> **🔍 관련판례**
> 「전자장치 부착 등에 관한 법률」 제9조의2는 부착명령을 선고하는 경우에 준수사항을 부과하려면 '부착기간의 범위에서 준수기간을 정하여' 부과하도록 규정하고 있는데도, 준수사항으로 '피해자에 대한 100m 이내 접근금지'와 '과도한 주류 음용금지'를 부과하면서 준수기간을 정하지 아니한 것은 위법이다(대법원 2012.5.24. 2012도1047).

㉡ [×] 대법원 2012.3.22. 2011도15057

> **🔍 관련판례**
> 피부착명령청구자가 소년법에 의한 보호처분(소년보호처분)을 받은 전력이 있다고 하더라도, 이는 유죄의 확정판결을 받은 경우에 해당하지 아니함이 명백하므로, 피부착명령청구자가 2회 이상 성폭력범죄를 범하였는지를 판단할 때 소년보호처분을 받은 전력을 고려할 것이 아니다(대법원 2012.3.22. 2011도15057).

ⓒ [○] 대법원 2012.2. 23. 2011도8124

> **⚖ 관련판례**
>
> 「전자장치 부착 등에 관한 법률」 제28조 제1항은 '법원은 특정범죄를 범한 자에 대하여 형의 집행을 유예하면서 보호관찰을 받을 것을 명할 때에는 보호관찰기간의 범위 내에서 기간을 정하여 준수사항의 이행 여부 확인 등을 위하여 전자장치를 부착할 것을 명할 수 있다'고 규정하고 있고, 제9조 제4항 제4호는 '법원은 특정범죄사건에 대하여 선고유예 또는 집행유예를 선고하는 때에는 판결로 부착명령 청구를 기각하여야 한다'고 규정하고 있으며, 제12조 제1항은 '부착명령은 검사의 지휘를 받아 보호관찰관이 집행한다'고 규정하고 있으므로, 법원이 특정범죄를 범한 자에 대하여 형의 집행을 유예하는 경우에는 보호관찰을 받을 것을 명하는 때에만 전자장치를 부착할 것을 명할 수 있다(대법원 2012.2. 23. 2011도8124).

ⓓ [○] 대법원 2012.2.23. 2011도8124

> **⚖ 관련판례**
>
> 현역 군인 등 군법 적용 대상자에 대한 특례를 규정한 「보호관찰 등에 관한 법률」 제56조, 제64조 제1항의 조항은 군법 적용 대상자에 대하여는 보호관찰법이 정하고 있는 보호관찰, 사회봉사, 수강명령의 실시 내지 집행에 관한 규정을 적용할 수 없음은 물론 보호관찰, 사회봉사, 수강명령 자체를 명할 수 없다는 의미로 해석되므로 보호관찰의 부과를 전제로 한 전자장치의 부착명령 역시 명할 수 없다(대법원 2012.2.23. 2011도8124).

ⓜ [○] 대법원 2011.9.29. 2011전도82

ⓗ [○] 대법원 2011.7.28. 2011도5813

> **⚖ 관련판례**
>
> 「전자장치 부착 등에 관한 법률」에 의한 성폭력범죄자에 대한 전자감시제도는, 성폭력범죄자의 재범방지와 성행 교정을 통한 재사회화를 위하여 그의 행적을 추적하여 위치를 확인할 수 있는 전자장치를 신체에 부착하게 하는 부가적인 조치를 취함으로써 성폭력범죄로부터 국민을 보호함을 목적으로 하는 일종의 보안처분이다. 이러한 전자감시제도의 목적과 성격, 운영에 관한 법률의 규정 내용 및 취지 등을 종합해 보면, 전자감시제도는 범죄행위를 한 자에 대한 응보를 주된 목적으로 책임을 추궁하는 사후적 처분인 형벌과 구별되어 본질을 달리한다(대법원 2011.7.28. 2011도5813).

ⓢ [×] 대법원 2011.7.28. 2011도5813

> **⚖ 관련판례**
>
> 성폭력범죄를 다시 범할 위험성이 있는 사람에 대한 전자장치 부착명령 청구 요건의 하나로 「전자장치 부착 등에 관한 법률」 제5조 제1항 제4호에서 규정한 '19세 미만의 사람에 대하여 성폭력범죄를 저지른 때'란 피부착명령청구자가 저지른 성폭력범죄의 피해자가 19세 미만의 사람인 것을 말하고, 나아가 피부착명령청구자가 자신이 저지른 성폭력범죄의 피해자가 19세 미만이라는 점까지 인식하여야 하는 것은 아니다(대법원 2011.7.28. 2011도5813).

ⓞ [○] 대법원 2016.6.23. 2016도3508

정답 ③

01 「성폭력범죄자의 성충동 약물치료에 관한 법률」상 성폭력 수형자의 치료명령 청구 및 가석방에 대한 설명으로 옳지 않은 것은?

2022. 교정 7급

① 교도소·구치소의 장은 가석방 요건을 갖춘 성폭력 수형자에 대하여 약물치료의 내용, 방법, 절차, 효과, 부작용, 비용부담 등에 관하여 충분히 설명하고 동의 여부를 확인하여야 한다.

② 가석방 요건을 갖춘 성폭력 수형자가 약물치료에 동의한 경우 수용시설의 장은 지체 없이 수용시설의 소재지를 관할하는 지방검찰청의 검사에게 인적 사항과 교정성적 등 필요한 사항을 통보하여야 한다.

③ 수용시설의 장은 법원의 치료명령 결정이 확정된 성폭력 수형자에 대하여 가석방심사위원회에 가석방 적격심사를 신청하여야 한다.

④ 검사는 성폭력 수형자의 주거지 또는 소속 검찰청 소재지를 관할하는 교도소·구치소의 장에게 범죄의 동기 등 성폭력 수형자에 관하여 필요한 사항의 조사를 요청할 수 있다.

정답 및 해설

① [○] 동법 제22조 제2항 제1호
② [○] 동법 제22조 제2항 제2호
③ [○] 동법 제23조 제1항
④ [×] 검사는 소속 검찰청 소재지 또는 성폭력 수형자의 주소를 관할하는 보호관찰소의 장에게 성폭력 수형자에 대하여 제5조 제1항에 따른 조사(범죄의 동기, 피해자와의 관계, 심리상태, 재범의 위험성 등 필요한 사항의 조사)를 요청할 수 있다(「성폭력범죄자의 성충동 약물치료에 관한 법률」 제22조 제2항 제3호).

정답 ④

02 「성폭력범죄자의 성충동 약물치료에 관한 법률」상 성충동 약물치료에 대한 설명으로 옳지 않은 것은?

2022. 보호 7급

① 법원은 성충동 약물치료명령 청구가 이유 있다고 인정하는 때에는 15년의 범위에서 치료기간을 정하여 판결로 치료명령을 선고하여야 한다.

② 성충동 약물치료명령의 대상은 사람에 대하여 성폭력범죄를 저지른 성도착증 환자로서, 성폭력범죄를 다시 범할 위험성이 있다고 인정되는 19세 이상의 사람이다.

③ 성충동 약물치료명령 청구는 검사가 하며, 성충동 약물치료명령 청구대상자에 대하여 정신건강의학과 전문의의 진단이나 감정을 받은 후 치료명령을 청구하여야 한다.

④ 징역형과 함께 성충동 약물치료명령을 받은 사람이 치료감호의 집행 중인 경우, 치료명령 대상자 및 그 법정대리인은 치료명령이 집행될 필요가 없을 정도로 개선되어 성폭력범죄를 다시 범할 위험성이 없음을 이유로, 주거지 또는 현재지를 관할하는 지방법원에 치료명령의 집행 면제를 신청할 수 있다.

제5편

해커스공무원 이준마 형사정책 단원별 기출문제집

① [○] 동법 제8조 제1항

② [○] 검사는 사람에 대하여 성폭력범죄를 저지른 성도착증 환자로서 성폭력범죄를 다시 범할 위험성이 있다고 인정되는 19세 이상의 사람에 대하여 약물치료명령을 법원에 청구할 수 있다(동법 제4조 제1항).

③ [○] 검사는 치료명령 청구대상자(치료명령 피청구자)에 대하여 정신건강의학과 전문의의 진단이나 감정을 받은 후 치료명령을 청구하여야 한다(동법 제4조 제2항).

④ [×] 징역형과 함께 치료명령을 받은 사람 및 그 법정대리인은 주거지 또는 현재지를 관할하는 지방법원(지원을 포함)에 치료명령이 집행될 필요가 없을 정도로 개선되어 성폭력범죄를 다시 범할 위험성이 없음을 이유로 치료명령의 집행 면제를 신청할 수 있다. 다만, 징역형과 함께 치료명령을 받은 사람이 치료감호의 집행 중인 경우에는 치료명령의 집행 면제를 신청할 수 없다(「성폭력범죄자의 성충동 약물치료에 관한 법률」 제8조의2 제1항).

정답 ④

---

03 보안처분에 대한 설명으로 옳지 않은 것은? (다툼이 있는 경우 판례에 의함)

① 성범죄 전력만으로 재범의 위험성이 있다고 간주하고 일률적으로 장애인복지시설에 10년간 취업제한을 하는 것은 헌법에 위반된다.

② 구 「특정 성폭력범죄자에 대한 위치추적 전자장치 부착에 관한 법률」상 전자감시제도는 일종의 보안처분으로서, 범죄행위를 한 자에 대한 응보를 주된 목적으로 그 책임을 추궁하는 사후적 처분인 형벌과 구별되어 그 본질을 달리하는 것이다.

③ 취업제한명령은 범죄인에 대한 사회 내 처우의 한 유형으로 형벌 그 자체가 아니라 보안처분의 성격을 가지는 것이다.

④ 「성폭력범죄자의 성충동 약물치료에 관한 법률」상 약물치료명령은 헌법이 보장하고 있는 신체의 자유와 자기결정권에 대한 침익적인 처분에 해당하지 않는다.

정답 및 해설

① [○] 헌재 2016.7.28. 2015헌마915

② [○] 대법원 2011.7.28. 2011도5813

③ [○] 취업제한명령은 범죄인에 대한 사회 내 처우의 한 유형으로서 형벌 그 자체가 아니라 보안처분의 성격을 가지는 것이지만, 실질적으로 직업선택의 자유를 제한하는 것이다(대법원 2019.10.17. 2019도11540).

④ [×] 대법원 2014.12.11. 2014도6930

> **⚖ 관련판례**
>
> 「성폭력범죄자의 성충동 약물치료에 관한 법률」에 의한 약물치료명령은 사람에 대하여 성폭력범죄를 저지른 성도착증 환자로서 성폭력범죄를 다시 범할 위험성이 있다고 인정되는 19세 이상의 사람에 대하여 약물투여 및 심리치료 등의 방법으로 도착적인 성기능을 일정기간 동안 약화 또는 정상화하는 치료를 실시하는 보안처분으로, 원칙적으로 형 집행 종료 이후 신체에 영구적인 변화를 초래할 수도 있는 약물의 투여를 피청구자의 동의 없이 강제적으로 상당 기간 실시하게 된다는 점에서 헌법이 보장하고 있는 신체의 자유와 자기결정권에 대한 가장 직접적이고 침익적인 처분에 해당하므로, 장기간의 형 집행이 예정된 사람에 대해서는 그 형 집행에도 불구하고 재범의 방지와 사회복귀의 촉진 및 국민의 보호를 위한 추가적인 조치를 취할 필요성이 인정되는 불가피한 경우에 한하여 이를 부과함이 타당하다(대법원 2014.12.11. 2014도6930).

정답 ④

04 「성폭력범죄자의 성충동 약물치료에 관한 법률」에 대한 내용으로 옳지 않은 것은?

① 치료명령은 검사의 지휘를 받아 보호관찰관이 집행한다.
② 치료명령을 받은 사람은 형의 집행이 종료되거나 면제·가석방 또는 치료감호의 집행이 종료· 가종료 또는 치료위탁되는 날부터 7일 이내에 주거지를 관할하는 보호관찰소에 출석하여 서면 으로 신고하여야 한다.
③ 치료명령의 집행 중 구속영장의 집행을 받아 구금된 때에는 치료명령의 집행이 정지된다.
④ 치료기간은 연장될 수 있지만, 종전의 치료기간을 합산하여 15년을 초과할 수 없다.

정답 및 해설

① [○] 동법 제13조 제1항
② [×] 치료명령을 받은 사람은 형의 집행이 종료되거나 면제·가석방 또는 치료감호의 집행이 종료·가종료 또 는 치료위탁되는 날부터 10일 이내에 주거지를 관할하는 보호관찰소에 출석하여 서면으로 신고하여야 한다(「성 폭력범죄자의 성충동 약물치료에 관한 법률」 제15조 제2항).
③ [○] ㉠ 치료명령의 집행 중 구속영장의 집행을 받아 구금된 때, ㉡ 치료명령의 집행 중 금고 이상의 형의 집행 을 받게 된 때, ㉢ 가석방 또는 가종료·가출소된 자에 대하여 치료기간 동안 가석방 또는 가종료·가출소가 취소되거나 실효된 때에는 치료명령의 집행이 정지된다(동법 제14조 제4항).
④ [○] 동법 제16조 제1항

정답 ②

05 「성폭력범죄자의 성충동 약물치료에 관한 법률」상 약물치료에 대한 설명으로 옳지 않은 것은?

① 법원은 정신건강의학과 전문의의 진단 또는 감정의견만으로 치료명령 피청구자의 성도착증 여 부를 판단하기 어려울 때에는 다른 정신건강의학과 전문의에게 다시 진단 또는 감정을 명할 수 있다.
② 치료명령을 선고받은 사람은 치료기간 동안 「보호관찰 등에 관한 법률」에 따른 보호관찰을 받 는다.
③ 치료명령을 받은 사람은 치료기간 중 상쇄약물의 투약 등의 방법으로 치료의 효과를 해하여서 는 아니 된다.
④ 국가는 치료명령의 결정을 받은 모든 사람의 치료기간 동안 치료비용을 부담하여야 한다.

정답 및 해설

① [○] 동법 제9조
② [○] 동법 제8조 제2항
③ [○] 동법 제15조 제1항
④ [×] 치료명령의 결정을 받은 사람은 치료기간 동안 치료비용을 부담하여야 한다. 다만, 치료비용을 부담할 경 제력이 없는 사람의 경우에는 국가가 비용을 부담할 수 있다(「성폭력범죄자의 성충동 약물치료에 관한 법률」 제24조 제1항).

정답 ④

06 「성폭력범죄자의 성충동 약물치료에 관한 법률」상 치료명령의 집행에 대한 설명으로 옳지 않은 것은?

2014. 교정 9급

① 치료명령은 검사의 지휘를 받아 보호관찰관이 집행한다.
② 치료명령의 시효는 치료명령을 받은 사람을 체포함으로써 중단된다.
③ 치료명령의 임시해제 신청은 치료명령의 집행이 개시된 날부터 1년이 지난 후에 하여야 한다.
④ 치료명령을 받은 사람은 7일 이상의 국내여행을 할 때에는 미리 보호관찰관의 허가를 받아야
한다.

정답 및 해설

① [○] 동법 제13조 제1항
② [○] 동법 제21조 제2항
③ [×] 치료명령의 임시해제 신청은 치료명령의 집행이 개시된 날부터 6개월이 지난 후에 하여야 한다. 신청이
기각된 경우에는 기각된 날부터 6개월이 지난 후에 다시 신청할 수 있다(「성폭력범죄자의 성충동 약물치료에 관한
법률」 제17조 제2항).
④ [○] 동법 제15조 제3항

정답 ③

07 「성폭력범죄자의 성충동 약물치료에 관한 법률」상 '성폭력 수형자 중 검사가 치료명령을 청구할 수 있는
대상자'에 대한 치료명령에 관한 설명으로 옳지 않은 것은?

2018. 교정 7급

① 법원의 치료명령 결정에 따른 치료기간은 10년을 초과할 수 없다.
② 치료비용은 법원의 치료명령 결정을 받은 사람이 부담하는 것이 원칙이다.
③ 가석방심사위원회는 성폭력 수형자의 가석방 적격심사를 할 때 치료명령이 결정된 사실을 고려
하여야 한다.
④ 법원의 치료명령 결정이 확정된 후 집행을 받지 아니하고 10년이 경과하면 시효가 완성되어 집
행이 면제된다.

정답 및 해설

① [×] 법원의 치료명령 결정에 따른 치료기간은 15년을 초과할 수 없다(「성폭력범죄자의 성충동 약물치료에 관한 법
률」 제22조 제3항).
② [○] 치료명령의 결정을 받은 사람은 치료기간 동안 치료비용을 부담하여야 한다. 다만, 치료비용을 부담할 경
제력이 없는 사람의 경우에는 국가가 비용을 부담할 수 있다(동법 제24조 제1항).
③ [○] 동법 제23조 제2항
④ [○] 동법 제22조 제14항

정답 ①

08

「성폭력범죄자의 성충동 약물치료에 관한 법률」상 약물치료명령에 대한 설명으로 옳지 않은 것은?

2018. 5급 승진

① 보호관찰관의 약물치료명령 집행에 수용시설의 장, 치료감호시설의 장, 보호감호시설의 장은 약물의 제공, 의사·간호사 등 의료인력 지원 등의 협조를 하여야 한다.

② 치료기간은 최초로 성 호르몬 조절약물을 투여한 날 또는 법 제14조 제1항에 따른 심리치료 프로그램의 실시를 시작한 날부터 기산하되, 초일은 시간을 계산함이 없이 1일로 산정한다.

③ 약물치료명령을 받은 사람은 주거 이전 또는 5일 이상의 국내여행을 하거나 출국할 때에는 미리 보호관찰관의 허가를 받아야 한다.

④ 검사는 사람에 대하여 성폭력범죄를 저지른 성도착증 환자로서 성폭력범죄를 다시 범할 위험성이 있다고 인정되는 19세 이상의 사람에 대하여 약물치료명령을 법원에 청구할 수 있다.

⑤ 가석방심사위원회는 성폭력 수형자의 가석방 적격심사를 할 때에는 약물치료명령이 결정된 사실을 고려하여야 한다.

정답 및 해설

① [○] 동법 제32조

② [○] 동법 제30조

③ [×] 치료명령을 받은 사람은 주거 이전 또는 7일 이상의 국내여행을 하거나 출국할 때에는 미리 보호관찰관의 허가를 받아야 한다(「성폭력범죄자의 성충동 약물치료에 관한 법률」 제15조 제3항).

④ [○] 동법 제4조 제1항

⑤ [○] 동법 제23조 제2항

정답 ③

09

「성폭력범죄자의 성충동 약물치료에 관한 법률」상 치료명령의 집행에 대한 설명으로 옳지 않은 것은?

2024. 보호 9급

① 치료명령은 범죄예방정책국장의 지휘를 받아 보호관찰관이 집행한다.

② 치료명령을 받은 사람은 주거 이전 또는 7일 이상 국내여행을 하거나 출국할 때에는 미리 보호관찰관의 허가를 받아야 한다.

③ 치료명령을 받은 사람이 형의 집행이 종료되거나 면제·가석방 또는 치료감호의 집행이 종료·가종료 또는 치료위탁으로 석방되는 경우, 보호관찰관은 석방되기 전 2개월 이내에 치료명령을 받은 사람에게 치료명령을 집행하여야 한다.

④ 치료명령의 집행 중 구속영장의 집행을 받아 구금된 때에는 치료명령의 집행이 정지되며, 이 경우 구금이 해제되거나 금고 이상의 형의 집행을 받지 아니하는 것으로 확정된 때부터 그 잔여기간을 집행한다.

정답 및 해설

① [×] 치료명령은 검사의 지휘를 받아 보호관찰관이 집행한다(「성폭력범죄자의 성충동 약물치료에 관한 법률」 제13조 제1항).

② [○] 동법 제15조 제3항

③ [○] 동법 제14조 제3항

④ [○] 치료명령의 집행 중 구속영장의 집행을 받아 구금된 때에는 치료명령의 집행이 정지되며(동법 제14조 제4항 제1호), 이 경우 구금이 해제되거나 금고 이상의 형의 집행을 받지 아니하는 것으로 확정된 때부터 그 잔여기간을 집행한다(동법 제14조 제5항 제1호).

정답 ①

10

「성폭력범죄자의 성충동 약물치료에 관한 법률」에 대한 설명으로 옳지 않은 것은?

① '성충동 약물치료'란 비정상적인 성적 충동이나 욕구를 억제하기 위한 조치로서 성도착증 환자에게 약물투여 및 심리치료 등의 방법으로 도착적인 성기능을 일정기간 동안 약화 또는 무력화하는 치료를 말한다.

② 검사는 성도착증 환자로서 재범의 우려가 있다고 인정되는 19세 이상의 사람에 대하여 약물치료명령을 법원에 청구할 수 있다.

③ 검사는 치료명령 청구대상자에 대하여 정신건강의학과 전문의의 진단이나 감정을 받은 후 치료명령을 청구하여야 한다.

④ 치료명령은 검사의 지휘를 받아 보호관찰관이 집행한다.

정답 및 해설

① [×] 성충동 약물치료란 비정상적인 성적 충동이나 욕구를 억제하기 위한 조치로서 성도착증 환자에게 약물 투여 및 심리치료 등의 방법으로 도착적인 성기능을 일정기간 약화 또는 정상화하는 치료를 말한다(「성폭력범죄자의 성충동 약물치료에 관한 법률」 제2조 제3호).

② [○] 검사는 사람에 대하여 성폭력범죄를 저지른 성도착증 환자로서 성폭력범죄를 다시 범할 위험성이 있다고 인정되는 19세 이상의 사람에 대하여 약물치료명령을 법원에 청구할 수 있다(동법 제4조 제1항).

③ [○] 동법 제4조 제2항

④ [○] 동법 제13조 제1항

정답 ①

11

치료명령을 받은 사람이 치료기간 동안 이행하여야 할 준수사항으로 옳지 않은 것은?

① 보호관찰관의 지시에 따라 성실히 약물치료에 응할 것

② 보호관찰관의 지시에 따라 정기적으로 호르몬 수치 검사를 받을 것

③ 보호관찰관의 지시에 따라 인지행동 치료 등 심리치료 프로그램을 성실히 이수할 것

④ 주거를 이전하거나 1개월 이상 국내외 여행을 할 때에는 미리 보호관찰관에게 신고할 것

정답 및 해설

④ [×] 치료명령을 받은 사람은 치료기간 동안 「보호관찰 등에 관한 법률」 제32조 제2항(일반준수사항) 각 호(제4호 '주거를 이전하거나 1개월 이상 국내외 여행을 할 때에는 미리 보호관찰관에게 신고할 것'은 제외한다)의 준수사항과 ①, ②, ③의 준수사항을 이행하여야 한다(「성폭력범죄자의 성충동 약물치료에 관한 법률」 제10조 제1항).

정답 ④

12 검사는 약물치료명령(치료명령)을 법원에 청구할 수 있다. 다음 설명 중 옳은 것은? (다툼이 있는 경우 판례에 의함)

① 검사는 16세 미만의 사람에 대하여 성폭력범죄를 저지른 성도착증 환자로서 성폭력범죄를 다시 범할 위험성이 있다고 인정되는 사람에 대하여 약물치료명령을 법원에 청구할 수 있다.

② 검사는 치료명령 청구대상자(치료명령 피청구자)에 대하여 정신건강의학과 전문의의 진단이나 감정을 받은 후 치료명령을 청구하여야 한다. 다만, 급속을 요하는 경우 치료명령을 청구한 후 진단이나 감정을 받을 수 있다.

③ 법원은 피고사건의 심리결과 치료명령을 할 필요가 있다고 인정하는 때에는 검사에게 치료명령의 청구를 명할 수 있다.

④ 피고사건에 대하여 판결의 확정 없이 공소가 제기되거나 치료감호가 독립청구된 때부터 15년이 지나면 치료명령을 청구할 수 없다.

⑤ 장기간의 형 집행이 예정된 사람에 대하여 약물치료명령을 부과하기 위해서는 그 형 집행에도 불구하고 재범의 방지, 사회복귀의 촉진과 국민의 보호를 위한 추가적인 조치를 취할 필요성이 인정되는 불가피한 경우에만 이를 부과하여야 한다.

정답 및 해설

① [×] 검사는 사람에 대하여 성폭력범죄를 저지른 성도착증 환자로서 성폭력범죄를 다시 범할 위험성이 있다고 인정되는 19세 이상의 사람에 대하여 약물치료명령(치료명령)을 법원에 청구할 수 있다(동법 제4조 제1항).

② [×] 정신건강의학과 전문의의 진단이나 감정을 받은 후 치료명령을 청구하여야 하며 예외에 대한 규정은 없다(동법 제4조 제2항).

③ [×] 법원은 검사에게 치료명령의 청구를 요구할 수 있을 뿐 명할 수는 없다(동법 제4조 제4항).

④ [○] 「성폭력범죄자의 성충동 약물치료에 관한 법률」 제4조 제5항

⑤ [×] 대법원 2015.3.12. 2014도17853

> **관련판례**
> 약물치료명령(이하 '치료명령')은 성폭력범죄를 저지른 성도착증 환자로서 성폭력범죄를 다시 범할 위험성이 있다고 인정되는 19세 이상의 사람에 대하여 약물투여와 심리치료 등의 방법으로 도착적인 성기능을 일정 기간 동안 약화 또는 정상화하는 치료를 실시하는 보안처분으로, 원칙적으로 형 집행 종료 후 신체에 영구적인 변화를 초래할 수도 있는 약물의 투여를 피청구자의 동의 없이 강제적으로 상당 기간 실시한다는 점에서 헌법이 보장하고 있는 신체의 자유와 자기결정권에 대한 직접적이고 침익적인 처분에 해당한다. 그러므로 장기간의 형 집행이 예정된 사람에 대해서는 그 형 집행에도 불구하고 재범의 방지, 사회복귀의 촉진과 국민의 보호를 위한 추가적인 조치를 취할 필요성이 인정되는 불가피한 경우에만 이를 부과하여야 한다(대법원 2015.3.12. 2014도17853).

정답 ④

13 「성폭력범죄자의 성충동 약물치료에 관한 법률」상 성폭력 수형자의 약물치료명령에 대한 설명으로 옳지 않은 것은?

① 검사는 성폭력 수형자 중 성도착증 환자로서 성폭력범죄를 다시 범할 위험성이 있다고 인정되고 약물치료를 받는 것을 동의하는 사람에 대하여 그의 주거지 또는 현재지를 관할하는 법원에 치료명령을 청구할 수 있다.

② 수용시설의 장은 가석방 요건을 갖춘 성폭력 수형자에 대하여 약물치료의 내용, 방법, 절차, 효과, 부작용, 비용부담 등에 관하여 충분히 설명하고 동의 여부를 확인하여야 한다.

③ 법원은 치료명령 청구가 이유 있다고 인정하는 때에는 결정으로 치료명령을 고지한다. 이 결정에 따른 치료기간은 10년을 초과할 수 없다.

④ 가석방심사위원회는 성폭력 수형자의 가석방 적격심사를 할 때에는 치료명령이 결정된 사실을 고려하여야 한다.

⑤ 수용시설의 장은 성폭력 수형자가 석방되기 5일 전까지 그의 주소를 관할하는 보호관찰소의 장에게 그 사실을 통보하여야 한다.

정답 및 해설

① [○] 동법 제22조 제1항
② [○] 동법 제22조 제2항 제1호
③ [×] 법원은 치료명령 청구가 이유 있다고 인정하는 때에는 결정으로 치료명령을 고지하고 치료명령을 받은 사람에게 준수사항 기재서면을 송부하여야 하며(「성폭력범죄자의 성충동 약물치료에 관한 법률」 제22조 제2항 제6호), 이 결정에 따른 치료기간은 15년을 초과할 수 없다(동법 제22조 제3항).
④ [○] 동법 제23조 제2항
⑤ [○] 동법 제22조 제12항

정답 ③

14 치료명령에 대한 설명으로 옳은 것은 모두 몇 개인가? (다툼이 있는 경우 판례에 의함)

ㄱ 치료명령을 선고받은 사람(치료명령을 받은 사람)은 치료기간 동안 「보호관찰 등에 관한 법률」에 따른 보호관찰을 받는다.

ㄴ 성폭력범죄를 저지른 성도착증 환자로서 재범의 위험성이 인정되는 19세 이상의 사람에 대해 법원이 15년의 범위에서 치료명령을 선고할 수 있도록 한 성폭력범죄자의 성충동 약물치료에 관한 법률 제8조 제1항은 치료명령 피청구인의 신체의 자유 등 기본권을 침해한다.

ㄷ 법원은 피고사건에 대하여 무죄(심신상실을 이유로 치료감호가 선고된 경우 포함)·면소·공소기각의 판결 또는 결정을 선고하는 때에는 판결로 치료명령 청구를 기각할 수 있다.

ㄹ 치료명령 청구사건의 판결은 피고사건의 판결과 동시에 선고하여야 하며, 치료명령 선고의 판결 이유에는 요건으로 되는 사실, 증거의 요지 및 적용 법조를 명시하여야 하고, 치료명령의 선고는 피고사건의 양형에 유리하게 참작되어서는 아니 된다.

ㅁ 법원은 치료명령을 선고한 때에는 그 판결이 확정된 날부터 3일 이내에 치료명령을 받은 사람의 주거지를 관할하는 보호관찰소의 장에게 판결문의 등본과 준수사항을 적은 서면을 송부하여야 한다.

ㅂ 교도소, 소년교도소, 구치소 및 치료감호시설의 장은 치료명령을 받은 사람이 석방되기 2개월 전까지 치료명령을 받은 사람의 주거지를 관할하는 보호관찰소의 장에게 그 사실을 통보하여야 한다.

ㅅ 치료명령은 검사의 지휘를 받아 보호관찰관이 집행하고 집행지휘는 판결문 등본을 첨부한 서면으로 한다.

ㅇ 성폭력범죄를 저지른 정신성적 장애인에 대하여 치료감호와 치료명령이 함께 청구된 경우, 치료감호와 함께 치료명령을 선고하기 위해서는 치료감호를 통한 치료에도 불구하고 치료명령의 집행시점에도 여전히 약물치료가 필요할 만큼 피청구자에게 성폭력범죄를 다시 범할 위험성이 있고 피청구자의 동의를 대체할 수 있을 정도의 상당한 필요성이 인정되는 경우에 한하여 치료감호와 함께 치료명령을 선고할 수 있다.

① 6개 ② 5개
③ 4개 ④ 3개

정답 및 해설

옳은 것은 ㄱ, ㄴ, ㄹ, ㅁ, ㅅ, ㅇ이다.
ㄱ [○] 「성폭력범죄자의 성충동 약물치료에 관한 법률」 제8조 제2항
ㄴ [○] 헌재 2015.12.23. 2013헌가9

> ⚖ **관련판례**
> 장기형이 선고되는 경우 치료명령의 선고시점과 집행시점 사이에 상당한 시간적 간극이 있어 집행시점에서 발생할 수 있는 불필요한 치료와 관련한 부분에 대해서는 침해의 최소성과 법익균형성을 인정하기 어렵다. 따라서 제8조 제1항은 집행 시점에서 불필요한 치료를 막을 수 있는 절차가 마련되어 있지 않은 점으로 인하여 과잉금지원칙에 위배되어 치료명령 피청구인의 신체의 자유 등 기본권을 침해한다(헌재 2015.12.23. 2013헌가9). (헌법불합치 결정)

ㄷ [×] 법원은 피고사건에 대하여 무죄(심신상실을 이유로 치료감호가 선고된 경우는 제외한다)·면소·공소기각의 판결 또는 결정을 선고하는 때에는 판결로 치료명령 청구를 기각하여야 한다(「성폭력범죄자의 성충동 약물치료에 관한 법률」 제8조 제3항).
ㄹ [○] 동법 제8조 제4항·제5항·제6항
ㅁ [○] 동법 제11조 제1항
ㅂ [×] 치료명령을 받은 사람이 석방되기 3개월 전까지 치료명령을 받은 사람의 주거지를 관할하는 보호관찰소의 장에게 그 사실을 통보하여야 한다(동법 제11조 제2항).

Ⓐ [○] 동법 제13조
Ⓞ [○] 대법원 2015.3.12. 2014도17853

> **⚖ 관련판례**
>
> 피청구자의 동의 없이 강제적으로 이루어지는 치료명령 자체가 피청구자의 신체의 자유와 자기결정권에 대한 중대한 제한이 되는 점, 치료감호는 치료감호법에 규정된 수용기간을 한도로 피치료감호자가 치유되어 치료감호를 받을 필요가 없을 때 종료되는 것이 원칙인 점, 치료감호와 치료명령이 함께 선고된 경우에는 성충동약물치료법 제14조에 따라 치료감호의 종료·가종료 또는 치료위탁으로 석방되기 전 2개월 이내에 치료명령이 집행되는 점 등을 감안하면, 치료감호를 통한 치료에도 불구하고 치료명령의 집행시점에도 여전히 약물치료가 필요할 만큼 피청구자에게 성폭력범죄를 다시 범할 위험성이 있고 피청구자의 동의를 대체할 수 있을 정도의 상당한 필요성이 인정되는 경우에 한하여 치료감호와 함께 치료명령을 선고할 수 있다(대법원 2015.3.12. 2014도17853).

정답 ①

15 「성폭력범죄자의 성충동 약물치료에 관한 법률」상 치료명령의 집행 면제에 대한 설명으로 옳지 않은 것은?

① 징역형과 함께 치료명령을 받은 사람이 치료감호의 집행 중인 경우에는 치료명령의 집행 면제를 신청할 수 없다.
② 치료명령의 집행 면제 신청은 치료명령의 원인이 된 범죄에 대한 징역형의 집행이 종료되기 전 6개월 이내의 기간에 하여야 한다.
③ 법원은 치료명령의 집행 면제를 신청을 받은 경우 징역형의 집행이 종료되기 3개월 전까지 치료명령의 집행 면제 여부를 결정하여야 한다.
④ 치료명령 집행 면제 신청사건의 제1심 재판은 지방법원 합의부의 관할로 한다.
⑤ 징역형과 함께 치료명령을 받은 사람 및 그 법정대리인은 치료명령의 집행 면제 여부 결정에 대하여 항고를 할 수 있다.

정답 및 해설

① [○] 징역형과 함께 치료명령을 받은 사람 및 그 법정대리인은 주거지 또는 현재지를 관할하는 지방법원(지원을 포함)에 치료명령이 집행될 필요가 없을 정도로 개선되어 성폭력범죄를 다시 범할 위험성이 없음을 이유로 치료명령의 집행 면제를 신청할 수 있다. 다만, 징역형과 함께 치료명령을 받은 사람이 치료감호의 집행 중인 경우에는 치료명령의 집행 면제를 신청할 수 없다(동법 제8조의2 제1항).
② [×] 치료명령의 집행 면제 신청은 치료명령의 원인이 된 범죄에 대한 징역형의 집행이 종료되기 전 12개월부터 9개월까지의 기간에 하여야 한다. 다만, 치료명령의 원인이 된 범죄가 아닌 다른 범죄를 범하여 징역형의 집행이 종료되지 아니한 경우에는 그 징역형의 집행이 종료되기 전 12개월부터 9개월까지의 기간에 하여야 한다(「성폭력범죄자의 성충동 약물치료에 관한 법률」 제8조의2 제2항).
③ [○] 동법 제8조의2 제4항
④ [○] 동법 제8조의2 제7항
⑤ [○] 동법 제8조의2 제8항

정답 ②

16

□□□

성폭력 수형자의 치료명령에 대한 설명으로 옳은 것은 몇 개인가?

⊙ 검사는 16세 미만의 사람에 대하여 성폭력범죄를 저질러 금고형 이상의 형이 확정되었으나 치료명령이 선고되지 아니한 수형자 중 성도착증 환자로서 성폭력범죄를 다시 범할 위험성이 있다고 인정되고 약물치료를 받는 것을 동의하는 사람에 대하여 그의 주거지 또는 현재지를 관할하는 지방법원에 치료명령을 청구할 수 있으며, 치료명령의 결정을 받은 사람은 치료기간 동안 치료비용을 부담하여야 한다.

ⓛ 법원은 치료명령 청구가 이유 있다고 인정하는 때에는 결정으로 치료명령을 고지하고 치료명령을 받은 사람에게 준수사항 기재서면을 송부하여야 한다. 결정에 따른 치료기간은 15년을 초과할 수 없다.

ⓒ 치료명령 결정이 해당 결정에 영향을 미칠 법령 위반이 있거나 중대한 사실오인이 있는 경우, 처분이 현저히 부당한 경우에는 결정을 고지받은 날부터 3일 이내에 검사, 성폭력 수형자 본인 또는 그 법정대리인은 고등법원에 항고할 수 있다.

ⓔ 항고법원의 결정에 대하여는 그 결정이 법령에 위반된 때에만 대법원에 재항고를 할 수 있으며, 제기기간은 항고기각 결정을 고지받은 날부터 3일로 한다. 항고와 재항고는 결정의 집행을 정지하는 효력이 있다.

ⓜ 치료명령을 받은 사람은 치료명령 결정이 확정된 후 집행을 받지 아니하고 15년이 경과하면 시효가 완성되어 집행이 면제된다.

ⓗ 보호관찰관은 치료명령의 결정을 받은 사람에게 치료행위마다 금액을 특정하여 서면으로 치료비용의 납부를 명하여야 하며, 치료명령을 받은 사람은 서면을 받은 날부터 30일 이내에 치료비용을 내야 한다.

ⓢ 수용시설의 장은 치료명령의 결정이 확정된 성폭력 수형자에 대하여 법무부령으로 정하는 바에 따라 가석방심사위원회에 가석방 적격심사를 신청하여야 하며, 가석방심사위원회는 성폭력 수형자의 가석방 적격심사를 할 때에는 치료명령이 결정된 사실을 고려하여야 한다.

① 5개　　　　　　　　　② 4개
③ 3개　　　　　　　　　④ 2개

정답 및 해설

옳은 것은 ⓛ, ⓗ, ⓢ이다.
⊙ [×] 검사는 사람에 대하여 성폭력범죄를 저질러 징역형 이상의 형이 확정되었으나 치료명령이 선고되지 아니한 수형자(성폭력 수형자) 중 성도착증 환자로서 성폭력범죄를 다시 범할 위험성이 있다고 인정되고 약물치료를 받는 것을 동의하는 사람에 대하여 그의 주거지 또는 현재지를 관할하는 지방법원에 치료명령을 청구할 수 있으며(「성폭력범죄자의 성충동 약물치료에 관한 법률」제22조 제1항), 치료명령의 결정을 받은 사람은 치료기간 동안 치료비용을 부담하여야 한다. 다만, 치료비용을 부담할 경제력이 없는 사람의 경우에는 국가가 비용을 부담할 수 있다(동법 제24조 제1항).
ⓛ [○] 동법 제22조 제2항 제6호, 동법 제22조 제3항
ⓒ [×] 결정을 고지받은 날부터 7일 이내에 고등법원에 항고할 수 있다(동법 제22조 제5항).
ⓔ [×] 재항고의 제기기간은 항고기각 결정을 고지받은 날부터 7일로 한다. 항고와 재항고는 결정의 집행을 정지하는 효력이 없다(동법 제22조 제9항·제10항·제11항).
ⓜ [×] 10년이 경과하면 시효가 완성되어 집행이 면제된다(동법 제22조 제14항).
ⓗ [○] 동법 시행령 제26조 제1항·제2항
ⓢ [○] 동법 제23조 제1항·제2항

정답 ③

17 가종료자 등에 대한 치료명령에 대한 설명으로 옳지 않은 것은?

① 치료감호심의위원회는 성폭력범죄자 중 성도착증 환자로서 치료감호의 집행 중 가종료 또는 치료위탁되는 피치료감호자나 보호감호의 집행 중 가출소되는 피보호감호자(가종료자 등)에 대하여 2년 이내의 범위에서 치료명령을 부과할 수 있다.

② 치료감호심의위원회는 치료명령을 부과하는 결정을 할 경우에는 결정일 전 6개월 이내에 실시한 정신건강의학과 전문의의 진단 또는 감정 결과를 반드시 참작하여야 한다.

③ 보호관찰관은 가종료자 등이 가종료 · 치료위탁 또는 가출소 되기 전 2개월 이내에 치료명령을 집행하여야 한다.

④ 치료감호와 형이 병과된 가종료자의 경우 집행할 잔여 형기가 있는 때에는 그 형의 집행이 종료되거나 면제되어 석방되기 전 2개월 이내에 치료명령을 집행하여야 한다.

정답 및 해설

① [×] 치료감호심의위원회는 보호관찰 기간의 범위에서 치료명령을 부과할 수 있다(「성폭력범죄자의 성충동 약물치료에 관한 법률」 제25조 제1항).

② [○] 동법 제25조 제2항

③ [○] 동법 제27조 본문

④ [○] 동법 제27조 단서

정답 ①

제5절 Ⅰ 「스토킹범죄의 처벌 등에 관한 법률」

01 「스토킹범죄의 처벌 등에 관한 법률」의 내용에 대한 설명으로 옳지 않은 것은? 　2023. 보호 7급

① 스토킹행위가 지속적 또는 반복적으로 이루어진 경우가 아니라면 스토킹범죄에 해당하지 않는다.

② 법원이 스토킹범죄를 저지른 사람에 대하여 형의 선고를 유예하는 경우에는 200시간의 범위에서 재범 예방에 필요한 수강명령을 병과할 수 있다.

③ 상대방의 의사에 반하여 정당한 이유 없이 상대방 또는 그의 동거인, 가족을 따라다님으로써 상대방에게 불안감을 일으켰다면 스토킹행위에 해당한다.

④ 법원이 스토킹범죄를 저지른 사람에 대하여 벌금형의 선고와 함께 120시간의 스토킹 치료프로그램의 이수를 명한 경우 그 이수명령은 형 확정일부터 6개월 이내에 집행한다.

정답 및 해설

① [○] 스토킹범죄란 지속적 또는 반복적으로 스토킹행위를 하는 것을 말한다(「스토킹범죄의 처벌 등에 관한 법률」 제2조 제2호).

② [×] 법원은 스토킹범죄를 저지른 사람에 대하여 유죄판결(선고유예는 제외한다)을 선고하거나 약식명령을 고지하는 경우에는 200시간의 범위에서 재범 예방에 필요한 수강명령 또는 스토킹 치료프로그램의 이수명령을 병과할 수 있다. ㉠ 수강명령은 형의 집행을 유예할 경우에 그 집행유예기간 내에서 병과하고, ㉡ 이수명령은 벌금형 또는 징역형의 실형을 선고하거나 약식명령을 고지할 경우에 병과한다(동법 제19조 제1항).

③ [○] 동법 제2조 제1호 가목

④ [○] 동법 제19조 제4항 제2호

정답 ②

02

「스토킹범죄의 처벌 등에 관한 법률」상 조치에 대한 설명으로 옳지 않은 것은? 2024. 보호 9급

① 사법경찰관리는 진행 중인 스토킹행위에 대하여 신고를 받은 경우, 즉시 현장에 나가 '스토킹행위자와 스토킹행위의 상대방의 분리 및 범죄수사' 조치를 하여야 한다.

② 사법경찰관은, 스토킹행위 신고와 관련하여 스토킹행위가 지속적 또는 반복적으로 행하여질 우려가 있고 스토킹범죄의 예방을 위하여 긴급을 요하는 경우, 직권으로 스토킹행위자에게 '스토킹행위의 상대방으로부터 100미터 이내의 접근 금지' 조치를 할 수 있다.

③ 법원은 스토킹범죄의 피해자 보호를 위하여 필요하다고 인정하는 경우, 결정으로 스토킹행위자에게 '피해자의 주거로부터 100미터 이내의 접근 금지' 조치를 할 수 있다.

④ 사법경찰관은 스토킹범죄의 원활한 조사·심리를 위하여 필요하다고 인정하는 경우, 직권으로 스토킹행위자에게 '국가경찰관서의 유치장 또는 구치소에의 유치' 조치를 할 수 있다.

정답 및 해설

① [○] 「스토킹범죄의 처벌 등에 관한 법률」 제3조 제2호

② [○] 동법 제4조 제1항 제1호

③ [○] 동법 제9조 제1항 제2호

④ [×] 검사는 스토킹범죄가 재발될 우려가 있다고 인정하면 직권 또는 사법경찰관의 신청에 따라 법원에 스토킹행위자에 대한 잠정조치를 청구할 수 있다(동법 제8조 제1항). 법원은 스토킹범죄의 원활한 조사·심리 또는 피해자 보호를 위하여 필요하다고 인정하는 경우에는 결정으로 스토킹행위자에게 ㉠ 피해자에 대한 스토킹범죄 중단에 관한 서면 경고, ㉡ 피해자 또는 그의 동거인, 가족이나 그 주거 등으로부터 100미터 이내의 접근 금지, ㉢ 피해자 또는 그의 동거인, 가족에 대한 전기통신을 이용한 접근 금지, ㉣ 위치추적 전자장치의 부착, ㉤ 국가경찰관서의 유치장 또는 구치소에의 유치의 조치(잠정조치)를 할 수 있다(동법 제9조 제1항).

정답 ④

03

스토킹범죄에 관한 설명으로 가장 적절한 것은? (다툼이 있는 경우 판례에 의함) 2024. 경찰1차

① 빌라 아래층에 살던 사람이 주변의 생활소음에 대한 불만으로 이웃을 괴롭히기 위해 불상의 도구로 수개월에 걸쳐 늦은 밤부터 새벽 사이에 반복하여 벽 또는 천장을 두드려 '쿵쿵' 소리를 내어 이를 위층에 살던 피해자의 의사에 반하여 피해자에게 도달하게 한 경우, 이는 객관적·일반적으로 상대방에게 불안감 내지 공포심을 일으키기에 충분한 행위라 볼 수 없어 스토킹범죄를 구성하지 않는다.

② 전화를 걸어 상대방의 휴대전화에 벨소리가 울리게 하거나 부재중 전화 문구 등이 표시되도록 하여 상대방에게 불안감이나 공포심을 일으키는 행위는 실제 전화통화가 이루어졌는지와 상관없이 구 「스토킹범죄의 처벌 등에 관한 법률」 제2조 제1호 (다)목에서 정한 스토킹행위에 해당한다.

③ 피해자와의 전화통화 당시 아무런 말을 하지 않은 경우, 이는 피해자가 전화를 수신하기 전에 전화 벨소리를 울리게 하거나 발신자 전화번호를 표시되도록 한 것까지 포함하여 피해자에게 불안감이나 공포심을 일으킨 것으로 평가되더라도 '음향, 글 등을 도달하게 하는 행위'로 볼 수 없어 스토킹행위에 해당하지 않는다.

④ 구 「스토킹범죄의 처벌 등에 관한 법률」 제2조 제1호 각 목의 행위가 객관적·일반적으로 볼 때 이를 인식한 상대방으로 하여금 불안감 또는 공포심을 일으키기에 충분한 정도라고 평가되는 경우라도 상대방이 현실적으로 불안감 내지 공포심을 갖게 되어야 스토킹행위에 해당한다.

① [×] 대법원 2023.12.14. 2023도10313

> ⚖ **관련판례**
>
> 빌라 아래층에 살던 피고인이 불상의 도구로 여러 차례 벽 또는 천장을 두드려 '쿵쿵' 소리를 내어 이를 위층에 살던 피해자의 의사에 반하여 피해자에게 도달하게 하였다는 공소사실로 스토킹범죄의 처벌 등에 관한 법률 위반죄로 기소된 사안에서, 이웃 간 소음 등으로 인한 분쟁과정에서 위와 같은 행위가 발생하였다고 하여 곧바로 정당한 이유 없이 객관적·일반적으로 불안감 또는 공포심을 일으키는 '스토킹행위'에 해당한다고 단정할 수는 없으나, 피고인이 층간소음 기타 주변의 생활소음에 불만을 표시하며 수개월에 걸쳐 이웃들이 잠드는 시각인 늦은 밤부터 새벽 사이에 반복하여 도구로 벽을 치거나 음향기기를 트는 등으로 피해자를 비롯한 주변 이웃들에게 큰 소리가 전달되게 하였고, 피고인의 반복되는 행위로 다수의 이웃들은 수개월 내에 이사를 갈 수밖에 없었으며, 피고인은 이웃의 112 신고에 의하여 출동한 경찰관으로부터 주거지 문을 열어 줄 것을 요청받고도 대화 및 출입을 거부하였을 뿐만 아니라 주변 이웃들의 대화 시도를 거부하고 오히려 대화를 시도한 이웃을 스토킹혐의로 고소하는 등 이웃 간의 분쟁을 합리적으로 해결하려 하기보다 이웃을 괴롭힐 의도로 위 행위를 한 것으로 보이는 점 등 피고인과 피해자의 관계, 구체적 행위 태양 및 경위, 피고인의 언동, 행위 전후의 여러 사정들에 비추어 보면, 피고인의 위 행위는 층간소음의 원인 확인이나 해결방안 모색 등을 위한 사회통념상 합리적 범위 내의 정당한 이유 있는 행위라고 볼 수 없고, 객관적·일반적으로 상대방에게 불안감 내지 공포심을 일으키기에 충분하며, 나아가 위와 같은 일련의 행위가 지속되거나 반복되었으므로 '스토킹범죄'를 구성한다(대법원 2023.12.14. 2023도10313).

② [○] 대법원 2023.5.18. 2022도12037
③ [×] 대법원 2023.5.18. 2022도12037

> ⚖ **관련판례**
>
> 피고인이 피해자의 의사에 반하여 정당한 이유 없이 전화를 걸어 피해자와 전화통화를 하여 말을 도달하게 한 행위는, 전화통화 내용이 불안감 또는 공포심을 일으키는 것이었음이 밝혀지지 않더라도, 피고인과 피해자의 관계, 지위, 성향, 행위 전후의 여러 사정을 종합하여 전화통화 행위가 피해자의 불안감 또는 공포심을 일으키는 것으로 평가되면, 「스토킹범죄의 처벌 등에 관한 법률」 제2조 제1호 (다)목 스토킹행위에 해당하게 된다. 설령 피고인이 피해자와의 전화통화 당시 아무런 말을 하지 않아 '말을 도달하게 하는 행위'에 해당하지 않더라도 피해자의 수신 전 전화 벨소리가 울리게 하거나 발신자 전화번호가 표시되도록 한 것까지 포함하여 피해자에게 불안감이나 공포심을 일으킨 것으로 평가된다면 '음향, 글 등을 도달하게 하는 행위'에 해당하므로 마찬가지로 위 조항 스토킹행위에 해당한다(대법원 2023.5.18. 2022도12037).

④ [×] 대법원 2023.12.14. 2023도10313

> ⚖ **관련판례**
>
> 스토킹행위를 전제로 하는 스토킹범죄는 행위자의 어떠한 행위를 매개로 이를 인식한 상대방에게 불안감 또는 공포심을 일으킴으로써 그의 자유로운 의사결정의 자유 및 생활형성의 자유와 평온이 침해되는 것을 막고 이를 보호법익으로 하는 위험범이라고 볼 수 있으므로, 구 「스토킹범죄의 처벌 등에 관한 법률」 제2조 제1호 각 목의 행위가 객관적·일반적으로 볼 때 이를 인식한 상대방에게 불안감 또는 공포심을 일으키기에 충분한 정도라고 평가될 수 있다면 현실적으로 상대방이 불안감 내지 공포심을 갖게 되었는지와 관계없이 '스토킹행위'에 해당하고, 나아가 그와 같은 일련의 스토킹행위가 지속되거나 반복되면 '스토킹범죄'가 성립한다. 이때 구 스토킹처벌법 제2조 제1호 각 목의 행위가 객관적·일반적으로 볼 때 상대방에게 불안감 또는 공포심을 일으키기에 충분한 정도인지는 행위자와 상대방의 관계·지위·성향, 행위에 이르게 된 경위, 행위 태양, 행위자와 상대방의 언동, 주변의 상황 등 행위 전후의 여러 사정을 종합하여 객관적으로 판단하여야 한다(대법원 2023.12.14. 2023도10313).

정답 ②

04

「스토킹범죄의 처벌 등에 관한 법률」상 스토킹행위에 해당되지 않는 것은?

① 상대방의 의사에 반하여 정당한 이유없이 상대방 또는 그의 동거인, 가족에게 접근하거나 따라다니거나 진로를 막아서는 행위

② 상대방의 의사에 반하여 정당한 이유없이 상대방 등의 주거, 직장, 학교, 그 밖에 일상적으로 생활하는 장소 또는 그 부근에서 기다리거나 지켜보는 행위

③ 상대방의 의사에 반하여 정당한 이유없이 상대방에게 직접 하지 않고 제3자를 통하여 물건 등을 도달하게 하거나 주거 등 또는 그 부근에 물건 등을 두는 행위

④ 상대방의 의사에 반하여 정당한 이유없이 정보통신망을 통하여 상대방 등의 이름, 명칭, 사진, 영상 또는 신분에 관한 정보를 이용하여 자신을 상대방인 것처럼 가장하는 행위

정답 및 해설

> 📄 **스토킹행위**(「스토킹범죄의 처벌 등에 관한 법률」 제2조 제1항)
>
> 상대방의 의사에 반(反)하여 정당한 이유 없이 다음의 어느 하나에 해당하는 행위를 하여 상대방에게 불안감 또는 공포심을 일으키는 것을 말한다.
> ① 상대방 또는 그의 동거인, 가족(상대방 등)에게 접근하거나 따라다니거나 진로를 막아서는 행위
> ② 상대방 등의 주거, 직장, 학교, 그 밖에 일상적으로 생활하는 장소(주거 등) 또는 그 부근에서 기다리거나 지켜보는 행위
> ③ 상대방 등에게 우편·전화·팩스 또는 「정보통신망법」 제2조 제1항 제1호의 정보통신망을 이용하여 물건이나 글·말·부호·음향·그림·영상·화상(물건 등)을 도달하게 하거나 정보통신망을 이용하는 프로그램 또는 전화의 기능에 의하여 글·말·부호·음향·그림·영상·화상이 상대방 등에게 나타나게 하는 행위
> ④ 상대방 등에게 직접 또는 제3자를 통하여 물건 등을 도달하게 하거나 주거 등 또는 그 부근에 물건 등을 두는 행위
> ⑤ 상대방 등의 주거등 또는 그 부근에 놓여져 있는 물건 등을 훼손하는 행위
> ⑥ 다음의 어느 하나에 해당하는 상대방 등의 정보를 정보통신망을 이용하여 제3자에게 제공, 배포 또는 게시행위
>   1. 「개인정보 보호법」 제2조 제1호의 개인정보
>   2. 「위치정보보호법」 제2조 제2호의 개인위치정보
>   3. 1 또는 2의 정보를 편집·합성 또는 가공한 정보(해당 정보주체를 식별할 수 있는 경우로 한정)
> ⑦ 정보통신망을 통하여 상대방등의 이름, 명칭, 사진, 영상 또는 신분에 관한 정보를 이용하여 자신이 상대방등인 것처럼 가장하는 행위

정답 ③

05

「스토킹범죄의 처벌 등에 관한 법률」상 용어 정의로 옳지 않은 것은?

① 스토킹행위: 상대방의 의사에 반하여 정당한 이유없이 일정한 행위를 하여 상대방에게 불안감 또는 공포심을 일으키는 것을 말한다.

② 스토킹범죄: 지속적 또는 반복적으로 스토킹행위를 하는 것을 말한다.

③ 피해자: 스토킹범죄로 직·간접적인 피해를 입은 사람을 말한다.

④ 피해자 등: 피해자 및 스토킹행위의 상대방을 말한다.

정답 및 해설

① [○] 법 제2조 제1항
② [○] 법 제2조 제2항
③ [×] 피해자: 스토킹범죄로 직접적인 피해를 입은 사람을 말한다(「스토킹범죄의 처벌 등에 관한 법률」 제2조 제3항).
④ [○] 법 제2조 제4항

정답 ③

06

「스토킹범죄의 처벌 등에 관한 법률」상 사법경찰관리가 진행 중인 스토킹행위에 대하여 신고를 받은 경우 즉시 현장에 나가 취해야하는 현장응급 조치사항이 아닌 것은?

① 스토킹행위의 제지, 향후 스토킹행위의 중단 통보 및 스토킹행위를 지속적 또는 반복적으로 할 경우 처벌 구두 경고
② 스토킹행위자와 피해자 등의 분리 및 범죄 수사
③ 피해자 등에 대한 긴급응급조치 및 잠정조치 요청의 절차 등 안내
④ 스토킹피해 관련 상담소 또는 보호시설로의 피해자 등 인도(피해자 등이 동의한 경우)

정답 및 해설

📄 **사법경찰관리의 현장응급조치(「스토킹범죄의 처벌 등에 관한 법률」 제3조)**

사법경찰관리는 진행 중인 스토킹행위에 대하여 신고를 받은 경우 즉시 현장에 나가 다음 각 호의 조치를 하여야 한다.
① 스토킹행위의 제지, 향후 스토킹행위의 중단 통보 및 스토킹행위를 지속적 또는 반복적으로 할 경우 처벌 서면 경고
② 스토킹행위자와 피해자 등의 분리 및 범죄 수사
③ 피해자 등에 대한 긴급응급조치 및 잠정조치 요청의 절차 등 안내
④ 스토킹피해 관련 상담소 또는 보호시설로의 피해자 등 인도(피해자 등이 동의한 경우)

정답 ①

07

「스토킹범죄의 처벌 등에 관한 법률」상 사법경찰관의 긴급응급조치 내용이 아닌 것은?

① 사법경찰관은 신고와 관련, 스토킹행위가 지속적 또는 반복적으로 행하여질 우려가 있고 스토킹범죄의 예방을 위하여 긴급을 요하는 경우 스토킹행위자에게 직권 또는 스토킹행위의 상대방이나 그 법정대리인 또는 스토킹행위를 신고한 사람의 요청에 의하여 스토킹행위의 상대방 등(상대방, 동거인, 가족)이나 그 주거 등으로부터 100미터 이내의 접근금지 등의 조치를 할 수 있다.
② 사법경찰관이 긴급응급조치를 하는 경우 긴급응급조치결정서(스토킹행위의 요지, 긴급응급조치가 필요한 사유, 긴급응급조치의 내용 등 포함)를 즉시 작성하여야 한다.
③ 사법경찰관은 긴급응급조치를 하였을 때에는 지체 없이 검사에게 해당 긴급응급조치에 대한 사후승인을 지방법원 판사에게 청구하여 줄 것을 신청하여야 한다
④ 신청을 받은 검사는 긴급응급조치가 있었던 때부터 24시간 이내에 지방법원 판사에게 해당 긴급응급조치에 대한 사후승인을 청구한다. 이 경우 사법경찰관에 의해 작성된 긴급응급조치결정서를 첨부하여야 한다.

정답 및 해설

① [○] 동법 제4조 제1항
② [○] 동법 제4조 제2항
③ [○] 동법 제5조 제1항
④ [×] 신청을 받은 검사는 긴급응급조치가 있었던 때부터 48시간 이내에 지방법원 판사에게 해당 긴급응급조치에 대한 사후승인을 청구한다. 이 경우 제4조 제2항에 따라 작성된 긴급응급조치결정서를 첨부하여야 한다(「스토킹범죄의 처벌 등에 관한 법률」 제5조 제2항).

정답 ④

08 「스토킹범죄의 처벌 등에 관한 법률」상 사법경찰관의 긴급응급조치절차에 관한 설명으로 옳지 않은 것은?

① 사법경찰관으로부터 긴급응급조치 사후승인 신청을 받은 검사는 신청을 받은 때부터 48시간 이내에 지방법원 판사에게 해당 긴급응급조치에 대한 사후승인을 청구한다.

② 지방법원 판사는 스토킹행위가 지속적 또는 반복적으로 행하여지는 것을 예방하기 위하여 필요하다고 인정하는 경우에는 검사로부터 청구된 긴급응급조치를 승인할 수 있다.

③ 사법경찰관은 검사가 제2항에 따라 긴급응급조치에 대한 사후승인을 청구하지 아니하거나 지방법원 판사가 제2항의 청구에 대하여 사후승인을 하지 아니한 때에는 즉시 그 긴급응급조치를 취소하여야 한다.

④ 긴급응급조치기간은 1개월을 초과할 수 없다.

정답 및 해설

① [×] 사법경찰관으로부터 긴급응급조치 사후승인 신청을 받은 검사는 긴급응급조치가 있었던 때부터 48시간 이내에 지방법원 판사에게 해당 긴급응급조치에 대한 사후승인을 청구한다(「스토킹범죄의 처벌 능에 꽌한 법률」 제5조 제2항).

② [○] 동법 제5조 제3항

③ [○] 동법 제5조 제4항

④ [○] 동법 제5조 제5항

정답 ①

---

09 「스토킹범죄의 처벌 등에 관한 법률」상 사법경찰관이 가능한 긴급응급조치 내용이 아닌 것은?

① 스토킹행위의 상대방 등(상대방, 동거인, 가족)으로부터 100미터 이내의 접근 금지

② 스토킹행위의 상대방 등의 주거, 직장, 학교, 그 밖에 일상적으로 생활하는 장소로부터 100미터 이내의 접근 금지

③ 스토킹행위의 상대방 등의 주거 등 또는 그 부근에 놓여져 있는 물건 등을 훼손하는 행위 금지

④ 스토킹행위의 상대방 등에 대한 「전기통신기본법」 제2조 제1호의 전기통신을 이용한 접근 금지

정답 및 해설

 사법경찰관의 긴급응급조치(「스토킹범죄의 처벌 등에 관한 법률」 제4조 제1항)

① 사법경찰관은 신고와 관련, 스토킹행위가 지속적 또는 반복적으로 행하여질 우려가 있고 스토킹범죄의 예방을 위하여 긴급을 요하는 경우 스토킹행위자에게 직권 또는 스토킹행위의 상대방이나 그 법정대리인 또는 스토킹행위를 신고한 사람의 요청에 의하여 다음 각 호의 조치를 할 수 있다.
  1. 스토킹행위의 상대방 등(상대방, 동거인, 가족)이나 그 주거 등으로부터 100미터 이내의 접근 금지
  2. 스토킹행위의 상대방 등에 대한 「전기통신기본법」 제2조 제1호의 전기통신을 이용한 접근 금지
③ 스토킹행위의 상대방 등의 주거 등 또는 그 부근에 놓여져 있는 물건 등을 훼손하는 행위 금지는 스토킹행위에 속하지만, 사법경찰관의 긴급응급조치 내용은 아니다.

정답 ③

10 「스토킹범죄의 처벌 등에 관한 법률」상 긴급응급조치 변경 등에 관한 내용으로 옳은 것은?

① 긴급응급조치대상자나 그 법정대리인은 긴급응급조치의 취소 또는 그 종류의 변경을 검사에게 신청할 수 있다.

② 스토킹행위의 상대방 등이나 그 법정대리인은 제4조 제1항 제1호의 긴급응급조치가 있은 후 스토킹행위의 상대방 등이 주거 등을 옮긴 경우에는 당해 지방법원 판사에게 긴급응급조치의 변경을 신청할 수 있다.

③ 스토킹행위의 상대방이나 그 법정대리인은 긴급응급조치가 필요하지 아니한 경우에는 사법경찰관에게 해당 긴급응급조치의 취소를 신청할 수 있다.

④ 사법경찰관은 정당한 이유가 있다고 인정하는 경우에는 직권으로 또는 신청에 의하여 해당 긴급응급조치를 취소할 수 있고, 지방검찰청 검사의 승인을 받아 긴급응급조치의 종류를 변경할 수 있다.

정답 및 해설

① [×] 긴급응급조치대상자나 그 법정대리인은 긴급응급조치의 취소 또는 그 종류의 변경을 사법경찰관에게 신청할 수 있다(동법 제7조 제1항).

② [×] 스토킹행위의 상대방 등이나 그 법정대리인은 제4조 제1항 제1호의 긴급응급조치가 있은 후 스토킹행위의 상대방 등이 주거 등을 옮긴 경우에는 사법경찰관에게 긴급응급조치의 변경을 신청할 수 있다(동법 제7조 제2항).

③ [○] 「스토킹범죄의 처벌 등에 관한 법률」 제7조 제3항

④ [×] 사법경찰관은 정당한 이유가 있다고 인정하는 경우에는 직권으로 또는 제1항부터 제3항까지의 규정에 따른 신청에 의하여 해당 긴급응급조치를 취소할 수 있고, 지방법원 판사의 승인을 받아 긴급응급조치의 종류를 변경할 수 있다(동법 제7조 제4항).

정답 ③

11 「스토킹범죄의 처벌 등에 관한 법률」상 긴급응급조치 효력상실 시기에 대한 설명으로 옳지 않은 것은?

① 긴급응급조치에서 정한 기간이 일시 정지된 때

② 법원이 긴급응급조치대상자에게 긴급응급조치에 따른 스토킹행위의 상대방 등과 같은 사람을 피해자 또는 그의 동거인, 가족으로 하는 100m 이내 접근금지에 따른 조치의 결정을 한 때

③ 법원이 긴급응급조치대상자에게 긴급응급조치에 따른 주거 등과 같은 장소를 피해자 또는 그의 동거인, 가족의 주거 등으로 하는 100m 이내 접근금지에 따른 조치의 결정을 한 때

④ 법원이 긴급응급조치대상자에게 긴급응급조치에 따른 스토킹행위의 상대방 등과 같은 사람을 피해자 또는 그의 동거인, 가족으로 하는 제9조 제1항 제3호(전기통신을 이용한 접근금지)에 따른 조치의 결정을 한 때

📄 **긴급응급조치의 효력상실(「스토킹범죄의 처벌 등에 관한 법률」 제7조 제6항)**

⑥ 긴급응급조치(제4항에 따라 그 종류를 변경한 경우 포함)는 다음 각 호의 어느 하나에 해당하는 때에 그 효력을 상실한다.
1. 긴급응급조치에서 정한 기간이 지난 때
2. 법원이 긴급응급조치대상자에게 다음 각 목의 결정을 한 때(스토킹행위의 상대방과 같은 사람을 피해자로 하는 경우로 한정)
   가. 제4조 제1항 제1호의 긴급응급조치에 따른 스토킹행위의 상대방 등과 같은 사람을 피해자 또는 그의 동거인, 가족으로 하는 제9조 제1항 제2호(100m 이내 접근금지)에 따른 조치의 결정
   나. 제4조 제1항 제1호의 긴급응급조치에 따른 주거 등과 같은 장소를 피해자 또는 그의 동거인, 가족의 주거 등으로 하는 제9조 제1항 제2호(100m 이내 접근금지)에 따른 조치의 결정
   다. 제4조 제1항 제2호의 긴급응급조치에 따른 스토킹행위의 상대방 등과 같은 사람을 피해자 또는 그의 동거인, 가족으로 하는 제9조 제1항 제3호(전기통신을 이용한 접근금지)에 따른 조치의 결정

정답 ①

---

12 「스토킹범죄의 처벌 등에 관한 법률」상 검사의 잠정조치 청구절차 설명 중 옳지 않은 것은?
☐☐☐

① 검사는 스토킹범죄가 재발될 우려가 있다고 인정하면 직권 또는 사법경찰관의 신청에 따라 법원에 제9조 제1항 각 호의 조치를 청구할 수 있다.

② 피해자 또는 그 법정대리인은 검사 또는 사법경찰관에게 제1항에 따른 조치의 청구 또는 그 신청을 요청하거나, 이에 관하여 의견을 진술할 수 있다.

③ 사법경찰관은 제2항에 따른 신청 요청을 받고도 제1항에 따른 신청을 하지 아니하는 경우에는 검사에게 그 사유를 보고하여야 하고, 피해자 또는 그 법정대리인에게 그 사실을 지체 없이 알려야 한다.

④ 검사는 제2항에 따른 청구 요청을 받고도 제1항에 따른 청구를 하지 아니하는 경우에는 피해자 및 스토킹행위자에게 그 사실을 지체 없이 알려야 한다.

① [○] 동법 제8조 제1항
② [○] 동법 제8조 제2항
③ [○] 동법 제8조 제3항
④ [×] 검사는 제2항에 따른 청구 요청을 받고도 제1항에 따른 청구를 하지 아니하는 경우에는 피해자 또는 그 법정대리인에게 그 사실을 지체 없이 알려야 한다(「스토킹범죄의 처벌 등에 관한 법률」 제8조 제4항).

정답 ④

제5편

해커스공무원 이인규 형사정책 단원별 기출문제집

13 「스토킹범죄의 처벌 등에 관한 법률」상 법원의 스토킹행위자에 대한 잠정조치 내용이 아닌 것은?

① 피해자에 대한 스토킹범죄 중단에 관한 서면 경고
② 피해자 또는 그의 동거인, 가족이나 그 주거 등으로부터 100미터 이내의 접근 금지
③ 「전자장치 부착법」 제2조 제4호의 위치추적 전자장치의 부착(효용해치는 행위 금지)
④ 국가경찰관서의 유치장, 소년분류심사원 또는 구치소에의 유치

정답 및 해설

📄 **법원의 스토킹행위자에 대한 잠정조치(「스토킹범죄의 처벌 등에 관한 법률」 제9조)**
① 피해자에 대한 스토킹범죄 중단에 관한 서면 경고
② 피해자 또는 그의 동거인, 가족이나 그 주거 등으로부터 100미터 이내의 접근 금지
③ 피해자 또는 그의 동거인, 가족에 대한 「전기통신기본법」 제2조 제1호의 전기통신을 이용한 접근 금지
④ 「전자장치 부착법」 제2조 제4호의 위치추적 전자장치의 부착(효용해치는 행위 금지)
⑤ 국가경찰관서의 유치장 또는 구치소에의 유치

정답 ④

14 「스토킹범죄의 처벌 등에 관한 법률」상 법원의 스토킹행위자에 대한 잠정조치 내용으로 옳은 것은?

① 법원은 스토킹범죄의 원활한 조사·심리 또는 피해자 보호를 위하여 필요하다고 인정하는 경우에는 판결로 스토킹행위자에게 일정한 잠정조치를 할 수 있다.
② 잠정조치는 병과할수 없다.
③ 피해자 또는 그의 동거인, 가족이나 그 주거 등으로부터 100미터 이내의 접근금지는 3개월을 초과하지 못한다.
④ 국가경찰관서의 유치장 또는 구치소에의 유치결정 시 1개월을 초과하여 유치할 수 없다. 다만, 2차례에 한정하여 각 1개월 범위에서 연장할 수 있다.

정답 및 해설

법원의 잠정조치(제9조 제1항, 제2항)	
① 법원은 스토킹범죄의 원활한 조사·심리 또는 피해자 보호를 위하여 필요하다고 인정하는 경우에는 결정으로 스토킹행위자에게 다음 각 호의 어느 하나에 해당하는 조치(잠정조치를 할 수 있음)	
② 제1항 각 호의 잠정조치는 병과(倂科)할 수 있다.	
1. 피해자에 대한 스토킹범죄 중단에 관한 서면 경고	
2. 피해자 또는 그의 동거인, 가족이나 그 주거 등으로부터 100미터 이내의 접근 금지	• 3개월 초과 × • 2차례에 한정하여 각 3개월 범위에서 연장 가능
3. 피해자 또는 그의 동거인, 가족에 대한 「전기통신기본법」 제2조 제1호의 전기통신을 이용한 접근 금지	
3의2. 「전자장치 부착법」 제2조 제4호의 위치추적 전자장치의 부착(효용해치는 행위 금지)	
4. 국가경찰관서의 유치장 또는 구치소에의 유치	• 변호인 선임, 항고 고지 • 1개월 초과 ×

정답 ③

15 「스토킹범죄의 처벌 등에 관한 법률」상 법원의 잠정조치 중 스토킹행위자에게 변호인을 선임할 수 있다는 것과 항고할 수 있다는 것을 고지하고 스토킹행위자에게 변호인이 있는 경우 변호인과 변호인이 없는 경우 법정대리인 또는 스토킹행위자가 지정하는 사람에게 통지해야 하는 경우는 어느 때인가?

① 피해자 또는 그의 동거인, 가족이나 그 주거 등으로부터 100미터 이내의 접근 금지 결정을 하는 때
② 피해자 또는 그의 동거인, 가족에 대한 「전기통신기본법」 제2조 제1호의 전기통신을 이용한 접근 금지 결정을 하는 때
③ 「전자장치 부착법」 제2조 제4호의 위치추적 전자장치의 부착(효용해치는 행위 금지) 결정을 하는 때
④ 국가경찰관서의 유치장 또는 구치소에의 유치 결정을 하는 때

정답 및 해설

> 「스토킹범죄의 처벌 등에 관한 법률」 제9조 제6항
> ④ 법원은 제1항 제4호(국가경찰관서의 유치장 또는 구치소에의 유치 결정을 하는 때)에 따른 잠정조치를 한 경우에는 스토킹행위자에게 변호인을 선임할 수 있다는 것과 제12조에 따라 항고할 수 있다는 것을 고지하고, 다음 각 호의 구분에 따른 사람에게 해당 잠정조치를 한 사실을 통지하여야 한다.
> 1. 스토킹행위자에게 변호인이 있는 경우: 변호인
> 2. 스토킹행위자에게 변호인이 없는 경우: 법정대리인 또는 스토킹행위자가 지정하는 사람

정답 ④

16 「스토킹범죄의 처벌 등에 관한 법률」상 법원의 잠정조치 결정의 집행 등에 관한 규정으로 옳지 않은 것은?

① 법원은 잠정조치 결정을 한 경우에는 법원공무원, 사법경찰관리, 교도소 소속 교정직공무원 또는 보호관찰관으로 하여금 집행하게 할 수 있다.
② 잠정조치 결정을 집행하는 사람은 스토킹행위자에게 잠정조치의 내용, 불복방법 등을 고지하여야 한다.
③ 피해자 또는 그의 동거인, 가족, 그 법정대리인은 100m 이내 접근금지의 잠정조치 결정이 있은 후 피해자 또는 그의 동거인, 가족이 주거 등을 옮긴 경우에는 법원에 잠정조치 결정의 변경을 신청할 수 있다.
④ 법원에 잠정조치 변경신청에 따른 변경 결정을 집행하는 사람은 스토킹행위자에게 잠정조치의 변경내용, 불복방법 등을 고지하여야 한다.

정답 및 해설

① [×] 법원은 잠정조치 결정을 한 경우에는 법원공무원, 사법경찰관리, 구치소 소속 교정직공무원 또는 보호관찰관으로 하여금 집행하게 할 수 있다(「스토킹범죄의 처벌 등에 관한 법률」 제10조 제1항).
② [○] 동법 제10조 제2항
③ [○] 동법 제10조 제3항
④ [○] 제3항의 신청에 따른 변경 결정의 스토킹행위자에 대한 고지에 관하여는 제2항을 준용한다(동법 제10조 제4항).

정답 ①

17 「스토킹범죄의 처벌 등에 관한 법률」상 잠정조치의 변경에 관한 내용으로 옳지 않은 것은?

① 스토킹행위자나 그 법정대리인은 잠정조치 결정의 취소 또는 그 종류의 변경을 법원에 신청할 수 있다.

② 검사는 수사 또는 공판과정에서 잠정조치가 계속 필요하다고 인정하는 경우에는 직권이나 사법경찰관의 신청에 따라 법원에 해당 잠정조치기간의 연장 또는 그 종류의 변경을 청구할 수 있다.

③ 검사는 수사 또는 공판과정에서 잠정조치가 필요하지 아니하다고 인정하는 경우에는 직권이나 사법경찰관의 신청에 따라 법원에 해당 잠정조치의 취소를 청구할 수 있다. 다만, 직권으로 신청하는 경우 사법경찰관의 의견을 첨부하여야 한다.

④ 법원은 정당한 이유가 있다고 인정하는 경우에는 직권 또는 제1항의 신청이나 제2항의 청구에 의하여 결정으로 해당 잠정조치의 취소, 기간의 연장 또는 그 종류의 변경을 할 수 있다.

정답 및 해설

① [○] 동법 제11조 제1항
② [○], ③ [×] 검사는 수사 또는 공판과정에서 잠정조치가 계속 필요하다고 인정하는 경우에는 직권이나 사법경찰관의 신청에 따라 법원에 해당 잠정조치기간의 연장 또는 그 종류의 변경을 청구할 수 있고, 잠정조치가 필요하지 아니하다고 인정하는 경우에는 직권이나 사법경찰관의 신청에 따라 법원에 해당 잠정조치의 취소를 청구할 수 있다(「스토킹범죄의 처벌 등에 관한 법률」 제11조 제2항).
④ [○] 동법 제11조 제4항

정답 ③

18 「스토킹범죄의 처벌 등에 관한 법률」상 법원의 잠정조치의 취소, 기간연장 또는 종류변경시 통지 또는 고지 대상으로 옳지 않은 것은?

① 검사, 피해자 또는 그의 동거인, 가족, 그 법정대리인: 취소, 연장 또는 변경의 취지 통지

② 스토킹행위자: 취소, 연장 또는 변경된 조치의 내용 및 불복방법 등 고지

③ 스토킹행위자에게 변호인이 있는 경우 변호인: 위치추적 전자장치의 부착 잠정조치 통지

④ 스토킹행위자에게 변호인이 있는 없는 경우 법정대리인 또는 스토킹행위자가 지정하는 사람: 국가경찰관서의 유치장 또는 구치소에의 유치 잠정조치 통지

정답 및 해설

📋 **법원의 잠정조치 통지 또는 고지(「스토킹범죄의 처벌 등에 관한 법률」 제11조 제4항)**

법원은 제3항에 따라 잠정조치의 취소, 기간의 연장 또는 그 종류의 변경을 하였을 때에는 검사와 피해자 및 스토킹행위자 등에게 다음 각 호의 구분에 따라 통지 또는 고지하여야 한다.
1. 검사, 피해자 또는 그의 동거인, 가족, 그 법정대리인: 취소, 연장 또는 변경의 취지 통지
2. 스토킹행위자: 취소, 연장 또는 변경된 조치의 내용 및 불복방법 등 고지
3. 제9조 제6항 각 호의 구분(변호인 있는 경우 변호인, 없는 경우 법정대리인 또는 스토킹행위자가 지정하는 사람)에 따른 사람: 제9조 제1항 제4호(국가경찰관서의 유치장 또는 구치소에의 유치)에 따른 잠정조치를 한 사실

정답 ③

19

「스토킹범죄의 처벌 등에 관한 법률」상 법원의 잠정조치 결정의 효력상실 사유에 해당하지 않는 것은?

① 잠정조치 결정에는 기간연장이나 종류변경 결정을 포함한다.
② 스토킹행위자에 대한 사법경찰관의 불송치결정 시 효력이 상실된다.
③ 스토킹행위자 또는 그 변호인의 항고가 있는 경우 효력이 정지된다.
④ 스토킹행위자에 대한 검사의 불기소처분시 효력이 상실된다.

정답 및 해설

③ [×] 항고와 재항고는 결정의 집행을 정지하는 효력이 없다(「스토킹범죄의 처벌 등에 관한 법률」 제16조).

> 📄 **잠정조치 결정의 효력상실(「스토킹범죄의 처벌 등에 관한 법률」 제11조 제5항)**
>
> 잠정조치 결정(제3항에 따라 잠정조치기간을 연장하거나 그 종류를 변경하는 결정 포함, 이하 제12조 및 제14조에서 같음)은 스토킹행위자에 대해 검사가 불기소처분을 한 때 또는 사법경찰관이 불송치결정을 한 때에 그 효력을 상실한다.

정답 ③

20

「스토킹범죄의 처벌 등에 관한 법률」상 수강명령과 이수명령에 관한 내용으로 옳지 않은 것은?

① 법원은 스토킹범죄를 저지른 사람에 대하여 유죄판결(선고유예를 포함한다)을 선고하거나 약식명령을 고지하는 경우에는 200시간의 범위에서 재범 예방에 필요한 수강명령(「보호관찰 등에 관한 법률」에 따른 수강명령) 또는 스토킹 치료프로그램의 이수명령을 병과할 수 있다.
② 법원은 스토킹범죄를 저지른 사람에 대하여 형의 집행을 유예하는 경우에는 수강명령 외에 그 집행유예기간 내에서 보호관찰 또는 사회봉사 중 하나 이상의 처분을 병과할 수 있다.
③ 이수명령은 벌금형을 선고하거나 약식명령을 고지할 경우 형 확정일로부터 6개월 이내, 징역형의 실형을 선고할 경우 그 형기 내에 집행하여야 한다.
④ 수강명령 또는 이수명령이 벌금형 또는 형의 집행유예와 병과된 경우 보호관찰소장이 집행하고, 징역형의 실형과 병과된 경우 교정시설의 장이 집행한다.

정답 및 해설

① [×] 법원은 스토킹범죄를 저지른 사람에 대하여 유죄판결(선고유예는 제외)을 선고하거나 약식명령을 고지하는 경우에는 200시간의 범위에서 다음 각 호의 구분에 따라 재범 예방에 필요한 수강명령(「보호관찰 등에 관한 법률」에 따른 수강명령을 말함. 이하 같음) 또는 스토킹 치료프로그램의 이수명령(이하 "이수명령"이라 함)을 병과할 수 있다(「스토킹범죄의 처벌 등에 관한 법률」 제19조 제1항).

② [○] 동법 제19조 제2항

구분	수강명령	이수명령
대상	형의 집행을 유예할 경우, 집행유예기간 내에서 병과	벌금형 또는 징역형의 실형을 선고하거나 약식명령을 고지할 경우에 병과
내용	1. 스토킹 행동의 진단·상담 2. 건전한 사회질서와 인권에 관한 교육 3. 그 밖에 스토킹범죄를 저지른 사람의 재범 예방을 위하여 필요한 사항	
집행기간	1. 형의 집행을 유예할 경우: 그 집행유예기간 내	2. 벌금형 선고, 약식명령 고지: 형 확정일부터 6개월 이내 3. 징역형 실형 선고: 형기 내
집행기관	수강명령 또는 이수명령이 벌금형 또는 형의 집행유예와 병과된 경우	보호관찰소장이 집행
	징역형의 실형과 병과된 경우	교정시설의 장이 집행
	다만, 징역형의 실형과 병과된 이수명령을 모두 이행하기 전에 석방 또는 가석방되거나 미결구금일수 산입 등의 사유로 형을 집행할 수 없게 된 경우에는 보호관찰소의 장이 남은 이수명령을 집행한다.	
준용	이 법 외의 내용은 보호관찰법 준용	

정답 ①

「스토킹범죄의 처벌 등에 관한 법률」에 대한 설명으로 옳지 않은 것은? (다툼이 있는 경우 판례에 의함)

① 검사는 기간이 만료된 접근금지 잠정조치를 청구했을 때와 동일한 스토킹범죄사실과 스토킹범죄 재발 우려를 이유로 다시 새로운 잠정조치를 청구할 수 있다.

② 법원이 기존에 내려진 잠정조치 결정 당시 스토킹범죄사실과 동일한 스토킹범죄사실만을 이유로 한 새로운 접근금지 잠정조치 결정을 하는 경우 각 2개월의 범위에서 두 차례에 한정해서만 추가로 가능하다.

③ 행위자가 전화를 걸어 피해자의 휴대전화에 벨소리가 울리게 하거나 부재중 전화 문구 등이 표시되도록 하여 피해자에게 불안감이나 공포심을 일으키는 행위는 스토킹행위에 해당한다.

④ 상대방을 따라다니는 행위가 객관적·일반적으로 볼 때 이를 인식한 상대방에게 불안감 또는 공포심을 일으키기에 충분한 정도라고 평가되더라도 현실적으로 상대방이 불안감 내지 공포심을 갖게 되지 않는 경우에는 스토킹행위에 해당하지 않는다.

정답 및 해설

①, ② [○] 기간이 정하여져 있으나 연장이 가능한 접근금지 잠정조치(스토킹처벌법 제9조 제1항 제2호의 100m 이내 접근금지, 제3호의 전기통신을 이용한 접근금지) 결정은 특별한 사정이 없는 한 그 기간의 연장결정 없이 기간이 만료되면 효력을 상실하고, 그 이후에는 해당 잠정조치 기간을 연장하는 결정을 할 수 없다. 그러나 검사는 기간이 만료된 접근금지 잠정조치를 청구했을 때와 동일한 스토킹범죄사실과 스토킹범죄 재발 우려를 이유로 제8조 제1항에 의하여 다시 새로운 잠정조치를 청구할 수 있고, 법원도 제9조 제1항에 의하여 피해자 보호 등을 위하여 필요하다고 인정하면 다시 새로운 접근금지 잠정조치 결정을 할 수 있다. 다만 접근금지 잠정조치 기간 연장과의 균형을 위해 기존에 내려진 잠정조치 결정 당시 스토킹범죄사실과 동일한 스토킹범죄사실만을 이유로 한 새로운 접근금지 잠정조치 결정은 각 2개월의 범위에서 두 차례에 한정해서만 추가로 가능하다(대법원 2023.2.23. 2022모 2092).

③ [○] 피고인이 전화를 걸어 피해자의 휴대전화에 벨소리가 울리게 하거나 부재중 전화 문구 등이 표시되도록 하여 상대방에게 불안감이나 공포심을 일으키는 행위는 실제 전화통화가 이루어졌는지와 상관없이 스토킹처벌법 제2조 제1호 (다)목에서 정한 스토킹행위에 해당한다(대법원 2023.5.18. 2022도12037).

④ [×] 스토킹행위를 전제로 하는 스토킹범죄는 행위자의 어떠한 행위를 매개로 이를 인식한 상대방에게 불안감 또는 공포심을 일으킴으로써 그의 자유로운 의사결정의 자유 및 생활형성의 자유와 평온이 침해되는 것을 막고 이를 보호법익으로 하는 위험범이라고 볼 수 있으므로, 구 스토킹처벌법 제2조 제1호 각 목의 행위가 객관적·일반적으로 볼 때 이를 인식한 상대방으로 하여금 불안감 또는 공포심을 일으키기에 충분한 정도라고 평가될 수 있다면 현실적으로 상대방이 불안감 내지 공포심을 갖게 되었는지 여부와 관계없이 '스토킹행위'에 해당하고, 나아가 그와 같은 일련의 스토킹행위가 지속되거나 반복되면 '스토킹범죄'가 성립한다. 이때 구 스토킹처벌법 제2조 제1호 각 목의 행위가 객관적·일반적으로 볼 때 상대방으로 하여금 불안감 또는 공포심을 일으키기에 충분한 정도인지는 행위자와 상대방의 관계·지위·성향, 행위에 이르게 된 경위, 행위 태양, 행위자와 상대방의 언동, 주변의 상황 등 행위 전후의 여러 사정을 종합하여 객관적으로 판단하여야 한다(대법원 2023.9.27. 2023도6411).

정답 ④

01

□□□

범죄대책에 대한 설명으로 적절한 것은 모두 몇 개인가?　　　　　　　　　　　2024(74). 경위

> ㉠ 국가는 모든 국민의 보호자이며 부모가 없는 경우나, 있더라도 자녀를 보호해 줄 수 없는 경우,
> 국가가 나서서 대신 보호해 주어야 한다는 소년보호제도의 기본이념은 국친 사상이다.
> ㉡ 우리나라의 양형기준은 효력이 발생된 이후에 법원에 공소제기된 범죄에 대하여 내·외국인 모
> 두에게 적용되며, 모든 범죄에서 미수에 대해서는 적용되지 않고 기수에 대해서만 적용된다.
> ㉢ 수사단계에서의 피의자 신상공개는 피의자의 재범방지 및 범죄예방 등을 위하여 필요한 경우에
> 활용하므로 보안처분에 해당한다.
> ㉣ 우리나라에서는 소년형사범을 대상으로만 판결 전 조사가 이루어지고 있다.
> ㉤ 「개인정보 보호법」에 따르면 고정형 영상정보처리기기 운영자는 고정형 영상정보처리기기의 설
> 치 목적과 다른 목적으로 고정형 영상정보처리기기를 임의로 조작하거나 다른 곳을 비춰서는
> 아니 되며, 녹음기능은 사용할 수 없다.

① 1개　　　　　　　　　　　　　　　② 2개
③ 3개　　　　　　　　　　　　　　　④ 4개

정답 및 해설

적절한 것은 ㉠, ㉤ 2개이다.
㉠ [○] 국친사상은 부모가 소년을 보호하지 못하면, 국가를 대리하는 소년법원이 부모가 베풀지 않는 정도까지
　부모의 책임을 인수한다는 사상이다.
㉡ [×] 양형기준은 양형기준의 효력이 발생된 이후 법원에 공소제기된 범죄에 대하여 적용한다. 양형기준은 내국
　인과 외국인을 구분하지 않고 적용한다. 양형기준은 살인미수범에 관하여 적용된다. 그러나 양형기준이 다른 대
　상범죄의 미수범죄 전반에 관하여 기준을 제시하고 있지 않기 때문에 살인죄를 제외한 다른 범죄군의 미수범에
　대해서는 양형기준이 적용되지 않는다.
㉢ [×] 성범죄자 신상공개제도는 성범죄를 저지르고 유죄판결을 확정된 자에게 판결의 선고와 함께 법관에 의해
　이루어지는 일종의 보안처분의 성격을 가진다. 이에 반해 피의자 신상공개제도는 유죄판결이 확정되지 않은 채
　체포, 구속된 피의자에 대하여 경찰 또는 검찰 수사단계에서 신상이 공개되며, 법관이 아닌 검사 또는 사법경찰
　관의 결정에 의해 이루어지는바, 형벌이나 보안처분으로 보기는 어렵다.
㉣ [×] 판결 전 조사는 성인형사범, 소년형사범을 대상으로 하고 있다(「보호관찰 등에 관한 법률」 제19조 제1항).
㉤ [○] 「개인정보 보호법」 제25조 제5항

정답 ②

02 「특정중대범죄 피의자 등 신상정보 공개에 관한 법률」상 피의자의 신상정보에 대한 설명이다. 아래 가.부터 라.까지의 설명 중 옳고 그름의 표시(○, ×)가 바르게 된 것은? 2024(74). 경위, 경찰학

> 가. 검사는 이 법상 신상정보 공개요건을 모두 갖춘 특정중대범죄사건의 피의자에 대하여 법원에 신상정보 공개를 청구할 수 있다. 다만, 피의자가 미성년자인 경우에는 제외한다.
> 나. 검사와 사법경찰관은 피의자의 얼굴을 공개하기 위하여 필요한 경우 피의자를 식별할 수 있도록 피의자의 얼굴을 촬영할 수 있다. 이 경우 신상정보공개심의위원회에서 피의자의 의견을 청취해야 한다.
> 다. 검사와 사법경찰관은 피의자에게 신상정보 공개를 통지한 날부터 5일 이상의 유예기간을 두고 신상정보를 공개하여야 한다. 다만, 피의자가 신상정보 공개 결정에 대하여 서면으로 이의 없음을 표시한 때에는 유예기간을 두지 아니할 수 있다.
> 라. 신상정보를 공개하는 피의자의 얼굴은 특별한 사정이 없으면 공개 결정일 전후 30일 이내의 모습으로 한다. 이 경우 검사와 사법경찰관은 다른 법령에 따라 적법하게 수집ㆍ보관하고 있는 사진, 영상물 등이 있는 때에는 이를 활용하여 공개할 수 있다.

	가	나	다	라
①	○	○	○	○
②	○	×	○	×
③	×	×	○	○
④	×	○	○	×

정답 및 해설

가. [×] 피의자인 경우 법원에 청구사항이 아니다. 검사와 사법경찰관은 다음 각 호의 요건을 모두 갖춘 특정중대범죄사건의 피의자의 얼굴, 성명 및 나이(이하 "신상정보"라 한다)를 공개할 수 있다. 다만, 피의자가 미성년자인 경우에는 공개하지 아니한다(동법 제4조 제1항).

나. [×] 사진촬영을 할 때에는 피의자는 이에 따라야 한다. 이를 위해 의견을 청취할 필요는 없다. 검사와 사법경찰관은 제1항에 따라 피의자의 얼굴을 공개하기 위하여 필요한 경우 피의자를 식별할 수 있도록 피의자의 얼굴을 촬영할 수 있다. 이 경우 피의자는 이에 따라야 한다. 신상정보공개심의위원회는 신상정보 공개 여부에 관한 사항을 심의할 때 피의자에게 의견을 진술할 기회를 주어야 한다(동법 제4조 제4항 및 제8조 제3항).

다. [○] 검사와 사법경찰관은 피의자에게 신상정보 공개를 통지한 날부터 5일 이상의 유예기간을 두고 신상정보를 공개하여야 한다. 다만, 피의자가 신상정보 공개 결정에 대하여 서면으로 이의 없음을 표시한 때에는 유예기간을 두지 아니할 수 있다(동법 제4조 제7항).

라. [○] 제1항에 따라 공개하는 피의자의 얼굴은 특별한 사정이 없으면 공개 결정일 전후 30일 이내의 모습으로 한다. 이 경우 검사와 사법경찰관은 다른 법령에 따라 적법하게 수집ㆍ보관하고 있는 사진, 영상물 등이 있는 때에는 이를 활용하여 공개할 수 있다(동법 제4조 제4항).

정답 ③

03 「특정중대범죄 피의자 등 신상정보 공개에 관한 법률」상 신상정보 공개에 대한 설명으로 옳지 않은 것은?

① 수사 및 재판 단계에서 신상정보의 공개에 대하여는 다른 법률의 규정에도 불구하고 「특정중대범죄 피의자 등 신상정보 공개에 관한 법률」을 우선 적용한다.
② 특정중대범죄사건의 피의자가 미성년자인 경우에는 신상정보를 공개하지 아니한다.
③ 검사와 사법경찰관은 피의자의 얼굴을 공개하기 위하여 필요한 경우 피의자를 식별할 수 있도록 피의자의 얼굴을 촬영할 수 있고, 이 경우 피의자는 이에 따라야 한다.
④ 검찰총장 및 경찰청장은 신상정보 공개 여부에 관한 사항을 심의하기 위하여 신상정보공개심의위원회를 두어야 한다.

정답 및 해설

① [○] 동법 제3조
② [○] 동법 제4조 제1항 단서
③ [○] 동법 제4조 제5항
④ [×] 검찰총장 및 경찰청장은 신상정보 공개 여부에 관한 사항을 심의하기 위하여 신상정보공개심의위원회를 둘 수 있다(「특정중대범죄 피의자 등 신상정보 공개에 관한 법률」 제8조 제1항).

정답 ④

04 「아동·청소년의 성보호에 관한 법률」에 대한 설명으로 옳지 않은 것은?

① 아동·청소년이란 19세 미만의 자를 말한다.
② 아동·청소년을 대상으로 성범죄를 저지른 경우 피고인이 아동·청소년이라 하더라도 유죄판결을 선고함과 동시에 신상정보의 공개명령을 하여야 한다.
③ 성을 사는 행위의 상대방이 된 아동·청소년에 대하여는 보호를 위하여 처벌하지 아니한다.
④ 음주 또는 약물로 인한 심신장애 상태에서 아동·청소년대상 성폭력범죄를 범한 경우 처벌할 수 있다.
⑤ 12세인 사람을 강간한 경우 공소시효를 적용하지 아니한다.

정답 및 해설

① [○] 동법 제2조 제1호
② [×] 법원은 판결로 공개정보를 성폭력범죄의 처벌 등에 관한 특례법 제45조 제1항의 등록기간(법무부장관의 등록정보 10~30년간 보존·관리) 동안 정보통신망을 이용하여 공개하도록 하는 명령(공개명령)을 등록대상 사건의 판결과 동시에 선고하여야 한다. 다만, 피고인이 아동·청소년인 경우, 그 밖에 신상정보를 공개하여서는 아니 될 특별한 사정이 있다고 판단하는 경우에는 그러하지 아니하다(「아동·청소년의 성보호에 관한 법률」 제49조 제1항).
③ [○] 동법 제38조 제1항
④ [○] 음주 또는 약물로 인한 심신장애 상태에서 아동·청소년대상 성폭력범죄를 범한 때에는 「형법」 제10조 제1항(심신상실)·제2항(심신미약) 및 제11조(청각 및 언어 장애인)를 적용하지 아니할 수 있다(동법 제19조).
⑤ [○] 13세 미만의 사람 및 신체적인 또는 정신적인 장애가 있는 사람에 대하여 강간 등을 범한 경우에는 공소시효를 적용하지 아니한다(동법 제20조 제3항).

정답 ②

05 아동·청소년의 성보호를 위한 공개명령 및 고지명령 제도에 대한 설명으로 옳지 않은 것은? (다툼이 있는 경우 판례에 의함)

2017. 5급 승진

① 공개명령 및 고지명령 제도는 일종의 보안처분이므로 범죄행위를 한 자에 대한 응보 등을 목적으로 그 책임을 추궁하는 사후적 처분인 형벌과 구분되어 그 본질을 달리한다.

② 집행유예를 선고받은 고지대상자에 대한 고지명령은 신상정보 최초 등록일부터 1개월 이내에 하여야 한다.

③ 아동·청소년대상 성범죄 사건에서 공개명령 등의 예외사유로 규정되어 있는 '피고인이 아동·청소년인 경우'에 해당하는지는 사실심 판결의 선고시를 기준으로 판단하여야 한다.

④ 공개명령은 여성가족부장관이 정보통신망을 이용하여 집행하며, 고지명령의 집행은 여성가족부장관이 한다.

⑤ 법원은 고지명령의 판결이 확정되면 판결문 등본을 판결이 확정된 날부터 14일 이내에 여성가족부장관에게 송달하여야 한다.

정답 및 해설

① [○] 대법원 2012.5.24. 2012도2763

> **⚖ 관련판례**
> 공개명령 및 고지명령 제도는 아동·청소년대상 성폭력범죄 등을 효과적으로 예방하고 그 범죄로부터 아동·청소년을 보호함을 목적으로 하는 일종의 보안처분으로서, 범죄행위를 한 자에 대한 응보 등을 목적으로 그 책임을 추궁하는 사후적 처분인 형벌과 구별되어 그 본질을 달리한다(대법원 2012.5.24. 2012도2763).

② [○] 고지명령은 ⊙ 집행유예를 선고받은 고지대상자는 신상정보 최초 등록일부터 1개월 이내, ⓒ 금고 이상의 실형을 선고받은 고지대상자는 출소 후 거주할 지역에 전입한 날부터 1개월 이내, ⓒ 고지대상자가 다른 지역으로 전출하는 경우에는 변경정보 등록일부터 1개월 이내에 하여야 한다(동법 제50조 제3항).

③ [○] 대법원 2012.5.24. 2012도2763

> **⚖ 관련판례**
> 「아동·청소년의 성보호에 관한 법률」 제49조 제1항 단서, 제50조 제1항 단서에서 '피고인이 아동·청소년인 경우, 그 밖에 신상정보를 공개하여서는 아니 될 특별한 사정이 있다고 판단되는 경우'를 공개명령 또는 고지명령 선고에 관한 예외사유로 규정하고 있는데, 공개명령 및 고지명령의 성격과 본질, 관련 법률의 내용과 취지 등에 비추어 공개명령 등의 예외사유로 규정되어 있는 '피고인이 아동·청소년인 경우'에 해당하는지는 사실심 판결의 선고시를 기준으로 판단하여야 한다(대법원 2012.5.24. 2012도2763).

④ [○] 공개명령은 여성가족부장관이 정보통신망을 이용하여 집행하며(동법 제52조 제1항), 고지명령의 집행은 여성가족부장관이 한다(동법 제51조 제1항).

⑤ [×] 법원은 고지명령의 판결이 확정되면 판결문 등본을 판결이 확정된 날부터 14일 이내에 법무부장관에게 송달하여야 하며, 법무부장관은 고지명령의 기간 내에 고지명령이 집행될 수 있도록 최초등록 및 변경등록 시 고지대상자, 고지기간 및 고지정보를 지체 없이 여성가족부장관에게 송부하여야 한다(「아동·청소년의 성보호에 관한 법률」 제51조 제2항).

정답 ⑤

현행법상 청소년보호에 대한 설명으로 옳은 것은? (다툼이 있는 경우 판례에 의함)

① 「청소년 보호법」상 '청소년'은 「아동·청소년의 성보호에 관한 법률」상의 '아동·청소년'과 범위가 같다.

② 인터넷게임의 제공자는 만 18세 미만의 청소년에게 오전 0시부터 오전 7시까지 인터넷게임을 제공하여서는 안 된다.

③ 종래 「청소년 보호법」에는 청소년유해매체물임을 표시하지 아니하고 청소년에게 유해매체물을 제공한 업체의 이름·대표자명·위반행위의 내용 등을 공표할 수 있도록 규정하였으나, 이는 헌법이 보장하고 있는 프라이버시권을 침해한다는 이유로 헌법재판소에 의해 위헌 결정을 받았다.

④ 「아동·청소년의 성보호에 관한 법률」에 규정된 청소년 성매수자에 대한 신상공개는 이를 공개하는 과정에서 수치심 등이 발생하므로 기존의 형벌 외에 또 다른 형벌로서 수치형이나 명예형에 해당하여 이중처벌 금지원칙에 위배된다.

정답 및 해설

① [×] 「청소년 보호법」상 "청소년"이란 19세 미만인 사람을 말한다. 다만, 19세가 되는 해의 1월 1일을 맞이한 사람은 제외한다. 「아동·청소년 성보호에 관한 법률」상 "아동·청소년"이란 19세 미만의 사람을 말한다(「청소년보호법」 제2조 제1호, 「아동·청소년 성보호에 관한 법률」 제2조 제1호).

② [×] 인터넷게임 제공 제한규정은 법률개정으로 삭제되었다.

③ [×] 「청소년 보호법」상 청소년유해매체물임을 표시하지 아니하고 청소년에게 유해매체물을 제공한 업체의 이름·대표자명·위반행위의 내용 등을 공표할 수 있도록 한 규정(「청소년 보호법」 제23조)은 헌법재판소에 의해 위헌결정을 받은 바 없다.

④ [×] 헌재 2003.6.26. 2002헌가14

> ⚖️ **관련판례**
> 헌법 제13조 제1항에서 말하는 '처벌'은 원칙적으로 범죄에 대한 국가의 형벌권 실행으로서의 과벌을 의미하는 것이고, 국가가 행하는 일체의 제재나 불이익처분을 모두 그 '처벌'에 포함시킬 수는 없다. 공개되는 신상과 범죄사실은 이미 공개재판에서 확정된 유죄판결의 일부로서, 개인의 신상 내지 사생활에 관한 새로운 내용이 아니고, 공익목적을 위하여 이를 공개하는 과정에서 부수적으로 수치심 등이 발생된다고 하여 이것을 기존의 형벌 외에 또 다른 형벌로서 수치형이나 명예형에 해당한다고 볼 수는 없다. 그렇다면, 신상공개제도는 헌법 제13조의 이중처벌금지 원칙에 위배되지 않는다(헌재 2003.6.26. 2002헌가14).

정답 없음

07 성범죄자의 신상정보 등록·공개·고지에 대한 설명으로 옳지 않은 것은? 2024. 보호 9급

① 신상정보 등록의 원인이 된 성범죄로 형의 선고를 유예받은 사람이 선고유예를 받은 날부터 2년이 경과하여 면소된 것으로 간주되면 신상정보 등록을 면제한다.

② 성범죄자의 신상정보 등록·공개·고지에 관한 제도는 성범죄자의 교화·개선에 중점을 두기보다는 성범죄자의 정보를 제공하여 지역사회의 안전을 강화하고자 하는 것이다.

③ 신상정보의 등록은 여성가족부장관이 집행하고, 신상정보의 공개·고지는 법무부장관이 집행한다.

④ 판례에 따르면, 공개명령 및 고지명령 제도는 범죄행위를 한 자에 대한 응보 등을 목적으로 그 책임을 추궁하는 사후적 처분인 형벌과 구별되어 그 본질을 달리한다.

정답 및 해설

① [○] 「성폭력범죄의 처벌 등에 관한 특례법」 제45조의2 제1항

② [○] 청소년 대상 성범죄는 재범율이 높아 성범죄자의 관리가 필요하고, 성범죄자의 정보를 제공하여 지역사회의 안전을 강화할 필요가 있음(「아동·청소년 성보호에 관한 법률」 제52조의2 신설이유)

③ [×] 신상정보의 등록은 법무부장관이 집행하고(동법 제44조 제1항), 신상정보의 공개·고지는 여성가족부장관이 집행한다(동법 제47조 제2항·제49조 제2항).

④ [○] 대법원 2012.5.24. 2012도2763

> 📋 **정보의 등록 및 공개관련 규정**(「성폭력범죄의 처벌 등에 관한 법률」)
>
> **제44조(등록대상자의 신상정보 등록 등)** ① 법무부장관은 제43조 제5항, 제6항 및 제43조의2 제3항에 따라 송달받은 정보와 다음 각 호의 등록대상자 정보를 등록하여야 한다.
> 1. 등록대상 성범죄 경력정보
> 2. 성범죄 전과사실(죄명, 횟수)
> 3. 「전자장치 부착 등에 관한 법률」에 따른 전자장치 부착 여부

정답 ③

---

08 신상공개제도에 대한 설명으로 옳지 않은 것은? 2025. 보호 9급

① 「성폭력범죄의 처벌 등에 관한 특례법」에 따라 공개되는 등록정보 중 성범죄 전과사실은 죄명과 횟수가 포함된다.

② 「특정중대범죄 피의자 등 신상정보 공개에 관한 법률」상 신상정보공개심의위원회는 신상정보 공개 여부에 관한 사항을 심의할 때 피의자에게 의견을 진술할 기회를 주어야 한다.

③ 「성폭력범죄의 처벌 등에 관한 특례법」에 따른 범죄자의 신상 공개는 보안처분으로 평가될 수 있다.

④ 검사는 공소제기 시까지 특정중대범죄사건이 아니었으나 재판 과정에서 특정중대범죄사건으로 공소사실이 변경된 사건의 성년인 피고인에 대하여 신상정보의 공개를 청구할 수 없다.

정답 및 해설

① [○] 「성폭력범죄의 처벌 등에 관한 특례법」 제44조 제1항 제2호

② [○] 「특정중대범죄 피의자 등 신상정보 공개에 관한 법률」 제8조 제3항

③ [○] 신상정보 공개·고지명령의 근본적인 목적은 재범방지와 사회방위이고, 법원은 '신상정보를 공개하여서는 아니 될 특별한 사정'이 있는지 여부에 관하여 재범의 위험성을 고려하여 공개·고지명령을 선고하고 있으므로, 신상정보 공개·고지명령의 법적 성격은 형벌이 아니라 보안처분이다(헌재 2016.12.29. 2015헌바196).

④ [×] 검사는 공소제기 시까지 특정중대범죄사건이 아니었으나 재판 과정에서 특정중대범죄사건으로 공소사실이 변경된 사건의 피고인으로서 제4조 제1항 각 호의 요건(신상정보 공개 요건)을 모두 갖춘 피고인에 대하여 피고인의 현재지 또는 최후 거주지를 관할하는 법원에 신상정보의 공개를 청구할 수 있다. 다만, 피고인이 미성년자인 경우는 제외한다(「특정중대범죄 피의자 등 신상정보 공개에 관한 법률」 제5조 제1항).

정답 ④

09 「아동·청소년의 성보호에 관한 법률」에 대한 설명으로 옳은 것은 모두 몇 개인가? (다툼이 있는 경우 판례에 의함)

⬜⬜⬜

> ㉠ 사법경찰관리는 디지털 성범죄에 대하여 신분을 비공개하고 범죄현장(정보통신망을 포함) 또는 범인으로 추정되는 자들에게 접근하여 범죄행위의 증거 및 자료 등을 수집(신분비공개수사)할 수 있으며, 신분 비공개는 경찰관임을 밝히지 않거나 부인하는 방법으로 한다.
> ㉡ 사법경찰관리가 신분비공개수사를 진행하고자 할 때에는 사전에 상급 경찰관서 수사부서의 장의 승인을 받아야 한다. 이 경우 그 수사기간은 3개월을 초과할 수 없다.
> ㉢ 13세 미만의 사람 및 신체적인 또는 정신적인 장애가 있는 사람에 대하여 「형법」 제297조(강간), 제298조(강제추행)의 죄를 범한 경우에는 공소시효가 10년 연장된다.
> ㉣ 아동·청소년대상 성범죄 피해자의 진술내용과 조사과정은 비디오녹화기 등 영상물 녹화장치로 촬영·보존하여야 한다.
> ㉤ 법원은 아동·청소년대상 성범죄의 피해자를 증인으로 신문하는 경우에 검사, 피해자 또는 법정대리인이 신청하는 경우에는 반드시 피해자와 신뢰관계에 있는 사람을 동석하게 하어아 한다.
> ㉥ 등록정보의 고지명령의 집행은 법무부장관이 한다.
> ㉦ 여성가족부장관은 아동·청소년대상 성범죄의 발생추세와 동향, 그 밖에 계도에 필요한 사항을 연 3회 이상 공표하여야 한다.
> ㉧ 검사는 아동·청소년대상 성범죄를 범하고 재범의 위험성이 있다고 인정되는 사람에 대하여는 형의 집행이 종료한 때부터 「보호관찰 등에 관한 법률」에 따른 보호관찰명령을 법원에 청구할 수 있다.
> ㉨ 법원은 아동·청소년대상 성범죄를 범한 사람이 금고 이상의 선고형에 해당하고 보호관찰명령 청구가 이유 있다고 인정하는 때에는 2년 이상 5년 이하의 범위에서 기간을 정하여 보호관찰명령을 병과하여 선고하여야 한다.
> ㉩ 아동·청소년으로 하여금 아동·청소년이용음란물을 제작하게 한 후 이를 전송받아 보관한 경우, 아동·청소년이용음란물 제작죄 외에 아동·청소년이용음란물 소지죄가 별도로 성립한다.

① 5개   ② 4개
③ 3개   ④ 2개

정답 및 해설

옳은 것은 ㉠, ㉡, ㉣, ㉨이다.
㉠ [○] 「아동·청소년의 성보호에 관한 법률」 제25조의2 제1항, 동법 시행령 제5조의3 제1항
㉡ [○] 동법 제25조의3 제1항
㉢ [×] 13세 미만의 사람 및 신체적인 또는 정신적인 장애가 있는 사람에 대하여 「형법」 제297조(강간), 제298조(강제추행)의 죄를 범한 경우에는 공소시효를 적용하지 아니한다(동법 제20조 제3항).
㉣ [○] 동법 제26조 제1항
㉤ [×] 법원은 아동·청소년대상 성범죄의 피해자를 증인으로 신문하는 경우에 검사, 피해자 또는 법정대리인이 신청하는 경우에는 재판에 지장을 줄 우려가 있는 등 부득이한 경우가 아니면 피해자와 신뢰관계에 있는 사람을 동석하게 하여야 한다(동법 제28조 제1항).
㉥ [×] 등록정보의 고지명령의 집행은 여성가족부장관이 한다(동법 제51조 제1항).
㉦ [×] 여성가족부장관은 아동·청소년대상 성범죄의 발생추세와 동향, 그 밖에 계도에 필요한 사항을 연 2회 이상 공표하여야 한다(동법 제53조 제1항).

해커스공무원 이인탁 형사정책 단원별 기출문제집

◎ [×] 검사는 아동·청소년대상 성범죄를 범하고 재범의 위험성이 있다고 인정되는 사람에 대하여는 형의 집행이 종료한 때부터 보호관찰 등에 관한 법률에 따른 보호관찰을 받도록 하는 명령(보호관찰명령)을 법원에 청구하여야 한다. 다만, 검사가 「전자장치 부착 등에 관한 법률」 제21조의2에 따른 보호관찰명령을 청구한 경우에는 그러하지 아니하다(동법 제61조 제1항).

㉣ [○] 동법 제61조 제3항

㉤ [×] 대법원 2021.7.8. 2021도2993

> **관련판례**
>
> 아동·청소년이용음란물을 제작한 자가 그 음란물을 소지하게 되는 경우 청소년성보호법 위반(음란물소지)죄는 청소년성보호법 위반(음란물제작·배포 등)죄에 흡수된다. 다만 아동·청소년이용음란물을 제작한 자가 제작에 수반된 소지행위를 벗어나 사회통념상 새로운 소지가 있었다고 평가할 수 있는 별도의 소지행위를 개시하였다면 이는 청소년성보호법 위반(음란물제작·배포 등)죄와 별개의 청소년성보호법 위반(음란물소지)죄에 해당한다(대법원 2021. 7.8. 2021도2993).

정답 ②

 10 □□□ 「아동·청소년의 성보호에 관한 법률」상 아동·청소년대상 디지털 성범죄 수사 특례에 대한 설명으로 옳지 않은 것은?

① 사법경찰관리는 디지털 성범죄를 계획 또는 실행하고 있거나 실행하였다고 의심할 만한 충분한 이유가 있고, 다른 방법으로는 그 범죄의 실행을 저지하거나 범인의 체포 또는 증거의 수집이 어려운 경우에 한정하여 수사 목적을 달성하기 위하여 부득이한 때에는 신분을 위장하기 위한 문서의 행사를 할 수 있다.

② 사법경찰관리는 신분위장수사를 하려는 경우에는 검사에게 신분위장수사에 대한 허가를 신청하고, 검사는 법원에 그 허가를 청구한다.

③ 신분위장수사의 기간은 3개월을 초과할 수 없으며, 그 수사기간 중 수사의 목적이 달성되었을 경우에는 즉시 종료하여야 한다.

④ 사법경찰관리는 법원의 허가 없이 신분위장수사를 할 수 있으며, 긴급 신분위장수사 개시 후 48시간 이내에 검사에게 긴급 신분위장수사에 대한 허가를 신청하여야 한다.

정답 및 해설

① [○] 동법 제25조의2 제2항

② [○] 동법 제25조의3 제3항

③ [○] 동법 제25조의3 제7항

④ [×] 사법경찰관리는 제25조의2 제2항의 요건(신분위장수사의 요건)을 구비하고, 제25조의3에 따른 절차(아동·청소년대상 디지털 성범죄 수사 특례의 절차)를 거칠 수 없는 긴급을 요하는 때에는 법원의 허가 없이 신분위장수사를 할 수 있으며(「아동·청소년의 성보호에 관한 법률」 제25조의4 제1항), 사법경찰관리는 긴급 신분위장수사 개시 후 지체 없이 검사에게 허가를 신청하여야 하고, 사법경찰관리는 48시간 이내에 법원의 허가를 받지 못한 때에는 즉시 신분위장수사를 중지하여야 한다(동법 제25조의4 제2항).

정답 ④

11 「아동·청소년의 성보호에 관한 법률」에 대한 설명으로 옳지 않은 것은?

☐☐☐ ① 아동·청소년대상 성범죄의 공소시효는 「형사소송법」 제252조 제1항(시효의 기산점)에도 불구하고 해당 성범죄로 피해를 당한 아동·청소년이 성년에 달한 날부터 진행한다.

② 법원은 아동·청소년대상 성범죄를 범한 「소년법」 제2조의 소년(19세 미만인 소년)에 대하여 형의 선고를 유예하는 경우에는 반드시 보호관찰을 명하여야 한다.

③ 수강명령 또는 이수명령은 형의 집행을 유예할 경우에는 그 집행유예기간 내에, 벌금형을 선고할 경우에는 형 확정일부터 3개월 이내에, 징역형 이상의 실형을 선고할 경우에는 형기 내에 각각 집행한다.

④ 수강명령 또는 이수명령이 형의 집행유예 또는 벌금형과 병과된 경우에는 보호관찰소의 장이 집행하고, 징역형 이상의 실형과 병과된 경우에는 교정시설의 장 또는 치료감호소시설의 장이 집행한다.

⑤ 누구든지 집행된 고지정보에 오류가 있음을 발견한 경우 여성가족부장관에게 그 정정을 요청할 수 있다.

정답 및 해설

① [○] 동법 제20조 제1항

② [○] 동법 제21조 제1항

③ [×] 수강명령 또는 이수명령은 형의 집행을 유예할 경우에는 그 집행유예기간 내에, 벌금형을 선고할 경우에는 형 확정일부터 6개월 이내에, 징역형 이상의 실형을 선고할 경우에는 형기 내에 각각 집행한다(「아동·청소년의 성보호에 관한 법률」 제21조 제5항).

④ [○] 수강명령 또는 이수명령이 형의 집행유예 또는 벌금형과 병과된 경우에는 보호관찰소의 장이 집행하고, 징역형 이상의 실형(치료감호와 징역형 이상의 실형이 병과된 경우를 포함. 이하 이 항에서 같음)과 병과된 경우에는 교정시설의 장 또는 치료감호시설의 장(이하 "교정시설 등의 장"이라 함)이 집행한다. 다만, 징역형 이상의 실형과 병과된 수강명령 또는 이수명령을 모두 이행하기 전에 석방 또는 가석방되거나 미결구금일수 산입 등의 사유로 형을 집행할 수 없게 된 경우에는 보호관찰소의 장이 남은 수강명령 또는 이수명령을 집행한다(동법 제21조 제6항).

⑤ [○] 동법 제51조의2 제1항

정답 ③

---

12 보안관찰처분심의위원회에 대한 설명으로 옳지 않은 것은?

☐☐☐ ① 보안관찰처분에 관한 사안을 심의·의결하기 위하여 법무부에 둔다.

② 위원장 1인과 6인의 위원으로 구성한다.

③ 위촉된 위원의 임기는 3년으로 한다.

④ 위원장은 회의를 소집하고 그 의장이 된다.

정답 및 해설

① [○] 동법 제12조 제1항

② [○] 동법 제12조 제2항

③ [×] 위촉된 위원의 임기는 2년으로 한다(「보안관찰법」 제12조 제2항).

④ [○] 동법 제12조 제7항

정답 ③

제6편

소년사법 정책론

제27장 소년사법론

제1절 | 개관

01 각종 법률에서 규정하고 있는 연령에 대한 설명으로 옳지 않은 것은?
2014. 보호 7급

① 「아동복지법」상 아동이란 18세 미만인 사람을 말한다.
② 「아동·청소년의 성보호에 관한 법률」상 아동·청소년이란 19세 미만의 자를 말한다.
③ 「청소년 보호법」상 청소년이란 19세 미만인 사람을 말한다. 다만, 19세에 도달하는 연도의 1월 1일을 맞이한 자는 제외한다.
④ 「청소년 기본법」상 청소년이란 9세 이상 19세 미만인 사람을 말한다.

정답 및 해설

④ [×] 「청소년 기본법」상 청소년이란 9세 이상 24세 이하인 사람을 말한다(「청소년 기본법」 제3조 제1호).

정답 ④

02 법률상 소년 등의 연령 기준으로 옳지 않은 것은?
2023. 보호 7급

① 「형법」상 형사미성년자는 14세가 되지 아니한 자이다.
② 「소년법」상 소년은 19세 미만인 자를 말한다.
③ 「청소년 기본법」상 청소년은 8세 이상 24세 이하인 사람을 말한다. 다만, 다른 법률에서 청소년에 대한 적용을 다르게 할 필요가 있는 경우에는 따로 정할 수 있다.
④ 「아동·청소년의 성보호에 관한 법률」상 아동·청소년은 19세 미만의 자를 말한다.

정답 및 해설

① [○] 「형법」 제9조
② [○] 「소년법」 제2조
③ [×] 청소년이란 9세 이상 24세 이하인 사람을 말한다. 다만, 다른 법률에서 청소년에 대한 적용을 다르게 할 필요가 있는 경우에는 따로 정할 수 있다(「청소년 기본법」 제3조 제1호).
④ [○] 「아동·청소년의 성보호에 관한 법률」 제2조 제1호

정답 ③

01 소년사법에 있어서 4D(비범죄화, 비시설수용, 적법절차, 전환)에 대한 설명으로 옳지 않은 것은?

2022. 교정 9급

① 비범죄화(Decriminalization)는 경미한 일탈에 대해서는 비범죄화하여 공식적으로 개입하지 않음으로써 낙인을 최소화하자는 것이다.
② 비시설수용(Deinstitutionalization)은 구금으로 인한 폐해를 막고자 성인교도소가 아닌 소년 전담시설에 별도로 수용하는 것을 의미한다.
③ 적법절차(Due process)는 소년사법절차에서 절차적 권리를 철저하고 공정하게 보장하여야 한다는 것을 의미한다.
④ 전환(Diversion)은 비행소년을 공식적인 소년사법절차 대신에 비사법적인 절차에 의해 처우하자는 것이다.

정답 및 해설

② [×] 소년사법의 개선은 대체로 소년사법의 개입을 최소화하고 개입 시 적법절차를 극대화하는 것으로 요약할 수 있으며, 소년사법의 개입을 최소화하는 것은 지위비행 등 일부 비행에 대한 비범죄화를 통해서 소년비행의 범위와 대상을 가급적 축소하는 것에서 시작하여 일단 소년사법의 대상이 된 비행에 대해서는 수용을 최소화하여 비시설수용적 대안을 적극 활용하고, 국가의 공적 개입을 줄이기 위해서 각종 전환제도를 최대한 활용하여 소년사법절차에 있어서 절차적 권리, 즉 적법절차를 극대화하자는 것이다. 이를 소년사법에 있어서 4D, 즉 비범죄화, 비시설수용, 적법절차, 전환이라고 한다. 비시설수용(Deinstitutionalization)은 청소년범죄자는 시설수용보다는 비시설수용적 처우와 지역사회 처우를 하여, 구금으로 인한 범죄의 학습과 악풍의 감염, 부정적 낙인 등의 폐해를 방지하고자 하는 것이다.

정답 ②

02 소년범죄 및 소년사법제도에 대한 설명으로 옳지 않은 것으로만 묶인 것은?

2012. 보호 7급

> ㉠ 소년범죄에 대해서는 처우의 개별화 이념에 따라 소년의 개별적인 특성을 고려하여야 한다.
> ㉡ 소년형사사건에서는 일반예방보다는 교육적인 교화·육성 및 특별예방이 강조된다.
> ㉢ 벌금 또는 과료를 선고받은 소년형사범이 이를 납부하지 않으면 노역장에 유치된다.
> ㉣ 검사는 소년에 대한 피의사건을 수사한 결과 보호처분에 해당하는 사유가 있다고 인정하는 경우에는 사건을 관할 소년부에 송치하여야 한다.
> ㉤ 소년분류심사원 위탁처분도 소년에 대한 전환제도(Diversion)의 일종으로 볼 수 있다.

① ㉠, ㉤
② ㉡, ㉢
③ ㉢, ㉣
④ ㉢, ㉤

정답 및 해설

옳지 않은 것은 ㉢, ㉤이다.
㉠ [○] 소년보호의 원칙 중 개별주의에 대한 설명이다(「소년법」 제9조).
㉡ [○] 소년형사사건은 조사 및 심리 등 형사절차적인 면에서 소년의 특성을 감안한 특별예방이 강조된다.
㉢ [×] 18세 미만인 소년에게는 노역장 유치선고를 하지 못한다(동법 제62조).
㉣ [○] 동법 제49조 제1항

⑪ [×] 소년부 판사는 사건을 조사 또는 심리하는 데에 필요하다고 인정하면 소년의 감호에 관하여 결정으로써 소년분류심사원에 위탁하는 조치를 할 수 있다(동법 제18조 제1항). 그러므로 소년분류심사원 위탁처분은 소년에 대한 전환제도의 일종으로 볼 수 없고, 보호사건의 미결구금 기능을 한다.

정답 ④

03 소년범죄의 원인과 대책에 대한 설명으로 옳지 않은 것은?

2017. 교정 9급

① 모피트(T. E. Moffit)는 사회적 자본(Social Capital) 개념을 도입하여 청소년기에 비행을 저지른 아이들도 사회유대 혹은 사회자본의 형성을 통해 취업과 결혼으로 가정을 이루는 인생의 전환점을 만들면 성인이 되어 정상인으로 돌아가게 된다고 주장하였다.

② 패터슨(G. R. Patterson) 등에 따르면 초기 비행을 경험한 소년들이 후반에 비행을 시작한 소년에 비하여 어릴 때부터 반사회적 환경과 밀접한 관계를 맺음으로써 또래집단 속에서 정상적 사회화를 경험할 기회가 상대적으로 적기 때문에 만성적 범죄자가 될 확률이 높다고 하였다.

③ 워렌(M. Q. Warren)에 따르면 비행소년 분류상 신경증적 비행소년에 대한 처우로는 가족집단요법과 개별심리요법이 적절하다고 한다.

④ 바톨라스(C. Bartollas)의 적응(개선)모델에 따르면 비행소년 스스로 책임 있는 선택과 합법적 결정을 할 수 있다고 하며, 이 모형에 따른 처우로서는 현실요법, 환경요법, 집단지도 상호작용, 교류분석 등의 방법이 이용되고 있다.

정답 및 해설

① [×] 샘슨(Sampson)과 라웁(Laub)의 나이등급 이론에 대한 설명이다. 범죄에 대한 생애관점을 지지하는 샘슨과 라웁은 일탈행동이 생애 전 과정을 통해 안정적으로 유지된다는 관점에 반대하고 생애과정을 거치면서 범죄성의 안전성은 변화한다는 관점을 제시한다. 사회자본(사회유대)은 결혼, 직업 등을 의미하는 것으로, 샘슨과 라웁은 어릴 때 비행소년이었던 사람이 후에 범죄를 저지르지 않고 다른 사람들과 같이 정상적인 삶을 살게 되는 것은 결혼이나 군복무, 직업, 형사사법절차에의 경험과 같은 요소에서 찾고 있으며 이와 같은 인생에서의 계기를 통해 공식적 혹은 비공식적 통제가 가능하게 되고 그런 통제를 통해 범죄에서 탈출하게 된다는 것이다. 심리학자 모핏(Moffit)은 범죄자를 청소년한정형 범죄자와 인생지속형 범죄자로 분류하고, 청소년한정형 범죄자보다 인생지속형 범죄자가 정신건강상의 문제를 더 많이 가지고 있으며, 탈비행과 관련하여 특단의 예외적 상황이 없는 한 청소년한정형 비행자들은 모두 탈비행을 하고, 인생지속형 범죄자들은 모두 탈비행에 실패한다고 주장하였다.

② [○] 패터슨(Patterson)은 아동기에서 청소년기를 통해서 나타나는 반사회적 행동의 발전과정을 초기 진입자와 후기 진입자의 두 가지 경로로 나누었다. 초기 진입자의 경우 아동기의 부적절한 양육에 원인이 있고, 이것은 후에 학업의 실패와 친구집단의 거부를 초래하게 되고, 이러한 이중적 실패는 비행집단에 참가할 가능성을 높이게 된다. 이러한 발전과정을 경험한 사람들은 아동기 후기와 청소년기 초기에 이르러 만성적 비행자가 될 가능성이 매우 높다. 청소년기 중기에서 청소년 후기에 처음 비행을 시작한 사람의 경우 이중적 실패를 경험하지 않게 되고 보다 쉽게 범죄경력에서 은퇴할 수 있게 된다고 한다. 이 이론을 더욱 발전시켜 나온 것이 모핏(Moffit)의 이론이다.

③ [○] 워렌(Warren)은 비행소년을 6가지 유형으로 분류하고, 각 유형별 비행소년의 특성과 유형별 비행의 원인 및 적정한 처우기법을 소개하고 있다. 신경증적 비행소년의 특징은 위협적, 혼란스러운, 과다하게 억제된, 불안한, 우울한, 위축됨이며, 비행의 원인은 부모불안 또는 신경증적 갈등의 피해자, 남성다움 동일시 추구이고, 처우기법으로는 가족집단요법, 소년에 대한 집단·개별심리요법 등이 있다.

④ [○] 바톨라스(Bartollas)의 적응(개선, 조정)모델은 실증주의와 국친사상 등 의료모형의 가정과 재통합의 철학을 결합시킨 것으로, 비행소년은 치료의 대상으로 과학적 전문가의 치료를 필요로 하지만, 환자가 아닌 스스로 책임 있는 선택과 합리적 결정을 할 수 있다고 간주한다. 처우기법으로는 현실요법, 환경요법, 집단지도 상호작용, 교류분석, 긍정적 동료문화 등이 있으며, 이를 통해 범죄소년의 사회재통합을 강조한다.

정답 ①

04 소년사법의 대표적 제도인 소년법원의 특성으로 옳지 <u>않은</u> 것은?

① 소년법원은 반사회성이 있는 소년의 형사처벌을 지양하며 건전한 성장을 도모하기 위한 교화개선과 재활철학을 이념으로 한다.

② 소년법원은 범죄소년은 물론이고 촉법소년, 우범소년 등 다양한 유형의 문제에 개입하여 비행의 조기발견 및 조기처우를 하고 있다.

③ 소년법원의 절차는 일반법원에 비해 비공식적이고 융통성이 있다.

④ 소년법원은 감별 또는 분류심사 기능과 절차 및 과정이 잘 조직되어 있지 못한 한계가 있다.

정답 및 해설

④ [×] 일반법원에 비해 소년법원은 감별 또는 분류심사 기능과 절차 및 과정이 비교적 잘 조직되어 있다.

> 💡 **소년법원이 일반법원과 다른 특성**
>
> 소년법원은 개별화된 처우를 강조하여 원래 법정이라기보다는 사회기관이나 의료기관으로 비추어졌었다. 즉, 소년법원은 아동을 보호하고 재활시키기 위한 것이지, 아동의 유죄를 재판하기 위해 만들어진 것이 아니기 때문에 소년법원과 성인법원은 차이가 있을 수밖에 없다.
>
> ㉠ 소년법원은 비행소년을 형사법원에서 재판할 때 생기는 부작용인 부정적 낙인으로부터 아동을 보호하기 위한 것이다. 그래서 법정에서 사용하는 용어부터 차이가 있는데, 재판이 아니라 심판, 판결이 아니라 결정, 처벌이나 형벌이 아니라 처분이라고 한다. 절차상으로도 비공개를 원칙으로 하며, 비공식적으로 진행하는 것도 형사법원과 다른 점이다. 또 심판·결정·처분의 주요 관심사도 아동의 범죄사실과 유무죄의 판단이라기보다는 아동에게 최선의 이익이 무엇인지를 가장 중요한 기준으로 삼고 있다.
>
> ㉡ 소년법원은 처음부터 처벌과 억제 지향에 반대되는 교화개선과 재활의 철학을 지향하고 있다.
>
> ㉢ 소년법원의 관할대상이 범죄소년만을 대상으로 하지 않는다. 소년법원은 그 관할대상을 비행소년은 물론이고, 지위비행자와 방치된 소년뿐만 아니라 다양한 유형의 가정문제까지도 대상으로 하고 있다. 특히 우범소년을 소년범죄의 대상으로 삼고 있는 소년법이 이를 잘 대변해 주고 있다.
>
> ㉣ 소년법원의 절차가 일반법원에 비해 훨씬 비공식적이고 융통성이 있다는 점이 있는 반면, 적법절차에 대한 관심은 적다. 이 점은 법정에서의 용어부터 차이를 보이고 있는 데에서 알 수 있다.
>
> ㉤ 일반법원에 비해 소년법원은 감별 또는 분류심사 기능과 절차 및 과정이 비교적 잘 조직되어 있다. 이는 소년분류심사원이나 법원의 소년조사관제도에서 잘 엿볼 수 있는 부분이다.
>
> ㉥ 일반법원이 선택할 수 있는 형의 종류에 비해 소년법원에서 결정할 수 있는 처분의 종류가 더 다양하다.

정답 ④

---

05 비행 청소년의 처벌과 처우에 대한 설명으로 옳은 것은?

① 균형·회복적 사법(balanced and restorative justice)은 비행 청소년의 책임, 역량 개발, 지역사회 안전이라는 목표에 초점을 둔다.

② 소년범에 대한 형사법원 이송은 전통적인 소년사법 이념인 국친사상에 부합한다.

③ 바톨라스(Bartollas)와 밀러(Miller)의 의료모형에서는 비행 청소년은 자유의지로 비행을 저지른다고 가정한다.

④ 소년사법에 있어서 비시설수용(deinstitutionalization)은 구금으로 인한 폐해를 막고자 성인교도소가 아닌 소년 전담 시설에 별도로 수용하는 것을 말한다.

① [○] 균형적·회복적 사법이란 균형잡힌 접근계획과 회복적 사법 철학에 근거하여 청소년범죄자에 대한 지역사회 감독을 보다 발전시키려는 일종의 통합모델을 말한다. 균형적·회복적 사법의 세 가지 핵심요소는 ㉠ 피해자에 대해서는 직접적으로, 지역사회에 대해서는 간접적으로 작용하는 책임성, ㉡ 가해소년이 지역구성원에게 바람직한 서비스를 제공할 기회를 얻어 다른 사람에게 가치있는 일을 수행할 수 있는 역량(자질)개발, ㉢ 지역사회에서 가해자의 회복책임을 유도할 수 있는 시스템과 가해자의 자질을 개발할 수 있는 소년사법정책 프로그램을 수립함으로써 지역사회의 안전을 도모하는 지역사회 안전이다.

② [×] 국가가 소년을 처벌하기보다 다른 처우를 통해 비행원인이 되는 환경과 성행을 개선하고, 법을 지키는 사람으로 살아가는 데 필요한 교육과 복지를 제공해야 한다는 이념을 소년보호주의라고 하며, 그 바탕에는 국친사상 이념이 있다. 국친사상은 부모가 소년을 보호하지 못하면, 국가를 대리하는 소년법원이 부모가 베풀지 않는 정도까지 부모의 책임을 인수한다는 사상이다. 그러므로 소년범에 대한 형사법원 이송은 전통적인 소년사법 이념인 국친사상에 부합하지 않는다.

③ [×] 바톨라스와 밀러의 소년교정모형 중 의료모형은 비행소년은 자신이 통제할 수 없는 요인에 의해서 범죄자로 결정되었으며, 이들은 사회적으로 약탈된 사회적 병질자이기 때문에 처벌의 대상이 아니라 치료의 대상으로 본다. 범죄통제모형은 비행 청소년은 자유의지로 비행을 저지른다고 가정한다. 청소년도 자신의 행동에 대해서 책임을 져야 하므로, 청소년 범죄자에 대한 처벌을 강화하는 것만이 청소년범죄를 줄일 수 있다고 한다.

④ [×] 비시설수용은 청소년범죄자는 시설수용보다는 비시설수용적 처우와 지역사회 처우를 하여, 구금으로 인한 범죄의 학습과 악풍의 감염, 부정적 낙인 등의 폐해를 방지하고자 하는 것이다.

정답 ①

06

바톨라스(Bartollas)와 밀러(Miller)의 소년교정모델에 대한 설명으로 옳지 않은 것은?　2014. 교정 7급

① 의료모형(Medical Model) - 비행소년은 자신이 통제할 수 없는 요인에 의해서 범죄자로 결정되었으며, 이들은 사회적으로 약탈된 사회적 병질자이기 때문에 처벌의 대상이 아니라 치료의 대상이다.

② 적응모형(Adjustment Model) - 범죄자 스스로 책임 있는 선택과 합법적 결정을 할 수 없다. 그 결과, 현실요법, 환경요법 등의 방법이 처우에 널리 이용된다.

③ 범죄통제모형(Crime Control Model) - 청소년도 자신의 행동에 대해서 책임을 져야 하므로, 청소년 범죄자에 대한 처벌을 강화하는 것만이 청소년범죄를 줄일 수 있다.

④ 최소제한모형(Least-Restrictive Model) - 비행소년에 대해서 소년사법이 개입하게 되면, 이들 청소년들이 지속적으로 법을 위반할 가능성이 증대될 것이다.

② [×] 적응모형은 의료모형과 거의 유사한 가정에 기초하고 있다. 즉, 범죄자는 비범죄자와 차이가 있으며, 그 차이점이 파악될 수 있고 처우를 필요로 하며 치료될 수 있다는 것이다. 그러나 실증주의와 국친사상이라는 의료모형의 가정 외에 적응모형은 재통합의 철학을 하나 더 추가하고 있어서 범죄자의 사회 재통합을 돕는 데 상당한 무게를 싣고 있다. 의료모형은 결정론적 입장에서 범죄자를 환자로 보지만, 적응모형에서는 범죄자를 환자가 아닌 스스로 책임 있는 선택과 합리적 결정을 할 수 있는 자로 간주한다. 그래서 현실요법, 환경요법, 집단지도 상호작용, 교류분석, 긍정적 동료문화 등의 방법이 적응모형에 따른 처우에서 널리 이용되고 있다.

소년교정모형

구분	내용	처벌	처우
의료모형	• 국친사상의 철학 및 실증주의 범죄학과 결정론을 결합시킨 것이다 • 비행소년은 자신이 통제할 수 없는 요인에 의해서 범죄자로 결정되었으며, 이들은 사회적으로 약탈된 사회적 병질자이다.	×	○
적응모형	• 실증주의와 국친사상 등 의료모형의 가정과 재통합의 철학을 결합시킨 것이다. • 비행소년은 치료를 필요로 하지만, 환자가 아닌 스스로 책임있는 선택과 합리적 결정을 할 수 있는 자이다.	×	○
범죄통제모형	• 청소년 범죄자에 대한 강경대응정책 모형이다. • 청소년 범죄를 억제하는 가장 효과적인 수단은 훈육과 처벌이며, 그 처벌도 신속하고, 효과적이고, 공정하여야 한다.	○	×
최소제한모형	• 청소년 범죄자에 대한 개입을 최소화하자는 것으로 비행소년에 대해서 소년사법이 개입하게 되면, 이들 청소년들이 지속적으로 법을 위반할 가능성이 증대될 것이다. • 낙인의 부정적 영향, 소년비행의 확산과 아마추어화와 그로 인한 보편화 그리고 소년교정의 비인간성 등이 최소제한모형의 주장을 뒷받침하는 가정들이다.	×	×

▶ 현재는 두 가지 모형이 주로 활용되고 있다. 즉, 폭력범죄자에 대해서는 범죄통제모형이, 지위나 신분비행자에 대해서는 비시설수용을 중심으로 하는 최소제한모형이 적용되고 있다.

정답 ②

07 바톨라스(C. Bartolas)의 소년교정모형에 대한 설명이다. <보기 1>에 제시된 설명과 <보기 2>에서 제시된 교정모형을 옳게 짝 지은 것은?
2019. 교정 9급

┤ 보기 1 ├

㉠ 비행소년은 통제할 수 없는 요인에 의해서 범죄자로 결정되어졌으며, 이들은 사회적 병질자이기 때문에 처벌의 대상이 아니라 치료의 대상이다.

㉡ 범죄소년은 치료의 대상이지만 합리적이고 책임 있는 결정을 할 수 있다고 하면서, 현실요법·집단지도 상호작용·교류분석 등의 처우를 통한 범죄소년의 사회 재통합을 강조한다.

㉢ 비행소년에 대해서 소년사법이 개입하게 되면 낙인의 부정적 영향 등으로 인해 지속적으로 법을 어길 가능성이 증대되므로, 청소년을 범죄소년으로 만들지 않는 길은 시설에 수용하지 않는 것이다.

㉣ 지금까지 소년범죄자에 대하여 시도해 온 다양한 처우 모형들이 거의 실패했기 때문에 유일한 대안은 강력한 조치로서 소년범죄자에 대한 훈육과 처벌뿐이다.

┤ 보기 2 ├

A. 의료모형
B. 적응(조정)모형
C. 범죄통제모형
D. 최소제한(제약)모형

	㉠	㉡	㉢	㉣
①	A	B	C	D
②	A	B	D	C
③	A	C	D	B
④	B	A	D	C

② [○] ㉠ - A, ㉡ - B, ㉢ - D, ㉣ - C

A. **의료모형**: 교정은 질병치료라고 보고, 소년원에 있어 교정교육기법의 기저가 되었다.

B. **적응(개선, 조정)모형**: 범죄자를 환자가 아닌 스스로 책임 있는 선택과 합리적 결정을 할 수 있는 자로 간주하고, 과학적 전문가의 치료를 필요로 한다.

C. **범죄통제모형**: 범죄에 상응한 처벌이 범죄행동을 통제할 것이라고 보았다. 청소년도 자신의 행동에 대해서 책임을 져야 하므로, 청소년 범죄자에 대한 처벌을 강화하는 것만이 청소년범죄를 줄일 수 있다.

D. **최소제한(제약)모형**: 낙인이론에 근거하여 시설수용의 폐단을 지적하며 처벌 및 처우개념을 모두 부정한다.

정답 ②

08 워렌(Waren)이 제시한 비행소년 유형분류에 대한 설명으로 옳지 않은 것은? 2019. 5급 승진
□□□

① 동조자 유형은 일관성 없는 훈육이나 적정한 성인모형의 부재에서 기인한다.

② 부문화 동일시자 유형은 일탈적 하위문화 가치체계의 내재화가 원인이다.

③ 반사회적 약취자 유형은 관습적인 규범이 내재화되어 있지 않고 죄의식이 없다.

④ 상황적 유형은 동료 일탈집단에 대한 강력한 지향과 비행자로서의 낙인에 대한 만족을 특징으로 한다.

⑤ 비사회적 유형은 심리요법보다 교육을 통하여 사회에 대한 거부감과 방치를 해소하는 처우가 적합하다.

④ [×] 상황적 유형은 정신신경증이나 정신착란을 가진 증상 등을 특징으로 하고, 사고적 또는 특정한 상황이 비행의 원인이며, 처우기법은 없다. 부문화 동일시자 유형은 강한 동료집단 지향, 권위 비신뢰, 비행자 낙인에 대한 만족, 자기 만족적, 내적보다 외적 문제 등을 특징으로 하고, 내재화된 일탈하위문화 가치 체계가 비행의 원인이며, 처우기법은 억제통한 비행중지, 친사회적 동일시 모형과의 관계개발, 집단 내 자기 개념 확대 등이 있다.

정답 ④

09 미국의 데이비드 스트리트(David Street) 등의 학자들은 「처우조직(Organization For Treatment)」
□□□ 이라는 자신들의 저서에서 소년범죄자들에 대한 처우조직을 여러 유형으로 분류하였다. 다음 설명에 해당하는 유형은? 2016. 교정 7급

> • 소년범죄자의 태도와 행동의 변화 그리고 개인적 자원의 개발에 중점을 둔다.
> • 소년범죄자를 지역사회의 학교로 외부통학을 시키기도 한다.
> • 처우시설의 직원들은 대부분 교사로서 기술 습득과 친화적 분위기 창출에 많은 관심을 둔다.
> • 처우시설 내 규율의 엄격한 집행이 쉽지 않다.

① 복종 및 동조(Obedience/Conformity) 유형

② 처우(Treatment) 유형

③ 재교육 및 발전(Reeducation/Development) 유형

④ 변화 및 혁신(Changement/Innovation) 유형

③ [O] 데이비드 스트리트(David Street) 등은 「처우조직」(1966)이라는 자신들의 저서에서 처우 – 구금 – 처우의 연속선상에서 처우 조직을 복종/동조, 재교육/발전, 그리고 처우의 세 가지 유형으로 분류하였다. 각 조직의 구조는 각 조직의 목표와 연관된다.

구금적 시설 (복종/동조 모형)	• 대규모 보안직원에 비해 적은 수의 처우요원을 고용하고, 규율이 엄격히 집행되었으며, 수형자는 강제된 동조성을 강요당하는 준군대식 형태로 조직되었다. • 습관, 동조성훈련, 권위에 대한 복종 등이 강조되었고, 조절(conditioning)이 주된 기술이었으며, 청소년은 외부통제에 대해 즉각적으로 동조하도록 요구받고 있었다. • 이러한 과정은 강력한 직원통제와 다양한 부정적 제재에 의해 추구되었는데, 이 모형이 현재 구금을 강조하는 대부분의 소년교정시설을 대표한다.
재교육과 개선을 강조하는 시설 (재교육/발전 모형)	• 비교적 엄격한 규율과 규제가 적용되었으나 복종보다는 교육을 강조하여 청소년을 지역사회의 학교로 외부통학도 시키기 때문에 규율의 엄격한 집행이 쉽지 않으며, 직원들은 대부분이 교사로서 기술습득과 가족과 같은 분위기를 창출하는 데 관심을 두고 있었다. • 훈련을 통한 청소년의 변화를 강조하며, 복종/동조 모형에 비해 청소년과 직원의 밀접한 관계를 강조하고, 이를 통하여 청소년의 태도와 행동의 변화, 기술의 습득, 개인적 자원의 개발에 중점을 두고 있디.
처우를 중시하는 조직 (처우 모형)	• 가능한 한 많은 처우요원을 고용하고 있어서 가장 복잡한 조직구조를 가졌으며, 각 청소년의 처우계획을 진전시키기 위하여 처우요원과 보안요원의 협조와 청소년 각자의 이해를 강조하였다. • 청소년의 인성변화를 강조하고, 청소년의 심리적 재편에 초점을 맞추고 있다. • 처벌은 자주 이용되지 않으나, 이용시에도 그렇게 엄하지 않고, 다양한 활동과 성취감이 강조되며, 자기 존중심의 개발과 자기 성찰을 강조하였다. • 개인적 통제와 사회적 통제를 동시에 강조하기 때문에 청소년의 개인적 문제해결에 도움을 주며, 지역사회생활에의 생활의 준비도 강조되었다.

정답 ③

10 소년사법의 발전배경에 대한 설명으로 옳지 않은 것은?

① 영미법계는 국친사상에 기초한 형평법이론을 중심으로 발전하였다.
② 국친사상은 소년을 형사정책의 대상으로 보는 입장을 말한다.
③ 형평법이론은 영국의 보통법에 대한 보충 내지 추가를 의미하는 것이다.
④ 대륙법계는 교육형사상에 기초한 형사정책이론으로 발전했다.

② [×] 영미법계의 국친사상은 대륙법계와 달리 소년에 대해서 범죄인의 개선을 통한 범죄방지, 즉 형사정책의 대상으로 보지 않고 보호와 후견의 대상으로 보았다.

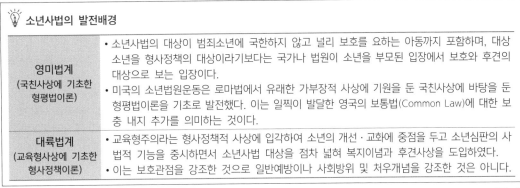

💡 소년사법의 발전배경	
영미법계 (국친사상에 기초한 형평법이론)	• 소년사법의 대상이 범죄소년에 국한하지 않고 널리 보호를 요하는 아동까지 포함하며, 대상 소년을 형사정책의 대상이라기보다는 국가나 법원이 소년을 부모된 입장에서 보호와 후견의 대상으로 보는 입장이다. • 미국의 소년법원운동은 로마법에서 유래한 가부장적 사상에 기원을 둔 국친사상에 바탕을 둔 형평법이론을 기초로 발전했다. 이는 일찍이 발달한 영국의 보통법(Common Law)에 대한 보충 내지 추가를 의미하는 것이다.
대륙법계 (교육형사상에 기초한 형사정책이론)	• 교육형주의라는 형사정책적 사상에 입각하여 소년의 개선·교화에 중점을 두고 소년심판의 사법적 기능을 중시하면서 소년사법 대상을 점차 넓혀 복지이념과 후견사상을 도입하였다. • 이는 보호관점을 강조한 것으로 일반예방이나 사회방위 및 처우개념을 강조한 것은 아니다.

정답 ②

11 선도조건부 기소유예제도에 대한 설명으로 옳은 것은?

① 범죄소년과 촉법소년만을 대상으로 하며, 우범소년에 대해서는 선도조건부 기소유예처분을 할 수 없다.
② 이 제도는 소년사건에 대한 다이버전 제도의 일종이다.
③ 기소편의주의와 소년사건에 대한 법원선의주의를 조화시킨 제도이다.
④ 「소년법」상의 보호처분의 일종이다.
⑤ 「보호소년 등의 처우에 관한 법률」에 근거하여 시행되고 있다.

정답 및 해설

① [×] 형사책임능력자인 범죄소년만이 그 대상이 된다.
② [○] 선도조건부 기소유예제도는 소년보호선도제도의 하나로서 범죄소년을 소년절차의 초기단계에서 이탈시켜 민간선도위원의 선도보호를 받도록 함으로써 그 소년의 사회복귀와 재범방지를 도모하는 제도로, 검찰단계에서 이루어지는 대표적인 전환제도라고 할 수 있다. 전환(diversion)제도는 적법절차의 확립, 소년사법경비의 절감, 낙인의 최소화라는 입장에서 긍정적으로 평가받고 있는 제도로서 비행소년을 공식적인 소년사법절차를 피해 비사법적 절차와 기관에 의한 처우나 처리로 전환시키는 것이다. 이렇게 함으로써 민간의 참여와 사설기관의 참여를 극대화할 수 있고, 공식기관과의 접촉을 최소화하여 낙인의 영향을 극소화시킬 수 있으며, 이로 인해 사법경비도 그만큼 줄일 수 있다.
③ [×] 기소편의주의와 범죄소년에 대한 검사선의주의를 조화시킨 제도이다.
④ [×] 「소년법」상 보호처분의 종류가 아니다(「소년법」 제32조 제1항).
⑤ [×] 「소년법」 제49조의3(조건부 기소유예)에 근거하여 시행되고 있다.

정답 ②

12 「소년법」상 조건부 기소유예제도에 대한 설명으로 옳지 않은 것은?

① 이 제도는 기소편의주의와 검사선의주의를 전제로 한다.
② 협의의 불기소처분 대상(혐의 없음, 죄가 안 됨) 사건은 조건부 기소유예의 대상에서 제외된다.
③ 검사는 조건부 기소유예 시 소년으로 하여금 소년의 선도·교육과 관련된 단체·시설에서 상담·교육·활동 등을 받게 할 수 있다.
④ 검사는 조건이행에 대하여 소년과 소년의 법정대리인의 동의를 받은 경우에 한해 조건부 기소유예를 할 수 있다.
⑤ 법정형이 1년 이하의 징역이나 금고 또는 벌금의 형에 해당하는 죄를 범한 경우에 한하여 이 제도를 활용할 수 있다.

정답 및 해설

① [○] 검사의 기소편의주의와 소년사건의 검사선의주의에 기초하여 등장한 것이 선도조건부 기소유예제도이다.
② [○] 선도조건부 기소유예처분은 기소나 소년부 송치에 대한 대안에 해당하므로 협의의 불기소처분대상(혐의 없음, 죄가 안 됨, 공소권 없음, 각하)의 사건은 당연히 대상에서 제외된다.
③ [○] 「소년법」 제49조의3 제2호
④ [○] 소년과 소년의 친권자·후견인 등 법정대리인의 동의를 받아야 한다(동법 제49조의3 후단).
⑤ [×] 검사는 피의자에 대하여 ㉠ 범죄예방자원봉사위원의 선도, ㉡ 소년의 선도·교육과 관련된 단체·시설에서의 상담·교육·활동 등을 받게 하고, 피의사건에 대한 공소를 제기하지 아니할 수 있다(「소년법」 제49조의3)고 규정되어 있으나, 구체적인 요건에 대해서는 법률에 명시되어 있지 않다.

정답 ⑤

13

□□□

소년사범의 처우에 대한 설명으로 옳지 않은 것은?

① 선도조건부 기소유예제도는 유죄를 전제로 한다.
② 「형사소송법」이 직접적인 근거법이라 할 수 있다.
③ 보호처분은 해당소년의 장래 신상에 대해 어떤 불이익도 주어서는 안 된다.
④ 소년분류심사원의 감호위탁기간은 구금일수에 산입된다.

정답 및 해설

① [○] 검사는 피의자에 대하여 ⊙ 범죄예방자원봉사위원의 선도, ⓒ 소년의 선도·교육과 관련된 단체·시설에서의 상담·교육·활동 등의 선도 등을 받게 하고, 피의사건에 대한 공소를 제기하지 아니할 수 있다(「소년법」제49조의3).

▶ 선도조건부 기소유예처분은 범죄혐의 자체는 유죄임을 전제로 내려지는 처분이다.

② [×] 직접적인 근거법은 「소년법」 제49조의3이다.
③ [○] 소년의 보호처분은 그 소년의 장래 신상에 어떠한 영향도 미치지 아니한다(동법 제32조 제6항).
④ [○] 소년분류심사원에 위탁의 조치가 있었을 때에는 그 위탁기간은 판결선고 전 구금일수로 본다(동법 제61조).

정답 ②

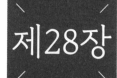

제28장 소년사법 관계법령

01

「소년법」상 소년보호사건의 대상이 될 수 없는 경우는?

2013. 보호 7급

① 동생을 상해한 만 12세의 소년
② 정당한 이유 없이 상습으로 가출하는 등 형벌 법령에 저촉되는 행위를 할 우려가 있는 만 9세의 소년
③ 친구들과 몰려다니며 여학생들을 괴롭히는 등 장래에 범죄를 범할 우려가 있는 만 11세의 소년
④ 장난을 치다가 실수로 친구의 눈을 실명케 한 만 15세의 소년

정답 및 해설

① [○] 촉법소년에 해당된다.
② [×] 정당한 이유 없이 상습으로 가출하는 등 형벌 법령에 저촉되는 행위를 할 우려가 있는 10세 이상 19세 미만의 소년은 우범소년에 해당되어 소년보호사건의 대상이 될 수 있으나, 만 10세 미만의 소년은 소년보호사건의 대상이 될 수 없다.
③ [○] 우범소년에 해당된다.
④ [○] 범죄소년에 해당된다.

💡 소년보호의 대상	
범죄소년	• 죄를 범한 14세 이상 19세 미만의 소년 • 보호처분이나 형사처분 모두 가능
촉법소년	• 형벌 법령에 저촉된 행위를 한 10세 이상 14세 미만의 소년 • 형사책임능력이 없으므로 형사처벌은 불가능하고 보호처분만 가능

우범소년	• 성격 또는 환경에 비추어 장래에 형법에 저촉되는 행위를 할 우려가 있는 10세 이상의 소년으로 다음에 열거하는 사유가 있는 자
	  - 집단적으로 몰려다니며 주위 사람들에게 불안감을 조성하는 성벽이 있는 것
	  - 정당한 이유 없이 가출하는 것
	  - 술을 마시고 소란을 피우거나 유해환경에 접하는 성벽이 있는 것
	• 형사처벌은 불가능하고 보호처분만 가능

정답 ②

소년보호사건에 대한 설명으로 옳지 않은 것만을 모두 고른 것은?

> ㉠ 형벌 법령에 저촉되는 행위를 한 12세 소년이 있을 때에 경찰서장은 직접 관할 소년부에 소년을 송치하여야 한다.
> ㉡ 법으로 정한 사유가 있고 소년의 성격이나 환경에 비추어 향후 형벌 법령에 저촉되는 행위를 할 우려가 있더라도 10세 우범소년은 소년부에 송치할 수 없다.
> ㉢ 「소년법」상 14세의 촉법소년은 소년부 보호사건의 대상이 되고, 정당한 이유 없이 가출하는 9세 소년은 소년부 보호사건의 대상에서 제외된다.
> ㉣ 죄를 범한 소년을 발견한 보호자 또는 학교 · 사회복리시설 · 보호관찰소(보호관찰지소 포함)의 장은 이를 관할 소년부에 통고할 수 있다.

① ㉠, ㉡
② ㉠, ㉢
③ ㉡, ㉢
④ ㉢, ㉣

정답 및 해설

옳지 않은 것은 ㉡, ㉢이다.

㉠ [○] 형벌 법령에 저촉되는 행위를 한 12세 소년(촉법소년)이 있을 때에는 경찰서장은 직접 관할 소년부에 송치하여야 한다(「소년법」 제4조 제2항).

㉡ [×] 법으로 정한 사유가 있고 그의 성격이나 환경에 비추어 앞으로 형벌 법령에 저촉되는 행위를 할 우려가 있는 10세 이상 19세 미만인 소년(우범소년)이 있을 때에는 경찰서장은 직접 관할 소년부에 송치하여야 한다(동법 제4조 제2항).

㉢ [×] 촉법소년은 형벌 법령에 저촉되는 행위를 한 10세 이상 14세 미만인 소년을 말한다(동법 제4조 제1항 제2호). 따라서 14세의 소년은 범죄소년 또는 우범소년이 될 수는 있으나 촉법소년은 될 수 없다.

㉣ [○] 동법 제4조 제3항

정답 ③

소년보호의 원칙에 대한 설명으로 옳지 않은 것은?

① 인격주의는 소년을 보호하기 위하여 소년의 행위에서 나타난 개성과 환경을 중시하는 것을 말한다.

② 예방주의는 범행한 소년의 처벌이 아니라 이미 범행한 소년이 더 이상 범죄를 범하지 않도록 하는 데에 있다.

③ 개별주의는 소년사건에서 소년보호조치를 취할 때 형사사건과 병합하여 1건의 사건으로 취급하는 것을 말한다.

④ 과학주의는 소년의 범죄환경에 대한 연구와 소년범죄자에게 어떤 종류의 형벌을 어느 정도 부과할 것인가에 대한 전문가의 활용을 말한다.

정답 및 해설

③ [×] 개별주의는 처우 개별화의 원리에 따라 개성을 중시한 구체적인 인격에 대한 처우를 말한다. '조사는 의학 · 심리학 · 교육학 · 사회학이나 그 밖의 전문적인 지식을 활용하여 소년과 보호자 또는 참고인의 품행, 경력, 가정 상황, 그 밖의 환경 등을 밝히도록 노력하여야 한다(「소년법」 제9조)'는 개별주의의 표현이다.

정답 ③

04

소년보호의 원칙에 대한 설명으로 옳지 않은 것은?

2024. 보호 9급

① 개별주의: 소년보호조치를 취할 때 소년사건을 형사사건과 병합하여 1개의 사건으로 취급한다.
② 인격주의: 소년보호사건에서는 소년의 행위에서 나타난 개성과 환경을 중시한다.
③ 과학주의: 소년범죄인의 처우를 법률가의 규범적 판단에만 맡기지 않고 여러 전문가의 조언·협조를 받아 그 과학적 진단과 의견을 바탕으로 행한다.
④ 협력주의: 소년사법에서는 국가가 전담하는 사법뿐만 아니라 보호자와 관계기관은 물론 사회 전반의 상호부조와 연대의식이 뒷받침되어야 한다.

정답 및 해설

① [×] 개별주의는 소년사법절차에서 언제나 소년 개인을 단위로 한 독자적 사건으로 취급해야 한다는 것이다.

 소년보호 이념

㉠ 인격주의는 소년보호를 위해 개별 소년의 행위원인에 놓인 개성과 환경을 중시해야 한다는 것이다.
㉡ 예방주의는 행위에 대한 응징으로서 처벌이 아니라 범법행위를 저지른 소년이 더 이상 규범을 위반하지 않도록 하고, 죄를 범할 우려가 있는 우범소년이 범죄에 빠지지 않도록 하는 데 소년법의 목적을 두어야 한다는 것이다.
㉢ 개별주의는 소년사법절차에서 언제나 소년 개인을 단위로 한 독자적 사건으로 취급해야 한다는 것이다.
㉣ 과학주의는 소년사법이 예방주의와 개별주의를 추구하기 위해서는 개인성향과 범죄환경에 대한 실증 연구, 소년에게 어떤 종류의 형벌을 어느 정도 부과하는 것이 적당한가에 대한 과학적 분석과 검토가 필요하다는 것이다.
㉤ 교육주의는 소년범죄자의 대응 수단으로 처벌이 주가 되어서는 안 된다는 것이다.
㉥ 협력주의는 효율적 소년보호를 위해 국가는 물론이고 소년의 보호자를 비롯한 민간단체 등이 서로 협력해야 한다는 것을 말한다.
㉦ 비밀주의는 소년범죄자가 사회에 적응하는 과정에서 다른 사람들에게 범죄경력이 노출되지 않도록 하여 소년의 인권보장과 재범방지를 추구하는 것을 말한다.

정답 ①

05

소년보호의 원칙에 관한 설명으로 가장 적절하지 않은 것은?

2024. 경찰2차

① 밀행주의와 협력주의는 절차법적 성격을 가진다.
② 소년범죄자에 대한 사회 내 처우는 보호주의 및 예방주의와 관련이 있다.
③ 「소년법」 제24조 제2항에서 규정한 심리의 비공개는 인격주의와 관련이 있다.
④ 소년분류심사원의 분류심사는 과학주의와 관련이 있다.

정답 및 해설

① [○] 보호주의, 규범주의, 목적주의, 교육주의, 인격주의, 예방주의는 실체법적 성격을 가지고, 개별주의, 직권주의, 심문주의, 과학주의, 협력주의, 밀행주의, 통고주의는 절차법적 성격을 가진다.
② [○] 소년범죄자에 대한 보호관찰관의 단기 보호관찰, 보호관찰관의 장기 보호관찰, 수강명령, 사회봉사명령 등의 사회 내 처우는 보호주의 및 예방주의와 관련이 있다.
③ [×] 심리의 비공개(「소년법」 제24조 제2항), 보호사건·형사사건의 보도금지(동법 제68조 제1항), 보호사건의 응답금지(동법 제70조 제1항)는 밀행주의(비밀주의)와 관련이 있다.
④ [○] 「소년법」 제12조 "소년부는 조사 또는 심리를 할 때에 정신건강의학과의사·심리학자·사회사업가·교육자나 그 밖의 전문가의 진단, 소년 분류심사원의 분류심사 결과와 의견, 보호관찰소의 조사결과와 의견 등을 고려하여야 한다"는 규정은 과학주의를 표현한 것이다. 소년분류심사제도는 비행소년이 처한 환경적 특성과 비행소년의 개인적 특성에 대한 조사와 진단을 통해 적합한 처우방안을 제시하기 위한 제도이다. 분류심사결과는 법원의·처분결정 시 주요 참고자료로 활용되고, 여타 소년보호기관에서도 처우계획과 지도방향을 설정하는 데 도움을 제공한다.

정답 ③

06 우리나라의 소년보호 이념에 대한 설명으로 가장 적절하지 않은 것은? 2023(73). 경위

□□□ ① 인격주의는 소년사법절차에서 소년 개인을 단위로 한 독자적 사건으로 취급해야 한다는 것이다.
② 교육주의는 소년범죄자에 대한 처벌이 주된 수단이 되어서는 안 된다는 것이다.
③ 예방주의는 범법행위를 저지른 소년이 더 이상 규범을 위반하지 않도록 하고, 죄를 범할 우려가 있는 우범소년이 범죄에 빠지지 않도록 하는 데 「소년법」의 목적이 있다는 것이다.
④ 비밀주의는 소년범죄자가 사회에 적응하는 과정에서 다른 사람에게 범죄경력이 노출되지 않도록 하여 소년의 인권보장과 재범방지를 추구하는 것을 말한다.

정답 및 해설

① [×] 개별주의에 대한 설명이다. 인격주의는 소년보호를 위해 개별 소년의 행위원인에 놓인 개성과 환경을 중시해야 한다는 것이다.

정답 ①

07 현행 법령에 저촉되는 행위를 할 우려가 있는 우범소년도 「소년법」의 규율대상으로 하는 것과 직접적으로 관계되는 원칙으로 가장 옳은 것은? 2023. 해경 경위

□□□
① 밀행주의 　　　　　　　　② 예방주의
③ 과학주의 　　　　　　　　④ 개별주의

정답 및 해설

① [×] 밀행주의는 소년범죄자가 사회에 적응하는 과정에서 다른 사람들에게 범죄경력이 노출되지 않도록 하여 소년의 인권보장과 재범방지를 추구하는 것을 말한다.
② [○] 예방주의는 행위에 대한 응징으로서 처벌이 아니라 범법행위를 저지른 소년이 더 이상 규범을 위반하지 않도록 하고, 죄를 범할 우려가 있는 우범소년이 범죄에 빠지지 않도록 하는 데 「소년법」의 목적을 두어야 한다는 것이다.
③ [×] 과학주의는 소년사법이 예방주의와 개별주의를 추구하기 위해서는 개인성향과 범죄환경에 대한 실증 연구, 소년에게 어떤 종류의 형벌을 어느 정도 부과하는 것이 적당한가에 대한 과학적 분석과 검토가 필요하다는 것이다.
④ [×] 개별주의는 소년사법절차에서 언제나 소년 개인을 단위로 한 독자적 사건으로 취급해야 한다는 것이다.

정답 ②

08 소년범죄의 처리원칙에 대한 설명으로 가장 적절한 것은? 2022(72). 경위

□□□ ① 소년보호조치를 할 때 소년 개개인을 독립된 단위로 하여 독자적인 사건으로 취급해야 한다.
② 비행소년의 처우는 법률전문가인 법관에 의한 분석과 검토만을 고려해서 결정해야 한다.
③ 소년보호절차에서는 객관적 판단이 중요하므로 개인적 환경 특성에 대한 판단을 최소화하고 비행사실 자체에 중점을 두어야 한다.
④ 소년범죄자에 대해서는 시설 내 처우를 우선적으로 고려하여야 한다.

① [○] 소년보호의 원칙 중 개별주의에 대한 설명이다.
② [×] **과학주의**: 예방주의와 개별주의를 추구하기 위해서는 소년의 범죄환경에 대한 연구와 소년범죄자에게 어떤 종류의 형벌을 어느 정도 부과하는 것이 적당한가에 대한 연구·검토가 필요하다. 그러므로 소년범죄에 대한 법률의 단순한 적용보다 소년을 교육하고 보호하는 데 적합한 대책을 전문가의 의견을 들어 결정하는 것이 중요하다.
③ [×] **인격주의**: 소년을 보호하기 위해서는 소년의 행위·태도에서 나타난 개성과 환경을 중시하는 것을 말한다. 소년보호절차는 교육기능 및 사법기능을 동시에 수행하기 때문에 객관적 비행사실만 중요하게 취급되어서는 안 되고, 소년의 인격과 관련된 개인적 특성도 함께 고려되어야 한다.
④ [×] **교육주의**: 사회 내 처우를 우선적으로 고려하여야 한다.

정답 ①

 09 다음은 소년보호의 원칙에 대한 내용이다. ㉠, ㉡, ㉢에 해당되는 원칙이 가장 올바르게 짝지어진 것은?

2024. 해경 경위

┤ 보기 ├

㉠ 우범소년이 범죄에 빠지지 않도록 하는 데 중점을 두어야 한다는 것으로 「소년법」 제4조 제1항 제3호는 이를 구체화한 것이다.
㉡ 소년의 인권보장과 재범방지를 위한 필수적인 이념으로, 소년의 비행과 신상을 노출시키지 않아야 한다는 것으로 「소년법」 제68조 제1항 및 제70조 제1항은 이를 반영한 것이다.
㉢ 비행소년의 처우를 법관에게만 맡길 것이 아니라 여러 분야 전문가들의 조사결과와 분석을 검토하여 결정해야 한다는 원칙으로 「소년법」 제12조는 이를 반영한 것이다.

	㉠	㉡	㉢
①	예방주의	밀행주의	과학주의
②	교육주의	개별주의	인격주의
③	예방주의	인격주의	개별주의
④	밀행주의	개별주의	과학주의

㉠ 예방주의는 행위에 대한 응징으로서 처벌이 아니라 범법행위를 저지른 소년이 더 이상 규범을 위반하지 않도록 하고, 죄를 범할 우려가 있는 우범소년이 범죄에 빠지지 않도록 하는 데 「소년법」의 목적을 두어야 한다는 것으로 「소년법」 제4조 제1항 제3호는 이를 구체화한 것이다.
㉡ 비밀(밀행)주의는 소년의 인권보장과 재범방지를 위한 필수적인 이념으로, 소년범죄자가 사회에 적응하는 과정에서 다른 사람들에게 범죄경력이 노출되지 않도록 하여 소년의 인권보장과 재범방지를 추구하는 것으로 「소년법」 제68조 제1항 및 제70조 제1항은 이를 반영한 것이다.
㉢ 과학주의는 소년사법이 예방주의와 개별주의를 추구하기 위해서는 개인성향과 범죄환경에 대한 실증 연구, 소년에게 어떤 종류의 형벌을 어느 정도 부과하는 것이 적당한가에 대한 과학적 분석과 검토가 필요하다는 것으로 「소년법」 제12조는 이를 반영한 것이다.

정답 ①

10 형벌 법령에 저촉되는 행위를 할 우려가 있는 우범소년도 소년법의 규율대상으로 하는 것과 직접적으로 관계되는 원칙은?

2014. 사시

① 예방주의　　　　　　　　　　② 과학주의
③ 당사자주의　　　　　　　　　　④ 개별주의
⑤ 밀행주의

정답 및 해설

죄를 범하지는 않았지만 그대로 둔다면 범행할 가능성이 있는 우범소년까지, 범죄소년이나 촉법소년과 함께 소년사법의 대상으로 보는 것은 국가가 보호자를 대신하여 궁극적인 보호자로서 아동을 양육하고 보호해야 한다는 국친사상(parents patriae)의 결과이고, 국친사상은 소년사법의 철학적 기초가 되고 있다.
① [○] 죄를 범한 소년뿐만 아니라 우범소년도 그 대상으로 하는 것으로, 「소년법」제4조 제1항 제3호의 우범소년(㉠ 집단적으로 몰려다니며 주위 사람들에게 불안감을 조성하는 성벽이 있는 것, ㉡ 정당한 이유 없이 가출하는 것, ㉢ 술을 마시고 소란을 피우거나 유해환경에 접하는 성벽이 있는 것)이 「소년법」의 규율대상이 된다는 규정은 예방주의를 표현한 것이라고 할 수 있다.

정답 ①

11 소년범죄 및 소년사법제도에 대한 적절한 설명은 모두 몇 개인가?

2024(74). 경위

> ㉠ 촉법소년과 우범소년에 해당하는 소년이 있을 때에는 경찰서장은 직접 관할 소년부에 송치하여야 한다.
> ㉡ 소년보호사건의 심리는 공개하지 아니한다. 다만, 중요 강력범죄의 경우에는 공개할 수 있다.
> ㉢ 소년보호사건의 기록과 증거물은 소년부 판사의 허가를 받은 경우에만 열람하거나 등사할 수 있으며, 보조인이 심리 개시 결정 후에 소년 보호사건의 기록과 증거물을 열람하는 경우에 소년부 판사의 허가를 받아야 한다.
> ㉣ 형벌 법령에 저촉되는 행위를 한 10세 이상 14세 미만인 소년도 「소년법」의 규율대상으로 하는 것은 비밀주의와 직접 관련이 있는 규정이다.

① 0개　　　　　　　　　　　　② 1개
③ 2개　　　　　　　　　　　　④ 3개

정답 및 해설

적절한 설명은 ㉠ 1개이다.
㉠ [○] 「소년법」제4조 제2항
㉡ [×] 심리는 공개하지 아니한다. 다만, 소년부 판사는 적당하다고 인정하는 자에게 참석을 허가할 수 있다(동법 제24조 제2항).
㉢ [×] 소년보호사건의 기록과 증거물은 소년부 판사의 허가를 받은 경우에만 열람하거나 등사할 수 있다. 다만, 보조인이 심리 개시 결정 후에 소년 보호사건의 기록과 증거물을 열람하는 경우에는 소년부 판사의 허가를 받지 아니하여도 된다(동법 제30조의2).
㉣ [×] 예방주의와 관련이 있다. 비밀주의는 소년범죄자가 사회에 적응하는 과정에서 다른 사람들에게 범죄경력이 노출되지 않도록 하여 소년의 인권보장과 재범방지를 추구하는 것을 말한다. 「소년법」제68조 제1항(보도 금지)은 비밀주의와 관련이 있다.

정답 ②

12

「소년법」상 사건의 송치 및 통고 등에 대한 설명으로 옳지 않은 것은?

① 형벌 법령에 저촉되는 행위를 한 10세 이상 14세 미만인 소년이 있을 때에는 경찰서장은 직접 관할 소년부에 송치하여야 한다.

② 법원이 소년에 대한 피고사건을 심리한 결과 보호처분에 해당할 사유가 있다고 인정하여 결정으로써 사건을 관할 소년부에 송치한 경우, 해당 소년부는 조사 또는 심리한 결과 사건의 본인이 19세 이상인 것으로 밝혀지면 결정으로써 송치한 법원에 사건을 다시 이송하여야 한다.

③ 소년부는 송치받은 보호사건이 그 관할에 속하지 아니한다고 인정하더라도 보호의 적정을 기하기 위하여 필요하다고 인정하면 그 사건을 관할 소년부에 이송하지 않을 수 있다.

④ 정당한 이유 없이 가출하고 그의 성격이나 환경에 비추어 앞으로 형벌 법령에 저촉되는 행위를 할 우려가 있는 10세의 소년을 발견한 보호자는 이를 관할 소년부에 통고할 수 있다.

정답 및 해설

① [○] 촉법소년(14세 이상 19세 미만인 소년) 및 우범소년(10세 이상 14세 미만인 소년)이 있을 때에는 경찰서장은 직접 관할 소년부에 송치하여야 한다(「소년법」제4조 제2항).

② [○] 법원은 소년에 대한 피고사건을 심리한 결과 보호처분에 해당할 사유가 있다고 인정하면 결정으로써 사건을 관할 소년부에 송치하여야 하고(동법 제50조), 소년부는 법원으로부터 송치받은 사건을 조사 또는 심리한 결과 사건의 본인이 19세 이상인 것으로 밝혀지면 결정으로써 송치한 법원에 사건을 다시 이송하여야 한다(동법 제51조).

③ [×] 보호사건을 송치받은 소년부는 보호의 적정을 기하기 위하여 필요하다고 인정하면 결정으로써 사건을 다른 관할 소년부에 이송할 수 있으며(동법 제6조 제1항), 소년부는 사건이 그 관할에 속하지 아니한다고 인정하면 결정으로써 그 사건을 관할 소년부에 이송하여야 한다(동법 제6조 제2항).

④ [○] 범죄·촉법·우범소년을 발견한 보호자 또는 학교·사회복리시설·보호관찰소의 장은 이를 관할 소년부에 통고할 수 있다(동법 제4조 제3항).

정답 ③

13

소년보호의 원칙에 대한 설명으로 옳지 않은 것으로만 묶인 것은?

㉠ 집단적으로 몰려다니며 주위 사람들에게 불안감을 조성하는 성벽이 있는 소년을 「소년법」의 규율대상으로 하는 것은 소년보호의 예방주의 원칙에서 나온 것이다.

㉡ 인격주의는 보호소년을 개선하여 사회생활에 적응시키고 건전하게 성장하도록 소년사법절차를 가급적 비공개로 해야 한다는 원칙이다.

㉢ 교육주의는 반사회성이 있는 소년이 건전하게 성장하도록 소년의 환경 조정과 품행 교정을 위한 보호처분 등의 필요한 조치를 하고, 형사처분에 관한 특별조치를 하여야 한다는 것을 말한다.

㉣ 소년사건조사에서 전문지식을 활용하여 소년과 보호자 또는 참고인의 품행·경력·가정상황 그 밖의 환경 등을 밝히도록 노력해야 한다고 규정한 것은 소년보호의 개별주의를 선언한 것이다.

㉤ 협력주의는 효율적 소년보호를 위해 국가는 물론이고 소년의 보호자를 비롯한 민간단체 등이 서로 협력해야 한다는 것을 말한다.

① ㉠, ㉡

② ㉠, ㉢, ㉤

③ ㉡

④ ㉣, ㉤

옳지 않은 것은 ⓒ이다.

ⓐ [○] 죄를 범한 소년뿐만 아니라 우범소년도 규율대상으로 하여 사전에 범죄를 예방할 수 있도록 하는 것은 소년보호의 예방주의 원칙에서 나온 규정이다(동법 제4조 제1항 제3호).

ⓑ [×] 보호소년을 개선하여 사회생활에 적응시키고 건전하게 성장하도록 소년사법절차를 가급적 비공개로 해야 한다는 원칙은 '밀행주의'이다. 인격주의는 소년보호절차에서 객관적 비행사실만 중요시해서는 안 되며, 소년의 인격과 관련된 개인적 특성도 함께 고려하여야 함을 말한다(「소년법」 제1조).

ⓒ [○] 교육주의는 교육적 차원의 환경 조정과 품행 교정을 위한 보호처분 및 형사처분에 관한 특별조치 등을 의미한다(동법 제1조).

ⓓ [○] 개별주의는 소년과 보호자 또는 참고인의 품행 · 가정환경 등을 분석하여 구체적인 인격에 대한 개별적 처우가 가능하도록 하는 것을 말한다(동법 제9조).

ⓔ [○] 협력주의는 효율적인 소년보호를 위한 민관 협력체제를 의미한다.

정답 ③

14 소년보호의 원칙에 대한 설명으로 옳은 것만을 모두 고르면?

2018. 보호 7급

ⓐ 효율적 소년보호를 위해 국가는 물론이고 소년의 보호자를 비롯한 민간단체 등이 서로 협력해야 한다는 협력주의에 바탕을 둔 조치들이 필요하다.

ⓑ 보호소년을 개선하여 사회생활에 적응시키고 건전하게 육성하기 위해서는 소년사법절차를 가급적이면 비공개로 해야 한다는 밀행주의가 중요하다.

ⓒ 소년의 보호를 위하여 사후적 처벌보다는 장래에 다시 죄를 범하는 것을 예방하는 활동을 중시하는 예방주의에 비중을 두어야 한다.

① ⓐ, ⓑ

② ⓐ, ⓒ

③ ⓑ, ⓒ

④ ⓐ, ⓑ, ⓒ

모두 옳은 설명이다.

ⓐ [○] 협력주의는 소년보호를 위해 행정기관 · 학교 · 병원 기타 공사단체에 필요한 협력 요구, 조사관의 조사 시 공무소나 공사단체에 조회나 서류송부의 요청 등 소년보호에 관계되는 사회자원의 총동원을 의미한다.

ⓑ [○] 보호사건의 비공개 재판, 형사사건과 보호사건의 보도금지, 보호사건의 조회응답금지 등은 밀행주의의 표현이라 할 수 있다.

ⓒ [○] 예방주의는 범행한 소년의 처벌이 「소년법」의 목적이 아니라, 이미 범행한 소년이 더 이상 범죄를 범하지 않도록 하고 장차 죄를 범할 우려가 있는 우범소년이 범죄에 빠지지 않도록 범죄예방에 비중을 두는 것을 말한다.

정답 ④

15

「소년법」상 보호처분과 형사처분에 대한 설명으로 옳은 것은?

① 보호처분은 반사회적 행위를 하거나 위험성이 있는 소년에 대한 교육적 · 복지적 성격의 처분으로서 비사법적 판단을 의미한다.
② 형사처분은 형법에 의한 제재를 과할 목적으로 14세 이상 19세 미만의 소년에게 부과하는 처분으로 그 대상이 소년이라는 점에서 절차상 · 심리상 특칙이 적용된다.
③ 보호처분과 형사처분의 대상자는 모두 10세 이상 19세 미만의 소년이다.
④ 검사선의주의에 의해 보호처분과 형사처분에는 모두 검사의 기소의견이 필요하다.

정답 및 해설

① [×] 보호처분과 형사처분은 모두 법원의 결정과 판결이라는 사법처분에 해당된다.
② [○] 형법에 의한 제재를 과할 목적으로 14세 이상 19세 미만의 소년에게 부과하는 소년형사처분은 형벌에 의한 제재라는 점에서 일반형사처분과 그 기반은 같으나, 그 대상이 소년이라는 점에서 절차상 · 심판상 · 행형상의 특칙이 적용된다.
③ [×] 보호처분의 대상자는 10세 이상 19세 미만의 소년이지만, 형사처분의 대상자는 14세 이상 19세 미만의 소년이다.
④ [×] 보호처분으로 할 것인가 형사처분으로 할 것인가에 대한 의견은 반영되지만, 보호처분의 경우 검사의 기소를 요하지 않는다.

정답 ②

16

소년보호사건의 심리에 대한 설명으로 옳지 않은 것은?

① 심리는 친절하고 온화하게 하며, 공개를 원칙으로 한다.
② 소년부 판사는 적당하다고 인정되는 자에게 참석을 허가할 수 있다.
③ 소년부 판사는 심리기일을 변경할 수 있다.
④ 소년부 판사는 사건 본인, 보호자, 참고인을 소환할 수 있다.

정답 및 해설

① [×] 심리는 공개하지 아니한다. 다만, 소년부 판사는 적당하다고 인정하는 자에게 참석을 허가할 수 있다(「소년법」 제24조 제2항).
② [○] 동법 제24조 제2항 단서
③ [○] 동법 제22조
④ [○] 동법 제13조 제1항

정답 ①

17 「소년법」상 검사선의권의 예외로 볼 수 없는 것은?

① 촉법 또는 우범소년에 대한 경찰서장의 소년부로 직접 송치하는 경우
② 보호자 등이 직접 소년부로 통고하는 사건의 경우
③ 검사가 소년부로 보낸 사건을 소년부 판사가 역송한 경우
④ 검사가 기소한 사건을 법원이 소년부로 보내는 경우
⑤ 검사가 소년에 대해 금고 이상의 죄로 인정하여 기소한 경우

정답 및 해설

선의주의는 소년사건의 처리절차에서, 보호처분을 위하여 소년심판절차에 의할 것인지 형벌을 위하여 형사절차에 의할 것인지를 선택하는 선의권을 검사에게 또는 법원에 귀속시키려는 것으로, 형사처분우선주의에서는 검사선의주의가 지배하고 있고, 보호처분우선주의에서는 법원선의주의가 지배하고 있다. 우리나라는 검사선의주의를 채택하고 있다.
⑤ [×] 검사가 소년에 대해 금고 이상의 죄로 인정하여 기소한 경우 등은 검사선의권의 행사에 해당한다.

> **📑 검사선의권 행사의 예외**
> 1. 촉법·우범소년에 대한 경찰서장의 소년부 송치(「소년법」 제4조 제2항)
> 2. 범죄·촉법·우범소년에 대한 보호자 등의 소년부 통고(동법 제4조 제3항)
> 3. 검사가 소년부로 보낸 사건을 소년부가 역송한 경우(동법 제49조): 검사의 보호처분 회부 제한
> 4. 검사가 기소한 사건을 법원이 소년부로 보내는 경우(동법 제50조): 부당한 선의권 행사 제한
> 5. 경찰의 독자적 훈방, 선도, 즉결심판

정답 ⑤

18 「소년법」에 대한 설명으로 옳지 않은 것은?

① 소년보호절차와 소년형사절차로 이원화되어 있다.
② 검사는 소년에 대한 피의사건을 수사한 결과 보호처분에 해당하는 사유가 있다고 인정한 때에는 사건을 소년부에 송치하여야 한다.
③ 검사선의주의를 채택하여 소년사건의 분류적 기능을 1차적으로 검사에게 맡겼다.
④ 검사는 사건을 조사함에 있어 필요하다고 인정할 때에는 소년분류심사원에 위탁할 수 있다.

정답 및 해설

① [○] 소년사건의 처리는 일반형사사건과 마찬가지로 형사사법기관인 경찰, 검찰, 법원에 의해 처리된다. 다만, 소년사건을 소년보호사건과 소년형사사건으로 이원화하여, 소년보호사건은 가정법원 소년부 또는 지방법원 소년부에서 담당하며(동법 제3조 제2항), 소년형사사건은 일반형사사건과 동일하다(동법 제48조).
② [○] 동법 제49조 제1항
③ [○] 「소년법」은 검사선의주의를 채택하고 있다. 검사는 경찰로부터 송치되거나 직접 인지한 소년 피의사건을 수사한 결과 보호처분에 해당하는 사유가 있다고 인정한 경우에는 관할 소년부에 송치하여 보호사건으로 처리하고(동법 제49조 제1항. 검사의 소년부 송치), 그렇지 않은 경우에는 형사법원으로 기소하여 소년형사사건으로 처리한다.
④ [×] 소년분류심사원에 위탁은 사건의 조사 또는 심리를 위해 소년부 판사가 하는 임시조치에 해당한다(「소년법」 제18조 제1항).

정답 ④

19 「소년법」상 소년보호의 이념에 대한 설명으로 올바르게 연결된 것은?

□□□

⊙ 소년부는 조사 또는 심리를 할 때에 정신건강의학과 의사·심리학자·사회사업가·교육자나 그 밖의 전문가의 진단, 소년 분류심사원의 분류심사 결과와 의견, 보호관찰소의 조사결과와 의견 등을 고려하여야 한다.

ⓛ 조사 또는 심리 중에 있는 보호사건이나 형사사건에 대하여는 성명·연령·직업·용모 등으로 비추어 볼 때 그 자가 당해 사건의 당사자라고 미루어 짐작할 수 있는 정도의 사실이나 사진을 신문이나 그 밖의 출판물에 싣거나 방송할 수 없다.

ⓒ 범죄·우범·촉법소년을 발견한 보호자 또는 학교·사회복리시설·보호관찰소의 장은 이를 관할 소년부에 통고할 수 있다.

ⓔ 집단적으로 몰려다니며 주위 사람들에게 불안감을 조성하는 성벽, 정당한 이유 없이 가출, 술을 마시고 소란을 피우거나 유해환경에 접하는 성벽이 있는 소년으로서 앞으로 형벌 법령에 저촉되는 행위를 할 우려가 있는 10세 이상인 소년은 소년법의 규율대상이다.

	⊙	ⓛ	ⓒ	ⓔ
①	과학주의	교육주의	통고주의	예방주의
②	협력주의	인격주의	공중소추주의	목적주의
③	과학주의	밀행주의	공중소추주의	예방주의
④	협력주의	인격주의	통고주의	예방주의
⑤	과학주의	밀행주의	통고주의	목적주의

정답 및 해설

⊙ 과학주의적 성격을 표현한 것이다(「소년법」제12조).
ⓛ 밀행주의적 성격을 표현한 것이다(동법 제68조 제1항).
ⓒ 통고주의 또는 공중소추주의적 성격을 표현한 것이다(동법 제4조 제3항).
ⓔ 우범소년에 대한 통제방법이므로 예방주의 이념에 부합된다(동법 제4조 제1항 제3호).

정답 ③

01 「소년법」상 소년사건 처리절차에 대한 설명으로 옳지 않은 것은? 2021. 교정 9급

□□□

① 형벌 법령에 저촉되는 행위를 한 10세 이상 14세 미만의 소년에 대하여 경찰서장은 직접 관할 소년부에 송치할 수 없다.

② 보호사건을 송치받은 소년부는 보호의 적정을 기하기 위하여 필요하다고 인정하면 결정으로써 사건을 다른 관할 소년부에 이송할 수 있다.

③ 소년부 판사는 사건의 조사 또는 심리에 필요하다고 인정하면 기일을 지정하여 사건 본인이나 보호자 또는 참고인을 소환할 수 있다.

④ 소년부 판사는 심리 결과 보호처분을 할 수 없거나 할 필요가 없다고 인정하면 그 취지의 결정을 하고, 이를 사건 본인과 보호자에게 알려야 한다.

정답 및 해설

① [×] 촉법소년(형벌 법령에 저촉되는 행위를 한 10세 이상 14세 미만의 소년)·우범소년(형벌 법령에 저촉되는 행위를 할 우려가 있는 10세 이상 19세 미만인 소년)이 있을 때에는 경찰서장은 직접 관할 소년부에 송치하여야 한다(「소년법」 제4조 제2항).

② [○] 동법 제6조 제1항

③ [○] 동법 제13조 제1항

④ [○] 동법 제29조 제1항

정답 ①

02 「소년법」에 대한 설명으로 옳은 것만을 모두 고르면? 2020. 보호 7급

□□□

> ㉠ 소년보호사건에 있어서 보호자는 소년부 판사의 허가 없이 변호사를 보조인으로 선임할 수 있다.
> ㉡ 보호자는 형벌 법령에 저촉되는 행위를 한 10세 이상 14세 미만인 소년을 발견한 경우 이를 관할 소년부에 통고할 수 있다.
> ㉢ 소년이 법정형으로 장기 2년 이상의 유기형에 해당하는 죄를 범한 경우에는 그 형의 범위에서 장기와 단기를 정하여 선고한다. 다만, 장기는 5년, 단기는 3년을 초과하지 못한다.
> ㉣ 소년부 판사는 사안이 가볍다는 이유로 심리를 개시하지 아니한다는 결정을 할 때에는 소년에게 훈계하거나 보호자에게 소년을 엄격히 관리하거나 교육하도록 고지할 수 있다.

① ㉠, ㉡ ② ㉠, ㉢

③ ㉠, ㉡, ㉣ ④ ㉡, ㉢, ㉣

정답 및 해설

옳은 것은 ㉠, ㉡, ㉣이다.

㉠ [○] 사건 본인이나 보호자는 소년부 판사의 허가를 받아 보조인을 선임할 수 있으며(동법 제17조 제1항), 보호자나 변호사를 보조인으로 선임하는 경우에는 소년부 판사의 허가를 받지 아니하여도 된다(동법 제17조 제2항).

㉡ [○] 범죄·촉법·우범소년을 발견한 보호자 또는 학교·사회복리시설·보호관찰소(보호관찰지소를 포함)의 장은 이를 관할 소년부에 통고할 수 있다(동법 제4조 제3항).

㉢ [×] 소년이 법정형으로 장기 2년 이상의 유기형에 해당하는 죄를 범한 경우에는 그 형의 범위에서 장기와 단기를 정하여 선고한다. 다만, 장기는 10년, 단기는 5년을 초과하지 못한다(「소년법」 제60조 제1항).

㉣ [○] 동법 제19조 제2항

정답 ③

제6편 해커스공무원 이언담 형사정책 단원별 기출문제집

03 소년부 판사가 사건을 조사 또는 심리하는 데에 필요하다고 인정할 경우 소년의 감호에 관하여 결정으로써
□□□ 할 수 있는 임시조치에 해당하지 않는 것은? 2010. 사시

① 보호자에 위탁 ② 소년을 보호할 수 있는 적당한 자에 위탁
③ 병원이나 그 밖의 요양소에 위탁 ④ 소년분류심사원에 위탁
⑤ 소년원에 위탁

정답 및 해설

┌─ 📑 임시조치(「소년법」 제18조 제1항. 보호사건의 미결구금 기능을 함)
│
│ 소년부 판사는 사건을 조사 또는 심리하는 데에 필요하다고 인정하면 소년의 감호에 관하여 결정으로써 다음의 어느
│ 하나에 해당하는 조치를 할 수 있다.
│ 1. 보호자, 소년을 보호할 수 있는 적당한 자 또는 시설에 위탁
│ 2. 병원이나 그 밖의 요양소에 위탁
│ 3. 소년분류심사원에 위탁

정답 ⑤

04 「소년법」상 소년부 판사가 취할 수 있는 임시조치로 옳지 않은 것은? 2018. 교정 9급
□□□
① 소년을 보호할 수 있는 적당한 자에게 1개월간 감호 위탁
② 소년분류심사원에 3개월간 감호 위탁
③ 요양소에 3개월간 감호 위탁
④ 보호자에게 1개월간 감호 위탁

정답 및 해설

② [×] ㉠ 보호자, 소년을 보호할 수 있는 적당한 자 또는 시설에 위탁, ㉡ 병원이나 그 밖의 요양소에의 위탁의
감호위탁기간은 3개월을, 소년분류심사원에의 감호위탁기간은 1개월을 초과하지 못한다. 다만, 특별히 계속 조
치할 필요가 있을 때에는 한 번에 한하여 결정으로써 연장할 수 있다(「소년법」 제18조 제3항).

정답 ②

05 甲(13세)은 친구들과 술을 마시고 소란을 피우다가 경찰에서 훈방 조치된 적이 있음에도 불구하고, 계속하
□□□ 여 수차례에 걸쳐 친구들과 집단적으로 몰려다니며 주위 사람들에게 불안감을 조성하였다. 「소년법」상 甲
에 대한 처리절차로 옳지 않은 것은? 2010. 사시

① 甲의 성격이나 환경에 비추어 앞으로 형벌 법령에 저촉되는 행위를 할 우려가 있는 경우 경찰서
  장은 직접 소년부에 송치하여야 한다.
② 甲에 대하여 보호자는 관할 소년부에 통고할 수 있지만 검사는 소년부에 송치 또는 통고할 수
  없다.
③ 소년부 판사는 심리결과 보호처분을 할 필요가 있다고 인정하면 소년에게 사회봉사명령을 부과
  할 수 있다.
④ 소년부 판사가 단기 보호관찰을 부과하는 경우 1년 이내의 기간을 정하여 야간 등 특정 시간대
  의 외출을 제한하는 명령을 보호관찰대상자의 준수사항으로 부과할 수 있다.
⑤ 소년부 판사는 장기 보호관찰을 부과하는 경우 3개월 이내의 기간을 정하여 「보호소년 등의 처
  우에 관한 법률」에 따른 대안교육을 받을 것을 동시에 명할 수 있다.

① [○] 동법 제4조 제2항

② [○] 동법 제4조 제3항, 촉법·우범소년은 경찰서장의 송치(동법 제4조 제2항) 또는 보호자 등의 통고(동법 제4조 제3항)와 관련이 있고, 검사는 범죄소년의 사건처리와 관련이 있다. 즉 검사는 촉법·우범소년에 대해서 소년부에 송치 또는 통고할 권한이 없다.

③ [×] 사회봉사명령의 처분은 14세 이상의 소년에게만 할 수 있다(「소년법」 제32조 제3항).

④ [○] 동법 제32조의2 제2항

⑤ [○] 보호관찰관의 단기 보호관찰 또는 장기 보호관찰의 처분을 할 때에 3개월 이내의 기간을 정하여 보호소년 등의 처우에 관한 법률에 따른 대안교육 또는 소년의 상담·선도·교화와 관련된 단체나 시설에서의 상담·교육을 받을 것을 동시에 명할 수 있다(동법 제32조의2 제1항).

정답 ③

「소년법」상 보호처분들 간의 병합이 가능하지 않은 경우는?　　　　　2016 보호 7급

① 소년보호시설에 감호위탁과 보호관찰관의 단기 보호관찰

② 소년보호시설에 감호위탁과 보호관찰관의 장기 보호관찰

③ 1개월 이내의 소년원 송치와 보호관찰관의 단기 보호관찰

④ 보호자에게 감호위탁과 수강명령과 사회봉사명령과 보호관찰관의 장기 보호관찰

③ [×] 1개월 이내의 소년원 송치와 보호관찰관의 단기 보호관찰은 병합할 수 없다(「소년법」 제32조 제2항).

📑 **보호처분의 병합**(「소년법」 제32조 제2항)

다음의 처분 상호 간에는 그 전부 또는 일부를 병합할 수 있다.
1. 보호자 또는 보호자를 대신하여 소년을 보호할 수 있는 자에게 감호 위탁(제1호)·수강명령(제2호)·사회봉사명령(제3호)·보호관찰관의 단기 보호관찰(제4호) 처분
2. 보호자 또는 보호자를 대신하여 소년을 보호할 수 있는 자에게 감호 위탁(제1호)·수강명령(제2호)·사회봉사명령(제3호)·보호관찰관의 장기 보호관찰(제5호) 처분
3. 보호관찰관의 단기 보호관찰(제4호)·아동복지시설이나 그 밖의 소년보호시설에 감호 위탁(제6호) 처분
4. 보호관찰관의 장기 보호관찰(제5호)·아동복지시설이나 그 밖의 소년보호시설에 감호 위탁(제6호) 처분
5. 보호관찰관의 장기 보호관찰(제5호)·1개월 이내의 소년원 송치(제8호) 처분

💡 **보호처분의 병합 문제를 풀기 위한 Tip**(image training)

㉠ 병원, 요양소 또는 의료재활소년원에 위탁(제7호) 처분, 소년원 송치(제9호, 제10호) 처분은 다른 처분과 병합할 수 없다. 즉, 병합 문제에서 병원의 느낌이 나는 처분 또는 소년원 처분이 등장하면 틀린 지문이다.

㉡ 다만, 1개월 이내의 소년원 송치(제8호) 처분은 기간이 짧기 때문에 보호관찰 기간이 긴 장기 보호관찰 처분과 병합할 수 있다. 보호관찰 기간이 짧은 단기 보호관찰 처분과는 병합할 수 없다.

㉢ 보호관찰은 단기와 장기가 있는 데, 이 둘은 어느 것도 병합이 가능하다.

㉣ 시설에 위탁(제6호) 처분은 (단기·장기)보호관찰과만 병합할 수 있다.

㉤ 사람에게 위탁(제1호)과 명령(제2호, 제3호)은 (단기·장기)보호관찰과만 병합할 수 있다.

정답 ③

07 다음 <보기>에서 현행 「소년법」에 규정된 보호처분 중 그 기간을 연장할 수 있는 것을 모두 고른 것은?

2022. 해경 경위

┤ 보기 ├

ⓐ 보호관찰관의 장기 보호관찰
ⓑ 「아동복지법」에 따른 아동복지시설이나 그 밖의 소년보호시설에 감호 위탁
ⓒ 보호자 또는 보호자를 대신하여 소년을 보호할 수 있는 자에게 감호 위탁
ⓓ 「보호소년 등의 처우에 관한 법률」에 따른 의료재활소년원에 위탁

① ㉠, ㉡   ② ㉠, ㉢
③ ㉠, ㉡, ㉢   ④ ㉠, ㉡, ㉢, ㉣

정답 및 해설

④ [○] 모두 기간을 연장할 수 있다. 장기 보호관찰(제5호)기간은 2년으로 한다. 다만, 소년부 판사는 보호관찰관의 신청에 따라 결정으로써 1년의 범위에서 한 번에 한하여 그 기간을 연장할 수 있다(「소년법」 제33조 제3항). ⓐ 보호자 등에게 감호위탁(제1호), ⓑ 아동복지시설이나 그 밖의 소년보호시설에 감호위탁(제6호), ⓒ 병원·요양소 또는 의료재활소년원에 위탁(제7호)기간은 6개월로 하되, 소년부 판사는 결정으로써 6개월의 범위에서 한 번에 한하여 그 기간을 연장할 수 있다(동법 제33조 제1항).

정답 ④

08 「소년법」상 보호처분 중 처분 상호 간에 그 전부 또는 일부를 병합할 수 있는 것으로 바르게 묶인 것은?

2020. 5급 승진

① 보호관찰관의 장기 보호관찰과 1개월 이내의 소년원 송치
② 보호관찰관의 단기 보호관찰과 단기 소년원 송치
③ 사회봉사명령과 장기 소년원 송치
④ 수강명령과 소년보호시설에 감호 위탁
⑤ 보호자에게 감호 위탁과 의료재활소년원에 위탁

정답 및 해설

① [○] 보호관찰관의 장기 보호관찰(제5호) 처분과 1개월 이내의 소년원 송치(제8호) 처분은 병합할 수 있다(「소년법」 제32조 제2항 제5호).

정답 ①

09 「소년법」상 보호관찰 처분에 대한 설명으로 옳은 것은?

2024. 보호 9급

① 1개월 이내의 소년원 송치 처분을 하는 경우 이 처분과 장기보호관찰을 병합할 수 없다.
② 단기보호관찰을 받은 보호관찰 대상자가 준수사항을 위반하는 경우, 1년의 범위에서 보호관찰 기간을 연장할 수 있다.
③ 장기보호관찰의 기간은 2년 이내로 한다.
④ 보호관찰 처분을 할 때는 1년 이내의 기간을 정하여 야간 등 특정 시간대의 외출을 제한하는 명령을 보호관찰 대상자의 준수사항으로 부과할 수 있다.

① [×] 보호관찰관의 장기 보호관찰 처분(제5호)과 1개월 이내의 소년원 송치 처분(제8호)은 그 전부 또는 일부를 병합할 수 있다(동법 제32조 제2항 제5호).

② [×] 보호관찰관의 단기 보호관찰기간은 1년으로 한다(동법 제33조 제2항).
  ▶ 기간연장에 대한 규정이 없으므로, 그 기간을 연장할 수 없다.

③ [×] 보호관찰관의 장기 보호관찰기간은 2년으로 한다. 다만, 소년부 판사는 보호관찰관의 신청에 따라 결정으로써 1년의 범위에서 한 번에 한하여 그 기간을 연장할 수 있다(동법 제33조 제3항).

④ [○] 「소년법」 제32조의2 제2항

정답 ④

10

「소년법」상 보호처분과 그 변경 등에 대한 설명으로 옳지 않은 것은?
2023. 보호 7급

□□□

① 수강명령 및 장기 소년원 송치의 처분은 12세 이상의 소년에게만 할 수 있다.

② 소년부 판사는 보호관찰관의 장기 보호관찰의 처분을 할 때에 1년 이내의 기간을 정하여 야간 등 특정 시간대의 외출을 제한하는 명령을 보호관찰대상자의 준수 사항으로 부과할 수 있다.

③ 소년부 판사는 보호관찰관의 단기 보호관찰의 처분을 할 때에 3개월 이내의 기간을 정하여 「보호소년 등의 처우에 관한 법률」에 따른 대안교육을 받을 것을 동시에 명할 수 있다.

④ 보호처분을 집행하는 자의 신청이 없더라도 소년부 판사는 직권으로 1개월 이내의 소년원 송치의 처분을 변경할 수 있다.

① [○] 동법 제32조 제4항

② [○] 보호관찰관의 단기보호관찰 또는 장기보호관찰의 처분을 할 때에 1년 이내의 기간을 정하여 야간 등 특정 시간대의 외출을 제한하는 명령을 보호관찰대상자의 준수 사항으로 부과할 수 있다(동법 제32조의2 제2항).

③ [○] 보호관찰관의 단기보호관찰 또는 장기보호관찰의 처분을 할 때에 3개월 이내의 기간을 정하여 「보호소년 등의 처우에 관한 법률」에 따른 대안교육 또는 소년의 상담·선도·교화와 관련된 단체나 시설에서의 상담·교육을 받을 것을 동시에 명할 수 있다(동법 제32조의2 제1항).

④ [×] 소년부 판사는 위탁받은 자나 보호처분을 집행하는 자의 신청에 따라 결정으로써 보호처분과 부가처분을 변경할 수 있다. 다만, 보호자 등에게 감호 위탁(「소년법」 제32조 제1항 제1호), 아동복지시설이나 그 밖의 소년보호시설에 감호 위탁(제32조 제1항 제6호), 병원·요양소 또는 의료재활소년원에 위탁의 보호처분(제32조 제1항 제7호)과 보호관찰 처분 시 대안교육 또는 상담·교육 처분(제32조의2 제1항)은 직권으로 변경할 수 있다(제37조 제1항).
  ▶ 1개월 이내의 소년원 송치의 처분(제32조 제1항 제8호)은 소년부 판사의 직권으로 변경할 수 없다.

정답 ④

11

「소년법」상 보호사건의 조사와 심리에 대한 설명으로 옳지 않은 것은?
2023. 보호 7급

□□□

① 소년부 또는 조사관이 범죄 사실에 관하여 소년을 조사할 때에는 미리 소년에게 불리한 진술을 거부할 수 있음을 알려야 한다.

② 소년부는 조사 또는 심리를 할 때에 정신건강의학과의사 등 전문가의 진단, 소년분류심사원의 분류심사 결과와 의견, 보호관찰소의 조사결과와 의견 등을 고려하여야 한다.

③ 소년부 판사는 조사 또는 심리에 필요하다고 인정하여 기일을 지정해서 소환한 사건 본인의 보호자가 정당한 이유 없이 소환에 응하지 아니하면 동행영장을 발부할 수 있다.

④ 소년부 판사가 사건을 조사 또는 심리하는 데에 필요하다고 인정하여 소년의 감호에 관한 결정으로써 병원이나 그 밖의 요양소에 위탁하는 조치를 하는 경우 그 위탁의 최장기간은 2개월이다.

① [○] 동법 제10조
② [○] 동법 제12조
③ [○] 동법 제13조 제2항
④ [×] 소년부 판사는 사건을 조사 또는 심리하는 데에 필요하다고 인정하면 소년의 감호에 관하여 결정으로써 ⊙ 보호자, 소년을 보호할 수 있는 적당한 자 또는 시설에 위탁(최장 3개월), ⓒ 병원이나 그 밖의 요양소에 위탁 (최장 3개월), ⓒ 소년분류심사원에 위탁(최장 1개월)하는 조치를 할 수 있다(「소년법」 제18조 제1항·제3항).

정답 ④

12 「소년법」상 보호처분에 대한 설명으로 옳은 것은?

① 사회봉사명령은 14세 이상의 소년에게만 할 수 있다.
② 수강명령과 장기 소년원 송치는 14세 이상의 소년에게만 할 수 있다.
③ 보호관찰관의 단기 보호관찰과 장기 보호관찰 처분 시에는 2년 이내의 기간을 정하여 야간 등 특정 시간대의 외출을 제한하는 명령을 보호관찰대상자의 준수 사항으로 부과할 수 있다.
④ 수강명령은 200시간을, 사회봉사명령은 100시간을 초과할 수 없으며, 보호관찰관이 그 명령을 집행할 때에는 사건 본인의 정상적인 생활을 방해하지 아니하도록 하여야 한다.

① [○] 「소년법」 제32조 제3항
② [×] 수강명령 및 장기 소년원 송치 처분은 12세 이상의 소년에게만 할 수 있다(동법 제32조 제4항).
③ [×] 보호관찰관의 단기 보호관찰 또는 장기 보호관찰의 처분을 할 때에 1년 이내의 기간을 정하여 야간 등 특정 시간대의 외출을 제한하는 명령을 보호관찰대상자의 준수 사항으로 부과할 수 있다(동법 제32조의2 제2항).
④ [×] 수강명령은 100시간을, 사회봉사명령은 200시간을 초과할 수 없으며, 보호관찰관이 그 명령을 집행할 때 에는 사건 본인의 정상적인 생활을 방해하지 아니하도록 하여야 한다(동법 제33조 제4항).

정답 ①

13 「소년법」상 보호처분 및 그 부가처분에 대한 설명으로 옳은 것은?

① 수강명령과 사회봉사명령은 14세 이상의 소년에게만 할 수 있다.
② 최대 200시간을 초과하지 않는 범위 내에서 수강명령처분을 결정할 수 있다.
③ 「아동복지법」에 따른 아동복지시설이나 그 밖의 소년보호시설에 감호 위탁 기간은 6개월로 하되, 그 기간을 연장할 수 없다.
④ 소년부 판사는 가정상황 등을 고려하여 필요하다고 판단되면 보호자에게 보호관찰소 등에서 실시하는 소년의 보호를 위한 특별교육을 받을 것을 명할 수 있다.

① [×] 사회봉사명령 처분은 14세 이상의 소년에게만 할 수 있고(동법 제32조 제3항), 수강명령 처분은 12세 이상의 소년에게만 할 수 있다(동법 제32조 제4항).
② [×] 수강명령은 100시간을 초과할 수 없다(동법 제33조 제4항).
③ [×] 보호자 등에게 감호 위탁, 아동복지시설이나 그 밖의 소년보호시설에 감호 위탁, 병원·요양소 또는 의료 재활소년원에 위탁기간은 6개월로 하되, 소년부 판사는 결정으로써 6개월의 범위에서 한 번에 한하여 그 기간을 연장할 수 있다(동법 제33조 제1항).
④ [○] 「소년법」 제32조의2 제3항

정답 ④

14 「소년법」상 보호처분에 대한 설명으로 옳지 않은 것은? 2020. 5급 승진

① 보호자 위탁감호처분 기간은 6개월로 하되, 6개월의 범위에서 한 번에 한하여 그 기간을 연장할 수 있다.

② 사회봉사명령은 14세 이상의 소년을 대상으로 하며, 100시간을 초과할 수 없다.

③ 수강명령 및 사회봉사명령은 단기 보호관찰처분 또는 장기 보호관찰처분과 병합할 수 있다.

④ 「아동복지법」에 따른 아동복지시설이나 그 밖의 소년보호시설 위탁감호처분 기간은 6개월로 하되, 6개월의 범위에서 한 번에 한하여 그 기간을 연장할 수 있다.

⑤ 보호처분이 계속 중일 때에 사건 본인에 대하여 유죄판결이 확정된 경우에 보호처분을 한 소년부 판사는 그 처분을 존속할 필요가 없다고 인정하면 결정으로써 보호처분을 취소할 수 있다.

정답 및 해설

① [○] 동법 제33조 제1항
② [×] 사회봉사명령은 14세 이상의 소년을 대상으로 하며(「소년법」 제32조 제3항), 200시간을 초과할 수 없다(동법 제33조 제4항).
③ [○] 동법 제32조 제2항 제1호 · 제2호
④ [○] 동법 제33조 제1항
⑤ [○] 동법 제39조

정답 ②

15 소년부 판사가 결정으로 그 기간을 연장할 수 있는 보호처분만을 모두 고르면? 2021. 교정 7급

㉠ 보호관찰관의 단기 보호관찰
㉡ 병원, 요양소 또는 「보호소년 등의 처우에 관한 법률」에 따른 의료재활소년원에 위탁
㉢ 장기 소년원 송치
㉣ 보호자 또는 보호자를 대신하여 소년을 보호할 수 있는 자에게 감호 위탁

① ㉠, ㉢ ② ㉡, ㉢
③ ㉡, ㉣ ④ ㉢, ㉣

정답 및 해설

기간을 연장할 수 있는 보호처분은 ㉡, ㉣이다.
㉠ [×] 보호관찰관의 단기 보호관찰기간은 1년으로 한다(「소년법」 제33조 제2항).
  ▶ 기간연장에 대한 규정이 없으므로, 그 기간을 연장할 수 없다.
㉡, ㉣ [○] ⓐ 보호자 또는 보호자를 대신하여 소년을 보호할 수 있는 자에게 감호 위탁, ⓑ 아동복지시설이나 그 밖의 소년보호시설에 감호 위탁, ⓒ 병원 · 요양소 또는 의료재활소년원에 위탁기간은 6개월로 하되, 소년부 판사는 결정으로써 6개월의 범위에서 한 번에 한하여 그 기간을 연장할 수 있다. 다만, 소년부 판사는 필요한 경우에는 언제든지 결정으로써 그 위탁을 종료시킬 수 있다(동법 제33조 제1항).
㉢ [×] 장기로 소년원에 송치된 소년의 보호기간은 2년을 초과하지 못한다(동법 제33조 제6항).
  ▶ 기간연장에 대한 규정이 없으므로, 그 기간을 연장할 수 없다.

정답 ③

16

「소년법」상 소년범의 보호관찰에 대한 설명으로 옳지 않은 것은?

2019. 5급 승진

① 소년에게 단기 보호관찰 처분을 할 때에는 3개월 이내의 기간을 정하여 「보호소년 등의 처우에 관한 법률」에 따른 대안교육 또는 소년의 상담·선도·교화와 관련된 단체나 시설에서의 상담·교육을 받을 것을 동시에 명할 수 있다.

② 소년에게 장기 보호관찰 처분을 할 때에는 1년 이내의 기간을 정하여 야간 등 특정 시간대의 외출을 제한하는 명령을 보호관찰대상자의 준수 사항으로 부과할 수 있다.

③ 소년에 대하여 단기 보호관찰 처분을 하는 경우 「아동복지법」에 따른 아동복지시설이나 그 밖의 소년보호시설에 감호 위탁 또는 1개월 이내의 소년원 송치 처분을 병합할 수 있다.

④ 소년에 대한 장기 보호관찰의 기간은 2년으로 하되, 소년부 판사는 보호관찰관의 신청에 따라 결정으로써 1년의 범위에서 한 번에 한하여 그 기간을 연장할 수 있다.

⑤ 소년부 판사는 가정상황 등을 고려하여 필요하다고 판단되면 보호자에게 소년원·소년분류심사원 또는 보호관찰소 등에서 실시하는 소년의 보호를 위한 특별교육을 받을 것을 명할 수 있다.

정답 및 해설

① [○] 동법 제32조의2 제1항
② [○] 동법 제32조의2 제2항
③ [×] 보호관찰관의 단기 보호관찰(제4호) 처분은 「아동복지법」에 따른 아동복지시설이나 그 밖의 소년보호시설에 감호 위탁(제6호) 처분과 병합할 수 있고(「소년법」 제32조 제2항 제3호), 1개월 이내의 소년원 송치(제8호) 처분은 보호관찰관의 장기 보호관찰(제5호) 처분과 병합할 수 있다(동법 제32조 제2항 제5호).
④ [○] 동법 제33조 제3항
⑤ [○] 동법 제32조의2 제3항

정답 ③

17

「소년법」의 보호처분에 대한 설명으로 옳지 않은 것은?

2016. 사시

① 소년부 판사는 심리 결과에 따라서 사회봉사명령과 단기 보호관찰을 병합하여 처분할 수 있다.

② 단기 보호관찰 처분의 기간은 1년이며 1년의 범위 안에서 1회에 한해 그 기간을 연장할 수 있다.

③ 수강명령 처분은 12세 이상의 소년에게만 할 수 있다.

④ 수강명령은 100시간을, 사회봉사명령은 200시간을 초과할 수 없다.

⑤ 소년부 판사는 가정상황 등을 고려하여 필요하다고 판단되면 보호자에게 소년원에서 실시하는 소년의 보호를 위한 특별교육을 받을 것을 명할 수 있다.

정답 및 해설

① [○] 동법 제32조 제2항
② [×] 단기 보호관찰 처분의 기간연장에 대한 규정이 없으므로, 그 기간을 연장할 수 없다(「소년법」 제33조 제2항).
③ [○] 동법 제32조 제4항
④ [○] 동법 제33조 제4항
⑤ [○] 동법 제32조의2 제3항

정답 ②

18

「소년법」상 소년부 판사의 조치로 옳은 것은?

① 절도행위를 상습적으로 저지른 11세 소년에게 소년부 판사는 장기 소년원 송치를 부과하였다.

② 폭력행위를 저지른 15세 소년에게 소년부 판사는 사회봉사명령 100시간과 의료재활소년원 위탁이라는 병합처분을 내렸다.

③ 이전에 보호관찰 기간 연장 결정을 받은 바 없는 장기 보호관찰 중인 17세 소년에 대하여 소년부 판사는 담당 보호관찰관의 신청에 따라 보호관찰 1년 연장을 결정하였다.

④ 16세 보호소년에게 소년부 판사는 장기 보호관찰 처분과 수강명령 150시간을 명령하였다.

⑤ 아동복지시설 위탁 처분을 받고 시설에 수용 중인 소년에 대하여 소년부 판사는 위탁기간 1년 연장을 결정하였다.

정답 및 해설

① [×] 장기 소년원 송치 처분은 12세 이상의 소년에게만 할 수 있다(동법 제32조 제4항).
② [×] 사회봉사명령(제3호) 처분과 의료재활소년원 위탁(제7호) 처분은 병합하여 처분할 수 없다(동법 제32조 제2항).
③ [○] 장기 보호관찰기간은 2년으로 한다. 다만, 소년부 판사는 보호관찰관의 신청에 따라 결정으로써 1년의 범위에서 한 번에 한하여 그 기간을 연장할 수 있다(「소년법」 제33조 제3항).
④ [×] 장기 보호관찰(제5호) 처분과 수강명령(제2호) 처분은 병합할 수 있으나(동법 제32조 제2항 제2호), 수강명령은 100시간을 초과할 수 없다(동법 제33조 제4항).
⑤ [×] 아동복지시설 위탁 처분의 위탁기간은 6개월로 하되, 소년부 판사는 결정으로써 6개월의 범위에서 한 번에 한하여 그 기간을 연장할 수 있다(동법 제33조 제1항).

정답 ③

19

「소년법」상 보호처분에 대한 내용으로 옳은 것만을 모두 고르면?

> ㉠ 보호관찰관의 단기 보호관찰기간은 1년으로 한다.
> ㉡ 보호관찰관의 장기 보호관찰기간은 2년으로 한다. 다만, 소년부 판사는 보호관찰관의 신청에 따라 결정으로써 1년의 범위에서 한 번에 한하여 그 기간을 연장할 수 있다.
> ㉢ 보호자 또는 보호자를 대신하여 소년을 보호할 수 있는 자에게 감호 위탁하는 기간은 3개월로 하되, 소년부 판사는 결정으로써 3개월의 범위에서 한 번에 한하여 그 기간을 연장할 수 있다. 다만, 소년부 판사는 필요한 경우에는 언제든지 결정으로써 그 위탁을 종료시킬 수 있다.
> ㉣ 단기로 소년원에 송치된 소년의 보호기간은 3개월을 초과할 수 없다.
> ㉤ 장기로 소년원에 송치된 소년의 보호기간은 2년을 초과할 수 없다.

① ㉠, ㉡, ㉢

② ㉠, ㉡, ㉣

③ ㉠, ㉡, ㉤

④ ㉢, ㉣, ㉤

정답 및 해설

옳은 것은 ㉠, ㉡, ㉤이다.
㉠ [○] 「소년법」 제33조 제2항
㉡ [○] 동법 제33조 제3항
㉢ [×] ⓐ 보호자 또는 보호자를 대신하여 소년을 보호할 수 있는 자에게 감호 위탁, ⓑ 아동복지시설이나 그 밖의 소년보호시설에 감호 위탁, ⓒ 병원·요양소 또는 의료재활소년원에 위탁기간은 6개월로 하되, 소년부 판사는 결정으로써 6개월의 범위에서 한 번에 한하여 그 기간을 연장할 수 있다. 다만, 소년부 판사는 필요한 경우에는 언제든지 결정으로써 그 위탁을 종료시킬 수 있다(동법 제33조 제1항).
㉣ [×] 단기로 소년원에 송치된 소년의 보호기간은 6개월을 초과하지 못한다(동법 제33조 제5항).
㉤ [○] 동법 제33조 제6항

정답 ③

20

「소년법」상 소년보호사건의 처리에 대한 설명으로 옳지 않은 것은?

① 소년보호사건이 중한 경우에는 소년부가 합의부를 구성하여 심리와 처분결정을 한다.

② 소년부 또는 조사관이 범죄 사실에 관하여 소년을 조사할 때에는 미리 소년에게 불리한 진술을 거부할 수 있음을 알려야 한다.

③ 소년보호사건의 심리는 공개하지 않는 것이 원칙이다.

④ 보호처분이 계속 중일 때에 사건 본인에 대하여 새로운 보호처분이 있었을 때에는 그 처분을 한 소년부 판사는 이전의 보호처분을 한 소년부에 조회하여 어느 하나의 보호처분을 취소하여야 한다.

⑤ 보호처분결정에 영향을 미칠 법령 위반이 있는 경우 관할 가정법원 또는 지방법원 본원 합의부에 항고할 수 있다.

정답 및 해설

① [×] 소년보호사건의 심리와 처분 결정은 소년부 단독판사가 한다(「소년법」 제3조 제3항).

② [○] 동법 제10조

③ [○] 소년보호사건의 심리는 공개하지 아니한다. 다만, 소년부 판사는 적당하다고 인정하는 자에게 참석을 허가할 수 있다(동법 제24조 제2항).

④ [○] 동법 제40조

⑤ [○] 동법 제43조 제1항

정답 ①

21

소년사건에 대한 조사제도를 설명한 것으로 옳지 않은 것은?

① 검사는 소년피의사건에 대해 소년부송치, 공소제기 등의 처분을 결정하기 위하여 필요하다고 인정하면 피의자의 주거지 또는 검찰청 소재지를 관할하는 보호관찰소의 장 등에게 피의자의 품행, 생활환경 등에 관한 조사를 요구할 수 있다.

② 소년분류심사관은 사건의 조사에 필요하다고 인정한 때에는 기일을 정하여 보호자 또는 참고인을 소환할 수 있고, 정당한 이유 없이 이에 응하지 않을 경우 동행영장을 발부할 수 있다.

③ 법원은 소년형사범에 대해 집행유예에 따른 보호관찰, 사회봉사 또는 수강을 명하기 위해 필요하다고 인정하면 그 법원의 소재지 등의 보호관찰소의 장에게 범행동기, 생활환경 등의 조사를 요구할 수 있다.

④ 수용기관의 장은 단기 소년원송치 처분 등을 받은 소년을 수용한 경우에는 지체 없이 거주예정지를 관할하는 보호관찰소의 장에게 신상조사서를 보내 환경조사를 의뢰하여야 한다.

정답 및 해설

① [○] 동법 제49조의2 제1항

② [×] 소년부 판사는 사건의 조사 또는 심리에 필요하다고 인정하면 기일을 지정하여 사건 본인이나 보호자 또는 참고인을 소환할 수 있고(「소년법」 제13조 제1항), 사건 본인이나 보호자가 정당한 이유 없이 소환에 응하지 아니하면 소년부 판사는 동행영장을 발부할 수 있다(동법 제13조 제2항). 참고인은 소환할 수 있으나, 소환에 불응할 경우 동행영장을 발부할 수 없다.

③ [○] 「보호관찰 등에 관한 법률」 제19조 제1항

④ [○] 동법 제26조 제1항

📄 소년에 대한 조사제도

1. **조사명령**(「소년법」 제11조)과 **결정 전 조사**(「보호관찰 등에 관한 법률」 제19조의2): 소년보호사건
2. **조사의 위촉**(「소년법」 제56조)과 **판결 전 조사**(「보호관찰 등에 관한 법률」 제19조): 소년형사사건
3. **환경조사**(「보호관찰 등에 관한 법률」 제26조): 소년수형자, 보호소년

정답 ②

22

「소년법」상 보호사건의 처리절차에 대한 설명으로 옳은 것만을 모두 고른 것은?

2014. 보호 7급

> ㉠ 경찰서장이 촉법소년과 우범소년을 발견한 때에는 검사를 거쳐 소년부에 송치하여야 한다.
> ㉡ 검사는 소년에 대한 피의사건을 수사한 결과 보호처분에 해당하는 사유가 있다고 인정한 경우에는 사건을 관할 소년부에 송치하여야 한다.
> ㉢ 소년부 판사는 소년의 품행을 교정하고 피해자를 보호하기 위하여 필요하다고 인정하면 소년에게 피해 변상 등 피해자와의 화해를 권고할 수 있다.
> ㉣ 소년부 판사는 심리결과 보호처분을 할 수 없거나 할 필요가 없다고 인정하면 불처분 결정을 하고, 이를 사건 본인과 보호자에게 알려야 한다.
> ㉤ 보호처분의 결정에 대해서 본인·보호자·보조인 또는 그 법정대리인은 관할 가정법원 또는 지방법원 본원 합의부에 항고할 수 있고, 항고가 있는 경우 보호처분의 집행은 정지된다.

① ㉠, ㉡, ㉣   ② ㉡, ㉢, ㉣
③ ㉡, ㉢, ㉤   ④ ㉢, ㉣, ㉤

정답 및 해설

옳은 것은 ㉡, ㉢, ㉣이다.
㉠ [×] 촉법·우범소년이 있을 때에는 경찰서장은 직접 관할 소년부에 송치하여야 한다(「소년법」 제4조 제2항). 즉, 검사는 촉법·우범소년과 관련이 없다.
㉡ [○] 동법 제49조 제1항
㉢ [○] 동법 제25조의3 제1항
㉣ [○] 동법 제29조 제1항
㉤ [×] 보호처분의 결정(동법 제32조) 및 부가처분 등의 결정(동법 제32조의2) 또는 보호처분·부가처분 변경 결정(동법 제37조)이 ⓐ 해당 결정에 영향을 미칠 법령 위반이 있거나 중대한 사실 오인이 있는 경우, ⓑ 처분이 현저히 부당한 경우에는 사건 본인·보호자·보조인 또는 그 법정대리인은 관할 가정법원 또는 지방법원 본원 합의부에 항고할 수 있다(동법 제43조 제1항). 항고는 결정의 집행을 정지시키는 효력이 없다(동법 제46조).

정답 ②

23

「소년법」상 보호사건에 대한 설명으로 옳지 않은 것은?

2016. 보호 7급

① 소년보호사건은 소년의 행위지, 거주지 또는 현재지의 가정법원 소년부 또는 지방법원 소년부의 관할에 속한다.
② 소년부는 조사 또는 심리한 결과 금고 이상의 형에 해당하는 범죄사실이 발견된 경우 그 동기와 죄질이 형사처분을 할 필요가 있다고 인정하면 결정으로써 사건을 관할 지방법원에 송치하여야 한다.
③ 소년부 판사는 송치서와 조사관의 조사보고에 따라 사건의 심리를 개시할 수 없거나 개시할 필요가 없다고 인정하면 심리를 개시하지 아니한다는 결정을 하여야 한다.
④ 단기로 소년원에 송치된 소년의 보호기간은 6개월을 초과하지 못하며, 장기로 소년원에 송치된 소년의 보호기간은 2년을 초과하지 못한다.

정답 및 해설

① [○] 동법 제3조 제1항·제2항
② [×] 사건을 관할 지방법원에 대응한 검찰청 검사에게 송치하여야 한다(「소년법」 제7조 제1항).
③ [○] 동법 제19조 제1항
④ [○] 동법 제33조 제5항·제6항

정답 ②

24

「소년법」에 대한 설명으로 옳은 것은?

① 소년이 소년분류심사원에 위탁되었는지 여부를 불문하고 보조인이 없을 때에는 법원은 국선보조인을 선정하여야 한다.

② 검사가 소년피의자에 대하여 선도조건부 기소유예를 하는 경우, 소년의 법정대리인의 동의를 받으면 족하고 당사자인 소년의 동의는 요하지 아니한다.

③ 소년부 판사는 피해자 또는 그 법정대리인이 의견진술을 신청할 때에는 피해자나 그 법정대리인의 진술로 심리절차가 현저하게 지연될 우려가 있는 경우에도 심리 기일에 의견을 진술할 기회를 주어야 한다.

④ 법원이 소년에 대한 피고사건을 심리한 결과 보호처분에 해당할 사유를 인정하여 사건을 관할 소년부에 송치하였으나, 소년부가 사건을 심리한 결과 사건의 본인이 19세 이상인 것으로 밝혀지면 결정으로써 송치한 법원에 사건을 다시 이송해야 한다.

정답 및 해설

① [×] 소년이 소년분류심사원에 위탁된 경우 보조인이 없을 때에는 법원은 변호사 등 적정한 자를 보조인으로 선정하여야 하며(동법 제17조의2 제1항), 소년이 소년분류심사원에 위탁되지 아니하였을 때에도 ㉠ 소년에게 신체적·정신적 장애가 의심되는 경우, ㉡ 빈곤이나 그 밖의 사유로 보조인을 선임할 수 없는 경우, ㉢ 그 밖에 소년부 판사가 보조인이 필요하다고 인정하는 경우에는 법원은 직권에 의하거나 소년 또는 보호자의 신청에 따라 보조인을 선정할 수 있다(동법 제17조의2 제2항).

② [×] 검사는 (소년)피의자에 대하여 ㉠ 범죄예방자원봉사위원의 선도, ㉡ 소년의 선도·교육과 관련된 단체·시설에서의 상담·교육·활동 등을 받게 하고, 피의사건에 대한 공소를 제기하지 아니할 수 있다(선도조건부 기소유예). 이 경우 소년과 소년의 친권자·후견인 등 법정대리인의 동의를 받아야 한다(동법 제49조의3).

③ [×] 소년부 판사는 피해자 또는 그 법정대리인·변호인·배우자·직계친족·형제자매(대리인 등)가 의견진술을 신청할 때에는 피해자나 그 대리인 등에게 심리 기일에 의견을 진술할 기회를 주어야 한다. 다만, ㉠ 신청인이 이미 심리절차에서 충분히 진술하여 다시 진술할 필요가 없다고 인정되는 경우, ㉡ 신청인의 진술로 심리절차가 현저하게 지연될 우려가 있는 경우에는 그러하지 아니하다(동법 제25조의2).

④ [○] 「소년법」 제50조·제51조

정답 ④

25

소년보호사건의 조사와 심리절차에 대한 설명으로 옳지 않은 것은?

① 심리는 원칙적으로 공개하지 아니한다.

② 소년부는 조사 또는 심리할 때에 소년분류심사원의 분류심사 결과와 의견, 보호관찰소의 조사 결과와 의견 등을 고려하여야 한다.

③ 대상 소년의 보호자가 정당한 이유 없이 소환에 응하지 아니하면 소년부 판사는 동행영장을 발부하여 동행할 수 있다.

④ 대상 소년이 소년분류심사원에 위탁되지 아니하였다면 법원이 직권으로 보조인을 선정할 수 없다.

⑤ 소년부 판사는 사건을 심리하는 데에 필요하다고 인정하면 대상 소년을 병원에 위탁하는 조치를 취할 수 있다.

① [○] 심리는 공개하지 아니한다. 다만, 소년부 판사는 적당하다고 인정하는 자에게 참석을 허가할 수 있다(동법 제24조 제2항).

② [○] 소년부는 조사 또는 심리를 할 때에 정신건강의학과 의사·심리학자·사회사업가·교육자나 그 밖의 전문가의 진단, 소년 분류심사원의 분류심사 결과와 의견, 보호관찰소의 조사결과와 의견 등을 고려하여야 한다(동법 제12조).

③ [○] 동법 제13조 제2항

④ [×] 소년이 소년분류심사원에 위탁되지 아니하였을 때에도 ㉠ 소년에게 신체적·정신적 장애가 의심되는 경우, ㉡ 빈곤이나 그 밖의 사유로 보조인을 선임할 수 없는 경우, ㉢ 그 밖에 소년부 판사가 보조인이 필요하다고 인정하는 경우에는 법원은 직권에 의하거나 소년 또는 보호자의 신청에 따라 보조인을 선정할 수 있다(「소년법」 제17조의2 제2항).

⑤ [○] 소년부 판사는 사건을 조사 또는 심리하는 데에 필요하다고 인정하면 소년의 감호에 관하여 결정으로써 ㉠ 보호자, 소년을 보호할 수 있는 적당한 자 또는 시설에 위탁, ㉡ 병원이나 그 밖의 요양소에 위탁, ㉢ 소년분류심사원에 위탁하는 임시조치를 할 수 있다(동법 제18조 제1항).

정답 ④

26

「소년법」상 소년보호사건의 조사와 심리에 대한 설명으로 옳지 않은 것은?　　　2018. 보호 7급

① 소년부 판사는 사건 본인이나 보호자가 정당한 이유 없이 소환에 응하지 아니하면 동행영장을 발부할 수 있다.

② 소년부 판사는 사건 본인을 보호하기 위하여 긴급조치가 필요하다고 인정하더라도 소환 없이는 동행영장을 발부할 수 없다.

③ 사건 본인이나 보호자는 소년부 판사의 허가를 받아 보조인을 선임할 수 있다. 다만, 보호자나 변호사를 보조인으로 선임하는 경우에는 소년부 판사의 허가를 받지 아니하여도 된다.

④ 소년부 판사는 조사관에게 사건 본인, 보호자 또는 참고인의 심문이나 그 밖에 필요한 사항을 조사하도록 명할 수 있다.

① [○] 동법 제13조 제2항

② [×] 소년부 판사는 사건 본인을 보호하기 위하여 긴급조치가 필요하다고 인정하면 소환 없이 (사건 본인에 대한) 동행영장(긴급동행영장)을 발부할 수 있다(「소년법」 제14조).

③ [○] 동법 제17조 제1항·제2항

④ [○] 동법 제11조 제1항

정답 ②

27

㉠, ㉡에 들어갈 숫자가 바르게 연결된 것은?　　　2014. 교정 9급

> 「소년법」상 소년부 판사는 심리 결과 보호처분을 할 필요가 있다고 인정하면 (㉠)세 이상의 소년에 대하여 (㉡)시간을 초과하지 않는 범위 내에서 수강명령 처분을 할 수 있다.

	㉠	㉡
①	12	100
②	12	200
③	14	100
④	14	200

④ [○] 소년법상 소년부 판사는 심리 결과 보호처분을 할 필요가 있다고 인정하면 결정으로써 보호처분을 하여야 하고(「소년법」제32조 제1항), 수강명령 처분은 12세 이상의 소년에게만 할 수 있으며(동법 제32조 제4항), 수강명령은 100시간을 초과할 수 없다(동법 제33조 제4항).

정답 ①

28 중학생 甲(15세)은 동네 편의점에서 물건을 훔치다가 적발되어 관할 법원 소년부에서 심리를 받고 있다. 「소년법」상 甲에 대한 심리 결과 소년부 판사가 결정으로써 할 수 있는 보호처분의 내용에 해당하지 않는 것은?

2017. 교정 7급

① 50시간의 수강명령
② 250시간의 사회봉사명령
③ 1년의 단기보호관찰
④ 1개월의 소년원 송치

① [○] 수강명령 처분은 12세 이상의 소년에게만 할 수 있고(동법 제32조 제4항), 100시간을 초과할 수 없다(동법 제33조 제4항).
② [×] 사회봉사명령 처분은 14세 이상의 소년에게만 할 수 있고(「소년법」제32조 제3항), 200시간을 초과할 수 없다(동법 제33조 제4항).
③ [○] 단기 보호관찰기간은 1년으로 한다(동법 제33조 제2항).
④ [○] 동법 제32조 제1항 제8호

정답 ②

29 「소년법」상 보호처분 중 기간의 연장이 허용되지 않는 것은?

2017. 교정 9급

① 보호자에게 감호위탁
② 소년보호시설에 감호위탁
③ 보호관찰관의 단기 보호관찰
④ 보호관찰관의 장기 보호관찰

①, ② [○] ㉠ 보호자 등에게 감호위탁, ㉡ 아동복지시설이나 그 밖의 소년보호시설에 감호위탁, ㉢ 병원·요양소 또는 의료재활소년원에 위탁기간은 6개월로 하되, 소년부 판사는 결정으로써 6개월의 범위에서 한 번에 한하여 그 기간을 연장할 수 있다(동법 제33조 제1항).
③ [×] 단기 보호관찰기간은 1년으로 한다(「소년법」제33조 제2항).
  ▶ 기간연장에 대한 규정이 없다.
④ [○] 장기 보호관찰기간은 2년으로 한다. 다만, 소년부 판사는 보호관찰관의 신청에 따라 결정으로써 1년의 범위에서 한 번에 한하여 그 기간을 연장할 수 있다(동법 제33조 제3항).

정답 ③

30 「소년법」상 보호관찰관의 장기보호관찰 처분을 받은 자의 보호처분 기간 연장에 대한 설명으로 옳은 것은?

2015. 교정 9급

① 소년부 판사는 소년에 대한 보호관찰 기간을 연장할 수 없다.

② 소년부 판사는 소년의 신청에 따라 결정으로써 2년의 범위에서 한 번에 한하여 그 기간을 연장할 수 있다.

③ 소년부 판사는 보호관찰관의 신청에 따라 결정으로써 1년의 범위에서 한 번에 한하여 그 기간을 연장할 수 있다.

④ 소년부 판사는 보호관찰관의 신청에 따라 결정으로써 2년의 범위에서 한 번에 한하여 그 기간을 연장할 수 있다.

정답 및 해설

③ [O] 장기 보호관찰기간은 2년으로 한다. 다만, 소년부 판사는 보호관찰관의 신청에 따라 결정으로써 1년의 범위에서 한 번에 한하여 그 기간을 연장할 수 있다(「소년법」 제33조 제3항).

정답 ③

31 가출 중인 甲(女, 12세)은 자신의 아버지 A가 100만원을 가지고 있다는 사실을 알고 자신의 남자친구 乙(男, 16세)을 시켜 A를 폭행하고 돈을 빼앗으려고 하였다. 이에 乙은 A의 뒤에서 목을 조르고, 그때를 노려 甲은 A의 지갑에서 100만원을 강취하였다. 현행법상 이에 대한 소년보호사건 처리절차로 옳지 않은 것은?

2014. 사시

① 甲을 발견한 A는 관할 소년부에 통고할 수 있다.

② 소년부 판사는 가정상황 등을 고려하여 필요한 경우 A의 동의를 받아야만 A에게 소년원 · 소년분류심사원 또는 보호관찰소 등에서 실시하는 소년의 보호를 위한 특별교육을 받을 것을 명할 수 있다.

③ 검사는 乙에 대하여 소년부 송치, 공소제기, 기소유예 등의 처분을 결정하기 위하여 필요하다고 인정하면 乙의 주거지를 관할하는 보호관찰소장에게 乙의 품행, 경력, 생활환경 등에 관한 조사를 요구할 수 있다.

④ 검사가 乙을 소년부에 송치한 경우 소년부 판사는 송치서와 조사관의 조사보고에 따라 사건의 심리를 개시할 필요가 없다고 인정하면 심리불개시 결정을 하여야 한다.

⑤ 소년부 판사가 乙에 대하여 심리개시 결정을 한 경우 심리기일을 지정하고 본인과 보호자를 소환하여야 하나, 필요가 없다고 인정한 경우에는 보호자는 소환하지 아니할 수 있다.

정답 및 해설

① [O] 범죄 · 촉법 · 우범소년을 발견한 보호자 또는 학교 · 사회복리시설 · 보호관찰소(보호관찰지소를 포함)의 장은 이를 관할 소년부에 통고할 수 있다(동법 제4조 제3항).

② [×] 소년부 판사는 가정상황 등을 고려하여 필요하다고 판단되면 보호자에게 소년원 · 소년분류심사원 또는 보호관찰소 등에서 실시하는 소년의 보호를 위한 특별교육을 받을 것을 명할 수 있다(「소년법」 제32조2 제3항).

③ [O] 검사의 결정 전 조사(동법 제49조의2 제1항)

④ [O] 동법 제19조 제1항

⑤ [O] 동법 제21조 제1항

정답 ②

32

다음은 「소년법」상 소년보호처분에 대한 설명이다. 옳은 지문의 개수는?

2014. 교정 9급

> ㉠ 보호처분이 계속 중일 때에 사건 본인에 대하여 유죄판결이 확정된 경우에 보호처분을 한 소년부 판사는 그 처분을 존속할 필요가 없다고 인정하면 결정으로써 보호처분을 취소할 수 있다.
> ㉡ 소년부 판사는 가정상황 등을 고려하여 필요하다고 판단되면 보호자에게 소년원·소년분류심사원 또는 보호관찰소 등에서 실시하는 소년의 보호를 위한 특별교육을 받을 것을 명할 수 있다.
> ㉢ 증인·감정인·통역인·번역인에게 지급하는 비용, 숙박료, 그 밖의 비용에 대하여는 형사소송법 중 비용에 관한 규정을 준용한다.
> ㉣ 사회봉사명령 처분은 12세 이상의 소년에게만 할 수 있다.
> ㉤ 보호처분이 계속 중일 때에 사건 본인에 대하여 새로운 보호처분이 있었을 때에는 그 처분을 한 소년부 판사는 이전의 보호처분을 한 소년부에 조회하여 어느 하나의 보호처분을 취소하여야 한다.

① 2개 ② 3개
③ 4개 ④ 5개

정답 및 해설

옳은 것은 ㉠, ㉡, ㉢, ㉤이다.
㉠ [○] 「소년법」 제39조
㉡ [○] 동법 제32조의2 제3항
㉢ [○] 동법 제42조 제1항
㉣ [×] 사회봉사명령 처분은 14세 이상의 소년에게만 할 수 있다(동법 제32조 제3항).
㉤ [○] 동법 제40조

정답 ③

33

다음 사례에서 甲에 대한 「소년법」상 처리절차로 옳지 않은 것은?

2022. 보호 7급

> 13세 甲은 정당한 이유 없이 가출한 후 집단적으로 몰려다니며 술을 마시고 소란을 피움으로써 주위 사람들에게 불안감을 조성하였고, 그의 성격이나 환경에 비추어 앞으로 형벌 법령에 저촉되는 행위를 할 우려가 있다.

① 경찰서장은 직접 관할 소년부에 송치하여야 하며, 송치서에 甲의 주거·성명·생년월일 및 행위의 개요와 가정 상황을 적고, 그 밖의 참고자료를 첨부하여야 한다.
② 보호자 또는 학교·사회복리시설·보호관찰소의 장은 甲을 관할 소년부에 통고할 수 있다.
③ 소년부 판사는 사건의 조사 또는 심리에 필요하다고 인정하면 기일을 지정하여 甲이나 그 보호자를 소환할 수 있으며, 정당한 이유 없이 소환에 응하지 아니하면 소년부 판사는 동행영장을 발부할 수 있다.
④ 소년부 판사는 심리 결과 보호처분의 필요성이 인정되더라도 甲에게 수강명령과 사회봉사명령은 부과할 수 없다.

① [○] 촉법·우범소년이 있을 때에는 경찰서장은 직접 관할 소년부에 송치하여야 하며(동법 제4조 제2항), 소년보호사건을 송치하는 경우에는 송치서에 사건 본인의 주거·성명·생년월일 및 행위의 개요와 가정 상황을 적고, 그 밖의 참고자료를 첨부하여야 한다(동법 제5조).

② [○] 범죄·촉법·우범소년을 발견한 보호자 또는 학교·사회복리시설·보호관찰소(보호관찰지소를 포함)의 장은 이를 관할 소년부에 통고할 수 있다(동법 제4조 제3항).

③ [○] 동법 제13조 제1항·제2항

④ [×] 甲은 우범소년에 해당한다. 甲의 나이가 13세이므로 14세 이상의 소년에게만 할 수 있는 사회봉사명령은 부과할 수 없지만(「소년법」 제32조 제3항), 12세 이상의 소년에게만 할 수 있는 수강명령은 부과할 수 있다(동법 제32조 제4항).

정답 ④

---

34. 「소년법」상 보호사건의 조사와 심리에 대한 설명으로 옳지 <u>않은</u> 것은? 2023. 교정 9급

① 소년부 판사는 조사관에게 사건 본인, 보호자 또는 참고인의 심문이나 그 밖에 필요한 사항을 조사하도록 명할 수 있다.

② 소년이 소년분류심사원에 위탁된 경우 보조인이 없을 때에는 법원은 변호사 등 적정한 자를 보조인으로 선정하여야 한다.

③ 소년부 판사는 소년부 법원서기관·법원사무관·법원주사·법원주사보나 보호관찰관 또는 사법경찰관리에게 동행영장을 집행하게 할 수 있다.

④ 소년부는 조사 또는 심리를 할 때에 정신건강의학과 의사·심리학자·사회사업가·교육자나 그 밖의 전문가의 진단, 소년 분류심사원의 분류심사 결과와 의견, 소년교도소의 조사결과와 의견을 고려하여야 한다.

① [○] 「소년법」 제11조 제1항

② [○] 동법 제17조의2 제1항

③ [○] 동법 제16조 제2항

④ [×] 소년부는 조사 또는 심리를 할 때에 정신건강의학과 의사·심리학자·사회사업가·교육자나 그 밖의 전문가의 진단, 소년 분류심사원의 분류심사 결과와 의견, 보호관찰소의 조사결과와 의견 등을 고려하여야 한다.

정답 ④

---

35. 「소년법」상 보조인 제도에 대한 설명으로 옳지 <u>않은</u> 것은? 2022. 보호 7급

① 소년이 소년분류심사원에 위탁된 경우 보조인이 없을 때에는 법원은 변호사 등 적정한 자를 보조인으로 선정하여야 한다.

② 소년이 소년분류심사원에 위탁되지 아니하였을 때에도 소년에게 신체적·정신적 장애가 의심되는 경우에는 법원은 직권으로 보조인을 선정하여야 한다.

③ 소년이 보호자나 변호사를 보조인으로 선임하는 경우에 소년부 판사의 허가 없이 보조인을 선임할 수 있다.

④ 보조인의 선임은 심급마다 하여야 한다.

① [○] 동법 제17조의2 제1항
② [×] 소년이 소년분류심사원에 위탁되지 아니하였을 때에도 ⊙ 소년에게 신체적·정신적 장애가 의심되는 경우, ⓒ 빈곤이나 그 밖의 사유로 보조인을 선임할 수 없는 경우, ⓒ 그 밖에 소년부 판사가 보조인이 필요하다고 인정하는 경우 법원은 직권에 의하거나 소년 또는 보호자의 신청에 따라 보조인을 선정할 수 있다(「소년법」 제17조의2 제2항).
③ [○] 동법 제17조 제2항
④ [○] 동법 제17조 제5항

정답 ②

36

「소년법」 제32조에 따른 소년보호처분에 대한 설명으로 옳지 않은 것은?　　　2022. 보호 7급

□□□

① 제1호 처분은 보호자 또는 보호자를 대신하여 소년을 보호할 수 있는 자에게 감호 위탁하는 것이다.
② 제6호 처분은 「아동복지법」에 따른 아동복지시설이나 그 밖의 소년보호시설에 감호 위탁하는 것이다.
③ 제4호 처분을 할 때 6개월의 기간을 정하여 야간 등 특정 시간대의 외출을 제한하는 명령을 보호관찰대상자의 준수 사항으로 부과할 수 있다.
④ 제5호 처분을 할 때 6개월의 기간을 정하여 「보호소년 등의 처우에 관한 법률」에 따른 대안교육 또는 소년의 상담·선도·교화와 관련된 단체나 시설에서의 상담·교육을 받을 것을 동시에 명할 수 있다.

① [○] 동법 제32조 제1항 제1호
② [○] 동법 제32조 제1항 제6호
③ [○] 보호관찰관의 단기 보호관찰(제4호) 또는 장기 보호관찰(제5호)의 처분을 할 때에 1년 이내의 기간을 정하여 야간 등 특정 시간대의 외출을 제한하는 명령을 보호관찰대상자의 준수 사항으로 부과할 수 있다(동법 제32조의2 제2항).
④ [×] 보호관찰관의 단기 보호관찰(제4호) 또는 장기 보호관찰(제5호)의 처분을 할 때에 3개월 이내의 기간을 정하여 「보호소년 등의 처우에 관한 법률」에 따른 대안교육 또는 소년의 상담·선도·교화와 관련된 단체나 시설에서의 상담·교육을 받을 것을 동시에 명할 수 있다(「소년법」 제32조의2 제1항).

정답 ④

37

「소년법」상 보호처분에 대한 설명으로 옳지 않은 것은?　　　2018. 교정 9급

□□□

① 사회봉사명령은 200시간을, 수강명령은 100시간을 초과할 수 없으며, 보호관찰관이 그 명령을 집행할 때에는 사건 본인의 정상적인 생활을 방해하지 아니하도록 하여야 한다.
② 보호처분이 계속 중일 때에 사건 본인이 처분 당시 19세 이상인 것으로 밝혀진 경우에는 소년부 판사는 결정으로써 그 보호처분을 취소하여야 한다.
③ 장기 보호관찰처분을 할 때에는 해당 보호관찰기간 동안 야간 등 특정 시간대의 외출을 제한하는 명령을 보호관찰대상자의 준수 사항으로 부과할 수 있다.
④ 사회봉사명령은 14세 이상의 소년에게만 할 수 있으며, 수강명령은 12세 이상의 소년에게만 할 수 있다.

① [○] 동법 제33조 제4항
② [○] 동법 제38조
③ [×] 단기 보호관찰 또는 장기 보호관찰의 처분을 할 때에 1년 이내의 기간을 정하여 야간 등 특정 시간대의 외출을 제한하는 명령을 보호관찰대상자의 준수 사항으로 부과할 수 있다(「소년법」 제32조의2 제2항).
④ [○] 동법 제32조 제3항·제4항

정답 ③

38 「소년법」상 보호처분에 대한 설명으로 옳지 않은 것은?

2018. 보호 7급

① 수강명령은 10세 이상 12세 미만의 소년에 대하여 부과할 수 없다.
② 수강명령은 100시간을, 사회봉사명령은 200시간을 초과할 수 없다.
③ 단기 보호관찰기간은 6개월로 하고, 장기 보호관찰기간은 2년으로 한다.
④ 단기로 소년원에 송치된 소년의 보호기간은 6개월을, 장기로 소년원에 송치된 소년의 보호기간은 2년을 초과하지 못한다.

① [○] 수강명령 처분은 12세 이상의 소년에게만 할 수 있다(동법 제32조 제4항).
② [○] 동법 제33조 제4항
③ [×] 단기 보호관찰기간은 1년으로 하고(「소년법」 제33조 제2항), 장기 보호관찰기간은 2년으로 한다(동법 제33조 제3항).
④ [○] 동법 제33조 제5항·제6항

정답 ③

39 소년법령상 화해권고제도에 대한 설명으로 옳지 않은 것은?

2021. 보호 7급

① 소년부 판사는 소년의 품행을 교정하고 피해자를 보호하기 위하여 필요하다고 인정하면 소년에게 피해 변상 등 피해자와의 화해를 권고할 수 있다.
② 소년부 판사는 피해자와의 화해를 위하여 필요하다고 인정하면 기일을 지정하여 소년, 보호자 또는 참고인을 소환할 수 있다.
③ 소년부 판사는 소년이 화해권고에 따라 피해자와 화해하였을 경우에는 보호처분을 결정할 때 이를 고려할 수 있다.
④ 소년부 판사는 심리를 시작하기 전까지 화해를 권고할 수 있고, 화해권고기일까지 소년, 보호자 및 피해자의 서면동의를 받아야 한다.

① [○] 「소년법」 제25조의3 제1항
② [○] 동법 제25조의3 제2항
③ [○] 동법 제25조의3 제3항
④ [×] 소년부 판사는 보호처분을 하기 전까지 화해를 권고할 수 있다. 이 경우 화해를 권고하기 위한 기일(화해권고기일)까지 소년, 보호자 및 피해자(피해자가 미성년자인 경우 그 보호자도 포함)의 서면에 의한 동의를 받아야 하며(「소년심판규칙」 제26조의2 제1항), 소년, 보호자 및 피해자는 화해권고절차가 종료할 때까지 동의를 서면에 의하여 철회할 수 있다(동 규칙 제26조의2 제2항).

정답 ④

40 「소년법」상 소년보호사건에 대한 설명으로 옳은 것은? 2018. 5급 승진

① 소년부 판사는 증거인멸을 방지하기 위하여 긴급조치가 필요하다고 인정하면 사건 본인이나 보호자를 법 제13조 제1항에 따른 소환 없이 동행영장을 발부할 수 있다.

② 소년이 소년분류심사원에 위탁된 경우 보조인이 없을 때에는 법원은 변호사 등 적정한 자를 보조인으로 선정하여야 한다.

③ 보호처분 중 수강명령, 보호관찰관의 장기 보호관찰, 장기 소년원 송치는 형벌 법령에 저촉되는 행위를 한 10세 이상 12세 미만의 소년에게는 부과할 수 없다.

④ 보호처분이 계속 중일 때에 사건 본인에 대하여 유죄판결이 확정된 경우에 보호처분을 한 소년부 판사는 결정으로써 보호처분을 취소하여야 한다.

⑤ 보호처분이 계속 중일 때에 사건 본인에 대하여 새로운 보호처분이 있었을 때에는 그 처분을 한 소년부 판사는 이전의 보호처분을 한 소년부에 조회하여 이전의 보호처분을 취소하여야 한다.

정답 및 해설

① [×] 소년부 판사는 사건 본인을 보호하기 위하여 긴급조치가 필요하다고 인정하면 소환 없이 (사건 본인에 대한) 동행영장(긴급동행영장)을 발부할 수 있다(동법 제14조).

② [○] 「소년법」 제17조의2 제1항

③ [×] 사회봉사명령 처분은 14세 이상의 소년에게만, 수강명령 및 장기 소년원 송치 처분은 12세 이상의 소년에게만 할 수 있다(동법 제32조 제3항·제4항). 그 외의 보호처분은 10세 이상의 소년에게 부과할 수 있다.

④ [×] 보호처분이 계속 중일 때에 사건 본인에 대하여 유죄판결이 확정된 경우에 보호처분을 한 소년부 판사는 그 처분을 존속할 필요가 없다고 인정하면 결정으로써 보호처분을 취소할 수 있다(동법 제39조).

⑤ [×] 보호처분이 계속 중일 때에 사건 본인에 대하여 새로운 보호처분이 있었을 때에는 그 처분을 한 소년부 판사는 이전의 보호처분을 한 소년부에 조회하여 어느 하나의 보호처분을 취소하여야 한다(동법 제40조).

💡 **동행영장**

㉠ **동행영장**
소환을 전제로 하여 소년 또는 보호자에 대하여 발부한다. 즉 조사 또는 심리기일 소환장이 소년 또는 보호자에게 송달되었으나 정당한 이유 없이 출석하지 아니한 경우에 발부된다.

㉡ **동행영장의 발부**
- 소년이나 보호자가 정당한 이유 없이 소환에 응하지 않는 경우에 이들을 일정한 장소에 출석시키는 수단으로 규정되어 있는 것이 동행영장이며, 형사소송에서 구인을 위한 구속영장에 상응하는 영장이다.
- 동행영장을 발부하기 위해서는 사건이 우선 소년부에 계속될 것이 필요하고 그 발부 여부는 소년부 판사가 직권으로 정한다.
- 동행영장 발부의 요건은 ⓐ 소환장을 송달받고도 소환에 응하지 아니할 것, ⓑ 소환에 응하지 않은 데에 정당한 이유가 없을 것이다. 이를 '통상의 동행영장'이라고 하고, 소년을 보호하기 위하여 긴급조치가 필요한 경우에 발하는 '긴급동행영장'과 달리 보호자도 대상이 된다.

㉢ **긴급동행영장**
소환을 전제로 하지 않고, 소년을 보호하기 위하여 긴급조치가 필요하다고 인정한 경우에 소년에 대해서만 발부된다. 긴급조치가 필요한 경우로는 소년이 ⓐ 가족의 학대가 심하여 그들로부터 악영향을 받을 우려가 있는 경우, ⓑ 자해·자살의 우려가 있는 경우, ⓒ 불량집단으로부터 악영향을 받게 되어 급속히 비행성이 악화될 우려가 있는 경우 등이 있다.

정답 ②

41

「소년법」상 소년보호사건의 처리에 대한 설명으로 옳지 않은 것은?   2018. 5급 승진

□□□

① 검사는 소년에 대한 피의사건을 수사한 결과 보호처분에 해당하는 사유가 있다고 인정한 경우에는 사건을 관할 소년부에 송치하여야 한다.

② 법원은 소년에 대한 피고사건을 심리한 결과 보호처분에 해당할 사유가 있다고 인정하면 결정으로써 사건을 관할 소년부에 송치하여야 한다.

③ 소년부는 죄를 범한 소년을 조사 또는 심리한 결과 금고 이상의 형에 해당하는 범죄 사실이 발견된 경우 그 동기와 죄질이 형사처분을 할 필요가 있다고 인정하면 결정으로써 사건을 관할 지방법원에 대응한 검찰청 검사에게 송치하여야 한다.

④ 소년부는 검사로부터 송치된 사건을 조사 또는 심리한 결과 그 동기와 죄질이 금고 이상의 형사처분을 할 필요가 있다고 인정할 때에는 결정으로써 해당 검찰청 검사에게 송치할 수 있다.

⑤ 소년부는 법원으로부터 송치받은 사건을 조사 또는 심리한 결과 그 동기와 죄질이 금고 이상의 형사처분을 할 필요가 있다고 인정할 때에는 결정으로써 송치한 법원에 사건을 다시 이송하여야 한다.

정답 및 해설

① [○] 동법 제49조 제1항
② [○] 동법 제50조
③ [○] 동법 제7조 제1항
④ [○] 동법 제49조 제2항
⑤ [×] 소년부는 법원으로부터 송치받은 사건을 조사 또는 심리한 결과 사건의 본인이 19세 이상인 것으로 밝혀지면 결정으로써 송치한 법원에 사건을 다시 이송하여야 한다(「소년법」 제51조).
  ▶ 소년부가 법원으로부터 송치받은 사건을 다시 법원으로 이송하여야 하는 사유는 '19세 이상인 것으로 밝혀진 경우'이다.

정답 ⑤

42

「소년법」상 보호사건의 심리와 조사에 대한 설명으로 옳지 않은 것은?   2024. 교정 9급

□□□

① 소년이 소년분류심사원에 위탁되지 아니하였을 때에도 소년에게 신체적·정신적 장애가 의심되는 경우 법원은 직권에 의하거나 소년 또는 보호자의 신청에 따라 보조인을 선정할 수 있다.

② 소년부 판사는 보조인이 심리절차를 고의로 지연시키는 등 심리진행을 방해하거나 소년의 이익에 반하는 행위를 할 우려가 있다고 판단하는 경우에는 보조인 선임의 허가를 취소하여야 한다.

③ 소년부 판사는 사안이 가볍다는 이유로 심리를 개시하지 아니한다는 결정을 할 때에는 소년에게 훈계하거나 보호자에게 소년을 엄격히 관리하거나 교육하도록 고지할 수 있다.

④ 소년부 판사는 심리 기일을 지정하고 본인과 보호자를 소환하여야 한다. 다만, 필요가 없다고 인정한 경우에는 보호자는 소환하지 아니할 수 있다.

정답 및 해설

① [○] 소년이 소년분류심사원에 위탁되지 아니하였을 때에도 ㉠ 소년에게 신체적·정신적 장애가 의심되는 경우, ㉡ 빈곤이나 그 밖의 사유로 보조인을 선임할 수 없는 경우, ㉢ 그 밖에 소년부 판사가 보조인이 필요하다고 인정하는 경우 법원은 직권에 의하거나 소년 또는 보호자의 신청에 따라 보조인을 선정할 수 있다(동법 제17조의2 제2항).

② [×] 소년부 판사는 보조인이 심리절차를 고의로 지연시키는 등 심리진행을 방해하거나 소년의 이익에 반하는 행위를 할 우려가 있다고 판단하는 경우에는 보조인 선임의 허가를 취소할 수 있다(「소년법」 제17조 제4항).

③ [○] 동법 제19조 제2항
④ [○] 동법 제21조 제1항

정답 ②

43

□□□

「소년법」상 보호처분에 대한 설명으로 옳지 않은 것은? (다툼이 있는 경우 판례에 의함) 2025. 보호 9급

① 장기로 소년원에 송치된 소년의 보호기간은 2년으로 하되, 보호관찰관의 신청에 따라 결정으로 써 1년의 범위에서 한 번에 한하여 그 기간을 연장할 수 있다.

② 소년보호사건의 보조인에 대한 심리기일의 통지를 하지 아니하여 보조인이 출석하지 아니한 채 심리를 종결하고 보호처분의 결정을 한 경우 그 보호처분결정은 취소되어야 한다.

③ 소년보호시설에 감호위탁(제6호) 처분을 받은 소년이 시설 위탁 후 그 시설을 이탈하였을 때 그 처분기간은 진행이 정지되고 재위탁된 때로부터 다시 진행한다.

④ 보호관찰관의 단기 보호관찰(제4호) 처분을 할 때에 3개월 이내의 기간을 정하여 「보호소년 등 의 처우에 관한 법률」에 따른 대안교육을 받을 것을 동시에 명할 수 있다.

정답 및 해설

① [×] 장기로 소년원에 송치된 소년의 보호기간은 2년을 초과하지 못한다(「소년법」 제33조 제6항). 기간연장에 대한 규정이 없으므로, 그 기간을 연장할 수 없다.

② [○] 소년보호사건의 보조인도 형사소송의 변호인과 마찬가지로 보호소년이 가지는 권리를 행사하는 외에 독자적인 입장에서 보호소년의 이익을 옹호하는 고유의 권리를 가진다고 할 것인데, 보조인에 대한 심리기일의 통지를 하지 아니하여 보조인이 출석하지 아니한 채 심리를 종결하고 보호처분의 결정을 하였다면 그러한 절차상의 위법은 위와 같은 보조인의 고유의 권리를 부당하게 제한하는 것이 되므로, 가사 보호소년이나 그 보호인이 심리기일에 이의를 제기하지 아니하였다 하더라도 그 하자가 치유되어 보호처분의 결정에 영향을 미치지 아니한다고 볼 수는 없어, 그 보호처분결정은 취소되어야 마땅하다(대법원 1994.11.5. 94트10).

③ [○] 아동복지시설이나 그 밖의 소년보호시설에 감호 위탁(제6호), 병원·요양소 또는 의료재활소년원에 위탁(제7호), 1개월 이내의 소년원 송치(제8호), 단기 소년원 송치(제9호), 장기 소년원 송치(제10호) 중 어느 하나에 해당하는 처분을 받은 소년이 시설위탁이나 수용 이후 그 시설을 이탈하였을 때에는 보호처분기간은 진행이 정지되고, 재위탁 또는 재수용된 때로부터 다시 진행한다(동법 제33조 제7항).

④ [○] 보호관찰관의 단기 보호관찰(제4호) 또는 장기 보호관찰(제5호)의 처분을 할 때에 3개월 이내의 기간을 정하여 「보호소년 등의 처우에 관한 법률」에 따른 대안교육 또는 소년의 상담·선도·교화와 관련된 단체나 시설에서의 상담·교육을 받을 것을 동시에 명할 수 있다(동법 제32조의2 제1항).

정답 ①

44

□□□

「소년법」상 조사와 소년분류심사에 대한 설명으로 옳지 않은 것은? 2024 보호 7급

① 조사관은 소년부 판사의 명을 받아 사건 본인이나 보호자를 심문할 수 있지만, 참고인에 대한 심문은 허용되지 않는다.

② 소년부 판사는 사건의 조사에 필요한 경우 기일을 정하여 보호자 또는 참고인을 소환할 수 있고, 보호자가 정당한 이유 없이 이에 응하지 아니하면 동행영장을 발부할 수 있다.

③ 조사관이 범죄 사실에 관하여 소년을 조사할 때에는 미리 소년에게 불리한 진술을 거부할 수 있음을 알려야 한다.

④ 소년부 판사가 소년을 소년분류심사원에 위탁하는 조치를 하는 경우 위탁기간은 1개월을 초과하지 못하지만, 특별히 필요한 경우에는 결정으로 1회 연장할 수 있다.

① [×] 소년부 판사는 조사관에게 사건 본인, 보호자 또는 참고인의 심문이나 그 밖에 필요한 사항을 조사하도록 명할 수 있다(「소년법」 제11조 제1항).
② [○] 소년부 판사는 사건의 조사 또는 심리에 필요하다고 인정하면 기일을 지정하여 사건 본인이나 보호자 또는 참고인을 소환할 수 있고(동법 제13조 제1항), 사건 본인이나 보호자가 정당한 이유 없이 소환에 응하지 아니하면 소년부 판사는 동행영장을 발부할 수 있다(동법 제13조 제2항).
③ [○] 소년부 또는 조사관이 범죄 사실에 관하여 소년을 조사할 때에는 미리 소년에게 불리한 진술을 거부할 수 있음을 알려야 한다(동법 제10조).
④ [○] 소년분류심사원에 위탁기간은 1개월을 초과하지 못한다. 다만, 특별히 계속 조치할 필요가 있을 때에는 한 번에 한하여 결정으로써 연장할 수 있다(동법 제18조 제3항).

정답 ①

45 중학교 3학년인 만 15세의 甲은 정당한 이유 없이 가출하였다. 가출 이후 생활비를 마련하기 위해 유흥주점에서 심부름을 하는 일을 하다가, 술에 취한 손님 乙과 실랑이를 벌이다가 乙을 떠밀어 바닥에 넘어지게 하였다. 甲에 대하여 검사가 취한 조치 중 옳지 않은 것은?

2013. 보호 7급

① 공소제기 여부를 결정하기 위하여 소년의 주거지 보호관찰소장에게 소년의 품행·경력·생활환경 등에 대한 조사를 요구하였다.
② 보호처분이 필요하다고 판단하고 지방법원 소년부로 송치하였다.
③ 행위가 경미하다고 판단하여 즉결심판을 청구하였다.
④ 형사소추의 필요성이 인정된다고 판단하고 공소를 제기하였다.

① [○] 검사는 소년 피의사건에 대하여 소년부 송치, 공소제기, 기소유예 등의 처분을 결정하기 위하여 필요하다고 인정하면 피의자의 주거지 또는 검찰청 소재지를 관할하는 보호관찰소의 장, 소년분류심사원장 또는 소년원장에게 피의자의 품행, 경력, 생활환경이나 그 밖에 필요한 사항에 관한 조사를 요구할 수 있다(「소년법」 제49조의2 제1항).
② [○] 검사는 소년에 대한 피의사건을 수사한 결과 보호처분에 해당하는 사유가 있다고 인정한 경우에는 사건을 관할 소년부에 송치하여야 한다(동법 제49조 제1항).
③ [×] 즉결심판은 20만원 이하의 벌금, 구류 또는 과료에 처할 경미한 사건에 대하여 관할 경찰서장의 청구로 관할 지방법원, 지원 또는 시·군법원의 판사가 심판하여 처리하는 즉결심판에 관한 절차법에 의하여 행해지는 재판절차를 말한다. 즉, 즉결심판은 검사의 기소독점주의의 예외로서 경찰서장에게 청구권이 있다. 검사는 「형법」 제51조의 사항을 참작하여 공소를 제기하지 아니할 수 있다(「형사소송법」 제247조, 기소편의주의). 행위가 경미하다고 판단한 경우 검사는 기소유예, 선도조건부 기소유예 등 불기소처분을 할 수 있다.
④ [○] 공소는 검사가 제기하여 수행한다(「형사소송법」 제246조).

정답 ③

46 다음 사례에서 甲에 대한 처분이 「소년법」의 규율내용에 위배되는 것만 모두 고른 것은? 2015. 5급 승진

□□□

> ㉠ 만 14세인 甲은 친구들과 술을 마시고 난투극을 벌인 혐의로 검사에 의해 가정법원 소년부에 송치되었다.
> ㉡ 소년부 판사는 사건의 조사를 위하여 甲을 소년분류심사원에 3개월간 임시로 위탁하였다.
> ㉢ 소년부는 금고 이상의 형사처분이 필요하다고 판단하여 甲의 사건을 결정으로써 해당 검찰청 검사에게 송치하였다.
> ㉣ 그러나 담당 검사는 보호처분이 보다 적합하다고 판단하여 甲의 사건을 다시 소년부에 송치하였다.
> ㉤ 소년부 판사는 甲에게 보호관찰 1년과 사회봉사 300시간을 병합하여 처분하였다.

① ㉠, ㉡, ㉢
② ㉠, ㉢, ㉣
③ ㉠, ㉣, ㉤
④ ㉡, ㉢, ㉤
⑤ ㉡, ㉣, ㉤

정답 및 해설

소년법의 규율내용에 위배되는 것은 ㉡, ㉣, ㉤이다.
㉠ [○] 검사는 소년에 대한 피의사건을 수사한 결과 보호처분에 해당하는 사유가 있다고 인정한 경우에는 사건을 관할 소년부에 송치하여야 한다(「소년법」 제49조 제1항).
㉡ [×] 소년부 판사가 임시조치로 하는 소년분류심사원 위탁 기간은 1개월이다(동법 제18조 제3항).
㉢ [○] 소년부는 송치된 사건을 조사 또는 심리한 결과 그 동기와 죄질이 금고 이상의 형사처분을 할 필요가 있다고 인정할 때에는 결정으로써 해당 검찰청 검사에게 송치할 수 있다(동법 제49조 제2항).
㉣ [×] ㉢에 따라 송치한 사건은 다시 소년부에 송치할 수 없다(동법 제49조 제3항).
㉤ [×] 甲(만 14세)에게 보호관찰 1년과 사회봉사명령을 병합하여 처분할 수 있으나(동법 제32조 제2항 제1호), 사회봉사명령은 200시간을 초과할 수 없다(동법 제33조 제4항).

정답 ⑤

47 소년에 대한 보호처분 결정에 대하여 항고할 수 있는 경우가 아닌 것은? 2010. 교정 7급

□□□

① 해당 결정에 영향을 미칠 법령 위반이 있는 경우
② 처분이 현저히 부당한 경우
③ 보호처분의 계속 중 소년이 10세 미만인 것이 판명된 경우
④ 중대한 사실오인이 있는 경우

정답 및 해설

③ [×] 보호처분의 결정(「소년법」 제32조) 및 부가처분 등의 결정(동법 제32조의2) 또는 보호처분·부가처분 변경 결정(동법 제37조)이 ㉠ 해당 결정에 영향을 미칠 법령 위반이 있거나 중대한 사실 오인이 있는 경우, ㉡ 처분이 현저히 부당한 경우에는 사건 본인·보호자·보조인 또는 그 법정대리인은 관할 가정법원 또는 지방법원 본원 합의부에 항고할 수 있다(동법 제43조 제1항).

정답 ③

48

「소년법」상 항고에 대한 설명으로 옳은 것만을 모두 고른 것은?

⊙ 가정법원 소년부의 보호처분 결정에 대한 항고사건의 관할법원은 가정법원 또는 지방법원 본원 합의부이다.
ⓛ 보호처분의 결정에 대하여 보조인도 항고할 수 있으며, 항고를 할 때에는 7일 이내에 항고장을 원심 소년부에 제출하여야 한다.
ⓒ 원심 소년부는 항고가 이유 없다고 인정할 때에는 결정으로써 항고를 기각할 수 있다.
ⓔ 항고법원은 항고가 이유 있다고 인정한 경우에는 원결정을 취소한 후, 사건을 원심소년부로 환송할 수 없고 다른 소년부로 이송하여야 한다.
ⓜ 항고는 결정의 집행을 정지시키는 효력이 없다.
ⓗ 항고법원이 사실을 오인했거나 법령을 위반하여 항고를 기각한 때에는 7일 이내에 대법원에 재항고할 수 있다.

① ㉠, ㉡, ㉣　　　　　　　　　　　② ㉡, ㉢, ㉣
③ ㉡, ㉢, ㉥　　　　　　　　　　　④ ㉡, ㉤, ㉥
⑤ ㉢, ㉣, ㉤

정답 및 해설

옳은 것은 ㉠, ㉡, ㉤이다.
㉠ [○]「소년법」제43조 제1항
㉡ [○] 사건 본인·보호자·보조인 또는 그 법정대리인은 항고할 수 있으며(동법 제43조 제1항), 항고를 할 때에는 7일 이내에(동법 제43조 제2항) 항고장을 원심 소년부에 제출하여야 한다(동법 제44조 제1항).
㉢ [×] 항고장을 받은 (원심)소년부는 3일 이내에 의견서를 첨부하여 항고법원에 송부하여야 한다(동법 제44조 제2항). 항고법원은 항고 절차가 법률에 위반되거나 항고가 이유 없다고 인정한 경우에는 결정으로써 항고를 기각하여야 한다(동법 제45조 제1항).
㉣ [×] 항고법원은 항고가 이유가 있다고 인정한 경우에는 원결정을 취소하고 사건을 원소년부에 환송하거나 다른 소년부에 이송하여야 한다. 다만, 환송 또는 이송할 여유가 없이 급하거나 그 밖에 필요하다고 인정한 경우에는 원결정을 파기하고 불처분 또는 보호처분의 결정을 할 수 있다(동법 제45조 제2항).
㉤ [○] 동법 제46조
㉥ [×] 항고를 기각하는 결정에 대하여는 그 결정이 법령에 위반되는 경우에만 대법원에 재항고를 할 수 있으며(동법 제47조 제1항), 재항고를 제기할 수 있는 기간은 7일로 한다(동법 제47조 제2항).

정답 ①

49

「소년법」상 보호처분의 결정에 대한 항고와 관련한 설명으로 옳지 않은 것은?

① 항고를 제기할 수 있는 기간은 7일이며, 항고장은 원심 소년부에 제출하여야 한다.
② 항고는 보호처분의 결정의 집행을 정지시키는 효력이 있다.
③ 보호처분의 결정에 영향을 미칠 법령위반이 있거나 중대한 사실오인이 있는 경우뿐 아니라 처분이 현저히 부당한 경우에도 항고할 수 있다.
④ 사건 본인, 보호자 및 보조인 또는 그 법정대리인은 항고할 수 있다.

정답 및 해설

① [○] 동법 제43조 제2항, 동법 제44조 제1항
② [×] 항고는 보호처분 결정의 집행을 정지시키는 효력이 없다(「소년법」 제46조).
③, ④ [○] 보호처분의 결정(동법 제32조) 및 부가처분 등의 결정(동법 제32조의2) 또는 보호처분·부가처분 변경 결정(동법 제37조)이 ㉠ 해당 결정에 영향을 미칠 법령 위반이 있거나 중대한 사실 오인이 있는 경우, ㉡ 처분이 현저히 부당한 경우에는 사건 본인·보호자·보조인 또는 그 법정대리인은 관할 가정법원 또는 지방법원 본원 합의부에 항고할 수 있다(동법 제43조 제1항).

정답 ②

50

「소년법」상 보호처분 불복에 대한 설명으로 옳은 것은?

① 항고를 제기할 수 있는 기간은 10일로 한다.
② 보호처분이 현저히 부당한 경우에는 사건 본인이나 보호자는 고등법원에 항고할 수 있다.
③ 항고를 기각하는 결정에 대하여는 그 결정이 법령에 위반되는 경우에만 대법원에 재항고를 할 수 있다.
④ 항고법원은 항고가 이유가 있다고 인정한 경우에는 원결정을 파기하고 직접 불처분 또는 보호처분의 결정을 하는 것이 원칙이다.

정답 및 해설

① [×] 항고를 제기할 수 있는 기간은 7일로 한다(동법 제43조 제2항).
② [×] 관할 가정법원 또는 지방법원 본원 합의부에 항고할 수 있다(동법 제43조 제1항).
③ [○] 「소년법」 제47조 제1항
④ [×] 항고법원은 항고가 이유가 있다고 인정한 경우에는 원결정을 취소하고 사건을 원소년부에 환송하거나 다른 소년부에 이송하여야 한다. 다만, 환송 또는 이송할 여유가 없이 급하거나 그 밖에 필요하다고 인정한 경우에는 원결정을 파기하고 불처분 또는 보호처분의 결정을 할 수 있다(동법 제45조 제2항).

정답 ③

51 「소년법」상 보호처분의 취소에 대한 설명으로 옳지 않은 것은?

① 보호처분이 계속 중일 때에 당해 보호사건 본인에 대하여 새로운 보호처분이 있었을 때에는 그 처분을 한 소년부 판사는 이전의 보호처분을 한 소년부에 조회하여 이전의 보호처분을 취소하여야 한다.

② 보호처분이 계속 중일 때에 당해 보호사건 본인이 처분 당시 19세 이상인 것으로 밝혀진 경우, 법원이 소년에 대한 피고사건을 심리한 결과 보호처분에 해당할 사유가 있다고 인정하여 결정으로써 관할 소년부에 송치한 사건에 대해서는 소년부 판사는 결정으로써 그 보호처분을 취소하고 송치한 법원에 이송한다.

③ 보호처분이 계속 중일 때에 당해 보호사건 본인에 대하여 유죄판결이 확정된 경우에 보호처분을 한 소년부 판사는 그 처분을 존속할 필요가 없다고 인정하면 결정으로써 보호처분을 취소할 수 있다.

④ 보호처분이 계속 중일 때에 당해 보호사건 본인이 처분 당시 19세 이상인 것으로 밝혀진 경우, 검사 · 경찰서장의 송치에 의한 사건에 대해서는 소년부 판사는 결정으로써 그 보호처분을 취소하고 관할 지방법원에 대응하는 검찰청 검사에게 송치한다.

정답 및 해설

① [×] 보호처분이 계속 중일 때에 사건 본인에 대하여 새로운 보호처분이 있었을 때에는 그 처분을 한 소년부 판사는 이전의 보호처분을 한 소년부에 조회하여 어느 하나의 보호처분을 취소하여야 한다(「소년법」 제40조).
② [○] 동법 제38조 제1항 제2호
③ [○] 동법 제39조
④ [○] 동법 제38조 제1항 제1호

정답 ①

52 「소년법」에 규정되어 있는 제도가 아닌 것은?

① 진술거부권의 고지
② 검사의 결정 전 조사
③ 조건부 기소유예
④ 국선보조인 선정
⑤ 검사의 화해권고

정답 및 해설

① [○] 소년부 또는 조사관이 범죄 사실에 관하여 소년을 조사할 때에는 미리 소년에게 불리한 진술을 거부할 수 있음을 알려야 한다(동법 제10조).
② [○] 검사는 소년 피의사건에 대하여 소년부 송치, 공소제기, 기소유예 등의 처분을 결정하기 위하여 필요하다고 인정하면 피의자의 주거지 또는 검찰청 소재지를 관할하는 보호관찰소의 장, 소년분류심사원장 또는 소년원장에게 피의자의 품행, 경력, 생활환경이나 그 밖에 필요한 사항에 관한 조사를 요구할 수 있다(동법 제49조의2).
③ [○] 검사는 피의자에 대하여 선도 등을 받게 하고, 피의사건에 대한 공소를 제기하지 아니할 수 있다. 이 경우 소년과 소년의 친권자 · 후견인 등 법정대리인의 동의를 받아야 한다(동법 제49조의3).
④ [○] 소년이 소년분류심사원에 위탁된 경우 보조인이 없을 때에는 법원은 변호사 등 적정한 자를 보조인으로 선정하여야 한다(동법 제17조의2).
⑤ [×] 소년부 판사는 소년의 품행을 교정하고 피해자를 보호하기 위하여 필요하다고 인정하면 소년에게 피해 변상 등 피해자와의 화해를 권고할 수 있다(「소년법」 제25조의3).

정답 ⑤

제6편

헤커스공무원 이준마 형사정책 단원별 기출문제집

53 소년보호사건의 처리절차 중 「소년법」상의 임시조치에 대한 설명이다. ㉠~㉤에 들어갈 말을 바르게 짝지은 것은?

- 소년부 판사는 보호자, 소년을 보호할 수 있는 적당한 자 또는 시설에 위탁, 병원이나 그 밖의 요양소에 위탁, (㉠)에 위탁하는 임시조치를 할 수 있다.
- 소년부 판사는 동행된 소년 또는 소년부 송치결정에 의하여 인도된 소년에 대하여 도착한 때로부터 (㉡)시간 이내에 임시조치를 하여야 한다.
- 위의 임시조치의 경우에 보호자, 소년을 보호할 수 있는 적당한 자 또는 시설에 위탁 및 병원이나 그 밖의 요양소에의 위탁기간은 (㉢)개월을, (㉣)에의 위탁기간은 (㉤)개월을 초과하지 못한다. 다만 특별히 계속 조치할 필요가 있을 때에는 한 번에 한하여 결정으로써 연장할 수 있다.

	㉠	㉡	㉢	㉣	㉤
①	소년분류심사원	24	3	소년분류심사원	1
②	소년원	48	3	소년원	2
③	소년분류심사원	48	3	소년분류심사원	2
④	소년원	24	3	소년원	1

정답 및 해설

 임시조치(「소년법」 제18조)

1. 소년부 판사는 사건을 조사 또는 심리하는 데에 필요하다고 인정하면 소년의 감호에 관하여 결정으로써 다음의 어느 하나에 해당하는 조치를 할 수 있다.
   ① 보호자, 소년을 보호할 수 있는 적당한 자 또는 시설에 위탁
   ② 병원이나 그 밖의 요양소에 위탁
   ③ 소년분류심사원에 위탁
2. 동행된 소년 또는 제52조 제1항(소년부 송치 시의 신병처리)에 따라 인도된 소년에 대하여는 도착한 때로부터 24시간 이내에 제1항의 조치를 하여야 한다.
3. 제1항 제1호 및 제2호의 위탁기간은 3개월을, 제1항 제3호의 위탁기간은 1개월을 초과하지 못한다. 다만, 특별히 계속 조치할 필요가 있을 때에는 한 번에 한하여 결정으로써 연장할 수 있다.

정답 ①

54 소년에 대한 조사제도에 대한 설명으로 옳지 않은 것은?

① 소년보호사건에 대한 조사명령제도
② 소년형사사건에 대한 조사위촉제도
③ 소년보호 및 형사사건에 대한 판결 전 조사제도
④ 소년수형자 및 소년원생에 대한 환경조사제도

① [○] 소년부 판사는 조사관에게 사건 본인, 보호자 또는 참고인의 심문이나 그 밖에 필요한 사항을 조사하도록 명할 수 있으며(「소년법」 제11조 제1항), 소년부는 보호자 또는 학교·사회복지시설·보호관찰소의 장이 통고한 소년을 심리할 필요가 있다고 인정하면 그 사건을 조사하여야 한다(동법 제11조 제2항).

② [○] 법원은 소년에 대한 형사사건에 관하여 필요한 사항을 조사하도록 조사관에게 위촉할 수 있다(동법 제56조).

③ [×] 판결 전 조사제도는 (성인, 소년)형사사건에 한하여 법원이 보호관찰, 사회봉사 또는 수강을 명하기 위하여 필요하다고 인정하는 경우에 실시하는 것으로 소년보호사건과 관련이 없다(「보호관찰 등에 관한 법률」 제19조).

④ [○] 수용기관·병원·요양소·의료재활소년원의 장은 소년수형자 및 「소년법」 제32조 제1항 제7호(병원, 요양소 또는 의료재활소년원에 위탁), 제9호(단기 소년원 송치), 제10호(장기 소년원 송치)의 보호처분 중 어느 하나에 해당하는 처분을 받은 사람(수용자)을 수용한 경우에는 지체 없이 거주예정지를 관할하는 보호관찰소의 장에게 신상조사서를 보내 환경조사를 의뢰하여야 한다(「보호관찰 등에 관한 법률」 제26조 제1항).

정답 ③

55

「소년법」상 보조인 선임과 국선보조인에 대한 설명으로 옳은 것만을 모두 고르면? 2024 보호 7급

⊙ 사건 본인이나 보호자가 변호사를 보조인으로 선임하려면 소년부 판사의 허가를 받아야 한다.

ⓒ 소년이 소년분류심사원에 위탁되지 아니하였을 때에도 빈곤이나 그 밖의 사유로 보조인을 선임할 수 없는 경우에는 법원은 직권에 의하거나 소년 또는 보호자의 신청에 따라 보조인을 선정할 수 있다.

ⓒ 소년부 판사는 보호자인 보조인이 소년의 이익에 반하는 행위를 할 우려가 있다고 판단되는 경우 보조인 선임의 허가를 취소할 수 있다.

ⓔ 소년이 소년분류심사원에 위탁된 경우 보조인이 없을 때에는 법원은 변호사 등 적정한 자를 보조인으로 선정하여야 한다.

① ⓒ, ⓔ
② ⓒ, ⓔ
③ ⊙, ⓒ, ⓒ
④ ⓒ, ⓒ, ⓔ

옳은 것은 ⓒ, ⓔ이다.

⊙ [×] 사건 본인이나 보호자는 소년부 판사의 허가를 받아 보조인을 선임할 수 있다(「소년법」 제17조 제1항). 보호자나 변호사를 보조인으로 선임하는 경우에는 소년부 판사의 허가를 받지 아니하여도 된다(동법 제17조 제2항).

ⓒ [○] 소년이 소년분류심사원에 위탁되지 아니하였을 때에도 ⓐ 소년에게 신체적·정신적 장애가 의심되는 경우, ⓑ 빈곤이나 그 밖의 사유로 보조인을 선임할 수 없는 경우, ⓒ 그 밖에 소년부 판사가 보조인이 필요하다고 인정하는 경우에는 법원은 직권에 의하거나 소년 또는 보호자의 신청에 따라 보조인을 선정할 수 있다(동법 제17조의2 제2항).

ⓒ [×] 소년부 판사는 보조인이 심리절차를 고의로 지연시키는 등 심리진행을 방해하거나 소년의 이익에 반하는 행위를 할 우려가 있다고 판단하는 경우에는 보조인 선임의 허가를 취소할 수 있지만(동법 제17조 제4항), 보호자나 변호사의 보조인 선임은 소년부 판사의 허가 사항이 아니므로(동법 제17조 제2항), 보호자인 보조인이나 변호사인 보조인이 심리절차를 고의로 지연시키는 등 심리진행을 방해하거나 소년의 이익에 반하는 행위를 할 우려가 있다고 판단하는 경우에도 보조인 선임의 허가를 취소할 수는 없다. 다시 말해 보호자·변호사의 보조인 선임은 허가의 대상이 아니므로, 보조인 선임의 허가 취소의 대상이 아니다.

ⓔ [○] 동법 제17조의2 제1항

정답 ①

56 「소년법」상 보호처분에 대한 설명으로 옳지 않은 것만을 고른 것은?

⊙ 사회봉사명령은 14세 이상의 소년에게만 할 수 있다.
⊙ 보호관찰처분을 하는 경우 2년 이내의 기간을 정하여 야간 등 특정 시간대의 외출을 제한하는 명령을 보호관찰대상자의 준수사항으로 부과할 수 있다.
⊙ 장기로 소년원에 송치된 소년의 보호기간은 2년으로 한다. 다만, 소년부 판사는 보호관찰관의 신청에 따라 결정으로써 1년의 범위에서 한 번에 한하여 그 기간을 연장할 수 있다.
⊙ 1개월 이내의 소년원 송치 처분은 보호관찰관의 단기 보호관찰 처분과 병합할 수 있다.
⊙ 보호처분이 계속 중일 때에 사건 본인에 대하여 새로운 보호처분이 있었을 때에는 그 처분을 한 소년부 판사는 이전의 보호처분을 한 소년부에 조회하여 어느 하나의 보호처분을 취소하여야 한다.

① ㉠, ㉡, ㉢
② ㉠, ㉢, ㉤
③ ㉠, ㉣, ㉤
④ ㉡, ㉢, ㉣
⑤ ㉡, ㉣, ㉤

정답 및 해설

옳지 않은 것은 ㉡, ㉢, ㉣이다.
㉠ [○] 「소년법」 제32조 제3항
㉡ [×] 단기 보호관찰 또는 장기 보호관찰의 처분을 할 때에 1년 이내의 기간을 정하여 야간 등 특정 시간대의 외출을 제한하는 명령을 보호관찰대상자의 준수 사항으로 부과할 수 있다(동법 제32조의2 제2항).
㉢ [×] 장기로 소년원에 송치된 소년의 보호기간은 2년을 초과하지 못한다(동법 제33조 제6항).
㉣ [×] 1개월 이내의 소년원 송치 처분은 보호관찰관의 단기 보호관찰 처분과 병합할 수 없지만, 보호관찰관의 장기 보호관찰 처분과는 병합할 수 있다(동법 제32조 제2항).
㉤ [○] 동법 제40조

정답 ④

57 「소년법」상 소년사건 처리절차에 대한 설명으로 옳지 않은 것은?

① 소년보호사건의 심리와 처분 결정은 소년부 단독판사가 한다.
② 소년부는 사건이 그 관할에 속하지 아니한다고 인정하면 판결로써 그 사건을 관할 소년부에 이송하여야 한다.
③ 소년부 또는 조사관이 범죄 사실에 관하여 소년을 조사할 때에는 미리 소년에게 불리한 진술을 거부할 수 있음을 알려야 한다.
④ 소년부는 송치된 사건을 조사 또는 심리한 결과 그 동기와 죄질이 금고 이상의 형사처분을 할 필요가 있다고 인정할 때에는 결정으로써 해당 검찰청 검사에게 송치할 수 있다.

정답 및 해설

① [○] 동법 제3조 제3항
② [×] 소년부는 사건이 그 관할에 속하지 아니한다고 인정하면 결정으로써 그 사건을 관할 소년부에 이송하여야 한다(「소년법」 제6조 제2항).
③ [○] 동법 제10조
④ [○] 동법 제49조 제2항

정답 ②

58

□□□ 「소년법」에 대한 설명으로 옳지 않은 것은?

① 소년이 소년분류심사원에 위탁된 경우 보조인이 없을 때에는 법원은 변호사 등 적정한 자를 보조인으로 선정할 수 있다.

② 검사는 소년 피의사건에 대하여 소년부 송치, 공소제기, 기소유예 등의 처분을 결정하기 위해 필요하다고 인정하면 피의자의 품행, 경력, 생활환경 등의 조사를 보호관찰소의 장에게 요구할 수 있다.

③ 보호관찰 처분을 할 때에 1년 이내의 기간을 정하여 야간 등 특정 시간대의 외출을 제한하는 명령을 보호관찰대상자의 준수 사항으로 부과할 수 있다.

④ 심리 개시 결정이 있었던 때로부터 그 사건에 대한 보호처분의 결정이 확정될 때까지 공소시효는 그 진행이 정지된다.

정답 및 해설

① [×] 소년이 소년분류심사원에 위탁된 경우 보조인이 없을 때에는 법원은 변호사 등 적정한 자를 보조인으로 선정하여야 한다(「소년법」 제17조의2).

② [○] 검사는 소년 피의사건에 대하여 소년부 송치, 공소제기, 기소유예 등의 처분을 결정하기 위하여 필요하다고 인정하면 피의자의 주거지 또는 검찰청 소재지를 관할하는 보호관찰소의 장, 소년분류심사원장 또는 소년원장에게 피의자의 품행, 경력, 생활환경이나 그 밖에 필요한 사항에 관한 조사를 요구할 수 있다(동법 제49조의2 제1항. 검사의 결정 전 조사).

③ [○] 동법 제32조의2 제2항

④ [○] 동법 제54조

정답 ①

59

□□□ 「소년법」상 보호사건의 조사와 심리에 대한 설명으로 옳지 않은 것은?　　　2025. 보호 9급

① 사건 본인이 보호자나 변호사를 보조인으로 선임하는 경우에는 소년부 판사의 허가를 받지 아니하여도 된다.

② 소년부 판사는 사건의 조사 또는 심리에 필요하다고 인정하면 기일을 지정하여 사건 본인이나 보호자 또는 참고인을 소환할 수 있다.

③ 소년부 판사는 사안이 가볍다는 이유로 심리를 개시하지 아니한다는 결정을 할 때에는 소년에게 훈계하거나 조사관에게 소년을 엄격히 관리하거나 교육하도록 고지할 수 있다.

④ 소년부 또는 조사관이 범죄 사실에 관하여 소년을 조사할 때에는 미리 소년에게 불리한 진술을 거부할 수 있음을 알려야 한다.

정답 및 해설

① [○] 사건 본인이나 보호자는 소년부 판사의 허가를 받아 보조인을 선임할 수 있으며(동법 제17조 제1항), (사건 본인이) 보호자나 변호사를 보조인으로 선임하는 경우에는 소년부 판사의 허가를 받지 아니하여도 된다(동법 제17조 제2항).

② [○] 동법 제13조 제1항

③ [×] 소년부 판사는 사안이 가볍다는 이유로 심리를 개시하지 아니한다는 결정을 할 때에는 소년에게 훈계하거나 보호자에게 소년을 엄격히 관리하거나 교육하도록 고지할 수 있다(「소년법」 제19조 제2항).

④ [○] 동법 제10조

정답 ③

60 「소년법」상 보호처분에 대한 설명으로 옳지 않은 것은?

① 사회봉사명령은 14세 이상의 소년에게만 할 수 있다.
② 수강명령과 장기 소년원 송치처분은 12세 이상의 소년에게만 할 수 있다.
③ 보호관찰관의 장기 보호관찰과 단기 소년원 송치처분 상호 간에는 병합할 수 있다.
④ 보호관찰관의 단기 보호관찰 또는 장기 보호관찰처분을 부과하는 때에는 3개월 이내의 기간을 정하여 대안교육 또는 소년의 상담·선도·교화와 관련된 단체나 시설에서의 상담·교육을 받을 것을 동시에 명할 수 있다.

정답 및 해설

① [○] 동법 제32조 제3항
② [○] 동법 제32조 제4항
③ [×] 보호관찰관의 단기 보호관찰(제4호)과 장기 소년원 송치(10호)처분은 병합할 수 없다(「소년법」 제32조 제2항).
④ [○] 동법 제32조의2 제1항

정답 ③

61 「소년법」상 보호관찰에 대한 설명으로 옳지 않은 것은?

① 보호관찰과 사회봉사명령, 수강명령은 모두 병합하여 부과할 수 있다.
② 보호관찰 처분 시 소년의 보호자에게 소년보호를 위한 특별교육을 받도록 명할 수 있다.
③ 보호관찰 처분 시 1년 이내의 기간을 정하여 야간에 외출을 제한하는 명령을 준수사항으로 부과할 수 있다.
④ 단기 보호관찰기간은 6개월로 한다.
⑤ 장기 보호관찰기간은 2년으로 한다.

정답 및 해설

① [○] 동법 제32조 제2항 제1호·제2호
② [○] 보호관찰처분에 따른 부가처분으로 소년부 판사는 가정상황 등을 고려하여 필요하다고 판단되면 보호자에게 소년원·소년분류심사원 또는 보호관찰소 등에서 실시하는 소년의 보호를 위한 특별교육을 받을 것을 명할 수 있다(동법 제32조의2 제3항).
③ [○] 보호관찰관의 단기 보호관찰 또는 장기 보호관찰의 처분을 할 때에 1년 이내의 기간을 정하여 야간 등 특정 시간대의 외출을 제한하는 명령을 보호관찰대상자의 준수 사항으로 부과할 수 있다(동법 제32조의2 제2항).
④ [×] 단기 보호관찰기간은 1년으로 한다(「소년법」 제33조 제2항).
⑤ [○] 장기 보호관찰기간은 2년으로 한다. 다만, 소년부 판사는 보호관찰관의 신청에 따라 결정으로써 1년의 범위에서 한 번에 한하여 그 기간을 연장할 수 있다(동법 제33조 제3항).

정답 ④

62

소년부 판사가 직권으로 보호처분을 변경할 수 있는 경우가 아닌 것은?

① 보호자 또는 보호자를 대신하여 소년을 보호할 수 있는 자에게 감호 위탁
② 「아동복지법」에 따른 아동복지시설이나 그 밖의 소년보호 시설에 감호 위탁
③ 보호관찰관의 단기 보호관찰
④ 병원, 요양소 또는 「보호소년 등의 처우에 관한 법률」에 따른 의료재활소년원에 위탁

정답 및 해설

③ [×] 소년부 판사는 위탁받은 자나 보호처분을 집행하는 자의 신청에 따라 결정으로써 보호처분(제32조)과 부가처분(제32조의2)을 변경할 수 있다. 다만, 제32조 제1항 제1호(보호자 등에게 감호 위탁)·제6호(아동복지시설이나 그 밖의 소년보호시설에 감호 위탁)·제7호(병원, 요양소 또는 의료재활소년원에 위탁)의 보호처분과 제32조의2 제1항의 부가처분(보호관찰관의 단기 보호관찰·장기 보호관찰의 처분을 할 때에 대안교육 또는 상담·교육을 받는 부가처분)은 직권으로 변경할 수 있다(「소년법」 제37조 제1항).

정답 ③

63

「소년법」상 소년보호사건의 조사·심리절차에서 피해자 참여에 대한 설명으로 옳지 않은 것은?

2024. 보호 7급

① 피해자의 조부모는 피해자에게 법정대리인이나 변호인이 없는 경우에 한하여 의견진술의 기회를 가질 수 있다.
② 피해자의 변호인이 의견진술을 신청하였으나 신청인이 이미 심리절차에서 충분히 진술하여 다시 진술할 필요가 없다고 인정되는 경우에는 의견진술의 기회가 주어지지 않을 수 있다.
③ 소년부 판사는 피해자를 보호하고 소년의 품행을 교정하기 위하여 필요한 경우 피해자와의 화해를 권고할 수 있다.
④ 소년부 판사의 화해권고에 따라 소년이 피해자와 화해하였을 경우에 소년부 판사는 그 소년에 대한 보호처분의 결정에 이를 고려할 수 있다.

정답 및 해설

① [×], ② [○] 소년부 판사는 피해자 또는 그 법정대리인·변호인·배우자·직계친족·형제자매(대리인 등)가 의견진술을 신청할 때에는 피해자나 그 대리인 등에게 심리 기일에 의견을 진술할 기회를 주어야 한다. 다만, ㉠ 신청인이 이미 심리절차에서 충분히 진술하여 다시 진술할 필요가 없다고 인정되는 경우, ㉡ 신청인의 진술로 심리절차가 현저하게 지연될 우려가 있는 경우에는 그러하지 아니하다(「소년법」 제25조의2).

③ [○] 소년부 판사는 소년의 품행을 교정하고 피해자를 보호하기 위하여 필요하다고 인정하면 소년에게 피해 변상 등 피해자와의 화해를 권고할 수 있다(동법 제25조의3 제1항).

④ [○] 소년부 판사는 소년이 화해의 권고에 따라 피해자와 화해하였을 경우에는 보호처분을 결정할 때 이를 고려할 수 있다(동법 제25조의3 제3항).

정답 ①

64

「소년법」상 소년보호사건에 대한 설명으로 옳은 것을 모두 고른 것은?

> ㉠ 정당한 이유 없이 가출한 11세의 소년이 그의 성격에 비추어 앞으로 형벌 법령에 저촉되는 행위를 할 우려가 있는 경우 경찰서장은 직접 관할 소년부에 송치하여야 한다.
> ㉡ 사건 본인인 소년이 보호자를 보조인으로 선임하는 경우에는 소년부 판사의 허가를 받아야 한다.
> ㉢ 소년이 소년분류심사원에 위탁된 경우 보조인이 없을 때에는 법원은 변호사 등 적정한 자를 보조인으로 선정하여야 한다.
> ㉣ 소년부 판사는 사건을 조사 또는 심리하는 데에 필요하다고 인정하면 소년의 감호에 관하여 결정으로써 소년분류심사원에 위탁할 수 있으며, 이 결정은 취소하거나 변경할 수 없다.
> ㉤ 소년부 판사는 사안이 가볍다는 이유로 심리를 개시하지 아니한다는 결정을 할 때에는 소년에게 훈계하거나 소년의 보호자에게 소년을 엄격히 관리하거나 교육하도록 고지할 수 있다.

① ㉠, ㉡
② ㉡, ㉣, ㉤
③ ㉠, ㉢, ㉤
④ ㉡, ㉢, ㉣
⑤ ㉢, ㉤

정답 및 해설

옳은 것은 ㉠, ㉢, ㉤이다.
㉠ [○] 「소년법」 제4조 제2항
㉡ [×] 사건 본인이나 보호자는 소년부 판사의 허가를 받아 보조인을 선임할 수 있으며(동법 제17조 제1항), 보호자나 변호사를 보조인으로 선임하는 경우에는 허가를 받지 아니하여도 된다(동법 제17조 제2항).
㉢ [○] 동법 제17조의2 제1항
㉣ [×] 소년부 판사는 사건을 조사 또는 심리하는 데에 필요하다고 인정하면 소년의 감호에 관하여 결정으로써 소년분류심사원에 위탁할 수 있으며(동법 제18조 제1항), 이 조치는 언제든지 결정으로써 취소하거나 변경할 수 있다(동법 제18조 제6항).
㉤ [○] 동법 제19조 제2항

정답 ③

65

「소년법」상 10세 이상 12세 미만의 소년에 대하여 할 수 있는 보호처분에 해당하지 않는 것은?

① 수강명령
② 단기 소년원 송치
③ 보호관찰관의 단기 보호관찰
④ 1개월 이내의 소년원 송치
⑤ 병원, 요양소에 위탁

정답 및 해설

① [×] 수강명령 및 장기 소년원 송치 처분은 12세 이상의 소년에게만 할 수 있다(「소년법」 제32조 제4항).

정답 ①

66

「소년법」에 규정된 보호처분 중 그 기간을 연장할 수 있는 것을 모두 고른 것은?

- ㉠ 보호관찰관의 장기 보호관찰
- ㉡ 「아동복지법」에 따른 아동복지시설이나 그 밖의 소년보호시설에 감호 위탁
- ㉢ 보호자 또는 보호자를 대신하여 소년을 보호할 수 있는 자에게 감호 위탁
- ㉣ 「보호소년 등의 처우에 관한 법률」에 따른 의료재활소년원에 위탁

① ㉠, ㉡
② ㉠, ㉢
③ ㉠, ㉡, ㉢
④ ㉡, ㉢, ㉣
⑤ ㉠, ㉡, ㉢, ㉣

정답 및 해설

⑤ [○] 장기 보호관찰기간은 2년으로 한다. 다만, 소년부 판사는 보호관찰관의 신청에 따라 결정으로써 1년의 범위에서 한 번에 한하여 그 기간을 연장할 수 있다(소년법 제33조 제3항). ㉠ 보호자 등에게 감호 위탁, ㉡ 아동복지시설이나 그 밖의 소년보호시설에 감호 위탁, ㉢ 병원·요양소 또는 의료재활소년원에 위탁기간은 6개월로 하되, 소년부 판사는 결정으로써 6개월의 범위에서 한 번에 한하여 그 기간을 연장할 수 있다(동법 제33조 제1항).

정답 ⑤

67

15세 된 甲은 학교에서 乙이 평소에 자신을 괴롭히는 것을 참지 못해 乙에게 폭행을 가하였다. 甲에 대해서 검사가 취한 조치 중 옳지 않은 것은?

① 甲에 대해 선도가 필요하다고 판단하고 조건부 기소유예처분을 하였다.
② 甲에게 피해 변상 등의 방법으로 피해자인 乙과 화해할 것을 권고하였다.
③ 형사처분보다는 보호처분이 필요하다고 판단하고 甲을 지방법원 소년부로 송치하였다.
④ 甲의 폭행을 벌금형에 처할 사건으로 판단하고 약식명령을 청구하였다.

정답 및 해설

① [○] 동법 제49조의3
② [×] 소년부 판사는 소년의 품행을 교정하고 피해자를 보호하기 위하여 필요하다고 인정하면 소년에게 피해 변상 등 피해자와의 화해를 권고할 수 있다(「소년법」 제25조의3 제1항).
  ▶ 화해의 권고는 소년부 판사의 권한이다.
③ [○] 동법 제49조 제1항
④ [○] 「형사소송법」 제448조 제1항

정답 ②

68

「소년법」상 심리 불개시의 결정에 대한 설명으로 옳지 않은 것은?

① 소년부 판사는 송치서와 조사관의 조사보고에 따라 사건의 심리를 개시할 수 없다고 인정하면 심리를 개시하지 아니한다는 결정을 하여야 한다.
② 심리 불개시 결정을 한 때에는 사건 본인과 보호자에게 통지하여야 한다.
③ 심리 불개시의 결정을 하여도 소년부 판사가 행한 임시조치의 효력에는 영향이 없다.
④ 사안이 가볍다는 이유로 심리를 개시하지 아니한다는 결정을 할 때에는 소년에게 훈계하거나 보호자에게 소년을 엄격히 관리하거나 교육하도록 고지할 수 있다.
⑤ 소년부 판사는 소재가 분명하지 아니하다는 이유로 심리를 개시하지 아니한다는 결정을 받은 소년의 소재가 밝혀진 경우에는 그 결정을 취소하여야 한다.

정답 및 해설

①, ② [○] 동법 제19조 제1항
③ [×] 심리 불개시의 결정이 있을 때에는 임시조치는 취소된 것으로 본다(「소년법」 제19조 제3항).
④ [○] 동법 제19조 제2항
⑤ [○] 동법 제19조 제4항

정답 ③

69

소년보호사건에 있어 법원 소년부가 소년의 보호자에게 알려야 하는 경우가 아닌 것은?

① 보호사건의 송치를 받은 소년부가 사건을 관할 지방법원에 대응한 검찰청 검사에게 송치한 경우
② 동행영장을 집행한 때
③ 심리개시 결정을 한 때
④ 보호처분의 계속 중 본인이 처분 당시 19세 이상인 것으로 밝혀진 경우에 그 보호처분을 취소하고 관할 지방법원에 대응하는 검찰청 검사에게 송치한 경우

정답 및 해설

① [○] 보호사건의 송치를 받은 소년부가 사건을 관할 지방법원에 대응한 검찰청 검사에게 송치한 경우(동법 제7조), 보호사건의 적정을 기하기 위하여 사건을 다른 관할 소년부에 이송한 경우(동법 제6조 제1항), 관할에 속하지 아니한 사건을 관할 소년부에 이송한 경우(동법 제6조 제2항)에는 지체 없이 그 사유를 사건 본인과 그 보호자에게 알려야 한다(동법 제8조).
② [○] 동행영장을 집행하면 지체 없이 보호자나 보조인에게 알려야 한다(동법 제16조 제3항).
③ [○] 심리개시 결정을 한 때(동법 제20조), 심리불개시의 결정을 한 때(동법 제19조), 심리기일을 변경한 때(동법 제22조), 불처분 결정을 한 때(동법 제29조) 등은 사건 본인과 그 보호자에게 알려야 한다.
④ [×] ㉠ 보호처분이 계속 중일 때에 사건 본인이 처분 당시 19세 이상인 것으로 밝혀진 경우에 그 보호처분을 취소하고 관할 지방법원에 대응하는 검찰청 검사에게 송치한 경우(「소년법」 제38조 제1항 제1호), ㉡ 법원이 소년에 대한 피고사건을 심리한 결과 보호처분에 해당 할 사유가 있다고 인정하여 사건을 관할 소년부에 송치한 사건에 대해 보호처분의 계속 중일 때에 사건 본인이 처분 당시 19세 이상인 것으로 밝혀져 그 보호처분을 취소하고 송치한 법원에 이송한 경우(동법 제38조 제1항 제2호) 등에 대해서는 보호자에게 통지할 의무가 규정되어 있지 않다.

정답 ④

70 □□□ 시설 내 처우와 사회 내 처우의 중간처우 형태에 속하는 것으로 옳은 것을 모두 고른 것은?

㉠ 보호자 등에게 감호 위탁(제1호)	㉡ 단기 보호관찰(제4호)
㉢ 장기 보호관찰(제5호)	㉣ 소년보호시설에 감호 위탁(제6호)
㉤ 병원이나 요양소 위탁(제7호)	㉥ 단기 소년원 송치(제9호)
㉦ 장기 소년원 송치(제10호)	

① ㉠, ㉡, ㉢

② ㉣, ㉤

③ ㉥, ㉦

④ ㉠, ㉣, ㉤

정답 및 해설

옳은 것은 ㉣, ㉤이다.
- **시설 내 처우**: 1개월 이내의 소년원 송치(제8호), 단기 소년원 송치(제9호), 장기 소년원 송치(제10호)
- **사회 내 처우**: 보호자 또는 보호자를 대신하여 소년을 보호할 수 있는 자에게 감호 위탁(제1호), 수강명령(제2호), 사회봉사명령(제3호), 보호관찰관의 단기 보호관찰(제4호), 보호관찰관의 장기 보호관찰(제5호)
- **중간처우 형태**: 아동복지법에 따른 아동복지시설이나 그 밖의 소년보호시설에 감호 위탁(제6호), 병원, 요양소 또는 보호소년법에 따른 의료재활소년원에 위탁(제7호)

정답 ②

---

71 □□□ 「소년법」상 보호처분 등에 대한 설명으로 옳지 않은 것은? (다툼이 있는 경우 판례에 의함)

① 보호처분 계속 중일 때에 사건 본인에 대하여 새로운 보호처분이 있었을 때에는 그 처분을 한 소년부 판사는 이전의 보호처분을 한 소년부에 조회하여 어느 하나의 보호처분을 취소하여야 한다.

② 보호처분이 계속 중일 때에 사건 본인에 대하여 유죄판결이 확정된 경우에 보호처분을 한 소년부 판사는 결정으로써 보호처분을 취소하여야 한다.

③ 보호처분이 계속 중일 때에 사건 본인이 처분 당시 19세 이상인 것으로 밝혀진 경우에는 소년부 판사는 결정으로써 그 보호처분을 취소하고, 법원이 송치한 사건인 경우에는 송치한 법원에 이송한다.

④ 우범소년에 대한 보호처분이 계속 중일 때에 사건 본인이 처분 당시 10세 미만으로 밝혀진 경우에는 소년부 판사는 결정으로써 그 보호처분을 취소하여야 한다.

⑤ 「소년법」상 보호처분을 받은 소년에 대한 보호처분의 변경은 종전 보호처분 사건에 관한 재판이므로 종전 보호처분에서 심리가 결정된 사건이 아닌 사건은 공소를 제기하거나 소년부에 송치할 수 있다.

정답 및 해설

① [○] 동법 제40조
② [×] 보호처분이 계속 중일 때에 사건 본인에 대하여 유죄판결이 확정된 경우에 보호처분을 한 소년부 판사는 그 처분을 존속할 필요가 없다고 인정하면 결정으로써 보호처분을 취소할 수 있다(「소년법」 제39조).
③ [○] 동법 제38조 제1항 제2호
④ [○] 동법 제38조 제2항

⑤ [○] 대법원 2019. 5.10. 2018도3768

> **⚖ 관련판례**
>
> 보호처분을 받은 소년에 대한 보호처분의 변경은 보호처분결정에 따른 위탁 또는 집행 과정에서 발생한 준수사항 위반 등 사정변경을 이유로 종전 보호처분결정을 변경하는 것이다. 즉 이는 종전 보호처분 사건에 관한 재판이다. 따라서 종전 보호처분에서 심리가 결정된 사건이 아닌 사건에 대하여 공소를 제기하거나 소년부에 송치하는 것은 「소년법」 제53조(보호처분의 효력)에 위배되지 않는다(대법원 2019.5.10. 2018도3768).

정답 ②

72 □□□

甲(남, 18세)은 귀가 중인 피해자 乙(여, 21세)을 폭행한 후 강간하려다가 乙이 반항하는 바람에 미수에 그쳤다. 이로 인하여 乙은 약 3주간의 치료가 필요한 상해를 입었다. 현행법상 이 사건에 대한 처리절차로 옳지 않은 것은?

① 소년부 판사는 피해자의 아버지가 심리기일에 의견진술을 신청할 때에는 의견을 진술할 기회를 주어야 하지만, 신청인이 이미 심리절차에서 충분히 진술하여 다시 진술할 필요가 없다고 인정되는 경우에는 진술할 기회를 주지 않아도 된다.

② 소년부 판사는 사건을 조사 또는 심리하는 데에 필요하다고 인정하면 甲의 감호에 관하여 결정으로써 소년분류심사원에 위탁할 수 있다.

③ 甲이 징역형을 선고받아 소년교도소에서 그 형의 집행 중 20세가 되면 일반 교도소에서 집행하여야 한다.

④ 甲이 이전에 성폭력범죄를 2회 이상 범하여 그 습벽이 인정되고 성폭력범죄를 다시 범할 위험성이 있다고 인정되는 경우 검사는 전자장치를 부착하도록 하는 명령을 법원에 청구할 수 있다.

⑤ 甲에 대하여 장기 6년, 단기 3년의 형이 선고되었다면, 단기의 3분의 1인 1년이 지나면 甲에 대하여 가석방을 허가할 수 있다.

정답 및 해설

① [○] 소년부 판사는 피해자 또는 그 법정대리인 · 변호인 · 배우자 · 직계친족 · 형제자매(대리인 등)가 의견진술을 신청할 때에는 피해자나 그 대리인 등에게 심리 기일에 의견을 진술할 기회를 주어야 한다. 다만, ㉠ 신청인이 이미 심리절차에서 충분히 진술하여 다시 진술할 필요가 없다고 인정되는 경우, ㉡ 신청인의 진술로 심리절차가 현저하게 지연될 우려가 있는 경우에는 그러하지 아니하다(동법 제25조의2).

② [○] 동법 제18조 제1항

③ [×] 징역 또는 금고를 선고받은 소년에 대하여는 특별히 설치된 교도소 또는 일반 교도소 안에 특별히 분리된 장소에서 그 형을 집행한다. 다만, 소년이 형의 집행 중에 23세가 되면 일반 교도소에서 집행할 수 있다(「소년법」 제63조).

④ [○] 「전자장치 부착 등에 관한 법률」 제5조 제1항 제3호

⑤ [○] 징역 또는 금고를 선고받은 소년에 대하여는 무기형의 경우에는 5년, 15년 유기형의 경우에는 3년, 부정기형의 경우에는 단기의 3분의 1이 지나면 가석방을 허가할 수 있다(동법 제65조).

정답 ③

73

「소년법」상 항고에 대한 설명으로 옳지 않은 것은?

① 항고를 할 때에는 항고장을 항고법원에 제출하여야 한다.
② 항고의 제기기간은 7일이다.
③ 항고장을 받은 소년부는 3일 이내에 의견서를 첨부하여 항고법원에 송부하여야 한다.
④ 항고법원은 항고가 이유 있다고 인정한 경우에는 원결정을 취소하고 사건을 원소년부에 환송하거나 다른 소년부에 이송하여야 한다.
⑤ 항고가 이유가 있다고 인정되어 보호처분의 결정을 다시 하는 경우에는 원결정에 따른 보호처분의 집행 기간은 그 전부를 항고에 따른 보호처분의 집행 기간에 산입한다. 다만, 소년원 송치처분(제8호, 제9호, 제10호) 상호 간에만 적용한다.

정답 및 해설

① [×] 항고를 할 때에는 항고장을 원심 소년부에 제출하여야 한다(「소년법」 제44조 제1항).
② [○] 동법 제43조 제2항
③ [○] 동법 제44조 제2항
④ [○] 동법 제45조 제2항
⑤ [○] 항고가 이유가 있다고 인정되어 보호처분의 결정을 다시 하는 경우에는 원결정에 따른 보호처분의 집행 기간은 그 전부를 항고에 따른 보호처분의 집행 기간에 산입[제32조 제1항 제8호(1개월 이내의 소년원 송치)·제9호(단기 소년원 송치)·제10호(장기 소년원 송치) 처분 상호 간에만 해당한다]한다(동법 제45조 제3항). 즉, 제3항은 소년원 송치처분 상호 간에만 적용된다.

정답 ①

74

「소년법」상 항고에 대한 설명으로 옳지 않은 것은?

① 보호처분의 변경의 결정이 그 결정에 영향을 미칠 법령 위반이 있거나 중대한 사실오인이 있는 경우 또는 처분이 현저히 부당한 경우에는 사건 본인·보호자·보조인 또는 그 법정대리인은 관할 가정법원 또는 지방법원 본원 합의부에 항고할 수 있다.
② 항고를 기각하는 결정에 대하여는 그 결정이 법령에 위반되거나 중대한 사실 오인이 있는 경우에만 대법원에 재항고를 할 수 있다.
③ 항고는 결정의 집행을 정지하는 효력은 없다.
④ 항고법원은 항고 절차가 법률에 위반되거나 항고가 이유 없다고 인정한 경우에는 결정으로써 항고를 기각하여야 한다.

정답 및 해설

① [○] 동법 제43조 제1항
② [×] 항고를 기각하는 결정에 대하여는 그 결정이 법령에 위반되는 경우에만 대법원에 재항고를 할 수 있다(「소년법」 제47조 제1항).
③ [○] 동법 제46조
④ [○] 동법 제45조

정답 ②

01 「소년법」상 형사사건 처리 절차에 대한 설명으로 옳지 않은 것은?

2022. 교정 9급

① 소년에 대한 구속영장은 부득이한 경우가 아니면 발부하지 못한다.
② 부정기형을 선고받은 소년에 대하여는 단기의 3분의 1이 지나면 가석방을 허가할 수 있다.
③ 소년이 법정형으로 장기 2년 이상의 유기형에 해당하는 죄를 범한 경우에는 그 형의 범위에서 장기와 단기를 정하여 선고한다.
④ 검사가 소년부에 송치한 사건을 소년부는 다시 해당 검찰청 검사에게 송치할 수 없다.

정답 및 해설

① [○] 동법 제55조 제1항
② [○] 징역 또는 금고를 선고받은 소년에 대하여는 무기형의 경우에는 5년, 15년 유기형의 경우에는 3년, 부정기형의 경우에는 단기의 3분의 1이 지나면 가석방을 허가할 수 있다(동법 제65조).
③ [○] 소년이 법정형으로 장기 2년 이상의 유기형에 해당하는 죄를 범한 경우에는 그 형의 범위에서 장기와 단기를 정하여 선고한다. 다만, 장기는 10년, 단기는 5년을 초과하지 못한다(동법 제60조 제1항).
④ [×] 검사는 소년에 대한 피의사건을 수사한 결과 보호처분에 해당하는 사유가 있다고 인정한 경우에는 사건을 관할 소년부에 송치하여야 하고(동법 제49조 제1항), 소년부는 검사에 의해 송치된 사건을 조사 또는 심리한 결과 그 동기와 죄질이 금고 이상의 형사처분을 할 필요가 있다고 인정할 때에는 결정으로써 해당 검찰청 검사에게 송치할 수 있으며(동법 제49조 제2항), 검사는 소년부가 송치한 사건을 다시 소년부에 송치할 수 없다(「소년법」 제49조 제3항).

정답 ④

02 「소년법」상 형사사건의 심판에 대한 설명으로 옳지 않은 것은?

2022. 교정 7급

① 징역 또는 금고를 선고받은 소년에 대하여는 특별히 설치된 교도소 또는 일반 교도소 안에 특별히 분리된 장소에서 그 형을 집행한다. 다만, 소년이 형의 집행 중에 23세가 되면 일반 교도소에서 집행할 수 있다.
② 죄를 범할 당시 18세 미만인 소년에 대하여 사형 또는 무기형으로 처할 경우에는 15년의 유기징역으로 한다.
③ 징역 또는 금고를 선고받은 소년에 대하여는 무기형의 경우에는 5년, 15년 유기형의 경우에는 3년, 부정기형의 경우에는 단기의 3분의 1의 기간이 각각 지나면 가석방을 허가할 수 있다.
④ 소년에 대한 형사사건의 심리는 다른 피의사건과 관련된 경우 심리에 지장이 없으면 그 절차를 병합하여야 한다.

정답 및 해설

① [○] 동법 제63조
② [○] 동법 제59조
③ [○] 동법 제65조
④ [×] 소년에 대한 형사사건의 심리는 다른 피의사건과 관련된 경우에도 심리에 지장이 없으면 그 절차를 분리하여야 한다(「소년법」 제57조).

정답 ④

03

소년 형사사건에 대한 설명으로 옳은 것은? (다툼이 있는 경우 판례에 의함)

□□□

① 「소년법」 제60조 제1항에 정한 '소년'은 「소년법」 제2조에 정한 19세 미만인 자를 의미하는 것으로, 이에 해당하는지는 행위시를 기준으로 판단하여야 한다.

② 소년에 대한 부정기형을 집행하는 기관의 장은 형의 단기가 지난 소년범의 행형(行刑) 성적이 양호하고 교정의 목적을 달성하였다고 인정되는 경우에는 관할 법원의 결정에 따라 그 형의 집행을 종료시킬 수 있다.

③ 15년 유기징역형을 선고받은 소년이 6년이 지나 가석방된 경우, 가석방된 후 그 처분이 취소되지 아니하고 9년이 경과한 때에 형의 집행을 종료한 것으로 한다.

④ 보호처분 당시 19세 이상인 것으로 밝혀진 경우를 제외하고는 「소년법」 제32조의 보호처분을 받은 소년에 대하여는 그 심리가 결정된 사건은 다시 공소를 제기하거나 소년부에 송치할 수 없다.

정답 및 해설

① [×] 대법원 2020.10.22. 2020도4140

> **⚖ 관련판례**
>
> 「소년법」은 인격이 형성되는 과정에 있기에 그 개선가능성이 풍부하고 심신의 발육에 따르는 특수한 정신적 동요상태에 놓여 있는 소년의 특수성을 고려하여 소년의 건전한 성장을 돕기 위해 형사처분에 관한 특별조치로서 제60조 제1항에서 소년에 대하여 부정기형을 선고하도록 정하고 있다. 다만, 「소년법」 제60조 제1항에 정한 '소년'은 「소년법」 제2조에 정한 19세 미만인 자를 의미하는 것으로 이에 해당하는지는 사실심판결 선고 시를 기준으로 판단하여야 하므로, 제1심에서 부정기형을 선고받은 피고인이 항소심 선고 이전에 19세에 도달하는 경우 정기형이 선고되어야 한다. 이 경우 피고인만이 항소하거나 피고인을 위하여 항소하였다면 형사소송법 제368조가 규정한 불이익변경금지 원칙이 적용되어 항소심은 제1심판결의 부정기형보다 무거운 정기형을 선고할 수 없다(대법원 2020.10.22. 2020도4140).

② [×] 소년에 대한 부정기형을 집행하는 기관의 장은 형의 단기가 지난 소년범의 행형 성적이 양호하고 교정의 목적을 달성하였다고 인정되는 경우에는 관할 검찰청 검사의 지휘에 따라 그 형의 집행을 종료시킬 수 있다(동법 제60조 제4항).

③ [×] 징역 또는 금고를 선고받은 소년이 가석방된 후 그 처분이 취소되지 아니하고 가석방 전에 집행을 받은 기간과 같은 기간이 지난 경우에는 형의 집행을 종료한 것으로 한다(동법 제66조 본문). 그러므로 가석방된 후 그 처분이 취소되지 아니하고 6년이 경과한 때에 형의 집행을 종료한 것으로 한다.

④ [○] 제32조의 보호처분을 받은 소년에 대하여는 그 심리가 결정된 사건은 다시 공소를 제기하거나 소년부에 송치할 수 없다. 다만, 보호처분이 계속 중일 때에 사건 본인이 처분 당시 19세 이상인 것으로 밝혀져 소년부 판사가 결정으로써 그 보호처분을 취소하고 검찰청 검사에게 송치한 경우에는 공소를 제기할 수 있다(「소년법」 제53조).

정답 ④

04 소년형사사건에 대한 설명으로 옳지 않은 것은?

2012. 교정 9급

① 소년부는 검사로부터 송치된 보호처분 사건을 조사 또는 심리한 결과 그 동기와 죄질이 금고 이상의 형사처분을 할 필요가 있다고 인정할 때에는 결정으로써 해당 검찰청 검사에게 송치할 수 있다.

② ①에 따라 검사에게 송치된 사건을 검사는 다시 소년부에 송치할 수 있다.

③ 검사는 소년 피의사건에 대하여 소년부 송치, 공소제기, 기소유예 등의 처분을 결정하기 위하여 필요하다고 인정하면 피의자의 주거지 또는 검찰청 소재지를 관할하는 보호관찰소의 장 등에게 피의자의 품행, 경력, 생활환경이나 그 밖에 필요한 사항에 관한 조사를 요구할 수 있다.

④ 법원은 소년에 대한 피고사건을 심리한 결과 보호처분에 해당할 사유가 있다고 인정하면 결정으로써 사건을 관할 소년부에 송치하여야 한다.

정답 및 해설

① [○] 동법 제49조 제2항
② [×] 소년부에서 검사에게 송치한 사건을 검사는 다시 소년부에 송치할 수 없다(「소년법」 제49조 제3항).
③ [○] 동법 제49조의2 제1항
④ [○] 동법 제50조

정답 ②

05 甲(18세)은 상점에 침입하여 시가 50만원 상당의 물품을 절취하였다. 甲에 대한 처리절차에 대한 설명으로 옳지 않은 것은?

2012. 사시

① 소년부 판사는 심리기일에 소년의 품행을 교정하고 피해자를 보호하기 위하여 필요하다고 인정되는 경우, 甲에게 피해변상 등 피해자와의 화해를 권고할 수 있다.

② 소년부 판사의 심리개시 결정이 있었던 때로부터 甲에 대한 보호처분의 결정이 확정될 때까지 공소시효는 그 진행이 정지된다.

③ 심리는 공개하지 아니하나, 소년부 판사는 적당하다고 인정하는 자에게 참석을 허가할 수 있다.

④ 甲에 대하여 부정기형이 선고된 경우, 부정기형을 집행하는 기관의 장은 형의 단기가 지난 甲의 행형성적이 양호하고 교정의 목적을 달성하였다고 인정되는 경우 법원의 결정에 따라 그 형의 집행을 종료시킬 수 있다.

⑤ 甲이 징역을 선고받은 경우 특별히 설치된 교도소 또는 일반교도소 안에 특별히 분리된 장소에서 그 형을 집행한다.

정답 및 해설

① [○] 동법 제25조의3 제1항
② [○] 동법 제54조
③ [○] 동법 제24조 제2항
④ [×] 소년에 대한 부정기형을 집행하는 기관의 장은 형의 단기가 지난 소년범의 행형 성적이 양호하고 교정의 목적을 달성하였다고 인정되는 경우에는 관할 검찰청 검사의 지휘에 따라 그 형의 집행을 종료시킬 수 있다(「소년법」 제60조 제4항).
⑤ [○] 징역 또는 금고를 선고받은 소년에 대하여는 특별히 설치된 교도소 또는 일반 교도소 안에 특별히 분리된 장소에서 그 형을 집행한다. 다만, 소년이 형의 집행 중에 23세가 되면 일반 교도소에서 집행할 수 있다(동법 제63조).

정답 ④

06 소년형사사건에 대한 설명으로 옳지 않은 것은? 2014. 사시

① 소년에게 변호인이 없는 때에는 법원은 직권으로 국선변호인을 선정하여야 한다.

② 징역 또는 금고를 선고받은 소년에 대하여는 특별히 설치된 교도소 또는 일반 교도소 안에 특별히 분리된 장소에서 그 형을 집행한다.

③ 소년에게 형의 집행유예나 선고유예를 선고할 때에는 부정기형을 선고하지 못한다.

④ 부정기형을 선고받은 소년에 대하여는 단기의 2분의 1이 지나야 가석방을 허가할 수 있다.

⑤ 소년이 법정형으로 장기 2년 이상의 유기형에 해당하는 죄를 범한 경우에는 그 형의 범위에서 장기와 단기를 정하여 선고한다. 다만, 장기는 10년, 단기는 5년을 초과하지 못한다.

정답 및 해설

① [○] 미성년자인 피고인이 변호인이 없는 때에는 법원은 직권으로 변호인을 선정하여야 한다(「형사소송법」 제33조 제1항 제2호).

② [○] 「소년법」 제63조

③ [○] 동법 제60조 제3항

④ [×] 징역 또는 금고를 선고받은 소년에 대하여는 무기형의 경우에는 5년, 15년 유기형의 경우에는 3년, 부정기형의 경우에는 단기의 3분의 1이 지나면 가석방을 허가할 수 있다(「소년법」 제65조).

⑤ [○] 동법 제60조 제1항

정답 ④

---

07 「소년법」상 소년형사사건에 대한 설명으로 옳지 않은 것은? 2015. 사시

① 법원은 소년에 대한 형사사건에 관하여 필요한 사항을 조사하도록 조사관에게 위촉할 수 있다.

② 소년에 대한 형사사건의 심리는 다른 피의사건과 관련된 경우에도 심리에 지장이 없으면 그 절차를 분리하여야 한다.

③ 보호처분이 계속 중일 때에 징역, 금고 또는 구류를 선고받은 소년에 대하여는 먼저 그 형을 집행한다.

④ 소년이 법정형으로 장기 2년 이상의 유기형에 해당하는 죄를 범한 경우에는 그 형의 범위에서 장기와 단기를 정하여 선고하되, 장기는 5년, 단기는 2년을 초과하지 못한다.

⑤ 소년이었을 때 범한 죄에 의하여 형의 선고유예나 집행유예를 선고받은 경우 자격에 관한 법령을 적용할 때 장래에 향하여 형의 선고를 받지 아니한 것으로 보지만, 형의 선고유예가 실효되거나 집행유예가 실효·취소된 때에는 그 때에 형을 선고받은 것으로 본다.

정답 및 해설

① [○] 동법 제56조

② [○] 동법 제57조

③ [○] 동법 제64조

④ [×] 소년이 법정형으로 장기 2년 이상의 유기형에 해당하는 죄를 범한 경우에는 그 형의 범위에서 장기와 단기를 정하여 선고한다. 다만, 장기는 10년, 단기는 5년을 초과하지 못한다(「소년법」 제60조 제1항).

⑤ [○] 동법 제67조 제1항·제2항

정답 ④

08 「소년법」상 소년사범의 형 집행 및 가석방에 대한 설명으로 옳은 것은?

① 소년에게 무기형을 선고할 때에는 15년의 유기징역으로 한다.
② 소년에게 2년 미만의 유기형을 선고하는 때에는 부정기형을 선고할 수 없다.
③ 소년에 대한 부정기형을 집행하는 기관의 장은 형의 단기가 지난 소년범의 행형성적이 양호하고 교정의 목적을 달성하였다고 인정되는 경우에는 교도관회의의 심의를 거쳐 그 형의 집행을 종료시킬 수 있다.
④ 소년이 부정기형을 선고받은 경우, 단기의 3분의 1을 경과한 때에는 가석방을 허가할 수 있다.
⑤ 소년이 가석방된 후 그 처분이 취소되지 아니하고 가석방심사위원회가 정한 가석방기간을 경과한 때에는 형의 집행을 종료한 것으로 본다.

정답 및 해설

① [×] 죄를 범할 당시 18세 미만인 소년에 대하여 사형 또는 무기형으로 처할 경우에는 15년의 유기징역으로 한다(동법 제59조). 즉, 죄를 범할 당시 18세 미만인 소년에 대하여는 사형 또는 무기형을 선고할 수 없다.
② [×] 소년이 법정형으로 장기 2년 이상의 유기형에 해당하는 죄를 범한 경우에는 그 형의 범위에서 장기와 단기를 정하여 선고한다. 다만, 장기는 10년, 단기는 5년을 초과하지 못한다(동법 제60조 제1항). 즉, 법정형(정확히는 처단형)이 2년 이상의 유기형인 경우에 부정기형을 선고한다. 따라서 법정형(처단형)이 2년 이상의 유기형인 이상, 선고형이 2년 미만이어도 부정기형을 선고하여야 한다.
   ▶ 법정형과 선고형의 차이점에 유의할 것(법정형 → 선택형 → 처단형 → 선고형)
③ [×] 관할 검찰청 검사의 지휘에 따라 그 형의 집행을 종료시킬 수 있다(동법 제60조 제4항).
④ [○] 「소년법」 제65조
⑤ [×] 징역 또는 금고를 선고받은 소년이 가석방된 후 그 처분이 취소되지 아니하고 가석방 전에 집행을 받은 기간과 같은 기간이 지난 경우에는 형의 집행을 종료한 것으로 한다(동법 제66조).

정답 ④

09 「소년법」상 소년에 관한 형사사건에 대한 설명으로 옳지 않은 것은?

2015. 교정 7급

① 단기 3년, 장기 6년의 징역형을 선고받은 소년에게는 1년이 지나면 가석방을 허가할 수 있다.
② 소년에 대한 형사사건의 심리는 다른 피의사건과 관련된 경우에는 그 절차를 병합하여야 한다.
③ 보호처분이 계속 중일 때에 징역, 금고 또는 구류를 선고받은 소년에 대하여는 먼저 그 형을 집행한다.
④ 징역 또는 금고를 선고받은 소년에 대하여는 특별히 설치된 교도소 또는 일반 교도소 안에 특별히 분리된 장소에서 그 형을 집행하나, 소년이 형의 집행 중에 23세가 되면 일반 교도소에서 집행할 수 있다.

정답 및 해설

① [○] 부정기형의 경우에는 단기의 3분의 1이 지나야 가석방 대상이 되므로 단기 3년, 장기 6년의 부정기형을 선고받은 소년은 1년이 지나면 가석방을 허가할 수 있다(동법 제65조).
② [×] 소년에 대한 형사사건의 심리는 다른 피의사건과 관련된 경우에도 심리에 지장이 없으면 그 절차를 분리하여야 한다(「소년법」 제57조).
③ [○] 동법 제64조
④ [○] 동법 제63조

정답 ②

10 「소년법」상 소년사건의 처리에 대한 설명으로 옳지 않은 것은? (다툼이 있는 경우 판례에 의함)

2016. 5급 승진

① 소년의 특성에 비추어 상당하다고 인정되는 때에는 그 형을 감경하여야 한다.

② 소년에 대하여 형을 감경하는 경우의 '소년'인지의 여부는 심판시, 즉 사실심 판결 선고시를 기준으로 판단하여야 한다.

③ 소년에 대한 피고사건을 심리한 법원이 그 결과에 따라 보호처분에 해당할 사유가 있는지의 여부를 인정하는 것은 법관의 자유재량에 의하여 판정될 사항이다.

④ 소년부는 조사 또는 심리한 결과 금고 이상의 형에 해당하는 범죄 사실이 발견된 경우 그 동기와 죄질이 형사처분을 할 필요가 있다고 인정하면 결정으로써 사건을 관할 지방법원에 대응한 검찰청 검사에게 송치하여야 한다.

⑤ 보호처분이 계속 중일 때에 징역, 금고 또는 구류를 선고받은 소년에 대하여는 먼저 그 형을 집행한다.

정답 및 해설

① [×] 소년의 특성에 비추어 상당하다고 인정되는 때에는 그 형을 감경할 수 있다(「소년법」 제60조 제2항).

② [○] 대법원 2009.5.28. 2009도2682

③ [○] 대법원 1991.1.25. 90도2693

④ [○] 동법 제7조 제1항

⑤ [○] 동법 제64조

정답 ①

11 「소년법」상의 부정기형에 대한 설명으로 옳지 않은 것은?

2014. 보호 7급

① 소년이 법정형으로 장기 2년 이상의 유기형에 해당하는 죄를 범한 경우 그 형의 범위에서 선고하되 장기는 10년, 단기는 5년을 초과하지 못한다.

② 형의 집행유예나 선고유예를 선고할 때에는 부정기형을 선고할 수 없다.

③ 검사는 형의 단기가 지난 소년범의 행형 성적이 양호하고 교정의 목적을 달성하였다고 인정되는 경우 법원의 허가를 얻어 형집행을 종료시킬 수 있다.

④ 부정기형을 선고받은 소년에 대해서는 단기의 3분의 1을 경과하면 가석방을 허가할 수 있다.

정답 및 해설

① [○] 동법 제60조 제1항

② [○] 동법 제60조 제3항

③ [×] 소년에 대한 부정기형을 집행하는 기관의 장은 형의 단기가 지난 소년범의 행형 성적이 양호하고 교정의 목적을 달성하였다고 인정되는 경우에는 관할 검찰청 검사의 지휘에 따라 그 형의 집행을 종료시킬 수 있다(「소년법」 제60조 제4항).

④ [○] 동법 제65조

정답 ③

12 「소년법」상 소년에 대한 형사사건의 처리절차로서 옳지 않은 것은?

2016. 보호 7급

① 검사는 소년에 대한 피의사건을 수사한 결과 보호처분에 해당하는 사유가 있다고 인정한 경우에는 사건을 관할 소년부에 송치해야 한다.

② 검사는 피의소년에 대하여 피의소년과 법정대리인의 동의하에 범죄예방자원봉사위원의 선도를 받게 하고 피의사건에 대한 공소를 제기하지 않을 수 있다.

③ 죄를 범할 당시 18세 미만인 소년에 대해 사형 또는 무기형으로 처할 경우에는 15년의 유기징역으로 한다.

④ 보호처분이 계속 중일 때에 징역, 금고 또는 구류를 선고받은 소년에 대해서는 보호처분이 종료된 후에 그 형을 집행해야 한다.

정답 및 해설

① [○] 동법 제49조 제1항

② [○] 검사는 (소년)피의자에 대하여 ㉠ 범죄예방자원봉사위원의 선도, ㉡ 소년의 선도·교육과 관련된 단체·시설에서의 상담·교육·활동 등을 받게 하고, 피의사건에 대한 공소를 제기하지 아니할 수 있다. 이 경우 소년과 소년의 친권자·후견인 등 법정대리인의 동의를 받아야 한다(동법 제49조의3. 선도조건부 기소유예).

③ [○] 동법 제59조

④ [×] 보호처분이 계속 중일 때에 징역, 금고 또는 구류를 선고받은 소년에 대하여는 먼저 그 형을 집행한다(「소년법」 제64조).

정답 ④

13 「소년법」상 소년형사사건에 대한 설명으로 옳지 않은 것은?

2018. 보호 7급

① 징역 또는 금고를 선고받은 소년에 대하여는 특별히 설치된 교도소 또는 일반 교도소 안에 특별히 분리된 장소에서 그 형을 집행한다. 다만, 소년이 형의 집행 중에 19세가 되면 일반 교도소에서 집행할 수 있다.

② 죄를 범할 당시 18세 미만인 소년에 대하여 사형 또는 무기형으로 처할 경우에는 15년의 유기징역으로 한다.

③ 소년이 법정형으로 장기 2년 이상의 유기형에 해당하는 죄를 범한 경우에는 그 형의 범위에서 장기와 단기를 정하여 선고한다. 다만, 장기는 10년, 단기는 5년을 초과하지 못한다.

④ 검사는 피의자에 대하여 범죄예방자원봉사위원의 선도를 받게 하고 피의사건에 대한 공소를 제기하지 아니할 수 있다. 이 경우 소년과 소년의 친권자·후견인 등 법정대리인의 동의를 받아야 한다.

정답 및 해설

① [×] 다만, 소년이 형의 집행 중에 23세가 되면 일반 교도소에서 집행할 수 있다(「소년법」 제63조).

② [○] 동법 제59조

③ [○] 동법 제60조 제1항

④ [○] 동법 제49조의3

정답 ①

14

소년의 형사사건에 대한 설명으로 옳은 것은?

① 협의의 불기소처분 사건은 조건부 기소유예의 대상에서 제외된다.
② 법원은 판결만을 선고하는 경우라도 피고인인 소년에 대하여 변호인이 없거나 출석하지 아니한 때에는 국선변호인을 선정하여야 한다.
③ 소년에 대해 형의 선고유예 시에는 부정기형을 선고하지 못하나, 집행유예 시에는 부정기형을 선고할 수 있다.
④ 소년에 대한 부정기형을 집행하는 기관의 장은 교정 목적이 달성되었다고 인정되는 경우에는 법원의 결정에 따라 그 형의 집행을 종료할 수 있다.

정답 및 해설

① [○] 선도조건부 기소유예제도는 소년보호선도제도의 하나로서 범죄소년을 소년절차의 초기단계에서 이탈시켜 민간선도위원의 선도보호를 받도록 함으로써 그 소년의 사회복귀와 재범방지를 도모하는 제도로, 기소나 소년부 송치에 대한 대안에 해당하므로 협의의 불기소처분 대상(혐의 없음, 죄가 안 됨, 공소권 없음, 각하)의 사건은 당연히 조건부 기소유예의 대상에서 제외된다.
② [×] 소년에 대한 형사사건에 관하여는 「소년법」에 특별한 규정이 없으면 일반 형사사건의 예에 따른다(「소년법」 제48조). 피고인이 미성년자인 경우에 변호인이 없는 때에는 법원은 직권으로 변호인을 선정하여야 하고(「형사소송법」 제33조 제1항 제2호), 피고인이 미성년자인 사건에 관하여는 변호인 없이 개정하지 못한다. 단, 판결만을 선고할 경우에는 예외로 한다(동법 제282조). 제282조 본문의 경우 변호인이 출석하지 아니한 때에는 법원은 직권으로 변호인을 선정하여야 한다(동법 제283조).
③ [×] 형의 집행유예나 선고유예를 선고할 때에는 부정기형을 선고하지 못한다(「소년법」 제60조 제3항).
④ [×] 소년에 대한 부정기형을 집행하는 기관의 장은 형의 단기가 지난 소년범의 행형 성적이 양호하고 교정의 목적을 달성하였다고 인정되는 경우에는 관할 검찰청 검사의 지휘에 따라 그 형의 집행을 종료시킬 수 있다(동법 제60조 제4항).

정답 ①

15

「소년법」상 형사사건의 처리에 대한 설명으로 옳은 것은?

① 죄를 범할 당시 19세 미만인 소년에 대하여 사형 또는 무기형으로 처할 경우에는 15년의 유기징역으로 한다.
② 보호처분이 계속 중일 때에 사건 본인에 대하여 유죄판결이 확정된 경우에 보호처분을 한 소년부 판사는 결정으로써 보호처분을 취소하여야 한다.
③ 소년보호사건에서 소년부 판사는 사건의 조사 또는 심리에 필요하다고 인정하면 기일을 지정하여 사건 본인이나 보호자 또는 참고인을 소환할 수 있으며, 사건 본인이나 보호자가 정당한 이유 없이 소환에 응하지 아니하면 소년부 판사는 동행영장을 발부할 수 있다.
④ 검사가 소년피의사건에 대하여 소년부 송치결정을 한 경우에는 소년을 구금하고 있는 시설의 장은 검사의 이송 지휘를 받은 때로부터 법원 소년부가 있는 시·군에서는 12시간 이내에 소년을 소년부에 인도하여야 한다.

① [×] 죄를 범할 당시 18세 미만인 소년에 대하여 사형 또는 무기형으로 처할 경우에는 15년의 유기징역으로 한다(동법 제59조).
② [×] 보호처분이 계속 중일 때에 사건 본인에 대하여 유죄판결이 확정된 경우에 보호처분을 한 소년부 판사는 그 처분을 존속할 필요가 없다고 인정하면 결정으로써 보호처분을 취소할 수 있다(동법 제39조).
③ [○] 「소년법」 제13조
④ [×] 제49조 제1항(검사의 소년부 송치)이나 제50조(법원의 소년부 송치)에 따른 소년부 송치결정이 있는 경우에는 소년을 구금하고 있는 시설의 장은 검사의 이송 지휘를 받은 때로부터 법원 소년부가 있는 시·군에서는 24시간 이내에, 그 밖의 시·군에서는 48시간 이내에 소년을 소년부에 인도하여야 한다. 이 경우 구속영장의 효력은 소년부 판사가 제18조(소년부 판사의 임시조치) 제1항에 따른 소년의 감호에 관한 결정을 한 때에 상실하며, 인도와 결정은 구속영장의 효력기간 내에 이루어져야 한다(동법 제52조).

정답 ③

16

소년범의 형사처분에 대한 설명으로 옳은 것만을 모두 고르면?

2020. 보호 7급

> ㉠ 존속살해죄를 범한 당시 16세인 소년 甲에 대하여 무기형에 처하여야 할 때에는 15년의 유기징역으로 한다.
> ㉡ 17세인 소년 乙에게 벌금형이 선고된 경우 노역장유치 선고로 환형처분할 수 없다.
> ㉢ 소년교도소에서 형 집행 중이던 소년 丙이 23세가 되면 일반 교도소에서 형을 집행할 수 있다.
> ㉣ 15년의 유기징역을 선고받은 소년 丁의 경우 성인범죄자의 경우와 같이 5년이 지나야 가석방을 허가할 수 있다.

① ㉠, ㉡
② ㉠, ㉢
③ ㉡, ㉢
④ ㉡, ㉣

옳은 것은 ㉡, ㉢이다.
㉠ [×] 특정강력범죄를 범한 당시 18세 미만인 소년을 사형 또는 무기형에 처하여야 할 때에는 소년법 제59조(15년의 유기징역)에도 불구하고 그 형을 20년의 유기징역으로 한다(「특정강력범죄의 처벌에 관한 특례법」 제4조 제1항). 존속살해죄는 특정강력범죄의 처벌에 관한 특례법의 적용을 받는다(동법 제2조 제1항).
㉡ [○] 18세 미만인 소년에게는 형법 제70조에 따른 유치선고(환형유치선고)를 하지 못한다(「소년법」 제62조).
㉢ [○] 동법 제63조
㉣ [×] 3년이 지나면 가석방을 허가할 수 있다(동법 제65조).

정답 ③

17

다음 설명 중 옳지 않은 것은? (다툼이 있는 경우 판례에 의함)

① 「소년법」의 적용대상인 '소년'인지의 여부는 사실심 판결 선고시가 아니라 범죄행위시를 기준으로 판단한다.

② 소년에 대한 형사사건의 심리는 다른 피의사건과 관련된 경우에도 심리에 지장이 없으면 그 절차를 분리하여야 한다.

③ 소년에 대한 구속영장은 부득이한 경우가 아니면 발부하지 못한다.

④ 「소년법」 제32조의 보호처분을 받은 사건과 동일한 사건에 관하여 다시 공소제기가 되었다면, 이는 공소제기 절차가 법률의 규정에 위배하여 무효인 때에 해당하므로 공소기각의 판결을 하여야 한다.

⑤ 보호처분이 계속 중일 때에 사건 본인에 대하여 새로운 보호처분이 있었을 때에는 그 처분을 한 소년부 판사는 이전의 보호처분을 한 소년부에 조회하여 어느 하나의 보호처분을 취소하여야 한다.

정답 및 해설

① [×] 대법원 2009.5.28. 2009도2682

> **🔎 관련판례**
>
> 소년법이 적용되는 '소년'이란 심판시에 19세 미만인 사람을 말하므로, 소년법의 적용을 받으려면 심판시에 19세 미만이어야 한다. 따라서 소년법 제60조 제2항의 적용대상인 '소년'인지의 여부도 심판시, 즉 사실심판결 선고시를 기준으로 판단되어야 한다(대법원 2009.5.28. 2009도2682).

② [○] 「소년법」 제57조
③ [○] 동법 제55조 제1항
④ [○] 대법원 1985.5.28. 85도21
⑤ [○] 동법 제40조

정답 ①

18

소년사범에 대한 「소년법」상의 처우 및 그 효력에 대한 설명으로 옳은 것은?

① 소년부 판사는 사건의 조사 또는 심리에 필요하다고 인정하는 경우 기일을 지정하여 사건 본인이나 보호자 또는 참고인을 소환할 수 있고, 이들이 정당한 이유 없이 소환에 응하지 아니하면 동행영장을 발부한다.

② 보호처분이 계속 중일 때에 징역, 금고 또는 구류를 선고받은 소년에 대하여는 먼저 그 형을 집행한다.

③ 소년부 판사는 보호관찰관의 신청에 따라 단기와 장기로 구분되는 보호관찰처분을 1년의 범위에서 한 번에 한하여 결정으로써 그 기간을 연장할 수 있다.

④ 「소년법」상의 소년에게는 「형법」 제70조의 노역장 유치선고를 하지 못한다.

⑤ 소년이었을 때 범한 죄에 의하여 형을 선고받은 자가 그 집행을 종료하거나 면제받은 경우에는 장래에 향하여 그 형의 선고를 받지 아니한 것으로 본다.

① [×] 소년부 판사는 사건의 조사 또는 심리에 필요하다고 인정하면 기일을 지정하여 사건 본인이나 보호자 또는 참고인을 소환할 수 있고(동법 제13조 제1항), 사건 본인이나 보호자가 정당한 이유 없이 소환에 응하지 아니하면 소년부 판사는 동행영장을 발부할 수 있다(동법 제13조 제2항). 즉, 사건 본인이나 보호자에 대해서는 동행영장을 발부할 수 있으나(임의적), 참고인에 대해서는 동행영장을 발부할 수 없다.

② [○] 「소년법」 제64조

③ [×] 단기 보호관찰은 기간 연장에 관한 규정이 없으므로 연장할 수 없다(동법 제33조 제2항). 장기 보호관찰에 대해서 소년부 판사는 보호관찰관의 신청에 따라 결정으로써 1년의 범위에서 한 번에 한하여 그 기간을 연장할 수 있다(동법 제33조 제3항).

④ [×] 18세 미만인 소년에게는 환형유치선고를 하지 못한다(동법 제62조).

⑤ [×] 소년이었을 때 범한 죄에 의하여 형을 선고받은 자가 그 집행을 종료하거나 면제받은 경우 자격에 관한 법령을 적용할 때에는 장래에 향하여 형의 선고를 받지 아니한 것으로 본다(동법 제67조).

정답 ②

---

19 「소년법」에 규정된 소년범죄자에 대한 형사처분의 특례규정으로 볼 수 없는 것으로만 묶인 것은?

2013. 보호 7급

ⓒ 구속영장의 발부 제한
ⓛ 구속 시 성인피의자, 피고인과의 분리수용
ⓒ 소년형사사건의 필요사항에 대한 조사관의 필요적 위촉
ⓔ 가석방조건의 완화
ⓜ 소년분류심사원 위탁기간의 미결구금일수 산입
ⓗ 보도금지의 완화
ⓢ 보호처분 계속 중 징역형이 선고된 경우 보호처분 우선 집행

① ㉠, ㉢, ㉣
② ㉡, ㉤, ㉦
③ ㉢, ㉥, ㉦
④ ㉤, ㉥, ㉦

정답 및 해설

특례규정으로 볼 수 없는 것은 ㉢, ㉥, ㉦이다.

㉠ [○] 소년에 대한 구속영장은 부득이한 경우가 아니면 발부하지 못한다(「소년법」 제55조 제1항).

㉡ [○] 소년을 구속하는 경우에는 특별한 사정이 없으면 다른 피의자나 피고인과 분리하여 수용하여야 한다(동법 제55조 제2항).

㉢ [×] 법원은 소년에 대한 형사사건에 관하여 필요한 사항을 조사하도록 조사관에게 위촉할 수 있다(동법 제56조. 임의적 위촉).

㉣ [○] 징역 또는 금고를 선고받은 소년에 대하여는 무기형의 경우에는 5년, 15년 유기형의 경우에는 3년, 부정기형의 경우에는 단기의 3분의 1이 지나면 가석방을 허가할 수 있다(동법 제65조).

㉤ [○] 소년보호사건에 대한 임시조치로서 소년분류심사원에 위탁되었을 때에는 그 위탁기간은 판결선고 전 구금일수로 본다(동법 제61조).

㉥ [×] 소년법에 따라 조사 또는 심리 중에 있는 보호사건이나 형사사건에 대하여는 성명 · 연령 · 직업 · 용모 등으로 비추어 볼 때 그 자가 당해 사건의 당사자라고 미루어 짐작할 수 있는 정도의 사실이나 사진을 신문이나 그 밖의 출판물에 싣거나 방송할 수 없다(동법 제68조 제1항).
▶ 보도금지의 완화가 아니라 강화이다.

㉦ [×] 보호처분이 계속 중일 때에 징역, 금고 또는 구류를 선고받은 소년에 대하여는 먼저 그 형을 집행한다(동법 제64조).

정답 ③

20

「소년법」상 소년 형사절차에 대한 설명으로 옳지 않은 것은?

① 18세 미만인 소년에게는 노역장유치를 선고할 수 없다.
② 소년에 대한 형사사건은 다른 피의사건과 관련된 경우에도 분리하여 심리하는 것이 원칙이다.
③ 형의 집행유예를 선고하면서 부정기형을 선고할 수 있다.
④ 소년에 대한 구속영장은 부득이한 경우가 아니면 발부할 수 없다.

정답 및 해설

① [○] 동법 제62조
② [○] 소년에 대한 형사사건의 심리는 다른 피의사건과 관련된 경우에도 심리에 지장이 없으면 그 절차를 분리하여야 한다(동법 제57조).
③ [×] 형의 집행유예나 선고유예를 선고할 때에는 부정기형을 선고하지 못한다(「소년법」 제60조 제3항).
④ [○] 동법 제55조 제1항

정답 ③

21

소년범죄의 형사처분에 대한 설명으로 옳지 않은 것은?

① 검사가 보호처분에 해당한다고 인정하여 소년부에 송치하였으나 소년부가 금고 이상의 형사처분을 할 필요가 있다고 인정하여 담당 검사에게 다시 송치한 사건은 검사가 이를 다시 소년부에 송치할 수는 없다.
② 소년형사사건에 있어 소년에 대한 구속영장은 부득이한 경우가 아니면 발부할 수 없고, 모든 사건은 필요적 변호 사건에 해당한다.
③ 소년이 법정형으로 장기 2년 이상 유기형에 해당하는 죄를 범한 경우에 그 소년에게 선고할 수 있는 장기형의 상한은 10년이지만, 소년에 대하여 무기형으로 처할 경우에는 장기형의 상한이 15년이 된다.
④ 판결선고 전에 소년분류심사원에 위탁되었을 때에는 그 위탁기간 전부를 유기징역, 유기금고, 벌금이나 과료에 관한 유치 또는 구류에 산입한다.

정답 및 해설

① [○] 검사는 소년에 대한 피의사건을 수사한 결과 보호처분에 해당하는 사유가 있다고 인정한 경우에는 사건을 관할 소년부에 송치하여야 한다(동법 제49조 제1항). 소년부는 제1항에 따라 송치된 사건을 조사 또는 심리한 결과 그 동기와 죄질이 금고 이상의 형사처분을 할 필요가 있다고 인정할 때에는 결정으로써 해당 검찰청 검사에게 송치할 수 있다(동법 제49조 제2항). 제2항에 따라 송치한 사건은 다시 소년부에 송치할 수 없다(동법 제49조 제3항).
② [○] 동법 제55조 제1항, 「형사소송법」 제33조 제1항 제2호
③ [×] 소년이 법정형으로 장기 2년 이상의 유기형에 해당하는 죄를 범한 경우에는 그 형의 범위에서 장기와 단기를 정하여 선고한다. 다만, 장기는 10년, 단기는 5년을 초과하지 못한다(「소년법」 제60조 제1항). 죄를 범할 당시 18세 미만인 소년에 대하여 사형 또는 무기형으로 처할 경우에는 15년의 유기징역으로 한다(동법 제59조).
④ [○] 판결선고 전에 소년보호사건에 대한 임시조치로서 소년분류심사원에 위탁되었을 때에는 그 위탁기간은 「형법」 제57조 제1항의 판결선고 전 구금일수로 본다(동법 제61조). 판결선고 전의 구금일수는 그 전부를 유기징역, 유기금고, 벌금이나 과료에 관한 유치 또는 구류에 산입한다(「형법」 제57조 제1항).

정답 ③

22

다음 중 「소년법」상 소년형사사건에 대한 설명으로 가장 옳지 않은 것은?

2022. 해경 경위

① 징역 또는 금고를 선고받은 소년에 대하여는 특별히 설치된 교도소 또는 일반 교도소 안에 특별히 분리된 장소에서 그 형을 집행한다. 다만, 소년이 형의 집행 중에 19세가 되면 일반 교도소에서 집행할 수 있다.

② 징역 또는 금고를 선고받은 소년에 대하여는 무기형에서 5년, 15년 유기형에는 3년, 부정기형에는 단기의 3분의 1이 경과하면 가석방을 허가할 수 있다.

③ 보호처분이 계속 중일 때 징역, 금고 또는 구류를 선고받은 소년에 대하여는 먼저 그 형을 집행한다.

④ 죄를 범할 당시 18세 미만인 소년에 대하여 사형 또는 무기형으로 처할 경우에는 15년의 유기징역으로 한다.

정답 및 해설

① [×] 징역 또는 금고를 선고받은 소년에 대하여는 특별히 설치된 교도소 또는 일반 교도소 안에 특별히 분리된 장소에서 그 형을 집행한다. 다만, 소년이 형의 집행 중에 23세가 되면 일반 교도소에서 집행할 수 있다(「소년법」 제63조).

② [○] 징역 또는 금고를 선고받은 소년에 대하여는 무기형의 경우에는 5년, 15년 유기형의 경우에는 3년, 부정기형의 경우에는 단기의 3분의 1이 지나면 가석방을 허가할 수 있다(동법 제65조).

③ [○] 동법 제64조

④ [○] 동법 제59조

정답 ①

23

「소년법」에 대한 설명으로 옳지 않은 것은?

2015. 사시

① 죄를 범할 당시 18세 미만인 소년에 대하여 사형 또는 무기형으로 처할 경우에는 10년의 유기징역으로 한다.

② 소년에 대한 구속영장은 부득이한 경우가 아니면 발부하지 못한다.

③ 검사가 보호처분에 해당하는 사유가 있다고 인정하여 관할 소년부에 송치한 사건에 대하여, 소년부가 조사 또는 심리한 결과 금고 이상의 형사처분을 할 필요가 있다고 인정할 때에는 해당 검찰청 검사에게 그 사건을 송치할 수 있지만, 검사는 이 사건을 다시 소년부에 송치할 수 없다.

④ 소년보호사건의 심리 개시 결정이 있었던 때로부터 그 사건에 대한 보호처분의 결정이 확정될 때까지 공소시효는 그 진행이 정지된다.

⑤ 소년부 판사는 죄를 범한 소년에 대하여 보호처분을 하는 경우에는 결정으로써 범죄에 제공된 물건을 몰수할 수 있다.

정답 및 해설

① [×] 죄를 범할 당시 18세 미만인 소년에 대하여 사형 또는 무기형으로 처할 경우에는 15년의 유기징역으로 한다(「소년법」 제59조).

② [○] 동법 제55조 제1항

③ [○] 동법 제49조

④ [○] 동법 제54조

⑤ [○] 동법 제34조

정답 ①

24 소년사건과 관련된 판례의 태도를 설명한 것으로 옳지 않은 것은?

① 「아동·청소년의 성보호에 관한 법률」에서는 아동·청소년대상 성범죄 사건에 대하여 피고인이 아동·청소년인 경우 신상정보 공개명령 선고에 관한 예외사유를 규정하고 있는데, 이때 '피고인이 아동·청소년인 경우'에 해당하는지는 사실심 판결의 선고시를 기준으로 판단하여야 한다.

② 「소년법」 제60조(구 「소년법」 제54조) 제1항 단서는 소년에 대한 부정기 선고형의 상한을 정한 것에 불과하고 법정형을 정한 것이 아니므로, 「형법」 제53조에 의한 작량감경 사유가 있다고 하여 「소년법」 소정의 부정기 선고형의 상한도 아울러 감경되어야 하는 것은 아니다.

③ 「소년법」 제32조의 보호처분은 확정판결에 준하는 법적 효력이 있으므로, 보호처분을 받은 사건과 동일한 사건에 대하여 다시 공소제기가 되었다면 이에 대하여 법원은 면소판결을 하여야 한다.

④ 법원은 과거 「소년법」에 의한 보호처분을 받은 사실을 범죄의 상습성 인정 자료로 삼을 수 있다.

⑤ 「소년법」 제67조(소년이었을 때 범한 죄에 의하여 형을 선고받은 자가 그 집행을 종료하거나 면제받은 경우 자격에 관한 법령을 적용할 때에는 장래에 향하여 형의 선고를 받지 아니한 것으로 본다)의 규정은 '사람의 자격'에 관한 법령의 적용에 있어 장래에 향하여 형의 선고를 받지 아니한 것으로 본다는 취지에 불과할 뿐 전과까지 소멸한다는 것은 아니다.

정답 및 해설

① [○] 대법원 2012. 5.24. 2012도2763

> **관련판례**
> 「아동·청소년의 성보호에 관한 법률」 제49조 제1항 단서, 제50조 제1항 단서는 '피고인이 아동·청소년인 경우, 그 밖에 신상정보를 공개 또는 고지하여서는 아니 될 특별한 사정이 있다고 판단되는 경우'를 공개명령 또는 고지명령 선고에 관한 예외사유로 규정하고 있는데, 공개명령 및 고지명령의 성격과 본질, 관련 법률의 내용과 취지 등에 비추어 공개명령 등의 예외사유로 규정되어 있는 위 '피고인이 아동·청소년인 경우'에 해당하는지는 사실심 판결의 선고시를 기준으로 판단하여야 한다(대법원 2012. 5.24. 2012도2763).

② [○] 대법원 1983.6.14. 83도993

> **관련판례**
> 「형법」 제53조에 의한 작량감경은 법정형을 감경하여 처단형을 정하는 과정이며 법원은 이 처단형의 범위 내에서 선고형을 양정하게 되는 것인바, 「소년법」 제60조 제1항 단서는 소년에 대한 부정기 선고형의 상한을 정한 것에 불과하고 법정형을 정한 것이 아니므로 피고인에게 「형법」 제53조에 의한 작량감경 사유가 있다고 하여 위 「소년법」 소정의 부정기 선고형의 상한도 아울러 감경되어야 하는 것은 아니다(대법원 1983.6.14. 83도993).

③ [×] 대법원 1985.5.28. 85도21

> **관련판례**
> 「소년법」 제32조의 보호처분을 받은 사건과 동일한 사건에 대하여 다시 공소제기가 되었다면 동조의 보호처분은 확정판결이 아니고 따라서 기판력도 없으므로 이에 대하여 면소판결을 할 것이 아니라 공소제기절차가 동법 제53조의 규정에 위배하여 무효인 때에 해당한 경우이므로 공소기각의 판결을 하여야 한다(대법원 1985.5.28. 85도21).

④ [○] 대법원 1989.12.12. 89도2097

> **관련판례**
> 「소년법」 제1조나 제32조 제6항의 규정이 있다 하여 보호처분을 받은 사실을 상습성 인정의 자료로 삼을 수 없는 것은 아니다(대법원 1989.12.12. 89도2097).

⑤ [○] 대법원 2010.4.29. 2010도973

> **⚖ 관련판례**
> 「소년법」제67조는 "소년이었을 때 범한 죄에 의하여 형을 선고받은 자가 그 집행을 종료하거나 면제받은 경우 자격에 관한 법령을 적용할 때에는 장래에 향하여 형의 선고를 받지 아니한 것으로 본다."라고 규정하고 있는바, 위 규정은 '사람의 자격'에 관한 법령의 적용에 있어 장래에 향하여 형의 선고를 받지 아니한 것으로 본다는 취지에 불과할 뿐 전과까지 소멸한다는 것은 아니다. 따라서 「특정범죄 가중처벌 등에 관한 법률」제5조의4 제5항을 적용하기 위한 요건으로서 요구되는 과거 전과로서의 징역형에는 소년으로서 처벌받은 징역형도 포함된다고 보아야 한다(대법원 2010.4.29. 2010도973).

정답 ③

25 소년범죄의 형사처분에 대한 설명으로 옳지 않은 것은?

□□□

2024 보호 7급

① 검사가 보호처분에 해당한다고 인정하여 소년부에 송치하였으나 소년부가 금고 이상의 형사처분을 할 필요가 있다고 인정하여 담당 검사에게 다시 송치한 사건은 검사가 이를 다시 소년부에 송치할 수는 없다.

② 소년형사사건에 있어 소년에 대한 구속영장은 부득이한 경우가 아니면 발부할 수 없고, 모든 사건은 필요적 변호 사건에 해당한다.

③ 소년이 법정형으로 장기 2년 이상 유기형에 해당하는 죄를 범한 경우에 그 소년에게 선고할 수 있는 장기형의 상한은 10년이지만, 소년에 대하여 무기형으로 처할 경우에는 장기형의 상한이 15년이 된다.

④ 판결선고 전에 소년분류심사원에 위탁되었을 때에는 그 위탁기간 전부를 유기징역, 유기금고, 벌금이나 과료에 관한 유치 또는 구류에 산입한다.

정답 및 해설

① [○] 검사는 소년에 대한 피의사건을 수사한 결과 보호처분에 해당하는 사유가 있다고 인정한 경우에는 사건을 관할 소년부에 송치하여야 한다(「소년법」제49조 제1항). 소년부는 제1항에 따라 송치된 사건을 조사 또는 심리한 결과 그 동기와 죄질이 금고 이상의 형사처분을 할 필요가 있다고 인정할 때에는 결정으로써 해당 검찰청 검사에게 송치할 수 있다(동법 제49조 제2항). 제2항에 따라 송치한 사건은 다시 소년부에 송치할 수 없다(동법 제49조 제3항).

② [○] 동법 제55조 제1항, 「형사소송법」제33조 제1항 제2호

③ [×] 소년이 법정형으로 장기 2년 이상의 유기형에 해당하는 죄를 범한 경우에는 그 형의 범위에서 장기와 단기를 정하여 선고한다. 다만, 장기는 10년, 단기는 5년을 초과하지 못한다(「소년법」제60조 제1항). 죄를 범할 당시 18세 미만인 소년에 대하여 사형 또는 무기형으로 처할 경우에는 15년의 유기징역으로 한다(「소년법」제59조).

④ [○] 판결선고 전에 소년보호사건에 대한 임시조치로서 소년분류심사원에 위탁되었을 때에는 그 위탁기간은 「형법」제57조 제1항의 판결선고 전 구금일수로 본다(동법 제61조). 판결선고 전의 구금일수는 그 전부를 유기징역, 유기금고, 벌금이나 과료에 관한 유치 또는 구류에 산입한다(「형법」제57조 제1항).

정답 ③

26 ☐☐☐ **형사절차에 대한 설명으로 옳지 않은 것은? (다툼이 있는 경우 판례에 의함)**

① 소년에 대한 형사사건에 관하여는 소년법에 특별한 규정이 없으면 일반 형사사건의 예에 따른다.

② 검사는 소년에 대한 피의사건을 수사한 결과 보호처분에 해당하는 사유가 있다고 인정한 경우에는 사건을 관할 소년부에 송치하여야 한다.

③ 법원의 소년부 송치결정에 대한 헌법소원 심판청구는 법원의 재판 자체를 대상으로 하는 것이어서 부적법하다.

④ 소년부판사의 보호처분을 받은 소년에 대하여는 그 심리 결정된 사건은 다시 공소를 제기하거나 소년부에 송치할 수 없다.

⑤ 죄를 범할 당시 18세 미만인 소년에 대하여 사형 또는 무기형으로 처할 경우에는 25년의 유기징역으로 한다.

정답 및 해설

① [○] 동법 제48조

② [○] 동법 제49조 제1항

③ [○] 헌재 1994.3.18. 94헌마36

④ [○] 예외적으로, 보호처분의 계속 중일 때에 사건 본인이 처분 당시 19세 이상인 것으로 밝혀진 경우에는 소년부 판사는 결정으로써 그 보호처분을 취소하고, 관할 지방법원에 대응한 검찰청 검사에게 송치한 경우에는 검사는 공소를 제기할 수 있다(동법 제53조 단서).

⑤ [×] 죄를 범할 당시 18세 미만인 소년에 대하여 사형 또는 무기형으로 처할 경우에는 15년의 유기징역으로 한다(「소년법」 제59조).

정답 ⑤

---

27 ☐☐☐ **소년형사사건에 대한 설명으로 옳지 않은 것은? (다툼이 있는 경우 판례에 의함)**

① 사건의 조사·심리를 위해 소년분류심사원에 위탁된 기간은 형법 제57조 제1항의 판결선고 전 구금일수로 본다.

② 무기형을 선고받은 소년에 대하여는 5년이 경과하면 가석방을 허가할 수 있다.

③ 보호처분이 계속되는 중 징역·금고·구류의 선고를 받은 소년에 대해서는 계속되는 보호처분을 먼저 집행한다.

④ 18세 미만인 소년에게는 원칙적으로 환형처분이 금지된다.

⑤ 「소년법」 제67조(자격에 관한 법령의 적용)에서 정하고 있는 '소년이었을 때 범한 죄'인지는 실제 생년월일을 기준으로 판단하여야 한다.

① [○] 동법 제62조 단서
② [○] 동법 제65조
③ [×] 보호처분이 계속 중일 때에 징역, 금고 또는 구류를 선고받은 소년에 대하여는 먼저 그 형을 집행한다(「소년법」 제64조).
④ [○] 동법 제62조
⑤ [○] 대법원 2019.2.14. 2017두62587

> **관련판례**
> 「소년법」이 소년이었을 때 범한 죄로 형의 집행유예를 선고받은 경우 자격에 관한 법률을 적용할 때 장래에 향하여 선고를 받지 않은 것으로 보는 취지는 인격의 형성 도중에 있어 개선가능성이 풍부하고 심신의 발육에 따른 특수한 정신적 동요상태에 있는 소년의 시기에 범한 죄로 장래를 포기하거나 재기의 기회를 잃지 않도록 하기 위한 것이다. 따라서 「소년법」 제67조에서 정하고 있는 '소년이었을 때 범한 죄'인지는 실제 생년월일을 기준으로 판단하여야 하고, 형의 집행유예 등 선고 이후에 가족관계등록부의 출생연월일이 실제 생년월일에 따라 정정되었다면 그와 같이 정정된 출생연월일을 기준으로 소년이었을 때 범한 죄인지 여부를 판단하여야 한다(대법원 2019.2.14. 2017두62587).

정답 ③

28 소년형사사건의 집행에 대한 설명으로 옳지 않은 것은?

① 소년에게 선고된 징역 또는 금고의 형은 원칙적으로 특별히 설치된 교도소 또는 일반 교도소 안에 특별히 분리된 장소에서 집행한다.
② 징역 또는 금고를 선고 받은 소년에 대하여는 무기형에는 5년, 15년 유기형에는 3년, 부정기형에는 단기의 3분의 1이 경과하면 가석방을 허가할 수 있다.
③ 18세 미만의 소년에게는 「형법」 제70조에 따른 노역장유치 선고를 하지 못한다.
④ 소년에 대한 부정기형을 집행하는 기관의 장은 형의 단기가 지난 소년범의 행형 성적이 양호하고 교정의 목적을 달성하였다고 인정되는 경우, 관할 소년부 판사의 지휘에 따라 그 형의 집행을 종료시킬 수 있다.
⑤ 보호처분이 계속 중일 때 징역, 금고 또는 구류를 선고받은 소년에 대하여는 먼저 그 형을 집행한다.

① [○] 동법 제63조
② [○] 동법 제65조
③ [○] 동법 제62조
④ [×] 소년에 대한 부정기형을 집행하는 기관의 장은 형의 단기가 지난 소년범의 행형 성적이 양호하고 교정의 목적을 달성하였다고 인정되는 경우에는 관할 검찰청 검사의 지휘에 따라 그 형의 집행을 종료시킬 수 있다(「소년법」 제60조 제4항).
⑤ [○] 동법 제64조

정답 ④

29 「소년법」상 소년부 판사가 조사 또는 심리상의 필요에 따라 결정으로 취한 임시조치 중 「형법」제57조 제1항의 판결선고 전 구금일수에 산입할 수 있는 것은?

① 보호자 또는 시설에 위탁
② 소년분류심사원에 위탁
③ 병원이나 그 밖의 요양소에 위탁
④ 소년원에 단기위탁

정답 및 해설

② [○] 소년부 판사의 임시조치(「소년법」제18조)는 보호사건의 미결구금 기능을 하며, 소년분류심사원 위탁(동법 제18조 제1항 제3호)의 조치가 있었을 때에는 그 위탁기간은 「형법」제57조 제1항의 판결선고 전 구금일수로 본다(동법 제61조).

정답 ②

30 「소년법」상 형의 선고에 대한 설명으로 옳지 않은 것은? (다툼이 있는 경우 판례에 의함) 2025. 보호 9급

① 「소년법」상 '소년'인지의 여부는 사실심 판결 선고 시를 기준으로 판단한다.
② 죄를 범할 당시 18세 미만인 소년에 대하여 사형 또는 무기형으로 처할 경우에는 15년의 유기징역으로 한다.
③ 소년이 법정형으로 장기 3년 이상의 유기형에 해당하는 죄를 범한 경우에는 그 형의 범위에서 장기와 단기를 정하여 선고한다. 다만, 장기는 10년, 단기는 3년을 초과하지 못한다.
④ 소년에 대한 부정기형을 집행하는 기관의 장은 형의 단기가 지난 소년범의 행형 성적이 양호하고 교정의 목적을 달성하였다고 인정되는 경우에는 관할 검찰청 검사의 지휘에 따라 그 형의 집행을 종료시킬 수 있다.

정답 및 해설

① [○] 대법원 1997.2.14. 96도1241
② [○] 동법 제59조
③ [×] 소년이 법정형으로 장기 2년 이상의 유기형에 해당하는 죄를 범한 경우에는 그 형의 범위에서 장기와 단기를 정하여 선고한다. 다만, 장기는 10년, 단기는 5년을 초과하지 못한다(「소년법」제60조 제1항).
④ [○] 동법 제60조 제4항

정답 ③

31 다음 설명 중 옳지 않은 것은? (다툼의 있는 경우 판례에 의함)

① 「소년법」이 적용되는 '소년'이란 19세 미만인 사람을 말하므로 피고인이 「소년법」의 적용을 받으려면 사실심 판결선고 시 19세 미만이어야 한다.
② 제1심에서 부정기형을 선고한 판결에 대한 항소심 계속 중 개정 「소년법」이 시행되었고 항소심 판결선고 시에는 이미 신법상 소년에 해당하지 않게 된 경우, 항소심 법원은 피고인에 대하여 정기형을 선고하여야 한다.
③ 항소심 판결선고 당시 미성년자로서 부정기형을 선고받은 피고인이 상고심 계속 중에 성년이 되었다면 항소심의 부정기형 선고를 정기형으로 고쳐 선고해야 한다.
④ 소년범에 대하여 법정형 중에서 무기징역을 선택한 후 작량감경한 결과 유기징역을 선고하게 되었을 경우에는 피고인이 미성년자라 하더라도 부정기형을 선고할 수 없다.
⑤ 소년보호사건에서 항고 제기기간 내에 항고이유를 제출하지 않은 항고인에게 항고법원이 별도로 항고이유 제출 기회를 부여하여야 하는 것은 아니다.

① [○] 대법원 2009.5.28. 2009도2682, 2009전도7
② [○] 대법원 2008.10.23. 2008도8090
③ [×] 항소심 판결선고 당시 미성년자로서 부정기형을 선고받은 피고인이 상고심 계속 중에 성년이 되었다 하더라도 항소심의 부정기형선고를 정기형으로 고칠 수는 없다(대법원 1990.11.27. 90도2225).
④ [○] 대법원 1991.4.9. 91도357
⑤ [○] 대법원 2008.8.12. 2007트13

정답 ③

32

부정기형 선고에 대한 설명으로 옳지 않은 것은? (다툼이 있는 경우 판례에 의함)

□□□
① 법정형이 사형 또는 무기징역에 국한되어 있는 경우 작량감경한 결과 유기형으로 처단할 경우라면 피고인에게 부정기형을 과할 수 있다.
② 소년인 피고인에 대하여 선고한 형량의 장기가 3년, 단기가 2년 6월이어서 그 폭이 6월에 불과하다고 하여 위법이 있다고 할 수 없다.
③ 항소심판결 선고당시 성년이 되었음에 불구하고 정기형을 선고함이 없이 부정기형을 선고한 제1심 판결을 인용하여 항소를 기각한 것은 위법이다.
④ 피고인이 소년이라 하더라도 법정형이 사형 또는 무기징역이라면 제1심 판결이 법정형 중 무기징역을 선고하고 미수감경을 하여 징역 7년의 정기형을 선고한 것은 정당하다.
⑤ 피고인이 제1심판결 선고 시 소년에 해당하여 부정기형을 선고받았고, 피고인만이 항소한 항소심에서 피고인이 성년에 이르러 항소심이 제1심의 부정기형을 정기형으로 변경해야 할 경우, 불이익변경금지 원칙 위반 여부를 판단하는 기준은 부정기형의 장기와 단기의 중간형이 되어야 한다.

① [×] 대법원 1965.11.23. 65도901

> **관련판례**
> 법정형이 사형 또는 무기징역에 국한되어 있는 경우에 작량감경한 결과 유기형으로 처단할 경우라 하더라도 그 유기형은 「소년법」 제60조 소정의 법정형 장기 2년 이상의 유기형에 해당하는 죄를 범한 때가 아니므로 피고인에게는 부정기형을 과할 수 없고 감경한 범위 내에서 정기형을 과하여야 한다(대법원 1965.11.23. 65도901).

② [○] 대법원 1983.2.8. 82도2889

> **관련판례**
> 「소년법」 제60조에 의하여 부정기형을 선고할 때 그 장기와 단기의 폭에 관하여는 법정한 바 없으므로, 소년인 피고인에 대하여 선고한 형량의 장기가 3년, 단기가 2년 6월 이어서 그 폭이 6월에 불과하다 하여 「소년법」 제60조의 해석을 잘못한 위법이 있다고 할 수 없다(대법원 1983.2.8. 82도2889).

③ [○] 대법원 1969.9.16. 69도1250

> **관련판례**
> 항소심판결 선고당시 성년이 되었음에 불구하고 정기형을 선고함이 없이 부정기형을 선고한 제1심 판결을 인용하여 항소를 기각한 것은 위법이다(대법원 1966.3.3. 65도1229).

④ [○] 피고인이 소년이라 하더라도 법정형이 사형 또는 무기징역이라면 「소년법」 제60조에 해당하는 경우가 아니므로 제1심판결이 법정형 중 무기징역을 선고하고 미수감경을 하여 징역 7년의 정기형을 선고한 것은 정당하다(대법원 1969.9.16. 69도1250).

⑤ [○] 대법원 2020.10.22. 2020도4140

정답 ①

제4절 | 「보호소년 등의 처우에 관한 법률」

01 「보호소년 등의 처우에 관한 법률」에 대한 설명으로 옳지 않은 것은?　　　　2014. 교정 9급

□□□

① 보호소년 등을 소년원이나 소년분류심사원에 수용할 때에는 법원소년부의 결정서, 법무부장관의 이송허가서 또는 지방법원 판사의 유치허가장에 의하여야 한다.

② 보호소년 등이 소년원이나 소년분류심사원을 이탈하였을 때에는 그 소속 공무원이 재수용할 수 있다.

③ 보호소년 등은 그 처우에 대하여 불복할 때에는 법무부장관에게 문서로 청원할 수 있다.

④ 원장은 보호소년 등이 규율을 위반하였을 경우 훈계, 원내 봉사활동, 14세 이상인 보호소년 등에게 지정된 실 안에서 30일 이내의 기간 동안 근신하게 할 수 있다.

정답 및 해설

① [○] 동법 제7조 제1항

② [○] 동법 제14조 제2항

③ [○] 동법 제11조

④ [×] 20일 이내의 기간 동안 지정된 실 안에서 근신(제7호)의 징계처분은 14세 미만의 보호소년 등에게는 부과하지 못하며(「보호소년 등의 처우에 관한 법률」 제15조 제3항), 근신 징계의 기간은 20일 이내이다(동법 제15조 제1항).

　징계의 종류(「보호소년 등의 처우에 관한 법률」 제15조 제1항)

원장은 보호소년 등이 규율 위반 행위를 하면 보호소년 등 처우·징계위원회의 의결에 따라 다음의 어느 하나에 해당하는 징계를 할 수 있다.
1. 훈계
2. 원내 봉사활동
3. 서면 사과
4. 20일 이내의 텔레비전 시청 제한
5. 20일 이내의 단체 체육활동 정지
6. 20일 이내의 공동행사 참가 정지
7. 20일 이내의 기간 동안 지정된 실 안에서 근신하게 하는 것

정답 ④

02

소년원에서 12세의 보호소년이 규율을 위반하였을 경우, 이에 대해 소년원장이 취한 조치로 옳은 것은?

2013. 교정 9급

① 훈계하고 교정성적 점수를 감점하였다.
② 지정된 실 안에서 15일 동안 근신하게 하였다.
③ 원외에서 7일 동안 봉사활동을 하게 하였다.
④ 보호소년의 임시퇴원 허가를 취소하고 직권으로 계속 수용하였다.

정답 및 해설

① [○] 소년원장은 보호소년이 징계를 받은 경우에는 법무부령으로 정하는 기준에 따라 교정성적 점수를 빼야 한다(「보호소년 등의 처우에 관한 법률」 제15조 제6항).
② [×] 지정된 실 안에서 근신의 징계처분은 14세 미만의 보호소년 등에게는 부과하지 못한다(동법 제15조 제3항). 그러므로 12세의 보호소년에 대해서는 근신의 징계를 할 수 없다.
③ [×] 원내 봉사활동의 징계를 할 수 있다(동법 제15조 제1항 제2호). 처우·징계위원회는 보호소년의 징계를 원내 봉사활동으로 의결하는 경우에는 80시간 이내로 한다(「보호소년 처우지침」 제29조 제2항).
④ [×] 보호소년의 임시퇴원 허가의 취소는 소년원장의 권한사항이 아니다. 임시퇴원의 취소심사 및 결정은 보호관찰 심사위원회가 하며, 법무부장관의 허가를 얻어야 한다(「보호관찰 등에 관한 법률」 제48조). 참고로, 퇴원 또는 임시퇴원이 허가된 보호소년이 질병에 걸리거나 본인의 편익을 위하여 필요하면 본인의 신청에 의하여 계속 수용할 수 있다(「보호소년 등의 처우에 관한 법률」 제46조 제1항).

정답 ①

03

「보호소년 등의 처우에 관한 법률」상 퇴원 등에 대한 설명으로 옳지 않은 것은?

2022. 보호 7급

① 위탁소년 또는 유치소년의 소년분류심사원 퇴원은 법원소년부의 결정서에 의하여야 한다.
② 「소년법」 제32조 제1항 제8호의 보호처분을 받은 보호소년의 경우에 소년원장은 해당 보호소년이 교정성적이 양호하고 교정 목적을 이루었다고 인정되면 보호관찰심사위원회에 퇴원을 신청하여야 한다.
③ 퇴원 또는 임시퇴원이 허가된 보호소년이 질병에 걸리거나 본인의 편익을 위하여 필요하면 본인의 신청에 의하여 계속 수용할 수 있다.
④ 출원하는 보호소년에 대한 사회정착지원의 기간은 6개월 이내로 하되, 6개월 이내의 범위에서 한 번에 한하여 그 기간을 연장할 수 있다.

정답 및 해설

① [○] 동법 제43조 제4항
② [×] 소년원장은 교정성적이 양호하며 교정의 목적을 이루었다고 인정되는 보호소년[「소년법」 제32조 제1항 제8호(1개월 이내의 소년원 송치)에 따라 송치된 보호소년은 제외]에 대하여는 보호관찰심사위원회에 퇴원을 신청하여야 한다(「보호소년 등의 처우에 관한 법률」 제43조 제3항).
③ [○] 동법 제46조 제1항
④ [○] 동법 제45조의2 제2항

정답 ②

04 「보호소년 등의 처우에 관한 법률」이 보호소년에 대하여 수갑, 포승 또는 보호대 외에 가스총이나 전자충격기를 사용할 수 있는 경우로 명시하지 않은 것은? 2022. 보호 7급

① 이탈 · 난동 · 폭행을 선동 · 선전하거나 하려고 하는 때

② 다른 사람에게 위해를 가하거나 가하려고 하는 때

③ 위력으로 소속 공무원의 정당한 직무집행을 방해하는 때

④ 소년원 · 소년분류심사원의 설비 · 기구 등을 손괴하거나 손괴하려고 하는 때

정답 및 해설

① [×] 원장은 다음의 어느 하나에 해당하는 경우에는 소속 공무원으로 하여금 보호소년 등에 대하여 수갑, 포승 또는 보호대 외에 가스총이나 전자충격기를 사용하게 할 수 있다.
  1. 이탈, 자살, 자해하거나 이탈, 자살, 자해하려고 하는 때
  2. 다른 사람에게 위해를 가하거나 가하려고 하는 때
  3. 위력으로 소속 공무원의 정당한 직무집행을 방해하는 때
  4. 소년원 · 소년분류심사원의 설비 · 기구 등을 손괴하거나 손괴하려고 하는 때
  5. 그 밖에 시설의 안전 또는 질서를 크게 해치는 행위를 하거나 하려고 하는 때

정답 ①

05 「보호소년 등의 처우에 관한 법률」에 대한 설명으로 옳은 것은? 2022. 교정 9급

① 보호소년 등은 남성과 여성, 보호소년과 위탁소년 및 유치소년, 16세 미만인 자와 16세 이상인 자 등의 기준에 따라 분리 수용한다.

② 보호소년 등이 규율 위반행위를 하여 20일 이내의 기간 동안 지정된 실(室) 안에서 근신하는 징계를 받은 경우에는 그 기간 중 원내 봉사활동, 텔레비전 시청 제한, 단체 체육활동 정지, 공동행사 참가 정지가 함께 부과된다.

③ 보호장비는 징벌의 수단으로 사용되어서는 아니 된다.

④ 소년원 또는 소년분류심사원에서 보호소년 등이 사용하는 목욕탕, 세면실 및 화장실에는 전자영상장비를 설치하여서는 아니 된다.

정답 및 해설

① [×] 보호소년 등은 ㉠ 남성과 여성, ㉡ 보호소년, 위탁소년 및 유치소년으로 분리 수용한다(「보호소년 등의 처우에 관한 법률」 제8조 제2항).

② [×] 20일 이내의 기간 동안 지정된 실(室) 안에서 근신하게 하는 처분을 받은 보호소년 등에게는 그 기간 중 20일 이내의 텔레비전 시청 제한(제15조 제1항 제4호), 20일 이내의 단체 체육활동 정지(제15조 제1항 제5호), 20일 이내의 공동행사 참가 정지(제15조 제1항 제6호)의 처우 제한이 함께 부과된다. 다만, 원장은 보호소년 등의 교화 또는 건전한 사회복귀를 위하여 특히 필요하다고 인정하면 텔레비전 시청, 단체 체육활동 또는 공동행사 참가를 허가할 수 있다(동법 제15조 제5항).

③ [○] 동법 제14조의2 제7항

④ [×] 보호소년 등이 사용하는 목욕탕, 세면실 및 화장실에 전자영상장비를 설치하여 운영하는 것은 자해 등의 우려가 큰 때에만 할 수 있다. 이 경우 전자영상장비로 보호소년 등을 감호할 때에는 여성인 보호소년 등에 대해서는 여성인 소속 공무원만, 남성인 보호소년 등에 대해서는 남성인 소속 공무원만이 참여하여야 한다(동법 제14조의3 제2항).

정답 ③

06 「보호소년 등의 처우에 관한 법률」상 보호장비의 사용에 대한 설명으로 옳은 것만을 모두 고르면?

2023. 교정 9급

> ㉠ 보호장비는 필요한 최소한의 범위에서 사용하여야 하며, 보호장비를 사용할 필요가 없게 되었을 때에는 지체 없이 사용을 중지하여야 한다.
> ㉡ 원장은 보호소년 등이 위력으로 소속 공무원의 정당한 직무집행을 방해하는 경우에는 소속 공무원으로 하여금 가스총을 사용하게 할 수 있다. 이 경우 사전에 상대방에게 이를 경고하여야 하나, 상황이 급박하여 경고할 시간적인 여유가 없는 때에는 그러하지 아니하다.
> ㉢ 원장은 보호소년 등이 자해할 우려가 큰 경우에는 소속 공무원으로 하여금 보호소년 등에게 머리보호장비를 사용하게 할 수 있다.
> ㉣ 원장은 법원 또는 검찰의 조사·심리, 이송, 그 밖의 사유로 호송하는 경우에는 소속 공무원으로 하여금 보호소년 등에 대하여 수갑, 포승 또는 보호대 외에 가스총이나 전자충격기를 사용하게 할 수 있다.

① ㉠, ㉡
② ㉡, ㉣
③ ㉠, ㉡, ㉢
④ ㉠, ㉢, ㉣

정답 및 해설

옳은 것은 ㉠, ㉡, ㉢이다.
㉠ [○] 동법 제14조의2 제6항
㉡ [○] 원장은 보호소년 등이 위력으로 소속 공무원의 정당한 직무집행을 방해하는 경우에는 소속 공무원으로 하여금 보호소년 등에 대하여 수갑, 포승 또는 보호대 외에 가스총이나 전자충격기를 사용하게 할 수 있다(동법 제14조의2 제3항 제3호). 가스총이나 전자충격기를 사용하려면 사전에 상대방에게 이를 경고하여야 한다. 다만, 상황이 급박하여 경고할 시간적인 여유가 없는 때에는 그러하지 아니하다(동법 제14조의2 제4항).
㉢ [○] 동법 제14조의2 제5항
㉣ [×] 원장은 법원 또는 검찰의 조사·심리, 이송, 그 밖의 사유로 호송하는 경우에는 소속 공무원으로 하여금 보호소년 등에 대하여 수갑, 포승 또는 보호대를 사용하게 할 수 있다(「보호소년 등의 처우에 관한 법률」 제14조의2 제2항 제2호).

정답 ③

07 소년분류심사에 대한 설명으로 옳지 않은 것은?

2013. 보호 7급

① 소년분류심사원은 소년을 수용하여 자질을 심사할 수 있다.
② 소년분류심사는 조사방법에 따라 일반분류심사와 특별분류심사로 구분되는데, 후자는 비행의 내용이 중대하고 복잡한 소년을 대상으로 한다.
③ 소년부 판사의 소년분류심사원에 대한 위탁조치는 언제든지 결정으로써 취소할 수 있다.
④ 소년분류심사는 소년보호사건뿐만 아니라 소년형사사건을 조사 또는 심리하기 위해서도 행해진다.

① [○] 「보호소년 등의 처우에 관한 법률」 제3조, 제24조
② [○] 동법 시행규칙 제48조 제2항
③ [○] 소년부 판사의 소년분류심사원에 대한 위탁조치(「소년법」 제18조 제1항 제3호)는 언제든지 결정으로써 취소 하거나 변경할 수 있다(동법 제18조 제6항).
④ [×] 소년분류심사는 소년보호사건의 조사 · 심리를 위하여 행하여진다. 소년형사사건의 경우는 관할 검찰청 검 사에게 송치하여 처리한다.

> 📑 **분류심사의 구분(동법 시행규칙 제48조 제2항)**
>
> 1. **일반분류심사**: 문제 또는 비행원인이 비교적 단순한 소년에 대하여 면접조사와 신체의학적 진찰, 집단검사, 자기 기록 검토, 자료조회, 행동관찰 등을 주로 하여 실시하는 분류심사
> 2. **특수분류심사**: 일반분류심사결과 문제 또는 비행원인이 중대하고 복잡한 소년에 대하여 개별검사와 정신의학적 진단, 현지조사 등을 추가하여 실시하는 분류심사

정답 ④

「보호소년 등의 처우에 관한 법률」상 옳은 것만을 모두 고르면?

2021. 교정 7급

> ⊙ 신설하는 소년원 및 소년분류심사원은 수용정원이 150명 이상의 규모가 되도록 하여야 한다. 다 만, 소년원 및 소년분류심사원의 기능 · 위치나 그 밖의 사정을 고려하여 그 규모를 축소할 수 있다.
> ⓒ 소년분류심사원장은 유치소년이 시설의 안전과 수용질서를 현저히 문란하게 하는 보호소년에 대한 교정교육을 위하여 유치기간을 연장할 필요가 있는 경우에는 유치 허가를 한 지방법원 판 사 또는 소년분류심사원 소재지를 관할하는 법원소년부에 유치 허가의 취소에 관한 의견을 제시 할 수 있다.
> ⓒ 20일 이내의 기간 동안 지정된 실(室) 안에서 근신하게 하는 징계는 14세 미만의 보호소년 등에 게는 부과하지 못한다.
> ⓒ 출원하는 보호소년 등에 대한 사회정착지원의 기간은 6개월 이내로 하되, 6개월 이내의 범위에 서 한 번에 한하여 그 기간을 연장할 수 있다.
> ⓒ 원장은 법원 또는 검찰의 조사 · 심리, 이송, 그 밖의 사유로 보호소년 등을 호송하는 경우, 소속 공무원으로 하여금 수갑, 포승이나 전자충격기를 사용하게 할 수 있다.

① ⊙, ⓒ

② ⓒ, ⓒ

③ ⊙, ⓒ, ⓒ

④ ⓒ, ⓒ, ⓒ

옳은 것은 ⓒ, ⓔ이다.

ⓐ [×] 신설하는 소년원 및 소년분류심사원은 수용정원이 150명 이내의 규모가 되도록 하여야 한다. 다만, 소년원 및 소년분류심사원의 기능·위치나 그 밖의 사정을 고려하여 그 규모를 증대할 수 있다(「보호소년 등의 처우에 관한 법률」 제6조 제1항).

ⓑ [×] 소년분류심사원장은 유치소년이 ⓐ 중환자로 판명되어 수용하기 위험하거나 장기간 치료가 필요하여 교정 교육의 실효를 거두기가 어렵다고 판단되는 경우, ⓑ 심신의 장애가 현저하거나 임신 또는 출산(유산·사산한 경우를 포함한다), 그 밖의 사유로 특별한 보호가 필요한 경우에는 유치 허가를 한 지방법원 판사 또는 소년분류심 사원 소재지를 관할하는 법원소년부에 유치 허가의 취소에 관한 의견을 제시할 수 있다(동법 제9조 제3항).

ⓒ [○] 동법 제15조 제3항

ⓔ [○] 원장은 출원하는 보호소년 등의 성공적인 사회정착을 위하여 장학·원호·취업알선 등 필요한 지원을 할 수 있으며(동법 제45조의2 제1항), 사회정착지원의 기간은 6개월 이내로 하되, 6개월 이내의 범위에서 한 번에 한하여 그 기간을 연장할 수 있다(동법 제45조의2 제2항).

ⓜ [×] 원장은 ⓐ 이탈·난동·폭행·자해·자살을 방지하기 위하여 필요한 경우, ⓑ 법원 또는 검찰의 조사·심 리, 이송, 그 밖의 사유로 호송하는 경우, ⓒ 그 밖에 소년원·소년분류심사원의 안전이나 질서를 해칠 우려가 현저한 경우에는 소속 공무원으로 하여금 보호소년 등에 대하여 수갑, 포승 또는 보호대를 사용하게 할 수 있다 (동법 제14조의2 제2항).

정답 ②

09 「보호소년 등의 처우에 관한 법률」상 보호소년의 처우에 대한 설명으로 옳지 않은 것은?　2016. 교정 9급

① 퇴원이 허가된 보호소년이 질병에 걸리거나 본인의 편익을 위하여 필요하면 본인의 신청에 의 하여 계속 수용할 수 있다.

② 보호소년이 친권자와 면회를 할 때에는 소속 공무원이 참석하지 아니한다. 다만, 보이는 거리에 서 보호소년을 지켜볼 수 있다.

③ 보호소년 등이 사용하는 목욕탕에 전자영상장비를 설치하여 운영하는 것은 자해 등의 우려가 큰 때에만 할 수 있다. 이 경우 전자영상장비로 보호소년 등을 감호할 때에는 여성인 보호소년 등에 대해서는 여성인 소속 공무원만이 참여하여야 한다.

④ 소년원장은 보호소년의 보호 및 교정교육에 지장을 주지 아니하는 범위에서 가족과 전화통화를 허가할 수 있으며, 교정교육상 특히 필요하다고 인정할 때 직권으로 외출을 허가할 수 있다.

① [○] 퇴원 또는 임시퇴원이 허가된 보호소년이 질병에 걸리거나 본인의 편익을 위하여 필요하면 본인의 신청에 의하여 계속 수용할 수 있다(동법 제46조 제1항).

② [×] 보호소년 등이 면회를 할 때에는 소속 공무원이 참석하여 보호소년 등의 보호 및 교정교육에 지장이 없도 록 지도할 수 있으며(「보호소년 등의 처우에 관한 법률」 제18조 제2항), 보호소년 등이 변호인이나 보조인(변호인 등) 과 면회를 할 때에는 소속 공무원이 참석하지 아니한다. 다만, 보이는 거리에서 보호소년 등을 지켜볼 수 있다(동 법 제18조 제3항).

③ [○] 보호소년 등이 사용하는 목욕탕, 세면실 및 화장실에 전자영상장비를 설치하여 운영하는 것은 자해 등의 우려가 큰 때에만 할 수 있다. 이 경우 전자영상장비로 보호소년 등을 감호할 때에는 여성인 보호소년 등에 대해 서는 여성인 소속 공무원만, 남성인 보호소년 등에 대해서는 남성인 소속 공무원만이 참여하여야 한다(동법 제14 조의3 제2항).

④ [○] 원장은 공범 등 교정교육에 해가 된다고 인정되는 사람과의 전화통화를 제한하는 등 보호소년 등의 보호 및 교정교육에 지장을 주지 아니하는 범위에서 가족 등과 전화통화를 허가할 수 있으며(동법 제18조 제6항), 보호 소년에게 외출 사유가 있을 때에는 본인이나 보호자 등의 신청에 따라 또는 직권으로 외출을 허가할 수 있다(동 법 제19조).

정답 ②

10 「보호소년 등의 처우에 관한 법률」상 보호소년의 수용·보호에 대한 설명으로 옳지 않은 것은?

① 소년원장은 미성년자인 보호소년이 친권자나 후견인이 없거나 있어도 그 권리를 행사할 수 없을 때에는 법원의 허가를 받아 적당한 자로 하여금 그 보호소년을 위하여 친권자나 후견인의 직무를 행사하게 하여야 한다.

② 소년원장은 공동으로 비행을 저지른 관계에 있는 사람의 편지인 경우 등 보호소년의 보호 및 교정교육에 지장이 있다고 인정되는 경우에는 보호소년의 편지 왕래를 제한할 수 있으며, 편지의 내용을 검사할 수 있다.

③ 보호소년이 사용하는 목욕탕, 세면실 및 화장실에 전자영상장비를 설치하여 운영하는 것은 이탈·난동·폭행·자해·자살, 그 밖에 보호소년의 생명·신체를 해치거나 시설의 안전 또는 질서를 해치는 행위의 우려가 클 때에만 할 수 있다.

④ 소년원장은 분류수용, 교정교육상의 필요, 그 밖의 이유로 보호소년을 다른 소년원으로 이송하는 것이 적당하다고 인정하면 법무부장관의 허가를 받아 이송할 수 있다.

정답 및 해설

① [×] 소년원장은 미성년자인 보호소년 등이 친권자나 후견인이 없거나 있어도 그 권리를 행사할 수 없을 때에는 법원의 허가를 받아 그 보호소년 등을 위하여 친권자나 후견인의 직무를 행사할 수 있다(「보호소년 등의 처우에 관한 법률」 제23조).
② [○] 동법 제18조 제4항
③ [○] 동법 제14조의3 제2항
④ [○] 동법 제12조 제1항

정답 ①

11 「보호소년 등의 처우에 관한 법률」에 대한 설명으로 옳은 것은?

① 소년원장은 보호소년이 19세가 되면 퇴원시켜야 한다.
② 소년원장이 필요하다고 판단하는 경우 수갑, 포승 등 보호장비를 징벌의 수단으로 사용할 수 있다.
③ 보호소년 등을 소년원이나 소년분류심사원에 수용할 때에는 검사의 수용지휘서에 의하여야 한다.
④ 20일 이내의 기간 동안 지정된 실 안에서 근신하게 하는 징계처분은 14세 미만의 보호소년 등에게는 부과하지 못한다.

정답 및 해설

① [×] 소년원장은 보호소년이 22세가 되면 퇴원시켜야 한다(동법 제43조 제1항).
② [×] 보호장비는 징벌의 수단으로 사용되어서는 아니 된다(동법 제14조의2 제7항).
③ [×] 보호소년 등을 소년원이나 소년분류심사원에 수용할 때에는 법원소년부의 결정서, 법무부장관의 이송허가서 또는 지방법원 판사의 유치허가장에 의하여야 한다(동법 제7조 제1항).
④ [○] 「보호소년 등의 처우에 관한 법률」 제15조 제3항

정답 ④

12

「보호소년 등의 처우에 관한 법률」상 보호장비가 아닌 것은?

① 가스총

② 보호복

③ 머리보호장비

④ 전자충격기

정답 및 해설

② [×] 보호장비의 종류에는 수갑, 포승, 가스총, 전자충격기, 머리보호장비, 보호대가 있다(「보호소년 등의 처우에 관한 법률」 제14조의2 제1항).

정답 ②

13

「보호소년 등의 처우에 관한 법률」에서 규정된 보호장비에 해당하는 것만을 모두 고른 것은?

㉠ 수갑	㉡ 포승	㉢ 가스총
㉣ 전자충격기	㉤ 보호대	㉥ 발목보호장비

① ㉠, ㉡, ㉢

② ㉡, ㉣, ㉤

③ ㉠, ㉡, ㉢, ㉣, ㉤

④ ㉠, ㉢, ㉣, ㉤, ㉥

정답 및 해설

③ [×] 보호장비의 종류에는 수갑, 포승, 가스총, 전자충격기, 머리보호장비, 보호대가 있다(「보호소년 등의 처우에 관한 법률」 제14조의2 제1항).

📄 **보호장비와 보호장구**

1. 보호장비의 종류에는 수갑, 머리보호장비, 발목보호장비, 보호대, 보호의자, 보호침대, 보호복, 포승이 있다(형집행법 제98조 제1항).
2. 보호장구의 종류에는 수갑, 포승, 보호대, 가스총, 전자충격기가 있다(「보호관찰 등에 관한 법률」 제46조의3 제1항).

정답 ③

14

「보호소년 등의 처우에 관한 법률」상 소년원장 또는 소년분류심사원장이 소속 공무원으로 하여금 보호소년 등에 대하여 수갑이나 포승 또는 보호대 외에 가스총이나 전자충격기를 사용하게 할 수 있는 경우에 해당하지 않는 것은?

① 이탈, 자살, 자해하거나 이탈, 자살, 자해하려고 하는 때

② 다른 사람에게 위해를 가하거나 가하려고 하는 때

③ 위력으로 소속 공무원의 정당한 직무집행을 방해하는 때

④ 법원 또는 검찰의 조사·심리, 이송, 그 밖의 사유로 호송하는 경우

⑤ 소년원·소년분류심사원의 설비·기구 등을 손괴하거나 손괴하려고 하는 때

정답 및 해설

④ [×] 법원 또는 검찰의 조사·심리, 이송, 그 밖의 사유로 호송하는 경우에는 수갑, 포승 또는 보호대를 사용할 수 있으나, 가스총이나 전자충격기는 사용할 수 없다(「보호소년 등의 처우에 관한 법률」 제14조의2 제2항 제2호).

정답 ④

15

보호소년 등의 처우에 관한 법령상 보호소년의 면회, 편지, 전화통화에 대한 설명으로 옳은 것은?

2019. 5급 승진

① 보호소년이 면회를 할 때에는 소속 공무원이 참석할 수 있으나, 면회를 중지시킬 수는 없다.
② 보호소년이 변호인이나 보조인과 면회를 할 때에는 소속 공무원이 참석하지 아니하며, 보이는 거리에서 지켜볼 수도 없다.
③ 소년원장은 보호소년의 보호 및 교정교육에 지장이 있다고 인정되는 경우 보호소년의 편지 왕래를 제한할 수 있으나, 그 편지의 내용을 검사할 수는 없다.
④ 소년원장은 그 상대방이 변호인이나 보조인임을 확인할 수 없는 경우를 제외하고는 보호소년이 변호인이나 보조인과 주고받는 편지를 제한하거나 검사할 수 없다.
⑤ 소년원장은 보호소년의 야간 및 휴일 전화통화를 허가할 수 없다.

정답 및 해설

① [×] 보호소년 등이 면회를 할 때에는 소속 공무원이 참석하여 보호소년 등의 보호 및 교정교육에 지장이 없도록 지도할 수 있다. 이 경우 소속 공무원은 보호소년 등의 보호 및 교정교육에 지장이 있다고 인정되는 경우에는 면회를 중지할 수 있다(동법 제18조 제2항).
② [×] 보호소년 등이 변호인이나 보조인과 면회를 할 때에는 소속 공무원이 참석하지 아니한다. 다만, 보이는 거리에서 보호소년 등을 지켜볼 수 있다(동법 제18조 제3항).
③ [×] 소년원장은 공동으로 비행을 저지른 관계에 있는 사람의 편지인 경우 등 보호소년 등의 보호 및 교정교육에 지장이 있다고 인정되는 경우에는 보호소년 등의 편지 왕래를 제한할 수 있으며, 편지의 내용을 검사할 수 있다(동법 제18조 제4항).
④ [○] 「보호소년 등의 처우에 관한 법률」 제18조 제5항
⑤ [×] 전화통화는 평일 근무시간에 한정한다. 다만, 소년원장은 특별히 필요하다고 인정하는 경우에는 야간 및 휴일에도 전화통화를 허가할 수 있다(동법 시행규칙 제36조의2 제2항).

정답 ④

16

「보호소년 등의 처우에 관한 법률」상 보호소년 등의 처우와 교정교육에 대한 설명으로 옳지 않은 것은?

2021. 보호 7급

① 보호소년 등은 그 처우에 대하여 불복할 때에는 법무부장관에게 문서로 청원할 수 있다.
② 보호장비는 보호소년 등에 대하여 징벌의 수단으로 사용되어서는 아니 된다.
③ 보호소년 등이 사용하는 목욕탕, 세면실 및 화장실에 전자영상장비를 설치하여 운영하는 것은 자해 등의 우려가 큰 때에만 할 수 있다.
④ 소년분류심사원이 설치되지 아니한 지역에서는 소년분류심사원이 설치될 때까지 소년분류심사원의 임무는 소년을 분리 유치한 구치소에서 수행한다.

정답 및 해설

① [○] 동법 제11조
② [○] 동법 제14조의2 제7항
③ [○] 동법 제14조의3 제2항
④ [×] 소년분류심사원이 설치되지 아니한 지역에서는 소년분류심사원이 설치될 때까지 소년분류심사원의 임무는 소년원이 수행하고, 위탁소년 및 유치소년은 소년원의 구획된 장소에 수용한다(「보호소년 등의 처우에 관한 법률」 제52조).

정답 ④

17 소년분류심사원의 임무에 대한 설명으로 옳지 않은 것은?

□□□ ① 위탁소년의 수용과 분류심사

② 전문가 진단의 일환으로 검사가 상담조사를 의뢰한 소년의 상담과 조사

③ 소년 피의사건에 대하여 검사가 조사를 의뢰한 소년의 품행 및 환경 등의 조사

④ 소년원장이나 보호관찰소장이 의뢰한 소년의 분류심사

정답 및 해설

📑 **소년분류심사원의 임무(「보호소년 등의 처우에 관한 법률」 제3조 제2항)**

1. 위탁소년의 수용과 분류심사
2. 유치소년의 수용과 분류심사
3. 「소년법」 제12조(전문가의 진단)에 따른 전문가 진단의 일환으로 법원소년부가 상담조사를 의뢰한 소년의 상담과 조사
4. 「소년법」 제49조의2(검사의 결정 전 조사)에 따라 소년 피의사건에 대하여 검사가 조사를 의뢰한 소년의 품행 및 환경 등의 조사
5. 제1호부터 제4호까지의 규정에 해당되지 아니하는 소년으로서 소년원장이나 보호관찰소장이 의뢰한 소년의 분류심사

정답 ②

18 「보호소년 등의 처우에 관한 법률」 및 동법 시행령에 대한 설명으로 옳은 것은?

□□□ ① 신설하는 소년원 및 소년분류심사원은 수용정원이 100명 이내의 규모가 되도록 하여야 한다.

② 소년원 및 소년분류심사원에 두는 생활실의 수용정원은 3명 이하로 한다.

③ 보호소년 등은 남성과 여성, 보호소년·위탁소년 및 유치소년, 16세 미만인 자와 16세 이상인 자를 분리 수용한다.

④ 원장은 새로 수용된 보호소년 등의 보호자 등에게 지체 없이 수용 사실을 알려야 한다.

정답 및 해설

① [×] 신설하는 소년원 및 소년분류심사원은 수용정원이 150명 이내의 규모가 되도록 하여야 한다. 다만, 소년원 및 소년분류심사원의 기능·위치나 그 밖의 사정을 고려하여 그 규모를 증대할 수 있다(동법 제6조 제1항).

② [×] 소년원 또는 소년분류심사원(소년원 등)에 두는 생활실의 수용정원은 4명 이하로 한다. 다만, 소년원 등의 기능·위치나 그 밖의 사정을 고려하여 수용인원을 증대할 수 있다(동법 시행령 제5조의2).

③ [×] 보호소년 등은 ㉠ 남성과 여성, ㉡ 보호소년, 위탁소년 및 유치소년을 분리 수용한다(동법 제8조 제2항).

④ [○] 원장은 새로 수용된 보호소년 등의 보호자나 보호소년 등이 지정하는 자(보호자 등)에게 지체 없이 수용 사실을 알려야 한다(「보호소년 등의 처우에 관한 법률」 제7조 제3항).

정답 ④

19

「보호소년 등의 처우에 관한 법률 시행령」상 (   ) 안에 들어갈 내용을 순서대로 가장 옳게 나열한 것은?

> ㉠ 원장은 징계 중인 보호소년 등을 (   ) 이상 면접하고 개별지도를 실시하여야 한다.
> ㉡ 보호소년 등의 면회는 원칙적으로 평일에 교육 등 일과 진행에 지장이 없는 범위에서 1일 1회
> (   ) 이내로 한다.
> ㉢ 원장은 포상을 받은 보호소년 등에 대하여 (   )를 할 수 있다.

	㉠	㉡	㉢
①	매일 1회	40분	특별처우
②	매주 1회	30분	개방처우
③	매주 1회	40분	특별처우
④	매일 1회	30분	개방처우

정답 및 해설

㉠ 원장은 징계 중인 보호소년 등을 매주 1회 이상 면접하고 개별지도를 하여야 한다(「보호소년 등의 처우에 관한 법률 시행령」 제27조 제2항).

㉡ 보호소년 등의 면회는 평일[원장이 필요하다고 인정하는 경우에는 토요일(공휴일은 제외한다)을 포함한다]에 교육 등 일과 진행에 지장이 없는 범위에서 1일 1회 40분 이내로 한다. 다만, 특별한 사유가 있을 때에는 그렇지 않다(동법 시행령 제36조 제1항).

㉢ 원장은 포상을 받은 보호소년 등에 대하여 특별처우를 할 수 있다(동법 시행령 제31조 제2항).

정답 ③

20

보호소년 등의 처우에 대한 설명으로 옳지 않은 것은?

① 병원, 요양소 또는 의료재활소년원에 위탁의 처분을 받은 보호소년은 의료재활소년원에 해당하는 소년원에 수용하여야 한다.

② 20일 이내의 기간 동안 지정된 실 안에서 근신하게 하는 처분은 14세 이하의 보호소년 등에게는 부과하지 못한다.

③ 소년원장은 보호소년이 중환자로 판명되어 수용하기 위험한 경우에는 법원소년부에 보호처분의 변경을 신청할 수 있고, 법원소년부가 보호처분의 변경을 할 경우 보호소년이 19세 이상인 경우에도 보호사건 규정을 적용한다.

④ 원장은 정상을 특별히 참작할 사유가 있거나 환자인 경우에는 징계 집행을 면제하거나 사유가 없어질 때까지 징계 집행을 유예하거나 정지할 수 있다.

정답 및 해설

① [○] 동법 제8조 제3항
② [×] 14세 미만의 보호소년 등에게는 부과하지 못한다(「보호소년 등의 처우에 관한 법률」 제15조 제3항).
③ [○] 동법 제9조 제1항·제5항
④ [○] 동법 시행령 제30조

정답 ②

21 소년원장이 보호소년에 대해 직권으로 할 수 있는 것은?

① 보호소년의 일신상의 사정을 듣기 위한 면접
② 보호소년의 임시퇴원
③ 교정교육상의 필요에 의하여 보호소년을 다른 소년원으로 이송하는 경우
④ 미성년자인 보호소년 등에 대한 친권자의 직무 행사

정답 및 해설

① [○] 소년원장은 보호소년 등으로부터 처우나 일신상의 사정에 관한 의견을 듣기 위하여 수시로 보호소년 등과 면접을 하여야 한다(「보호소년 등의 처우에 관한 법률」 제10조).
② [×] 소년원장은 교정성적이 양호한 자 중 보호관찰의 필요성이 있다고 인정되는 보호소년[「소년법」 제32조 제1 항 제8호(1개월 이내의 소년원 송치)에 따라 송치된 보호소년은 제외한다]에 대하여는 보호관찰심사위원회에 임시퇴원을 신청하여야 한다(동법 제44조).
③ [×] 소년원장은 분류수용, 교정교육상의 필요, 그 밖의 이유로 보호소년을 다른 소년원으로 이송하는 것이 적당하다고 인정하면 법무부장관의 허가를 받아 이송할 수 있다(동법 제12조 제1항).
④ [×] 소년원장은 미성년자인 보호소년 등이 친권자나 후견인이 없거나 있어도 그 권리를 행사할 수 없을 때에는 법원의 허가를 받아 그 보호소년 등을 위하여 친권자나 후견인의 직무를 행사할 수 있다(동법 제23조).

정답 ①

22 보호소년 등의 처우에 관한 법령상 급여품 등에 대한 설명으로 옳지 않은 것은?

① 보호소년 등에게는 주식, 부식, 음료, 그 밖의 영양물을 제공하되, 그 양은 보호소년 등이 건강을 유지하고 심신의 발육을 증진하는 데에 필요한 정도이어야 한다.
② 급여품과 대여품의 종류와 수량의 기준은 법무부령으로 정한다.
③ 원장은 교정교육에 해가 없다고 인정되는 경우에는 보호자의 음식물·의류·학용품 등의 반입을 허가하여야 한다.
④ 보호소년 등은 통학, 통근취업 등 원장이 특히 필요하다고 인정하여 허가하는 경우가 아니면 금전을 소지하거나 직접 사용할 수 없다.

정답 및 해설

① [○] 동법 제17조 제2항
② [○] 동법 제17조 제3항
③ [×] 원장은 교정교육이나 위생에 해가 없다고 인정되는 경우에만 보호자나 그 밖의 관계인으로부터 음식물·의류·학용품 등을 반입하도록 허가할 수 있다(「보호소년 등의 처우에 관한 법률 시행령」 제33조 제1항).
④ [○] 동법 시행령 제34조

정답 ③

23 「보호소년 등의 처우에 관한 법률」에 대한 설명으로 옳지 않은 것은?

① 원장은 천재지변이나 그 밖의 재난 또는 비상사태가 발생한 경우에 그 시설 내에서는 안전한 대피방법이 없다고 인정될 때에는 보호소년 등을 일시적으로 석방할 수 있다.

② 소년원장은 보호소년이 징계를 받은 경우에는 법무부령으로 정하는 기준에 따라 교정성적 점수를 빼야 한다.

③ 원장은 교정성적이 우수하거나 품행이 타인의 모범이 되는 보호소년 등에게 포상을 할 수 있으며, 포상을 받은 보호소년 등에게는 특별한 처우를 할 수 있다.

④ 보호소년 등이 면회를 할 때에는 소속 공무원이 참석하여 보호소년 등의 보호 및 교정교육에 지장이 없도록 지도할 수 있다.

정답 및 해설

① [×] 원장은 천재지변이나 그 밖의 재난 또는 비상사태가 발생한 경우에 그 시설 내에서는 안전한 대피방법이 없다고 인정될 때에는 보호소년 등을 일시적으로 적당한 장소로 긴급 이송할 수 있다(「보호소년 등의 처우에 관한 법률」 제13조 제2항).

② [○] 동법 제15조 제6항

③ [○] 동법 제16조

④ [○] 보호소년 등이 면회를 할 때에는 소속 공무원이 참석하여 보호소년 등의 보호 및 교정교육에 지장이 없도록 지도할 수 있다. 이 경우 소속 공무원은 보호소년 등의 보호 및 교정교육에 지장이 있다고 인정되는 경우에는 면회를 중지할 수 있다(동법 제18조 제2항).

정답 ①

24 「보호소년 등의 처우에 관한 법률」상 보호소년 등의 수용 및 보호에 대한 설명으로 옳지 않은 것은?

2024 보호 7급

① 보호소년이 사용하는 목욕탕, 세면실 및 화장실에 전자장비를 설치하여 운영하는 것은 자해 등의 우려가 큰 때에만 할 수 있다.

② 소년원장은 비행집단과 교제하고 있다고 의심할 만한 상당한 이유가 있는 경우 보호소년의 면회를 허가하지 않을 수 있다.

③ 소년원에 근무하는 간호사는 야간 또는 공휴일 등 의사가 진료할 수 없는 경우 대통령령으로 정하는 경미한 의료행위를 할 수 있다.

④ 소년원장은 보호소년의 보호 및 교정교육에 지장이 있다고 인정되는 경우 보호소년의 편지(단, 변호인 등과 주고받는 편지는 제외함) 왕래를 제한할 수 있으며, 내용을 검사할 수 있다.

정답 및 해설

① [×] 보호소년 등이 사용하는 목욕탕, 세면실 및 화장실에 전자영상장비를 설치하여 운영하는 것은 자해 등의 우려가 큰 때에만 할 수 있다. 이 경우 전자영상장비로 보호소년 등을 감호할 때에는 여성인 보호소년 등에 대해서는 여성인 소속 공무원만, 남성인 보호소년 등에 대해서는 남성인 소속 공무원만이 참여하여야 한다(「보호소년 등의 처우에 관한 법률」 제14조의3 제2항).

② [○] 원장은 비행집단과 교제하고 있다고 의심할 만한 상당한 이유가 있는 경우 등 보호소년 등의 보호 및 교정교육에 지장이 있다고 인정되는 경우 외에는 보호소년 등의 면회를 허가하여야 한다. 다만, 20일 이내의 기간 동안 지정된 실 안에서 근신하는 징계를 받은 보호소년 등에 대한 면회는 그 상대방이 변호인이나 보조인(변호인 등) 또는 보호자인 경우에 한정하여 허가할 수 있다(동법 제18조 제1항).

③ [○] 동법 제20조 제4항

④ [○] 원장은 공동으로 비행을 저지른 관계에 있는 사람의 편지인 경우 등 보호소년 등의 보호 및 교정교육에 지장이 있다고 인정되는 경우에는 보호소년 등의 편지 왕래를 제한할 수 있으며, 편지의 내용을 검사할 수 있다 (동법 제18조 제4항). 보호소년 등이 변호인 등과 주고받는 편지는 제한하거나 검사할 수 없다. 다만, 상대방이 변호인 등임을 확인할 수 없는 때에는 예외로 한다(동법 제18조 제5항).

정답 ①

25 보호소년 등의 처우에 관한 법령상 보호소년 등의 이송에 대한 설명으로 옳지 않은 것은?
□□□
① 병원, 요양소 또는 의료재활소년원에 위탁(「소년법」 제32조 제7호) 처분을 받은 보호소년은 의료재활소년원에 해당하지 아니하는 소년원으로 이송할 수 없다.
② 법무부장관은 분류수용이나 교육훈련을 위하여 수용인원을 조절할 필요가 있다고 인정되면 소년원장에게 보호소년을 다른 소년원으로 이송할 것을 지시할 수 있다.
③ 소년원장은 보호소년 또는 그 보호자 등이 다른 소년원으로 이송해 줄 것을 청원한 경우에는 법무부장관의 허가를 받아 보호소년을 그 소년원으로 이송할 수 있다.
④ 보호소년이 보호처분의 결정에 대해 항고 또는 재항고하여 재판이 계속 중일 경우에는 다른 소년원으로 이송해서는 안 된다.

정답 및 해설

① [○] 동법 제12조 제2항
② [○] 동법 시행령 제14조
③ [○] 동법 시행령 제15조
④ [×] 소년원장은 ⊙ 외부 의료기관에 입원 또는 통원치료 중인 사람으로서 이송하는 것이 부적절하다고 판단되는 보호소년, ⓒ 보호처분의 결정, 부가처분 등의 결정, 보호처분·부가처분 변경 결정에 대해 항고하여 재판이 계속 중인 보호소년(재항고한 사람은 제외), ⓒ 징계를 받고 있는 보호소년을 다른 소년원으로 이송해서는 안 된다 (「보호소년 등의 처우에 관한 법률 시행령」 제16조 제2항).

정답 ④

26 원장은 소년원이나 소년분류심사원에서 감염병이 발생하거나 발생할 우려가 있을 때에는 이에 대한 상당한 조치를 하여야 한다. 이에 대한 설명으로 옳지 않은 것은?
□□□
① 원장은 보호소년 등이 감염병에 걸렸을 때에는 지체 없이 격리 수용하고 필요한 응급조치를 하여야 한다.
② 원장은 감염병이 유행하고 있을 때에는 감염병 유행지역 거주자의 면회, 음식물·피복이나 그 밖의 물품의 반입을 금지하여야 한다.
③ 원장은 보호소년 등이 감염병에 감염되었다고 의심되는 경우에는 감염병의 증상 또는 전염력이 없어질 때까지 격리수용하고, 소지품에 대한 소독 등 필요한 조치를 하여야 한다.
④ 원장은 소년원 등에서 감염병이 발생하면 지체 없이 그 발생 상황을 법무부장관에게 보고하여야 한다.

정답 및 해설

① [○] 동법 제21조 제2항
② [×] 반입을 금지할 수 있다(「보호소년 등의 처우에 관한 법률 시행령」 제45조 제2항).
③ [○] 동법 시행령 제45조 제3항
④ [○] 원장은 소년원이나 소년분류심사원(소년원 등)에서 감염병이 발생하면 지체 없이 그 발생 상황을 법무부장관에게 보고하고, 그 소년원 등이 있는 지역의 보건소장에게 즉시 신고해야 한다(동법 시행령 제46조).

정답 ②

27 「보호소년 등의 처우에 관한 법률」상 소년원장의 수용관리 행위로 옳지 않은 것은?

① 원장은 천재지변이나 그 밖의 재난 또는 비상사태가 발생한 경우에 그 시설 내에서는 안전한 대피방법이 없다고 인정될 때에는 보호소년 등을 일시적으로 적당한 장소로 긴급 이송할 수 있다.

② 원장은 보호소년 등에게 포상을 할 수 있으며, 포상을 받은 보호소년 등에게는 특별한 처우를 할 수 있다.

③ 원장은 보호소년 등이 이탈, 난동, 폭행, 자해, 그 밖의 사고를 일으킬 우려가 있을 때에는 이를 방지하는 데에 필요한 조치를 하여야 한다.

④ 원장은 법원 또는 검찰의 조사·심리, 이송, 그 밖의 사유로 보호소년 등을 호송하는 경우에는 가스총이나 전자충격기를 사용할 수 있다.

정답 및 해설

① [○] 동법 제13조 제2항

② [○] 원장은 교정성적이 우수하거나 품행이 타인의 모범이 되는 보호소년 등에게 포상을 할 수 있으며, 포상을 받은 보호소년 등에게는 특별한 처우를 할 수 있다(동법 제16조).

③ [○] 동법 제14조 제1항

④ [×] 법원 또는 검찰의 조사·심리, 이송, 그 밖의 사유로 호송하는 경우에는 보호소년 등에 대하여 수갑, 포승 또는 보호대를 사용할 수 있으나, 가스총이나 전자충격기는 사용할 수 없다(「보호소년 등의 처우에 관한 법률」 제14조의2 제2항·제3항).

정답 ④

28 「보호소년 등의 처우에 관한 법률 시행령」상 보호소년 등의 신체검사 및 외부인의 출입통제에 대한 설명으로 옳지 않은 것은 모두 몇 개인가?

㉠ 원장은 시설의 안전과 질서 유지를 위하여 필요하다고 인정하는 경우에는 보호소년 등의 신체·의류·휴대품·생활실 등을 검사할 수 있다.

㉡ 원장은 검사한 결과 소지금지물품이 발견되면 이를 보호소년 등에게 사유를 알린 후 시설에 보관한다. 다만, 보호소년 등이 동의하면 폐기할 수 있다.

㉢ 원장은 보호소년 등의 신체를 면밀히 검사할 필요가 있으면 다른 보호소년 등이 볼 수 없는 차단된 장소에서 해야 한다.

㉣ 원장은 여성인 보호소년 등의 신체·의류 및 휴대품을 검사하는 경우에는 소속 여성 공무원이 하게 하여야 한다.

㉤ 원장은 소년원 등에 출입하는 외부인의 출입 목적과 신원을 확인하고, 시설의 안전과 질서 유지를 위하여 필요하다고 인정하면 출입자의 신체·의류와 휴대품을 검사할 수 있다.

㉥ 원장은 검사 결과 출입자가 금지물품을 소지하고 있으면 소년원 등에 맡기게 하여야 하며, 이에 따르지 아니하면 출입을 금지하여야 한다.

① 1개   ② 2개
③ 3개   ④ 4개

옳지 않은 것은 ㉡, ㉤, ㉥이다.
㉠ [○]「보호소년 등의 처우에 관한 법률 시행령」 제17조의3 제1항
㉡ [×] 보호소년 등에게 알린 후 폐기한다(동법 시행령 제17조의3 제4항).
㉢ [○] 원장은 보호소년 등의 신체를 검사하는 경우에는 해당 보호소년 등이 불필요한 고통이나 수치심을 느끼지 않도록 유의해야 하며, 특히 신체를 면밀히 검사할 필요가 있으면 다른 보호소년 등이 볼 수 없는 차단된 장소에서 해야 한다(동법 시행령 제17조의3 제2항).
㉣ [○] 동법 시행령 제17조의3 제3항
㉤ [×] 출입자의 의류와 휴대품을 검사할 수 있다(동법 시행령 제18조 제1항).
㉥ [×] 출입을 금지할 수 있다(동법 시행령 제18조 제2항).

정답 ③

29

원장은 의사의 의견을 고려하여 보호소년 등을 심신안정실(자살 및 자해 방지 등의 설비를 갖춘 생활실을 말한다)에 수용할 수 있다. 이에 대한 설명으로 옳지 않은 것은?

① 신체적·정신적 질병 또는 임신·출산 등으로 인하여 특별한 보호가 필요할 때에 수용할 수 있다.
② 자살 또는 자해의 우려가 있을 때의 심신안정실 수용기간은 24시간 이내로 한다.
③ 원장은 의사 및 간호사로 하여금 심신안정실에 수용된 보호소년 등의 건강상태를 수시로 확인하게 하여야 한다.
④ 원장은 심신안정실에 수용할 사유가 소멸하면 심신안정실 수용을 즉시 중단하여야 한다.

① [○] 동법 시행령 제19조 제1항
② [×] 자살 또는 자해의 우려가 있을 때의 심신안정실의 수용기간은 15일 이내로 한다(「보호소년 등의 처우에 관한 법률 시행령」 제19조 제2항).
③ [○] 동법 시행령 제19조 제5항
④ [○] 동법 시행령 제19조 제6항

심신안정실 수용(「보호소년 등의 처우에 관한 법률 시행령」 제19조)

원장은 보호소년 등이 다음의 어느 하나에 해당할 때에는 의사의 의견을 고려하여 심신안정실(자살 및 자해 방지 등의 설비를 갖춘 생활실)에 수용할 수 있다(제1항).

수용사유	1. 자살 또는 자해의 우려가 있을 때 2. 신체적·정신적 질병 또는 임신·출산(유산·사산한 경우를 포함) 등으로 인하여 특별한 보호가 필요할 때	3. 설비 또는 기구 등을 손괴하거나 손괴하려 할 때 4. 담당 직원의 제지에도 불구하고 소란행위를 계속하여 다른 보호소년 등의 평온한 생활을 방해할 때
기간 및 연장	심신안정실의 수용기간은 15일 이내로 한다. 다만, 원장은 특별히 계속하여 수용할 필요가 있으면 의사의 의견을 고려하여 7일을 초과하지 아니하는 범위에서 한 차례만 그 기간을 연장할 수 있다(제2항).	심신안정실 수용기간은 24시간 이내로 한다. 다만, 원장은 특별히 계속하여 수용할 필요가 있으면 의사의 의견을 고려하여 12시간을 초과하지 아니하는 범위에서 한 차례만 그 기간을 연장할 수 있다(제3항).

정답 ②

30 「보호소년 등의 처우에 관한 법률 시행령」상 징계대상행위의 조사 등에 대한 설명으로 옳지 않은 것은?

① 보호소년 등의 징계대상행위에 대한 조사기간은 10일 이내로 한다. 다만, 원장은 특별히 필요하다고 인정하는 경우에는 7일을 초과하지 아니하는 범위에서 한 차례만 그 기간을 연장할 수 있다.

② 원장은 규율을 위반하여 징계가 필요하다고 의심할 만한 상당한 이유가 있는 보호소년 등이 증거를 없앨 우려가 있을 때에는 조사기간 중 분리하여 수용할 수 있다.

③ 분리수용기간은 징계기간에 포함한다.

④ 조사가 일시 정지된 다음 날부터 정지사유가 소멸한 전날까지의 기간은 조사기간에 포함하지 아니한다.

정답 및 해설

① [×] 보호소년 등의 징계대상행위에 대한 조사기간(조사를 시작한 날부터 조사를 완료하여 처우심사위원회 개최 통보를 한 날까지를 말함)은 7일 이내로 한다. 다만, 원장은 특별히 필요하다고 인정하는 경우에는 3일을 초과하지 아니하는 범위에서 한 차례만 그 기간을 연장할 수 있다(「보호소년 등의 처우에 관한 법률 시행령」 제24조의2 제1항).

② [○] 원장은 규율을 위반하여 징계가 필요하다고 의심할 만한 상당한 이유가 있는 보호소년 등이 ㉠ 증거를 없앨 우려가 있을 때, ㉡ 다른 보호소년 등에게 위해를 끼칠 우려가 있거나 다른 보호소년 등의 위해로부터 보호할 필요가 있을 때에는 조사기간 중 분리하여 수용할 수 있다(동법 시행령 제24조의2 제2항).

③ [○] 동법 시행령 제24조의2 제3항

④ [○] 원장은 조사대상자의 질병이나 그 밖의 특별한 사정으로 조사를 계속하기 어려운 경우에는 그 사유가 없어질 때까지 조사를 일시적으로 정지할 수 있다. 이 경우 조사가 정지된 다음 날부터 정지사유가 소멸한 전날까지의 기간은 조사기간에 포함하지 아니한다(동법 시행령 제24조의2 제4항).

정답 ①

31 「보호소년 등의 처우에 관한 법률」상 징계에 대한 설명으로 옳지 않은 것은? 2024 보호 7급

① 지정된 실(室) 안에서 근신하는 처분을 받은 보호소년도 매주 1회 이상 실외운동을 할 수 있도록 하여야 한다.

② 소년원장 또는 소년분류심사원장은 보호소년 등에게 징계를 한 경우에는 지체 없이 그 사실을 보호자에게 통지하여야 한다.

③ 소년원 및 소년분류심사원에 보호소년 등 처우·징계위원회를 구성함에 있어 해당 심의·의결 사안에 대한 비밀유지를 위하여 민간위원의 참여는 제한된다.

④ 지정된 실 안에서 근신하는 징계를 받은 보호소년에 대한 면회는 그 상대방이 변호인이나 보조인 또는 보호자인 경우에 한정하여 허가할 수 있다.

정답 및 해설

① [○] 소년원장 또는 소년분류심사원장(원장)은 20일 이내의 기간 동안 지정된 실 안에서 근신하는 처분을 받은 보호소년 등에게 개별적인 체육활동 시간을 보장하여야 한다. 이 경우 매주 1회 이상 실외운동을 할 수 있도록 하여야 한다(동법 제15조 제4항).

② [○] 동법 제15조 제8항

③ [×] 보호소년 등의 처우에 관하여 원장의 자문에 응하게 하거나 징계대상자에 대한 징계를 심의·의결하기 위하여 소년원 및 소년분류심사원에 보호소년 등 처우·징계위원회를 둔다(「보호소년 등의 처우에 관한 법률」 제15조의2 제1항). 위원회는 위원장을 포함한 5명 이상 11명 이하의 위원으로 구성하고, 민간위원은 1명 이상으로 한다(동법 제15조의2 제2항). 위원회가 징계대상자에 대한 징계를 심의·의결하는 경우에는 1명 이상의 민간위원이 해당 심의·의결에 참여하여야 한다(동법 제15조의2 제3항).

④ [○] 원장은 비행집단과 교제하고 있다고 의심할 만한 상당한 이유가 있는 경우 등 보호소년 등의 보호 및 교정교육에 지장이 있다고 인정되는 경우 외에는 보호소년 등의 면회를 허가하여야 한다. 다만, 20일 이내의 기간 동안 지정된 실 안에서 근신하는 징계를 받은 보호소년 등에 대한 면회는 그 상대방이 변호인이나 보조인(변호인 등) 또는 보호자인 경우에 한정하여 허가할 수 있다(동법 제18조 제1항).

정답 ③

32 「보호소년 등의 처우에 관한 법률」상 보호소년 등의 외부교통권에 대한 설명으로 옳지 않은 것은?

① 20일 이내의 기간 동안 지정된 실 안에서 근신의 징계를 받은 보호소년 등에 대한 면회는 그 상대방이 변호인이나 보조인인 경우에 한정하여 허가할 수 있다.

② 보호소년 등이 변호인 등과 면회를 할 때에는 소속 공무원이 참석하지 아니한다. 다만, 보이는 거리에서 보호소년 등을 지켜볼 수 있다.

③ 원장은 공동으로 비행을 저지른 관계에 있는 사람의 편지인 경우 등 보호소년 등의 보호 및 교정교육에 지장이 있다고 인정되는 경우에는 보호소년 등의 편지 왕래를 제한할 수 있으며, 편지의 내용을 검사할 수 있다.

④ 원장은 공범 등 교정교육에 해가 된다고 인정되는 사람과의 전화통화를 제한하는 등 보호소년 등의 보호 및 교정교육에 지장을 주지 아니하는 범위에서 가족 등과 전화통화를 허가할 수 있다.

정답 및 해설

① [×] 원장은 비행집단과 교제하고 있다고 의심할 만한 상당한 이유가 있는 경우 등 보호소년 등의 보호 및 교정교육에 지장이 있다고 인정되는 경우 외에는 보호소년 등의 면회를 허가하여야 한다. 다만, 20일 이내의 기간 동안 지정된 실 안에서 근신의 징계를 받은 보호소년 등에 대한 면회는 그 상대방이 변호인이나 보조인(변호인 등) 또는 보호자인 경우에 한정하여 허가할 수 있다(「보호소년 등의 처우에 관한 법률」 제18조 제1항).

② [○] 동법 제18조 제3항
③ [○] 동법 제18조 제4항
④ [○] 동법 제18조 제6항

정답 ①

33 소년원장이 보호소년에게 외출을 허가할 수 없는 경우는?

① 직계존속이 위독하거나 사망하였을 때
② 병역, 학업, 질병 등의 사유로 외출이 필요한 때
③ 질병이나 사고로 외부의료시설에의 입원이 필요한 때
④ 형제자매의 혼례가 있을 때

정답 및 해설

외출 사유(「보호소년 등의 처우에 관한 법률」 제19조)

소년원장은 보호소년에게 다음의 어느 하나에 해당하는 사유가 있을 때에는 본인이나 보호자 등의 신청에 따라 또는 직권으로 외출을 허가할 수 있다.
1. 직계존속이 위독하거나 사망하였을 때
2. 직계존속의 회갑 또는 형제자매의 혼례가 있을 때
3. 천재지변이나 그 밖의 사유로 가정에 인명 또는 재산상의 중대한 피해가 발생하였을 때
4. 병역, 학업, 질병 등의 사유로 외출이 필요할 때
5. 그 밖에 교정교육상 특히 필요하다고 인정할 때

정답 ③

34

소년원장은 보호소년에게 일정한 외출 사유가 있을 때에는 본인이나 보호자 등의 신청에 따라 또는 직권으로 외출을 허가할 수 있다. 이에 대한 설명으로 옳지 않은 것은?

① 소년원장은 보호소년에게 병역, 학업, 질병 등의 사유로 외출이 필요할 때에는 외출을 허가할 수 있다.
② 외출 기간은 7일 이내로 한다. 다만, 특별한 사유가 있을 때에는 그 기간을 연장할 수 있다.
③ 보호소년 또는 그 보호자가 외출을 연장하려면 외출기간이 종료되기 전에 외출기간연장신청서를 제출하고 소년원장의 허가를 받아야 한다.
④ 소년원장은 외출허가를 받은 보호소년에게 지켜야 할 사항을 부과하여야 하며, 보호소년이 준수사항을 위반하면 외출허가를 취소할 수 있다.

정답 및 해설

① [○] 「보호소년 등의 처우에 관한 법률」제19조
② [○] 동법 시행령 제40조
③ [○] 동법 시행규칙 제37조 제2항
④ [×] 소년원장은 외출허가를 받은 보호소년에게 지켜야 할 사항을 부과하여야 하며, 보호소년이 준수사항을 위반하면 지체 없이 외출허가를 취소하고 복귀에 필요한 조치를 하여야 한다(「보호소년 등의 처우에 관한 법률 시행령」제41조).
▶ 귀휴는 취소할 수 있지만(형집행법 제78조), 외출은 취소하여야 한다.

정답 ④

35

소년원의 교정교육에 대한 설명으로 옳지 않은 것은?

① 소년원의 교정교육은 규율 있는 생활 속에서 보호소년이 전인적인 성장·발달을 이루고 사회생활에 원만하게 적응할 수 있도록 하여야 한다.
② 신입보호소년에 대한 신입자 교육기간은 10일 이내로 한다.
③ 소년원장은 교정성적이 양호한 보호소년의 원활한 학업 연계를 위하여 필요하다고 판단되면 보호소년을 전적학교 등 다른 학교로 통학하게 하여야 한다.
④ 고등학교에 재학하던 중 소년분류심사원에 위탁된 소년의 수용기간은 그 학교의 수업일수로 계산한다.

정답 및 해설

① [○] 소년원의 교정교육은 규율 있는 생활 속에서 초·중등교육, 직업능력개발훈련, 인성교육, 심신의 보호·지도 등을 통하여 보호소년이 전인적인 성장·발달을 이루고 사회생활에 원만하게 적응할 수 있도록 하여야 한다(동법 제28조).
② [○] 동법 시행규칙 제53조 제2항
③ [×] 다른 학교로 통학하게 할 수 있다(「보호소년 등의 처우에 관한 법률」제33조).
④ [○] 초·중등교육법 제2조의 학교(초등학교·공민학교, 중학교·고등공민학교, 고등학교·고등기술학교, 특수학교)에서 재학하던 중 소년분류심사원에 위탁되거나 유치된 소년 및 소년법 제32조 제1항 제8호(1개월 이내의 소년원 송치)의 처분을 받은 소년의 수용기간은 그 학교의 수업일수로 계산한다(동법 제31조 제2항).

정답 ③

36 「보호소년 등의 처우에 관한 법률」상 교정교육 등에 대한 설명으로 옳지 않은 것은?

① 보호소년이 소년원학교에 입교하면 초·중등교육법에 따라 입학·전학 또는 편입학한 것으로 본다.

② 보호소년이 소년원학교에서 교육과정을 밟는 중에 소년원에서 퇴원하거나 임시퇴원하여 전적학교 등 다른 학교에 전학이나 편입학을 신청하는 경우 전적학교 등 다른 학교의 장은 정당한 사유를 제시하지 아니하는 한 이를 허가하여야 한다.

③ 소년원학교에서 교육과정을 마친 보호소년이 전적학교의 졸업장 취득을 희망하는 경우 소년원학교장은 전적학교의 장에게 학적사항을 통지하고 졸업장의 발급을 요청할 수 있다.

④ 소년원장은 보호소년이 취업을 하였을 때에는 해당 산업체로 하여금 근로기준법을 지키게 하고, 보호소년에게 지급되는 보수는 전부 또는 일부를 본인에게 지급하여야 한다.

정답 및 해설

① [○] 동법 제31조 제1항

② [○] 동법 제32조

③ [○] 소년원학교에서 교육과정을 마친 보호소년이 전적학교의 졸업장 취득을 희망하는 경우 소년원학교장은 전적학교의 장에게 학적사항을 통지하고 졸업장의 발급을 요청할 수 있고(동법 제34조 제1항), 요청을 받은 전적학교의 장은 정당한 사유를 제시하지 아니하는 한 졸업장을 발급하여야 한다. 이 경우 그 보호소년에 관한 소년원학교의 학적사항은 전적학교의 학적사항으로 본다(동법 제34조 제2항).

④ [×] 소년원장은 보호소년이 직업능력개발훈련과정을 마쳤을 때에는 산업체에 통근취업하게 할 수 있고(「보호소년 등의 처우에 관한 법률」 제37조 제1항), 보호소년이 취업을 하였을 때에는 해당 산업체로 하여금 근로기준법을 지키게 하고, 보호소년에게 지급되는 보수는 전부 본인에게 지급하여야 한다(동법 제37조 제2항).

정답 ④

37 소년원장이 법무부장관의 허가를 받아야 할 수 있는 처분은?

① 산업체의 기술지원이나 지원금으로 직업능력개발훈련을 실시하거나 소년원 이외의 시설에서 직업훈련을 실시하는 경우

② 교정성적이 양호한 보호소년의 원활한 학업 연계를 위하여 필요하다고 판단되어 보호소년을 전적학교 등 다른 학교로 통학하게 하는 경우

③ 미성년자인 보호소년 등이 친권자 또는 후견인이 없거나 있어도 권리를 행사할 수 없을 경우 그 보호소년 등을 위하여 원장이 친권을 행사하는 경우

④ 보호소년이 22세에 달하여 퇴원시켜야 하는 경우

정답 및 해설

① [○] 소년원장은 법무부장관의 허가를 받아 산업체의 기술지원이나 지원금으로 직업능력개발훈련을 실시하거나 소년원 외의 시설에서 직업능력개발훈련을 실시할 수 있다(「보호소년 등의 처우에 관한 법률」 제35조 제2항).

② [×] 소년원장은 교정성적이 양호한 보호소년의 원활한 학업 연계를 위하여 필요하다고 판단되면 보호소년을 전적학교 등 다른 학교로 통학하게 할 수 있다(동법 제33조).

③ [×] 원장은 미성년자인 보호소년 등이 친권자나 후견인이 없거나 있어도 그 권리를 행사할 수 없을 때에는 법원의 허가를 받아 그 보호소년 등을 위하여 친권자나 후견인의 직무를 행사할 수 있다(동법 제23조).

④ [×] 소년원장은 보호소년이 22세가 되면 퇴원시켜야 한다(동법 제43조 제1항).

정답 ①

38

「보호소년 등의 처우에 관한 법률」상 교정교육 등에 대한 설명으로 옳지 않은 것은?

① 장학지도 - 법무부장관은 교정교육 성과를 평가하고 개선하기 위하여 소속 공무원으로 하여금 장학지도를 하게 할 수 있다.

② 통근취업 - 소년원장은 보호소년이 직업능력개발훈련과정을 마쳤을 때에는 산업체에 통근취업 하게 할 수 있다.

③ 자치활동 - 소년원장은 보호소년 등의 자치심과 협동심을 배양시키기 위하여 16세 이상의 소년들 중 교정성적이 우수한 소년들에게는 자치활동을 허가할 수 있다.

④ 통학 - 소년원장은 교정성적이 양호한 보호소년의 원활한 학업 연계를 위하여 필요하다고 판단되면 보호소년을 전적학교 등 다른 학교로 통학하게 할 수 있다.

정답 및 해설

① [○] 「보호소년 등의 처우에 관한 법률」 제42조
② [○] 동법 제37조 제1항
③ [×] 자치활동에 대한 규정은 「보호소년 등의 처우에 관한 법률」에 규정되어 있지 않다.
④ [○] 동법 제33조

정답 ③

39

「보호소년 등의 처우에 관한 법률」에 대한 설명으로 옳지 않은 것은?

① 소년분류심사원장은 청소년 심리검사 등의 업무를 처리하기 위하여 청소년심리상담실을 설치 · 운영할 수 있다.

② 보호소년 등에 대한 지도, 학술연구, 그 밖의 사유로 소년원이나 소년분류심사원을 방문하려는 자는 그 대상 및 사유를 구체적으로 밝혀 원장의 허가를 받아야 한다.

③ 보호소년 등의 교육 및 사후지도를 지원하기 위하여 범죄예방 자원봉사위원을 둘 수 있다.

④ 퇴원 또는 임시퇴원이 허가된 보호소년이 질병에 걸리거나 본인의 편익을 위하여 필요하면 본인의 신청에 의하여 계속 수용할 수 있다.

정답 및 해설

① [○] 「보호소년 등의 처우에 관한 법률」 제50조의2 제1항
② [○] 보호소년 등에 대한 지도, 학술연구, 그 밖의 사유로 소년원이나 소년분류심사원을 방문하려는 자는 그 대상 및 사유를 구체적으로 밝혀 원장의 허가를 받아야 하며(동법 제49조 제1항), 소년원이나 소년분류심사원을 방문하지 아니하고 설문조사를 하려는 자는 미리 그 내용을 원장과 협의하여야 한다(동법 제49조 제2항).
③ [×] 보호소년 등의 교육 및 사후지도를 지원하기 위하여 소년보호위원을 둘 수 있다(「보호소년 등의 처우에 관한 법률」 제51조의2 제1항). 범죄예방활동을 하고, 보호관찰활동과 갱생보호사업을 지원하기 위하여 범죄예방 자원봉사위원을 둘 수 있다(「보호관찰 등에 관한 법률」 제18조 제1항).
④ [○] 동법 제46조 제1항

정답 ③

40 「보호소년 등의 처우에 관한 법률」상 수용·보호에 대한 설명으로 옳은 것은? 2025. 보호 9급

① 보호장비에는 수갑, 포승, 가스총, 전자충격기, 머리 및 발목보호장비, 보호복이 있다.
② 소년원장이 필요하다고 판단하는 경우 수갑, 포승 등 보호장비를 필요한 최소한의 범위에서 징벌의 수단으로 사용할 수 있다.
③ 소년원장은 미성년자인 보호소년이 친권자나 후견인이 없거나 있어도 그 권리를 행사할 수 없을 때에는 법원의 허가를 받아 적당한 자를 지정하여 친권자나 후견인의 직무를 행사하게 하여야 한다.
④ 20일 이내의 기간 동안 지정된 실(室) 안에서 근신하는 징계처분을 받은 보호소년에게 매주 1회 이상 실외운동을 할 수 있도록 개별적인 체육활동 시간을 보장하여야 한다.

정답 및 해설

① [×] 보호장비의 종류는 수갑, 포승, 가스총, 전자충격기, 머리보호장비, 보호대가 있다(동법 제14조의2 제1항).
② [×] 보호장비는 징벌의 수단으로 사용되어서는 아니 된다(동법 제14조의2 제7항).
③ [×] 소년원장은 미성년자인 보호소년 등이 친권자나 후견인이 없거나 있어도 그 권리를 행사할 수 없을 때에는 법원의 허가를 받아 그 보호소년 등을 위하여 친권자나 후견인의 직무를 행사할 수 있다(동법 제23조).
④ [○] 소년원장은 20일 이내의 기간 동안 지정된 실 안에서 근신하는 징계처분을 받은 보호소년 등에게 개별적인 체육활동 시간을 보장하여야 한다. 이 경우 매주 1회 이상 실외운동을 할 수 있도록 하여야 한다(「보호소년 등의 처우에 관한 법률」 제15조 제4항).

정답 ④

41 「보호소년 등의 처우에 관한 법률」상 전자장비의 설치·운영에 대한 설명으로 옳지 않은 것은?

① 소년원에는 보호소년 등의 자해 등을 방지하기 위하여 필요한 최소한의 범위에서 전자장비를 설치하여 운영할 수 있다.
② 보호소년 등이 사용하는 목욕탕, 세면실 및 화장실에 전자영상장비를 설치하여 운영하는 것은 자해 등의 우려가 있는 때에만 할 수 있다.
③ 전자장비를 설치·운영할 때에는 보호소년 등의 인권이 침해되지 아니하도록 하여야 한다.
④ 전자장비의 종류·설치장소·사용방법 및 녹화기록물의 관리 등에 필요한 사항은 법무부령으로 정한다.

정답 및 해설

① [○] 소년원 및 소년분류심사원에는 보호소년 등의 이탈·난동·폭행·자해·자살, 그 밖에 보호소년 등의 생명·신체를 해치거나 시설의 안전 또는 질서를 해치는 행위(자해 등)를 방지하기 위하여 필요한 최소한의 범위에서 전자장비를 설치하여 운영할 수 있다(동법 제14조의3 제1항).
② [×] 보호소년 등이 사용하는 목욕탕, 세면실 및 화장실에 전자영상장비를 설치하여 운영하는 것은 자해 등의 우려가 큰 때에만 할 수 있다. 이 경우 전자영상장비로 보호소년 등을 감호할 때에는 여성인 보호소년 등에 대해서는 여성인 소속 공무원만, 남성인 보호소년 등에 대해서는 남성인 소속 공무원만이 참여하여야 한다(「보호소년 등의 처우에 관한 법률」 제14조의3 제2항).
③ [○] 동법 제14조의3 제3항
④ [○] 동법 제14조의3 제4항

정답 ②

42 □□□ 「보호소년 등의 처우에 관한 법률」상 보호소년 등의 출원(出院)에 대한 설명으로 옳지 않은 것은?

① 소년원장은 보호소년이 22세가 되면 퇴원시켜야 한다.

② 보호소년에 대하여 교정의 목적을 이루었다고 인정되는 때에는 소년원장은 법무부장관에게 퇴원을 신청하여야 한다.

③ 위탁소년 또는 유치소년의 소년분류심사원 퇴원은 법원소년부의 결정서에 의하여야 한다.

④ 소년원장은 소년법에 따라 수용상한기간에 도달한 보호소년은 즉시 퇴원시켜야 한다.

⑤ 소년원장은 교정성적이 양호한 자 중 보호관찰의 필요성이 있다고 인정되는 보호소년(1개월 이내의 소년원 송치처분을 받은 보호소년은 제외)에 대하여는 보호관찰심사위원회에 임시퇴원을 신청하여야 한다.

정답 및 해설

① [○] 동법 제43조 제1항

② [×] 소년원장은 교정성적이 양호하며 교정의 목적을 이루었다고 인정되는 보호소년[「소년법」 제32조 제1항 제8호(1개월 이내의 소년원 송치)에 따라 송치된 보호소년은 제외]에 대하여는 보호관찰심사위원회에 퇴원을 신청하여야 한다(「보호소년 등의 처우에 관한 법률」 제43조 제3항).

③ [○] 동법 제43조 제4항

④ [○] 소년원장은 소년법 제32조 제1항 제8호(1개월 이내의 소년원 송치) 또는 제33조 제1항(보호자 또는 보호자를 대신하여 소년을 보호할 수 있는 자에게 감호 위탁, 아동복지시설이나 그 밖의 소년보호시설에 감호 위탁, 병원·요양소 또는 의료재활소년원에 위탁: 6개월. 6개월 연장 가능)·제5항(단기 소년원 송치: 6개월)·제6항(장기 소년원 송치: 2년)에 따라 수용상한기간에 도달한 보호소년은 즉시 퇴원시켜야 한다(동법 제43조 제2항).

⑤ [○] 동법 제44조

정답 ②

43 □□□ 「보호소년 등의 처우에 관한 법률」상 보호소년의 인도 및 사회정착지원에 대한 설명으로 옳지 않은 것은?

① 소년원장은 퇴원 또는 임시퇴원이 허가된 보호소년을 보호자 등에게 직접 인도하여야 한다.

② 보호소년의 보호자 등이 없거나 출원예정일부터 20일 이내에 보호자 등이 인수하지 아니하면 사회복지단체, 독지가, 그 밖의 적당한 자에게 인도하여야 한다.

③ 사회복지단체 등에 인도되기 전까지의 보호소년에 대해서는 계속 수용에 준하여 처우한다.

④ 원장은 출원하는 보호소년 등의 성공적인 사회정착을 위하여 장학·원호·취업알선 등 필요한 지원을 할 수 있다.

⑤ 사회정착지원의 기간은 6개월 이내로 하되, 6개월 이내의 범위에서 한 번에 한하여 그 기간을 연장할 수 있다.

정답 및 해설

① [○] 동법 제45조 제2항 본문

② [×] 보호소년의 보호자 등이 없거나 출원예정일부터 10일 이내에 보호자 등이 인수하지 아니하면 사회복지단체, 독지가, 그 밖의 적당한 자에게 인도할 수 있다(「보호소년 등의 처우에 관한 법률」 제45조 제2항 단서).

③ [○] 동법 제45조 제3항

④ [○] 동법 제45조의2 제1항

⑤ [○] 동법 제45조의2 제2항

정답 ②

MEMO

2026 대비 최신판

해커스공무원
이언담
형사정책

단원별 기출문제집

초판 1쇄 발행 2025년 5월 26일

지은이	이언담 편저
펴낸곳	해커스패스
펴낸이	해커스공무원 출판팀
주소	서울특별시 강남구 강남대로 428 해커스공무원
고객센터	1588-4055
교재 관련 문의	gosi@hackerspass.com
	해커스공무원 사이트(gosi.Hackers.com) 교재 Q&A 게시판
	카카오톡 플러스 친구 [해커스공무원 노량진캠퍼스]
학원 강의 및 동영상강의	gosi.Hackers.com
ISBN	979-11-7404-171-5 (13360)
Serial Number	01-01-01

공무원 교육 1위,
해커스공무원 **gosi.Hackers.com**

해커스공무원

- **해커스공무원 학원 및 인강**(교재 내 인강 할인쿠폰 수록)
- 해커스 스타강사의 **공무원 형사정책 무료 특강**
- 다회독에 최적화된 **회독용 답안지**
- 정확한 성적 분석으로 약점 극복이 가능한 **합격예측 온라인 모의고사**(교재 내 응시권 및 해설강의 수강권 수록)